一切經音義三種校本合刊

季羨林

修訂第二版

（二）

徐時儀 校注
畢慧玉 耿銘 郎晶晶 王華權 徐長穎 許啓峰 助校

上海古籍出版社

一切經音義　卷第十一

大唐翻經沙門慧琳撰

大寶積經序及經第一帙十卷　同此卷音

睿宗皇帝製

縱橫　上足庸反，下獲萠反。説文作從。考聲、爾雅：縱，長也，竪也。横，廣也，左右方也。韓詩云：南北爲縱，東西爲横。説文：横，欄木也。從木黄聲也。

之數　霜句反也。

拯　支境反。音取蒸字上聲是也。韻英云：拯，濟拔也。杜預注左傳云：拯，救助也。聲類云：拯，昇也。廣雅：拯，救也。説文作抍。上舉也。從手升聲也。

沈淪　上持林反。集訓云：沈，没也。莊子曰：是陸沈者。顧野王曰：人之居陸而若沈溺，無聞朝廷是陸沈也。下音倫。考聲云：淪，漬也資四反。説文：没也。從水侖聲，侖音倫。

爕灼　上扶文反。説文：燒田也。從火棥音煩聲也。下章弱反。蒼頡篇：灼，爆也。説文：炙也音夂。從火勺音斫聲也。

憚其　檀爛反。鄭箋詩云：憚，難也。説文：畏也。廣雅：驚也。從心單聲也。

豪芒　上胡高反。借用，非本字也。正體從毛從高者（省）[一]作毫。筭經云：十絲爲一毫。毫芒者，毛端頭也，微少也。下音亡。

陶鈞　上唐勞反。集訓云：瓦窯也音姚。窯者，燒造瓦器處也。廣雅：陶，化也。世本云：昆吾作陶。宋忠曰：夏桀臣也。説文：從阜匋音逃聲也。下橘勻反，聿均反。考聲：鈞，均也。均，平無等差也。許叔重注淮南子云：鈞，陶法也。説文云：從金勻聲也。案陶鈞謂造化也。

漢日　而質反。漢法本内傳云：漢明帝夜夢金人飛行殿庭，項背日光。占夢者曰：西方有大聖人也。因尋其教，始聞佛法也。

鷲頭　情袖反。謂鷲鳥也。鷲頭，山名也。在王舍城側，亦名鷲峰山，亦名靈鷲山。梵云耆闍崛山，並一山也。

玉豪　胡高反。假借字也。正體從毛作毫。言玉毫者，如來眉間白毫毛也。晧白光潤，猶如白玉。佛從毫相，放大光明，照十方界，故云玉毫瑞色也。

干戈　上罡[二]安反。詩傳曰：干，扞也音旱。扞，盾也脣準反。説文作戰，音干。干，犯也。從反入從一作女（个）[三]，古字也。下古禾反。周禮：司戈盾，掌戈盾之物。鄭玄曰：今勾矛戟也居逆反。詩傳：戈長六尺六寸。方言云：吴楊

(揚)〔四〕之間謂戟爲戈。說文云：平頭戟也。象形。

摧鋒　上藏雷反。說文：摧，折也。從手崔聲也。下妨封反。考聲云：刃末也。說文云：兵刃端也。從金夆聲也。或作峯。

潰旅　上回外反。毛詩傳：潰，亂也。公羊傳云：下叛也。穀梁傳曰：上下不相得曰潰。左傳云：逃民也。於上曰潰，在下曰逃。說文云：潰，漏也。下力舉反。孔注尚書云：旅，衆也。周禮：五百人爲旅。鄭玄曰：凡師出曰治兵，師入曰振旅。說文：從㫃於蹇反從从古從字也作旅，俗用從衣作旅，非也。

闢圓　頻亦反。說文：闢，開也。從門辟聲。周易繫辭云：闢户謂之乾也。

惠晷　歸累反。說文云：日景也。從日從咎音舊。今俗用從田作晷，非也。

肇闡　上潮少反。上聲。爾雅云：肇，始也。下昌演反。聲類：大開也。韓康伯注繫辭云：闡，明也。

瓊編　葵營反。詩傳曰：玉之美者也。一云：玉樹也。說文：赤玉也。從王敻葵營反聲也。下必綿反。劉兆注公羊傳云：比連也。蒼頡篇云：編，織也。說文：編，次簡也。從糸音覓扁苾眠反聲也。

遽即　强御反，去聲，俗字也。賈逵注國語云：遽，疾也。顧野王曰：遽，急也。鄭玄注周禮云：遽，傳也音轉。說文同周禮。從辵丑略反豦音渠聲也。

叡聖　營芮反。廣雅：叡，聰也，又智也。集訓云：叡，聖也。通於微也。說文：叡，深明也。從𣦻音殘從目從谷省聲也。

靜孽　魚羯反。左傳曰：天反時爲災，地反物爲祅音芺。考聲云：孽，祅災也。蟲豸爲怪曰孽，衣服草木爲怪曰祅。今俗用通作孽。呂靜韻集從虫〔五〕音毁作蠥(𧍝)〔六〕。字書正體從示作孽〔七〕，薛聲也。說文：孽字從艹音草從巾(屮)〔八〕丑列反從𠂤音負從辛作薛(辥)〔九〕。今相傳去中作薛，訛略不備也。

巢燧　上柴爻反。抱朴子曰：上古帝王有巢氏也。是時禽狩茲多，人民巢居以避群害，故號有巢氏。繫辭曰：上古穴居而野處，後代聖人易之以宫室。下隨萃反。抱朴子曰：上古質朴，茹毛飲血，生噉蟲魚及諸果實，多有腹疾之患，是故聖人鑽燧求火，變生作熟，因名爲燧人氏也。

擁篲　上於拱反。蒼頡篇云：擁，持也。說文：抱也。從手雍聲也。或作𢹂，小篆作擁，古字也。下隨銳反。玉篇云：掃竹也。方言云：自關而西或謂之掃篲隨醉反。亦曰掃箒之酉反。或從草作蔧。

正朔　上章盈反，下雙捉反。經文作朔，俗字也。正體從屰音逆作朔。考聲云：朔，始也，穌也，月一日也。

蟠桃　傍安反。山海經云：東海中有桃都山，山上有大桃樹，名曰桃都。其根盤結五百餘里，枝相去三千里。樹上有金色天鷄，日初出時光照此樹，天鷄即鳴，天下衆鷄皆隨而鳴。山海經亦云：有大桃樹，其根盤結五百餘里，枝相去三千里。於(干)〔一〇〕寶搜神記及風俗通義並引黄帝書云：上古之時有二神人，一名荼與，二名鬱壘又一名鬱律，度朔山，山上有大桃樹。二人依樹而住，於樹東北有大穴，衆鬼皆出入此穴。荼與鬱壘主統領，簡擇萬鬼，鬼有妄禍人者則縛以葦索，執以飴虎。於是黄帝作禮敺之，立桃人於門户，畫荼與(鬱壘)與虎以象之。今俗法每以臘終除夕，飾桃人垂葦索畫虎於門左右，置二燈象虎眼以去不祥。

混車書　上魂穩反。説文云：豊流也。案豊流爲混。混，同流不分也。車音蘁魚反。案車者謂車轍跡也，書謂文字符印也。言混車書者，天下轍迹共同，文字無別，同一王化，四海爲家也。

細柳　山海經云：西海中近日月所没之處小洲名也。有常陽山，日月所入也，即此洲也。一名細柳，亦名陽柳島。

迦葉　梵語略也。正梵音云迦蘁佉反攝波，即天竺國之大姓也。

年踰　羊朱反。廣雅云：踰，度也。毛詩傳曰：踰，越也。説文：從足俞聲也。或作逾（踰）〔一一〕，俗字也。或從辵作逾。

挹其　伊入反。蒼頡篇云：挹，損也。毛詩傳曰：挹，斟也音針。説文：挹，持也。從手邑聲也。

永淳　時倫反。唐天皇大帝時年號癸未歲也。

當宁　直呂反。爾雅云：門屏之間曰宁。桂苑珠叢云：人君於廟門視朝立之處也。

循機　隨遵反。爾雅：循，自也。郭璞云：自猶從也。考聲户（云）〔一二〕：循，順也。説文：循，行也〔一三〕。從彳丑亦反盾盾音脣准反，象形。下幾希反。孔注尚書云：弩牙也，制動也。説文：主發謂之機。

登樞　昌珠反。集訓云：樞機，發動之端也。考聲云：樞機，言詞也。説文云：户樞也。從木區聲。

虧徵　區追反。考聲云：虧，落也，傷也。鄭箋毛詩云：虧猶毀壞也。王逸注楚辭云：虧，缺也。廣雅：虧，少也。説文云：氣損也。從虧虧音呼亏聲也亏即于字。或從兮作虧。下陟矜反。杜預注左傳云：徵，驗也。説文：徵，象也。從壬天頂反從微省聲也。

綿區　上彌然反，下羌于反。

丕構　上音披。説文云：丕，大也。從一不聲。經文從十作丕，俗字，非也。下苟候反。顧野王云：搆（構）〔一四〕，合也。毛詩傳曰：搆（構），成也。説文云：搆（構），蓋也。從木冓古候反聲也。

尋繹　盈益反。方言云：繹，理也，長也。廣雅：繹，事也，終也。説文：抽絲也。從糸音覓睪聲也。

不懈　革賣反。懶惰也。

忘疲　武坊反，下被眉反。國語曰：疲士無位，疲女無家。賈逵曰：疲，病也。廣雅：疲，倦也。説文：疲，勞也。從疒女厄反皮聲也。

部帙　陳栗反。説文云：書衣也。從巾失聲也。或從衣［作］〔一五〕袠，或作袟也。

在握　鵶角反。爾雅：握，具也。説文：搤（搤）〔一六〕音厄，持也。從手屋聲也。

之祚　曹户反。賈逵注國語云：祚，位也，禄也。古今正字云：祚，福也。從示音祇乍省〔一七〕聲也。

之甿　麥耕反。史記云：甿隸之人也。廣雅：甿，氓也，癡也。蒼頡篇云：田野人也。説文云：田民也。從田亡聲也。

恒佚　寅一反。考聲云：意歡足也，樂也。孔安國注尚書云：佚，豫也。蒼頡篇云：佚，暢也。從人失聲也。

寧謐　彌必反。爾雅：謐，静也，昚也音慎。考聲云：無聲也。集訓云：謐，安也。從言盗音密聲也。

澆俗　上經堯反。考聲云：澆，薄也，沃也。案：澆沃之即味薄矣。

淳源　上常倫反。俗作淳，正體作灂。考聲云：淳，清也。鄭玄注儀禮云：淳，沃也。廣雅：淳，漬，茲四反。説文：淳，淥也音祿。從水臺音純聲也。臺音同上。下危袁反。鄭玄注禮記云：源，本也。顧野王曰：水本爲源也。

暫乘　慙濫反。考聲云：暫，不久也。或作蹔。

聊題　力彫反。集訓云：聊，且也。

緗帙　上息陽反。字書：縑，緗也。下陳栗反。集訓云：書衣也。從巾失省〔一八〕聲也。或從衣作袠，今作袟，一也。

大寶積經卷第一　大唐三藏菩提流志集譯

三律儀會第一三卷經

高峻　笋俊反。俗字也。説文：正體作陖。考聲云：山高也。孔安國注尚書云：高大也。説文：高也。從山陖戌俊反聲也。俊音同。

卉木　上暉貴反。説文云：草之總名也。從中丑列反從艸音草。今隸書省略從三十作卉，又音暉鬼反，亦通。

麒麟　上音其，下音隣。蒼頡篇云：牡曰麒，牝曰麐。毛詩鳥獸蟲魚疏云：麒麐者，瑞狩也。王者至仁則出見。麕身音君，牛尾，馬足，團蹄，黄色，一角端有肉，不傷物也。其音中鍾吕，行步中規矩。遊必擇地，詳而後處，不履生蟲，不折生草，不群居，不侶行，不入陷穽，不罣羅網。説文亦云：仁狩也。麋音眉身，牛尾，一角。從鹿其聲也。麐者，牝麒也。從鹿吝聲。經文有從馬作騏驎，非此同〔一九〕。

熊羆　上書窮反，下彼眉反。毛詩云：惟熊惟羆。説文云：狩名也。似豕而大，黑色，山居冬蟄持立反。其掌似人。從能灬必遥反聲也。爾雅云：羆如熊，黄白色。郭璞云：羆似熊而大，熊類也。頭長高，猛憨呵甘反，多力能拔木。方言：關西呼爲猳音家羆。從罷蒲罵反也灬聲也。

鸚鵡　上烏耕反，下無甫反。或作鴞，二體並通。山海經云：黄山有鳥，其狀如鴞爲驕反，青羽，赤喙呼穢反，人舌，能效人語，名曰鸚鵡。郭璞曰：今鸚鴞舌似小兒，脚指前後各二，扶南之外出五色者，亦有純白者，大如鷹。曲禮曰：鸚鵡能言，不離飛鳥。説文：鸚鵡二字並從鳥，嬰、武皆聲也。説文又説：嬰益盈反字從女賏益盈反聲也。從二貝，今經文從二目，下從安作嬰〔二〇〕者，非也。武字從止從戈。

鴝鵒羅鳥　梵語印度國鳥名也。或云倶翅羅，或云倶耆羅，皆梵語輕重也。涅槃經云：此鳥聲好，從聲立名，本性愛榮，不栖止於枯樹。

鳧鴈　上輔無反。爾雅：舒鳧，鶩音木。郭璞注云：鴨屬也烏甲反。考聲云：野鴨之小者。文字釋要云：從鳥几(几)〔二一〕音殊聲也。几(几)者，鳥之短羽，飛則几(几)几(几)然。上形下聲也。下顔諫反。或作鴈〔二二〕，二體同。毛詩傳云：大曰鴻，小曰鴈。説文云：鵝屬也。從鳥從人厂聲。案：鴻鴈者，隨陽鳥也。禮記月令曰：季秋之月，鴻鴈來賓也。

茹食　如署反。考聲云：茹，噉也，食也。下食字正體從人亼精入反從皀彼立反。今經文從人從良作食，俗用字，非正體也。

蓊鬱　上屋孔反。古今正字云：蓊，大也，英也，薹也。桂苑珠叢云：草盛皃。從草翁聲也。下威律反。俗用字也。考聲云：欝，韞也威殞反。爾雅：欝，氣出也。桂苑珠叢云：欝然，氣出皃。廣雅：欝，幽也。謂樹木幽深之皃。説文云：木藂生。案説文：欝字正體從林缶甫狗反從勹音包從鬯丑亮反從彡音衫作鬱。字林及經文從皿從艮從寸作欝，未詳所出，今並書之。
菴摩羅樹　梵語果樹名也，此國無。古譯或云菴婆羅，或曰菴羅樹，皆一也。涅槃經云：如菴羅樹一年三變，有時生花光色敷榮，有時生葉滋茂蓊欝，有時彫落狀如枯樹。又云如菴羅樹，花多果少。
甄叔迦樹　上經延反，下薑佉反。梵語不求字義，西國花樹名也。此方無此樹。大唐西域記云：印度多有甄叔迦樹，其花赤色，形如人手。一說云亦名阿叔迦，亦名無憂樹，其花亦赤色，此說正也。
由提迦花　薑佉反。借音字，爲梵語，聲近薑佉反，轉讀者多執本字音爲加者誤也，乃至本師釋迦亦呼爲迦，愚惑之甚矣。此文中前有婆師迦花，後有迦羅婆花，皆同此音也。
普洽　咸夾反。霑也，和也，潤也。
覔草　如兗反。有作軟者，非也。
靃靡　上雖柴反、醉唯反，下音美。韻詮云：靃靡，草敷皃。王逸注楚辭云：隨風披敷也。
暉暎　上毁韋反，下英敬反。青碌光色互相發暉也。
如孔雀胭　嬰堅反。考聲云：胭，喉也。胭，項也。經文從口作咽，乃去聲字誤用也。正體從肉。
兜羅綿　上都侯反。梵語細㲲綿也。即柳花絮、草花絮等是也。
趾步　之尔反。杜預注左傳云：趾，足也。爾雅亦同。下步字，說文：步，行也。從止從少他末反。相背重書即步字。今俗同止，下從少，訛略也。
陂泉　彼眉反。鄭玄注禮記云：畜水曰陂，穿地停水曰池也。
清泠　歷丁反。清、泠二字並從水。案清泠者，瑩凈也，形聲字。
踰繕那　上羊朱反。繕音善。踰繕那者，梵語自古聖王軍行一日程也。諸經論中前後翻譯遠近不同，或云四十里。俱舍論十六里。大唐西域記云：印度國俗一踰繕那三十里矣，此說真實也，今依此文。
其莖　幸耕反。蒼頡篇云：草本曰莖。說文云：枝主也。從草巠擊形反聲也。
吠瑠璃　梵語寶名也。字體無定，或作琉璃。上音留，下音离。天生神寶，青緑色，瑩徹光明，非是人間鍊石煙火之中所成瑠璃也。
寶鐸　上寶字，正體從宀音綿從王從缶甫苟反從貝。今經文從珎作寶，俗用字，非正體也。下唐洛反。鄭注周禮云：大鈴也。孔安國曰：金鈴木舌以宣文教。
贍部檀金　上常焰反。梵語殊上最勝金寶名也。天生神寶，非是人間鍊礦鍊石所成金也。
其鬚　相瑜反。蓮花鬚也。說文：正體從頁賢結反。頁，頭也。從彡音衫作須，象形字也。今隸書加髟必遥反作鬚，亦通用。
口銜　狎監反。考聲云：口持而嚼也。說文云：馬口中勒也。從金從行，會意字也。
廁填　上初使反。考聲云：廁，雜也。蒼頡篇云：廁，次也。廣雅：廁，間也。下亭延反。賈逵注國語云：填，加也。廣雅：填，塞也。鄭注禮記云：填，滿也。或作闐，亦通。
阿溼婆氏多　梵語也。唐言馬勝也。
離翳　上音利，下於計反。方言云：翳，薆也。韻英云：翳，蔽也。廣雅：翳，障也。說文：翳，華蓋也。從羽從殹省〔二三〕聲也。
稠林　長流反。蒼頡篇云：稠，衆也。廣雅：稠，禾穊也音既。說文：稠，多也。從禾周省〔二四〕聲也。

馳騁 上雉離反。俗用字也。正或作駞，此字雖是正體，爲有兩音，又音陀，今且從俗作馳。顧野王云：馳，走也。廣雅：馳，奔也。下敕郢反。杜預注左傳云：騁，馳也，走也。廣雅：騁，奔也。說文：直驅也。從馬甹聲也。

流澍 上流字有點。下之喻反。說文云：時雨澍生萬物。從水尌聲也。

𦈢減 上犬悅反。聲類：從垂作𦈢。說文：缶，瓦器也。小口罌也厄耕反。說文：𦈢字正體從缶甫苟反作缺。郭璞注爾雅云：缶，盆也。蒼頡篇云：缺，虧也屈追反。顧野王曰：缺，玷也。說文云：器破也。從缶從夬[二五]省聲也。下減字有兩音，並是上聲，從水從咸。字體一種，音訓所用意義各别，本音耕斬反。考聲云：損之令少曰減。說文云：減，損也。又音咸黯反、鵮減反。字典云：自耗欠下曰減。集訓云：減，耗也。字書云：欠陷也。今取此後音也。

畋獵 上音田。說文云：平田也。考聲云：畋亦獵也。或從犬作㹠。下力業反。考聲云：犬逐狩也。今通謂畋狩爲獵。說文：從犬巤力葉反聲也。

魁膾 上苦壞反。孔安國注尚書云：魁，師(帥)[二六]也。廣雅：魁，主也。鄭玄注禮記云：魁，首也。王逸注楚辭云：魁，大也。下瓌外反。廣雅：膾，割也。屠割之人名爲魁膾也。

猫兔 上莫包反。江外吴音以爲苗字，今不取。字統云：狩名也。顧野王云：似虎而小，人家畜養令捕鼠。正體從豸音雉苗聲也。經從犬，省略也。說文闕此字。下土固反。顧野王云：兔毛可以爲筆者。說文：狩名也。象踞，後點象其尾。[二七]兔頭與㲋(龟)[二八]頭同，故兔字從㲋(龟)省。

厭惡 上伊焰[反][二九]，下烏固反。

大寶積經　第二卷

不可治 雉離反。

數以 霜捉反。

希望 武坊反。

糞掃衣 上分問反，下桑到反。糞掃衣者，多聞知足上行比丘常服衣也。此比丘高行制貪，不受施利，捨棄輕妙上好衣服，常拾取人間所棄糞掃中破帛，於河澗中浣濯令浄，補納成衣，名糞掃衣。今亦通名納衣。律文名無畏衣，惡人劫賊之所不奪。經中亦名功德衣，一切如來之所讚嘆。服此衣者，諸天常來禮敬供養，是故如來讚大迦葉命令同坐，易衣而披之，故名功德衣也。

谿澗 上啟奚反。廣雅：谿，谷也。說文：水澍川也。從谷奚聲也。或作溪。下姦晏反。毛詩傳曰：山硤水流曰澗。尚書曰：伊洛瀍澗既入於河。孔安國曰：澗出澠池北山。案所在山陝之水皆名爲澗。說文亦云：山水也。從水間聲也。

捶打 上隹蘂反。許叔重注淮南子云：捶，鍛也都亂反。考聲：擿也嘲厄反。說文：捶，以杖擊也。從手垂聲也。或從木作棰。棰，棓也。下德冷反。廣雅：打，擊也。埤蒼云：打，棓也。從手丁聲也。今江外吴地見音爲頂，今不取。

罥網 上絹犬反。正體作䍙，亦作羂。考聲云：以繩捕鳥狩也。韻英云：繫取也。案罥者，羂索也。下無倣反。顧野王曰：網者，羅罟之總名也。易曰：昔疱羲氏結繩爲網，以畋以漁，以養萬民。世本云：芒作網。宋忠曰：伏羲臣也。或作⿱罒紙，或作⿱罒巴，皆古字也。

藏舉　上昨郎反，下薑圄反。有經本或作弆，墟圄反，亦音舉也。

麁獷　上倉胡反。省略字也，久已傳用。說文：正體作麤，從三鹿。字書云：物不精也。廣雅：麁，大也。鄭玄注禮記云：麁，踈也。下虢猛反、塢(鴆)〔三〇〕猛反。集訓云：犬獷惡不可附近也。經文或有從石作礦，誤也。乃是銅鐵石璞，非本字也。

繫蝦蟇　上音計，次音遐，下麥巴反。考聲云：水蟲名也。爾雅云：鼁音去䵹音秋，蟾音占蜍音余也。郭璞注爾雅云：似蝦蟇，居陸地。淮南謂之去蚥(蚊)〔三一〕。爾雅又云：在水曰黽音猛。郭璞注云：耿耕哽反〔猛〕〔三二〕似青蛙烏瓜反而大腹。本草云：蝦蟇一名蟾蜍，一名鼁䵹，一名去蚥(蚊)，一名田父，一名胡孟，一名青蛙，一名耿猛，一名長股，皆蝦蟇方域之異名。

獼猴手　上音彌，下音侯。說文：夒也。奴刀反也。或曰母猴。漢書謂之沐猴。今謂之猴孫。王延壽作賦謂之王孫。今俗呼謂之胡孫。案此狖種類甚多，略而言之近有十種，今且略舉其名，不能一一繁述。即有獼猴、白猿音袁、蒼玃俱籰反。籰音王約反、青玃、狙七余反、豦音據、狖由救反、蜼音遺，去聲，又余水反，又有果然，皆獼猴之種類也。其中差別色皃各殊，今且略說果然一狖。南州異物志云：九真骨浦縣、交州日南山父林藪中皆有此狖，其名果然，猿狖之類。其鳴自呼，身如猨，面如犬，青色。或通身白色，脅邊有黑斑文。其身不過三尺，尾長四尺有餘，反度身過於頭。視其鼻，見兩孔仰向天。毛長柔細也，往往人間有此狖皮縵褥也。

諠雜　上暉袁反。正體或作讙。聲類：諠，譁也。鄭玄注禮記云：諠，啁聲也香妖反。下財合反。俗字也。正體作襍。說文云：集五彩之衣曰雜。從衣集聲也。今作雜，變體俗字也。因草書變衣爲立，謬也。

冢間　張勇反。說文：墓墳也。冢字從勹音包從豖丑緑反。經中從冖音覓從豕音始，非也。

如趍　取瑜反。包咸注論語云：趍，疾行也。爾雅：門外謂之趍。說文：趍，走也。正體從走從芻初亐反聲也。經文從多作趍，俗用字也。

馳騁　上長離反。說文作駝。〔三三〕廣雅：馳，奔也。顧野王曰：馳，走也。說文：大駝也。從馬它音他聲也。〔三四〕經文從也作馳，俗用字也。下敕領反。廣雅：騁，奔也。杜預注左傳云：騁，走也。說文：直驅也。從馬甹匹丁反聲也。說文又說甹字從由從丂音考。今經中從号作騁，非也。

槍林　七羊反。蒼頡篇：木兩頭鋭也。案今槍者，兵仗也。木長丈餘，兩頭施鐵刃謂之槍。說文：槍，距也。從木倉聲也。

險壙　虛儼反。廣雅：險，阻也。方言：險，高也。賈逵注國語云：險，危也。王弼注周易云：險，難也。說文：險，阻難也。從阝音負僉七尖反聲。經文從山作嶮音儼，非也。嶮者，小不平也，坎也。字義與音俱乖經意，宜改從阜作險。下苦謗反。考聲云：壙埌音浪，原野遠皃也。蒼頡篇云：壙，踈也。廣雅：壙，大也。說文：塹也七焰反，穴也。從土廣聲也。經文從日作曠，誤也。曠，光也，明也，殊非經義，從土爲正也。

貲財　上紫斯反。廣雅：貲，貨也。顧野王曰：家中貲也。正作資。從此者非此義也。說文：小罰以財，自贖曰貲。從貝此聲也。

所貳　他得反。鄭玄注周禮云：從官借本商賈也。集訓云：假貳於人也。説文云：從人求物也。從貝弋音翼聲也。經文中從代作貸音太，誤也。台載反，錯用，應可除去人。

銷滅　上息焦反。鄭玄注禮記云：銷，散也。説文云：鑠金也商斫反。從金肖聲也。下彌結反。説文云：滅，盡也。從水從戌從火。戌是火基，水滅火，會意字也。

遞互　上亭禮反。或作逓，亦通。考聲云：遞，代也。郭璞注爾雅云：更易也。楚辭曰：四時遞來而卒歲。王逸曰：更相代也。字書：遞，交也。從辵丑略反虒音梯聲也。經文作逓，俗字也。下胡固反。韻詮云：互，差也。象懸互中有鬲別也。經作㸦，俗字誤也，非正體字也。

諛諂（諂）〔三五〕　上羊珠反。蒼頡篇云：諂（諂），從也。莊子云：不擇是非而言謂之諛。説文：諛，諂（諂）也。從言臾羊朱反聲也。下丑染反。易曰：君子上交不諂（諂），下交不嬻音讀。何休注公羊傳云：諂（諂）猶佞也。莊子：睎〔三六〕意道言謂之諂（諂）。説文：諂（諂），諛也。從言臽咸減反聲也。

勇躍　上羊種反。謚法曰：懸命爲仁曰勇，知死不避曰勇。説文：勇，氣也。從力甬羊種反聲也。或從戈古禾反從用作戜，古字也。或從足作踴。下羊灼反。廣雅：躍，跳也，上也，進也。説文：行皃也。從足翟聲也。

暎蔽　上英敬反。韻英云：傍照也。字書云：相掩暎也。正體從英，經文從央於薑反，非也，作映音烏朗反。玉篇云：映，䁅不明也。非經義。下卑袂反、彌弊反。杜預比（注）〔三七〕左傳云：蔽，障也。廣雅：蔽，隱也。考聲云：蔽，掩也。從草敝毗曳反聲也。

慘厲　上七感反。集訓云：惱恨也。韻英云：憂慼。又音初錦反。考聲云：慘，甚也。説文：毒也。從心參聲也。參字從厽音絫從㐱之忍反。今俗作參（叅）〔三八〕，變體也。或從言作諺，以言陰相譏也。下力滯反。韻英云：毛詩傳曰，厲，惡也。鄭玄注禮記云：厲，嚴也。考聲云：氣不和也。杜預注左傳云：厲，猛也。從厂音旱從萬。經文中從力作勵，非也。勵，勉也，勸也，非經義。或從疒女厄反作癘。癘，疾也，殊非經意。

嚬慼　上毗寅反。考聲云：嚬，懣也音悶。字書云：嚬蹙，聚眉也。説文：涉水者則嚬蹙也。顧野王曰：案嚬蹙者，憂愁思慮不樂之狀也。説文正體從卑從瀕，今隷書從略，省涉爲步，又去卑從口作嚬，減省也。下酒育反。考聲云：蹙，嚬也。書曰：蹙咨忸怩。或從口作𠽤，一也。或從目作䁖，古字也。經文從足作蹙，非本字也。

販易　上發萬反。韻英云：買賤賣貴也。從貝反聲也。下羊益反。考聲云：易，移也，換也，變也。象形字也。

篋笥　上謙頰反。考聲云：箱類也。説文：篋，椷也。從匚匸音方夾音甲聲也。下音四。考聲云：笥亦篋也。從竹司聲也。

苦膽　都敢反。白虎通云：膽者，肝之府也。肝主仁，仁者苦不忍，故以膽斷之，是故「仁者必有勇」。王叔和脉經云：膽主神，膽之有病則精神不守，故知也。

怯劣　上羗業反。考聲：怯，懊也奴亂反。玉篇：怯，多畏也。韻英云：怯，恐懼也。從心去聲也。下力叕反。少力也。會意字也。

貯聚　上張呂反。杜預注左傳云：貯，蓄敕六反藏之也。說文：積財也。從貝宁直慮反聲也。下情裕反，又音慈庾反上聲，亦通。韻英云：集會也。考聲云：攢集也。何休注公羊傳云：聚，斂也。說文：聚，會也。從㐺音吟，衆立也取省〔三九〕聲也。古文作𡨧也。

銅鈸　盤沫反。考聲云：樂器名也。以鑄成二枚，形如小瓶，蓋有鼻，手執以二口相摩擊爲聲，以和樂也。說文：從金犮聲也。經文有從足作䟦，䟦涉字，非本字也。

憒丙　上公外反，又迴外反，亦通。集訓云：心煩亂也。說文云：憒，亂也。說文：從心從潰音會省聲也。下尼効反。集訓云：多人擾（擾）〔四〇〕擾（擾）〔四一〕也。韻英云：擾（擾），雜也。說文：從市從人作丙，會意字也。經文作鬧，俗字也。或有作内，書寫人錯誤不成字也。

瞋蔽　上昌人反，下卑袂反。袂音彌閉反。

滓濁　緇史反。考聲云：滓，穢也。說文云：滓，澱也。從水宰省〔四二〕聲也。或從草作莘，羹菜也。

螺貝　上魯和反。俗用字，正體作蠃。郭璞注爾雅云：蠃即蝸牛也，說文亦云：蝸牛類也，而形大，出海中，形皃數般而不一也。

覺寤　上音挍，下音悟。考聲云：睡覺也。集訓云：眠寤也。說文：覺，寤也。經文從穴從小音心從告作窹，謬也。撿一切字書及教字韻中並無此字，多是筆授或傳寫人隨情妄作，非也。寤者，悟也。蒼頡篇云：寐覺而有言曰寤。考聲云：寐中有所見覺而信也。說文：從㝱省吾聲。

繖蓋　上桑懶反。玉篇云：繖即盖也。通俗文曰：以帛避雨曰繖。從糸音覓散聲也。又散字本作㪔，從林（㭊）〔四三〕，枰拜反。林（㭊），分散也。今隷書相傳作散，訛略也。經中或作傘，俗字也。下岡愛反。盖亦傘也。案繖、盖者，一物也。說文：盖從草從盍音合。經文從羊作盖，因草書訛謬也。

臭穢　上昌狩反。玉篇云：臭者，物氣之總名也。說文云：禽走鼻而知其跡者犬也。故臭字從犬從自。自者，古文鼻字也。經文有從死作臰者，非也。下於冢（罪）〔四四〕反。顧野王曰：穢，染也。韻英云：穢意（惡）〔四五〕也。考聲云：荒蕪也。或作薉。說文：從禾歲聲。

纏裹　上池連反，下戈火反。

小蟲　長融反。經作虫，非也。

推度　唐洛反。度，量也。

涎唾　上囚延反。通俗字也。說文：正體作次，口液也。從水從欠。考聲云：口津也。束晳作㳄，史籀作㳄，賈逵作湺。或作㳄，古字也。其上異體字並云口液也。下吐課反。說文云：口液也。從口從垂省〔四六〕聲也。或從水作涶，亦通。

流溢　引一反。正體作溢，或作洫，皆古正字也。爾雅：溢，盈也。廣雅：溢，出也。說文：器滿也。從水益聲也。

嚙齧　上時曳反。考聲云：嚙，齧亦嚙也。下研結反。說文：齧亦嚙也。從齒㓞（韧）〔四七〕口八反聲也。㓞，巧也。

讁罸　上張革反。俗用字也。毛詩傳曰：讁，責也。杜預注左傳云：讁，譴也。方言：讁，怒也。郭璞曰：謂相責怒也。說文：讁，罰也。正體作謫，從言從帝從口。今經文從適作讁，俗字也。下煩韈反。尚書云：刑罪人也。說文云：罪之小者，但持刀罵則應罰。從詈從刀作罰。蔡邕石經改冈作皿，改刀爲寸。

開(關)〔四八〕邏　上吉(告)〔四九〕環反。鄭玄注周禮云：界上門也。聲類：開(關)，扃也癸熒反。説文云：以木横持門户也。從門𢇍古還反聲也。𢇍字從丝音幽丱古患反聲也。下勒餓反。考聲云：邏，遮也。集訓曰：遊兵斥候遮邏也。

大寶積經　卷第三

青瘀　於據反。説文：積血也。從疒女厄反於聲也。時人呼疒云病脚，俗談非典語也。經文從水作淤，非也。淤，青泥也。

掉弄　亭吊反。考聲：掉，動也。

譏嫌　鄭玄注禮記云：譏，訶也。下奚兼反。

紛櫌(擾)〔五〇〕　芳文反。廣雅：紛，亂也。説文：從糸分聲也。下而沼反。考聲：因此煩彼曰擾，縱欲之皃也。説文：櫌(擾)，煩也。從扌音手憂(夓)〔五一〕奴刀反聲也。

矯亂　姜夭反。集訓：矯，詐也。顧野王曰：假稱謂之矯。説文：矯，擅也。從矢喬聲也。説文又解喬字從夭。今俗用從右作喬，謬也。下盧段反。考聲：亂，錯也。或作乱，古字。説文：從乙𤔔音亂聲也。

慘然　倉感反。毛詩傳曰：慘，戚也。爾雅：慘，憂也。

阿吒筏底城　梵語也。即多聞天王所居宫也。或云阿拏挽多城。

號咷　胡高反。杜注左傳：號，哭也。爾雅：呼也。説文：痛聲也。下唐勞反。案號咷者，大哭也。易曰「先號咷而後笑」是也。

投竄　徒侯反。[鄭]〔五二〕玄箋詩云：投，擿也。考聲：投，赴也。説文作殶，遥擊也。下倉亂反。顧野王：竄，逃也。賈注國語：竄，隱也。杜注左傳：匿也。古今正字：竄，藏也。從鼠在坑(穴)〔五三〕中也。

殀促　於矯反。杜注左傳：短折曰殀。考聲：少死也。下取粟反。廣雅：近也。説文：促，迫也。杜注左傳：促，速也。

蝗蟲　胡光反，下逐融反。爾雅：食苗心曰螟，食葉曰螣徒得反，食根曰蟊音矛，食節曰賊。四種皆蝗蟲也，並蟲災異名也。

不瘂　鵶雅反。考聲云：不得言也。古今正字：瘂，瘖也。從疒女厄反亞聲也。經從口作啞，非也。

不吃　斤乙反。或作𣢟，亦通。考聲云：語難也。韻詮云：重也。説文云：難也。從口乞聲也。

負蒭　測虞反。集訓云：蒭者，草之總名也。作蒭，古作芻〔五四〕，非也。

擔負　都南反。集訓云：擔亦負也。謂擔負物也。從扌音手詹音占聲也。文字釋要云：詹字從产牛毁反從八從言。經文從木作檐，非也。檐音葉占反，屋檐字也。非經義。下浮缶反。顧野王曰：背恩悪德曰負。韻詮云：受貸不償曰負。説文：負，恃也。上從古人下從貝，人守實有所恃也。經文從刀作負，非也。

毒虵　常遮反。集訓云：豸音雉屬也，毒蟲也。易曰「龍虵之蟄」是也。

贈遺　賊鄧反。集訓云：逆也。以物送效(於)〔五五〕死也。韻英：以物相遺也。下惟季反。韻英云：遺，與也。以物與人也。遺亦贈也。

盲傴　麥併反，百盲反。目無眸子曰盲。下於宇反。集訓云：不申也。廣雅：傴，曲也。背曲傴僂也。

蝙蝠　補眠反，下風伏反。爾雅：蝙蝠，伏翼也。郭璞云：齊人呼爲蠘蟔音織墨，亦名仙鼠。頭似鼠，肉翅。方言云：自關而西秦隴之間謂之蝙蝠。冬蟄而夏飛，晝伏而夜出也。

梨黯　上力知反。借用字也。正體本字從黑作黧。韻詮云：色黑而黄也。下押減反。王肅曰：黯黑皃也，青黑色也。

販賣　上方萬反，下盲敗反。

媒媾　每來反。鄭玄云：媒之言謀，合異姓使和成也。下鈎候反。國語：今將媒媾。賈逵曰：重婚曰媒也。

猛厲　盲獷反。考聲云：大〔五六〕惡而健也。下力滯反。考聲云：犯正而爲惡也，危也，嚴也。說文：從厂音罕從蠆丑介反省聲。今經文從力作勵，非也。勵，勉也，非經義，只合單作厲。

共貯　張呂反。左傳：貯，稸也音畜。畜，藏之也。說文：貯，積也。從貝宁聲也。

橐囊　湯洛反，下諾郎反。考聲云：無底袋也。案橐囊，即橐籥也。老氏曰：天地之間其猶橐籥乎？俗呼名韛音敗袋是也，用鼓風以吹火也。

刀鑯　之壬反。廣雅：鑯，刺也。說文：箴所以縫衣也。字書云：引線鑯也。經文作鍼，亦通。正體從金箴之壬反聲也。有作針者，俗字也。

長椎　除追反。正字辯(辨)〔五七〕或云：方頭鐵椎重八斤，柄長三四尺，以用鍛鐵。從木隹聲。經從手作推，非也。

碪前　知林反。考聲：碪，跗也，方鐵碪也。經作砧，俗字也。

鍛鐵　都亂反。蒼頡篇云：鍛，椎也。鄭注禮記云：鍛，捶也。說文：小冶〔五八〕也。從金段聲也。

鉆椎　儉嚴反。字書云：鑯，夾也。說文：鑯，鋷也女輒反。蒼頡篇云：持，鑯，夾也。經文從甘作鉗，繞頸鐵枷也，非經義。下直追反。前已釋也。從木隹聲。

懶惰　郎旦反。考聲：不勤也。說文：懈怠也。從心賴聲也。或從女作嬾，亦同。下徒卧反。廣雅：惰，懶也。韻英：懈，惰也。說文：不敬也。從心隋聲也。經作墮，俗字也。

厭惡　伊焰反，烏固反。心不忻也。

猒足　一閻反。說文：如犬甘肉貪而不足，故從甘從肉從犬，會意字也。

大寶積經　第四卷　無邊莊嚴會第二四卷經

無明鷇　枯岳反。字書：鳥孚鷇也。考聲：卵空皮，鳥卵之外鷇也。經言無明鷇，喻根本無明及以貪愛，包含無量結使煩惱，陶鑄有情命業，生死宛轉其中，不能出離無明窟宅，如鳥居卵鷇，故引爲喻也。

降澍　江巷反。爾雅：降，下也。集訓云：降，落也。蒼頡篇作䧄。說文與爾雅同。從阜夅聲也。下主戍反。淮南子曰：春雨之灌無地而不澍。說文亦云：時雨澍生萬物。從水從樹省聲也。

阿字爲初　阿字取上聲，梵字也。毗盧遮那經云：阿字門一切法，本不生義，能生一切。世間文字偈云：阿字第一句，明法普周遍，字輪以圍遶，彼尊無有相。以此義故，所以得居衆字之首，次第向下更有四十九字，總名一切文字之母，即梵字根本五十字也。

荷字爲後　亦梵字也，不切當。荷音何，亦宜書賀字。賀即近經云「阿字爲初，荷字爲後」者。此字最居字母之末。佛意叩其兩端，標其首尾，引爲法喻。次卷末有真言一道，可三四紙，字音非切當，應須再翻。

大寶積經　第五卷

重擔　上柱勇反，又柱用反，並通。下都濫反。前卷已釋。廣雅：擔，負也。説文：擔，舉也。從扌音手，不從水〔五九〕。詹音占聲也。經文有從木作檐音琰占反，非也。檐，屋檐也。

瀑流　蒲冒反。桂苑珠叢云：猝雨水聚合流名爲瀑流也。

兜率陀　梵語上方欲界天名，訛略也。正梵音云覩史多，唐云知足。最後身菩薩多作此天王，彌勒菩薩現爲天主也。

醍醐　亭泥反，下音胡。案醍醐，酥之精粹也。乳中精者名酥，酥中精者名醍醐。

唐捐　徒郎反，恚緣反。考聲：捐，弃也。

降灑　所賈反。王逸注楚辭云：如水之灑地。案：灑，霑也。

潤洽　如順反。尚書：水曰潤下。廣雅：潤，濕也。下咸夾反。考聲：洽，和也。説文：洽，霑也。或作霑，古字。

枯槁　苦浩反。説文云：木枯也，乾也。或作殨、藁，並同也。

三摩呬多　馨以反。梵語定之異名也。唐云等引，謂平等能引諸功德定故，云等引也。

駛流　師利反。考聲云：行疾也，水流急也。蒼頡篇云：駛，疾也。從馬史聲也。

銷滅　相揺反。考聲云：銷，鑠也。傷勺反。或作消。蒼頡篇：消，滅也。説文：消，盡也。

逮得　徒奈反。説文：行及前也。從辵，丑略反。辵者，俗謂之辵遶，或云之遶者，是流俗相斆之言，非典語也。從隶，唐奈反，隶亦聲也。下當勒反。古文正體雖從見從寸作㝵，或作䙷，自漢魏已來早已變體作得。衛宏張揖古今官書並廢古而用得字，行已久矣，不可改易也。

大寶積經　第六卷

出離陀羅尼品　真言中有疑誤者音而釋之。

阿你乞縱(縱)〔六〇〕鉢你　縱(縱)字音史，經文作縱，誤也。

莫異　以之反。

皤吠　蒲河反，下微閉反。經作吠，非也。

些設你　些音思箇反。

薩婆若　若字相傳音而者反。相承錯書爲若字，誤也。薩縛若，唐云一切智。

分析　星亦反。説文：破木也。從木。孔注尚書：分也。經從手作折，非也。

齅地獄香　許救反。經從口作嗅，俗字也。以鼻就臭曰齅也。

灌灑　沙假反。韻詮：灑地也。考聲：散水也。從水麗聲也。

怯弱　羌業反。杜林曰：怯，多畏也。説文作㹤。從犬去聲也。下穰斫反。孔注尚書：尫劣也。禮記：年二十曰弱冠。説文：象形字也。

大寶積經　第七卷　清净陀羅尼品

奥皤　烏告反。相傳書粵于月反字，非也。

酪底　彌比反。後准此也。

仡唎　上語訖反。

墮喏　自邏反，勒可反。
去鐓　音沙賣反。
迦利邸迦月　薑伽反。梵説也。唐言昴星，每年九月十五日，月臨昴宿，故取此星爲九月名。古名迦提，訛略不正也。經引秋月圓滿光明澄净以喻真言妙净也。

大寶積經　第八卷　密迹金剛會第三之七卷經

兆垓　數法名也。黄帝九章筭法：數有一十五等，所謂一、十、百、千、萬、億、兆、京、垓、秭、壤、溝、澗、正、載，此則第七及第十數名也。
鉤鎖　苟侯反。考聲：求也，取也。説文：曲也。廣雅：引也。下桑果反。考聲：連環也。經作鏁，俗字也。
得寤　登勒反。説文：從彳耳(丑)〔六一〕尺反從見從寸，今作得，亦通。下吾固反。蒼頡篇：覺也，音狡。寐覺而有言曰寤。説文：從㝲省吾聲也。
污渥　烏固反。杜注左傳：污，濁也。韓詩：穢也。下鵶角反。詩傳：渥，厚也。箋云：淳漬也。説文：霑也。從水屋聲也。
感忻　香銀反。埤蒼：忻，察也，悦也。
常慘　七感反。爾雅：憂也，慍也。説文：毒也。從心參聲也。
不旬　玄絹反。玉篇：動目也。説文：目摇也。從勹音包從目，或作眴。經文從日作旬，誤也，甚乖經意。下第十卷「不眴」准此文釋也。
阿須輪　梵語天名，訛也。正梵音云阿上聲素囉囉字上聲轉舌，或云阿修羅，皆一也。有四類別，或居海水下，或居諸山。

迦留羅　梵語不正也。正梵音云誐嚕轉舌拏奴雅反，古云迦婁羅，唐言金翅鳥，亦名妙翅鳥，或名龍怨。
真陀羅　古云緊那羅，音樂天也。有美妙音聲，能作歌舞。男則馬首人身能歌。女則端正能舞，次比天女，多與乾闥婆天爲妻室也。
摩休勒　古譯質朴，亦名摩睺羅伽，亦是樂神之類。或曰非人，或云大蟒神，其形人身而蛇首也。
健沓和　梵語樂天名也。虜質也，不妙也。正梵音云彦達縛無何反。善能彈琴，種種雅樂悉皆能妙，常與上界諸天設樂，亦名尋香神也。
欲行天色行天　並户硬反。
瑕穢　胡加反。玉篇云：玉之病也。下迂衛反。不清潔也。
粗舉　徂古反。集訓云：約略也。鄭注禮記：粗也，大也。顧野王：粗，略也。縛〔六二〕注字也。
踴躍　羊腫反，下羊灼反。杜注左傳：踴躍，跳上也，進也。並形聲字也。
倍挹　傍每反。上聲字。孔注尚書：俗(倍)〔六三〕之有半，於二百爲五百也。説文：倍，反也。下音邑。考聲：損也，謙也。經文作抱，書誤也，甚乖經意。
恭恪　苦各反。孔注尚書云：敬也。或作愙。
憺怕　徒濫反，下普白反。韻英：安静也。皆形聲字也。經作惔，非也。
匿詑　女力反。廣雅：隱也，藏也。下達何反。顧野王：詑，欺也，詆也，不信也。説文：兖州謂欺爲詑，魯語也。今作訑也。
達駃　牙解反。蒼頡篇：無知也。案：達謂智也，駃謂愚也，以相比也。解，皆字上聲呼。

肌肉　几宜反。考聲：皮内肉也。字書：肉中脂也。從肉几聲也。

髓腦　雖觜反。説文：骨中脂也。下奴倒反。文字集略云：頭中實也。

裓上　絚刻反。字書：衣襟也。

緤裹　徒叶反。西國布名也。經文作疊，非也。下音果。顧野王云：苞也。説文：纏裹也。

和羅　梵語也。唐言威德也。

羸瘦　力追反。杜注左傳：羸，弱也。賈注國語：病也。許慎注淮南子：劣也。廣雅：極也。説文：瘦也。從羊羸力禾反聲也。下色祐反。考聲：小也，羸也，減也。説文：癯也音衢，少肉也。從疒女厄反叜桑苟反聲也。今通作瘦，變體訛也。

瘵瘡　傷灼反。蒼頡篇：病消瘵也。説文亦音療。字今不與此音相應，故不取。

疽病　鏘餘反。久癰爲疽也。

一蟲　逐融反。

賫來　精奚反。顧野王：持也。説文：持遺也。正作齎，從貝齊聲也。廣雅：賫，送也。下來字從二人，今作来，訛也。

得瘳　敕留反。孔注尚書：差也。詩傳云：愈也。

錠光　音定。前刼中佛名也。

僉然　七廉反。考聲：皆也，衆也。

鵠鳫　上紅穀反，下顏諫反。水鳥也。亦名隨陽鳥也。

赤紫　貲髓反。烏喙也吁衛反。從此束七賜反聲也。今經文從束，訛也。

鴉音　烏加反。或作鵶，烏之類也。形小而喙足皆赤。

鵾鷄　古混反，下經奚反。顧野王曰：鵾鷄似鶴鷄而大也。

麋鹿　美悲反。説文：鹿屬也。下力木反。説文：狩也。象角支四足形，鳥鹿足皆似匕，故從二匕。周公時訓注云：鹿居山林，陽狩也，故五月感一陰而角解也。麋居川澤，陰狩也，故十一月感一陽而角解。今經文作麑，非也，五奚反，狻蘇官反麑，師子也。爲前文已有師子，不合更説狻麑，必知錯也，誤書麋爲麑字也。

跛蹇　博可反。周易：跛能履，不足以與行。顧野王曰：跛，蹇也。或作被(尳)〔六四〕。下居偃反。説文：蹇，跛也。從足從蹇省聲。

大寶積經　第九卷

崎嶇　丘基反，下曲隅反。廣雅：崎嶇，傾側也。埤蒼云：不安也。經云無崎嶇之語委曲之辭。

俳説　白埋反。樂人戲笑也。下説如字，或音商爇反也。

堅鞕　吾更反。考聲：堅也。或作硬，俗用字也。

恣訑　兹四反，下徒何反。正作詑。詑，欺也。

覆蔽　芳務反。鄭注禮記：蓋也。下邊袂反、彌閉反。韻英：蔽，掩也。考聲：障也。

不嬈　奴鳥反。考聲：相戲弄也。説文作嬲也。

愁憒　古外反。韻英：心亂也。從心貴省〔六五〕聲也。有音會者，非也。

筋骨　薑銀反。説文：肉之力也。從竹從肉從力。經中從草作葤，非也。

慌忽　荒廣反。或作怳，同。慌忽，神亂失志皃。
量度　上音良，下唐洛反。
觚有　古胡反。錯用字也。觚者，禮器也，非經意。正體從木作㯺。經説一樹㯺有五枝。韻詮云：㯺者，木枝四垂布也。從木辜音姑聲也。
如砥掌　上音止。孔注尚書：砥細於礪，皆磨石也。砥掌，喻平也。
荆棘　薑迎反，下居力反。左傳：班荆相與食。顧野王：楚木也。廣雅：棘，藏也。説文：似枣而瘦，藂生也。
綩綖　於遠反，下以旃反。假借字也。若取字義即乖經意。案綩綖，地褥也，即儛筵也。俗呼爲地衣、毛錦是也。
鬉尾　總東反。作鬆，馬項上長毛也。韻詮：馬鬣也力葉反。經文作髦，非也，音毛。詩傳：髦，俊也，選也。非經意。
欄楯　勒單反，下述潤反。説文：欄，檻也。咸鑒反。王注楚辭：縱曰欄，横曰楯。楯間子曰櫺音零子，俗呼爲鉤欄。
深塹　七焰反。説文：塹，坑也。從土斬聲也。考聲云：長坑也。韻英：小坑也。或云壕坑。玉篇云：城池爲塹，或作壍。
寶縵　上寶字從宀音綿從王從缶甫苟反從貝。下莫半反。正從巾作幔帷也。經文從糸覓音作縵，乃無文繒也，非帷幔之[字]〔六六〕也。
棄捐　悦娟反。音與緣同。説文：棄也。從手肙决緣反省〔六七〕聲也。
寶㼜　牽結反。埤蒼：㼜受一蚪。北燕人謂瓶爲㼜，大瓶也。
擣香　多老反。末香也。古人語朴，故云擣香也。

阿釁　虛靳反，薑鎮反。杜注左傳：釁，罪也。考聲：瑕隙也。經文作舋，訛謬也。或作衅，古字也。靳音斤震反。
樓由　亦名樓至，皆梵語訛也。即賢劫中菩薩最後成佛者是也。經自解云：樓由，晉言涕泣，即密迹金剛也。
質樸　普剥反。考聲：凡物未彫刻曰樸。經作朴，俗字也。

大〔六八〕寶積經　第十卷

間關　上皆顔反，下古頑反。如前第二卷末已具釋。
度知　唐洛反。考聲云：度，量。
鉤鎖　如第八卷初具釋。
鏗然　口耕反。字書云：金聲。
舉著　説文舉字，從手與聲也。居語反。下猪略反。從草從者。經從目作着，非也。
麤獷　倉胡反。説文：從三鹿。今省作麁。下虢猛反。集訓：獷，惡也。説文：從犬廣聲也。
肩臂　上音堅。經從户從月作肩（肩）〔六九〕，非也。説文：肩，髆也。從肉象形。下卑寐反彌裨反。説文：腕後肘前。從肉辟聲也。
膝腨　胥逸反。正從卪音節作厀。今通作膝，從肉桼音七聲也。下船兗反，而兗反。古今正字作踹。説文：足腓腸也。從肉耑音端省〔七〇〕聲。
跏趺　上音加，下甫無反。具如音義大般若能斷金剛分中已釋。
諸仞　音刃。考聲云：度深曰仞。孔注尚書：八尺曰仞。包咸注論語：七尺曰仞。説文：申臂一尋曰仞。

迴遠　熒頴反。從辵丑略反同聲也户頴反。經文從向作逈，非也。從此已下有諸天真言二十五道，古人譯爲漢語，訛失聖意，文句蹇澀，讀誦甚難。今欲再翻，爲闕梵夾，難爲詳定，且依經本，以俟後賢。

于闐　田練反。大唐西域記譯云瞿薩旦那國，唐言地乳，諸故〔七一〕謂之豁旦。印度謂之屈丹，舊曰于闐，皆訛也。案：此國令（今）〔七二〕即貫屬安西四鎮之城，此其一鎮也。於彼城中有毗沙門天神廟，七層木樓，神居樓上，甚有靈驗。其國界有牛頭山，天神時來棲宅此山。山有玉河，河中往往漂流美玉。彼國王常採遠來貢獻。東去長安一萬二千餘里。

一切經音義　卷第十一

校勘記

〔一〕者　頻作「省」。
〔二〕罡　獅作「罔」。
〔三〕女　頻作「仐」。
〔四〕楊　據文意當爲「揚」。
〔五〕虽　獅作「虫」。
〔六〕蔞　據文意當爲「蔞」。
〔七〕蔞　據文意當爲「蘗」。
〔八〕巾　頻作「中」。
〔九〕薛　據文意當爲「薜」。今傳本説文：「蠥，衣服歌謡艸木之怪謂之蠥。从虫，辥聲。」
〔一〇〕於　頻作「于」，據文意當作「干」。
〔一一〕逾　據文意似作「踰」。
〔一二〕户　據文意似爲「云」。
〔一三〕説文：循，行也　今傳本説文：「循，行順也。」
〔一四〕搆　據文意當作「構」。
〔一五〕作　麗無，據文意補。
〔一六〕榏　據文意當作「搤」。
〔一七〕省　衍。
〔一八〕省　衍。
〔一九〕同　據文意似爲「用」之誤。
〔二〇〕嬰　據文意當作「嬰」。
〔二一〕几　據文意當作「几」。下同。
〔二二〕鴈　據文意似作「鳫」。
〔二三〕省　衍。
〔二四〕省　衍。
〔二五〕夬　今傳本説文作「決」。
〔二六〕師　據文意似作「帥」。
〔二七〕狩名也。象踞，後點象其尾　今傳本説文：「獸名，象踞。後其尾形。」段注：「獸名，象兔踞。後其尾形。」
〔二八〕兔　據文意當爲「㲋」。下同。今傳本説文：「兔，獸名。象踞，後其尾形。兔頭與㲋頭同。」
〔二九〕反　麗無，據文意補。
〔三〇〕塢　頻作「鴮」。
〔三一〕蚊　獅作「蚁」，下同。
〔三二〕猛　麗無，據下文「一名耿猛」補。
〔三三〕駝　今傳本説文作「馳」。
〔三四〕説文：大駝也。從馬它音他聲也　今傳本説文：「馳，大驅也。从馬也聲。」
〔三五〕謟　獅作「謟」。下同。
〔三六〕晞　據文意似作「睎」。
〔三七〕比　獅作「注」。
〔三八〕參　據文意似作「叅」。
〔三九〕省　衍。
〔四〇〕櫌　獅作「擾」。
〔四一〕櫌　據文意似作「擾」。下同。
〔四二〕省　衍。
〔四三〕林　據文意當作「梀」。下同。
〔四四〕冡　頻作「罪」。
〔四五〕意　獅作「惡」。
〔四六〕省　衍。
〔四七〕刋　據文意當作「韧」。下同。
〔四八〕閞　獅作「闢」，下同。
〔四九〕吉　大正作「告」。
〔五〇〕櫌　據文意似當作「擾」。下同。
〔五一〕憂　據文意似當作「憂」。
〔五二〕鄭　麗無，據文意補。

〔五三〕坑　獅作「穴」。
〔五四〕苖　獅作「蒭」。
〔五五〕效　獅作「於」。
〔五六〕大　據文意似當作「犬」。
〔五七〕辯　頻作「辨」。
〔五八〕治　獅作「冶」。
〔五九〕水　獅作「木」。

〔六〇〕縱　獅作「縱」。下同。
〔六一〕耳　據文意似當作「丑」。
〔六二〕縛　似爲「轉」之誤。
〔六三〕俗　頻作「倍」。
〔六四〕被　據文意似當作「褫」。
〔六五〕省　衍。
〔六六〕字　麗無，據頻補。

〔六七〕省　衍。
〔六八〕大　麗獅皆無，據文意補。
〔六九〕肩　據文意當爲「肩」。
〔七〇〕省　衍。
〔七一〕故　據文意當作「胡」。
〔七二〕令　頻作「今」。

一切經音義　卷第十二

大唐翻經沙門慧琳撰

大寶積經音義之二　從第十一盡三十六凡二十六卷

大寶積經卷　第十一　西晉沙門竺法護譯

純洲　上常倫反。或作淳。賈逵注國語：純，專也。方言：純，好也。顧野王云：美也。孔注尚書云：純一之行也。說文：從糸音覓屯追倫反聲也。下時陸反。俗用字也。正體作淑。毛詩傳：洲，善也。說文：清湛也。字書：洲，順也。

劈裂　上匹壁反。廣雅：劈，裂也。埤蒼：剖也普口反。說文：破也。從刀辟聲也。下力哲反。廣雅：裂，分也。說文：裂，繒餘也。案繒餘，裂斷繒彩也。從衣列聲。或從手作挒，古字也。

車釭　貢紅反。說文：車轂口上鐵也。或作軖，同。

水滴　丁歷反。經文從帝作渧，俗字也。說文：從水從嫡省聲也。

麨草　蠅即反。考聲云：麥糠麨也。

赭衣　之野反。郭璞注方言云：衣赤色。

裸形　盧果反。說文：肉袒也壇嬾反。露形體也。爾雅：襢徒旱反裼音錫，肉袒也。郭璞云：脱衣而見體也。今俗音胡卦反。或作倮、躶，用同。

蘿蔽（菔）　上音羅。或作蘆祿都反。下蒲墨反。或作葍根，菜名也。經中有作菜（萊）[一]茯，非也。

淳湩　誅巃反龍重反。說文云：乳汁也。江南見今呼乳汁爲湩，去聲。

釜銚　上扶甫反。顏師古注急就章云：釜，流以用炊煮也。大曰釜，小曰鍑扶救反。下條吊反。考聲云：燒器也。淺於釜，鬲屬也。鬲音古禾反。顏公云：温器也。施系而提之曰銚。

賫往　上精雞反。俗字也。正體從齊作齎。考聲云：持財與人曰賫。從貝齊聲也。

彌迦　薑佉反。梵語也。佛初成道來獻乳糜牧牛女名，此無正翻也。

謙恪　上輕兼反。考聲云：讓也，退也。說文：敬也。從言兼聲也。下康各反。字書云：敬也。說文：或作愙也。

瓌奇　公回反。或作傀、瑰、褢，四形並同。考聲云：瑰琦者，美大之皃也。經文從貴作璝，俗用，非正體。此字起自赫連勃勃，男名也，非本字也。竒字合從王作琦。

閡心　我葢反。考聲：以木欄門曰閡。說文：外閉也。或作礙。

礙，止也，亦通。

欲躃　毗亦反。躃，倒也。

馳騁　[丑郢][一]反。前文經第二卷中已具釋。

曾眴　上藏稜反，下玄絹反。或作旬，亦同。王逸注楚辭云：眴，視皃。說文：目揺也。從目旬音縣聲也。經文從日從旬作眴，非也。

大寶積經　第十二卷

訾哉　紫移反。鄭注禮記云：訾，思也。賈注國語：訾，量也。考聲：譽也。謚法曰：牧今述古曰訾，或作嚽。下子來反。顧野王曰：語末之辭也。說文作哉。從口𢦏音災聲也。

稽顙　上企禮反。公羊傳中借用字也。正體作䭫，從旨從首，古字。今通作稽。周禮：九拜，一曰䭫首。鄭玄曰：拜而頭至地也。禮記：再拜䭫顙，哀感之至也[三]。下桑朗反。方言：顙，額。王格反也。公羊傳：再拜稽顙。何休曰：若今之叩頭於地也。

之誼　宜寄反。鄭注周禮云：能制事宜曰誼。考聲云：人之所宜也。謚法曰：善能制命曰誼，行議不疾曰誼。正作誼，從言宜聲。

諷誦　上風貢反，下徐用反。鄭玄注周禮云：背文曰諷，以聲節之曰誦。聲類云：歌盛德之詩，讚美形容曰誦。

憺怕　徒濫反，下普白反。子虚賦曰「憺兮自持，怕兮無爲」是也。顧野王曰：恬静也。字書：憺怕者，心志滿足也。並形聲字也。

根株　知朱反。考聲：殺樹之餘也。說文：木根也。從木朱省[四]聲也。

相揩　坑皆反。廣雅：揩，摩也。說文：從手皆聲也。考聲：揩，拭也。古作𥆯(㪔)[五]也。

滑哉　還八反。說文：滑，利也。

之㔾　無倣反。象形字也。

剖判　普后反。孔安國注尚書：剖，破也。杜注左傳云：中分曰剖。說文：判也。從刀咅聲也。咅音他口反。下普半反。毛詩傳：判，分也。鄭注周禮云：判，半也。說文：從刀半聲也。

希望　武方反。意承望也。

罪釁　忻近反。杜注左傳云：舋，瑕隙也，罪也。賈注國語：兆也。說文作釁。從爨七亂反省爨字象祭器酉古酒字也分聲也。今俗作舋，略也。經作舋，謬也。

蠲去　决緣反。郭璞注方言：蠲，除也，去也。從蜀從益。

瑕疵　下加反。廣雅：瑕，穢也。玉篇：裂也。顧野王云：僁過也。從玉叚聲。叚音下加反。下疾移反。孔注尚書：疵，病也。說文：從疒女厄反此聲也。

綩綖　上於遠反，下以旃反。並假借字。若依字義與經甚乖，今並不取。經云綩綖者，乃珍妙華麗錦繡緜褥、褫音池氈花毯，舞筵之類也。字書並無此正字，借用也。

瘖瘂　上邑今反。說文：不能言也。下烏賈反。埤蒼云：瘂，瘖也。文字集略云：口不能言也。此等說皆相亂不分明。今案：瘖者，寂默而無聲。瘂者，有聲而無說，舌不轉也。今經文多作啞，非也，音厄，啞啞，笑聲也。笑非經義。

瘿瘇　上音伊郢反。說文：頸腫也。或作䁞。下樹勇反，又樹用反。韻英云：足病腫也。韻詮云：不能行也。說文：脛氣足腫也。從疒女厄反從童作疒(瘇)〔六〕。今經文從重作瘇，訛略也。

大寶積經　第十三卷

妖魅　上於驕反。正體從示音示從芺(芺)〔七〕於驕反。今通作妖，訛也。左傳曰：天反時爲災，地反物爲祅。釋名：祅，害也。或作誤。下眉秘反。山海經云：魅之爲物，人身黑首。從目縱豎(竪)〔八〕也。說文云：老物之精也。從鬼未省〔九〕聲也。或作鬼(彪)〔一〇〕，象鬼生毛，故從彡音杉。

反足鬼　鬼名也。括地志云：柔利國在一目國東，爲人一手足，反膝，曲足居上。注云：一手一脚反卷曲也。東方朔神異經云：西荒中有獸焉，其狀如鹿，人面，有牙，猴手，熊足，縱目，横鼻，反踵，饒力，很惡，名曰惡物，此即鬼類也。

暐曄　韋鬼反，下炎劫反。考聲云：暐曄，光彩盛皃也。並從日，韋、華皆聲也。

甘膳　禪戰反。周禮曰：膳夫，上士二人掌王之膳羞。鄭玄曰：膳之言善也。今時美物曰珍膳，言膳夫者食官之長也。考聲云：五味必佳曰膳。說文：具食也。從肉善聲也。經文從食作饍，俗字，非正體。

恭恪　上薑邕反。尚書：儼恪也。孔安國注云：恭，奉也。考聲云：敬也，肅也。說文：給也。從心從共共聲也。古作龔。下康各反。考聲：敬也。說文作愙，亦同。

魔鬼　上音摩，本是梵語略也。正梵音麽莫可反羅。唐云力也，即他化自在天中魔王波旬之異名也。此類鬼神有大神力，能與修出世法者作留難事，名爲麽羅，以力爲名。又略去羅字。

飈聚　上俾遥反。爾雅：扶摇謂之飈。郭璞云：暴風從上向下也。或作猋，從三犬。說文：從風猋聲也。下齊庾反。杜預注左傳云：衆也。說文：會也。從乑音吟取聲也。

犇馳　本門反。考聲云：衆牛走也。或作奔，亦通也。

所湊　倉奏反。考聲云：水交會也，歸也。亦作輳。輳，聚也。

拘翼　梵語也。即天帝釋名也，或云驕尸迦，皆訛也。

大寶積經　第十四卷

沃日　烏穀反。廣雅：沃，漬也音恣。考聲：潤也。說文：溉灌也。篆文加草作渶，從水芺聲。芺音夭。

小挑　經作挑，非也。正作掉，亭吊反。賈逵注國語云：掉，摇也。廣雅：振也，動也，弃擲也。

難頭和難頭　梵語二龍王名，虜質不妙也。正梵音云難努難字上聲，是兄名也。鉢難努難字上聲，是弟名也。即是諸經中難陀、跋難陀兄弟二龍王也。

大圂　魂悶反。蒼頡篇：豕所居。說文作圂。圂，厠也，弃穢處也。

飢饉　記宜反。說文：餓也。考聲云：腹中空也。或作饑。下音近勤釁(反)〔一一〕。說文：蔬不熟也。無穀曰飢，無菜曰饉，並形聲字。

羸劣　累追反，力拙反。瘦弱。

虧缺　軀爲反，犬悅反。

能暢　丑亮反。從申從昜，音羊。從易非。

訢逮　許殷反。賈逵注國語云：訢，樂也音洛。説文：喜也。或作欣字也。

紺色　甘闇反。考聲云：色青而楊(揚)〔一二〕紫光曰紺。

朱鬣　音獵。顧野王曰：馬項上長毛也。今經文作髦，非也。髦，英彦也。乖經意。

垔礙　胡瓦反，五蓋反。

降制　項江反。

儔匹　直流反。考聲云：儔亦匹也。

大寶積經　第十五卷　净居天子會第四　兩卷經

賑給　章刃反。爾雅：賑，富也。考聲：賜也。給賜貧乏也。或作眕。

垢膩　上句口反，下尼雉反。説文：肉上肥也。從肉貳聲也。

革屣　毛詩傳曰：革，皮也。下師綺反。考聲：履之不攝跟者也。或作䩥、縰，三體並從徙音死。經云革屣，即西婆羅門皮鞋也。有類此國偏鞋、草鞋，但以皮草作之，形皃亦全異也。

豺狼　上牀皆反。説文：狼屬也。從豸長利反才聲也。經文從犬作犲，非也，無此字。爾雅云：豺，狗足也。案豺有二類，常群遊山谷。大曰豺郎，小曰豺奴。每小者先行，共獵禽鹿，煞已守之而不敢食，以待豺郎。豺郎後至先食，飽已，然後豺奴啖其餘肉。禮記月令曰：季秋之月霜降之日，豺乃祭獸，即其候也。下洛岡反。説文：狼似犬，鋭頭白額，猛獸也。豺豹之屬也。

日蝕　音食。李淳風乙巳占曰：夫日蝕依常度者，月來掩也。日行遲，一日行一度，一月行二十九度有餘。月行疾，一(二)〔一三〕十七日半一周天，二十九日追及，是之時與日同道，月在於内映日，故見蝕也。

大寶積經　第十六卷

打治　打，吴音爲頂，今不取。集説(訓)〔一四〕音德冷反。廣雅：打，擊也。埤蒼：揞也。白降反。古今正字云：從手從丁聲光(也)〔一五〕。下長离反。韻詮云：治，理也。桂苑珠叢云：修故也。

淤泥　於據反。案：淤泥，池水中㱫青泥。

縛筏　煩韈反。俗字也。正體從木作橃。桂苑珠叢云：縛竹木浮於水謂之橃。

白癩　來大反。考聲云：大風疾也。或作癘也。

喜嘯　蘇吊反。案：嘯，卷舌縮於喉咢之中，吹令作聲，號曰長嘯也。

反覆　豊腹反。考聲：倒也。

大寶積經　第十七卷　無量壽會第五　兩卷經

頻蹙　梵語訛也。

右脅　杴業反。肋也。

擅美　禪戰反。韻詮：專也。或作撣，並從手從木，非也。

捐捨　兖玄反。韻英云：弃也。從才音手𦣻聲。

迦尸迦　並薑佉反。

法鼓　公五反。經文鼓字由來多誤，或從皮作皷，俗字也，或從支普卜反作鼓，乃是蜀字，皆非也。説文：從壴竹句反從支

(攴)[一六]音止而反。象旗手擊之。

法螺　盧和反。俗字也。正體作蠃。經中或有作蠡音禮，皆非蠃字也。

法幢　濁江反。從巾作，正體字也。經從心作忄(非)[一七]也。

雨大法雨　上雨字于句反。考聲云：自上而下也。下雨字如本字上聲也。

荷檐(擔)[一八]　上音何，下多甘反。説文並從人作何儋都甘反。玉篇云：負、任、儋，何也。今經文荷字從草，檐(擔)[一九]從手，俗用，非本字也。音賀者聲轉也。

枡一　星亦反。韻英：析，分也。説文：破木也。正作析，從木從斤，或從片作析(枡)[二〇]片，半木字也，亦通。

大寶積經　第十八卷

豐稔　而枕反。賈逵注國語云：稔，熟也。字統云：穀熟曰稔也。

芬馥　芳分反。説文：草初生香氣分布也。下馮目反。亦香氣皃也。見韓詩也。

金鎖　桑果反。考聲：連環也。字書云：相鉤連也。

盧遮迦寶　蘆佉反。

末瑳寶　並未詳色皃，檢梵本未獲。

陿者　咸甲反。正體從阜音負從匧作陿，或作陜，同。説文：陿，隘也厄介反。山間陿處也。玉篇：不廣大也。經從犬作狹，非也，乃是犬馬狹習字也，循也。乖經意。

清泠　歷丁反。文字音義云：水澄也，極清净也。説文：從水令聲也。

濬流　戌俊反。韻英云：深也。説文作濬，籀文作睿，皆古字也。下流字，説文：從水從㐬音土忽反。㐬上有點，今俗用流(流)[二一]字無點，非也。

沿流　悦涓反。説文：順流而下也。從水從鉛省聲也。

濯流　音濁。廣雅：濯，洗也。爾雅：始也，大也。説文：濯，澣也。從水翟音宅聲也。

同萃　情醉反。集訓云：萃，聚也，集也。

河濱　音賓。水涯音牙畔也。集訓云：水際也。

半檡迦　音宅，下薑佉反。梵語也。黄門二形不男之類也。

可諭　音喻。説文從言。或從口作喻，俗字也。集訓云：曉也，譬諫也。

陂湖　彼眉反。桂苑珠叢云：澤鄣也。謂以土壅鄣水也。案草澤有水曰陂。下音胡。説文：大陂曰湖。案吴越有青草洞庭，皆大湖也。

標式　必遥反。集訓云：舉也，書也。書板爲牓也。説文：木也。從木票匹遥反聲也。或從巾作幖。下傷弋反。説文：法也，用也。從工弋蠅即反聲也。

瞬息　式閏反。韻英云：動目也。經文作瞬，俗字也。説文：正作瞚。開闔音合目數摇也。從目寅聲也。案：瞬目，一斂目也。息者，一息氣也。言極迅促也。呂氏春秋曰：萬世猶如一瞬目也。

層樓　藏稜反。郭注山海經云：層，重也。説文：層，屋重也。從尸曾聲也。

茵褥　上音因，下如欲反。鄭玄注禮記云：茵亦褥也。顧野王云：虎皮褥也。或作鞇字，亦通。

柭[二二]溺　蒸字上聲，蒸境反。隷書俗用字也。説文：正體從手升聲也。或從登作橙(撜)〔二三〕。説文：上舉也。杜預云：救助也。方言：拔出溺也。廣雅：抍，收也。從手丞聲也。

嚋昔　長流反。爾雅：嚋昔，曩昔也。如淳注史記云：家業世世相傳曰嚋。考聲：宿也。形聲也。

大寶積經　第十九卷　不動如來會第六　兩卷經

輕躁　下則奥反。玉篇：躁，動也。賈注國語：擾也。鄭注論語：躁動不安静也。字書：急性也。從足喿喿桑到反。

所泄　先節反。集訓云：漏也，歇也，減也。

髓腦　上雖觜反。骨中脂也。下奴倒反。説文：頭中實也。〔二四〕

户牖　由酒反。廣雅：牕，牖，闢也。音向。韻詮云：正曰窓，旁曰牖。説文：穿壁以木爲交窻也。從月(片)〔二五〕從户甫。

嬾惰　上勒旦反。考聲：不勤也。説文：懈怠也。從女賴聲也。一云：卧食曰嬾。或從心作懶。下徒卧反。廣雅：惰亦懶也。韻英云：懈，隋〔二六〕也。説文：不敬也。從心隋徒卧反聲也。或作墮，亦同。或作㥯，古字也。

大寶積經　第二十卷

金礦　古猛反。廣雅：鐵樸謂之鉚。經作磺，亦同。或作鉳。説文：銅鐵樸謂之礦也。從石黄聲。

鑄鍊　上朱樹反。考聲云：鎔寫也。鎔音容。説文：銷金也。下蓮甸反。韻英：銷鍊金也。説文：冶金也。從金從柬聲也。或從火作煉也。

砂礫　零的反，丁歷反。説文：小石也。考聲云：粗砂也，碎石也。

涯際　五家反。韻詮云：水邊也。考聲亦云：水畔也。孔注尚書：涯亦際也。説文作厓。山邊也。下音祭。廣雅：際，合也，方也。杜注左傳云：椄(接)〔二七〕也。考聲云：畔也。界也。説文：會也〔二八〕。

卍字之文　梵云室哩二合未蹉倉何反。唐云吉祥相也。有云萬字者，謬説也。花〔二九〕嚴經第八卷中具説此相等，亦非是字也，乃是如來身上數處有此吉祥之文、大福德之相。

倉廪　上錯郎反。周禮：倉人掌粟入之藏。説文：穀藏也。從食省，口象倉形。下力錦反。説文：從广從㐭㐭從入回，象屋中有户牖，下從禾。字林及經中作稟，亦通。

盈儲　上盈字，廣雅：充也。説文：器滿也。從皿從夃夃聲也音盈。下音除。考聲云：積也，貯也。

饑饉　蔓宜反。穀不熟也。下音近。説文：菜蔬不熟也。並形聲字也。

大寶積經　第二十一卷　被甲莊嚴會第七　五卷經

雨雹　龐邈反。説文云：雨水也。從雨包聲也。

霹靂　上普覓反，下音歷。古今正字云：霹靂者，陽氣動，作大雷震也。上形下聲也。

欑峯　藏巒反。禮記：聚禾也。博雅：巑岏五官反，山之高皃也。考聲云：聚小山也，聚木也。説文：從木贊聲也。或從山作巑。下芳封反。山高而鋭曰峰。從山夆聲也。經從金作鋒〔三〇〕，亦通。

大寶積經　第二十二卷

防禦　魚舉反。鄭注周禮：禦，禁也。杜注左傳云：禁止也。説文：祀也。從示御聲也。

嶷然　疑極反。考聲：山立皃也。下而旃反。説文：從肉從犬也。

大寶積經　第二十三卷

欻然　暉律反。薜琮云：欻，忽也。蒼頡篇：欻，卒也。説文：吹起也。

悚慄　上相勇反，下鄰質反。小爾雅云：慚悚、戰慄，恐懼皃也。並左形右聲也。

挺特　亭鼎反。廣雅：挺，出也。考聲：挺，直也。説文：拔也。從手廷聲。廷字從廴餘刃反壬天頂反聲也。廴字從彳丑尺反引之也。下騰勒反。考聲：特，雄也，獨也。説文：朴牛也。從牛寺聲也。

霔以　音注。集訓云：時雨所灌，普生萬物。或作澍，亦通。

大寶積經　第二十四卷

延裔　上以旃反。説文：長行也。從丿片蔑［反］〔三二〕從延敕連反，延亦聲也。又説延字從止從廴以刃反。廴字從彳丑尺反引之也。下盈翳反。杜注左傳云：裔，遠也。廣雅云：裔，四表也，出也。説文：裔，衣裾也。從衣從冏冏音女滑反。經文從矛作衺，非也。

階砌　上音皆。顧野王云：登堂之道也。劉熙云：階，梯也。説文：階，陛也。下妻濟反。考聲云：砌，壘也。砌亦階也。從石切聲。

縈帶　上恚營反。毛詩傳云：縈，旋也。韻英：繞也。考聲：卷也。從糸音覓從縈省聲也。

大寶積經　第二十五卷

堤塘　丁奚反。蘇林云：隄，限也。韋昭云：積土以爲封限也。或作隄。下大郎反。韻英云：塘，隄防也。或從自作塘（䧛）〔三三〕，亦通。

爲幹　干岸反。考聲：體也，正也，本也，安也，質也。菩提樹身也，枝本也。

阿壊　二字同。音阿可反。經中已自音了也。

檥　經中已音竟，那可反。

麼　莫可反。並鼻音。

澄潭　直陵反。清浄也。下唐南反。考聲云：水渟深處也。

花蘂　經中作華，非也。下乳水反。集訓云：花鬚也音須。

摇裔　上余腰反，下夷祭反。隨風皃也。

翩翻　上音篇，下音番。飛之象也。

第二十六卷　無字可音訓　法界體性會第八
兩卷經

大寶積經　第二十七卷

堆阜　上當雷反。考聲云：土之高皃也。説文云：小阜也。從土隹聲。有作塠，俗字也。古文作𠂤。下扶久反。吳楚之音也。韻英云：音扶武反。爾雅：大陸曰阜。毛詩傳曰：阜，大也。考聲：丘類也。賈逵注國語云：阜，厚也。廣雅云：無石曰阜。從𠂤都回反。俗從十作阜，古文作𠂤三重，大篆作𨸏，象形也。

振䡴　上宅衡反。廣雅作棖。棖，刺也。清亦反。考聲：振，橦（撞）〔三三〕也濁江反。從手長聲也。或作敦，訓用亦同。下衝燭反。廣雅：䡴，揬也屯忽反。字書：抵誤也。或作牰。從牛角，會意字也。經作觸，俗用。

大寶積經　第二十八卷　大乘十法會第九　一卷經

揃勝　上音角。考聲云：揃，接也。正體作斠。從冓音勾從斗。說文：斠，量也。下昇證反。從力勝省聲也。勝音承孕反。經文從月從券，俗字也。

奢利耶　梵語婆羅門聚落名也。世尊於此邑中乞食不得而空鉢還。

遮摩那　外道女，名孫陀利。以木盂音于鼠嚙其繫斷，木器墮地，尋即生身陷無間地獄，其坑見在舍衛城南。

毗蘭多　毗蘭多，長者名也。請佛安居，長者廢忘，不知佛至，如來於三月之中唯食馬麥也。

土塊　苦外反。或作凷。

淳備　上常倫反。孔注尚書云：淳，一之行也。方言：好也。下皮媚反。說文：具也。從人葡（𤰈）〔三四〕音被聲也。今經作俻，俗字訛略也。

抓掌　側狡反，下章養反。手也。說文作爪。經從手作抓側交反，非也。指端爲爪，指下爲掌。說文：掌字作爪。反爪曰爪也。

波卑掾　悅絹反。梵語天魔名，相傳誤云波旬。梵語元無波旬，古譯書陂旬音縣略也。後人誤書旬爲旬字。

撾打　嘲爪〔三五〕反。馬策也，擊也。考聲云：草木節也。從木過聲也。聲類：捶也。隹壘反。或作檛。從竹從朵丁果反。下得冷反。打，捶也，擊也。從手丁聲也。吳音頂，今不取。

挑卻　上體彫反。考聲：挑，抉也音恚悅反。韻詮：挑，撥也，剔除也。從手兆聲也。

大寶積經　第二十九卷　文殊普門會第十　一卷經

唯然　惟癸反。字書云：唯恭於諾乃各反，尊者命而應辭也。

聚沫　下莫鉢反。水上浮沫也。

常齅　虛救反。以鼻就臭也。經文作嗅，俗字。

鹹酢　上洽緘反。爾雅：鹹，苦也。考聲云：水味也。說文：鹹，銜也。從鹵音魯咸聲也。今經文從酉作醎，誤也。俗用亦通。下粗素反。蒼頡篇云：酢，酸也。說文：醶也叉減反。從酉乍聲也。今俗用酢爲酬酢字藏各反。經文從昔作醋，俗傳用爲酸酢之字也，酢音咋，與說文相反也。二字互用不定。說文玉篇字統皆音酢倉固反，醋音酢，切韻及時俗用即反上音醋粗素反。

細滑　先計反。孔注尚書云：小也。說文：微也。從糸音覓囟音信聲也。經文順俗從田作細，誤也。下還八反。考聲：美也，柔〔三六〕也。說文：利也。從水骨聲。

興澍　上香膺反。鄭箋詩云：興，盛也。鄭注考工記云：興，動也。說文：興，起也。從舁音余從同(同)〔三七〕，同(同)力也。舁字從臼音掬從廾音拱。澍音樹，又音注。考聲云：時雨降注曰澍。從水從寸壴知句反省〔三八〕聲也。

槖籥　上音託。下音藥。御注老子云：槖，鞴袋音敗也〔三九〕。俗云鞴〔四〇〕袋也。籥，笛也音狄，樂器名也。皆虛中能受氣而有聲也。

捷疾　潛接反。考聲：健也。說文：獵也。從手疌潛叶反聲也。

諸冥　覓瓶、迷並二反。毛詩傳曰：冥，窈也一了反。鄭箋云：冥，夜也。說文：幽也。從冖音覓。冖，覆也。從日日數十從六。每十六日，月初虧漸向幽暗也。〔四一〕會意字也。今經文多從宀音綿從具作寘(寘)〔四二〕，非也，失之甚矣。

大寶積經　第三十卷　出現光明會第十一　五卷經

燈燎　遼鳥、遼銚二反。銚，亭曜反。考聲：輕燒也。字書云：廷燭曰燎。說文：放火也。從火尞聲也。尞，力召反。尞字正體從火從昚作尞。昚，古慎字也。焚柴燎天敬慎之至，所以從昚從火也。

瑕垢　上音遐。廣雅云：瑕，穢也。鄭玄曰：玉之病也。下古后反。垢，穢也。

瞻蔔迦　梵語西國花樹名也。上音占，次蒱墨反，下薑佉反。後准此。

拘律陀　應云尼俱律陀。經爲勒頌省去尼字，或云尼俱類，或云尼俱陀，皆梵語訛略也。此譯云無節樹，似梧桐，皮青無皴七旬反，圓滿端直也。

甄叔迦　上音堅。梵語西方花樹名也。大唐西域記云：印度多有甄叔迦樹，其花赤色，形如人手。前音義云：或名阿叔迦，此名無憂樹，其花亦赤色。此說未詳。

優曇鉢羅　或云烏曇跋羅，或但云優曇，皆梵語訛略也。

尸利沙　此云吉祥，即是合昏樹，俗云夜合，其花甚香。

阿提目多　梵語也。正梵音云阿地目得迦，花樹名也。西方有，此國無。

目真鄰陀　梵語訛也。正云母真鄰取上聲那，花樹名也，亦是龍王名。

魔罥　上音摩。梵語略也。正梵音云麼莫可反羅，唐言力也。此鬼神有大神力，能障修行十善，因以名焉。下決兖反。罥，索也。罥亦縛也。從网肙聲也。肙音一縣[反]〔四三〕。

其炷　朱竪反。燈焰炷也。引油之處名之曰炷也。

金牀　狀莊反。從木爿音牆聲也。經文從广從木作床著點，非也。

大寶積經　卷第三十一

澍甘雨　朱樹反。訓解如前，經文作霔，同。

炙燎　上征釋反。火炙也。經作灸音九，恐非也，書人誤也。下遼銚反。燎，火炙燎也。經中作療，力召反。療，病也。恐非此義也。

大寶積經　第三十二卷

拘枳羅　梵語鳥名也。上音俱，次鷄以反。從聲立名。此鳥性好榮茂，不栖枯樹。

髀髆　上卑米反。字書：服(股)〔四四〕外也。說文：從骨卑聲也。經文作胜，俗字也。下補各反。字林：髆，脾(胛)〔四五〕也音甲。文字集略：肩胛也。說文：從骨從博省聲也。尃字從甫從寸。經文作膊(膀)〔四六〕，借用，非本字，音普廓反，非也，甚乖經意也。

傭滿　上寵龍反。韻英云：傭，直也。考聲云：上下均也。說文：從人庸聲也。滿字從水㒼聲㒼音莫安反，形聲字也。

足跟　艮恩反。字統云：足後曰跟。從足艮聲也。

臍深　音齊。說文：毗〔四七〕齊(臍)〔四八〕也。當腹之中。從肉齊省聲也。

紺靑　甘暗反。青赤色也。說文：帛染青而揚赤色。從糸音覓甘聲也。從省略也。青字從生從丹作靑，今作青，變體也。

芬馥　芳文反，下馮目反。考聲云：香氣也。說文：草初生香氣分布。從屮丑列反分聲。今隸書從草作芬。下馥字准前解也。

螺文　魯禾反。俗字也。正體作蠃，水族甲虫也，其文左旋也。

窪曲　烏瓜反。或作窊、洼，三體同。經從雨作霐，誤也。韻詮云：下濕地。說文：從穴洼聲也。或作凹，俗字也。

炳著　上兵皿反、明丙反，下張慮反。蒼頡篇：炳，明。考聲：火明也。說文：從火丙聲。或作昺，亦同。著亦明也。經作着，俗字。

膞傭　或作䏝、腨、踹，四形皆一也。殊耎反。足腓腸也。說文：從肉專聲拙舡反。專字從寸從叀音專。下丑龍反。訓如前也。

迦蘭陀鴻　梵語鳥名也。亦是池名，亦竹林名，亦聚落名也。

佷戾　上音恨，下音麗。字書：勃惡也。從人艮聲也。

詭異　上愧委反。考聲云：詐也，欺也，隨惡也。顧野王云：奇怪也。或作恑也。

耎草　而兖反。說文：弱也。從而從火。經文作軟，非也。一切字書並無此軟字也。

瘡疣　上惻莊反，俗字也。考聲云：瘡，痍也。說文作創，刅傷也。古文作戧，或作刅，古字也。下音尤。蒼頡篇：疣，病也。考聲云：皮上風結也。或作肬。肬，贅也隹芮反。

阿吒嚩迦　吒音摘家反，嚩音無可反，迦音薑佉反。梵語也。壙野鬼神大將名也。或名遏吒薄俱，語聲轉皆一也。俗名元帥大將，非也。十六大藥叉將之一將也。

摩那婆伽　梵語龍王名也。亦是大神名也。

兜　都鈎反。

牟盧　梵語天名也。此即四姊妹女天之兄也，並是慾界中諸天眷屬。

尸棄毗　梵語音樂天名也。部屬東方持國天王也。

鳩槃荼　上九憂反，下宅家反也。南方天王下鬼名，面似冬瓜。

毗盧擇迦　擇音宅。經文作釋，非也。四大天王中之一也。南方天王統領如前鳩槃吒衆。

三暮多　梵語風神名也，亦曰風天異名耳也。

綵幔　莫半反。廣雅：幔，帳也，覆也。說文：幔，幕也。從巾曼聲也。

叢廁　藏籠反。考聲云：叢，聚也。下初使反，去聲。廣雅：廁，間也。蒼頡篇：次也，雜也。從广音儼則聲也。

錯糅　尼溜反。考聲云：糅，雜也。

瞻蔔迦　上音占，次蒱墨反，下薑佉反。花名也。

畢力迦　梵語香名也。

懷妊　上胡乖反。古文從女作褱。蒼頡篇作裦。裦，抱也。下而賃反。廣雅：妊，娠也音身。或作姙。説文：妊，孕也。考聲云：女人妊身也。從女壬聲也。

環釧　上音還。爾雅：肉好若一謂之環。郭注云：孔與邊等也。好音訶到反。下川戀反。韻英云：臂鐶也。形聲字也。

墜險　除類反。

攀藤　普班反。説文：攀，引也。古文從反拱作𠬯。從手攀(樊)〔四九〕聲也音煩。下徒能反。考聲云：藤者，蔓莚之類。從草縢聲也。

蠲勞　决緣反。郭璞注方言云：蠲，除也。下勒高反也。

大寶積經　第三十三卷

懟恨　上除類反。説文：懟，怨也。經文云對者脱去心也。

拯濟　無反音，取蒸字上聲。方言云：拯，救助也。從扌音手丞聲也。

陀羅弭拏咒　奴霞反。其咒中字但取聲韻以響梵字，並不合訓解也。

瞖囉　一計反。從目殹聲也。經文誤從酉作醫，非也。下囉字彈舌呼。

企　輕以反。

忙囊　上莫牓反，下奴黨反。

攘　孃養反。

孽　言列反。

此真言謂無正梵本別翻，且依舊本。

皆挾　音叶，刑牒反。考聲：挾，持也，藏也。

互橖觸　上音户，次宅耕反。考聲：橖，柱也。從木堂聲也。

金柄　兵命反。考聲云：器物所持處也。亦作棅，訓用同。

大寶積經　第三十四卷

補特伽羅　梵語也。唐云法無我也。

廣陜　咸夾反。考聲：陜，隘也厄界反。或從厂音漢作厎。從阜夾聲也。經文從犬作狹，非本字也。

陀羅尼帝替　天計(反)〔五〇〕。

醯　馨翳反。

嚀　轉舌。

喉髆　我各反。俗字。正體從肉從吅音喧從屰音逆作腭。今通俗作咢，訛也。

賫持　精齊反。俗字也。顧野王云：賫猶持也。廣雅：送。説文：持遺。正作齎，從貝齊聲。

大寶積經　第三十五卷　菩薩藏會第十二

先有音義今再修　二卷經

薄伽梵　梵語如來尊號也。衆德之美稱也。佛地論偈云：自在熾盛與端嚴，名稱吉祥及尊貴。如是六種義差別，應知總號薄伽梵。此爲文含多義，譯經者恐不盡其妙，故存梵語也。

室羅伐　梵語西土國名也。古譯名舍衛，或云舍婆提，皆語訛轉也。唐言聞物國，言此國出多聞之人，足寶物。善見律亦名多有國，言多足聰明智人，諸國珍奇皆歸此國，富有物產，故言多有，其義一也。上古有舍衛人住居此地，因名舍衛，在中印度境。

魔王 莫何反。字書本無此字，譯者變摩作之。梵云麼羅，古譯云能障修行出世業者，又云能煞斷惠命。故起世經云：他化天上初禪之下，有魔王波旬宮殿，身光壽量勝下劣上，威力自在，與他化天王等，常與諸佛捔力，屬爾化天攝。梵語名波畢掾緣絹反。唐云惡欲，多愛慾故也。

阿素洛 舊云阿須倫，或云阿脩羅，皆梵語訛轉也。正云阿上聲素羅轉舌，此曰非天，或云障蔽，諸鬼神中最大福德。印度風俗，凡諸鬼神通名爲天，此類常與諸天争勝，故以非天爲[五一]之。起世因本經説其徒有四類，國土宮殿在大海之下，須彌山四面各有一國，東面毗摩質多，南面踊躍，西面幻化，北面羅睺。上去海水萬瑜繕那，感四風輪持水令住：一曰住，二曰安住，三曰不墮，四曰牢固。諸餘眷屬或住諸山，人間海島往往聞有阿脩羅窟，即傳記所説清辯菩薩所入處是也。

藥叉 舊曰閱叉，或云夜叉，或云野叉，皆訛轉也。即多聞天王所統之衆也。

摩揭陁 京謁反。或云摩竭陀，或云摩竭提，皆一也。西域記説即中印度境，舊曰巴連弗邑。其地下濕，出好粳米，無憂王所治之都，最多聖跡也。

鷲峯 音就。或名靈鷲，或名鷲頭，或名鷲臺，皆隨俗言耳。古曰耆闍崛，乃梵語略也。正云紇哩二合馱羅二合轉舌矩吒山，既栖鷲鳥，又類高臺，因名鷲臺。鷲鳥栖於峰上，故曰鷲峰。紇，痕没反也。

僧伽胝 音知。舊曰僧伽梨，此云複衣，即今僧之大衣是也。下從九條，上至二十五條，但取奇數，九種差別具如律文所説。佛制入王宮時，入聚落時，摧伏外道時，見猛獸時應著此衣。

嚴整 征領反。考聲云：整，齊也，正也，理也。從敕敕，古勑字也正聲也。

超挺 上耻朝反。方言：遠也。蒼頡篇：踰也。廣雅：度也。王逸注楚辭云：超，越也。説文：跳也。從走召聲也。召字從刀從口，俗作召，非也。下廷頂反。廣雅：挺，出也。考聲云：抗也苦浪反，直也。方言：竟也。從才音手廷聲也。廷音同上。從支(廴)[五二]餘刃反壬體頂反聲也。

無橈 奴咬、奴教二反，並通。廣雅：亂也。考聲：曲也。從木堯聲。

耎膩 上而兖反。説文：弱也。從而從火。經文從車作軟，非也。本無此字。下尼致反。王逸注楚辭云：滑也。説文：肉上肥也。從肉貳音二聲也。

安膳那 梵語眼藥名也。此藥石類也。深青色兼有紫紺之色，亦似金精。

帝青 寶名也。唯天帝有此青寶，因號帝青也。

天弓 或名帝弓，即虹蜺也。俗呼虹字爲降音。詩云蝃蝀，皆一也。

瑕穢 胡加反。玉篇云：玉之病也。下於衛反。字書：不清絜(潔)[五三]也，濁也。

鑄金 章樹反。顧野王曰：煬銅爲器曰鑄。説文：消金也。從金壽省聲也。

奢摩他 梵語也。唐言定，或云寂静，一義。

鴈行　顔澗反。或作鴈。毛詩傳云：大曰鴻，小曰鴈。

喬荅摩　梵語也。義譯云牛糞種，或名甘蔗種，或名泥土種。古曰瞿曇，梵語訛也。

狻猊頷　蘇九反，次音霓，下胡濫反。爾雅：狻猊，如虦猫，食虎豹。郭璞云：即師子也。出西國。漢武帝時疏勒王所獻。頷，顄也。

纖雜　相鹽反。纖，細也。下財合反。從衣從集。集五采衣曰雜。

肩髆　上音堅，下音博。前已訓釋也。

髀腨　上毗米反。說文：股外也。內曰股，外曰髀。從骨卑聲也。下時耎反。或作蹲。說文：足腓腸也。從內（肉）〔五四〕耑音端省〔五五〕聲也。腓音肥，腸音長也。

䋄鞔　上音冈，下莫安反。廣雅：鞔，補也。如來十指間有肉䋄，猶如鵝足。

雙跖　之亦反。或作蹠。說文云：足下也。

瞿拉坡　上具愚反，次郎荅反，下普波反。梵語也。此謂兩臀肉也。臀，徒魂反。

蹈空　徒到反。劉兆注公羊傳云：蹈，履行也。說文：踐也。從足舀〔五六〕羊小反聲。

竊懷　千結反。考聲云：私恥〔五七〕也，小視也。說文：盜自穴中出。從穴從米，卨音薛廿音疾皆聲也。今省去廿作竊，略也。下胡乖反。

那庾多　羊主反。梵語西國數法名也。古云那由他。花嚴經阿僧祇品云俱胝。俱胝爲一阿庾多，阿庾多爲一那庾多，三等數法中此即大數法也。

俱胝　亦彼方數法。花嚴經阿僧祇品云：十萬爲一洛叉，一百洛叉爲一俱胝。此則中數也。

駃流　師事反。蒼頡篇：駃，疾也。桂苑珠叢云：疾速。從馬史聲也。經文從夬音怪作駃音決，誤也。有音爲决者，非也。下流字從水從㐬土骨反。從川略去點作流（流）〔五八〕，俗字也。

漂没　匹遥反。說文：漂，浮也。廣雅：漂，潎也篇蔑反。下門悖反。杜注左傳：没，沈也。聲類：没，溺也。說文：湛也。從水從𠬛。𠬛即古文作㲽字，會意字。

末摩　上莫鉢反。梵語也。此云死節，言人攴（支）〔五九〕節之中若被打被損，身則死殀，故云死節。

毒燄　鹽塹反。說文：火行微燄燄然也。或作爓。韻英云：火光也。或省去門作焰，俗字也。

癡瞽　上恥知反。說文云：不慧也。下公午反。鄭衆注周禮云：無目謂之瞽，漫漫如鼓皮也。

焰魔　前大般若音義中已具說。

洄澓　上音回。文字音義云：大水迴流也。下音伏。考聲云：水旋流也。或作洑也。

波濤　唐勞反。許叔重注淮南子云：潮水踊起，還者爲濤。蒼頡篇云：大波曰濤也。

躭著　上答南反。韻英云：躭，好也呼報反。考聲云：翫也五喚反，著也。從身從冘省〔六〇〕聲也。下馳略反。桂苑珠叢云：附也。漢書云：至也。從草從者，經文作着，俗字行書也。

羸劣　上力爲反。考聲云：羸，疲極也。說文：羸，瘦也正瘦字也。從羊羸（𣎆）〔六一〕力爲反聲也。下力輟反。字書：劣，弱也。從少力，會意字也。

六處　案梵語云阿也怛那，此翻爲處。處謂處所，出生之處也。

舊翻名六入，失之耳。梵本鉢羅吠舍，此云入也。
惽耄　上呼昆反。説文：惽，忘也。廣雅：惽，癡也。下莫報反。字書：耄，亂也。從老毛聲也。
皮緩　户滿反。爾雅：緩，舒也。顧野王云：寬也。案：皮緩，寬慢也。從糸音覓爰音員聲也。
面皺　鄒救反。
摩納婆　梵語也。或云摩那婆，或云那羅摩納，或云摩納縛迦，或云那羅摩那，或但云摩納，皆語訛轉也，總一義耳。此譯云儒童。
撮磨　倉活反。考聲云：手撮取也。廣雅：撮，持也。
異生　或云愚異生，言愚癡闇冥，不生無漏故也。舊譯云小兒別生，以癡如小兒也。或云小兒凡夫，又作嬰愚凡夫，或云毛道凡夫，或云毛頭凡夫，義雖是一，失之遠矣，初釋爲正。
旃荼羅　梵語也。即是屠膾主煞守獄之人，或擔糞穢等。上之然反，次宅加反。
被弶　渠向反。考聲云：以弓罥取鳥獸也。字書云：施罥於道，其形似弓。字從弓京聲也。
魔罥　决縣反。亦作羂，或作䍓。考聲云：以繩捕也，纏綰也彎板反。韻英云：繫取也。從冈肙一縣反聲也。經云魔羂者，五欲也。魔王以此繫縛衆生也。

大寶積經　卷第三十六　金毗羅天授記品

菩薩藏會盡此卷

不覺　文(交)〔六二〕效反。睡寤也。又本音角，亦通。
聽不　體丁反。字書云：聽，許也，任也。從壬聲也。
健達縛　梵語虜質也。唐云食香，以香自資，故亦云香行神，或云齅香，又言尋香神。或云居香山，或云身有異香，有言音樂神者，義譯也。舊云乾闥婆，亦云乾沓和，皆諸國音之輕重不同。
揭路荼　亦梵語不妙也。正云蘖嚕轉舌拏，舊曰迦婁羅，或云金翅鳥，已見前釋。
緊捺洛　上經引反，次奴割反。歌神也，人身馬首。女則如人，端正能歌，多與乾闥婆天爲妻室眷屬也。
莫呼洛伽　或作牟呼洛，並訛略不正也。此云大腹行，即大蟒神也。有業通力，能化爲人也。
殟鉢羅花　上温骨反。此即梵語。唐云青蓮花也。其花青色，葉細狹長，香氣遠聞，人間難有，或名優鉢羅也。
鉢特摩花　或云鉢頭摩，或名鉢弩摩，正梵音云鉢納摩。此即紅蓮花也，或云赤黄色。
拘貿陀　或云拘某陀，或云拘勿頭，正梵音云拘牟那。即深赤色蓮花，一云如火色也。
奔荼利迦　或云芬陀利，正梵音云奔拏拏，奴雅反。里迦居佉反。唐云白蓮花，其花如雪色，人間希有。已上四種蓮花多出無熱惱大龍池，亦云阿耨達池。
依怙　胡古反。爾雅：怙，恃也。
覩史多　梵語也。欲界中空居天名也。舊云兜率陀，或云兜術，或云兜駛多，皆梵語訛略不正也。唐云知足，或云妙足。凡聖界地章云：下天多放逸，上天多闇鈍，故云知足。一生補處菩薩多作此天王，雖復萬行齊功，十度之中而偏修精進。婆沙論及正法念經等説彼天以寶雲爲地，下去大海三十二萬瑜繕那，人間四百年爲彼天中一晝夜，壽命四千歲，身形長二里。

四洲　音州。爾雅云：凡水中可居曰洲。言四洲者，妙高山四面大海中各有一洲。東曰勝身，南曰贍部，西曰牛貨，北曰高勝。一一洲中身形壽量差别不等，廣如起世俱舍等説。

殑伽沙　梵語。西國河名也。此河上源出無熱惱池，其砂微細，猶如微塵，不可知數，故引爲喻。

甎瓦　章緣反，下五寡反也。

礫石　上音歷。考聲云：碎石也。説文：從石從樂省[六三]聲。

株杌　上張瑜反。説文：木根也。下五骨反。字書云：煞樹之餘名爲株杌。説文作兀。

毒刺　此恣反。周禮：刺，煞也。從刀朿此恣反聲也。經文作刾，俗字也。

布單那　梵語鬼名也。或名富單那，或云富陀那，皆訛略不正也。此言臭穢。雖身形臭穢，是餓鬼中福之最勝者。

目揵連　梵語訛略也。正梵音云没熊奴得藥囉轉舌。唐云採菽氏。此大阿羅漢上祖是採菽菉豆仙之種裔，曰以爲氏也。

鬱多羅僧伽　梵語。即僧常服七條袈裟之名也，亦名劃截衣。

恣汝　資四反。韻英云：放縱也。

嬈轉　奴鳥反。古文作嬲。集訓云：戲謔相擾也。三蒼云：嬈，弄也。謔音香約反也。

爲一切　榮僞反。韻英云：助也。從爪作爲，正也。經文作為，略也。

爲普　永危反。考聲云：爲，作也。下文十餘字並同此音也。

梯隥　上體堤反。韻英云：木階也。從木弟聲。下登亘反。郭注穆天子傳云：隥，阪也。韻英云：隥亦梯也。字書：隥，坎也。從阜。

爲橋　渠妖反。考聲云：橋，梁也。字書云：渡水梁也。從木喬渠妖反聲也。經文從有(右)[六四]作槗，非也。

牢固　上盧刀反。廣雅：牢，堅也。從牛從舟省。説文：舟取四面周帀義也。顧野王云：牢亦固也。説文云：閑養牛羊圈也狂院反。有從穴者，非也。

蹶失　上居月反。毛詩傳曰：蹶，動也。賈逵注國語云：蹶，走也。顧野王曰：蹶猶驚駭行賁反急疾之意也。廣雅：踴、踶，跳也。或作趣撅，並同。下失字，説文：縱也。從手、乙作失也。

穿徹　出專反。韻英云：穿，穴也。説文：穿，通也。從穴從牙五加反。下纏列反。杜注左傳云：徹，達也。説文：通也。從彳丑尺反從攴普卜反𠫓音育。育字從𠫓土骨反從肉也。

静慮　舊云禪定。説文：静，審也。考聲：安也，息也。集訓云：慮，念也，思也。從心虍聲。虍音盧。

匱乏　逵位反。毛詩傳曰：匱，竭也。考聲云：匱，窮也。説文：匣也。從匚音方貴聲也。或作樻。下凡法反。尚書大傳云：行而無資謂之乏。乏，少也。左氏傳：反正爲乏，古文作𣥂。

三摩地　梵語也。唐言定，或曰等持，或云等至，皆定義也。

般羅若　上音鉢。梵語訛也。正梵音云鉢囉二合枳孃二合，唐言慧，古譯云智慧，義無不明也。

薩埵　都果反。梵語也。唐言有情，古譯云衆生，義不切也。

樂覩　五教反。

躁動　早告反。鄭玄注論語云：不安静也。賈逵曰：躁，擾也。謚法曰：好變動曰躁。説文：性急也。從足喿先到反聲也。

拕那　梵語訛也。正云馱曩。唐言施。

猛勵　力滯反。毛詩傳曰：厲，惡也。鄭玄曰：犯政爲惡曰勵。杜注左傳云：厲，猛也。謚法曰：暴慢無親曰厲，煞戮無辜曰厲。經文從力作勵，誤用也。說文：從厂呼旦反萬聲也。

一切經音義　卷第十二

校勘記

〔一〕蔽　頻作「菔」。菜　獅作「萊」。
〔二〕丑郢　麗無，據獅補。
〔三〕哀感之至也　阮元校刻十三經注疏爲「哀感之至隱也」。
〔四〕省　衍。
〔五〕眢　似爲「眩」之誤。
〔六〕據上文，此「疒」應為「瘇」。
〔七〕芠　大正作「芺」。
〔八〕堅　獅作「竪」。
〔九〕省　衍。
〔一〇〕鬼　獅作「鬽」。
〔一一〕反　麗無，據文意補。
〔一二〕楊　獅作「揚」。
〔一三〕一　獅作「二」。
〔一四〕說　獅作「訓」。
〔一五〕光　獅作「也」。
〔一六〕支　獅作「攴」。
〔一七〕小　獅作「非」。
〔一八〕檐　獅作「擔」。
〔一九〕檐　據文意當爲「擔」。
〔二〇〕柝　大正作「柎」。
〔二一〕流　獅作「流」。
〔二二〕柸　據文意似作「拯」。
〔二三〕橙　獅作「撜」。
〔二四〕頭中實也　今傳本說文：「囟，頭髗也。」
〔二五〕月　獅作「片」。
〔二六〕隋　獅作「憜」。麗無，據文意補。
〔二七〕椄　據文意當作「接」。
〔二八〕說文：會也　今傳本說文：「際，壁會也」。
〔二九〕花　獅作「華」。
〔三〇〕鋒　獅作「鋒」。
〔三一〕反　麗無，據文意補。
〔三二〕塘　獅作「溏」。
〔三三〕橦　據文意當作「撞」。
〔三四〕葡　似爲「葡」之誤。
〔三五〕爪　據文意似當作「瓜」。
〔三六〕桑　據文意似當作「柔」。
〔三七〕司　獅作「同」。下同。
〔三八〕省　衍。
〔三九〕韛袋音敗也　據文意當爲「韛音敗袋也」。
〔四〇〕鞫　據文意似作「韛」。
〔四一〕今傳本說文：「冥，幽也。从日六从冖聲。日數十，十六日而月始虧。」
〔四二〕寘　獅作「冥」。
〔四三〕反　麗無，據頻補。
〔四四〕服　獅作「股」。
〔四五〕脾　獅作「胛」。
〔四六〕膊　頻作「膀」。
〔四七〕毗　獅作「毗」。
〔四八〕齊　頻作「齎」。
〔四九〕攀　大正作「樊」。
〔五〇〕反　麗無，據獅補。
〔五一〕茼　據文意似作「爯」，即「稱」。
〔五二〕支　獅作「攴」。
〔五三〕絜　據文意似作「潔」。
〔五四〕內　獅作「肉」。
〔五五〕省　衍。
〔五六〕臽　據文意似作「舀」。
〔五七〕恥　據文意似作「取」。
〔五八〕流　據文意似作「流」。
〔五九〕支　獅作「支」。
〔六〇〕省　衍。
〔六一〕羸　似當作「羸」。
〔六二〕文　據文意似爲「交」。
〔六三〕省　衍。
〔六四〕有　頻作「右」。

一切經音義　卷第十三

大唐翻經沙門慧琳撰

大寶積經音義之三　音卷從三十七盡五十五凡十九卷

大寶積經　第三十七卷

尸羅　梵語。唐云戒，或云律，或總云戒律藏也。

不怯　欠業反。顧野王曰：怯，畏劣也。考聲云：怯，懦也。奴亂反。說文作犾。從犬。犬多畏，會意字也。

洟唾　上梯計反。正體從鼻從弟作鵜。或作啼[一]，見韻英。鼻液也。經中作洟，本音夷。說文亦誤也，爲篆書夷字與弟字相亂，有此誤也，遂相效用之。今玉篇考聲及韻英等數家字書並音以脂反。周易萃卦云：齊(齎)[二]咨涕洟。足爲明證也。洟亦是口鼻汁也。下吐臥反。說文：口液也。或從水作唾(涶)[三]。考聲云：口中津沫也。

犛牛　卯包反。又音毛。山海經云：潘侯之山有獸，狀如牛而四節生毛，名曰犛牛。郭璞注曰：牛背膝髀尾皆有長毛。說文云：西南夷長髦音毛牛也。從牛從斄省[四]聲也。

鄔波索迦　梵語也。古譯云優波婆迦，或云優婆塞，皆訛略也。唐云近善男，有部律近事男，亦云近宿男，爲近三寶而住宿承事也。或言清信士、善宿男者，義譯也。

鄔波斯迦　唐云近善女，或云近事女，義同。前釋言帶女聲云斯迦，古譯云優波賜迦，或云優婆夷，皆訛也。

不鞕　額更反。韻英云：堅也。俗作硬，或作鞕同也。

不澀　師立反。王逸注楚辭云：澀，難也。郭璞注方言云：澀猶盉也。說文：不滑也。從四止，二倒書，二正書，會意字也。經文上作二刃，誤也。有從三止從水作澁者，俗字，非正體也。

易解　夷地反。下行賣反，有音下者，非也。

易識　羊益反。變易也。

羯羅頻伽　或云迦陵頻伽。此譯云好聲之鳥也。

流涌　力周反。說文：水行也。從水從㐬音他骨反。㐬，忽也。說文：從沝，二水並從㐬作𣴓，今俗作流(流)[五]，訛也。下音勇。顧野王曰：水波滕涌也。或作湧。說文云：涌，滕也徒能反。從水甬聲。

莖幹　上幸耕反。博雅：草本曰莖。說文：枝主也。從艹音草巠聲也。巠音形。下岡懶反。說文：樹枝也。從干倝干岸反聲。或從木從干。此二字並通。二去聲，今取上聲也。

分析　星歷反。或從片作折(枋)[六]，俗字也。

叵知　或作頗，普我反。顧野王云：叵，不可也。語辭也。說文闕訓。

一滴　丁力反。或從商(適)〔七〕作適。從帝者，非也。

洄澓　上音回，下音復(復)〔八〕。字書云：洄澓，水旋流皃也。

螢火　穴冥反。草蟲名也。爾雅作熒。熒火即炤。郭璞曰：夜飛腹下有火光。炤即照字。禮記月令曰：大暑之日腐草化爲螢。韻英作螢也。

庭燎　歷弔、力召二反。周禮注云：於門外曰大燭，門内曰庭燎。皆所以照衆爲明也。鄭玄曰：地燭也。從火尞聲。尞即古文燎字。

贍部捺陀金　梵語也。上時焰反。字從貝詹音占聲。下奴割反。字從手奈聲也。梵語上色黄金名也，舊曰閻浮檀金。起世因本經云：此贍部洲大海岸下水中有此金，岸上陸地有贍部樹。轉輪聖王出世，役使鬼神取此金用，是故人間往往有此金。最上殊勝，勝一切金也。

衣襟　錦陰反。郭璞注爾雅云：交領也。亦曰衣袂彌曳反。説文作衿。交衽也。從衣禁聲也。衽音荏也。

蘇揭多　居謁反。梵語是如來尊號之一名也。此云善逝，舊云脩伽度，亦曰脩伽多，又曰脩伽陀，皆訛也。此有三義：一讚德，二不迴，三圓滿，皆一義。

目脂鄰陀　梵語山名也。此有大小二别。古目真鄰陀，皆虜質也。正梵音云母止鄰上聲那，此云脱。此山有龍，亦同此名也。

一刹那頃　一牟呼囉多頃　一羅婆頃　犬顯反。考聲云：少選也。集訓云：近也，少間也。刹那、羅婆、牟呼羅多，皆彼方梵語時分名也。刹那有二别。俱舍論云：百二十刹那爲怛刹那。量臘縛，其實一也。牟呼羅多或云謨呼律多。論曰須臾，占書云謨忽，皆一名耳。俱舍婆沙等論具明此義。音第四卷及第十卷中已算計多少，具釋訓訖。

顯敞　唱掌反。考聲云：開也，明也，露也，理高地以望也。從攴普卜反尚聲也。

青翠　七醉反。考聲云：碧色之明也。從羽卒聲。

迦遮鄰地　梵語也。唐言細耎輕妙最上衣也。

氍毹　上音瞿，下霜芻反。考聲云：織毛爲文彩，本胡語也。此無正翻。俗曰毛錦，即文罽也居乂反。或作毾、氀。

綿褥　彌編反，下音辱。綿爲褥。正從衣作褥也。

之帔　丕被反。字從巾皮聲。

倚枕　上衣綺反，下之荏反。大枕也。以袋盛耎物而倚憑之。

殟鉢羅花　青蓮花。舊曰優鉢羅。

鉢特摩花　紅蓮花，或云黄蓮花也。

拘畝那花　赤蓮花。深赤色，或云如火色也。

奔荼利花　白蓮花，白如雪色。舊曰芬陀利，訛也。

暎發　英敬反。經作英，非也。

阿底目多迦　丁以反，下薑佉反。下文亦同。舊曰阿提目多加，正云阿地目得迦，其實一花耳。此國無此花。

瞻博迦　舊曰旃簸迦，或作詹波，亦曰瞻蔔，又作占波花，皆方夏言音之差耳。此云金色花。大論云：黄花樹形高大，花亦甚香，其氣逐風甚遠。

蘇末那　摩鉢反。舊云蘇磨那。其花色黄白赤〔九〕，甚香，纔高三四尺，四垂似蓋形也。

婆使迦　舊云婆師迦，訛也。

阿輸迦　波吒羅　迦膩尼雉反羅花　怛羅尼　瞿具愚反怛羅尼　已上諸花皆是彼國有香氣花，經略言耳，此國並無也。

萎悴　委爲反，情遂反。考聲云：憂也。

拘胝　梵語數名也。花嚴經云：一百洛叉一俱知。

僧佉分　迦羅分　伽拏那分　漚波摩分　優波尸商分　已上五段梵語數法名也。漸多漸廣乃至極無量數，喻彼聲聞小聖無量神通，將比如來一分神力亦所不及。

颯然　蘇匝反。舊音義釋云疾速皃。廣雅：颯颯，風也。風吹葉落聲也。

吠嵐僧伽　魯含反。劫災時大猛風名也。此風猛暴，能壞世界。

大寶積經　第三十八卷

標幟　必遥反。通俗文云：徽號曰標。説文：標，幟也。桂苑珠叢：幟即幡旗之類也。從巾票聲也。經文從火作熛，誤也。火飛也。下叱志反。廣雅：幟，幡也。史記曰：人持赤幟幡也。考聲：幟，頭上記也。通俗文云：私記曰幟。説文同廣雅，從巾戠聲也。或從志作幟，亦同。經文從火作熾，火盛也，非經義。票音疋遥反，戠音之翼反。

陿劣　咸甲反。顧野王曰：陿，迫隘不廣大也。經文從犬從夾作狹，非也。乃是狹習犬馬也，非經意。説文：正體從𨸏從匚音方夾聲也。下戀惙反。考聲云：弱也，少也。會意字。或作劣、埒，古字也。

循環　隨遵反。郭璞注爾雅云：循，從也。考聲：順也，善也。郭璞又云：循，巡也。説文：循，行也[一〇]。從彳丑尺反盾聲也。又説盾字從厂音曳從十從目。今經文多誤從人從竪畫作偱，非也。盾音順。下華頑反。鄭注周禮云：環，旋也。鄭玄：圍也，繞也。

鈍根　豚頓反。蒼頡篇云：鈍，頑也。如淳注史記云：頑鈍猶無廉隅也。聲類：不利也。形聲字也。

三摩鉢底　梵語也。唐云定，或云等至初入定。

混亂　上魂穩反。考聲云：水流大皃。下鸞段反。左傳曰：人反德爲亂，亂則妖災生。考聲：亂，錯也，作逆也。或作乱，古字也。李斯書嶧山碑從寸作亂。説文從又(乙)[一一]作亂。亂，治也。從乙乙，治之也𤔔音乱聲也。

暎奪　於敬反。經從央作映，非也。音烏朗反。不明也。非經義也。

迫迮　上音百，下争革反。

毒刺　此賜反。通用正體字也。音粹，誤也。

灰㶳　辛進反。方言：自關而西秦晋之間炊薪不盡曰燼。説文：㶳謂爲火之餘木也。㶳從聿從火。今通作燼，誤也。

大寶積經　第三十九卷

怡適　上以之反。考聲云：喜悦也。和也。下舒亦反。樂也。善也。

傲慢　五告反。考聲云：懰倨也。蕩也。或從女作嫯也。

逃迸　徒勞反。鄭注禮記：逃，去也。王逸注楚辭云：竄也。説文：亡也。下百孟反。玉篇云：散走也。或作跰也。

諸徑　經定反。或作逕。

隍池　胡光反。蒼頡篇云：城下坑也。説文云：城池也。有水曰池，無水曰隍。從阝音負皇聲也。

擁閉　於拱反。蒼頡篇：擁，持也。亦形聲字。閉字從才，有從下者，非也。

絅緪　上音冏，下古恒反。考聲：緪，大索也。經從亘作絚，誤略也。玉篇音胡官反。緩也。又是古文亘字，非經義也。

緾裹　上持連反，下音果也。

大寶積經　第四十卷

擯遺　賓印反。司馬彪注莊子云：擯，棄也。史記：擯，排也。考聲：落也。形聲字也。

疲倦　上音皮。賈逵注國語：疾勞也。考聲云：疲，極也，懶也。下逵願反。孔注尚書云：惓，懈也。顧野王云：惓，止也。

謇吃　上建偃反。易曰：謇，難也。方言：謇亦吃也。或從虎作䖈[一二]，或從了作寋[一三]，或從千作㐰，或作謇，用並同。下謹乙反。考聲云：語難也。氣急重言也。通俗文曰：語不通利謂之謇吃。或從欠作欯，古字也。

詷疾　上音動。纂(纂)[一四]文云：詻詷，急也。通俗文曰：言過謂之詻詷。考聲云：戲詷語也。言氣俱急皃也。經從周作調，書誤也。詻音忩弄反也。

塵黷　徒屋反。蒼頡篇：黷，垢反(也)[一五]。廣雅：蒙也。或從女作嬻，或作遺，訓義同，古字也。

䂨䵵　祖來反，下威衛反也。

怯憚　上欠業反。或作猛。鄭箋詩云：猛，難也。韓詩云：惡也。烏固反。廣雅：驚也。説文：多畏也。從心去聲也。

黃鸝　力知反。方言：黃鸝，鶬鶊也。自關而西謂之黃離，俗謂之黃鸎，或謂之楚雀。廣志謂之黃離留。或作鵹(鵹)[一六]、鷅，古字也。

捷對　情葉反。速也。對字從丵愁學反從士音仕從寸。從至非也。

大寶積經　第四十一卷

諠譁　上暉袁反。亦作讙，俗作喧，古作吅。廣雅：諠，鳴也。聲類：諠亦譁也。玉篇：志也。下音花。考聲：譁亦諠也。互相訓也。

諛諂　羊朱反，丑染反。已見前釋。舊云不擇是非而言謂之諛，希其意道其言謂之諂。

橋飾　居夭反。俗字也。正從手從喬作撟。鄭注周禮云：矯，詐也，妄也。下尸力反。考聲：整也，謹正也。

矜伐　上居疑[一七]反。鄭注禮記云：矜謂自尊大也。謚法曰：自賢曰矜。説文：從矛今聲。經文從令作矜，誤也。

捐捨　悅玄反。考聲云：捐，棄也。説文：從手肙音緣省[一八]聲也。

搏逐　補各反。廣雅：搏，擊也。韻詮云：手擊也。蒼頡篇：至也。聲類：捕也。説文：索持也。從手博省聲也。尃字從甫從寸。經從專，非也。下蟲六反。顧野王曰：逐，追也，驅也。説文：逐，走也。從辵丑略反豕[一九]丑録反聲也。又説豕(豖)[二〇]字，豖，絆也。於豕(豖)[二一]字上加一畫。經從豕作逐，俗字。

逃迸　補孟反。韻詮云：散走也。從辵并聲。或作跰也。

嘷叫　上胡高反。左傳：豺狼嘷也。考聲：獸鳴也。説文：嘷，咆也。從口皋音高聲。下驍曜反。韻英云：大呼也。從口丩經由反聲也。從刀者，誤也。

圂豬　上魂悶反。蒼頡篇：圂，豕所居也。説文：圂，厠也。會意字也。下貯驢反。説文：豕三毛叢生曰豬。從豕，形聲字也。經文從犬作猪，俗字也。

無智膜　音莫。說文云：肉間胲膜也。從肉莫聲也。

祇仰　上旨夷反。毛詩傳曰：祇，敬也。從示氐聲也。下魚兩反。說文：仰，望也。從匕從卩音節作卬，古字也。今從人作仰。

關鍵　上古還反。說文云：以木持門户也。從門𢇇古還反聲也。玉篇云：今所謂門檐者也。經從弁作開音弁，非也。下渠彥反。鄭衆注周禮云：管籥也。說文：鍵，鉉音縣。從金建聲也。或作闥(闑)[二二]，或從木作楗，同。方言云：自關而東謂之鍵，自關而西謂之鑰。鑰，牡也。

暱近　尼栗反。爾雅：昵亦近也。杜注左傳：暱，親也。爾雅：昵，亟欺記反也。考聲云：亟，數也，敬也。經作昵，亦遍(通)[二三]也。

魁膾　上苦回反，下古外反。魁，師[二四]也。膾，割也。並形聲字也。

囹圄　上音零，下音語。周時獄名也。

桎梏　上真日反，下古沃反。鄭注周禮云：在足曰桎，在手曰梏。爾雅：梏，直也。說文：桎，足械也，在(所)[二五]以桎(至)[二六]地也。梏，手械也，所以告天也。並左形右聲字也。鄭玄曰：加明梏者，謂書名姓及罪於梏而著之也。

如毬　渠尤反。字書：皮丸也。或步或騎，以杖擊而争之爲戲也。形聲字也。經文從匊作毱，俗字也。

開闢　開字從幵音牽。下毗亦反。說文：開，闢也，從辟。並形聲字也。

憍高　姜妖反。從心從喬作憍，正也。從右或從有作僑、憰，並非，亦俗字也。

怯下　羌業反。玉篇云：怯，畏劣也。或從犬作狯。杜林云：犬多畏，故從犬也。

挑眼　體姚反。聲類：挑，抉音淵悦反。韻英：撥也，剔除也。說文：從手兆省[二七]聲也。

刖足　元厥反。古之刑名也。經史互説不同。或名腓刑肥未反，或名髕毗胤反刑，則皆一也。民有越關梁、踰城墎爲掠盜者，其刑刖。考聲云：斷足也。或作跀。說文：從刀月聲也。

頻蹙　上毗寅反。今省爲(卑)[二八]。下精育反。或作蹵、𧾷戚，義並同。經初第一卷已釋也。

阿遮利耶　梵語也。唐云軌範師，或云受教師，舊曰阿闍梨，訛也。

紆鬱　上嫗于[反][二九]。考聲云：縈曲也。說文：屈也。形聲字也。下熅律反。孔注尚書云：鬱，哀思也。廣雅：幽也。考聲云：長思也，滯也。從林從缶從冖鬯彡。

貶退　彼撿反。鄭注周禮：貶者，減也。何休注公羊傳：損也。毛詩傳：墜也。或作卑(㝈)[三〇]。

柁那　唐那反。梵語。唐云施，古曰檀那，一也。

羼底　上察限反，下丁以反。唐云忍辱，或云安忍。

毗利耶　唐云精進，或云勇進。

般羅若　梵語訛略也。正梵音鉢羅二合枳孃二合，唐云惠，或云智慧。

肴膳　效交反。賈注國語云：肴，俎也。毛詩傳曰：豆實也。箋云：葅醢也。考聲云：脯羞餅果之屬也。說文：啖也。從肉爻聲也。俗作餚。下音善。鄭玄曰：膳，善也。今之美食曰膳。說文：從肉也。

車乘　時證反。

車路　上舉魚反。釋名云：古者車音加(如)〔三一〕居，言行所以居人也。下盧固反。釋名：路亦車也。言所以行於道路。亦作輅，同也。

邀請　幽遥反。杜注左傳：邀，要也。賈注國語云：求也。漢書音義云：遮也。説文：從辵敫省〔三二〕聲也。

勇勵　上羊腫反。揚雄太玄經云：決而斷之，勇也。謚法曰：玄(弃)〔三三〕命爲仁曰勇，知死不避曰勇。説文：勇，氣也。從力甬聲也。下力滯反。杜注左傳云：相勸勵也。古今正字云：勵，勉也。從力厲聲也。

薩伐若　而者反。梵語不正略也。正梵音薩囀枳孃二合，唐云一切智，舊曰薩婆若也。

髓腦〔三四〕　上雖觜反。説文云：骨中脂。形聲字。下那老[反]〔三五〕。説文：頭中髓也。象形，亦形聲字。從肉𡿺聲也。説文：從匕作𡿺。衛宏單作𡿺也。

⿰食氐餬　上音提。從食從氐丁禮反。經從互，誤也。下音胡。⿰食氐餬即蘇中精醇者，不論冬夏常清不凝，能入人肌肉。或從酉作醍醐，俗用，亦通也。

皓齒　上胡好反。爾雅：皓，白也。從白告聲也。經從日，俗字，通用。下昌止反。象形字也。

紡績　上芳罔反。考聲云：糾絲令緊曰紡。下精亦反。爾雅：績，結也，續也。説文：續也，絹(緝)〔三六〕也。形聲字也。

紡綫　下先箭反。鄭注禮云：綫，縷也。或作線，古字也。

一縷　力禹反。縷亦線也。

妒心　都固反。鄭玄注毛詩云：以色曰妒。説文：婦妒夫也。從女户聲也。經從石作妬，誤也。

大寶積經　第四十二卷

鄔波柁耶　梵語。唐云親教師，古譯云和上。本是胡語訛略。此云博士，非正翻。

貯水　知吕反。杜注左傳：貯，主也，蓄藏之也。説文：積也。從貝宁聲也。宁音除吕反。

癲狂　上丁堅反。韻英云：癲，病也。文字集略云：䟘〔三七〕風入藏病。或作瘨，亦通也。

癰癤　上音邕，下音節。文字集略云：内殨瘡也，不通爲癰。又云：癤者，小癰也。考聲：痤，癤也。

疽癬　上七余反。集略云：久癰爲疽。下仙演反。説文：乾瘍也音易(昜)〔三八〕。顔氏云：今癬有乾濕二種。

惡癘　力滯反。鄭注周禮云：疫氣不和而爲疾也。郭璞注山海經云：惡創也。又音盧大反。字書：大風病也。俗作癩，非也。説文：惡病也。從疒音女厄反萬省〔三九〕聲也。有從厂音罕作厲，訓用亦别，非此義。

洗濯　幢卓反。毛詩傳曰：濯，滌也。説文：浣也。從水翟音宅聲也。

陶師　唐勞反。集訓：窯也音姚。窯，燒瓦器土室也。正作匋。考聲云：瓦竈也。昆吾所作。從缶甫苟反勹音包。今經中從阜作陶。陶，丘也。相承用亦通也。

挻埴　上商延反。宋忠注太玄經：挻，和也。如淳注漢書云：擊也。從手延聲。從土者，非也。下時力反。孔注尚書云：黏土曰埴。釋名云：土黄而細密曰埴。埴，膩也。御注老子亦云：挻，和也。埴，土也。陶匠和土爲瓦缶之器

〔也。從土直聲也。〕〔四〇〕

凝滴　魚兢反。孔注尚書：「凝，成也。鄭注禮記：」〔四一〕堅也。易曰：履霜堅冰，陰始凝也。說文：水堅也。從冫音氷凝聲也。疑字從匕、矢，從𠂤音所於反。下丁歷反。說文云：水欒(欒)〔四二〕注。從水商聲也。從帝，非也。

泡沫　普包反，母鉢反。水沫。

敦觸　宅庚反。或作敜、揨、振，四形並同。聲類：敦，撞也。字書：從手作揨。揨，刺也。說文闕字。從攴亭聲也。

買〔四三〕易　莫候反。顧野王云：交易也。爾雅：市也，賣也。經作貿，書訛也。說文：易財也。從貝丣音夘聲也。

坏成　配媒反。說文：瓦器未燒曰坏。從土從不省聲也。

非撥　彼末反。撥，除也。

驝駝〔四四〕　上郎各、湯洛二反，並通。字書作驝。經文作馲，非也。下達河反。或作駝，俗作馳。考聲云：北方胡畜名也。郭璞注山海經云：驝駝背上有肉㷉，力負千斤，日行三百里，能知水泉之所在。並形聲字。

呵嗽　呼阿反。或作訶。周禮曰：不敬者，呵而罰之。古文從止作呰。下呼遏反。經文作喝，非也。喝音烏介反。廣蒼云：嗽亦訶也。廣雅：怒也。說文：大聲而怒也。從口歇聲也。

一鑊　黃郭注(反)〔四五〕。周禮云：煮肉器也。廣雅：鼎也。說文：鑴也音攜。從金蒦省〔四六〕聲也。蒦，泓號反。

剉膾　上倉貨反。玉篇：剉，斫也。下公外反。廣雅：膾，割也。字統：細切生肉也。說文：細切肉也。從肉會聲也。

鋸解　居御反。蒼頡篇云：截物鋸也。說文：槍榶〔四七〕也。從金居聲也。槍音七羊反，榶音唐。下庚買反。音賈，非也。

壓笮　上於甲反。考聲：壓，鎮也。從土厭聲也。下莊革反。或作窄、迮。說文：迫也。從竹乍聲。舊音義云以槽笮出汁也。

鞭杖　補綿反。玉篇云：用革以朴罪人也。考聲：擊也。說文：驅遲也〔四八〕。從革便聲也。廣雅：鞭，堅也。古文作㚈(㚈)〔四九〕，會意字也。

寱言　霓計反，又音迷閉反。考聲云：睡中語也。通俗文曰：夢中之語曰寱。說文：瞑語也。從㝱省臬聲也。臬音蘖蘗(也)〔五〇〕。㝱者，夢也。

愚戇　卓降反，又濁巷反。音訓云：無知專愚曰戇。考聲云：精神不爽皃也。說文：愚也。從心贛聲也。贛音貢，又音紺，從章從夅下江反貝也。

憒亂　柣問反，下音乱。

愚騃　五駭反。蒼頡篇：無智曰騃。方言：疲癡也。

頑嚚　上五關反，下魚斤反。前音義第三卷般若經第一百八十一中已具釋也。

驅役　羌虞反。蒼頡篇云：隨後曰驅。廣雅：驅，奔也。古文作敺〔五一〕，逐之也。

邪僻　匹亦反。考聲云：側也，避也，誤也。從人辟聲也。

大寶積經　第四十三卷

逆旅　迎戟反。說文：迎也。從辵五略反屰聲。屰音逆。今通作逆，訛也。下力貯反。賈逵注國語云：旅，客也。杜注左傳云：逆旅，客舍也。說文：旅，軍也，五百人也。古文作𧘝(旅)〔五二〕，從㫃於蹇反從二人，古從字也。經從[㔾]〔五三〕作旅，非也。

中殀　央矯反。杜注左傳：短折曰殀。舊音義亦云不盡天年曰殀。說文：夭，屈也。從大頭曲，象形。從歹音殘夭聲也。

羸顇　上力追反。說文：疾也。從羊羸聲也。羸音與上同。下情遂反。蒼頡篇云：顇，憂也。或作悴也。

捷慧　情葉反。考聲：捷，健也，疾也，速也。捷亦慧也。說文：從手疌聲也。疌音同上也。

嶷然　疑力反。字指云：仡嶷，山峰皃也。從山疑聲也。仡音魚訖反。疑字從匕從矢也。

繚戾　靈鳥反，黎結反。

不傴　紆禹反。廣雅：傴，曲也。考聲：曲腰也。爾雅作僂。說文：傴，僂也。從人區聲。僂音力禹反也。

栽櫱　我割反。爾雅：櫱，餘也。說文：或作㭊。伐木餘也。從木𡴀聲。經文從𡴀，誤也。或作不。古字木無頭，象形字也。或作蘖，從薛從木。

大寶積經　第四十四卷

悲噎　煙結反。說文：飯窒。字書：氣塞胸喉食不下也。衛宏作饐。

机隥　飢擬反，下多亘反。案：机隥，小坐物也。

黑駮　補角反。白黑文間曰班駮皃也。

重擔　當監反。從手詹省〔五四〕聲。從木，非也。

山狖　由救反。集訓云：似猿，獮猴類也。楚辭云：猿狖之所居。蒼頡篇云：似狸，能捕鼠，出河西。未詳此說。

猨猴　上音袁，下音侯。山海經云：堂庭之山多白猿。郭璞曰：似獮猴而大，長臂便捷，鳴則聲哀。又猴，說文即玃也。今謂之猴孫，俗曰胡孫。

蜫蟲　上音昆。正體作蚰。文字集略作蜫。集訓云：蜫虫總名。下逐融反。爾雅曰：有足曰蟲。今經文從省作虫，非本字。虫音毁也。

不肖　小要反。廣雅云：肖，似也，類也。說文：骨肉相似曰肖。禮記曰：人無德義曰不肖。說文：從肉小聲也。

撮摩　倉捋反。韻詮云：手撮取也。從手從最聲也。最音宗栝反，捋音盧括反也。

粗獷　虢猛反。已具前釋也。

綺繪　墟倚反。說文云：有文繒也。下胡外反。孔注尚書云：繪，五采也。鄭注論語：繪，畫也。或作繢也。

不呰　資此反。呰，毁也。或作訾也。

强戾　下音麗也。

大寶積經　第四十五卷

虵蠍　常耶反。正體作蛇。下軒謁反。經作蝎，非也。蝎音揭。義訓已具前釋。

蚊虻　上音文，下莫耕反。義訓如前第三卷。

忿懟　長淚反。考聲云：怨而且忿曰懟。或作譵也。

箭稍　上將線反。爾雅：箭，竹名也。郭璞曰：似篠而小，可以爲矢，因名矢爲箭。方言云：自關而西謂矢爲箭。下山卓反。廣雅：稍，矛也。埤蒼云：長丈八也。矛音莫侯反。

澌音薦，矢音始。俗作矢篠庭曆反。

生涯　五家反。説文：水畔也。或作厓。

大寶積經　第四十六卷

而攜　户圭反。玉篇：攜，持也。説文：攜，提也。從手巂聲也。巂音同上。考聲云：巂字從屮象其冠。俗作携，訛也。

驍勇　皎堯反。廣雅：驍，健也。許叔重注淮南子云：驍，勇急也。説文：從馬堯聲也。

抗拒　上康浪反。考聲：抗，拒也，遮也。正字辨惑云：抗，極也，張也，强高也。説文：扞也扞音旱。從手亢聲亢音上同。下渠語反。考聲：拒，捍也，敵也。從手巨聲也。

勍敵　上巨迎反。廣雅：勍，武也。考聲：多力也。説文：强也。從力京聲也。下庭曆反。以見前文也。

親姻　一寅反。爾雅：聟之父曰姻。又曰：聟之黨爲姻族兄弟也。白虎通云：婦人因夫而成，故謂夫黨爲姻。會意字也。

摶挽　上徒欒反。鄭注禮記：摶，固也，圓也。廣雅：著也。或作摶。從手專聲也。下冈[五五]板反。聲類：挽，引也。或作輓，從手免聲。

挫辱　祖過反。鄭注禮記：挫，折也。説文：摧也。從手坐聲。下如欲反。賈注國語云：辱，恥也。説文：從寸在辰下。古者失耕時，則封壃上戮之，故爲辱也。或從心作慝，古字。

憤恚　扶問反。鄭注禮記云：怒氣充實也。説文：懣也，盈也。從心賁聲也。懣音悶，賁音奔。

商佉　梵語也。古譯云霜佉，或云傷佉，或作儴佉，皆梵音訛轉也。唐云贏貝，或曰珂，皆異名也。

咶[五六]飠　砦臘反。考聲：嗍也。淺入口而味之也。從口帀聲也。帀音迊。説文作嚐，銜也。經文作唼。此字有二音。玉篇音所甲反，非經意，今不取。下食字，説文從亼從皀。經從良，俗字也。亼音精入反，皀音彼立反也。

不遑　音皇。或作惶。廣雅：遑，暇也。言無閑暇也。

究槃茶　梵語鬼名也。或云恭畔茶，又作弓槃茶，皆一也。此譯爲形面似冬瓜。此鬼陰囊長大，常於膊上擔行。

驚愕　五各反。俗字也。或作咢，驚也。或作諤，訟諱也。從心咢聲。説文：愕字從吅從屰。吅音喧，屰音戟。經從亏，俗字訛也。

烏曇跋羅　梵語花名。舊云優曇波羅花，或云優曇婆羅花。葉似梨，果大如拳，其味甜，無花而結子，亦有花而難值，故經中以喻希有者也。

何羅怙羅　胡古反。古譯或云曷羅怙羅，或云羅吼羅，又吼羅，或言羅雲，或言羅睺羅，皆梵語。障日時生，因以爲名。又譯爲覆障，以六年在母胎爲胎所覆也。經云七年在母腹中，一由往業，二由現緣。往業者，昔曾作國王，制斷獨覺，不聽入境，令獨覺在山居七日，不得乞食，因此業故墮於地獄，餘報猶經七年在母胎中。二由現緣者，耶輸陀羅懷羅怙羅後，太子出家，六年苦行，方得成道。於六年中耶輸憂惱，四大羸弱，不能得生。太子既成道已，耶輸歡喜，四大有力，方乃能生。故首尾共經七年也。如來還國七日，先度羅睺出家也。

法祠　似兹反。何休注公羊傳：祠，食也。白虎通：祠，嗣也。爾雅：祠，祭也。詩：百神廟皆曰祠。説文：春祭曰祠。

從示司聲也。

烏瑟膩沙　尼致反。梵語如來頂髻也。古譯或云嗢瑟尼沙，或云鬱瑟尼沙。此譯云髻。案無上依經云：頂骨涌起，自然成髻也。

懈癈　上耕隘反。或作懈，怠墮也。音嫁，非也。下扶吠反。韻英云：休也，止也，捨也，停也。從广音魚撿反。經從疒音搦，非也。

大寶積經　第四十七卷

師傅　府務反。顧野王云：傅，附也，相附近也。審父子、君臣之道以示之曰傅。説文：相也。[從]〔五七〕人尃聲也。又説尃字音與上同。從寸寸，法度也甫聲也。經作專，非也。

祈請　渠宜反。鄭注周禮：祈，禱也。毛詩傳曰：祈，求也，報也。爾雅：告也。説文：從示斤省〔五八〕聲也。

館舍　公翫反。顧野王云：逆旅舍名侯。周禮：五十里有候(市)。[市有]候館，館有委積〔五九〕，以待朝聘之官。説文：從食官聲。或作舘，俗字。

臧賕　上佐郎反。顧野王云：納受財貨曰臧。説文：臧，善也。從臣戕聲也。或作贓。戕音情羊反。下音求。韻詮云：枉法受財曰賕。説文：以財枉法相謝也。從貝求聲也。

瑣骨　桑果反。廣雅：瑣，連也。字書：亦連環也。説文：玉聲也。從玉貨聲。貨音桑果反。下骨字，從冎音寡下從肉。

涎流　似延反。賈誼新書作湺(漾)〔六〇〕。説文作次。口液也，形聲字。

或齩　五狡反。説文：齧也。或作齩，亦通。或作咬，俗字也。齩、齩並形聲字也。

或齧　霓結反。説文：齧，噬也。從齒從㓞省〔六一〕聲也。

或吮　徐兗反。説文：嗽也。又音絶兗反，亦同。

調謔　上徒弔反。廣雅：調，欺也，求也，啁也。下鄉虐反。毛詩傳曰：謔，喜樂也。爾雅：戲，謔也。郭璞曰：相啁戲也。説文：謔即戲也，並形聲字也。

微隙　鄉逆反。壁際小孔也。從阜從二小夾一曰〔六二〕。會意字。

恬怕　亭閻反。孔注尚書云：恬，安也。方言：恬，静也。説文：從心從甜省聲也。下普白反。廣雅：怕，静也。説文：無爲也。從心白聲。

鎣飾　縈暝反。韻英：磨拭也。考聲云：發器光也。俗用從玉作瑩，誤也。説文：器也。從金從熒省聲。

寶屐　渠逆反。考聲云：木屩也。欺矯反。蒼頡篇：屐也。補格反。今之草屩下有齒者。説文：屩也。從履省支聲也。

淳濃　上順倫反。廣雅：淳，漬也。鄭注禮記云：淳，沃。下尼龍反。考聲：汁厚也，露多也。或作癑，形聲字也。

能捐　悦娟反。弃也。娟音恚緣反。

蹲踞　上音存，下居御反。二字互相訓。蹲，踞也。踞，蹲也。

一搏　徒完反。聲類：摶(搏)〔六三〕，捉也。考聲：握也，附持也。古今正字云：圜也。從才音手專聲也。專字從寸叀聲。叀亦專字也。

窣覩波　上蘇没反。古譯云藪斗婆，又云偷婆，或云兜婆，曰塔婆，皆梵語訛轉不正也。此即如來舍利塼塔也。或佛弟子、縁覺、聲聞及轉輪王等身皆得作塔，或石、或塼、或木塔是也。或曰方墳，或曰廟，皆一義耳也。

譏刺　上居宜反。廣雅：譏，諫也，問也。鄭注禮記：呵察也。

説文：誹也。從言幾聲。下此恣反。毛詩傳曰：刺，責也。韓詩：刺，非也。廣雅：刺，怨也，書也。釋名云：書姓名於奏上曰刺書。説文云：君殺大夫曰刺。從刀朿聲也。朿音與刺同。字書云：朿，木芒也，銛鋭也。俗作剌，訛也。

依泊　傍博反。王逸注楚辭云：泊，止也。顧野王曰：今謂舟止於岸曰泊。

大寶積經　第四十八卷

時縛迦　梵語也。此譯云能活，或言更活，古譯云時婆，或云耆婆，皆一言耳也。

痤癧　上殂贏反，下音節。文字集略云：内殰瘉也。又云：小癰腫也。古作癤，音與節同也。

號訴(訴)[六四]　上音豪。考聲云：大哭也。痛聲也。説文：呼也。從号虎聲。經中作㗅，俗用變謬也。下蘇固反。俗字也。玉篇：訴，告冤枉也。説文作謝，告也。從言㡿聲。㡿音尺，從广音儼從屰音逆。經從干，是籀文㡿字，非是尺字也。

資稸　忡六反。考聲：稸，積也。舊音義釋云：貨也。資財也。古今正字：聚也。從禾畜聲。或作蓄。

芳羞　相由反。周禮：膳夫掌王之膳羞。鄭玄曰：羞，有滋味者也。郭璞注方言云：熟食也。説文：進獻也。從羊羊者，所進也從丑，丑亦聲也。

仇匹　上渠牛反。錯用也，正體作逑。毛詩云：君子好逑。傳曰：逑，匹也。爾雅：逑，合也。郭璞云：對合也。説文：聚斂也。從辵求聲也。辵音丑略[反][六五]，流目(俗)[六六]爲走繞。經文作仇。仇，讎也。仇，怨也。非匹合義。下篇密反。有作疋，俗字，訛也。考聲：匹，偶也，輩也。韻英云：偶，合也。説文：四丈也。從上(匚)[六七]匕(匚)[六八]音稧，俠藏義也。從八八者，匹有八揲也。

苦綸　律屯反。郭璞注方言云：綸，索也。今江東通呼爲綸。宋忠注太玄經云：綸，絡也。説文：紺青絲綬也。從糸侖省聲也。糸音覓。

薑羯羅　梵語數法名也。案俱舍論：六十種數法中有矜羯羅，以此國九章等中數會之計當一百萬億，若以人間小數會之數極於載也。

毗伽摩　雪山中大良藥名也。

亭館　徒丁反。漢因秦制，十里置一亭，行者止息停留也。

纔出　在來反。廣雅：纔，暫也。顧野王云：僅能也，不久也。

村墟　寸尊反。集訓云：聚落也。古今正字：從木寸聲。或作邨。下去居反。廣雅：墟，居也。風俗通：墟，虚也。周禮：墟，盧也。從土虚聲也。

豁然　歡栝反。廣雅：豁，空也。字書：豁，大也。玉篇：大度量也。説文作豁(䜌)[六九]。形聲字也。考聲作豁。豁，開也。或作奯。説文：空大也。從大從歲，形聲字也。

開拆　下丑摘反。並俗字也。經文作折，誤也。既有開字即合是坼。考聲作㧜。㧜，開也。正體作摌，俗作坼，非也。説文作㧜，裂也。從手赤聲。

大寶積經　第四十九卷

魯樸　盧覩反。考聲云：魯，拙也。廣雅：通也。論語：鈍也。説文：從魚從曰。古文作㫃。下普剥反。王弼注老子云：樸，真也。孔注尚書云：樸，治也音持。說文：木素也。從木菐聲也菐音卜。考聲云：凡物未彫刻樸拙也。俗用或作朴。

摩訶諸伽那力　舊音露身大力神名。

阿末羅果　滿鉢反。舊曰菴磨羅果，亦名阿磨勒果。其葉似棗，其花白小，果如胡桃，其味酸而且甜，可入藥用。經中言「如觀掌中菴摩勒果」是。

三摩呬多　馨以反。此云等引，謂平等引諸功德令其證入也。

三摩半那　初欲入定名三摩鉢底，正在定中名三摩半那，定之前後異名。

迦囉吠羅　梵語時分名也。

大寶積經　第五十卷

瞚眼　水閏反。考聲云：開閉目而數搖也。或作眒，俗作瞬。有作眴，非也，此字音縣。

无擾　上音無。古文無字也。下而沼反。考聲：擾，攪〔七〇〕也，煩也。因此煩彼從欲之皃也。說文云：亂也。從扌音手夒聲也。夒音奴高反。經從憂，非也。

大寶積經　第五十一卷

瞖膜　上伊計反。眼瞖也。經從羽作翳，亦通，非本字也。考聲云：瞖，蔽也，蓋也。下音莫。眼暈膜也。

水泡　普包反。水上浮漚也。

芭蕉　上音巴，下音焦。

齅香　休救反。說文：以鼻就臭曰齅。

籌議　上長流反。考聲云：量也，度也。下音義。考聲：議也，商量也。

訥鈍　上奴骨反。包咸注論語云：訥，遲鈍也。說文：訥，語難澀也。下徒嫩反。蒼頡篇：鈍，頑也。聲類：不利也。從金屯聲也。

梗澀　上耕杏反。考聲：梗，强也。有刺榆木也。從木更聲。下澀字前文已具釋。

關鑰　上古還反。考聲：隔也，礙也，閉也。說文：以木橫持門也。從門從𢇇聲也。𢇇音同上。說文又說𢇇字從丝音幽從丱古患反。下羊灼反。考聲：鑰，鍵也。說文：闗也，牡也。從門龠聲。牡音母。

大寶積經　第五十二卷

栽忿　再來反。考聲：栽，植也，危也，始也。從木𢦏聲也。𢦏音災。

詭詐　俱葦反。廣雅：詭，欺也，隨惡也。說文：責也。下莊亞反。字書：詐，僞也，妄也，不實也。

營構　古候反。顧野王曰：構，合也，成也。說文：交積材。考聲：結架也，蓋屋也。或冓，會意字也。

制多　梵語也。此云聚相，謂聚纍甎石高以爲相。舊曰支提，或云制底，或云脂帝，或曰浮圖，皆前後翻譯梵語訛轉也。此即摽(標)〔七一〕記如來化跡之處皆置大塔，或名窣覩波也。

饕餮　上他高反。杜注左傳云：貪財曰饕，貪食曰餮。音天結反。俗作叨，餘皆非也。

大寶積經　第五十三卷

策勵　上楚革反。考聲：策，杖也。字書：籌也。說文：馬箠也。從竹從朿音責亦聲也。

諒難　良尚反。方言：衆信曰諒。考聲云：以信自效曰諒。諒，智也。說文：信也。從言從涼省聲也。

大寶積經　第五十四卷

聰叡　倉公反。下營惠反。博雅：叡，知也。集訓：聖也，惠也。說文：深明也。從𣦼音殘從目從谷省聲。

涕泣　天禮反。韻詮：涕，淚也。或作濔。下欽立反。

哽[七一]噎　庚猛反，又櫻猛反。通[七二]。或作骾，見聲類。下煙結反。郭璞注方言：咽痛也。說文：飯窒也音貞栗反。形聲字。聲類或作饐字也。

尼揵荼書計羅婆論　外道世俗智論。

迷伽伐瑳悉伽　並未詳。

羯利沙鉢那　金名也。計直可當四百錢一顆金也，一切有部律中說亦與此同。其金顆顆圓大如江豆也。

賫持　濟齊反。俗字也。正體從貝從齊作齎。顧野王曰：齎，持遺也。考聲云：持財以與人也。廣雅：賫，送也。說文：持，遺也。從貝齊聲。或作濟也。

藉如來　情夜反。考聲：藉，薦也。

蚩賚　上齒之反。廣雅：蚩，輕也，亂也。釋名：癡也。聲類：騃也。考聲：醜惡也。說文：蚩，笑也，蟲名也。[七四]從虫音毀從㞢古之字也。㞢亦聲也。經中作蚩，訛略也。下莊革反。考聲：徵也，求也。經作責，俗字也。正體從貝從朿省[七五]聲也。朿音責。

蹈躡　徒到反。廣雅：蹈，行也。劉兆注公羊傳云：履，行也。說文：蹈，踐也。從足舀聲也。舀音羊小反。下女輒反。廣雅：躡，履也。方言：登也。蒼頡篇：蹀也。說文：蹈，躡也。從足聶聲也。聶音女輒反。

忩遽　渠御反。考聲：急速也，懼也。說文：傳也，窘也。從辵豦聲也。經文作𨘔，謬也。辵音丑略反。豦音渠也。

馱都　梵語也。唐言法界生，如來碎身靈骨舍利從法界體性生也。

大寶積經　卷第五十五　出胎藏會第十三

兩卷經　此上卷

晡時　補謀反。申時也。

醎病　匣巖反。書曰：潤下作醎。北方味也。形聲字也。

蟻胥　宜起反。集訓云：大曰蚍蜉，小曰蟻子。說文作螘。形聲字。或作蛾。

駝口　徒河反。畜名也。俗名駱駝，能負千斤也。

車轅　上昌遮反。象形字。下音袁。車前雙轅。

車軸　冲竹反。兩頭陀鐵爲鐳，能制車輪也。文字集略云：軸，持輪也。

籐笋　上特能反。蔓生如竹類也。下荀尹反。竹牙。

麥芒　上莫迫反。說文：芒，穀也。秋種厚薶，故謂之麥。麥，金也。金王時生，火王時死。從來從夊。夊，穗也。下網方反。薶音埋也。夊音雖。

多泄　先節反。泄，漏也。
上尖　井閻反。會意字。
流胤　寅印反。説文云：子孫相承續嗣也。從肉從八從幺，象重
疊也。流字從㐬音土骨反從𠘧從水也。
生蟲　逐融反。爾雅云：有足曰蟲。經文作虫，訛略也。借用
字，本音毁也。
歌邏羅　梵語。初受胎時父之遺泄也。
乾麨　昌沼反。俗字也。廣雅：麨，食也。埤蒼云：炒米麥爲麨
也。正體從酋作𪌈。桂苑珠叢云：軍糧曰𪌈。
潤沃　上蕤順反。下𤭛穀反。灌也。
滋茂　上子思反。從二玄從水。下莫布反。
稠酪　上池流反，下音洛。臥醋乳凝成也。
諸皰　疱皃反。韻詮云：面瘡也。或作靤(靤)〔七六〕。
開剖　開字從幵音牽。經從井，俗字謬也。下普口反。訓
集〔七七〕：判也。
掌縵　莫槃反。經從万作縵(縵)〔七八〕，俗字也。正作鞔，訓釋已
見前文。
堅鞕　額更反。堅，實也。
脹滿　張亮反。
藕絲　五垢反。蓮根也。下絲字二系(糸)〔七九〕音覓，經作絲訛也。
緊紡線　上經引反，次妨罔反，下先薦反。或作綫。
虛羸　力追反。中從羊。
百筋　居銀反。説文：肉之力也。經或從草，或從角。誤也。
交絡　郎各反。郭璞云：絡，繞也。爾雅：絡，綸也。綸，繩也。
形聲字也。
枝派　普賣反。俗字也。正作𠂢。説文云：水之邪流别，從𠂢水
字也，象分流也。
商佉　梵語。唐言贏也。即太常樂器名也。似蝸牛而大，吹爲
聲，胡樂也。
窯師　音姚。陶師窯燒瓦竈也。從穴也。
氂牛　音毛，又音莫包反。作犛、犛，同。西南夷牛名也。
塼未　拙緣反。燒土墼也。
覆蔽　上芳務反，下卑袂反。
足跟　㫙〔八〇〕恩反。足後也。
髆有　補各反。説文：肩甲也。從骨從專省〔八一〕聲也。經文從
月作膊，非也。
肋二十四　郎得反。説文：脅骨也。從肉力聲。
頷有　含紺反。俗字也。正從函作顄。説文：頤也。從頁函聲。
頁音頡，函音含也。
髑髏　上音獨，下盧侯反。説文：人之頂骨也。並從骨，蜀、婁皆
聲。形聲字也。
皮膚　甫兯反。説文作臚。身皮也。從肉從盧。籀文從肉從盧
省聲。
調勻　聿均反。均調也。從勹從二，會意字。
聾盲　祿東反，麥彭反。
瘖瘂　上於今反，下鵶賈反。訓義如前。經作喑啞，非也。
攣躄　上力傳反，下卑亦反。字書：手足屈弱病也。
右脇　香業反。説文：脇，肋也。從三力。經從三刀，誤也。
革囊　乃郎反。革，皮也。囊，袋也。從襄音儴。
牀榻　上士莊反。安身具也。從木爿聲也爿音墻。經作床，非
也。下貪納反。榻，長牀也。
剥牛　補角反。説文：剥，裂也。廣雅：去其皮也。

蚊蝱　上音文。俗字也。正作蟁。説文：嚙人飛蟲也。從民從䖵，或從昬〔八二〕作䘇〔八三〕。以昬時而出，故從昬。下莫耕反。經文作虻，俗字，非也。從䖵，䖵音昆也。

吒食　上呇臘反。前經已釋。

杖棰　隹累反。廣雅：棰，擊也，打也。杖字從木。捶從手，或作唾（𡍮）〔八四〕。

鞭撻　上必綿反。撾馬杖也。下他怛反。廣雅：撻，打也。尚書曰：不懃道業則撻之。從手。

舐髻　上時尔反。人身中蟲名也。説文：舌取食也。或作舓、䑛、蟓（貕）〔八五〕。四形，此三古字。下音計。鄭注禮記云：結髮也。從昬（昏）〔八六〕作鬠（髻）〔八七〕。鬠（髻），絜髮也。從髟昬（昏）也〔八八〕聲也。髟音必遥反。昬（昏）音氏。

有腭　五各反。變體字也。正作䑕。從肉從吅音喧從屰音逆，屰亦聲也。韻詮云：腭，齗也。口中上面曰腭。齗音銀也。

依膽　當敢反。説文：連肝之府也。從肉從擔省聲也。

依胇　妨癈反。從肉從宋也。

爲荻　亭歷反。從草狄聲狄從火。

依脾　婢彌反，脾胇反。膽已見前釋也。

兔腹　上吐固反。説文：獸名也。兔頭似㲋頭，因從㲋省，後象兔尾。下風伏反。顧野王曰：腹所以包裹五藏也。説文：肚也。從肉复聲也。复音復。

臆皺　上於力反。胸前也。下鄒瘦反。考聲：皮聚也。經文作皺，謬略也。從芻皮也。

風癇　音閑。風病。

涕唾　上天計反。説文：自口（目）〔八九〕而出曰涕。正作鮷。從鼻從弟。下吐貨反。説文：口液也。從埵省也。

淋瀝　上林，下歷。小便難澀病也。

疥癩　上音介，下音賴。風瘡病。

癰疽　上音雍，下七余反。瘡腫病。

痃癖　上音弦，下匹壁反。腹中冷氣病也。

痔瘻　上持理反。腹中血病也。下郎豆反。惡瘡病也。

痰病　徒南反。胸中宿水氣病。

撾打　嘲瓜反。馬策也。捶也。撾，從木從手。

楚撻（撻）〔九〇〕　他怛反。笞也。從手達聲。

杻械　上音丑。或作杽。考聲：梏也。在手曰杻，在足曰械，並從木也。

枷鎖　上音加。玉篇云：頸梏也。從木。下桑果反。考聲：鎖，録也，連環也。從金貨聲。經從巢，非也。

劓耳　宜冀反。韻英云：割截耳鼻也。説文作劓〔九一〕。從刀臬聲。臬音蘗。

刖手　音月。説文：刖，絶也。截手足也。從刀月聲也。

牆塹　上匠羊反。考聲：垣也。説文：垣蔽也。從嗇爿聲，或作墻。經從土作墻，非也。下僉艶反。韻英：小坑也。案塹，園畔坑也。説文：從土斬聲。或從斬作塹，亦通也。

一切經音義　卷第十三

校勘記

〔一〕啼　據文意似當作「涕」。

〔二〕齊　獅作「齎」。

〔三〕唾　獅作「涶」。

〔四〕省　衍。

〔五〕流　據文意似作「流」。

〔六〕折　據文意當作「析」。
〔七〕商　獅作「適」。
〔八〕澓　據文意似當作「復」。
〔九〕赤　玄卷二十一作「亦」。
〔一〇〕説文：循，行也　今傳本説文：「循，行順也」。
〔一一〕又　據文意似爲「乙」。
〔一二〕詭　據文意似作「詖」。
〔一三〕寋　據文意似作「搴」。
〔一四〕綦　大正作「纂」。
〔一五〕反　據文意似當作「也」。
〔一六〕鴑　據文意似當作「鴑」。
〔一七〕疑　據文意似當作「凝」。
〔一八〕省　衍。
〔一九〕豖　獅作「豕」。
〔二〇〕豖　據文意似當作「豕」。
〔二一〕豖　據文意似當作「豕」。
〔二二〕闠　據文意似當作「闤」。
〔二三〕遍　據文意似當作「通」。
〔二四〕師　據文意似作「帥」。
〔二五〕在　據文意當作「所」。
〔二六〕桎　頻作「至」。
〔二七〕省　衍。
〔二八〕爲　頻作「卑」。
〔二九〕反　麗無，據文意補。
〔三〇〕卑　據文意當作「守」。
〔三一〕加　獅作「如」。
〔三二〕省　衍。
〔三三〕玄　頻作「弃」。
〔三四〕腦　即「腦」。
〔三五〕反　麗無，據文意補。

〔三六〕緝　據文意當作「緝」。
〔三七〕戝　據文意似作「賊」。
〔三八〕昜　獅作「易」。
〔三九〕省　衍。
〔四〇〕也。從土直聲也　據獅補。大通書局影印本闕，檢中華大藏經本不闕。
〔四一〕凝，成也。鄭注禮記　據獅和中華大藏經本補。
〔四二〕欒　據文意當作「欒」。
〔四三〕貿　即「貿」。
〔四四〕駝　即「駝」。
〔四五〕黄郭注　據文意似當作「黄郭反」。
〔四六〕省　衍。
〔四七〕糖　今傳本説文作「唐」。
〔四八〕説文：驅遲也　今傳本説文：「驅也。」
〔四九〕夊　説文作「夊」。
〔五〇〕蘖　頻作「也」。
〔五一〕毆　據文意似作「駈」。
〔五二〕㫃　㫃、㫋皆爲「旅」的古字，據文意當作「旅」。
〔五三〕反　麗無，據獅補。
〔五四〕省　衍。
〔五五〕冈　即「网」。
〔五六〕呞　即「呬」。
〔五七〕從　麗無，據文意補。
〔五八〕省　衍。
〔五九〕五十里有候，候館，館有委積　今傳本周禮：「五十里有市，市有候館，候館有積。」
〔六〇〕漾　據文意當作「漾」。
〔六一〕省　衍。
〔六二〕曰　據文意似作「白」。

〔六三〕搏　據文意當作「摶」。
〔六四〕訴　頻作「訴」。
〔六五〕反　麗無，據文意補。
〔六六〕目　頻作「俗」。
〔六七〕上　獅作「匸」。
〔六八〕匕　獅作「匚」。
〔六九〕豁　説文作「豁」。
〔七〇〕攬　據文意似當作「攬」。
〔七一〕摽　當作「標」。
〔七二〕㖧　即「哽」。
〔七三〕通　據文意似當作「塞」。
〔七四〕蚩，笑也，蟲名也　今傳本説文：「蚩，蟲也。」
〔七五〕省　衍。
〔七六〕匏　當作「匏」。
〔七七〕訓集　當爲「集訓」之誤。
〔七八〕縵　當作「縵」。
〔七九〕系　當作「系」。
〔八〇〕罡　獅作「岡」。
〔八一〕省　衍。
〔八二〕昏　獅作「昬」。
〔八三〕蝨　獅作「蝨」。
〔八四〕唾　據文意似當作「睡」。
〔八五〕蟓　當作「蝝」。
〔八六〕昬　獅作「昏」，下同。
〔八七〕髻　獅作「髻」，下同。
〔八八〕也　衍。
〔八九〕口　頻作「目」。
〔九〇〕樋　據文意似當作「撻」。
〔九一〕劓　據文意似當作「劓」。

一切經音義　卷第十四

大唐翻經沙門慧琳撰

音大寶積經　從五十六盡九十一凡三十六卷經

大寶積經　第五十六卷　胎藏會第十四兩卷

此下卷

劫比羅　梵語城名也。舊曰迦維，或云迦毗羅，或云迦毗羅衛，皆訛略不正也。具足應言劫比羅縛窣覩，即浄飯王所治城也。

罕有　呵懶反。説文：网也。從网干聲。字書：希也，少也。經從穴作罕[一]，非也。

汝腕　烏灌反。掌腕後節也。從肉宛聲，俗字也。

裹収　上音果。説文：從衣從果。下守留反。從又從丩。丩音吉由反。經從扌，非。

放箒　章柳反。掃糞具也。説文作帚。從又持巾掃冂内(冂)[二]癸營反也。

縱賊　足用反。詰詞也。

毗舍佉　去伽反。梵語人名也。

顧眄　下音麪。韻英云：斜視也。從目丏聲。丏音與上同。經文作盻，非也。

瞎獼猴　呀戛反。考聲云：目不見物也。或作暍，已見前釋。呀音嚇加反，戛音加八反。

牀帷　下葦威反。考聲：帷，幔也。説文：在旁曰帷。從巾隹聲。有從心，非也。

縫補　上音逢。説文：以鍼紩衣也。從系(糸)[三]音覓逢聲。補字從衣也。

㮈洛迦　奴割反，下居伽反。梵語地獄名也。此有多名，今略題一二。唐云不可愛樂，或云不可救濟，或云無休息，或云無間。

糞屎　上分悶反。俗字也。説文作坌。棄除糞掃也。韻英云：穢也。考聲作𡊅(㩠)[四]，或作㩠。下音始也。

鉆拔　上强廉反。考聲：鑯鈕也鈕音女輒反。以鐵鈕夾取物也。經文從甘作鉗，錯用也。乃是項鉗鐵枷也。下辨八反。考聲：拔，抽也。顧野王云：引而出之也。廣雅：出也。説文：擢也。從手犮聲也。犮音盤末反。説文：犬走聲也[五]。

捩齒　蓮捏反。韻英云：拗捩也。從手戾聲。捏音年鐵反，拗音厄絞反。

抉目　淵決反。考聲云：抉，挑也。從手夬聲。挑音體遥反也。

以鋸　居御反。前已釋也。

剺解　理之反。考聲：剺，割也，劃也。字林作剓。經文作剠，非也。撿一切字書並無此字，唯經義合是剺字。從刀從𠩺省聲也。

攢鑱　上倉亂反。埤蒼云：短矛也。下仕咸反。考聲：銳皃。廣雅：鑱，鈹也。蒼頡篇：鏨也。說文訓：銳，鑱也〔六〕。從金從毚省〔七〕聲也。或作劖、攙，三體。鈹音披。鏨音慙，同鑱，或上去聲也。

矟刺　上雙捉反。考聲：長矛也。下清積反。從刀從朿音次。經作剌，俗字也。

棒打　白項反。俗字也。字書：打也。正或作棓。考聲：大杖也。說文：擊也。從木也。

鐵鎚　直追反。或作槌。集訓云：打也。又作椎。考聲：擊也。從木隹聲也。經文作鎚，錯用，稱鎚也。

鎔銅　上涌從反。鎔，鑄。

鐵鑊　皇郭反。考聲云：以(似)鼎而無足。從金蒦省聲也〔八〕。

鵄口　厄加反。

凹凸　上烏瓜反，又音鵄交反。下田頡反。皆古文象形字也。或作窊垤也。

籬間　理知反。棘籬，柴籬。

羯邏藍　梵語。或云歌邏羅也。

瓶鑽　上蒲冥反，下纂鑾反。平酥具也。經文從手作攢，非也。宜改從金，正也。

如榍　先節反。集訓云：木榍也。從木也。

鍋中　古禾反。燒器也。字書云：小鑊也。

頞部陀　梵語。已具前釋，猶如疑酥。

刀鞘口　肖要反。字書：刀室也。

鐵箸　直慮反。考聲云：匕箸也。

蚯蚓　上音丘，下音引。案周公時訓云：立夏後五日蚯蚓出，冬至之日蚯蚓結。爾雅亦名螼螾。江東謂之歌女，蓋方俗語也。

健南　渠彦反。

鞋䩕　上霞皆反，下暄院反。集訓云：鞾履摸(模)〔九〕㨾(樣)〔一〇〕曰䩕。

荑草　音夷。穢草。

聚沫　上情喻反。下從乑，乑音吟。乑，衆立也。下滿鉢反。從水末聲。說文又說末字從木字上加一爲末也。

水苔　大來反。水中青苔也。

吹脹　張亮反。脺，脹也。

鍛師　都亂反。

橐扇　上湯洛反。韛扇也。吹火具也。韛音敗也。

從臍　音齊，下從肉。說文：吡(朏)〔一一〕臍也。

藉以　情夜反。薦也。

線口　先薦反。正作綫。

千筋　音斤。說文從竹從肉從力。經中從草，非也。

孔隙　卿逆反。說文從𨸏從白上下小。經從巢作隟，非也。

𢀩舛　上策迦反。正體字也。說文：貳也，差〔一二〕互不相值也。正體從垂從左作𢀩。蔡邕石經隨俗作差。下川耎反。廣雅：舛，背也。顧野王云：差舛，不齊也。說文：相背也。從夕音陟紀反〔一三〕從㐄音口寡反。

爽失　霜愴反。毛詩傳曰：爽，差也。郭注爾雅：用心差錯不專一也。賈注國語云：爽，貳也。郭注方言：過也。說文：從㸚從大。㸚音力尔反。經從四人，誤也。下失字從手從乙，乙亦聲也。廣雅：失，誤也。玉篇：失，喪也。

巧匠　情樣反。韻詮云：善巧於事曰匠。說文：木工也。從匚音方從斤。匚象所成器，會意字也。

塵翳　上長鄰反。說文作塵，埃也。從鹿從土。下於計反。郭注方言：蔽也。廣雅：障也。考聲：掩也。說文：從羽從殹聲。殹音於計反。

揩拭　上音客皆反。廣雅：揩，摩也。說文：從手皆聲。皆字從白。下傷翼反。鄭注儀禮云：拭，清也。禮記：净也。說文：從手式聲也。

腰髁　誇化反。又上聲，亦通。考聲云：髀上骨也。或作㞀，古字也。韻英云：腰下骨也。或作胯，從肉夸聲夸音與上同。經作胯，俗字，誤也。

慳澀　參立反。從水，從四止、二止，會意字也。經從三止作澁，非也。

插在　楚匣反。考聲：揷，刺也。說文：從手臿聲臿音與上同。臿字臼音舊，經文從千從臼音菊作揷，非也。下在字，說文：在，存也。從土從才，才亦聲也。

尖標　上接閻反。會意也。下必遥反。說文：幟也。字書：竿頭也。正體從巾票聲也。灬、票二字音同。經文從木，或從手作標，誤用也。

乾燥　桑到反。考聲：燥，乾也。說文：從火喿聲也。喿音同上也。

黧黑　履脂反。考聲云：黑而又黄也。說文闕。古今正字云：黑也。從黑從𥝩省〔一四〕。黎字從禾從勿從尒。禾音雞，木頭曲也。

煗蘇　奴管反。韻詮云：煗，温也。或作㬉，有作暖、煖，俗字也。

榆皮　庾朱反。木名也。

鋒芒　敷容反。兵刃端也。或作鏠，經從夆作鋒，誤也。下武方反。字書云：刃末也。草葉峰也。從草從亡。亡字從人從乚。乚音於近反。經作芒，俗字，謬也。

腐爛　上扶甫反。考聲：肉敗也，朽也。從肉府聲也。下郎旦反。前已釋也。

推手　他雷反。韻英：推，排也。從手從堆省聲。堆，都回反。

臠割　上劣轉反。考聲：肉臠也。從肉從䜌省聲。下乾辢反。廣雅：割，截也。說文：從害從刀。害字從口從半(丰)〔一五〕，半(丰)音與上同。辢音郎割反。

大寶積經　第五十七卷

摇車　曜消反。說文云：動也。從手䍃聲也。䍃音由，䍃字從肉從缶甫苟反。

襁褓　上薑兩反。說文：負兒衣也。從衣强聲。下音保。蒼頡篇：褓，福(禓)〔一六〕也。聲類云：小兒被也。或作緥。禓音替。

朽邁　陌敗反。邁，遠也。

梗槩　上格杏反。王注楚辭云：梗，强也。爾雅：直也。廣雅：略也。從木。下該礙反。考聲：槩，節也。周禮鄭注云：量也。薛琮曰：梗槩，不纖密也。從木既聲也。

掉戲　上亭曜反。廣雅：掉，振也。語〔一七〕摇也。說文：從手卓省〔一八〕聲也。下希義反。毛詩云：戲，逸豫也。爾雅：戲，譃也。說文：從戈虗也[一九]聲也。虗音希，從虍從豆。經文從虛從戈作戲，非也。虍音呼也。

欬嗽　上開戴反。說文：氣逆也。下蘇奏反。俗字也。正作瘶。考聲：氣衝喉也。字書：胸鬲病也。或作欶，亦同也。

痰癊　上音談，下於禁反。胸鬲病也。

栲楚　上音考。捶打也。

咀嚼　情與反。廣雅：咀，噍也。蒼頡篇：噍也音焦。說文：含味也。從口且。聲類：從齒作齟。下墻藥反。廣雅：嚼，茹也。字書：咀也。案嚼亦噛也。從口爵聲也。

溼以　尸入反。考聲：溼，濡也。說文：幽溼也。從水從𢆶從土一覆也。覆土而有水，溼也。會意字。經文從日從絲作濕，非也。濕本音他合反，水名也，在東郡武陽。

涎唾　祥延反。俗字也。說文：口液也。正體從水從欠作次。下土貨反。口中津也。

嘔逆　烏口反。說文：吐也。正作歐。

火炙　征亦反。從肉在火上，會意字也。

拳縮　霜云[二〇]反。賈注國語：縮，退也，盡也。宋忠注太玄經云：止也。韓詩云：斂也。形聲字也。

蠭蝶　上芳雍反。考聲：蟲名也。或在樹爲房，或居土爲窠而有多種。蠭，總名。說文：飛蟲螫人者。從䖵逢聲也。或作螽，經作蜂，俗字。下甜頰反。司馬彪注莊子云：蛺蝶也。經作蜨，俗字。

蚤蝨　上遭老反。說文：嚙人跳蟲也。從䖵叉(叉)[二一]音爪。經從攵作蚤，謬略不成字。下所乙反。說文云：衣中嚙人蟲也。從䖵從卂卂音信。經文從半風作虱，非也。

蛆蟲　上七余反。正從肉作胆。考聲云：敗肉及醬中蟲也。說文：蠅乳肉中蟲也。從肉且聲。經從虫作蛆，俗字。下逐融反。從三虫。爾雅云：有足曰蟲也。

⿱刀火鼈　上正體魚字也。說文：從刀，象形，火魚尾。魚尾與鷰尾相似，偶然如火字，非從火字也。下鞭滅反。考聲云：水蟲也。說文：水介蟲也。從黽音猛敝聲也。經中從魚作鱉，俗字，非也。敝音與上同也。

黿鼉　上音元。說文：大鼈也。從黽元聲。下徒何反。說文：水介蟲也。似蜴蜥而大。從黽單聲，單音那。說文：單字從吅從里。經文從单，非近，黽音猛。俗用鼋鼍二字，並從黽，非也。

鱓蛭　禪展反。山海經云：滑魚也。狀如蛐蟮。郭景純注爾雅云：鱓魚似蛇，有斑。說文：魚也。皮可以爲鼓。形聲字。下真日反。爾雅：蛭，蟣也。郭注云：水中蛭虫入人肉中飲立(血)[二二]者也。

蚌蛤　上彭項反，下甘臘反。呂氏春秋云：蚌蜄，陰蟲也。月望[則蚌蛤實，月晦則蚌蛤虛，相感也。說文作蜄][二三]而有三種，皆生於海。蜄厲，千歲雀所化，秦謂之壯(牡)[二四]厲。海蜄乃百歲鷰之所化。魁蜄一名復螺，老復翼所化也。從虫合聲。經文作蛤，亦一也。

蝦蟇　上音遐，下音麻。

狐貈　上音胡。野[干][二五]之類也。說文：妖獸也。鬼所乘。下何各[反][二六]。說文云：似狐而小，[善][二七]睡也。經中從大(犬)[二八]作狢字也。說文、古今正字、典(說)[二九]並從舟作貈，總誤也。正體從亢。亢音各當反。考聲亦作貈，足爲憑據，或有作貉，亦通。

鵰鷲　上音彫，下音就。

蜣蜋　上却薑反，下音良。爾雅：蛣蜣，蜣蜋也。郭璞云：啖糞者。說文：蜣蜋，形聲字也。

肉疱　彭皃反。

顄車　合瀶反。顄，頤也。經作頷，俗字。下昌遮反也。

腿足　退餒反。俗字，非也。正體從骨作骽。考聲：骽，髀也，股也。字書：髖也。古今正字：從骨妥聲。妥音與骽同，餒音奴會反。說文闕。

鉤綴　張衛反。賈注國語：綴(結)〔三〇〕也。說文：合著也。從糸叕聲也。糸音覓，叕音猪劣反也。

脃危　詮歲反。廣雅：脃，弱也。說文：小耎易斷也。從肉從絶省聲也。又說絶字從糸從刀從卩，會意字也。卩音節。

無梢　所交反。柴梢也。從木或從手肖聲也。

與篅　上與字，說文從與音余，中從與(与)〔三一〕。下時攣反。俗字也。正體作圌。許叔重注莊子〔三二〕云：圌，笆也。集訓云：倉也。說文云：以判竹圜以盛穀曰圌也。

𪖙唾　上音涕。經作洟，誤也。本音夷，非涕字。下吐貨反。口液也。並前卷已具釋。

强拔　上渠良反。相傳共用，非本字。正作弜，從二弓。又音渠亮反。於義亦通。鄭玄注周禮云：强，堅也，勸化也。郭注爾雅云：勤也。蒼頡篇云：健也。謚法云：寬柔以敬曰强，不報無道曰强，和而不流曰强。說文：弓有力也。從虫從弘。下排八反。字書云：手拗也。拔，取也。經義濟也，救度也。說文：從手犮聲。犮音盤未(末)〔三三〕反。

森竦　上瀶簪反。說文云：多木高皃也。從木從林，林亦聲也。或作槮。下粟勇反。考聲云：上也。莊子：竦，高也。說文：從立從束。自甲束也。會意字耳也。

屆彼　上音介。孔注尚書：屆，至也。鄭箋毛詩云：屆，舍也。說文：行不便也，極也。從户(尸)〔三四〕由(凷)〔三五〕聲。

窣堵波　堵音覩。梵語也。即舍利塼塔也。舊云浮圖，訛略也。

婆羅痆斯　痆音赧黠反。梵語城名也。舊云波羅奈，訛略也。

大寶積經　第五十八卷　文殊授記會第十五

三卷經

繽紛　上匹賓反。從糸從貝𡧍聲。𡧍音賓。下拂文反。天花亂墜皃也。

恬怕　牒拈反。孔注尚書：恬，安也。方言：恬，静也。說文從心從甜省聲也。下普白反。廣雅：怕，静。說文：無爲也。從心白聲。拈音念甜反。

各齎　精西反。說文：持遺也。從貝齊聲。經文作賫，俗字，訛謬也。因變古文賷爲賫。

門閫　坤穩反。鄭注禮記云：閫，門限也。說文闕閫字而有閬及梱字，物雖是一而多名。門閬、門閫〔三六〕、門梱、門砌皆門限也，俗呼門砌，因以石作，遂音砌爲切。閬，韋逼反；閫，魚烈反；㮝(梱)〔三七〕，先結反；穩，温本反也。

倮者　華瓦反。借音字也。本音盧果反。顧野王曰：脱衣露袒也。從人果聲。經文作羸，亦作裸，或從身作躶，皆亦體也。

盲瞽　莫耕反。說文：目無眸子也。從目從亡省〔三八〕聲也。下音鼓。說文：目但有眹曼，曼如鼓皮曰瞽〔三九〕。從目鼓聲。

聾聵　上禄東反。耳無聞也。見桂苑。下瓦怪反。考聲：聵，極聾也。從耳貴省〔四〇〕聲也。經文從目作瞶，非也。

貧窶　劬麌反。具字上聲。說文云：貧無財以備禮曰窶〔四一〕，從縷省也。

摧過咎　求有反。考聲云：咎，罪也，怨也，病也。出[四二]，古文咎字。從卜從口久聲也。

澄粹　雖醉反。廣雅：粹，純也。周易：純粹，精也。字書：精微也。說文：從米卒聲也。

廛肆　上長連反。玉篇云：市中空地也。下音四。孔注尚書云：肆，陳也。杜注左傳云：肆，列也。陳列貨物於市。字書云：居舍也。從長聿省[四三]聲也。

斟酌　上章任反。賈逵注國語云：斟，取也。酌，行也。說文：酌，勺也。從斗甚聲也。

㯳甲牀　居御反。考聲：據，安也，所依也。韻英：按也。從手豦聲音渠。說文：從虍音乎從豕。經文作據，俗謬也。又說卑字從甲從左。字統云：稱卑云於左者卑也。牀字從木從爿音牆。

鑒徹　上革陷反。玉篇：鏡也。廣雅：照也。或作鑑。下廛列反。考聲：通也。說文：從彳丑尺反從育從攴。經從去從日，非也。

謦欬　上輕郢反，下康愛反。反[四四]字指：謦欬，通咽喉氣也。欬，嗽聲。

暨乎　渠義反。韻英云：暨，至亦詞也。從且既聲也。

險詖　彼寄反。蒼頡篇云：諂佞也。廣雅：慧也。說文：辯論[四五]。

悕望　上希字。說文作希。下网方反。從月月音月從壬亡聲也。

恐愶　恐字從心巩聲音拱。巩字從丮工聲。[丮][四六]音戟。經作恐，訛也。下香葉反。尚書曰：愶從罔治。廣雅：愶，怯也。顧野王云：以威力恐愶也。正從三力，經從三刀，謬也。

大寶積經　第五十九卷

歎羨　涎箭反。韓詩：羨，願也。考聲：愛也，慕也。說文：貪欲也。從美音眉彼反次聲也。次音夕延反，口液也，從水從欠。今俗用從羊從次作羡，非也。

稸用　丑六反。考聲云：稸，積也。從禾畜聲也。經有單作畜者，許六反。於義亦通也。

重擔　擔濫反。古今正字云：舉也。說文：負也。從手詹省[四七]聲，或作儋。

如犀　音西。獸名也。爾雅云：犀似豕。郭璞注云：形如水牛，猪頭大腹，庳脚，足有三蹄，黑色。二角一在頂上，一在鼻上。鼻上者名爲食角，好食棘刺。亦有一角者。經喻一角。說文：從牛從尾省。

淩懱　上淩字，借用。從水，水名也。宜從力作勑，正也。下眠結反。考聲：輕傷也。從心蔑聲。經文單作蔑，非也。說文又說蔑字從戍苜聲。苜取音眠結反，同上也。

陿劣　咸甲反。從阜從匧。經文從犬作狹，非本字，前文已具釋。匧音謙葉反也。

大寶積經　第六十卷　無可音訓者。

大寶積經　第六十一卷　菩薩見實三昧會

第十六　十六卷經

迦盧陀夷　正梵音云迦引路娜引以，舊曰迦留陀夷，阿羅漢名也。

千載　才賴反。載，〔四八〕車載也。順俗訛語爲在字也。

漑灌　上飢義反，下官喚反。

棘刺　上矜嶷反。説文：從並二朿。朿音次。經從二朿，訛也。下音次。説文：從刀從朿。經從夾，非也。棗音早，重二朿，俗從二朿，非。

膺平　憶凝反。蒼頡篇云：二乳上骨也。漢書韋昭曰：胸四面高中心下處曰膺。説文：膺，胷也。從肉雁聲。或從骨作膺，古字也。

傭纖　丑龍反。考聲：上下均也。韻英：直也。説文：均直也。從人庸聲。經從月作膅，俗字也。下相閻反。廣雅：纖，微也。説文：細也。從糸韱聲也。或從女作孅。韱音尖。經從截，非也。

鹿蹲　常耎反。

所漂　匹遥反。

劍矟　音朔。考聲云：長矛曰矟也。

蔽諸　卑袂反。説文：小草皃。從草敝聲。

原隰　尋立反。爾雅：下溼曰隰。言其墊溼也。或作溼，俗字也。墊音居也。

蓊鬱　上屋孔反，下蘊律反。俗字也。考聲云：蓊鬱，草木盛皃也。

寶鉚　瓜猛反。鄭注周禮云：金玉未成器也。考聲亦云：銅鐵等璞。或作礦、磺。説文：從金丱聲。丱音同上也。

綢雨　逐留反。廣雅：綢，纏也，韜也。考聲：纏，束也。從糸周聲。或作稀稠之稠爲稠字，於義亦通也。

旌鼓　上積盈反。或作矜。爾雅注：旄首曰旌。郭璞云：戴旄於竿頭。杜注左傳云：旌，章也。賈注國語云：旌，表也。顧野王云：凡旄者，旄牛尾也，施於幢旗之端，如今有旆也。旄音毛。説文：游車載旌所以精進士卒也。從㫃音偃從生，生聲也。下音古。鼓者，所以警衆也。周禮有六鼓：雷、靈、路、鼖扶文、鼛公刀、鼗廷刃。易曰：鼓，動也，震音也。鄭注儀禮：擊也。白虎通曰：鼓者，坎之氣也。説文：鼓，郭也。從壴竹句從支。經文從皮作鼓，俗字，非也。

悒慼　上音立反。蒼頡篇云：悒悒，不舒之皃也。説文：不安也。形聲字。下請亦反。或作慽。何休注公羊傳云：痛也。鄭注論語云：多憂懼也。説文：慽，憂懼也。又解戚字從戊音于月反尗聲也尗音叔。

自浴并浴他　經本多作浴池，非也。書寫人誤也，他字爲正。

綫金　先箭反。或作線。説文：縷也。從糸戔聲。俗作綖，非也。

大寶積經　第六十二卷

甛美　上亭閻反。考聲：甘也。説文：美也。從舌、甘，會意字也。或作甜，一也。下眉鄙反。説文：味甘也。從羊從大，在音之中。羊者，給厨膳之大甘也，故從羊從大，會意字耳。

鞍韉　上鞍字，亦作鞌。下剪前反。正作韀。説文作韉。鞌替氈也。

鞦轡　上七遊反。馬紂也。或作緧、鞧，皆一也。下悲媚反。馬勒也。從絲從叀叀音衛。經中從車從口作轡，俗字也。

鞾帽　暉迦反。韻詮云：有頸履也。字書云：胡屩也。屩音羌嬌反。考聲：正體作屩。經作鞾、韡、靴，並俗字也。下毛報反。或作禒。考聲：頭衣也。說文：小兒及蠻夷頭衣也。本作冃，今隸書從巾冒聲也。

神龜　愧韋反。水介蟲也。周禮有六龜，爾雅有十龜，此則第一神龜也。說文云：外骨而內肉。從它，象形。以鼂爲雄。黿、鼈、黽類皆從它也。

舊鼈　卑滅反。水蟲名也。說文：從黽音猛敝聲也。經中多從魚，或從龜作鱉、鼈，皆非也。

髻鬉　上音計，又音結。鄭玄云：結髮也。今經文纏結馬之鬉尾也。下音宗。考聲云：馬鬣也。又作騣。鬣音獵。

旒蘇　上音流。考聲云：旒蘇，旗脚也。今以垂珠帶爲旒蘇，象冕(冕)〔四九〕旒也。古文作㐬，象形字也。

硨磲　上音車，下音渠。廣雅：硨磲，石寶也，次於玉也。

盛髮之帒　音大。考聲：囊也。從巾。經作袋，俗字也。

門閫　坤本反。鄭注禮記云：閫，門限也。說文：從木作橍，形聲字也。

門樞　衝朱反。考聲云：門扇轉處也。今呼爲門肘，亦曰轉明。舊音義云門曰(臼)〔五〇〕，恐非也。廣雅：樞，本也。韓詩：樞機者，制動之主。從木區聲也。

櫨栱　魯都反。說文：薄櫨，柱〔五一〕上枅音肩。蒼頡篇云：柱上木也。下恭擁反。柱上承斗之曲木也。象人之栱，因以爲名。俗呼或爲去聲也。

黄柄　兵命反。鄭注周禮云：柄，所以秉執也。賈逵曰：柄，權也。說文：柄，柯。蒼頡篇：柄，杘也。廣雅：柄，柱也。從木丙聲。杘音敕利反也。

奪聽　上徒活反，下體廷反。考聲：耳聞也。說文：聆也。從悳音得從耳壬聲壬音天郢反。

璫轆　上音當。埤蒼：璫，充耳也。釋名云：穿耳施珠曰璫。下音渠。耳轆也。考聲云：轆，車輪也。案耳轆似輪，西國國王及貴勝皆以金銀妙寶作耳轆，著穿耳之處猶如寶輪，以雜寶厠其間以爲嚴飾。經文作渠，借用。

跋墀　上蒲末反，下音遲。舊云婆雉，皆梵語訛略不切也。此即阿修羅王名也。正梵音云𡀔抳。𡀔音無割反，抳音尼里反。此無正翻，故存梵語。舊譯云縛。常居修羅軍衆之前，因戰敗惡爲帝釋所縛，因誓得脫，故以爲名。

踟蹰　上雉知反，下柱誅反。考聲云：踟蹰，猶俳佪也。或作躊躇。上音籌，下音除。廣雅：躊躇，猶豫也。考聲云：躊躇，不即行也。毛詩傳曰：躊躇，猶躑躅也。踟蹰與躊躇，方言輕重有異。其心疑未定，其義一也。二字並從足，形聲字也。

大寶積經　第六十三卷

三摩跋提　梵語也。此云善定，或云妙定，或云三摩鉢底，或云三摩鉢多，皆梵語訛也。

睡寤　上垂累反。蒼頡篇云：欲卧也。說文：坐寐也。形聲字也。累音類。下音悟。毛詩傳曰：寤，覺也。覺音教。說文：寐覺而有言曰寤。從㝱吾省聲〔五二〕。或作寤〔五三〕，略也。經從穴從心作寤，非也。正體從宀　從爿(㝱)〔五四〕。

厭足　伊閻反。或作猒。

鉤欄　上古侯反，下音闌。或名欄楯。楯音順。

尋梁　祥淫反。前文已具釋。下力强反。尋梁者，今之鉤欄上尋扙木也。說文：梁字從水從刃從木。古文從水從夲(木)〔五五〕從木作𣸏。經從氷，非也。

曲檽　歷亭反。說文：楯爲欄檻也。檽爲楯間子也。俗呼總名鉤欄也。

碼碯　上音馬，下音惱。石寶之絶妙者，次於玉，或有班文。玉之類。形聲字。

硨磲　上音車，下音渠。石寶也。鮮白色，次於白玉。形聲字也。

哩羅婆那　上嬰奚反。經作哂，誤也。梵語白象王名也。天帝釋常所乘，具足神通，知機變化，善隨天主之意也。

繮鞚　居良反。說文：馬紲也。從糸畺聲也。或從革作韁，亦正。紲音思列反。下苦貢反。埤蒼云：馬勒也。

鶬鴰　上錯罡反。郭璞注爾雅云：鶬，鴰。鴰音栝。聲類作鵂。下紅穀反。一名黄鴰，比翼一舉千里，或曰鴻鴰。俗呼爲紅鶴，皆形聲字也。

大寶積經　第六十四卷

椽柱　長攣反。考聲：屋椽也。說文：榱也。秦謂之椽，周謂之榱，齊魯謂之桷。從木彖聲也。或作槫。彖音池戀反。榱音衰，桷音角。

般籌緘婆羅石　切利天中寶石名也。其石柔耎光潤，妙好端嚴，天宫上寶也。緘音監咸反也。

劓耳　宜冀反。孔注尚書云：劓，割也。鄭注周禮云：截其鼻。或作劓，亦同。從刀臬聲。臬音魚列反。據文勢，合用刵字音而至反。

駿疾　遵峻反。韻英云：良馬也。考聲云：馬疾也，長也。爾雅：駿，速也。郭璞注穆天子傳云：馬美稱也。說文：馬之良材者。從馬從峻省。又音俊，義同。

貪駛　師事反。蒼頡篇云：駛，疾也。韻英云：急速也。考聲云：馬行疾也。古今正字：從馬史聲也。

大寶積經　第六十五卷　無字可音訓。

大寶積經　卷第六十六

麒麐　上渠宜反，下力陳反。蒼頡篇云：牝曰麒，壯(牡)〔五六〕曰麐。說文：仁獸也。麐身牛尾一角，經意比喻一角。經文中二字並從馬作騏驎，甚非也，乃是班驪馬也。今俗呼爲連錢驄(騘)〔五七〕，殊非瑞獸也。書寫之類，不達本字，妄作誤用耳。從鹿從吝，正也。

大寶積經　第六十七卷

沮壞　疾預反，又音即預反。沮，濕也。下懷怪反。說文：壞，敗也。從土褱聲也。

對治　上對字，說文：從丵音牀學反從土從寸。俗用從至，非也。下音馳。字書：治，理也。或去聲。

餐食　倉單反。說文：吞也。從食奴聲也奴音殘。或從水作飡，經文從冫音氷，非也。下食字。上非從人，下非從良。說文：從亼精入反從皀彼立反。經從人良，俗字也。

餚膳　上效交反。俗字也。正作肴。鄭箋詩云：謂葅醢也。非殽而食之曰肴。顧野王云：美味果蓏也。說文：啖也。從肉爻聲也。下音膳。鄭玄曰：膳，善也。膳羞，善食也。膳，進也。說文：食也。從肉善聲也。

皷聲　音古。說文：從壴音陟句反從攴。經從皮作皷，非也。

大寶積經　第六十八卷

刖鼻　五刮反，又音月。鄭玄注周禮云：刖，斷足。案此國古之肉刑斷足也，譯經者誤用也。前六十四卷中已誤書劓耳。案本文合書刵，音而至反，截耳刑名也。書寫人不審也。劓鼻刖足是其本字。

鞭打　必綿反。字書：擊也，撻也。

杖刺　清亦反。經作刾，俗字也。

切膾　古外反。割也，細切肉也。

鎚擣　墜追反。考聲：槌，擊也，持也，打鐵鎚也，擿也。亦作槌、椎。下刀老反。考聲：舂也。說文：以手椎擣也。一云築也。從手壽省〔五八〕聲。或作㨶，或作搗。

蹉蹹　上倉何反。相切蹉也。字書：䟶也。下談合反。廣雅：履也。說文：踐也。有作踏，非也。

嚴酢　上嚴劍反。借用字，正作驗（醶）〔五九〕。下倉固反。酸也。有作醋，俗字也。

火炙　征亦反。廣雅：炙，熱也。漢書：大暑之所炙。說文：炮肉也。從肉在火上也。

批目　眺遥反。聲類：批，抶也。淵悦反。說文：撓也。從手坒聲也。

矛矟　上謨侯反。韻英音暮蒲反。兵仗也。說文：矛也。建於兵車，長二丈，象形字也。或作䂆，古字也。經文作鉾，俗字，謬也。正作矛。諸字書並無此鉾字。下霜捉反。考聲云：長矛也。從矛肖省〔六〇〕聲。

大寶積經　第六十九卷

寱語　音藝。集訓云：睡語也。聲類：睡中不覺妄言也。廣雅：睡驚也。說文：瞑言也。從㝱省臬聲也。臬音魚列反。有從穴作寱〔六一〕，非也。

寐寤　上彌庇反，下吾固反。韓詩：寐，息也。玉篇：眠熟也。蒼頡篇：覺而有言曰寤。前文已具釋。說文：並從㝱省，未、吾皆聲也。或有從穴，或從忄作㥟㾇〔六二〕，皆非也。上從宀音綿，左從爿音墻。

膠黏　上狡爻反。考工記說有諸膠，鹿膠、白馬膠、赤白牛膠、大赤鼠膠、黑魚膠、餌犀膠黄。鄭云：皆煮其皮作之。顧野王曰：膠所以連綴物令相黏著也。說文：昵也，作之以皮。從肉翏〔六三〕聲也。下女廉反。考聲云：黏，固也。蒼頡篇：黏，合也。說文：相著也。從黍占聲也。經文從米作粘，俗字也。

於㲉　苦角反。字書云：鳥卵皮也。從夘㱿聲也。

大寶積經　第七十卷

不眴　玄絹反。考聲：眴，視也。從目旬聲也。旬音縣，從目。經文從旬，非也。有不曉之徒音舜者，非也，皆不達本文也。

雨淹　奄尖反。考聲：淹，漬也，敗也。從水奄聲也。

躁動　遭奧反。鄭注論語云：躁，不安静也，動也。

大寶積經　第七十一卷　菩薩見實三昧會

腥臭　昔精反。或作胜。孔安國注尚書云：胜，殨也。説文：犬膏臭也。從肉星聲也。

枝蔓　武飯反。毛詩傳曰：蔓，延也。廣雅云：苗長也。説文：葛屬。從草蔓(曼)〔六四〕聲也。

大寶積經　第七十二卷

治差　長尼反，下策界反。

未逮　唐奈反。爾雅：及也。

嘶破　先奚反。嘶亦破也。

戰悚　粟勇反。考聲云：心不安也，驚也。從心束省〔六五〕聲。

釜鑊　扶武反。炊器也。下户郭反。廣雅：鑊，鼎也。有足曰鼎，無足曰鑊。從金蒦省〔六六〕聲。蒦從艹從隻。

鉾矟　上莫侯反，俗字也。正作矛，象形字也。考工記：酋矛。説文：長二丈，建於兵車也。下所卓反。廣雅：矟亦矛也。埤蒼：丈八矛也。從矛肖聲。

憘以　喜記反。韻英：憘，好也。或作憙，同。

剜掘　烏完反。埤蒼：剜，削也恚緣反。下群蔚反。廣雅：掘，斸也誅録反，穿也。考聲：斸也。從手屈聲。斸音卓。

欠故　音去。埤蒼云：張口頻伸也。

空噍　樵曜反。玉篇：噍，嚼也。蒼頡篇云：咀也。凡物無有孑遺名爲噍類，齊人語也。

裸形　盧果反。俗字也。正體作嬴。從嬴省，中從果。韻詮云：赤體也。或從衣作臝，或從人作倮，或從身作躶，皆赤體袒衣也。時俗音爲華寡反。

挾怨　嫌頰反。爾雅：挾，藏也。考聲：藏於掖也。説文：持也。心持於怨不忘也。從手夾聲也。

大寶積經　第七十三卷

深邃　尸任反。字書：深，測也。説文：從水罙聲。罙音與上同。下雖醉反。説文：邃，深遠也。從穴遂聲。

脬膜　上普包反。小腸中盛小便器也。見三蒼。經文有從包作胞，非也。下音莫。説文：肉間膜也。從肉莫聲。

腦胲　改亥反。足大指毛下肉，又云頰肉也。從肉亥聲。

至跨　苦霸反。俗字也。正體從骨從果作髁。文字集略云：髀上骨也。古文作跨。蒼頡篇云：兩股也。説文：髀也。從骨果省〔六七〕聲。

至蹲　遄耎反。字書：蹲，足腓腸也。從足專聲也。

餳餔　餳音唐。考聲云：飴和糤也。説文：夕盈反。米蘗煎成也。下餔音捕。考聲云：米糊也。亦作哺，口中嚼食與小兒也。説文：音晡。日加申時食也。從食甫聲。

孔竅　輕叫反。考聲云：竅亦孔也。説文：空也，隙也。從穴敫聲也。或作噭。

大寶積經　第七十四卷

味饌　音撰。俗字也。正體雖作籑，古字不行用。馬融注論語云：饌，飲食也。鄭玄注儀禮云：饌，陳也。廣雅：進也。說文：具食也。從食巽也。巽音酸困反也。

苦瓠　胡故反。考聲云：瓜瓠也。郭璞注爾雅云：瓠，㼜也。味苦者有毒不堪食，可入藥用。說文：匏也。從瓜夸聲也。夸音呼故反。

枸奢得子及紝婆子　此等皆梵語樹名也。其葉苦，可煮爲飲，治頭痛疾，即此國苦楝，是苦檀之類也。紝，女林反。楝音練也。

大寶積經　第七十五卷　無可音訓者。

大寶積經　第七十六卷

摩抆　聞粉反。韻英云：修拭也，摸也。或作揾，亦通。

穅檜　上亢郎反。郭璞注爾雅云：米皮也。說文：穀皮也。從禾康聲也。或從米，亦通。下口外反。字書：粗皮。字統亦云：粗穅也，穀皮也。說文：穅也。從禾會聲也。

銅鐷　閻接反。考聲云：釘鐷也。玉篇云：齊人爲鏶，爲鐷鏶音集。典說云：金銀銅鐵皆有鐷。唐初避廟諱改世作鍱。

大寶積經　第七十七卷　富樓那會第十七

三卷經　羅什譯　此卷無可音訓者。

大寶積經　第七十八卷

㦕悷　上祿董反。諸字書中並無從人作者，應是譯經者以意作之相傳音也。唯綦(纂)[六八]韻中從心作㦕。下音麗。義說云：㦕戾者，掘强佛戾難調伏也。並從心，經從人，非也。

憒丙　上户外、古外二反。下音拏效反。從市從人。經作內，不成字。

鬚髮　上音須。俗字也。本字只作須。說文從頁彡，頭從彡音衫，彡衆毛也。時用須字從水作湏，非也。湏乃是古文頮字也，音悔。下蕃韈反。顧野王云：首上毛也。說文：髮，根也。從髟犮聲也。古文作頗(頗)[六九]。頁音頡，犮音蒲末反。髟，必遥反。

大寶積經　第七十九卷

肌肥　上幾宜反，下費微反。

啼泣　上弟泥反。俗字也。正作嗁。玉篇云：哭無常節也。或作謕(謕)[七〇]。說文：號也。從口虒聲。虒音梯也。

賈(賈)[七一]客　上音古。杜注左傳云：賈(賈)，賣也。鄭玄云：居賣也。字書云：坐販曰賈(賈)。音爲假者，非也。

隘道　櫻介反。廣雅：隘，陋也，急也。鄭注禮記云：陋也。從阜益聲也。或作阸。杜預曰：地險不平也。從卩戹聲也。戹音厄。

纏裹　長連反。考聲云：繞也，束也。說文：約也。從糸廛聲也。下音果。顧野王曰：裹猶苞也。說文：纏也。上下從衣，中間從果聲也。

瘡瘢　上楚霜反。考聲云作瘡也。說文作刅。古字也。或作創。下拔瞞反。考聲：痕也。從疒般聲。疒音女厄反，瞞音莫安反。

箭矟　霜捉反。

蹇陀達多　梵語是提婆達多眷屬等五百比丘名也。

大寶積經　第八十卷　護國菩薩會第十八

兩卷經　崛多三藏譯

傭纖　丑龍反。考聲云：上下均也。韻英云：直也。從人庸聲。經從月，非也。下息尖反。微細。

佷戾　上音恨，下禮計反。

擯出　必胤反。莊周云：擯，弃也，落也，逐出也。從手賓聲。經從人作儐，非也。義訓不相應，錯用也。

劇苦　渠逆反。

不餐　倉單反。考聲云：噉也。説文：吞也。從食奴聲。或從水作湌，經從冫，非也。奴音殘也。

焚燎　聊曜反。韻英云：燔世照也。説文：放火也。從火尞聲也。

王募　模布反。韻英云：召也。考聲：廣求也。從力莫聲。

黐膠　上恥知反。考聲云：黏也。擣木皮爲之可以捕鳥獸。從黍离聲也。离音癡。經從离，誤也。

高崖　牙皆反。考聲云：山澗邊險岸也。從山厓聲。厓音同上。

大寶積經　第八十一卷　護國菩薩會

無猒　伊鹽反。字書：犬甘肉也。從甘從肉從犬，會意字也。

繫閉　鷄詣反。顧野王云：拘束也，留滯也。鄭玄曰：連綴也。從糸毄(毄)〔七二〕省〔七三〕聲。説文：閉字從才。經文從下，俗字也。

牢獄　上音勞。説文云：閑養牛羊圈也。從牛從舟〔七四〕省，舟取四周匝也。俗用從穴，非也。下愚録反。顧野王曰：相與諍訟也。囚繫之所因名爲獄。鄭玄注周禮云：争財曰訟，争罪曰獄。説文：從㹜音銀，二犬所以吠守也，會意字也。

妒嫉　都固反，下秦栗反。王逸注楚辭云：害賢曰嫉，害色曰妒。説文：婦妒夫也。從女户聲。俗用從后，或從石者，並非也。嫉亦形聲字。

杯(坏)〔七五〕器　配盃反。考聲云：瓦器未燒者也。或作砙也。非也。

嬉戲　上虚紀反。蒼頡篇：戲笑也。下喜義反。毛詩傳曰：戲，逸豫也。爾雅：謔也。郭璞云：啁也。説文：從戈䖍聲也。䖍字從豆作虚〔七六〕，音虚宜反。經從虚從弋作戲，非也。

牀敷　上牀莊反。説文：從木從爿。經作床，不成字。下芳夫反。考聲：敷，施也，布也。説文：從攴普卜反尃聲也。尃字從甫從寸。經從甫音専，下從万，並俗字，非正體也。

氈褥　上之然反，下音辱。考聲云：杵毛爲之曰氈，以繒彩衣之曰褥也。

輦轝　上連展反。考聲云：駕人曰輦。輦，轝也。説文：人輓車也。從車，扶音伴在車前引之曰輦。下與曙反。又音輿。説文：乘人而行曰轝。從車從與省〔七七〕聲，平、去二音，總通也。

須乘　上相踰反。説文：須，待也。從立從彡音衫從頁。今經文多從水作須(湏)〔七八〕，非也。是水名，非須字也。

鸚鵡　上鳥(烏)〔七九〕耕反，下音武。緑色鳥也。郭璞注山海經云：扶南外有五色鸚鵡，亦有純白者，大如鷹，足有四指，前後各二，能學人語。曲禮曰：鸚鵡能言不離飛鳥。並形聲字也。從[鳥]〔八〇〕，嬰、武皆聲。嬰從二貝也。

鸜鵒　上具俱反，亦從句作鴝。下音欲。鴝鵒鳥如百舌鳥，黑色，唯兩翼有班白銀，前觜上有毛角別也。異苑曰：五月五日剪鸜鵒舌即能學人語。淮南子云：鴝鵒，一名寒鼻。說文並形聲字也。又云：鸜鵒不過泲水也。

鴻鶴　上音紅。隨陽鳥也。毛詩傳云：大曰鴻，小曰鴈。皆水鳥，鵝屬也。下何各反。有白鶴瑞鳥也，仙人所乘，壽皆千歲。又有紅鶴凡鳥也，所在皆有蒼紅色。一名鴻鵠，形如鶴而小，亦水鳥也。

俱繫羅　舊云俱枳羅。梵語西國鳥名，此國無。

顦顇　上情遥反，下情遂反。或作憔悴，瘦惡也。

悵怏(悵怏)〔八一〕　敕亮反。蒼頡篇云：惆悵(悵)〔八二〕，失志也。說文云：悵(悵)即悵(悵)望也。下殃亮反。廣雅：怏(怏)〔八三〕，强也。說文：不服也〔八四〕。並形聲字。

皮囊　諾郎反。考聲云：有底袋也。

筋骨　上音斤。從竹從肉從力。說文云：肉之力也。有從草從月，非也。

浚流　詢俊反。考聲云：水急流也。或作濬。下流字從水從云從巛。

潶浸(浸)〔八五〕　上匹遥反。說文：漂，浮也。或作漂。下没字，說文：從𠬛(𠬛)〔八六〕聲也。𠬛(𠬛)音沒。

戰慄　音栗。

臂膗　丑龍反。均直也。

右脇　香業反。從肉從三力。從三刀者，非也。

大寶積經　第八十二卷　郁伽長者會第十九

一卷經　魏康僧

常聽　去聲。從壬。

郁伽　億六反。梵語菩薩名也。

荷檐(擔)〔八七〕　上音何，下都甘反。負也。

橋舩　渠妖反。水梁也。從木喬聲。喬字從夭，舩字從㕣省也。

謿譁　上貁交反。或作嘲。嘲，謔也。貁音吒狡反。從豸從爪。下音花。桂苑云：喧噪。

牽瘴　上啟堅反。說文：牽，引也。從玄，下從牛。下昌世反。顧野王云：瘴猶牽也。說文云：引而縱也。或作掣，俗字也。今經作抴，誤也。

財賄　灰退反。考聲：賄，財也。或作晦(賄)〔八八〕也。

躑躅　鄭劇反，下重局反。躑躅，猶徘徊也，不進也，跳躍也。

貓伺　卯包反。本音苗。獸名也。考聲云：大蟲之淺毛者曰虦貓也。形狀大小一似人家所養貓，今捕鼠者也。說文：從豸從苗。今經文從犬作猫，俗字也。豸音雉。

謫罸　知革反。毛詩傳曰：謫，責也。郭注方言云：相責怒也。罪過也。從言適聲也。或作讁。下音伐。從四(罒)〔八九〕從討。

梯隥　上體奚反。考聲云：隥也，可以登也。下當亘反。考聲：隥，履也，仰也。

阿練兒　梵語廣質不妙。舊云阿蘭若，唐云寂靜處也。

大寶積經　第八十三卷　無盡伏藏會第二十

兩卷經　菩提流志三藏譯

懇惻　上康恨反。廣雅：懇，誠也，信也。從心貇聲。貇音同上。下初側反。廣雅：惻，愴也。說文：悲痛也。從心則聲。

蠶繭　上藏含反。周禮：仲春詔后師內外命婦始蠶於北郊。考聲云：吐絲蟲名也。說文：姙絲蟲也。從䖵朁聲也。下堅顯反。禮記：世婦卒蠶奉繭以示于君，蠶事既登，奉繭稱絲。說文云：繭，蠶衣也。從糸從虫從𦭝（芇）〔九〇〕者。或作絸，古字也。

綜習　宗宋反。考聲云：兼也。攢絲而糾之也。說文：機縷持絲交者曰綜。從糸宗聲也。

大寶積經　第八十四卷

纔見　在來反。考聲云：暫也。

姦詐　諫顏反。蒼頡篇云：姦，僞也。說文：私也。或作奸，亦同。

掣繩　闡熱反，又音昌制反。今取初音。說文云：引而縱也。從手制聲也。或作瘳〔九一〕，或作摰〔九二〕。下常仍反。索也。

大寶積經　第八十五卷　幻師跋陀會第二十一

一卷經　菩提流志三藏譯

較試　上音角。考聲云：較，略也。鄭玄云：較，見也。爾雅：宜也。廣雅：明也。或作挍，古文俗。

遍澍　朱樹反。考聲：時雨普澍也。從樹省聲也。經文從雨[作]〔九三〕霔，非也，乃是筆誤及書寫之徒率意妄作，元無此字也。

大寶積經　第八十六卷　大神變會第二十二

兩卷經　流志三藏譯

躡金屣　上女輒反。方言：躡，登也。說文：踏也。下音史。考聲云：履之不躡跟者也。亦作縰、鞿（韆）〔九四〕、韃。案經即西國革屣也。

大寶積經　第八十七卷　無字可音訓者。

大寶積經　第八十八卷　摩訶迦葉會第二十三

兩卷經　月婆首那譯

一醆水　責簡反。錯用也。正體從玉作琖。禮記：爵用玉琖。夏后氏以琖，殷以斝，周以爵。或作盞。方言云：盞，柸也。郭璞亦云：最小盃也。經文從酉作醆，非本字。集訓云：醆，盎齊；濁酒微清也。殊非經義也。

奪取　徒活反。群書字要云：從奞從又。又即手也。奞奞音雖，大鳥有足也，手持大鳥失之曰奪。又蔡邕石經：從寸作奪。今經文從六下作奪，誤之甚矣。又有從犬作奪（奪）〔九五〕，亦非，不成字也。

撾打　卓瓜反。

齎持　濟齊反。考聲云：持財以與人也。說文：持，遺也。從貝齊聲。今經文作賷，俗用字，謬誤之甚。

嗺喍嘷吠　上額皆反，次音柴，次音毫，下肥惠反。並俗用字也。正體並從齒從柴，省作齜。說文作齜。集訓云：齒相齗也。又云：開口見齒也。玉篇云：齒相切也。聲類作齷齜。考聲云：齷齜，狗鬭皃也，齒不齊皃也。齷字亦從齒從厓。下吠字，說文云：犬鳴也。從口從犬聲也。

嫉妒　上音疾，下都固反。從女從户。前文已訓釋。經文從后，皆非也。姤音古候反，乃是易中姤卦，字乖經意也。

傎倒　上丁堅反。考聲云：傎亦倒也。從人從填省聲也。今經文從山作巔，誤也，山頂也，非經義。

顏皃　下茅豹反。考聲云：容儀也，見也。或作貌。今經中從犬作狠，非也。玉篇音云午間反。說文云：狠狠，犬鬭聲也。甚錯，乖經意也。

大寶積經　第八十九卷

鐵鍱　下音葉。前七十六卷中已訓詁。經作鐷，非也。

洋沸　上以章反。集訓云：水流皃也。毛詩傳曰：洋洋，盛大皃。

衒賣　玄絹反。說文云：行且賣也。從行玄聲，或從玄、行，衒[九六]亦聲也。下買敗反。說文云：出物也。從出買聲也。今經從土從罒，俗用訛略也。買字，說文從网也。

白氎　音牒。考聲云：毛布也，草花布也。從毛疊聲也。經文單作疊，非本字，器物也。

瞻眄　上章廉反。毛詩傳曰：瞻，視也。下眠遍反。考聲云：衺視也。衺音夕嗟反。正體字也。

涕唾　上天帝反，下吐貨反。皆口液也。

非齅　休救反。說文：以鼻就臭曰齅。韻英云：鼻取氣也。從鼻臭聲也。經文從口作嗅，非也，不成字。

彌帝隸　梵語古云彌勒，皆訛略不正也。正梵音云每怛哩，唐言慈氏，菩薩名。

大寶積經　第九十卷　優波離會第二十四

一卷經　菩提流志三藏譯

測量　楚力反，下力畺反。說文從童，正也。經從里，略也，俗字也。

阻壞　上俎所反，下懷怪反。

哮吼　孝交反。俗字也。正體作虓。集訓云：虎怒聲也。從九從虎。

大寶積經　第九十一卷　發勝志樂會第二十五

兩卷經　菩提流志三藏譯

翱翔　上音敖，下音祥。逍遥也。前音義中已訓釋也。

校（抆）[九七]淚　武粉反。拭也。

炫燿　上玄絹反。說文：炫亦耀也。廣雅：炫炫，火明也。下遥笑反。賈注國語云：燿，示也，明也。說文：燿，照也。考聲云：火光照也。並從火也。

呪詛　菹疏反。鄭注周禮云：盟詛主於要誓。大事曰盟，小事曰詛。詛謂呪之使敗也。考聲云：呪罵也。或作禮、謯、諰〔九八〕，四形用皆同。

廛閈　上長連反。考聲云：一畝半爲一家，城市中空地也。或作壥。下寒案反。蒼頡篇：閈，垣也。廣雅：居也。說文：閈，閭也。汝南平輿里門也。從門干聲也。

譏笑　既衣反。鄭注禮記云：譏，呵察也。廣雅：諫也，問也。說文：誹也。考聲：刺也。從言幾聲也。

倡技　上音昌。蒼頡篇：倡，俳也。聲類：倡，優也。說文：樂也。下奇蟻反。考聲云：工巧也。字書云：藝也，能也。從手從伎省聲也。

一切經音義　卷第十四

校勘記

〔一〕罕　據文意似作「罕」。
〔二〕内　據文意似作「冂」。
〔三〕系　據文意當作「糸」。
〔四〕㳻　據文意當作「壋」。
〔五〕犬走聲也　今傳本說文爲「犬走皃也」。
〔六〕說文訓：鋭，鑱也　今傳本說文：「鑱，鋭也。」
〔七〕省　衍。
〔八〕以　頻作「似」。　省　衍。
〔九〕摸　據文意當作「模」。
〔一〇〕㨾　據文意當作「樣」。
〔一一〕毗　據段注說文當作「䚹」。
〔一二〕差　今傳本說文作「𡍮」。
〔一三〕從夕音陟紀反　據文意當爲「從夂音雖」。
〔一四〕省　衍。
〔一五〕半　獅作「丰」。下同。
〔一六〕福　據文意似作「褔」。
〔一七〕語　似衍。
〔一八〕省　衍。
〔一九〕也　衍。
〔二〇〕云　據文意似作「六」。
〔二一〕叉　今傳本說文作「㕚」。
〔二二〕立　據文意似作「血」。
〔二三〕則蚌蛤實，月晦則蚌蛤虛，相感也。說文作㿽　麗無，據獅補。
〔二四〕壯　據文意似作「牡」。
〔二五〕干　麗無，據獅補。
〔二六〕反　麗無，據文意補。
〔二七〕善　麗無，據獅補。
〔二八〕大　頻作「犬」。
〔二九〕說　麗無，據獅補。
〔三〇〕綴　據文意似當作「結」。
〔三一〕與　據文意當作「与」。
〔三二〕莊子　沈兼士等編一切經音義引用書索引凡例：「莊子爲淮南子之誤。」
〔三三〕未　頻作「末」。
〔三四〕户　今傳本說文作「尸」。
〔三五〕由　今傳本說文作「㽕」。
〔三六〕闞　據文意似當作「闌」。
〔三七〕搦　據文意當作「梮」。
〔三八〕省　衍。
〔三九〕目但有眹曼，曼如鼓皮曰瞽　今傳本說文爲「目但有眹也」。
〔四〇〕省　衍。
〔四一〕貧無財以備禮曰窶　今傳本說文爲「無禮凥也」。
〔四二〕出　據文意似作「詘」。正字通：「詘，俗咎字。」
〔四三〕省　衍。
〔四四〕反　衍。
〔四五〕辯論　今傳本說文：「辯論也。」
〔四六〕刊　麗無，據文意補。
〔四七〕省　衍。
〔四八〕載　臺灣大通書局本作「云」。
〔四九〕冤　獅作「冕」。
〔五〇〕曰　大正作「臼」。
〔五一〕柱　今傳本說文作「柎」。
〔五二〕從㝱吾省聲　據文意似爲「從㝱省吾聲」。
〔五三〕寤　「寤」的省俗字。
〔五四〕爿　據文意當作「牊」。
〔五五〕夲　頻作「本」。
〔五六〕壯　頻作「牡」。

〔五七〕聰　獅作「驄」。
〔五八〕省　衍。
〔五九〕驗　據文意當作「險」。
〔六〇〕省　衍。
〔六一〕瘰　據文意當作「瘰」。
〔六二〕寀宿　據文意似爲「寀宿」。
〔六三〕謬　今傳本説文作「翏」。
〔六四〕蔓　據文意當作「曼」。
〔六五〕省　衍。
〔六六〕省　衍。
〔六七〕省　衍。
〔六八〕纂　據文意當作「纂」。
〔六九〕頗　獅作「頗」。
〔七〇〕謔　據文意當作「謔」。
〔七一〕貿　獅作「賈」，下同。「貿」是「貿」的俗字，此爲「賈」之誤。

〔七二〕轂　獅作「轂」。
〔七三〕省　衍。
〔七四〕舟　卷十二釋「牢固」條作「舟」。今傳本説文：「牢，閑養牛馬圈也。从牛冬省，取其四周匝也。」
〔七五〕杯　據文意當作「坏」。
〔七六〕作虛　據文意似當爲「從虍」或「從虛省」。
〔七七〕省　衍。
〔七八〕須　據文意當作「湏」。
〔七九〕鳥　當作「烏」。
〔八〇〕鳥　各本皆無，據文意補。
〔八一〕悵悏　獅作「悵悏」。據文意似當爲「悵怏」。
〔八二〕帳　獅作「悵」。下同。
〔八三〕悏　據文意當作「怏」。
〔八四〕不服也　今傳本説文爲「不服懟也」。段注曰：「當作不服也，懟也。」

〔八五〕浸　獅作「浸」。
〔八六〕叟　獅作「叟」，下同。
〔八七〕檐　據文意應作「擔」。
〔八八〕晦　當作「晦」。
〔八九〕四　當作「罒」。
〔九〇〕繭　據文意似當作「芇」。
〔九一〕瘳　即「摩」。
〔九二〕摯　即「摯」。
〔九三〕作　麗無，據文意補。
〔九四〕鞕　據文意似當作「鞭」或「鞕」。
〔九五〕棄　獅作「棄」。
〔九六〕衒　據文意似作「玄」。
〔九七〕杖　據文意當作「扙」。
〔九八〕諒　據文意似當作「諒」。

一切經音義　卷第十五

大唐翻經沙門慧琳撰

大寶積經音義之五

音大寶積經　從九十二盡一百二十凡二十九卷

大寶積經　第九十二卷

白法羸　纍危反。韻英云：羸，劣也。韻詮：弱也。從羊羸聲也。羸音同也。

誼雜　上暉袁反。或作讙，古文作吅。下財合反。從衣從集也。

世語　胡快反。說文云：會善言也。從言昏聲。考聲：話，調也。或作譮。古文作舙。說文音胡卦反。今取後音，經[作]〔一〕話，俗字變體也。

憍慠　薑妖反，下我告反。

躁擾　子到反。顧野王云：躁，動也。考聲云：急性也。鄭玄云：不安靜也。說文：躁，疾也。從辵〔二〕作趮。玉篇：從足喿聲也。喿音桑到反。經中從彖〔三〕作⿰足彖〔四〕，不成字也。下而沼反。考聲：擾，亂攪也。因此煩彼也。從手憂聲。憂音奴刀反。今經文從憂，非也。說文：憂字從頁從止從巳從夊音雖作憂，或作憂也。

甘蔗　之夜反。或作蔗。

佷戾　上音恨，下音麗。佷戾，不順伏也。

麁獷　古猛反。惡也。

樊籠　上音煩。考聲云：鳥籠也。說文云：騖不行也。從爻從林從大聲也。又音攀，或作棥，一也。

檳（擯）〔五〕斥　上賓印反。司馬彪注莊子云：擯，棄也。史記云：相與排擯也。說文從人作儐。下音尺。劉兆注公羊傳云：斥，指言也。廣雅：推也。王逸注楚辭云：斥逐也。許叔重注淮南子云：斥，拓也。說文：却屋也。從广屰聲也。广音儼，屰音逆。今經文作庐，俗用，訛謬也，因草書變體也。

謇澀　上薑偃反。周易：謇，難也。方言：謇，吃也。或作讓，亦作寋、𧬂，皆一也。下參立反。訓解如前。經作澀。

大寶積經　第九十三卷　善臂菩薩會　第二十六卷經　羅什譯

革屣　所綺反。集訓云：履之不攝跟者曰屣。舞履也。從足作躧，或從革作鞭，從尸徙聲也。

施牀　狀莊反。說文云：安身具也。經作床，非也。

澡罐　上音早。韻英云：洗也。說文：洗手也。從水喿聲。喿音蘇到反。今經文從衾作滲，非也。滲音霜禁反。非經義。下古翫反。盛净水瓶也。集訓云：汲水器也。從缶雚聲也。缶音甫苟反。雚與鑵同。經中從水作灌，誤也。灌溉非經義也。

筆墨　經作默，非也。

捷疾　潛葉反。從手。

親戚　清亦反。考聲云：親也，近也。説文：從戉尗聲。尗音叔。今經文從人作僁，不成字也。多是書寫之流，隨愚妄作耳也。

刑戮　力竹反。鄭注周禮云：戮，辱也。賈注國語云：戮，煞也。考聲：刑也。説文：從戈翏聲也。或從刀作[剹]〔六〕。經從力，誤也。翏音六幻反。

文辭　似茲反。考聲云：以言説理也。古文作嗣。説文：解訟也。從𤔔從辛，𤔔、辛猶理罪也。𤔔音乱。乱，理也。今經作舜，愚人妄書不成字也。

苦惱　奴倒反。説文：痛恨也〔七〕。經文作惚，非也，非經意。下愚之情，妄書不成字。

挑眼　體遥反。從手。

頭然　經中作投燃，非也。

大寶積經　第九十四卷

肉團　或作摶。徒鸞反。今經文作揣，非也。揣音初捶反。揣，殊非經義也。

假借　經文作賈，非也。賈，人姓也。

宋静　經文作家(家)〔八〕，古字也。亦作詠、啾，今俗通作寂，五體一正一俗三古。

大寶積經　第九十五卷　善順菩薩會　第二十七

卷經　流志譯

悵然　敕亮反。形聲字。

試鍊　蓮奠反。非本字，正作湅。考聲云：精擇也。或作揀，俗字也。今經文作鍊，鎔鍊金鐵字也，非本字，亦通。

變態　他代反。考聲云：意變無恒也。集訓云：姿容皃也。從心能聲。能音耐。

賄貨　灰外反。考聲云：賄，財也。或作晦，從有貝聲也〔九〕。

滋蔓　上子慈反。孔注尚書云：滋，益也。考聲：多。下音万。訓釋已見前文也。

恒挂　卦、怪二音，並通。考聲云：挂，懸也，止也。或作絓，從手圭聲也。

箱篋　上息羊反，下謙葉反。

足踏　談合反。俗用字也。本音貪合反。踏，箸地也。正作蹋。考聲云：蹋，踐也。從足𦐇音塔也。

大寶積經　第九十六卷　勤授長者會第二十八

一卷經　流志譯

遊讌　烟見反。考聲云：歡飲酒也。韻英云：飲酒會言也。或作宴，從言燕聲也。

坯瓦　上普盃反。瓦器未燒曰坏(坯)〔一〇〕。見文字集略。凡坏器遇雨即壞，經取脆義也。

圊廁　上磧盈反。字書：圊，溷也。溷音胡悶反。考聲：圊亦廁也。從囗青聲。訓廁字亦與上同也。

魁膾　上苦瓌反。下古外反，從肉會聲。

如析　星亦反。析，分也。水(本)〔一一〕從片，半木字。正或作析，古文作片(肵)〔一二〕。

駛河　師事反。韻英云：急速也。從馬史聲。或作決。今經文從夬作駃，書經人誤也。駃音涓血反。駃騠，馬名，非經義。

摶飡　或作團。段欒反。鄭注周禮云：團，圓也。考聲：摶，握也。毛詩傳：聚也。從手專聲。飡字正從亼亼音精入反從皀皀音彼立反。案摶食者，衆味相和食也。

痰癊　上音談，下於禁反。

編絡　鼈綿反。劉兆注公羊傳云：編，比連也。蒼頡篇云：編，織也。顧野王：編，列也。說文：次簡也。聲類：以繩編次物也。下郎各反。

筋纏　上音斤，下徹連反。

窻隙　俗字也。正作牕。字書云：助户明也。音楚江反。說文：在牆曰牖，在屋曰囪。象形，古字也。今隸書通作窓。又云：通孔也。考聲云：今屋兩端窗也。下鄉逆反。從白上下小。經從巢作隟，非也。

七竅　谿叫反。鄭注禮記云：竅，孔也。鄭注周禮云：陽竅七，陰竅二。說文：竅，空也。從穴敫聲音叫也。

皮裹　音果。

殨爛　迴塊反。韻英云：殨，肉爛也。從歺從潰省聲也。歺音殘。

如借　精亦反。

中洟　下音夷。韻英云：鼻液也。或作咦、鮷〔一三〕也。

眼眵　齒支反。韻詮云：目汁疑(凝)〔一四〕也。說文：目汁也。從目從侈省聲也。

磨鎣　縈併反。韻英云：摩珠玉也。鎣鏡使明也。從金從熒省聲也。

餧狐狼　上威位反。韻英云：飲牛也。考聲云：與食也。從食委聲也。或作萎。

詼衒　上苦瓜反。孔注尚書云：憍恣過制以自夸大也。謚法曰：華言無實曰詼。從言夸聲也。今經文從亐從亐(大)〔一五〕作誇，俗用，謬也。下玄絹反。玄字上聲。韻英云：行賣曰衒。集訓：衒，自矜藝也。從行玄聲也。

大寶積經　第九十七卷　優陀延王會第二十九

一卷經　流志譯

拘睒彌　上音俱，次商染反。此句梵語不求字義，中印度國名也。佛在時此國有王，名鄔陀衍那。唐言出愛，古譯或云優陀延，或名優填王，皆訛略也。

頸項　上居井反，下巧講反。蒼頡篇云：頸在前，項在後。說文：頭莖也。並從頁頁音頡從巠從江省聲也。

被軶　烏(烏)〔一六〕革反。車軶也。軶，礙也。經作軛，俗字，正體從户從乙作戹。

乳哺　蒲慕反。許叔重注淮南子云：口中嚼食與之也。考聲云：食在口含咀也。如鳥與兒食也。從口從捕省。經文作餔，誤也。餔字本音步胡反，非本字也。

貿易　莫候反。爾雅：貿，市也。顧野王云：交易也。字統：從貝丣聲也。丣，古文夘字也。今隸書從死，訛也。下易，音亦。

嗥叫　上號高反。左傳云：豺狼所嗥。説文：嗥，咆也。從口臯聲也。臯音高，從白從𠦍。𠦍音滔。下驍曜反。廣雅：叫，鳴也。字書：呼也。説文：吼也。從口從丩。丩音經由反。玉篇作噭，或作嘌。詔、訆(訆)[一七]皆古文叫字也。從刀，非也。

翳荼迦　梵語蟲名也。食糞，如蜣蜋之類。

澍雹　上音注。經文從雨作霔，非也，字書並無此字。下龐覺反。龐音蒲江反。

窯師　音姚字。

猒惡　伊燄反，烏固反。

焚燎　遼吊反。

涎涕　上夕延反，下體計反。口液也。經文從夷作洟，誤用也。字書雖有替音，本是夷字。易萃卦曰：齎咨涕洟。是其證也。

倉廩　臨錦反。時用字也。説文作亩。亩，倉也，象形字。從入回，象屋中户牖者。今隸書加禾作稟，字林作廩，並通。

穬麥　古猛反。蒼頡篇云：穀之有芒者也。説文：芒穀也。從禾廣聲也。下蠅即反。考聲云：麥穅也。從麥弋聲也。或作𦬊。

顛仆　上丁堅反。字書：顛，墜也。從真從頁。或從人作傎。傎，倒也。經從二真作顛，俗字，誤也。下孚付反。與赴字同音。考聲云：偃仰也。僵尸也。從人從赴省聲。

游泳　上音由。考聲：隨水流皃。從水從遊省聲。下榮命反。毛詩傳云：潛行。爾雅：泳，游也。郭璞云：潛行水底也。從水永聲也。

跳躑　上亭姚反。跳，躍也。下呈劇反。躑亦跳也。

鑊湯　户郭反。訓釋如卷初説。

鐵槽　音曹。字書云：馬櫪也。

鐵觜　醉髓反。韻英云：鳥喙也。或作柴、咮。韻詮亦云：鳥口也。又或作嗺、喋(嗉)[一八]，皆觜字也。喙音吁穢反。

探啄　上他含反，下音卓也。

煻煨　上音唐，下烏瓌反。從火從限省聲。熱灰火也。

銛利　上音纖[一九]，尖也。

洋銅　音羊。

大寶積經　第九十八卷　此卷有兩會，妙慧童子會第三十，恒河上會第三十一，並流志三藏譯

沮壞　情預反，又音疾與反。字書：濕也，漬也。

諛諂　上喻朱反，下丑染反。

普洽　咸甲反。考聲云：洽，和也。

裝校　上莊狀反，下交孝反。裝，飾。

穿鑿　上音川。説文云：穿，通也。從牙在穴中，會意字也。下藏鶴反。考聲云：木作具也。説文云：以穿木也。從金從丵，下從臼從殳金。經文作鑿[二〇]，訛也。丵音鋤學反。臼音舊。殳音殊，古文作殳。

大寶積經　第九十九卷　無畏德菩薩會第三十二卷經　佛陀扇多譯

寶屐　渠逆反。説文：屩也。從履從彳省聲也[二一]。經從足作

跛，非也。

陿劣　咸夾反。迫隘也。從𨸏從匧。經文從犬作狹，誤用也，乃狹習犬馬字也，非經義也。

蓖麻　閉迷反。考聲云：草樹名也。其子似牛螕蟲，故以名焉。從草毘聲。今經文作萞，或作蜱，並非本字也。

躑躅　前八十二卷中已音訓。

小橃　音伐。字書云：縛竹木浮於水上謂之橃。經文作筏，俗字，非正體也。

大舶　音白。海中大船曰舶。

一滴[二二]　丁歷反。有作滴，非也。

女得　音汝。下文三段皆汝字也，並云汝，今爲住(你)[二三]是也。

若舐　食爾反。說文云：以舌取物也。或作𦧇、䑛，並通，皆古文舐字也。經作舐，非也，未詳何出。

若齅　休救反。以鼻就臭曰齅。經作嗅，俗字也。

若唼　昝合反。鳥食也。

大寶積經　第一百卷　無垢施菩薩會　第三十三

一卷五品　竺法護譯

鬀髮　上體計反。說文云：鬄(鬅)[二四]髮也。從髟弟聲。大曰髡，小兒曰鬀。盡及身毛曰鬄音釋。髟音必遥反。髡音兀。

眼眴　音縣。眴，視皃。有音舜者，非也。

傭脞　上敕庸反，下音陛。

蹲腸　上常兖反。說文：足腓腸也。從足專聲。又說文專字從叀寸。或作腨，俗也。下膓音長。從肉從昜省[二五]聲。

麒麟　上音其，下音鄰。麒麐，瑞獸也。頂有一角，形皃及解字前經第一卷、第三十卷、第六十六已重訓釋訖。

大寶積經　第一百一卷　功德寶花菩薩會第三十四

又入善住意會第三十五同卷

射術　上時夜反。說文云：弓弩發於身而中於遠。從身從寸。寸，法度也。或從矢作䠶，亦同。下瞬律反。韓詩云：術，法也。鄭注禮記云：道也，藝也。說文：邑中道也。從行朮聲也。朮音鍾律反，從茉省聲也。

欝多羅僧伽　梵語僧衣名也。即七條袈裟，是三衣之中常服衣也。亦名上衣，見南海寄歸傳。

欄楯　上勒單反，下音順。說文云：欄，檻也。縱曰欄，橫曰楯。楯間子曰櫺，俗謂之鈎欄。楯字從木盾聲。盾音順，從厂十目也。

乞匃　哥艾反。韻英云：匃亦乞也。說文：上從人，下從亾。人亾財物則乞匃。經文作可(丐)[二六]，非。丏音綿典反，乖經意。

大寶積經　第一百二卷　善住意天子會　三卷經

剜身　椀觀反。玉篇：剜，削也。削音恚緣反。蒼頡篇云：削，取也。廣雅削、剜互相訓也。

割股　上乾遏反。孔注尚書云：割也。爾雅：割，裂也。廣雅：割，斷也，裁也，截也。形聲字也。下音古。鄭箋毛詩云：脛本曰股。說文：股，髀也。從肉殳聲。或從骨作殸。殳音殊也。

滂流　上普綱反。王逸注楚辭云：滂，廣流也。廣雅：滂，旁流也。説文：霈也。形聲字。霈音配也。

羈羅　上寄宜反。王逸注楚辭云：革絡馬頭。字書云：繫也。考聲云：馬勒也。説文作䩻。馬絡頭也。從冈從革從馽。馽音知立反。馽馽，马绊也。從口口音韦。口，马足也，會意字也。馽音知立反。經文作羈，誤用也，羈旅字也，乖經意。羈羅二字並從冈也。

大寶積經　第一百三卷

輦軒　上力展反。周禮：皇后乘五路輦車。鄭玄曰：爲輕輪，人輓以行。下憲言反。考聲：軒，安車也。杜注左傳云：大夫車。説文：曲輈藩車。從車干聲也。

迫迮　上音百，下莊革反也。

昬耄　毛抱反。説文：耄，老也。杜注左傳：亂也。曲禮云：八十、九十曰耄。轉注字也。

羸瘠　上力追反。字書：劣也，弱也。下情亦反。何休注公羊傳云：瘠，病也。齊人語也。考聲：瘦也。或從肉作膌，或作瘠，皆古字也。

離妒　都固反。經妬〔二七〕作妬，非也，音遘。

諠猥　上香袁反。或作讙，皆正。鄭注禮記云：諠，囂也。廣雅：鳴也。經文作喧，俗字，古文作吅，會意字也。下烏每反。廣雅：猥，衆也。蒼頡篇：頓也。説文：吠聲。從犬從畏省聲也。

右髆　補莫反。文字集略云：髆，肩甲也。説文：從骨從博省聲也。經文從月作膊，非也。音普博反。膊，肉爲乾脯，非經義也。

大寶積經　第一百四卷

鬚髮　上相臾反。考聲云：髮，鬚也。説文作須，面毛也。從頁，頭也從彡象毛也。下販韈反。頭上長毛也。説文云作䯻，古字也。

鬀除　上梯計反。前一百卷中已具釋。

阿蘭拏　奴加反。梵語訛轉也。唐云寂静處，去村落五里外也。

拂去　芬物反。考聲云：拂也，除也，拭也。

大寶積經　第一百五卷

把棓　下龐講反。考聲云：大杖也。或作柈。從木音(音)〔二八〕。俗作棒。

捉塊　魁外反。説文：土塥也。俗曰土塊。或作凷，古字也。

放捐　音緣。説文：捐，棄也。經作掮，俗字也。

遽告　渠據反。杜注左傳云：畏懼也。顧野王云：急也。蒼頡篇：速也。賈注國語：疾也。鄭注禮記云：卒也。從豦聲。經從處作遽，非也。説文：從虍從豕從辵。

昔愆　羯言反。考聲：愆，過也。從彳從心幵聲也。幵音牽。或作衍、寒，古字也。經從衍，非也。

爲解　皆駭反。音爲賈者，非也。餘准此音也。

芬馥　上芳文反。説文：草初生香氣分布也。從草分聲也。經文從气作氛扶文反，非也，乃是祥瑞氛氲，字非經義。下音復。韓詩云：芬馥香氣皃也。從香從復省聲也。

大寶積經　第一百六卷　阿闍世王子會第三十七

大乘方便會三十八　三卷經

聽許佛聽　並體經反，平聲。聽亦許也。後文與此句同者准此音。

諦聽而聽　並體經反，去聲。恭命聽授也。下文准此音，更不重說也。

能罥　決兖反。從冈肙省〔二九〕聲也。

一搏食　徒欒反。前已說，後准此也。

躃地　毗壁反。集訓云：躃也。從足辟聲也。經文從人作僻，非也，乃便僻字也。考聲云：不長不短舉止輕易也，非躃倒字也。又音匹亦反。僻側字也，甚乖經旨也。

頓拽　上敦困反。從頁屯聲。擡頓，牽掣也。下盈藝反。韻詮云：臥引物也。從手世聲也。或作拽，亦通。頁音纈，屯音豚，掣音闡熱反，擡音臺也。

瞿夷　上具愚反。梵語不求字義，羅侯羅母名也。或云耶輸陀羅，今云瞿夷，古譯訛略。

窟中　困兀反。文字音義：地室也。從穴，形聲字也。或從土作堀也。

匱惜　逵位反。集訓云：匱，匵也，匣也。從匚音方貴聲也。經作匱〔三〇〕，筆誤，非也。下音昔。惜，慳也。匵音讀也。

所虧　跪爲反。考聲：傷也，落也。說文：氣損也。從雐從亏，或從亐作虧，或從虛作虧〔三一〕，皆正也。經從虛作虧，不成字也。跪音駈筆反，雐音呼郭反，虛音希也。

祝術　上周救反。顧野王云：盟祝主於要誓，事鬼神以祈福祐也。說文：從示從人口從兑省。易曰：兑爲巫爲口也。或作呪，或作詶，亦通也。

肉團　段戀反。毛詩傳曰：團，聚也。說文：圜也。外從囗囗音韋內專，專亦聲也。經文作檲，非也。音初欒反。甚乖經義。

爪齒　上莊絞反。韻詮云：手足甲也。說文：丮也。丮，居逆反。又云：覆手曰爪，象形字也。經中加手作抓，誤用也，乃是平聲，抓癢字也。或作扴，非也。下蚩止反。說文：口齗骨也。象口齒之形，止聲也。

大寶積經　第一百七卷

仁等可來　經文作行等，誤也。來字從二人，本從麥省。

板椑　上班簡反。正從片作版。考聲云：平闊木也。下敗埋反。亦從片作牌，或從木。板椑，壁也。

匍匐　上步模反，下朋墨反。考聲云：手據地伏地也。說文：手行也，伏也。並從勹，形聲字也。勹音包。

勇鋭　悅慧反。顧野王云：鋭，銛也。廣雅：鋭，刺也。說文：芒也。從金兑聲也。或作鏸，音相閭反也。勇字下從力。

右脅　險業反。從肉劦聲。劦字從三力也。

兜術　上都頭反。梵語虜質不切也。正梵音云覩史多，唐云知足，前已具釋也。

慠慢　敖告反，蠻辨反。字書：慠慢，不敬也。

車匿　尼力反。悉達太子家人名也。

揵陟　上音乾，下知力反。太子所乘朱鬣白馬名也。皆梵語也。

障閡　上章讓反。説文：障，隔也。從𨸏，形聲字也。經從邑作鄣，非也，乃郡邑名也，又是平聲。下五蓋反。俗字也。正從石作礙。考聲：隔也，止也，拒也，妨也。從石疑聲也。

大寶積經　第一百八卷

修舍佉女　梵語牧牛女名，如來初成道之時奉獻乳糜者也。

綩綖　怨遠反，下演煙反。前文經第九卷中已具釋也。［地］〔三二〕衣、舞筵之類也。

拍地　普伯反。以右手掌拍地，警覺地神，令證如來往昔苦行，真實不虛也。

䀏眴　玄絹反。考聲云：開閉目也，數搖也。從目旬聲。經作［瞬］〔三三〕，音舜，亦通。

佼服　爻教反。考聲：佼，字（學）〔三四〕也。集訓云：佼，倣像也。從人交聲也。經中多作効，誤也。

賈人　公午反。下文准此音。賨貿（賈）〔三五〕也，坐販曰貿（賈）。

穳矛　倉亂反。韻英云：穳，鋋也。鋋音傷然反。前文第五十六中已具釋。經文作鑽牟兩字，並非也。後有持穳刺亦同此音也。

刺殺　清亦反。考聲云：以刀撞也。又音此恣反。字書：殺也，傷也，箴也。從刀朿聲。朿音次。經文作剌，俗字也。下山札反。説文：戮也，法也。從殳杀聲。古文煞字也。經文作煞，俗字，謬也。

佉達羅刺　梵語毒樹刺名也。如此方皂莢類也。

脚蹋　上薑虐反。説文：脚，脛也。從肉卻聲。卻音强略反。經文從去，俗字也。下徒合反。考聲：踐也。從足𦐇聲。𦐇音他合反。經中從翕作蹹，誤也。非蹊蹋字也。

木盂　字（宇）〔三六〕俱反。考聲：盂，椀之大者。一云椀無足曰盂。經作杅，非也，是俗（浴）〔三七〕器也。外道女假以木盂繫腹謗佛，不應用澡浴之器大杅也。

祇洹　胡官反。梵語彼方精舍名。

塹中　妻燄反。園畔小坑也。

彰露　上音章。孔注尚書云：彰，明也。賈注國語云：著也。考聲：顯也。毛詩傳云：表也。説文：從彡音所緘反，形聲也。經文從邑作鄣，郡邑名也，非此用也。

大寶積經　第一百九卷　賢護長者會第三十九

土塊　枯外反。或作凷。

嫩花　奴鈍反。考聲云：小也，弱也。或作媆。

牀榻　上狀莊反。從木從爿。下土合反。牀陜而長曰榻。説文：從木𦐇聲。爿音牆，𦐇音搭。

被褥　上皮媚反。論語曰：必有寢衣，長一身有半。孔安國曰：今之被也。顧野王曰：被即衾也。下如燭反。考聲云：以繒綵衣氈曰褥。被、褥皆形聲字也。

倚枕　上依里反，下之荏反。案倚枕者，以錦綺繒綵作囊，盛耎物，貴人置之左右或倚或憑，名爲倚枕也。

火浣布　桓管反。俗字也。正作澣。考聲云：浣，濯也。以足曰澣，以手曰漱。劉兆注公羊傳云：濯生練曰漱，去舊垢曰澣。經文有從皃作浣，非也。謹案山海經、括地志、十洲記、神異經、博物志、抱朴子等皆説南方炎洲有火林山，生不⿱聿火之木。其山晝夜大火常然，猛風不盛，暴雨不滅。其木皮花皆堪爲布，而皮布粗，花布細。又有火浣獸，其形似鼠，可重百斤，毛長三四寸，色白細如絲，常居火中，烔赤如火，時時出外，夷人以水逐而沃之，得水即死，取其毛績以爲布，彼夷人皆衣。其衣經有垢汗，若以灰水洗終日，仍舊不能浄，若置於火中燒之，與火同赤。經二食須出而振之，塵去潔白如新，因名火浣。抱朴子曰：火浣布凡有二(三)[三八]種，木皮與花及以獸毛。⿱聿火音祥盡反也。

麻紵　除慮反。紵，細布也，形聲字。

姿態　姊思反。集訓云：姿，儀也。字書云：姿，媚也。蒼頡篇云：容也。説文：態也。從女次聲。經文從心作恣，非也，且是去聲，縱恣字也，乖經意。下湯戴反。吕氏春秋云：態度情皃也。考聲云：意變無恒也。説文：態，恣也。從心能聲也。或從人作𢞉也。

艷美　閻漸反。俗字也。考聲云：體冶而皃美好而長也。正體從盇作豔。經文從色作艶，俗用，非正字。冶音野，盇音酣臘反。説文：盇字從大從血。今俗用通從去從皿(皿)[三九]，失之遠矣。下美字，説文：美，甘也。從大從羊。羊，進膳也。與善同也。

調謔　香約反。郭璞注爾雅云：相嘲戲也。謔，浪也。

皺眉　莊瘦反。經文作皺，訛謬不正也。字統從芻，芻音初于反。考聲云：皺，皮聚也。或曰頻眉也。説文闕也。

蹙頞　上即育反。從戚足聲。下安割反。孟子云：舉疾首蹙頞而相告也。考聲：蹙，聚也。小皃也。或作噈、𨇿[四〇]，四形皆同。蒼頡篇云：頞，鼻上蹇也。説文：鼻莖皺也。從頁安聲，或作⿰鼻央(齃)[四一]。

纖長　上相閻反。爾雅：纖，微也。説文：細也。從糸韱聲也。或從女作孅。韱音尖。

踝腕　上華瓦反。蒼頡篇云：踝在足側。聲類云：足外附骨也。説文：從足從稞省聲也。下烏灌反。俗字也。文字集略從肉作腕。説文作掔，從手臤聲。臤音一活反。古文作⿰月拏[四二]。鄭注儀[禮][四三]云：掌節也。揚雄云：腕，握也。經文作捥，亦俗字也。

媄冶　上天嬌反。毛詩傳曰：媄，少也。楚辭云：調態媄麗也。廣雅：媄媄，容也。毛詩：桃之媄媄。女子莊皃也。説文：巧也。從女芺聲也。芺音同上。經文作妖(妭)[四四]，俗字從略女[四五]，玉篇、經文並蒲葛反，非此義。下冶音餘者反。考聲云：女人變態也。周易上繫曰：冶容悔(誨)[四六]婬。劉曰：冶亦媄也。説文：從冫台聲也。冫音氷也。

顧眄　上音固，下眠遍反。考聲云：衺衺視也。具見前釋。

逶迤　上畏爲反，下以伊反。毛詩傳曰：逶迤，行可委曲其跡也。漢書云：水曲流皃也。迤又音徒何反。韓詩云：逶逶迤迤，如山如河。德之美皃也。言象山河之迂曲。考聲云：緩步徐行也。説文並從辵，形聲字也。辵音丑略反。俗呼走遶是也。

或凴　憑證反。音憑字，去聲。凴几也。或作凭。經作憑，假借，非本字也。

匹偶　繽必反。鄭注禮記云：匹，偶也。廣雅：輩也。毛詩傳：配也。爾雅：合也。淮南子云：五尺者，中人之常度也。以五乘八，五八四十成匹。説文：四丈也。從八匸。匸者，曳八牒成匹。俗用作疋，非也。此俗疋字乃有四者，皆古文奇字中是雅字也。或音踈，或音疏，或音胥。下偶音五狗反。廣雅：偶，諧也。偶，二也。陰之數也。鄭注禮記云：雙也。賈注國語云：對也。説文：桐人也。從人禺聲也。

嫡婦　丁歷反。考聲云：嫡，正長也，君也。字書云：正承也。説文：嫞也。從女啇聲也。啇字從帝從口作啻。嫞音丁角反。嫞，謹嫞也。

寬壙　上款桓反。説文：寬，屋大也。從宀音綿莧聲也。下苦晃反。毛詩傳曰：壙，空也。説文：大也。從土廣聲。經文從日，誤也。

羹臛　上更衡反。爾雅：鹽梅謂之羹。顧野王云：和調五味曰羹。説文：從䰜作鬻，亦作䕻、𩱛，皆古字也。下訶各反。王逸注楚辭云：有菜曰羹，無菜曰臛。説文：從肉隺聲也。隺音涸。經中作㸁〔四七〕，謬也。

秔糧　上古衡反。聲類：不黏稻也。説文：稻屬也。從禾亢聲也。經中從更作粳，俗字也。下音良。孔注尚書云：儲食也。説文：穀也。從米量聲。或作糧〔四八〕、粮，並俗字。

塵埃　上長鄰反。莊子云：塵，埃也。説文云：行揚土也。從麘〔四九〕從土。本作𪋻〔五〇〕，古字也。從麤從土。今隸書去二鹿，略也。下埃音哀。王逸注楚辭云：埃亦塵也。蒼頡篇云：垢風揚塵也。説文亦塵也。從土矣聲也。

樓櫓　上勒侯反。爾雅云：形四方高曰臺，狹而修曲曰樓。説文：重屋也。下音魯。杜注左傳云：櫓，大盾也。以拒戰敵也。或作樐，古字也。從木魯聲。

窴噎　上音田，下煙結反。經文從土作填，或從因作咽，二字並非，皆錯用也。説文：窴，塞也。從穴真聲也。噎，説文云：飯窒也。音珍栗反。考聲云：氣塞胸喉。從口壹聲。或從食作饐，亦同也。

卑愻　上卑字，説文云：從甲從左。字統云：稱甲立於左者卑也。會意字也。下孫寸反。説文：愻，順也。從心孫聲也。

不完　五官反。説文：完，全也。從宀音綿元聲也。有作皃，非也。

鞋韈　上核皆反。俗用，非本字也。正體從奚作鞵。集訓云：屩也。革底而麻糸也。顏氏證俗音云：今内國唯以麻作，南土諸夷雜以皮絲及草諸物作之。考聲云：草鞮也音提。下晚發反。説文云：足衣也。從韋蔑聲也。或從革作韈，今俗用或從衣從巾從皮作襪、袜、幭、帓〔五一〕六字。韻詮云：皆時俗穿鑿作之，並不可依據也。

鞾履　上亦鞵，履屬也。廣雅謂之甲沙，或謂之鞢韄，皆夷人方言異也。集訓作韉。韉，鞋也。説文闕，未知熟（孰）〔五二〕是也。下履音里。前已見釋，曰趙武靈王好胡服，相承至今乃爲朝服也。

申縮　所六反。韓詩：縮，斂也。賈注國語云：退也。太玄經云：止也。説文：蹙也。從糸宿聲也。糸音覓。

走跳　亭遥反。

舛𦦶　上欒管反，下坑角反。舛皮曰𦦶。從舛㱿聲也。

臂膊　上卑義反。從肉辟聲。下補莫反。俗字也。正體從骨從博省聲也。經文從月作膊，非也。

腰脺　上腰字，從肉。下苦卦反。經作胯，俗字也。説文作髁。訓云：髀也。或作㞘。韻英作脺也。

於糸　彌壁反。説文：細絲也。

作繭　堅顯反。説文：蠶衣也。從糸從虫從薾省。薾音知(奴)[五三]里滿(反)[五四]。經從爾作蠒，非也，不成字，糸字亦不成也。

小棗　遭老反。木果名也。經云羊棗也。説文：重二朿爲棗。俗從二来作枀，誤也。

蘇摩浮坻　下音知。梵語也。經中自注解云隋言真月。

脂冊　蘇安反。腹中脂也。二字並從肉。

髓血　雖觜反。説文：骨中脂也。前已具説也。

髭鬢　上音資，下音殯。並從髟必姚反。

牢鞕　上音勞。從牛從宀[五五]省。下五更反。字書：牢固也。從革更聲。經作硬，俗字也。

稀耎　上音希，下而兖反。經文作軟，非也。

脂膩　尼智反。説文：肥也。從肉貳聲。

有甜　牒閻反。甘美也。

蓊鬱　屋孔反，下氳律[反][五六]。叢林盛皃也。

控轡　上空貢反。毛詩傳云：止馬曰控。又云：引也。從手空聲。下鄙媚反。説文：馬轡也。從絲從叀。叀音衛。叀者，説文云車軸頭鐵也。象形。經從亡作𦆊，非也。

騗騎　上篇面反。考聲云：躍以上馬也。從馬扁聲也。

大寶積經　第一百一十卷　賢護長者下

圊屏　請精反。圊，厠也。

崩倒　上北朋反。摧也。下當老反。仆也。

箭鏃　上煎綫反。説文：箭，矢也。本竹名也。因以此竹爲矢，遂呼矢爲箭。下宗禄反。廣雅：鏃，鏑也。説文：鏑，矢鋒也。鏃，利也。從金族聲也。玉篇音楚角反，未詳也。

毒滴　丁歷反。案毒滴者，毒藥汁也。説文：滴，水注也。説文：從水啇聲也。經文從帝，非也。或作滴(渧)[五七]，亦同也。

喘息　川兖反。案喘亦出入息也。廣雅：喘猶轉也。説文：疾息也。從口耑聲也。

婆蹉　倉何反。梵語也。經中自注解了。

耳璫　音當。埤蒼云：充耳也。釋名云：穿耳施珠曰璫。耳之寶飾也。

臂釧　川戀反。案釧者，以金銀爲環，莊飾其手足。字書云：在足曰鋜，在臂曰釧。鋜音鋤學反。

喎戾　上苦懷反。考聲云：口偏戾也。説文正體作咼，口戾也。從口從咼聲。下憐結反。説文云：曲也。犬出户下身必曲戾，故從犬。經文從糸作綟，非也。綟，結也，紐也，黄色綵也，非經義。

掬滿　弓六[反][五八]。掬，俗用，非本字，正作匊。字書：在手曰匊。説文作臼，兩手相對，象形字也。考聲作𦉲，亦作弆[五九]，古字，兩手撮取也，皆古字也，今通作鞠，用引失之矣。下滿字，從水㒼聲也。㒼音與上同。説文云：㒼，平也。從廿，凡五行之數，廿分爲一辰。㒳，兩平也，故從兩。

搨(榻)[六〇]坐　貪合反。釋名云：牀陿而長曰榻。從木𦐇聲也。下坐字，説文：止也。從畱省，從土作㘴，古文從二人作坐。

相揩　苦皆反。考聲云：摩也。從手。

驥駿馬　遵浚反。郭注穆天子傳云：馬之美稱也。又云：迅速也。說文云：馬之良才也。形聲字也。

刀槊　雙捉反。俗字也。正作矟，長矛也。博雅：刀、矟，兵器也。經中作槊，俗字也。近代人造出，字書元無也。

斑駮　上補間反。說文作辬，駮文也。聲類：從斑（班）〔六一〕省從文。玉篇：雜色也。下補角反。黑白雜文曰駮也。

鎔銅　上音容。鑠金曰鎔。鎔，消也。

鍮石　吐侯反。案鍮〔六二〕石者，金之類也。精於銅，次於金，上好者與金相類，出外國也。

擘裂　上迸陌反。廣雅：擘，分也。鄭注禮記云：破裂也。顧野王：手擘裂。從手辟聲也。

利斧　夫武反。字書：鉞斧也。說文：斫物斧也。從斤父聲。今經文作鈇，此字有平、上二音。說文：莝斫也。字統云：莝刃也。蒼頡篇云：鈇猶砧也。並非此義，准經且宜作斧。

牽挽　上遣堅反。說文：從冖從牛玄聲。冖音覓。下萬返反。考聲：挽，引也。從牛免聲。經從手，非也。

豌豆　捥官反。經也〔六三〕，不成字，不堪依據也。

大寶積經　第一百一十一卷

諛諂　羊朱反，丑染反。具見前釋也。

羸瘦　上力追反。中從羊。下色救反。俗字也。二字並見前釋。

乞匃　音蓋。說文：從人從亾。前已訓釋。

犛牛　卯包反。又音毛，亦通。前已具釋。今經文從犬作猫，非也，是捕鼠猫兒字，不是牛也。

白挑　眺遥反。從手也。

度量　唐洛反。

坌以　盆悶反。說文：塵也。或作坋，塵污也。

荷擔　上音何。亦擔下也。下都甘反。說文：擔，負也。從手。

大寶積經　第一百一十二卷

阿惟越致　梵語。古譯文質，或云阿毗跋致，唐云不退轉也。

沮壞　情預反，懷怪反。具見前釋。

路迦耶經　梵語。此名惡論議，正梵音云路迦耶底迦。此則順世外道，隨順世間凡情所説執計之法是常是有等。

檛打　卓瓜反。馬策也，從木。前已具釋。

易與　移地反，下音與。說文：與字從舁与聲也。舁音余。

猷足　一閤反。下文無猷亦同。

擾動　而沼反。擾，亂也。從手擾（夒）〔六四〕聲也。憂（夒）〔六五〕音奴刀反。夒者，獸名，立字形之本意也。篆書取勢分頁下兩點，兩邊垂下，左右從止巳，下從夊作夒，遂與憂字上下相似，後因草書務從省略，寡聞之士不曉本字便相效從憂，故有斯謬。此失之由，其來遠矣，哀哉，實難改正也。頁音頡，夊音雖也。

悲嘷　胡熬反。說文：嘷，咆也。案嘷亦大哭也。從口臯聲。臯字從白從半。半音滔。經文從自從辛作臯，非也，乃是古文罪字也。

椎胸　上長追反。從木。下音凶。從肉，以拳椎膺也。

紹尊　時遶反。爾雅：紹，繼也。謚法云：遠繼先位曰紹。從糸召聲。召字從口刀也。

蒼蠅　蒼字經文作螗，非也，無此字。下翼繒反。方言云：自關而西謂之蠅。説文云：蟲之大腹者。從虫從黽。黽音猛也。

栲（拷）[六六]掠　上音考。考聲云：捶也，打也。經文單作考聲[六七]。下音略，又音亮。正字辯或云：搒也，笞也。考聲：拷，擊也，强取也。從手從京，或作剠也。

馳騁　敕領反。杜注左傳云：騁，馳也，走也。廣雅：奔也。説文：直驅也。從馬甹。甹音匹丁反，從由從丂。經文從专作騁，非也。丂音考也。

逐塊　上逐字，説文從豕（豖）[六八]，豕（豖）[六九]音丑録反。經從豕作逐，非也。豕音始。下苦外反。或作凷。

憒丙　胡外反，又古外反，並通。下拏效反。前已訓。從市從人。經作丙，不成字。

㦬戾　上禄董反，下音麗也。

噎塞　燕頡反。經作咽，非也。説文：從口壹聲也。

憎惡　烏固反。

癰瘡　上音邕，下測霜反。或作創。

除鬀　天帝反。俗作剃，削髮也。

鬒髮　上相踰反。説文作須。會意字也。兩字並從髟髟音必遥反，並轉注字也。

稱此　尺證反。下同也。

漂没　匹遥反。水漂也。

槖囊　乃當反。袋也，有底曰囊也。

坏船　普盃反。瓦器未燒曰坏。從土從盃省。

大寶積經　第一百一十三卷　寶梁會

恭恪　説文：肅也。從心共聲也。下康各反。孔注尚書云：恪，敬也。説文作愙。從心客聲也。

聽著　體經反。尊許卑。下文聽服、我聽等準此音。下張略反。

矬陋　才戈反。廣雅：矬，短也。下婁豆反。王逸注楚辭云：陋，小也。顧野王云：醜皃也。説文：阸陋也。從𨸏㔷聲，或單作㔷。

蚩笑　上齒之反。廣雅：蚩，輕也，亂也。韓詩云：志意和悦皃。從虫從屮。經作蚩，非也。説文作㰻。㰻，戲笑皃也。下肖曜反。古今正[字][七〇]云：笑，喜也。説文闕。文字釋要云：從竹夭聲。俗從犮，誤也。村叟愚夫隨情妄説，甚無憑。

涕唾　上天計反，下土貨反。從口從埵省聲。

離阸　鷃革反。考聲云：限礙也，隘也。從𨸏戹。[戹][七一]字從户從乙，今俗從厂從巳作厄，誤也，錯已久矣。經文多從木，或從手作枙（扼）[七二]。字書：把頭也。非此義。

捫淚　上没奔反。考聲云：拊持也，摸也。案捫亦拭也。從手門聲也。下力墜[七三]反。廣雅：涕、泣，淚也。從水戾聲也。

摶如　唐欒反。鄭注禮記云：摶，固也。考聲：握也。廣雅：著也。聲類：捉，從手專聲也。專字從寸叀聲叀音專也。

糟滓　上早勞反。鄭注禮記云：糟，醫酏不泲音濟。酏音以。泲者曰清，不泲者曰糟。説文：酒滓也。從米曹聲。下淄史反。考滓，穢也。説文：澱也。從水宰聲也。或作䔂，亦同。澱音殿。

門篋　謙葉反。盛經書箱篋也。從竹匧聲也。匧音同上，從匚音夾聲也。夾音甲。

拘欄荼　梵語西國花名也。其花紅赤，色皃鮮明，其體堅鞕猶如木石，其氣臭穢，猶若糞塗，不堪逼近也。

麁獷　瓜猛反。獷，惡也。

生稗　蒲賣反。草名也。似穀而非穀曰稗也。

穟生　音遂。韻英云：禾穎也。或作穗、遂(穟)〔七四〕。穎音營頂反。

逋生　補謀反。顧野王云：遲晚後生也。從辵甫聲。或從補作逋。辵音丑略反。

肌肥〔七五〕　上記宜反。考聲云：皮肉也。從肉几聲。下費微反。字書：肥，肉盛也。從肉從妃省聲。

創疣　下音尤。考聲云：皮上風結也。贅肉也。或從肉作肬。俗呼爲隆，侯子等。

倩他　清性反。韻英云：假借他人力名爲借倩也。

脩治　音里。亦作修理，因同。

鞭打　必綿反。桂苑珠叢云：以皮革罰罪人謂之鞭。説文：驅馳也。從革便聲也。

謫罰　上張革反。考聲云：謫亦罰也。從言從商。俗作謫(讁)〔七六〕。下罰字，上從网言從刀。經從罒，誤也。

釘礫　張革反。據經合是磔字，今經中書扡字，諸字書並無此字，未詳其音，且書磔字也。

糞丸　方問反。或作糞，並通。經作糞，非也。古文作坌。説文作糞。此二古字皆正，時人罕用。玉篇云：糞，棄也，穢也。前已解。

大寶積經　第一百一十四卷　寶梁下卷

齊幾　齊祭反。限齊也。下音紀。説文：從丝從戍(戌)〔七七〕也。丝音幽。

麞鹿　上音章。有角曰鹿，無角曰麞。小鹿也。

諛諂　經文多作諭，非也，音喻，去聲，於文不順也。

漱口　霜救反，又音桑奏反，並通。韻英云：以水洗蕩口也。從水欶聲。欶音蘇侯反。

浄滌　音狄。洗也。

糞掃　下桑到反。俗字也。納衣名也。從箒省聲也。經文從手作掃，借用也。

鄣風　掌羊反。禦風地障也。從阜。

日暴　蒲冒反。日炙也。説文：晞也。從日出從廾廾音拱，拱者象二手匊物也。下從米作㬥，會意字也。㬥義已足。經文從田從恭，又旁加日作曝〔七八〕，非也。字本有日，今變作田，一錯，下又變爲恭，非暴之義，强加一日，惑之甚矣，濫已久矣。

蚊蝱　上音文，下莫耕反。並噆人飛蟲也。

螟子　音莫。糞中微細飛蟲子，蚊子類也。

浣濯　音濁。洗也。

善綴　追芮反。賈注國語云：綴，連也。説文：合著也。從糸叕聲。

善縫　奉蒙反。廣雅：縫，會也。説文：以針紩衣也。從糸逢聲也。

綻壞　宅限反。考聲云：縫解也。或從衣作䘺。説文作袒。從衣曰聲也。

金縷　力禹反。說文：縷，綫也。從糸從婁省〔七九〕聲。

輕躁　早到反。賈注國語云：躁，擾也。顧野王云：動也。鄭注論語云：不安靜也。說文作趮。從走喿聲也。

懈怠　上音戒，下音大。

大寶積經　第一百一十五卷　無盡慧菩薩會

跋陀婆羅　梵語賢劫中菩薩名也。唐云賢護也。

波利質多俱毗陀羅　梵語。唐云圓生。案俱舍論云：忉利天宮城外東北有圓生樹，高百由旬，是三十三天受欲樂勝處，其樹花開香氣順風能遍百踰繕那，逆風猶能薰及五十由旬，以樹枝遍故也。

稠林　長流反。廣雅：稠，概也。蒼頡篇云：衆也。說文：多也。從禾周聲也。概音記。次有諸花名，此國並無，多不譯出，已於經初具解釋訖也。

大寶積經　第一百一十六卷　文殊師利會

金礦　古猛反。說文：銅鐵樸也。或作磺，或作釥，經文作丱，古字。

鎚打　墜追反。打鐵鎚也，重八斤。

治打　上音持。

皰初生　蒲皃反。說文：面生氣也。案經云皰者，皮起欲生花也。經作胞，音包，錯用也。

暎澈　纏列反。考聲云：水清澈也。從水從育從攴（攵）〔八〇〕作澈。經文從音（彳）〔八一〕從去作徹，誤也。

大寶積經　第一百一十七卷　寶髻菩薩會

竺法護

淳淑　上常倫反，下時六反。前已具釋也。

逮成　唐柰反。韻英：逮，及也。經作逯，非也。逯音禄，逯逯，行迫也，甚乖經義也。

那術　梵語虜質，正云那庾多，數法也。

瘳愈　上丑留反。孔注尚書云：瘳，差也。下瑜主反。或作瘉。考聲云：病瘳曰愈。

鉤瑣　桑果反。菩薩名也。

溥首　音普。從水專聲。亦菩薩名也。專字從甫從寸也。

耎美　而兖反。考聲云：耎，弱。俗作軟，非也。經文作濡，錯用，本而朱反，非經義。

揵沓和　乾闥婆也。

阿須倫　阿修羅也。

迦留羅　金翅鳥也。

摩陀羅　緊那羅也。

摩睺勒　摩睺羅伽也。如上諸天梵名虜拙之極也。自佛法東流，翻譯之中，西晋譯最拙。

無央　於良反。經作鞅，非也。

寶髻　音計。鄭注儀禮云：結髻也。今經文作結，非也。

消冥　莫瓶反。說文：從冖從日從六，前已說。經作寘，非。

閑暇　音夏。字書：暇猶閑也。從日叚聲。

棄捐　上音弃，下悅玄反。韻詮：捐亦棄也。從手肙聲也。

豁瑕　上音意。考聲云：豁，哀痛聲也。從壹從欠從口，有從恣作懿，俗字。壹音竹句反。

憺怕　上談敢反，下普白反。考聲：憺，静也。怕，安也，足也。並從心。經從水作澹泊，非經義也。

族姓　叢斛反。經從手從矣作挨，非也，不成字也。

恂恂　思巡反。王肅注論語云：恂，温恭皃。韻詮：順也。郭注爾雅云：恒慊悚也〔八二〕。

不佼　爻教反。考聲云：佼，學也，像也。或作效、斅，俗作倣(斅)〔八三〕，經文作挍(校)〔八四〕，誤也。挍(校)尉，戎官名也。又音教，非義。

節節解　革買反。音賈者，非也。

猗著　於羈反。古人僻見錯用字也，准據前後經文合是依字。經云身心無依，又云無所依著，又云不依今世，又云不依言辭等。今並書猗字，錯之甚也。說文云：猗者，犗犬也。殊非此義，多是筆授之流寡學文典，避私諱，借書此字身，宜改從依正也。

駛水　師事反。韻英云：急速也。從馬史聲。

泛流　芳梵反。泛，浮也。從水從乏。或作汎。下流字從水從云從川作流。經作流〔八五〕，略也。

殃釁　忻覲反。韻英云：釁，罪也。考聲：釁，隙也。說文：祭也。從爨(爨)〔八六〕省，從酉分聲。因草隷書變分爲巛，訛爲且作舋，遂相承作舋，非也，失之遠矣。爨音倉亂反，巛音標也。

創病　楚霜反。或作瘡，俗字。

這起　上言件反。字書：這，迎也。案此這字亦是僻用也。但直云迎起，或云迎，或云案起，於義何傷，而乃曲求用此僻文，强書這字，徒自矜衒博識多聞，詿誤後學。轉讀尋覽之流，無不驚眴也(迷)〔八七〕或(惑)〔八八〕也。小人自矜，拙爲筆授，非君子之見也。

薄尠　旁博反。說文從草。下先剪反。韻英：尠，少也。

短命　今經文從木作梪，非也。梪音豆。說文：梪，祭器也。前後數處經義合是短字，乃書梪字，殊不相當。察此前文乖錯甚衆，何者？只如依書猗字，族字從手從矣。憺怕並從水作，諛遂書諭諂上音喻，下音諂。辟、僻甚多，不能繁述。此等並是筆授之士寡學，所以經文質樸，用字乖錯，不可縅言。

蚑行　音企。

喘息　川兖反。

跪拜　虧韋反也。

饕餮　上音滔，下音鐵。杜注左傳云：貪財曰饕，貪食曰餮。或作飻也。

癖者　卑亦反。蒼頡云：不能行。

大寶積經　第一百一十八卷

俞旬　庚(庾)〔八九〕朱反。梵語訛略不妙也。古曰由延，或曰由旬，或云喻闍那，皆不正也。梵音云踰繕那。西域記云：王軍一日行程三十里也。

玄迥　熒穎反。爾雅：迥，遠也。從辵同聲也。同音與上同。經文從向，非也。

岨邃　上莊所反。考聲云：山石不平也。亦作阻。阻，險也。下雖醉反。韻英云：深遠也。從穴遂聲也。

抄掠　楚孝反。字書抄字，奪也。下力約反。取也，刼也。

食啗　唐濫反。考聲云：以食飲人也。說文：啗，食也。從口臽聲也。臽音陷。經中從敢作噉，俗用，非正體。上食字，說文從亼精入反從皀彼立反。若從良作食者，俗字。

門閫　苦本反。鄭注禮記云：門限也。經文從木作梱。說文：門橛也。乖經意也。

惡猷　烏固反。往(伊)〔九〇〕焰反。

窓牖　由酒反。考聲云：穿壁以木爲交牕也。從片。

茵蓐　上音因。鄭注禮記云：茵亦蓐也。玉篇云：虎皮蓐也。說文云：車上重席也。從草因聲也。或從革作鞇。下音辱。郭璞云：蓐者虎皮也。聲類：蓐，薦。

綩綖　上音苑，下音延。經云綩綖者，花㲪、錦褥、舞筵之類。案禮傳及字書說，綩綖乃是頭冠綺飾也，甚乖經義，亦宜改作婉筵二字，以合經義也。

粗擧　在古反。鄭注禮記云：粗，麁也。顧野王云：粗，略也。

撮上　窟撮(括)〔九一〕反。考聲云：手撮取也。從手。

坋之　盆悶反。或作坌。字書云：塵污也。

捷辯　潛葉反。考聲云：捷，慧也，疾也，速也，健也。從手疌聲，或草作逮，訓用亦同。

儔匹　長流反。儔亦匹也。從人壽聲也。經文從田作疇也。匹字又下從人作疋，兩字俱非也。

大寶積經　第一百一十九卷　勝鬘夫人會

唐流志譯

憍薩羅國　梵語也。不求字義。經自釋云無鬪戰城，即中天界也。

尋繹　音亦。廣雅：繹，終也。說文：抽絲也。方言：繹，經也，卷舒也。

蔽於　卑袂反。

逾彼　庾朱反。字書：逾，越也。亦作踰，訓用同也。

大寶積經　第一百二十卷　廣博仙人會

唐流志譯

拘抧羅鳥　鷄以反。已釋。

迦陵伽鳥　上薑佉反。並是梵語國鳥名也。此經初已具釋訖。

林藪　蘇走反。字書云：草澤也。鄭注禮記云：澤無水曰藪也。

那剌陀　羅葛反。梵語仙人名。

蓬髮　蒲蒙反。髮亂如蓬也。

卻粒　上羌略反。說文：從卩音節谷聲强略反。經從去，俗字也。下力邑及(反)〔九二〕。說文：粟曰粒。

蹲處　上音存，下昌與反。從虍虍音呼從夂音雖從几。經作處，俗字也。

傾悚　粟勇反。戰懼也。

白繩　時仍反。白線也。

枯燥　桑到反。燥，乾也。

三拒木　音巨。亦曰三歧杖，可長二尺許，一頭如橛，一頭有三股。股長三二寸，隨身道具，用承水瓶。案西國净行婆羅門皆共遵奉圍陀戒行，每持瓶洗净滌除形穢，以此三拒木插於地，於歧上横安水瓶，令涓涓自承以洗手也。彼國學士遊方訪道者持三歧木瓶鉢隨身也。

睒羯羅　上音奢。梵語訛也。正梵音爍羯囉，天帝釋之異名也，是其教主隨主立名也。

面皺　鄒瘦反。

檯眉　音臺。尊者眉長覆眼，故以右手舉之也。

携持　慧圭反。俗字也。正體作攜。從手巂聲也。音與上同。因草書變體從乃，非。

蝦蟆　上音霞，下音麻。水蟲也，青蛭(蛙)〔九三〕類也。

鴟烏　上叱支反。鴦烏也。或作鵄、鴟、雖。說文：隹亦鳥也。訓用互通。經文作蛭，非也。蛭音質，非經義。

苷蔗　上音甘，下之夜反。或作蔗。蚶草煎汁爲糖，即砂糖蜜粽等是也。

蒲匐　下朋北反。肘膝行俯伏申敬之極也。

尼拘陀　梵語西國中(樹)〔九四〕名也。此樹端直無節，圓滿可愛，去地三丈餘方有枝葉，其子微細如柳花子。唐國無此樹，言是柳樹者，非也。

雲涵　含紺反。涵澹者，大雲敷布。

壕壍　上晧高反。考聲：城池下也〔九五〕。下僉焰反。城下長坑下(也)〔九六〕。

糧貯　上力薑反。說文云：儲食也。杜注[左]〔九七〕傳云：貯，稸也，蓄藏之也。說文：貯，積也。從貝宁聲也。

隄防　上丁奚反，下音房。

風濤　唐勞反。大波也。

黿鼉　上音元。大鼈也。從黽音猛元聲。下音陀。山海經云：江水多鼉。郭璞曰：似蜥蜴而長大，有鱗，其皮可以爲鼓。毛詩有「鼉鼓」是也。從黽單聲。單音那。

鯨鯢　上渠迎反。說文云：海中大魚也。淮南子云：鯨魚死而彗星出。左傳云：大魚也。許叔重曰：魚之王也。或作鱷。下音霓。杜注左傳云：雌鯨也。說文：刺魚也。並形聲字。

作繭　堅顯反。說文：蠶衣也。從糸從虫從芇省。經文作蠒，俗用，不成字。

纔七日　藏來反。韻詮：纔，僅也。從糸從毚從兔。糸音覓。毚，丑略反。兔音吐也。

奸黵　上剛懶反，下藏鄧反。通俗文作皯。面黧黑曰黵。考聲：面上黑子也。顏氏證音云：今内國云皯音贈。或作䵟䵴，俗字也。

壓地　上音鴨。考聲云：鎮也，笮也。又音厭葉反。填壓也。填音珍(殄)〔九八〕也。

姝麗　上齒朱反。毛詩傳云：姝，美色也。說文：姝，好也。方言云：趙魏燕代之間謂好爲姝。從女朱聲也。

輻轄　上音福。考聲云：車輳也。音遼。顧野王云：湊轂張輞者也。下音黠。顧野王曰：車軸兩端鐵也。說文：車聲也。一云鎋(鍵)也〔九九〕。或鎋，亦同。

轅軛　上音袁。車前雙轅也。說文：轅，輈也。鄭玄注考工記云：輈，轅也。方言云：楚衛之間謂轅曰輈。音肘留反。下音厄。經作軶，俗字也。鄭注考工[記]〔一〇〇〕：轅端厭牛領木也。俗呼車格，訛也。從車戹聲。戹字從户乙，俗作厄，非也。

絡繩　上音洛。

髑髏　上音獨，下音婁。人頭骨也。

腸肺　上音長。白虎通云：大腸小腸心之府也。蒼頡篇：腸，道也。從肉易聲。下妃惠反。白虎通云：金之精，金藏也。

心脾　婢彌反。土藏也。白虎通云：土之精也，色黄，從肉。

肝膶　上音干。木藏也。下爲僞反。俗字也。正單作胃。白虎通云：胃者，脾之府也。從肉。又象形字也。

摶食　徒巒反。從手從專，已見前釋也。

鵶吻　上齒時反，下武粉反。脊頭瓦獸飾也。吻，口也，象鵶喙也。字書云：以壓天大(火)〔一〇一〕。喙音吁衛反。

藻飾　遭老反。考聲云：彩色也，文章也。從草從水喿也。下昇翼反。考聲：飾，裝也，彫也，修也。廣雅：著也。説文：刷也。從巾飤聲也。

眺望　天吊反。韻詮云：遠視也。應劭注漢書云：眺亦望也。説文：目不正也。從目兆聲也。

軒檻　上香言反，下咸監反。韋昭注漢書云：軒檻，樓板也。

凋顇　上丁遥反。杜注左傳：凋，傷也。賈注國語云：凋，弊也。説文：半傷也。從冰。下情遂[反]〔一〇二〕。考聲云：顦顇，瘦惡皃也。

磛破　先奚反。或作厮，作嘶。考聲云：破聲也。

龕室　坎含反。考聲云：鑿山壁爲坎也。説文：龍皃。從今從龍。俗從合，誤。

刹柱　音察。幡竿也。

吟嘯　肖曜反。鄭箋詩云：蹙舌吹而出聲也。韓詩：歌無章曲曰嘯。或作歗也。

讌會　烟見反。考聲：歡讌也。或作宴。飲讌聚會也。

好憙　呼奥反，希意反。

流涎　上流字，上有點爲正也。下祥延[反]〔一〇三〕，口液也。

摩挲〔一〇四〕　奴和反。説文：摧也。又云：兩手切摩也。從手從女禾聲也。

聳然　栗(粟)〔一〇五〕勇反。郭注云：聳，竦也。音〔一〇六〕字書：毛竪也。從耳從聲也。

傭長　敕龍反。經文從片作牗，非也。

垂皺　鄒瘦反。韻詮云：皮不展也。説文：皮聚也。從皮芻聲也。

黧皯　上音离，下岡嬾反。考聲云：黑而黄色也。又音犁聲，訛。

彤毛　音而。考聲云：頰邊毛也。或作髵。從彡而聲也。

黄毯　他感反。或作毲。考聲云：織毛爲之。出吐蕃。

清泠　歷丁反。

合棔　呼昆反。樹名也。其樹至暮其葉自然兩兩相合，明旦方開，晝開夜合，故名合昏也。

雜糅　尼肯反。韻詮：糅亦雜也。説文：從米柔聲也。

彌樓山　即須彌盧山也，皆梵語訛轉也。唐云妙高山，或云妙光山。

填壓　上知斤反。經作鎮，去聲，誤也。下黯甲反。或作押。

呼噏　歆邑反。考聲云：内氣也，飲也。或作吸，或作歙，並通也。

碼碯　石寶名也。上音馬，下音惱。

鞞鐃贏鼓　上陛迷反。鐃音拏爻反。次盧禾經作蠃，俗用，非正體。

櫶絅　上香偃反。釋名云：車櫶所以禦熱也。聲類：車縵也。

方整　征郢反。齊也。

臺榭　夕夜反。郭注爾雅云：臺上起屋也。又云：無密室謂之榭也。

花朶　上花字經作華，非也。下多果[反]〔一〇七〕。考[聲]〔一〇八〕

云：冕前旁垂者。或作朵(朵)〔一〇九〕也。

綱瑬〔一一〇〕 柳舟反。冕前後垂珠曰瑬。經文作旒，略也。從玉流聲。

踐踏 上前甸反，下談納反。

櫨拱 上音盧，下會勇反。

繪以 音會。孔注尚書云：會畫以五彩曰繪。鄭注論語云：繪，畫也。或作繢也。

因陀羅 梵語也。帝釋異名。

肚不蚛〔一一一〕 上徒户反。腹也。下烏嫁反。經作𦈢，草書也，不成字。

伊跋羅象 梵語也。此象王名，天帝釋常所乘，有大神通。

暉艷 閻猒反。俗字也。正體從盇作豔。盇字從大從血，音合也。

脃草 詮歳反。從肉從絶省。經從危，非也。

旒鎖 桑果反。

嚬妒 毗民反。蹙眉也。妒音都固反。鄭玄云：害色曰妒。從女從户。經從石，或從后，並非也。

驕倨 居御反。傲慢也。

惶遽 渠御反。韻詮云：急速也。

颮便 三帀反。疾風也。或作颯也。

萎頓 上音委爲反，下情遂反。

銜啄 音卓。説文：[從]〔一一二〕口從豕(豖)〔一一三〕丑緑反。經從豕，非也。

掉舉 上亭曜反。經作桃，非也。下舉字下從手。經作扌，亦手字也。

歔欷 上音虚，下音希。王逸注楚辭云：啼皃也。何休注公羊傳云：悲也。並形聲字也。

一切經音義 卷第十五

校勘記

〔一〕作 各本無，據文意補。

〔二〕辵 據文意當作「走」。

〔三〕㕘 獅作「參」。

〔四〕蹗 獅作「蹸」。

〔五〕檳 獅作「擯」。

〔六〕劉 各本無，據文意補。

〔七〕痛恨也 今傳本説文：「嫍，有所恨也。」。

〔八〕家 大正作「冢」。

〔九〕從有貝聲也 據文意當爲「從貝有聲也」。

〔一〇〕环 據文意應作「坏」。即「坯」。

〔一一〕水 頻作「本」。

〔一二〕片 據文意似作「斦」。

〔一三〕鵜 集韻：「鵜，涕也。」。

〔一四〕疑 據文意似作「凝」。

〔一五〕亐 據文意疑當作「大」。

〔一六〕鳥 據文意當作「烏」。

〔一七〕嘌 似作「嘌」。 討 據文意疑當作「訨」。

〔一八〕嗉 據文意疑當作「嗪」。

〔一九〕纖 據文意似作「纖」。

〔二〇〕鑿 據文意疑當爲另一與「鑿」形近之字。

〔二一〕從履從伎省聲也 據文意疑當爲「從履省從伎省聲也」。

〔二二〕滴 據文意似作「澮」。

〔二三〕住 據文意似作「你」。

〔二四〕鬚 今傳本説文作「鬚」。

〔二五〕省 衍。

〔二六〕可 據文意疑當作「丏」。「丏」當爲「丐」之誤。

〔二七〕姤 據文意疑當作「妒」，或下文「作姤」應爲「從后」。

〔二八〕音 據文意當作「音」。

〔二九〕省　衍。
〔三〇〕匱　據文意似作「圓」。
〔三一〕虧　獅作「虧」。
〔三二〕地　各本無，據文意補。
〔三三〕瞬　麗無，據獅補。
〔三四〕字　據文意疑爲「學」之誤。
〔三五〕貿　據文意疑當作「賈」。下同。
〔三六〕字　獅作「字」。
〔三七〕俗　獅作「浴」。
〔三八〕二　獅作「三」。
〔三九〕皿　大正作「皿」。
〔四〇〕躔　獅作「躔」。
〔四一〕鶪　據文意當作「鶡」。
〔四二〕滕　似爲「堅」的俗寫字。
〔四三〕禮　各本無，據下文引文爲儀禮既夕禮之文補。
〔四四〕妖　據文意疑當作「妭」。
〔四五〕女　衍。
〔四六〕悔　頻作「诲」。
〔四七〕曜　獅作「嚯」。
〔四八〕糧　據文意疑當作「饇」。
〔四九〕庶　今傳本説文作「廲」。
〔五〇〕廲　朱駿聲通訓定聲：「廲亦省作塵。」
〔五一〕昧　據文意疑當作「怽」或「眛」。
〔五二〕熟　頻作「孰」。
〔五三〕知　頻作「奴」。
〔五四〕滿　頻作「反」。
〔五五〕宀　據文意似當作「舟」。
〔五六〕反　各本無，據文意補。
〔五七〕滴　據文意疑當作「澮」。

〔五八〕反　麗無，據大正補。
〔五九〕弃　據文意疑當作「弅」。
〔六〇〕搨　據文意當作「榻」。
〔六一〕斑　獅作「班」。
〔六二〕偷　據文意疑當作「鍮」。
〔六三〕經也　據文意疑當爲「經作豋也」，各本皆脱。
〔六四〕擾　大正作「擾」。
〔六五〕憂　獅作「嫑」。
〔六六〕栲　據文意似當作「拷」。
〔六七〕聲　涉上文考聲誤衍。
〔六八〕豕　大正作「豖」。
〔六九〕豕　獅　大正作「豖」。
〔七〇〕字　麗脱，據獅補。
〔七一〕卮　麗無，據文意補。
〔七二〕梔　據文意當作「扼」。
〔七三〕鑿　據文意疑當作「墜」。
〔七四〕遂　據文意當作「檖」。
〔七五〕肥　獅作「肥」。
〔七六〕謫　據文意當作「讁」。
〔七七〕成　獅作「戍」。
〔七八〕曝　據文意當作「曝」。
〔七九〕省　衍。
〔八〇〕支　據文意當作「攴」。
〔八一〕音　獅作「亻」。
〔八二〕恒懺悚也　今傳本郭注爾雅云「恒戰悚也」。
〔八三〕倣　大正作「敚」。
〔八四〕挍　大正作「校」。下同。
〔八五〕流　據文意似作「流」。

〔八六〕甶　大正作「嬖」。
〔八七〕也　頻作「迷」。
〔八八〕或　頻作「惑」。
〔八九〕庚　據文意當作「庾」。
〔九〇〕往　頻作「伊」。
〔九一〕擀　據文意似當作「括」。
〔九二〕及　頻作「反」。
〔九三〕蛭　大正作「蛙」。
〔九四〕中　頻作「樹」。
〔九五〕城池下也　頻爲「城下池也」。
〔九六〕下　頻作「也」。
〔九七〕左　各本脱，據文意補。
〔九八〕珍　據文意當作「殄」。
〔九九〕説文：車聲也。一云轄也　今傳本説文：「轄，車聲也。从車害聲。一曰轄，鍵也。」
〔一〇〇〕記　各本脱，據文意補。
〔一〇一〕大　據文意當作「火」。
〔一〇二〕反　各本脱，據文意補。
〔一〇三〕反　各本脱，據文意補。
〔一〇四〕捼　即「捼」，段注云：應作「挼」。
〔一〇五〕栗　據文意當作「粟」。
〔一〇六〕音　據文意似有脱文，似爲注「竦」之音。
〔一〇七〕反　各本脱，據文意補。
〔一〇八〕聲　各本脱，據文意補。
〔一〇九〕朵　據文意似作「朵」。
〔一一〇〕壍　據文意似作「壍」。
〔一一一〕凷　據文意似作「凸」或「亞」。
〔一一二〕從　各本脱，據文意補。
〔一一三〕豕　據文意當作「豖」。

一切經音義　卷第十六

大唐翻經沙門慧琳撰

音大方廣三戒經三卷　慧琳
無量清浄平等覺經二卷　玄應
阿彌陀經二卷　玄應
無量壽經二卷　玄應　已上一帙
阿閦佛國經二卷　玄應
大乘十法經一卷　慧琳
普門品經一卷　玄應
佛説胞胎經一卷　慧琳
文殊師利佛土嚴浄經二卷　玄應
大聖文殊佛刹功德經三卷　慧琳　已上一帙
法鏡經二卷　玄應
郁迦羅越問經一卷
幻士仁賢經一卷　玄應
决定毗尼經一卷　慧琳
後譯三十五佛名懺悔一卷　慧琳
發覺浄心經二卷　慧琳
須摩提女經一卷　慧琳
須摩提菩薩經一卷
阿闍貰女阿術達經一卷　慧琳
離垢施女經一卷　玄應
得無垢女經一卷　玄應
優填王經一卷　玄應
文殊所説佛境界經一卷　玄應
已上二十三經三十四卷同此卷音

大方廣三戒經　上卷　慧琳撰

雜槃（穀）[1]　上才合反。前音義第八卷中已具釋説。下公屋反。字統云：槃，續也。穀名百數，總歸於五，所謂稷、黍、豆、麥、麻也。稷屬謂之穗穀，黍屬謂之散穀，豆屬謂之角穀，麥屬謂之芒穀，麻屬謂之樹穀，故謂五穀。説文：穀者，百穀之總名。從禾㱿聲也。

貘豹　上音陌。山海經云：南山多貘豹。郭璞曰：貘似羆而小，黄黑色，毛有光澤，能食銅鐵，出蜀中。爾雅：貘，白豹也。説文從豸。經文多脱此貘字。今勘梵本有，故加之，准文勢合有。下包皃反。説文：獸也，似虎，圜文黑花而小於虎。亦從豸。豸音雉。［貘］[2]、豹並形聲字也。

兕[三]馬　上祥養反。山海經云：禱過之山多犀兕。郭璞曰：獸之最大者也。色或青，或白，長鼻似豕。大者牙長一丈，小者猶長五尺，此獸性妒。說文云：三歲一乳。象形字也。

羱羝　上虞袁、五官二反，並通。爾雅：羱羊如吴羊。郭璞云：似吴羊而大角，山羊也。經文作羦，非也。下丁奚反。毛詩傳曰：羝羊，牡羊也。廣雅：雄也。吴羊牡者，三歲曰羝。並形聲字也。

鸜鵒　上具愚反。或作鴝。下音欲。案鸜鵒似反舌鳥，觜上眼前有毛，角兩翼斑白爲異也。一名寒皐。

鴝鳴羅　上音俱，下經以反。俱枳羅者，梵語西方鳥名也。此鳥能爲美聲，令人樂聞，俗號好聲鳥也。

鶡鷄　上音曷。山海經云：暉諸之山多鶡鷄。郭璞曰：似雉而大，青色，頭上有毛角。若鬥，一死乃止。野鷄也。形聲字也。

鵰鷲　上音彫，下音就。前音義第二卷大般若中以具釋也。

遮沙　梵語西方鳥名也。此國無此鳥。

茹食　如翥反。禮記：食鳥獸之肉曰茹。飲其血茹其毛肉也。

緊祝迦　梵語寶名也。上經引反，下終肉反。古譯或云堅叔迦。

毗醯勒　馨奚反。西方果樹名也。今毗梨勒是也。

豫樟　下音章。豫樟，大木也。南中異物志云：生七年方知，若作船，必與龍鬥。

牛棘　矜力反。西方花樹名也。說文從二朿。經從二来，非也。

搆牛　古候反。以手搆捋牛乳也。捋音鸞括反。詩曰：薄奇將捋之[四]。搆、捋二字並從手。

花鬘　馬班反。假借字也。本音彌然反。今借爲鬘。花鬘者，西方嚴身具也。以線貫穿草木時花，暈以五色，無問男女加於身首以爲嚴飾，猶如綬帶。

柔耎　而兗反。經作濡，非也。下文並准此也。

清泠　下歷丁反。清泠，水澄浄皃。說文：從水令聲。經從氷，非也，若音勒打反，非經意。

其鬢　相臾反。蓮花蘂也。正從彡作須。

巢窟　上柴爻反。說文：鳥在木上也。象形字也。經從果，非也。下困骨反。杜注左傳：窟，土室也。說文：從穴屈聲。有從宀，非也。

家（冢）[五]静　上音情亦反。古字也。說文作宋。

馳騁　下恥郢反。杜注左傳云：騁，奔也。說文：直驅也。從馬甹聲。甹音匹竿也[六]。

戲弄　上虚記反。說文：從戈虘聲。虘音許宜反。經從虚，非也。下禄慟反。說文：玩也，戲也。從廾從玉。廾音拱。

大方廣三戒經　中卷

撾打　上竹瓜反。說文：撾，捶也，打也。從木（扌）[七]過。下得冷反。說文：擊也，棓也。從手丁聲。

枷鎖　上音加，下桑果反。玉篇：連還也。說文云：鎖，錮也。從金肖聲。肖音同上。經文作加璅二字，並錯書。

生莿地獄　雌漬反。韻英云：木芒也。俗字也。正體作朿。廣雅：刺，箴也。亦作刺（刺）[八]，皆正也。或作莿，亦作莿，皆非。正體從刀朿聲也。

老耄　毛抱反。韻英云：耄，老也。禮記：八十九十曰旄（耄）[九]。音與上同。鄭注云：耄，惛忘也。說文：從老毛聲。

貪財　上湯勒反。集訓云：假借於人曰貪。説文云：從人求物也。從貝弋聲。弋音翼。

嚬蹙　上毗寅反，下酒育反。集訓云：頻眉而蹙頞，瞋怒皃也。考聲：皺眉蹙鼻怒目，瞋也。説文：蹙字從戚音青亦反足聲也。皺音則救反，頞音安葛反。

販賣　上發万反。字統云：買之賤，賣之貴，朝買而夕賣。

嫉妒　上音疾，下都固反。王逸注楚辭云：害賢曰嫉，害色曰妒。説文：婦妒夫也。並從女，疾、户聲也。經從后作姤，非也。

貯聚　猪吕反。杜注左傳：貯，舊（蓄）〔一〇〕也。蓄藏之也。説文：藉（積）〔一一〕也。從貝宁聲也。下從裕反。何注公羊傳：聚，斂也。賈注國語：集也。説文：會也。從乑取聲。乑音吟，從三人也。

箱篋　下謙葉反。鄭注禮記：篋，摵（槭）〔一二〕也。摵（槭）音咸。説文：箱類也。篋亦笥也。古文作匧，從匚音方夾聲。

矛刺　上母侯反。説文：酋矛也，長二丈。案此説是用古尺，即今尺之丈六也。案矛字象形，即今槍槊之類也。或名爲穳。下此恣反。前已釋也。

阿練兒　梵語古譯虜質不妙也。亦云阿蘭若，唐云寂静處。

滓穢　上緇史反。埤蒼作莘。説文：滓，澱也。下於衛反。博雅：荒蕪也。從禾。説文從草。

財賄　下灰猥反。爾雅：賄，財也。

罵詈　上麻嫁反，下理稚反。説文二字互相訓，並從网。网猶罪也。

椎鍾　長追反。説文：擊也。從木隹聲。

唌唾　上祥延反。俗字通用。正體從水從欠作次。説文：口液也。或從水作涎，亦俗字也。下土卧反。釋准上從水垂聲也。

視睞　下來岱反。疑此字傳寫錯，准經義合是瞬，音水潤反。

濃厚　匿龍反。説文云：露水多也。或從酉作醲。説文云：厚酒也。形聲字也。

讁罸　上陟革反。毛詩傳：相責也。杜注左傳：讁，譴也。方言：怒也。説文：罸也。從言商省〔一三〕聲也。下煩韈反。説文：罪罸也。罪之小者未以刃殺，但持刀罵詈則應罸也。從刀從詈，會意字也。

關邏　上古頑反。鄭注周禮云：關者，界上之門也。説文：以木横持門户也。廣雅：關，塞也。從門𢇍聲，𢇍音與上同。經從弁作閞，非也。下羅馱反。字書：邏，遮也。韻略云：遊兵備寇險徑鎮戍之所也。

大方廣三戒經　下卷

阿耆利　耆音祇。梵語虜質不妙，或云阿闍梨，唐言云教授師。

脃（脆）〔一四〕想　詮歲反。廣雅：脆，弱也。説文云：肉耎易斷也。從肉從絶省。經從危作脆，非也。

捫摸　上音門，下音莫。詩傳云：捫摸，猶以手撫持也。並從手，形聲字也。

我弄　上我字，從手從戈，會意字也。從禾者，非也。下籠慟反。前上卷已具釋。經從手作挵，非也。

蝗蟲　上胡光反。爾雅：食苗心曰螟，食葉曰螣，食根曰蟊，食節曰蠜。説文：四種雖異名，皆蝗蟲也。廣雅：螽，蝗也。形如負螽，其實各別，顔色大小，不相似也。故有蝗、螟、蟊、蛾之異名也。蝘，一殄反，又音偃。［螣］〔一五〕音恃[二六]。螽音莫侯反，螽音終，螟音冥，蟚音賊。蜮音號，螻蟈也。

不懈　音戒。諸字書並無嫁音也。

聾瘂　上禄東反，下烏賈反。前般若音義中已具釋，不能重述。經從口作啞，非也。

應擔　答甘反。廣雅：擔，舉也。字書：擔，負也。或作儋，從人，並通。從手詹聲詹音占。從木者，非也。

離搏　補各反。博雅：搏，繫(擊)[一七]也。鄭注考工記云：搏，拍也。玉篇：拊也。説文：索持也。從手尃省[一八]聲。尃字從甫從寸。從尃，非也。

疽惡　青余反。司馬彪注莊子云：浮熱爲疽，不通爲癰。説文：從疒且聲。且音子余反，從日下一也[一九]。

繚綟　上力鳥反，下蓮結反。經文脚繚綟者，脚曲不端直也，亦云不正。並從糸，形聲字。糸音覓。

聾騃　崖解反。蒼頡篇：騃，愚也。集訓云：癡也。説文：從馬矣省[二〇]聲。

勿觸　衝燭反。廣雅：抵揬也。經從牛作牮，俗字也。

輕躁　下遭傍反。考聲云：急性也，動也，擾也，疾走也。或作趮，同。從足喿聲。

沫拌　上漫鉢反，下盤滿反。考聲云：留止也。以此與彼相和攪曰拌。從手半聲。

橐囊　上音敗，下諾郎反。蒼頡、玉篇：韛囊，吹火具也。或從革作韛，或從韋作韛，並通。經作排，非也。

以鍛(鍛)[二一]　都亂反。鄭注禮記：鍛(鍛)，捶也。蒼頡篇：椎也。説文：小冶也。扟鍛(鍛)也。從金段(段)[二二]聲。段(段)字從殳從耑(端)[二三]省聲也。扟音丁葉反也。

鎚鈷　上直追反。考聲云：打鐵鎚也。或作槌，亦作椎，並通。下儉嚴反。説文：鈷，鐵鋏來(夾)取物也[二四]。從金占省[二五]聲。經文從甘作鉗，鐵枷也，非此用者也。

姝特　昌朱反。毛詩傳曰：姝，好也。説文：從女朱聲。下騰得反。文類(穎)[二六]注漢書云：特，獨也。説文：特，牛父也。從牛寺省[二七]聲。

聰[二八]黠　上倉紅反。尚書：聽曰聰，必微諦。又曰：聰作謀，所謀必成。經中從怱作聡，俗字也。下閑八反。考聲云：黠，利也。方言：趙魏之間謂慧爲黠。説文：從黑吉聲也。

無量清净平等覺經　上卷

牛飼　音寺。桂苑珠叢云：飼，與畜食也。古今正字：從食司聲也。經文從口作呞，俗字，非也。

瘦短　端管反。蒼頡篇云：短，促也。説文：不長也。從矢豆省[二九]聲也。經文從手作捚，非也，不成字也。

寶珥　如志反。蒼頡篇云：施珠於耳曰珥。即耳璫垂珠也。説文：從玉耳聲也。璫音當。

蠉飛　上血緣反。亦作蝝，皆正體字也。公羊傳曰：蝝即蠉也。始生曰蝝，長大曰蠉。劉歆説云：蚍蜉子也。董仲舒云：蝗子也。聲類：虫飛皃。説文：蟲行也。從虫睘聲也。

蝡動　閏尹反。顧野王云「蚑蟲蝡動」是也。蝡亦動也。字書云：無足而行曰蝡動。説文：從虫耎[三〇]聲也。

錠光　音定。

崖底　雅皆反。説文：山高邊也。從屵音五割反圭聲也。經文作巹，書誤，非也。

焜煌　上胡本反，下音皇。說文：焜煌，光暉明盛皃也。左形右聲也。

征忪　上之盈反，下之容反。方言云：征忪，惶遽皃也。廣雅：屏營，征忪，趍走皃也。亦形聲字也。

項佷　上學講反，下痕墾反。兩字並上聲字。賈注國語云：違戾怨恨也。言佷戾之人强項難迴名爲項佷。從彳艮聲。

眚（眚）[三一]瘦　上生耿反。杜注左傳云：眚（眚），灾也。賈逵云：病也。釋名云：瘦眚（眚）猶瘠瘦也。經文作省，借用，非本字也。

糜盡　媚悲反。俗字也。王注易云：糜，散也。廣雅：壞也。說文：糜，碎也。正體從米作䊳，形聲字也。

天拘蚕　上音俱，下藏含反。梵語天花名。

其柄　兵命反。顧野王云：柄，本也。賈注國語：權也。說文：柯也。從木丙聲。正體從秉作棅（棅）[三二]，形聲字。

盧樓亘　上音合，下罡蹬反。梵語不求字義，菩薩名也。

無量清净平等覺經　下卷

有鉉　玄犬反。王弼注易云：耳空以待鉉。桂苑珠叢云：鉉，鼎繫也，鼎耳也。

戾亮　上力計反，下力丈反。上從高省，下從几，古人字也。

駛忍　上師吏反。蒼頡篇云：駛，疾也，馬行皃也。形聲也。經文從夬，非此用也。下急字。說文：褊（褊）[三三]也，促遽也。從心及聲也。

茬[三四]跌　上廁師反，又音倉何，二反並通。下田頡反。考聲：參差不齊等也。說文：差，貳也，不相值也。王注楚辭云：蹉跌，不能盡力也。許叔重注淮南子：跌，仆也。方言：偃地曰跌。二字並形聲字也。

世事譊譊　女交反。歸藏：言語譊譊。顧野王云：譊譊，猶讙呼也。說文：恚呼也。從言堯聲。說亦丞也。

屏營　上並冥反，下唯熒反。案屏營，猶徘徊也。廣雅：屏營，若征忪也，惶遽也。

稸氣　丑六反。孔注尚書：稸，積也。顧野王：稸，聚也。形聲字也。經文有從心作慉，非也。慉音許六反。

各勵　力滯[反][三五]。廣雅：勵，勤也。爾雅：免也。埤蒼：强也。說文：勉力也。從力從厲省[三六]聲也。厲從蠆音敕介反。

抵突　上丁禮反。大戴禮云：抵猶推也。考聲：拒也。說文：觸也。從手氐聲也。氐音同上也。下徒鶻反。王逸注楚辭云：凌也。韻詮云：衝也。說文：犬從穴中忽出。從犬在穴中，會意字也。

揔猥　宗董反。考聲云：都也，攝也。經作捴，俗字也。下烏賄反。賄音灰每反。猥，濁也。從犬畏聲也。

洒除　先禮反。廣雅：滌也。亦作洗，義同。餘音不取。

尫狂　枉王反。正體本作尢，象形。今俗用加王作尫，形聲字也。韻詮：尫，弱也。通俗文云：短小曰尫。說文：跛曲脛也。俗音烏黄反，聲轉訛。

眄睞　眠見反。說文：眄，邪視也。從目丏音同上。下來岱反。蒼頡篇云：童子不正内視也。從目來聲。或作覫也。

辜搉　上古胡反。說文：辠也。從辛古聲。經從羊作辜，不成字。案：辜亦固也。下音角。或作較。考聲：權專略其理也。從手從隺。經文作較，亦同，通用也。

喫酒　輕亦反。謂喫噉也。從口契聲也。

魯扈　上魯字，上從魚下從日。下胡古反。鄭注禮記：扈，偃蹇自大也。上林賦亦縱横行也。漢書音義曰：扈謂跋扈縱恣也。説文：從邑户聲也。

睢眄　血閨反，下曷俱反。聲類：睢矆，大視也。顧野王云：睢盱，驚速之皃。説文：仰視也。二字並從目，隹亏皆聲也。

澒（澒）〔三七〕澒　莫董反，下胡孔反。謂無知也。通俗文云：埿塗謂之澒澒。經文作蒙空，非也。

湔洒　子仙反，下西禮反。字林：湔謂洗浣也。洒亦濯也。並從水，形聲字。

躄蹇　上必亦反。韻略：躄，跛不能行也。説文：從止辟聲也。下揵偃反。説文：蹇亦跛也。從足從騫省聲也。

阿彌陀經　上卷　玄應撰

阿彌陀　梵語佛名也。唐言無量光也。

末坻　上滿鉢反，下坻音丁禮反。經作互，非正。

不迺　音乃。亦梵語也。

揭質　上居蘖反。梵語也。

甄脾坻　音堅，次婢彌反。亦梵語也。

須颯　上相俞反，下音風。梵語也。

羅倪　音藝。亦梵語文云霓。

鳩畚　音禮。梵語，下同。

軷陀　盤沫反。梵語也。

扈斯　胡古反。並梵語。

滑歧　上還拔反，下音祇。梵語。

𡪃傾　音侯。

陀遬　送木反。

篩邪　音史。梵語。字從竹。

薛荔　上毗袂反，下黎第反。梵語餓鬼總名也。

雄傑　乾孽反。毛詩傳曰：特立謂之傑。淮南子云：智過千人曰傑。經文單作桀，乖經義也。

乞匃　下音蓋。説文：匃，乞也。從亾從人。案人亾財物則乞匃。經作丐（丏）〔三八〕，非也。

食纔　在來反。韻詮云：纔，僅也。考聲：蹔也。從糸從毚。毚音仕咸反。

掌柱　上丑耕反。考聲云：衺（衺）〔三九〕枋柱也。衺（衺）音夕嗟反，枋音方。

迢迢　徒彫反。經作苕，非也。考聲：迢，遠也。文字典説：迢遰，路長也。從辵召聲。辵音丑略反也。

貪餮　天結反。杜注左傳云：貪食曰饕，貪財曰餮。經文作饕，亦通也。

阿彌陀經　下卷

所眩　玄絹反。蒼頡篇云：眩，惑也，又視不明也。或作炫，經文從玄（金）〔四〇〕作鉉，非也。舊音義訓爲繫，非經義也。

祝祝　之育反。此即方言異也。准祝字訓釋與經意不同，今訓爲勤勤，守護也，是經意也。

謥詷　上葱弄反，下同弄反。通俗文云：言過謂之謥詷。纂文云：謥詷，急也。

蔡蹽　上音菜，下蒼粹反。此句梵語古譯不分明，不切也。

無量壽經　上卷　玄應撰

微瀾　洛寒反。爾雅：大波爲瀾，小波爲淪。説文從水也。

享茲　香兩反。享，當也，亦受也。經文作嚮，用別也。下子思反。

煜爚　由鞠反，下弋斫反。説文：煜，燿也。爚，火光也。經文作昱爍，非本字也。

該羅　古來反。賈注國語：該，備也。方言：咸也。

吞噬　貳痕反。説文：吞，咽也。下時制反。王弼注周易：噬，齧也，亦食也。從口筮聲也。

酖酒　都含反。説文：酖，樂也[四一]。字書：嗜也。或作媅、妉、耽，三體並同。

糾舉　經酉反。孔注尚書：糾，正也。鄭注周禮：糾，察也。杜注左傳：糾亦舉也。從糸丩聲。丩音居幽反。舉字從手也。

潢瀁　胡廣反，下羊掌反。楚辭：潢瀁，猶浩蕩也。經文作滉漾，亦通也。

無量壽經　下卷　無字音訓。

阿閦佛國經　上卷

羅閱　下音悦。梵語古譯云王舍城，在摩伽陀國。

跟跽　直良反。字書云：東郡謂隻膝跪地曰跟跪也。下其記反。音譜云：跽，拜也而後長跪。説文：從足忌聲也。

蜎飛　壹緣反。毛詩傳曰：蜎蜎，蜀蟲也。説文：蜎蠉，井中小赤蟲也。

蝡動　閏尹反。考聲云：有足曰蟲，無足曰蝡。説文：小蟲動皃。從虫耎聲。經文作蠕，誤也。蒼頡篇作蚋也。

央數　約姜反。經文作鞅，上聲，非也。

謗讒　補浪反。杜注左傳：謗，毀也，又詛也。賈注國語云：誹，謗也。又對人説其惡也。下仕咸反。毛詩傳曰：讒，以言毀人也。説文：從言毚聲也。毚音仕咸反。

上膈　古核反。文字集略：膈，匈內也。説文：從肉鬲聲。鬲音革。經文從阜作隔。隔即非此義也。

右脇　香業反。説文：脇，腋下也。從肉劦聲。劦音協。或作脅，從三力也。

諛諂　庾珠反。莊子云：不擇是非而言謂之諛。孔注尚書：諛亦諂也。經文作諭，非也。下恥冉反。何注公羊傳：諂，佞也。説文：諛也。從言閻聲。閻音以占反。經文作謟，謟俗用從略也。

往嬈　奴鳥反。説文：嬈，相戲弄也。或作嬲。

薜荔多　上蒲閉反，下禮帝反。梵語餓鬼名也。

礫石　呂的反。説文：礫，小石也。字書亦作磔也。

綩綖　於遠反，下音延。經文錯用也。正體從草作苑莚，舞莚、地衣之類。

珠璣　居沂反。孔注尚書：璣，珠類也。字書：小珠也。説文：不圓珠也。從玉幾聲也。

之態　他岱反。王逸注楚辭：態，姿也。説文：常秉意不改也[四二]。亦作能。

梯桯　體堤反。埤蒼：梯，隥也。説文：木階也。從木弟聲。下毗禮反。鄭注周禮：桯桱〔四三〕，行馬也。説文作梐也。

疲極　被陂反。賈注國語：疲，勞也。蒼頡篇：懶也。經文作罷，借用也。古人質朴也。

阿閦佛國經　下卷

是這　言件反。蒼頡篇：這，迎也。説文：從辵言聲。辵音丑略反。

坻彌羅　上帝奚反。梵語樹名也。

大乘十法經　慧琳撰

綺語　欺紀反。案：綺語謂綺飾文詞贊過其實也。

犁耬　力奚反。耕田之具也。下魯侯反。埤蒼云：耬，伸也。古者人輓而伸之下種具也，今並用牛輓。説文：從耒婁聲。耒音力對反，輓音晚。

貯積　陟呂反。説文：貯亦積聚也。從貝宁聲。

牀榻　狀壯反。説文：從爿從木。爿音匠羊反。下貪答反。釋名云：牀狹而長曰榻。説文：從木𦐇聲也。

枷壓　鵶甲反。字書：壓，冥窄物也。説文亦作厭字。

摑打　陟瓜反。聲類：摑，捶也。考聲云：擊也。古今正字：從木(扌)〔四四〕從過。説文作築也。

富伽羅　梵語。此譯爲數取趣也。數數於三界中往來也。或云補特迦羅也。

蚊蝱　刎分反，下麥庚反。説文：從蚰亡聲。經文作虻，非也。蚰音昆也。

蟒虵　上莫牓反。爾雅：蟒王虵。郭注曰：虵中大者謂之蟒虵。經作罔虵，非也。

普門品經　玄應

溥首　上音普。溥字上從甫從水從寸。溥首者，古譯質朴不妙，即是文殊菩薩名也。

億垓　改孩反。數法名也。

鞕靰　上五更反。字書：鞕，牢也。考聲：堅也。有作硬，俗字也。文字集略：從卬作靰。下靰字准經義合是罡字，舊音義胡浪反。恐非，不成字也。諸字書並無此字，未詳所出，且存本文，以俟來哲。〔四五〕

佛説胞胎經　慧琳撰

滿脬　上滿字。從廿從兩音亦滿也從水，時用字也。下普包反。此即傍光水器腹中尿脬也。即今氣毬是也。説文：尿脬也。從肉孚省〔四六〕聲也。

胞胎　上音包。司馬彪注莊子云：胞，腹内兒衣也。漢書：同胞之徒。如淳曰：胞，親兄弟也。説文：生兒裹衣也。從肉包聲。下他來反。爾雅：胎，始也。廣雅：婦孕三月爲胎。蒼頡篇：兒未生曰胎。説文：婦孕三月也。從肉台聲。

懿沙　依寄反。梵語此無正翻。

眼瞳子　動冬反。埤蒼云：瞳者，目珠子也。廣雅：目珠子謂之眸子，俗謂之目瞳人。說文開（闕）〔四七〕訓。

成胚〔四八〕 配梅反。說文：婦孕一月爲胚。從肉不省〔四九〕聲也。

燥牛糞 上桑到反。周易：火就燥也。說文：燥，乾也。從火喿聲。喿音與上同。下分問反。俗字也。正從華糞。說文作垂（坌）〔五〇〕。糞除糞掃也。韻英：糞亦穢也。或作墣（墣）〔五一〕、撲，經從土作糞，不成字也。

兩膹 頻泯反。韻詮云：膹，膝脛也。說文：膝骨也。正從骨作髕，形聲字也。

樹荄 古來反。爾雅：荄，根也。郭璞曰：俗呼韭根爲荄。方言：東齊謂根曰荄。說文：草根也。從草亥聲也。

樹觚柭 古胡反。說文：從角從瓜音寡華反。

躁擾 早到反。鄭注論語云：不安静也。謚法曰：好變動民曰躁。玉篇：躁，動也。說文作趮。

鍛（鍛）〔五二〕師 端亂反。孔注尚書云：鍛（鍛）鍊戈矛也。鄭注禮記云：鍛，捶也。蒼頡篇云：推（椎）〔五三〕打也。說文：小冶也。從金叚〔五四〕聲也。

鞴囊 上排拜反。說文：吹火具也。或從韋作韛，亦作橐，並音與上同。亦名橐。字書云：無底袋也。轉注字也。橐音託。下諾郎反。

或縹 匹眇反。說文：帛青白色也。從糸票聲也。

如窯 音姚。說文：窯，燒瓦竈也。從宀（穴）〔五五〕從羔，或作陶。

刮治 關滑反。俗字也。傳用已久，篆書正體從昏作䎙。鄭注禮記云：刮，摩也。廣雅：刮，減也。横刃刮去惡物。說文：刮，去惡創肉也。從刀昏之聲也。昏音還刮反，與滑音同。下治音池峙笞反。考聲：治，理也，修故也。說文：從水台聲也。

揩摩 客皆反。考聲云：摩，拭也。從手也。

尫絢〔五六〕 上枉王反。說文：跛曲脛也。從大（尢）〔五七〕，象偏曲之形，古文作尪，今隸書從省。下洗祭反。說文：微也。從糸囟聲。糸音覓，囟音信也。

跛蹇 上波我反。賈注國語云：跛，行不正也。說文：從足皮聲也。下揵偃反。說文：蹇亦跛也。從足從寒省〔五八〕聲。

禿瘦 音陋。考聲云：瘦，久瘡不差曰瘦。從疒婁聲。

舌舐 上善熱反。說文云：舌在口中所以言也。從千從口，千亦聲也。下食爾反。俗字也。說文云：舐者，以舌取物也。從舌氏聲。正作舓。經從口作呧，非也。考聲：或作狧、䑛、䑛、咶，五體並古字也，出諸史籍。

欬逆 開愛反。博雅：欬，逆氣也。從欠亥聲。經從口作咳，俗字也。

癡惷 上恥持反。俗字也。正從心作憝。考聲：憝，愚也。衛宏從人從乏作伩（伩）。會意字也。下踔巷反。考聲云：小兒愚也。或從見作覩。亦作覩，俗音卓降［反］〔五九〕，恐非也。

疣瘙 上音尤，下音隆。顧野王云：風結病也。亦爲肬贅之肬字。瘙，起也。

臚脹 上呂豬反。考聲云：皮也，大也，敘也。上陳告於下也。釋名云：腹前曰臚。說文：從肉盧聲。下張亮反。左傳云：腹滿也。從肉，形聲字也。

搒笞 白盲反。顧野王：搒，擊也。字書：捶也。說文：從手旁聲。下耻持反。說文：笞，擊也。從竹台聲也。

考掠 字書云：拷，擊也。從手京省〔六〇〕聲。方言音略，亦通。

文殊師利佛土嚴净經　上卷　玄應撰

恪恭　古文窓，同。苦各反。尚書：恪謹天命。孔安國曰：恪，敬也。字林：恪，恭敬也。

相棠　借音丈庚反。字宜作撐、敦、棖(振)〔六一〕、敞四形，同，丈衡反。謂相觸也。

恬惔　徒兼反。方言：恬，静也。下宜作淡，徒濫反。漢(淡)〔六二〕，安[也]〔六三〕，謂安静也。經文從心作惔，徒甘反。憂心如惔。[惔]〔六四〕，憂也。惔非此用。

昺著　又作昞、炳、昺三形，同。碧皿反。廣雅：昺，明也。

億姟　古文作絯、奍二形，今作姟，同。古才反。數名。風俗通曰：十億曰兆，十兆曰京，十京曰姟，猶大數也。

拜謁　於歇反。爾雅：謁，請也，亦白也，告也。

侜張　又作譸，同。陟留反。下知良反。爾雅：侜張，誑也。郭璞曰：侜張，幻惑欺誑人也。經文作侏，之儒反。侏儒，短人也。

開士　梵語菩薩者也。謂以法開道之士，故名開士也。

潭然　徒耽反。潭，淵也。楚人名淵爲潭，字宜作憺徒濫反。憺，安静。

塵埃　烏來反。蒼頡：埃，風揚塵也。

文殊師利佛土嚴净經　下卷

交趺　又作跗，同。府于反。三蒼：跗，足上也。謂交足而坐也。經中多作加趺。山東名甲趺。經文從足作跤，非也。

至湊　且豆反。廣雅：湊，最也。湊，競進也。

景則　翳影反。詩云：介爾景福。傳曰：景，大也。則，法也。

大聖文殊師利佛刹功德經　上卷　慧琳撰

門閫　坤穩反。鄭注禮記云：閫，門限也。形聲也。

嫉妒　都故反。王逸注楚辭云：害賢曰嫉，害色曰妒。説文並從女，疾户皆聲也。有從后作姤，非也。

裸者　華瓦反。借音用也，本音魯果反。顧野王云：脱衣露袒也。説文：從衣果聲。或從人作倮，或從身作躶，並同也。

澄睟　長陵反。説文：澄，湛也。下雖翠反。考聲云：視正皃也。玉篇：潤澤皃也。古今正字云：從目卒省〔六五〕聲也。卒，從衣從丿作衣(卒)〔六六〕。丿音篇篾反。

斟酌　執任反，下章弱反。

披擐　還慢反。杜注左傳：擐，穿貫衣甲曰擐。説文：從手睘聲。

透徹　偷候反。考聲：從走作趏。下耻列反。賈注國語：徹，明也。説文：通也。從彳丑歷反從㪅。㪅音同上也。

謦欬　輕郢反。説文：謦亦欬聲也。從言從殸苦角反。下苦愛反。博雅：欬，逆氣病也。

遍捫　博見反。字書：遍，匝也。下莫奔反。毛詩傳曰：捫，持也。聲類：捫，摸也。説文：從手門聲也。

險詖　彼寄反。蒼頡篇：詖，諂侯(佞)〔六七〕也。説文：辨諛〔六八〕。

大聖文殊師利佛刹功德經　中卷

占吝　上之畯反，下隣振反。孔注尚書：吝，惜也。方言：荆湘汝郢之郊貪而不施曰悉。郭注云：慳吝多惜也。説文：從口文聲。經從心作悋，亦通。古文從文作吝。

準繩　上隹尹反。鄭注禮記云：準猶平也。廣雅：均也。説文：平也。從氷隼聲。俗用從隹作准，非也。下食蠅反。世本曰：倕作規矩準繩。宋忠曰：舜臣也。尚書曰：繩愆糾謬，格其非心。又曰：木從繩則正，君從諫則聖。案繩者，取其平直也。爾雅：繩繩，戒慎也。説文：索也。從糸從黽省〔六九〕聲也。

媿耻　上軌位反。杜注左傳云：愧，慙也。爾雅：媿亦耻也。説文同。左傳：從女鬼聲。或從心作愧，亦通。下癡里反。字書：耻，羞也。考聲：愧也。説文：辱也。從心耳聲。有從止作耻，俗用，並非正也。

捶打　隹蘂反。説文：捶，以杖擊也。從手垂聲也。

輕懱　眠結反。毛詩傳曰：懱亦輕也。賈注國語：來（棄）〔七〇〕也，又滅也。説文：輕，傷也。從心蔑聲。

窣覩波　孫骨反。梵説（語）〔七一〕也，唐言高顯處也。亦曰方墳，即安舍利處也。或云塔婆，或云偷婆，亦云蘇偷婆，皆訛略也。

大聖文殊師利佛刹功德經　下卷

補特伽羅　梵語也。唐云數取趣也。

忩遽　渠御反。杜注左傳：遽，急速也。亦云窘迫也。説文：從辵豦聲。豦音渠，窘音君殞反。

遷〔七二〕易　七仙反。毛詩傳：遷，徙也，又變也。正作䙴。下羊益反。孔注尚書：易，改也。

纔發　在來反。考聲云：纔，蹔也。下蕃韈反。廣雅：發，去也。

頞眡迦　梵語寶名也。

仰蘖羅　梵語數名也。魚列反。

泯末羅　古譯云頻婆羅，亦數名也。彌忍反。末音磨鉢反。

阿閦婆　初六反。亦數名也。

法鏡經　上卷　玄應

聞物國　謂舍衛國也。十二遊經云：無物不有國也。

勝氏樹　謂祇陀林，或云祇洹，並訛也，正言逝多。

憍薩羅國　波斯匿王之子也。

除饉　勤靳反。舊經中或言除士、除女，亦言菫士、菫女，今言比丘、比丘尼也。案梵言比丘，此云乞士，即與除饉義同。謂除六情飢斷貪慾染也，以善法菫修，即言菫修士、菫修女也。

多悪　阿各反。謂過惡也。經文作悪，或作悳，並非也。

除剔　他歷反。毛詩傳曰：剔，鬄髮也。正作鬄，古文作剃也。

汝迺　奴改反。爾雅：迺，乃也。亦乃字也。聲類：生也。説文：往也。

法鏡經　下卷

樂法　五教反。愛欲曰樂。經文作㦡，非也。

昆弟　孤魂反。爾雅：昆，兄也。説文：周人謂兄爲昆。

磋切　七何反。正作瑳。論語曰：骨曰切，象曰磋。言骨切象磋以成器，人學問以成道也。

螟子　上音莫。案：螟，蚊類也。山南多饒此蟲，群飛蔽日，齧人痕如手許大也。

肥胦　庾珠反。説文：胦，腹下肥也。又胦亦腹也。從肉也。

猳玃　古霞反。字書：猳亦玃也。正作豭，亦作㹢。下俱縛反。郭注爾雅：玃似獮猴而大，蒼黑色，能攫持人，好顧眄。説文云：大母猴也。經作㹢猳，非也。

肬贅　有流反。廣雅：肬，腫也。蒼頡篇：病也。説文：亦贅也。從肉尤聲。或作疣，同。下之汭反。博雅：贅亦肬也。小曰肬，大曰贅。經作肬腨，非也。

玷缺　丁簟(簟)[七三]反。説文：玷亦缺也。從玉從占。下犬悦反。蒼頡篇：缺，虧也。説文：從缶從夬，或從垂作䍧，亦通。[經][七四]文從玉作玦，音古穴反，非此義也。

墜文　直淚反。説文：墜，墮也。經文作㤢，非也。

庋得　舒預反。案：庋猶冀也，望得也。經文從言作謯音之諾反，非此義也。

郁迦羅越問菩薩行經

强項　胡講反。案：項，謂戾人項强難迴也。無量清净覺云「强項愚癡人」是也。大品經作增上慢人，其義一也。

麈鹿　朱乳反。山海經云：荆山多麈。鄭注云：似鹿而大，尾可以爲拂帚。

郁迦　此譯云威德也。

謿譁　今作啁，同。竹包反。博雅：謿，言語相調戲也。譁，疑作話，胡快反。博雅：話，謿謔也。説文：善言也。

牽抴　遣肩反。廣雅：牽，抧(挽)[七五]也。説文：引前也。從冖從牛玄聲。象牛之縻也。下又作曳，同。以世反。字林：抴，臥引物也。博雅亦相牽引也。或作拽。冖音癸營反。

財賄　古文晦，同。呼罪反。爾雅：賄亦財也。鄭注周禮：金玉曰貨，布帛曰財也。

躑躅　或作蹢，同。呈亦反。下或作躅，直録反。字林：躑躅，駐足不進也。廣雅：踟蹰也。

幻士仁賢經　玄應撰

颰陀婆羅　經或作軷、跋、柭三體，同。盤沫反。此譯云仁賢，或云賢護，謂隣近於聖也。

普徽　虚歸反。爾雅：徽，善也。尚書：慎徽五典。王肅曰：徽，美也。

瓶罃　烏耕反。説文：罃，長頸瓶也。或謂之儋音丁甘反。或作甖，亦作甇也。

自韙　籀文作愇，同。于鬼反。左傳云：犯五不韙。杜預曰：韙，是也。

决定毗尼經　慧琳撰

颰陀婆羅　菩薩名也。唐言賢護。

南無現無愚佛　此佛准梵本合是不空見，未審古譯作此名，殊不相當也。

一摶　段鸞反。博雅：摶，以手握物使相着也。説文：從手專聲。經文作揣，非也。

逮無　徒戴反。爾雅：逮，及也。説文：從辵隶聲。隶音第也。

矛矟　莫侯反，下雙捉反。廣雅：矟亦矛也。説文：從矛肖聲也。

捲誘　狂袁反，下以酒反。鄭注禮記：誘，引也。鄭注儀禮：教也。孔注尚書：導也。爾雅：進也。說文或作羑也。

再譯三十五佛名經　慧琳撰

懺悔　上策陷反。集訓云：自陳過也。韻英云：自陳悔也。從心韱省〔七六〕聲也。俗從截〔七七〕作懺〔七八〕，非也。韱音精廉反。從二人從韭從戈也。

不空見如來　舊注云現無愚佛，錯誤也。

遊戲　希義反。集訓云：逸豫也。說文：三軍之偏也。從戈䖒聲也。䖒音許宜反也。

卑栗蹉　倉何反。梵語耶(邪)〔七九〕見不信王〔八〇〕法人也。舊譯云弛(彌)〔八一〕戾車，不切當，訛略也。

補羯娑　梵語。亦惡業人也。

一摶　段欒反。集訓云：摶，捉也，著也。以手摶令相著也。從手專聲，或作團，亦通。

發覺浄心經　上卷　慧琳撰

談話　淡甘反。顧野王曰：談，論也。廣雅：調也。下胡快反。博雅：話、謿，謔也。說文：善言也〔八二〕。字書作䛡，籀(籒)〔八三〕文作譮。

捫淚　莫奔反。聲類：捫，摸也。毛詩傳曰：捫，持也。說文：從手門聲也。

迭相　田結反。杜注左傳：迭，更也。郭璞注爾雅：謂更易也。

毀呰　暉委反。爾雅：壞也。考聲作諀。下茲此反。鄭注禮記：呰，以言毀人也。說文：呵也。前後不出者同此訛。

嬉戲　喜其反。蒼頡篇：嬉，戲笑也。說文：樂也。說文作娭。下羲義反。爾雅：戲，謔也。說文：逸豫也。從戈䖒聲。䖒音許宜反。

發覺浄心經　下卷　慧琳撰

犀牛　洗鷄反。爾雅：犀似水牛，猪頭，大腹，卑脚，脚有三蹄，黑色，二角。一角在頂，一角在鼻者，即名食角也。小而不墮，好食棘。說文：從牛從尾也。

莖稈　户耕反，下古旱反。左傳作秆。

創皰　楚霜反。今通俗作瘡。說文作刅。古文作劎。下蒲皃反。說文：皰面生熱創也。從皮包聲。或作靤。經文作疱，非也。

籠罩　盧紅反。莊子：籠，盛鳥器也。說文：從竹龍聲。下嘲教反。說文：罩，捕魚籠也。一名䍜。從网卓聲也。

財購　古候反。說文：購，贖也。從貝冓聲。冓亦音古候反也。

須摩提女經　慧琳撰

絢擣　西計反，下刀老反。考聲：擣，舂也。說文：手推〔八四〕也。從手壽聲。或作搗，古文作舂擣也。

叜妙　而兖反。正作叜，或作瑌字。經從石作碝，非也。

諛諂　羊朱反。莊子：不擇是非而言謂之諛。下丑染反。莊子云：睎意道言謂之諂。何注公羊：諂，佞也。說文：諫

（諛）〔八五〕也。經文作諂，亦通，俗用。

須摩提菩薩經　慧琳撰

羅閱祇　上音悦。梵語也。

優迦　梵語長者名也。亦曰都〔八六〕伽。

多陀竭　梵語魯質不妙也。正梵云怛他蘖多，唐云如來也。

拘文花　拘牟那古，亦言俱物頭花也。

滿匊　弓六反。考聲云：匊，取也。説文：曲指捧物也〔八七〕。古作𦥑，今通俗作掬，經文作匊。

埤助　婢彌反。毛詩傳云：埤，厚也，又益也。賈注國語：補也，又亦助也。説文：增也。從土卑聲。經文作裨，亦通也。

缺減　犬悦反。蒼頡篇：缺，虧也。説文：從缶從决省聲。或從垂作缺，亦通俗。下甲斬反。説文：減，損也。從水咸聲也。

掬致　呼泓反。依字訓掬，猶廣大也。

探識　他甘反。説文：探，嘗試取其意也。字從手。

別時　彼列反。經文從草作莂，非也。

漚和　烏侯反，下音和。梵語菩薩名也。

阿闍貰王女阿術達菩薩經　慧琳撰

五旬　或言般遮旬，唐言五，即五神通也。

因堤　丁黎反。梵語菩薩名也。

夆越　力底反。經中或言離越，同一義也。

干蔗　經文或作芉柘，亦同。下之夜反。通俗文：荆州干蔗。或言甘蔗，一物也。經文從辵作遮，非也。

蠱狐　上餘者反。亦作野。説文：野狐妖獸也。鬼所乘，有三德，其色中和，小前大後，死則首丘，大於野干也。

得無垢女經　慧琳撰

遞共　提禮反。爾雅：遞，迭也。郭璞曰：謂更易也。考聲云：代也。説文：從辵從虒。經作遰，俗訛誤也。虒音徙資反。

符坻　徒古反。博雅：坻，瓶也。埤蒼：大瓿也。説文：從瓦土聲。瓿音提禮反。

解奏　古賣反。賈注國語：解，除也。廣雅：散也。説文：判也。從角從刀從牛。下則候反。孔注尚書：奏，進也，又上書也。案解奏，野外祭神也。

鹿蹲　下船叓反。説文：蹲，脚腸也。或作腨腓音肥味反。

從輿　余絮反。廣雅：輿，舉也。博雅：載也。説文：從車舁聲。經作轝，通俗。

危脆　七歲反。廣雅：脆，弱也。説文：少叓易斷也。從肉從色。經作脆，俗也。

一瓢　毗遥反。方言：瓢，一名蠡。考聲云：瓢也。説文作瓢也。

優塡王經　玄應撰

皮韜　吐勞反。左傳：以樂韜憂。杜預曰：韜，藏也。説文云：劍衣也。

避從　脾尺反。韓詩：或（式）〔八八〕辟四方。辟，除也。謂從者也。

不計　居詣反。謂計筭也。國語：計成而後行。賈逵曰：計，謀也。經文作傺，非體也。

怚侘　又作混汜二形，同。胡本反，徒損反。謂不通類也。通俗文：大而無形曰怚侘。

遲其　除致反。案遲，欲其疾也。遲猶望也。經文作幼稚之稚，非也。

鴆毒　除禁反。山海經：女几之山多鴆。郭璞曰：大如鶡，紫緑色，長頸，亦啄[八九]食蛇。以羽畫酒即煞人也。

仆偃　蒲勒反，下居良反。說文：仆，頓也。謂前覆也。偃，偃也。謂却偃也。

身冒　三(毛)[九〇]報反。冒，蒙也。案蒙，猶荷也，被也。尚書：冒聞于上帝。

文殊師利所説不思議佛境界經　上卷　慧琳撰

貪瞋癡　昌真反。考聲云：瞋，怒也。說文：張目恨也。形聲字也。下耻知反。考聲云：癡，愚也。埤蒼：騃也。說文：不惠[九一]也。從疒也。

酸鹹　上蘇端反。考聲：酸亦醋也。下陷緘反。爾雅：鹹，苦也。郭注曰：苦即大鹹。說文從鹵也。

麁淺　倉胡反。正作麤。下七剪反。

射師　食夜反。說文：射，弓弩發於身而中於遠也。從身從寸。寸者法度也，亦手也。或從矢作䠶，亦通。

特鍾　唐勒反，下燭龍反。經言特鍾者，憐念深也。

怨讎　於袁反。考聲云：怨，仇也。蒼頡篇：怨，恨咎也。說文：恚也。從心宛聲。下受流反。鄭箋毛詩云：讎，憎惡也。顧野王云：謂怨憾也。又仇也。集訓云：冤之正[九二]偶。說文：從言雔聲。雔音同上也。

控弦　空貢反。毛詩傳曰：控，引也。引弓曰控弦。說文：從手空聲。

巧捷　潛業反。桂苑珠叢云：捷，勝也。王逸注楚辭：慧也。博雅：疾也。說文：從手從疌也。

浮泡　下普包反。考聲云：浮泡，水上涪漚也。

彫窻[九三]　上多堯反，下楚雙反。廣雅：窻，牖也。韻詮云：正曰窻，旁曰牖。說文：在牆曰牖，在户曰窻。古文正作囪。

攢(欑)[九四]櫨　昨巒反。蒼頡篇：攢(欑)，聚也。鄭注禮記：虆也。說文：從木從贊。下鹿夫反。說文：欂櫨，柱上枅也。枅音牽見反。

疊栱　徒協反。顧野王曰：疊猶累也。宋忠注太玄經云：積也。蒼頡篇：重也。說文：從畾從宜。揚雄云：古者决罪，三日得其宜乃行之，故從三日。王莽以三日太盛，故改爲三田。

磊砢　雷罪反，下勒可反。說文：磊砢，衆石皃也。

柔耎　而兖反。經文作腝，俗字也。

觸嬈　衝燭反，下奴鳥反。說文：嬈，相戲弄也。或作嬲。

佛境界經　下卷

儔黨　直留反。韻略：儔，匹也。廣雅：依也。下當朗反。孔注論語：黨，類也。鄭注論語：親也。說文：從黑尚聲。

瑕垢　夏加反。廣雅：瑕，穢也。下古后反。

淤泥　於據反。顧野王云：今水中泥爲淤。說文：澱滓也。澱音田練反。

校勘記

〔一〕槃 獅作「槃」，即「穀」。
〔二〕貘 各本皆無，據文意補。今傳本山海經「貘」作「猛」。
〔三〕爲 「象」的古字。
〔四〕薄奇將捋之 今傳本詩爲「薄言捋之」。
〔五〕家 獅作「家」。
〔六〕咢音匹笄也 似當爲「咢音匹并反」。
〔七〕木 據文意當作「才」。
〔八〕剌 據文意當作「剌」。
〔九〕旄 據文意當作「毦」。
〔一〇〕舊 據文意當作「蓄」。
〔一一〕藉 今傳本説文作「積」。
〔一二〕摵 據文意當作「槭」。下同。
〔一三〕省 衍。
〔一四〕颮 據文意當作「胞」。「胞」即「脆」。
〔一五〕膡 各本皆無，據文意補。
〔一六〕恃 據文意似作「特」。
〔一七〕繫 據文意當作「擊」。
〔一八〕省 衍。
〔一九〕從日下一也 今傳本説文：「且。所㠯荐也。从几，足有二横。一，其下地也。」
〔二〇〕省 衍。
〔二一〕鍛 據文意當作「鍛」。下同。
〔二二〕叚 據文意當作「段」。下同。
〔二三〕鵍 獅作「端」。
〔二四〕鉆，鐵鉗來取物也 今傳本説文：「鉆，鐵銸也。」來，據文意似作「夾」。
〔二五〕省 衍。
〔二六〕類 獅作「頴」。
〔二七〕省 衍。
〔二八〕聡 即「聰」。
〔二九〕省 衍。
〔三〇〕叜 獅作「叜」。
〔三一〕眚 據文意當作「眚」。下同。
〔三二〕揀 據文意當作「棟」。
〔三三〕編 獅作「褊」。
〔三四〕荖 即「差」。
〔三五〕反 各本皆無，據文意補。
〔三六〕省 衍。
〔三七〕滍 據文意似作「滍」。下同。
〔三八〕丏 獅作「丐」。
〔三九〕衮 據文意當作「衮」。下同。
〔四〇〕玄 據文意當作「金」。
〔四一〕酖，樂也 今傳本説文：「酖，樂酒也。」
〔四二〕常秉意不改也 今傳本説文爲「意也」，段注爲「意態也」。
〔四三〕梓 阮元校刻十三經注疏作「桓」。
〔四四〕木 據文意似當作「才」。
〔四五〕慧琳指出此字准經義合是罡字，認爲未詳所出。玄應所釋普門品經爲西晋竺法護譯，原文爲：「其細滑者，志有所存，緣求服之。其柔軟者而不可得，已睹斯緣，細滑鞕軛，無所適住。計于細滑則無有成，亦無所有所依。」經中「軛」似與「硬」義近，李維琦佛經續釋詞釋爲剛硬的剛，認爲「由於它與相當於硬的字連用，讀爲剛當不爲過」（嶽麓書社1999年版158頁）。
〔四六〕省 衍。
〔四七〕開 獅作「闕」。
〔四八〕脿 即「胚」。下同。
〔四九〕省 衍。
〔五〇〕垂 獅作「坙」。
〔五一〕墋 據文意當作「墋」或「墋」。
〔五二〕鍛 據文意當作「鍛」。下同。
〔五三〕推 據文意當作「椎」。
〔五四〕叚 據文意當作「段」。
〔五五〕肓 獅作「穴」。
〔五六〕絅 即「细」。
〔五七〕大 獅作「九」。
〔五八〕省 衍。
〔五九〕衛宏從人從乏作伩 據文意「伩」似當作「促」。或從見作覔……俗音卓降反 據文意當爲「或從皃作覔。亦作覩。俗音卓降反」。「皃」是「兒」的俗字。反，各本皆無，據文意補。
〔六〇〕省 衍。
〔六一〕棖 據文意當作「振」。
〔六二〕漢 玄卷五釋此詞作「淡」。
〔六三〕安 玄卷五釋此詞爲「安也」。
〔六四〕惔 麗無，據玄卷五釋此詞補。
〔六五〕省 衍。
〔六六〕衣 據文意似當作「卒」。
〔六七〕侫 據文意似當作「佞」。

〔六八〕辨諛　今傳本説文爲「辨論也」。
〔六九〕省　衍。
〔七〇〕來　大正作「棄」。
〔七一〕説　獅作「語」。
〔七二〕遷　即「遷」。
〔七三〕篳　似爲「篳」之誤。
〔七四〕經　各本皆無，據文意補。
〔七五〕抧　據文意似當作「挽」。
〔七六〕省　衍。
〔七七〕截　據文意似作「截」。

〔七八〕㦰　據文意似作「㦰」。
〔七九〕耶　大正作「邪」。
〔八〇〕王　頻作「正」。
〔八一〕弛　獅作「彌」。
〔八二〕善言也　今傳本説文：「語，會合善言也。」
〔八三〕籀　當作「籀」。
〔八四〕推　今傳本説文作「椎」。
〔八五〕諫　頻作「諛」。
〔八六〕都　頻作「郁」。

〔八七〕曲指捧物也　檢説文作「匊，在手曰匊」。段注曰：「古文作臼，以兩手奉物曰臼，誤矣。」
〔八八〕或　今傳本韓詩作「式」。
〔八九〕亦啄　據文意當爲「赤喙」。
〔九〇〕三　大正作「毛」。
〔九一〕惠　今傳本説文作「慧」。
〔九二〕正　據文意似當作「匹」。
〔九三〕窓　即「窗」。下同。
〔九四〕攢　據文意似當作「欑」。下同。

一切經音義　卷第十七

大唐翻經沙門慧琳撰

音如幻三昧經二卷　慧琳撰
善住意天子經三卷　慧琳撰
太子刷護經一卷　慧琳撰
太子和休經一卷　慧琳撰
大乘顯識經二卷　慧琳撰
慧上菩薩問大善權經二卷　玄應撰
大乘方等要慧經一卷　慧琳撰
彌勒菩薩所問本願經一卷　慧琳撰
佛遺日摩尼寶經一卷　玄應撰
摩訶衍寶嚴經一卷　慧琳撰
勝鬘師子吼一乘大方便方廣經一卷　玄應撰
毗耶娑問經二卷　玄應撰
大方等大集經三十卷　玄應撰
大集日藏分十卷　玄應撰
大集月藏分十卷　玄應撰
右已上十五經　六十八卷

如幻三昧經　上卷　慧琳撰

德鎧　開代反。考聲云：鎧，兜鍪也。文字集略云：以金革蔽身曰鎧。說文：甲也。從金從愷省聲也。

宴居　煙見反。郭注爾雅云：宴，優閑也。說文：宴，安也，又靜也。從宀妟聲。經作燕，古人借用，義亦通。

愚戇　卓降反。考聲云：戇，精神不爽也。淮南子云：從管仲視伯夷則謂之戇矣。說文：戇，愚也。從心贛聲。贛音貢。

牴揬　上丁禮反。戰國策云：牴者，觸也。說文訓亦同。從牛氐聲。氐音同上。下徒骨反。廣雅云：揬，衝也。文字典說云：從手突聲。經作突，亦通。

恭恪　康各反。孔注尚書云：恪，敬也。說文：從客從心作愙，古字也。或作忩。古今正字：從心各聲。

憺怕　上談敢反。蒼頡篇：憺，恬也。廣雅云：靖也。說文：安也。從心詹聲。下普伯反。廣雅：怕，安靜也。說文：無思[一]也。從心白聲，經作伯，非也。

愚騃　崖解反。上聲字。蒼頡篇：騃，無知也。埤蒼云：愚也。說文：馬行仡仡[二]。從馬矣聲。仡音銀訖反。

千姟　改孩反。筭經云：十萬曰億，十億曰兆，十兆曰京，十京曰姟，數法名也。古今正字云：大也，數也。從女亥聲。經從土，誤用也。

汲引　上金岌反。廣雅云：汲，取也。說文：汲亦引水也。從水及聲也。

以檛　陟瓜反。考聲云：檛，擊也。聲類云：捶也。古今正字云：從本（木）〔三〕過聲。説文：從竹作簻，古字也。

傀琦　上古迴反。集訓云：壯大也。桂苑珠叢：盛也。傀琦者，美皃也。説文：偉也。從人鬼省〔四〕聲也。經從玉作瑰，非此用也。下音奇。埤蒼云：瑰瑋珍琦也。古今正字：從玉奇聲。

姿豔　上姊私反。字書云：姿，儀皃也。蒼頡篇云：容媚也。説文云：態也。從女次聲。下鹽贍反。文字集略云：豔，美色也。説文：好而長。從盇。經文從色作艷，俗字也。盇音合，從大從血。

兜術天　此梵語訛略也。正梵音云覩史多天，唐云知足天。此天王多是一生補處菩薩也。

馳騁　直知反，下敕郢反。顧野王云：馳，走也。杜注左傳云：騁猶馳也。廣雅：馳騁皆奔也。説文並從馬。馳，從也省〔五〕聲也。甹匹丁反。甹聲也〔六〕。

疇匹　直留反。孔注尚書云：疇，類也。王注楚辭云：四人爲疇，二人爲匹。從田壽聲。

姝好　上昌朱反。毛詩傳曰：姝，美色也。方言：趙魏燕代之間謂好曰姝。説文同。方言：從女朱聲也。

牀榻　上狀莊反，下吐合反。釋名云：牀狹而長曰榻也。説文：從木𦐇聲。𦐇音同上。

棚閣　白萌反。廣雅云：棚亦閣也。説文：棧也。從木朋聲也。

蠲除　決玄反。孔注尚書：蠲，潔也。郭注方言：蠲亦降〔七〕也。説文：從蜀益［聲］〔八〕。會意字。在蟲部也。益，正益字也。

稽顙　溪禮反。借用字也。孔注尚書云：稽首，首至地也。鄭注周禮云：䭫首，頭至地拜也。説文：從首旨聲。古文正體䭫首字也。經作稽，本音雞，相傳借用久矣。下桑朗反。方言：顙，額也。何休注公羊傳云：稽顙，若今之叩頭於地。

老耄　下莫報反。韻英云：耄亦老也。杜注左傳：耄，亂也。禮記云：八十九十曰耄。鄭注云：耄亦惛忘也。古文作薹。説文：從老從蒿省聲。今通俗總作老也。

毫氂　上號高反，下力知反。王逸注楚辭云：毫，長鋭强毛也。案九章算經云：凡度之始，初起於忽，十忽爲絲，十絲爲毫，十毫爲氂。二字並從毛，形聲字也。

如幻三昧經　下卷

悒悒　音立反。與邑同。王注楚辭云：悒又憎，歎息也。蒼頡篇云：不舒之皃也。説文：不安也。從心色（邑）〔九〕聲也。

佁儗　上胎賚反，下我蓋反。考聲云：佁儗，癡皃也。郭注方言：駑鈍癡愚也。説文：佁，從人台聲。儗從石疑聲。經作態儗，借用也。

損秏　呼到反。蒼頡篇：秏，消也。韻詮：減也。説文：稻屬也。從禾毛聲。

狂悖　劬王反，下蒲没反。顧野王云：狂，愚騃驚悖性不倫理也。孔注論語：狂妄，牴觸也。鄭注禮記云：悖，逆也。廣雅云：悖，亂也。説文：從犬王聲。悖字從心孛聲。孛音輩。

所漂　匹遥反。顧野王云：漂猶流也。説文：漂亦浮也。從水票聲。經文作瀃，誤也。票音必遥反。

弘雅　上胡肱反。毛詩箋云：弘猶廣也。爾雅云：弘亦大也。

說文：從弓厶聲。厶音古弘反。

霑污　輒廉反。考聲云：小溼也。廣雅云：霑，漬也。顧野王云：霑猶濡也。說文：從雨沾聲。經作沾，俗字也。

霍然　荒郭反。考聲云：猝，急也。顧野王：倏忽急疾之皃也。說文作靃，或作霩。經作㸌，非也。

矛戟　莫侯反，下京逆反。說文：矛長二丈，建於兵車之前也。或作鉾。方言：今戟中有刺者謂之雄戟。說文：矛字象形，戟字從幹省從戈。幹音古旦反。

痛蛘　下羊掌反。廣雅：皮膚蛘也。考聲：痛之微也。禮記作癢。云：癢不敢搔。毛詩傳：皮膚病也。說文：搔蛘也。從虫羊聲也。

班宣　上八蠻反。杜注左傳云：班，布也。又曰：次也。賈注國語云：班，位也。方言：列也。說文：分瑞玉。從刀分。班與頒同也。

煌煌　晃光反。毛詩傳云：煌煌，明也。蒼頡篇云：光也。說文：煌，煇也。從火皇聲。

亘然　柯鄧反。方言云：亘，竟也。毛詩傳云：亘，徧也。古今正字：急引也，通度也。從二從舟也。今作亘，俗字也。

尠薄　仙剪反。爾雅云：尠〔一〇〕，寡也。古今正字：尠，罕也。從甚。正體從是從少作尟，或從魚從羊作鮮，音義並同。下傍博反。蒼頡篇：薄，微也。釋名云：疏物也。廣雅云：穿也。說文：從草溥聲也。

報償　商亮反。杜注左傳云：償猶報也。廣雅云：亦復也。說文云：還也。從人賞聲。

擣香　上刀老反。聲類：築也。考聲：舂也。說文：擣，手椎也。從手壽聲也。

僥倖　上皎堯反，下行耿反。考聲云：僥，非分而求也。禮記云：希冀也。蔡邕獨斷云：御之所愛親，親者曰幸。又禮記：孔子曰，小人行險以儌幸。說文：從心敫聲也。敫音要。或從彳作徼。經文從人作僥，俗用，非本正字也。古今正字：倖字從人幸聲。或從女作婞，或作㚔，亦通也。

善住意天子經　上卷　慧琳撰

皆樂　五教反。考聲云：願也。

坑澗　客耕反。爾雅：坑，墟也。鄭注禮記云：坑，池塹也。蒼頡篇：壑也，亦陷也。說文：從土從亢聲也。亢音罡。下間晏反。爾雅云：山夾水曰澗。說文：從水閒聲也。

𠂤𨸏　上都回反，下浮務反。聲類：𠂤，小塊也。說文亦小𠂤也。爾雅云：大陸曰𨸏。廣雅：丘無石曰𨸏。說文並象形字也。經作埠，又作阜，並俗字也。

黠慧　閑八反。方言：黠亦慧也。考聲云：利也。說文：從黑從吉聲。下熒桂反。

輦輿　上力展反。鄭注周禮云：后居宮中，從容所乘爲輕輪，人挽而行。杜注左傳云：駕人曰輦。說文：從扶從車。扶在車前引之也。扶音伴。下與諸反。左傳云：士臣皂，皂臣輿也。杜注云：輿，衆也。蘇林注漢書云：輿猶載之而行輿之意也。說文：車輿也。從車舁聲也。舁音予。

稱稱　上齒證反，下齒蒸反。上字去聲，下字平聲。廣雅云：稱，度也。說文：銓也。從禾爯聲。經作秤，俗字也。

擲杖處　上呈戟反。廣雅：擿，振也。說文作擿，投也。從手鄭聲。

覺寤　上音角，下五故反。博雅云：覺，知也。毛詩傳云：寤亦覺也。蒼頡篇：寐覺而有言曰寤。説文：從㝱省吾聲。經從穴作䆅，非也。

善住意天子經　中卷

柱杖　上誅縷反。説文：楹也。從木從主聲。考聲：正以一點爲[主]〔一一〕，音與上同。

跳故　逖遥反。鄭注禮記：跳，足步不相及也。蒼頡篇：踴步也。説文：從足兆聲也。

恥媿　鬼位反。杜注左傳云：媿，慙也。博雅：媿亦耻也。説文：從女鬼聲。經從心作愧，亦通用。或作聭，亦作謉，並非也。

娛樂　上遇俱反。杜注左傳云：娛亦樂也。説文：從女吴聲。下五教反。

戲樂　上希寄反。爾雅云：戲，謔也。郭注云：謂嘲也。説文：從戈䖒聲。經從虚作戲，非也。下音洛。䖒音希。

嫉妬　上秦悉反，下都故反。王注楚辭云：害賢曰嫉，害色曰妒。説文：從女户聲。户音户。有從石從后，並非也。

不缺戒　犬悦反。蒼頡篇云：缺，虧也。説文：從缶史(夬)〔一二〕聲。經從垂作缺，亦通。

羸劣　上力追反。賈注國語：羸，病也。杜注左傳云：弱也。説文：疲〔一三〕也。從羊羸聲也。羸音力果反。

遞互　上提禮反。鄭注爾雅：遞，迭也。考聲云：代也。説文：更易也。從辵虒聲。辵音丑略反，虒音天伊反。經作遆〔一四〕，俗字，非也。

無秉作　兵永反。毛詩傳云：秉，操也，亦把也。賈注國語：秉，執也。廣雅云：持也。説文：從又從禾，會意字也。手持一禾曰秉。

善住意　下卷

糞埽　上分問反。集訓云：埽除穢物肥地曰糞。説文云：棄除也。從廾推華棄米曰糞。許叔重云：似米而非。米，古文𠦒字也。廾字音拱，推音吐雷反，華音半謾反。或從土從弁作坌，古字也。亦作坋，或作㼒。經從異，或從黑作糞，並非也。下桑到反。廣雅：埽，除也。從土帚省〔一五〕聲。或從手作掃，亦上聲字也。帚音周酉反。

抖擻　上得口反，下桑厚反。考聲：抖擻者，振衣也。説文：上舉振之也。從手斗聲。梵云杜多，或云頭陀，唐云抖擻。沙門釋子行遠離行，少欲知足，不貪不著，節身苦行也。經文作揀，非也。從手，形聲字也。

㦟鈍　上蒙孔反。考聲云：㦟猶不慧也。從心冡聲。冡字從勹豕。經作蒙，或作懞，並俗字也。下徒頓反。如淳注史記云：鈍猶頑鈍無廉隅也。蒼頡篇云：鈍即頑也。聲類云：鈍，不利也。説文：從金屯聲。屯音徒魂反。

刀塊　魁外反。考聲云：土塊也。或作凷，古字也，音同。説文：塊，土塩也。塩音被逼[反]也〔一六〕。

太子刷護經　玄應音

刷護　拴八反。考聲云：刷，刮也。爾雅云：刷，清也。説文：從刀㕞省聲也。㕞音同上，拴音刷關反。

羅閱國　緣雪反。

頦頰　下兼牒反。顧野王云：面傍目下耳前也。説文：從夾頁聲。

蟻飛　上宜倚反。爾雅云：大曰蚍蜉，小曰蟻。其類非一，復有多名。説文云：從虫義聲。或作螘也。

蝡動　潤允反。山海經：霈山有赤虵，在木上名曰蝡。莊子云：蝡蝡，蟲動也。説文亦同。莊子從虫耎聲。

驝駞　湯洛反，下達何反。胡畜名也。今謂之駱駞是也。山海經云：號山多驝駞。顧野王云：肉鞍能負重，善行致遠。郭注云：日行三百里，能知水泉所在。古今正字云：胡地多饒畜名也。並從馬，橐它皆聲也。橐從橐省。橐音魂困反，橐音託。

太子和休經　慧琳撰

繖蓋　蘇懶反。顧野王云：繖即蓋也。漢書云：時天大雨，上騎持繖蓋也。説文：從糸散聲。下垓害反。説文：苫也。從草盇聲也。盇音合，從大從血。經從羊作盖，俗字也。

蜎飛　上血緣反。毛詩云：蜎蜎者，蜀也。即蜀者，桑蟲也。説文：從虫肙聲。肙音一絹反。

諷誦　上夫鳳反，下徐用反。前寶積經音義中已具釋。

騾驢　上力戈反，下力猪反。説文云：騾者，驢父馬母所生也。又云：似馬長耳。二字並從馬，累、盧皆聲也。

大乘顯識經　上卷　慧琳撰

醒悟　星挺反。考聲云：醉解也。顧野王云：醉，除也。國語云：醒而喜也。古今正字：從酉星聲。下五故反。

轟鬱　上呼萌反。史記云：輷輷殷殷，若有三軍之衆。蒼頡篇：轟轟聲也。説文：亦群車聲。從三車。亦作輷䡅泓聲。下惲颭反。爾雅云：鬱猶喜也。郭注方言：壯大皃也。説文：木叢生者。從林鬱省聲。

氈褥　上之然反，下如燭反。

繒綺　上情蠅反，下祛倚反。此上四字前文已釋。

倚枕　上衣矣反，下章荏反。錄彩爲囊盛耎物，貴人左右倚憑也。

帷幕　上音韋，下音莫。二字並從巾。

煥爛　上歡觀反，下勒旦反。煥爛，猶暉赫之盛也。

瓔飾　上伊盈反。説文作賏。婦人顯（頸）〔一七〕飾也。從二貝。經從衣作褸。字書無此字，非也。下昇織反。鄭注禮記云：飾者，情之章表也。説文：㕞也。從巾飤聲也。一曰橡飾也。經文有從市作飾，非也。㕞音霜刮反，橡音象。

袨麗　上玄絹反。許叔重注淮南子云：袨，黑衣也。考聲：袨，美也。古今正字云：尸祝袀袨也。袀，純也。從衣玄聲也。

閑婉　威達（遠）〔一八〕反。毛詩傳：婉，從也。婉猶美也。説文：順也。從女宛聲。

間鈿　音田。或去聲，亦通。桂苑珠叢云：金花寶鈿也。文字集略云：金鈿，婦人首飾也。考聲云：以珄〔一九〕寶裝飾也。形聲字也。

颻颺　上音遥。考聲云：飄颻，上行風也。下羊上反。集訓云：風所飛也。並形聲字。飄音符。

銅鈸　盤沫反。古字書無鈸字，近代出也。字統云：樂器名也。

形如小瓶口，對而擊之。考聲云：形如小疊子，背上有鼻，以二口相擊爲聲，以和衆樂也。形聲字。犮音同上。

讙䎘　上香袁反。前大般若音義中已具釋。亦作諠。經文從口作喧，俗字也。下香妖反。毛詩傳曰：䎘䎘，聲也，衆多皃也。廣雅：䎘䎘，容也。説文：器出頭也〔二〇〕。從頁㗊聲，㗊音莊立反。古文從吅作䫜。

鮮葩　怕巴反。説文：葩，花也。或作䒳。漢書作芭，省略也。形聲字也。

昭晢　戰熱反。考聲云：日光明也。亦作晣。説文：音制。昭晣，明也。從日折聲。

峻峙　上詢俊反。考聲：山高曰峻。正作陖，或作埈。下持里反。考聲：山特立也。玉篇云：峙，䠧也。䠧者，止不前也。䠧音除也。

樓櫓　上音婁，下音魯。案樓者，城牆上戰樓也。杜注左傳云：櫓者，大盾也，今名戰格是也。形聲字。

寶輅　盧固反。史記：婁敬挽輅。字書云：人推也。説文云：車軨前拱木也。輅亦寶車也。推音土雷反。

剖析　上普后反。孔注尚書云：剖，破也。杜注左傳：中分也。説文：從刀咅聲，咅音偷口反。下星亦反。孔注尚書云：析，分也。説文：破木也。會意字也。或作折〔二一〕，俗字也。

屣履　上師滓反，下音里。前文已具釋。

視瞬　音舜。

竅穴　輕吊反。鄭注禮記云：竅，孔也。鄭注周禮云：陽竅七，陰竅二。説文：從穴敫聲。敫音激。

肩髆　補莫反。鄭注儀禮云：髆骼音格，脾骨也，亦肱骨也。説文：肩甲間也。從骨専省〔二二〕聲也。

談謔　下虚虐反。爾雅云：謔（謔）〔二三〕浪笑傲，戲謔也。郭璞注云：謂相啁戲也。説文：從言虐聲。

唼吮　所甲反，下似兖反。顧野王云：鳧鷖口唼食謂之也。史記：吴起吮卒之疽。説文：從口允聲。古今正字：唼、吮二字皆從口，妾、允聲也。

作繭　堅顯反。考聲云：蠶繭也。禮記云：世婦平（卒）蠶，奉繭以示君〔二四〕。説文：蠶衣也。從糸從虫從芇。芇音眠。

纏裹　戈火反。顧野王云：裹猶包也。説文云：裹，纏也。從衣果聲也。

顯識經　下卷

或甜　牒兼反。家語云：剖而食之甜如蜜。廣雅云：甜，甘也。説文：美也。從舌甘聲也。

䏈液　上蘇蘭反。廣蒼云：脂肪也。字林：亦肪也。古今正字：從肉刪省聲也。

堅鞕　額更反。考聲云：堅也。桂苑珠叢云：鞕，固也。古今正字：從革更聲也。

及膩　尼智反。王注楚辭云：膩，滑也。説文云：肥也。從肉貳聲。

植之　承織反。孔注尚書云：植，置也。方言：樹也，立也。又説文云：從木直聲也。

蚊蚋　上勿分反，下儒鋭反。顧野王云：小蟲好入酒中者也。説文：秦謂之蚋。又云：𧉺人飛虫也。俱從虫，文、芮皆聲也。芮音同上也。

捲縮　上渠圓反。毛詩傳云：捲，用力也。韓詩外傳云：縮，斂也。説文：從手卷聲也。下所六反。説文：從糸宿聲也。

寶璫　黨郎反。釋名云：穿耳施珠曰璫。説文：從玉當聲也。

炫煥　上玄絹反。廣雅云：炫，明也。埤蒼云：光皃也。説文：炫亦燿也。從火玄聲也。

鎔銅　逾鍾反。漢書：猶金之在鎔，唯冶之所鑄。音義云：錢模也。説文：從金容聲。

掬中　弓六反。毛詩傳云：滿手曰掬。鄭注禮記云：匊，手中也。説文：從米勹聲也。勹音包。字書：正作此匊。經從手作掬，俗字，通用也。

爆裂　上包皃反。廣雅云：爆猶熱也。考聲云：燒柴竹作聲也。説文：從火暴聲。下連哲反。廣雅云：裂，分也。顧野王：裂猶折破也。説文：從衣列聲。或作列，經從力作裂(劣)〔一五〕，是劣也。劣猶强也，非經義也。

斬截　前節反。毛詩箋云：截，整齊也。説文：截，斷也。從戈雀聲。經從土作截，俗字也。

齧脣　研結反。禮記亦云：無齧骨。説文：齧，噬也。從齒㓞聲也。㓞音慳戛反。

羂索　涓兖反。聲類云：羂，係取也。古今正字：罥蒐罟。從冈肙聲。或從糸作羂。肙音恚緣反，從口也。

貯而　猪旅反。杜注左傳：貯，蓄藏之。顧野王云：貯，所以盛者。説文：貯，積也。從貝宁聲也。宁音佇。

葦廬　爲鬼反。毛詩傳云：葭爲葦也。説文：大葭也。從艸韋聲也。下旅猪反。杜注左傳云：廬，舍也。説文：從广盧聲也。

慧上菩薩問大善權經　上卷　玄應撰

振于　古文㖘、振二形，同。諸胤反。小爾雅：振，救也。説文：振，舉也。亦發也。從手。

贍及　聲類：或作儋，同。時焰反。聲類：贍，助也。字書：贍，足也。謂周足也。

過闋　三蒼：古文作闋，同。苦穴反。説文：事已曰闋。闋亦止息也，終也。

雨霽　子詣反。通俗文：雨止曰霽。今南陽人呼雨止曰霽。

殫盡　多安反。尚書：乃殫文祖。注云：殫，盡也。説文：從歺音五割反。

縲紲　力追反，下息列反。縲，繫也。紲，攣也。所以拘罪人也。

蔭庇　又作癊，同。於禁反，下必利反。蔭，草覆也。庇，自蔽也。説文云：自蔽也。

摧拉　或作摺，同。力答反。廣雅：摺，折也。説文：拉，敗也。

堪偕　古骸反。詩云：與子偕。左傳曰：偕，俱也。偕亦强壯之皃也。

迄今　虛乞反。爾雅：迄，至也。

四錠　音定，又音殿。聲類云：有足曰錠，無足曰鐙也。

慧上菩薩問大善權經　下卷

半粒　音立。通俗文：穀曰粒，豆曰皀。皀音逼急反。經文作稟，非也。

大乘方等要慧經　慧琳撰

逮教　唐耐反。考聲云：行及前也。毛詩傳云：逮，富而問習也[二六]。説文：從辵辵音丑略反隶聲也。隶音大内反。

踰於　羊朱反。毛詩傳：踰，越也。廣雅云：踰，渡也。説文亦越也。從足俞聲也。

善權　逵圓反。賈注國語云：權，秉也。又曰：平也。古今正字：權者，稱也。從手雚聲。雚音桓也。

彌勒菩薩所問本願經　慧琳撰

牛齝　下始支反。爾雅云：齝，牛噍也。説文：吐而再嚼也。從齒台聲也。

如鶡　寒葛反。猛鳥也。山海經云：煇諸之山多鶡。郭注云：似雉而大，青色，頭有毛角，鬪死乃止。出上黨郡。漢書音義曰：鶡，鳥也。以其尾爲武士帽表勇也。説文：從鳥曷聲也。

髓腦　上雖觜反。考聲：骨中脂也。古今正字：或從骨隨省聲。

撾撲　上竹爪反，下普卜反。廣雅：撲，擊也。顧野王云：撲，打也。説文：從手菐聲。菐音卜。

佛遺日摩尼寶經　玄應撰

儌冀　又作僥。説文作儌，同。古堯反。僥，希冀也。冀，幸也。

天晴　又作腥(暒)[二七]、殅(姓)[二八]二形，同。疾盈反。雨止也。經文作⿱雨星，非體也。

蠹虫　丁故反。説文：木中蟲也。如白魚等食人物穿壞者也。

譁名　呼瓜反。讙，譁也。譁，言語譊譊拏交反也。

詇訑　以珠反。不擇是非謂之詇。下大可反。纂文云：兖州人以相欺爲訑。又音湯和反。訑，避也。

僻易　匹亦反。僻，避也，亦邪僻也。

摩訶衍寶嚴經　慧琳撰

調譺　崖戒反。蒼頡篇：譺，欺也。廣雅：譺，調也。顧野王：相啁調也。説文：從言疑聲。啁，陟交反。

絞人　交巧反。考聲云：縛也。史記云：以冠纓絞煞人。説文：絞，縊也。從糸交聲也。

剔除　汀歷反。聲類云：剔，解也。又云：剃髮也。文字典説：從刀易聲也。

誼計　宜寄反。鄭注禮記云：誼者，能制事宜也。謚法曰：行議不疾曰誼。説文：從言宜聲。或作議，意亦通也。

勝鬘經　玄應撰

爾炎　正字作焰。以贍反。梵言也。此云所知也。

末利　謨鉢反。案西域記此譯云奈，因柰而得報者也。

阿踰闍　弋朱反。此譯云不可戰國也。

毗耶娑問經　上卷　玄應撰

訓狐　關西呼爲訓侯，山東謂之訓狐，即鵂鶹也，亦名鉤格。晝伏夜行，鳴有怪。經文作薰胡，非體也。

皯䵳　古旱反，下與證反。通俗文：面梨黑曰皯䵳。面點黑也。廣雅：䵳，面(黑)〔二九〕也。經文作皯䵳〔三〇〕，非也。

毗耶娑問經　下卷

胷膺　又作膺，同。於凝反。説文：膺，胷也。謂乳上骨也。

萎蔫　於危反，下於言反。萎，槀也，菸也。説文：蔫，菸也。鬱，矮也。廣雅：苑也。

耳渠　耳璫之類也。經文有作璩，玉名也。

纖長　思廉反。言纖小也，細也。細謂之纖。經文作櫼。所咸、息廉二反。説文：好手皃也。

弓把　補嫁、百雅二反。謂弓可把之處也。説文：把，握也，持也。單手曰把。經文作弝，近字也。

大方等大集經　第一卷　只有二十九卷　玄應撰

降注　之喻反。説文：注，灌也，瀉也。經文從雨作霔，非也。

厭人　於冉反。鬼名也。梵言烏蘇慢，此譯言厭。字苑云：厭，眠內不祥。蒼頡篇云：手〔三一〕伏合人心曰厭。字從厂，厂音呼幹反，猒聲。山東音於葉反。

大方等大集經　第二卷　第三卷　先不音。

大方等大集經　第四卷

迦陵頻伽　經中或作歌羅頻伽，或云加蘭伽，或云羯羅頻迦，或言毗伽，皆梵音訛轉也。迦陵者，好。毗者，聲。名好聲鳥也。

命命　梵言耆婆耆婆鳥，此言命命鳥是也。

良祐　力張反。良，善也。良亦賢也。下古文閐、祐二形，同。尤救反。字林：祐，助也。

多伽羅香　此云根香。

多摩羅跋香　此云藿葉香。

育坻花　坻音直尸反。此譯云相應花也。〔三二〕

大方等大集經　第五卷　先不音。

大方等大集經　第六卷

七卓　知角反。卓，越也。釋名言舉即脚有所卓越也。

庭燎　力吊反。鄭玄注周禮云：燎，樹於門外曰火〔三三〕燭，於門內曰庭燎，皆所照象〔三四〕爲明也。經文作錠、鐐二形，又作焨，並非也。

大方等大集經　第七卷　先不音。

摩夷　正言摩怛理迦，此言本母。理爲教本，故以名焉。

大方等大集經　第八卷

不肖　先妙反。小爾雅云：不肖，不似也。謂不似其先也，故曰不肖，謂儜惡之類也。説文：從肉小聲也。

煒煒　子(于)〔三五〕鬼反，下爲獵反。説文：煒，盛明皃也。方言：爗，盛也。經文作瑋曄，非體也。

耐磨　奴代反。謂堪能任耐也。顧野王云：耐猶能也。蒼頡篇：耐，忍也。

穿押　古狎反。爾雅：押，輔也。謂押束也。經文作甲，非也。

大方等大集經　第九卷

援助　于眷反。謂依援護助之言也。

窯師　餘招反。説文：燒瓦竈也。通俗文：陶竈曰窯也。

大方等大集經　第十卷　先不音。

大方等大集經　第十一卷

村屯　徒昆反。字書：屯亦村也。廣雅：屯，聚也音牆句反。

摩納　或云摩納婆，或云摩那婆，或云那羅摩那，皆是梵語訛轉耳。此譯云年少净行，亦云人也。

大方等大集經　第十二卷

揵椎　直追反。經中或作揵遲。案梵本臂吒揵稚。臂吒，此云打。揵稚所打之木，或檀或桐。此無正翻，以彼無鍾(鐘)〔三六〕磬故也，但推稚相濫，所以爲誤已久也。

羅差　或言洛沙，訛也。應云勒叉。此譯云紫色也。

憍奢耶　此譯云蟲衣，謂用野蠶絲綿作衣。應云俱舍，此云藏，謂蠶藏在繭中。此即野蠶也。

趍走　又作趨，同。促瑜反。釋名：疾行曰趍，疾趍曰走也。

圊廁　七嬰反。廣雅：圊、圂、屏，廁也。皆廁之別名也。

瓌異　又作傀，瓌二形，同。古迴反。傀，美也。廣雅：傀偉，琦玩也。

禦之　古文敔，同。魚舉反。禦，當也。左傳亦止也。爾雅：禦，禁。

娑咩　彌爾反。

嘍濘　洛口反，下奴定反。

婆坻〔三七〕　丁禮反。

囉緹　他禮反。

婆踟　直知反。

大方等大集經　第十三卷　第十四卷　先不音。

大方等大集經　第十五卷

刧波育　或言刧貝者也，訛。正言迦波羅，高昌名氎，可以爲布。罽賓以南大者成樹，以北形小，狀如土葵，有殼，剖以出花如柳絮，可紉以爲布也。紉，女珍反。

僂躄　力矩反。僂，曲也。下卑覓反。躄，跛不能行也。字從止也。

跛蹇　又作尯，同。補我反。下居免反。字林：跛蹇，行不正也。

窊面　一瓜反。廣雅：窊，下也。經文作洿，一胡反。洿，池。非也。

櫨欂　來都反，下平碧反。説文：欂櫨，柱上枅也。三蒼云：柱上方木也。山東、江南皆曰枅，自陝以西曰楮(槢)〔三八〕也。

枅音古奚反。

怡懌　古文嫛，同。翼之反。下以益反。爾雅：怡、懌，樂也。經文作津液之液，非也。

監領　古文警，同。公衫反。方言：監，察也。亦覽也。經文作鑒，非體也。

輨轄　古緩反。下又作牽、鎋二形，同。胡瞎反。方言：關之東西曰輨，亦曰轄，謂車軸頭鐵也。鎋，鍵也。經文從竹作管，非體也。

鞦紖　又作絁、絼二形，同。直忍反。謂牛鼻繩也。

旒幢　字書作統，同。吕周反。謂旌旗之垂者也。天子玉藻十二旒，諸侯九旒是也。

大方等大集經　第十六卷

焦悸　古文痵，同。其季反。字林：悸，心動也。説文：氣不定也。

蚩笑　尺之反。蒼頡篇：蚩，輕侮也。經文從口作嗤，非體也。

大方等大集經　第十七卷

郁鳩　於六反。

鳩攡　力知反。

蔚耆　於費反。

矖婆　力計反。

大方等大集經　第十八卷　第十九卷　先不音。

大方等大集經　第二十卷

唏肆　呼几反。

嘍梨　力口反。經文作螻，非也。

斫啾　酒由反。

膝伽　私七反。經文作誎，非也。

提蘘　而羊反。

薩陀　徒多反。經文作詑，非也。

茂晲　吐奚反。經文作啑，非也。

遁走　今作遯，遂二形。徒頓反。遁，逃也。廣雅：遁，避也。

大方等大集經　第二十一卷

刀戟　居逆反。字林：戟，有枝兵器也。長六尺也。

确盡　苦角反。孟子曰：确，墝薄地也。今亦取此也。确，瘦也。

苦角反。通俗文：物堅硬謂之确。今取其義也。

奎星　口攜反。

婁星　力侯反。

昴星　亡飽反。

觜星　子移反，吴音。醉唯反，秦音也。參星頭上三小星也。

大方等大集經　第二十二卷

嘻隸　虚基反。

究佝　竹流反。

婆鉙　昌氏反。

陀䏿　吐奚反。

淫婆　以針反。經文作繇，非也。

至肣　胡躭反。經文作晗，非也。

仳他　皮美也。

薜荔　捕細反，下力計反。正言閉麗多。此譯云祖父，或言餓鬼，是餓鬼中最劣者也。

尼韜　徒刀反。

籅厠　於六反。

陀喁　或作諵、喃二形，同。女咸反。

脹那　丑上反。經文從口作喅，非也。

兵革　古核反。軍旅之事曰兵革，謂兵器雜有皮革也。

大方等大集經　第二十三卷

啅啅　陟角反。

兜仇　都侯反，下渠牛反。

囉誃　尸賜反。

鞞呼　匹尤反。

噢喃　於六反。

伽悢　力尚反。

低囉　丁奚反。經文作軛，非也。

挻埴　尸延反，下時力反。挻，柔也，擊也，和也。埴，土也。

大方等大集經　第二十四卷　第二十五卷　先不音。

大方等大集經　第二十六卷

手探　他啥反。說文：以手遠取曰探也。

伶俜　歷丁反，下匹丁反。三蒼：伶俜猶聯翩也。孤獨之皃也。

大方等大集經　第二十七卷　先不音。

大方等大集經　第二十八卷

脏蘘　翼支反，下而羊反。

喊呿　於六反，下羌庶反。經文從豆作豉，非也。

膃摩　一兀反。

蹶比　巨目(月)〔三九〕反。

大方等大集經　第二十九卷

迦睇　他弟反，一音徒計反。依字，傾視曰睇。

霖雨　力金反。雨自三日已上爲霖也。

係心　古文繫、繼二形，同。稽詣反。係，綴也。繫，束也。

大集日藏分經　第一卷　玄應撰

僧伽藍　舊譯云村，此應訛也。正言僧伽羅磨，云衆園也。

生挑　他堯反。聲類：挑，抉也。謂以手抉取物也。抉，烏穴反。

俱蘭吒花　或云拘蘭茶花，此譯云紅色花也。

大集日藏分經　第二卷

逋沙　布五反。又作補婁沙，或言富留沙，皆訛也。正言富盧沙，此言士夫，或言大夫。經中或作甫，訛也。

仳必　匹視反。

羅麽　莫可反。

羅謎　草(莫)〔四〇〕閉反。

復頞　都我反。

駁跛　蘇合反。

娑卸　于鳩反。

嘽隷　因賢反。

鉢爹　徒可反。

鉢斷　力可反。

囉栘　是奚反。

三姹　亡古反。

咥喊　丑一反，下呼戒反。

惡踦　居綺反。

窣朱　桑沒反。

迃嘍　一禹反，下勒口反。

伊儸　力哥反。

系毗　下第反。

大集日藏分經　第三卷

唵句　烏感反。

哆提　充支反。

那捒　他隷反。

頻婆人　案佛本行經云：頻婆羅，此數當十兆也。

大集日藏分經　第四卷

培鞞　蒲口、蒲來二反。

阿紉　女珍反。

坒經　扶必反，下徒結反。

姦宄　居美反。廣雅：宄，盜也。左傳曰：在内曰姦，在外爲宄也。

大集日藏分經　第五卷

顭頷　又作髏，同。力侯反。埤蒼：顭，頭骨也。下胡感反。方言：頷、頤，頜(頜)〔四一〕也。

腥臊　又作胜，同。先丁反。下又作鱢，同。桑勞反。通俗文：魚臭曰腥，猳臭曰臊。猳音加。腥、臊二字並從肉。經從月作者，書寫人誤錯也。

大集日藏分經　第六卷

羸瘠　古文膌，同。才亦反。説文：瘠，瘦也。瘠亦薄也。

蠅阻　七餘反。三蒼：蠅乳肉中曰阻。經文從虫作蛆。子餘反。蝍蛆，蜈蚣也。又作疽，久癰也。二形並非經義也。

得臛　呼各反。王逸注楚辭云：有菜曰羹，無菜曰臛。

葍蠠　上朋北反，下子西反。又作韲（齏）〔四二〕，同。醬屬也。醢醬所和，細切曰韲，合物爲葅。今中國皆言韲，江南悉言葅。

脊㯹　相傳力甚反。正言棟，居屋中也。亦言梁也，或言極也。

樘柱　上敕耕反，又恥孟反。今謂邪柱爲樘也。經文作棖，非體也。

任娠　書隣反。懷胎爲娠。漢書孟康曰：娠音身，今多以娠作身，兩通。

凍喝　又作㵣、煬二形，同。於歇反。謂傷熱煩悶欲死也。

石撩　力彫反。撩，擲也。説文作摷，相擊也。

大集日藏分經　第七卷

刪〔四三〕刪　所奸反。龍王名也。依字，聲類：刪，定也。

屏中　蒲定、俾并二反。廣雅：圊、圂、屏，廁也。

乳哺　蒲路反。字林：哺，咀食也。謂口中嚼食也。

不憚　徒旦反。詩云：豈敢憚行。注主（云）〔四四〕：憚，難也，亦畏也。

大集日藏分經　第八卷

人黶　烏簟反。黑子也。説文：中黑也。

翌軫　夷職反，下之忍反。北方宿名也。昱亦作翼。

些吉　蘇計、桑餓二反。此火天也。姓些吉利多邪尼也。

拓地　古文㢮、祏二形，今作析〔四五〕，同。他各反。

剛毅　魚既反。説文：毅，有決也。孔安國注尚書云：煞敵爲果，致果爲毅也。

親昵　又作暱，同。女栗反。爾雅：昵，親近也。又云：昵，亟也。親昵亦數也。

炒粳　古文作鬻、𪌉（𪌉）、煼、㷅（㷅）〔四六〕四形，今作䵅（䵅）〔四七〕。崔寔四民月令作炒，古文奇字作㷅，同。初狡反。方言：熬、取、煎、㷅，火乾也。㷅音皮逼反。

慎儆　古文憼、儆二形，今作警，同。居影反。警，戒慎也。廣雅：警，不安也。

嘲戲　又作啁，同。竹包反。蒼頡篇云：啁，調也。調，相調戲也。

大集日藏分經　第九卷

蜎飛　於全反。字林：蟲皃也，動也。或作翾（翾）〔四八〕，呼全反。飛皃也。

桁械　胡郎反，下胡戒反。通俗文云：拘罪人曰桁械。謂穿木加足曰械，大械曰桁。

他㑴　音是，又是移反。依字，爾雅云：㑴、怙，恃也。

勖勖　苦骨反。廣雅：勖，勤也。埤蒼：力作也。

喫噉　口迹反。謂喫食也。

大集日藏分經　第十卷

燂身　聲類作燂、燖二形。字詁：古文錴、鬵二形，今作𤎻，同。詳廉反。通俗文：以湯去毛曰𤎻。經文作爓。案説文等音皆余贍反，又羊占反。火爓爓也，非經旨也。

嗽於　又作欶，同。山角反。嗽，吮也。經文從口作嗽，俗字也。

刀砧　又作椹（碪）〔四九〕、㪶二形，同。猪金反。鈇砧也。

烙口　力各反。謂燒煮物著人曰烙。經文作爍，式酌反，非也。

大集月藏分經　第一卷　玄應撰

囉吟　烏禮反。字又作詅。依字義，廣雅：詅，膺聲也。

棖觸　說文作樘。柱也。音紂庚反。字統作棖，丈庚反。棖，觸也。又嫽敀(㱿)〔五〇〕、敀(㱿)觸亦作敀(㱿)音丈衡反。

大集月藏分經　第二卷

齊鼓　今清樂中有此鼓，鼓面安齊，故云齊鼓也。

籢鼓　力占反。謂以瓦爲𩎟，革爲兩面，用杖擊之者也。經文作篕。

矛穳　又作鉾、𥍝二形，同。莫侯反。說文：矛長二丈，建於兵車也。下七亂反。廣雅云：穳謂之鋋。鋋，小矛也。今江湘以南溪人工用穳。鋋音蟬，溪音口奚反。經文作爨，非體也。

胆佞　七餘反。謂胆妬也。下奴定反。諂媚也。字從女從仁。論語：惡夫佞者。此即從女之義。左傳云：寡人不佞，不能事父兄。此即從仁之義也。

登祚　徂故反。祚，位也，禄也，亦福也，祥也。

狡猾　古卯反，下胡刮反。方言：凡小兒多詐或謂之狡猾。猾亦亂也。三蒼：猾，黠惡也。

佛仍　又作訒、礽二形，同。而陵反。廣雅云：仍，重也，因也，乃也。

大集月藏分經　第三卷

塵曀　古文壇，同。於計反。小爾雅云：幽、曀、闇、昧，冥也。釋名云：曀亦翳也。謂日不明凈也。

怨讎　視周反。三蒼：怨偶曰讎。讎，對也。爾雅云：讎，匹也。

鼷鼠　籀文作鼷〔五一〕，同。之弓反。爾雅：鼷亦鼠也。說文：即豹文鼠是也。經文作螽音終，蟲名，非此義也。

訓狐　下户姑反。訓狐即鵂鶹也。一名鵂鶹。經文作勳胡，非體也。

土梟(梟)〔五二〕　古彫反。惡鳴鳥也。說文：不孝鳥。經文作免梟，或作禿梟，非也。

大集月藏分經　第四卷

蔚茂　於謂反。蒼頡篇云：蔚，草木盛皃也。蔚亦茂也，翳也。

期剋　渠基反，下口勒反。言必當也。經文作忌，非也。

蕃息　父袁反。蕃謂滋多也。息，塞滿也。今中國謂蕃息爲嬔息音匹萬反。同時一嬔亦作此字也。

大集月藏分經　第五卷

羅媲　普詣反。

系杆　胡計反，下公旦反。

海島　古文隝，同。都道、都皎二反。說文：海中有山可依止曰島。釋名：島，到也。人所奔到也。亦言鳥也。人物所趣如鳥之下也。

迦利　或名歌利王，論中或作伽藍浮王，正言羯利王，此云鬭諍王也。

大集月藏分經　第六卷

佉伽　又作渴伽，皆訛也。正言朅伽，此釋云犀牛。朅音去謁反。

線訶　又作梟，同。息里反。天童女名也。

陂濼　筆皮反，下普莫反。大池也。山東名濼，幽州名淀，淀音殿，今亦通名也。經文從泊，借音，非體也。

大集月藏分經　第七卷

純淨　時均反。謂專一不雜也。方言：純，好也，大也。經文作醇。説文：不澆酒也。又作淳濃之淳，其義一也。

尸任　又作詫、譇二形，同。敕嫁反。乾闥婆名也。

黄䶑　翼周、翼救二反。此龍名也〔五三〕。

荫瞿　莫光反。

儚伽　亡曾、霍和二反。

黖婆　九嚴反。

梟何　息里反。

黟乾　一兮反。

謫罰　都革反。通俗文：罰罪曰謫。字林：謫，罪過也，責也。説文：罪之小已（曰）〔五四〕罰。罰亦折伏也。

大集月藏分經　第八卷

婆涑　桑侯、桑穀二反。依字，濯生練曰涑也。

雷鼓　力迴反。周禮：雷鼓神祀。鄭玄曰：雷鼓，八面者也。

大集月藏分經　第九卷

譋鞞　是鹽反，下蒲迷反。國名也。

鄯善　時戰反。漢書本名樓蘭，因（因）〔五五〕傅介子，斬其王，復更立名鄯善，因爲國號，在烏耆國南，陽闊（關）〔五六〕外也。

黟羅　烏奚反。阿修羅王名也。

大集月藏分經　第十卷

遮嗟　敕轄反。國名也。依字，韻集云咀嗟，語不正也。

日虹　胡公反。江東音絳。爾雅音義云：雙出鮮盛者爲雄，雄曰虹。暗者爲雌，雌曰電（霓）〔五七〕也。一名螮蝀也。

圮擗　皮美反，下耻格反。爾雅：圮，毁也。擗，裂也。廣雅：擗，分也。説文：從土㡿音赤。

校勘記

〔一〕思　今傳本説文作「爲」，段注作「僞」。
〔二〕仡仡　今傳本説文爲「仡仡」。
〔三〕本　據文意當作「木」。
〔四〕省　衍。
〔五〕省　衍。
〔六〕甹匹丁反。甹聲也　似當為「甹，甹聲也。甹，匹丁反」。
〔七〕降　據文意似作「除」。
〔八〕聲　麗無，據獅補。
〔九〕色　據文意當作「邑」。
〔一〇〕䳓　阮元校刻十三經注疏作「鮮」。
〔一一〕主　麗無，據文意補。
〔一二〕史　據文意當作「夬」。
〔一三〕疲　今傳本説文作「疺」。
〔一四〕遞　據文意似作「遆」。
〔一五〕省　衍。
〔一六〕反　各本無，據文意補。或「也」當作「反」。
〔一七〕顯　據文意當作「頸」。
〔一八〕達　似當作「遠」。
〔一九〕珄　即「寶」。據文意似作「珍」。
〔二〇〕器出頭也　今傳本説文爲「气出頭上」。
〔二一〕折　似當作「枏」。
〔二二〕省　衍。
〔二三〕謔　據文意當作「謔」。
〔二四〕世婦平蠶，奉繭以示君　據今傳本禮記爲「世婦卒蠶，奉繭以示于君」。
〔二五〕裂　據文意當作「㚖」。
〔二六〕逮，富而問習也　阮元校刻十三經注疏爲「棣棣，富而閑習也」。
〔二七〕腥　據文意當作「喔」。
〔二八〕歼　據文意當作「姓」。
〔二九〕面　據文意當作「黑」。
〔三〇〕釃　據文意似作「䤈」。
〔三一〕手　衍。
〔三二〕多摩羅跋香　此云藿葉香。　育坻花　坻音直尸反。此譯云相應花也　此兩條麗原接排在「多伽羅香」條内。
〔三三〕火　今傳本鄭玄注周禮作「大」。
〔三四〕象　今傳本鄭玄注周禮作「衆」。
〔三五〕子　據文意當作「于」。
〔三六〕鍾　玄卷一作「鐘」。
〔三七〕坧　據文意似作「坻」。
〔三八〕揩　據文意當作「楷」。
〔三九〕目　玄卷一作「月」。
〔四〇〕草　據文意當作「莫」。
〔四一〕領　今傳本方言作「頷」。
〔四二〕鼇　據文意當作「鼇」。
〔四三〕刪　即「删」。
〔四四〕主　據文意當作「云」。
〔四五〕析　玄作「拆」。
〔四六〕㬱　據文意似作「㬱」　㚖　據文意似作「㚖」。
〔四七〕鼦　據文意似作「鼦」。
〔四八〕㓹　據文意似作「翾」。
〔四九〕褀　據文意似作「禖」。
〔五〇〕敞　當作「㪅」。下同。
〔五一〕䫜　似當作「䫖」。
〔五二〕梟　玄卷一作「梟」。
〔五三〕黄䶂　翼周、翼救二反。此龍名也　此條麗原接排在「尸乇」條内。
〔五四〕已　據文意當作「巳」。
〔五五〕囚　玄卷一作「因」。
〔五六〕閪　據文意當作「闢」。
〔五七〕雹　據文意當作「霓」。

一切經音義　卷第十八

大唐翻經沙門慧琳撰

大乘大集地藏十輪經音并序從第一盡第十

旭照　上許獄反。毛詩云：旭，日始旦也。説文云：旭，明也，日旦出皃。從日九聲。

原隰　上危袁反，下尋立反。杜注左傳云〔一〕：高平曰原，下濕曰隰。公羊傳云：下平曰隰。説文：阪下溼也。從阜㬎聲。㬎音他答反。

發軫　上方韈反。考聲云：發，動也，起也，舉也，去也。説文：射發。從弓癹箭發聲［聲］〔二〕也。癹音普沫反。下之忍反。許叔重注淮南子云：軫，轉也。義取創轉車輪，即分轍也。或從田作畛。楚辭曰：田邑千畛。王逸注云：畛，陌上各趣一途，詳製序者文含兩意，故雙舉之，備其文義也。説文：井田間陌也。形聲字，亦會意字也。

分逵　賈爲反。爾雅云：交道九達謂之逵。郭注云：交道四出，復有旁通曰逵。左傳云：及大逵，不及道也。似龜背之文形也。

普洽　咸甲反。蒼頡篇云：洽，徹也。説文：洽，霑也。形聲字也。

醇化　順倫反。易曰：萬物化醇。俗作淳。三蒼云：淳，濃也。孔注尚書云：醇，粹也。説文：淳粹不雜也。文字典説云：不澆酒也，純美也。從酉𦎫聲也。𦎫音同上。粹音雖醉反。

澆風　皎堯反。許叔重注淮南子云：澆，薄也。

沈痼　音固。或作𤹪。禮記曰：身有痼疾。説文云：久病曰痼。從疒固聲也。

浸遠　井禁反。去聲字也。亦作𣸍。顧野王云：浸，漸也。易曰：浸而長也。王逸注楚辭曰：猶稍稍也。亦長時沈休也。文字典説云：浸謂引之所灌者。從水從𡨋省聲。

陶坏器　上唐勞反。廣雅：陶，化也。或作匋。又音姚，亦通。會意字也。下普盃反。説文：瓦器未燒曰坏。從土從盃省聲。

沃石田　烏谷反。賈注國語云：沃，美也。説文：溉灌也。從水夭聲。

譜第　或作諩，亦同。晡古反。釋名云：譜，布也。文字典説云：稽諸譜牒布列見其事也。從言普聲。

失魄　上失字。説文：從手從乙。今隸書變體急書作失。下普伯反。左傳曰：心神之精爽是謂之魂魄。陽精爲魂，陰質爲魄。易曰：精氣爲物，遊魂爲變。杜注左傳云：魄，形也。尚書云：哉生魄。孔注云：魄生明死也。又曰：始生魄月十六日也。文字典説云：魄，陰神也。魄，迫也，著人也。顧野王云：魄者，謂月之形無光處暗晦者也。説文：月始生魄然也。承大月二日，承小月三日。古文作霸。古今正字：魂魄二字並從鬼，形聲字也。

淪滯　上律均反。孔注尚書云：淪，没也。毛詩云：河水清且淪。説文云：水淪(波)〔三〕爲淪。從水侖聲。侖音同上。

鍼石　上枕任反。案鍼者，醫工之鍼灸也，不可使分毫差失。石者，所服之乳石藥也。服者本求延年益壽，若將息失度，即暴敗之憂立至矣。

纖毫　上相閻反。廣雅：纖，微也。方言云：細小也。毫即分毫。

易丂　上夷地反，下音乎。正體字。

屬有　鍾辱反。杜注左傳：屬，會也。又云：託也。説文：屬，聯也。序經者自慶奉三藏法會預此譯經，可以託兹慧命，聯嗣法燈，照明未悟。

學架　項角反。考聲云：放習也，識也。孔注尚書云：學，教也。顧野王云：受人之教也。説文云：上所施，下所效也。乃是古文斆字也，覺悟也，教之聲也。説文：斆字從攴學聲。今學字從冖冖音覓。冖，矇也。從孝省去攴，從臼從冖子聲，轉注字，亦會意字。下架字音加訝反。

溟渤　上覓瓶反。集訓云：溟，昧也，暗也。溟渤者，大海之別名也。從水形聲字也。

以索亡珠　所革反。俗字也。正作索。方言：索，取也。借音字也。本音桑洛反，今不取。説文云：草木有莖，葉可爲繩索，故從𣎵普末反從糸，象形字也。今隸書通作索，變體書也。

蹈龍宫　上堂到反。説文：蹈，踐也。從足舀聲。

更馥　房福反。韓詩：馥，香皃也。

三量　良仗反。此義世親已前所立三量：現量、比量、至教量。謂陳那已後至教量攝入比量中，唯立二量。

昉以　方罔反。撰經序人名也。即大唐三藏玄奘法師下翻經大德僧昉法師也。自説製序之由譯經時也。

反魂　十洲記云：聚窟洲在西海中洲也。此上有大樹，似此國楓，香聞數百里，名爲反魂樹。伐取其樹，於玉釜中煮取汁，更以微火熟煎之，如黑餳，令可丸，名火驚精香，亦名震靈丸，亦名反生香，亦名人鳥精，亦名却死香，凡有五名。燒之，香氣遠聞。死尸在地，聞香仍活。漢延和三年武帝行幸安定宫，西國月支王遣使獻反魂香四兩，集絃膠神猛獸，黄色，甚小，威伏百邪之魍魎。帝親試之，皆有驗矣。帝輕之於後，不覺失其使者及獸等，莫知所之，潛歸西國。

染翰　寒岸反。或從毛作翰。考聲云：獸毫毛也。可以製筆，故云翰墨。周書曰：文翰若彩鷄。言文章綺焕也。筆能擒奮，故呼筆爲擒翰。

操紙　草刀反。説文云：操，持也。或作㪐，古字也。

疇咨　宙流反。鄭注禮記：疇，發也〔四〕。王注楚辭云：二人爲疇。疇亦匹也。下姊私反。爾雅：咨，謀也。説文：謀事曰咨。形聲字也。

伉談　上康浪反。杜注左傳云：伉，敵也。伉儷，匹偶也。桂苑珠叢云：敵對論議曰伉談。

螢暉　上惠扃反。爾雅：螢火即炤也。郭注云：夜飛於空腹下有光者。禮記月令云：腐草化爲螢。古今正字：從虫熒省聲也。

大乘大集地藏十輪經　第一卷

佉羅帝耶山　上羌伽反。梵語山名也。或譯爲騾林山，十寶山之一山也。亦是七金山之一數。接近須彌，高四萬踰繕那，光味仙人居住此山，習驢脣仙所傳玄象列宿法。

苾蒭　上毗力反，下楚俱反。今以字錯響梵音，不求字義。梵云苾蒭，唐云乞士，亦名能破。破猶毀也。破有多義，或破惡業，或破煩惱，此無正譯，故存梵語。

雨大香雨　上雨字去聲，于句反。下雨字上聲，于矩反。說文：雨字象形。

三界　皆薤反。或書畍字，訓用一種。梵云怛嚩二合轉舌路引枳二合，唐云三界，即欲界色界[五]。上下倫次總有二十八重諸天，或依山地，或依虛空，隨業而住，旁盡三千大千百億須彌鐵圍，上窮有頂冥空，下極風輪空界，總曰娑訶，古譯名娑婆世界是也。

浮泡　普包反。方言：泡，盛也。江淮之間語也。郭璞注云：泡，洪漲皃也。水上浮漚也。

欻然　熏欝反。蒼頡篇云：欻，猝起也。猝音倉訥反。西京賦曰：欻從背見。薛琮曰：欻，忽也。

增彊　巨良反。爾雅：彊，當也。郭璞曰：彊者，好與物相當也。從弓畺聲也。

帝釋　三藏云帝是唐言，釋是梵語略也。正梵音云鑠羯囉，唐語翻而譯之，義當勇決。舊譯文略，但云帝釋，今循古譯，故雙舉之。

以頌　徐用反。鄭略[六]周禮云：頌，誦也，容也。考聲：頌者，歌盛德之詩。美其形容，告于神明，故謂之頌。

不測　楚側反。禮記曰：無測未至。鄭玄曰：測，意度也。或經誤從心作惻，非此用也。

大刧　劍業反。梵語。唐曰長時不限年歲也。

盛貯　上音成。鄭注周禮：在器曰盛。下張呂反。說文：貯，積也。從貝宁聲。

車乘　承證反。廣雅：乘，駕也。鄭注云：四匹爲乘，謂二偶也。古號爲駟馬車。

所憑　被冰反。周書曰：凭玉几。說文作凭。方言云：楚人名怒爲憑，或名爲滿。郭璞注云：憑憑，恚怒皃也。經取怒滿義也。

船橃　煩韈反。方言云：游謂之箄，箄謂之筏。筏者，秦晉間通語。王逸注楚辭云：編竹木浮於水曰栰。楚人謂之椑(樺)[七]。椑音敗埋反，椑(樺)即柎、游，二字音用並同，芳于反。椑(樺)即筏也。經文作筏，俗字也。正體從木發聲也。

如塹　妾焰反。廣雅：塹，坑也。玉篇謂城池也。周書曰「無渠塹而守」是也。亦謂之城隍也。

清泠　歷丁反。王逸注楚辭云：泠，清涼風皃。顧野王曰：泠然解瘵之意也。經從氷，非也。

貧匱　逵位反。鄭注禮記云：匱，乏也。毛詩傳：匱，竭也。說文：匣也。從匚音方貴聲。

稼穡　上加訝反，下疎力[反][八]。毛詩：不稼不穡。傳曰：種之曰稼，斂之曰穡。說文：從禾嗇聲也。從來亩也。來者亩而藏之，故田夫謂之嗇夫也。

水激　經亦反。王逸注楚辭云：激，感也。莊子：注者，激也。

司馬彪曰：流隱曰激。説文：水凝邪疾波也。形聲字也。

銷鑠　上音消。顧野王云：銷，散也。楚辭：滅毁也。説文：鑠金也。形聲字也。

悚懼　上粟勇反，下音具。字書：悚懼，戰慄也。三藏云：梵文意取心驚毛竪爲懼也。

儼然　上魚撿反。爾雅：儼，敬也。曲禮曰：儼若思。鄭玄曰：矜莊皃也。人之坐思容皃儼然，是此義也。

首楞伽摩　梵語。唐云健行。

三摩地　唐言等持，亦名爲定。

谿澗　輕鷄反，下間莧反。爾雅曰：水注川曰谿，山陁〔九〕水中曰澗。並形聲字也。

溝壑　上古侯反。鄭注周禮云：溝所以通水於川者也。廣四尺深四尺曰溝。下訶各反。鄭注禮記：壑，坑也。爾雅：壑，虚也。郭注云：謂坑塹丘墟耳。説文：壑，溝也。從叡從土。

蠱毒　上音古，又音野，今取上音古。字林云：腹中蟲也。蠱癥病害人也。從皿蟲，會意字也。

災撗　上宰來反。左傳：天反時爲災。白虎通云：災之言傷也。説文作巛(𡿧)〔一〇〕。巛(𡿧)，害也。從一壅巛，或從火作災。經作灾，俗字也。

杻械　上敕柳反。或作扭。下諧戒反。在手曰杻，在足曰械。械，桎梏也。桎者，足械也，所以質於地也。梏者，手械也，所以告於天也。以此而言則杻不必唯在於手，械不必偏在於足，杻械、桎梏，枷鎖之通語也。桎音質。梏音谷，從告也。

枷鎖　上音加，下音桑果反。文字集略云：穿木枷頸令不得自在。字林云：瑣，聯環也。文字集略云：連鐵環以拘身也。古今正字：從金貟聲。

撿繫　上錦儼反。釋名云：撿，禁也。下經曳反。鄭注周禮云：繫，連綴也。從糸。形聲字也。

鞭撻　上必綿反。説文：鞭，擊也。從革便聲。古文作⿱亼攴。下炭割反。廣雅：撻，擊也。周禮：撻其怠慢者。古今正字：從手達聲也。古文作㧏、攄、擡。説文：達字從辵羍聲。羍音同上也。

羸惙　轉劣反。聲類：惙惙，短氣之皃也。

暢適　敕亮反。廣雅：暢，達也，悟也。考聲云：仲冬萬物咸藏，故謂之暢。暢亦通也。古今正字：暢其善意也。從申昜聲。昜音羊也。

癲狂　典年反。廣雅：癲亦狂也。聲類：風病也。或作癲，亦同也。

崖岸　上五皆反。説苑云：山邊高險謂之崖。説文：山高邊也。從户(屵)〔一一〕音五割反圭聲也。下我幹反。崖峻水深曰岸。爾雅：重崖岸。郭注云：兩崖累者爲岸也。

顛墜　丁堅反。杜注左傳云：顛亦墜也。或從人作傎。下長類反。説文云：從高墜下也。

畢舍遮鬼　唐言食血肉鬼，羅刹之類也。

布單那　唐云作灾怪鬼，或與人畜爲祟也。

鳩盤吒　經中或作畔茶，聲轉也。唐云冬瓜鬼，言面似冬瓜，或云腹似冬瓜也。

羯吒布但那鬼　吒音謫加反。唐言叫譟作灾怪鬼。譟音桑到反。

吸精氣　經文或有噏，虚急反。説文：吸，内入息也。

厭禱　刀老反。字林云：禱者，告事求福也。廣雅：禱，謝也。

從示。示音祇。
根鬚 相臾反。或作須。
奧闍訶洛鬼 唐言吸精氣鬼。
剡魔王 上焰染反。唐云深惡勝業，或名可怖畏，亦名深能靜息，或云平等。

次後地藏菩薩陀羅尼經中本爲是古譯，或有音旨不切，用字乖僻，今有自受持梵本，因修音義，依文再譯，識梵文者請校勘前後二譯，方知疏密。真言曰：

曩謨引。囉羅字取上聲，兼轉舌即是。怛曩二合。怛囉二合。夜引。野一。
娜莫阿去引。哩野二合。上哩字轉舌。二。
乞史二合。底丁以反。蘖婆去引。野三。
冐引。地薩怛嚩三合引。野四。
摩賀引。薩怛嚩三合引。野五。
摩賀引。迦引。嚕抳匿整反。下文同。迦引。野六。
怛你也二合。他去引。七。
乞墋二合。下楚錦反。正體從彡。謀八。
乞墋二合。謀九。
阿去引。迦引。舍乞墋二合。謀十。
嚩迦囉乞墋二合。謀十一。
暗麽莫可反。囉乞墋二合。謀十二。
吠肥癈反。引。羅乞墋二合。謀十三。
嚩日囉二合。乞墋二合。謀十四。
路引。迦乞墋二合。謀十五。
淡麽鼻。乞墋二合。謀十六。
薩底野二合。麽鼻。乞墋二合。謀十七。
薩底野二合。你逸二合。賀引。囉乞墋二合。謀十八。
阿上。顊寧逸反。下同。底野二合。十九。
你逸二合。賀引。囉轉舌上聲。乞墋二合。謀二十。
弭野二合。縛路引。迦乞墋二合。謀二十一。
乞灑二合。麽鼻。乞墋二合。謀二十二。
塢跛捨麽乞墋二合。謀二十三。
曩野曩乞墋二合。謀二十四。
鉢囉二合。枳孃二合引。三去聲。畝底丁以反。引。囉轉舌。拏鼻音。乞墋二合。謀二十五。
乞灑二合。拏鼻。乞墋二合。謀二十六。
尾室引。哩野二合。乞墋二合。謀二十七。
舍引。娑跢二合。嚩乞墋二合。謀二十八。
弭野二合。阿去引。素皾擿皆反。二十九。
摩呬馨異反。下文同。黎引。三十。
娜迷捨迷三十一。
作訖囉二合。絢三十二。
作迄囉二合。麽鼻。臬星以反。下同。隸轉舌。三十三。
乞史二合。隸呬隸三十四。
伽囉二合。娑麽羅鉢囉二合。陛三十五。
呬隸引。鉢囉二合。陛三十六。
鉢囉二合。拶贊辣反。囉韈轉舌。多上。寧三十七。
跛囉左左左左三十八。
呬黎弭黎三十九。
豎羯他託契四十。

託齲驅宇反。盧闥隸轉舌。四十一。
弭隸麼鼻引。鷹宅雍反。彈多箇反。引。鷹四十二。
矩黎弭黎四十三。
畚矩紫跢引。微四十四。
阿上。哩儗霓以反。哩四十五。
跛囉引。儗哩四十六。
矩吒苫麼黎四十七。
穠搦講反。下文同。霓穠霓四十八。
穠引。麌愚矩反。黎四十九。
户魯户魯户魯五十。
矩噜窣覩二合。弭隸五十一。
弭哩第五十二。
弭哩鷹宅賣反。五十三。
叛拏上。馱五十四。
賀囉呬梨五十五。
户魯户魯轉舌。盧五十六。
薩嚩引。囉他二合。尾戍引。馱顊娑嚩二合引。賀引。五十七。
迦里庾引。誐尾戍引。馱顊娑嚩二合引。賀引。五十八。
魯灑麼鼻。諾尾戍引。馱顊娑嚩二合引。賀引。五十九。
迦魯沙摩賀引。納步二合引。多六十。
尾戍引。馱顊六十一。
迦魯沙奥惹殘邏反。尾戍引。六十二。
馱顊娑嚩二合引。賀六十三。
薩嚩引。囉他二合。跛哩布引。囉抳娑嚩二合引。賀引。六十四。
薩嚩薩寫六十五。
三去引。播引。娜寧沙嚩二合引。賀引。六十六。
薩嚩怛他去引。誐多六十七。
地瑟耻二合。帝娑嚩二合引。賀引。六十八。
薩嚩冐引。地薩怛嚩二合。六十九。
地瑟耻二合。多七十。
阿上。弩鼻。慕引。你泥以反。帝娑嚩二合引。賀引。七十一句。

馳騁 下敕郢反。左傳曰：馳而左右。杜預云：馳，走也。廣雅：騁，奔也。

驚躍 羊灼反。爾雅：躍，迅也。郭璞曰：盛疾之皃。廣雅：躍，跳也。

大乘大集地藏十輪經 第二卷

劬勞 上具愚反。考聲云：勤也。鄭注禮記：劬亦勞也。從力句聲。下老刀反。周禮：事功曰勞。字書：勞，倦也。説文云：用力者勞。從力從熒省聲也。

唯然 上惟癸反。禮記曰：父召無諾，先生召無諾，唯而起。鄭注云：唯恭於諾。説文：從口佳聲也。

乘馭 魚據反。尚書云：若朽索之馭六馬。顧野王云：謂指撝使馬也。周禮：以八柄詔王馭群臣，一曰爵、二曰禄、三曰矛、四曰置、五曰生、六曰奪、七曰廢、八曰誅。六藝，四曰馭。説文作御，使馬也。馭，古文御字也。從彳從卸。古今正字：從馬又聲。會意字也。卸音星夜反，彳音丑尺反。

欺勀 力澄反。玉篇云：侵侮也。説文作夌。夌，越也。從夊屶聲。宍，古文六字也。

誣罔（罔）〔一二〕　上武夫反。杜注左傳云：誣，欺也。賈注國語云：非先王之法曰撟，加誅其罪曰誣。又曰：以惡取善曰誣。鄭注禮記：誣，妄也。又云：於事不信曰誣。說文：加也。從言巫聲。下武莽反。論語云：君子可欺不可罔（罔）。馬融注云：不可誣罔（罔）也。爾雅：罔（罔），無也。說文：象网交文。從冂。冂音覓也。

矯乱　姜夭反。亦從手作撟。撟，詐也，妄也。下古文亂字也。

籌策　上長流反。鄭注儀禮：籌，筭也。鄭注禮記云：籌，矢也。史記云：借前箸爲大王籌之，運籌策於帷帳之中也。說文：從竹壽聲。下楚革反。或作筴。聲類：筴，籌也。鄭玄云：箸也。筴亦筭也。方言：燕北朝鮮烈（洌）〔一三〕水之間謂木細枝爲策。賈注國語云：策，計也。字書：筴，謀筭也。孔子曰：戎事先其揲。或爲挾，字從手。說文：從竹從朿。朿音此恣反。夾音甲，亦從竹也。

稟性　上彼錦反。杜注左傳云：稟，受也。廣雅：稟，與也。說文：賜穀也。從禾㐭聲。㐭音力錦反。

嫡子　上丁歷反。字書：嫡，正也。爾雅：長也。公羊傳：嫡夫人之子，尊無與敵也。

珥璫　上音耳，下音當。釋名曰：穿耳施珠曰璫。形聲字也。

繖蓋　上桑旦反。或作傘，古字也，用同。繖即蓋也。從覓（糸）〔一四〕從肉椒聲也。

扣擊　上康茍反。廣雅：扣，持也。下經亦反。王逸注楚辭云：扣，擊也。

珊瑚　上桑安反，下音胡。寶名也。出外國，生大海中，赤色鎣徹，形如鹿角，有枝距。大者高尺餘，小者高數寸，名曰珊瑚樹。或裁以爲珠也。

瑠璃　上音留，下音离。青色寶也。有假有真。真者難得，出外國。假者即此國鍊石作之，染爲五色也。

羯洛迦孫馱　唐言成就美妙，是賢劫中最初佛也。

羯諾迦牟尼　唐言金寂靜，是賢劫中第二佛，名曰拘那含。

迦葉波　唐云大飲光，是賢劫中第三佛，或但云迦攝也。

奢摩他　唐云止。

毗鉢舍那　唐言觀。

彌荔多　上邊結反。次音麗。此字或轉舌。梵語鬼名也，餓鬼之總名也。

僚佐　上歷彫反。百官同官曰僚也。

阿笈摩　笈音黔業反。梵語。唐云傳教也。

阿毗達磨　梵語論之總名也。唐云廣說，亦名勝說，或名異說也。

軌範　上音歸箒反。軌，轍也。範，法也。並前文已具釋也。

尟薄　上相演反。或作鮮。杜注左傳：尟，少也。

賑恤　之胤反。左傳：分貧賑窮。杜預曰：分與也。賑，救也。下詢聿反。鄭注周禮：振恤憂貧也。

謫罰　上吒格反。三蒼云：讁，責也。方言：怒也。郭璞云：謂責怒也。下煩韈反。從刀詈，會意字也。

佷戾　上音恨，下音麗。說文云：佷謂不聽從也。謚法曰：不悔前過曰戾。從户從犬，會意字也。

駈擯　卑印反。司馬彪注莊子：擯，棄也。史記曰「相與排擯」是也。從手賓聲也。

折伏　上章熱反，下音服。從犬從人，會意字也。

嘉餚　音爻。俗字也。正體作肴。賈注國語云：肴，葅也。顧野王云：凡非穀而食之者皆曰肴，謂豆實葅醢果蓏牲肉之數是也。考聲云：脯羞木果之屬也。肉也，設豆也。說文：啖也。從肉爻聲也。

猜貳　上倉來反。廣雅：猜，懼也。杜注左傳云：猜，疑也。方言：恨也。從犬，形聲字。下音二。左傳曰：臣不敢貳。杜注云：貳，違令也。考聲：亦疑也，二也。從貝弍聲。弍，古文二字也。

疇咨　上直流反。訓義如前序音中釋也。

瑜伽　上庾朱反。梵語也。唐言相應，此即一義也，更有多義，故存梵語。

耽染　上答含反。說文：正合作媅。尚書云：媅樂之徒。孔注云：過樂謂之媅。詩曰：吁嗟女兮，無與士媅。俗用從身作躭。說文：從女甚聲也。

戍邏　輸注反。爾雅：戍，遏也。郭注云：戍字所以遏止寇賊也。說文：守邊也。從人從戈。下勒賀反。考聲：邏，遮也。遊兵斥候也。

舍羅　梵語也。唐云反舌鳥。

珤饌　上音珤。正體字也。下音撰。孔注論語云：饌，飲食也。

大坑　苦庚反。爾雅：坑，墟也。蒼頡篇：壑也，陷也。從土亢聲。

或推　他雷反。說文：推，排也。

斆坌　上桑贊反，下盆悶反。通俗文云：埻土曰坌。或作坋，用同。說文：疢(坋)[二五]，塵也。從土分聲。

婬慾　上與針反。字統云：私逸也。廣雅：婬，戲也。王注楚辭云：遊也。說文同。字統：從女䍃聲。䍃音同上，從爪從壬。經從水作淫，非也。下容足反。考聲云：情所好也。從心。

陂河　上彼皮反。鄭玄曰：畜水曰陂。從𨸏皮聲。𨸏音負。

池沼　之遶反。說文云：沼即池之異名也。

險阻　上𢮦撿反，下莊所反。

投竄　倉亂反。廣雅：竄，藏也。賈注國語云：竄，隱也。文字典說：隱，蔽也。從穴從鼠，會意字也。

乳哺　蒲暮反。淮南子：含哺而遊。許叔重注云：口中嚼食啖與孩子也。說文：咀也。從口甫聲。

按摩　上安旦反。摩字取去聲。凡人自摩自捏，申縮手足，除勞去煩，名爲導引。若使別人握搦身體，或摩或捏，即名按摩也。

栖泊　上先兮反。爾雅：栖，息也。廣雅：棲息謂之林。正從妻從木作棲。經從西作栖，俗字也。說文云：鳥在巢上。象形作㢴，古文西字也。日在西方而鳥栖，故因爲東西之西字。下傍莫反。楚辭曰：陵陽鳥之汎濫，忽翺翔之栖泊。王逸注云：泊猶止也。水流停止曰泊也。

遞相　上提禮反。考聲：遞，代也。爾雅：遞，迭也。說文：遞，更易也。或作递，俗字也。

捶楚　上隹蘂反。國語曰「鞭捶使之」是也。說文：捶，以杖擊也。從手垂聲。或從木，亦通。或曰擿也。下初所反。毛詩傳：楚，木名也。鄭注禮記云：楚，荆也。說文：叢木也。從林疋聲。疋音疎，又音所。

囹圄　上歷丁反，下魚舉反。獄名。周禮：三王始有獄。釋名云：囹者，領也。圄者，禦也。謂領録囚徒禁禦之也。說文：囹，獄也。圄，守之也。外形内聲字也。

幽縶　上幼由反。鄭注禮記云：幽，闇也，不明也。爾雅：幽，微也，深也。說文：隱也。從山中𢆶。𢆶音同上，從二幺。幺音伊遥反。下砧立反。毛詩傳曰：縶，絆也。穀梁傳云：兩足不相過謂之縶[一六]。古今正字：從糸執聲也。

毆擊　上謳口反。史記：愕然欲毆。漢書「酷吏毆傷郎吏」是也。說文：毆，捶轂也。從殳區聲。下經亦反。顧野王云：擊猶打捶也。莊子：目擊而道存。司馬彪曰：擊，動也。說文：攴也。從手毄聲。毄音同上也。

耽湎　綿編反。考聲云：耽，酒也。尚書曰：羲和湎淫。孔注云：沉湎於酒，過差失度也。

結憤　分問反。王逸注楚辭云：憤，滿[一七]也。從心賁聲。賁音汾也。

頓[一八]弊　上敦鈍反。考聲云：困極也。說文：下首至地也[一九]。從頁屯聲。經作頓，俗字也。或作鼓。下毗袂反。考聲：壞也，劣也。說文：㤄[二〇]也。一曰敗衣也。從攴從㡀。㡀音四(匹)[二一]袂反。經文作弊，俗字也。

名譽　音預。考聲云：稱美也。說文：稱也。從言與聲也。

跨王　誇化反。賈注國語云：跨猶般也。考聲：却坐也。說文：渡也。從足夸聲也。夸音口寡反。從大從亏亏音同上從于[二二]作跨，非也。音枯護反。跨，踞也，非經義。下王字去聲呼。說文云：天下所歸往也。

亘窮　上剛鄧反。考聲：亘，遠也。毛詩傳：遍也。方言：竟也。或從木作桓。說文：從二從日作亘，今時所不用。亘，古字也，隸書從日從二也。

爰及　違元反。爾雅：爰，曰也。考聲：於也。發語辭之端也。說文：引也。從𠬪于聲𠬪音披表反。下及字。說文：逮也。從人、從乃部。古文作𠬤。

阿若多　若音而者反。梵語也。唐言解也。

憍陳那　亦梵語也。是其姓也。解則彰其美德，姓則斥。其氏族德姓，合目因以名之，是佛最初得度聖弟子也。

蘇跋陀羅　梵語阿羅漢名也。唐云善賢，是佛在世時最後得度聖弟子也，即涅槃經中須跋陀羅是也。

蘇剌多　亦阿羅漢名。唐云善樂，亦是佛法中遺法聖弟子也，即大集月藏經中涑羅多是也。

溟海　覓瓶反。十洲記云：蓬萊山對大海之東北岸，山周迴五千里，山外別有圓海繞山。圓海水色正黑，謂之溟海。沖虚真經及南華真經皆説終北之北有溟海者，天池也。有鳥名鵬，翼若垂天之雲，背若大山，摶扶摇而上九萬里，然後圖南也。

十輪經　第三卷

疑滯　直例反。王注楚辭云：疑，惑也。滯，留也。考聲：沉也，止也。賈注國語云：滯，久也。說文：凝也。形聲字也。

輕躁　遭告[反][二三]。賈注國語云：躁，擾也。鄭注論語云：不安靜也。易曰：躁人之辭多，吉人之辭寡。說文作趮，從走。古今正字：從足喿聲也。

豔[二四]色　上音焰。方言：豔，美也。秦晉之間謂美色爲豔。說文：好而長也。經文從去作豔，俗字。

嗢達洛迦　梵語也。唐言雄傑，即經中鬱頭藍弗是也。

阿羅荼　唐言自誕，舊經阿蘭迦蘭是也。

底沙　丁以反。或云補沙。唐云鬼宿，即其人是此宿直日生。西方以二十八宿記日，但以月所臨宿，因以爲名。舊經云蛭數者是也。

瞿波理迦　唐言牛主。舊譯俱迦梨，訛也。

提婆達多　唐言天授。

披片　帔悲反。王逸注楚辭云：在背曰披。讀與[帔][二五]不同，帔音去聲也。

腐敗　扶甫反。考聲云：肉敗也。廣雅：腐，殠也。說文：爛也。從肉府聲。或從木作𣐕。

牛麝　虵夜反。山海經云：翠山多麝。郭璞注云：似麞而齊[二六]有香。牛經自云有黄妙藥也。

賈客　上公午反。行賣曰商，坐販曰賈。或作尣[二七]。

挑取　上體彫反。聲類：挑，抉也。音淵決反。從手兆聲。

末達那果　梵語西國果名也。此國無其果，大如檳榔，食之令人醉悶，亦名醉人果，堪入藥用也。

擣簁　上當老反。廣雅：擣，舂也。說文：擣，築也。下篩同。字書：簁，羅也，竹器。羅藥也。從竹徙也。

瞻博迦花　舊云瞻蔔。其花赤色，香氣郁然，久久猶香也。

鐵摶　段欒反。或作團。考聲：摶，握也。說文：圜也圜音袁。從手專聲也。

鈆錫　上悦專反，下先歷反。周禮：職方氏揚州之利金錫。鄭注云：錫，鑞也。爾雅：錫謂之鈏。郭璞注云：今之白鑞也。案鈆錫與白鑞，三物各別，其實不一。錫色青黑，鑞色最白，鈆色黄白，所用不等，故說文云：鈆，青金也。錫，銀鈆之間。足明別異也。

成辦　彭慢反。考工記曰：以飾五林(材)[二八]，以辦民器。鄭注曰：辦，具也。說文：判也。從力辡聲。

卉木　上暉貴反。郭注爾雅云：百草之總[名][二九]也。方言：吴揚海岱之間謂草爲卉。說文：從三中也。

宰官　灾在反。周禮：天官謂之太宰。鄭注禮記云：宰者，冢宰也，主治百官也。鄭注禮儀[三〇]云：宰有司主正教者也。考聲：大也，理也，制斷也。古文作宰。

粗獷　古猛反。廣雅：獷，强也。說文：獷犬不可附近也[三一]。譯經者意取言辭粗强如獷犬之難近也。

撿問　上劍儼反。廣雅：撿，驗也。蒼頡篇：撿，法度也。意取依教問罪，使合法度也。爾雅：撿，同也。郭注云：摸範同等。說文：從手僉聲。

摩怛理迦　梵語也。唐云本母，亦云論也。

容縱　足用反。考聲：縱，緩也，亂也。王注楚辭云：放也。說文從糸聲[三二]。

鷰麥　上燕見反。案鷰麥者，草名也，似麥而非麥也。苗瘦而無實，如禾有莠，如稻有稗之類也。說文：從鳥燕聲也。

其穗　隨醉反。即前燕麥穗也，形聲字也。

剪拔　上煎衍反。鄭注禮記云：剪，割截也。杜注左傳云：盡也。說文：從刀前聲。下辨八反。廣雅：拔出。說文：拔，擢也。從手犮聲也。

十輪經　第四卷

頗有　破麽反。字書云：頗，猶可也。或云不可也，亦作叵也。

沙門　梵語訛也。正梵音云室囉末拏，唐云勤懇也。

賨賈　上式羊反。鄭注周禮云：行賣曰賨。考工記云：通四方之珍異謂之賨。鄭玄曰：販賣之客謂之賨旅。說文：從貝從商省聲。販音蕃万反。下公五反。經作估，俗字也。

鄭注周禮云：居賣曰賈。爾雅：賈，市也。鄭玄云：坐賣也。賈物之貴賤。漢書音義云：賈貴則賣之，賤則買之，坐販求利也。有音加雅反者，非也。

吠瑠璃　梵語。青色寶名也。經中作茷瑠璃。茷音伐，不正也。

迦遮　下色假[反]〔三三〕。僞惡寶名〔三四〕也，玉名之類也。

憍傲　上矯喬反。考聲：憍，傷也，矜也。廣雅：傲，慢也。王注楚辭：倨傲曰憍。形聲字也。下我告反。考聲云：憍，倨也，慢也，蕩也。或從女作嫯。王注楚辭云：侮慢曰慠。從人敖聲。

灰燼　夕胤反。字林：燼，火餘也。或作㶳。

凡猥　烏賄反。考聲云：犬衆吠也，不正而濫也，多也。廣雅：猥，衆也。蒼頡篇：猥，頓。説文：從犬畏省〔三五〕聲也。賄音灰每反。

擯黜　上賓牝反。韻英云：擯，擯斥也。考聲：弃也，落也。從手賓聲也。下椿律反。廣雅：黜，去也。古今字詁：貶也。杜注左傳云：故也。范甯集解云：黜，退也。説文：貶下也。從黑出聲。或作絀。椿音敕倫反。

窣堵波　梵語也。唐云高勝墳。方言云：幽燕之間凡上方而高大者謂之方墳也。

迦奢國　梵語也。唐言蘆葦也。

捻箭　念牒反。考聲：捻，捏也。説文作㩌。音乃涉。又訓云：㩌，拈也。從手取聲。取音輒，古字也。

視覘　詔(諂)〔三六〕焰反。杜注左傳：覘，伺也。鄭注禮記云：闚，視也。古今正字：從見占聲。

彎弓　綰闗反。考聲：持弓也。蒼頡篇云：引弓也。説文云：持弓閲(關)〔三七〕矢也。從弓䜌省〔三八〕聲也。

射中　上虵夜反。又音石。下中字去聲呼。

號訽　上号高反。爾雅：號，鳴也。考聲：大哭也，痛聲也。説文：大呼也。從虎号聲。經作號，謬也。下吼遘反。杜注左傳云：訽，罵也。或誤爲吼、呴、吽、㺀，四字亦通，皆上聲字，音呼苟反。案諸字書並訓爲號鳴也，經意亦苞二〔三九〕義，訽罵亦不妨，宜從訽字義正也。

哽噎　上更杏反。集訓云：哽亦噎也。説文：語塞爲舌所介礙也。從口更聲，或從骨作骾。食骨噎喉中。蓋取氣憤，喉中如骨嗌耳。下煙結反。毛詩云：中心如噎。傳曰：噎，憂不能息也。説文：飯窒也。從口壹聲。經文有從因作咽，非也。

應逮蹋　曇荅反。説文：蹋，踐也。從足𦐇聲。𦐇音塔也。

無暇　霞駕反。賈注國語云：暇，閑也，安也。舊譯經或云八不閑，或名八難，其義一也。從日叚聲。

般遮羅　上半安反。梵云般遮，唐云五，數名也。羅名爲執。此乃國名，王之美稱也，言彼國王，性多慈愛，縱有犯死刑者不忍殺之，但縛五體，送於壙野山林。時人嘉之，因爲國號也。

丘壙　苦晃反。毛詩傳曰：壙，空也。集訓云：大也。説文：塹，穴也，大空之皃也，從土廣聲。

堨藍婆　上騫謁反。梵語也，唐云伏剛强處。不求字義，地名也。

鬇鬡髮　上音爭，下搦莖反。古今正字及文字典説皆云：鬇鬡，髮亂皃也。二字並從髟，形聲字也。説文並從草。

所賚　來代反。爾雅：賚，賜也。尚書曰：予其大賚汝。孔安國曰：賚，與也。從貝來聲也。

魁膾　上塊回反，下古外反。孔注尚書云：魁，帥也，壯大也。集訓云：膾，割也，屠肆人也。

欲撲　龐駁反。考聲云：搏取投於地也。說文：挨也。從手菐聲也。挨音一亥反。

跪伏　逵位反。拜，跪也。跪亦拜也。屈雙足於地曰跪也。

抆足　上文粉反。廣雅：抆，拭也。或有誤書捫字，其訓義亦通。捫，摸也。

喜愕　五各反。俗字也。考聲：愕，驚也。韻詮：懼也。說文：正體從屰作㖾，從心從吅從屰，咢亦聲也。經從亏，非也。

壓油　鵶甲反。廣雅：壓，鎮也。杜注左傳：壓，笮也。說文：壞也。從土厭聲。

十輪經　第五卷

沉輪　上長林反。毛詩傳曰：沉，没也。字書：没水曰沉。說文：濁也。梵文具含兩義，沉取没義，輪取轉義，故下經文云「輪轉五趣，没生死河」是其義也。故輪字從車也。

寇敵　上口遘反。廣雅：寇，抄。孔注尚書云：群行攻劫曰寇。左傳：兵作於内爲亂，於外曰寇。說文：寇，暴也。從攴從完。當其完聚而亦寇之。完亦聲也。

愆陽　上羌焉反。亦作僁。左傳曰：冬無愆陽。杜預曰：愆，過也。謂冬温也。古文愆寋𢘅〔四〇〕遉並出。衛宏官書：從心愆〔四一〕聲也。衍字從干或從幵也。

炕旱　康浪反。說文：炕，乾也。考聲云：土榻安火曰炕。從火亢聲。或作亢。

霜雹　龐邈反。集訓云：雨冰曰雹也。

皆漂　匹遥反。毛詩傳曰：漂猶吹也。廣雅：漂，敝（潎）〔四二〕也，泛也。說文：浮也，從水票聲也。票音同上。敝音篇蔑反。

護國不退輪心大陀羅尼　釋經沙門慧琳再譯

怛你也二合。他去引。一。

母抳冒引。𠺕轉舌。二。

母娜揭臘閉二合。三。

母抳訖哩二合。馱曳四。

母抳嚕賀批毗逸反。拶贊辣反。𠺕。五。

母那曷栗祭二合。六。

母抳業謎七。

束訖囉二合。博乞曬二合。八。

鉢囉捨博乞曬二合。九。

吠囉博乞曬二合。十。

囉轉舌。乞曬二合。訖哩二合。帝十一。

都囉拏訖哩二合。左𠺕二合。

鉢怛囉二合。洛乞灑二合。訖哩二合。帝十三。

麌麌拏鼻。弭黎十四。

暗𡁠乞叉二合。薩𠺕十五。

阿努鼻。賀儗哩吠引。十六。

母抳鉢納銘二合。娑𡁠二合引。賀引。十七。

瘂羊　鵶賈反。埤蒼云：瘂，瘖也。案瘂者，雖有聲而無言語，舌不轉也，亦舌轉也。

戇愚　卓降反。鄭注周禮云：生而癡騃童昏者也。說文：愚也。

從心贛聲也。經從舂作惷，誤也。音丑降反，訓釋雖義同是愚，於文義間語似不穩，今故不取，改從戇轉讀，講説者知之也。

駛流　上師事反。韻英云：急速也。考聲云：竹〔四三〕疾也，速也。古今正字：從馬史聲。有從夬作駃，音决，非也，乖經義。

膖脹　上普邦反，下張亮反。杜注左傳云：膖脹腹滿。字苑云：爛，壞也。並從肉，形聲字也。

爛臭　上闌旦反，下昌呪反。説文云：禽獸走而知其跡者，犬也。從犬從自，自即古文鼻字也，會意字也。

交翫　五灌反。説文：翫，習也。

十輪經　第六卷

髓惱〔四四〕　上雖觜反，下奴倒反。前音義第十七卷彌勒所問經中已釋。

兇悖　上音凶。考聲云：兇，惡也，恐也。説文：擾也。從人在凶下，象形字也。下盆没反。考聲云：悖，壯大也。或從人作倖。倖，佷也，强也，亦惡也。説文：從言作誖。誖，猶亂也。古文作孛。論語曰：色孛如也。從子從市。市音肥未反。

慘癘　上倉敢反。考聲云：慘，感也。爾雅：慘，憂也。毛詩：憂慘慘。傳曰：慘慘，猶戚戚。爾雅郭璞注云：賢人愁恨皃。説文：毒也，從心曑（參）〔四五〕聲也。

或濫　藍澹反。杜注左傳：濫，失也。

懇切　上肯很反。禮記曰：稽顙而後拜，懇乎其志也。廣雅：懇，誠也。文字典説：懇，切也。或作懇，從心豤聲。豤音坤穩反，從豕艮聲。

詎能　渠御反。字統云：未知而疑，語辭也。言詎能者，與豈能之言意同。形聲字也。

陷斷　上咸監反。廣雅：陷，隤也。顧野王云：墜入也。王注楚辭云：陷，没也。説文：陷，墮也。從阜臽聲。臽字，上從人，下從臼，象形。下團亂反。孔注尚書云：斷，絶也。周易：斷木爲杵。説文：斷，截也。從斤㡭聲。古文絶字也。今隸書取便穩迴作㡭也。

嬰纏　上益盈反。漢書云：嬰城固守。音義云：以城自繞也。據義合作縈纏。毛詩傳曰：縈纏，繞也，旋也。今經文從女作嬰，女孩子也。非此義。

矬醜　上藏螺反。廣雅：矬，短也。考聲：矬，矮也。説文闕。古今正字：正體作痤。集訓云：矲短。從矢坐聲。經文作矬，雖俗用，古字也。下犨帚反。毛詩傳曰：醜，弃〔四六〕也。案醜，不端嚴也，皃惡不妍也。説文：可惡也。從鬼酉聲。矮音櫻解反。矲音莊解反。犨音齒周反。古文坐字從从，从音從，一云從留省也。

拙訥　上專悦反，下奴骨反。包咸注論語云：訥，遲鈍也。

滲漏　上參禁反。廣雅：滲，盡也。司馬相如封禪頌曰：滋液滲漉。説文：水下漉也。形聲字。下樓豆反。許叔重注淮南子云：漏，穿也。顧野王云：漏，猶泄也，失也。説文云：以銅器盛水，漏下分時，晝夜共爲百刻。周禮：挈壺氏之所掌。形聲字。或爲屚字，象形，屋屚字也。

隤穴　隊雷反。韻英：隤，墜也。考聲云：物下墜也，邪也。廣雅：壞也。或從土作墤。經文從頁作頹〔四七〕，非也。是無髮曰頹〔四八〕，非經義也。

泛於　上芳梵反。賈注國語云：泛，浮也。説文：從水乏聲也。

經文或有作汎，俗字，亦通。

盲瞽　下音古。釋名云：目冥合如鼓皮，因以爲名也。

石田　左傳曰：得於齊(四九)，猶獲石田，無所用也。杜預注云：石田不可耕也。

營耨　上帷扃反。王逸注楚辭云：營，耕也，下奴豆反。杜注左傳云：耨，鋤也，或從金作鎒。俗字，非正。

甕器　上烏貢反。字書云：甕，瓦器之大者也。

悲惻　楚力反。考聲云：惻愴，悲痛也。孟子曰：若無惻隱之心者，非人也。鄭注周禮云：痛之至也。說文：從心則聲。或作恖，古字也。

十輪經　第七卷

慘毒　楚錦反。借音字也。爾雅：慘、憯，憎也。考聲：慘，甚也。說文：慘亦毒也。從心參聲。經文從石作磣，是砂磣字，非此義也。

纔得　在來反。考聲：纔，蹔也。或作裁字。諸文史書亦或作財，借用也。古今正字：從糸從㲋㲋音丑略反。從兔兔音土故反。

訶叱　上罄哥反。考聲云：訶，詛也，怒也，問也，責也。古文從止從可作苛。經文作呵，俗字也。下齒栗反。禮記曰：尊客之前不叱狗。文字典說云：從口匕聲也。

崖揆　上雅加反。考聲云：水岸也。又音雅皆反。集訓云：山險岸也，或作厓。古今正字云：山邊也。從厂圭聲。厂音罕。下葵季反。毛詩傳曰：揆，度也。度音唐洛反。度亦量也。說文：揆，葵也。從手癸聲。癸字下從天。

舌噤　琴禁反。韻英云：口閉也。韻詮云：口急不開也。或從金作唫，古字也。經文從舌作舲，或從牛作牪，並是牛舌下病，非經義也。

毗鉢尸　或云毗婆尸，梵語，前劫中佛名也。唐云勝觀也。或云微鉢尸。

毗攝浮　此亦梵語，亦是莊嚴劫中佛名。唐云能變現。古譯云毗舍浮。

羯洛迦孫馱如來　古云俱留孫，皆梵語訛轉也。正梵音云羯句忖那也。

輕誚　或作譙，訓義同，齊曜反。蒼頡篇云：誚，訶也，譏也。說文：嬈也。從言肖聲。

迫愶　杴業反。尚書云：殲厥渠魁，愶從罔治。顧野王云：以威力相恐愶也。劉兆注公羊傳云：畏迫也。賈注國語云：愶，劫也。廣雅：怯也。聲類：附也。韻詮：近也。韻英：急也。古今正字：從心脅聲。經文多單作脅(脅)(五〇)，肚兩旁也，非此義。又從三刀從月，並非也，不成字。正從三力從肉也。

打棓　白項反。經從奉作棒。俗字，非也。

盧至如來　梵語，佛名。古譯樓至，唐云愛樂。即此賢劫中第一千佛，劫末後成佛，即今之執金剛神是也。亦名密迹金剛。

十輪經　第八卷

車輅　上轝魚反。象形字也。下音路。周禮：天子有五輅，玉輅、金輅、象輅、革輅、木輅。杜注左傳云：大輅、玉輅皆祀天之車也。說文云：車苓(軨)(五一)前横木也。從車從路省聲也。

土塊　古文作甴，象形。苦外反。爾雅：塊，塇也。塇音丕力反。

土丸也。
所報　尼展反。韻詮云：輾，轢也。轢音歷，車所踐轢也。諸史書多音報爲臾，作柔報用，人兖反。今不用此音。說文亦云：報，轢也。從車艮聲，艮音展。經文多從展作輾，非也。輾音展。玉篇中自有八訓，皆非經義。訓云：輾轉也，整陳也，信也，舒也，申也，重也，難也，誠也。並非經意，今故不取，宜改爲艮也。
投掣　上豆樓反。杜注左傳云：投，擲也，棄也。說文：擿也，從手殳聲。殳音殊。下闡熱反。韻英云：掣，挽也。字鏡：敪也，曳也。周易：見輿曳其牛。掣，古今正字或作瘛。亦作掣，音充世反。引縱曰瘛，從手掣聲。或作摯，從執。敪音丑劣反。
吼聲　呼狗反。俗字也，正從牛作㖃。古文作呴。考聲云：吼，鳴之聲大者，牛虎等嗥也。狗曰吠，馬曰嘶，鳥曰鳴，獸曰嗥，各從其類。廣雅：大鳴也。案吼，叫呼也。古今正字作吽，熊羆叫聲也。從口，並形聲字也。
酬亢　上壽劉反。或作醻。訓義多通同（用）〔五二〕。郭璞曰：此酬通謂相報答，不唯主於飲酒也。杜注左傳：酬，對也。爾雅云：匹也。從酉州聲。醻，會意字也。下苦浪反。杜注左傳：抗，敵也，當也。子夏曰：亢，極也。集訓云：禦也。賈注國語云：救也。說文：扞也。從手亢聲。經從人作伉，亦通也。

十輪經　第九卷

鬱蒸　上氲律反。埤蒼云：鬱，烟出皃也。爾雅：鬱，氣也。鬱然，氣出皃也。毛詩傳曰：鬱，積也。鄭注考工記云：鬱鬱，不舒散。杜注左傳云：鬱，滯也。廣雅：幽也。說文：芳草也。鬱金香也，煮之合釀鬱鬯酒以降神也。從臼音弓六反從冖音覓從缶音不狗反從鬯音暢從彡音衫，彡其飾也。經文多從林從艮從寸作欝，非也。無說處，訛失久矣。下織綾反。考聲云：蒸，進也，薰也，塵也。說文：火氣上行也。從草烝聲。或作烝亦同。

十輪經　第十卷

梯橙　上體秖反。賈注國語云：梯，階也。說文：木階也。從木從弟聲。下登鄧反。或作蹬。考聲：蹬〔五三〕，履也。登陟階級道也。
躁擾　上遭奧反。韻英云：躁，動也。賈注國語云：躁亦擾也。鄭注論語云：不安静也。說文爲趮字，從走喿聲也。經從足，形聲字。下而沼反。前音義寶積經第一百一十二卷中已釋訖。
依怙　胡古反。爾雅：怙，恃也。韓詩云：無父何怙。怙，恃賴也。形聲字，上聲。
悋惜　隣陣反。下音昔。
濯以　上幢角反。廣雅：濯，洗也。說文：濯，浣也。從水翟聲音宅。
阿賴耶　梵語第八識名也。唐云藏識。能含藏執持諸善惡種子，故名藏識，亦名染净識，或曰阿陀那識。密嚴經云「阿陀那識甚微細，一切種子如暴流，我於凡夫不開演，恐彼分別執爲我」也。
浸爛　上精任反。去聲字。韻英云：浸，漬也，没於水也。說文闕。古今正字：從水𠬶聲，𠬶音七淫反。或從宀作濅。下闌旦反。集訓云：火燒過熟曰爛。説文從火。

宴然　煙見反。考聲云：宴，安也。韻詮云：偃息。或借音於諫反，順俗語也，安息義也。

霜液　盈益反。説文云：液，津液也。

昴星　茅飽反。郭注爾雅云：西方宿名也。廣雅：昴，謂之旄頭。案昴星者，西方白虎星也，正當於酉，故六壬式中有虎視之卦，陰陽仰伏之異占，傳課亦別。今訛俗謂之攢昴，梵云羯底迦。九月十五日月臨此宿，故從八月十六日已後至九月十五日，此一月名加提月。加提者，古梵語訛略也。今四分、五分諸部律文以此國七月十六日已後爲加提，錯挍(校)〔五四〕一月，太早。譯律者誤，傳習者錯以安居太疾故也。

一切經音義　卷第十八

校勘記

〔一〕杜注左傳云　慧卷八釋「原隰」爲「爾雅」。
〔二〕聲　麗無，據今傳本説文補。
〔三〕淪　據文意似當作「波」。
〔四〕發也　阮元校刻十三經注疏爲「發聲也」。
〔五〕即欲界色界　據文意似當爲「即欲界色界無色界」。
〔六〕略　據文意似當作「注」。
〔七〕榫　據文意似當作「樺」。下同。
〔八〕反　各本無，據文意補。
〔九〕陋　據文意似作「夾」。
〔一〇〕巛　獅作「巛」，下同。
〔一一〕户　獅作「户」。
〔一二〕网　即「罔」。下同。
〔一三〕烈　今傳本方言作「洌」。
〔一四〕覓　據文意似當作「糸」。
〔一五〕疢　獅作「坋」。
〔一六〕繫　阮元校刻十三經注疏作「綦」。
〔一七〕滿　通「懣」。
〔一八〕頓　即「頓」。
〔一九〕下首至地也　今傳本説文爲「下首也」，段注曰：「當作頓首也。」
〔二〇〕恔　今傳本説文作「帔」。
〔二一〕四　據文意似當作「匹」。
〔二二〕于　當作「亏」。
〔二三〕反　各本無，據文意補。
〔二四〕豔　據文意似作「豔」。
〔二五〕帔　各本無，據文意補。
〔二六〕齊　即「臍」。
〔二七〕允　據文意似作「兆」。
〔二八〕林　獅作「材」。
〔二九〕名　麗無，據獅補。
〔三〇〕禮儀　當作「儀禮」。
〔三一〕獚犬不可附近也　今傳本説文爲「犬獚。獚不可附也」。
〔三二〕説文從糸聲　今傳本説文爲「从糸從聲」。
〔三三〕反　各本無，據文意補。
〔三四〕名　據文意似當作「石」。
〔三五〕省　衍。
〔三六〕謟　當作「諂」。
〔三七〕閡　當作「闕」。
〔三八〕省　衍。
〔三九〕苞二　據文意似當爲「咆之」。
〔四〇〕羢　獅作「羝」。據文意似作「逓」。
〔四一〕罷　據文意似作「幵」。
〔四二〕敝　據文意似當作「潎」。
〔四三〕竹　似衍。
〔四四〕惱　據文意似當作「腦」。
〔四五〕叄　獅作「參」。
〔四六〕弃　據文意似當作「惡」。
〔四七〕頽　集韻：「隤，説文：『下墜也。』或作頽。」
〔四八〕頽　即「頽」。
〔四九〕得於齊　阮元校刻十三經注疏爲「得志於齊」。
〔五〇〕脅　似當作「脅」。
〔五一〕苓　獅作「軨」。
〔五二〕同　當作「用」。
〔五三〕蹬　獅作「登」。
〔五四〕挍　似作「校」。

一切經音義　卷第十九

大唐翻經沙門慧琳撰

右二十一經八十一卷

大方廣十輪經　第一卷　慧琳撰

浚流　詢俊反。郭注爾雅云：浚，深也。廣雅：溢也，入也。集訓云：水急流也。説文：抒也。從水從夋省〔一〕聲。或作濬，亦作睿。

駛流　師利反。蒼頡篇：水流疾也。考聲：速也。説文：從馬史聲。

賑給　真刃、真忍二反，總通。爾雅：賑，富也。郭注云：隱賑富有也。考聲云：救也，給也，濟也。韻詮：賜也。或作眕，形聲字。

阿波摩羅　梵語訛略不正也。正梵音云阿跛婆麼二合囉，瘧鬼總名也。

記莂　彼列反。佛受記分別其事也。

大方廣十輪經　第二卷

璫環　上音當，耳飾珠也。下音還。韻英云：環，珮也。即耳𤩽也，形如輪，亦耳中之寶飾也。

環釧　上環臂釧也，或以象牙作環，而以七寶鈿之，或用金銀作如環之象。下州〔二〕戀反。釧亦環也，皆臂腕之寶飾也。

緻密　馳利反。考聲云：繒帛密也。鄭注禮記：緻亦密也。爾雅：縷謂之緻。郭注云：繼縷袟（紩）〔三〕緻也，練也。形聲字。

推山　他雷反。考聲：推，排也，去也。説文：從手從隹省〔四〕聲也。

欲墜　音押。集訓云：鎮也，笮也。會意字也。

大方廣十輪經　第三卷

三摩跋提　梵語也。或云三摩鉢底。唐云：等至定之異名也。

餚饍　上效交反。俗也，正作肴。韻詮云：肴，脯羞也。考聲：木果之屬也。賈注國語云：俎也。毛詩傳曰：豆實也。鄭玄曰：俎醢也。説文：啖也，從肉爻聲。下音善，亦俗字也。正作膳。顧野王云：今之美物曰珍膳。韻英云：羞，牲肉也。説文：具食也，從肉善聲也。

麝香　時夜反。郭注山海經云：麝，香獸也，似麞而處深山險徑中。雄者口有牙，臍中有香。雌者無牙，亦無香。經文作䴥非也。

賓客　上音古。鄭注周禮云：通物曰賓，居賣曰賈。杜注左傳云：坐販也。鄭注禮記云：賈物貴賤也。爾雅：賈，市也。白虎通云：賈，固也，守固物待民來以求利也。古今正字：坐賈賣售也。從貝兆聲，兆音古。説文云：兆，從人自𤪦蔽也，左右象蔽形也。經作估，非也。

擣簁　上刀老反。韻英云：擣，築也。古作𢷎，俗作搗，非也。下師滓反，又所買反。韻英云：簁，羅也。考聲云：竹器也。用羅藥。從竹徙聲。

蘧麥　具于反。韻英云：蘧麥，草也。即燕〔五〕麥也，從草遽聲，或作蘧，亦通。

稗莠　上牌賣反。杜注左傳云：草也，似稻而非稻也。下音酉。毛詩傳曰：莠似禾而非禾，待穟出方知別也。説文：形聲字也。

穟既　隨萃反。韻英云：禾穎也。毛詩曰：禾穎，穟也。字統云：禾黍盛皃。或作穗，亦作蓫，衛宏作穟，樊恭作䅎，並通。

田畯　遵浚反。鄭注周禮云：古之先田教民者曰畯。爾雅：畯，田夫也，掌田之官也，形聲字。

大方廣十輪經　第四卷

挽箭　萬返反。引弓也，從手。

蹹彼　談合反。踐也。

軻藍塚間　梵語也。衆多亂冢處也。

欲撲　龐邈反。韻英：兩手搏投於地曰撲。

舐足　時爾反。韻詮云：以舌取物也。説文：從舌氏聲。或作咶、䑛，又作䑙〔六〕、咶，五體皆古人隨自意作之也。

俸禄　上縫用反。考聲云：俸，秩也，奉也。古今正字：從人奉聲。奉字，説文從丯從手。今隸書訛略也。丯音峯也。

大方廣十輪經　第五卷

編椽　上必綿反，下音傳。

棘束　上兢憶反，下此漬反。上二種皆邪見外道。

捉攬馬一毛　勒敢反。大海中有羅刹國。彼羅刹衆常食生人，有大悲菩薩化爲天馬，飛往彼國救彼食之人，事具在佛本行集經及正法念經等皆同此説，且略言耳。

大方廣十輪經　第六卷

舌噤　琴禁反。此前音義中地藏十輪經中已具釋，此不重説。

大方廣十輪經　第七卷

輾断　女展反。亦前音義中已具説。下断，俗字也，正從𢇍[作]〔七〕斷。𢇍，音絶也。

蹍除　亦音女展反。司馬彪注莊子云：蹍，蹈也。廣雅：履也。與前輾字義相通，故不言耳。

大方廣十輪經　第八卷　文易無可音訓

大集須彌藏經　上卷　慧琳撰

蚊蝱　上勿分反，下孟耕反。考聲：蟲名。聲類：蝱似蠅而大也。説文：蚊蝱並齧人飛蟲也。蚊或從䖵作蟁，又作闅，或作𧍖，並古字也。蝱從䖵亡聲。經作蝱，俗字也，亦行用久矣難改。䖵音昆。

蝗螽　上濩光反。考聲云：食禾蟲也。禮記云：蝗，災蟲也。蒼頡篇云：蝗，螽也。説文：從虫皇聲。下逐融反。爾雅：有足曰蟲，無足曰豸。説文：蟲從三虫。虫音暉鬼反。螽音終，豸音雉。

險壙　上杴撿反。考聲云：險，阻也，危也。從阜僉聲。下苦晃反。孔注尚書云：曠，空也。蒼頡篇云：光也，疏曠也。廣雅：大也。從土廣聲。有從日亦通。

蓊蔚　上屋孔反，下愇律反。蒼頡篇云：蓊蔚，草木盛皃也。古今正字並從草，翁、尉皆聲也。

廣陿　咸甲反。顧野王云：陿，迫隘不廣大也。古今正字從𨸏㚂音謙叶反。或作陜，爲傿(濫)〔八〕陜州字迷人(入)〔九〕也。經從犬作狹，錯用，非本字也。

入一豆穭　口外反。字林：穭，粗糠也。説文：從禾會聲。

麁獷　虢猛反。案獷者，猶性猛惡佷戾也。説文謂犬獷惡不可附近也。從犬廣聲。

搔醯　上桑到反，下馨鷄反。陀羅尼句也。

災雹　龎剥反。鄭注禮記云：陽氣爲陰氣迫脅之，凝而爲雹。説文云：雨冰也。從雨包聲。災字經作灾，俗字也。

底掣　下昌制反。

婢諶　甚林反。

揵吔　梵語揵吔，古譯質朴。正梵音云囐馱，亦真言句也。

毗迷踦　下音欺。亦梵語不正也。

大集須彌藏經　下卷

齧毒　研結反。禮記云：無齧骨。説文：齧，噬也。從齒㓞聲。㓞音慳鎋反。

嗗步筵　上時𥦗反，下音史。真言句中字也。

谿谷　啓雞反。爾雅云：謂水注川曰谿。説文：山瀆無所通者曰谿。從谷奚聲。

潦溢　勞到反。考聲云：雨落所停水也。毛詩傳云：行潦者，流潦也。禮記：季夏水潦成〔一〇〕皃也。説文：雨水也。從水尞聲。尞音力召反。

萞麻油　上閉迷反。考聲：萞麻，藥名也。子斑釐，形似狗蜱，故以爲名。或作萆。經從豆作豍。説文：豍，留豆也。非經義也。

愛羂　决縣反。聲類：羂，繫取也。考聲：以繩捕也。文字典説：從网羂聲。或作罥，義同。

躓頓　知利反。郭注爾雅云：疐頓，猶倒仆也。廣雅：躓，踏也。説文：從足質聲也。或從叀作疐，叀音專。

大集大虚空藏經　第一卷　興善寺不空三藏譯

慧琳撰

不厭　一艷反。考聲云：厭，倦也，苦也。説文：從厂猒聲。厂音罕。猒從甘從肉從犬，故犬甘肉無猒足也。

奮迅　上分問反。鄭注禮記：奮，動也。廣雅：振也，舒也。郭注爾雅云：物有力多自奮迅，故以爲名。説文：翬也。翬，猶飛也，從奞在田上。奞者，戌惟反。奞謂鳥張毛羽自奮，故奮字從奞。

蘇迷盧山　梵語也。唐云妙高山，或云妙光山。又曰須彌山，亦梵語，皆一山也。

涌出　上容腫反。劉兆注公羊傳云：涌，騰也。説文：從水甬聲。甬音同上。經從足作踊。踊，躍也。非經義。

住對面念　古譯經存梵意，名般舟三昧，或譯云諸佛立現前。此言其速疾相應也，即刹那頃入現前，神通勝定。以梵文巧妙能含多義，此土難爲具翻，諸經中或譯爲神通三昧，或名一行三昧，各各得少分義耳。

無行神通　行音幸耕反。易上繫曰：不疾而速，不行而至。即其義也。

三摩鉢底　梵語。唐云等至。即定之别名也。

唯然　上遺癸反。借音字也。曲禮云：唯應辭也。蒼頡篇云：唯恭於諾也。

尼夜摩位　梵語。是菩薩不退轉地也。

大集大虚空藏經　第二卷

門閫　苦本反。鄭注禮記：閫，門限也。古今正字：從門困聲。

鄔馱南　梵語。唐云偈句，或云足跡。

瀑流　上蒲冒反。桂苑珠叢云：降雨水聚合，名爲瀑流。説文：猝，疾雨皃也。從水暴，暴亦聲也。猝音村訥反。

大集大虚空藏經　第三卷

無翳　於計反。方言：翳，薆也。韻英：蔽也。廣雅：障也。説文：華蓋也。從羽殹聲也。殹音同上。

大集大虛空藏經　第四卷

迦止栗那綿　亦名迦真隣底迦，瑞鳥名也。身有細耎毛，非常輕好，如綿絹，績以爲衣，或爲絮，轉輪聖王方御此服也。今雖有此鳥類，非鳥也，其毛粗惡不堪絹績也。

芬馥　上方文反。鄭箋毛詩云：芬，香也。方言：和也。郭注云：香氣和調曰芬芳。説文：從草分聲。下馮目反。韓詩：馥，香氣皃也。古今正字：從香复聲。复音同上。

頗胝迦　梵語寶名也，此無正翻。水精之類也。光明瑩徹，净無瑕穢，有四色之別，青色或紅色、紫色之異也，亦神靈瑞寶也。

貧匱　逵位反。鄭注禮記云：匱，乏也。毛詩傳云：匱，竭也。説文：從匚貴聲。匚音方。經從食作饋，義別，非經義。

倮形　華瓦反。借音字也。顧野王云：倮，脱衣露袒也。本音盧果反，今不取也。

嬰諸疾病　上伊盈反。韻詮：嬰，遭也，縈也。説文：從女賏聲。賏音同上。經疒作[一一]，非也。

捺落迦　梵語。上奴割反。地獄也。

窻牖　上楚雙反。考工記云：在牆曰牖，在屋曰窻。説文：象形作囪。又作囱。俗從片作牎，經從穴，皆非正體也。

鉾矟　上莫侯反。考聲：正作矛。矛，戈類也，象形字。説文：矛長一丈二尺，建於兵車也。或作𢦒，又作𨥨。經作鉾，俗也。下雙捉反。廣雅：矟亦矛也。古今正字：矟長一丈八尺也。從矛肖聲。經文從木作槊，俗字，非也。

大集大虛空藏經　第五卷

不眴　玄絹反。王逸注楚辭云：眴，視皃也。顧野王：如今人動目密相誡語曰眴目。説文：目搖(摇)[一二]也。從目旬聲，旬音同上。

鉤鎖　上苟侯反。廣雅：鉤，引也。下桑果反。考聲：鎖，連環也。説文：並從金。勾、肖皆聲，肖音同上。

擐彼　上還慢反。杜注左傳：擐，貫也。説文：從手從環省聲也。

大集大虛空藏經　第六卷

矯誑　上驕夭反。集訓云：矯，詐也。顧野王：假稱謂之矯。説文：矯，擅也。從矢聲。喬從夭，今俗用從右作高，謬也。

大集大虛空藏經　第七卷

不缺　犬悦反。蒼頡篇：缺，虧也。説文：從缶從決省聲也。缶音府苟反。

躁動　遭奥反。顧野王云：躁亦動也。鄭注論語：躁者，不安静也。説文：從足喿聲也。喿音騷到反。

析爲　星績反。孔注尚書云：析，分也。説文：從木斤聲。

一滴　丁歷反。説文：滴謂水欒(欒)[一三]注也。從水啇聲，或作適。經文從帝作渧，音丁計反。渧，水流下也。非經義，恐書寫人悮[一四]也。

孔隙　卿逆反。廣雅：隙，裂也。説文：壁際小孔也。從𨸏㣊聲。㣊從二小夾白。經從巢作隟，非也。

大集大虚空藏經　第八卷

染纈　上而琰反。博雅：染，汙也。考聲：著也。説文：以繒染爲深色也。從水杂聲。下賢結反。文字集略：縛繒染之解爲文。考聲亦謂繫絹而染之爲文也。古今正字：從糸頡聲。

僮僕　上徒紅反，下蒲卜反。考聲：僮，謂男子有役使也。説文：僮亦僕也。僕，從徒也。仕於公曰臣，仕於家曰僕。並從人，童、菐皆聲。菐音卜。

貿易　摸侯反。毛詩：貿賣也。爾雅：市也。説文：易財曰貿。從貝丣聲。經作貿，俗字也。丣音卯。

流竄　村亂反。顧野王云：竄，猶逃也。説文：隱也。從鼠穴聲。

緊迦羅　經引反。

弭末羅　上迷以反。

阿闍婆　闍音薥六反。此上三句皆梵語數法名也。

悚慄　上粟勇反。杜注左傳云：悚，懼也。郭注爾雅：慴也。下鄰窒反。郭注爾雅：戰慄憂慼也。杜注左傳：謹敬也。説文並從心。束、栗皆聲。

虚空孕經　上卷　玄應撰

空孕　古文䏰，同。翼證反。依字，含實曰孕。孕，懷子也。

礓石　居良反。土變爲石，形如薑也。通俗文：地多小石謂之礓。礫石也。

寶線　古文綫，同。私賤反。説文：線，縷衣縷也。

爲繐　又作繐，二形同。思鋭反。説文：蜀白細布也。凡布細而疏者謂之繐也。

犀牛　先奚反。郭注爾雅云：形似水牛，大腹，脚有三蹄，黑色，二角，好食棘。亦有一角者。

城隍　胡光反。城下坑無水曰隍。

虚空孕經　下卷

背大　又作偝，同。蒲貝反。相違背也。顧野王云：背謂棄捨相違叛也。廣雅：背，北也，後也。

虚空藏菩薩經　玄應撰

澄霽　祖計反。説文：雨止曰霽。霽猶晴也。

毦帶　如志反。通俗文：毛飾曰毦。如刀鞘飾也。

蹐鈐　蒲北反，下巨炎反。

豉漏　盧厚反。

諾踦　居綺反。

纇隷　上都我反。

虚空藏菩薩神咒經　玄應撰

薩皤　蒲何、補何二反。依字，皤，白也。

嚠牟 [力求反，又力救反[一五]。]

虛空藏菩薩能滿諸願求聞持法經　慧琳撰

恰須　上苦夾反，下粟俞反。

盥洗　上官换反。顧野王：凡澡洗物皆曰盥。説文：澡手也。從臼水臨皿也。

觀虛空藏菩薩經　慧琳撰

驅擯　必進反。司馬彪注莊子：擯，弃也。古今正字：從手賓聲。經從人作儐，通用字也。

圊廁　上七精反，下測事反。釋名：廁或謂之圂也。説文：圂亦廁也。廁亦圊也。圊從囗青聲，廁從广則聲。囗音韋，圂音魂穩反，广音儼。

虛空藏菩薩問七佛陀羅尼咒經　慧琳撰

綫結　上仙箭反。説文：綫，縷也。或作線。經作綖，非也。

匙⿱䜌斗(⿱䜌斗)[一六]　上是之反。方言：匕謂之匙。説文：從匕是聲也。經從木作柢，考聲謂磨上横木也，非經義。下厥願反。廣雅云：⿱䜌斗，抒也。蒼頡篇：抒，取也。説文：從斗䜌聲。經從手作捲，音權，非經義。䜌音力專反。

桔皮　音肩嚙反。説文：桔梗，藥名也。從木吉聲。梗音古杏反。

諧耦　上户皆反。孔注尚書：諧，和也。鄭注周禮云：調也。説文：合也。從言皆聲。下五口反。博雅：耦亦諧也。顧野王云：耦，猶匹也。賈注國語：對也。説文：從耒禺聲。耒音雷對反。

銅鍼　下汁深反。廣雅云：針，刺也。顧野王云：鍼，所以綴也。説文：所以縫也。從金咸聲。或作箴，亦作針。刺音戚。

佛説菩薩念佛三昧經　第一卷　玄應撰

剌奈　上盧曷反，下陟家反。聲聞弟子名，梵語也。

胄胤　上儔又反。杜注左傳云：胄即後也。賈逵注國語云：胄，胤也。説文：亦胤也。從肉從由聲。下寅振反。孔注尚書云：胤，猶嗣也。爾雅云：胤，繼也。説文云：胤，謂子孫相承續也。從肉從八。八者，象其長，幺(幺)[一七]亦象重累長也。

佛説菩薩念佛三昧經　第二卷

氤氲　上一隣反，下紆文反。元氣也，謂天地未分之始氣也。

渟流　狄經反。埤蒼：水止曰渟也。

派[一八]別　普賣反。説文：水之邪流别。廣雅：水自分出爲流也。

佛説菩薩念佛三昧經　第三卷

分衛　此言訛也，正言賓荼夜。此云食團，謂行乞食也。

京畿　或作圻，同。渠衣反。周禮：方千里曰國畿。畿，限也。

慴伏　徒頰反。爾雅：慴，懼也。郭璞曰：即恐慴也。慴音之涉反。

佛説菩薩念佛三昧經　第四卷

懟恨　除類反。考聲：懟，忿也。爾雅：怨也。説文與爾雅義同。從心對聲。

摶食　徒官反。顧野王云：摶之令相合著也。禮記：無摶飯也。説文：從手專聲。

佛説菩薩念佛三昧經　第五卷

瘡疣　有求反。考聲：疣，病也。謂皮膚結也。古今正字：亦病也。從疒尤聲。或從肉作肬腹，音又，今不取。

塵坌　盆問反。考聲：坌，塵猥至也。桂苑珠叢：坌亦塵也。説文：從土分聲。

佛説菩薩念佛三昧經　第六卷

瞚頃　輸閏反。吕氏春秋云：萬世猶一瞚也。説文謂：目開闔數搖也。從目寅聲。或作瞬。經作眴，非義也。

掘井　群勿反。顧野王云：掘謂發地。廣雅：穿也。説文：從手屈聲。

大方等大集菩薩念佛三昧經　第一卷　慧琳撰

楣棖　上媚悲反。郭注爾雅云：楣謂門上横梁也。説文：從木眉聲。下宅耕反。郭璞云：棖謂門兩旁木也。鄭箋詩云：棖，門梱上水（木）〔一九〕近邊者也。説文：從木長聲。梱音坤穩反。

樞闔　上觸朱反。郭注爾雅謂：門户扉樞也。又謂門持樞者以爲固也。説文：户樞也。從木區聲。下含臘反。爾雅云：闔謂之扉，即門扇也。鄭注周禮云：用木曰闔，用竹曰扇。説文：闔，猶閉也。從門盍，盍亦聲也。

廁窴　徒堅反。蒼頡篇云：窴，塞也。説文義同。從穴真聲。

傀偉　亦作瓌，古回反。司馬彪注莊子云：傀，美也，方盛也。下韋鬼反。埤蒼云：偉，大也。説文：奇。二字並從人，鬼、韋皆聲。經本從王作瑰瑋，亦通用也。

大方等大集菩薩念佛三昧經　第二卷

亭傳　徒丁反，下直戀反。漢家因秦，十里一亭。亭，留也。傳，譯也。

大方等大集菩薩念佛三昧經　第三卷　先不音。

熸夷　上接鹽反。杜注左傳云：吴楚之間謂火滅爲熸。下似進反。鄭箋毛詩云：火餘曰夷。杜注左傳謂：火餘木也。説文並從火，朁、聿皆聲。經本從韱作燼，非也。從盡作燼，通俗字也。

大方等大集菩薩念佛三昧經　第四卷

無謇　居展反。方言：謇，吃也。楚辭云：言不通利謂之謇吃。古今正字：從言蹇省聲。亦作謰。

大方等大集菩薩念佛三昧經　第五卷

嘶破　又作㪟，同。先奚反，蒼頡篇云：㪟，病也。言微也。東齊謂聲散曰㪟。聲類：酸疼也。古無，今正字從口斯聲，又作誓，義並同。

大方等大集菩薩念佛三昧經　第六卷

門闑　又作臬，同。魚列反。爾雅云：橜謂之闑。即門限也。説文：從門臬聲，臬音同上。

廝役　新移反。字書：廝，役也。謂賤役也。古今正字云：廝役，扈養也，所使也。從广斯聲。

大方等大集菩薩念佛三昧經　第七卷　先不音。

大方等大集菩薩念佛三昧經　第八卷

法鞉　徒刀反。鄭注儀禮云：鞉如鼓而小，持其柄摇之者。説文：從革兆聲。正作鞀，亦作鞀、鼗、鼟，義並同。籀文作鼟(鼗)〔二〇〕。

鏝陀　莫槃反。案經文，忉利，天池名也。爲是梵語，但響其音，不求字義。若依字即泥鏝字，乖經義。

大方等大集菩薩念佛三昧經　第九卷

烗熱　口戒反。廣雅云：烗，熾也。古今正字義同，從火亥聲。

大方等大集菩薩念佛三昧經　第十卷

黏汙　又作粘同。女沾反。字書云：黏，黏〔二一〕也。説文：相著也。從黍占聲。黏音胡。

倉廩　正作㐭，力甚反。説文云：㐭，穀所振入也。宗廟粢盛倉黄賸㐭取之，故謂之㐭。從入回象屋形，中有户牖也。㐭或從广禾作廩，與經本同。

印璽　下思紫反。天子之玉印也。璽，信也，亦神器也。説文：從土作壐，今從玉作璽。

般舟三昧經　上卷　慧琳新補

可貿　莫候反。毛詩傳云：貿，易也。韻英云：貨，易也。説文：易財也。從貝丣聲。丣，古文卯字，經作貿，非也。

譁説　上音花。孔注尚書云：譁，諠也。考聲云：謂諠譟也。説文：從言華聲。經從口，非也。

諛諂　上庾朱反。莊子云：不擇是非而言謂之諛。蒼頡篇云：諂，從人意也。孔注尚書云：諛亦諂也。從言臾聲。經作諭，非也。下丑染反。易曰：君子上交不諂，下交不嬻。何休曰：諂，佞也。鄭注禮記云：諂謂傾身以有下也。莊子：希意道言謂之諂。此時用隸書從略，篆文正體從臽作讇，今從略。

四隅　遇俱反。韻詮云：屋角也。考聲云：四角曰隅。説文：陬也。從阜禺聲。經從山作嵎，日出處，山名也。尚書「嵎夷曰暘谷」是也。

般舟三昧經　中卷

輕傷　又作敭，今作易，同。以豉反。蒼頡篇云：傷，慢也。謂平傷也。

鷗鴨　胡葛反。似雉，鬭死乃止，故武士戴冠以象之也。山海經云：輝諸之山多鷗鷄，以其尾臿頭也。亦出上黨郡。下音押，水鳥也。

謗訕　所姦反。蒼頡篇云：訕，誹也。論語曰：惡居下流而訕上者。訕，謗毀也。並從言。

蛟龍　梵語云宫毗羅。有鱗曰蛟龍。抱朴子曰：母龍曰蛟，龍子曰虬。龍，其狀似魚，其身如鼉，尾皮有珠。郭注山海經云：蛟似蛇而四脚，小頭細頸，頸有白嬰，大者數十圍。卵生，子如一二斛甕，能吞人，有神力。

猳玃　上又作猳，古遐反。下居縛反，大母猴也。善玃人，好顧眄。

般舟三昧經　下卷　慧琳新補

蜎飛　上恚緣反。毛詩曰：蜎蜎，小蟲皃也。蜉蝣之屬。

蝡動　上潤尹反。字統云：蝡蝡，蟲動皃也。有足曰蟲，無足曰蝡。廣雅作蠕，或作蠢。說文：動也。從虫耎聲。

饋遺　上逵位反。韻英云：饋，餉也。或從鬼作餽。並形聲字也。

拘利　梵語也，即諸經云俱知也。數法名，此當百萬。

那術　亦梵語，或云那由他，或云那庾多，當此百千萬也。

喻旬　亦梵語。或云由旬，或曰由延，或云踰闍那，正梵音踰繕那。自古聖王軍行一日程也。以法算計之，即三十里也。

肌肉　上音居宜反。即膚體肥肉也。

大集賢護菩薩經　第一卷　慧琳撰

賢護　諸經中或在梵語名跋陀婆羅，即佛在世時王舍城中賢護長者白衣菩薩，即此賢劫中當來千佛，此其一也，請問佛說此經也。

一搏　段欒反。博雅云：手握使相著也。考工記中或作團字。團，圓也。

躁慼　上遭燥反。論語云：躁，不安静也。賈注國語云：躁，擾也。韻詮云：急也。集訓：動也。從足喿聲。喿音桑到反。下青亦反。廣雅：慼慼，憂也。或作慽(慽)[二二]。古今正字：從心戚聲也。說文又說：慼字從戉，戉音越，從尗省聲也。

大集賢護菩薩經　第二卷

頑騃　上五關反。左傳曰：心不則德義之經曰頑。古文作㒖。廣雅：頑，鈍也。形聲字。下崖解反。蒼頡篇云：愚騃無知也。方言云：疲癡騃也。或作顋，訓用同上。說文：馬行癡[二三]仡仡也。駑馬也，從馬矣聲。

佷弊　上痕墾反。考聲云：很，恨也。韻詮云：很，戾也。古今正字：從彳艮聲。說文：艮字從目從匕。今隸書因草略也。彳音丑尺反。墾音苦本反。下毗袂反，考聲云：弊，壞也，惡也。象壞敗衣形。

蚩笑　上叱支反。從虫㞢聲也。㞢，古之字。下消曜反。從竹從犬[二四]。從口者，俗字也。

區別　曲俱反。考聲云：限域也。爾雅：五十謂之區。郭璞注云：雙五爲數，數五爲區。馬融注論語云：如草木異類區別也。説文從品。品，類別也。從匸。匸，隱匿也。上音兮弟反。

大集賢護菩薩經　第三卷

鑪槖　又作韛、排二形，同。白薤反。謂鍛鑪家用吹火令熾者。

諮詢　私遵反。詢，問也。左傳：訪問於善爲諮，諮親爲詢。諮，問善道也。杜注云：詢，問親戚之議也。

岌多　此居士子名也。依字，音魚及反。

篋笥　謙叶反，下思吏反。説文云：盛衣器曰笥。禮記：簞笥同。又鄭玄曰：並盛食器也。圓曰簞，方曰笥。簞音丹。

大集賢護菩薩經　第四卷

甖水　於耕反。方言云：瓿甊，甖也。

贊助　子旦反。贊，佐也，亦導也。

鏗鏘　又作銵。苦耕反。下又作鎗、傖二形，同，七羊反。廣雅：鏗鏘並金玉聲也。形聲字也。

大集賢護菩薩經　第五卷　文易，無難字可音訓。

無言童子經　上卷　玄應撰

亹亹　微匪反。亹亹，猶微微也，亦進皃也。

無言童子經　下卷

荏若　又作栠，同。而甚反，柔木也。廣雅：荏，弱也，亦温柔也。下字宜作弱。

大集譬喻王經　上卷　慧琳撰

嬾惰　上蘭袒反，下徒卧反。東觀漢記云：惰嬾者，獨不見勞。孔注尚書：惰，懈怠也。説文：嬾，懈怠也。從女賴聲。或作懶也。惰，不敬也，從心隋聲。惰音同上，或作媠，又作惰。下卷同。

鎧甲　開改反。文字集略：以金甲蔽身曰鎧。説文：鎧亦甲也。從金豈聲。豈音起。

漂將　匹瓢反。顧野王云：漂猶流也。説文：浮也。從水票聲。票音必遥反。

大集譬喻王經　下卷

若干箭　動東反。説文云：篇（箭）[二五]，斷竹也。從竹甬聲。

坑坎　上客耕反。郭注爾雅云：坑，塹也。蒼頡篇：壑也，浴也。下苦敢反。周易云：坎亦陷[二六]也。説文並從土，亢、欠皆聲。亢音康浪反。

缺崖　犬悦反。蒼頡篇云：缺，虧也。下雅皆反。考聲：崖，山澗邊際岸也。説文：缺，從缶夬聲。崖，從屵圭聲。屵音五末反。

棘朿　上矜（矝）〔二七〕憶反。方言：凡草木刺人，江淮之間謂之棘。毛詩傳曰：棘，酸棗也。説文：小棗叢生者，從並朿。經本從並束，誤也。下雌賜反。顧野王謂木皮外有鋭刺者也。説文：木芒。象形也。經本從刀作刺，誤也，是煞傷之刺也。

欲澍　朱戍反。淮南子云：春雨之灌萬物，無地而不澍，無物而不生。説文：時雨所以澍生萬物者也。從水尌聲。尌音駐。

筋骨髓　上謹欣反。説文：筋肉之力也。從肉竹，竹物之多筋者也。從力，力象筋也。經從草從角作䈥〔二八〕，非也。下雖紫反。説文作髓，云骨中脂也。從骨隨省聲。正體從隓作隋。隋音許規反。

犛牛　亦作氂，音毛，又音茅。山海經曰：潘侯之山有獸，狀如牛，而四節生毛，名曰犛牛。郭注云：背膝皆有長毛。説文：西南夷長髦牛也。從牛𠩺聲。𠩺音力之反。又作旄。

挑眼　眺遥反。聲類：挑，抉也。説文：從手兆聲。抉音涓血反。

沫摶　上音秣。顧野王云：沫謂水上浮沫也。説文：從水末聲。下音團。前虚空藏菩薩問佛經第四卷已釋訖。

水泡　普包反〔二九〕。考聲云：泡，水上浯漚也。説文從包聲。

大哀經　第一卷　慧琳撰

開闖　爲彼反。國語曰：闖門而與之言。賈逵曰：闖，闢也。闢猶開也。古今正字：從門爲聲。

洟池　天典反。集訓云：洟，涊也。又云涊，垢濁也。涊音年典反。

庭燎　下曆弔反。禮曰：邦之大事，供熉燭庭燎。鄭衆曰：燎，火燭也。以麻爲之，樹於門外曰大燭，於門內曰庭燎，皆所以照象爲明也。又曰門燎，地燭也。經文從金作錠，非也。郭注爾雅云：錠，鋤屬也。廣雅曰：錠謂之耨。即農具也。甚乖經意。

大哀經　第二卷

寤寐　上音悟。毛詩傳曰：寤，覺也。蒼頡篇云：睡覺而有言曰寤。説文：從㝱省。下音彌臂反。顧野王云：睡而眠熟也，偃息也。説文：卧也。從㝱省，未聲。

褢異　上古回反。埤蒼云：瑰瑋琦琦也。考聲云：美大之皃也。説文：從衣瑰聲也。經文從貴作潰，非也。

愚戇　下卓降反。訓纂云：惷戇，精神不爽皃。淮南子曰：從管仲視伯夷則爲之戇矣。説文：戇，愚也。從心從目，贛音璞降反，惷音尨巷反。

憺怕　上音淡，下普伯反。經曰：澹慮真境。怕，恬静也。經從水，非也。

瑕玼　上音霞，下音慈。

𠹳嚂　上羌兩反，下苦改反。唴，啼哭聲也。嘅，嘆息之聲。正作唴嘅。經中作𠹳嘅，書錯不成字也。

躓礙　上陟利反。顧野王云：躓猶頓也。廣雅：蹋也。亦蹎躓也。從足質聲。

大哀經　第三卷

彶彶　音及。禮記曰：彶彶如有所追而不及也。顧野王云：彶彶，猶急急也。説文：急行皃也。從彳及聲。或從人作彶，音急。考聲云：繫於心也，趣於事也。經文從水作汲，書誤也。

貪飻　下天結反。考聲云：貪食曰飻。

恍惚　上荒廣反，下音忽。經文從荒作慌，非也。

擘裂　上音伯，又音粤覓反。並通，從手。

大哀經　第四卷

愞劣　上奴亂反。考聲云：愞，怯也，弱也。從心耎聲。或從人作偄，亦同。

亘然　罡鄧反。集訓云：亘，遠過也。毛詩傳曰：亘，遍也。説文：從木作桓。桓，竟也。今時用亘字，本古文亘字也。説文：從囘。上下各一，亘之意也。

大哀經　第五卷

晧臭　二字並同音豪老反。爾雅：晧，光也。説文：日初出皃。從日告聲。或從白作皓。下昊字，考聲云：元氣昊白者，天也。説文：大日皞也。從大。古文作昦，今時用從日從天，俗字也。

攏戾　上聾董反，下音麗。案攏戾者，剛强難化也。

恭恪　上恭字，從心共聲也。下恪，音康各反。孔注尚書：恪，敬也。古文從客作愙，亦形聲字，亦會意字。

蟲蟻　下宜倚反，或作螘。爾雅云：螘，蚍蜉也，大螘也。此字無定體，先儒各隨意作之。或從蚰作蟻，又作蠭，亦作蛾。

憐傷　練田反。集訓云：憐，愛也。考聲：哀也。俗作怜。經文從米作粦，非也。書錯不成字也。

大哀經　第六卷

泛流　上孚梵反。考聲：泛，浮也，或作氾。説文：氾，濫也。從水乏聲也。

吹笙　青京反。樂器名也。世本云：隨作笙，象鳳皇之身，正月音也。説文云：物生，故象物貫地而生，故謂之笙。大者十九簧，小者十三簧。經作⿰生欠，非也。

搵取　温悶反。説文：搵，没也。從手從昷省〔三〇〕聲也。

詹堂　上音占。香樹名也，廣州有煎葉作之。

大哀經　第七卷

愚騃　崖解反。前第二卷中已具釋。

燒灹　知嫁反。火爆聲也。

攄其　敕猪反。考聲云：攄，舒也，張也。韻詮云：散也，從木（扌）〔三一〕慮聲。

逮得　臺柰反。集訓云：逮，及也。經作逯，非也。

大哀經　第八卷

棚閣　上白萠反。考聲云：棚，棧也。説文：從木朋聲。經從平作枰，非也。

强霸　巴罵反。説文云：月始生魄也。集訓云：霸，王也。字統云：長也。從月暈聲也。古文作胃。

阿差末經　第一卷　慧琳撰

阿差末　梵語也。此云無盡意，是菩薩名也。

浩晧浩晧　此經及前大哀等經並是西晉竺法護譯。詞理虜拙，質朴不妙。言浩晧重書者是無量無邊之義，不可測量廣大也。

摑裂　轟號反，下音列。此亦俗談之語，㙠壞之義也。

聖喆　展列反。或作哲。哲，智也。亦古字也。

適莫　丁歷反。

苞裹　音果。從衣果聲。

阿差末經　第二卷

觝突　丁禮反，或從牛作牴。下鈍訥反。説文：從穴從大(犬)〔三二〕。會意字也。

餚饌　上效交反，下音撰。前文已具釋。

不存懅　巨魚反。急速也。

阿差末經　第三卷

恬怕　亭閻反，下普百反。

粗舉都駮　上倉胡反，俗字也。正從三鹿。粗舉者，言約略也。駮音邦角反。廣雅：駮，明也。鄭注考工記云：駮，見也。漢書曰「駮然易知」是也。

阿差末經　第四卷

麽麽　莫可反。三蒼云：麽，微也。亦細小也，謂微細小蟲也。經文有作采采，非也。

凶豎　古文從豆作豎，殊主反。小兒也，謂凶悖小人也。

侏倀　正合作譸張，音張留反。毛詩曰：譸張，誑也，謂相惑也。經中作侏，音朱，侏儒也。下又作倀，音敕良反。倀，狂也。非經義。

阿差末經　第五卷

坦然　他袒反。説文：坦，安也。廣雅：坦，平也。經文作憻，非也。

眷戀　居院反，下力眷反。眷戀，猶顧視也。經作惓，非也。

芬葩　普花反。説文：芬，芳也。葩，華也。聲類：取其盛皃也。

大猷　餘周反。方言云：東齊謂猷曰道。又亦圖也，若也，順也。

阿差末經　第六卷

乳哺　蒲墓反。所謂嚼食在口吐與小孩曰哺，從口甫聲。

痛癢　羊掌反。或從虫作蛘。經作痒，非也。

阿差末經　第七卷

誘訹　上由首反，下詢律反。誘訹，漸教也，引也，相勸也。經文作憂恤，非經義也。

村落　俗作落，同。力各反。廣雅：落，居也。人衆所居曰村。

寶女所問經　上卷　慧琳撰

餱糧　胡溝反。考聲：餱，乾飯也。經文從米作糇，不成字，非也。

寶女所問經　中卷

帑藏　湯朗反。集則（訓）〔三三〕云：金帛之藏也。

寶女所問經　下卷

鞠閔　弓六反。鞠，養也，愛也，告也。閔音美殞反。閔，傷也，痛也。

無盡意經　第一卷　慧琳撰

侊侊　所隣反。説文：侊侊，往來行皃也，亦齊整皃也。

嫺睒　胡間反。説文：嫺，雅也。謂淹静也。今並爲閑字也。

不瞬　水閏反。動目也。經文從旬從目作眴，非也。

縺綿　上音連。相續無斷也。

無盡意經　第二卷

頩面　普米反。説文：頩，傾頭也。經文從人作俾，非也。

撩擲　遼調反。謂遥擲也。

不猗　音依。古人用字乖僻，准經義正合作依字。

無盡意經　第三卷

海濤　道勞反。海大波曰濤。

齅相　香救反。説文云：以鼻就臭曰齅。經從口作嗅，非也。

溼相　深入反。説文云：幽，溼也。從水，一覆也。覆土而有水，故溼也。經文作濕，非也。

無盡意經　第四卷

勸督　俗字也。正作督，東禄反。爾雅：督，正也。謂御正之也。方言：督，理也，察也。

虧赧　上跪爲反。説文：氣損也。考聲：落也，傷也。下拏簡反。考聲云：赧，羞也，面赤也，羞慚也。或作赧，會意字。

無盡意經　第五卷　第六卷　已上二卷文易不音。

自在王菩薩經　上卷　玄應撰

貫鉀　上古亂反。蒼頡篇云：貫，穿也。説文：從毌，音官。下音甲。方言：古箭小而長，中穿二孔者，鉀鑪也。郭注云：今箭鉀鑿空兩邊者也。古今正字：從金甲聲也。

一掬華　弓六反。説文：掬，撮也。又曲指捧物也。古作𠬞，或作𦦙〔三四〕，亦作匊，又作臼，並通用也。

齅者　許救反。説文：以鼻就臭曰齅。從鼻臭聲。古文作齅。經從口作嗅，俗字也。

自在王菩薩經　下卷　無字可音訓。

奮迅王菩薩所問經　上卷　玄應撰

怖嚇　呼駕反。鄭箋詩云：以口距人謂之嚇。埤蒼：大怒之皃也。方言作恐閲也。古今正字：從口赫聲。閲音呼激反。

屄尾　正字從尸矢聲也。説文：泥從尾從水，俗作尿。

奮迅王菩薩所問經　下卷　無字音訓。

一切經音義　卷第十九

校勘記

〔一〕省　衍。
〔二〕州　臺灣大通書局本作「則」，似當作「川」。
〔三〕袂　據文意似作「鉄」。
〔四〕省　衍。
〔五〕蕪　據文意似作「蘿」。
〔六〕豫　據文意似當作「豫」。　虵　據文意似當作「虵」。
〔七〕作　灑無，據文意補。
〔八〕僋　據文意似當作「濫」。
〔九〕陜　據文意似作「陜」。　人　據文意似當作「入」。
〔一〇〕成　今傳本禮記作「盛」。
〔一一〕經疒作　據文意當爲「經從疒作瘻」。
〔一二〕捶　今傳本説文：「旬，目搖也。」
〔一三〕欒　據文意似當作「欒」。
〔一四〕悞　即「誤」。
〔一五〕力求反，又力救反　灑無，據磧本玄卷八補。
〔一六〕欒　據文意似作「欒」。
〔一七〕幼　據文意似作「幺」。
〔一八〕派　玄卷七作「派」。
〔一九〕水　據文意當作「木」。
〔二〇〕磬　據文意當作「磬」。説文：「籀文韶从殸召。」
〔二一〕黏　據文意或作「粘」。
〔二二〕懺　據文意當作「槭」。
〔二三〕癡　今傳本説文無。
〔二四〕犬　獅作「天」。
〔二五〕篇　今傳本説文作「篇」。
〔二六〕陷　即「陷」。
〔二七〕矜　據文意當作「矜」。
〔二八〕蔚　獅作「蔚」。
〔二九〕普包反　獅爲「並包反」。
〔三〇〕省　衍。
〔三一〕木　據文意當作「才」。
〔三二〕從穴從大　今傳本説文：「突，犬从穴中暫出也。从犬在穴中。」
〔三三〕則　據文意似當作「訓」。
〔三四〕鞠　據文意似當作「鞫」。

一切經音義　卷第二十

大唐翻經沙門慧琳撰音

大方廣佛花嚴經六十卷　前譯經玄應

音寶星陀羅尼經十卷　慧琳音

寶星陀羅尼經序　慧琳音

䚦譯　上底奚反。禮記曰：五方之人，言語不通，嗜欲不同，達其志，通其欲，故西方曰狄䚦。鄭注曰：皆世間之人。其名也，依其事類耳。䚦之言知也。廣雅：狄䚦，譯也。説文：從革是聲也。

迺聖　上音乃。韓詩：迺，大也。聲類：至也。説文：古文乃字從彡(辵)〔一〕西聲也。西(迺)〔二〕，古文乃字也。

揜頓　上音奄。尚書云：揜有四海爲天下君。孔安國曰：掩，同也。方言：藏也，取也。自關而東謂取爲揜。杜注左傳：匿也。或爲掩字，訓義同。説文：覆也。從手弇聲。弇音同上也。下敦困反。顧野王云：頓謂軍旅舍住也。説文：下首爲頓首也。從頁屯聲。屯音突論反。

八紘　獲萠反。許叔重注淮南子云：紘，維也。顧野王曰：八紘(紘)〔三〕謂八極也。古今正字：從糸厷聲。厷音同上。

瀚海　上寒幹反。案括地志云：小海名也，在流砂大磧西北，同羅突屈西北數百里來，南去長安五千三百里。秦築長城，經此海南，東西長亘匈奴，中有數河水流入此海，獨邏河、悉陵河、金河等並流入焉。北庭有瀚海鎮，取此爲名也。

隄封　底泥反。如淳注漢書云：旁曰隄，題〔四〕曰封。韋昭云：積土爲封，限也。説文：隄，䧅也。從𨸏是省〔五〕聲也。下封字，説文云：諸侯之土也。公侯方百里，伯方七十里，子男方五十里。從土作圭，古封字也。今從重土從寸，會意字也。籀文從土從𡉚作坢。𡉚音夆。

龍庭　玄中記云：北溟有燭龍之地名曰龍庭也。

鳳穴　玄中記云：南海中有丹穴山，鳳鳥所栖乳，海島之洲也。

治踵　上音理〔六〕，下之勇反。王逸注楚辭云：踵，繼也。説文：踵，追也。一云往來皃。從足重聲也。或從止作歱(歱)〔七〕，亦通用也。

玄扈　胡古反。古國名，與夏后同姓，在右扶風，今京兆鄠縣是也。漢書云：夏啟與有扈戰于甘之野。今見有扈谷甘亭是也，謂啟所滅也。澧水出東南，北過入渭。説文訓義同。從邑户聲也。或從鄠，亦同。

尃弘　上撫無反。考聲云：尃，布也，開也。正體字。説文亦布也。從寸甫聲也。下胡肱反。説文：弘，大也。從弓厶聲。厶音肱。

不憚　達翰反。韻英云：憚，畏也。説文：忌嫉也。從心單聲也。

暨乎　上其冀反。考聲云：暨，及也，極也。説文：與也。從旦既聲。經文從水作洎，肉汁也。非經義也。

爰懋　上遠元反。毛詩傳曰：爰，於也，爲也。説文：引也。從𠬪于聲也。𠬪音丕袁(表)〔八〕反。下音暮。郭注爾雅云：懋，勉也。説文：懋，盛也。從心楙聲也。楙音同上。或從草作茂，訓用亦同也。

搜揚　上霜留反。杜注左傳云：搜，隱也。論語云：人焉搜哉。孔注云：搜，匿也。方言：求也。就室求之曰摉。字書：索也。説文：衆意也。從手叜聲。亦作搜。叜者，桑苟反。今俗用多從臼作叟，隸書變體字，非正體也。下養章反。孔注尚書云：揚，舉也。鄭箋詩云：激也。王注楚辭云：披也。説文：飛舉也。從手昜聲也。昜字從旦從勿，昜音同上。經從攴作敭，古揚字也。攴音普卜反，今省爲攵(攵)〔九〕。

寶星經　第一卷

怡悦　上以之反。毛詩傳云：怡，悦也。爾雅云：怡，樂也。説文：從心台聲。下緣决反。

厲聲　力滯反。杜注左傳云：厲，猛也。王逸注楚辭云：厲，烈也。爾雅：厲，作也。廣雅：高也。説文：從厂萬聲。厂音罕。經文從广作廣，非也。

峻險　上荀俊反。孔注尚書云：峻，高大皃也。郭注爾雅云〔一〇〕：峻，長也。説文作陖，云高險皃也，從山陖聲。字書作陖，亦作陖、埈，今經作峻。古今正字云：陖或省也。夋音七荀反。下脇儼反。周易云：地峻〔一一〕山川丘陵也。顧野王云：險猶阻也。説文：險，難也。從自〔一二〕僉聲。經本從山作嶮，非也。

穿缺　犬悦反。蒼頡篇云：缺，虧也，隙也。説文云：缺，器破也。從缶夬聲。亦作缺。

聰叡　營慧反。義已於金光明最勝王經第六卷中具釋訖。

問訊　新進反。毛詩傳云：訊，問也。鄭箋詩云：執得生以言問之也。劉兆云：誠問曰訊。説文：示問也，從言卂聲也。

傲慢耐　上敖告反。孔注尚書云：傲慢，不友也。杜注左傳云：傲，不敬也。廣雅：傲，倨也。説文：從人敖聲。經本從心作慠，誤也。中蠻辨反。顧野王：慢易，輕侮也。説文云：慢，情不畏也。從心曼聲。曼音萬。下乃袋反。顧野王云：耐猶能也。説文作耐(耏)〔一三〕，古字也。從彡從而。又云或從寸作耐，諸法度也，故從寸。

嘿然　忙北反。顧野王云：嘿，不言也。應劭云：嘿嘿，自不得意也。古今正字：從口黑聲。亦作默。考聲作嘿，云：嘿嘿，志不遂也。或作默。

妓女　奇倚反。蒼頡篇云：妓，美婦也。考聲云：女人之作樂者也。説文：從女支聲。下文妓樂等並同。

戲樂　希意反。毛詩傳云：戲，逸豫也。廣雅云：戲，泄也，施也。説文云：從戈虛聲。虛音希。下郎各反。

擔重擔　上擔藍反。廣雅：擔，舉也。字書云：擔，負也。説文云：從手詹聲。下擔字，去聲，亦從手。詹音占。

幻術　上還慢反，下脣律反。莊子云：心術形焉。鄭玄云：術猶藝也。韓詩：術，法也。説文云：邑中道也。從行术聲。术音呈律反。

瑞應　上垂類反。顧野王云：王者盛德感乎乾坤，故天地應之以信。蒼頡篇云：瑞，應也。説文云：瑞以玉爲信也。從玉耑聲也。耑音端。

毗嵐　覽含反。梵語大猛風。

瀑雨　蒲冒反。毛詩云：終風且瀑。説文云：疾雨也。從水暴聲。經本作暴，是曬暴字也。

撾鑱　上竹瓜反。字書云：撾，擊也。聲類云：撾，撞也。魏志：撾折其脚。説文從竹作箠，云：箠也。下仕咸反。淮南子云：刻肌膚，鑱皮革，創流血。埤蒼云：鉏，鑱頭也。説文云：鋭，鑱也。從金毚聲。毚音上同。

月釤　衫鑒反。古今正字云：釤，大鎌也。從金彡聲。彡音衫。

曲撩　了蕭反。廣雅云：撩，取也，理也。案經義，曲撩合是戰具，非取理之義也。檢字書並同，皆與經乖意。謂此當是鈎戟，似矛而刃曲如鈎，如今之鈎槍也。

短矟　雙捉反。廣雅云：矟，矛也。説文云：從矛肖聲。經本從木作槊，是木名也，非兵器。下第四卷内刀矟同。

翳闇　上伊計反。廣雅云：翳，障也，蔽也。説文：從羽從殹。殹音同上也。

寶星經　第二卷

無鞶　劫閑反。埤蒼云：鞶，遴也。古今正字義同。亦愛財也，難也。從革臤聲。經本從心作慳，俗字。臤音同遴，音吝。

分劑　上墳問反。顧野王云：分，猶限界也。説文云：分，别也。從八從刀。下齊細反。字書云：劑，分段也。古今正字：從刀齊聲。經本作齊，是和調之齊也。

宋静　上情歷反。方言云：宋，安靖也。説文云：宋，無人聲也。從宀尗聲。宀音綿，尗音叔。經作家(家)〔一四〕，通俗作寂。

繽紛　上匹賓反，下孚文反。義及字偏傍並已釋於金光明最勝王經第七卷也。

璽印　上斯此反。鄭注周禮云：璽，印也。應劭漢書注云：璽，信也。蔡邕獨斷云：天子璽以玉，古者尊卑共之。自秦以來唯天子獨稱也。説文云：王者印也。從土爾聲。今相承從玉作璽。下因晋反。蒼頡篇云：印，章也。漢書云：諸侯王黄金印也。説文：印，執政者之所持信也。從爪從卩。卩音節。

鬬諍　上斗豆反。蒼頡篇云：鬬，諍也。稱兵相攻戰也。論語云：血氣方剛，戒之在鬬也。説文云：鬬，遇也。從鬥從斲聲。從門從斗作鬭者，非也。鬪音上同。斲音卓。

拇指　上矛厚反。蒼頡篇云：拇，將指也。賈逵注國語云：拇，大指也。説文云：從手母聲。經本從木作拇(栂)〔一五〕，非也。

逃竄　攢亂反。顧野王云：竄猶逃也。廣雅：竄，投也。爾雅：竄，蔽也。説文云：竄，匿也。從鼠在穴中。攢音粗巒反。

盲冥　上麥庚反。説文云：目無眸子也。從目從亾。亾亦聲也。下覓萍反。郭注爾雅云：冥，昧也。説文：冥，幽也。從一從日從六，冖音扃聲也。

寶星經　第三卷

悒恨　上陰汲反。王逸注楚辭云：鬱悒而憂也。蒼頡篇云：悒，不舒之皃也。說文云：悒，不安也。從心邑聲。下痕艮反。蒼頡篇云：恨，怨也。顧野王云：意不申快曰恨。從心艮聲也。

闇蔽　卑袂反。已於金光明最勝王經中具釋。經本作蔽，非也。

珊你弭迦　你音泥以反。弭音彌婢反。梵語天魔名也。

顰嘁　上牝賓反。顧野王云：顰嘁，憂愁不樂之狀也。說文云：從卑頻聲。經本從口作嚬者，非也。下酒育反。方言云：嘁咨，忸怩也。博雅云：嘁咨，慼也。古今正字：從口戚聲。亦作慼、噈。經本從人作慽者，非也。

濡音　乳朱反。毛詩云：羔裘如濡。傳曰：濡，潤澤也。準經義，合從人作儒。說文云：儒，柔也。從人需聲。需音須。

刀欑　倉亂反。俗字也。廣雅云：穳謂之鋋。字書云：穳，遥投矛也。古今正字：從矛贊聲。亦作穳。經本從手從爨作攛，非也。

即碎　蘇潰反。廣雅云：碎，壞也，散也。說文云：碎，糜也。從石卒聲。

擐甲　上音患。杜注左傳云：擐，貫也。賈逵注國語：擐衣甲也。說文：從手還省聲也。

芬馥　下馮目反。韓詩云：香氣皃也。義釋音義第十七卷中釋訖。

雷雹　龐角反。白虎通云：雹之言合也，陰氣專精凝合爲雹。鄭注禮記云：陽爲雨，陰起脇之，凝而爲雹也。說文云：雹，雨冰也。從雨包聲也。

一滴　丁歷反。顧野王云：滴，瀝也。說文云：水欒注也。從水商聲。經本作適，誤也。

泡炎　上普包反。廣雅云：泡，流也。說文：水名也。案經文，幻泡炎則水上泡沫之類也。亦隨雨滴而生者也，遇風則滅，俗謂之浮漚。言動性無常如幻泡炎，人之寄世有生亦滅，不能堅久，若此類也。說文：從水包聲。下炎字讀與艷同。

肘量　上啁柳反。說文云：肘，臂節。從肉從寸。寸，手寸口也。下音亮。

憒𠆳　上瓌内反。說文云：憒，亂也。從心貴聲。下儜効反。字書云：𠆳，亂也。文字典說云：𠆳，猥也，擾也，不静也。從人居市，會意字。經本作内，非也。

牆堞　上匠羊反，下甜叶反。杜注左傳云：堞，女牆也。說文：城上女垣也。從土葉聲。垣音袁。

樓櫓　下盧古反。釋名云：櫓，露也。上無覆屋，施以拒戰也。說文云：櫓，大盾也。從木魯聲。亦作擄(樐)〔一六〕也。

欲摘　張革反。蒼頡篇云：摘，取也。說文云：摘，拓果樹實。一云指近之也。從手商聲。經文從適作擿，音呈戟反。

嘷哭　上號高反。說文云：嘷，咆也。從口皐聲，皐字從白夲聲，夲音滔。經本作嗥，俗字也。

悲懊　烏老反。考聲云：懊，痛恨也。已釋金光明最勝王經中。

寶星經　第四卷

戰慄　隣室反。郭璞云：戰慄，憂慼也。尚書云：慄慄，危懼也。

莊子云：震動悼慄。文字典説云：從心栗聲。

毀呰　咨此反。韓詩云：呰，不善之皃也。郭璞云：賢者陵替，姦黨熾盛也。諸字書從言此聲。説文從吅作呰，義同。吅字音喧。經本從口作呰，通俗字。

願聽　體經反。孔注尚書云：聽，察是非也。説文云：聽，聆也。從悳耳壬聲。悳，古德字也。壬音頲。

擗踊　上毗亦反。毛詩傳云：擗，拊心也。郭璞云：擗，謂搥胸也。孝經云：擗踊哭泣。古今正字云：從手辟聲。經本從足作躃，誤也。下容腫反。鄭注禮記云：喪之踊猶孺子之慕也。顧野王云：踊，頓足蹋地也。説文：跳也。從足甬聲。甬音同。喪擗之踊云從丞作，通也。

蒭摩　楚俱反。梵語也。説文：從艸芻聲。經本作茁，俗字也。

繒綵　上牆蠅反。説文云：繒，帛之總名也。從糸曾聲。下倉宰反。尚書云：以五綵彰施于五色。考工記云：五綵備者謂之繡。説文云：從糸采聲。

醫藥　上倚箕反。説文云：醫，治病工也。從酉殹聲。或從巫作毉，亦通。殹音翳。

綺縠　上欺倚反。説文云：綺，有文繒也。從糸奇聲。下洪禄反。戰國策云：憂國愛民不如愛尺之縠也。説文：細縛也。從糸㲄聲。㲄音腔角反。縛音張卷反。

耳璫　下音當。埤蒼云：璫，充耳也。釋名云：穿耳施珠曰璫。耳之寶飾也。説文云：從玉當聲。

環釧　上滑彎反。鄭注周禮曰：環，圍也，圓也。廣雅：團也。説文云：從玉還省聲。下川戀反。韻英云：釧，臂鐶也。續漢書云：孫程等立順帝，帝賜程等車馬金釧。古今正字：從金川聲。經本從玉作玔，誤也。

布濩　乎故反。考聲云：布濩，多皃也。説文云：濩，霤下皃。從水蒦聲。蒦音紆縛反。

楞嚴　上勒恒反。梵語也。唐云甚深也。

有黶　伊琰反。俗字誤用也。正體從黑作黶。集訓云：黶，身面上黑子也。人倫龜鏡云：凡黶有黑者，有朱色者。赤者爲上福德吉祥之相，黑者其次。生在隱閉[一七]衣覆處則吉，顯露或不吉。

權下　逵圓反。非本字，誤用也。正體從頁作顴。考聲云：顴，面上頰骨也，眼下耳前是也。古今正字云：顴，頬也，頯也。從頁雚聲。雚音歡，頬音准律反，頯音逵，皆顴之異名也。

有疵　自辭反。劉瓛云：疵，瑕也。説文云：疵，病也。[從][一八]疒此聲。疒音女革反。下文黑疵黶等字亦同也。

觜星　上醉唯反。爾雅云：觜娵之口，營室東璧(壁)[一九]也。郭璞云：營室與東璧(壁)，四星似口，因以爲名也。古今正字云：從角此聲也。

一磔手　張革反。廣雅云：磔，張也，開也。古今正字云：從石桀聲。經本從足作蹀，非也。

小疣　有求反。埤蒼云：疣，病也，皮上結也。莊子云：附贅懸肬。山海經云：諸毗之水有滑魚焉，食之已肬。或作默。今俗謂之侯。説文作肬，云：贅也。從月尤聲。亦從疒作疣。經本作疣，非也。

髁已下　上誇化反。説文云：髁，髀上骨也，從骨果聲。經本從足作跨，是舉足過其上也。非髁髀之字。髀音毗米反。誇音口花反。或作尻。

逝瑟吒　折嫁反。梵語星名。唐言心星也。

髀內　上鞞米反。禮記云：下無壓髀也。説文作髀，云：股外也。從骨卑聲。經本作脞，俗字也。鞞音陛迷反。

腨上　上遄耎反。説文：腨，腓腸也。從肉耑聲。經本從專作膞，非也。或作踹、蹲，通。耑音端。

阿濕毗膩　上戶入[反][二〇]，下尼值反。梵語。

魚鼈　鞭滅反。周易云：離爲鼈。考工記云：鼈，外骨而內肉者也。呂氏春秋云：朱鼈，六足有珠。説文云：鼈，介蟲也。從黽敝聲。字書作鼈。經本從魚作鱉，俗字。敝音弊。黽音萌耿反。

流漂　匹遥反。顧野王云：漂猶流也。説文作瀌，云浮也。從水票聲。經本從對作濧，非也。

枯涸　音鶴。義已釋金光明最勝王經流水長者品中。

寶星經　第五卷

門閾　于洫反。孔注論語云：閾，門限也。説文：從門或聲。

摸呼律多　上音暮，中乎故反。梵語時分名也。

或豎　殊乳反。顧野王云：豎，正從豆也。説文：亦豎立也。從臤豆聲。經本從立作竪，俗也。臤音口間反。

灑潤　上踈夏反。楚辭云：使涷雨兮灑塵。考聲云：灑，散水也。説文云：灑猶汛也。從水麗聲。汛音信。

輓住　上音晚。聲類云：輓，牽引也。説文云：輓，引車也。從車免聲。經本從手作挽亦通。下文挽動字並同此訓。

溝坑　上苟侯反。考工記云：井間廣四尺深四尺謂之溝。鄭注周禮云：十夫二隣之田溝，所以通於川也。説文云：溝，水瀆也。從水冓聲。經本從土作搆，非也。冓音同。下客庚反。爾雅云：阬，墟也。蒼頡篇：坑，壍也，陷也，壍也。古今正字：從自[二一]亢聲。經本從土作坑，通用。亢音坑。

瀑流　上袍報反。考聲：瀑，猝雨也。文字典説云：江河水漲急也。從水暴聲。暴字，説文從日從出半奴(廾)[二二]也。經本作瀑，俗字也。奴(廾)音俱隴反。半音討刀反。

堅鞕　額幸反。廣雅云：鞕，堅也。字書云：牢也。從革更聲。考聲作硬同。經本從卬作鞕，古正也。

寶星經　第六卷

詭言　上龜毀反。顧野王云：詭，譎也。猶奇怪也。淮南云：蘇秦以百詭成一信。説文云：從言危聲。

麁穬　上倉烏反。顧野王云：麁，不善也。鄭注禮記：麁猶疏也。廣雅：大也。説文作麤，云：行起[二三]遠也。從三鹿[二四]，正字也。下虢猛反。説文云：穬粟，有芒也。從禾廣聲也。

鉞斧　上圓月反。顧野王云：古者用鉞以煞人。司馬法：夏執玄鉞，殷執白鉞，周杖黃鉞。説文作戉，云：大斧也。從𠄌戈聲。經本從金作鉞，時用字也。

惛悶　上忽溫反。孔注尚書云：惛，亂也。鄭箋詩云：惛，無知之人也。説文云：惛，不憭也。從心昏聲。憭音了。

臭爛　上昌咒反。説文云：禽走臭而知其跡者，犬也。從犬從自。自，古鼻字也，象形。今俗從死作臰，非也。下蘭汗反。方言云：火熟曰爛。説文：爛，熟也。從火蘭聲。經本從肉作臟，書寫誤也。

坌身　上坌〔二五〕悶反。義釋於金光明最勝王經中訖也。

周慞　掌穰反。考聲云：惶怖皃也。亦懼也。説文無此字。

勸勵　力制反。國語云：請王勵士。顧野王云：勵，猶勉也。古今正字：從力厲聲也。

寶星經　第七卷

亢旱　上康浪反。周易：亢龍有悔。王輔嗣注云：亢謂極也。説文從大省。象頸𦛄形。經本作冗，俗字也。

水澇　勞號反。埤蒼云：澇，淹也。考聲云：水浸苗也。説文云：從水勞聲也。

暫瞚　上慚濫反。賈逵注國語云：暫，卒也。説文云：暫，不久也。從日斬聲。下輸潤反。莊子云：終日視而目不瞚。吕氏春秋云：萬世猶一瞚。説文作瞚，云：目摇開闔也。從目寅聲。經本作瞬，俗用字也。

劬勞　其于反。毛詩傳云：劬勞，病也。韓詩：劬，數也。古今正字：從力句聲。下老刀反。賈逵注國語云：勞，疲也。爾雅：病也，勤也。説文云：勞，劇也。從力從熒省。熒從焱音炎冖癸營反。用力者，勞也。

倉窖　交孝反。禮記月令云：仲秋穿竇也。説文：窖，地藏也。從穴告聲。

甘蔗　遮舍反。王逸注楚辭云：蔗，藷也。蜀都賦所謂甘蔗是也。説文云：從草庶聲。

倉廩　立錦反。周禮云：廩人掌九穀之數也。鄭注云：藏米曰廩。禮記：米廩，有虞氏之庠也。虞帝尚孝，令藏粢盛之委焉。説文：正作㐭，禾穀所振入也。宗廟粢盛倉黄𦛀㐭而取之，故謂之㐭。從入回象屋形中有户牖也，亦從广禾作廩。經本作稟，非也。

醇醲　上順倫反。周易云：醇粹，精也。杜注左傳云：醇，篤也。説文：醇，不澆也。從酉𦎧聲。經本從水作淳，是清也，非醇醲字也。下女龍反。淮南子云：肥醲，甘脆也。説文云：醲，厚也。從酉農聲。經本從水作濃，是露多皃也，亦非醇醲字。𦎧音純。

寶星經　第八卷

厭蠱　孤五反。義已釋金光明最勝王經中訖。

貯器　上猪吕反。顧野王云：貯，盛也。杜注左傳：貯，蓄藏也。説文云：積也。從貝宁聲。

頂戴　當愛反。字書云：在首曰戴，亦云舉之於首也。孔注尚書：欣奉其上曰戴。劉熙云：人所瞻戴也。説文：從異𢦔聲。𢦔音災。

讚槃　刑擊反。顧野王：檕書，所以罪責當伐者而曉諭慰譬百姓之書也。漢書云「可傳檕而千里定」是也。釋名云：檕者，激也。下官所以激迎其上書文也。木簡長二尺，有所徵召，書上以傳行之。説文云：檕，二尺書也。從木𣪠聲也。經本中作檄(檄)〔二六〕，俗字也。𣪠音激。

寶星經　第九卷

奸狡　上簡顔反。義已具釋於金光明最勝王經中。下交咬反。杜注左傳云：狡，猾也。説文云：從犬交聲。

伺求　上司次反。鄭注周禮云：伺猶察也。顧野王：伺猶候也。方言：自江而北謂相竊礼(視)爲伺[二七]。蒼頡篇：二人相候也。古今正字：從人司聲也。

惱縮　所陸反。韓詩云：縮，斂也。賈逵注國語云：縮，退也。宋衷(忠)[二八]注太玄經：縮，止也。説文：縮，亂也。從糸宿聲。

踡縮　上逵圓反。埤蒼云：踡跼，不伸也。古今正字云：從足卷聲。經本從手作捲，是用力氣勢皃也，非踡縮也。

涌沸　上容聳反。劉兆云：涌，騰也。顧野王云：水波騰起也。説文云：從水甬聲。甬音同。下非味反。毛詩傳云：百川沸騰也。顧野王云：沸謂水波涌若湯之沸也。説文云：從水弗聲也。

寶星經　第十卷

獼猴　上弭卑反，下后樓反。漢書謂之沐猴也。説文云：獿也。此獸種類甚多，義已釋於金光明最勝王經中。獿音奴刀反。

癬疥　上先剪反。左傳云：皮毛無疥癬也。字書云：癬，風瘡也。説文云：癬，乾瘍也。從疒鮮聲。下皆賣反。周禮云：夏時有癢疥[二九]疾也。説文：疥，騷也。從疒介聲。介音與疥同。

欬嗽　上開愛反。月令云：國多風欬。顧野王云：欬亦嗽也。説文：欬，逆氣也。從欠亥聲。下蘇奏反。周禮云：冬時有嗽[三〇]，上氣疾也。考聲：氣衝喉也。古今正字：從口欶聲。欶音同。

熙怡　上喜其反。毛詩傳云：熙，光明也。韓詩：熙，敬也。孔注尚書：熙，美也。説文：從火配聲也。配音同上。下以之反，義已釋第一卷中。

大方廣佛華嚴經　第一卷　前譯六十卷玄應撰音

摩竭提　或云摩竭陀，亦言默偈陀，又作摩伽陀，皆梵音訛轉也。正言摩揭陀，此譯云善勝國，或云無惱害國，一説云摩伽星名，此言不惡，主十二日[三一]。陀者，處也。名爲不惡處國，亦名星處國也。揭音渠謁反。

華鬘　梵言摩羅，此譯云鬘，音[蠻][三二]。案西國結鬘師多用蘇摩那華行列結之，以爲條貫，無問男女貴賤，皆此莊嚴，或首或身，以爲飾好，則諸經中有華鬘市、天鬘、寶鬘等同其事也。字體從髟音所銜反，𦣻聲。𦣻音彌然反。經文作鬠，非體也。

踰摩　字書作逾，同。庾俱反。字林：踰，越也。廣雅：度也。言摩尼者訛也。正言末尼，謂珠之總名者也。

罣礙　字略作罫，同。胡卦反。網礙也。下古文硋，同，五代反。説文：礙，止也。又作閡。郭璞以爲古文礙字。説文：閡，外閉也。經文作㝵，音都勒反。案衛宏詔定古文字書礙、得(碍)[三三]二字同體。説文：得，取也。尚書：高宗夢得説。是非此義也。

盧舍那　或云盧柘那，亦言盧折羅。此譯云照，謂遍照也，以報佛淨色遍周法界故也。又日月燈光遍周一處，亦名盧舍那，其義是也。

迴復　又作洄澓二形，同。胡瓌、扶福二反。蒼頡篇：洄，水轉也。澓，深也。

癡瞽　公户反。三蒼：無目謂之瞽。釋名云：瞽目者，眠眠然目平合如鼓皮也。

忉剎　又作擦，同。音察。梵言差多羅，此譯云土田。經中或言國，或云土者，同其義也。或作刹土者，存二音也。即刹帝利，名守田主者亦是也。案刹，書無此字。即剎字略也。剎音初一反。浮圖名剎者，訛也，應言剌瑟胝。剌音力割反。此譯云竿。人以柱代之，名爲剎柱，以安佛骨，義同土田，故名剎也。以彼西國塔竿頭安舍利故也。

沮壞　才與反。三蒼：沮，漸也。敗，壞也。經文作俎，側吕反，貯醢器也。一曰置肉几也。俎非此用。

華嚴經　第二卷

安跱　字詁[三四]：古文峙。今作跱，同。直耳反。廣雅：峙，止也。謂亭亭然獨止立也。

華嚴經　第三卷

欄楯　又作闌，同。力寒反。下食允反。説文：闌，檻也。通俗文：闌檻謂之楯。王逸注楚辭云：從(縱)[三五]曰檻，横曰楯。[楯][三六]間子曰櫺。櫺，安(案)闌楯，殿上臨邊之飾，亦所以防人墜墮也。今言鈎蘭(闌)[三七]是也。

群萌　古文氓，同。麥耕反。萌，芽也。廣雅：萌，始也。案萌，冥昧皃也，言衆庶無知也。

華嚴經　第四卷

煥明　字書亦奐字，同。呼換反。煥亦明也，謂光明也。

旗幡　極基反[三八]。釋名云：熊虎爲旗者，軍將所達(建)[三九]也。象其猛如虎，與衆期其下也。

諧雅　胡皆反。諧，和也，謂閑雅容音聲和也。

寮觀　力堯反。寮，窗也。蒼頡篇：寮，小空也。經文有從手作撩，或從木作橑，二形並非今用也。

華嚴經　第五卷

衆祐　于救反。舊經多言衆祐者，福祐也。今多言世尊者，爲世所尊也。此蓋隨義立名耳。

仇對　渠牛反。仇，怨也。三蒼云：怨耦曰仇。廣雅：仇，惡也。

憤毒　扶粉反。方言：憤，盈也。謂憤怒氣盈滿也。情亦感也[四〇]。

驚駭　胡界反。蒼頡篇：駭亦驚也。廣雅：駭，起也。

名遏　古文閼，同。安曷反。蒼頡篇：遏，遮也，止也。

瞖目　韻集作瞖，同。於計反。目病也。説文：目病生翳也。經文有作曀(曀)[四一]，陰而風曰曀(曀)。曀(曀)非此義也。

孤煢　古文惸、僗(儝)[四二]二形，同。葉營反。無父曰孤，無子曰獨，無兄弟曰煢。煢，單也。煢煢，無所依也。字從卂從熒省聲。卂音雖閏反。

華嚴經　第六卷

毗嵐　力含反。或作毗藍，或作鞞嵐，或云吠藍，或作隨藍，或言旋藍，皆是梵之楚夏耳。此譯云迅猛風也。

聵聵　古文䫌、聵二形，同。今作顡，又作聙，同。牛快反。國語：聵不可使聽。賈逵曰：生聾曰聵。一云聾無識曰聵。經文從肉作膭，胡對反，肥也。膭非經義。

噬諸　時制反。三蒼：噬，齧也。字林：噬，啗也。啗音徒敢反。

滌穢　徒的反。説文云：滌，洒也，亦除也，謂盪洒除去垢穢也。

盥掌　公緩反。説文：盥，澡手也。案凡澡洒物皆曰盥，字體從手臼水臨皿上也。臼音居六反。經文有更從水作瀊，非也。

發趾　音止。字林：趾，足也。釋名云：足一進一止。因以名焉也。

園圃　補、布二音。蒼頡解詁云：種樹曰園，種菜曰圃也。

衰耄　字體作㽵，同。所龜反。説文：㽵，減也，亦損也。禮記：年五十始㽵懈也。下古文薹、耄二形，今作秏，同。莫報反。八十曰耄。耄，惛忘也，亦亂也。

甲冑　古文軸，同。除救反。廣雅：冑，兜鍪也。中國行此音，亦言鞮鍪，江南行此音。鞮音低，鍪，莫侯反。

華嚴經　第七卷

八梵　八種梵音者。按十住斷結經云：一不男音，二不女音，三不强音，四不耎音，五不清音，六不濁音，七不雄音，八不雌音。

博綜　子送反。綜，習也。三蒼：綜，理經也。謂機縷紀領絲也。

華嚴經　第八卷

僅半　古文尠、廑二形，同。渠隱反。僅，劣也。僅猶纔也。

錠光　亭脛反，又音殿。即然燈佛也。

華嚴經　第九卷

渾濁　後昆、後衮二反。渾，亂也。一曰洿。洿音一胡反。

顧眄　眠見反。説文：邪視也。方言：秦晉之間爲眄也。

華嚴經　第十卷　第十一卷　上二卷無字音訓。

華嚴經　第十二卷

惠施　胡桂反。周禮：施其惠。鄭玄曰：賙衣食曰惠。孟子曰「分人以財謂之惠」是也。

貧窶　瞿句反。蒼頡篇：無財曰貧，無財不備禮曰窶。詩傳云「窶，無禮」是也。字書：窶，空也。

福伽　經論中或作富伽羅，或作富持〔四三〕伽耶。舊譯應云補特伽羅，此云數取趣也。

恃怙　古文㤓，同。時止反。下胡古反。恃，賴也。爾雅云：怙，恃也。

妖豔　又作妖（媄）〔四四〕，同。於驕反。三蒼：媄，妍也。下又作艶，同。余贍反。豔，美也。方言：秦晉之間謂美色爲豔也。

華嚴經　第十三卷

摩㕙　奴侯反。正言摩奴末耶，此云意生身，言諸天等從意化生也。

不殉　旬俊反。尚書：殉于貨色。注云：殉，求也，亦營也。

華嚴經　第十四卷

六親　漢書：以奉六親。應劭曰：六親者，父、母、兄、弟、妻、子也。蒼頡篇：親，愛也。釋名云：親，櫬也。言相隱櫬也。

侮慢　止（亡）〔四五〕甫反。廣雅：侮，輕也。説文：侮，傷（傷）〔四六〕也。

華嚴經　第十五卷　無字要訓。

遞相　徒禮反。爾雅：遞，迭也。謂更易也。迭音徒結反。

珍饌　又作籑，同。士環反。説文：備具飲食也。

老邁　莫介反。説文：遠行也。廣雅：邁，歸往也。

華嚴經　第十六卷

沃焦　烏木反。迦延云：沃焦者，無限生死。案郭璞注江賦云：大壑，在東海外。沃焦，海所瀉源水注處也。

華嚴經　第十七卷　無字音訓。

華嚴經　第十八卷

相扣　哭後反。論語：以杖扣其脛。注云：扣，擊也。

六瘤　力周反。通俗文：肉胅曰瘤。三蒼：瘤，小腫也。尾即無瘤。經文作流注之流，非也。胅音徒結反。

或遺　余季反。廣雅：遺，與也。謂相饋贈也。經文從貝作䞶字也。

冠冕　眉辯反。世本云：黄帝作冕。謂大夫以上冠也。

噍牙　譙曜反。蒼頡篇：噍，咀嚼也。説文：噍，嚼。從口焦聲也。

華嚴經　第十九卷　無字音訓。

華嚴經　第二十卷

七仞　如振反。説文：仞謂申臂一尋也。論語：夫子之牆數仞。包咸注曰：七尺曰仞。今皆作刃。

華嚴經　第二十一卷

禪頭　是戰反。梵音禪兜，或言繕都，此譯云衆生也。

華嚴經　第二十二卷　第二十三卷　第二十四卷　第二十五卷　已前四卷並無難字，不用音訓。

華嚴經　第二十六卷

櫳檻　力東反，下胡黤反。三蒼云：櫳，所以盛禽獸闌檻也。

捫摸　莫奔、莫本二反。捫亦摸也，謂執持也。

僉皆　且廉反。僉，咸也。小爾雅：僉，同也。

循身　古文作㣦，同。似遵反。三蒼云：㣦，遍也。循亦巡也。

巡，歷也。

華嚴經　第二十七卷

蠱毒　公户反。説文云：蠱，腹中蟲也。謂行蠱毒也。經文從虫作蛄，音古胡反。螻蛄，螻蛄也，非此義。

溉灌　上音記，下音貫。説文云：溉，灌注也。

泥潦　音老。説文：雨水也。謂聚雨水爲洿潦也。

華嚴經　第二十八卷

密迹　以知佛三密功德故也。案梵本都無迹義，當以示迹爲神，故譯經者義立名耳。

耎中　而兖反。梵語没栗度，此云耎。三蒼：耎，柔弱也。

華嚴經　第二十九卷

胞胎　鋪交反。説文：胞，兒生裹也。爾雅：胎，始養也。

軻梨　口佐反。應云軻地羅，此譯云軻者，空也；地羅者，破也。名空破山也。

由乾　巨焉反。大論作揵陀羅山，此譯云由揵者，雙。陀羅尼，雙持山也。

華嚴經　第三十卷　第三十一卷　第三十二卷

上三卷並無難字及差舛，不要釋。

華嚴經　第三十三卷

眩惑　古文姁、迿二形，同。侯遍反。字林：眩，亂也。漢書：黎軒條支國善眩。案眩亦幻也。軒音居言反。

華嚴經　第三十四卷

齗齶　牛斤反。説文：齒肉也。齶又作腭、咢二形，同。五各反。齒肉(内)[四七]上下肉也。

伊尼延　或云㖶尼延，皆訛也。正言黳尼延，此鹿王名也。㖶音烏賢反。黳，烏奚反。

華嚴經　第三十五卷　第三十六卷　上兩卷無難字及差舛，不音。

華嚴經　第三十七卷

兩闢　脾亦反。説文：闢，開也。經文有作僻，匹尺反，避也。又作辟，卑亦反。辟，法也，理也。辟非此義也。

華嚴經　第三十八卷　第三十九卷

上兩卷並不要音訓。

華嚴經　第四十卷

藉草　茨夜反。案藉猶薦也。釋名云：所以自薦藉（藉）〔四八〕也。

或級　羇岌反。禮記云：級，次也。左傳云：斬首二十三級。案師旅，斬首一人賜爵一級，因名賊首爲級也。

華嚴經　第四十三卷

罪釁　稀鎮反。釁，罪也，亦瑕隙也，過也。字從酉分聲也。

華嚴經　第四十四卷

澍法　珠戍反，又止句反。時雨也，謂潤生百穀者也。

拜署　時預反。署，位也。謂署置之處敬也。

華嚴經　第四十五卷

達嚫　差覲反。案：尊婆須蜜論亦作擅嚫。此云財施，解言報施之法名曰達嚫，道引福地亦名達。又西域記云：正言達嚫拏，或云䭾器尼，以用右手受他所施，爲其生福，故從之立名也。

華嚴經　第四十六卷　第四十七卷

上兩卷並無字音訓。

華嚴經　第四十八卷

池沼　之遶反。説文：沼，池也。梵言賀邏䭾，總言池水也。

華嚴經　第四十九卷　無字音訓。

華嚴經　第五十卷

船舶　音白。埤蒼：舶，大船也。長二十丈，載六七百人者是也。

門閫　又作梱，同。苦本反。三蒼：梱，門限也。

西阿　於何反。韓詩云：曲京曰阿。謂山曲限處也。

周羅　梵語也。此譯云小寶也。

吉由羅　應云枳由邏寶，此云瓔珞。〔四九〕

珍阿〔五〇〕羅　應云彌珂羅，此云金布〔五一〕也〔五二〕。

舟楫　又作揖（檝）〔五三〕，同。子葉反。易云：黄帝刳木爲楫。通俗文：櫂謂之檝〔五四〕。釋名云：楫，捷也。撥水使舟捷疾也。

華嚴經　第五十一卷　第五十二卷

已上兩卷無字音訓。

宣叙　古文愃，同。雪緣反。爾雅：宣，徧也。説文：叙，次第也。

華嚴經　第五十三卷

讌集　又作宴、燕二形，同。於薦反。小會也。國語：親戚宴饗。

賈逵曰：不脱屨升堂曰宴也。

華嚴經　第五十四卷

班下　案古書或作頒，同。補攀反。爾雅：班，遍賦與也。

巖崿　顔咸反。説文：巖，峯也。亦峻嶮也。下又作噩，同。五各反。通俗文：重甗曰噩。甗音言，甑也，山如重甑曰噩也。

華嚴經　第五十五卷

囹圄　力丁反，下魚許反。獄名也。周禮：三王始有獄。廣雅：夏曰夏臺，殷曰羑里，周曰囹圄。皆獄之别名也。

榜笞　蒲衡反，下丑之反。字書：榜，捶也。説文：笞，擊也。

流彌　亦名嵐毗尼。諸經或作藍。此云解脱處，亦云斷，亦名滅，正言藍弿尼，此云監。即上古守園婢名也，因以名園。

飯那，此云林也。弿音扶晚反。

瞿夷　或言憍曇彌，正言喬苔彌，此云明女。

華嚴經　第五十六卷

殞滅　爲愍反。聲類云：殞，没盡也，消絶也。

繒纊　自陵反。下今作絖，同。音曠。説文：繒，帛也。纊，綿也。

淵渟　狄經反。埤蒼：水止曰渟也。

華嚴經　第五十七卷　無字音訓。

華嚴經　第五十八卷

亘生　歌鄧反。亘，遍也。經文有作絙，音桓，緩也。又作縆，公曾反，大索也。並非經音也。

蹶裂　宜作攫，九縛、居碧反二[五五]。説文：攫，爪持也。淮南子云「獸窮則攫」是也。

摩伽羅魚　亦云摩竭魚，正言麼迦羅魚，此云鯨魚也。

無軏　又作梶，同。於革反。犁梶也，亦車軏也。

華嚴經　第五十九卷　第六十卷
上兩卷無字音訓。

一切經音義　卷第二十

校勘記

〔一〕彡　據文意當作「辵」。
〔二〕西　據文意當作「酒」。
〔三〕絃　獅作「紘」。
〔四〕題　據文意似當作「隄」。
〔五〕省　衍。
〔六〕上音理　「理」爲「治」的訓讀，避唐高宗李治諱。
〔七〕踵　據文意當作「踵」。
〔八〕袁　據文意似當作「表」。
〔九〕攴　獅作「攵」。
〔一〇〕郭注爾雅　慧卷四九釋「峻峙」爲「鄭玄注毛詩」。
〔一一〕峻　今傳本周易作「險」。
〔一二〕自　獅作「阜」。
〔一三〕耐　據文意似當作「耏」。
〔一四〕家　據文意似當作「冢」。
〔一五〕拇　據文意當作「栂」。
〔一六〕摘　據文意似當作「樀」。
〔一七〕閉　據文意似當作「蔽」。
〔一八〕從　各本無，據文意補。
〔一九〕璧　據文意似作「壁」。下同。
〔二〇〕反　各本無，據文意補。
〔二一〕自　獅作「阜」。
〔二二〕奴　據文意似當作「廾」。下同。
〔二三〕起　今傳本説文作「超」。
〔二四〕麤　據文意當作「鹿」。
〔二五〕坌　據文意當作「分」。
〔二六〕撴　據文意似當作「撽」。
〔二七〕自江而北謂相竊礼爲伺　今傳本方言爲「凡相竊視南楚謂之闚……闚其通語也。自江而北謂之跕，或謂之覗」。
〔二八〕衷　據文意當作「忠」。
〔二九〕疥　今傳本周禮作「疥」。
〔三〇〕遬　阮元校刻十三經注疏作「嗽」。
〔三一〕日　玄卷一作「月」。
〔三二〕孌　據玄卷一補。
〔三三〕得　據文意似當作「碍」。
〔三四〕字詁　當作「字詁」。
〔三五〕從　獅作「縱」。
〔三六〕楯　各本無，據文意補。
〔三七〕安　玄卷一作「案」。　闌　據文意似當作「闌」。
〔三八〕極基反　獅作「極其反」。
〔三九〕達　獅作「建」。
〔四〇〕情亦感也　玄卷一爲「亦情感也」。
〔四一〕曀　據文意似當作「噎」。下同。
〔四二〕傍　玄卷一作「傑」。據文意似當作「傥」。
〔四三〕持　玄卷一作「特」。
〔四四〕妖　玄卷一作「媄」。
〔四五〕止　獅作「亾」，即「亡」。
〔四六〕傷　據文意當作「傷」。
〔四七〕肉　獅作「内」。
〔四八〕葙　據文意似當作「藉」。
〔四九〕此條原接排在「周羅」條中，未分列。
〔五〇〕阿　獅作「呵」。
〔五一〕布　頻作「带」。
〔五二〕此條原接排在「吉由羅」條中，未分列。
〔五三〕揖　頻和玄卷一作「檝」。
〔五四〕檝　玄卷一作「檝」。
〔五五〕反二　玄卷一、獅爲「二反」。

一切經音義　卷第二十一

大唐沙門慧苑撰

音新譯大方廣佛花嚴經音義卷上　并序

花嚴經從第一卷盡第十六

原夫第一勝義寔離言之法性；等流真教誠有海之方舟，故以名句字聲作別相之本質，色香味觸爲住持之自體。嗟乎，超絶言慮之旨，洽悟見聞之境，莫不以法王弘造權道之力者歟！大方廣佛花嚴經者，實可謂該通法界之典，盡窮佛境之説也。若乃文言舛謬，正義難彰，真見不生，尋源失路，故涉近以逕遠，從淺而曁深，去來今尊，何莫由斯大道？且夫音義之爲用也，鑒清濁之明鏡，釋言誥之指歸，匡謬漏之揩摸〔一〕，闢疑管之鈐鍵者也。至如秖徊誤爲遲迴，彷徨乃成稽返，俾倪代乎睥睨，軾環遂作女牆，橋書矯形，正斜翻覆，幹存榦體，樹木參差；若斯之徒，紊亂聲義，不加踳駮，何所指南？慧苑不涯菲薄，少翫茲經索隱，從師十有九載，雖義旨攸邈，難以隨迎，而音訓梵言，聊爲注述。庶使披文了義，弗俟疇咨；紐字知音，無勞負袠。且螻蟻之量司己穴而疏冥，豈霆雷之資開蟄户於遐邇？英達君子希無誚焉！

花嚴經序音義

天冊　冊，測革反。説文曰：冊，符命也。謂上聖符信教命以授帝位。字或從竹，或古爲笧，象形也。

造化權輿　造謂造作，化謂變化。爾雅曰：權輿，始也。言造作天地，變化萬物之初始也。

天道　日月星辰、陰陽變化謂之天道。易曰「乾道變易」是也。

龜龍繫象　繫，胡計反。堯有神龜，負圖而出；舜感黄龍，負圖而見。繫謂繫辭，孔子述易，十翼之一也。

人文　易曰：觀乎天文，以察時變；觀乎人文，以化成天下。男女、君臣、父子、尊卑、上下，謂之人文也。

萬八千歲　案帝王甲子記云：天皇氏治一萬八千年，地皇氏治九千年，人皇氏治四千五百年。有本云：三皇皆治一萬八千年也。

同臨有截之區　毛詩傳曰：有截，整齊也。言四海之人率服截爾齊整也。區謂區域也。

七十二君　司馬相如封禪書曰：繼韶夏，崇號謚，略可道者，七十有二君。管子曰：昔者封太山、禪梁父者有七十二家。梁父，太山下小山也。禪音善，父音斧也。

人迷四忍　人迷謂人[人][二]迷也。四忍者，思益經云：一者無生忍，諸法無來故；二者無滅忍，諸法無去故；三者因緣忍，諸法因緣生故；四者無住忍，無異心相續故也。

家纏五蓋　家纏謂家家纏也。五蓋謂貪蓋、恚蓋、惛忱睡眠蓋、掉舉惡作之蓋、疑蓋也。

鷲巖西峙　鷲巖謂靈鷲山也。西峙者，廣雅云：峙，立也。謂彼鷲峯亭亭然上立於西域也。

超四大而高視　老子云：域中有四大，謂天、地、王、道也。今言佛出過於域內，故云超四大。

混太空　混，胡本反。按説文：混，謂混沌陰陽未分共同一氣之皃。今此謂花嚴法門量同大虚也，字又作渾也。

叨承　叨，他勞反。韻圃稱叨，忝也。此言自謙猥辱承授記也。

玉扆　扆，依豈反。鄭玄注禮記曰：扆，屏風也，以玉飾扆謂之玉扆也。珠叢曰：天子施扆於户牖以爲障蔽。

海晏　晏，於諫反。説文曰：晏，安也。言其遠近清怗，故曰河清海晏。

殊禎　陟盈反。説文曰：禎，祥也。蒼頡篇曰：禎，善也。

貝牒　貝，比盖反。牒，徒頬反。貝謂貝多樹葉，意取梵本經也。牒謂簡牒，即經書之通稱也。

時臻歲洽　臻，側詵反。洽，侯夾反。時謂四時，歲謂一歲，韻圃稱：臻，至也。説文云：洽，霑及之也。

越漠　謀各反。漠謂沙漠，言諸遠國超越沙漠來歸獻之也。

獻琛　敕林反。玉篇曰：琛，寶也。字或從玉。

架險航深　何剛反。架謂置物在高懸虚之上也。説文曰：航，方舟也。言遠國來者，莫不登度險也。

罄　牽定反。毛詩傳曰：罄，盡也。

挹　因入反。珠叢曰：凡以器酙酌於水謂之挹。今謂以心測於法亦謂之挹也。

罕測　罕，希也。測，度也。

窺覦　上遣規反。覦，庾俱反。左傳服虔曰：窺謂舉足而視也。珠叢曰：覦，謂有所冀望也。今言二乘之於此法中，意絶希望也。

隆　鄭玄注禮記曰：隆，盛也，多也。

隘　於懈反，狹。

肇　持繞反，始。

爰　毛詩傳曰：爰，爲也。凡爲於事皆謂之爰也。

緬惟　上彌演反。賈逵注國語曰：緬，思皃也。

粵以　粵，於月反。發言之端也。

筆削　漢書衛青霍光傳曰：削則削，筆則筆。音義曰：削謂刪去，筆謂增益也。有云：治書勘校，削而注之謂筆削。

覃　爾雅曰：覃，延也。郭璞曰：謂蔓延枝及也。

式　杜注左傳曰：式，用也。

繕　視戰反。説文曰：繕，補也。珠叢曰：凡治故造新皆謂之繕也。

廓法界之壃域　方言曰：廓謂張小使大也。鄭玄注周禮曰：壃猶界也。毛詩傳曰：境，壃也。域，管域也。説文：域，封也。

珠函之祕　珠謂如意寶珠，此喻般若也。函謂篋也，此喻佛身也。謂般若在佛身中猶如意珠在函也。祕謂祕奧，即是般若也。故大智度論第六十四云：般若是如意珠，佛舍利是函篋。舍利中雖無般若而爲般若所熏成，故得供養也。祕字有從禾作者，音滿結反，乃是香草也。

彌十方　漢書集注曰：彌，滿也。

三復　子(乎)〔三〕福反。鄭玄箋毛詩曰：復謂反覆也。珠叢曰：復謂重審察也。字又作覆也。

花嚴經卷第一　世主妙嚴品之一

摩竭提國　摩竭提者或云摩伽陀，或云摩揭陀，或曰墨竭提，此之多名由依八轉聲勢呼召致異，然其意義大略不殊。或有釋云：摩者，不也；揭提，至也。言其國將謀兵勇，隣敵不能侵至也。又有云：摩，遍也；竭提，聰慧也。言聰慧之人遍其國內。又有云：摩，大也；竭提，體也。謂五印度中此國最大，統攝諸國，故名大體。又釋云：摩，無也；竭提，害也。言此國法不行刑戮，其有犯死罪者，送置寒林耳。

阿蘭若法　若，然也反。阿蘭若者，或曰阿蘭那，正云阿爛孃。此翻爲無諍聲。然有三類：一名達磨阿蘭若，即此所相者也。謂説諸法本來湛寂，無作義，因名其處爲法阿蘭若處。此中處者即菩提場中是也。二名摩登伽阿蘭若，謂塚間處要去村落一俱盧舍，大牛吼聲所不及處者也。三名檀陀伽阿蘭若，謂沙磧之處也。磧音遷歷反也。

菩提場中　菩提者，此云覺也。場者，漢書音義曰：築土而高曰壇，除地平坦曰場。斯皆神祇所遊止也。場字有作場者，謬也。

正覺　案諸字書，覺字從學，學字從教，教字從孝從爻，因聲義轉相生也。

摩尼　正云末尼。末謂末羅，此云垢也。尼云離也。言此寶光净不爲垢穢所染也。又云摩尼，此云增長，謂有此寶處必增其威德。舊翻爲如意、隨意等，逐義譯也。

雨無盡寶　于句反。

光茂　莫捕反。爾雅云：木如松栢曰茂。郭璞注云：謂枝葉婆娑也。漢書音義曰：茂，美盛者也。

一切　説文云：一切，普也。即遍具之義，故切字宜從十。説文曰：十謂數之終也。有從七者，俗字也。

瑠璃爲幹　哥旱反。瑠璃，梵語具云吠瑠耶，此名不遠山，謂西域有山去波羅奈城不遠，此寶出彼，故以名之。幹者，字書云：幹，枝也。謂粗也。字宜從干，經本有從木者，謬也。案孔安國注書，杜注左傳及勘玉篇，皆以從干爲樹粗枝，從木爲築牆板，謂即兩當頭者謂之楨(楨)〔四〕，兩房(旁)〔五〕者謂之幹也。

寶葉扶踈　扶，服無反。漢書音義曰：扶踈，分布也。説文曰：扶踈，四布也。扶字，玉篇在木部，經本從才作者，誤也。

嚴麗　王逸注楚辭曰：嚴，莊也。小[爾]雅〔六〕曰：麗，著也。

萃影　疾醉反。易：萃，聚也。毛詩傳曰：萃，集也。

纓絡　經本有作纓(瓔)〔七〕珞二字，並謬也。瓔，似玉之石，音與櫻同，非此用。

堂榭　徐夜反。爾雅曰：闍謂之臺，有木謂之榭。郭璞注云：謂臺上起屋者也。杜預注左傳曰：榭謂屋歇前也，言土臺上歇簷之屋，并有樹木者也。闍音都，榭字從木從射。

階砌户牖　砌，千計反。牖，以柳反。玉篇曰：階謂登堂之道，即級道是也。廣雅曰：砌，戺也，謂即夾級道兩邊平墄砌石也。說文云：在屋曰窗，在牆曰牖。卍音仕。

備體　劉兆注儀禮曰：備，畢盡也，言盡體嚴之也。

瑩燭　瑩，烏定反。廣雅曰：瑩，摩也。謂摩拭珠玉使發光明也。蒼頡篇曰：燭，照也。言相照發光。

妙音遐暢無處不及　爾雅曰：遐，遠也。廣雅曰：暢，達也；及，至也。

威光赫弈　赫，許格反。弈，移益反。廣雅曰：赫赫，明也；弈弈，盛也。弈字經本有廾作者，博弈字也。

靡不咸覩　靡，土(亡)[八]彼反。珠叢曰：靡，無也。覩，視也。

不思議劫　劫，梵言也。具正云羯臘波，此翻長時也。

金剛齊　下藏奚反。案此中梵本，齊是肶齊，字宜從肉。經作齊者乃是齊等之齊，非此所用也。

毗盧遮那　案梵本，毗字應音云無廢反，此云種種也。毗[九]盧遮那云光明照也，言佛於身智以種種光明照衆生也。或曰：毗，遍也；盧遮那，光照也。謂佛以身智無礙光明遍照理事，無礙法界也。

尊嚴　珠叢曰：尊，可敬也。鄭玄注禮記曰：嚴，可畏也。毛詩傳曰：嚴，威也。

那羅延　此云堅固。

須彌光梵　須彌具云蘇迷盧，此曰妙高。梵言具云梵摩，此翻爲清淨也。

栴檀　此云與樂，謂白檀能治熱病，赤檀能去風腫，皆是除疾身安之藥，故名與樂也。

彩雲　尚書云：以五彩彰施於五色。顧野王曰：彩猶色也。彩色之雲故曰彩雲也。

擢幹　上除覺反。許叔重注淮南子云：擢，引也；引，謂引出。字林曰：幹，枝也。

迥曜　上胡炯反。爾雅曰：迥，遠也。

仁慈祐物　祐，尤救反。孔子易曰：祐者，助也。案物謂有情命也，言能以利樂事濟明(助)[一〇]含識也。祐又作佑、閐也。

主稼神　稼，加暇反。廣雅曰：主，守也。馬融注論語云：樹五穀曰稼。言五穀苗稼植之此田，此神守護不令有損。

環髻　環，胡關反。

旋澓　下符福反。三蒼曰：澓，深也。謂河海中洄旋之處是也。

樹杪　杪，彌小反。方言曰：杪，木細枝也。郭璞曰：杪，言梢也。

阿修羅　或云阿素羅。阿，此云無也；素，極也，妙也；羅，戲也。言此類形雖似天而無天之妙戲也。案婆沙論譯爲非天，以此類雖天趣所攝，然多諂詐，無天實德，故曰非天，如人行惡名曰非人。舊翻爲不酒者，譯人謬言也。謂梵語中窣利名酒而與素囉聲近，即訓阿字爲不，故云不酒，斯乃失之甚也。案梵本中阿修羅是多聲呼之，阿素洛是少聲呼之，然皆同一稱謂也。

羅睺　睺，胡搆反。羅，此云攝；睺，云惱也。修羅能隱攝日月光明，令中諸天生苦惱也。或曰羅虎那，此云名普聞，謂日月普天照臨，此既蔽之，故天下聞其名也。

毗摩質多羅　毗摩，此云絲也；質多羅，云種種也。謂此修羅善於幻術，能以一絲幻作種種事也。又云毗摩，此曰遍空。質多羅，云種種嚴儀。言此修羅與帝釋戰時，嚴備種種軍仗之儀，遍空而列也。舊云響高。或舊云響高[一一]，非者(敵)[一二]對翻也。

迦樓羅　或曰揭路茶，此云食吐悲苦聲也。謂此鳥凡取得龍，先內嗉中，復〔一三〕吐食之，時其龍猶活，此時楚痛出悲苦聲也。或云大嗉項鳥，謂此鳥常貯龍於嗉內，益其項粗也。舊云金翅、妙翅者，且就狀而名，非敵對翻也。然其翅有種種寶色，非唯金耳也。

緊那羅　緊，此云疑也。那羅，此云人也。謂此神貌似人，然其頂有一角，令見者生疑，云：人耶？非耶？或曰：那羅，此云丈夫也。緊云猶穆（豫）〔一四〕也，以其形貌如人而口似牛，使見者生疑，故名也。舊云歌樂神者，從技翻也。

摩睺羅伽　摩睺，此云大也；羅伽，云胸腹行也。此於諸畜龍類所攝。舊云蟒神者，相似翻名，非正對之也。

夜叉　此云苦活，或曰祠祭，又云捷疾，今取初釋也。

毗沙門　具正云鞞室羅懣囊。此云多聞，謂此王福德多處知聞也。或曰：毗，遍也；沙門，聞也。謂諸處遍聞，義同前釋。或曰：毗云伊也。此王本名具乞羅，後於一時佛正爲衆説法，其王乃被袈裟來入會中，時衆咸怪，互相謂言，伊是沙門。伊之沙門，從此與號毗沙門也。

器仗　仗，直亮反。風俗記曰：仗者，刀戟之總名。

毗樓博叉　具云鞞路波叩迄叉。言鞞者，種種也。路波者，色也。波叩迄叉者，根也。謂以種種雜色莊嚴諸根也。又云：鞞，種種也；路，色也；波叩迄叉，目也。言其目種種色莊嚴。舊云醜目者，謬也。

娑竭羅　此云海也。

德叉迦　此云能害於所害也，謂德叉是所害聲，迦是能害聲，言此龍嗔時噓視人畜，皆致命終也。舊云多舌龍，由多言故名多舌，非是口中多舌也。

鳩盤茶　此云陰囊，亦曰形卵，謂此之類陰囊狀如冬苽，行時擎置肩上，坐時即便據之，由斯弊狀，特異諸類，故從此爲名。舊云冬苽神者，以其事猥略而不顯，故使人謬解耳。

乾闥婆　此云食香，或云尋香。言此類尋逐食之香氣，往彼娱〔一五〕樂，以求食也。舊云樂神者，非正翻也。

釋迦因陀羅　釋迦，正云鑠羯囉，此云帝也。因陀羅，此云主也。古來釋之同佛族望之稱，謬之深矣。

須夜摩　須，善也；夜摩，時也。言彼諸天，光明赫奕，晝夜不別，但看花開合，以分其時。既時非明暗之，故曰善時天。

兜率陀　具云珊兜率陀，此曰喜樂集。依俱舍中有三義，得此名。一喜事，二聚集，三遊樂。舊翻爲喜足，或云知足，非正翻也。

花蘂　如捶反。玉篇云：蘂爲花鬚頭墨也。字從三心。有作三止者，不是字也。

尸棄　具云尸棄那，此云有髻，或曰頂髻也。

花嚴經卷第二　妙嚴品之二

爲啟難思　説文曰：啟，開也。

陀羅尼　此云總持。

不唐捐　捐，與專反。唐，虛也。捐，棄也。

無倫匹　玉篇曰：倫，類也。匹，比也。

悟斯道　爾雅曰：斯，此也。

十力摧殄　下唐顯反。爾雅曰：殄，滅也。

曩世　那朗反。爾雅曰：曩，久也。謂久遠也。

心馳蕩　馳，直知反。蕩，唐朗反。廣雅曰：馳，奔也。説文曰：蕩，放恣也。蕩字正宜作愓。經本作[蕩][一六]者，時共通用。古體又作婸、惕二體也。

不隨魔　魔，梵言也。具云魔羅，此云障礙善，或云破壞善也。

誘誨　説文曰：誘，教也。劉瓛注易曰：誨，示也。

俾無癡惑　俾，卑尔反。孔安國注書曰：俾，使也。

益其精爽　劉瓛注易曰：精，靈也。説文曰：爽，明也。言增益心靈使明利也。

花嚴經卷第三　妙嚴品之三

蔭澤　蔭，於禁反。

滋榮　韻圃稱：滋，潤也。釋名曰：榮猶熒熒[一七]然照明之皃，言其光潤者也。

滌除　田歷反。説文曰：滌，洗也。

慰安　慰，於謂反。漢書應劭注曰：自上撫下曰慰，下得上慰曰安也。

一刹那中　刹那者，時之極促名也。仁王經云：一念中九十刹那，一刹那有九百生滅。又俱舍論云：百二十刹那爲一怛刹那，六十怛刹那爲一臘縛，三十臘縛爲一須臾，三十須臾爲一晝夜，三十晝夜爲一月，十二月爲一年也。

癡翳常蒙惑　翳，於計反。方言曰：翳，薆也。珠叢曰：薆，蔽也。文字集略曰：翳，目障也。公羊傳曰：眼有眸子而無見曰蒙[一八]也。言癡爲慧眼之障蔽，不見真理，故常生疑惑也。翳字正宜作瞖（瞖）[一九]，薆音愛也。

漂淪　淪，力匀反。玉篇曰：淪，没也。

畏塗　塗，道也。謂三惡道可怖畏，故名之畏途也。

大名聞　聞，無運反。珠叢曰：聞謂聲所至也，聲謂名聲，後有此言准釋也。

其聲所暨　暨，渠冀反。杜預注左傳曰：暨，及也。

無央數　央，於良反。王逸注楚辭云：央，盡也。

決（決）[二〇]定　決（決）字從兩點，不從水邊，其從水音（者）[二一]乃是水行之決字也。

叵思議　叵，普我反。字書曰：叵，不可也。

世間共度　度，唐洛反。

罔不均　爾雅曰：罔，無也。

一切智道靡不宣　珠叢曰：靡，無也。小[爾]雅曰：宣，示也。示謂顯示。又云明也，明謂分明。又云遍通也，施行也。

婆稚　正云末梨，此云有力。

苫末羅　西域近海岸邊樹名，此翻云黄雜色，金翅鳥若來即居其上也。

曠劫　曠，苦謗反。廣雅曰：曠，久也。謂久遠也。

淪永夕　廣雅曰：淪，沉也。爾雅曰：永，長也。夕，夜也。言生死界中常癡闇，故謂之長夜也。

尸利夜神　此云普現吉祥。

法炬　炬，渠與反。説文曰：炬謂束薪而灼之，謂大燭也。珠叢曰：苣謂莒苣，束草爇火以照之也。苣即古之炬字，莒音居吕反。

克殄　克，肯勒反。爾雅曰：克，能也。殄，滅也。

花嚴經卷第四　妙嚴品之四

牟尼　此云寂默也。

佛刹　刹，具正云紇差怛羅，此曰土田也。差音初芥也。

無猒足　猒，於鹽反。飽也。

朗然　説文曰：朗，明也。

罣礙　罣，胡卦反。字略曰：罣謂網礙也。字又作罜。

三昧　具足正云三摩地。此云等持，謂離沉掉名之爲等，令心注一境住，故曰持也。

泉澗　澗，古鴈反。

霈澤清炎暑　霈，普盖反。文字集略曰：霈，謂大雨也。劉熙注孟子曰：霈然，注雨皃。郭璞注爾雅曰：炎，旱氣熏灼人。説文云：暑，熱也。

難宣　小[爾]雅曰：宣，示也。

恬怡最勝道　恬，徒嫌反。怡，以之反。孔安國注尚書曰：恬，安也。爾雅曰：怡，樂也。

蠲除　上古玄反。小[爾]雅曰：蠲，潔也。潔謂浄潔。

皆從化　鄭箋詩云：從，隨也。珠叢曰：教成於上而易俗於下謂之化。

險詖不修德　詖，彼義反。毛詩序曰：内有進賢之志，而無險詖之心。蒼頡篇曰：詖謂佞諂也。

無猒怠　猒，於餤反。猒，倦也。

踰須彌　字林曰：踰，越也。

如世生盲卒無覩　卒，將聿反，竟也，終也。

如盲瞽　瞽，公五反。三蒼曰：無目謂之瞽。釋名曰：瞽謂眠睡目平合如鼓皮也。字從皮，非也。

彌綸　綸，力脣反。漢書拾遺曰：彌綸，猶纏裹也。言周匝包羅耳也。

名譽　譽，余茹反。毛詩傳曰：譽謂人美稱揚也。

明矚　之欲反。韻略曰：矚，視也。

花嚴經卷第五　妙嚴品之五

如川騖　下無羽反。漢書音義曰：騖，亂馳也。此謂因修歷事，無邊佛海，今坐道場，菩薩競奉，如百川之湊海也。

金剛齌　齌字從肉。

無遺隱　遺，餘也。隱，藏也。

綺麗窗　張載注靈光殿賦：綺，文也。小[爾]雅曰：麗，著也。言窗有文彩昭著者也。

特明　顔注漢書曰：特，獨也。

填飾妙花　填字正宜作填（瑱）[二二]，音唐見反。填，陟隣一[二三]反。漢書訓纂（纂）[二四]曰：填（瑱）謂珠玉壓座爲飾也。周禮：有填圭長尺二寸，玉所雜飾也。今經本從土作者，填音唐賢反，乃是填塞之填字也。

夷坦　夷，以脂反。坦，他嬾反。毛詩傳曰：夷，易也。謂簡易之道，言省力易行者也。廣雅曰：坦，平也。

光瑩　鄭箋詩曰：光，榮也。切韻稱：瑩，飾也。言以名花妙寶瑩飾於佛座也。又案説文、字統：瑩，又作鎣。訓與瑩同，然別有音余傾反，訓爲光飾之義。近代以來，碩學絶嗣，聲義渾雜，濫以瑩音之訓安瑩聲之下。

世尊凝睟　睟，宣醉反。易云：君子以正位凝命。王弼注曰：凝者，嚴整之皃。睟，視也。謂肅然而視也。又孟子曰：睟，面色閏也。玉篇曰：睟然，潤澤之皃也。

炳然　炳，彼永反。蒼頡篇曰：炳，明著也。

門闥　下他達反。漢書集注曰：闥，小門也。

洞啟　洞，徒弄反。玉篇曰：洞，達也。

棟宇　棟，都弄反。郭璞注爾雅曰：棟，屋穩也。穩，於靳反。穩即脊也。

妙香氳氳　氳，符云反。氳，於云反。王逸注楚辭曰：氳氳，盛也，香氣盛也。氳氳又作葐蒀也。

樹歧　歧，拒羈反。兩股間也。案字書作𣏌，謂樹枝横首也。今經本有從山邊作岐及切韻音之爲歧，並誤也。

争聳擢　聳，息勇反。擢，直角反。切韻稱：聳，高也。蒼頡篇曰：擢，抽也。言抽樹枝條高上也。

如重雲　重，直用反。言密闇也。

彌覆　覆，芳富反。漢書音義曰：彌，滿也。言遍覆蔭也。

相庇映　下卑至反。鄭玄注禮記曰：庇，覆也。爾雅曰：庇，蔭也。字書曰：映，傍照也，彩間也。言相庇相映如五色之綺錯也。映字古正體作⿰目齐(昚)[二五]，當日中央爲映，或有之從日邊作英[二六]者，謬。

花嚴經卷第六　如來現相品

閻浮檀金　具正云染部捺陀。此是西域河名，其河近閻浮捺陀樹，其金出彼河中。此則河因樹以立稱，金由河以得名，或曰閻浮菓汁點物成金，因流入河，染石成此。閻浮檀金，其色赤黄，兼帶紫燄氣。

優鉢羅花　具正云尼羅烏鉢羅。尼羅者，此云青。烏鉢羅者，花號也。其葉狹長，近下小圓，向上漸尖，佛眼似之，經多爲喻。其花莖似藕，梢有刺也。

頗梨色　正云窣披致迦，其狀少似此方水精，然有赤有白者也。

普振　振字正宜作震，震動之義。經本作振字者，乃是振舉之振也。

辟支佛地　辟支，梵言具云卑勤支底迦，此曰各各獨行。佛者，覺也。舊翻爲獨覺，正得其意。或翻爲緣覺者，譯人謬失。以梵語云鉢羅底迦，此翻爲緣故。智度論第十八中通上二類也。

僉然坐　僉，七鹽反。爾雅曰：僉，皆也。小[爾]雅曰：僉，同也。如云莫不皆然之也。

克證　爾雅曰：克，能也。

法界周流無不遍　周匝流布故曰周流。

或覆或傍住　覆，芳福反。傍，薄郎反。

周聞十方　聞，無運反。鄭注禮記云：周，遍也。珠叢曰：聞，聲所至也。

花嚴經卷第七　普賢三昧品

包納　包字又作苞，並[二七]通用。

般涅盤　具云般利涅盤那。謂般利，普也，究竟也。涅，出離也。盤那，煩惱結也。言諸煩惱結普究竟出離也。

我曹　如淳注漢書曰：曹，輩也。

花嚴經卷第七　世界成就品

志欲廣大　論語注曰：志，慕也。慕謂希樂也。

煩惱擾濁　擾，如紹反。孔安國注書曰：擾，亂也。字宜從夒。夒音奴刀反。經本從憂者，謬也。

或修或短　廣雅曰：修，長也。經本作脩字者，謂乾脯之脩，非此用。

懸覆住　覆，孚福反。倒垂狀也。

互循復　循，祥倫反。復，符福反。郭璞曰：循謂巡行也。鄭箋詩曰：復謂反覆，言經歷往來也。

無暫已　已，余里反。廣雅曰：已，止也。

三維及八隅　廣雅曰：維，角也。鄭玄注考工記曰：隅，角也。

共美　共字從廾不從卄，横畫必須相連。美字從大必不得從火也。

一一區分　馬融注論語曰：區，別也。

迫隘　隘，於懈反。迫，迮也。隘，狹也。

花嚴經卷第八　花藏世界品之一

珍草羅生悉芬馥　芬，孚云反。馥，符福反。爾雅曰：珍，美也。賈逵注國語曰：珍，寶。謂以寶爲草。楚辭曰：羅生乎堂。王逸注曰：羅謂列而生也。

不可沮壞　沮，才與反。漢書音義曰：沮，毁也。

澱洷其下　洷，魚靳反。爾雅曰：澱，謂之洷。郭璞注曰：澱，滓也。江東呼爲洷也。

欄楯　欄，勒丹反。楯，述尹反。説文曰：欄，檻也。王逸注楚辭云：縱曰檻，横曰楯。楯間子謂之櫺。

芬陀利　此云白蓮花，亦曰百葉花。

尸羅幢　案梵語云尸羅，此曰清涼。若云試羅，此翻爲玉，謂以玉爲幢名尸羅幢也。

競奏　小[爾]雅曰：奏，進也，爲也。

香水澄渟　渟，笛零反。埤蒼曰：水止曰渟，渟猶湛也。經本有從立人作亭〔二八〕者，誤也。

垣墻繚繞　垣，于元反。繚，零鳥反。毛詩傳曰：垣，墻也。説文曰：繚，纏也。謂周匝纏繞也。廧（墻）〔二九〕字籀文隸文皆作廧，今或加土也。

洄澓　洄，旋也。澓，深也。謂河海中深淵之處水旋轉也。

壇墠形　墠，常演反。尚書曰：爲三壇同墠。孔注曰：築土爲壇，除地爲墠。韓詩傳曰：墠猶坦，言平地也。

佉勒迦形　佉勒迦，此云篅。

因陀羅　此云帝網。

娑婆　此云堪忍。

卍字之形　今勘梵本，卍字乃是德者之相，元非字也。然經中上下據漢本總一十七字，同呼爲万，依梵文有二十八相，即八種相中四種相也，謂室利靺瑳、難提迦物多、塞嚩悉底迦、本囊伽吒。又有鉢特忙，斫訖羅，拔折羅等三相。雖於華藏、迴向二品中有，以其可識無謬，故此不列在數。又有盎句奢相，此經總無，故亦不列。其一十七相，既非萬字，又非一色之相，今顯異同，謂第八卷有一室利靺瑳相，第九卷有三相：初難提迦物多、次室利靺瑳、後亦室利靺瑳。第二十二〔三〇〕有一相謂塞縛悉底迦，第二十七有五相：初室利靺瑳、次塞縛悉底迦、次難提迦物多、次室利靺瑳、後難提迦物多，第四十八有三相：一塞縛悉底迦相、二室利靺瑳、三室利靺瑳，第五十七、五十八、六十三、六十五等中各有一室利靺瑳相。若謹依梵本總有二十八相，具顯如刊定記説也。

梵書萬字。

室利靺瑳，此云吉祥海雲。

難提迦物多，此云右旋。

塞縛悉底迦，此云有樂。

本囊伽吒，此云滿瓶。或八相中無此瓶，有螺。

鉢特忙，此云赤蓮華。

斫訖羅，此云輪。

跋折羅，此云杵。

盎句奢，此云曲鈎。

花嚴經卷第九　花藏世界品之二

世界名尸利　尸利，此名殊勝，亦曰吉祥。

城郭　風俗通曰：城之爲言盛，郭之爲言廓，謂寬廓盛受者也。

狀如四洲　爾雅曰：水中可居之地曰洲。今四天下皆在四大海中，故俱名洲也。言狀如四洲者，東洲形圓如日，西洲形如半月，南洲北廣南狹，北洲其形正方[也]〔三一〕。

師子頻申　毛詩傳曰：頻，急也。申，舒也。謂勞倦者，以手足胸背左右上下，或急努，或舒展，用自解其勞倦。此或全是梵語，如刊定記説也。

世界名多羅　未詳。

龍淵　淵，烏玄反。孔安[國]〔三二〕注論語曰：淵，潭也。

慣習　慣，古患反。鄭箋詩曰：慣，習也。字宜從才，或有作串者，乃是貫串字也。今經本從豎心者，俗通用。

天城寶堞　堞，徒頰反。杜預注左傳曰：堞，女牆也。

花嚴經卷第十　花藏世界品之三

軌度　度，徒故反。賈逵注國語曰：軌，法也。鄭玄注周禮曰：度，謂尺丈之數也。言軌儀有節，故曰軌度也。

佛號娑羅王　娑羅，此云堅固，亦曰最勝。

絶倫　鄭注儀禮曰：倫，比也。

吉祥幄　幄，於角反。向(尚)〔三三〕書傳曰：吉，善也。杜注左傳：祥者，吉凶之先兆也。賈注國語曰：祥，猶象也。何承[天]〔三四〕纂要曰：在三(上)〔三五〕曰帳〔三六〕，在旁曰帷，四合象宮殿，謂之幄也。

崇飾寶隦堄　隦，普米反。堄，研礼反。鄭注考工記曰：崇，高也。廣雅云：隦堄，女墻也。蒼頡篇曰：堄，城上小垣也。案賈注國語隦字作埤，杜注左傳作陴，廣雅作隦，籀文作鞞。鞞又音避支反。今經本作俾倪字者，案聲類乃是軾中環特(持)〔三七〕蓋杠者也。又有頓頣，又膵(睥)〔三八〕睨之字，並是左右傾意邪視也，或云車中傾視於外也。杠音江，謂蓋竿。

秀出　秀，私究反。國語曰：秀出於衆，有則以吉〔三九〕。顧野王曰：秀，美。

如衆繢　繢，胡對反。鄭注論語曰：繢，畫文也。

刧燒　燒，書耀反。

堅硬　硬，顔孟反。

閻羅界　閻羅，具正云琰摩邏闍。此云遮止，謂遮止罪人，不令更造。

金剛杵　杵，昌與反。

海蜯　蜯，蒲項反。蛤也。字又作蚌(蚌)[四〇]。

酸楚　酸，蘇官反。説文曰：酸，酢也。楚，猶齭也。謂身受劇苦，疼痛不可觸近，猶齒之酸齭，不可以近物也。或曰酸猶於[四一]痠。痠，疼也。楚，荆杖也，言被杖疼痛也，又曰酸傷於骨。楚，猶齒齭[四二]，言受重苦，徹骨疼痛，不可觸近之。

花嚴經卷第十一　毗盧遮那品

乃往　説文曰：乃，語辭也。廣雅曰：乃，往也。重言訓義，猶清净也。

不可紀極　紀，居理反。廣雅曰：紀，記也。鄭注禮記：極，盡也。言記之不可窮盡也。

那由他　案此方黄帝數法有三等，若依下等，當此兆也；中等，秭也；上等，溝也。具如下阿僧祇品處釋也。

從廣　從，紫容反。孟康注史記曰：南北爲從，東西爲横。横即廣也。字正體從木作，有從糸作者，皆俗通用也。

樓櫓却敵皆悉崇麗　櫓，郎古反。切韻稱城上守禦曰櫓也。繞城往往别築迥起土臺，名爲却敵，既高且飾，故云崇麗也。

塹　七豔反。説文曰：塹，坑也。經本有從水者，謬。

波頭摩花　正云鉢特忙，此曰赤蓮也。其花莖有刺。

拘物頭花　其花莖有刺，色或赤白，以其花葉稍短，未開敷時狀郁楚然，故亦或名小白花。

萃止　毛詩傳曰：萃，集也。

城邑宰官　左氏傳曰：邑，都也。有先君之宗廟曰都，無曰邑也。孔安國注論語曰：宰謂家臣也。韻圃稱：宰，主也。謂城邑中長吏即爲其主也。

四衢道　爾雅曰：一達謂之道路，二達謂之歧旁，三達謂之劇旁，四達謂之衢，五達謂之康，六達謂之莊，七達謂之劇驂，八達謂之崇期，九達謂之逵。然以路多四達，凡語故多用。

妓樂　妓，渠倚反。切韻稱：妓，女樂也。埤蒼曰：妓，美女也。因以美女爲樂，謂之妓樂也。經本有從扌邊作支(技)[四三]者，此乃技藝字也。或有從立人作者，音章傷反，害也，非此經意也。

巾馭汝寶乘　馭，魚據反。乘，食證反。晋書輿服志曰：周禮：巾車大赤以朝，大白以戎。案巾謂飾也。鄭玄注周禮曰：巾猶衣也。衣音於記反。謂以繒綵衣帶於車也。廣雅曰：馭，駕也。

夫人采女　采擇所得之女謂之采女。風俗通曰：六宫采女凡數千人，天子遣掖庭承(丞)相率於鄉中閲視童女[四四]，年十三以上，二十以下，長壯皎潔有法相者，因載入宫，故謂之采女也。夫人者，案因夫以成人，故曰夫人也。

尋亦去世　杜注左傳曰：尋，續也。言續後去也。

聚落　聚，疾喻反。韋昭漢書云：小鄉曰聚，人所居故稱聚落。

依怙　怙，胡古反。爾雅曰：怙，恃也。韓詩傳曰：怙，賴也。謂倚賴之也。

花嚴經卷第十二　如來名號品

瞻蔔花　此云黄色花，其花甚有香氣，然少似梔子。

阿耨多羅三藐三菩提　耨，奴沃反。藐字，案梵本應音云彌略反。阿，此云無也。耨多羅，上也。三藐，正也。三，遍也，等也。菩提，覺也。總應言無上正等覺也。耨字，古來經論中多作耨，音奴搆反。案梵語，耨音同此方入聲，殊無去聲之勢，故字宜從示，不應從耒，此乃古今鈔寫之無識，非潤色之紕謬。藐字本音摸角、彌紹二反。此土既無彌略之字，故假藐字而用之耳。

釋迦牟尼　釋迦，此云能也。牟尼，寂默也。言其三業離於諠雜也。

瞿曇氏　具云瞿荅摩。言瞿者，此云地也。荅摩，最勝也。謂除天以外，在地人類此族最勝，故云地最勝也。或曰瞿曇彌，或曰憍曇彌，或曰瞿夷，皆女聲呼。

竪羅跋那　竪者，具云竪濕弗羅，此云自在也。跋那者，大聲也。謂佛號大自在聲也。

修臂　修，相由反。案玉篇，修飾、修長皆從[彡]〔四五〕，脩脯之脩從肉。今有以脯脩爲飾長之用者，並謬。脩修同從也。

豐溢　餘一反。説文曰：溢，器滿餘也。

或名性超邁　邁，莫芥反。案梵本云遏底訖爛陀塞嚩皤婆。言遏底訖爛陀者，超過也；塞嚩，自也；皤婆，性也。謂自體性超過也。説文云：邁，遠行也。遠即過遠也。

或名簡言詞　簡，皆限反。尚書曰：詞尚簡要。孔安[國]〔四六〕注曰：簡，略也。

鮮少　鮮，斯演反。賈注國語曰：鮮，寡也。寡猶薄也。古體正作尠，或俗爲尟形亦有用者。

鬮　餘灼反。字又作龠，鑰也。

花嚴經卷第十二　四聖諦品

躁動　躁，則到反。鄭注論語曰：躁，不安静也。

仇對　仇，渠尤反。爾雅曰：仇，讎也。孔安[國]〔四七〕注書曰：仇，怨也。言集望於道如怨讎也，障出離故也。

資持(待)〔四八〕　考工記曰：資，取也。王逸注楚辭云：待，須也。言苦諦爲飢渴寒熱等病所隨，故有所須，有所求取也。

鄙賤　鄙，悲几反。如淳注漢書曰：鄙，猥陋也。

粗獷　獷，古横反。

破印　印，於胤反。言苦報盡處方顯滅諦，故名滅諦爲破印。有經本而云破卵。卵，盧管反。謂由破於生死縠卵顯得滅諦故也。

能攫噬　攫，拘縛反。噬，常制反。蒼頡篇曰：攫，搏也。説文曰：攫，爪持也。廣雅曰：噬，嚙也。言由造集損害真實，出離善根，故此猶如師〔四九〕子搏嚙也。攫字經本有從立犬邊作獶者，甚謬也。花嚴闍梨共三藏覆勘此梵本謂之似多，此云師子，然依業用聲呼，故翻爲攫噬，其於犬邊矍者，乃是玃玃之屬，與梵本不相當也。噬字要宜從竹。經本有從二十〔五〇〕者，音武係反。又有口邊著筮〔五一〕者，无(元)〔五二〕不是字也，以(似)〔五三〕音詞孕反也。

渾濁　渾，户昆反。切韻：渾，濁也。重言訓義，猶云清浄耳。

坏　普該反，未燒瓦也。

憤毒　憤，夫問反。賈注國語曰：憤，盛也。鄭注禮記曰：憤，謂怒氣充實也。

驚駭　駭，閑揩反。廣雅曰：駭，起也。夫驚者，其心必舉。舉，起已，故驚也。

匿疵　匿，尼力反。疵，疾移反。廣雅曰：匿，隱也。杜注左傳曰：匿，隱也。疵，病也。言苦諦隱藏煩惱過患也。

傲慢　傲，五告反。杜注左傳曰：傲，不敬也。傲字經本有從豎心邊作慠者，謬也。

駛流　駛，所吏反。蒼頡篇曰：駛，速疾也。字從馬史聲。經本有從馬邊夬者，音古穴反。乃是駃騠馬名，非此經意。

花嚴經卷第十三　光明覺品

閻浮提　正云贍部提。贍部，樹名也。提，此云洲。謂香山上阿耨池南，有一大樹名爲贍部，其葉上闊下狹，此南洲似彼，故取爲名也。

弗婆提　具正云布嚕婆毗提訶。言布嚕婆者，此云初，謂日初出處，此翻爲東也。毗，勝也。提訶，身也。

瞿耶尼　具云阿鉢唎瞿陀尼。言阿鉢唎者，此云西。或曰鉢執忙，此云後。謂日後(没)[五四]邊處。瞿，牛也。陀尼，貨也。謂以牛買物如此洲用錢也。

鬱單越　具正云嗢[五五]怛羅句嚧。言嗢怛羅者，此云上也，勝也。句嚧，所作也，謂彼洲人於所作事皆無我所勝二洲故也。

文殊師利　正云曼殊室利。言曼殊者，此云妙也。室利，德之也。

丈夫　大戴禮曰：丈者，長也。夫者，扶也。言長制萬物者也。白虎通曰：夫，扶也，以道扶接也。丈夫爲言狀扶人者也。左傳曰：進賢達能謂之丈夫也。廣雅曰：男子謂之丈夫，有名行者也。

紺青　紺，古暗反。珠叢曰：深青之色而伴赤色者，謂之紺也。

戲笑　戲字虚邊作弋，弋音餘力反。笑字從竹犬聲。有作咲者，俗也。

寤世間　寤，吾故反。寤，覺也。謂令世間皆出生死睡眠。

塵累　累，力恚反。鄭玄注曰：累，係也。謂六境汙心如塵坋人，即係縛不得出離，故總謂之塵累也。塵字從庶土。庶，衆也，謂衆土成塵，會意字也。今人多從鹿下土爲塵，莫識其義也。

花嚴經卷第十三　菩薩問明品

曉悟群蒙　廣雅曰：曉，説也。鄭注禮記曰：群，衆也。韓康伯注易：蒙昧，幼小之皃。説文曰：蒙謂童蒙也。言凡夫於道未有所識，如幼童蒙，菩薩説之令開悟也。説音書鋭反。

惟仁　郭璞注爾雅曰：惟，發語聲辭也。周禮曰：天德曰仁。言人有如天覆育之德者，即謂之爲仁之也。

湍流競奔逝　湍，也(他)[五六]官反。説文云：淺水流沙上曰湍。又曰湍，疾瀨也。爾雅曰：逝，往也。瀨音賴。

長風　長，直良反。兼名字苑[五七]云：風暴疾而起者，謂之長風也。

鼓扇　鼓，公户反。鄭注儀禮曰：鼓，猶擊也。扇，動揺也。鼓字經本有從壴邊作皮者，此乃鍾鼓字也。

機關木人　韓康[五八]注易云：樞機，制動之主也。安機即樞機，用資轉動關鍵，義在密能。言其木人無心，但以闇密繩楔(楔)[五九]而能運動，今喻業體都無作者而能生起種種果報也。

從縠　縠，苦角反。郭注爾雅曰：縠謂鳥子須母者，鷇謂能自食者也。縠字經本有從殸卵者，元不是字，尋兹殊謬，起自

無識，胸臆製字，陷悮〔六〇〕童蒙耳。［此猶人隨（墮）坑不可責也〔六一〕。］

濤波　濤，唐勞反。三蒼曰：大波爲濤也。

阿揭陀藥　阿，此云普也；揭陀云去也。言服此藥者，身中諸病普皆除去也。又云阿，無也；揭陀，病也。服此藥已更無有病，故名之耳。

毗藍風　正云吠濫婆。言吠者，散也；濫婆者，所至也。言此風所至之處，悉皆散壞也。又云毗，不也；藍婆，遲也。謂此風行最極迅急，舊翻爲迅猛風是也。其水輪下風輪亦與此風同名。

樵溼　樵，疾遥反。溼，失入反。說文曰：樵，薪也。溼字經本有作濕者，音他合反，此乃平原郡之水名耳。

如鑽燧　鑽，則官反。燧，徐醉反。鑽，謂木中取火。燧謂鏡中取火也。淮南子曰：陽燧見日則熯而爲火，方諸見月則津而爲水。許叔重曰：陽燧，五石之銅精，仰日則得火。方諸，五石之精作圓器以似（似坏）〔六二〕仰月則得水也。燧又作隧也。

赫日　赫，亨格反。毛詩傳曰：赫，盛皃。

孩稚　稚，直履反。方言曰：稚，年小也。字又作穉也。

芒草箭　芒草，一名杜榮。西域既自有之，江東亦多此類。其形似荻，皮重若筭，體質柔弱不堪勁用也，其字〔六三〕宜作莣也。

射　神亦反。

躡　尼獵反。蹈也。

受餧　餧，奴罪反。說文曰：餧，飢也。字從食妥聲。經本有從食邊委者，音於僞反。此乃餧飤之字。

基堵　堵，當古反。賈逵曰：基，始也。公羊傳曰：五板爲堵。何休曰：八尺曰板，一堵凡四十尺也。今謂創始築墻基爲宫空（室）〔六四〕之本時者也。

率土咸戴仰　爾雅曰：率，從也。玉篇曰：戴，謂欣奉於上也。言從化之民，莫不欣然奉事也。

花嚴經卷第十四　净行品

奢摩他　此云止息，亦曰寂静，謂正定離沉掉也。

毗鉢舍那　此云種種觀察，謂正慧決擇也。

猗覺　猗，於宜反。淹師文選音義云：猗，美也。玉篇顧野王曰：歎美之猗字又作禕。郭璞注［爾］〔六五〕雅曰：禕謂佳麗輕美之皃。今此覺支由定加行伏沉掉，故引定身心，輕美安和，即當輕美之義。故得定者，非唯心安調暢，亦復容皃光潤矣〔六六〕也。

檀波羅蜜　具云檀那波羅蜜多。檀那，此云施也。波羅蜜云彼岸也。多云到也。言施能到彼岸。後之五度波羅蜜多皆准此釋之也。

尸波羅蜜　具云尸羅。此曰清涼。

羼提　羼，初莧反。此曰安忍。

毗梨耶　此云精進。

禪那　此云静慮，謂静心思慮也。舊翻爲思惟修者，略也。

般若　此云慧也。西域慧有二名。一名般若，二名末底。智唯一名，謂之諾那，即是第十智度名也。

僧伽藍　具云僧伽羅摩。言僧者，衆也；伽羅摩者，園也。或云衆所樂住處也。

捨諸罪軛　軛，於隔反。珠叢曰：軛，車轅端横木也。今謂諸罪荷擔在身如牛爲重載所壓，在家累繫如牛被軛，脱俗入道猶捨軛也。

袈裟　具正云迦邏沙曳。此云染色衣。西域俗人皆著白色衣也。

紹隆　紹，市沼反。切韻稱紹，繼也。鄭注禮記云：隆猶盛也。言繼嗣宗業令興盛者也。

統理　統，他宋反。漢書臣瓚注曰：統，總也。玉篇曰：理，治也。言總管攝治御之。

闍梨　具云阿闍梨，此云軌範師。謂與弟子爲軌則師範。然有五種闍梨：一羯磨，二威儀，三依止，四受經，五十戒闍梨。西域又有君持闍梨也。

撿束　顏注漢書曰：撿，局也。謂拘局之不使分散也。舊文依撿驗之義，今依撿繫之義也。

僧伽梨　正云僧揭胝，此曰和合衣，謂要須兩重合成故也。

噬諸煩惱　噬，常制反。三蒼曰：噬，囓也。字宜從竹巫也。

盥掌　盥，古漫反。説文曰：盥，澡手也。

發趾　趾，之示反。字林曰：趾，足也。

陂澤　陂，彼爲反。説文曰：穿地通水曰池，畜水曰陂也。

池沼　沼，之繞反。説文曰：沼，池也。

汲井　廣雅曰：汲，取也。取水於井，故云汲井。

園圃　蒼頡篇曰：種樹曰園，種菜曰圃也。

耘除　耘，于君反。韻圃稱：耘，鋤也。毛詩傳曰：耘，除草也。字又作秐〔六七〕、䅬〔六八〕兩體。今經本作芸字者，此乃芸薹菜名。

頭陀　正云杜多，此曰斗藪。謂去離緣務、少欲、知足等十二種行皆能葉（棄）〔六九〕捨煩惱故也。

醜陋　玉篇曰：陋，猥也。謂容皃猥惡也。

沙門　正云沙迦懣囊，此云止息，謂止息一切諸不善法。又曰劬勞，謂修一切劬勞苦行。又曰聽聞，〔謂多聞〕〔七〇〕熏習是常業故，又云止息者，謂袈裟蔭力止息一切不安隱故也。

婆羅門　此云捨惡法，又曰淨行也。

操行　操，倉到反。王逸注楚辭曰：操，志也。玉篇曰：持志貞固曰操也。

甲冑　廣雅曰：冑，兜鍪也。鍪音牟。

鎧仗　鎧，肯代反。仗，除亮反。説文曰：鎧，甲也。風土記曰：仗謂刀戟之總名也。顏注漢書曰：仗謂所持兵器也。字宜從立人，經本有從木者，棒杖字也。或從扌者，扙託字也。

不撟威儀　撟，居夭反。賈注國語：行非先王之法曰撟。玉篇曰：撟，假也，詐也。今言威儀真實，不詐現異相也。字宜從扌，經本從矢者，王逸注楚辭云直也，爾雅云勇也，蒼頡篇云正也。此乃並非經意也。

林藪　藪，桑走反。鄭玄注周禮曰：澤無水曰藪。又曰：藪，大澤也。又云：水希之澤曰藪。韓詩傳曰：澤中可〔爲〕〔七一〕禽獸居之曰藪也。

粗澀　澀字有作澁者，不是字也。

諷誦　諷，方鳳反〔七二〕。鄭玄注周禮曰：背文曰諷，以聲節之曰誦。

佛塔　塔，梵言也。或曰偷婆，正云窣堵波。此翻爲墳陵也。

若飯食時　飯，扶晚反。説文云：飯，食也。謂食餅也，蓋喫之異名也。

花嚴經卷第十四　賢首菩薩品上

摩訶衍　具云摩訶衍那。言摩訶者，此云大也。衍那云乘也。

兼利　文字集略曰：兼，并也。言菩薩自利，復利於他，故云兼利也。

晃曜　晃，胡廣反。説文曰：晃，明也。廣雅曰：晃，暉也。字又作晄也。

絢焕　絢，呼遍反。鄭注儀禮曰：絢謂文彩成也。何晏注論語曰：焕，明也。

劫中飢饉　渠恡反。爾雅曰：穀不熟曰飢，蔬不熟曰饉。穀梁傳曰：一穀不昇曰嗛，二穀不昇曰飢，三穀不昇曰饉，四穀不昇曰康，五穀不昇大浸。昇，登也，成也。墨子曰：一穀不收謂之饉，二穀不收謂之旱，三穀不收謂之凶，四穀不收謂之餽，五穀不收謂之飢饉。言五[穀]〔七三〕者，禮記月令云麥、菽、稷、麻、黍也。或曰：房散角芒，稽也。飢字或作饑之也。

愜　牽恊反。

俾樂色　俾，卑尔反。孔安[國]〔七四〕注書曰：俾，使也。

所好尚　好，呼到反，樂也。顔注漢書曰：尚，崇也。

離諠憒　憒，公對反。廣雅曰：憒，亂也。

雅思淵才　思，先吏反。淵，烏玄反。毛詩傳曰：淵，深之〔七五〕也。

良毉　毛詩傳曰：良，善也。毉字或作醫也。

示謁天廟　謁，於歇反。蒼頡篇曰：示，現也。爾雅曰：謁，請也。言示現祈請天神靈廟也。

蹲踞　蹲，徂崙反。踞，居御反。

稟邪　稟，彼錦反。孔注書曰：稟，受也。字宜從禾，古文作稟也。

花嚴經卷第十五　賢首品下

瀑流　瀑，蒲報反。説文曰：瀑，疾雨也。謂天澍猝疾大雨，山川洪流忽爾而至者也。

船筏　筏，房越反。方言曰：箄謂之篺，篺謂之筏，秦晉通語也。又案暫縛柴木，水中運載者，亦曰筏也。筏字又作橃、䑽(䑽)〔七六〕兩體也。

毁呰　呰，資尔反。説文曰：呰，呵也。

逮成　上唐愛反。鄭注禮記曰：逮，及也。謂預及於事也。

拯　拯，之肯反。杜注左傳曰：拯，救助也。

惠施　廣雅曰：惠，賜也。

珍饌　饌，仕眷反。爾雅曰：饌，美也。

戈鋋劍戟　戈，古禾反。鋋，市連反。小雅曰：戈，鈎戟也。説文曰：戈，謂平頭戟也。聲類曰：鋋，鏦也。鏦音窻。許叔重注淮南子曰：鏦，小矛。方言：吴揚江淮南楚之間謂矛爲鋋。案論語圖：戈形旁出一刃也，戟形旁出兩刃。

弧矢　弧，户吾反。矢，式耳反。説文：弧，木弓也。考工記曰：剡木曰矢。謂即箭也。弧字，經本有從矢邊作弧〔七七〕，或矢邊直作瓜者，皆無典據。矢字又作矦，或亦作笑也。

車輿　輿，與居反。玉篇曰：輿謂車之總名也。

何況　況，許誑反。況字正體兩點邊作[况]〔七八〕。經本有從三點者，說文謂之寒水，殊乖譬況之義也。

須臾　玉篇曰：須臾，俄頃之間也。俱舍論云：百二十刹那爲一怛刹那量，六十怛刹那爲一臘縛，三十臘縛爲一須臾，三十須臾爲一晝夜也。

敗衂　衂，女育反。玉篇曰：衂，折挫也。左思吴都賦曰「衂，挫芒」是也。

徒旅　旅，力與反。孔安[國]〔七九〕注書曰：徒，衆也。旅猶言侶。廣雅曰：侶，伴也。

竄匿　竄，粗亂反。玉篇曰：竄，逃藏也。廣雅曰：匿，隱。

釋提桓　勘此中梵本與前第一卷說不殊，古人謬置桓字，深成罪過也。

蹈　徒到反。說文曰：蹈，蹋也。

僅　渠恡反。說文曰：僅，纔能也。字從堇省，故但(從)〔八〇〕革下土也。

憂悴　悴，疾醉反。方言曰：悴，傷。謂容貌瘦損，字又作顇也。

被甲　被，皮義反。廣雅曰：被，加也。謂[加]〔八一〕之於身也。

罥網　罥，古泫反。珠叢曰：罥，謂以繩繫取鳥也。字又作羂也。

忉利天　忉利，梵言。正云怛唎耶怛唎奢。言怛唎耶者，此云三也。怛唎奢者，世(卅)〔八二〕也。謂須彌山頂，四方各有八大城，當中有一大城，帝釋所居，總數有三十三處，故從處立名也。

摩醯首羅　正云摩醯溼伐羅。言摩醯者，此云大也。溼伐羅者，自在也。謂此天王於大千界中得自在故。

無所拒　渠吕反。字正宜作歫。孔安(國)〔八三〕注書曰：歫，違也。玉篇曰：距(歫)〔八四〕，推格之。方言云：格，止也。今經本從扌者，此則時俗共用耳。

珂雪色　珂，可何反。玉篇曰：珂謂螺屬，所出於海。其白若雪，所以嬰馬膺者也。

馬腦　案馬腦，梵音謂之阿溼嚩揭波。言阿溼嚩者，此云馬也。嚩音符何反。揭波者，腦也，藏也。若言阿濕摩揭波，此云石藏。案此寶出自石中，故應名石來，以馬聲濫石〔八五〕，藏聲濫腦，故謬云馬腦。

多羅花　具釋如下三十三中。

曼陀羅　此云悅意花，又曰雜色花，亦云柔耎聲，亦云天妙花也。

鷄羅多摩　鷄羅具云鷄薩羅，此云花蘂也。多摩具云多摩羅，此云天花也。謂此香是天上花蘂所作也。

婆利師迦　此云雨時生者花，即以此花和合爲香，故還立此名。案梵語云婆利師，此云雨也。迦者，時也。其花要至雨時方生，故名也。

末利香　末利者，花名也。其花黄金色，然非末利之言即翻爲黄也。

花嚴經卷第十六　昇須彌頂品

置普光明藏　廣雅曰：置，著也。謂安著於其藏中也。

十千層級　層，賊楞反。級，居立反。案梵本中謂之出逃也。

十千繒綺　繒，疾陵反。說文曰：繒，謂帛之總名也。帛有邪文曰綺也。釋名曰：綺，崎也。其文崎邪，不順經緯之縱横之也。

迦葉　具云迦攝波，此曰飲光，斯則一家之姓氏也。佛降生此姓氏中即以姓爲名也。

拘那牟尼　正云迦那迦牟尼。言拘那者，此云金色也。牟尼，仙也。佛是大仙，身真金色，故此名佛爲金色仙也。

迦羅鳩䭾　具云迦羅鳩村䭾，此云所應斷已斷也。

毗舍浮　正云毗溼婆部。言毗婆者，此云遍一切也。部，自在也。言遍於一切皆得自在，或翻爲一切有。

尸棄　正云式棄那。此云持髻，或曰有髻也。

毗婆尸　此云浄觀，或曰勝觀，亦云勝見，或曰種種觀也。

弗沙　正云勃沙，此云增威。

提舍　正云底沙，依西域訓字云，底謂底邏那，此云度也。沙謂皤沙，此云說也。言說法度人之也。

波頭摩　正云鉢特忙。此云赤蓮花。

花嚴經卷第十六　須彌頂上偈讚品

阿盧那花　此云日欲出時紅赤之相，其花色似彼，故用彼名之謂即紅蓮花也。

那羅陀花　那，正曰捺羅，此云人也。陀謂陀羅，此云持也。其花香妙，人皆佩之，故曰人持花之也。

性爾　爾，猶如此也。如此，即是印可之言。故珠叢曰：爾，謂言相然也。

寧受　玉篇曰：寧，願辭。

偉哉　偉，于鬼反。說文曰：偉，奇也。切韻稱：偉，大也。玉篇曰：哉謂語末之辭。

花嚴經卷第十六　菩薩十住品

虛閑　無爲曰虛，無事曰閑。

宴寢　宴，於見反。顔注漢書曰：宴謂安息也。

吼　呼口反。

教詔　教，古孝、古包二反。詔，章曜、章遥二反。爾雅曰：詔，導也。郭璞曰：謂教導也。

大方廣佛花嚴經音義卷上

一切經音義　卷第二十一

校勘記

〔一〕揩摸　據文意當爲「楷模」。
〔二〕人　據慧苑補。
〔三〕子　大正作「乎」。據文意似作「孚」。
〔四〕損　據文意似當作「楨」。
〔五〕房　據文意作「旁」。
〔六〕小雅　似當爲小爾雅。下同。
〔七〕纓　大正作「瓔」。
〔八〕土　據文意似當作「亡」。
〔九〕毗　金慧苑無。
〔一〇〕明　頻作「助」。
〔一一〕或舊云響高　大正爲「或曰穴居者」。
〔一二〕者　大正作「敵」。
〔一三〕復　金作「後」。
〔一四〕稼　獅作「豫」。
〔一五〕娱　慧苑作「設」。
〔一六〕蕩　麗無，據頻補。
〔一七〕榮榮　今傳本釋名作「熒熒」。
〔一八〕蒙　獅作「翳」。
〔一九〕翳　據文意似當作「瞖」。
〔二〇〕決　據文意似作「决」。下同。
〔二一〕音　頻作「者」。
〔二二〕填　據文意當作「瑱」。下同。
〔二三〕一　獅慧苑作「二」。

〔二四〕纂　當作「纂」。

〔二五〕睎　獅作「昝」。

〔二六〕英　據文意似當作「暎」。

〔二七〕並　獅作「亦」。

〔二八〕亭　據文意似當作「停」。

〔二九〕廧　據文意似當作「墻」。

〔三〇〕二　獅作「三」。

〔三一〕也　麗脱，據獅補。

〔三二〕孔安　據文意似爲「孔安國」。

〔三三〕向　獅作「尚」。

〔三四〕何承　據文意似當爲何承天。

〔三五〕三　獅作「上」。

〔三六〕帳　似當作「幔」。

〔三七〕特　似當作「持」。

〔三八〕牑　似當作「睸」。

〔三九〕吉　慧苑作「告」。

〔四〇〕蚌　似當作「蚌」。

〔四一〕於　衍。

〔四二〕斷　據文意似作「斷」。

〔四三〕支　獅作「技」。

〔四四〕天子遣掖庭承相率於鄉中閲視童女　檢後漢書爲「遣中大夫與掖庭丞及相工於洛陽鄉中閲視良家童女」。「承」當作「丞」。

〔四五〕彡　各本無，據文意補。

〔四六〕孔安　據文意當爲「孔安國」。

〔四七〕孔安　據文意當爲「孔安國」。

〔四八〕持　獅作「待」。

〔四九〕師　即「獅」，下同。

〔五〇〕二十　慧苑作「廿」。

〔五一〕筮　慧苑作「莁」。

〔五二〕无　獅作「元」。

〔五三〕以　獅作「似」。

〔五四〕後　獅作「没」。

〔五五〕嘔　獅作「殟」。

〔五六〕也　大正作「他」。

〔五七〕兼名字苑　似當爲「兼名苑」或「字苑」。

〔五八〕韓康　據文意當爲「韓康伯」。

〔五九〕安　據文意似作「案」。　揳　大正作「楔」。

〔六〇〕悮　獅作「悞」，當作「誤」。

〔六一〕此猶人隨坑不可責也　麗無，據獅頻補。隨，頻作「墮」。

〔六二〕以似　頻爲「似坏」。「坏」即「坯」。

〔六三〕字　獅作「正」。

〔六四〕空　頻作「室」。

〔六五〕爾　麗無，據文意補。

〔六六〕矣　獅無。

〔六七〕稹　似作「䅟」。

〔六八〕秐　似作「䉏」。

〔六九〕葉　獅作「棄」。

〔七〇〕謂多聞　麗無，據獅補。

〔七一〕爲　麗無，據文意補。

〔七二〕方鳳反　獅作「方風反」。

〔七三〕轂　麗無，據文意補。

〔七四〕孔安　據文意當爲「孔安國」。

〔七五〕之　疑衍。

〔七六〕艘　據文意似當作「艘」。

〔七七〕弧　據文意似作「瓠」。

〔七八〕況　麗無，據文意補。

〔七九〕孔安　據文意當爲「孔安國」。

〔八〇〕但　似當作「從」。

〔八一〕加　麗無，據獅補。

〔八二〕世　獅作「卅」。

〔八三〕孔安　據文意當爲「孔安國」。

〔八四〕距　似當作「歫」。

〔八五〕故應名石來，以馬聲濫石　慧苑爲「故應名石藏寶，古來以馬聲濫石」。

一切經音義　卷第二十二

大唐沙門慧苑撰

新譯大方廣佛花嚴經音義卷中

經從第十七盡第五十

逮於無上　逮，唐愛反。爾雅曰：逮，與也。與即古之預字。今經意謂得預無上菩提果也。

喉吻　吻，無粉反。蒼頡篇：吻謂脣兩頭邊也。

預流　珠叢曰：凡事相及爲預也。此中謂於見道第十六心得果捨向及聖衆行流，故曰預流也。

阿羅漢　案梵語中此名含攝多義，依大婆沙論第九十四中四義釋，一者應供，二者煞賊，三者不生，四者遠惡。依唯識論三義以釋，一已永害煩惱賊故，二應受世間妙供養故，三永不復受分段生故。依成實論中生正[一]釋謂斷惑盡，故名阿羅漢。舊翻之爲無生者，謂三界惑盡，更無三界生故。

羯磨　此云辦事，謂諸法事由茲成辦。

和上　案五天雅言，和上謂之塢波地[二]耶，然其彼土流俗謂和上殟社，于闐、疏勒乃云鶻社，今此方訛音謂之和上。雖諸方舛異，今依正釋，言塢波者，此云近也；地耶者，讀也。言此尊師爲弟子親近習讀之者，舊云親教是也。

阿闍梨　此云軌範，範即是師義。謂與弟子爲法則也。

花嚴經　初發心功德品

寧爲多不　寧，乃亭反。玉篇曰：寧，安也。漢書集注曰：安焉也，安焉之言皆是微責之詞耳。焉音於言反也。

哥羅分　正云迦羅，此云竪，析人身上一毛爲百分中之一分也，或曰十六分中之一分，或議(義)[三]譯爲校量分。迦音畺佉反。

優波尼沙陀分　正云塢波尼煞曇。言塢波者，近也。尼煞曇者，少也。謂少許相近比類之分也。或曰優波，此云近也。尼沙陀，隨也。謂相近比對分也。或云極也，謂數中之極。此中經意無限，善根多少俱無比對，誤(設)[四]少許亦無限極也。

且置　廣雅曰：置，捨也。

須陀洹　正云窣路陀阿鉢囊。言窣路陀者，此云入也。阿鉢囊者，此云流也。謂遍斷見惑，捨異生性，初獲聖性，入聖行流，故名入流也。舊安洹字，莫知其所以也。

斯陀含　此云一來，謂此聖者雖斷欲界修惑六品，然爲有餘，三品未斷，令聖者一度來生欲界，故名一來也。

阿那含　此云不還，斷欲修九品惑盡，從此上生色界，更不還來受生欲界，故名不還也。

傘　桑亶反。

纔　昨來反。廣雅曰：纔，暫也。

難制沮　沮，才與反。李琦〔五〕注漢書：制，斷也，禁也。毛詩傳曰：沮，止也。

不告勞　孟康注韓詩曰：古名吏休假曰告也。又案告謂告訴，即辭憚之言。故詩曰「王事鞅掌，不敢告勞」是也。

覲謁　覲，渠悋反。謁，於歇反。珠叢曰：覲謂就見尊老也。杜注左傳曰：謁，白也。謂啟白温清起居之事也。

鑽仰　鑽，則亶(官)〔六〕反。論語曰：子見齊縗者、㝃(冕)〔七〕衣裳者與瞽者，見之，雖少，必作；過之，必趨。顔淵喟然歎曰：仰之彌高，鑽之彌堅。何晏注云：言其不可窮盡也。謂道高且聖，都無際限，再仰益高，再鑽益堅也。

躭味　躭，都舍(含)〔八〕反。案玉篇字林等，嗜色爲媅，嗜酒爲躭，耳垂爲耽。聲類媅字作妉。今經本作躭字，時俗共行，未詳所出也。

珍座　賈注國語曰：珍，寶也。

乍可量　廣雅：暫也。

花嚴經卷第十八　明法品

超諸等列　韻圃稱：等，齊也。杜注左傳曰：列，位也。鄭注禮記曰：列，等比也。張湛注列子曰：禽獸之智，有與人同。居而有群，行則有列。列言位也。

文相連屬　成文相連，對文相屬。

舛謬　舛，昌兗反。珠叢曰：舛，相違背也。鄭注禮記曰：謬者，誤也。

三摩鉢底　此云等至，謂由加行伏沉掉力，至其定位，身心安和也。

皆無瑕玷　瑕，行加反。玷，丁念反。廣雅曰：瑕，裂也。毛詩傳曰：玷，缺也。凡物之有過者，皆猶玉之瑕玷，古來以爲通語。

植　承力反。蒼頡篇曰：植，種也。經本有作殖字者，非也，此不用也。

花嚴經卷第十九　佛昇夜摩天宮品

莫不自謂　珠叢曰：莫，無也。玉篇曰：謂猶言也，道也。

花嚴經卷第十九　夜摩宮中偈讚品

靡不充　珠叢曰：靡，無也。小[爾]雅〔九〕曰：充，備也。

斯尚然　爾雅曰：斯，此也。

花嚴經卷第十九　十行品

無屈撓行　撓，女教及如紹二反。杜注左傳曰：撓，曲也。集漢書注〔一〇〕曰：撓，弱也。此中文意明精進，波羅蜜，勇捍策勤，無退屈、無怯弱也。撓字正應從木。經本有從才者，音呼高反，撓擾之字，非此所用也。

靡所資贍　考工記曰：資，取也。小[爾]雅曰：贍，足也。言觸事乏少，無取足處也。又郭象注莊子曰：資，給濟也。聲類曰：贍，助也。言孤煢無人濟助也。

補伽羅　正云補特伽羅，此曰數取趣，謂造集不息，數數取苦果也。

摩納婆　或云摩那婆。此曰年少者，或謂儒童也。

姝麗　姝，昌逾反。説文曰：姝，色美也。小[爾]雅曰：麗，著也。謂顔色鮮著。

珍玩　玩，五段反。廣雅曰：珍，重也。賈注國語：珍，美也。書曰：玩人喪德，玩物喪志。孔安[國][一一]注曰：以人爲戲弄則喪德，玩物則喪志也。今此謂所愛重戲弄之具也。字又作翫、妧兩體。或戲弄人爲妧，狎習爲翫，貪愛爲玩。

若或從事　爾雅曰：或，有也。河上公注老子曰：從，爲也。

頗能　頗，普我、普俄二反。廣雅曰：頗，少也。

阿鼻地獄　阿鼻，此云無間也。

慶幸　何耿反。劉兆注公羊傳曰：幸，遇也。韻圃稱：幸，賴也。

花嚴經卷第二十　十行品之二

無所顧戀　廣雅曰：顧，眷也。

毗尼　正云毗奈耶。此曰調伏，謂調身語七種非故。或調三業令不造惡也。

無聰敏　聰猶忩[一二]速，謂見記覽疾也。杜[注][一三]左傳曰：[敏][一四]，達也。

頑嚚　頑，五鰥反。嚚，魚巾反。廣雅曰：頑，鈍也。蒼頡篇曰：嚚，惡也。一[一五]。

匪懈　匪，方尾反。孝經曰：夙夜匪懈，以事一人。鄭注云：匪，非也；懈，墮也。案非猶不也，無也。

至法淵底　淵，烏玄反。毛詩傳曰：淵，深也。

無所適莫　適，丁歷反。蜀志諸葛亮曰：事以覆疏，易奪爲益。[無適][一六]無莫，爲平人情。苦(若)[一七]親親而疏疏，故適莫之道廢。人皆樂人從己。不樂己從人，故易奪之義廢也。論語云：子曰，君子之於天下，無適無莫也。漢書集注曰：適，主也。爾雅曰：莫，定也。謂普於一切，無偏主親，無偏定疏。

冀望　珠叢曰：集(冀)[一八]謂心有希求。

縷　力主反。

不遷身　遷，七延反。鄭玄注禮記曰：遷，變改。

暨于法界　暨，渠器反。珠叢曰：暨，及也，預也。

該　廣雅曰：該，包也。

未嘗　玉篇曰：嘗謂昔爲之也。今此云未嘗者，即未暫爲之。

聡哲　書曰：知人則哲。爾雅曰：哲，智也。

靡所儔　儔，直由反。玉篇曰：儔，類也。

花嚴經卷第二十一　十無盡藏品

分減施　分，方云反。減，間斬反。

不非先制　説文曰：非，違也。

貢高　廣雅曰：貢，上也。謂受貢上之國，自恃尊高則輕易附庸之國。今有自高陵物，欲人賓伏者，則亦謂之貢高。

陵奪　蒼頡篇曰：侵也。奪字，有作此「奪」者，俗也。

啟導　説文曰：啟，開也，教也。導，引也。

輟己　己，居里反。珠叢曰：輟，止也。謂止却自用迴與人也。

夭命　夭，於矯反。孔安[國][一九]注書云：少喪曰夭也。字有作夭(叐)[二〇]者，不是字。

身嬰重疾　嬰，於盈反。漢書集注曰：嬰，繞也。謂帶疹疾，猶物之纏繞人也。

年方　玉篇曰：方，始也。

煢獨羸頓　煢，渠營反。孔安[國][二一]注書曰：煢，單也。玉篇云：無兄弟曰煢，無子曰獨。文字集略曰：頓，損也。煢字又作惸、嬛、焭三體。

宜時疾捨　時，速也。此盖蒲坂方俗之言也。

王四天下　王，于誑反。韓康[伯][二二]注易曰：王，盛也。盛德之至，故曰王天下也。

我今貧窶　窶，其矩反。蒼頡篇云：無財曰貧，無財備礼謂之窶也。

特垂矜念　漢書集注曰：特，獨也。毛詩傳曰：矜，憐也。謂偏憂憐也。

以贍於我　贍，時焰反。小[爾]雅曰：贍，足也。聲類曰：贍，助也。

我等欽風　孔安國注書曰：欽，敬也。風，教也。鄭玄注周禮曰：風者聖賢治道之遺化也。今謂敬用其教令也。

都不可得　漢書拾遺曰：都，揔[二三]也。

我身薄祜　祜，胡古反。鄭箋詩曰：祜，福也。字宜從示邊作古。經本有示邊作右者，音尤救反。孔子述易曰：祐者，助也。案經本意，明不具足，身由薄福所致，非關見在人，天不助，故不從右也。

諸根殘缺　缺，傾雪反。蒼頡篇曰：殘，傷也。

不净微形　毛詩傳曰：微瘍也[二四]。瘍音移益反。郭注爾雅曰：瘍，瘡也。言身之不净如瘡也。又王注書曰：微，賤也。言此不净之身非可貴重也。瘍[二五]微從彳。賤，微也。

胞段　段，徒玩反。胞胎分段故云胞段也。

祇夜　此云應頌也。

伽陀　此云諷誦。

尼陀那　此云因緣，然有三類，一因請而説，二因犯制戒，三因事説法。

優陀那　此云無問自説。

嬈亂　嬈，乃鳥反。三蒼曰：嬈，擾也。孔安[國][二六]注書曰：擾，煩也。

過咎　咎，渠久反。玉篇曰：咎，罪也。孔安[國][二七]注書曰：咎，惡也。

花嚴經卷第二十二　昇兜率天宫品

綺煥　煥，呼换反。張載注靈光殿賦云：綺，文也。何晏注論語曰：煥，明也。言其文彩分明也。

頻婆帳　頻婆，此云身影質，謂此帳上莊嚴，具中能現一切外質之影也。或曰頻婆鱗赤，菓名，此帳似之，故以名也。

彰施　孔安[國][二八]注書曰：彰，明也。施猶發也。言以妙寶發明於妙色也。

頻婆羅香　或色鱗[二九]赤，或能現影，准前帳釋。

香氣發越　漢書集注曰：發越謂香氣射散也。言香氣纔發，四散著人，如箭射速中也。

阿樓那香　紅赤色香，其色一如日欲出前之紅赤相，即梵語中呼彼赤相爲阿樓那也。

拘蘇摩花　此之一名有通有別，謂但草木諸花遍（通）[三〇]名拘蘇，又有一花獨名拘蘇，其花大小如錢，色甚鮮白，衆多細葉圓集共成，乍如此方白菊花也。

樓閣延袤　袤，莫搆反。爾雅曰：延，長也。切韻稱：袤，廣也。史記曰「蒙恬築長城，延袤萬餘里」是也。

鮮白衣　鮮，斯延反。玉篇曰：鮮，好也，明也。

天牟陀羅　牟陀羅者，三面鼓也。

因於撫擊　撫，孚武反。字正宜作拊。廣雅曰：相也。釋名曰：拊，敷也。敷，以手指之指搏也[三一]。經本作撫字者，此乃撫育、安撫之字者也。

克諧衆樂　爾雅曰：克，能也。孔安[國][三二]注書曰：諧，和也。言能以衆多音樂和合成諸歌曲也。

稽首作禮　周禮太祝辨九拜之儀，一曰稽首，再拜頭至地也；二曰頓首，再拜頭叩地也；三曰空首，再拜頭至手也；四曰振首，戰動拜也；五曰吉祥拜，齊縗不拜，以下拜也；六曰凶拜，稽顙而後拜，謂三年服者；七曰奇拜，謂一拜；八曰褒拜，謂報拜也；九曰肅拜，謂但俯而下手也。

不瞬　瞬，舒閏反。説文曰：瞬謂目開閉數摇也。字正體作瞚，今並隨俗作瞬也。

阿迦尼吒天　具云阿迦尼瑟吒。言阿迦者，色也。尼瑟吒，究竟也。言其色界十八天中此最終極也。又云阿，無也。迦尼瑟吒，小也。謂色界十八天中最下一天唯小無大，餘十六天上下互望亦大亦小，此之一天唯大無小，故以名也。

如是儀則　爾雅曰：儀，法也。

悦豫　豫，余據反。珠叢曰：心安和悦謂之豫也。

花嚴經卷第二十三　兜率天宫偈讚品

良沃田　沃，烏鵠反。漢書集注曰：沃，溉灌也。言其土地有溉灌之利也。今謂溉灌之田，復加肥善，故曰良沃田。

花嚴經卷二十三　十迴向品

瞋佷　佷，何懇反。杜注左傳曰：佷，戾也。説文曰：佷，不聽從也。案玉篇：佷字在彳部，今多從立人，蓋是時俗共行之。

崇巖邃谷　邃，辛醉反。鄭注考工記曰：崇，高也。説文曰：邃，深也。邃字從穴遂聲也。

入苦籠檻　檻，胡黤反。籠字正宜作櫳。三蒼曰：櫳，所以宬禽獸闌檻也。説文曰：櫳，牢也。郭璞注山海經曰：檻，闌也。謂穿地爲坑，上安櫺子，以閉禽獸也。今經意謂三界苦如彼櫳檻，囚繫衆生。或謂三途劇苦，名苦櫳檻也。

衆苦大壑　壑，訶各反。兼名苑曰：東海有大燋石，一名沃燋，方圓三萬里，水沃之則消盡。過此有大壑，一名尾閭，深莫測其涯，海水常澍不知其所之也。今經意謂生死海中三苦、八苦無有涯底，如彼大壑，故借喻言耳也。

五欲所致　顔注漢書曰：致謂引而至之也。

志獨無侶　鄭注禮記曰：志，意也；侶，伴也。謂廣心獨濟不待伴也。

顧復一切衆生　復，扶福反。詩云：父兮生我，母兮推（鞠）[三三]我，拊我畜我，長我育我，顧我復我，出入腹我。鄭玄箋曰：顧，視也。復，反也。言去子雖進[三四]，猶步步反視也。又箋詩云：是顧是復者，顧念而重復之也。今經意菩薩於衆中[三五]亦然矣。

花嚴經卷第二十四　迴向品之二

供養瞻待　毛詩傳曰：瞻，免(視)[三六]也。鄭注周禮曰：待，絶(給)[三七]也。謂看視供給之也。

寶壋(璫)樹　壋(璫)，得郎反。釋名曰：穿耳施珠曰壋(璫)。紫(案)[三八]其一壋(璫)乃用數種珠貫穿重懸之。

薩婆若　具云薩婆若囊。薩婆，此云一切也。若囊，智也。

軒檻　軒，許言反。檻，胡黤反。漢書音義曰：軒謂檻正(上)[三九]板也。珠叢曰：檻謂殿之闌也。漢書集注曰：檻謂軒前闌板也。

澡漱　澡，子老反。下史救反。蒼頡篇曰：澡，盥也。盥，音古滿反。珠叢曰：盥，洗手也。說文曰：漱，蕩口也。

群萌　萌，莫耕反。漢書集注曰：萌謂草木初生也。毛詩傳曰：群，衆也。言童蒙凡夫猶彼衆小草也。又或字宜作氓。毛詩傳曰：氓，民也。氓與萌同也。

無躁競心　躁，則到反。賈逵注國語曰：躁，擾也。鄭注論語曰：躁，謂不安静也。有見爲二，二則爲競，則是動不安静也。

花嚴經卷第二十五　迴向品之三

懺除　懺，梵音也。具言懺摩，此云請忍，謂請賢聖或清净僧忍受悔過也。

恬然宴寂　恬，田鹽反。宴，於見反。方言曰：恬然，静也。漢書音義曰：宴，居也。寂，無聲也。

超然出現　鄭注書曰：超，出前也。方言曰：超，遠也。謂獨出高遠也。

其心彌廣　鄭注爾雅曰：彌，極意也[四〇]。言心極廣大耳也。

臨御大國　賈注國語曰：臨，治也。鄭注禮記曰：御，主也。謂主領而治理之也。

名振天下　振，之忍反。說文曰：振，舉也。杜注左傳曰：振，發也。嘉名遠發起也。

發號施令　廣雅曰：號，告也。施，設也。令，教也。謂發言告示設教使行之。

溥蔭萬方　溥，潘補反。珠叢曰：溥，遍也。今作普字也。

感德從化　爾雅曰：感，動也。毛詩傳曰：從，隨也。說文曰：依教行曰化也。言德能動之隨教令也。

一切周給　謂周匝供給，故云周給也。

被戮　隆育反。賈逵注國語曰：戮，煞。

僧坊　坊，甫亡反。韻林曰：坊，區也。謂區院也。

揣食　揣食字正宜作摶，音徒鸞反。字從專聲，非從耑韻。流俗不能別兹兩形，遂謬用。揣字音初委反，此乃揣量之字也。

咽咀　咽，於見反。咀，才與反。廣雅曰：咀，嚼也。

不欬　欬，克代反。玉篇曰：欬，上敕也。敕音蘇豆反。

芬馥　馥，扶服反。鄭[四一]注爾雅曰：芬，香氣調也。字林曰：馥，香氣盛也。

覆育　賈注國語曰：育，生也。言如天覆，如地生也。

硨磲　梵音正云牟婆羅揭婆。言牟婆羅者，此云勝也。揭婆，藏也。舊名爲硨磲者，所未詳也。
珊瑚　梵本正云鉢攞娑禍羅，謂寶樹之名，其樹身幹枝條葉皆紅赤色。又案說文云：珊瑚，色赤，生之於海，或出山中也。

花嚴經卷第二十六　迴向品之四

貧窮孤露　孤煢躶露，故云孤露。
駕以駿馬　駿，將閏反。加駿〔四二〕也。說文曰：駿謂馬之良才也。又音私閏反。毛詩傳曰：駿，俊也。兩義俱通。
牽御　御，魚據反。廣雅：御，侍也，進也。
駕馭　馭，魚據反。玉篇曰：馭即古之御字也。今案諸書，裝鞁爲駕，牽控爲馭也。
莊嚴巨麗　巨字古作岠。珠叢曰：岠，至也。王逸注楚辭曰：麗，美好也。謂至極美好。
翼從　孔注尚書：翼，輔也。毛詩云：翼，敬也。
疲頓　文字集略曰：頓，損也。謂勞倦者必損力也。
柔明　孔安［國］〔四三〕注書曰：柔謂和柔也。言其行調柔識明利也。
袨服莊嚴　袨，胡練反。切韻稱：好衣曰袨。服虔注漢書曰：袨謂大盛玄黃之服。
年齒　杜注左傳曰：齒，列也。謂與己同行列也。司馬彪注莊子曰：齒，數也。謂年壽之數也。
奉養　養，余亮反。說文曰：奉，承也。謂承事供養。
其心曠然　曠，苦謗反。河上公注老子經曰：曠，廣大也。說文曰：曠，明也。
珍奇萬計　說文曰：計，筭也。謂筭計有萬，故曰萬計也。
周匝填飾　填，唐賢反。賈注國語曰：填，加也。言加之以飾。又字或宜作鈿，音與填同。文字集略云：鈿謂金花也。
萬邦遵奉　鄭玄注周禮曰：大曰邦，小曰國。邦之所居亦曰國也。三蒼曰：遵，習也。爾雅曰：遵，從也。說文曰：奉，承也。言並從命承稟也。
享灌頂位　享，虛兩反。玉篇：享，當也。杜注左傳曰：享，受也。
庇蔭　庇，必至反。鄭注禮記曰：庇，覆也。
光踰曒日　曒，經了反。埤蒼曰：曒，明也。聲類作皎。
首冠十力莊嚴之冠　上冠字，音古亂反。鄭注禮記曰：著冠爲冠也。下冠字音古鸞反也。
撿繫其身　漢書音義曰：撿繫，局也。謂繫縛局録也。
裸　胡瓦反。又音盧果二反。字又作倮、躶也。
將之死地　毛詩傳曰：之，至也。爾雅曰：之，往也。
永訣　訣，古穴反。切韻稱：訣，別也。
砧　陟林反。斫剉之机也。字又作碪也。
屠割　玉篇曰：屠謂分割枉害〔四四〕也。
木槍　槍，七羊反。蒼頡篇曰：槍，謂木兩頭鋭者也。又音楚庚〔四五〕反，非此所用也。經本有作鏘者，此乃鏗鏘之字，深爲差謬，失經意。
貫　古鸞反。
阿逸多　正云阿逸〔四六〕多，此曰無能勝也。
語主者言　廣雅曰：主，字(守)〔四七〕也。謂字(守)當者。
記莂　莂，彼列反。本作別字者，誤也。

花嚴經卷第二十七　迴向品之五

密緻　直利反。經本有作稚字者，此乃幼稚之字，深爲謬矣也。
光明鑒徹　鑒，古懺反。廣雅曰：鑒，照也。
聾聵　聵，五怪反。韋昭注國語曰：耳不別五音之和謂之聾，從生即聾謂之聵。字又作聵䝳二形也。
蒙昧　鄭玄注周禮曰：蒙，冒也。蒼頡篇曰：昧，冥也。言昏冒闇冥也。
輟身要用　珠叢曰：輟，止也。謂止絶己之要用也。
銛白牙齒　銛，斯鹽反。漢書音義曰：銛，利也。字從金舌聲也。
迦尸國　迦尸者，西域竹名也。其竹堪爲箭笴。然以其國多出此竹，故立斯名。其國即在中天竺境，憍薩羅國之北鄰，乃是十六大國之一數也。
尋即敗壞　杜注左傳：尋，續也。言纔成已續即壞也。
逢迎引納　方言曰：逢，謂逆迎也。納，入也。謂逆首迎之，引入住處也。
不尚　杜注左傳曰：尚，上也。謂不以之爲上也。
傭　丑恭反。又音與恭反，非此所用。字又作膴。
七仞　仞，如胤反。何承[天]〔四八〕纂要云：七尺曰仞。小[爾]雅曰：四尺曰仞。
慈仁莅物　莅，力至反。毛詩傳曰：莅，臨也。
心懷殘忍　漢書集注曰：殘謂多所煞戮也。今謂忍於煞戮，故云殘忍也。
衆罪由生　爾雅曰：由，從也。

一切宗信　白虎通曰：宗，尊也。言尊重信受也。

花嚴經卷第二十八　迴向品之六

造立精舍　藝文類聚云：精舍者，非以舍之精妙名爲精舍，由有精練行者之所居，故謂之精舍也。
資生什物　漢書集注曰：什物者，爲生之具也。三蒼曰：什，聚也，雜也。吴楚之間謂資生雜具爲什物。
恭恪　恪，康鶴反。孔安[國]〔四九〕注書曰：恪，敬也。字古作愙。
不匱　匱，其位反。漢書音義曰：匱，空也。廣雅曰：匱，乏也。
王京都　公羊傳曰：京師者何？天子之居也。京者，大也。師者，衆也。天子之居以衆大之辭言之也。左氏傳曰：邑者，有宗廟先君之主曰都，無者曰邑。廣雅曰：都，國也。風俗通曰：天子治居之城曰都，舊都曰邑也。
闕防　坊(防)〔五〇〕，浮亡反。
妓侍衆女　妓，奇綺反。埤蒼曰：妓，美女也。以美女爲侍謂之妓侍也。或曰妓，女樂也，美女爲樂亦云妓樂。字或有作伎者，音支義反，傷害也，非此所用也。
罄捨所珍　毛詩傳曰：罄，盡也。杜注左傳曰：珍，貴也。
中悔　中，陟仲反。
彌宣正法　劉瓛注易曰：彌，廣也。郭璞注爾雅曰：彌，極意也〔五一〕。爾雅曰：宣，明也。
無毒虐　孔安[國]〔五二〕注書曰：虐，暴也。言無毒惡猝暴之性也。
率土　玉篇曰：率，遵也，用也。謂遵用教命之處也。
牀褥　褥，如欲反。聲類曰：蓐，薦也。郭璞注爾雅曰：蓐，席也。案古者薦席通稱謂之蓐也。然今別有厚氈衣以表以裹亦謂之褥，其字正宜從衣邊作辱也。

花嚴經卷第二十九　迴向品之七

己頭充滿　己，基理反。

僮僕作使　作，則各反。使，所吏反。案玉篇：古之用字，幼童爲僮，僮僕爲童，與今一倍別也。鄭注禮記曰：僕爲賤役之人也。

發言誠諦　河上公注老子曰：誠，實也。方言曰：諦，審也。謂所出言教真實審之也。

庶品　庶，衆也。品，類也。衆多流類謂之衆類。

花嚴經卷第三十　迴向品之八

若專勵　勵，力制反。杜注左傳曰：勵，勸也。玉篇曰：勵，勉也。謂自强策勤也。

若起行　行，遐孟反。

花嚴經卷第三十一　迴向品之九

周聞　聞，無運反。

一毛端量處　量，力仗反。端，頭也。量，分齊也。

誕生　誕，唐亶反。珠叢曰：誕，育也。賈注國語曰：育，生也。

無遐邇　爾雅曰：遐，遠也。孔安國注書曰：邇，近也。

花嚴經卷第三十二　迴向品之十

離垢繒　繒，疾陵反。說文曰：繒謂帛之總名，凡綵帛皆是也。

花嚴經卷第三十三　迴向品之十一

寶多羅形　多羅者，西域樹名也。其形似椶櫚樹也，體堅如鐵，葉長稠密，縱多時大雨，其葉蔭處乾若屋下。今此以寶而成，故曰寶多羅也，又或翻爲高竦樹也。

延袤　袤，莫報反。義已見上。

迥然高出　迥，胡頂反。爾雅曰：迥，遠也。言獨出高遠也。

繚以寶繩　繚，零鳥反。說文曰：繚，纏也。

聳擢　上息勇反，義已見上。

稠密　稠，直由反。

寶跋陀樹　跋陀，具云跋陀羅，此曰賢。

寶吹　吹，昌僞反。

其音清亮　亮，力仗反。廣雅曰：亮，朗也。

齅　許救反。俗作嗅。

花嚴經卷第三十四　十地品之一

蘇利耶藏菩薩　蘇利耶者，此云日也。

俱蘇摩德藏菩薩　俱蘇摩者，花名也。具云俱蘇摩那。俱蘇，此云悅也。摩那，意也。其花色美氣香，形狀端正，見聞之者，無不悅意。今此菩薩取之爲名。

舉要言之　漢書集注曰：舉，總也。廣雅云：要，約也。

珂貝璧玉　珂，恪河反。玉篇曰：珂，螺屬也。所出於海，其白若雪，所以嬰馬膺者也。説文曰：貝謂海介蟲也。璧，瑞玉也。案爾雅云：玉肉倍好謂之璧。璧形圓而有孔，王者祭天神以用之矣。

練金　練字，玉篇作煉，字書作鍊。今經本作揀練字也[五三]。

爲將爲帥　將，資亮反。帥，所律反。

瑕玷　玷，丁念反。玷字有本作點者，謬也。瑕玷之義，並已見上。

道險易　易，以豉反。郭注爾雅曰：易，平也。

花嚴經卷第三十五　十地品之二

仁恕　恕，傷預反。釋名曰：仁，忍也。謂好生惡煞，善惡含忍。聲類曰：仁心愛物曰恕也。

何況從事　河上公注老子曰：從，爲也。

風雅典則語　毛詩序曰：風以動之，教以化之。雅，正也。漢書注曰：雅，問（閑）[五四]麗也。爾雅曰：典，經也。毛詩傳曰：則，法也。依經，化誘之言謂之風典語，美妙方法之説謂之雅則語也。

湍馳奔激　湍，吐官反。激，經歷反。説文曰：湍，疾瀨也。淺水流沙上曰湍也。馳，急走也。水文凝斜疾急曰激也。

我慢原阜　阜，扶九反。爾雅曰：高厚廣平曰陸。大陸曰阜。案陸即原也。

重械　重，直隴反。械，侯界反。

三界焚如苦無量　周易[離][五五]卦九四注云：其炎始盛故曰焚如。今此言三界諸惑如火熾盛，能招感多苦果故也。

生難遭想　韓詩外傳：遭，遇也。

捫摸　捫，莫痕反。摸，謀各反。毛詩傳曰：捫，持也。方言曰：摸，撫也。郭璞注曰：謂指摸索之也。

蚊蚋　蚋，如鋭反。字林曰：蚋，小蚊也。

稱兩　稱，昌孕反。古稱爲再，今流[俗][五六]共用秤字，甚謬也。

無間然　間，皆莧反。玉篇曰：間，隔也。言情無阻隔也。

國城財貝　貝，北賴反。説文曰：貝謂今海蟲也[五七]。古者貨貝而寶龜也。謂海蟲有甲作錦文者也。今西域用貝爲錢，故云財貝也。

孰能　爾雅曰：孰，誰也。

花嚴經卷第三十六　十地品之三

循身觀　循，祥倫反。珠叢曰：循，巡也。今謂四念處中第一觀身不净，從頭至足，次第巡歷，三十六物皆不净也。

易誨　易，羊豉反。

無愠暴　愠，於運反。暴，蒲報反。蒼頡篇曰：愠，恨也。玉篇曰：暴，陵犯也。謂欺陵觸㹦於人也。案暴字正體作㬥，若曬物爲㬥也。

印璽　璽，斯尔反。鄭玄注周禮曰：璽，印。蔡邕獨斷曰：天子之璽以玉爲之，古者尊卑通用，自秦以來，唯天子得其稱璽也。

鬼鬽　鬽，眉秘反。魑鬽也。字又作魅，俗也。

蠱毒　蠱，公户反。左傳曰：於文皿蟲爲蠱。杜預注曰：皿，器也。所以器受蟲害人爲蠱也。聲類曰：蠱謂蠱物病害人也。

身相休咎　休，許鄒反。咎，其柳反。杜注左傳曰：休，福祢（禄）〔五八〕也。廣雅曰：休，善也。孔安[國]〔五九〕注書曰：咎，惡也。說文曰：咎，災也。休息之字立人作木，音許尤反也。

流轉遲迴苦趣中　遲迴二字應作低徊。楚辭曰：欲低徊以千際。王逸注云：低徊，猶徘徊。經本皆作遲迴之字者，此乃緩歸之名，非徘徊之義。埤蒼曰：低徊謂姗遊也。

苦海淪湑　湑，相余反。廣雅曰：淪，沉也。毛詩傳曰：湑，浴〔六〇〕也。

花嚴經卷第三十七　十地品之四

我慢溉灌　溉，古代反。說文曰：溉，灌。澍水也。

涕泗咨嗟　涕，他禮反。泗，先利反。咨，將伊反。毛詩傳曰：自目曰涕，自鼻曰泗。玉篇曰：咨嗟，嗟歎也。詩箋曰：嗟歎之深也。

花嚴經卷第三十八　十地品之五

彼己　己，居理反。彼，他也。己，自也。

王后所生　禮記曰：天子之妃曰后也。

泥潦　潦，郎禱反。說文曰：潦，天雨也。謂因天雨穡積也。

念務皆息　務，事也。謂攀緣事息，境界心絕。

即便窹〔六一〕窹　窹〔六二〕窹兩字，經本並從穴者，且皆非是字，然窹字去八，字書乃以爲窹睡之字，音亘五盍反，宜作覺字也。

一一行相行　兩行字並遐孟反。

汝今適得　適，尸亦反。三蒼曰：適，始也，近也。

各若干微塵　漢書胡廣曰：若，順也。干，求也。當順所求而與之，故謂若干也。顏（師）古〔六三〕曰：若干，且誤（設）〔六四〕數之語也。干猶箇也，謂當如此數耳也。

毗舍衆　謂商估種族也。

首陀　具云輸達羅。此曰農業種族也。

邪魔之道　杜注左傳曰：道猶法術也。鄭注禮記曰：道猶行路也。

因風濟　毛詩傳曰：濟，渡也。

羈繫　羈，寄宜反。王逸注楚辭曰：羈謂絡馬頭也。言衆生爲貪愛等所繫亦然矣。

禪定境排　排，蒲諧反。

花嚴經卷第三十九　十地品之六

虔誠　賈注國語曰：虔，敬也。爾雅曰：誠，信也。

萬種繽紛下　繽，匹仁反。紛，撫云反。漢書集注曰：繽紛，衆疾皃。謂衆多急下也。

刹利王　具云刹怛利耶。此曰土田主也。

餘不重受　重，除用反。再也。

塵相如故　杜注左傳曰：故猶舊也。塵字，案字林隱文〔六五〕作塵。今有從兩上〔六六〕者，不是字也。

花奩香篋　奩，力鹽反。篋，牽協反。珠叢曰：凡盛物小器皆謂之奩。奩字又作籢。籢，篋也。並是竹器衣箱小者之類耳。

噓　許於反。吐氣也。

鈿厠其間　鈿，唐賢反。文字集略曰：鈿，金花也。廣雅曰：厠，間也。珠叢曰：金鈿，婦人首飾也。

鞞陀梨山　鞞者，此云種種也。陀梨，亦曰馱羅，此云持也。謂此山中能持種種衆寶及諸花菓故也。

乾陀山　具云瑜乾馱羅。言瑜乾者，此云雙也。馱羅，持也。

尼民陀山　具云尼陀(民)〔六七〕馱羅，此曰持邊山也。

斫迦羅山　具云杓羯羅，此曰輪圍也。

計都末底山　計都，此云幢也。末底，慧也。

嶷然住　嶷，魚力反。嶷謂[嶷]〔六八〕峛也。字指曰：嶷峛，山峰自(皃)〔六九〕。今謂十地依佛智，如十山依十一(大)〔七〇〕地，雖峰峙各殊而所依是一也。

毗陀發妙光　毗陀謂前鞞陀梨山，發妙光謂喻發光地也。

毫末度空可知量　度，唐各反。量，力仗反。

花嚴經卷第四十　十定品之一

那伽慧　那伽，此云龍也。

而竟不覩　鄭箋詩曰：竟，終也。廣雅曰：覩，見也。

南無　正云南忙，此曰敬礼。

摩納婆　此云儒童也。

花嚴經卷第四十一　十定品之二

不處於陸　毛詩傳曰：高原廣平曰陸。

近之　近，渠靳反。就也。

諸心樂次第　樂，牙教反。謂欲樂也。

歌羅邏　此云薄酪，謂初入胎如薄酪也。

白分義　分，浮問反。

圓光一尋　何承天纂要云：八寸曰咫，二尺曰武，五尺曰墨，六尺曰步，七尺曰[承，八尺曰尋，十尺曰丈，丈六曰常。小雅曰：四尺曰]〔七一〕仞，倍仞曰尋，倍尋曰常。

其量七肘　佛本行集云：一肘謂二尺也。

一俱盧舍　依毗曇中一尺五寸爲一肘，四肘爲一弓，三百弓爲一里，四里爲一俱盧舍，准計一里三百六十步，則一俱盧舍有一千四百四十步也。依俱舍論第十二云：分析諸色至一極微，故一極微爲色邊際，七極微爲一微量，積微至七爲一金塵，積七金塵爲水塵量，水塵積七爲二(一)〔七二〕兔毛塵，積七兔毛塵爲羊毛塵量，積羊毛塵七爲一牛毛塵，七牛毛塵爲隟遊塵量，隟塵七爲一蟣量，積七蟣量爲一蝨，七蝨爲穬麥，七麥爲指節，二十四指横布爲肘，竪四肘爲弓，竪積五百弓爲一俱盧舍，即是從肘至阿練若中間道量。

半由旬量　由旬是梵言，具云踰繕那。此曰和合，謂以多俱盧舍和合成故。案佛本行集第十二云：七微塵成一窗牖塵，七窗成一兔毛頭塵，七兔毛塵成一羊毛頭塵，七羊毛塵成一牛毛塵，七牛毛塵成一蟣，七蟣成一虱，七虱成一芥子，七芥子成一大麥，七大麥成一指節，七指節成尺，二尺成一肘，四肘成一弓，五弓成杖，二十杖名一息，八十息名一俱盧舍，八俱盧舍成一由旬。准此方尺量二里餘八十步當一俱盧舍計，一由旬合有一十七里餘二百八步，或百〔七三〕一由旬如此方一驛地也。

花嚴經卷第四十二　十地〔七四〕定品之三

北俱盧　具云欝怛羅句〔七五〕盧，此翻爲高上也，古也。

東毗提訶　毗，此云勝；提訶曰身也。又毗云種種；提訶，與也。

種種稼穡　稼音嫁，穡音色。馬融注論語曰：樹五穀曰稼。毛詩傳曰：種之曰稼，斂之曰穡。案鄭玄注周禮云：稼穡爲言其猶稼穡，謂種子相生貪苗實之利也。

修羅提𠠎　𠠎，女云、如育二反。玉篇曰：𠠎，折桂（挫也）〔七六〕。

入藕絲孔　藕，五苟反。字宜從耒也。

乾闥婆城　此云尋香城池〔七七〕，謂十寶山間有音樂神，名乾闥婆，忉利諸天意須音樂，此神身有異相，即知天意，往彼娛樂，因以此事，西域謂諸樂兒亦曰乾闥婆。西域樂兒多爲幻伎，幻作城郭，須臾如故。因即謂龍所現城郭爲乾闥婆也。

恒伽河　准經香山頂上有阿耨達池，其池四面各流出一河，東面私陀河，從金剛師子口流出，其沙金剛，東入震旦國，便入東海；南面恒伽河，從銀象口流出，其沙白銀，流入南印度，便入南海；西面信度河，從金牛口流出，其沙黃金，流入信度國，便入西海；北面縛芻河，從瑠璃馬口流出，其沙是瑠璃，流入波斯拂林，便入北海。其池縱廣五十由旬，四面口各一由旬也。

光明鑒徹　鑒，照也。徹，通也。言光照内外通現也。

澒涌奔馳　澒，胡動反。涌字正宜作溶，故楚辭注云：澒溶，水大皃（皃）〔七八〕。漢書高紀傳注云：澒溶，竦溶〔七九〕也。經本作涌者，誤也。

奇香發越　漢書集注曰：發越，香氣射散也。謂香氣速疾遍布著人也。

皆得潤洽　洽，咸夾反。廣雅曰：洽，清〔八〇〕也。

阿那婆達多龍王　阿，無也；那婆達多，熱惱也。諸龍皆受熱沙之苦，此龍獨無，故立其名耳。

花嚴經卷第四十三　十定品之四

無替　爾雅曰：替，廢也。

從諸善友而得出生　友字，經本有作支字，深爲謬也。

終不匱上〔八一〕　匱，渠位反。廣雅曰：匱，少也。漢書音義曰：匱，空也。

摩那斯龍王　摩那，意也。斯，慈也，流出也。言此龍王凡興雲雨，皆從慈心出也。

嶷然高出　嶷謂崱嶷也。字指曰：崱嶷，山峰皃也。

伊那鉢那象王住金脅山　伊那鉢那，此云香葉。其象身長九十由旬，高三由旬，常住第一金山之脅，即是最初計都未盛〔八二〕山也。

花嚴經卷第四十四　十通品

閻魔王　正云琰邏。閻，此曰遮止，謂誡勗罪人也。

花嚴經卷第四十四　十忍品

舍支　正云設施，謂月之別名，帝釋夫人取爲號也。

無方無隅　方謂四方也。鄭玄注考工記曰：隅者，角也。

不捨衆善軛　軛，於革反。珠叢曰：軛謂車轅端横木也。今謂荷擔衆生，勤行不捨，如牛駕重，長途力進也。

徒令　劉熙曰：徒猶獨也。

花嚴經卷第四十五　阿僧祇品

一百洛叉爲一俱胝　洛叉，此云萬也。俱胝，此云億也。又案此方黄帝筭法總有二十三數，謂一二三四五六七八九十百千萬億兆京垓秭壤溝澗正載。從萬已去，有三等數法，其下者十十變之，中者百百變之，上者倍變之。今此阿僧祇品中上數法，故云一百洛叉爲一俱胝，當此億也。阿庾多，兆也。那由他，京也。餘皆依次准配可知。今案此經十百千萬，十十變之，從萬至億，百億〔八三〕變之，從億已去，皆以能數量爲一數，復數至與能數量等變之，依佛本行集第十二中百變之也。

矜羯　矜，居陵反。

摩婆　婆之上聲。此後婆字並上聲呼。

彌伽　伽之上聲，下毗伽亦同此。

攞　郎我反。

毗佉擔　擔，多甘反。

毉攞陀　毉，於奚反。

阿麽　麽，莫我反。

勃　蒲没反。

翳　煙計反。

薜　蒲計反。

窣　蘇没反。

脾　普計反。

謎　莫計反。

荼　宅加反。

花嚴經卷第四十五　壽量品

娑婆　此云堪忍也。謂具足衆惡境對堪行忍。

釋迦牟尼　釋迦，能也。種族望稱也。釋音作樂呼，迦字作吉俄反呼。牟尼，此云寂默也，德行之號也。

阿彌陀佛　正云阿弭陀婆耶，此云無量壽佛。

花嚴經卷第四十五　諸菩薩住處品

支提山　支提，本是塔廟之名，此云山似之故，因爲號。然〔支〕〔八四〕提，此云生浄信之所，具釋如下七十五中耳也。

毗舍離　此翻爲廣博，謂此城中於中印度諸城之中最廣大也，或亦翻爲廣嚴。

摩度羅城　或云摩偷羅，亦曰摩突羅。此云三雀城，或云密蓋，皆古事也。

珍那城　或云俱陳那，言此俱陳者是名，此云大盆。那耶，法律也。昔此城未立之時，有一五通仙名俱陳，而於此地置一大盆，畜水若池，恆在盆側，修仙法律，亦常爲人説護經及養神法，於後學徒皆以師名及法爲共姓氏，人衆漸廣，即於此處建立城郭，故此舉國人今皆姓俱陳那耶，城亦國〔八五〕之立號耳。

目真隣陀窟　目真或曰牟真，此云解脱，是龍名也。隣陀，此云處也，謂有龍於此窟中聞法解脱龍苦，故名龍解脱處窟也。

摩蘭陀國　未翻。

甘菩遮國　未翻。

震旦國　或曰支那，亦云真丹，此翻爲思惟，以其國人多所思慮，多所計詐，故以爲名，即今此漢國是也。

那羅延　此云堅牢。

疏勒國　正云佉路數怛勒，古來此方存略呼爲疏勒人，又訛數音爲疏，然此名乃是彼國一山之號，因立其稱。又或翻爲惡性國，以其國人性多獷戾故也。

迦葉彌羅國　舊名罽賓國，此翻爲阿誰人。昔此國未建之時，其地有大龍池，人莫敢近，其後有一羅漢，見其形勝，宜人居止，乃從龍乞容一膝地。時龍許之，而羅漢變身漸大，其膝漸滿龍池，龍以言信，便捨而去。羅漢即以神力乾竭其水，令百姓於中建立屋宅。衆人咸言：我等不因聖師，阿誰得入此處？故從此語，即立其名。其國即在北印度境乾陀羅國次北隣也。

菴浮梨摩國　菴謂菴羅，此云無垢。即西域菓名。其菓堪以療疾，諸國之中此國最多，故以名焉。其國即在中印度境内也。

乾陀羅國　此云持地國。昔此國多有道果，聖賢住持其境，不爲他國侵害也。又云乾陀是香。羅，謂陀羅，此云遍也，言遍此國内多生香氣之花，故名香遍國。其國在中印度北，北印度南，二界中間也。

苫婆羅窟　苫，式占反。婆羅是香花樹名，共(其)〔八六〕窟側近多生此樹，故國(因)〔八七〕名耳。

花嚴經卷第四十六　佛不思議法品上

寂漠無言　玉篇曰：無人聲曰寂。郭璞注爾雅曰：漢(漠)〔八八〕謂浄定也。

逮十力地　逮，唐槩反。説文曰：逮，及也。字從辵不從廴也。

譏謗　譏，居熙反。説文曰：譏，誹也。

花嚴經卷第四十七　佛不思議法品之下

人王都邑　左氏傳曰：凡有宗廟先君之主曰都，無曰邑也。漢書音義曰：都，城也。廣雅曰：都，國也。司馬法曰：大國五百里爲都。風俗通曰：天子治居之城曰都。舊都曰邑也。

毗舍闍王　毗舍闍王即是東方提頭賴吒，此云持國，護持國土，領二部鬼。一名毗舍闍，此云噉精氣。二名乾闥婆，此曰尋香也。

倮　胡寡反，力果二反。玉篇曰：倮，但(袒)〔八九〕也。字又作躶、裸兩體也。

一切樂器不鼓自鳴　皷字宜從支，支音普木、普角二反。經本有從皮者，鍾皷字也。

舍利　正言設利羅，或云實唎，此翻爲身也。

誠敬　爾雅曰：誠，信也。

靡不驚懾　懾，之葉反。鄭注禮記曰：懾，怯也，恐懼也。經本有作攝字者，謬也。

信樂不回　回音迴，説文曰：回，轉也。今此謂信樂無轉動也。

花嚴經卷第四十八　如來十身相海品

熙怡微笑　熙，許基反。怡，與脂反。方言曰：湘潭之間謂喜曰熙怡，或曰紛怡。説文曰：熙，悦也。怡，和也。謂容貌和悦也。熙字又作媐。

炳然顯現　炳，彼冰反。蒼頡篇曰：炳，著也，明也。爲顯著明之也。字又作昺。

洞徹　洞，徒弄反。玉篇曰：洞猶通徹也，字又作迵。

其掌安平　掌謂舌面平而且安。

玩味不忘　玩字正宜作忨。[杜][九〇]注左傳曰：忨，貪也。經本作玩者，誤也。案孔安國注尚書云：玩戲貪弄。忨，即是愛樂之意也。

上咢　俄各反。正體作咢，又或作齶也。

右輔下牙　左傳宮之奇曰：虞，號(虢)[九一]之表也。猶輔車相依，脣亡齒寒。杜注曰：輔，頰[輔][九二]也；車，牙車也。又注曰：輔，頰，車骨也。

彌盧藏雲　彌盧，此云高，以在佛止(上)[九三]牙故也。

紺蒲成就　紺蒲，正云劒蒲，此乃西域菓名，其色紅赤，腹圓三約横文而佛頸成就彼相，故云也。今時俗謂頸圓有約爲嬰節者是也。

彌布十方　顔注漢書曰：彌，滿也。

左臀　臀，徒論反。聲類：尻也。尻音苦勞反也。

其脞與膞[九四]　脞字正宜作髀，古文作蹕(䠋)[九五]，今脞未詳所出。膞字宜作腨，今經本作膞者，謬也。

伊尼延鹿王腨　伊尼者，鹿名也。其毛色多黑，腨形傭纖，長短得所。其鹿王最勝，故取爲喻。腨字又作蹲也。

舉足將步　將，欲也。步，行也。王逸注楚辭曰：步，徐行。

足跟　跟，各痕反。

因陀羅尼羅　因陀羅，此云帝也。尼羅，此云青也。

花嚴經卷第四十八　如來隨好光明功德品第三十五

隨好　好，呼告反。令衆生愛樂故，又音呼高反，資嚴大相盖(益)[九六]殊勝故。

摩耶夫人　摩耶，此云幻也。由此菩薩唯依大願智幻法門行故，故以此名。夫人者，梵本云弟脾，此翻爲女天。案鄭注禮云：諸侯之妃曰夫人。玉篇曰：呼婦人爲夫人者，亦所以崇敬之稱也。又夫者，男子美稱，婦因夫以成人，故名夫人也。西域呼王妃爲弟脾，呼男夫爲弟婆也。

懺悔　懺謂懺摩，此云謂(請)[九七]忍，謂請前人忍受我悔罪。

花嚴經卷第四十九　普賢行品第三十六

樂近凡庸　廣雅曰：凡，輕也。漢書集注：凡庸，微小也。言其輕薄寒微眇小之人耳也。

習童蒙法　易稱蒙卦者，謂來求我，非我求蒙。蒙者，懞也。韓康[伯][九八]注云：蒙昧，幼小之蒙。又玉篇曰：童幼迷昏也。廣雅曰：童，癡也。鄭玄注周禮：蒙，冒也。毛詩傳曰：蒙，覆也。言童幼之心愚昧，所爲惛謬，如以物覆蔽也。

口如啞羊障　啞，於雅反。不能宣説大乘妙義，名爲啞羊障。大智度論第三云：啞羊僧者，謂雖不破戒，鈍根無慧，不別好醜，不知輕重，不知有罪。若有僧事，二人共諍，不能斷決，默然無言，譬如白羊，乃至人煞，不能作聲，是名啞羊僧。

洎乎法界　正宜作暨。暨，至也。音渠秘反。經作洎者，誤也。珠叢曰：暨謂及預也。杜注左傳曰：暨，至也。

充洽　洽，咸夾反。小「爾」雅曰：充，備也。玉篇曰：洽，濡也；濡，沾潤。

工幻師　韻圃稱：工，巧也。謂巧能於幻術也。

花嚴經卷第五十　如來出現品第三十七之一

偏袒　袒，唐亶反，露也。字從示〔九九〕。又音宅莧反，非此所須。

右跽　跽，其几反。跪也。

如我惟忖　忖，悤本反。顏注漢書曰：惟，思也。珠叢曰：忖，測度也。

瞻仰如來仁及我　有仁德者，號之爲仁，故謚法曰：貴親親曰仁，煞身成人曰仁，度功而行曰仁。周禮云：天德曰仁。禮記曰：上下相親曰仁。論語云：剋己復礼曰仁。鄭玄注禮記曰：施恩曰仁。白虎通曰：仁者是忍，好生愛人也。

佉陀羅山　爾雅曰：軻梨羅，此即木名，謂此方苦楝木也。由彼山中多有此木，故立其名。

尼民陀羅山　此翻爲持邊，以彼山是七重金山中最外邊故，然即院統〔一〇〇〕護持餘內六山，故名持邊。

目真隣陀山　目真，此云解脱，即是龍名也。隣陀，此云處也，謂此山中是解脱住處。

水族衆生　孔安[國]〔一〇一〕注書曰：族，類也。謂水畜之流類。

大雨名洪霔　霔，之庶反。洪，大也。併急寫水曰霔。

變涇令燥　燥，蘇早反。燥，乾也。變字從戀者作，又有從反者，不是字也。涇字有作濕者，誤也。

廓徹虛空　廓，苦郭反。爾雅曰：廓，大也。今謂寬大遍虛空量也。

普照無私　玉篇曰：事不公爲私。王逸注楚辭曰：竊愛爲私也。郭象注莊子曰：世所謂無私者，釋己而愛人也。言無己情，偏有所爲也。私字厶(厶)〔一〇二〕上加撇者，非。

新譯大方廣佛花嚴經音義卷中

一切經音義　卷第二十二

校勘記

〔一〕生正　獅作「一」。
〔二〕地　慧苑作「阤」。
〔三〕議　獅作「義」。
〔四〕誤　獅作「設」。
〔五〕李琦　獅作「季琦」。
〔六〕宣　獅作「官」。
〔七〕寃　據文意當作「冕」。
〔八〕舍　獅作「含」字。
〔九〕小雅　似當爲小爾雅。下同。
〔一〇〕集漢書注　似當爲「漢書集注」。
〔一一〕孔安　據文意當爲「孔安國」。
〔一二〕忩　五音集韻：怱，速也。古作悤，俗作忩。
〔一三〕注　麗無，據獅補。
〔一四〕敏　麗無，據獅補。
〔一五〕一　疑衍，或有脱文。
〔一六〕無適　麗無，據頻補。

〔一七〕苦　據文意似當作「若」。
〔一八〕集　據文意當作「冀」。
〔一九〕孔安　據文意當爲「孔安國」。
〔二〇〕天　據文意似當作「叐」。
〔二一〕孔安　據文意當爲「孔安國」。
〔二二〕韓康　據文意當爲「韓康伯」。
〔二三〕揔　即「總」。
〔二四〕毛詩傳曰：微瘍也　今傳本毛詩傳：「骭瘍爲微。」
〔二五〕瘍　衍。
〔二六〕孔安　據文意當爲「孔安國」。
〔二七〕孔安　據文意當爲「孔安國」。
〔二八〕孔安　據文意當爲「孔安國」。
〔二九〕鱗　獅作「鮮」。
〔三〇〕遍　慧苑作「通」。
〔三一〕敷以手指之指搏也　今傳本釋名爲「敷手以拍之也。拍，搏也」。
〔三二〕孔安　據文意當爲「孔安國」。
〔三三〕推　獅作「掬」。檢今傳本詩作「鞠」。群經音辨：「鞠，養也，推也。」
〔三四〕進　獅作「近」。
〔三五〕中　慧苑作「生」。
〔三六〕免　獅作「視」。
〔三七〕絶　獅作「給」。
〔三八〕墻　獅作「瑺」。下同。　紫　獅作「案」。
〔三九〕正　據文意似作「上」。
〔四〇〕極意也　今傳本爲「終也」。
〔四一〕鄭　據文意似作「郭」。
〔四二〕加駿　慧苑爲「駕，馭」。
〔四三〕孔安　據文意當爲「孔安國」。
〔四四〕枉害　慧苑爲「牲肉」。
〔四五〕庚　據文意當作「庚」。

〔四六〕逸　慧苑作「制」。
〔四七〕字　獅作「守」。下同。
〔四八〕天　麗無，據文意補。
〔四九〕孔安　據文意當爲「孔安國」。
〔五〇〕坊　慧苑作「防」。
〔五一〕極意也　今傳本爲「終也」。
〔五二〕孔安　據文意當爲「孔安國」。
〔五三〕今經本作揀練字也　慧苑爲「今經本作練者，揀練字也」。
〔五四〕問　獅作「間」，據文意當作「閒」，即「閑」。
〔五五〕離　麗無，據今傳本周易補。
〔五六〕俗　據慧苑補。
〔五七〕貝謂今海蟲也　今傳本説文爲「貝謂海介蟲也」。
〔五八〕祢　慧苑作「禄」。
〔五九〕福禰也　今傳本杜注左傳爲「福禄也」。
孔安　據文意當爲「孔安國」。
〔六〇〕浴　慧苑作「落」。
〔六一〕窟　獅作「窟」。
〔六二〕窟　獅作「窟」。
〔六三〕顔古　據文意當作「顔師古」。
〔六四〕誤　據文意當作「設」。
〔六五〕字林隱文　似爲「字林音隱」。
〔六六〕上　據文意似作「土」，即「壯」。
〔六七〕陀　慧苑作「民」。
〔六八〕嶷　據慧苑補。
〔六九〕自　慧苑作「皃」。
〔七〇〕十一　慧苑作「大」。
〔七一〕承……四尺曰　據慧苑補。
〔七二〕二　獅作「二」。
〔七三〕百　慧苑作「曰」。

〔七四〕地　衍。
〔七五〕旬　慧苑作「句」。
〔七六〕云　似當作「六」。　折桂　獅作「折挫也」。
〔七七〕池　獅作「也」。
〔七八〕皀　獅作「皃」。干禄字書：「皀皃貌，上俗中通下正。」
〔七九〕溶　頻作「涌」。
〔八〇〕清　慧苑作「漬」。
〔八一〕上　慧苑作「止」。
〔八二〕盛　獅作「底」。
〔八三〕億　據文意似當作「倍」。
〔八四〕支　麗無，據慧苑補。
〔八五〕國　慧苑作「因」。
〔八六〕共　頻作「其」。
〔八七〕國　據文意似當作「因」。
〔八八〕漢　獅作「漠」。
〔八九〕但　據文意當作「袒」。
〔九〇〕杜　各本無，據文意補。
〔九一〕號　獅作「虢」。
〔九二〕輔　據今傳本杜注補。
〔九三〕止　獅作「上」。
〔九四〕膊　似當作「膊」。
〔九五〕蹕　據文意似作「踔」。説文骨部：「踔，古文髀。」
〔九六〕盖　獅作「益」。
〔九七〕謂　獅作「請」。
〔九八〕韓康　據文意當爲「韓康伯」。
〔九九〕示　似當作「礻」。
〔一〇〇〕統　慧苑作「繞」。
〔一〇一〕孔安　據文意當爲「孔安國」。
〔一〇二〕么　獅作「厶」。

一切經音義　卷第二十三

從五十一盡第八十　凡三十卷經

新譯大方廣佛花嚴經音義卷下

花嚴經從第五十一　盡第八十

作務　作，則各反。務，事業也。

或牟薩羅　或曰牟婆羅，此云紫色寶。

哮吼　哮，呼教反。吼，呼口反。

把　補瓦反。

洞然　洞，徒弄反。韻圃稱：洞，徹也。謂通徹火然之狀也。字或宜作烔，烔音徒東[反][一]。韓詩傳曰：烔謂燒草傳火焰盛也。

花嚴經卷第五十二　如來出現品之三

優波尼沙陀分　已見第十七卷。

鼓揚海水　鼓，公戶反。說文曰：鼓，擊也。字從攴，不從皮也。

則便謝　王逸注楚辭曰：謝，去也。謂神識去身也。

積同須彌　說文曰：積，聚也。謂堆聚。聚音疾喻反。

大唐沙門惠苑撰

如乾草積　積，即賜反。鄭玄注周禮：垍小曰委，垍大曰積。積字從艹者，俗也。

花嚴經卷第五十三　離世間品第四十八之一

知諸稱謂　稱，昌孕反。稱，順也。漢書音義云：謂者，指趣也。今謂於法門意趣皆隨順知也。漢書又曰：謂，名稱也，事宜也。謂凡諸事物，知其名目，識其所宜，皆曰稱謂也。

知諸制令　令，力政反。制，謂禁制。令，謂法令也。

長嬰疾苦　嬰，於征反。漢書曰：嬰，繞也。謂常爲疾苦之所纏繞也。

花嚴經卷第五十四　離世間品之二

啟一切衆生心意　玉篇曰：啟，開也。古體作启也。

間無空處　間，古閑反。謂中間也。

花嚴經卷第五十五　離世間品之三

善言開喻　漢書音義曰：喻，曉也。蒼頡篇曰：喻，諫也。

打棒屠割　棒字正宜作棓，或亦爲柈。今經本作棒字，乃是榛（棒杖）〔二〕之棒，非打棓字，然後有從手邊作奉者，乃是捧持之字，轉遠經意也。廣雅曰：棓，箠也。又有木邊作音者，即曰棓杖之棓字體也。

誓期自勉　鄭注禮記曰：勉，猶勸（勸）〔三〕也。玉篇曰：自勸强也。

撾打楚撻　撾，陟苽反。撻，他沬反。說文曰：撾，箠也。鄭玄注周禮：箠，擊也。楚，荆杖也。又注周禮曰：撻，猶杖之荆也。撾字從木，古體作𥯌（築）〔四〕。

挑　天彫反。

或級其頭　漢書衛青霍去病傳第二十五云：斬首三千一十七級。顔師古曰：本以斬敵一首，拜爵一級，故即因謂斬首爲級，亦即又名生獲一人爲一級也。珠叢曰：斬首一名爲級也。

無央數劫　央，於良反。王逸注楚辭曰：央，盡也。

花嚴經卷第五十六　離世間品之四

迫隘　隘，於芥反。玉篇曰：迫猶逼也，隘，狹也。夫狹窄必相逼。

無所觸嬈　嬈，乃了反。三蒼曰：嬈，擾也。孔安[國]〔五〕注書曰：擾，亂也。說文曰：擾，煩也。

悉稱　稱，昌孕反。愜，可也。又爾雅曰：稱，好也。郭璞釋云：事稱人意皆好也。

補特伽羅　此翻爲數取趣，謂數造趣，因數取趣果也。舊翻爲人隨方語便，非正刻字譯。

心恒顧復　已見第二十三卷也。

嬉戲　嬉，許其反。切韻稱：嬉，遊也。

花嚴經卷第五十七　離世間品之五

得預　預，餘茹反。珠叢曰：凡事相及曰預。字古作與也。

菩提薩埵　依佛地論云：親光菩薩以三義釋菩提薩埵，具如彼論中。

不弛　弛，式尔反。論語云：君子不弛其親。孔安[國]〔六〕注曰：弛，易也。韋昭注漢書曰：弛，廢也。郭璞注爾雅曰：弛，放也。鄭玄注禮記曰：弛，棄也。此中經文含於多義，故具存之也。

無險詖故　已見第四卷中。

身〔七〕心憺怕　憺，徒敢、徒濫二反。怕，普白反。王逸注楚辭曰：憺，安也。廣雅曰：怕，静也。憺字又作倓、澹（一）〔二〕〔八〕體也。

慣習　慣，古患反。案諸字書正宜作慣，有作串字者，謬。

癡縠　縠，苦角反。有從殸下作卵者，不是字也。

花嚴經卷第五十八　離世間品之六

殘毀　蒼頡篇曰：殘，傷也。

無中息　中，陟仲反。

難處受生　難，那幹反。難處謂八難中生也。

捨一切烏波提涅槃法　烏波，此翻爲有。提云苦也。謂三乘所得無餘涅槃，未離變易，行苦隨故。有餘涅槃，及諸外道所計涅槃，並未離三苦故。法即涅槃。或通教等菩薩於彼悉捨，故云捨一切有苦涅槃法也。一〔九〕。

樂法樂義以法爲樂　此中三箇樂字，初二音五教反，後一音郎各反。

如虹蜺色　虹，古巷、胡公二反；蜺，研奚反。蔡邕月令曰：虹，蝃蝀也。謂陰陽交接之氣而著之形色，雄者曰虹，雌者蜺也。

無主無待　爾雅曰：待，須也。謂凡事相須待藉於他，今此謂求緣無作即是云得義也。

無著無行　行，遐庚反。

無有瘡疣　疣，有鳩反。廣雅曰：疣，腫也。説文曰：疣，贅也。謂贅聚肉也。贅音支鋭反。疣字又作馱(肬)〔一〇〕也。

瘢痕　瘢，薄寒反。痕，户恩反。

解因自悟　因，由也。言辟支悟於苦無常，但由自觀緣生，克證不依師受，故立其名爲獨覺是也。

而强爲説　强，其兩反。

志尚涅槃　顔注漢書曰：尚，崇也。

求其罪釁　釁，許覲反。玉篇曰：釁，謂有禍兆也。

或以妙義授非其人　顔注蕭望之傳曰「將非其人」者，言不才之人也，才謂有器量者也。

嚬蹙不喜　嚬，脾仁反。蹙，子六反。玉篇曰：嚬蹙，謂憂愁不樂之狀也。賈注國語曰：頻，近。毛詩傳曰：蹙，促也。言人有憂愁則皺撮眉額鼻目皆相促近也。又案説文：渡水向岸，水文叢[皺]〔一一〕亦爲之頻蹙。然憂愁之頻，頻下著卑，今從省之不用也。經本有傍安口者，俗。

伺其過失　伺，相吏反。鄭玄注周禮曰：伺，猶察也。玉篇曰：伺，候也。方言曰：伺，視也。自關而北凡竊相視謂之伺也。

頑佷　佷，何懇反。左氏傳曰：心不則德義之經曰頑也。杜注左傳曰：佷，戾也。説文曰：佷，不任從也。佷字正體從彳。今從亻者，俗也。

我慢所呑　呑，他痕、他賢二反。廣雅曰：呑，滅也。

醒悟　醒，桑形、桑逕二反也。

天魔波旬　具云提婆魔囉播裨。言提婆者，此云天也。磨囉，障导也。播裨，罪惡也。謂此類報生天宫，性好勸人造惡退善，令不得出離故也。

悉知將有　廣雅曰：將，欲也，當也。

徙置　徙，仙紫反。蒼頡篇曰：徙，移也。鄭玄注考工記云：置猶著於地也。置字本從罓下直，今從襾者，俗也。

侍衛　蒼頡篇曰：侍，從也。毛詩傳曰：侍，近也。言側近也，言側近左右扶侍之也。王弼注易曰：衛，護也。

花嚴經卷第五十九　離世間品之七

免濟　免，民辯反。杜注左傳曰：免，脱也。毛詩傳曰：濟，渡也。言令物脱苦渡難也。

欣慰　廣雅曰：欣，喜也。毛詩傳曰：慰，安也。言歡喜則心安也。

圖書印璽　鄭玄注周禮曰：圖，畫也；璽，印也。蔡邕獨斷曰：天子之璽以玉螭虎劍(紐)〔一二〕，古者尊卑共之。月令曰：秦已前諸侯卿大夫皆曰璽，自兹已降，天子獨稱，諸侯不敢用也。秦王子嬰上高祖傳國璽文曰：受命於天，帝壽永昌。此即(印)〔一三〕章，古名璽節，今謂斗撿文也。螭字音敕支反。

弧矢劍戟　弧，户孤反。矢，式耳反。戟，居逆反。説文曰：弧，木弓也。考工記曰：弧，猶孤也。謂往多而來寡也。易曰：剡木謂之矢。即箭也。戟有三枝，枝皆兩刃，或中有小字(孑)〔一四〕名雄戟，或有戟〔一五〕，矢字又作矢。

簙弈嬉戲　嬉，許其反。博字正宜從竹。説文曰：簙謂局戲。云(六)〔一六〕簙十二棊也。杜注左傳曰：弈，圍碁也。切韻稱：嬉，遊也。

親戚　戚，千歷反。孔安[國]〔一七〕注書曰：戚，近也。顧野王曰：近所以爲親也。毛詩傳曰：相親曰戚。戚字正宜縱(從)〔一八〕豎心。經本作戚者，俗也。

能忍劬勞　劬，具虞反。毛詩傳曰：劬勞，病苦也。勤勞倦猶病苦也。

正法味盈洽　洽，侯夾反。杜注左傳曰：盈，充也。玉篇曰：洽，霑也。霑，濕潤也。

菩薩無礙乘巾之出三界　乘，食證反。乘謂車馬通稱，巾謂服乘之名。案周禮：也(巾)〔一九〕車氏即掌駕之官，主當嚴乘。故鄭玄注云：巾猶衣也。衣音於紀反，謂莊飾衣帶之也。珠叢曰：以衣被車謂之巾也。此則文言尚簡，名有影略，故以巾車之言，當乘車之謂，亦猶設席之名，以目食客也。

宴默　宴，於見反。漢書音義曰：宴，安居也；默，静也。

皎鏡　[方]〔二〇〕言曰：皎，明也。廣雅曰：鏡，照也。又可皎然如鏡，故曰皎鏡也。

馳逐　廣雅曰：馳，奔也。玉篇曰：逐，馳驅也。

種德　種，之用反。謂種植功德也。

菡萏花　菡，胡感反。萏，徒感反。説文曰：芙渠花未發者爲菡萏，已發者爲芙蓉也。漢書音義曰：菡萏，豐盛之貌也。菡萏二字，玉篇作莟蔄。字書作菡菌。説文作莟萏也。

娛樂　杜注左傳曰：娛，樂也。樂即可樂，故曰娛樂。

花嚴經卷第六十　入法界品第三十九之一

室羅筏國　舊云舍衛國，具稱室羅筏悉底，此翻爲好道，或曰聞物，此乃城名，非是國號，以其城中多出人物，好行道德，五天共聞，故曰聞物。或曰室羅筏悉底者，此云聞者城。西域俗聞傳記云：昔於此處，有一老仙，修習仙道。後有少仙，從其受學，厥號聞者。老仙歿後，少仙建立此城，即以少仙之名爲其城稱，然國都號爲憍薩羅，但以就勝易彰，故城取國號耳也。

逝多林　逝多，梵言也。或曰制多，或云祇陀，此翻爲勝，即太子名。當欲造此寺時，須達長者買園，太子出樹，故曰逝多林也。

裔藏菩薩　案此菩薩名齊(裔)〔二一〕，齊(裔)即是肶裔之齊(裔)，字宜從肉也。

師子頻申三昧　杜注左傳曰：頻，急。申，展也。四體之拘急，所以解於勞倦，故曰頻申也。表此三昧能申展自在，無礙〔二二〕法界，解脱障礙〔二三〕拘急勞倦，故喻名耳。此或全是梵言，如刊定記也。

危樓迥帶　迥，胡頂反。鄭注禮記云：危，高也。爾雅曰：迥，遠也。言高樓險絶似空中之遠卦也。

棟宇　棟，都弄反。爾雅曰：棟，屋檼也。檼即屋脊也。檼音於靳反。

階墀軒檻　墀，直尼反。玉篇曰：階謂登堂之道也。説文曰：墀謂以丹塗地，即天子丹墀也。韋昭注漢書曰：軒，檻上板也。王逸注楚辭曰：縱曰檻，横曰楯。顧野王曰：謂殿上枸欄也。

階隥欄楯　隥，多鄧反。楯，食尹反。隥，級道也。王逸注楚辭云：縱曰欄，横曰楯，楯間子謂之櫺也。隥字又作嶝也。

湍激洄澓　湍，吐官反。激，古歷反。洄音迴，澓音腹。説文曰：湍，疾瀨也，淺水流於砂上曰湍也，水文疑[二四]也。爾雅：疾急曰激也。三倉曰：水轉曰洄也。澓，深也，謂洄澓之處其水必深也。

芬敷　芬，麩雲反。郭璞曰：芬謂香氣和調也。小[爾]雅[二五]曰：敷，布散也。

舍利弗　具云奢唎補怛羅。言奢唎者，此云鶖鷺鳥也。補怛羅者，此云子也。此尊者母眼黑白分明轉動流[利][二六]似鶖鷺眼，故時共號爲奢唎也。其尊者依母得名，故云鶖鷺子。舊翻爲身子者，謬也。梵本中呼身爲設利羅，故知懸别。

大目揵連　揵，渠焉反。大目揵連者，此云採菽氏，即此尊者母姓，又以尊者有大神通，即將二事爲號也，然母族採緑豆仙之苗裔也。

摩訶迦葉　具云摩訶迦葉波。言摩訶，此云大也。迦葉波，此云飲光也。此尊者上古先祖是大仙人，身有光明而能吞蔽燈火之光明，時人異之，號曰飲光仙人，因此標其氏族焉。又以尊者有頭陀大行，故時與其大飲光名耳。

離波多　此云所供養也。

須菩提　此云善現，亦曰善實，舊云善吉者，非也。

阿㝹樓駄　正云阿尼嚕多，此云無滅也。

難陀　此云歡喜也。

劫賓那　此云黄色也，謂此尊者上祖是黄頭仙人，因爲族。此則氏族爲名也。

迦旃延　迦旃者，一宗之姓氏也。延，此云胤也。言此尊者是彼種族之後胤耳。

富樓那　具云富樓那彌多羅尼子。言富樓那者，此云滿也。彌多羅者，此云慈也。滿慈是尊者母稱，子即尊者自身，從母立名，故名滿慈子也。

不能遊履　履字有本作屬者，謬，勘梵本定訖。

舉體燋然　劉兆注儀禮曰：舉，畢也，盡。燋，言舉體燋者，遍體也。

烏鷲　郭璞注山海經曰：鷲音就，謂即鵰也。説文：鷲，烏，墨[二七]色而多子也。

瞖膜　瞖，於計反。文字集略曰：瞖，目障也。經翳膜有從羽作者，非所用也。

捕獵放牧　牧，亡福、莫六二反。三蒼曰：父(牧)[二八]，養飤也。

振卹　振，之刃反。卹，須聿反。鄭注禮記云：振，救也。又注周禮曰：卹，憂貧也。振字古體作拒。有本作賑，賑給之義也。卹字，説文云：憂，卹[二九]。從心。卹少[三〇]，從卩[三一]。爾雅通用。今案諸書依説文從卩爲勝也。

均贍　均，居春反。贍，市儋反。小[爾]雅曰：贍，足也。言均平皆使得足也。

舉世　杜注左傳曰：舉，皆也。言世皆不能測也。

孰有　爾雅曰：孰，誰也。經本有加歷火者，非此用也。

凡夫嬰妄惑　廣雅曰：凡，輕也。案夫，猶人也，嬰，繞也。言輕庸之人爲虚妄惑障纏繞也。

難稱　稱，尺陵反。鄭注禮云：稱猶言也。廣雅：稱，譽也。字正體從立人。今多從禾也。

欽歎　欽，去今反。孔安[國]〔三一〕注書曰：欽，敬也。

曉悟　廣雅曰：曉，説也。説音書睿反。説文曰：悟，覺也。聲類曰：悟，解也。言説化令覺也。

花嚴經卷第六十一　入法界品之二

因陀羅網　因陀羅者，此云帝也。帝謂帝釋，網謂帝釋大衙殿上結珠之網。其網孔相望，更爲中表，遞相圍遶之(互)〔三二〕作主伴，同時成就圍繞相應也。

舟　章由反，舡也。

明練　珠叢曰：鎔金使精曰鍊，煮絲令熟曰練也。今謂善知儀式分明也。

君慧比丘　梵本中云因陀羅末底比丘。言因陀羅者，此云君也。末底，慧也。言比丘智慧比餘比丘最尊如君，故曰君慧也。

花嚴經卷第六十二　入法界品之三

娑羅林　娑羅者，此云高遠，以其林木森端(竦)〔三四〕出於餘林之上也。舊翻云堅固者，誤。由娑羅之與婆羅，聲勢相近，若呼堅固即轉舌言之，若呼高遠直爾稱之耳也。

須達多　此云善結施無依怙者，舊云給孤獨者是也。

婆須達多　此云財施，或云有善施行也。

威光赫弈　赫，許格反。弈，移益反。廣雅曰：赫赫，盛也；弈弈，明也。赫字文(又)〔三五〕作茾。弈字經本亦下著廾者，簙弈字也。

徽纆　徽，許韋反。纆，莫北反。廣雅曰：徽，束也。珠叢曰：纆，繩索也。受〔三六〕經義謂以繩索束縛難可解也。

轡勒　轡，鄙媚反。説文曰：勒謂馬頭鑣銜也。

憍盈　玉篇曰：盈，懈也，緩也。謂憍恣懈怠慢緩也。

令我載此乘　乘，食證反。王逸注楚辭曰：載，乘也。乘音繩。

茵蓐　茵，於真反。蓐，如欲反。毛詩傳曰：茵，虎皮也。玉篇曰：以虎皮爲蓐曰茵。字又作鞇。郭注爾雅曰：蓐，席。聲類曰：蓐，薦也。案茵、蓐二字若以草爲之者，字即從艹，若以皮爲之者，字即從革。其蓐字從衣者，蓋是通用也。

羈鞅　羈，居宜反。鞅，於兩反。王逸注楚辭曰：羈謂絡馬頭，鞅謂約牛頭繩也。

周挍　周匝莊挍，故言周挍也。

四維　廣雅曰：維，隅也。隅即角也。

玩好之物　玩，五段反。孔安[國]〔三七〕注書曰：玩，戲弄也。謂戲弄之具也。

等祐一切　鄭注禮云：等，齊也。周禮曰：祐，助也。謂普皆齊等，以福助之。祐字古作佑、閣也。

頗有　頗，普歌反。廣雅曰：頗，少也。少猶希也。有呼頗音爲叵者，甚誤。

因陀羅尼羅　因陀羅者，此云帝也，主也。尼羅，青也。寶青色，寶中最尊也，第一故曰青主也。

芬敷布濩　濩音護。顔注漢書曰：布濩猶言所(布)〔三八〕露，謂於缺露之處皆遍布也。芬敷如上護字，經本有從言作者，謬也。

辯析　析，蘇歷反。漢書音義曰：辯，別也；析，分也。析字有作柝者，俗。

深入法旋澓　旋，徐攣反。澓，浮福反。切韻稱：旋，洄也。三蒼曰：澓，深也。謂流水下有深穴，則令水洄也。經本從方者，音徐緣反。切韻稱：還也。

行至楞伽道　楞伽者，具云楞求羅伽。西域山名，在南天竺南界，近海岸。

激電　激，經歷反。説文曰：激，疾波也。謂電光急速如波迅速。

刹那羅婆牟呼栗多　仁王經云：九百生滅爲一刹那，九十刹那爲一念。案俱舍論等謂時之最少名一刹那，一百二十刹那名一怛刹那，六十怛刹那名一羅婆，三十羅婆名一牟呼栗多，三十牟呼栗多爲一晝夜也。

國名達利鼻茶　茶，除加反。其國在南印度境，此翻爲銷融，謂此國人生無妄語，出言成咒。若隣國侵迫，但共咒之，令其滅亡，如火銷膏也。

彌伽　此云能降伏，或翻爲雲也。

花嚴經卷第六十三　入法界品之四

市肆　崔豹古今注曰：肆，陳也。謂[陳][三九]貨鬻物也。

善財言唯　唯，營癸反。孔安[國][四〇]注書曰：直曉不問曰唯也。郭（鄭）[四一]注禮曰：唯，恭於諾也；諾，謂敬訊[四二]也。

遽即下　遽，渠預反。賈注國語曰：遽，疾也。玉篇曰：遽，急也。

則爲不斷　爲，于危反。廣雅曰：則，即也。爲猶是也。下諸句並准此。

菩薩爲一切衆生恃怙　恃，時止反。怙，胡古反。韓詩傳曰：無父何恃。恃，負也。無母何怙。怙，賴也。案經義，菩薩於衆生如父母慈威兼濟，常爲倚賴也。

長者　風俗通曰：春秋之末，鄭有賢人，著書一篇，號鄭長者，謂年長德艾，事長於人，以之爲長者也。

涕泗悲泣　涕音體，泗音四。毛詩傳曰：自目曰涕，自鼻曰泗也。崔浩注漢紀曰：淚下無聲曰泣也。

拔猶預箭　爾雅曰：猶，獸名也。其形似麂，善登木，性多疑慮，常止山中，忽聞有聲，恐人來害，即豫上樹，久無方下，須臾又上，如此非一，故謂不決多猜慮者爲猶豫焉。或曰：隴西時俗呼犬子爲猶。犬隨人行，喜豫在先，行人未至却來迎候，因謂心所不决爲猶豫也。今案論中猶豫即是疑煩惱攝而於善品不能進，故此須拔也。

坦蕩自心　論語曰：君子坦蕩蕩，小人長戚戚。鄭玄曰：坦蕩蕩，寬廣皃。戚戚，多憂懼。

有一國土名摩利伽羅　未譯。

梵行之道　梵謂梵摩。具云跋濫摩，此云清净也。又葛洪字苑曰：梵，净也。

衝　昌容反。

優婆夷名休捨　休捨，具云呼舍羅。此云希望，亦曰意樂，或曰滿願。滿衆生希望意樂故也。

咨嗟戀慕　咨音諮。孔安[國][四三]注書曰：咨，嗟也。玉篇曰：咨嗟，嗟歎也。鄭箋詩曰：咨嗟，歎美沈（深）[四四]也。

想其容止　容謂容儀，止謂行止。

花嚴經卷第六十四　入法界品之五

善知識者是我師傅　傅，府遇反。師傅者，尚書：周官有三公三孤。言三公者，謂太師、太傅、太保。師謂天子所師，傅謂傅相天子，保謂保安天子於德義。此公之位，佐王論道，以經緯國事，和理陰陽，有德行者乃堪也。三孤謂少師、少傅、少保。孤，特也。言卑於三公，尊於六卿，特置此三人也。玉篇曰：傅猶於附，如以脂粉塗附於面，益乎姿質也。今案所喻，雖舉師傅，義通於保，謂求道者得善友益己，猶天子有三公三孤佐弼之。

毗盧遮那摩尼寶　此云光明遍照如意寶。

鳧鴈　鳧，伏趺反。似鴨而小謂之鳧也。

俱枳羅鳥　枳，經以反。其鳥未詳也。

寶多羅樹　多羅樹者，形如此方椶櫚樹。其葉繁密，此中然是勝寶所成也。

挾閣　挾，弦葉反。

徐搖　徐，緩也。搖，動也。

阿盧那香　阿盧那香者，此云赤色也。

挂　古賣反，又作掛也。

釧　昌戀反。

耳璫　璫，得郎反。釋名云：穿耳施珠曰璫也。

婆樓那天佛　婆樓那者，此云水也。

國土名那羅素　那羅素者，此云不嬾墮也。

仙人名毗目瞿沙　毗目瞿沙者，具云毗沙摩烏多羅涅盤瞿娑。言毗沙摩者，此云無怖畏也。烏多羅者，最上也。涅盤瞿娑者，出聲也。

鮮榮　鮮，斯然反。玉篇曰：鮮，明也。釋名曰：榮猶榮榮〔四五〕然照明之皃也。

婆吒羅樹　其樹正似此方楸樹也，然甚有香氣，其花紫色也。

尼拘律樹　其樹葉如柿葉，子似枇杷子，子下承蒂如柿，然其種類耐老，於諸樹木最能高大也。

領徒一萬　孔安〔國〕〔四六〕注書曰：徒，衆。司馬彪注莊子曰：徒謂弟子也。

編草　編，蒲典反。蒼頡篇曰：編，織也。珠叢曰：取物交織謂之編也。字又作辮。

髻環垂鬢　髻環謂盤髻如環，垂環至鬢，故云也。

夷險道　孔安〔國〕〔四七〕注書曰：夷，平也。方言曰：險，高也。

險易　易，羊豉反。玉篇曰：險，阻也。郭璞注爾雅曰：易，平也。言道路或險或平耳也。

阿庾多　庾，逾主反。阿庾多者，當此方一兆之名也。

那由他　或曰那庾多，當此方一億名也。

聚落名伊沙那　伊沙那者，此云長直也。

離諸難難　上難字，那幹反，謂八難也。下難字，音那乾反，謂艱難也。

伊那跋羅龍王　伊羅者，樹名。此云臭氣也。跋羅，此云極也。謂此龍住（往）〔四八〕昔由損此極臭樹葉，故致頭上生此臭樹，因即以爲名耳。

難陀優波難陀　難陀，此云歡喜。優波，此云近也。

花嚴經卷第六十五　入法界品之六

唇口丹潔如頻婆菓　丹，赤也。潔，净也。頻婆菓者，其菓似此方林檎極鮮明赤者。

於河渚中　渚，支與反。爾雅曰：水中可居者曰洲。小洲曰渚，小渚曰沚，小沚曰坻，人所居曰潏。沚音止，坻音遲，潏字決，述二音也。

商估　估，公户反。鄭玄注周禮曰：行賣曰商，坐賣曰估。估字又作賈也。

貯　張吕反。

福德淵　淵，烏玄反。説文曰：水洄曰淵。毛詩傳曰：淵，深也。今謂福德深奥也。

校飾　爲〔四九〕飾故云校飾也。

鵶王羽翮　翮，莖隔反。珠叢曰：翮謂鳥羽之本也。

憩止　憩，去例反。珠叢曰：憩，息也。

稟善知識　稟，彼錦反。孔安國注書曰：稟，受也。字從米亩聲，古文作亩也。

靡不周贍　贍，市焔反。珠叢曰：靡，無也。賈注國語曰：周，備也。漢書音義曰：贍，足也。

花嚴經卷第六十六　入法界品之七

游福德海　游，似由、以周二反。説文云：浮於水上也。今此喻言爾。

遽即往詣　遽，渠預反。賈注國語曰：遽，疾也。玉篇曰：遽，急也。

何緣致此清浄衆會　致，陟利反。顔注漢書曰：致謂引而至之也。

不憚　憚，唐幹反。鄭箋詩曰：憚，難也。謂急難辛苦也。難音那幹反。

雉堞崇峻　雉，直尔反。堞，徒協反。公羊傳曰：五板爲堵，五堵爲雉，百雉爲城。何休注曰：二萬尺也。周十一里三十三步二尺，公侯之制也。禮記曰：天子千雉，盖受雉之城千百，〔伯〕〔五〇〕七十雉，子男五十雉。天子周城，諸侯千城。千城者，缺其南面以受過也。杜注左傳曰：堞，女墻也。崇，高也。堞字又作垛也。

風黄淡熱　文字集略曰：淡爲胸中液也。騫師注方言曰：淡字又作痰也。

辛頭波羅香　辛頭者，河名也。謂即阿耨達池西面金牛口出水流入信度國者是也。波羅，此云岸也。謂其香生彼河岸，故以出處爲名耳。

阿盧那跋底香　阿盧那者，此云赤色。跋底者，有也。或云極也，謂此香極有赤色，堪以染緋，色甚鮮明，故因名耳也。

烏洛迦栴檀香　烏洛迦者，西域蛇名。其蛇常患毒熱，投此香樹，以身繞之，熱毒便息，故因名也。或曰此蛇最毒，螫人必死，唯此旃檀能治，故以爲名耳。

城名多羅幢　多羅者，義翻爲明浄。或曰精等明浄也。説昔有王名明浄眼幢，創建此城，故從立名耳。

怡暢心　怡，與脂反。毛詩傳曰：怡，悦也。漢書集注：暢，通。

撫其孤弱　撫，麸禹反。漢書集注曰：撫，慰也。鄭注周禮曰：撫，按也。杜注左傳曰：撫，恤之也。

阿那羅王　此云無猒足也，或云普可畏聲，言其王可畏聲名普遍諸國也。

以爲其齎　齎字宜從肉。經本有作齊者，謬也。

十萬猛卒　卒，作没反。方言曰：南楚東海之間呼隷人給事者謂之卒也。

褊　方緬反。字宜從衣作。

攘臂瞋目　攘，如羊反。孟子曰：攘臂而下車。顧野王曰：攘謂除去衣袂而出臂也。袂音彌勵反，袖也。

挑　天彫反。

曾不顧懼　廣雅曰：顧，眷也。言不眷戀身命怖懼死也。

命之同坐　廣雅曰：命，呼也。

承旨　玉篇曰：旨，意也。

富贍斷其所作　斷，都管反。説文曰：斷，截也。孔安[國]〔五一〕注書曰：斷，絶也。

靡不該練　珠叢曰：靡，無也。廣雅曰：該，咸也，包也。小[爾]雅曰：該，備也。珠叢曰：鎔金曰鍊，煮絲令熟曰練也。該字又作晐，練字鎔金從金，煮絲從絲，或從散水也。

伊羅婆拏大象王　伊羅謂伊陀羅，即帝釋名也。婆拏云出聲也，言此大象時出美聲娱樂帝釋也。或曰伊謂能出也。羅婆拏，聲也。娱樂如前説。

修臂　毛詩傳曰：修，長也。案玉篇：修，飾。修，長。字皆從彡，唯脯脩字從肉也。

如漁　漁，御居反，疑據二反。説文曰：漁，捕魚也。字又作瀲、㪙二形也。

托動　托，呼高反。攬也。

城名無量都薩羅　都薩羅者，都謂都羅，此云喜也。薩羅，此云出生也。言此城中出生無[量]〔五二〕歡喜之事，故名也。

花嚴經卷第六十七　入法界品之八

廛店隣里　廛，除連反。鄭注禮曰：廛謂市物邸舍也。謂停估客坊邸也。尚書大傳曰：八家爲隣，三隣爲朋，三朋爲里，五里爲邑。此虞夏之制也。廛字經本從广作者，謬也。

巖巘　巘，魚偃反。説文曰：巖，峰也。郭璞注爾雅曰：巘謂山形如累重甑也。字或作巇(巘)〔五三〕。

鬻香　鬻，與六反。玉篇曰：鬻，賣也。賣鬻從毎〔五四〕，羹鬻從米。

摩羅耶山　具云摩利伽羅耶，其山在南天竺境摩利伽耶國南界，而因國以立山名，其山中多出白旃檀木也。

香名先陀婆　先陀婆，此云名(石)〔五五〕鹽，其香似之，故以名耳。

船師名婆施羅　此翻爲自在也。

部多宮　部多，此云自生。謂此類從母生者，名夜叉。化生者，名部多也。

晨晡　爾雅曰：晨，早也。玉篇曰：晡，伽〔五六〕申也。

晷漏延保〔五七〕　晷音軌。李善注文選曰：晷漏，日影也。細分晷與漏別，故周禮云：表長八尺，夏至日晷長六寸，日益南，晷益長也。文字集略曰：漏刻謂以筒受水刻節，晝夜百刻。

理斷　斷，都亂反。鄭注禮記曰：斷，決也。

良久　玉篇曰：良猶長也。長對於短，非蹔時也。

國名輪那　輪音暑，借上聲呼。正曰輸羅，此翻爲勇猛也。

城名迦陵迦林　以義翻之名相鬪諍時，此據因鬪諍建國立名。

波利質多羅樹　具云波利耶怛羅拘毗陀羅。此云香遍樹，謂此樹根莖枝葉花實皆香，普能遍熏忉利天宫。

迦隣陀衣　細錦衣也。

迫窄　窄，側格反。玉篇曰：迫，猶逼也。廣雅曰：迫，狹也。窄，隘也。窄字經作迮者，俗也。

婆樓那天　此云水天也。

良沃田　良，善也。顔注漢書曰：沃，溉灌也。言其土地有溉灌之利〔五八〕。

菴羅林　菴羅，菓名，狀貌似此方〔五九〕㮈，其味如梨也。

婆須蜜多　此云世友，亦曰天友，或云寶，亦曰財。

花嚴經卷第六十八　入法界品之九

脣吻　吻，無粉切。蒼頡篇曰：吻謂脣兩角頭邊也。

蹈彼門閫　蹈，徒到反。閫，苦本反。説文曰：蹈，蹋〔六〇〕也。閫，門限也。閫字又作梱也。

居士名鞞瑟胝羅　此翻爲纏裹也，或曰包攝，謂現廣大身可以含容國土也。胝字上聲呼之。

彌勒　其〔六一〕云昧怛𠹕曳，此翻爲慈氏也。

山名補怛洛迦　此翻爲小花樹山，謂此山中多有小白花樹。其花甚香，香氣遠及也。

泉流縈映　縈，於營反。珠叢曰：縈，卷之也。字指歸〔六二〕曰：映，不明也。案經意其(泉)〔六三〕流交絡，互[相]〔六四〕纏繞，互相隱映，故曰縈映。映字，經本有作日邊英〔六五〕者，蓋是胸臆也。

樹林蓊鬱　蓊，烏孔反。玉篇曰：蓊鬱謂草木盛茂也。蓊字，漢書相如傳：從竹下翁也。

遷移　上七延反。鄭注禮曰：遷，猶變改也。毛詩傳曰：遷猶去也。

城名墮羅鉢底　此翻爲門主，或曰有門，謂古者建立此城王之號也。

觳〔六六〕　苦角反。經本有作[illegible]〔六七〕者，元不是字也。

迦毗羅城　具云迦毗羅皤窣都。言迦比羅者，此云黄色也。皤窣都者，所依處也。謂上古有黄頭仙人，依此處修道，故因名耳。

夜神婆珊婆演底　具云婆傘多婆演底。言婆傘多者，此云春也。婆演底，主當也。謂於春時此神主當守護衆生及諸苗稼也。或曰婆羅婆薩那，此云依止無畏，爲與衆生作依止處，令離怖畏。又中天竺本中云跋僧多，此云春生，謂能生物善故，借喻名耳。

佇立未久　佇，除吕切。李善注文選云：佇，立皃也。郭璞注爾雅曰：佇，企也。謂舉足竦望有所敬待也。

方隅　隅，虞俱反〔六八〕。鄭玄注考工記曰：隅，角也。方謂四方，隅謂四維。

憧惶　憧，諸羊反。切韻稱：憧，懼也。蒼頡篇曰：惶，恐也。

爲作靈藥　靈謂神靈也。

藤羅所罥　藤，徒登反〔六九〕。罥，古泫反。切韻稱：卦〔七〇〕也。藤性緣物自織成羅也。

欲度溝洫　溝，古侯反。洫，許域反。苞(包)〔七一〕氏注論語曰：方里爲井，井間有溝，溝深四尺，十里爲城，城間有洫，洫廣深八尺也。

令諸世事悉得宣敘　小(爾)雅曰：宣，示也。説文曰：敘，次第也。言皆顯示得其次第也。

盜塔寺物　塔，具云窣堵波。謂置佛舍利處也。寺名依梵本中呼爲鞞訶羅，此云遊，謂衆[生]〔七二〕共遊止之所也。三蒼曰：寺，館舍也。館舍與遊義稱相近耳。又風俗通曰：寺，司也。匡之有法度者也。今諸侯所止皆曰寺也。釋名曰：寺，嗣也。治事者相繼嗣於内也。今若以義立名，則佛弟子助佛揚化，住持正法同復（後）〔七三〕三説。若直據梵本敵對而翻，則如初釋也。

夜久眠寐　寐，彌利反。毛詩傳曰：寐，寢也。玉篇曰：寐謂偃卧眠熟也。

勸喻　蒼頡篇曰：喻，諫也。

花嚴經卷第六十九　入法界品之十

遽發是念　遽，渠慮切。玉篇曰：遽，急也。

被大精進甲　被，皮義反也。

悉苦無味　味猶樂也。言皆是苦，無可樂戀。

捶　捶，隹蘂反〔七四〕。説文曰：捶，杖擊也。按捶字，説文從手，玉篇從木，聲類從竹也。

其心泰然　珠叢曰：泰，通也。凡離憂塞者，心則通暢耳。

爲現不樂世間欲樂　上樂字五教反，下樂字郎各反。

嬰妄想　漢書集注曰：嬰，繞也，加也。言爲妄想之所纏繞也。

得此解脱其已久如　久謂久近，如謂如何。故維摩觀衆生品云：舍利弗問天曰：天止此室，其已久如。答曰：如耆年解脱。舍利弗言：止此久耶？天曰：耆年解脱，亦何如久？今准此文，久如即是久近如何之問辭也。

嬪御有十億　嬪，婢人反。賈注國語曰：妾御曰嬪。毛詩傳曰：嬪，婦也。鄭注禮云：嬪謂婦人有法度者之稱也。周禮有九嬪教九御。蔡邕曰：天子凡衣服加於身，飲食入於口，妃妾接於寢，皆曰御。御之所親愛則曰御（幸）〔七五〕也。

我時尋覺　杜注左傳曰：尋，續也。

金剛齊佛　齊字從肉〔七六〕。

花嚴經卷第七十　入法界品之十一

不藉耕耘而生稻粱　耘，于君反。粱，吕羊反。毛詩傳曰：耘，除草也。説文曰：粱，米名也。耘字經本作芸者，乃是芸臺菜字，非此所用。粱字，或亦從禾也。

良臣猛將　將，即亮反。謚法曰：小心敬事曰良，順理習善曰良。今謂止私存國曰良臣，謀而後勇曰猛將。

中天　中，張仲反。夭，於矯反。孔安[國]〔七七〕注書曰：少喪曰夭也。

陵蔑他人　蔑，莫結反。蒼頡篇曰：陵，侵也。玉篇曰：陵，慢也。鄭箋詩曰：蔑輕曰陵。説文單作𦗻。又有從心作者，俗通用。

衆景奪曜　説文曰：景，光也。曜，照也。曜字又從光也。

大臣輔佐　佐，臧箇反。鄭注禮曰：輔，助也。佐，副也。言臣之於君有副助爕理之用也。

無高倨心　倨，居御反。杜注左傳曰：倨，慠慢也。鄭注禮曰：倨，不敬也。

花嚴經卷第七十一　入法界品之十二

受種種如來命　鄭箋詩曰：命，教令也。

高七多羅樹　多羅樹似此方椶櫚樹。然西域者其高例十丈餘，故經中取爲定量。

波頭摩花　或曰鉢蹋忙，此翻爲赤蓮花也。

覺悟　覺，古皃反。字又作寤。

花嚴經卷第七十二　入法界品之十三

蓮花覆合　覆，撫目反。還也，復也。

罷遊觀時　罷，蒲架反。玉篇曰：罷，止也，休也。

杵破　杵，昌與反，打也。字宜從手，其梧(棓)〔七八〕杵字從木。

苗稼不登　馬融注論語曰：樹五穀曰稼也。小[爾]雅曰：登，昇也。謂穀收則可昇場耳也。

枯槁　槁，苦老反。説文曰：槁，木枯也。鄭玄注周禮曰：槁，木乾也。槁正宜作稾。其槁音苦到反。杜注左傳曰：槁乃勞義。非經所用。

衣裳弊惡　弊，毗例反。説文曰：衣敗爲弊。玉篇曰：㡀與敝同。上杜注左傳曰：敝，衰壞之也。

皴裂　上七倫反，下力哲反。

牀榻　榻，他答反。

仁慈孝友　釋名曰：仁，忍也。好生惡煞，善惡含忍也。爾雅曰：善事父母爲孝，善事兄弟爲友也。

瞻奉撫對　撫，芳武反。瞻，視也。奉，承也。漢書集注曰：撫，慰也，恤也。對謂祇對。

婬佚　佚，夷日反。蒼頡篇曰：佚，惕也，樂也。惕音蕩。

枯涸　涸，何各反。廣雅曰：涸，盡也。

油雲被八方　孟子曰：天油然興雲，沛然下雨，則苗浡然而長也。毛詩音義曰：油雲，春雲也。言能潤澤萬物也。

大王臨庶品　鄭玄注周禮曰：臨，尊適卑。賈注國語曰：臨，治也。治謂治理也。庶，衆也。品，類也。

暴虐　暴，蒲報反。玉篇曰：暴，陵犯也。虐，災也。

刑獄皆止措　措，倉固反。鄭玄注考工記曰：措，猶置也。置謂廢也。

殘害　顔注漢書曰：殘謂多所煞戮也。蒼頡篇曰：殘，物〔七九〕也，切也。

大豚　豚，徒魂反。方言曰：豚，豕子也。

僉然備　僉，七廉反。爾雅曰：僉，皆也。廣雅曰：僉，同也。備，具也。

入池自撫鞠　鞠，居六反。王逸注楚辭曰：撫，持也。鞠謂撮之也。撮音粗括反。鞠字正宜從手。

夜叉　此云祠祭鬼，謂俗間祠祭以求恩福者，舊翻爲捷疾鬼也。

毗舍闍　此云噉人精氣鬼也。

中宵　中，張仲反。宵，相遥反。宵，夜也。

花嚴經卷第七十三　入法界品之十四

宿植　植，丞力反。蒼頡篇曰：植，種也。

囹圄　囹，歷丁反。圄，魚舉反。鄭注禮曰：囹圄，所以禁守繫者，若今之别獄也。説文曰：囹圄謂周之獄名也。

榜笞　榜，普庚反。笞，敕之反。字書曰：榜，捶也。説文曰：笞，擊也。榜字宜從手也。

臏割　臏，蒲忍、扶忍二反。大戴禮曰：人生朞(朞)而臏生〔八〇〕，然後行也。説文曰：臏，膝骨也。尚書大傳曰：决關梁踰城郭而路(略)〔八一〕盗者，其刑臏。顧野王曰：謂斷足之刑。即吕刑之剕，周禮之刖類也。字宜從骨，經本從月作者，俗。

寬宥　宥，云救反。杜注左傳曰：宥，赦也。

盜入宮闈　闈，于歸反。爾雅曰：宮中門謂之闈。其小者曰閨，小閨曰閤也。

王之寶祚　祚，才故反。寶謂大寶。書〔八二〕：大寶，位。玉篇曰：祚，位也。

赫然大怒　鄭箋詩曰：赫然，怒皃。毛詩傳曰：赫，赤也。謂人大怒則面色赤也。

毀形降脱〔八三〕　降，古巷反。爾雅曰：降，下也。謂下好服又可著惡衣服致也〔八四〕。

拘留孫　具云羯羅迦寸陀，此云所應斷已斷也。

薩遮尼乾　薩遮，此云有也。尼乾者，具云尼乾連陀。言尼者，不也。乾連陀，繫也。謂此類外道躶形自餓，以少欲不爲衣食所繫故也。

御群生　孔安[國]〔八五〕注書曰：御，治也。謂治理之也。鄭注禮云：御，勵也。謂勸化之也。

園林名嵐毗尼　嵐，盧含反。或曰流彌尼。此云樂勝圓（園）〔八六〕，光（先）〔八七〕是皆（昔）〔八八〕天女之名，因來此處，遂以其處名耳。

花嚴經卷第七十四　入法界品之十五

被求一切智堅誓甲　被，皮義反，著也。

傳來　傳，除緣反。字從叀不從甫。

果從兜率　玉篇曰：果，遂也。

坑坎塠阜　坎，口攬反。塠，都回反。阜，扶九反。易曰：坎，陷也。王逸注楚辭曰：塠，高土也。爾雅曰：高平曰陸，大陸曰阜。塠字又作堆也。

瓦礫荊棘株杌　礫，零擊反。説文曰：小石曰礫也。荊棘，草穢通語也。説文曰：株，樹根也。杌，謂刳去枝柯者也。

畢洛叉樹　或曰畢利叉，此云高顯。謂佛於下降誕，則謂高勝名顯人天，故曰高顯也。或有處〔八九〕云佛於阿戍迦樹下生者也。

諸佛齋中　齋字從肉。

釋種女瞿波　瞿波或曰瞿夷，此翻爲守護地也。

花嚴經卷第七十五　入法界品之十六

愛念情至　至猶極也。

爲其安立　爲，于僞反。

十方無間　顏注漢書曰：間，空也。謂無空隙之處也。又音古閑反。文紀傳注曰：容也。謂更無容受之處也。

足趺隆起　小[爾]雅曰：隆，高也。

身上分　分，符問反。

頰　兼協反。

鮮白　鮮，相延反。玉篇曰：鮮，明也。

睫　煎葉反。又作睞〔九〇〕。

身上靡　靡，亡彼反。漢書拾遺曰：靡，傾也。傾謂偃卧也。

翊從　翊，以力反。尚書大傳曰：翊，輔也。毛詩傳曰：翊，敬也。字又作翼，翼與翊義古别，今通也。

洪纖得所　纖，相鹽反。蔡邕注班固曲則（典引）〔九一〕曰：洪，大也。纖，細也。

修短合度　修，長也。鄭玄注周禮曰：度謂尺丈之數也。言其長短合折中之節度也。

先太子行　先謂於先行也。

諷詠　鄭注禮曰：背文誦曰諷也〔九二〕。

殞滅　殞，爲敏反。聲類曰：殞，没也。

非其匹偶　偶，吾苟反。毛詩傳曰：匹，配。杜注左傳曰：匹，敵也。玉篇曰：偶謂不奇隻也。賈注國語曰：偶，對也。玉篇：耦（耦）〔九三〕對之耦（耦）從耒（耒）〔九四〕。偶示之偶從立人。

暫特假寐　寐，蜜二反。毛詩傳曰：寐，寢也。詩曰：假寐永勤（歎）〔九五〕。箋曰：不脱衣而眠謂之假寐也。玉篇曰：假寐，衣冠坐而眠熟也。

爲誰守護　護謂三護，亦曰三監。女人志弱，故藉三護。幼小，父母護；適人，夫聟護。今此通問，故言誰也。監護之文，經書懸合耳也。

開剖　剖，潘吼反。玉篇曰：剖，破。蒼頡篇曰：剖，析之也。

巧斷　斷，都亂反。

冠以妙藏　冠，古亂反。

被以火燄　被，皮義反。

無譏醜　鄭注禮曰：譏，呵察也。毛詩傳曰：醜，惡也。言無可呵毁猥惡之事。

天繒纊　繒，疾綾反。纊，苦謗反。説文曰：繒，帛也。纊，綿也。小[爾]雅曰：絮之細者曰纊也。

芬馨　馨，顯刑反。郭注爾雅曰：芬謂香氣調和也。説文曰：馨謂香之遠聞也。

尊宿　宿謂舊也。

下車步進　王逸注楚辭曰：步，徐行也。進，向前也。

立佛支提　支提者，具云制底耶，謂於佛閣維處置墳及安佛所説經臺閣之名也。此翻爲積集，謂是人天積集無量福善之所也。又或翻爲生净信處也。

竟不可得　鄭箋詩曰：竟，終日。

願得備瞻侍　説文曰：備，具也。顧野王曰：備謂預早爲之也。孔安[國]〔九六〕注書：瞻，視也。謂看視也。

毛孔量　量，力仗反。謂分位也。

花嚴經卷第七十六　入法界品之十七

禦扞　禦，魚舉反。扞，何旦反。郭注爾雅曰：禦謂禁制之也。杜注左傳曰：禦，止也。扞，衛也，蔽也。蔽謂遮塞之也。扞字聲類作捍也。

廓徹心城　方言曰：張小使大謂之廓。爾雅曰：廓，大也。通俗文曰：廓，寛也。説文曰：徹，通也。此中經意謂以理融事小〔九七〕遍法界，故曰張小使大。

嚴肅　毛詩傳曰：嚴，威也；肅，縮也。縮謂齊限者，令縮退也，言其威德肅物。

逐諸惡法　玉篇曰：逐，驅也。

瑩徹心城　蒼頡篇曰：瑩，治也。賈注國語曰：徹，明也。説文曰：徹，通也。今謂治理心城使其通達無所擁塞也。

部分心城　分，符問反。謂有部類，有分齊者也。

羅刹鬼王　羅刹者，具云羅刹婆。此翻爲可畏也。言王者，謂即毗沙門。

悉達太子　悉達者，具云薩縛頞他悉地。地字應平聲呼。言縛者，此云一切也。頞他，事也。悉地，成也，言其於一切所應作事皆已成就。

雖不踰本　字林曰：踰，越也。

樓至如來　樓至，具云嚕支。此翻爲愛樂也。

造僧伽藍　具云僧伽羅摩。言僧伽者，此云衆也。羅摩，院也。

營辦什物　顔注漢書曰：什物謂爲生之具也。三蒼曰：什，聚也，雜也。吴楚之間資生雜具謂之什物。有數十事物爲什物〔九八〕，育(有)〔九九〕數十事物爲什物者，此蓋少知之説也。

拖　馱之輕聲。

婆　婆之上聲。

茶　茶之上聲。

沙　史我反。

縛　房我反。

哆　哆之上聲。

也　夷我反。

娑　娑之上聲。

麽　莫我反。

衆峰齊峙　峙，持止反。廣雅曰：峙，止立也。字宜從止，有從山者，謬也。

他　他之上聲。

奢　尸何反，借音也。

叉　楚我反。

娑哆　娑，桑紇反。哆，當我反。

婆　婆之上聲。

車　昌遮反。

娑麽　娑，桑我反。

訶婆　並上聲呼。

縒　倉我反。

伽　伽之上聲。

吒　陟伽反。

拏　搦可反。

娑頗　娑，桑紇反。

娑伽　並上聲呼。

也娑　也，夷我反，娑字上聲呼之。

侘　恥加反。

咸綜無遺　綜，子貢反。三蒼曰：綜，理經也。謂整理經緯之都本也。

藴其深解　藴，於頓反。杜注左傳曰：藴，畜也。方言曰：藴，積也。馬融注論語曰：藴，藏也。

呪詛　詛，側預反。鄭玄注周禮曰：詛謂祝使其敗露也。

痊愈　痊，七緣反。愈，俞矩反。郭象注莊子曰：痊，謂病除也。玉篇曰：病差曰愈。字又作病(瘉)〔一〇〇〕。

别知　别，彼列反。

珠貝　案西城(域)〔一〇一〕以貝爲錢，故列在寶類。

鷄薩羅　師子身毛旋文呼爲鷄薩囉。西域有寶旋文恰師子毛旋形，故從其爲名耳也。

城名婆怛那　具云難陀婆怛那。言難陀者，此云喜也。婆怛那者，增益也。其國名，南印度境内〔一〇二〕。

花嚴經卷第七十七　入法界品之十八

涸無量愛欲海　廣雅曰：涸，盡也。謂令其竭盡也。

杜絶諸惡道　賈注國語曰：杜，塞也。説文曰：杜，塞閉也。説文字乃作殿(㪇)〔一〇三〕也。

如濟客　毛詩傳曰：濟，渡也。案客謂寄居之稱，故採樵寄山，濟渡寄水，飲士寄醉，賈人寄屋，皆謂之客。

重任　重，直勇反。任，如禁反。

傭作　傭，與恭反。作，則各反。玉篇曰：傭謂役力受直也。穀梁傳曰：作，爲也。

低下　低，丁奚反。

旃荼羅　此云執暴惡人。

犗牛　犗，加邁反。切韻稱：犗，犍牛也。

舟檝　檝，秦入、資葉二反。通俗文曰：擢〔一〇四〕謂之檝。釋名曰：檝，捷也。撥水使舟倢疾也。又案檝字不著戈，音乃資葉反，然訓義無別。

良工　良，善也。工，技也。

捃拾　捃，居韻、居惲二反。漢書集注曰：捃，收也。

冠王冠　上冠字，古亂反。下冠字，古端反。

善知識之所致耳　顔注漢書曰：致謂引而至之也。

損耗　耗，呼告反，減也。

此善漁人　漁，語居、語據二反。工能於事曰善也。說文曰：漁，捕魚也。大篆字又作瀏、考聲作敿〔一〇五〕二體也。

過爾啖海　爾啖者，此云所知，謂智所知境非預識境，由其轉若南聲爲爾鹽故，非轉毗若南聲也。

哽噎　哽，加杏反。說文曰：哽謂食肉亭〔一〇六〕骨在喉内也。悲憂咽塞者，似其亭骨在喉，故借喻言耳。

自盈其手　韓康伯注易云：盈，滿也。

花嚴經卷第七十八　入法界品之十九

曩於福城　曩，那朗反。爾雅曰：曩，曏也。珠叢曰：曏謂往時也。曏音虛鞅反。

擐大悲甲　擐，胡串反。杜注左傳曰：擐，貫也。賈注國語曰：擐衣甲也。衣音意。

斷貪鞅　鞅，於仰反。鞅謂扚牛頭木（下）〔一〇七〕繩，牛以此繩不能脫於重載。凡夫由其貪惑不能斷生死之鞅繩也。

撤睡蓋　撤，除列、諸列二反。字書曰：撤，除也，去也。

四流漂汩者　汩，榮筆反。珠叢云：汩，流急皃也。又音古没反。尚書大傳曰：汩，亂也。漢書集注曰：汩，流急皃。今取流急也。

飲以甘露　飲，於禁反。飲，飲水也。

住邪濟者　毛詩傳曰：濟，渡也。謂行其〔一〇八〕道者，如渡者求於異津，故此借喻名耳。

曉誨　說文曰：曉，說也。音税。

獷戾　獷，古猛反。戾，零計反。

坑穽　穽，疾政反。鄭玄注周禮曰：穽謂穿地謂〔一〇九〕塹所以捕獸，其超踰者則陷焉。案籀文作阱𨋼〔一一〇〕，古文作井也。

苦的　的，謂准的。鹿𪍿也。

篋　牽協反。鄭注禮記曰：宬衣物函曰篋。

貯　陟呂反。

毗笈摩藥　毗笈摩者，此云普去也。謂能普去一切疾病也。

周給　周匝供給，故云周給也。

利矛　矛，莫胡反。

兵仗　仗，除亮反。風俗通曰：仗者，刀戟之總名也。

鉗鑷　鑷，尼輒反。玉篇曰：鑷謂拔去睫髮也。經本有作鑷者，此乃車軸端鐵。非經所用。

阿伽陀藥　此云無病藥也，謂有藥處必無有病也。

婆樓那風　此云迅猛風也，其風堅密，如持世界風輪也。

毒不能中　中，陟仲反。中猶著也。

大應伽藥　應伽，此云身。身有四名，一曰迦耳〔一一一〕，二曰設理羅，三曰第訶，四曰應伽。然應伽亦云分，謂支分也。

藥樹名珊陀那　珊陀那者，此云和合，或云續斷，謂此藥能令已斷傷者再續和合也。

初無所損　言從初已來不曾損也。

藥名阿藍婆　此云汁藥。其藥出香山及雪山中，天生在於石臼內。或云得喜，謂得此藥者皆生歡喜也。

波利質多羅樹　波利，此云遍也，亦曰周匝。質多羅云間錯莊嚴也。言此樹衆雜色花周匝嚴飾，或曰圓妙莊嚴也。

婆師迦花　具云婆利史迦。言婆利史者，此云雨也。迦謂迦羅，此云時也。西域呼夏爲雨，其花生於夏時，故名也。

瞻蔔迦花　此云黄色花，其花有香氣，而形似支子花也。

蘇摩那花　此云悦意花，其花形色俱媚，令見者心悦，故名也。

海島　島，當老反。孔安〔國〕〔一一二〕注書曰：海曲謂之島。説文曰：海中往往有山可止曰島也。

椰子　椰，余遮反。

藥汁名訶宅迦　此云金色水，甚可於九轉還丹之力也。

燈炷　炷，之遇、之庾二反。

筋　居欣反，字宜從月（肉）〔一一三〕，經本有從角者，謬。

迦陵頻伽鳥　此云美音鳥，或曰妙聲鳥。此鳥本出雪山，在鷇中能鳴，其音和雅，聽者無厭也。

飛則勁捷　勁，甄定反。捷，錢葉反。説文曰：勁，强也。王逸注楚辭曰：捷，疾也。勁字從力。捷字本從人，今俗用也。

摩訶那伽　此云龍，亦云象。今此力士力如龍象，故名耳。

射師　射，食夜反。

摩竭魚　此云大體也。謂即此方巨鰲魚，其兩目如日，張口如峒谷，吞舟光出，濆流如潮，若欲水如壑，高下如山，大者可長二百里也。

安繕那藥　繕，時戰反。其藥色似青黛，可以和合眼藥，然今所明自據别法也。

延齡藥　齡，歷丁反。爾雅曰：延，長也。廣雅曰：齡，年也。禮記曰：古之謂年爲齡。

楔　先結反。案説文作榍。

滲漏　滲，所禁反。水潛没也。字宜從參。經本有從喿者，音早，非經所用也。

花嚴經卷第七十九　入法界品之二十

醉傲　傲，五告反。杜注左傳曰：傲，不敬也。廣雅曰：傲，慢也。案諸字書傲字皆從立人，今經本從豎心者謬。

阿那婆王　阿修羅之别名，未詳其義。

兜沙羅色　具云兜沙兜羅色。言兜沙者，此云霜也。兜羅，水也。或有經本兜羅沙者，准知也。

獄卒　卒，則没反也。

長者子懼波羅　案西方訓字，瞿有九義，此中但取地白義。波羅，此云守護也。謂守護心地，或守護白法。

摩羅提國　具云摩羅耶提致（數）〔一一四〕。此云鬘施。或曰摩羅耶者，山名也。提數，中也。言此國中央有摩羅耶山，故因名也。

拘吒聚落　具云拘吒迦，此云小舍，或曰多家，亦云多樓觀，以此聚落中樓閣多也。

花嚴經卷第八十　入法界品之二十一

優曇花　優曇，此云希有也。此花多時乃一開也。

儼然坐　儼，魚撿反。

加被　被，皮義反。杜注左傳曰：加，益也。孔安［國］〔二五〕注書曰：被，及也。謂以益相及也。又珠叢曰：從加恩謂之被也。

誓衆宣威　誓爲戒誓，言〔二六〕與軍旅爲要約也。故鄭玄注周禮曰：戒誓，要之以刑也。毛詩傳曰：宣，示也。

聽訟斷獄　聽，他寧反。斷，都亂反。孔安國注書曰：聽謂察是非也。周禮曰：獄訟者聽而斷之。鄭玄注公羊〔二七〕：爭罪曰獄，爭財曰訟。玉篇曰：斷謂裁制分決也。

輔弼　弼，皮筆反。尚書大傳曰：天子必有四隣，前儀後丞，左輔右弼，廉潔而切直曰弼。大戴禮曰：輔者，弼也。拂天子之尚（過）〔二八〕，常立其名（右）〔二九〕，匡過而諫諍謂之弼〔三〇〕。

阿迦尼吒天　具云阿迦尼瑟吒天，此云色究竟天也。廣釋如上第二十二卷中。

霑洽　廣雅曰：霑，清（漬）〔三一〕也。玉篇曰：洽，濡也。霑字或通作沾也。

炎熱　炎，于嚴反。爾雅曰：炎，熏也。郭璞注曰：旱氣熏灼人也。

大方廣佛花嚴經音義卷下

一切經音義　卷第二十三

校勘記

〔一〕反　麗無，據文意補。

〔二〕棒　獅爲「棒杖」。

〔三〕勸　阮元校刻十三經注疏作「勸」。

〔四〕築　即「築」。

〔五〕孔安　據文意當爲「孔安國」。

〔六〕孔安　據文意當爲「孔安國」。

〔七〕身　獅作「自」。

〔八〕一　獅作「二」。

〔九〕一　獅無，疑爲衍文。

〔一〇〕駄　據文意似作「肬」。

〔一一〕鈹　據慧苑補。

〔一二〕劍　據文意似作「紐」。

〔一三〕即　獅作「印」。

〔一四〕字　似當作「孑」。

〔一五〕有戟　似爲「匽戟」。惠士奇禮説卷十四：「三鋒戟，方言謂之三刃枝。單枝曰戈，雙枝曰戟。南楚宛郢謂之匽戟。廣雅所謂雄戟也。」慧苑爲「有兩岐名偏戟」。

〔一六〕云　慧苑作「六」。

〔一七〕孔安　據文意當爲「孔安國」。

〔一八〕縱　獅作「從」。

〔一九〕也　頻作「巾」。

〔二〇〕方　麗無，據獅補。

〔二一〕齊　大正作「齎」。下同。

〔二二〕礙　麗作「㝵」。

〔二三〕礙　同上。

〔二四〕疑　據文意似當作「凝」。説文：「水凝衺疾波也。」

〔二五〕小雅　似當爲「小爾雅」。下同。

〔二六〕利　原闕，據今傳經文補。

〔二七〕墨　獅作「黑」。

〔二八〕父　據文意似作「牧」。

〔二九〕憂，卹　今傳本説文爲「卹，憂也」。

〔三〇〕卹少　今傳本説文爲「一曰鮮少也」。

〔三一〕從卩　今傳本説文爲「从血卩聲」。

〔三二〕孔安　據文意當爲「孔安國」。

〔三三〕之　慧苑作「互」。

〔三四〕端　慧苑作「竦」。

〔三五〕文　據文意當作「又」。

〔三六〕受　慧苑作「案」。

〔三七〕孔安　據文意當爲「孔安國」。

〔三八〕所　獅作「布」。
〔三九〕陳　據慧苑補。
〔四〇〕孔安　據文意當爲「孔安國」。
〔四一〕郭　當作「鄭」。
〔四二〕謂敬訊　慧苑爲「謂諾然敬許」。
〔四三〕孔安　據文意當爲「孔安國」。
〔四四〕沈　頻作「深」。
〔四五〕熒熒　今傳本作「熒熒」。
〔四六〕孔安　據文意當爲「孔安國」。
〔四七〕孔安　據文意當爲「孔安國」。
〔四八〕住　據文意似作「往」。
〔四九〕爲　據文意似作「僞」。
〔五〇〕伯　據文意補。
〔五一〕孔安　據文意當爲「孔安國」。
〔五二〕量　麗無，據獅補。
〔五三〕巘　頻作「巘」。
〔五四〕每　據文意似作「貝」。
〔五五〕名　頻作「石」。
〔五六〕伽　獅爲「日加」。六書故卷二十八：「古人蓋因以夕食爲餔，説文曰：日加申時也。」
〔五七〕保　獅作「促」。
〔五八〕之利　獅爲「利也」。
〔五九〕方　獅作「土」。
〔六〇〕躅　獅作「躅」，今傳本説文作「踐」。
〔六一〕其　似作「具」。
〔六二〕字指歸　歸，獅無，慧苑音義亦無。似爲文字指歸。
〔六三〕其　獅作「泉」。
〔六四〕相　據獅補。
〔六五〕英　據文意似當作「暎」。
〔六六〕縠　獅作「殻」。
〔六七〕彀　獅作「彀」。
〔六八〕虞俱反　獅爲「語俱切」。
〔六九〕徒登反　獅爲「但登切」。

〔七〇〕卦　據文意似作「掛」。
〔七一〕苞　當作「包」。
〔七二〕生　據文意補。
〔七三〕復　慧苑作「後」。
〔七四〕隹蘂反　獅爲「之蘂切」。
〔七五〕御　據文意當作「幸」。
〔七六〕獅本注云：於上「婆須蜜多」之注半，至「我時尋覺」之注末，若干字之處，建仁及緣山本並入白紙四葉，實欠其文，應是素失版一出，因幸撿麗藏轉字函所收之新華嚴音義下卷以補接于茲耳。　甯洲識。
〔七七〕孔安　據文意當爲「孔安國」。
〔七八〕梧　據文意當作「梧」。
〔七九〕物　慧苑作「傷」。
〔八〇〕人生暮而臏生　今傳本大戴禮爲「朞而生臏」。
〔八一〕路　慧苑作「略」。
〔八二〕書　似當作「易」。　周易繫辭下：「聖人之大寶曰位。」
〔八三〕脱　慧苑作「服」。
〔八四〕謂下好……衣服致也　慧苑爲「謂下其好服又可著惡衣服故也」。
〔八五〕孔安　據文意當爲「孔安國」。
〔八六〕圓　據經文作「園」。
〔八七〕光　據經文作「先」。
〔八八〕皆　據文意似作「昔」。
〔八九〕處　慧苑無，似爲衍文。
〔九〇〕睞　據文意似當作「睞」。「睞」爲「目少精」義，「睞」與「睫」義同。
〔九一〕曲則　慧苑爲「典引」。
〔九二〕背文誦曰諷也　今傳本鄭注禮記爲「背文曰諷，以聲節之曰誦」。
〔九三〕稱　似當作「稱」。下同。
〔九四〕禾　似當作「末」。

〔九五〕勤　今傳本詩作「歎」。
〔九六〕孔安　據文意當爲「孔安國」。
〔九七〕小　慧苑作「徹」。
〔九八〕有數十事物爲什物　慧苑無，似爲衍文。
〔九九〕育　獅頻作「有」。
〔一〇〇〕病　獅作「瘉」。
〔一〇一〕城　獅作「域」。
〔一〇二〕其國名，南印度境内　慧苑爲「其城在摩竭國内，如經本中説」。
〔一〇三〕殿　獅作「敱」，當作「敱」。説文：「敱，閉也。」段注：「杜門字當作此，杜行而敱廢矣。」
〔一〇四〕擢　似當作「櫂」。
〔一〇五〕敝　似當作「敝、鮍」。
〔一〇六〕亭　似當作「停」。下同。今傳本説文：「哽，語爲舌所介也。」
〔一〇七〕木　頻作「下」。
〔一〇八〕其　慧苑作「異」。
〔一〇九〕謂　據文意似當作「爲」。
〔一一〇〕軗　似當作「觳」。
〔一一一〕耳　獅作「耶」。
〔一一二〕孔安　據文意當爲「孔安國」。
〔一一三〕月　獅作「肉」。
〔一一四〕致　獅作「數」。
〔一一五〕孔安　據文意當爲「孔安國」。
〔一一六〕言　獅作「主」。
〔一一七〕公羊　據文意當爲「周禮」。
〔一一八〕尚　今傳本大戴禮記作「過」。
〔一一九〕名　今傳本大戴禮記作「右」。
〔一二〇〕大戴禮曰……匡過而諫諍謂之弼　今傳本大戴禮記爲「絜廉而切直，匡過而諫邪者，謂之弼。弼者，拂天子之過者也。常立于右，是召公也」。
〔一二一〕清　頻作「漬」。

一切經音義　卷第二十四

大唐翻經沙門慧琳撰

音信力入印法門經五卷　慧琳
度諸佛境界智光嚴經一卷　慧琳
佛花嚴入如來德智不思議境界經二卷　慧琳
大方廣佛花嚴修慈分經一卷　慧琳
大方廣如來不思議境界經一卷　慧琳
大方廣入如來智德不思議經一卷　慧琳
大方廣普賢經一卷　慧琳
大乘金剛髻珠菩薩修行分經一卷　慧琳
大方廣佛花嚴不思議佛境界分經一卷　慧琳
莊嚴菩提心經一卷　慧琳
大方廣菩薩十地經一卷　慧琳
諸菩薩求佛本業經一卷　慧琳
菩薩本業經一卷　玄應
兜沙經一卷　玄應
大方廣佛花嚴經入法界品四十二字觀門經一卷　慧琳
菩薩十住行道經一卷　慧琳
菩薩十住經一卷　玄應

顯無邊佛土功德經一卷　無字
漸備經五卷　玄應
十住經五卷　玄應
等目菩薩所問經二卷　玄應
如來興顯經四卷　玄應
度世經六卷　玄應
羅摩伽經三卷　玄應
大方廣佛花嚴續入法界品　或有本無續字。若依新入藏目，此中間有北本涅槃經四十卷，又有南本涅槃經三十六卷，涅槃經荼毗分二卷，大般泥洹經六卷，方等般泥洹經二卷。已上五經八十六卷，共有音義兩卷，以次後第二十五第二十六即是。
四童子經三卷　慧琳
大悲經五卷　慧琳
方廣大莊嚴經十二卷　慧琳
已上二十八經計六十九卷同此卷音

信力入印法門經　第一卷　翻經沙門慧琳撰

闌楯　上音蘭，下音順。前音義大般若中已具釋。經從木作欄，木名也，非經義也。

首楞嚴　梵語三昧名也。上勒登反，俗字也。説文正體作棱。木柧也。從木夌聲。首楞嚴者，古譯云甚深也。義亦未盡。柧音孤也。

信力入印法門經　第二卷

拔濟　上辨八反。顧野王云：拔，引而出之也。考聲云：抽也，救也。説文：擢也，從手犮聲。犮音盤鉢反。犮字從犬而丿。經文從叐作拔者，非也。

猗覺分　上意宜反。字書云：美也，加也。左傳：嘆辭也。説文：從犬奇。經猗〔一〕俗用字也。

羼提　上察限反。梵語也。唐言忍辱也。

信力入印法門經　第三卷

鍼孔　執淫反。廣雅曰：鍼，刺也。説文：所以用縫衣也。從金咸省〔二〕聲也。今從十作針，俗字也。

信力入印法門經　第四卷　無字可音訓。

信力入印法門經　第五卷

噭唤　上古吊反。顧野王云：噭，呼也。説文：吼也。從口敫聲。下歡貫反。考聲云：唤，呼也。唤音同。

度諸佛境界智光嚴經　慧琳撰

蹋臘驃　上徒合反，下必曜反。梵語羅漢名也。

不退　吐内反。經從艮作退，俗字也。言不退者，決定勇進之義也。八地已上總名不退。説文云：日行遲也。從日從夂從辵，會意字也。或作迫、退，並古字也。又音衰。

踰城　庾朱反。孔注尚書云：踰，越也。廣雅：渡也。或作逾，義同。説文：從足俞聲。俗作踰〔三〕也。

鬣毛　廉輒反。顧野王云：馬項上長毛也。又云凡獸足長毛皆爲之鬣。説文：鬣，髦也。從髟鼠（巤）〔四〕聲，或從毛作毼，或從豸作獵，義皆同。髟音必遥反，巤音同上。

佛花嚴經入如來德智不思議境界經　上卷　慧琳

迦葉波　梵語大迦葉名也。葉音攝。波字經文作簸，是簸箕也，去聲，於梵語不順也，今宜改爲波。

牟侯利　梵語不切，訛也，正梵音云謨護律多，時分名也。古云須臾，或云謨忽也。

婆羅訶摩　梵語，即梵天名也。

伽留荼　梵語虜質不妙也。古曰迦婁羅，即金翅鳥也。

舍迦囉　梵語。古云帝釋天主名也。

修迷留　亦梵語蘇迷盧山名，或云須彌，此云妙高山。

佛花嚴經入如來德智不思議境界經　下卷

鞞瑠璃　上陛迷反。梵語寶名也。舊曰毗瑠璃，今略曰瑠璃也。

柘羅迦波利　上音之夜反。外道名也。

阿迦尼沙詫　詫音宅嫁反。梵語上界天名，此云非想非非想處天也。

打鼓時　彼西國一日一夜分爲八時，或十五時，皆打鼓爲節候，亦如此國漏刻鍾鼓等。

奢迦夜牟尼　即釋迦牟尼也。

叉拏叉拏間　古曰刹那、刹那間，譯有巧拙也。

寶板　百簡反。說文：從木從反。經文從斥〔五〕作柝〔六〕，非也。

娑偷波　梵語訛也。正云窣覩波，即佛塔也。

一摶　音團。摶飯食者，不用匙筯，手摶而食。習古虜質也，豈得如此國近代易古用匙筯，風流雅妙而嚴潔也。

大方廣入如來智德不思議經一卷　慧琳

首楞嚴　勒登反。梵語略也。此云甚深，正梵音云儼鼻哩野，經順古譯三昧也。

消涸　上音宵，下音胡各反。賈逵注國語：涸，猶竭也。廣雅：盡也。說文與國語義同，從水固聲。

洿池　上音烏。廣雅：洿，濁也，深也。左傳：潢洿行潦之水也。說文：濁水不流也。從水夸聲。夸音區。

蛇衛旃檀　之然反。旃檀，梵語略也，正梵音戰那曩，西國香木名也。此國本無，難爲對譯，古來但存梵語，相傳爲名，即白檀香木也。外國云此香出諸海島山，有赤白二種。赤者爲上，性甚凉冷，能除熱疾瘡腫。有此樹處，山中多有大毒蛇。暑月炎熱之時，其蛇多在樹上以避熱，但蛇多者，其香殊勝，夷人箭射其樹記之，待蛇蟄之後而採之也。

大方廣如來不思議境界經一卷　慧琳撰

擢本　撞卓反。考聲云：連根拔也。方言云：自關而西或云拔或擢。蒼頡篇云：抽也。說文：引[也]〔七〕。從手翟聲也。翟音宅，翟字上從羽也。

布濩　胡故反。考聲云：布濩，多皃也。說文云：霤下皃也。從水蒦聲。蒦音泓號反。泓音烏萌反也。

森蔚　上霜簪反。說文云：木多而長皃也。從三木，會意字也。下氳律反。蒼頡篇云：草(艸)〔八〕木盛皃也。說文：牡蒿也。從草尉省聲也。

夷敞　昌掌反。蒼頡篇曰：敞，高顯也。說文：平野高土可遠望也。從攴尚聲。攴音普卜反。今作文隸書省也。

莌茂　上音銳。郭璞注方言云：萌芽始生也。考聲云：草木盛皃也。古今正字義同。從艹〔九〕兊聲。兊音他活反。

靃靡　上雖藥反。王逸注楚辭云：靃靡者，草柔順隨風披敷也。說文：從雨雔聲。經從草作藿，音霍，非也。雔音讎也。

粖香　音滿鉢反。

大方廣佛華嚴經不思議佛境界分經

[糸囟]耎　上正細字也。孔注尚書云：細，小也。說文：微也。從糸囟聲。下而兗反。鄭玄注考工記云：耎，柔耎也。古今正字：從而大聲。經本作輭，通用，亦作軟，非也。

纈麗縛多　上賢結反。梵語聲聞，舊云離波多，訛略也。

鄔波拕耶　拕音馱，梵語也。此云親師，云和上者，胡語譯不分明也。

金剛髻珠菩薩修行分經　慧琳撰

蹲踞　上殂論反，下居御反。考聲云：竪膝坐曰蹲，申足坐曰踞。說文：互相訓，蹲，踞也。踞，蹲也。並從足，尊、居亦聲。

頑嚚　上瓦開(關)〔一〇〕反，下魚斤反。廣雅：頑，鈍也。考聲：愚也。左傳曰：心不則德義之經爲頑，口不道忠信之言爲嚚。蒼頡篇：嚚，惡也。說文：從頁元聲。嚚從㗊臣聲。頁音頡，㗊音莊立反。

尼揵子　音乾，梵語外道名也。

糞穢　上分問反。顧野王云：凡不絜〔一一〕穢污之物謂之糞也。說文：棄除也。廾推𠦒棄米宮〔一二〕。傳說似米而非米有(者)〔一三〕，矢字也。𠦒音般，箕屬也，所以推棄糞之器，象形也。戻〔一四〕音始，乃古文屎字也。推音退雷反。屎亦音始，亦作糞。經從土從異作[土異]，不成也。

稗子　音敗。杜注左傳云：草之似穀者也。說文：禾別也，從禾卑聲。

鑊腳　上黃郭反。字書云：煑肉器也。說文：鑴也。從金蒦聲。鑴音惠〔一五〕圭反。蒦音烏號(虢)〔一六〕反。下正體腳字也。

鮎[忄止]魚　上念兼反。

貓貍　傳音也，正音苗。顧野王云：似虎而小，人家養畜令捕鼠，或從犬作猫，俗字也。下里知反。顧野王云：亦似虎而小，野獸，亦猫之類，俗謂之野猫，好偷人家雞食之。說文：妖獸也。似貙。從豸里聲，豸音雉，貙音丑于反。

羆面　上鄙宜反。爾雅云：羆似熊而黃白色。郭璞注云：脚高，猛憨多力，能拔木，關西呼爲猳熊。說文義同，從熊罷省聲。

螭面　敕知反。廣雅云：龍無角曰螭。說文云：若龍而黃。北方謂之地螻。從虫离聲。螻，勒溝反。

慘毒苦　上楚錦反，亦倉感反。方言：慘，殺也。考聲：甚也。說文：慘，毒也。從心參聲。下同鹿反。孔注尚書云：毒，害也。考聲：痛也，恨也，惡也。說文：害人之草也。從中(屮)〔一七〕從毒。經中作毒，訛略也。毒(毐)〔一八〕音哀改反。從士從毋，毋音無也。

斒駁　上八蠻反。考聲云：文雜也。鄭注禮記：雜色爲斒。說文：駁文也。從文扁。經本作斑，瑞玉爲斒。說文：駁文也。從文扁聲。經本作斑，瑞玉〔一九〕。斒音平免反。下邦邈反。漢書云：白黑雜謂之駁。說文：馬色不純也。從馬爻聲。經文從交作駮，獸名也。非此義，俗用誤也。

偃蹇　上焉幰反，下居偃反。杜注左傳云：偃蹇，憍慠也。說文：偃，僵也。從人匽聲。蹇從足從寒省聲。匽音同上也。

鸜鵒　上具于反，下音欲。鳥名也。似反舌而兩翼白。說文：從鳥。瞿、谷皆聲也。

鋸截　居御反。賈逵云：以刀有所鋸斷也。淮南云：非良匠不能以制木也。蒼頡篇：截物，鋸也。說文：槍唐也。從金居聲。

癵躄　上劣圓反。顧野王云：病也。身體拘曲手足拳曲也。古今正字義同。從疒䜌，亦作攣。下并弈反。顧野王云：躄謂足偏枯不能行也。說文作𨇤，訓同，從止辟聲也。

大方廣佛花嚴經修慈分一卷　慧琳撰

馳騖　下無付反。郭璇（璞）[二〇]注穆天子傳：騖，馬行疾也。廣雅：騖，奔也。說文：馬亂是（足）[二一]也。從馬敄聲。敄音武。

芬馥　上芳文反，下馮福反。韓詩：香氣皃也。古今正字：從香复聲。

菡萏　上含紺反，下談濫反。爾雅：菡萏，芙蕖花開也。說文云：花未開敷曰芙蓉，已開敷曰菡萏。兩字並從草，函、閻皆聲也。經文多作菡萏，非也，失之遠矣也。

晃曜　上黃廣反。廣雅：晃，暉也，光也。或作晄，與上同。說文：晃，明也。從日光聲。下遥照反。廣雅：照也。說文作燿，亦明也。從火翟省[二二]聲。經從日作曜，亦通。

氳氳　上夫聞反，下威雲反。文字集略云：香氣皃也。字統云：陰陽和氣也。上形下聲字也。

眩瞖　上玄絹反。蒼頡篇云：視不明也。說文：目無常主也。從目玄聲。下伊計反。考聲云：目音（目瞖）[二三]也。韻英：蔽也。廣雅：障也。從目，形聲字。經從羽作翳，非本字，義乖也。

莊嚴菩提心經一卷　慧琳撰

煒爗　上韋鬼反。毛詩傳云：煒，赤色皃也。說文：煒，盛赤也。從火韋聲。下央業反。說文作爗，亦盛也。從火曅聲。詩云：爗爗，震電也。經從華作曄，隸書字也。曅音同上。

嬉戲　上喜其反，亦喜音。蒼頡篇：嬉亦戲笑也。古今正字：樂也。從女喜聲。下希寄反。考聲云：戲，謔也，悦也。郭注爾雅云：啁，戲也。說文：從戈虘聲。經從虛作戲，俗字也。虘音希也。

嬾惰　上蘭侃反。考聲：嬾，不勤也。說文：懈，怠也。從女賴聲。經從心作懶，亦通。下徒卧反。廣雅：惰亦嬾也。孔注尚書：亦懈怠也。說文：不敬也。從心隋聲。隋音隨。

奮迅　上分問反。廣雅：奮，振也。鄭注禮記：動也。說文：翬也。從奞在田上。經從臼作奮，非也。下荀俊反。廣雅：奮迅，振羽也。爾雅：迅，疾也。說文：從辵從卂。卂音信，辵音丑略反。奞音雖，翬音暉。

大方廣普賢菩薩所說經一卷　慧琳撰

雙腨　疏窗反。說文：雙字從二隹隹是鳥，從又。又，古文手字也。有從反（夊）[二四]作雙，非也。下船耎反。說文：蹲，足腓腸也。從月耑聲。或作踹、䏝。經文從專從足作蹲亦通也。

雙膝　新逸反。說文正作厀，脛頭節也。從卩桼聲也。卩音節。今經文從肉作膝，亦通用字也。桼音七也。

齎中　音齊。説文：肚齊也。下從肉齊聲。

大方廣菩薩十地經一卷　慧琳撰

薩埵　都果反。梵語，唐云有情也。

跋陀婆羅　梵語。唐言賢護。此賢劫中千佛之一也。

瞻蔔　上之廉反，下蒲黑反。梵語西國花，多澄靖也。

嘉瑞　上音加，下垂謂反。顧野王云：王者威德感乎乾坤，故天地應之以信瑞。説文：以玉爲信也。從玉耑聲，音端也。

峻險　上荀俊反。孔注尚書：峻，高大也。説文作陖，陗高也。從阜夋聲。亦作埈、㚄。下希撿反。賈注國語云：險，危也。方言：高也。説文：阻難也。從𨸏僉聲，僉音妾廉反。

諸菩薩求佛本業經一卷　慧琳撰

盡澌　斯漬反。方言：澌亦盡也。經本作賜，謂物空盡也。説文：水[索]〔一五〕也。從水斯聲也。

饋遺　上逵貴反。鄭注禮記云：饋，歸也。謂進物於尊者也。説文：餉也。從食貴聲。下惟季反。顧野王云：遺猶贈也。廣雅：與也。説文：從辵𧶠聲也。

因坻　丁奚反。帝釋名也。或言因提，同一義也。梵言輕重耳。

菩薩本業經一卷　玄應撰

不僑　奇驕反。經中多作不驕樂天也。

見邸　丁禮反。説文：屬國舍也。蒼頡篇云：邸，舍也。亦通語也。

大方廣佛花嚴經四十二字觀門經　慧琳撰

阿取上聲。囉羅字上聲，兼彈舌聲。跛波可反。左上聲。曩鼻中聲。攞勒可反。娜那可反。麽莫可反。拏儜賈反。灑沙賈反。嚩無可反。多取上聲。野音也。瑟吒二字合爲一字呼。迦薑佉反，佉取上聲。娑桑河反。莽莫朗反。誐魚迦反，迦准上音。他取上聲。惹慈攞反。娑嚩二字各如前音，兩字合爲一字。馱唐賀反。捨如本音。佉取上聲。乞灑二合。下灑字，沙賈反。合爲一字，經中作訖，不切。娑多二合准上爲一字。孃取上聲。囉他上字轉舌他字取上聲，二合。婆取去聲。磋倉可反。娑麽二合，下忙可反，鼻中聲。賀嚩經中作訶嚩，不切。亦二字合爲一字。哆娑二合，上多可反。伽取去聲。姹拆賈反。儜女耕反，鼻中聲也。頗叵。塞迦二合。也娑二合。室者二合。吒謫賈反。侘折賈反，借音。已上四十二字但響梵字，不合訓釋，與前大般若中四十二字大意同。

菩薩十住行道經一卷　慧琳撰

長短　端卵反。蒼頡篇云：短，促也。説文云：有所短長，以矢爲正。從矢豆聲。文字集略：或從手作拒，與經本同，或從寸作尌，俗字也。

柔耎　而兖反。訓義已具釋大方廣佛花嚴經不思議佛境界經。

本從水作濡，音儒，非也。

閈傷　寒但反。薛琮云：閈猶隔也。説文：從門干聲。經文云「益於閈〔二六〕傷十方人故」即此。文甚俗拙，爲翻譯閈傷二字，其實魯質也。

索了無所有　桑落反。孔注尚書云：索，盡也。顧野王謂：竭，盡也。鄭注禮記云：索猶散也。經云：過去諸佛法，念從何所生，索了無所有，至於究竟，不有不無，一切皆空，盡無所有。

菩薩十住經一卷　玄應撰

邊幅　音福。經云邊幅者，中邊之義也。古人語質。

顯無邊佛土功德經一卷　無字可訓。

佛説兜沙經一卷　玄應撰

兜沙　上斗侯反。梵語也。古譯爲業行，或云行業。

稍稍　霜絞反。韻詮云：稍稍猶少少也。亦漸漸也。字書：亦數數也。或去聲也。

惒那　而者反。梵語，訛也。正梵音云枳孃曩也。

僨提捨洹那　上音質。上方佛刹土名也。

俱譚滑提　徒南反。佛名也。經文作讀，誤也。

廅天　烏合反。此言有光壽天，是第二禪中初天也。

須帶天　音帝，經中自音武，非也。或有作甍，音亦帝，從帶從足。

軷陀　蒲達反。此云賢，或云善，是王舍城在家菩薩也。

漸備經　第一卷　玄應撰

慺慺　力俱反。字書：慺慺，謹敬之皃也。

屋宇〔二七〕　古文寓，籀文作㝢，同。于甫反。説文：宇，屋邊檐也。釋名：宇，羽也。如鳥羽翼自覆蔽也。左傳：失其宇。注：於國則四垂爲宇。宇亦屋霤也，居也。

眇眇〔二八〕　綿縹反。眇眇，遠視皃也。亦深大也。經文作妙，非經義。

篡逆〔二九〕　蒭患反。説文：逆而奪取曰篡。字從厶，音私。算聲。算音桑管反。蒼頡篇：自營爲厶。煞君之法理無外聲，故字從厶。

漸備經　第四卷

惶恾〔三〇〕　又作朚，同。莫荒反。茫，遽也。朚人晝夜作，無日用月，無月用火，常思明，故字從明。或由朚人思天曉，故字從明也。

婉孌〔三一〕　力絹反。毛詩傳曰：婉孌，美好貌也。亦少貌也。

漸備經　第五卷

勤懿　依利反。

十住經　第一卷　玄應撰

櫳檻〔三二〕　力東反。下胡黤反，廣雅：櫳，牢也，檻也，圈也。圈音渠遠反。

等目菩薩所問經　上卷　玄應撰

昺徹〔三三〕　古文昺、苪二形，今作炳，同。碧皿反。廣雅：昺，明也。徹，通也。三蒼：昺，著明也。

陶現　徒〔三四〕高反。詩曰：上帝其陶。傳曰：陶，變也。

去藏　才浪反。鄭注周禮：藏，積蓄也。如庫藏也。經文作臧，非體〔三五〕也。

督住〔三六〕　又作督（督）〔三七〕，同。都木反。爾雅：督，正也。方言：督，察也，理也。

懀然　烏外反。

轉霍　呼郭反。案霍，倏急疾之皃也。霍然、忽霍皆是也。經文從火作㸌，胡沃反。説文：㸌，灼也。㸌非此用也。

而揪〔三八〕　但此字習謬已久，人莫辯（辨）〔三九〕正，今詳其理義，宜作共相二字，於經爲順。

輕佻　聽遼反。字書：佻，輕也。廣雅：佻，佚也。爾雅：佻，偷也。注云：謂苟且也。經文從手作挑抉之挑，非體也。

等目菩薩所問經　下卷

晴陰　又作腥（暒）〔四〇〕、殅（姓）〔四一〕二形，同。自盈反。晴謂不雨也。聲類：雨止曰晴也。

四河　一曰名和，二曰名拔叉，三曰名蛇朱，四曰名恒。其和北流，拔叉南流，其蛇朱東流，恒水西流也。

焜煌　胡本反，下胡光反。方言：焜煌，盛皃也。蒼頡篇：煌，光暉也。

如來興顯經　第二卷　玄應撰

靑紅　戚經反。東方青色也。木生火，火色丹，故從生從丹。丹青之信必然也。經文作菁華之菁，非也。菁音紫盈反。三蒼謂非（韭）〔四二〕之英曰菁也。

如來興顯經　第三卷

丘垤　徒結反。方言：楚郢以南蟻土謂之垤。郢音以井反。

嗚呦　於州反。詩云「呦呦鹿鳴」是也。經文作嚘，非也。

漭沆　莫朗反，下胡朗反。通俗文：水廣大謂之漭沆。

賄賂　力故反。賂，遺也。謂以物相請謁。

鶱翥　去言反，下之庶反。説文：鶱翥，飛舉。

掏出　徒勞反。通俗文：搯出曰掏。搯音烏活反。

度世經　第三卷　玄應撰

搜搣　子公反，下音滅。捉頭曰搜，除毀曰搣。經文作揔，非也。

唾濺　又作濽、㖗二形，同。子旦反。説文：水汙灑曰濺也。

度世經　第四卷

驂駕　忩叅〔四三〕反。說文：駕二(三)〔四四〕馬也。旁馬曰驂，居右爲驂。乘者備非常也。經文作叅，非體也。

鶉鶉　按漢書食貨志，此亦翔字，音同似羊反。飛而不動曰翔，佯也，仿也。經文從革作鞝，非也。

度世經　第五卷

剛靳　上古昂反，下居近反。剛，堅鞕也。靳，柔肕也。

募索　謨故、武句二反。說文：廣求爲募。

句誄　力水反。

度世經　第六卷

騙象　疋面反。文字集略：躍上馬也。經文作驕，誤也。

都較　古文攉，同。古學反。粗略也。廣雅：較，明也。亦比挍。

羈絆　又作羇，同。居猗反。猗(革)〔四五〕絡馬頭曰羈。羈，檢也。下音半，馬絆也。

羅摩伽經　上卷　玄應撰

波毓　由掬反。經中多作育字。或言劫貝，高昌名氎也。

西阿　於何反。詩傳曰：曲陵曰阿。阿謂山曲限處也。

大方廣佛花嚴經續入法界品經　慧琳撰

惛寐　上忽昆反。孔注尚書：惛，亂也。廣雅：癡也。說文：不憭也。從心昏聲。憭音了凋反。下弥臂反。說文：卧也。從㝱省，未聲。

流派　拍賣反。說文云：水流別也。從水派(𠂢)〔四六〕聲。𠂢音同上也，反水字也。

霈然　普昧反。考聲云：霶霈，雨多皃也。

湍激　上湯欒反。淮南子：流水急也。下經鷁反。考聲云：水奔射也。並形聲字。

齊峙　直里反。顧野王：峙躇，不前也。考聲云：說文亦躇也。從止寺聲也〔四七〕。

壤侘　上而掌反，下摘賈反。梵語也。

咸綜鬼鬽　眉秘反。鄭注周禮云：鬽所以從其爲人與物也，蓋祭天地之明曰物，物之神曰鬽。山海經：鬽之爲物，人身黑首縱目。說文：老物精也。從鬼生毛，從彡，或作鬼袜也。

詶詛　上周又反，下莊助反。詶、詛兩字互相訓也。鄭注周禮云：盟詛主於要誓。大事曰詛。又云：詶詛者，欲相共惡之也。古今正字二字並從言。州、且皆聲也。亦作禱祝。詛亦作䛢、謯。今經本作呪咀，俗用字也。

該練　古孩反。國語云：該，備也。

波濤　唐勞反。大波也。

沃田　音屋也。

依入藏目次第，此中有大般涅槃經四十卷，南本涅槃經三十六卷，闍維分兩卷，般泥洹經兩部共八卷，已上計八十六卷，并法花經共有音義三卷，次後第二十五、二十六、二十七是爲此卷不足，取後三經音義添成。

四童子經　上卷　慧琳撰

惋嘆　烏喚反。字略云：惋，嘆。驚異也。

噢咿　於六反，下於祇反。埤蒼：噢咿，内悲也。亦痛念之聲。古今正字並從口。奥、伊皆聲也。亦作喐。

垂軃　多可反。考聲云：軃亦垂皃也。經文從足作跢，音都賀反。跢，倒也。

蚍蜉　上音毗，下音浮。爾雅：蚍蜉大者螘也。螘有赤蟻，飛蟻也。古今正字並從虫，比、孚皆聲也。

四童子三昧經　卷中

鬀除　上梯帝反。考聲云：鬀，削髮也。説文：鬀髮也，大人曰髡，小兒曰鬀。從髟弟聲。亦作剃。髟音必遥反。

傴身　上紆禹反。顧野王云：傴身愈曲恭益加也。説文：僂也。從人區聲也。

堆阜　上都迴反。王逸注楚辭云：堆，高土也。郭璞：沙堆也。古今正字：魁，堆也。從土隹聲。亦作塠，下扶有反。爾雅云：大陸曰阜。廣雅：山無石曰阜。説文作𠂤，云大陸山無石也，象形也。

四童子三昧經　卷下　無字可音釋。

大悲經梵天品　第一卷　慧琳撰

傴僂　上紆禹反，下蔞主反。博雅云：傴僂，曲脊短小也。考聲：曲腰也。説文並從人，區、婁皆聲也。

刑劓　宜器反。孔注尚書云：劓，割也。鄭注周禮：截其鼻也。説文：從刀鼻聲。或作劓。

厭蠱　上伊琰反。王逸注楚辭云：厭，著也。蒼頡篇謂：伏人心也。説文：從厂猒聲。蠱音古。杜注左傳云：蠱謂惑疾也。説文：從蟲從皿。皿者，物之内也，亦聲也。厂音罕。猒音一艷反，從甘從月從犬也。

拔鏃　上辨八反。考聲云：拔，抽也。顧野王謂：引而出之也。説文：從手犮聲。犮音蒲末反。俗皆從叐作拔，非也。下宗速反。考聲：鏃，矢足也。顧野王謂：箭鏃也。説文：矢鋒也。從金族聲也。

持梢尾　梢音稍交反。文字集略云：正船頭木也。考聲：船尾也。説文：從木肖聲。

大悲經梵天品　第二卷

優波毱多　毱音菊。梵語比丘名也。

罽賓　居刈反。漢書云：罽賓者，古譯訛略也。正梵音羯濕弭羅，北天竺國也。

苷蔗　上音甘，下之夜反。本草云：能下氣治中，利大腸，止渴，去煩熱，解酒毒。説文：蔗，藷也。從艸庶聲。苷或作甘也。

大悲經梵天品　第三卷

呑噬　吐根反。説文：呑，咽也。從口天聲。下時制反。王弼注周易云：噬，齧也。説文：從口筮聲也。

揩揬　上客皆反。博雅云：揩，摩也。下徒骨反。博雅：揬，衝也。古今正字並從手，皆、突俱聲。突字從穴從犬。經從歺作㝔，非也。

瓦礫　下零滴反。説文云：礫，小石也。從石樂聲也。

鋤治　助踈反。顧野王云：鋤田器也。説文：從金助聲。亦鉏也。

大悲經梵天品　第四卷

慢捍　上鑾諫反。孔注尚書云：謂輕慢無教也。杜注左傳：易也。顧野王：慢易猶輕侮也。説文：從心曼聲。曼音萬。經從水作漫，音蒲半反，非經義。下寒爛反。考聲：扞，禦也。説文：止也，㪔(攼)[四八]也。捍從字(手)[四九]旱聲，正作扞，或從心作忓，又從攴作攼，並通用也。

駛哉　師事反。蒼頡篇云：駛，疾也。考聲：速也。古今正字：從馬史聲也。

大悲經梵天品　第五卷

偋廁　蒲定反。字林及字統皆云偋猶僻也。説文：從人屏聲。

株杌　上音誅。考聲：株謂殺樹[五〇]之餘也。説文：木根也。從木朱聲。下吾骨也(反)[五一]。説文：杌，斷也。從木兀[五二]聲。或從出作柮。

大唐新譯方廣大莊嚴經三藏聖教序

皇太后御製　慧琳撰

拘睒彌國　睒音攝冉反。梵語國名也。

螽蟲　上視(祝)[五三]隆反。杜注左傳云：螽謂蚣蝑之屬爲災[五四]蟲也。説文：螽亦蝗類也。從䖵失(夂)[五五]聲。下直隆反。爾雅云：有足曰蟲，無足曰豸。説文：蟲從三虫。蚰(蚣)[五六]音仙恭反，蝑音胥，虫音暉鬼反。

叡唐　營惠反。字書云：叡，聖也。賈注國語：明也。説文從叔目，從谷省聲也。古文作睿。籀文作壡(壡)[五七]，叔音殘。

御寓　于矩反。爾雅云：寓，大也。尹文子曰：四方上下謂之宇。文頴注漢書：天地之間爲寓內也。蒼頡篇：寓，邊也。説文：從宀禹聲。或作宇。

諒屬　上良尚反。爾雅云：亦道[五八]也。郭注云：皆謂教導也。顧野王：王導亦謂教導也。説文：從言京聲。言(道)[五九]與亦(道)[六〇]同。

幼齡　上幽袖反，下歷丁反。鄭注禮記云：齡，天氣。齡，人壽之數也。廣雅：齡，年也。古今[正]字：從令齒聲[六一]。

遽違　渠庶反。顧野王云：遽，猶急也。賈逵注國語：遽，疾也。説文：從辵豦聲也。

舟檝　子葉反。毛詩傳曰：檝所以櫂船也。考聲：檝，棹類也。

説文作楫。［從］〔六二〕木咠聲。經作檝，俗用字。櫂音宅效反。咠音七入反。

大梁　爾雅云：大梁，昴也。案歲星臨昴則乙酉之年也。

夷則　上音移，七月之律名也。

法贏　盧和反。經作蠡，俗字也。

方廣大莊嚴經序品　第一卷

騁武　敕領反。韓詩云：騁，施（馳）〔六三〕也。杜注左傳：馳也。説文：從馬甹聲。甹音疋丁反。

爲爪　莊校反。説文：手足甲也。象形。經作瓜，音寡華反。誤也。

軒檻　上獻言反。王逸注楚辭云：軒猶樓板也。説文從車干聲。下咸黯反。郭注山海經云：檻，闌也。顧野王曰：闌，殿上拘闌也。王逸注楚辭：檻，楯也。［説］〔六四〕文：從木監聲。

詹波迦花　上音諸閻反。梵語花名也。

拘具羅花　具音瞿遇反。梵語花名也。經文作且，書寫誤也。

慳吝　上客艱反，下隣鎮反。孔注尚書：悋，惜也。郭注方言：若謂慳著多惜恨也。説文：從口文聲。古文作吝，又作咯，或作悋，亦作遴也。

虹霓　上胡公反，下藝奚反。爾雅音義曰：虹出盛者爲雄，雄曰虹。闇者爲雌，雌曰蜺。月令：季春虹始見。説文：虹狀似蟲。從虫工聲。霓，青赤白色，陰氣也。從雨兒聲。經從虫作蜺，謂小蟬也，非經義。

沮壞　疾預反。毛詩傳曰：沮作壞也。説文：從水且聲。

幡繯　偎灰反。考聲云：繯，斷色絲於兩紐中而糾之也。東宮舊事云：繯，五色絲飾也。又云色罽也，從糸畏聲。

方廣大莊嚴經序品　第二卷

囹圄　上歷丁反，下魚舉反。鄭注禮記云：所以禁守繫者也。説文：囹，獄也。圄，守也。二字並從囗，令、吾皆聲。囗音韋。

綩綖　上冤遠反，下衍氈反。已於法花經音義中具釋訖。

袨服　玄絹反。文字集略：盛服也。准考聲云：袨服，美也。字書：袨，衣服美鮮者也。古今正字：從衣玄聲也。

嗌痺　上嬰赤反。穀梁傳曰：嗌，喉不受粒也。説文：嗌，咽也。從口益聲。下必寐反。歸藏：痿痺，暴厲之疾也。説文：濕病也。從疒卑聲。卑音必彌反。

齒齲　區禹反。考聲云：齲，齒朽缺（缺）〔六五〕也。説文：齒蠹也。從齒禹聲。或從牙作𤘘也。

癭癤　上嬰郢反。説文：癭，頸腫也。下煎薛反。廣雅：癤，癰也。埤蒼：痤，癤也。説文並從疒，嬰、節皆聲。癤或作癥。

方廣大莊嚴經序品　第三卷

嬈害　泥鳥反。説文：嬈，苛也。一云擾，戲弄也。從女堯聲。苛音何。賈逵注國語：苛猶煩也。

擐甲　上音患。杜注左傳：擐，貫也。賈逵注國語：擐衣甲也。説文：從手從還省聲也。

謇訥　上犍偃反。方言云：謇，吃也。古今正字：從言寒省聲。或經文從足作蹇，非此義也。下奴骨反。包注論語云：訥，遲鈍也。說文云：難也。從言內聲。

歔欷　上許居反，下欣既反。王逸注楚辭：歔欷，啼皃也。何注公羊傳：悲也。蒼頡篇：歔欷，泣餘聲也。古今正字並從欠，虛、希皆聲也。

捫淚　莫奔反。聲類云：捫，摸也。說文：撫，持也。從手門聲。

方廣大莊嚴經序品　第四卷

門閫　坤本反。郭(鄭)[六六]注禮記云：閫，門限也。說文作梱，義同。從木困聲。古今正字：從門作閫。

賫書　上濟奚反。廣雅云：賫，送也。說文：持，遺也。從貝齊省聲。今俗亦作賷，謬也。

而斃　毗袂反。說文：斃，仆也，頓也，斷也。從死獘省聲。

頞順那　上音阿葛反。梵語西國大臣名也。

敏捷　上旻殞反。孔注尚書：敏，疾也。考聲：敏，聰悟也，亦達也。說文：從支(攴)[六七]每聲。或從民作敃。經從心作慜，誤用也。下潛葉反。方言：捷，慧也，疾也。說文：從手疌聲。疌音同上。

一磔手　張革反。廣雅：磔猶開也。又張也。一磔手者，張其手，取大指、中指所極爲量也。古今正字：從石桀聲。經本作搩，音傑，非義也。

彫鏤　上鳥聊反，下樓豆反。顧野王曰：彫，雋刻也。廣雅：彫亦鏤也。賈注國語：鏤，刻也。說文：彫琢以成文也。從周彡聲。鏤，剛鐵可以刻鏤也。從金婁聲。正體字。經作婁。俗字也。

方廣大莊嚴經序品　第五卷

坏器　配媒反。說文：瓦未燒曰坏，[從][六八]土不聲。

麻枲　思子反。考聲：枲，麻也。顧野王云：牡[六九]麻者，枲麻也。郭注爾雅：枲、麻之别二名也。說文義同。從台水(朩)聲[七〇]，水(朩)[七一]音疋刃反。

分析　星亦反。孔注尚書：析，分也。說文：破木。從木斤聲。經作析(枍)[七二]，俗用，非也。

渤澥[七三]　上盆没反，下諧矮反。臣瓚注漢書云：渤澥，海之别名也。說文與漢書義並同。從水，孛、解皆聲。經從力作勃，亦通。字[七四]音同上，矮音嬰買反。

其杪　彌小反。方言：杪，木末枝也。孔注尚書：杪杪，微細也。文字典說：[從][七五]木少聲。

方廣大莊嚴經序品　第六卷

覺寤　上江學反，下五故反。廣雅：覺[七六]，知也。顧野王云：覺謂知曉也。蒼頡篇：寐覺而有言曰寤。毛詩傳云：寤亦覺也。說文：覺亦寤也。從見學省聲。寤，寢省吾聲。經從穴作寤(寤)[七七]，非也。寢音夢。

咼斜　快乖反。說文：咼，口戾也。從口冎聲。冎音寡。經從口作咼，非也。

角睞　來代反。廣雅：睞，邪視也。說文：目童子不正也。從目來聲。

齰齒　上間軋反。聲類云：齰，齧骨聲也。說文：齧堅聲也。從齒吉聲。軋音晏轄反。

讇語　上丑冉反。莊子云：希意道言謂之讇。何休注公羊云：佞也。鄭玄謂：傾身以反也。說文：讇，諛也。從言閻聲，或作諂也。

覫然　丑江反，又丑巷反。蒼頡篇云：覫，視皃也。說文：視不明也。一云直視也，從見舂聲。

躑躅　上呈戟反，下厨録反。顧野王云：躑躅，舉足而不進也。說文：注(住)〔七八〕足也。一云蹢〔七九〕也，並從足，鄭、屬皆聲也。亦作躅，經作躅，俗字也。

臂傭　寵龍反。考［聲：傭，上下均也］〔八〇〕。郭注爾雅：傭，所謂齊等也。說文：均，直也。從人庸聲。經從肉作膧，非也〔八一〕。

方廣大莊嚴經序品　第七卷

毯毼　上食〔八二〕敢反。詩曰「毳衣如𦆅」也。考聲云：毯，織毛爲之也。亦作緂，又作𦆅〔八三〕。下寒葛反。廣雅云：毼謂罽也。古今正字並從毛，炎，曷聲。罽音居利反。說文：𦆅謂西胡毳布也。

編椽　上必綿反。劉兆云：編，比連也。蒼頡篇：編，織也。說文：說簡次也。從糸扁聲。扁音邊沔反。下直緣反。考聲：椽〔八四〕也。古今正字：從木彖聲。彖音吐喚反。

鞴囊　上排拜反。蒼頡篇云：鞴，韋皮也。顧野王曰：所謂吹鑄冶火令熾也。文字典說：從韋葡聲。葡音備。亦作韛、排，又作橐也。

笻竹　上局龍反。考聲：笻，竹名也。因山得名，在蜀也。

皺赧　上側瘦反。韻略：面皺也。文字典說：皮寬聚也。從皮芻聲。經作皺，俗字。下尼簡反。方言：赧，愧也。說文：赧，慙也。從赤反聲。芻音楚俱反。

草莛　狄丁反。說文：莛，草莖也。從草廷聲。

一掬　宮郁反。古今正字云：掬，撮也。亦曲手捧物也。從手匊聲。或作掬，亦作匊，古作臼也。

穀其乳　上鈎候反。考聲：穀，取牛羊乳也。古今正字與考聲義同，從羊㱿聲。㱿音枯角反。

方廣大莊嚴經序品　第八卷

絅輓　莫安反。按絅輓者，如來手足指間相連，猶如鵝足也。

堆阜　上對雷反。聲類云：堆，小塊也。說文正作𠂤，云小阜也。亦作塠，經文作堆。俗通用字。下符有反。爾雅：高平曰陸，大陸曰阜。廣雅：丘無石曰阜。說文正作𠂤，象形字。古作𠂤，經作阜，通用字。

闌楯　上音蘭，下音順。義與軒檻同。前第一卷中已釋訖。經從木作欄，木名也，非經義。

沙鹵〔八五〕　盧覩反。說文：西方鹹地謂之鹵。從西(卥)〔八六〕省，象鹽形也。

黿鼉　上音元，下唐河反。說文：黿，大鼈鼉。水蟲也，似蚚(蜥)〔八七〕蝪，皮可以冒鼓。二並從黽，元、單皆音，黽音猛，單音那。

芬馥　逢福反。前方廣華嚴經已釋訖。

謇聲　居輦反。義已具釋前第三卷中。

方廣大莊嚴經序品　第九卷

拍頭　烹陌反。廣雅云：拍，擊也。釋名：拍，搏也。古今正字：以手搏其上也。從手白聲。搏音補各反。

違忤　五故反。郭注方言云：謂相觸忤也。考聲及說文：逆也。從心午聲也。

激矢　尸耳反。考聲：矢，箭也。說文：弓弩矢也。從入象鏑括羽之形。古者夷牟初作矢，經文作笶，俗字也，字書並無。

嫈嫇　上厄莖反，下麥耕反。考聲云：嫈嫇，下里婦人嬌態皃也。嫇嫇，亦小人皃也。說文：嫈，小心態也。從女熒省。嫇，從女冥聲。

拈掐　上念兼反。釋名云：拈，兩指鉗之也。廣雅：拈，持也。下口洽反。考聲：掐，爪掐也。埤蒼義同。古今正字並從手。占、臽(臽)〔八八〕皆聲。臽音討高反〔八九〕。

躞蹀　上暹葉反，下恬叶反。考聲：躞蹀，小步皃也。許叔重注淮南云：蹀，蹈也。顧野王：徐細步也。古今正字：蹀，從足枼聲。躞或作燮，蹀或作𨆌反〔九〇〕也。

毒㔔　斂霑反。考聲：㔔，所以斂物也。或從竹作籢也。

親昵　尼栗反。郭注爾雅云：昵，親近也。古今正字：從日尼聲。亦作暱也。

矛穳　上莫候反，下村亂反。廣雅：穳謂之鋋。考聲：短矛也。古今正字與廣雅義同，從矛贊聲。

飲吮　旋兖反。說文：吮，嗍也。從口允聲。

角睞　來代反。前第六卷已釋訖。

畟塞　上楚力反。毛詩傳曰：畟畟猶側側(測測)也〔九一〕。案畟塞，人稠也。古今正字：從田從人反(夊)〔九二〕聲。反(夊)音髓惟反。

潰亂　迴對反。考聲：潰，散也。蒼頡篇：潰，煩亂也。說文：從水貴聲。經作澮，音古會反，非經義也。

挫恧　上租臥反。鄭注考工記：挫，折也。說文：挫，摧也。從手坐聲。下女六反。方言：恧，慙也。鄭注爾雅云：心愧曰恧。文字典說：從心而聲也。

方廣大莊嚴經序品　第十卷

淤泥　上於據反。顧野王曰：淤，水中泥也。說文：澱，滓也。從水於聲。經作淤〔九三〕，俗字也。

賨侶　上賞章反。考工記曰：通四方之珍異以資之謂賨旅。鄭玄云：販買之客也。文字典說：從貝商聲。亦作商，地名也。下驢舉反。廣雅：侶，伴也。文字典說：從人吕聲。或作旅。

方廣大莊嚴經序品　第十一卷

名蹲　遄兖反。說文：蹲謂腓腸也。古今正字從足。亦作腨。腓音秩非反也。

麁獷　上醋蘇反，下號猛反。說文：獷猶惡也。從犬廣聲也。

方廣大莊嚴經序品　第十二卷

粇米　革衡反。說文：粇，不黏稻也。從米亢聲。亦作秔，俗作粳，或作秔也。

該綜　上改來反。賈注國語：該，備也。説文：以兼備之也。從言亥聲。下子宋反。宋忠注太玄經曰：綜，紀也。説文：綜機縷持絲文交者也。從糸宗聲也。

郁烈　上憂陸反。考聲：郁，香氣皃也。古今正字：從邑有聲。下連哲反。

門閫　坤穩反。前第四卷中已釋訖也。

躄者　俾亦反。顧野王曰：躄謂足偏枯不能行也。説文：跛也。正從止作𨀾〔九四〕躄。偏音匹〔九五〕鞭反。

一切經音義　卷第二十四

校勘記

〔一〕猗　獅作「犄」。
〔二〕省　衍。
〔三〕踰　據文意似作「踰」，正字。
〔四〕鼠　據文意似當作「鼠」。
〔五〕斥　獅作「片」。
〔六〕柝　獅作「枡」。
〔七〕也　各本無，據文意補。
〔八〕草　獅作「艸」。下同。
〔九〕艹　獅作「艸」。
〔一〇〕開　據文意似當作「闢」。
〔一一〕絜　即「潔」。
〔一二〕廾推華棄米宫　慧卷二釋「爛糞」之「糞」爲「手推華除棄之」。宫　獅作「官」。
〔一三〕有　獅作「者」。
〔一四〕戾　獅作「矢」。
〔一五〕惠　獅作「慧」。
〔一六〕號　據文意似當作「號」。
〔一七〕中　頻作「中」。
〔一八〕毒　據文意當作「毒」。
〔一九〕説文……瑞玉　衍。
〔二〇〕璇　獅作「璞」。
〔二一〕是　獅作「足」。
〔二二〕省　衍。
〔二三〕日音　獅爲「目瞖」。
〔二四〕反　據文意當作「夂」。
〔二五〕索　麗無，據獅補。
〔二六〕閈　説文：「閈，閭也。」據慧琳所説似爲當時俗詞。
〔二七〕此條臺灣大通書局印行的麗本有缺誤，據獅和中華大藏經補。
〔二八〕此條臺灣大通書局印行的麗本缺，據獅和中華大藏經補。
〔二九〕此條臺灣大通書局印行的麗本缺，據獅和中華大藏經補。
〔三〇〕此條臺灣大通書局印行的麗本缺部分釋文，據獅和中華大藏經補。
〔三一〕此條臺灣大通書局印行的麗本缺部分釋文，據獅和中華大藏經補。
〔三二〕此條臺灣大通書局印行的麗本缺部分釋文，據獅和中華大藏經補。
〔三三〕此條臺灣大通書局印行的麗本缺部分釋文，據獅和中華大藏經補。
〔三四〕徒　臺灣大通書局印行的麗本作「徒」，誤，據獅和中華大藏經。
〔三五〕體　臺灣大通書局印行的麗本作「禮」，誤，據獅和中華大藏經。
〔三六〕督住　臺灣大通書局印行的麗本脱，據獅和中華大藏經補。
〔三七〕督　據文意似當作「督」。
〔三八〕揪　玄卷五作「楸」。
〔三九〕辯　獅作「辨」。
〔四〇〕腥　據文意似當作「腥」。
〔四一〕殅　據文意似當作「姓」。
〔四二〕非　當作「韭」。
〔四三〕叅　獅作「叅」。
〔四四〕二　據文意似當作「三」。玄卷七作「四」。
〔四五〕猗　磧作「革」。
〔四六〕派　獅作「瓜」，即「辰」。
〔四七〕峙　干禄字書：「峙峙時，上「峙」又作「峙」。俗中下正。」龍龕手鑒：「峙，住也，又山特立也。」
〔四八〕版　頻作「忮」。

〔四九〕字　獅作「手」。

〔五〇〕殺樹　臺灣大通書局印行的麗本爲「歌椅」，據獅和中華大藏經。

〔五一〕反　麗作「也」，從獅。

〔五二〕兀　臺灣大通書局印行的麗本作「也」，中華大藏經作「九」，獅作「亦」，當作「兀」。

〔五三〕視　據文意似當作「祝」。

〔五四〕炗　臺灣大通書局印行的麗本作「𡶐」，中華大藏經和獅作「炗」，據文意當作「災」。

〔五五〕失　獅作「夂」，即古文「終」。

〔五六〕蚰　獅作「蚣」，據文意當作「蚣」。

〔五七〕麄　據文意當作「麄」。

〔五八〕道　臺灣大通書局印行的麗本作「遂」，據獅和中華大藏經。

〔五九〕言　獅作「噵」。

〔六〇〕亦　獅作「道」。

〔六一〕齡，天氣　疑有脱誤。正　麗脱，據獅補。

〔六二〕從　各本無，據文意補。

〔六三〕施　據文意似當作「馳」。

〔六四〕説　各本無，據文意補。

〔六五〕鈌　據文意似當作「缺」。

〔六六〕郭　當作「鄭」。

〔六七〕支　今傳本説文作「攴」。

〔六八〕從　麗脱，據獅補。

〔六九〕牡　臺灣大通書局印行的麗本作「壯」，據獅和中華大藏經。

〔七〇〕從台水聲　今傳本説文爲「从朩台聲」。

〔七一〕水　據文意當作「朩」。

〔七二〕析　獅作「柟」。

〔七三〕此條臺灣大通書局印行的麗本缺部分釋文，據獅和中華大藏經補。

〔七四〕孛　獅作孛，據文意似當作「孛」。

〔七五〕從　各本無，據文意補。

〔七六〕覺　臺灣大通書局印行的麗本作「慈」，據獅和中華大藏經。

〔七七〕瘖　獅作「瘖」。

〔七八〕注　據文意似當作「住」。

〔七九〕蹢　臺灣大通書局印行的麗本作「跡」，獅和中華大藏經作「踦」，似當作「蹢」。

〔八〇〕聲傭上下均也　臺灣大通書局印行的麗本脱，據獅和中華大藏經補。

〔八一〕經從肉作膌，非也　臺灣大通書局印行的麗本誤爲「縜從药奮蹟膌也」，據獅和中華大藏經。

〔八二〕食　獅作「貪」。

〔八三〕上食敢反……又作緂　臺灣大通書局印行的麗本誤，據獅和中華大藏經。

〔八四〕椓　據文意似當作「桷」。

〔八五〕鹵　即「鹵」。

〔八六〕西　據文意似當作「囱」。

〔八七〕蚚　據文意似當作「蜥」。

〔八八〕舀　據文意似當作「臽」。

〔八九〕舀音討高反　此似誤「掐」爲「搯」而釋。

〔九〇〕反　似衍。

〔九一〕叜叜，猶側側也　今傳本毛詩傳爲「叜叜，猶測測也」。

〔九二〕反　獅作「文」。下同。

〔九三〕淤　據文意似當作「淤」。

〔九四〕云　似衍。

〔九五〕匹　臺灣大通書局印行的麗本作「入」，據獅和中華大藏經。

一切經音義　卷第二十五

開元二十一年壬申歲終南太一山智炬寺集

釋雲公撰　翻經沙門慧琳再删補

大般涅槃經音義卷上　并序

涅槃經者，北涼西主沮渠蒙遜，玄始三年，請天竺沙門曇無羅讖法師與沙門慧嵩、道朗等同譯也。法師初至，未閑漢語，三年習學，妙盡方言，辭辯如流，富於文藻。故此經文後人莫繼。法師所翻經夾唯有上衮經，既未足，再往于闐求本，三譯乃畢，其功至玄始十年方得周備，乃是窮原之極教，最後之微言，髻裏明珠、金剛寶藏者也。竊謂經爲佛母，佛爲人師。法藉人弘，人唯法器。即三種般若，文字居先；十二真詮，修多建首。譬以春池競寶，獲珠者必假安徐；依文習義，會意者須遵定教。比者尋條以求本，沿波以討源。讎校經文，素無定本。復覽諸家音義，梗概相傳；梵語未譯於方言，字體仍含於真僞。遂使挑、桃渾於手木，悵、帳亂於心巾。鵃草繁於果園，要點删於寫富。修脩茲用，飾脯天乖。悟寤同書，解眠翻覆。雲匪量寡昧，敬慕茲經。慮以三點不圓，八恒無趣，皮紙骨筆，敢盡虔誠。冀握先王之刀，更訪新醫之乳。遂觀説文以定字，檢韻集以求音。訓詁多據玉篇，傳梵先資金簡，糅爲音義兩卷，用爲私記，時觀案篋，未敢流行，同意披詳，幸無哂誚云耳。

大般涅槃經　壽命品第一

慧琳云：雲公所製，言雖繁宂，有似章疏，今取周備，不失經意，由勝諸家所音。此後南本涅槃三十六卷同用此音，音義依雲公所製，唯陀羅尼及論梵字疎遠不切者，慧琳今再依梵本翻譯爲正，覽者詳焉也。

大者　蒼頡篇云：大，巨也，遍也。周易云：大哉乾元，萬物之[一]始也。經中自釋云：所言大者，名之爲常，其性廣博也。

般者　音補末反。此梵語也。準經翻爲入也，證也。准書定字，唯有班、槃二音，今取梵音穩便，借音爲鉢。

涅槃　此翻爲圓寂也。謂三點圓伊，四德圓果，金剛寶藏，滿足無缺，斯圓義也。長祛二障，永清三染，正體緣真，斯圓寂義也。

經者　梵云修多羅，此具五義。論偈云：經緯與涌泉，繩墨線貫穿，是謂修多羅，甚深微妙義。今言經者，唯初一分義。

壽命　上時九反，又音時右反。説文：壽，久也，命也。內釋云：壽即分限也，命是連持。如來壽命，依無垢識種上而建立。壽即命也。

品者　品者，類也。則篇章之類例也。

拘尸那城　梵語西國城名也。唐云耎草城。在中天竺界周十餘里。

阿利羅跋提河　梵語略也，正梵音云阿爾多嚩底，西國河名也。唐云無勝，文言謂之布囉拏嚩底，唐云有金河。此爲美稱也。

娑羅雙樹　彼國亦云高遠林。西域記云：四樹特高，在河西岸，其樹似槲而皮青白，葉甚光潤，樹汁流出，凝結如香，如來涅槃處也。

將欲涅槃　將音子羊反。玉篇云：將者，進也，臨也。從肉從寸爿聲，爿音匠羊反。

等視衆生　視，時至反。玉篇云：視者，觀也，瞻也。

如羅睺羅　此云覆障，謂是修羅障月時生也。又昔因塞鼠穴遂處胎，經六年始生也。

爲作歸依　爲音于僞反，作又音子落反。

屋舍室宅　屋音烏谷反。說文：屋，居也。何休注公羊云：舍，止也。白虎通云：室，實也。說文：宅，託也。謂居止託實。四義全殊，各有所表。其南本經謝公爲繁重，遂改經云世間舍，雖似刪繁，恐失餘義也。

晨朝　上食人反。爾雅云：晨，早也，明也。釋名云：晨，申也。謂清旦光舒也。下知遥反。韻英：早時也。說文：旦也。從倝舟聲。倝音干旦反。

頗梨　正云頗胝迦，此云水玉，狀似水精，有赤有白。大論云：過千年冰化爲頗梨珠，未詳虛實也。

瑪瑙　字書云：石之次玉者也。其字或作碼碯，石類也。有翻爲石藏寶者，以生在石中故也。

三千大千　一四天下，一日月照臨，名一世界，即此千世界名一小千，一千小千名一中千，一千中千名一大千，故云三千大千也。其數百億，億有三等，如第四卷釋。

號哭　上户刀反。爾雅云：號，呼也，哭也。經中有作嗥字，是豺狼之聲，非此義也。

涕泣　上他禮反，上聲字。玉篇云：目淚也。若作洟音，鼻汁，非也。泣，欽立反，無聲淚出也。

哽噎　古杏反，下烏結反。氣塞也。玉篇云：如骨在喉也。經文之中有作咽，烏見反，吞也。又音咽，咽喉也。並非經意也。

震動　雙林召集，皆有異相，初則聲相隨其類音也，次有光相面門所出也，此則第三動地相也。若唯聲無光，聾者不聞；唯光無聲，盲者不見。故須動地普召有緣，如來密意。

一劫　梵云劫波，此云分別也。劫有三種不同，如別章說也。

迦旃延　旃音氈，此云大剪剃種。

薄俱羅　此云善容，謂此尊者，形儀瓌瑋也。

優波難陀　或云拔難陀，此云延喜，下文尼名同此也。

戰掉　徒弔反。動也，摇也。

阿羅漢　此云無生，或云煞賊，業結斯亡，已超三有。

逮得　上徒戴反，及也。經中多作逮[二]字，非正。

漱口澡手　漱音瘦，澡音早。玉篇云：盪口曰漱，在手曰澡，在頭曰沐，在面曰頮，在身曰浴，在足曰洗。洗音跣，頮音悔。

波羅奢花　此云赤色花，是樹上之花，經作華，非也。

拘陀羅女　此云好腹也。

爲不斷絕　斷音徒暖反。

解未解者　諧賣反。散也，悟也。

優婆塞　此云近事男，受持三歸五戒者也。

恒河沙　無熱惱池南面，流出恒伽河，入中印度國，便入南海。

深樂對治　樂，五教反。治，直梨反。

紹三寶種　紹，時沼反。言繼嗣也。相承不斷也。

既自充足　足音子欲反。滿也，周備也。

復能充足　足音子喻反。玉篇云：成也，益也，謂自滿已外成益他人也。左傳曰「言以足志，文以足言」是也。

闍毗　或闍維，或茶毗，古云耶旬，此云焚燒也。

膠香　依樹而生，如熏陸白膠之類是也。

優鉢羅花　此云青色蓮花是也。

拘物頭花　此云黄赤蓮花也。

波頭摩花　此云赤蓮花，其花莖有毛刺者也。

分陀利花　此云白色蓮花也。

憍奢耶　五分律云：野蠶所作綿，撚織爲衣。

蒭摩　此云細草花是也。

轅槅　下音革。釋名云：車軛也。所用軛牛領也。

七寶　一金，二銀，三瑠璃，四頗梨，五車渠，六赤真珠，七瑪瑙也。

廁填　田見反。珠玉雜飾也，相廁間雜也，謂刻鏤寶填也，從玉。經從土作填，誤也。

駿疾　戍閏反。爾雅：速也，疾也。

簫瑟　小彫反。說文：編管爲之，像鳳之翼。瑟音蝨。庖羲造瑟也。其瑟長八尺二寸四十五絃。黄帝使素女鼓之，悲不能止，改爲七尺二寸二十五絃也。

八功德水　俱舍論云：一甘，二冷，三耎，四輕，五清净，六不臭，七飲時不損喉，八飲已不傷腹也。

迦陵伽衣　迦陵伽是國名，波和羅是衣名。

欽婆羅衣　毛絲雜織是外道所服也。

悵恨　上敕亮反。玉篇云：望也，恨也。下力尚反。廣雅云：恨，悲也。

優婆夷　此云近事女也，受持三歸五戒也。

毗舍佉優婆夷　毗舍佉是星名，此女因星得名。五分律云「鹿子母」是也。

啖食　上昝菩反〔三〕。俗字也。韻略作呫，嘲也。韻英云：淺入口味之也。說文作噆，形聲字也。嘲音雙捉反。

却敵　徒歷反。玉篇云：宛（怨）〔四〕也，對也。言於城上雷（擂）〔五〕下木石，以却怨敵故也。

樓櫓　上洛侯反。說文云：重屋覆也。釋名：櫓，露也，上無覆也。

所惡　烏路反。玉篇云：憎，嫌也。

竅孔　苦吊反。說文云：空也。泥洹經作窌，字義亦通，音力彫反。蒼頡篇云：小孔也。

羅刹　此云惡鬼也，食人血肉，或飛空，或地行，捷疾可畏也。

伊蘭　具足應云伊那拔羅，此云極臭木也。

畫水　横號反。玉篇云：分界也。若音胡卦反，形也，象也，非經義也。取前音爲正。

鴟梟　上昌之反。玉篇：鵂鶹角鴟之屬。其鳥若鳴，其民有禍。梟音皎堯反。說文云：不孝鳥也。子長大要當食其母始飛也。

鵰鷲　上鳥姚反。蒼頡篇云：金喙鳥也。鷲音就。黑色，多子鳥。師曠曰「南方有鳥，其名曰鷲，黄頭赤目，五色皆備」是也。

毀呰　呰音紫。說文云：呰，呵也。鄭玄曰：口毀曰呰也。

破壞生死　壞音乖拜反。謂加功毀之使破也。若音懷拜反，任運自破也。今義取前正合作毇字。

毗舍離　城名，在中印度，正云吠舍釐，周五十里，宫城周四五里。離車子，正云栗呫婆，王種也，更遞治也。

閻浮提　亦名琰浮，亦名贍部。閻浮是樹名。提，州名。樹在洲北岸上，因樹得名也。

當斷其舌　斷音團亂反。謂割截。

四馬駟　私恣反。説文云：一乘駕以四馬也。論語云：齊景公有馬千駟，馬四千匹也。

縱廣　上子容、子用二反。謂南北爲從也。下光朗反。謂東西爲廣。

多羅樹　案西域記云：樹形如椶櫚，高六七十尺，果熟則赤，似此國石榴。東印度多有國人收取食之也。

阿闍世　此云未生怨也。亦名婆羅留支，此云折指，亦名善見。

駿疾如　駿，戌閏反。速疾也。又音卒閏反。馬之神駿，非此義也。

熏修　上許君反。切韻：火氣也。有作薰字，音同，是香草，非此義也。修音息由反。玉篇：治也，飾也。經有作脩字，非也，音同，是乾肉脯腊，非此義，亦非本字也。

如雹　龐剥反。玉篇云：陰陽專精，凝合爲雹也。

甘膳　音善，謂美食也。人中美物皆名珍膳也。

琉璃　天竺之名。梵云吠琉璃耶，此云近山寶，謂近迦毗羅城。净三藏云：緑色寶也。漢書云：罽賓所出。經云：無以琉璃，同彼水精也。

倚牀　依綺反。説文云：依也。經文多作猗字，非也。如此國繩牀，後有倚背是也。

難陀跋難陀　此云歡喜賢歡喜，此二龍是兄弟也。

毗沙門王　此云多聞，即北方天王也。

乾闥婆　新云健撻縛，此曰尋香，即音樂神也。

迦婁羅　新經云揭路荼。此云妙翅鳥也。

緊那羅　或云真陀羅，此云歌神，其聲美妙。正法花云「和音天子」是也。亦云疑神也，以頭上有角，亦名人非人也。

摩睺羅伽　新云莫呼勒伽，此云胸行神，即大蟒蛇也。

阿修羅　或名阿須倫，新云阿素洛，此云無酒神，亦名非天。海龍王經云：無酒神，常懷惡心，共帝釋鬬也。

睒婆利　此云大綿神也。

陀那婆神　此云陀，有。那者名施，婆者言有。此神得有施名。

拔提達多　拔提言賢，達多名授，即賢授王也。

羅刹可畏　羅刹，梵音翻爲可畏。唐梵雙彰故也。此鬼行速，牙爪鋒芒，食人血肉，故云可畏也。

樂香王　樂音五教反，愛也。

貪色鬼魅　此並羅刹女等奪人精氣者也。法華會上，早已發心，今至雙林，復懷悲戀。

天諸媱女　媱，以招反。玉篇云：媱，遊戲也。或作娙，五耕反。切韻：長好皃也。或作娙[六]女，以心反，節是會色之流。非前廣自[七]等也。三字相似，三義亦兼，任情取捨，後多不取。

藍婆女　准法華中十羅刹女有名藍婆，此云乘。

鬱婆尸女　此云自在。

帝露沾　此云麻勝。

焚身　佛文反。燒也。二木以爲柴聚其下著火，即爲焚燒，會意字也。

鳧鴈　附無反，五諫反。玉篇云：水鳥也。

鴛鴦　苑元反。烏郎反，又於良反。似鳧，黃赤色，常有匹偶，不匹即死。

捷(揵)〔八〕闥婆鳥　同前尋香音樂等也。

迦蘭陀鳥　此云好聲鳥。

俱翅羅鳥　經云從聲得名。

婆嘻伽　此云樂見。

迦陵頻伽　此云妙美聲，出於雷山，在聲即能遍，其聲和雅，聽者無猒也。

耆婆耆婆鳥　此云命命鳥也。

阿僧祇　此云無央數也。按華嚴經僧祇品，大數總有一百二十從百千。百千名一拘胝，如是倍倍相承，百重已外，方是阿僧祇。

蓊鬱　上烏孔反，下蘊律反。玉篇等並云俱盛皃也。謂草木叢生也。

蔭蔽日光　陰禁反，卑世反。謂不明也。

占婆花　此云黃色花，花甚香絜(潔)〔九〕，少似此方梔子色也。

作倡妓樂　倡，音齒羊反。玉篇云：俳優，戲笑也。妓，渠倚反。切韻：女樂也。埤蒼云：妓，美女也。以女爲樂故也。經作技字，才藝也。有作伎字，非經義。

白鵠白鶴　鵠，胡木反。玉篇：似鵝，黃白色。又云黃鵠，形如鶴，色蒼黃。詳此經文，其林變白，何得類於黃鵠。應爲鶴字，何各反。

雕文刻鏤　上鳥堯反。說文：彫，琢也。玉篇：彫，飾也。

欄楯　上力干反，下食允反。謂周匝构欄，橫曰欄，縱曰楯也。

鬱單越國　亦名北俱盧洲，此云高上地，四方正等，人面如之，定壽千歲，如天快樂，佛法不聞，名爲難處。

忉利天　此云三十三天，在須彌山頂上，四方各有八天王，帝釋居中，合三十三天也。

釋提洹因　具云釋迦提婆因陀羅。釋迦云能仁也，提婆云天也，因陀羅此云主。

檀波羅蜜　具足應云檀那波羅蜜多。檀那云布施，波羅蜜云彼岸，多云到。謂離相行檀，得至涅槃彼岸。

曼陀羅花　此云圓花也。摩訶曼陀，大圓花也。亦名適意，大適意也。

曼殊沙等　此云柔耎，大柔耎也。

散多尼迦　此云寂静花也。

波利質多樹花　此云香遍樹，謂根莖、枝葉、花果皆能普熏忉利諸天也。

俱毗陀羅樹花　此云破他。

毗摩質多羅　舊云净心花，基法師云：綺畫寶飾。

至第六天　謂欲界頂，即他化自在天是也。

上至有頂　既云梵衆是欲界頂。

魔波旬　具足梵云禰嚩摩羅波裨旬。禰嚩云天，摩羅云障礙，波裨旬云罪惡，謂此類報生天宫，惟勸人造惡，令退善根，不令生離欲界也。

弓弩鎧仗　說文：弓者，以近窮遠也。弩音奴古反，怒也。又機關所發也。鎧音口逮反，甲也。仗音直兩反，刀戟之總名。

釾矟矛　上摸侯反。說文：長二丈，建於兵車。正應作矛字也。矟音山卓反。長丈八。

金椎鉞斧　椎音直追反。即鐵椎也。說文：呼鐵爲黑金。鉞，禹月反。玉篇：大斧也。正作與戉字同。

罥索　上決犬反。擲繩繼取也。古文作羂字，羂，索也。一名搭索也。

魔王波旬獻佛陀羅尼曰　慧琳新翻

怛你也二合。他去聲引。掭恥賈反。下音同。計一。

縿縿擿賈反。二字同音。囉羅字，上聲，兼彈舌呼。掭計二。

嘮勞告反，彈舌引。嚕魯字，彈舌引，下同。嚟音麗，兼彈舌引，下同。三。

摩賀引。嘮引。嚕引。嚟引。四。

褱呵可反。上聲引。羅五。

摩莫可反。羅六。

彈多可反。引。羅七。

娑嚩二合引。賀引。八。

如龜藏六　龜有頭尾四足，名爲六處，若侵惱則藏入殼中。衆生六根馳流外境，塵賊來侵，自守根門，如龜藏六也。

詇諂　上以朱反，下丑冉反。周書云：面從曰詇。三蒼云：佞言曰諂。經作諭字，非也。

娑婆世界　亦名索訶，此云堪忍，由多怨疾，聖者於中堪耐勞苦而行濟物也。

六種震動　華嚴經云：一震，二動，三吼，四擊，五起，六覺。一名動中復有三相，且動中有三相者，一名爲動，二名偏動，三名等遍動，餘五各三，成十八相也。

摩醯首羅　具足云摩醯什佛羅，此云大自在，居色究竟天。

戰慄　隣一反。怖懼也，亦是戰寒皃也。

殄滅　上徒見反。死滅也。

文殊師利　此云妙吉祥。

無邊身　外觀身分，見有去來。内視同空，莫測邊表。

香氣芬馥　扶福反。香氣也。芬，調和也。

真金爲囱　齒江反。在屋曰窗。囱，古文窗字也。玉篇：囱即窗牖也。

玟瑰爲地　玟音枚，瑰音回。説文云：火齊珠也。按異物志：火齊珠者，狀如雲母，色如紫玉，光耀如燭，散若蟬羽，積如冰潔。

間無空缺　空取去音。

蜣蜋　羌良二音。郭注爾雅：歲將飢則蜣蜋出。

蝮蠍　蝮音芳福反。三蒼云：蝮，蛇也。色如綬帶，有牙最毒。江已北名虺，音虛鬼反。蠍，螫也。經誤爲蝎字，此音胡葛反，是木中蟲，非此義。

十六種行惡業者　謂畜養猪、羊、鷄、狗等，肥已轉賣。經中自説也。

及一闡提　闡音昌善反。斷善根人也。經云信不具故名一闡提，云障未來故名爲無性，畢當得故名爲有性也。

荆棘　下九力反。刺木也。並二朿爲棘。重二朿爲棗，音早。朿音刺。

面門所出　如來面門放光，召集有緣，還從口入，既謂還從，明知是口也。

涅槃經　第二卷

純陀　或云准多，此云解妙義。雙卷泥洹經云：華氏子純。言姓華，名子純也。
刹利　或云刹帝利也。劫初已來，帝王貴種，此云田主。
婆羅門　善見律云：常修净行，博學多聞，高貴人也。
毗舍　賣買求利，販易之人。
首陀　下姓，王役，田夫之類也。
除去　丘吕反。玉篇：却也，除也。又音丘盧反。離也，往也。非此義也。
株杌　上竹俱反。木根也。下五骨反，木無枝也。又作柮䚾，並同。
砂鹵　來古反。説文云：西方鹵地也。确薄之地。又作沙，同。
拯〔一〇〕及　拯字無牒韻，取丞上聲。説文云：上舉也，救助也。
冀得　居致反。玉篇云：幸也，望也。謂希望也。
無上法雨　雨，上聲呼。
雨汝身田　雨，去聲呼。
先已通達　先，蘇見反。舊也，先也。
初成道已破四魔　一煩惱魔，二陰魔，三死魔，四天魔。
今般涅槃亦破四魔　一無常，二苦，三無我，四者不净。
二牧牛女　牧音莫祿反。從牛從攴。玉篇云：養飤也。
難陀　此云憙也。
難陀波羅　此云憙力也。
名不虛稱　齒陵反。
從義立名　名字平聲。
優曇華　此云希有花，亦名應瑞也。
南無純陀　南無，此名歸命。純陀既是請主，衆乃歸之。
蠲除　上古玄反。郭璞曰：蠲，除也。

柂　柂有四種，一欲，二有，三見，四無明。
縛　縛有四，一貪，二瞋，三戒取，四身取。
如是觀行　二俱去音。
若是行者　行，去音。
輕篾(蔑)〔一一〕　莫結反。侮慢陵人也。
爵祿　上子藥反。玉篇曰：王者制祿爵五等，謂公、侯、伯、子、男。又曰：祿，賞賜也。
紹繼　音計，嗣續不斷。
蒭草　上測俱反。所以飼畜獸也。
乞匃　音蓋，行求乞索也。
蜂螫　蟲行毒也。一音尸赤反，是關西音也。又音呼各反，山東音也。又作蛆(蛆)〔一二〕字，知列反，東西通用也。
其水漂疾　漂，匹要反，水流急也。
須臾　玉篇曰：須臾，俄頃也。按俱舍論、本行集等云時中最少名一刹那，一百二十刹那名一怛刹那，六十怛刹那名一羅婆，三十羅婆名一牟呼栗多，三十牟呼栗多名一晝夜。准大集經：一日一夜有三十須臾。即牟呼栗多是也。經云：從日出看人影長九十六尺爲第一須臾云云也。
黿鼉　上魚袁反。玉篇曰：似鼈而大。鼉音徒多反。山海經云：江水足鼉。郭璞曰：形似蜥蜴，大者長一丈。又有鱗，取皮可以爲鼓也。
娑羅娑鳥　此云共行，亦云白鶴。
阿耨達池　此云無熱惱，在雪山中，菩薩爲龍王居之利物也。
先教技藝　藝有六藝，謂禮、樂、射、御、書、數是也。
周迴旋轉　旋轉二字，並用去音。由任運也，若創加功即爲平上音也。

魁膾　上苦迴反，下古外反。謂屠割之帥也。
囹圄　上力丁反，下魚吕反。玉篇曰：所以禁人也。又云：囚也。釋名云：圄，領守繫者也。謂領囚徒禁禦之也。
閻浮提　閻浮是樹名，提是洲名也，故新翻經爲贍部洲者是也。
離於八難　難用去音。
得人身難　難用平音。
俾倪　上普米反，下五禮反。玉篇又作僻堄。埤蒼、廣雅並云：城小墻。又釋名云：於墻孔中伺候非常之事。今詳此字有其二種，一者伺候，二者垣墻。垣墻不合從人，伺候豈宜從土。若是垣墻，應爲埤堄。若取伺候，應作俾倪。兩文二義不失諸宗故也。
羈鎖　上居奇反，馬絡頭也，又撿（檢）〔一三〕制也。下先果[反]〔一四〕，户鑰也。
五十七煩惱繫縛　按先明净相經云：五住煩惱，輕重不同。一住十品，則成五十。又約七縛，一色縛，二心縛，三三昧縛，四智慧縛，五神通縛，六因緣縛，七轉法輪縛是也。
醒悟之心　上二字並用去音，謂醉除也。
愐眩　麪縣二音。玉篇云：或（惑）〔一五〕亂也，不明也。又作眠玄二音，並通。
憍慢貢高　今依玉篇：自恣爲憍，凌他曰慢。慢前爲貢，心舉曰高也。
頑嚚　五關反，下魚巾反。蒼頡篇：頑，鈍也。左傳云：心不則德義之經曰頑，口不道忠信之言謂之嚚也。
奉俸祿　房用反。玉篇云：與也。所以奉官也。
師範　範音犯。謚法曰：尊嚴能憚爲師，楷拭（式）〔一六〕規模曰範也。
四十八年　謂釋迦菩薩初出家時就鬱頭藍仙習四禪八定，即以四禪爲四十，八定爲八年也。又釋約十二門袢（禪）〔一七〕自行教人讚法，美（每）〔一八〕人各有四品，爲四十八年也。
八種術　一治身，二治眼，三治瘡，四治小兒，五治鬼，六治毒，七治胎，八占星，見注涅槃經。
教汝醫法　教音交。經中多作毉字，非爲正體，宜著酉也。
癡騃　五駭反。玉篇：無知也。仡仡也。仡音魚乞反。
偶成於字　上五口反。爾雅：合也，遇也。
麥麩　蠅即反。音義曰：諸書並無此字。案阮孝緒晉書爲弋，音試。[麩]〔一九〕是麥糠，字無所出也。
飲餧調釋　飲，於鴆反。餧，於僞反。
除愈　余主反。病瘳也。有本作瘉。瘉，病也，非經義也。

涅槃經　第三卷

身纓長病　纓，於盈反，纏繞也。謂被病纏身也。
寢卧　上七錦反，眠寐。
病篤　丁木反。厚也，困重。
責索無所　側戒、側革二反，並通。説文：求也。玉篇云：徵索宿欠也。
摩訶迦葉　此云大飲光，是婆羅門姓。摩訶言大，簡異群小故也。
以此二緣　一則聲聞不堪付屬，二則菩薩堪能住持也。
多羅聚落　多羅，此云蘆葦。傳云：拘尸城東蘆葦村人也。
幼稚　直利反。稚，小也。
迦隣提　此云實可愛，謂水鳥即鴛鴦之類是也。
八大河　一名恒河，二名閻摩羅，三名薩羅，四名拔提，五名摩訶，六名辛頭，七名博叉，八名悉陀。

太白　此西方金星也。

歲星　此東方木星也。説文：萬物之精，上爲列宿。其歲星越歷二十八宿，宣徧陰陽，十二月一次也。玉篇云：律曆書名五星爲五步，所以歲字從步，戌爲聲也。

天意樹　諸天有樹，隨天意轉，所求皆遂，故得名也。

閻浮金　閻浮是樹，其樹汁點物成金。其金黄赤，復如紫焰，其價最貴也。

不能飛過　過字去音。

在屏㡯處　屏，卑井反。㡯，烏對反。謂隱蔽處也。

教詔　並用去音。三蒼云：示誨也。

䬫餬　上徒奚反，下户姑反。蘇中清液也。經作醍醐，非正體也。

抄掠　上初教反，下力約反。謂强奪取物也。若是劫取，應作剿剠二字也。

搆捋　上鈎豆反，下欒适反。謂取乳也。搆字正體應作㲉、擊。

鑽搖　上纂丸反，下以招反。謂作蘇之法也。

此常法稱　稱用去音。

云何行想　行字平音。

修多羅　此云契經，餘經下釋也。

班宣　補姦反。謂遍布也。玉篇亦爲頒字。

果蓏　魯果反。木實爲果，草實爲蓏。又云陸生爲果，水生爲蓏也。

瞪瞢　上徒登反，下莫曾反。失眠也，不明也。

常有希望　望，平音。

衆望都息　望字去音。

甜穌八味　一苦，二醋，三甘，四辛，五鹹，六淡。甜中又二，一者不苦故甜，二者不醋故甜，合成八也。

俎壞　俎，側吕反。玉篇云：肉几也。非經意也，應爲沮字，疾與反，毁。

三昧　具足云三摩地。此云等持，謂離沈掉，令心住一境性也。

涅槃經　第四卷

深邃　私醉反。説文云：遠也。幽深也。從穴遂聲也。

乳養　乳，儒主反。玉篇：乳，生也。鳥養子曰孚，獸養子曰乳。

嬰兒　上伊盈反。三蒼云：女曰嬰，男曰兒。釋名：始生也。又女人胸前曰嬰，投之嬰前而乳養，故嬰兒也。

多含　胡甘反。莊子曰：含哺鼓腹。蒼頡篇：含者，含哺也。謂其母哺飼其子，慮恐不消，故生憂念，佛知其意。舊音作琀，胡紺反。説文云：送終口中之玉也。與經意未相應，今不取也。

天壽　於矯反。説文：屈也，折也。謂不盡天年謂之天。

毫氂　上户刀反，下力私反。按孫子筭經：十忽爲一絲，十絲爲一毫，十毫爲一氂，十氂爲一分，十分爲一寸，十寸爲一尺，十尺爲一丈，十丈爲一引，是。

三種浄肉　一不見煞，二不聞煞，三不疑煞，爲已煞等是。

十種不浄　依十誦律數，一人，二龍，三師子，四象，五馬，六牛，七騾，八猴，九蛇，十狗。

九種清浄　就見、聞、疑，各有前方便、後起及與正體，合成九種。

憍奢耶　五分律云：絲，蠶所作。謂家蠶、野蠶並是也。

要是壞色　懷怪反。謂以青黑木蘭染令變色也。

珂貝　上苦何反。廣雅：美石，次玉也。埤蒼：瑪瑙也。玉篇云：貝，螺屬也。出海中，色白如雪，所以纓馬膺。下補盖反。説文：海介蟲也。玉篇云：古者貨貝而寶龜。傳曰：貝錦文。古者無錢，唯傳貝齒。且如資財貨賄之字，皆從於貝，中天五印度見今行用，此方殷周廢貝行錢，于今不絶。

皮革　下耕麥反。皮也。熟者名韋，生者名革也。

貯聚　貞呂反。杜注左傳云：貯，蓄也，藏也。説文：積也。從貝宁聲也。

被般(般)〔二〇〕　皮寄反。被，帶也。經有作披，開張也，非此義也。

尼乾子　此云無繫，是裸形外道，不繫衣食，以爲少欲知足者也。

如猫伺鼠　伺，思吏反。字林云：候也，察也。

迸鐵　北孟反。謂火星散也。

占相星宿　占，觀也。星有五星，宿有二十八宿，如大集説也。

珊瑚　桑寒反。漢書：罽賓國出珊瑚。説文云：珊瑚謂赤色寶。生於海底，或出山石中也。

學諸技藝　奇蟻反。才能也，藝也。此方有六藝，謂禮、樂、射、御、書、數是也。西方技藝即習五明是也，一者因明，二聲明，三醫方明，四功巧明，五者内明。前説六十四能，不出醫方四巧也。

種植　植，時力反。栽接諸樹。

蠱道　上公户、弋者二反。謂行蠱毒害人也。

呪幻　誦呪驅策，幻惑迷人。

摴蒲　上敕於反。博物志云：老子作之用卜，今人擲之爲戲。

滋蔓　上子司反，下勿飯反。滋，益也。蔓，長也。經文作漫，莫喚反，敗也，非經義也。

輪頭檀王　此云浄飯王也。

摩耶夫人　此云大術。玉篇云：夫者，男之美稱。婦因夫德成人，故云夫人。

漸漸而斷　都暖反。

斷諸惡已　斷，徒暖反。

耶輪陀羅　此云持譽。

亭歷子稐　下苦外、糠外反。

素在後宫　素，本也。

角力　上古岳反。量也，試也。經作捔字，音才古反，是古文粗字。粗，略也，全非經義。

陶家輪　上大勞反。蒼頡篇：作瓦之家也。舜始爲陶，又作匋字，亦通用也。

斷取一切　斷音都管反。玉篇：純(絶)〔二一〕也，截也。

百億閻浮　此三千大千世界之内，合有百億。依經説，億有三種數法不同。若依下數，十萬爲億，計有萬億數有餘也。若依上數，萬萬爲億，只有十億數不足。今依華嚴經，一百洛叉爲一億，故有百億也。

林微尼園　梵云藍軬尼，此云樂勝園。光〔二二〕是天女名也，昔因遊此，故得名耳也。

入天祠　辭、寺二音。祭祀之所也。

摩醯守羅　此云大自在，居色究竟天也。

師子璫　都唐反。釋名云：穿耳施珠曰璫。

悉達太子　梵云悉多，此云一切義成也。

降伏魔官　官，王也，主也。魔是他化天主，故云王。

木槍　七羊反。距也。三蒼云：木之兩耑鋭曰槍。經有作鏘，鏘字鈴聲，非經義也。耑音端。

博弈　補各反。説文：局戲也。六箸十二棊也。玉篇云：古者烏曹作簙也。下弈，音亦，自關而東，齊魯之間皆謂棊爲弈。簙字從竹，經中多作博字，訓廣也，非經意也。

如閻浮提　此云樹洲，因樹立名也。

東弗于逮　此云勝身洲。

西瞿陀尼　此云牛貨洲也。其土無錢，以牛爲貨易也。

北鬱單越　此云勝所作，謂彼人所作皆無我所，勝餘三洲也。

燈爐　魯姑反。盛火器也。今按經或有作鑪。言燈爐者，大小悉滿中油，即此方燈盞是也。方言有異故耳也。

涅槃經　第五卷

有秘密藏　才浪反。下三藏字去聲同。

何以故如滿月　此下有十七箇藏悉平聲，才郎反。次有二藏字去音，次四字平音。

毗伽羅論　外道大論，此云無頌。

瘡疣　于鳩反。皮外之風結也，腫也。

舌則卷縮　今按玉篇卷字有三音，一音九勉反，收卷也。又音九媛反，書卷也。又音奇圓反，曲縮也。此音是經所取也，即此卷縮之卷。又有三體，一作觠字，角曲也。一作蠸字，弓曲也。三作韏字，皮縮也。經云舌縮，宜作卷字也。

八大人覺　一少欲，二知足，三寂静，四精進，五正意，六正定，七正慧，八不戲論也。

姪怒癡　怒音奴故反。三毒也。

傅以妙藥　傅音浮務反，附也，塗藥也。經文多作拊字，芳甫反，拍也，非此義也。

四百四病　地、水、火、風名四大。風輕，地重，火上，水下，互相乖反，名四毒蛇。一大不調，百一病生，四大不調，則四百四病是也。

清夷之處　夷，平也。

卒得凶問　問，信也。

破而聲⿱斯瓦　先奚反。通俗云：瓦璺聲也。璺音問。經文誤爲嘶。説文：悲聲也。非此義也。

如蓖麻子　布奚反。郭璞云：如豆也。經文多作蜱，是蟲名，非草也。

日暴　蒲冒反。曬也，晞乾也。

振爆　音豹。聲類云：皮散起也。

佉陀羅　此云坑樹也，云似苦楝樹，此説非也。

二十五有　四洲、四惡趣及以六欲天、無想、梵、净居、四空及四禪也。

婆師花　舊云藤花，梵云婆利師迦，此云夏至花也。

阿摩勒　此云無垢，南本經作呵黎勒，誤也。此方共識，净三藏云菴摩勒迦，此云苦澀藥，形如小柰。若云菴摩羅菴没羅，狀如木瓜，大如鵝子，甘美，或生如熟，或熟如生，故經云生熟難分者也。鞞醯勒者，狀如甘子，味酸，並無正翻也。

癰疽　七余反。説文云：久癰也。經文多作蛆字，此音子余反，謂蝍蛆是蜈蚣也。又作胆字，蠅胆也。並非癰疽義也。

泛長　上芳劒反。説文：泛，浮也。駛疾也。或爲汎字，並通。

莖幹　上户耕反，下干旦反。説文：本也。

窄狹　上嘖音，下洽音。經文作迮，通用。

門閫　苦本反，門限也。或作梱，亦通用也。

四種毒蛇　一者觸毒，二嚙毒，三氣毒，四者見毒。
三跳　他吊反。旁擲也。又音徒彫[反][二三]，非今所取也。
摩訶波闍波提　此云大愛道，是佛姨母，亦名大勝生主也。
憍曇彌　婆沙論云：此王種翻爲滅惡，爲民除患故也。彌是女聲，爲是姨母，故以女聲呼之也。
穀積下　積，子易反，禾聚也。
瞿師羅　此云妙音聲，形長三尺，位登初果也。
當以五繫　頭及兩手兩足縛在一處也。

涅槃經　第六卷

阿竭陀藥　阿云普，竭陀云去，言服此藥普去衆疾。又阿言者無，竭陀云價，謂此藥功高，價直無量。
侵嬈　乃了反。郭璞曰：嬈，弄也。玉篇云：戲，相擾弄也。
妒憋　篇滅反。方言：憋，惡也。郭璞云：急性也。經文有作弊[二四]，亦同也，從户。
虎豹　百皃反。説文：似虎圓文也。經文有作虎兕，辭里反。山海經：兕似牛，蒼黑色。郭璞曰：兕，一角，重千斤，似犀。古音義云「皮鞹堪作甲」是也。
熊　許弓反。玉篇云：獸，似豕，山居冬蟄，舐其掌，掌似人掌也。
羆　彼宜反。爾雅：似熊而黄白色。郭璞曰：長頭高腳，猛憨多力，能拔樹木者名羆也。
豺狼　上士皆反。玉篇云：狼屬也，山獸也，足似狗。月令云：季秋月豺乃祭獸也。
粗澀　所急反。有作澁，非也。
憎惡　烏故反。嫌也。

秔粱　上革阮反，下力章反。經中多作粳粮二字，俗用也。
正法餘八十年　准大集經，如來滅後，正法住世，合得千年，計當九百二十年，已後則是餘八十年也。
前四十年　計從九百二十一年至九百六十年，中間四十年是也。
冤宛家　苑元反。二體並通。韻集：枉，屈也。經文多作怨，於願反，恨也。或作惌，非也。
讎隙　上受由反。對也，報也。隙，去逆反，壂也，裂也。經中多誤。有作酬，勸酒也。有作隟者，正體字也。有作郄，地名，非也。
來請衆僧　請字通於三音，若用平聲，受賜也。若用上聲，諮問也。若用去聲，召喚也。今此請僧，即常[二五]召喚，其字正體應作靚。並依玉篇也。
稊稗　上徒奚反，下排賣反。
儲君　直於反。貯備也。蔡邕勸學曰：儲，副君也。
旃陀羅　此云險惡人也，即屠兒膾子等是也。
篡居　上初患反。玉篇云：奪也，謂强奪寶位也。
守羅　來賀反。謂遊兵投道以備寇賊。
弱冠　古玩反。禮云：男子二十冠而字之。釋名云：二十弱冠。謂成人冠體尚弱。
醒悟　上星定反。謂酒解也。
躃地　上脾役反。玉篇：躃，倒也。
什物　時立反。三蒼云：什，聚也，雜也。謂資生之器物也。江南名什物，此土名五行。史記：舜作什物陶器於壽丘也。
堤塘　上都奚反，下徒郎反。玉篇云：堤謂之梁，又防也，障也。韋昭曰：積土爲封限也。
穿穴　玄決反。有作決，古穴反，穿破也。

淋漏　上力金反。三蒼：漉水下也。南經有作滲，所禁反，潛下義非也。

八不浄物　一奴婢僕使，二象馬牛羊，三田宅邸店，四居貯陳宿，五金銀珍寶，六車乘輦輿，七販賣市易，八畜諸種子。是名八種，更有一家説如下別釋。

迦羅迦樹　此云黑果，形似鎮頭。

鎮頭迦果　古譯云狀同此方柹子之類也。

耘除　禹軍反，除草也，字從於耒，力對反。玉篇云：田器也。可以除草。經文有作芸，與萛同，是草名也，形似苜蓿。月令云：仲春芸始生。並非經義。

裁有　在灾反。僅也，劣也，不欠(久)[二六]也。廣雅作纔，暫也。三蒼：纔，微見也。諸書裁、纔並用，無定體也。

衒賣　音縣。説文：行且賣也。廣雅：衒，誸(詅)[二七]也。或作眩、衙二體，通用。

併不供養　并詺反，兼也。經文作并，非經義。

飢饉　几宜反，下音近。爾雅云：穀梁傳云，一穀不昇曰嗛，二穀不昇曰飢，三穀不昇曰饉，四穀不昇曰康，五穀不昇曰大浸。昇，登也，成也。五穀者，麥、菽、稷、麻、黍也。見月令。

涅槃經　第七卷

有四魔故　謂魔有師徒説邪見經律也，謂魔師爲一，弟子爲二，邪經爲三，邪律爲四。經云如是謂者魔經律，隨順彼者是魔眷屬也。

猶如獵師　竊披忍服，衆獸來附，因而致害，今引況魔。

碼碯　如初卷已釋。

娉妻　篇併反，問婚也。説文：訪也。爾雅：娉，問也。有作⿰身甹，同。

釜鍑　上扶武反。韻英云：爨器也。下扶又反，言鎮鬲也。説文：大口釜也。鬲音力的反。即釜鬲也，象三足鼎之形也。

治壓　於甲反。廣雅：壓，鎮也。經文多作押，非本字也。

酤酒　上音固。廣雅：賣酒也。經有作沽，俗用，亦水名也，非此義。又音古胡反，買酒也。雖非此義，亦通語也。

限劑　齊細反。三蒼云：分齊也。

羖羝　上工户反，下丁奚反。説文：牡羊也。三蒼：特羊也，屈角者。

憒⿱市人　上工對反。説文：亂也。下女孝反，猥雜也。其字市下書人作⿱市人，會意字也。經文多作鬧，俗字也。門中作市，不是會意字。

箱篋　苦頬反，竹器盛衣者也。

革屣　所綺反。古文作⿰革徙[二八]、⿰革麗二體，同也。

大致　竹吏反。至也。説文：送詣曰致。三蒼云：到也，與也。

違陀天　譯勘梵音云私建陀提婆。私建陀，此云陰也。提婆云天也。但建、違相濫，故筆家誤耳。

迦旃延天　是婆羅門大姓。

多羅樹　此云重。直龍反。謂葉葉相次也。或云檳榔樹，似椶櫚樹。

常翹　祇遥反。廣雅：舉也。郭曰：翹，懸足也。

爲屐　巨逆反。履屬也。見説文。屐有草有帛者，非總用木也。

療治　上力照反。止病也。又療即治也。

摩訶棱伽　此云大價衣。

樂味　力各反。

齅香　上許究反。説文：以鼻就臭也。經文多作嗅字，俗傳非正也。

嬰孩　於盈反，頸下也。孩，户來反。玉篇云：稚小也。養在嬰前故。有作咳字。玉篇云：小兒笑也。非此義也。

拘躄　卑益反。説文：不能行也。

瘗疲　上力弓反，下北可反。有作瘗跛，俗字也。

相撲　蒲角反。通俗〔二九〕云：争倒也。有作僕，普卜反，小打也。

木筩　徒東反。郭璞云：竹管也。説文：斷竹也。有作筒字，徒貢反。玉篇云「漢元帝吹筒簫」是也。

利钁　俱籰反。説文云：大鋤也。

清浄行處　行，平聲。

霸王　補駕反。鄭玄曰：無禄而王，謂之霸也。

步屈　纂文云：吴人以步屈名桑闔。方言：蠖又名步屈也。闔，古合字，户合反。今詳此蟲即槐蟲之類是也。步步屈身，要因前足捉物，方移後足。經喻外道，欣上猒下，取一捨一，不離斷常等見，如步屈蟲也。

涅槃經　第八卷

造詣　千到反。

金篦　閉迷反。按荀楷詁幼文，字宜作篦，相承且用也。經文有作錍，依撿玉篇，音普蹄反，薄箭也。非經義耳。經文作椑，非也。音卑，果名也。即椑柿也。經又有作琕，非也，是琕珠字，音毗延反。

鶢鶋　五諫反。玉篇：鴻之小者也。儀禮曰：出如舒鶋。爾雅：舒鶋，鶢也。鴈，古字也。

髣髴　芳往反，妃未反。謂相似也，見不審諦也。古文作昉昲，説文仿佛，並同用也。

大舶　蒲百反。埤蒼：大船也。大者長二十丈，載六七百人者是也。

愞弱　奴換反。三蒼：愞即弱也。

寱言刀刀　霓世反。通俗文：夢語也。説文：眠言也。聲類：不覺妄言也。經文多作讇。案諸字與諂同，佞言也。

橖觸　直庚反。説文云：柱也。何承天纂文云：橖，觸也。又作敳、敦二體，同。經文多作棠，非也。

次辯文字功德及出生次第　翻經沙門慧琳釋

梵經　云阿察囉，唐云文字，義釋云無異流轉。或云無盡，以名句文身，善能演説諸佛秘密，萬法差别，義理無窮，故言無盡。或云常住。言常住者，梵字獨得其稱，諸國文字不同此例，何者？如東夷，南蠻，西戎，北狄，及諸胡國所有文字，並是小聖睿才，隨方語言，演説文字，後遇劫盡，三災起時，悉皆磨滅，不得常存，唯有此梵文隨梵天王上下，前劫後劫皆用一梵天王所説，設經百劫，亦不差别，故云常住。總有五十字，從初有一十二字是翻字聲勢，次有三十四字名爲字母，别有四字名爲助聲。稱呼梵字亦五音倫次，喉、腭、齗、齒、脣吻等聲則迦、左、縿、彈、跛。五聲之下，又各有五音，即迦、佉、誐、伽、仰，乃至跛、頗、麽、嗒、莾，皆從深向淺，亦如此國五音宫、商、角、徵、羽。五音之內，又以五行相參，辯之以清濁，察之以輕重，以陰陽二氣揀之，萬類差別，悉能知矣。故易曰：觀乎天文，以察時變；觀乎人文，以化成天下。即其義也。經言十四音者，是譯經主曇無讖法師，依龜兹國文字，取捨不同，用字差別也。若依中天竺國音旨，其實不爾。今乃演説列之如右，智者審詳。

榱　阿可反。

啊　阿箇反，阿字去聲兼引。

賢　伊以反，伊字上聲。

縊　伊異反，伊字去聲，兼引。

塢　烏古反，或作鄔，亦通。

汚　塢固反，引聲，牙關不開。

翳　嬰計反。

愛　哀蓋反。引聲，正體愛字也。

汚　襖固反。大開牙，引聲，雖即重用汚字，其中開合有異。

奥　阿告反，引聲。

暗　菴紺反，菴音阿甘反。

惡　阿各反，正體惡字也。

已上一十二字是翻梵字之聲勢也。於此十二音外更添四字，用補巧聲，添文處用，翻字之處輒不曾用，用亦不得。所謂乙，上聲，微彈舌。乙，難重用，取去聲引。力，短聲。力，去聲，長引，不轉舌。此四字即經中古譯魯留盧婁是也，後有三十四字名爲字母也。

迦　居佉反，又取上聲。

佉　墟迦反，佉字取上聲。墟音丘於反。

誐　魚迦反，迦字准上音。

伽　渠賀反，伽字去聲重。

仰　虚鞅反，兼鼻音。鞅音央兩反。

左　臧可反，上聲。

瑳　倉可反，上聲。

嵯　慈我反。

醝　嵯賀反，引聲重。

孃　女兩反，兼鼻音。

綺　陟賈反。

姹　坼賈反。

綮　綮雅反。

橩　荼夏反，去聲引。

拏　儜雅反，兼鼻音。

彈　多可反。

佗　他可反，他字上聲，正體他字也。

榱　那我反。

馱　陀賀反，重。

曩　乃朗反，鼻音。

跛　波可反。

頗　陂我反。

麽　莫我反，無鼻音。

喒　婆賀反，去聲重。

麽　忙牓反，鼻音。

野　如本字音也。

囉　羅字上聲兼彈舌呼之。

砢　勒可反。

嚩　舞可反。

捨　尸也反。

灑　沙賈反。

縒　桑可反。

賀　何䭾反。

乞灑　二合，兩字合爲一聲，此一字不同衆例也。

已上三十四字名爲字母。野字、囉字已下九字是歸本之聲。從外向内，如上所音梵字並依中天音旨翻之，只爲古譯不分明，更加訛謬，疑〔三〇〕誤後學。此經是北涼小國玄始四年，歲次乙卯，當東晋義熙十一年，曇無讖法師於姑臧，依龜兹國胡本文字翻譯，此經遂與中天音旨不同。取捨差别，言十四音者，錯之甚矣。誤除暗、惡兩聲，錯取魯、留、盧、婁爲數，所以言其十四，未審如何用此翻字。龜兹與中天相去隔遠，又不承師訓，未解用中天文字，所以乖違，故有斯錯，哀哉！已經三百八十餘年，竟無一人能正此失。昔先賢道安法師，符(苻)〔三一〕秦帝師，東晋國德，有言曰：譯經有五失三不易也。斯言審諦，誠如所論，智人遠見明矣。以此觀之，失亦過於此説。慧琳幼年亦曾稟受安西學士稱誦書學，龜兹國悉談文字實亦不曾用魯、留、盧、婁翻字，亦不除暗、惡二聲。即今見有龜兹字母梵夾仍存，亦只用十二音，取暗、惡爲聲，翻一切字。不知何人作此妄説，改易常規，謬言十四音，甚無義理。其實四字乙上、乙去聲、力、力去聲未曾常用，時往一度用補聲引聲之不足。高才博學，曉解聲明，能用此四字，初學童蒙及人衆凡庶實不曾用也。其三十四字母，譯經者呼爲半字，足知不曾師授，胸臆謬説也。凡文句之中，有含餘音聲不出口者，名爲半字，非呼字母以爲半字。今且略舉三二以明其義。假令云薩嚩，即含囉字在娑嚩二字中間，囉聲即名爲半字，若梵書即寄囉字一半於嚩字頭上。如言没馱，即母字之末，任運含其娜字，娜是半字。梵書即寄娜於馱字之上，故娜爲半字。如言達麼兩字，中間含其囉音，梵文囉字一半寄書麼字之上，囉即名爲半字。以是三句例，諸他皆倣此，其義明矣。奈何根本字母，一切文字之源，能含衆德之美妙，義説不盡，而乃謗爲半字，足知不解。若言合如此者，自身既是半字，義不圓滿，何能出生一切衆字。以此觀之，足知所譯不明，展轉相傳，訛謬不可依據。有識梵文學士，請勘梵本，及問傳學梵僧，方知所論一一實爾。梵天所演字母，條例分明，今且略説相生次第，用前十二字爲聲勢，舉後字母一字一字翻之，一字更生十一字，兼本成十二字，如此遍翻三十四字，名爲一番。又將野字遍加三十四字之下，一遍，准前一一翻之，又成一番。除去野字，即將囉字遍加三十四字之下，准前以十二字聲勢翻之，一字生十二字，三十四字翻了成四百八字，又是一番。次以攞字、嚩字、娑字、賀字、仰字、孃字、拏字、曩字、麽字等十二字迴换轉加成十二番用則足矣。亦須師授，方知次第句義，文翰攝在十二番中，悉皆備足。若展轉相加，雖無窮無盡，義理相涉，聲字乖僻，人間罕用。只用前十二番字，又以八轉聲明論参而用之，備盡世間一切聲韻，種種差别名言。依字辯聲，依聲立義，字即迴互相加，聲義萬差，條然有序，繁而不雜，廣而易解，此乃梵天王聖智所傳，五通神仙、高才術士，廣解略解，凡數百家，各騁智力，廣造聲論、名論、數論等，終不能説盡其妙。是故前劫後劫，諸佛出現世間，轉妙法輪，皆依此梵文演説，方盡其美也。是故大毗盧遮那經中有字輪曼荼羅品，持誦此五十餘字，功德無量無邊，能令衆生三業清浄，決定當成無上菩提。

涅槃經卷　第九卷

迦隣提鳥　梵語。此云實可愛鳥。

鴛鴦　水鳥也，似鳧，黄赤色也。此鳥有匹偶，不匹則不飛，故以此鳥於共匹行也。

金鑛　古猛反。説文：銅鐵璞石也。從石黄聲也。鄭玄：璞石也。云金玉在石，未銷鍊曰鑛，又作砵、礦並同。

盛夏水長　張兩反。又作漲，音同。

虧盈　上丘危反，減損也。有作虧〔三一〕字，非體也。

月蝕　音食。易云：日中則昃，月盈則蝕。劉熙釋名云：日月虧曰蝕。稍稍侵虧，如蟲食草木葉也。

彗星　隨鋭反。爾雅云：彗星爲欃槍也。釋名云：其星光梢梢似掃彗也。人間謂之掃星也。

廝下　思移反。廣雅：命使也。字書：廝，役也。又作㒋，同。謂賤役者也。

怖遽　渠庶反。廣雅：怖，畏，懼也。遽，疾急也。經文有作懅，亦通。

堆阜　上都廻反，有作垍。下浮務反。並丘陵也。

婆羅翅樹　此云白鷺也。

尼迦羅樹　此云不黑，亦云不時也。

佉陀羅　云坑樹，其木堅實者是也。

密緻　直致反。密也。又作緻，同用也。

三十二相　十住婆沙第三卷，瑜伽第十九，大般若勝天王會及寶女經及菩薩藏經及此經卷具明三十二相，文多不載也。

八十種好　十住婆沙第七，瑜伽四十八卷，勝天王會無上依經第二，具明此相也。

輕蹈之　蹈，徒到反。玉篇云：蹈，踐也。

不匿　尼力反。玉篇云：隱也。

鬱烝　上於勿反。李巡注爾雅云：鬱，盛氣也。下之仍反。説文：火氣上也。

解八種藥　一治身，二治眼，三治瘡，四治小兒，五治邪鬼，六治毒，七治胎病，八占星。如下耆婆所説。

乳哺　蒲布反。含食也。謂口中嚼食也。經有作哺，補姑反。謂申時食也。

創皰　上初良反。又作戧、刅，皆古字也。説文：創，傷也。經有作瘡，俗字，非正也。下蒲斅反，又作靤，同。説文：面生氣瘡也。經文有作疱字，非正體也。

瘶下　當賴反，又作滯，同。字林：女人赤白瘶二病也。關中多音帶。三蒼：下漏病也。釋名云：下痢重而赤白曰瘶。言厲滯而難差也。經文作蜇字，與蛆同，知列反，謂蟲螫也。又作哲字，智也。此之兩字並非經意。

抄前箸後　箸，忠庶反。箸言處也，亦云立也。

菴羅果　此無正翻，狀如木瓜，其味香甘，經取生熟難分者也。

先陀婆　浄三藏云是石鹽也，出在信度河邊，故以河爲名。今經云一名四實，此喻智臣相時而用。

婆羅奢樹　此云赤花樹也。

迦尼迦樹　具云尼迦割羅。尼迦，此云月也。割羅，此云作也[三三]。

阿叔迦樹　此云無憂也。

波吒羅　吒音竹駕反。此翻爲重葉樹也。

涅槃經卷　第十卷

祠祀　徐理反。爾雅云：祭，祀也。禮記：王者爲群姓立十[三四]祀，謂諸侯五祀，大夫三祀，士二祀，庶人一祀。或竈小神作譴告者也。

輕躁　子到反。又作趮，同。易云：處震爲躁。躁猶動也。論語曰：言未及而言謂之躁。鄭玄曰：躁，不安静也。

口爽　所兩反，敗也。楚人名美（羹）[三五]敗曰爽也。

肴饌　士眷反。又作籑，同。説文：饌，具食也。

悵怏　於亮反。説文：怏怏，不服也。蒼頡篇云：怏，懟恨也。

唐捐　徒郎反。徒也。徒，空也。捐音以專反。玉篇：弃也。

摩伽陀國　梵語義譯云：摩云無也。伽陀，害也。言此國法不行刑戮。有犯死罪者，送至寒林，任其生死。又釋云：摩者，大也；伽陀，體也。謂於五印度此國最大，統攝諸國，故云大體。

滿足八斛　此摩伽陀國處中諸部之中，用於天律，以治斗稱，餘方不定，皆此取則正准。孫子筭經云：量之所起，初起於粟，六粟爲一圭，六十粟爲一撮，六百粟爲一杪，六千粟爲一勺，六萬粟爲一合，六十萬粟爲一升，六百萬粟爲一斗，六千萬粟爲一斛。此並據佛在世時與周法同，若小斗三升是今之一斗也。

烏角鵄　言角鵄者，此鳥頭上毛竪似角，即鵂鶹、荒鷄之類是也。此鳥噉烏，必無同棲之義，故佛引爲譬喻。

七葉花　葉有七差[三六]，狀似人手。其花臭惡也。

婆師香　其花芬馥也，此云藤花也。

浸壞　上精禁反，水潛入也。壞，胡恠反。

説十三偈者　凡舉六條誓，有六隻偈，一偈結成十三也，從角鵄訖以是故偈也。

怡悦　上與之反。爾雅云：怡，樂也，憙也。又熙同。

姝大　上齒朱反。説文：好也，色美也。釋名云：趙魏燕代之間謂好爲姝也。

瓌異　上古廻反。又作傀，同。方[三七]美也，盛也。説文：偉也，奇也。

弊惡　上毗謎反。惡性也，疾也，急性也。

吐核在地　核，行革反。果中實也。

渚名拘耶尼　西牛貨洲也。

診之　之忍反。説文：診，視也。三蒼：候也。聲類云：驗也。時用作診，一也。

外道九十五種皆趣惡道　慧琳釋

外道者，邪見猥雜，不堪縷説，所行所執，各各不同，今且略舉數般，以明差别。所謂勝論、數論，執我計常，五熱炙身，編椽卧棘，塗灰掬食，翹足裸形，自餓投河，鷄狗等戒，板衣芒草，赴火投巖，矯亂髑髏，習諸邪定，無利勤苦，不得解脱，是故經言皆趣惡道。瑜伽六七，顯揚九十，廣辯宗途，如彼二論，戒禁所執，以顯相從，總攝論之，不過十六。如論中頌曰：執因中有果，顯了有去來，我常宿作因，自在等實法，邊無邊矯亂，計無因斷空，最勝净吉祥，名十六異論。一因中有果宗，二從緣顯了宗，三去來實有宗，四計我實有宗，五諸皆常論宗，六宿作因論宗，七自在等因宗，八實爲正法宗，九邊無邊論宗，十不死矯亂宗，十一計無因論宗，十二計七斷論宗，十三因果皆空宗，十四妄計最勝宗，十五妄計清净宗，十六妄計吉祥宗。

恕已　舒預反。蒼頡篇：如也。大戴禮：恕則仁也。聲類：人者，心恕物也。

綜習　上子宋反。三蒼云：綜，理也。謂機縷持絲文〔三八〕屈緯制經，令得開合，成於文像。學習亦爾，功著藝成也。

非一切衆生盡依飲食存　案孔子家語曰：唯飲而不食者，蟬也；唯食而不飲者，蠶也；不食不飲者，蜉蝣、蟻蠓也；亦食亦飲者，世間人畜也。故知前偈權爲衆生，既非普遍之言，是有餘義也。

羸瘠　上力隹反，下情亦反。又作𤺓、㾊、膌三體，同用。說文云：瘠，瘦也。

刺刺　上雌自反，草木刺人爲朿，刀、劍、矛、矟傷人者爲刺。古文作朿字。說文：木芒也。下清亦反。廣雅：以刃撞也。

矛矟　上莫候反，下音朔。已見前釋在第一卷中。

一切經音義　卷第二十五

校勘記

〔一〕之　阮元校刻十三經注疏作「資」。
〔二〕逮　據文意似當作「逯」。
〔三〕昝荅反　獅爲「沓荅反」。
〔四〕宛　獅作「惌」。
〔五〕雷　據文意似當作「擂」。
〔六〕娙　據文意似作「娙」。
〔七〕自　獅作「目」。
〔八〕捷　獅作「揵」。
〔九〕絜　即「潔」。
〔一〇〕拯　同「拯」。
〔一一〕篾　據文意似當作「蔑」。
〔一二〕蛆　據文意似當作「蛆」。
〔一三〕撿　據文意似作「檢」。
〔一四〕反　各本無，據文意補。
〔一五〕或　據文意似當作「惑」。
〔一六〕拭　據文意似當作「式」。
〔一七〕袢　獅作「襌」。
〔一八〕美　據文意似當作「每」。
〔一九〕麩　各本無，據文意補。
〔二〇〕般　據文意似當作「舨」，即「服」。
〔二一〕純　據文意似當作「絶」。
〔二二〕光　據文意似當作「先」。
〔二三〕反　各本無，據文意補。
〔二四〕弊　玄卷二：「古文嫳同。」據文意似作「嫳」。
〔二五〕常　獅作「當」。
〔二六〕欠　據文意似作「久」。
〔二七〕詃　今傳本廣雅作「訡」。
〔二八〕鞑　據文意似當作「鞑」。
〔二九〕通俗　據文意似爲「通俗文」。
〔三〇〕疑　據文意似當作「遺」。
〔三一〕符　據文意當作「苻」。
〔三二〕虧　獅作「虧」。
〔三三〕具云……作也　翻梵語卷九「迦尼迦樹」：「應云在割迦羅。譯曰尼割者耳，迦羅作。」
〔三四〕十　阮元校刻十三經注疏作「七」。
〔三五〕美　據文意似當作「羹」。
〔三六〕差　據文意似作「叉」。
〔三七〕方　據文意似當爲「方言」。
〔三八〕文　據文意似作「交」。

一切經音義　卷第二十六

釋雲公撰　大唐沙門慧琳再加删補

涅槃經從第十一盡四十

闍維分兩卷

大般泥洹經六卷

方等般泥洹經兩卷

南本涅槃經三十六卷同用此音

右已上計七十六卷同此卷音

大般涅槃經第十一卷

習習　經文有從疒女革反作瘤。諸字書並無此瘤字，近代人加疒作之。

噦噎　於越反。通俗文：氣逆也。説文云：氣短也。

痳瀝　上力金反。聲類：小便數也。經文作淋。説文：水潒也。廣雅：淋，漬也。非此義。

懟恨　上直淚反。古文作譵，同。爾雅云：懟，怨而且忿也。

阿伽陀藥　此云無病，或云不死藥，有翻爲普除去，謂衆病悉除去也。

三摩拔提　此云等至，無心定也。

瞢瞢　徒登反，下莫登反。昏昧也。

那羅延　此云力士，或云天中，或云人中力士，或云金剛力士也，或云堅固力士。

鉢建提　此云跳躑，此中力士甚勇健捷疾也。

欠呿　墟庶反。通俗文：口通氣也。有作呿，非此義也。

蟠龍　薄寒反。方言：龍未升天謂之蟠龍。廣雅：蟠，屈也。經作盤，器物字，非此用也。

剠剥　上音掠。經文假借用，字書中並無此字也。

結加趺坐　趺音府無反。三蒼云：足趺也。鄭注儀禮云：足上也。案攝持鞋履之處名爲足趺。慧琳云：結加趺坐者，加字只合單作加，盤結二足，更互以左右足趺加於二髀之上，名結加趺坐。其坐法差别，名目頗多，不可繁説，今且略叙二種坐儀：先以右足趺加左髀上，又以左足趺加右髀上，令二足掌仰於二髀之上，此名降魔坐。二手亦仰掌，展五指，以左押在(右)[一]安在懷中，諸禪師多傳此坐，是其次也。若依持明藏教灌頂阿闍梨所傳授，即以吉祥坐爲上，降魔爲次。其吉祥坐者，先以左足趺加右髀上，又以右足趺加左髀上，亦令二足掌仰於二髀之上，二手准前展指仰掌，以右押左，此名吉祥坐。於一切坐法之中，此最爲上，如來成正覺時，身安吉祥之坐，左手指地作降魔之印。若修行人能常習此坐，具足百福莊嚴之相，能與一切三昧相應，名爲最勝也。
劈裂　上匹狄反。説文：破也。謂寒凍肉裂也。廣雅：中分也。
阿羅羅阿波波　謂地獄寒苦之聲也。此四地獄，因聲爲名也。觀佛三昧海經第五卷中廣説其因緣。
波頭摩地獄　此四地獄，因花爲名，應墮彼獄，必有花來迎其神識。
擘裂　補革反。説文：撝也，手擘也。鄭玄云：破裂之也。
建陀　具足云私建陀，此云蔭也。朗法師云是偏唇鬼也。
憂摩陀　摩音莫可反。此云妖狂，亦云是醉神者也。
阿婆魔羅　此云無花鬘，或云顛狂也。
散陀那花　亦云線陀那，此云流花也。
盧脂那花　亦云盧遮那，此云眼花也。
箏　説文云：鼓絲筑爭樂也〔二〕。秦人無義，二子爭父之瑟，中分之，故號曰箏〔三〕。今加竹作箏。
笛　説文：七孔笛（筩）〔四〕也。俗云羌笛，三孔也。風俗通云：笛〔五〕，笛者，滌也。滌邪穢，納雅正也。
簫　爾雅：大簫謂之管。郭璞云：編三十三管〔六〕，長尺四寸，小者謂之筊，十六管也。
瑟　爾雅云：大瑟謂之灑。郭注云：長八尺一寸，廣一尺八寸，二十七弦也。
箜篌　釋名云：此師延所作靡靡之樂，後出於桑間、濮上之地。蓋空國之侯所存。師延爲晉平公鼓焉，後爲鄭衛分其地，遂亡其國，故號爲鄭衛之音，謂之淫樂也。
鼓吹　鼓，動也，擊也。有從皮作皷，俗字也。
多伽婁香　釋論云：木香，此云不没也。
麒麟　渠之反，力真反。説文：仁獸也。頭上一角，角端頭有肉，麕身牛尾。經文作騏驎字。説文云：馬文如綦文者也。驎，力振反。爾雅：白馬黑唇曰驎。並非經義。
枸枳羅鳥　亦云瞿枳羅瞿，此云牛，亦名地。枳羅云釘。
氍毹　渠俱、山于二反。通俗云：織毛蓐也。經作氀，力宇反。氀，氈也。非此義也。
毾㲪　上他盍反。釋名云：施之大床前榻上以登上大床，因以名之㲪。音得恒反。
拘執　狀如羝，一邊毛長，色黑。律中六群比丘反被拘執，夜出怖人，言似鬼之者也。
䩸衣　三蒼而容反。説文：韋毳飾也。亦作毧，而容反。或作毦，人至反。廣雅：罽也。織毛曰罽。䩸字三體通取任用於義無失。經有作茸，而容反。説文云：茸，草也。非經義也。
根子　謂薑芋之屬也。以無子可種，但擘根而生故也。
莖子　户耕反。謂石榴、楊柳之屬是也。以無根而生，故謂之也。
節子　謂蘭、香芹、蓼、稊子、秬屬草等之屬是也，有節即生故也。
椄子　姊葉反。謂梨柿之屬，同類相接者也。有經作疌、逮字，全非字體也。逮又音才葉反，疾也，非今所取。
子子　即諸種子是也。
丹枕　案天竺多用帛、氈、繒、緣紵兜羅綿而作，或枕或倚者也。丹謂赤色也。
安簧木枕　謂枕内安簧，撼之出聲，狀如有水也。
六簙　説文云：局戲也。六著十二棊也。
拍毱　巨六反。古文作鞠，今作鞠。郭璞云：毛丸、氣毬之類，以蹋鞠蹋戲也，兵勢也。新書二十五篇傳云：皇帝所作也。

擲石　案漢書：甘延壽投石拔距。張晏注云：飛石重十二斤，爲機發，行三百步。延壽有力，能以手投之也。今人擲磚者是。磚，音徒和反。

卜筮　時世反。禮記云：龜爲卜，蓍爲筮。並謂决嫌疑，定猶豫，故字從竹從巫者。揲蓍取卦，折竹爲爻，故字從竹。揲音禪列、余列二反，蓍音尸。

遍耳　經文有作身，恐寫誤。

大般涅槃經第十二卷

腦胲諸脉　胲，古來反。玉篇云：足大指也，謂分段之身，極上爲腦，極下爲胲，血肉所及，皆有其脉。腦外是髮，胲外是甲，此中無脉，故以簡之。舊音以爲胡賣反，呼爲骨者，全非經意也。

腨骨　時兖反。説文：腓腸也。［腓］〔七〕，扶非反。腨即腸也，或作踌字，用亦同。

以杜髀　蒲米反。北人用此音。又必尔反，江南行此音。釋名：髀，卑也。在下稱也。古文亦作踔，經文有作跸、陛二體，並俗字，非正者也。

髖骨　口丸反。埤蒼：髖，尻也。或作臗字，用同。

頷骨　侯感反。郭璞云：頷謂頷車也。釋名云：輔車也。南楚謂之頷，秦晉謂之頤，所以輔持於口也。

姿態　下他代反。意姿也。謂能度人情皃也。古文作能，用同也。

視瞚　尸閏反。玉篇云：目動也。列子作瞬。通俗文作眴。音縣，並同。

皴　七旬反。皮細裂坼也。

因的　丁歷反。説文：的，明也。傳曰：射質也。謂的然明見也。今射堋中鹿子是也。古文作弔字，同用也。

箭中　知仲反。禮記云「射中即得爲諸侯，不中不得爲諸侯」是也。

楚撻　他達反。箠(笞)〔八〕打也。廣雅：撻，擊也。楚，一名荊。撻，古文作遾，用同也。

欬逆　枯戴反。説文：逆氣也。字林：瘷也。經文多作咳，侯來反。嬰兒也。咳非此義也。

艾白　五盖反。爾雅：艾，冰臺。言其色似艾也。

赧然　拏盞反。言赧，愧也。小「爾」雅〔九〕云：面愧曰赧。説文：面慙也。

杖幹　公旦反。樹莖也，字從干。經文有從木作幹(榦)〔一〇〕，非此義也。

脚趺　徒結反。失脚也。

背僂　力矩反。廣雅：曲背也。通俗文云：曲脊謂之傴僂。經文有作瘻字，音亘云盧搆反，痔病。經非此義也。

惡賤　上烏故反。憎嫌也。亦作僫字，用同。

螺玉　勒和反，蚌也。古文正嬴(蠃)〔一一〕同。經文有作蚉，力底反。借音用非也。蚌字音蒲講反。俗爲蜯字，非本體。

發撤　纏列反。去也，除也，壞也。

敷在身邊　撫無反。小雅〔一二〕：敷，遍也，布也。古文作尃，同。正體從甫也。

肉皰　蒲皃反。謂皮上有肉結也。

兜羅綿　此云木綿也。甚細耎，狀似楊柳樹花，若用此綿觸人眼睛淚不出，故知耎。

七枝　謂白象四足、尾、鼻及莖，共爲七支。

紺艷　間驗反。色光也。紺青如吠瑠璃。

開剖　普厚反。上聲，破也。蒼頡篇：判也，析也，分也。

髦尾　上莫高反。説文：髦，髮也。謂毛中之長髦也。經文有作駿，子公反，義亦通也。

聰叡　夷歲反。説文：深明也。玉篇云：通也，智也。古文作睿，籀文作叡，用亦通。

撓大海　呼高反。説文：撓，擾也。經文作秏(耗)[一三]，俗字也。

大般涅槃經第十三卷

躭緬　多含反。説文：樂也。國語云：嗜也。古文作媅、妉二體。諸字書作酖、耽二體，緬音眠善反。説文：樂酒也。古文作湎。説文亦樂於酒。

摩婁伽子　此云游子藤也。

尼拘陀　舊音云無節樹。花嚴音義云：其葉如柿子，葉子似枇杷，子有蒂，性耐老，樹中最高大也。

虫胒　七余反。通俗文云：肉中虫。三蒼：蝿乳肉中也。經文作蛆，子余反。莊子云：蝍蛆甘蝉謂其(吴)[一四]公也。又作疽，久癰也。此後二並非經義也，云云也[一五]。

瘜肉　思力反。説文：奇肉也。又惡肉也。又作腮字，用同也。

創痍　羊之反。三蒼：痍，傷也。通俗[一六]云：體創曰痍，頭創曰傷也。

陀羅驃　毗妙反。此云主帝也。

求那　此云依帝也。

阿摩勒水　此云無垢湯也。

尼婆羅水　此云無勝湯，亦云呵梨勒汁。

鉢晝羅　亦名優陀伽，此云煮樹葉湯，如今時茶檀之類也。

或云波耶　此云水也。即罽賓國人呼水名也。

或言鬱特　此是東天竺人呼水名也。特音徒得反，有作持，非也。

鯊利藍　沙賈反。梵語此中天竺國人呼水名也。

或言婆梨　此云雜藥和水名也。

或言波耶　亦云乳，此聲論中水名。

大般涅槃經第十四卷

矬人　才戈反。廣雅：矬，短也。通俗云：侏儒曰矬。經文多作痤字。説文云：小腫也。非此義也。

阿含　此云教也，亦云法藏也，衆善所歸也。

毗紐天　亦作違紐。此云遍同，亦云遍勝天也。

乳哺　蒲布反。飲飴兒乳也。有作餔字，音同。

歌羅羅時　受胎七日不浄和合之時也。

安浮陀時　亦云阿浮陀，即二七日時如瓸胞肤。

伽那時　云亦[一七]健男，即三七日時狀似凝酪也。

閉手時　亦云閉户。

匍匐　上音蒲，下蒲北反。伏行也。

生涎　詳延反。字林：慕欲口涎也。諸字書作次、湺(㵪)、流(泿)三體[一八]，並非。三蒼云：涎，小兒口液也，唾也。

因燧　辭醉反。火母也。論語云：鑽燧改火也。孔注云：一年之中，鑽燧各異木也。世本云：造火者，燧人爲名也。

因鑽　子丸反，又子亂反。説文云：所以用穿物者也。

因桴　拊無反，鼓椎也。正合從包作枹，用同。
沃壤　上烏穀反，下如掌反。謂土地潤也。
道撿　居險反。玉篇云：法度也。又撿，攝也。
顧眄　眠見反。說文：邪視也。方言：自關而西秦晉之間曰眄。
船舫　下甫妄反。通俗文云：連舟曰舫。謂併兩舟也。
炎旱　上于廉反。炎，熱也。爾雅：炎炎，熏氣灼人也。
薄祐　尤救反。爾雅：祐，福也。

大般涅槃經第十五卷

一修多羅　此云契經，亦稱法本。
二祇夜經　此云重頌偈。
三受記經　梵云和伽羅那。
四伽陀經　此云頌偈。
諷誦　上風奉反。
五優陀那經　此云無問自說。
六尼陀那經　此云因緣經。
七阿波陀那經　此云譬喻。
八伊帝曰多伽經　此云本事經。
九闍陀伽經　此云本生經。
十毗佛略經　此云方廣經。
十一阿浮陀達摩　此云未曾有。
十二優波提舍　此云論議經。
儴佉　壤羊反。梵言餉佉，此云具(貝)〔一九〕也，亦云珂，異名耳。
鳩留秦佛　亦名枸樓，亦云迦羅鳩村馱，亦云枸留孫，並梵語訛略不切。正梵音羯句忖那，此云滅累也。
拘那含牟尼　拘那，此云樹。牟，此云儒也。
迦葉佛　此云龜，是姓也，正云加攝波，一云是飲食仙種姓。
橖敦觸　上宅行反。捉觸也。經文作棠，非也。
水渧　丁歷反。通俗文云：霝滴謂之疑(凝)〔二〇〕渧。今案在空爲渧，至地爲滴。丁瀝反。
趨走　七榆反。玉篇云：趨，疾行也。
性戾　力計反。字林：意乖也。玉篇云：曲，戾也。
敦喻　頓温反。爾雅：勉也。謂相勸勉也。
豌豆　椀丸反。廣雅：瑠豆也。經文作宛登，俗字，並非本體也。
其鏃　子木反。字林云：箭，鏑也。江南言箭金也，山東言箭足。釋名云：箭本曰足。古謂箭足爲族。爾雅「金鏃剪羽」是。
覺悟　交教〔二一〕反。睡覺也，覺亦悟也。下吾故反，俗字也，正作寤，從宀從爿吾聲也。蒼頡篇云：寤覺而有言曰寤。謂說夢中之事也。

大般涅槃經第十六卷

天竺　或云身毒，亦云賢豆，皆訛也。正云印度，此云月也。月有千名，斯一稱也。良以彼土賢聖相繼，開悟群生，照臨如月也。又云賢豆本名天帝，當以天帝所護，故世允號之。
馳騁　直知反，下丑領反。廣雅云：馳，奔也。騁，走也。
婆私吒　竹家反。古文作嗄。此云最勝，以姓爲名。
嗚咂我口　咂音子合反。南經故云如怜子法。此語文飾，義亦多含，經文多錯作咹字，音所押反，非也。
四衢　懼虞反。爾雅：四達謂之衢也。郭璞云：道四出也。

摩訶斯那　此云大軍將也。

割其股　公五反。有作骰，音蒲米反。亦通。

切以爲臛　呼各反。王逸注楚辭云：有菜曰羹，無菜曰臛。

憍薩羅國　亦云拘薩羅，此云工巧國也。

波斯匿王　此云勝軍王，或名和悦依仁王。經云月光王也。

刵耳劓鼻　刵，而至反，截耳也；劓，魚器反，截鼻也。

斷截手足　斷，徒管反，有音短者，非也。

拾取土塊　苦壞反，又音苦内反。今順俗取前音也。

恐爲其患　恐，丘拱反，懼也。

擲罥　古縣反。罥，索也。

爪壞　上莊挍反，下乖賣反。

佉陀羅炭　此云坑樹，其木堅實，炭灰墡驗(籢)〔一二〕，洗身必爛。

蚉觜　子累反。又作㭰、觽，同。廣雅云：口也。字書云：鳥喙也。經文有作嶲，泉兗反。與吮同，非經義也。

憲制　上軒建〔反〕〔一三〕。玉篇云：法也。制，禁也，法度也。

熊羆　虚窮反。玉篇云：似豕，山居冬蟄，舐其掌。其掌似人掌。亦名羆，彼宜反，而大頭似馬，有髦，猛憨多力，能拔樹木，關西名猳羆。憨音可藍反，猳音加。

拘槃荼　此云冬苽面鬼也。

迦羅富單那　此云極醜鬼也。

薩遮尼乾子　薩遮，此云實。尼乾，此云無繼也。

編椽　上卑綿反。玉篇：織也。聲類云：以繩次物曰編。謂取棘刺編椽而卧，是苦行外道也。

氀毼　力宇反。毼，寒割反。玉篇云：罽賓毛布也。

唯仰　魚兩反。韻集云：持也。謂取資於人曰仰，亦望。

茹菜敢(噉)〔一四〕果　上如翥反。廣雅云：茹，食也。

大般涅槃經第十七卷

無所畏省　思井反。説文：視也，又察也。

摩訶拘絺羅　此云大膝也。

詎有　渠據反。玉篇：詎，何也。謂未知之辭也。

二瓶俱破　一憙者，是將破瓶已獲酪價也。一愁者，是破酪瓶未得酪直故也。

掉戲　徒弔反。心動也。

輕躁　祖告反，心動也。

八法　一利，二衰，三毀，四譽，五稱，六譏，七苦，八樂。

三念處　謂憂喜捨心，三法平等故也。

大般涅槃經第十八卷

良祐　于救反。古文作𨳇、佑二體，助也，天之所助者也。

撓濁　乃巧反，又乃挍反。説文：撓，擾也，亂也。

水不能漂　匹遥反。激也。經有作溺，義通用。有作濡，非此義也。

糸懸須彌　糸音覓，謂蚕口之絲也。言藕莖之絲，細同於絲也。

酤酒　酤音故。謂賣酒與他人也。若作姑音，即賣他酒也。

洛沙　此云染作家也。謂牛草多蟲，損傷物命，故制不許。

拘剡彌　此云不静，亦云藏有也。

其性㜸惡　㜸音篇滅反。性急疾妬也。有作憋，亦同也。

大般涅槃經第十九卷

无辜　音姑。爾雅云：辜，罪也。字從辛古聲。古作辜，辛音乞言反。

韋提希　此云勝妙身夫人也。

流惻　初力反。玉篇云：悲痛也。謂惻然悲痛也。

富蘭那　此云滿也。迦葉是姓，此云龜氏也。此計無因外道也。

迦迦羅蟲　此云黑蟲，生必害母。

末伽梨　是姓也，拘舍梨是母名也。此計苦樂不由因，是自然外道也。

珊闍耶　此云等勝，毗羅胝母名。此是不須修外道也，經八萬劫自盡生死，故如轉縷丸也。

伊師迦草　此云虎醫。河西法師云：此草外耎内鞕也。

如秋髡樹　苦昆反。謂截樹頭也。

阿耆陀　此云無勝。翅舍云髮，欽婆羅云衣。此以人髮爲衣，五熱炙身也。

迦羅鳩馱　名也，此云黑領，迦旃姓也。此外道應物而起，人若問有答有，問無答無也。

尼乾陀　此云無繼，是外道總名也。若提云親友，是母名。此計苦未有定因，要必須受，非道能斷也。

羅摩王　此云虛也。

拔提王　此云賢也。

毗婁真王　此云愛樂也。

那睺沙　此云不事狀。

迦帝迦王　此云夷也。

毗舍佉王　以星爲名。

毗瑠璃王　此云增長。

深穽　慈井反。謂穿坑取狩。

大醫耆婆　此云能活，是闍王家兄奈女之子，初生手執藥印，及其長大，乃是醫王也。

潤漬　兹賜反，水浸潤物也。

懟讎　視周反。玉篇云：對也，匹也。又憎惡也。

在弶　渠向反。字書云：施罥在道謂之弶。其形似弓。有作摾，俗字也。

迦摩羅病　此云大風病。

迦毗羅城　此云黄色。古有黄頭仙人，於此修學，得成仙道，故以爲名。

般遮尸　此云五髻。

敦浮婁　此云天樂，亦云彈弦。

須拔陀　此云好賢。

毗摩質多　此云净心。

舍支　嚴云月之别名，阿修羅王女，帝釋夫人，古云净量。

而弑　尸至反。左傳曰：臣虐其君曰弑。釋名云：下煞〔一五〕上曰弑。

須毗羅　此云奸勇。

欝曇鉢林　此云起空，亦云瑞應。

舍婆提國　此云仙人住處也。

旃陀羅　此云治狗人，亦名爲獄卒。

氣嘘　此是魁膾屠帥，名氣嘘也。

阿逸多　此云無能勝。

婬慝　上以心反。説文：私逸也。玉篇云：不以禮交曰婬。下他則反。禮記：世亂則禮慝。傳曰：慝，邪也。

優波離　此云近護。

阿那邠坻　此云孤給。

周利槃特　亦云周利槃陀迦。問（周）〔二六〕利，此云小。槃陀，此云路也。

優樓頻螺　此云木苽。自在木苽林中證得無學，故以名之。

脩陀耶　此云共起也，亦名須陀耶也。

鯊草　此是人名。

判合　普旦反。又作胖、牉三〔二七〕形。鄭玄曰：胖，半也。得偶而合曰胖。經作泮，冰解也，非此義也。

郁伽長者　此云功德，亦云威德。

離婆多　此星名。

尸利毱多　此云吉護，亦云德護也。

鄙悼　悲美反。恥也，陋也。下徒到反，復（傷）〔二八〕也，哀（哀）〔二九〕。

阿鼻　此云無間，亦云無釋。此有三義，一苦，二身，三處。

頻婆娑羅　亦云瓶沙王。此云端正，亦云好顏色也。

甲冑　直救反。說文：兜鍪也。字從月由聲。

間間　上居莧反。玉篇云：隔也，代也，亂也。下古閑反，處也，中也。

如魚在䥥　五到反。有作鏊字同。

大般涅槃經第二十卷

阿闍世　此云未生怨，亦云法逆，此兒生，法爾作逆。

疑爲劫盡者　三月並照是水災起，王意謂爾火災起者，七日俱燃也。

七子喻者　普曜經云：昔有老母人而有七子，六證聖，一猶在凡。忽染王罪，皆應從戮，母念小子是凡，恐終失念，故愛偏重。

鳩翅羅鳥　亦云俱枳羅，從聲爲名。

枕狗　枕，針禁反，倚也。

被髮　皮義反，散髮也。

驢車　西域諱乘驢。據五分律：犯王法者，乘驢就戮也。

奎星　口携反。爾雅：降婁次也。李巡曰：降婁，白虎宿也。經文有作金星，即太白星也，宜從奎讀也。

畢力迦香　亦云畢力迦，此云觸香也。

多伽羅香　此云根香。

多摩羅跋香　此云藿葉香也。

劫貝娑花　花同柳絮，可以爲綿，詢問梵僧，白氎是也。

圊廁　上七情反。廣雅圊、溷、庰、廁，皆廁之別名也。溷，魂問反，濁也。

瞿伽離　亦云瞿波離，亦云瞿和離，此云牛守。

須那刹多　須，此云好也。那刹多，此云星也。

以八種聲　亦云八音，一極好聲，二柔耎聲，三和適聲，四尊惠聲，五不女聲，六不悟聲，七深遠聲，八不竭聲。

止觀　止，定也；觀，惠也。有本作正觀，非也。

色十種　謂外五塵，內五根是也。

罪戾　力計反。孔注尚書云：罪，過也。謚法曰：不悔前過曰戾。

五逆津　進人反。論語云：使子路問津焉。鄭玄曰：津，濟渡之處也。

毗婆尸佛　此云種種觀，亦云勝觀。

大般涅槃經第二十一卷

四毗陀論　正云四吠陀，此云四明論，有十萬頌，西方所重，明四種法，一壽，二祠，三平，四術。

毗伽羅論　古音云無頸無尾也。

衛世師論　此云無勝外道論也。

迦毗羅論　古音云黄頭仙人論也。

識記　初禁反。説文：識，驗也。

斷疑心者　都暖反。次有疑名，疑義二心並同都暖反。

則得永斷　徒暖反。

有見斷見　斷，徒暖反。

摩尼跋陀　摩尼，此云滿，或云如意。跋陀，此云賢也。

阿私陀仙　古音不白。玄奘云：無比仙，亦名端嚴也。

鬱陀伽　古音云勝也，亦名盛也。

陀羅羅仙　有作阿羅邏，古音云無醫仙也。

阿提目多伽花　古音云樂脱。樂音雅孝反。

占婆花　亦云瞻蔔，此云色花也，甚香絜〔三〇〕。

波吒羅花　古音重葉花，重音直龍反也。

婆師羅花　亦云婆師迦，此云夏生花也。

摩利迦花　古音云此名次第花也。

新摩利迦花　古云如次第花也。

須摩那花　亦名穌曼那。玄奘云：善稱意。

由提迦花　古音云此名行花。行音户郎反。

檀㝹利迦花　古音云此名作也。

招提僧坊　古音云供給客僧之處也，即以招引提携之義故也。親曾問净三藏云：招提是梵語。此云四方僧房也。

阿那波那　此云數息觀也，阿那云入息，波那云出息是也。

破捔六大　謂地、水、火、風、空、識也，亦云六種也。

大般涅槃經第二十二卷

恃怙　何古反。爾雅：怙，恃也。韓詩云：無父何怙？怙，賴也。無母何恃？恃，負也。

覲身　且信反，文又(又丈)〔三一〕覲反。覲，至也，近也。

佷戾　上侯艮反，下禮帝反。謂難調伏也。

洄澓　洄音迴，下音復。三蒼云：水轉也。宣帝紀云：洄澓，水漩深也。

爲蘇麨塗　塗，古音云宜作墸〔三二〕字爲正。

以藥坌之　坌，蒲悶反。通俗文：埲土曰坌。説文云：坌，塵也。

大般涅槃經第二十三卷

連綴　追衛反。玉篇云：繼也，連也，合著也。

我遠三乘　遠，于願反。遠，離也。

難冀　居致反。玉篇云：望也。又作覬。説文：覬，幸也。

餧飤　詞恣反。石經今作食。玉篇云：哺也。經文有作飼，俗字也。

瓨器　學江反。説文：似罌長頭(頸)〔三三〕，受十升者也。

船艥　扶月反。有本作筏、舼，並同，俗字也。

手抱脚蹋　説文：正作捊。或作抱，同，飽交反。玉篇云：引取也。蹋，徒盍反。踐，弃也。此喻渡煩惱河，勤修二善，是抱取義也。懃斷二惡，是踐弃義。南經謝公改爲運手動足，言雖是巧，於義有闕疎也。

觀身如篋　四大，如火大喻見毒也，地大喻觸毒，風大喻氣毒也，水大喻齧毒。

旃陀羅　亦名旃荼羅，此云嚴幟。謂以惡業自嚴行持標幟也。其人若行必摇鈴自標，若不爾者，必獲重罪。時人謂煞人膾子屠也，獵擔糞人也〔三四〕。

駛河　史吏反。蒼頡篇云：駛，疾也。字從史。經文作駃，古穴反。謂駃騠，駿馬也。

摩偷羅國　花嚴音云：孔雀城也。古音云美蜜城也。

迦迦羅　居佉反。此云烏也，因聲立名也。

究究羅　九求反。此云鷄聲也。鳩鳩吒，此云鷄也。

呾呾羅　多達反。雉聲也。已上三鳥並因聲得名也。

大般涅槃經　第二十四卷

怡懌　下音亦。爾雅云：怡懌，樂也。郭璞云：怡，心之樂也；懌，意解之樂也。

庭燎　力召反。周禮：供墳燭庭燎。鄭玄曰：墳（墳）〔三五〕，大也。樹於門外曰大燭，在於門内曰庭燎。

阿摩勒果　此云無垢也。

百福　修正十善，初有五品：心一下品，心二中品，心三上品，心四上中品，心五上上品。心各具十善，爲五十名初發心也，至於後心，具足决定復成五十爲百福。

婆羅墮跋闍天　此云重語天也。

樓陀天　此云可畏也。

因提黎天　帝釋天也。

拘摩羅天　此云童子天。

八臂天　此云那羅延天。

摩醯首羅天　此云大自在天。

半闍羅天　此云龍天。

造書天　梵云婆羅賀摩天，即造悉曇章十二音字母者是也，如前第八卷中所明也。

婆藪天　古音此名實，亦名地，亦名物也。

由乾陀山　此云持雙山也。

大般涅槃經第二十五卷

藥名娑呵　此云駛流。

百穀　古木反。説文：穀，績也。華嚴音義云：案楊泉物理論，粱者，黍稷之總名；稻者，粳糯之總名；菽者，衆豆之總名。此三穀各二十，共爲六十，蔬果之實各二十助穀，共爲百穀。故詩曰：播厥百穀。周易云：百穀草木麗于地也。

斪斸　上苟侯反。説文：斪，斫也。從斤句聲。經文從金作鉤，名非此用也。下竹録反。考聲云：斸，斪斸也，拙（掘）〔三六〕也。説文：斫也。從斤屬聲。經文從登作斵，不成字，非也。

耶奢富那　古文云耶奢，此云名聞也。富那，此云滿也。

毗摩羅闍　此云無垢王也。

憍梵波提　此云牛王，亦名牛主，亦名呞也。

須婆睺　此云好有。

優樓佉　此云鵂鶹仙人也。鵂音休，鶹音留。

迦毗羅　此云黄頭仙人也。

大般涅槃經第二十六卷

穪黏　上丑支反，樹膠也。黏，女沾反。黏，著也。謂取禽獸也。

温故　上烏昆反。論語云：温故而知新。何晏曰：温，尋也。又習也。經作愠故，字音威運反，歷也，恨也。非經義也。

安橛於空　橛，權月反。木杙也，有作栓，俗字，後世濫行，非正體也。

逐塊　苦對反，結土也。古文作凷，字同。

五翳　烏計反。一烟，二雲，三塵，四霧，五羅睺羅。言羅睺者，是阿修羅别言，此云障也。六月一度，以手障月，謂之月蝕也。

强耐不吐　上渠亮反。耐，奴代反。耐，忍也。

優陀延山　此云日出處也。

尼拘陀　此云無節樹，亦名縱廣。花嚴音云：其葉如柿，其子如枇杷。耐老，樹中最高大也。

過差　上古卧反，下初加反。

頗富伽羅　古音云亡人也。

婆熙長者　古音云郭外長者。熙，喜依反。

氣嘘旃陀羅　旃陀羅，此云執惡生煞。氣嘘是名，以氣嘘人即死。國人有罪合死，即付之。

瘦瞿曇彌　此云好姓，上古仙種也。

闍提比丘　此云隨意作也。

大般涅槃經第二十七卷

沙門　梵語也，此云勤勞，内道、外道之總名也，皆據出家爲言耳。古經爲桑門，或爲娑門，羅什法師以言非，便改爲沙門也。

婆羅門　此俗人也。謂净行高貴，捨惡法之人，博學多聞者也。

我適欲問　適音尸亦反。廣雅云：近也，始也。

鏠芒　上芳恭反，兵刃也。下冈方反，草端也。

哮吼　上呼交反，下呼狗反。玉篇云：大唤也。

十住　此中十住，即十地也，一極喜，二離垢，三發光，四焰慧，五難勝，六現前，七遠行，八不動，九善慧，十法雲地。餘經十住乃説地前。

如三禪樂者　下之三地樂在五識。第三禪樂唯在意地，故樂最勝。

阿耨多羅三藐三菩提　耨音奴篤反。藐字依梵音應作彌略反。阿，此云無也。耨多羅，此云上也。三云正也。藐，等也。又三正也。菩提，覺也。總云無上正等正覺也。耨字，經中多作耨字，此音奴構反。正與梵音扶同，然僧徒皆用入聲字，宜作耨，奴沃取(反)〔三七〕。亦得名健行。定名經中自釋云：一切事畢竟堅固也。

毳衣　昌芮反。説文云：鳥獸細毛也。

大般涅槃經第二十八卷

富那跋陀　此云滿賢，同前神將也。

其相炳著　炳音丙，著音竹慮反。炳著，謂明白顯示也，異於輪王之相也。

瞻婆城　瞻婆，花名。其花黃色，奇異香潔。此城多有，因花得名也。

波羅柰　此云丘繞城也。

菴羅果　此果形如梨，味極甘美。

立拒舉瓶　拒，其呂反。舊音云外道瓶圓如瓠，無足，以三杖交之，舉瓶離地。諸經中或言奇，或言三叉立拒，並是也。

酵煐　上古孝反。謂起麵酒酵也。經多作醪，音洛高反。説文云：濁酒也。醪非經意云也。

雲表星　表，音悲夭反。三蒼云：表，外也。言此星在於雲外也。

爐冶　下，以者反。説文：銷也。三蒼云：銷，鑠也。遭熱則流，遇冷則合，與水同意，故字從冰也。

大般涅槃經第二十九卷

粗自供足　上才故反。玉篇云：粗，略也。又麄也。

賦給　方務反。説文：賦，斂也，稅也。方言：賦，種也。郭璞曰：賦所以平量也。

三十二相　其一一相皆百福所成，謂以五品心行十善，合成五十，此是初心。至於後心，亦具五十，合百共成一相，故法花云「百福莊嚴相」是也。前二十四卷前文已釋。

奩底　上力占反。底，丁禮反。謂篋器也。如此香奩，底平方正，闊狹形狀，以譬佛足。經云由持戒實語感得此相也。今作㲉字，非經義。

千輻輪相　梵云斫訖羅，此云輪，在如來足下。經云以如法財施衆生，故得此相也。

網鞔指　次莫安反。謂佛指間肉上如細（網）[三八]羅文，如彼鵞鴈之足也。因中以四攝取衆生，故得此相。鞔字從革免聲。經作縵，音莫晏反，非也。

節踝臃滿　臃音寵龍反。爾雅：均也，齊等也。經云：因持戒惠施，故得此相也。

如尼拘陀樹　古音云無節樹也。經云：尼枸陀樹，五丈之質，樹既臃直圓滿，以譬佛身。經云常樂惠施，瞻病給藥，得此身相也。

中陰有三種食　言思食者，是業不死也。二觸食者，藉冷煖觸而命得存。三意食者，即識食，如卵生類，心常念母故身不爛壞。

三種煩惱因緣者　一父，二母，三不净，因此三事受生也。又有釋云三煩惱，云三煩惱者，一於父生嗔，二於母生貪，三起於身。於此三緣，中陰得受生也。

生柴　兹髓反。鳥吻也。字體宜作柴、觜二體也。

開剖　普口反[三九]。析也，開[也][四〇]。

得陀羅尼　此云總持。案諸經中有多種，有旋陀羅尼是定也，有聞持陀羅尼是法也，有咒陀羅尼秘密語也，唯此經中合是定也。

憩駕　上去厲反。爾雅：憩，止也。注云：止乏（之）[四一]息也。説文作愒字。蒼頡篇作㞐，古字，今不用也。

藥名楞伽利　古音云此名稱地也。

苟能　上公厚反。廣雅：苟，誠也，且也。韓詩云：苟，得也。

婚姻　今作昏。説文：婦家也。禮記：取婦以昏時入，故曰昏。爾雅：婦之父曰昏。[姻][四二]，古文作婣。説文：聟[四三]

家也。女之所因，故曰姻。爾雅：聟之父爲姻。聟音細。
舍婆提城　應云尸羅跋提，亦云舍衛，此云仙人住處，亦云聞物國也。
婆枳多城　亦云婆翅多，此云語幢城。
毗舍離城　亦名毗耶離，此云廣嚴城也。
伊羅跋提河　或云跋提，此云賢也。
伊揆末堆河　伊揆，此云甘蔗(四四)。末堆，此云醉也。
毗婆舍那河　此云無竭河也。
拘舍拔提城　古音云是水名。
此城爾時名迦毗羅衛　瑞應經云：迦毗羅衛者，三千日月萬二千天地之中央也。師子菩薩疑拘尸那是邊地。今言此城，昔名迦毗羅衛，云何言是邊。
須達多　此給孤獨長者買園造寺，側布黃金，好施行檀，輕財重福也。
珊檀那舍　應云珊檀梨舍那。珊云正也，檀梨云施也，舍那云見。謂正見行檀也。
迦蘭陀竹林　古音云迦蘭陀，此名好鳥，是鳥名，亦是山鼠名，亦是國名。
祇陀　古音云勝也，前者須達買園，此祇陀捨樹，經云祇樹是也。

大般涅槃經第三十卷

菴羅女　亦云菴樹女，此依傳云依樹花中而生。
婆羅河邊　亦云波羅河，古音此云勝。
駿馬　尊迅反。説文云：駿爲馬之才良者也。有音思閏反，非。
殯斂棺盖　斂音力焰反。玄應釋云：衣尸也。釋名云：斂(四五)，斂也，藏不復見也。小斂户内，大斂阼階也。
和液　盈益反。説文：津，潤也。謂二月仲春，暄和滋液也。
百獸　案孔子家語云：畜有四靈，一毛蟲有三百六十種，麒麟爲長；羽蟲三百六十種，鳳爲長也；鱗蟲三百六十，龍爲長也；甲蟲三百六十，龜爲長也。
孚乳　上撫夫反。通俗文云：卵化曰孚。又孚字從爪從子。此會意字也。下而主反。又卵生者爲孚，胎生者爲乳。故説文從孚從乙。乙者像乳流出也，乙音殷訖反。
欝蒸　上惲律反，下章仍反。熱病也。月是清涼，故能除之也。
阿㝹樓馱　亦名阿那律陀，亦云阿泥婁豆，並由梵音輕重有異。此云無滅。佛弟子中得天眼者，此人最第一也。
舍利弗　具云奢唎補怛羅。奢唎，此云鶖鷺鳥。補怛羅，此云子也。由此尊者母眼黑白分明，轉動流利似鶖鷺眼，故號奢利也。尊者因母得名云鶖子也，舊翻爲身子者，謬也。梵本呼身爲設利羅，故知懸別。
奢摩他　亦云三摩地，亦云三昧，此云定也，止也。定有多名，此總稱也。或名三摩鉢底也。

大般涅槃經第三十一卷

毗婆舍那　亦云闍那，亦云若那，此云惠也，觀也，或云見也。
憂畢叉　此云捨也，止觀捨三名，其義如上也。
得衷　竹隆反。左傳：楚僻我衷。杜預曰：衷，正也。中，當也。蒼頡篇：別名内外之辭。經文作中。中，平也。兩字並通也。
遺燼　秦進反。説文：火之餘木。正體宜作⿱聿火。

菅草　古顏反。爾雅：菅，茅（茅）[四六]屬也。經文作蕑，與蕳同。蕑，蘭也。説文：蕑，香草名也。蕑非此義也。

甘鍋盛金　鍋音古和反。方言：秦言土釜也。説文：從鬲牛（牛）[四七]聲。中[四八]音口瓦反。鬲音歷。經文作鍋，是車釭，非此用。

撓攪　上呼高反，下交咬反。説文：撓，攪。即攪，亂也。詩云「秖（祇）[四九]攪我心」是也。

融銷　小彫反。説文：鑠也。從金肖聲。經從水作消，是消息之消，非此用也。

覺觀　玉篇云：覺，警也，察也。觀，見也，視也。成實論云：覺觀在初禪也。經云内有覺觀，外感火灾。唐三藏譯爲尋伺也。

嘲調　上竹交反。或作啁，同。蒼頡篇云：啁亦調也。謂相調戲也。經文有作讛字，相承音藝，未詳何出。或作譺，五戒反。字林：欺調也。亦大調曰譺也。

賈客　賈，公户反，又古雅反。鄭玄曰：行曰商，處曰賈。白虎通曰：賈之言固。謂固其物待民來以求其利也。

鴦崛摩羅　此云指以爲鬘花外道也。煞人取指以爲花鬘，爲欠一指，路中見佛，拔刀走趁，口云：住，住，大沙門白浄王太子！我是鴦崛摩，應當税一指。世尊徐步引至伽藍，聞法出家，便令受戒。此出鴦崛摩經。

非現生後　現者，現報。謂今身造業，交獲報也。生者，來世受生方獲報也。後者，謂第三身已後方獲報也。

王名迦多富　古音云此名是。

盲瞽　公户反。釋名云：瞽，目眠然。謂目平合如鼓皮狀也。

即劓其鼻　劓，魚器反。謂截其鼻也。

刖其手足　魚厥反。

副軸　上芳富反。謂貯備也。

大般涅槃經第三十二卷

打擲塠押　塠，都回反，墜也，落也。字正體作磓。押，正體作壓，烏狎反，鎮也。押字，古押（狎）[五〇]反。籬辟也，非此義。

種子精血究竟不浄　依智度論：凡夫之身有五種不浄：一種子不浄，精血也；二住處不浄，熟藏之上也；三自相不浄，血肉汁垢也；四自性不浄，九孔常流也；五究竟不浄，終歸糞土也。

摩羅耶山　亦云摩羅延。摩羅，此云垢也。耶云除也。山在南天竺境，因國爲名，其山多白旃檀香，入者香潔，故云除垢也。

如駞食蜜　駞，徒多反，馲駞也。蜜者，草夕刺蜜也。味甜如蜜，駞得食之，不顧蒭草也。

兜羅毦　仁志反。通俗文云：毛飾也。稍上垂毛爲毦，又作毴，同用。

紝婆蟲　上女林反。梵語也。紝婆是樹名，葉苦，可煮爲飲，治頭痛，如此間苦楝樹。其蟲甘之，因以爲名。楝音蓮見反。

火蟲樂火　傳曰：南中有火鼠，其毛作布爲服，故則火燒，名火浣布也。

瑕疵　上户加反。下自移反。

鑵綆　上古亂反。汲水器也。經作灌字是澆灌，非此汲器也。

綆，古杏反。說文：汲井繩也。方言：韓魏之間謂之綆也。

憍尸迦　此謂帝釋，往古因地之姓也。

磁石　有本作慈，非字體也。

葵藿　呼郭反，豆葉也。葵、藿二物，凡俗每見傾身逐日而轉，言有心議（識）〔五一〕，此謂因緣相待，非是別有敬心也。

阿叔迦樹　此云無憂樹。

蘿蔔　上羅音，下蒲北反。似菘根，味辛，紫花者也。作蘆菔同。

車兵象馬步兵　按西域記：凡有四兵，步、馬、車、象。象則被以堅甲，牙施利距，一將安乘，授其節度，兩卒左右，爲之駕馭。車則以駟馬，兵師居乘，列卒周衛，扶輪挾轂。馬軍散禦，逐北奔馳。步軍輕捍，敢勇充選，負大櫓，執長戟，或持刀劍，前鋒行陣。四兵和合名之曰軍。

大般涅槃經第三十三卷

粟床　美悲反。其字正體應作穈、糜二形，謂禾穄也。方言云：關西謂之糜，冀州謂之穄音祭。

如斷生瓠　斷，徒暖反。謂割。割，截也。瓠音胡故反。

重綫塼　綫，私箭反。綖字非也。塼，止緣反。此謂織簾之家，皆斫衆多破塼，形如鼓子，纏綫於上，以爲簾經，隨其多少。織簾之時，行行在椽上，累然狀如脊骨，以喻如來六年苦行，形體枯瘦，故脊骨連現，如重綫塼也。重取去聲也。

剜身　烏官反，削也。削音恚緣反。

閉氣不喘　閉音箄謎反。考聲云：掩也，藏也，因也。謂菩薩施身，示爲死想，令無煞罪。

迦賓闍羅鳥　古音云是鷄鳥也，引釋論云似嶋鴉，與象猴爲親友，故知是也。鷄音卓刮反，刮音關八反。

瞿陀身　古音云此名鯪魚。鯪，力承反。玉篇云：鯪魚，鯉也，有四足，出於南方。謂菩薩潛形利物，作異色魚身，正定形皃也。

而常施恩　施，始宜反。玉篇云：施，設也。謂此菩薩利潤無私，施恩及物。

兜率天　此云知足，欲界之中第四天也。

施婆羅比丘　施婆羅，山名，近山生故，故以立名。

優波尸婆羅　優婆，此云小，即是弟也。

彌迦羅長者母　彌迦羅，此云金帶。金寶嚴身，因以爲名。

拘陀長者母　未詳。

半闍羅長者母　半闍羅，此云籠，亦名獄。此等諸人，並是卵生也。

菴羅樹女　菴羅，浄三藏云果名。其形似柰，其味如梨。温室經云柰女者，即其人也，依花以孕質，故號濕生。即頻婆娑羅王之貴妃，良醫耆婆之母也。

迦不多樹女　此名臭樹，依之而生。

放逸行　行，平聲呼之也。

稾草　古老反，禾幹之草也。

齒壯者　謂人即數年，牛即數歲，馬即數齒，故言齒壯也。

捲脊　巨員反，屈也，曲也。

蹲地　音存。

當舉其尸　舉音與除反。正應作擧〔五二〕字。

廝下之人　廝，息支反。玉篇云：馬屋也。賤人居之故。

圊廁　正應作圊。圊，溷也。

記莂　悲别反。分簡也。經文作别，非也。

卵殼　口角反。殼[五三]字同，吳會之間音口木反。今詳凡物皮皆是殼也。

婬佚　今作泆，同。與一反。蒼頡篇：婬泆，蕩也。蕩音徒浪反。

大般涅槃經第三十四卷

婆蹉婆　此云執金剛寶，亦名嚴飾也。

富蘭陀羅　古音亘云富蘭云城，陀羅云破也。

因陀羅　此云帝主也。

舍脂夫人　舍脂，此云浄量，是阿脩羅王女，爲天帝所重也。

優波摩那　此云譬喻，是佛庶子也。

須跋陀羅　此云善好賢。

羅閱祇　王舍城是也。

愁憒　古對反。憒，心亂也。

婆羅留支　古音亘云此名勝樂。樂音五孝反，亦名折指。

婆伽婆　此云世尊。

阿羅呵　此云應供，與阿羅漢義亦相似。

三藐[五四]三佛陀　此云正遍知也。

粗澀𦆲褐　澀，所立反。從四止二正二倒書。經三止作澁，非也。𦆲，力主反。織毛爲布也。

瞿低比丘　此云守牛也。

大般涅槃經第三十五卷

波斯匿王　此云月光王，亦云勝軍王，亦云和悦也。

即便有娠　尸仁反。懷胎也。經作身。如如盖是一，赭(牙)舌是多。者應赭字。乃是盖四面垂綵。綵，舌也。喻涅槃是一，解既是多[五五]。

如來十力　瑜伽論第五十卷云：一者處非處智力，二自業智力，三静慮解脱等持等至智力，四根勝劣智力，五種種勝解智力，六種種界智力，七遍趣行智力，八宿住隨念智力，九生死智力，十漏盡智力。

四無所畏　一正等覺無畏，二障道無畏，三漏盡無畏，四出苦道無畏也。

首楞嚴三昧　此云勇健定也。此經中自釋云首楞嚴者，於一切事究竟堅固也。

大般涅槃經第三十六卷

尸利沙果　古譯尸利者頭也，沙云似，故名似頭果也。

杷吒羅長者　梵語城名。此城長者也。

瞿伽離　此云牛守也。

坻舍比丘　此云光，亦云大。

波吒羅花　此名重葉花。

坻彌魚　上音低。迷羅謂大身魚，其類有四，此最小者。法炬經中低迷宜羅即第三魚，皆次互相吞噉。

鰭魚　上且各反。異物志云：鱕鰭魚鼻上有一横骨，利如刀斧，江東呼闊刃斧爲鐇，故謂之鐇鰭。此類魚有二十種，各異自有别名，齒利如錯，鼻骨如鐇，今並從魚作鱕鰭。鱕音煩。

外道唯觀六行　謂欣上猒下各有三：猒離下界苦、粗、障，欣求上界净、妙、利也。苦、粗、障爲三，净、妙、利爲三，合爲六行。邪見行，非正觀也。

我弟子具十六行　謂四諦下各爲十六正行也。

腕手比丘　烏灌反，或作捥。

刁長者　上音彫。人姓也。

行般那含　幸庚反。此人利根，無待勤行，自能得滅。成實論中不行滅人是也。

馬師滿宿　此二比丘，六群比丘之二也。智度論云：難陀是二，瞿伽梨三，闡陀四，馬師五，滿宿六是也。

童子迦葉　即有部律中却取錯末迦葉，是舍衛國多羅聚落人，即此會中對揚論議之主。前文云年在幼稚，是此人也。

耶舍比丘　或云耶世，此云明也。

沙門那　梵語也。此義譯云之道。沙門名乏，那名道，僧稱云貧道者，即謙退自卑之辭也，亦更有多義也。

大般涅槃經第三十七卷

菟角虚空　菟角本無，故今亦無，虚空常故，本有今有，佛性不爾，本有今無，本無今有，是故亦有亦無，是中道義。經云煩惱諸結善無記盡名佛性，言本有今無者煩惱也。本無今有者菩提也。若云三世俱無煩惱如虚空，三世俱無菩提如菟角者，即名謗佛法僧，故云三世有法，無有是處。

去樹去舍　去音丘與反。玉篇曰：去，除也，却也。又音丘慮反，往也，離也。非此義也。

霑污　知廉反。玉篇云：濡也。三蒼云：漬也。

魍魎　亡往反，力掌反。説文作蛧蜽，同。通俗文云：木石之精怪也。淮南説：狀如三歲小兒，赤黑色，赤目赤爪，長耳美髮，溺死鬼也。

地獄一百三十六所　初有八熱地獄：一等活，二黑繩，三衆合，四號叫，五大號叫，六燒燃，七極燒燃，八阿鼻大地獄也。一一地獄各有四門，一一門外復有四獄：一塘煨，二屍糞，三鋒刃，四烈河。此八地獄是根本，各有十六以爲眷屬，合成一百三十六也。

大般涅槃經第三十八卷

安闍那藥　古音亦云安陀，此云根藥。經云能治眼痛，應是黄連也。

暐曄　上于鬼反，下炎獵反。方言：盛皃也。三蒼：光華也。

虎兕　徐里反。郭璞曰：兕似牛，青色，一角，重千斤也。

摶食　徒官反。説文：摶，團也。三蒼：飯也。經作揣，俗字，非也。

法厲　力制反。磨石也。古作礪，同。

粗獷　古猛反。獷，强也。説文：惡不可附也。經文作穬，穀也。非此義也。

蚩笑　赤之反。蒼頡篇：輕侮也。笑，私妙反。字林：笑，喜也。字從竹犬聲。竹爲樂器，君子樂而後笑也。

抱須彌　上步交反。經文從金作鉋，非也。按鉋字，文字中並無，宜作掊、抱二體也。

齚齧　又作齰。咋、齰並同，柴責反。通俗文：咬嚙曰齚也。下研結反也。

鬱頭藍弗　此云獺戲字(子)〔五六〕，坐得非想定，獲五神通，飛入王宮，遂失通定，途步歸山。

阿羅羅　此云懈怠，亦獲通定者也。

那睺沙王　此云不事火。

耶耶帝王　古音翻爲數行王也。

尸毗王　古音云亦名濕鞞，此云安隱也。

一叉鳩王　古音翻爲甘蔗鼠也。

摩羅延山　亦云摩羅耶除。

耆兔仙人　亦云時兔，奴侯反。此云勝仙也。

婆藪仙人　古音翻爲珍寶仙人。

迦羅富城　此翻爲臭地。

大般涅槃經第三十九卷

闍提首那　此翻爲願勇，遠法師云：邪見外道以執涅槃，是無常也。

婆私吒　此云最勝，或云最上，亦同闍提，邪見宗也。

先尼及迦葉　遠云：是我見外道也。

富那及浄　是邊見外道也。

犢子梵志　是疑心外道。謂疑道有無，并疑得者。

納衣梵志　是自然外道，説一切法自然有，亦邊見攝。

弘廣及須跋　是戒取外道。弘廣，執乞食爲道。須跋，執苦行爲道也。

禰瞿曇姓　上奴禮反。謂稱佛姓是誤顔，故請懺悔。又作你字，奴履反。謂爾汝等語並是此同也。

須曼那花　亦云蘇摩那，此云好意花也。

樹持刺刺　上去聲，下入聲。

石榴⿰木委[五七]子　⿰禾委(桵)[五八]，汝吹反。玉篇云：桵木，果樹。小藂生，有刺，子亦可食。

迦葉　此云姓龜氏也。

富那　此云滿也反[五九]。

榛木　士巾反。廣雅云：木藂生曰榛，草藂生謂之薄也。

大般涅槃經第四十卷

車輿　余慮反。又平聲亦通。説文：車，輿也。應音云：車無輪曰輿。

鉤餌　正體宜作珥(弭)[六〇]字，如志反。服虔云：鉤魚曰餌也。

欶乳　又作嗽，同。所角反。三蒼云：欶，吮也。通俗文：含吸曰嗽。經文作嗽，俗字也。

户⿵門龠　古文鑰字，同用，余酌反。方言：關東謂之鍵，關西謂之⿵門龠。經文作籥。字林云：書僮笘也。纂文云：關西以書篇爲書籥。非此户⿵門龠之義。笘音赤占反。

大般涅槃經憍陳如品闍維分　上卷　慧琳撰

上頷　下含感反。方言：頷，頤也。説文：從負(頁)[六一]合聲。或作頜。經作頷，俗字。

混濁　上渾穩反。顧野王云：混亦穢濁。説文：從水昆聲。或作溷。

濤波　前法界經音記。

大般涅槃經憍陳如品闍維分　下卷

暗咽　上邑吟反。方言云：啼無聲曰暗。集訓云：暗，啞也。古今正字：從口音聲也。

芬馥　下馮目反。韓詩：馥亦芬也。毛詩傳：馥，香白〔六二〕也。古今正字：從香夏(复)〔六三〕聲。夏(复)音同上也。

金鋼　下各郎反。考聲：鋼，堅也。文字集略：金之精者也。

儵尔　上昇肉反。王注楚辭：儵忽，電光皃也。説文：儵忽，亦疾皃也。從黑攸聲。

矛矟　上莫候反。吕氏春秋：蚩尤作矛。考聲：首(酋)〔六四〕矛，戈之類也。説文：矛，長二丈，建於兵車也。象形字也，經作鉾，俗字也。下雙卓反。博雅：矟亦矛也。古今正字云：矟長丈八也。文字典説：今之戟矟也，從矛肖聲。經作槊，槊猶柵也，非經義。

羂索　上涓兖反。桂苑珠叢云：以繩繞係取物謂之羂。説文：冈也。從冈絹聲。或作罥。下桑各反。集訓云：索，繩也。文字典説：從糸巿聲。經作絫，誤也。

金鐔　下徒南反。考聲云：鐔，瓦器也。集訓云亦甒屬。甒音無甫反。經作墰，俗字也。

毛纛　同僕反。集訓云：形如竿，用羽飾之，軍中爲表也。蔡邕獨斷云：纛者，以氂牛尾爲之，大如斗，在最左騑頭上也。古今正字：從縣毒聲。毒字從中。經從縣作纛，俗字。中音丑列反。

慨悼　上開愛反。淮南云：慷慨不得志也。考聲云：傷歎也。説文：從心既聲也。

大般泥洹經　第一卷　玄應撰

哀慟　同貢反。論語云：顔回死，子哭之慟。馬融注云：慟，哀過也。

澡漱　上遭老反，下所溜反。説文：澡，洗手也。漱，盪口也。經文作嗽，誤也。

寮孔　了彫反。蒼頡篇：小空也。經文作遼遠之遼也，非經義也。

豪芒　古文作秏，同。無方反。謂纖〔六五〕利如禾芒也。經文作鋩，非也。

大般泥洹經　第二卷

羅寇　口候反。尚書：寇賊姦宄。范甯集聲(解)〔六六〕曰：寇謂群行攻剽者也。説文：寇，暴也。廣雅：寇，鈔也。剽，匹妙反。

祖送　宗古反。爾雅：祖，始也。詩云：仲山自出祖者，將行犯軷之祭也。軷音蒲達反。

長訣　古穴反。訣，絶也。通俗文：與死者辭曰訣。韻略：决亦別也。

大般泥洹經　第三卷

狖鼠　余繡反。似獮猴而大，蒼黑，能捕鼠，爲物捷健也。

墋濁　楚錦反。通俗文云：沙土入食中曰墋也。

大般泥洹經　第四卷

瞿師羅　局俱反。梵語也。按中本起經云：瞿師羅者，此譯云美音。

攘臂　而羊反。毛詩傳曰：攘，除也。謂除衣袂出臂也。臂音必寐反。袂音彌世反。

宴默　石經爲古文燕字，同。一見反。説文：宴，安也。謂安息皃也。經文作譆，音虚基反，痛聲也。譆非此用。

大般泥洹經　第五卷

堅凷　今作塊，同。苦對反。説文：凷，堅土也。三蒼：土塊也。

兕來　又作冡、兕二形，同。音似，又徐姊反。爾雅：兕似牛，一角，青色，重千斤。

啞者　烏奚反。

炮者　烏高反。

大般泥洹經　第六卷

猛烈　力折反。説文：烈，火猛也。廣雅：烈，熱也。

茵蘂　無往反。正言莽草，有毒，出幽州。人人城〔六七〕或擣和食置水中，魚食皆死，浮出，取食之，無妨也。

方等般泥洹經　上卷　玄應音

指髕　又作髖，同。必刃反。説文：膝骨曰髕。三蒼：膝蓋文〔六八〕。

面皺　側救反。韻略云：皺，面皮聚也。謂不攝皺也。經文作縐，借字也。

量跡　又作蹟、迹二形，同。子亦反。謂足跡也。經文作跡（跤）〔六九〕，非也。

潺横　仕山、仕環二反。字書：潺湲，水流皃也。

輔弼　扶禹反。韓詩云：輔，助也。下又作弻（弜）〔七〇〕、弼〔七一〕、弜三形，同。皮筆反。弼，正也。

方等般泥洹經　下卷

卑褫　宜作廝，悉移反。字書：廝，役也。何注公羊謂：賤役人者也。廝亦微下也。或作㒋。經文作褫，音斯，福也。褫非此義也。

嵩猊　思隆反。下作貎，同。婢尸反，國名也。

阿揷　初甲反。佛名也。經文從禾作揷（穡）〔七二〕，應誤也。

鶡鴨　案諸經皆作鶡鴨。用（上）〔七三〕胡割反。下又作鶴，同，於甲反。鶡似雉而大，青色，有毛角。若鬭，死乃止。故武人戴鶡冠以象之也。故經文作羯，音居謁反，羊也。非經義，乖。依目此後合有四童子、大悲、大莊嚴等經移向涅槃音前，附入第二十四卷末安，檢字者知之。

一切經音義　卷第二十六

校勘記

〔一〕在　頻作「右」。
〔二〕鼓絲筑争樂也　獅爲「鼓絃筑争樂也」。今傳本説文爲「鼓絃竹身樂也」，段注據太平御覽所引改爲「五絃筑身樂也」。
〔三〕箏　據文意似當作「爭」。
〔四〕笛　今傳本説文作「篃」。
〔五〕笛　衍。
〔六〕編三十三管　今傳本爾雅注疏爲「編二十三管」。
〔七〕腓　各本無，據文意補。
〔八〕篝　據文意似作「笞」。
〔九〕小雅　似當爲「小爾雅」。
〔一〇〕幹　據文意似當作「榦」。
〔一一〕贏　據文意似當作「嬴」。
〔一二〕小雅　似當爲「小爾雅」。
〔一三〕托　據文意似當作「托」。
〔一四〕其　頻作「吳」。
〔一五〕云云也　張涌泉古書雙行注文抄刻齊整化研究（敦煌吐魯番研究第十二卷）指出「當是補白添加的虚詞」。
〔一六〕通俗　似當爲「通俗文」。下文同。
〔一七〕云亦　頻爲「亦云」。
〔一八〕潹　據文意似作「瀑」。流　據文意似當作「泯」。
〔一九〕具　獅作「貝」。
〔二〇〕疑　頻作「凝」。
〔二一〕教　據文意似作「斅」。
〔二二〕造驗　大正爲「造驗」。
〔二三〕反　各本無，據文意補。

〔二四〕敢　獅作「敢」。
〔二五〕煞　獅作「殺」，下同。
〔二六〕問　獅作「周」。
〔二七〕三　據文意似當作「二」。
〔二八〕復　頻作「傷」。
〔二九〕衰　據文意似當作「哀」。
〔三〇〕絜　即「潔」。
〔三一〕文又　獅爲「又丈」。
〔三二〕堵　據文意似作「堵」。
〔三三〕頭　今傳本説文作「頸」。
〔三四〕時人謂煞人膾子屠也，獵擔糞人也　據文意似當爲「時人謂煞人膾子也，屠獵擔糞人也」。
〔三五〕憤　獅作「墳」。
〔三六〕拙　據文意似當作「掘」。
〔三七〕取　據文意當作「反」。
〔三八〕細　據文意似當作「網」。
〔三九〕普口反　獅爲「普目反」。
〔四〇〕也　各本無，據文意補。
〔四一〕乏　據文意似作「之」。
〔四二〕姻　各本無，據文意補。
〔四三〕聓　即「壻」字。干禄字書：聟聓壻，上俗中通下正。
〔四四〕遮　即「蔗」。
〔四五〕斂　據文意似當作「殮」。
〔四六〕芧　大正作「茅」。
〔四七〕牛　據文意當作「屮」。屮，跨步也，與跨同。
〔四八〕中　據文意似當作「屮」。
〔四九〕秖　今傳本詩作「衹」。

〔五〇〕押　據文意似當作「狎」。
〔五一〕議　頻作「識」。
〔五二〕擧　玉篇：「擧，説文曰：對擧也。今作舉。」據文意似作「轝」。
〔五三〕殼　説文：「㱿，从上擊下也。」段注：「俗作殼，或作㲄。」
〔五四〕藐　似作「藐」。
〔五五〕如如盖是一……解既是多　其中「者應赭字。乃是盖四面垂綵。綵，舌也」似有訛誤。檢大般涅槃經卷三十五：「若有説言，涅槃體一，解脱是多。如蓋是一，牙舌是多。」
〔五六〕字　獅作「子」。
〔五七〕棲　獅作「桵」。棲，同「桵」。
〔五八〕稜　獅作「桵」。
〔五九〕反　衍。
〔六〇〕蚿　據文意似當作「蚿」。
〔六一〕負　獅作「貢」。
〔六二〕白　據文意似當作「皃」。
〔六三〕夏　據文意似當作「复」。下同。
〔六四〕首　據文意似當作「酋」。
〔六五〕纖　據文意似作「鐵」。
〔六六〕集聲　據文意當爲「集解」。
〔六七〕人人城　玄卷七釋此詞作「人」。
〔六八〕文　衍。玄卷七作「也」。
〔六九〕跡　玄卷七作「跤」。
〔七〇〕弭　據文意似當作「弭」。
〔七一〕弼　據文意似作「弼」。
〔七二〕插　獅作「稲」。
〔七三〕用　大正作「上」。

一切經音義　卷第二十七

翻經沙門大乘基撰　翻經沙門慧琳再詳定

音妙法蓮花經八卷　添品法花亦同用

法花音訓序

妙法蓮花經者，斯乃扣邃寂之微言，警鴻機之奧旨。揚真乘以宏空，掩曦駕之冏天衢；演覺水以濳津，孕濛澤之通地紀。誠法王之德璽，信懷生之履業者歟。由是金地緇英溥音普歸真而詣賾，瑤山素彥咸挹道而求宗。寢味之輩寔繁，議咀之徒匪一。宫羽曾無髣髴，轍迹屢有參差。師既章句漫行，弟亦道聽塗説。餘昆不爽，增迷坦路。基往參詳譯，大小微功，於文雖不匠成，義味頗經師授，試觀群纘，無可適從，遂發憤前修，爰矜後學。製玄贊十卷，音訓一卷。贊以本論爲先，有虧資於異典；音以説文爲正，微訓採於餘籍。旨實精玄，粗以考窮源系；文華雅藻，薄亦摭盡根由。雖未定以指南，誠謂深爲逐比。知人哲鑒，當自臧之。庶緻易桑津，景騰華而無輟；煙霏榆嶠，道傳芳而不朽。鏡之無已，詳幽致云。

妙法蓮花經序品第一　梵云薩達磨奔荼利迦素怛纜。薩者，妙也，正也。達磨，法也。西域呼白蓮花爲奔荼（茶）[一]利迦。素怛纜，經也。應云妙法白蓮花經。放白毫光，駕以白牛。白是衆色之本，一乘爲二乘之基，故以白蓮花喻於妙法。梵本既無别白字，故總云蓮花。法含持軌，綰群祥以稱妙。玉篇云：妙，精也。又要妙好皃也。古文從玄爲妙法者，軌則也，又揩（楷）[二]式也，亦持也。花兼秀發，總衆美而彰蓮。蓮字，玉篇云：蓮，芙蕖實也。花字，古譯作華，非，華字無花音，今不取。

經　貫穿也，攝也。玉篇云：久也，常也。經營規求也。經，里數也，法也，理也，度也。凡東西爲緯，南北爲經，喻如織也。

序　音徐吕反。序，由致也，庠序也，詮序也。玉篇云：東西堂曰序，叙尊卑之處也。序亦舒學也。教有序，序長幼也。從广從予。

品　品者，彙聚也，類别也。又玉篇云：利程也，法也，類也，式也。

第　題計反。第，居也。玉篇：次也。亦爲弟子。

一　一者，首也。玉篇云：同也，數之始也，物之極也，初也，少也。

佛　梵云佛陀，此云覺者。此略去陀字，但云佛具一切智，一切種智，能自開覺，亦能開覺一切有情，如睡夢覺，如蓮花開，故名爲佛也。謂含多義，且略言耳。

耆闍崛山　上音祇，梵云姞利馱羅矩吒山，此云鷲峰，亦云鷲臺。此山峰上多栖鷲鳥，又類高臺故也。餘音皆訛，餘釋皆非，恐煩不述，但舉正言，下皆準此解也。

比丘　梵云苾蒭，此具五義：一怖魔，二乞士，三净命，四净戒，五破惡。

無復　上武扶反。謂非有也。或作无。説文云：古文奇字作无也。通於无者，虚无道也。下吴音扶救反。秦音馮目反。説文：往來也。謂往來復重耳。

逮得　臺奈反。爾雅：逮，及也。方言：自關之東西謂及曰逮。有本作逯，逯音力穀反，非也。廣雅：逯，衆也。説文：又音力足反。行謹逯，亦人姓，皆非及義。

阿若憍陳如　梵云阿若多憍陳那。阿若多，解也，初解法故。憍陳那，婆羅門姓，那是男聲，顯從父姓。新翻經云解憍陳那。

摩訶迦葉　申涉反。梵云摩訶迦攝波，此云大飲光，婆羅門姓。大者，顯德高以簡群小也。

優樓頻螺迦葉　鄔盧頻螺迦葉波。鄔盧頻，木瓜果也。池中龍名，亦胸前有瘰似木瓜，故以名焉。

伽耶迦葉　伽耶，山名。

那提迦葉　捺地迦，河名也。

舍利弗　奢利弗怛羅，此云鶖子。

大目揵連　渠焉反。梵云摩訶没特伽羅，此云採菽氏，亦云菉豆子，母氏是採菉豆仙人種也，從父，本名俱利迦。云拘隷多、俱律陀並訛也。

摩訶迦栴　諸延反，有作旃。

延　摩訶迦多衍那，此云大剪剔種男。剪剔，婆羅門姓也。

阿㝹　奴溝反。切韻：兔子也。或作䨲也。

樓馱　唐佐反。阿泥律陀，此云無滅也。

劫賓那　唐云房宿。

憍梵波提　笈房鉢底，此云牛相。

離波多　頡麗筏多，此云室星，北方星也。祠之得子，因以爲名。有本云離婆多，應從離波多爲正。

畢陵伽婆蹉　七何反。畢藺陀筏蹉，此云餘習也。

薄拘羅　薄矩羅，唐云善容。

摩訶拘絺　恥脂反。

羅　摩訶俱瑟恥羅，此云大膝。

難陀　唐云喜也。

孫陀羅難陀　孫達羅難陀，此云艷喜。

富樓那彌多羅尼子　補刺拏梅怛利曳尼弗怛羅，此云滿慈子。補刺拏，滿也。梅怛利曳尼，女聲中呼慈也。弗怛羅，子也。慈是母，滿是自名。此滿尊者是慈女之子，或滿及慈俱是母號，云滿慈子也，更有他釋，皆不正也。

須菩提　蘇補底，此云善現。

阿難　阿難陀，此云慶喜。

羅睺羅　羅怙羅，此云執日，本是執日阿素洛名，非天前軍以手執日障盛光，故今從喻名。

摩訶波闍波提　摩訶鉢刺闍鉢底，此云大勝生主。

耶輸陀羅　耶戍達羅，此云持譽也。

比丘尼　苾芻尼。尼，女聲，具五義如前。

颰　蒲撥反。有作跋，亦通。

菩薩摩訶薩　菩提，覺也，慧也。薩埵，有情也，勇健也，方便也。覺爲智所求果，有情悲所度生。依弘誓語故名菩薩，或求覺果之有情者之勇健者，或由妙惠及善方便利樂無方，故言菩薩。摩訶薩埵，云大有情。簡求小覺及凡下位名摩訶薩也。

阿耨　奴沃反。古音作奴豆反，作耨，耘耨也。借聲也。

多羅三藐　弭藥反。本是邈音，紫草也。玉篇：音摸角反，又彌紹反。今借音弭藥反。

三菩提　阿耨已下合云無上正等正覺也。末伽云道，菩提云覺也。

陀羅尼　云總持，以少略含多。

殖衆　上時力反。蒼頡篇：種也。廣雅：積也，立也。下平、去二聲皆得也。

常爲　榮僞反。玉篇：使也，被也。母猴，爲此禽獸好爪持人。[爪]，母猴象。腸爲母猴形(三)。象形字也。

文殊師利　曼殊室利，此云妙吉祥。

颰陀波羅　颰，三蒼音盤末反。亦作跋。有云颰陀婆羅，乃梵音也。此云賢護。

彌勒　梅怛利曳，此云慈氏。大論云善守。慈爲本姓，或以心行爲姓也。

釋提桓因　釋迦提婆因達羅。釋迦，刹帝利姓，此云能也。提婆，天也。因達羅，帝也，即釋中天帝也。

娑婆　索訶，唐云堪忍。由多怨嫉，聖者於中堪耐勞倦而行教化，故名堪忍也。

梵天　梵摩，此云寂静，或云清静潔，皆得。葛洪字苑訓梵爲潔也。

跋難陀　賢喜也。

娑伽羅　亦以娑竭羅，鹹海名也。

和修吉　筏蘇枳，此云九頭。

德叉迦　此云多舌。

阿那婆達多　阿那婆踏多，唐云無熱惱，池名。

摩那斯　摩捺斯，此云慈心。

漚鉢羅　殟鉢羅，云是紅蓮花。有作優鉢，應從殟爲正也。

緊那羅　緊捺落，云歌神。

樂　五孝反。令愛樂也。梵云摩奴是若颰縛羅，此云可竟(意)(四)，亦名如意。音正法花經云：一名柔爽，二名和音天子是也。

乾闥　他達反。

婆　健達縛，此云尋香行作樂神也，海中亦有，屬於天也。

阿修羅　阿素落，唐云非天。

婆稚　跋稚迦云團圓。正法花云：一名最勝是也。跋陀，縛義，此非被縛。稚或作稊、穉皆得，同，直利反。

佉羅騫馱　騫爲去(五)音，下爲陀音。此云廣肩髆。

毗摩質多羅　吠摩質怛利，此云綺畫，或云寶飾。

羅睺　羅怙羅，云執日。

迦樓羅　揭路茶，此云妙翅鳥。

韋提希子阿闍世王　吠題呬，勝身。吠是勝義，題呬云身。即東洲之名。毗題訶男聲呼，此女聲呼。此是山神名，從彼乞得即母稱也。阿杜多設咄路，此云未生怨，別名折指，王名也。

加趺　古遐反。爾雅：加，重也。則交坐。除災横經等云「結交趺坐」是也。有趺不知所從，俗字也。江南謂開膝坐爲跘跨坐，山東謂之甲趺坐也。跘音拔患反，跨音口化反。

無量義處　用去聲也。

三昧　莫佩反，三摩地。此云等持，平等持心住境也。

天雨　于矩反，亦有爲芋音。

曼　上本音萬字，下從又，有從万者，俗字也。今借云莫般反，爲順梵音也。

陀羅花　適意花也。

曼　音准上。

殊沙花　柔耎花也。

六種震動　職刃反。玉篇云：震亦動也，起也。

優婆塞優婆夷　鄔波索迦、鄔波斯迦。鄔波，近也。迦，事也。索是男聲，此云近事男。斯是女聲，此云近事女也。

夜叉　藥叉，此云勇健，即飛行者也。亦含攝地行之類諸羅刹婆。羅刹婆，此云暴惡，亦云可畏也。

摩睺羅伽　莫呼洛伽，此云大腹，大蟒、青蛙之類也。

放眉間白毫　胡刀反。莊子疏云：毛之秀者曰毫。玉篇云：毫，毛長也。觀佛三昧經：爲太子時舒長五尺，樹下長一丈四尺五寸，及成佛已長一丈五尺，放之圓卷，如秋滿月，分明皎潔，色類珂雪。

靡　密彼反。爾雅：靡，無也。

阿鼻　阿鼻至，此云無間。

地獄　梵云捺落迦，此云苦器，亦云不可樂，亦云非行，非法行處也。或在山間、曠野、空中。今言地獄者，在大地之下也。

阿迦抳吒　竹嫁反。古文度同。阿迦云質礙義；抳瑟搋，究竟義。抳，女几反。搋音敕加反。

修行　下孟反。施之名也，即行造修也。

相貌〔六〕　莫教反，儀也。有本作貇及狠皆非也。

般　博官反，今借音博末反。

涅　年結反。説文：黑土在水中者。從水土，曰聲也。有從工作涅，非也。

槃　波利抳縛諵。唐云圓寂。抳音奴吉反。縛去聲呼。諵音奴咸反。

舍利　設利羅，此云體。

塔　梵云窣堵波，此云高顯。制多，此云靈廟，律云塔婆，無舍利云支提。今塔即窣堵，訛云塔。古書無塔字。葛洪字苑及切韻：塔即佛堂，佛塔，廟也。

瑞　時僞反。玉篇云：節信也，符應。與睡同音也。

偈　梵云伽陀，此云頌美歌也。室盧迦謂三十二字，四句一偈也。

出柔耎　而兖反。廣雅：柔耎，弱也。通俗文：物柔曰耎。漢書：耎不勝任也。俗作軟，非也。耎下耎〔七〕，通用，有作濡，非也。

遭苦厭　於艷反。玉篇：厭猶飽足，而不欲復爲也。

恒沙　殑伽，河神名也。河從神立稱。此河具五義，諸經多寄爲喻。殑音其矜反，又取上聲也。

金　説文：五色金，黄之爲長，久埋不生，百鍊不輕，從革不違。西方之行，生於土，故從土，左右點象金在土中之形，今聲也。應爲金字也。

銀　白金也。

珊瑚　赤色寶也。

摩尼　末尼，如意珠也。

車渠　牟娑洛揭婆，此云車渠，微有青白間色也。

馬瑙　遏濕摩揭婆，此云杵藏。遏濕摩，杵義。揭婆，藏義。或言胎，取其堅實。言馬瑙者，色如馬腦故也。諸書作瑪瑙字者，玉類故也。或作碼碯字，石之類也。

奴　怒胡反。古有罪人，没官爲奴。説文：古文爲伮字也。

婢　毗俾反。俾音卑婢反。說文：婢者，女之卑稱。

車　昌耶反。說文：輿輪之總名也。夏后氏奚仲所作，古音居。古者車如居，言行所以居人也。今曰居，舍也，言行者所處如舍之居。象形字。

乘　食證反。廣雅云：乘，駕也。謂可乘者耳。周禮：四馬爲乘。乘，載也。

輦　力展反。說文：人輓車也。在前人引之。古者卿大夫亦乘輦。自漢以來，天子乘之。玉篇：天子皇后所乘車曰輦也。

輿　余據、與居二反。說文：車輿也。一曰車無輪曰輿。今者車輿形别於古。今〔八〕玉篇：衆也，載也，舉也，多也。有作轝者，非也。

駟　息利反。說文：四馬共一乘。謂四馬爲駟。玉篇：逐也。房星四謂之天駟也。

欄　落干反。鈎欄或作闌。說文云：門遮也。有本作蘭，香草也，非此義。欄、闌皆得也。

楯　食尹反。說文云：楯，欄檻也。又王逸注楚辭云：檻，楯也。縱曰檻，横曰楯。玉篇在木部，時允反。

華蓋　户花反。古今注云：黄帝與蚩尤戰於涿鹿之野，常有五色雲氣，金枝玉葉，止於帝上，有花蘤之象，故因而作華蓋焉。華字又音呼瓜反。西域暑熱，人多持蓋，以花飾之。幢幡華蓋者也。涿音卓，蘤音毀也。

軒飾　上虚言反。聲類云：安車也。說文：曲輈轓車也。亦爲幰字，虚偃反。玉篇：布張車上以禦熱也。飾以寶物裝飾車也。轓音甫煩反，飾從飤從巾也。

妻　青奚反。說文：婦與己齊者也。從𡴑從女也。持事妻職。

而被　皮義反。服也。被，帶也。有本作披，敷羈反。方言：散也。今串著也，應從被。

破魔　魔羅，此云破壞義。又言魔卑夜，此云惡者。云波旬，訛也。成惡法，懷惡意也。惡魔波旬，號名並述。

宴　煙見反。安息也。有本作晏，烏澗反。亦默也。古文作燕，亦安息也。

未嘗　尚羊反。小爾雅云：嘗，試也。謂蹔爲之也。

捶打　上之蘂反，擊也。下吴音頂，又都挺反。今取秦音，得耿反。說文云：以杖擊也。廣雅：捶打，擊也。

肴膳　上胡交反。國語云：飲而肴。賈逵曰：肴，葅也。玉篇：豆實也。凡非穀而食之曰肴食也，啖也，菜肉之類。說文：膳，具食也。周禮：膳夫。鄭玄曰：膳言善也。今時美物亦云珍膳。廣雅：肴膳，肉也。皆從肉善聲也。又有作餚饍二字，撿無所從，近代出俗字也。

旃檀　旃檀那，謂牛頭旃檀等。赤即紫檀之類，白謂白檀之屬。古作旃丹。切韻作栴，非也。

教詔　上古孝反。教，訓也。下招曜反。字林：詔，告也。爾雅：詔，導也。郭璞謂教導之也。釋名云：詔，照也。人闇於成事，即有所犯，以此示之，使照然知其所由。有本教招，教無平音；招，誘進也。

由旬　踰繕那，限量義有餘。經說：四十里爲一踰繕那。俱舍論說：「極微微金水，兔羊牛隙塵，蟣虱麥指節，後後增七倍，二十四指肘，四肘爲弓量，五百俱盧舍，此八踰繕那。」十六里半餘。

縱　即容、子用二反。詩云：從横其畝〔九〕。韓詩傳曰：南北曰從，東西曰横。周禮：九州之地域廣輪之數。鄭玄：輪，從也，廣，横也。廣雅作從。切韻唯作蹤、縱、鏦三字。有作從，不知所出也。

珠交露幔　莫半反。説文：幔，幕也。從巾曼聲。在傍曰帷，在上曰幕。幕，覆也。覆，露也。諸經珠交露盖、珠交露車，同其事也，有作縵。説文繒帛無文曰縵，非幔正體。見寶塔品，當更重釋。

和鳴　上胡戈反。説文：音樂和調也。詩云「和鈴央央」是也。

是　有作爾時，應從是時爲定。

惟　玉篇：思也，念也，謀也。

忖　倉本反，度也。

雨大法雨　二皆宇音，初或竽音。

吹　出爲反，尺爲反，今從初。口氣出。

螺　落過反。俗字也，水蟲也，正作蠃也。

阿僧　阿僧企耶，此云無央數，數之盡名。俱舍論説：本數有六十，傳失其八，無央數是第五十二。華嚴經説一百二十數中無數第一百二十數。

劫　劫臘波，此云分別時分之名也。

辟支佛　辟支迦，此云獨。佛陀云覺。

説應　憶興反。傳曰：應當謂根法相稱。切韻：又於證反。物(總)〔一〇〕謂契應也。

姓　説受(文)〔一一〕：人所生也。古之神人聖人母感天而生子，故稱天子。因生以爲姓，故姓字從女從生，生亦聲也。

頗　傍河反。

羅惰　婆羅門姓。

懈　古隘反。懶也。玉篇：倦也，怠也。

倦　渠眷反，疲也。玉篇：懈也，絢也，極也，止也。亦劵字，或作傍，有作惓字，並不知所從也。

沙門　止息義，以得法故暫寧息諸惡也，故或言喹羅摩拏，或喹摩那拏，此云功勞，謂修道有功勞也。

婆羅門　净行義，四類之中習净行故。

多陀阿伽度　怛他揭多，云如來也。

阿羅訶　阿羅漢，此云應也。

三藐三佛陀　此云正等覺。

利養　餘兩反，無餘亮音也。

懈怠　上古隘反，下徒亥反。爾雅：懈即怠也。集注：懈，極也，怠，嬾也。釋名：懈，解也。骨節解緩耳。切韻：疲也。作怠懈，慢也，惰也，荒也，放散身體也，墮落也，嬾也。

瑠璃　吠瑠璃，或但云瑠璃。

頗梨　力私反。頗胝迦，此云水精，又云水玉，或云白珠。大智度論中此寶出山石窟中。一云過千年冰化爲之。此言無據，西方暑熱，土地無冰，多饒此寶，何物化焉？此但石類，處處皆有也。

適從　上聲赤反。三蒼：古文作適(適)〔一二〕。謂近也，始也。

族姓　上徂鹿反。尚書：方命圮族。注云：族，類也。周禮：四閭爲族。鄭玄云：百家也。族亦聚也，姓也。

妙法蓮花經　方便品

便　緛面反。去聲。字統云：人行不善，更之則安。故論語云：更也，人皆仰之。故從人從叓。叓字從丙從攴，攴音普卜反。

詳　似羊反，審也。説文：審，議也。廣雅：詳，諟也。古文作辪。

無礙　五代反。古文硋，同。説文：礙，止也。廣雅：礙即閡也。有作閡，亦古文礙字。小爾雅：閡，限也。説文：外閉(閉)〔一三〕也。有作㝵，非也。㝵音得。説文：得，取也。尚書「高宗夢得説」是也。衛宏詔定古文官書云：㝵、得二字同體。㝵非此用。

盡　津引反。任也，窮也。或秦引反，本盡之盡也。

思　息字反。

十方刹　初錯反。切韻作刹。差多羅云田，土田也。或云國土，義譯之耳。案刹，字書所無，説文作剎字，略爲刹。剎，楚乙反，傷也。字從桼，音七。

稻　從〔一四〕皓反，與道同音。

所趣　七句反，又七俱反。今從初，宗歸意況也。

甚深妙　有作微妙，二皆無失。

絪　文兩反。疑喻如絪羅生難出也。

猶豫　上弋周反，下弋庶反。説文：隴西謂犬子爲猶。猶性多疑，豫在人前，故凡不决者，謂之猶豫，與狐疑同。爾雅云：猶如麂，善登木。郭璞：健上樹也。麂，居履反也。

此輩　補配反。群黨也。説文：軍法發車百兩爲一輩。從車非聲，從北錯也。蒼頡篇：輩，比也。廣雅：等、黏、輩，亦類也。黏，補槃反。玉篇：輩，部比類也。

增上慢　莫晏反。切韻：欺爲謾，緩爲慢。玉篇：慢，易也，輕侮也，遲也，惰也，不畏也，緩也，又倨也。或爲嫚字也。

默　莫北反。静也，俗作嘿，非也。

制止　諸市反。非紙，亦非旨。

佳矣　上古膎反。説文：佳，善也。廣雅：好也。膎，户佳反。膎，腼也。

唯然　上弋誰反。説文：諾也。廣雅：譍也。禮記：父召無諾，先生召無諾，唯而起。鄭玄曰：唯者，譍之敬辭。唯恭於諾。又借音弋水反，亦語辭也，然順可也。

優曇鉢華　鄔曇鉢羅，瑞應花也。

從諸佛　有本從佛，二皆無失。

但教　上徒旦反。聲類云：但，徒也。徒，空也。

濁　直角反。滓穢也。

垢　古厚反。污穢也。點染不净也。

慳　苦閒反。慳已得。

貪　他含反。婪未得。

嫉妒　上秦悉反。秦入聲。玉篇：辭栗反。古文誎、㑵、愱三形，同。下當故反。楚辭云：故興心而嫉妒。王逸注楚辭云：害賢曰嫉，害色曰妒。説文：婦妒夫也。從女户聲。

瑕疵　疾移反。古文𤵸(疵)〔一五〕同。瑕，過也。説文：疵，病。玉篇云：玉内有病曰瑕，玉外有病曰疵。今作疵者，法内之人有煩惱病，如玉之有瑕，非如玉外病也。

糟　作曹反，酒滓也。

糠　苦崗反，米粃也。

斯人尠　息淺反，少也，有作鮮。玉篇：鮮亦少也。

修多羅　素怛纜云契經。

伽他　云頌。

祇夜　祇焰，應頌。

優波提舍　鄔波提鑠云論議。有作優婆，應從波爲正也。

矜高　上居陵反。尚書云：汝惟弗矜，天下莫與汝争能。孔安國云：自賢曰矜。禮記：孔子〔一六〕不矜而莊。鄭玄云：矜謂自尊大也。

諂曲　上丑冉反，佞也。説文作讇，同。莊周云：希其意道其言曰諂。玉篇：諂，諛也。傾身似有下也〔一七〕。有作讇，同。

玫瑰　説文：上莫回反，下胡魁反。火齊珠也。一曰石之美好曰玫，圓好曰瑰。郭璞：玫瑰，石珠也。張揖：玫瑰琅玕珠出崑崙開明月山。

石廟　眉召反，古文庿。白虎通、玉篇：廟，皃也。先祖尊所在，故稱廟。

木櫁　字苑：民一反，香木也。切韻：樹名，作樒。玉篇：櫁者，香木也。有作蜜，非也。其樹似槐而香，極大，伐之五年始用。若取其香，皆預斫之，久乃香出。

鉛錫　上與專反。説文、玉篇：青金也。尚書：青州貢鉛錫。是錫銀鉛之間。

作樂　五覺反。世本云：黄帝世伶倫作樂。説文：五聲八音總名爲樂。禮記：此音而樂之，干戚羽旄謂之樂。鄭玄：八音克諧謂之樂。亦音盧各反。

擊鼓　姑户反。玉篇云：動也。凡出音曰鼓。擊也，鳴也。

吹角　曲形而似角，即大角。

貝　贏也。

簫　蘇彫反，管也。玉篇：編小管所吹。又作箾，音山卓反。樂也。

笛　徒歷反。七孔籥也。俗名直（笛）〔一八〕。玉篇：五孔竹笛，羌笛三孔。

琴　説文：琴，禁也。神農作也。玉篇言：君子守正以自禁也。

箜篌琵琶鐃　女交反。如鈴而大。廣雅：鉌、鑾、鐃（鐃）〔一九〕、鐸，鈴也。説文、玉篇：小鉦也。軍法十長執鐃，五人爲伍，五伍爲兩，兩司馬執鐸。

銅拔　蒲撥反。亦爲跋。今關東多作兩扇，相擊出聲。有作鈸，無所從也。

歌唄　蒲介反。梵云婆師，此云讚嘆。婆音蒲賀反。先云唄匿，訛也。此乃西域三契聲如室路拏所作是也。宣驗記：陳思王曹植登漁山，忽聞巖岫有誦經聲，清婉遒亮，遠谷流響，遂依擬其聲，而制梵唄。至今傳之。唄亦近代字，無所從也。

犛　卯（卯）交反。説文：西南夷長髦牛也。今隴西有此牛。切韻作犛，其毛作氂〔二〇〕，犛牛也。有作貓，貓乃人間所畜捕鼠者是，非此牛之義也。

蔽　必袂反，掩也，以貪掩心。有作弊，毗祭反，困也，以貪困也。

釋迦文　釋迦，能，姓。劫初之時，未有君長，衆推有道以爲司契，共立一王，號莫訶三末多，云大等意樂，謂大衆齊等意樂立爲王也。即佛高祖以嫡相從，曾不失墜，共讚能爲人帝。因斯遂姓釋迦。牟尼，寂義，佛之別號，謂能寂默生死惡法，亦能證得涅槃寂理。姓號雙舉，故云釋迦牟尼，今語略云釋迦。大智度論云：釋迦文尼即牟尼，同譯殊略尼字也，云釋迦文也。

南无　正言納慕，亦言納莫，此云敬禮。若言伴談，或云伴題，此云禮拜。言和南皆等訛謬也。有本稱南无，諸佛應從喜稱南无佛爲正也。

妙法蓮花經　譬喻品

譬喻　上匹義反。玉篇：喻也。比類以相曉。喻，羊孺反。或爲諭，亦譬也。玉篇：曉也，譬諫也。

踊　餘隴反。跳也。

躍　以灼反，跳也。

不豫　余據反，入也，安也。切韻：逸作豫，古文與同。爾雅：逮、及、與也。左傳云：公必與焉。亦爲預先辦也，備也，早也。

我嘗　謂曾如此。有作常，謂恒如此。

每作　上莫載反。字林：莫改反。三蒼：每，非一定之辭也。每猶數也，屢也。

等咎　渠久反。廣雅：咎，過也。體從人，各人各相違成過咎耳。

斷　徒管反。截也，絶也。又都亂反。玉篇：斷，决也，齊也。今從初也。

演暢　敕亮反。廣雅：暢，達也，明也。

華足安行　胡孟反。行，安樂行也。

倫匹　上力均反。廣雅：同、等、比、輩、倫，匹也。又倫，類也。匹，配也。匹從匸從八，八葉一匹，又八亦聲。

深奥　於報反。爾雅：西南隅謂之奥。郭璞：室中隱奥之處也。釋名云：不見户明所在，祕奥也。説文：奥，究也，藏也。

道叵　普我反。三蒼：叵，不可也。反正爲乏，反从爲比，反可爲叵，皆從字意也。

然舍利弗　然，如延反。玉篇：不然，不許然，猶必亦如是也，然也。説文：從肉從犬。今時作然。

聚落　廣雅：聚落，居也，聚也。謂人所聚居。漢書「無燔聚落」是也。

衰邁　莫介反。説文：邁，遠行也。廣雅：歸，往也。

僮　玉篇：徒東反，獨也。説文：男有罪爲奴曰僮。廣雅：僮、僕，役，使也。今皆作僮也。

僕　蒲木反。古文作蹼（蹼）〔二二〕，同。廣雅：僕亦附著人也。玉篇：仕於家曰僕。給也，使也，使役也。

隤　説文：大迴反，下墜也。從𨸏貴聲。廣雅：壞也。古文作頹、壝二形，同。切韻：若作頹，暴風也；若作頹，禿也；若作摧隤，全屋破也。玉篇作隤，泰山其隤，言墜下壞也。

腐敗　上扶雨反，朽也。與父同聲，下有敗字應作府音，或撫音，猶里名勝母，曾子不入。

梁棟　爾雅：宋廇謂之梁。郭璞云：屋大梁也。亦通語耳。棟音東弄反。説文：棟，屋極也。釋名云：棟，中也，居屋之中。宋音亡，廇音力救反。

欻然　上許物反。蒼頡篇：欻，猝起也。西京賦：欻從背見。薛綜：欻，忽也。切韻：暴起皃。玉篇亦忽也。

焚燒　上扶雲反。廣雅：焚，燒田也。字從火燒林意。古文作炃、燌二形，同。

嬉戲　説文作僖，樂也。蒼頡篇女部作嬉。二皆喜其反。下希義反。戲，笑也，美也，遊也。字從戈。有作憙，許記反。非此本意也。

切己　廣雅：切，近，又亦迫也，割也。字從刀，七聲也。

衣裓　説文：宗廟奏戒衣。從衣戒聲。玉篇衣部：古來反，戒也。相傳從衣戒，孤得反。襟也，今時女人衣前裓是也，天衣類同，未詳字所出也。

我當爲　榮危反。玉篇：敷施也。亦榮僞反，助也，因也。字從爪。

珍玩　五喚反。字林：弄也。廣雅：玩，好也。玉篇：戲弄也。尚書：玩人喪德，玩物喪志。孔安國：以人爲戲弄則喪其德，以物爲戲弄則喪其志。有本作翫習、貺好之字，皆非。

玩好　呼到反。玉篇：愛也。又呼老反，玉篇：宜也，善也，美也。

適其　上尸赤反。三蒼：適，悦也。謂稱適耳。廣雅：適，善也。謂事物善好稱人心也。

勇鋭　羊稅反。廣雅：鋭，利也。說文：鋭，芒。

推排　上尺隹反，無(又)[二二]土雷反，下步皆反。蒼頡篇：推，軵也，前也。說文：推，排。排，盪。軵音而勇反。

四衢　巨俱反。爾雅：路四達謂之衢。郭璞：交道四出者也。釋名云：道四達曰衢。齊魯之間四齒把爲衢，衢把地則有四處，此道似之，因以爲名。

垂諸華　準頌音花。

綩綖　上字林：一遠反。有作蜿、蠕二形，非也。下三蒼：以旃反。案諸書：綩綖，紘冠也。綖，冠上覆也。玉篇：冠前後而垂者，不可車上重敷冠覆。今理應作婉美之婉，席蓐之筵，文蓐華氈之類綺麗席也。

丹枕　有釋枕著仙丹可以延壽，此謂不然。案天竺無木枕，皆以赤皮疊布爲枕，貯以覩羅綿及毛絮之類，枕而且倚。丹，赤色也，即同諸經朱色枕耳。頭枕、倚枕悉赤如丹。

姝好　上倡珠反。字林：姝，好皃。方言：趙魏燕代之間謂好爲姝。詩云：静女其姝。傳及玉篇：美色曰姝。有作侏，莊也。下呼老反。美善宜也。

幼童　徒紅反。古童謂僕，今謂童子。古僮謂童子，今謂僕隸。玉篇：童子者謂幼童迷[二三]昏未冠之稱。無角牛謂之㹅牛。今應爲童，僮古字耳。

不匱　渠愧反，與櫃同。禮記：即財不匱。鄭玄：匱，乏也。詩云：孝不匱。傳曰：匱，竭也。

得免　靡辯反，黜也。有作俛，俯也。玉篇：免，靡蹇反，赦也，脱也，解也，去也，自止也。

方便勉　靡辯反。勗勵也。有作免，引也。

保任　上補道反，當也。下如林反，保也。言可保信，或保證任安信持也。

摧　昨恢反。折也，倒也。

圮　字林：父美反。說文：毁也。虞書：方命圮族。爾雅：覆友(也)[二四]。撿切韻：符鄙反，上聲音。岸毁也。

坼　字林：恥格反。說文：裂也。廣雅及玉篇：分也。

塗　度都反。輓覆也。

阤　說文：文[二五]爾反。山崩也，從自也聲。方言：阤，壞也。玉篇：毁壞也，落也。有作褫。說文、切韻：奪衣。從衣虒聲。切韻：以角能入水行。虒音斯。廣雅：阤，䘺音奪，正作陊。切韻：山崩也。有作拕，玉篇：直紙反。折薪隨其木理也。有作虩，不成字，非也。

覆苫　字林：舒鹽反。茅苫也。爾雅：白蓋謂之苫。李巡云：白蓋編之以覆屋曰苫。

椽梠　力舉反。方言：屋梠謂之櫓。郭璞：即屋檐也。亦呼爲連緜，亦名㮰。說文：梠，㮰[二六]，通語也。㮰音毗。切韻：梠，㮰端木，今雀梠也。

差脱　上音楚解、楚宜、楚佳反，今從後一。下徒活反，又吐活反。

周墇　之亮反。說文：擁塞也。從土。有作障。玉篇：之尚、之楊二反。說文：隔也。通俗文：蕃隔曰障。蕃，甫煩反。

鵄梟　上充尸反。梵云何利耶，此云鵄。古文鴟、鵄二形，同。

爾雅：狂茅鴟。舍人曰：狂，一名鴟，喜食鼠，大目也。郭璞：鵂，鴟也。又云怪鴟也。鵂音項反[二七]。

鵰鷲　上丁堯反，籀文作雕。穆天子傳：爰有白梟青鵰，執犬羊，食豕鹿。郭璞：今之鵰亦能食麞鹿耳。鷲音就。梵云姞栗陀羅，或言揭梨闍。山海經：景山多鷲鳥。説文：鷲，鳥，黑色，多子。師曠：南方有鳥名曰差鷲，黃頭，赤咽，五色皆備。西域記：色蒼黃，目赤也。

蚖　字林：五官反。切韻亦愚袁反。古文作螈。玉篇：蛇醫也。蠑蚖、蜥蜴、蝘蜓、守宮，以别四名。崔豹古今注：蠑螈，一曰蛇醫。大者長三尺，其色玄紺，善魅人。一名玄螈。漢書云螈。韋昭云：黑螈，蜥蜴也。在舍名守宮，以血塗女人臂，女有過者，洗之不落，因名守宮。在草石中名蜥蜴，在澤名蝘蜓，通名蠑螈。准此遺教有錯寫云：譬如黑蚖，在汝室睡。應言黑螈，正應爲元，但以蚖、蚖相類，遂錯寫焉。或云蚖有二類，一即守宮，二黑短蛇。遺教不錯，故彼又云：睡蛇既出，乃可安眠。蚖者，黑短蛇，與餘蛇别，非守宮也。不爾，此經下别守宮，上復説蚖，一何重踏。故俗書解與經義别。曾見南僧説蚖咬人，唯遺藥王草能療之，必若無，即死。

蝮　妨陸反。爾雅：蝮虺，博三寸，首大如擘。孫炎：江淮以南，謂虺爲蝮，有牙最毒。音義曰：蝮蛇鼻上有針，一名反鼻蛇。三蒼：蝮蛇色如綬綬，文間有鬣，大者七八尺。擘，補麥反。玉篇：蟲也。蝮螫手即斷手。

蜈蚣　音吴公。字林：蝍蛆也。甚能制蛇，大長者尺餘，赤足者爲良，黃足者不堪用，人多炙之令赤，非真也。蝍音即(郎)[二八]，亦子結反。蛆，子餘反。

蚰蜒　音由延。江南謂大者即蜈蚣也。

守宮　此在舍者，江南謂蝘蜓，然體一物，山東謂蝀蝛，陝以西謂壁宮。東方朔言：非守宮，即蜥蜴。蝘蜓，烏殄反。蜓音殄。蝀，此亦反。蝛音覓也。

狖　字林余繡反，江東之名。又余季反，建平之名。山海經：鬲山多蜼。郭璞云：似獼猴而大，蒼黑色，尾長四五尺，似獺尾，頭有兩岐，天雨即倒懸於樹，以尾塞鼻，江東養之捕鼠，爲物捷健。爾雅：蜼卬鼻而長尾。切韻：蟲名，似鼠作鼬。獸名，似猨作狖，狖是古字。有作貁，不知所從。依此應爲鼬狖，非惡性故也。玉篇：狖，似狸，捕鼠。與切韻别。鼬似石啖鼠。石啖鼠亦呼爲鼪，鼠性，音鼠，乃同字林解。

貍　理之反。説文：伏獸似貙。從豸里聲。有作狸，無所從。

鼷鼠　上胡鷄反。説文：小鼠也。爾雅：鼷鼠。郭璞玉篇：有螫毒，食人及鳥獸，雖至盡，亦不覺痛。今謂甘口鼠也。

臭處　上赤救反，惡氣也。下昌與反，可惡賤皃。玉篇又息也，居也。謂止也，謂惡氣息居止。下又杵恕反，穢惡之所也。

狐狼野干　扈都反。玉篇：妖獸也。鬼所乘有三德，其色中和，小前，大後，死必首丘。梵云悉伽羅，此言野干，色青黃如狗，群行夜鳴，聲如狼。子虛、上林賦：騰遠野干。司馬彪、郭璞注並云：射干，能緣木。射音夜。廣志云：巢於危巖高木。禪經云：見一野狐，又見野干。故知二别。

咀嚼　上慈呂、情呂二反。字林作齟。蒼頡篇：咀，嚌也。字林：咀齧曰嚼。切韻：噬也。玉篇：噍也，茹也。含齩咀嚼也。

齘齧　上相傳在詣反，謂没齒齩也。切韻：嘗至齒。應作齘，其齘又爲截音，齧斷筋骨也。不知齘字所出。有本作齽，亦作齘，同。竹皆反。通俗文齧挽曰齘，恐錯爲齘。下五結反。噬，齩也。少噬爲齧，没齒爲齽。又傷皮肉爲齧，少噬爲齘。唯陟皆反爲正，餘皆非也。

摶撮　上補各反。廣雅：摶，擊也。玉篇：拍也，拊也。下倉捋反。字林、切韻：手取也。廣雅：持也。釋名：撮，卒也。謂暫卒取也。玉篇：四圭曰撮，又三指撮。有作子括反，音非此義。切韻：手把作攥，子活反。

樝掣　上字林：反〔二九〕側加反。釋名云：樝，叉也。謂五指俱往叉取。玉篇：五指撮也，擊也，抱也。切韻：樝，似梨而醋。應作皻，以指按也。有作柤、皻二形，同。有作齇齰。說文：齒不正。非此中義，或作撦，音車者反。裂壞也。下充世反。字林：拽也。字書：牽也。釋名：掣，制也，頓使順已。玉篇：引而縱之。或作摩（瘳）〔三〇〕，同。又尺折反。曳，延結反，謂五指叉而曳之，或以指按而拽之，或復撦攞引而縱之也。

啀喍　上五佳反，下音柴。犬鬭也。玉篇：犬相啀。埤蒼：犬相啀拒也。說文玉篇作齜，謂開口見齒曰齜啀。切韻齒不正曰齹䶦作齹。有云啀齜，騫脣露齒之皃。有作喍，不知所從。

嘷吠　上胡刀反。古文作獋。說文、玉篇：咆。吠，犬鳴也。切韻：熊羆虎聲也。

魑魅　上敕知反。說文作离。三蒼諸字書作螭。玉篇、切韻作魑。下莫祕反。說文、玉篇：老物精。通俗文：山澤怪謂之魑魅。正法花：妖魅。古文魅[作]〔三一〕魖，今作彪也。

魍魎　上亡倣反，下力掌反。說文：蛧蜽，山川之精物也。通俗文：木石怪謂之魍魎。玉篇：水神也。古文爲蛧蜽也。

孚乳　通俗文：夘化曰孚，芳無反。字林：撫于反。廣雅、玉篇：孚，生也。方言：雞伏。通俗文：夘是也〔三二〕。玉篇：㚢〔三三〕伏也，夘孚也。下而注反。切韻：濡主反。蒼頡篇：乳子也。玉篇亦生也。鳥養子曰孚，獸養子曰乳。

產生　皆有去音，應從平聲。玉篇：生，產也，進也，造也。因物造變謂之生產，亦生也。

鳩槃茶　宅加反，伴茶云可怖畏也。

蹲踞　上徂尊反，猶虛坐也。下居御反，倚也。字林：垂足實坐也。舊經言箕坐也。

土埵　字林：丁果反。切韻：小土聚隅。有爲堁音，此鄙俚也，非。玉篇：埵〔三四〕也。音丁戈反。堁，小塊累豎（竪）〔三五〕土也。堁也。切韻：丁戈[反]〔三六〕。作垛，小堆。

樸（撲）令　上龐邈反。通俗文：争倒曰撲。有作朴（扑）〔三七〕，音普卜反，打也。玉篇：擊也。手搏，非此義也。

裸　借音胡瓦反。赤體也，應作躶。

窺看　上丘規反。字林：小視也。方言：凡相竊視甫視〔三八〕楚謂之窺。又作闚，同。下苦寒反，亦苦旦反，視也。

屬于　上之欲反。付也，由也。又時燭反，攝也，貫也，應爲屬字也。

爆聲　上博教反，火深烈也。又普剝反。說文：爆，灼也，謂皮散起。玉篇火部：補角反，蒲角反，頗角三反。灼也，熱也。有作古文㬥字，憤起也。古文又作㲒。

周慞　諸良反。懼也。遍驚不安之狀。或爲章字，周流也。從初也。

惶怖　上胡光反。悚也。下普故反，怕也。

藏竄　七亂反。逃也。玉篇：藏，敝也。

毗舍闍　畢舍遮。傳云：似冬瓜鬼也。

食噉　大敢反，食也，或與啖同。

蓬勃　上蒲公反。氣如蓬之亂起，有作熢，即㸅火之㸅。火亦如無，蓬音非也。下蒲没反，勃，盛也。蓬勃，繁盛之皃。若塵起作㶿，火香作馞。今言臭氣馞馞作馞亦得，或如蓬繁亂，有作焞，無所從也。

周章　楚辭：聊翱翔兮周章。王逸曰：周流也。謂周流往來。或作慞惶，怖也。從初爲正。

衆難　上職隆、之仲二反。

宅主　玉篇：主，親也，典領也。天子嫁女，同姓諸侯主之，故謂公主，又守也。

先因　先，蘇見反，蘇前反。今從初，亦先也。

稚　直利反，幼弱也。

告喻　榆句反。論語：君子喻於義，小人喻於利。孔安國：喻，曉也。蒼頡篇：喻，譬諫也。説文作諭。

災　則才反。左傳：人火曰火，天火曰灾。籀書作災。

蔓莚　西京賦云：其形蔓莚。洪範：上音萬，下餘戰反。廣雅：蔓，長也。延，遍也。王延壽：軒檻蔓莚，謂長不絶。有作延。火災連燒如蔓草。又以然反，如蓆火災長不絶。

此苦難處　難，奴干反。處音昌與反。詩云：莫我遑處。傳曰：處，居也。禮記：何以處我。鄭玄曰：處，安也。謂難可安處。或二皆去音，謂苦難處所也。

妣湎　上丁含反。愛樂也。有作躭，嗜著也。古文媅。説文：亦樂也。下緜善反。説文：妣於酒。切韻：亦嗜著亂。古文酾，有作媔，不知所從也。

張施　式枝反，非施智反。

諸瓔　於盈反。瓔珞，珍纓也。説文、切韻：冠纓作纓。

繒纊　上疾陵反，下苦謗反。説文、切韻：繒，帛也；纊，絮也。小爾雅：纊繒也。通五色皆曰繒。三蒼：雜帛坐以錢客，如失縟華氈，故名茵蓐。有作鞇，車中所坐者也。用虎皮爲之，有文彩，因下與相連著。切韻：鞇，虎皮也。以鞇爲蓐。有作裀，切韻衣身此中義。三蒼：蓐，薦也。切韻：草蓐也。有作褥，氈褥也。

氎　徒協反。切韻：細毛布。今謂不然，别有氎花織以爲布，其毛所作諸褐罽是。

儐從　上必刃反，相也。玉篇：遵也。出接賓，入贊禮曰相(三九)。又儐進之陳也。或作擯，同。下從用反。前導爲儐，後隨爲從也。

熾　處志反。盛也。

汝等累　力委反，積也。

阿鞞跋致　阿鞞跋致云不退住。鞞，陛兮反，以此爲正。下文多云阿惟越致，訛，應從此云。文亦云阿毗跋致，亦訛也。

尚於　上常兩反。玉篇：時亮反。庶幾也，且也。

頻蹙　上牝鄰反。數數。蹙，併踐也。蹙眉作顰。下子六反，迫也。有作顰，顰眉蹙面是也。

畜生　上丑六反。六畜也。又許救反，嗜也。其許郁、丑六二反，皆聚也，非此義也。

頌瘦　上説文：口没反。三蒼：頭禿無毛，從頁乞聲。通俗文、切韻：白禿曰頌。廣雅：頌髻，禿也。有云皮肉乾枯之狀，嘔頌之形。有讀爲口轄反，應作髻，非正也。

梨黮　上力脂反。方言：面色似凍梨。切韻：梨，班駮色。有作黧，字林：力奚反。黑黃也。通俗文：班黑曰黧。玉篇：老也。有作犁。下説文：杜感反。與禫同。切韻：黯黮色。又脱感反，桑葚之色。葚，食朕反。有作於靳反，青黑色，借音耳，彼作黗也。

觸嬈　説文：乃了反。擾，戲也。三蒼：嬈也。郭璞：弄也。廣雅：嫽、誂、擿，嬈也。嫽音遼。誂，徒了反。切韻：戲相擾作嬲。擾亂作摎，拏巧反。玉篇：嬈亦擾。言戲弄也。

惡賤　上烏故反。禮記：吾惡用襄吾情。惡猶憎也。論語：惡紫奪朱。詩云：惡無禮。

馲駝　上盧各反。山海經曰：音託。郭璞云：日行三百里，負三千斤，能知水泉所在出，性別水脈，以足掊地，則泉出。掊，蒲交反。字書作驝。又作駱，馬色白馬黑鬛曰駱，非今義也。下徒何反，有作駞，音同也。

蟒　摸朗反。爾雅：蟒，蛇王也。郭璞：蛇之最大者，故曰王。

聾騃　五駭反。蒼頡篇：無知也。方言：癡騃也。

蜿轉　上威遠反，下追遠反。案蛇無足能行，宛轉而進，故經自云宛轉腹行。

唼　唼，子荅反。字林：唼血也。蟲食曰唼。通俗文、切韻作呩，入口曰呩。古文作噍。玉篇：唼，所甲反。鳧鴈口食曰唼。

矬陋　上徂戈反。廣雅、切韻：短也。通俗文：侏儒曰矬。有作痤，痤癤也。説文：小腫。非此中義。陋，醜也。

癵躄　上吕員反，手拘病也。有作攣。切韻：癵，綴也。陟衛反。攣，拘也。下必益反，脚跛也。

背傴　字林：一父反。通俗文：曲脊謂之傴僂。切韻：傴，背曲不伸也。春秋鼎銘云：一命而僂，再命而傴，三命而俯。杜預云：俯恭於傴，傴恭於僂，身逾曲恭益加敬也。有作膒，字林：一侯反，幽暗也。有作瘟，未詳所出。

所使　所里、所吏二反。今從初。

痟瘦　上相焦反，古文。爾雅、説文作消，盡也。消亦渴病名。切韻：渴病也。

依怙　胡古反。爾雅：恃也。廣雅：賴、依、仰、負，恃也。

親附　符遇反，近也。

醫　於其反。説文：治病工也。醫之爲性得酒而使藥，故醫字從酉殹聲，殹亦病人聲也，酒所以治病者，藥非酒不散。殹音於奚反。有作殹。古者巫彭初作毉，從巫形，俗字也。

療　力照反。三蒼：療，治病。説文作𤻲，同。

杪　初教反。應作抄，或作鈔。玉篇「抄，掠也，强取物也」是也。

竊　千結反。私竊也。

横羅　上獲孟反。非理來也。

園觀　官換反。樓觀也，若舍作館。

瘖瘂　上邑金反。不能言，亦瘂也。下厄賈反。埤蒼：瘂亦瘖也。有作瘖（喑）〔四〇〕。字林：喑，唶也。唶，子夜反。有作啞。字林：乙白反。笑聲也。易云：笑言啞啞。非此之義也。

疽　七余反，亦癰病也。

清潔　堅屑反，亦清也。屑音先結反。

妙法蓮花經　信解品

解　鞵買反，又佳買反、佳賣〔反〕〔四一〕。今從初也。

整 征郢反。

好樂 上呼到反，喜也。下五孝反，欲也。

慶幸 胡耿反。小爾雅：非分而得謂之幸。幸，遇也，亦冀望也，皆非其所當而得之耳。

逃逝 時世反。小爾雅：逝，往也。廣雅：逝，行去。

馳騁 上直知反，下丑領反。廣雅：馳，奔也。騁，走也。

虎魄 普伯反。廣雅：珠名，亦爲珀字。漢[書]〔四二〕罽賓國有虎魄。博物志：松脂入地千年，化爲茯苓，茯苓千年化爲虎魄。一名紅(江)〔四三〕珠。廣志：虎魄生地中，其上及傍不生草木，深者八九尺，大如斛，削去皮，中成虎魄，有汁，初如桃膠，凝堅乃成，其西方人用之以爲盌。盌音烏管反。

臣佐吏民 說文：民，衆萌也。

賚估賈 上始羊反。說文：行賣也。玉篇：通四方之珍異曰賚旅。有作商，商，量也。非此義。估音公户反。字書無此字。唯爾雅郭璞音義釋言注中賚賈作此字。切韻：估，市稅也。賈，說文：加雅反，坐賣也。周禮：九職，六曰司市，掌以賚買貨。鄭玄及玉篇：通物曰賚，坐賣曰賈。白虎通：賚之言商，商其遠近，通四方之物以聚之也。賈者，固也，言物以待民來，希其利也。賈亦通語耳，故左傳荀罃之在楚也。鄭賈人有將寘諸褚中以出。史記「陽翟賈人往來販賤賣貴」是也。

坦 他誕反。說文：安也。廣雅及切韻：平也。

傭賃 上勇恭反。蔡邕勸學注：傭，賣力也。莊子：傭於人者。孟氏：傭，役力也。受直曰傭。切韻亦賃也。說文：賃亦傭也。

灑 所買反。通俗文：以水掩塵曰灑。玉篇：汛也。思見反，散也。切韻：灑，掃也，落也。

出内 上昌遂反。出，出也。詩云「出言有章」是也。切韻亦赤律反。

肆力 上相利反。廣雅：肆，伸也，陳也。謂伸陳役力也。

强使 上巨良反。抑也，堅也。蒼頡篇：健也。役又其兩、其亮二反。

驚愕 五各反，亦驚也。

俞急 上戈(弋)〔四四〕朱反。小爾雅：俞、兹、强，益也。有作愈。爾雅：差也。有作逾，急也。切韻：逾，越也。俞，然也。

擗地 上脾役反。撫心也。有作躃，倒。有作僻，匹尺反，邪也。非此義。

醒悟 上思挺反。字林：醒，醉除也。

豪賢 上胡刀反。淮南子：智出百人謂之豪。古文作勢，說文：勢，健也。

所難 奴旦反。患也，痾也。

憔悴 上昨焦反，下疾醉反。三蒼、切韻並顦顇，廣雅、玉篇作憔、悴、愁，憂也。爾雅：顇，病也。

怪之 上古壞反。怪，異也，驚怪也。凡奇異非常皆曰怪，字從左(圣)〔四五〕。

窻牖 餘帚反。玉篇：道也，向也。

羸 力爲反。弱也。

塵坌 蒲頓反。通俗文：埲土曰坌塵也。切韻：塵，穢也。

汙穢 上字林烏故反。汙，塗也。釋名：汙，洿也。

咄 丁兀反。說文：相謂也。字書：咄，叱也。今謂呼也，訶也。今取呼也。

盈溢 夷質反。滿也，亦作軼。

無希　虛機反。須也。有作悕。

自鄙　補美反。廣雅：羞、愧、鄙，恥也。

於某　莫補反，又莫厚反。尚書：爾元孫某。孔安國：某，名也，臣諱君，故曰某名。凡不知名皆云某。

伶俜　上郎丁反，下匹丁反。三蒼云：伶俜猶聯翩也。亦獨孤皃。切韻：行不正曰竛竮。竛亦郎丁反，竮亦普丁反。竮，又云或作俜。行不正作跉跰。[跉]〔四六〕，吕貞反。跰，敕貞反。切韻：跰，行不正也。有作跉跰。字林：力生反。跰，補諍反，與迸同。跉，不正。迸，散。並非此義也。

蠲除　上古玄反。方言：南楚疾愈者謂之蠲。郭璞：蠲，除也。

悋惜　上力晋反。切韻：鄙，悋也。惜亦悋也。

毀呰　兹此反。說文：呰(呰)〔四七〕，呵也。禮云：呰者，莫知禮也所生。鄭玄：口毀曰呰。切韻：毀作訿。古文訾、呰同。

自娛　遇俱反。樂也。

求索　所戟反，又蘇各反。乞也，求也。

夙夜　上思六反。爾雅：夙、晨，早也。

註記　上竹句反，之喻反。廣雅：注，疏也，識也。字林：注，解也。通俗文：記物曰注。切韻作注，陟住、之戍二反。

駈　有作驅，通同。

殺　有作煞，通同。

眇目　上彌了反。說文：一目小也。釋名：目眶陷急曰眇。方言：眇，小也。切韻：視不正。

薦席　上煎線反，草薦也，所以藉牀施於席下以自温煖也。下祥亦反。考聲云：藉也，茵也。或從艹作蓆。說文：禮：天子、諸侯席有黼黻純錦。從巾從庶省聲也。

草庵　暗甘反。廣雅：奄，屠蘇舍也。考聲：盧也，掩也，以草圍掩之也。有作菴，藥草名菴蕳子也。古今正字云：盧有梁者，痷也。痷即庵也，從广奄聲也。

荷負　何可反，又胡歌反。切韻、韻英：荷，擔也。云揭也，亦也〔四八〕負也。

妙法蓮花經　藥草喻品

誠如　上音成。廣雅：敬也。說文：誠，信也，諦也。從言成聲。

谿谷　上啟奚反。爾雅：水注川曰谿。下公木反。

卉木　上暉謂反。爾雅：卉，草也。郭璞曰：百草之總名也。方言：卉，衆也。東越吴揚之間名草曰卉。說文：從三屮。屮音丑列反。

叢林　上族紅反。考聲云：木聚生曰叢。俗作藂。漢書東方朔傳中作菆，並非正也。說文：聚也。從丵丵，牀學反從取，取亦聲也。象形字。

等澍　朱戍反。三蒼云：時雨也，百卉霑洽也。說文：上古時雨所以生澍萬物也。

普洽　咸夾反。蒼頡篇：適散也。說文：洽，霑也。古文作霅。

靉靆　上愛，下代。埤蒼、切韻同。廣雅：靉靆，翳薈烏外反。翳薈，雲興盛皃。通俗文：雲覆日爲靉靆。

承攬　盧敢反。手取也，亦作擥。說文作攬(擥)〔四九〕，撮持也。

幽邃　私醉反。說文：深遠也。古文作㒸也。

百穀　古木反。說文：穀，續也。百穀總名。楊泉物理論：粱者，黍稷之總名；稻者，粳稉之總名；菽者，衆豆之總名。三穀各二十，合爲六十。蔬果之實助穀各二十，凡爲百種。故詩曰：播厥百穀。周易曰「百穀草木麗于地」是也。

苗稼　說文：苗草生於田。蒼頡篇：禾之未秀者也。論語：苗而不秀曰稼。說文：禾之秀實爲稼，莖即爲禾。一曰在野曰稼也。

甘蔗　之夜反。諸書有云芉蔗，或云藷柘，或作柘，皆同一物也。

蒲萄　徒刀反。博物志云：張騫使西域，還得安石榴、胡桃、蒲萄。廣雅：蒲陶有白、黑、紫三種。萄、桃、陶，皆得。

枯槁　字林：苦道反。切韻：古，枯也。古文殦。說文作稾。

一滴　丁歷反。通俗文：靈滴謂之瀌。切韻作適。有作渧，丁計反，水下也。非此義。

妙法蓮花經　授記品

授　讎右反。與也，付也。

瓦礫　力的反。說文、玉篇：小石也。切韻：沙也。

坑坎　客庚反。或作硎。玉篇：虛也，塹也。下苦感反。說文：陷也。玉篇：小罍也。

堆阜　都雷反。聚土也。玉篇作垍，小塊也。下房僢反，陵也。玉篇：高平曰陵，大陵曰阜。大肥也，厚也，長也，山庳而大者也。

丘坑　說文：丘，土之高也，非人所爲。一曰四方高中央下曰丘。玉篇：地高曰丘，大塚曰丘。古文丘土(垕)〔五〇〕。

數知　上聲字，山縷反。計也，閱其數曰數也。

慄　力質反，戰也。玉篇：謹，敬也，懼也，戚也。

粖　莫割反。若手撥摩作抹，塗飾作澂，今既別有塗香，應爲抹字。玉篇：粖，亡達、亡結二反。粥糜也。碎香如絮也，故作粖。若如細土，應作抹。

閻浮提金　贍部樹名，在洲無熱池岸側有經〔五一〕，在此洲北岸近樹水下有紫金，光映蔽日月，故以爲名。

多摩羅跋旃檀香　性無垢賢旃檀香佛。

長表金剎　梵云舍摩奢那，此云墳冢。西域死者，或遺禽獸，收骨燒之，有埋地下，於上立表，累甎石等，似窣堵波，但形卑小。今此長表即是金剎，非彼表也。梵云掣多羅，彼土更無別幡竿，即於塔覆鉢，柱頭懸旛。今云剎者，語聲雖訛，以金爲之，長而有表，故言金剎也。

妙法蓮花經　化城喻品

磨以　莫可反，研也。若莫波反，作摩灼也。作麼鬼作魔。偏平作磨，無平音。

盡抹　莫割反，以手撥摩曰抹也。

天技　渠倚反。藝也。女樂作妓。有作倚立也，非經義也。

涕泣　上他禮反。毛詩：涕泗滂沱。傳曰：目出淚曰涕。說文：無聲出淚曰泣。

憺怕　上徒濫反。說文：憺，安也，靜也。謂憺然安樂。玉篇：憺，徒敢反，恬靖也。亦安也。有作恬，恬靖。有作惔，說文：徒甘反，憂也。非此中義。字書作倓，亦徒濫反。怕，說文：匹白反，無爲也。廣雅：憺怕，安靜也。子虛賦云「怕兮無欲，憺乎自持」是也。

盲瞑　莫耕反。暗也。玉篇：莫定反，夜也，昧也。冥者，蔽人目令無所見。又幼稚。

安隱無漏法　有作道應從法，不唯道故也。

三界獄免出　無遠反。切韻：引也，與挽義同。有作勉，靡辯反，勗也。國語云：父勉其子，兄勉其弟。猶强勸也，謂勸教之。小爾雅：勉，事，力也。古文勵，同也。

群萌　莫耕反。芽也。廣雅：始也。萌，冥昧皃，或從民作氓，言衆無知。漢書：氓，群黎也。古文作氓。

諷誦　上風鳳反，詠讀爲諷也。背文曰誦也。周禮：教國子無道諷誦。鄭玄：背文曰諷，以聲節之曰誦。

阿閦　初六反。梵語也，唐云無動。

阿彌陀　梵語也，阿弭多那庚沙，此云無量壽也。

曠絶　上苦謗反。又玉篇云：空也，疎也，大也，久也，遠也。

億姟　字林：古來反，數名也。風俗通：十千曰萬，十萬曰億，十億曰兆，十兆曰京，十京曰姟，猶大數也。古文作姟、奒二體。

營從　上余瓊反。蒼頡篇：營，衛也。亦部伍也。古文作覺。

城郭　世本：鯀作城郭。公羊傳：郭（郛）〔五二〕者，何也？恢廓也。有作墎，從土者，非也。鯀音古本反。

妙法蓮花經　第四卷　五百弟子受記品

受　音植酉反。玉篇：容納也，盛也，得也，繼也。説文：相付者也。從𠬪從舟省也。

饒益　上如招反。玉篇：多也，豐也，厚也，益也，餘也。

谿澗　上輕奚反，下古晏反。玉篇：水名也。

溝壑　説文：溝，水瀆也。廣深四尺曰溝。下呼各反。爾雅：水流深則成壑。壑亦溝池也。玉篇：壑，谷也，深也，虚也，窟也，室也。

臺觀　上徒來反。爾雅：四方而高曰臺。又觀謂之闕。孫炎曰：宮門雙觀也。釋名云：觀也者，於上觀望。

迦留陀夷優陀夷　烏陀夷，此云出現，日初出現時生也。

周陀莎伽陀　莎，先戈反。娑婆揭多，此云善來。

親友　于久反。説文：友，同志曰友。廣雅：友，親也。禮記：僚友稱其悌，執友稱其仁。鄭云：僚友同官，執友同志也。

艱難　古閑反，籀文作囏。説文：土難治。釋名：艱，根也，如物根芽。憚也，人所忌憚亡也。

貿易　上莫候反。三蒼：貿，換易也。交易物也。貿字從貝從丣。丣，古文酉字也。有作貿，非此義。玉篇：加雅反，人姓也。

妙法蓮花經　授學無學人記品

蹈七　上徒到反。説文：踐也，履行也。釋名：蹈，道也，以足踐之如道也。

妙法蓮花經　法師品

肴饌　仕眷反。説文：具食也，飲食也。玉篇：亦飯食也，進也。或作篹，與撰同也。

穿鑿　在各反，鏨也。玉篇：穿木也。或作鑿〔五三〕，亦同。鏨，士咸反，鏨如鑿也。

如來室　説文：室，實也，户外爲堂，户内爲室。論語云「由也，升堂矣，未入於室」是也。

句逗　徒鬪反。字書：逗，遛也。説文：逗，止也。方言：逗，住也。或作竇，繹也。句能竇繹諸理義也。

乾燥　騷早反。説文：亦乾也。易曰：火就燥也。

啑嘆　上情亦反，下恾博反。考聲云：啑嘆，無聲。易曰：闃其户，闃其無人，亦静嘿無人聲。經從井作穽，俗字也。從水作漠，是沙漠字也。皆非本正也。

罣礙　胡卦反。字書：網礙也。説文：礙，止也。古作罫。

妙法蓮花經　見寶塔品

龕室　上苦含反。廣雅：龕，盛也，取也。尚書大傳：龕，剋也。案龕室者，如今之檀龕之類也，於大塔四面安其小龕如室，故言龕室。此小室中有種種形皃如檀龕像也。説文：從龍含省聲。

網幔　莫半反，在旁曰帷，在上曰幔。若音武安反，作鞔。幔上網以寶飾之，如𢡟之莊嚴，名寶網幔也。

寶交露幔　幔以承露，以寶交飾。又幔或露或覆，俱以寶交飾。又以寶交雜覆露於幔。又顯露定幔以寶交飾，皆得名寶交露幔也。

林藪　桑苟反。散木爲林，澤中無水曰藪也。

各賫　節稽反。持財遺人也，字從貝齊聲。古文作齎（賫）〔五四〕。

滿掬　弓六反。二手掬取也。物在手，或作匊。

關鑰　余灼反。方言：關東謂之鍵，關西謂之鑰。古文作籥，同。有從竹作籥，樂器也，非經義。

无央　約良反。梵云阿僧企耶，云无央數。央，盡也。有作鞅，於兩反。説文：頸靼。非此中義，靼音之列反。

在在所往　在在者，所住在處。所往者，所往至處。有作住，非也。在以住故。

遠擲　程戟反。投棄也，古作擿。

手把　罷巴反。或作爬，爬，搔也，掊也。今從掊義，掊音蒲交反，並從手也。

妙法蓮花經　提婆達多品

提婆達多　唐云天授。

捐捨　上以專反。説文：捐，棄也。爾雅：廢捨也。郭璞曰：捨，放置也。

委政　國語：棄政非任也。賈注云：政猶職也。左傳：爲政事庸力。杜預云：在君爲政，在臣爲事。論語：導之以政。孔安國：政謂法教也。

椎鍾　上直追反。説文：椎，擊也。説文：有從追作槌。俗用，非正。又音直淚反，關東謂之鬌槌。

阿私仙　阿私多。唐云無比，亦云端正也。

果蓏　郎果反。有作瓜音讀，避俗。玉篇云：果謂桃李之屬，蓏謂爪瓞之類。又有核曰果，無核曰蓏。又木上曰果，地上曰蓏。又木實曰果，草實曰蓏。瓞音徒結反。

仁往　上如隣反。周禮：六德，一曰仁。鄭注云：愛人及物曰仁，上下相親曰仁。謙（謚）〔五五〕法：貴賢親親曰仁，煞身成人曰仁。釋名曰：仁者，忍也。好生惡煞善惡[含]〔五六〕忍曰仁。説文：從二人聲。言行無二曰仁。

開闡　昌善反。廣雅：闡，開也，明也。

頗有　普多反。借音普我反。諸書語辭。

剎那　時之極少也。俱舍云：百二十剎那爲怛剎那，量臘縛此六十，此三十須臾，此三十晝夜，三十晝夜月，十二月〔五七〕。爲於中半減夜即計須臾時，可知矣。玉篇：須臾，俄頃也。經本有作千剎那頃。案梵夾本文無千字，或後人妄加。

妙法蓮花經　勸持品

弊惡　上毗袂反，困也。亦爲篇列反，上獘〔五八〕同。訓輕薄易怒皃。嫳炔，急性也。炔音於悅反。

憍曇彌　正言喬答彌，古云憍曇彌，又言瞿曇，皆訛略。正云憍答摩，釋迦爲姓，瞿曇是望。釋迦帝王歷代相承，逆賊中興，篡居國位。賊王恐奪社稷，遂誅釋迦之種，殄滅近親，令無胤嗣。時有仙人，遍觀貴族，見有娠孕者，後必誕男，乃預陳詞，冀將繼統。母允其請，後果生男與仙。長至髫年，釋星還現，賊王恐懼，尋訪所居，知居山中，伺仙不在，密令擒捉，長竿穿之，告示國人，令息異意。仙人還室，不見其子，乘急追訪，覩其若斯，乃作神通救之，知命不濟，乃降微雨，令少醒覺，化現一女，勸令交會，必若不從，能姓便絶。兒從父誨，乃共通交，遺體既流，墮染泥土，仙人收取，牛糞裹之，置甘蔗園中，日暖光炙，時滿十月，變成一男，儀冠不群，精神絶異，仙人還養，復得爲王，自此釋迦重得繼位。故瞿曇者，此云甘蔗種，或云日炙種。釋迦能姓類極多，瞿曇釋迦最爲貴族，嫡胤相繼，恒守尊高。若毀之，曰牛糞種，泥土種，故云你〔五九〕。瞿曇，姓。摩是男聲，佛之氏望毀云喬答摩。彌者女聲，呼佛姨母，故曰喬答彌也。

罵詈　上莫霸反，下力智反。蒼頡篇：詈亦罵也。今解惡言及之曰罵，誹謗呪詛曰詈，並從冈，形聲字。

阿練若　尔者反。閑寂處也，去村一俱盧舍四里有餘也。

誹謗　上非味反，亦謗也。玉篇：甫味反。下捕浪反。毀詛也。廣雅：惡也。國語：左史謗之。賈逵曰：對人道其惡也。

鎧　苦愛反，甲也。

見擯　必刃反，庰也。

妙法蓮花經　安樂行品

卒暴　上村没反。正作猝。其卒字，則没、子出二反。玉篇等古書倉猝亦爲卒。下蒲報反，古文虎武(虣)〔六〇〕。

尼揵子　昵健陀佛多羅，此云離繫親子。

文筆　文謂詩歌之屬，筆謂銘賦之流。

經書　周禮：六藝，五曰六書。謂象形、會意、轉注、指事、形聲、假借也。書者，著也。依類象形謂之文，其後形聲相益謂之字。字者，孳乳而浸多也。著於竹帛謂之書。書，如也，所以著明萬物，紀往知來。又書於禮牘縑紙謂之字。又書亦籍。

路伽耶陀　先譯云惡答對者。

逆路伽耶陀　先譯云惡徵問者。初正梵云路迦也底迦。言順世外道執計隨順世間所説之法外道。後正梵云縛摩路迦也。底迦云左順外道。執計，不順世間所説，與前執乖，名左順世外道。

兇戲　上許容反，惡也。玉篇：盱聳反。恐懼。今從初，有凶得失之象，危咎惡也，不遇也。

相扠　敕佳反。以拳加人，應作搋字耳。案切韻：拳加人亦扻。音側氏反。

相撲　蒲角反。

那羅　文畫其身之輩。

變現之戲　作世幻術。

旃陀羅　旃荼羅云嚴熾惡業，自持標幟。其人若行，摇鈴自標，或杖破頭之竹。若不然者，王與之罪。或云殺人，謂屠煞者種類之總名也。

畋獵　徒賢反。取禽獸也，有作田。白虎通：爲田除害，故曰田獵也。

敛捕　語居反，亦捕也。玉篇：敛，語去。亦捕魚也。有作漁。説文亦捕魚也。古作敷。切韻：應古敷也。

沙彌　云勤策。

屠兒　上達胡反。説文：屠，刳。分割牲肉。

魁膾　上切韻苦回反。帥也，首也。下古外反，割也，切肉也。細切爲膾，未詳所立名。有作儈。聲類：合市人。非此義也。

衒賣　上玄麵反。説文從玄作衒。行且賣也，誸（詅）〔六一〕也。切韻：自媒。

屏處　上俾領反。禮記：左右屏而侍。鄭玄：隱也。詩云：萬邦之蔽。切韻：若隱僻。作併，卑政反。爾雅借屏爲蒲定反，亦得也。

入里　周禮：五家爲隣，五隣爲里，二十五家里居也。釋名：五隣爲里，方居一里之中也。

怯　去劫反。玉篇：畏也，劣也，多畏也。

怨嫌　上於願反。屈在冤枉作怨，屈草自覆作冤，其怨字無於袁反。下户兼反。心不平也。

澡浴　上祖老反。説文：澡，洒身也。

新浄　有作新染。正法花云：浄潔被服。下經復言内外俱浄，應從新浄。

邪僞　危貴反。

輕蔑　莫結反。説文：相輕侮。切韻：無也。經作懱，二形同。

討伐　上滔老反。漢書音義：討，除也。禮記：叛者君討。鄭玄：討，誅也。下房越反。切韻：征也。左傳：有鐘鼓曰伐。白虎通：伐者何？伐敗也，欲敗去之〔六二〕。有作罰。説文：罪之小者曰罰。廣雅：罰，折伏也。切韻罰非之此（此之）〔六三〕義。

唯髻　古詣反。

妙法蓮花經　從地涌出品

涌　餘隴反。玉篇：涌，騰也。如水上騰，應作涌。有作踊，跳也。非此義。

問訊　息晋反。玉篇：訊，問也，辭言也。執問通問曰訊。

巨身　上其吕反。字林：巨，大也。方言：齊宋間謂大爲巨。説文：大也。作鉅。

阿逸多　阿氏多云无能勝，彌勒名。

被精進　被，皮寄反。謂被帶也。有作模（披）〔六四〕張之披。方言：披，散也。非此義。

奮迅　上俯問反，揚也。廣雅：振也。下私潤反，疾也。切韻：亦息晋反。信（迅）音同（信）〔六五〕，同，疾也。鳥之奮迅即毛起而身大，故字從奞在田上。奞音雖，鳥也。

頭陀　杜多云洮汰，言大洒也，或云除棄，或云糾彈，言去其塵穢耳。斗藪一義，非今理也。

憒吏　上公對反，亂也。說文：亂也，煩也。下女孝反，不靜也。韻集：猥衆也。字從市從人，有作閙，俗字也。

伽耶城

面皺　側救反。

妙法蓮花經　如來壽量品

壽量〔六六〕　壽，植酉反。量，吕張、力讓二反。

釋氏　諸經有云姓瞿曇氏，然氏姓別。姓者，所以繫統百世使不別也，靈感而生也。氏者，所以別子孫之所出，或因地，或因官爵。故世本云：言姓即在上，言氏即在下。

那由他　那庾多，數名也，以十積之五十二數中第十二數也。

年紀　居擬反。十二年爲紀。紀，記也。

拜跪　字林：丘委反。跪，拜也。又渠委反。左傳：跪而載之也。

擣簁　集類：所佳、所飢二反。說文：竹器也。可以除粗取細。切韻：所綺反，羅也。又所宜反，下物。古文簏、簁二形，同。

除愈　與乳反。方言：差也。愈，間也。切韻作愈，差也。又作瘉，說文：病瘳也。玉篇作愈，益勝也。心憂爲愉，病差爲瘉也。

億載　則代反。算經：黄帝爲數，法有十等，謂億、兆、京、垓、壤、秭、溝、澗、正、載。及其用也有三，謂上、中、下。下數十萬曰億，中數百萬曰億，上數萬萬曰億。

遊樂　盧各反，縱賞也。或五教反，遊恣勝處耳，生欣樂也。

妙法蓮花經　分別功德品

分別　分，府文反。別，變列反，或作莂，或作訓。分，或扶問反。別，或憑列反，分段殊別也。

量旋　似泉反，還也。切韻：若如水回。作淀，辭選反。又似泉反。

繽紛　上匹仁反。玉篇：繽繽，往來皃。或盛皃，衆也。下孚云反。玉篇：紛，亂也，盛皃也，衆也。廣雅：繽繽，衆也。紛紛，亂也。謂衆多下也。字林：繽紛，盛皃也。切韻：飛也。

檀　檀那，云布施。

尸羅　尸羅云清凉，順古名净戒。

羼提　上初鴈反，云安忍也。

毗離耶　云精進。

禪　禪那云静慮。

般若　在因名那羅若，此云慧。果名薩伐若，云一切慧若云南智也。

塔寺　梵云毗訶羅，云遊行處，謂衆遊履行處，亦謂僧園，今以寺代之。說文：寺，廷也，有法度者。廣雅：寺，治也。釋名云：寺，嗣也，治事者相嗣續於中。字從寸從土聲。

僧坊　甫亡反。字林：坊，別屋。

多羅樹　此方无之。古相傳樹高七仞，一仞七尺，理實，樹形如椶櫚，極高，長七八十尺。花如黄米子，大如鉢（針）〔六七〕，人多食之也。

須曼香　蘇末那花香善稱意花。

瞻蔔　傍北反。瞻博迦，此云黄花樹，花小而香。西域多此林耳。

阿提目多　已上及餘不顯者，多此方無，故不翻譯也。

薰油　上許云反，香草也。諸以香草和淹苣蕂令潤，方以押油名薰油也。苣蕂，大胡麻。

妙法蓮花經　隨喜功德品

陌　莫百反。玉篇：東西爲陌。陌，道也。

褰縮　上去乾反，舉也。下所六反，短。或作莤也。

粗澀　參立反，應作澀也。

瘖胗　居忍、章忍二反。脣上痒也。三蒼云：風也，腫也。籀文作疹。説文同。有作緊，緊縵義，非瘖胗。

咼斜　上口蛙反。説文：口戾也。通俗文：邪戾曰咼。從口冎聲。冎，古瓦反。蛙，與緺反。

黧　有作黧字，亦得。

匾匬　集韻、切韻：上鞭沔反，下體奚反。纂文：薄也。今俗呼廣薄爲匾匬。關中呼云㡙遞。㡙，補迷反。有作牑牓，近字耳。

曲戾　字林：力計反。亦曲也。切韻：乖也。字從犬從户。

窊曲　上玉篇於瓜、烏瓜二反。凹也，邪下也。廣雅：下也。字林音隱：窪，一瓜反，曲也。玉篇：枉也，細也。

額　五伯反。説文作頟。

妙法蓮花經　法師功德品

命命鳥　共命鳥。

闍提　金錢花。

末利花　鬘花堪作鬘。

撰集　上助彎反。廣雅：撰，定也。撰，述也。

波利質多羅　圓生樹香也。

妙法蓮花經　常不輕品

將　子羊反。

妙法蓮花經　神力品

謦欬　上口冷反。説文、玉篇亦欬也。蒼頡：謦也。有作磬，口定反，樂器也，非字體也。下苦戴反。説文、玉篇逆氣也。亦瘷也。有作咳，胡來反，嬰咳也，非此義。瘷音蘇奏反。

妙法蓮花經　囑累品

囑累〔六八〕　囑，之欲反。累，力委、力僞二反。屬，託。説文：屬，連也。廣雅：委、託，累也。謂以事相屬累也。左傳：相時而動，无累後人。謂累重也。切韻：託作囑，有累俗字耳。

妙法蓮花經　藥王品

甄　居延反。

迦羅　俱舍論説：五十二數中增十增之第十六數也。

頻婆羅　第十八數。

阿閦婆　第二十數。

我適　尸亦反，往也。正法花云「我昔供養」是也。三蒼：古文作適（適）〔六九〕。

須陀洹　預流。

斯陀含　一往來。

阿那含　不還。

阿羅漢　應義。

怨敵　徒的反。廣雅：敵、對，當也。爾雅云：敵，匹也。怨之匹耳。

妙法蓮花經　妙音品

金剛爲鬚　相俞反。

動搖〔七〇〕　説文：餘昭反。樹動也。字從木䍃聲。䍃，余周反。

甄叔迦　赤色寶也。甄，字林：已仙反。西域記云：印度多有甄叔迦樹，其花赤色，形大如手。此寶色[似]〔七一〕彼花，因以爲名。

那羅延　多力天名也。

宰官　上祖殆反。聲類：宰，治也。謂治邑吏。廣雅：宰，制也。謂制事者也。

妙法蓮花經　觀音品

船舫　上食川反。玉篇：舟曰船。下府妄、補浪二反。玉篇曰：舟也。通俗文：連舟曰舫。併兩舟也。

漂墮　上匹消反，芳妙反。説文：漂，浮也。正法花云「流墮」是也。

杻械　上敕久反，下胡介反。玉篇：桎梏也。

檢繫　上居儼反。廣雅：甲也，栝也。謂栝束不得開露。又察也。謂察録繫縛，字從木也。

唐捐　與專反。唐，徒也，空也。蒼頡篇：捐，棄也。

祝詛　上之授反。説文作訓（詶）〔七二〕，亦祖（詛）〔七三〕也。今皆作呪。下側據反。古文䛩。釋名云：祝，屬也。以善惡之辭相屬著也。詛，謂使人行事阻限於言。有作咀，才與反。咀，嚼也。非此中義。其訓，切韻：市流反，以言答也。

掣電　上昌制、尺折二反。陰陽激耀也。釋名云：掣，引也。電，殄也。謂乍見殄滅。關中睒電，今吴人謂磯磹。上息念反，下大念反。

降雹　蒲角反。鄭玄注禮記：陽爲雨，陰氣脅之，凝而爲雹。

戒雷　戒雷（音）〔七四〕古薤反。詩云：豈不曰誡。誡，警敕也。方言：戒，備也。古文作諴。

慈意妙大雲　梅怛利末那，生慈意，多有作音者，傳誤，非。

妙法蓮花經　陀羅尼品　總持有四，此即明咒。

藥王菩薩咒

羅刹　邏刹娑云暴惡。
吉遮　止奢反。訖栗者云所作。
伺求　上思恣反。鄭注周禮云：伺，察也。顧野王云：伺，候也。說文：韻詮云：相竊視也。蒼頡篇云：二人相候也。說文：閔〔七五〕。古今正字：從人司聲。埤蒼作覗，古字也。
毗沙門　云多聞，四天王中北方天王也。
皐帝　上古勞反。
壓油　上說文：於甲反。壓，壞也，鎮也。周成難字作窜。窜，椤音子曷反。有作柙，古文匣字。說文：柙，檻也。論語：虎兕出於柙。字從木。有作押，音甲。爾雅：柙（押）〔七六〕，轉也。亦押束也。字從手，二形並非經義也。

妙法蓮花經　妙莊嚴王品

指爪　側絞反。指爪也。有作抓。玉篇：抓，掐也，刮也。爪之搔物曰抓，音莊狡反。非指爪。掐音苦合反也。
紺青　上古暗反。說文：帛染青而揚赤色也。釋名云：紺，合（含）〔七七〕也。青而含赤色。切韻：青赤色上生絳。如紫紺摩尼，與此色異。

如珂　苦何反。螺屬，出海中，潔白如雪者也。有作軻，口佐反。說文：接軸也。轗軻不遇，非字義。轗音口紺反也。
頻婆果　色丹且潤之果，此方無之也。

妙法蓮花經　普賢品

陀羅尼中云帝隸阿惰僧伽兜略　其阿惰音從〔七八〕卧反，梵云怛唎，云三。阿特嚩二合，云世。僧伽云衆。咄略略音力蛇反，同一種也。有作阿惰，相傳音於六反。音既不然，亦無此字。梵云阿特嚩，今訛云阿惰，傳寫誤錯，變惰爲惰，誤之甚矣。
繚戾　上力小反。說文：力鳥反。繚，繞也。繚，纏也。謂纏繞。切韻：唯有了達、蓼菜、目睛明瞭、長鬟髻，四字之外更無了音之字。繚字有二，力小、力召反，一繚繞，二繚炙。繚炙或作繚戾魯帝反也。
角睞　路代反。說文、玉篇曰：瞳子不正也。蒼頡篇：肉（內）〔七九〕眂曰睞也。
膿　奴冬反。

妙法蓮花經音義　卷第二十七

校勘記

〔一〕茶　頻作「茶」。
〔二〕揩　據文意似當作「楷」。
〔三〕母猴，爲此禽獸好爪持人，母猴象。腸爲母猴形　今傳本說文：「爲，母猴也。其爲禽好爪。爪，母猴象也。下腹爲母猴形。」
〔四〕竟　獅作「意」。
〔五〕去　據文意似當作「牽」，即「牽」。
〔六〕貎　即「貌」。
〔七〕下㬉　據文意似爲「作㬉」。
〔八〕今　衍。
〔九〕從横其畝　阮元校刻十三經注疏爲「衡從其畝」。
〔一〇〕物　據文意似當作「惣」，即「總」，大正作「總」。
〔一一〕受　大正作「文」。
〔一二〕適　據文意似當作「適」。
〔一三〕閇　獅作「閉」。閇，即「閉」。

〔一四〕從　據文意似當作「徒」。

〔一五〕痋　獅作「痋」。據文意當作「疿」。

〔一六〕孔子　玄卷六釋此詞爲「孔子曰」。

〔一七〕傾身似有下也　今傳本禮記爲「傾身以自下也」。

〔一八〕直　大正作「笛」。

〔一九〕鏡　大正作「鐃」。

〔二〇〕卵　據文意似作「卯」。　犛　據文意似當作「氂」。

〔二一〕蹼　據文意似作「蹼」。

〔二二〕無　據文意似當作「又」。

〔二三〕迷　大正作「未」。

〔二四〕友　大正作「也」。

〔二五〕文　獅作「丈」。

〔二六〕説文：梠，桷　今傳本説文：「梠，楣也。」「桷，榱也，椽方曰桷。」

〔二七〕鵴音項反　頻爲「鵴音項故反」，廣韻「武項切」。

〔二八〕即　據文意似當作「郎」。

〔二九〕反　衍。

〔三〇〕摩　獅作「摩」。

〔三一〕作　各本無，據文意補。

〔三二〕方言……夘是也　據文意似當爲方言、通俗文：雞伏夘是也。

〔三三〕姥　據文意似作「雞」。

〔三四〕埵　據文意似當作「埰」。

〔三五〕竪　據文意似當作「堅」。

〔三六〕反　各本無，據文意補。

〔三七〕樸　據文意似當作「撲」。　朴　據文意似當作「扑」。

〔三八〕甫視　衍。

〔三九〕出接賓，入贊禮曰相　周禮集説卷九下：「鄭氏曰：出接賓曰擯，入贊禮曰相。」

〔四〇〕瘖　據文意似當作「喑」。

〔四一〕反　各本無，據文意補。

〔四二〕書　原闕，據玄卷六補。

〔四三〕紅　玄卷六作「江」。

〔四四〕戈　據文意似當作「弋」。

〔四五〕左　頻作「圣」。

〔四六〕跉　各本無，據文意補。

〔四七〕皆　據文意似當作「呰」。

〔四八〕也　似衍。

〔四九〕攬　今傳本説文作「擥」。

〔五〇〕丘土　獅作「坔」。

〔五一〕經　據文意似作「金」。

〔五二〕郭　今傳本公羊傳作「郛」。

〔五三〕鑿　據文意似當作「鏨」。

〔五四〕齎　據文意似當作「賷」。

〔五五〕謙　據文意似當作「謚」。

〔五六〕含　原闕，據今傳本釋名補。

〔五七〕俱舍云……十二月　慧二十一卷釋「一刹那中」引俱舍論爲「百二十刹那爲一怛刹那，六十怛刹那爲一臘縛，三十臘縛爲一須臾，三十須臾爲一晝夜，三十晝夜爲一月，十二月爲一年也」。

〔五八〕獘　獅作「弊」。

〔五九〕你　據文意似作「爾」。

〔六〇〕虎武　獅作「虗」，即「虤」。

〔六一〕詃　據文意似作「詅」。

〔六二〕白虎通：伐者何？伐敗也，欲敗去之　今傳本白虎通義爲「伐者何？謂伐擊也，欲言伐擊之也」。

〔六三〕之此　獅作「此之」。

〔六四〕模　頻作「披」。

〔六五〕信音同　頻爲「迅音信」。

〔六六〕壽量　麗無，據文意補。

〔六七〕鉢　玄卷六作「針」。

〔六八〕囑累　麗無，據文意補。

〔六九〕適　據文意似當作「適」。

〔七〇〕摇　本作「榣」。

〔七一〕似　麗無，據頻補。

〔七二〕訓　今傳本説文作「訕」。

〔七三〕祖　據文意似當作「詛」。今傳本説文：「訕，詛也。」「詛，訕也。」

〔七四〕雷　據文意似當作「音」。

〔七五〕閔　龍龕手鑑：閔，闖的俗字。今傳本説文：「司，臣司事於外者。」段注：「司即伺字。」説文無「伺」，「閔」據文意似作「闕」。

〔七六〕柙　據文意似當作「押」。

〔七七〕合　獅作「含」。

〔七八〕從　據文意似當作「徒」。

〔七九〕肉　據文意似當作「内」。

一切經音義　卷第二十八

大唐翻經沙門慧琳續補

普曜經　第一卷　沙門玄應撰

迄今　虚訖反。爾雅：迄，至也。

福祚　在故反。祚，報也。亦禄也。

四瀆　徒木反。爾雅：水注澮。説文：溝也。又邑中曰瀆也。

愚戇　都降反。説文：愚，癡也。戇亦愚也。

盪滌　徒朗反，下庭的反。盪滌，洒器物也。説文：滌，洒也。

軒窗　許言反。軒，樓板也，亦檻上板也。障風日者也。

苑囿　古文作圞，同。于救反。字林：園有垣也。亦禁苑也。

鏺樹　普末反。國名也。依字，兩刃有木柄可以刈草也。

帑藏　湯朗反。周成難字音蕩。説文：帑，金幣所藏府也。

櫳疏　禄公反。蒼頡篇：櫳亦疏也。説文：房室曰疏也。疏亦窗也。

普曜經　第二卷

髀踵　蒲米反。下古文踵（歱）字，今作歱（踵）〔一〕，同。之勇反。説文：足跟也。廣雅：歱（踵）亦跟也。

篋笥　胥吏反。説文：盛衣器也。亦盛食器也。圓曰簞，方曰笥也。

椸架　古文椸、椸二形，今作箷，同。余支反。禮記：男女不同椸架。鄭注云：竿謂之椸，可用架衣也。蒼頡篇云：椸，格也。

鶩鴈　音木。爾雅：舒鳧，鶩。李巡椸（云）〔二〕：野曰鳧，家曰鶩。

鶩即鴨也。

芬葩　普花反。說文：芬，芳也。葩，花也。取其盛皃也。

咳笑　古文孩，同。胡來反。說文：咳，小兒笑也。禮記「子生三月，父執子之手，咳而名之」是也。

普曜經　第四卷

委儋　丁甘反。委，積也。儋，荷也。謂委積相儋負也。

鵁鶄　群飛，如雌鷄，似皃高足也。

齩骨　又作齩，同。五狡反。廣雅：齩，齧也。經文作嚛，火屋反。說文：食辛也。嚛非字義。

寮屬　又作僚，同。力條反。爾雅：釆（寀）[三]、寮，官也。郭璞曰：同官爲寮。亦僚友也。

喁喁　魚凶反。說文：衆口上見也。淮南子曰：群生莫不喁喁然仰其德也。

普曜經　第五卷

不嚏　丁計反。蒼頡篇云：噴鼻也。經文作哂[四]，非也。

寶垛　從[五]果反。通俗文：積土曰垛。說文：堂塾也。

緹幔　他禮反。說文：白赤黃色也，淺絳也。一染謂之縓緹也。縓音作且絹反也。

珠璣　居衣反。說文：珠之不圓者也。或小[六]小珠也。元[七]從玉幾聲也。

訛言　古文譌、譌、吪三形，同。五戈反。詩云：民之訛言。箋云：訛，偽也。訛亦詭言也。

蒺蔾　上自栗反，下力尸反。爾雅：蒺，蒺蔾。即布地蔓生，子有三角者。經文作鏃錤，未見所出。錤音基。鎡錤，鋤也，非今所用。

普曜經　第六卷

誾誾　古文訔，同。魚巾反。說文：誾誾，和悅而争也。禮記：誾誾，和敬之皃也。經又作狺，字與犿同。音牛佳、牛巾二反，犬聲也。狺非字義。又作唁，宜箭反，非此用也。

嫈嫇　乙莖、莫莖反。字林：心態也。亦細視也。經作瞾瞑，非體也。

跳蹀　徒篋反。跳，踊也。蹀，蹩也聲[八]。蹀，躡也。蹩音牒。

頩頭　普米反。說文：傾頭也。蒼頡篇：頭不正也。

從容　且容反。謂詳審閑雅之皃也。廣雅：從容謂舉動也。

恢廓　又作㳷，同。苦迴反。字林：恢，大也。廓，空也。

柏臏　又作髕，同。扶忍反。說文：膝骨曰髕也。

虎兕　又作兕、𧰽二形，同。音似，又音余姊反。爾雅：兕似牛。郭璞曰：一角，青色，重千斤也。

和埴　時力反。黏土曰埴。釋名：埴，膱[九]也。知（如）膱之膱也[一〇]。

裁櫱　古文梓、不、櫱三形，同。吾割反。爾雅：櫱，載也，餘也。謂木有殘餘載出名曰梓也。

氾流　古文泛，同。孚劍反。氾氾，浮皃也。

普曜經　第七卷

屯蹇　陟倫反。說文：屯，難也。蹇，挂礙也。

林邠　古文豳[一一]、豳二形。今作邠，同。府貧反。樹名也。

礼貺　許誑反。爾雅：貺，賜也。郭璞曰：謂賜與也。

正法花經　第一卷　沙門玄應撰

盧掎　徒帝、敕細二反。或作薩俱盧掎，人名也。此譯云貴姓也。

焰明　字詁：古文作燄。今作爓。三蒼作焰，同。餘贍反。說文：火行徽(微)[一二]燄燄然也。經文作燂，許凡反。埤蒼：燂，味辛也。字苑：燂，菸[一三]也。燂非此義。菸音力割反。

蒸民　之升反。爾雅：蒸，衆也。天生蒸民是也。

恢闊　又作㺔，同。苦迴反。字林：恢，大也。闊，遠也。

曁今　聲類云：古文作泉(臮)[一四]，同。其器反。字林：曁，及也。亦云至也。

霍然　呼郭反。案霍然，儵忽速疾之皃也。經文作爗，非體也。

纂修　子卵反。或作纘。爾雅：纘，繼也。謂繼修前業也。

煜爚　又作焴，同。餘祝反。光明盛皃也。經文作昱鑠，非體也。

斒斕　又作𤸪[一五]、玢二形，同。補間反。下又作般(斑)[一六]，力間反。通俗文：文章謂之斒斕。經文作斑蘭，非體也。

溥演　匹古反，此古文普字。詩傳曰：溥，大也。亦通也。

較略　古文搉，同。古學反。較，粗略也。廣雅：較，明也。

明喆　又作哲，同。知列反。爾雅：哲，智也。宋齊間語也。

若繕　市戰反。說文：繕，補也。三蒼：繕，治也。繕之言善也。

謿話　竹交反。下又作譮(譮)[一七]、舙二形，同。胡快反。聲類：訛言也。

堊飾　烏各反。爾雅：牆謂之堊。郭璞云：白土飾牆也。

鐃鏡　奴交反，下音竟。未詳所出。案周禮「金錞以和鼓，金鐃以止鼓」應是也。錞音垂綸反。

拊抃　麩主反。拊，拍也。下又作拚，同。皮變反。說文：拊手曰抃也。

正法花經　第二卷

灼惕　之若反，下他狄反。灼惕者，憂懼也，亦痛病也。

未聆　力丁反。蒼頡篇：聆，聽也。耳所聽聆也。

軒窗　虛言反。楚辭云：軒，樓上板，障風日者也。

鑠如　書斫反。閃鑠也。言忽霍暫明也。

孚出　又作趏，同。芳務反。孚，疾也。廣雅：趏，行者也。

慍恨　於問反。慍，怨也。說文：慍，怨也。亦恚也。

帑藏　湯朗反。周成難字音盪。說文：帑，金幣所藏之府者也。

榱棟　所龜反，下都弄反。爾雅：桷(桷)[一八]謂之榱，榱即椽也。棟，屋極也。山東呼棟爲穩(㯳)[一九]，音於靳反。

軒闥　他曷反。廣雅：闥，門也。謂側門也。

虺蛇　古文虫、蜿二形。今作虺，同。呼鬼反。毒蟲也。韓非子曰：蟲有虺者，一身兩口，争食相齕相煞也。齕音紇，齧也。

蝮螫　夫六反，下呼各反。蝮有牙最毒，上有針是也。經文作蝠笛，誤也。

㕙[二〇]竄　經文或作㕙，此應逋字，補胡反。逋，迯也。廣雅：逋，竄也。

嗚呼　火胡反。字林：呼，外息也。呼，召也，唤也。經文作嘑。

啾唧　子由反，下資栗反。蒼頡篇：衆吏(吏)〔二一〕聲也。經文作喹，乃結反，怒也。喹非此義也。

圂廁　胡困反。圂，廁也，亦豕所居也。廁，圊也，雜也。

窠窟　又作薖、萪二形，同。苦和反。小爾雅云：鷄所乳謂窠，菟所息謂之窟。經文作萪，非也。

摣掣　又作抯〔二二〕，同。側加反。摣，叉也。經文作齇，千何反。齒參差也。齇非此用。

齮齧　丘奇反。漢書韋昭音齸。蒼頡篇云：齊人謂齧咋爲齮。齮則齧也。

羯羠　囚几反。徐廣曰：羯羠並揵〔二三〕羊也。

冢埌　力盪反。通俗文：丘冢謂之壙埌。

鳩洹　諸經或作鳩垣，或作仇桓，皆梵音訛也。此譯云大身鬼也。

拔扈　蒲沫反，下胡古反。漢書音義曰：扈，拔扈也。謂自縱恣也。

鐵喙　又作顪，同。許穢反。通俗文：獸口〔曰〕〔二四〕喙。喙亦通語也。

尸骸　乎皆反。骨之總名也。經文作㞤，非也。

燔燒　又作鐇，同。扶元反。毛詩曰：炮加火曰燔。燔亦燒也。

恇攘〔二五〕　丘方反，下而羊反。説文：恇攘，煩擾也。謂煩恐懼遽也。經文從心作懹，人向反。懹，憚也，難也。懹非此義也。

烏殟　烏没反。説文：胎敗也。聲類：烏殟，欲死也。

灰燼　又作𤍽，同。似進反。燒木餘曰燼。經文作藎草之藎。非體也。又作䔈，誤也。

炙燎　又作爒，同。力照反。江北謂炙手足爲炙燎。經文作燎，非體也。

奔鶩　亡付反。鶩，疾馳也。廣雅：奔也。

蜈蚣　音吴公。字林：蝍蛆也。甚能制蛇。經文作蝝，非也。

蚔蛆(蛆)〔二六〕　渠支反，下知列反。説文：蚔，䖯蠆也。毒蛇蟲也。廣雅：蛆(蛆)，毒虫也。經文作蜞，非也。䖯音圭也。

盲聵　牛快反。生聾曰聵，人無識曰聵。經文作膭，胡對反，肥也。膭非今用。

燒焫　又作爇，同。而悦反。蒼頡篇：爇，燒然也。

免濟　又作濟，同。子弟反。濟，渡也，益也。

勱勵　古文勱，今作勉，同。靡辯反。勱，强也。謂自勱强也。下力制反。相勸勵也，勉力爲勵。

犪馴　如小、如照二反。犪，安也。説文：牛柔謹曰犪。故字從牛。下似均反。廣雅：馴，善也。亦從也。説文謂養鳥獸使服習謂之馴。經文從手作擾，下作循，非字體也。

縶紲　又作馽，同。知立反。下又作緤，同。息列反。縶，絆也，拘執也。紲，馬韁也。所以縶制畜牲者皆曰紲。紲，繫也。

謗訕　所姦反。蒼頡篇：訕，非也。謗，毀也。

蠱狐　聲類：弋者反。書中多作野狐，此古字通用也。

黤黮　烏感、他感反。黤黮，不明也。經文作黕，丁感、丁甚二反，垢濁也。黕非今用也。

疼瘵　又作胮、痋，徒冬反。聲類作癑。説文：痋，動痛也。經文作痋，非也。下蘇倒反。瘙，皮上痒起小瘡也。正作瘙。經作瘵，俗字，非也。

癘瘡　又作癩，同。力帶反。字林：惡疾也。

憂瘀　於豫反。廣雅：瘀，病也。瘀，傷也。經文作瘷，非也。
喚唽　陟黠反。楚辭：嘲唽，鳥鳴也。案字義宜作呹，烏交反。江南以多聲爲呹咋。咋音仕白反。
黧黮　力奚反，下敕感反。通俗文：斑黑謂之黧黮也。
好忤　又作迕、悟〔二七〕二形，同。吾故反。觸忤也。聲類：迕逆不遇也。

正法花經　第三卷

靖聽　又作彭、浄(竫)〔二八〕、静、姘四形，同。自井反。謂安定無聲也。
葐蒀　扶文反，下紆文反。葐蒀，香氣也，亦盛皃也。經文作芬蒀，非也。
流宕　達浪反。説文：宕，過也。通俗文「迴過曰宕」是也。
⿱宀喬停　奇驕反。字林：⿱宀喬，奇也。經文作僑，喬也，才也。僑非正體。
致印　於振反。印，可也。説文：印，王信也。蒼頡篇：印，驗也。
嬉遊　又作僖，同。虚之反。説文：嬉，戲也。戲笑也。經文作譆，非也。
祚胤　在故反，下與振反。祚，禄位也。胤，繼嗣也。經文作胙，非也。
飢餧　奴罪反。蒼頡篇：餧，餓也。經文作餒，未見所出也。
訾計　又作⿸广訾，同。子移反。説文：訾，量也，思也。經文貲貨之貲作〔二九〕，非字意也。
宜用　揄共反。蒼頡篇：用，以也。經文作甬，非也。
卬卬　又作昂昂，同。五剛反。昂昂，恭敬之皃也。
䐗彘　又作豬，同。陟驢反，下除例反。方言：關之東西謂䐗爲彘也。
鷄鶩　音木。爾雅：野曰鳧，家曰鶩。鶩即鴨也。經文作雅，非也。
出内　奴對反。字書：内，入也。經文從人作⿰亻内，非也。
煩冤　作寃(冤)〔三〇〕、惌二形。今作宛，同，於元反。説文：冤，屈也。廣雅：冤，枉也。經文作婉，非字體也。
嗇口　又作嗇，同。使力反。衆皃也。田夫謂之嗇夫，亦積也。
⿱⿰禾勿力身　又作⿱⿰牛勿力(⿱⿰禾勿方)〔三一〕，同。力咨反。三蒼：⿱⿰牛勿力〔三二〕，劃也。經文作⿱⿰禾勿皿身，非字體也。
林麓　古文禁，同。力穀反。謂林屬於山曰麓。詩云：瞻彼旱麓。傳曰：山足也。
樛木　居虯反。詩云：南有樛木。注云：樛木謂木枝下垂曲者也。
⿰禾曷⿰禾曷　又作⿰禾桀(⿰禾桀)〔三三〕，同。居謁反。詩傳云：⿰禾曷⿰禾曷，長也。説文：禾舉出苗也。
豐羨　辭箭反。周禮注云：羨，饒也。亦餘也。經文作⿰口羨，此非也。
㕮咀　方父反，又音撫。下側吕反。謂以物拍〔三四〕碎也。
肧胎　普才反。説文：婦孕一月爲肧，二月爲胎。胎，始也，養也。
探本　他含反。説文：遠取也。探，摸也。
宣叶　又作協，同。胡牒反。叶，合也，同也，和也。
斐粲　敷尾反。詩傳曰：斐，文章皃也。粲，明也，鮮盛皃也。

正法花經　第四卷

豔眄　又作艷，同。餘贍反，下莫見反。艷，美色也。眄，邪視也。經文作醯眄二形，誤之也。

奕奕　余石反。奕，光明之德也。廣雅：奕，盛也。字從大。

嗟嘆　子耶反，下敕旦反。嗟嘆，謂大息也。經文作嗟，非也。

開闔　又作闔，同。于彼反。字林：闔，開也，闢也。經文作閥，誤也。

羸憊　又作痡、㥏二形，同。蒲戒反。通俗文：疲極曰憊。憊，疲劣也。

諄諄　之閏，之純二反。説文：告曉之熟也。諄諄，誠懇之皃也。

綺攢　徂旦反。説文：白好也。聲類：攢，綺也。通俗文：服飾鮮盛謂之攢。經文作纘，非也。

正法花經　第五卷

解懌　以石反。爾雅：怡，懌，樂也。字林：懌，怡也。

不嫪　力到反。通俗文：意吝曰嫪。説文：嫪，婟也。謂戀不能去也。

裨體　説文作埤，或作鞞，同。避移反。埤，增也，厚也，助也。

淳化　時均反。言專一不雜曰淳也。三蒼：淳，濃也。經文作享，誤也。

求眺　他吊反。説文：眺，視也。亦望察也。

崖底　丁禮反。底猶下也。經文作岻，音直移反，山名也。又作岊，子結反。説文：陬禺[三五]而高山之節也。

洮汰　徒刀反，下音太。通俗文：淅米謂之洮汰。廣雅：汰，洗也。淅音氈熱反也[三六]。

正法花經　第六卷

墟聚　丘魚反。墟，居也，民之所居曰墟。下古文䝿、𦥷（聚）[三七]二形，今作聚，同。才句反。又廣雅：聚居也。謂人所聚居也。

潀流　在公反。詩云：鳧鷖在潀。傳曰：水會處也。説文：小水入大水也。

調馴　似均反。善也，亦從也。經文作裝僃，非也。

敬逵　又作馗，同。音渠龜反。妙法華中大愛道是也。

正法花經　第七卷

音韶　古文磬（磬）[三八]，同。視招反。舜樂名也。韶之言紹也。

惟射　今作弋，同。餘力反。弋，繳射也，獵也。繳音謂之若反。

綢繆　直周反，下莫侯反。詩傳曰：綢繆猶纏綿也。

調譺　吾戒反。通俗文：大調曰譺。譺，欺也。

蹉踖　千何反，下子亦反。踧，踖也。踖字應誤，宜作錯，千各反。蹉，不正也。錯，誤失也。

勞廢　府吠反。廢，退也。罷止也。經文作㢟，非也。

窺闇　丘規反，下弋珠反。説文：窺闇，小視也。

稽顙　古文䭫，同。苦禮反，下桑朗反。稽，至也。顙，額也。謂額至地也。

詢法　又作諄，同。思遵反。左傳：諮親爲詢。詢問親戚之儀也。

貧寠　瞿矩反。詩曰：寠者無禮也。字書：寠，空也。

元元　言元元者，非一民也。古者謂民曰善，人因善爲元，故曰黎元。經文作忨，五唤反。忨，貪也。忨非今之義也。

悶愊　普力、蒲力二反。愊憶猶盈滿也。

薨殪　呼弘反。廣雅：薨，亡也。諸侯曰薨。下古文作壹，同。於計反。謂一發而死曰殪，殪亦死也。

正法花經　第八卷

觝餬　徒奚反，下户孤反。通俗文：酪酥謂之觝餬。經文作醍，非也。

塞齆　一弄反。埤蒼：鼻病者。經文作坑，非此字也。

紫鵶　資髓反，下於加反。鵶，烏〔三九〕也。經文從亞作鵶，非也。

鵁鶄　音交精，似凫而脚高，毛冠，人家養之以猒火灾者也。

嚾呼　又作嚾呼二形，同。呼换反。唤，叫呼也。

享餼　虚掌反，下虚氣反。享，獻也。儀禮：以牲曰餼。餼猶稟給也。字書：餼，餉也。經文作響，非字體也。

正法花經　第九卷

號咷　徒勞反。號咷，大泣也。經文作啅，陟角反。啅非字義也。

魘鬼　於冉反。蒼頡篇云：伏合人心曰厭。亦眠内不祥也。

雜糅　古文粈、䊆二形，同。女救反。今以異物色相參曰糅。

寶瑛　於京反。廣雅：水精謂之石瑛。瑛亦玉光也。

饕餮　古文叨、饕二形，同。他勞反。下又作飻，同。他結反。

貪財曰饕，貪食曰餮。

正法花經　第十卷

謿讌　相承魚世反。此應作讛，五戒反。大謂(調)〔四〇〕也。

生皰　又作皰，同。蒲孝反。説文：皰，面生氣也。經文作皰、疱二形，非也。

無量義經一卷　慧琳撰

毗摩颰羅　上盤末反。梵語菩薩名也。

憺怕　上談濫反。顧野王云：憺，謂恬静也。王逸注楚辭云：安也。下普百反。廣雅云：怕，静也。説文謂無爲也。二字並從心，詹、白皆聲也。經從炎從水作淡泊，字非也。

聾劓　上禄東反。蒼頡篇云：聾謂耳不聞也。説文云：無聞也。從耳龍聲。下疑器反。孔注尚書云：劓，割也。鄭注周禮云：截其鼻也。説文云：決鼻者也。從刀鼻聲。或作劓也。

眉睫　下僭葉反。蒼頡篇云：睫，眥毛也。説文云：目旁毛也。從目疌聲。或作睞。眥音齊細反。顧野王：眥謂目匡也。疌音捷。

瑣骨　上蘇果反。漢書云：連瑣，謂以環相鉤連也。或從金作鎖。案經云瑣骨者，如來骨節如馬銜相鉤連，亦如連鎖也。説文：從玉貨聲。貨音同上。經作鎖字，俗通用也。

腨〔四一〕腸　遄耎反。説文云：腨，足腓腸也。從肉耑聲。正作腨，亦作踹、䠞、腨三體，並通。腓音扶微反。耑音端也。下除良反。蒼頡篇云：腸，道也。廣雅云：詳也。文字典說云：腸，大小腸也。從肉昜(易)[四二]聲也。

隋腦　上雖壘反。說文云：隋，骨中脂也。從骨隋省聲。或作髓。髓[四三]，經作髄，俗字也。下奴老反。聲類云：腦，頭中脂也。或作𡿺。說文作㛴。㛴亦頭中髓也。從匕，相匕著也。古今正字：從肉作𡿺音惱聲也。

挫身　上祖卧反。鄭注考工記云：挫，折也。賈注國語云：折鋒曰挫也。說文：挫，摧也。從手坐聲。經從二人作挫[四四]，古字。

煗法　奴卵反。賈注國語云：煗，温也。古今正字：從火耎聲。經作燸，非也。

懈怠　上音戒。賈注國語云：懈，倦也。廣雅云：嬾也。說文亦怠也。從心解聲。經作𢤦，亦通。

雷奮　分問反。鄭注禮記云：奮，動也。廣雅云：振也。說文：翬也。從奞在田上也。奞音雖。經作奮，非也。

欻然　熏鬱反。考聲云：暴猝皃也。薛綜注西京賦云：欻，急也。說文：有所吹起也。從欠炎聲，猝音寸没反。

鬱茂　惲颶反。案鬱茂，草木盛皃也。說文：亦木藂生也。或作蔚。從林鬱(鬱)[四五]省聲。鬱(鬱)音同上。經作欝，俗字。颶音雲鬱反也。

法花三昧經　慧琳撰

稍稍　霜爪反。廣雅云：稍稍，小也。顧野王云：稍稍，侵漸也。說文：從禾肖聲。

㦍然　昂各反。考聲云：愕，相遇而驚也。說文云：直言也。從心㖾聲。或作遻，正作㦍。㖾音同上也。

沫流　上滿鉢反。顧野王云：沫，水上浮沫也。說文：從水末聲。

無蛘　下羊掌反。禮記云：寒不敢襲，蛘不敢搔也。說文：搔蛘也。從虫羊聲。或作痒。經作癢，俗字也。襲音習，謂不敢重衣曰襲也。

析荅　星積反。孔注尚書云：析，分也。說文：從木斤聲。或從片作㭊，亦正。經作折，非也。下躭合反。正從草作荅。古文作畣。經作荅，俗字，通用也。

濯衆　上幢卓反。毛詩傳云：濯，滌也。廣雅：洗也。說文：浣也。從水翟聲。

聽我　剔丁反。考聲云：聽，以耳審聲，信也，許也。孔注尚書：察是非也。鄭注禮記：聽，待也。說文：聆也。從悳耳壬聲。悳音德。壬音他井反。

獷强　古猛反。案獷猶猛也，惡也。說文云：犬獷獷不可附也。從犬從廣也。

薩曇分陀利經　慧琳撰

三曼陀颰陀　曼音末盤反。經作慢，誤也。颰音盤沫反。梵語。唐云普賢是也。

薩曇分陀利　梵語訛略也。正梵語云薩達摩奔拏里迦。唐云妙法白蓮花。姚秦羅什譯爲妙法蓮花經，略去白字也。

枹休羅蘭　梵語佛名也。正梵云鉢羅二合步多囉怛曩二合引野，唐云多寶。

無央數　約薑反。王注楚辭云：央，盡也。說文：從大在冂之内。大，人也。一曰久矣。經從革作鞅，非也。冂音癸營反。

楇鼓　上陟瓜反。考聲云：楇，擊也。聲類云：楇，捶也。古今正字：從木過聲。或作簻。下音古，從壴從支，象鼓旗手擊之也。壴音注。攴音攴[四六]，從半竹，經從文，非字也。

衒身　玄絹反。考聲云：衒，自誇誕也，亦行賣也。説文作衙，重重行而且賣也。從行從言，或從玄作衒。古作眩，從目。

汲水　金立反。鄭注考工記云：汲，引也。説文亦引水也，從水及聲也。

閉三惡道　上必計反。廣雅云：閉，塞也。説文：閉，闔門也。從門才聲。俗從下作閉（閇）[四七]。經從午作閈，非也。

般若拘　古譯梵語也，正梵云鉢囉二合吉孃二合拘，唐云智積菩薩名也。

新譯法花經中真言六道在陀羅尼集中

添品妙法蓮花經序　慧琳撰

燉煌　上徒昆反，下音黄。郡名也。沙州是。

龜兹　上音歸，下音謟，胡國名也。即安西四鎮是也。

笈多　渠劫反。翻經三藏名也。

添品妙法蓮花經　第一卷　第二卷　並無字可音。

添品妙法蓮花經　第三卷　添藥草喻品

与癊　陰禁反。案癊謂胸膈中病也。膈音革。

齒齧　研結反。禮記云：無齧骨。説文：齧猶噬也。從齒㓞聲。噬音逝，㓞音慳八反。

從此後終普賢勸發品及下囑累品，並依基法師所造音，更不重述。

維摩詰所説經卷上　沙門玄應撰

維摩詰　或言毗摩羅詰，亦言鼻摩羅雞利帝，此譯云無垢稱。稱者，名稱也。或爲浄名者，其義一也。

毗耶離　或作毗舍離，或言維耶離，亦云鞞奢隷夜，皆梵言訛轉也。正言吠舍釐，在恒河南中天竺界，七百賢聖於中結集處也。

菴羅　或言菴婆羅，果名也。案此果花多而結子甚少，其葉似柳而長一尺餘，廣三指許。果形似梨而底鈎曲。彼國名爲王樹，謂在王城種之也。經中生熟難知者即此也，舊譯云柰，應誤也。正言菴没羅，此菴没羅女持園施佛，因以名焉。昔彌猴爲佛穿池、鹿女見千子處，皆在園側也。

爲護　于碑、于僞二反。爾雅：爲，作也。爲，助也。

友而　于久反。廣雅：友，親也。説文：友，同志也。

紹隆　市遶反。爾雅：紹，繼也。隆，盛也，多也。

魔怨　煞者，是位處第六天主也。論中釋斷慧命，故名爲魔。又常行放逸而自容（害）[四八]身，故名魔。言波旬者，訛也。正言波卑夜是其名也。此云惡者，常有惡意，成就惡法，成就惡惠，故名波旬。經中作魔波旬者，存二音也。

踰於　又作逾，同。庾俱反。踰，過也，越也。廣雅：踰，度也。

等觀　古桓反。説文：觀，諦視也。又音古翫反。觀，望也。二音通用。舊維摩經作正觀菩薩是也。

山相　先羊反。彼此二邊曰相。舊經云石摩王菩薩，諸經中作山相薄菩薩，其義一也。
長者　案天竺國俗多以商估爲業，遊方履險，不憚艱辛，彌積歲年，必獲珍異。上者奉王，餘皆入己。財盈一億，德行又高，便稱長者，爲王輔佐。彼土數法，萬萬爲一億也。
稱無　齒證反。名稱也。爾雅：稱，好也。注云：物稱人意，美善好也。
稽首　古文作䭫，苦禮反。蒼頡篇云：稽首，頓首也。周禮太祝：辯九拜，一曰稽首。鄭玄曰：稽，至也，謂至地也。首，頭也。書云「禹拜稽首」是也。
不譏　居衣反。廣雅：譏，刺也。譏，問也。説文：譏，誹也。
仁者　而親反。周禮云：德一曰仁。鄭玄曰：愛人及物曰仁，上下相親曰仁。釋名：仁者，忍也，好生惡煞，善惡含忍也。
深殖　時力反。蒼頡篇：殖，種也。廣雅：殖，積也，立也。
純淑　時均反，下時六反。純謂精一也。爾雅：純，大也。[方][四九]言：純，好也。經文或作淳，亦專一也。淑，善也，美也。
博弈　古文簙，同。補各反。世本云：烏曹作簙。説文：博，局戲也。六箸十二棊也。方言：自關而東齊魯之間皆謂圍棊爲弈之也。
諧耦　胡皆反，下吴口反。爾雅：諧，和也。耦，合也。
酒肆　相利反。肆，陳也，列也。謂陳列酒器於市店也。
化政　之盛反。禮記：孔子曰，政者，正也。謂宣法教子養萬姓也。論語「導之以政」是也。
不怙　胡古反。爾雅：怙，恃也。詩云：无父何怙。怙，賴也。
撮摩　字林：七活反。廣雅：撮，持也。釋名：撮，卒也。謂暫卒取之也。
宴坐　石經爲古文燕字，同。一見反。廣雅：宴，安也。謂寂然安息皃也。
里巷　周禮：五家爲鄰，五鄰爲里。謂二十五家也。詩云：無踰我里。里，居也。釋名：五鄰爲里。方居一里之中也。
珊闍　蘇安反。子名也。經文有作刪，所姦反也。
胒子　又作庢[五〇]，同。竹尸反。母名也。
芒然　莫唐反。案芒然，冥昧不明也。舊經作惘然也。
豁然　古文奯、眓二形，同。呼活反。廣雅：豁，空也。
阿摩勒果　正言菴摩羅果，其葉似小棗，果如胡桃，味酸而且甜，可入藥分也。
勿擾　如紹反。説文：擾，煩也。廣雅：擾，亂也。
從万　自龍反。相隨從也。爾雅：從，重也。郭璞曰：隨從所以爲重疊也。
掃灑　所賣反。通俗文：以水歛塵曰灑。謂以水灑散之也。
嬈固　乃了反。字林：嬈，擾也。纂文：嫽嬈，戲弄也。嬈，煩也，亦惱也。文殊現寶藏經等作嬲固。字或作嬲音同嬈。固堅也，今宜作厭蠱之蠱。字林音故，又音古。厭音於冉反。謂伏合人心也。爾雅：蠱，疑也。謂疑惑人也。摩登伽經作擾蠱，言此魔作擾亂厭蠱也。諸經有作頋，非體也。蠱在皿上爲蠱字意也。蠱音直中反也。
俛仰　无辯反。謂自强爲之也。説文：俛，此俗頫字，謂低頭也。仰謂舉首也。
冥者　莫庭、莫定二反。冥，夜也，幽闇也。

維摩詰所説經　中卷

酬對　古文醻。三蒼作詶，同。時周反。爾雅：酬，報也。

聖旨　字體作恉，諸視反。說文：恉之意緒也。

致問　徵吏[反]〔五一〕，三蒼解詁云：致，至也，到也。

病愈　古文瘉，同。臾乳反。方言：差，愈也。說文：瘉，病瘳也。

苞容　補交反。廣雅：包，裹也。容，受也。

黿鼉　魚袁反。三蒼：似鼈而大也。下徒多反。山海經：江水足鼉。郭璞曰：似蜥〔五二〕蜴，大者長一丈，有鱗彩，皮可以爲鼓。詩云「鼉鼓逢逢」是也。字體從黽從單聲也。

吸著　古文歙、翕二形，同。羲及反。廣雅：吸，飲也。

蹴蹋　千六反，下徒盍反。謂以足逆蹋之曰蹴。蹋，踐也。

福祐　古文佑、閣二形，同。胡救反〔五三〕。祐，助之也。

瞻蔔　蒲比(北)〔五四〕反。正言瞻博迦。大論云：此言黄花樹，其樹高大，花氣遠聞。案西國多有此林，故以喻也。

周窮　古文賙，同。之由反。謂以財物與人曰賙。詩云：靡人不賙。傳曰：賙，救也。將救其急也。字林：賙，贍也。

訥鈍　又作呐，同。奴骨反。訥，遲鈍。說文：訥，難也。

糞壤　如掌反。無塊曰壤，亦土也，變言之耳，以人所耕爲樹藝焉則言壤。壤，和緩之皃也。

之疇　直流反。疇，類也，等也。王逸注楚辭云：二人爲匹，四人爲疇。疇猶伴侶也。

飢饉　古文飪，又作饑，同。几治反。爾雅：穀不熟爲飢，蔬不熟爲饉。凡草菜可食者通名蔬也。

憒亂　公對反。說文：憒，亂也。吏也。

邑中　周禮：四井爲邑。鄭玄曰：方二里也。廣雅：五里爲邑，十邑爲鄉。左傳：凡邑有宗廟先君之主曰都，無曰邑。

以祜　胡古反，祜，福也。爾雅：祜，厚也。謂福厚也。

不肖　先妙反。廣雅：肖，似，類也。說文：骨肉相似曰肖。字從肉也，小聲。今言不肖者，不似也。謂骨肉不似其先，故曰不肖。禮記「其子不肖」是也。謂儜惡之類也。

維摩詰所說經　下卷

㦕戾　諸經有作籠，同。祿公反。下三蒼作俟，同。力計反。恨戾剛强皃也。

不訟　似縱反。論語：未見能見其過而内自訟者。包咸曰：訟猶責也。

所圖　案詔定古文官書：圖、啚二形，同。達胡反。廣雅：圖，度也，議也。圖亦計也。

貳吒　如至反。經中或作阿迦尼沙詫，或言尼師吒，皆梵言輕重也。王言阿迦抳瑟搋，此言色究竟天也。詫音敕嫁反。抳，女几反。搋，敕佳反。

維摩詰經上卷　一名佛法普入法門三昧經

玄應撰

柰氏　新維摩經云「菴羅樹園」是也。其果似梨也。

仇怨　渠牛反。三蒼：怨耦曰仇也。

編髮　三蒼：古文辮字，同。蒲典反。交織也。經中言螺髻者亦是也。

蚑行　渠支反，又音奇。謂蟲行皃也。周書「蚑行喘息」是也。

怳忽　虛往反。謂虛妄見也，亦无形不繫之辭也。說文：怳，狂皃也。字又作慌，呼晃反。漢書音義曰：慌忽，眼亂也。

勗勉　吁欲反。下又作勸，同。靡辯反。謂自勸勵也。方言：齊魯謂勉爲勗滋。說文：勉，强也。

適莫　都狄反，下謨各、莫故二反。謂無人無相也。案適，主適也，亦敵也。敵，匹也。莫猶慕也，言慕欲也。

罔然　无往反。謂不稱適也。罔罔然无知意也，亦惶遽之皃也。經文從心作惘，近字也。

阿夷恬　徒兼反。梵言也。此譯云新學，亦言新發意也。

煢冀　爲明反。煢猶光花也，亦光寵也。冀，幸也。

牛湩　竹用、都弄二反。通俗文：乳汁曰湩。今汝南亦呼乳爲湩也。

妖蠱　於驕反，下弋者反。周易作冶，妖冶也，謂姿態之皃也。

露枰　皮平反。廣雅：枰，榻也。

辱來　又作㦚，同。而屬反。辱，耻也。耻愧來相問也。

巢窟　仕交反。謂住止處所也。通俗文：鳥居曰巢，獸穴曰窟也。

蹶取　居月反。埤蒼以爲蹶起也。禮記：子夏蹶然而起也。謂急疾之皃也。

捉㧖　蒲畢反。方言：㧖，推也。南楚凡相搏曰㧖。

維摩詰經　下卷

真人　此即阿羅漢也，或言阿羅訶。經中或言應真，或作應儀，亦云無著果，皆是一也。

溝港　古項反。字略云：水分流也。謂須陀洹也。此言入流也。

奚得　胡啼反。蒼頡篇：奚，何也。

悦懌　餘石反。爾雅：悦、懌，樂也。謂意解之樂也。

貧窶　瞿矩反。三蒼：無財備禮曰窶。詩云：終窶且貧。傳曰：窶者，無禮也。字書：空也。

芙蓉　又作扶，同。附俱反。說文：扶渠，花未發爲菡萏，花已發者爲芙蓉也。

莖華　胡耕反。字林：枝主也。亦小枝也。諸經皆作芙蓉莖華。今經文作葕胡梗反，香花也。

埤濕　補支反。助也。字宜作卑。蒼頡篇：卑，下也。

洿田　一胡反。大曰潢，小曰洿。三蒼：停水曰洿。

夜光　干寶搜神記：隨侯行見大蛇傷，救而治之。蛇後銜珠以報，徑寸，純白而夜光，可以燭堂也。

徒隸　達胡反。禮記：八曰徒。徒，隸也。下力計反。隸猶附著。隸，奴也，賤也。僕，隸也。

驂駕　忿含反。說文：駕三馬也。旁馬曰驂，居右爲驂乘之也。

譸張　竹尤反。譸張，誑也。謂相欺惑者也。

未孚　又作赴，同。芳務反。孚，疾也。廣雅：赴，行也。

棚閣　蒲萠反。通俗文：連閣曰棚。棚亦閣也。

荒見　呼黄反。荒，忽也，虚也。謂荒忽虚妄見也，亦迷亂也。

以仂　里翼反。字書：仂，勤也。今皆爲力字。

惶荒　胡光反。下光讚經作慌，呼晃反。謂虚妄見也。慌，恐懅也。慌，慌忽也。今經作荒。案荒，荒忽迷亂也。其義是同。漢書云：忽荒，冥漠無形也。

非摸[五五]　莫奴反。亦摹字也。摸，法也，謂掩取象也，規摸也。

恒戢　側立反。說文：戢，藏也。亦斂也，聚也。

說無垢稱經　第一卷　沙門玄應撰

菴羅衛林　舊言菴羅園，即菴婆羅女以園施佛，仍本爲名也。言衛者，此云女昔常守衛看護此林也。

澍雨　之喻、止句二反。時雨也，謂潤生百穀者也。借以喻之。

方術　脣聿反。術，法也。又邑中道曰術。術，通也，言無所不通也。

離呫種　昌葉反。舊言離車子，或作栗昌，亦作離昌，又作律車，皆訛也。此云仙族王種也。

希夷　聽之不聞名曰希，視之不見名曰夷。言無聲曰希，無色曰夷也。

持髻　舊經言螺髻，言梵本無螺，譯人義立耳。

隧級　辭醉反，下音急。掘地通路曰隧。隧，徑也。聲類：隧，延道也。級，階次也。案西域井如此方古井也，掘地爲隧，施安隥級，入中取水也。舊經言丘井者，非當梵名，故依本譯也。

説無垢稱經　第二卷

八無暇　遐嫁反。言此八難之時無有閑暇可修道業也。

迦遮末尼　舊云迦柘。柘音之夜反。此云水精珠也。

竚立　又作佇，同。除吕反。爾雅：佇，久也。謂久立也。

説無垢稱經　第三卷

得痊　七泉反。痊，除也。

病愈　古文瘉，同。臾乳反。方言：差，愈也。説文：愈，病瘳也。

黿鼉　上魚袁反，下徒多反。三蒼：黿，大鼈也。鼉似蛟而大。

山海經：江水足鼉。郭璞曰：似蜥蜴，大者長一丈，有鱗彩，皮可以爲鼓也。

説無垢稱經　第四卷

毗奈耶　舊言毗那耶，亦云毗尼，皆訛略也。此云離行。行亦道也，謂此行能離惡道也，亦翻爲滅分得也。言調伏化度者，義譯也。此有三義，一引載義，如十利等功德爲此法所引載也。二調真〔五六〕義，能令身口二業調伏正直也。三上勝地義，從戒上定乃至上四沙門果地也。

鰥寡　古頑反。釋名云：無妻曰鰥，無子曰獨。言鰥人愁悒不寐，目常鰥鰥然如魚眼不閉。故字從魚從眔。眔，反目也。

茵蓐　又作鞇，同。於人反。説文：車中重席也。釋名云：文鞇，車中所坐者也。用虎皮爲之，有文彩，因以下輿相連著也。三蒼：蓐，薦也。

傍生　梵言吉利藥住尼，亦云帝利耶瞿愉泥伽，此云傍行。舊翻爲畜生，或言禽獸者，分得仍未總該也。

驚悸　古文痵，同。其季反。字林：悸，心動也。説文：氣不定也。

猜疑　古文㥋（䐶）〔五七〕、猜二形。今作倸，同。粗來反。猜亦疑也。廣雅：猜，懼也。

説無垢稱經　第五卷

詢求　私遵反。詢，問也。諮親爲詢，詢問親戚之議也。

師捲　又作拳，同。渠員反。指握爲捲，譬喻也。言師之匠物，不如捲之執握，吝而不說也。

説無垢稱經　第六卷

夷塗　弋之反。説文：夷，平也。亦常也。
擔山林　梵云竭達羅，舊言佉陀羅。南地多饒此木。
協同　又作勰、叶，三形同。胡頰反。爾雅：協，和也，合也。亦同用也。
輕蔑　又作懱，同。莫結反。説文：懱謂相輕傷也。

大方等頂王經

維摩詰　下企吉反。梵語。經從革作鞊，非也。
門閫　苦本反。鄭注禮記：閫，門限也。説文云：門橛也。從門困聲。或作梱。
芬葩　上麩文反。鄭箋毛詩云：芬芬然香也。郭注方言云：芬香和調也。説文：從草分聲。下拍巴反。聲類云：秦人謂花爲葩也。從草肥聲。肥音同上也。
晃曜　上黄廣反。廣雅：晃，暉也。説文云：明也。從日光聲。下遥照反。廣雅云：曜，照也，明也。説文：從日翟聲。或作燿也。翟音宅。
依際　上懿希反。毛詩傳云：依，倚也。郭注方言云：憑也。説文義與毛詩傳同。從人衣聲，經從犬從奇作猗，非也。
邠耨文陀尼子　上筆旻反，下農督反。梵語。並人名也。
罣礙鎧　下苦盖反。文字集略云：以金甲蔽身曰鎧也。廣雅云：逐甲分鎧也。説文：甲也，從金從愷省聲。
凶禍　上勗邕反。韓詩外傳云：兇，危也。爾雅云：咎也。説文：凶，惡也。象地穿交陷其中也。經從歹作殂，非也。
憒亂　上古外反。考聲云：憒謂煩憂也。説文：亦亂也，從心貴聲。又音會，亦通。
泡沫　上匏茅反。考聲云：水上浮漚也。説文：從水包聲。下忙鉢反。顧野王云：沫，水上浮沫重重，水上浮沫也。説文：從水末聲也。
土墼　下經歷反。顧野王云：尅土方而不燒爲墼也。説文義同，從土毄聲。毄音同上。
蠲棄　上決緣反。郭注方言云：蠲，除也。説文：從蜀益聲。下企智反。孔注尚書云：棄，廢也。爾雅：忘也。説文：捐也。正作棄，從収推𠦒弃𠫓。𠫓，逆子也。籀文作棄。𠦒音半安反，𠫓音土忽反。經作弃，古文字也。
嬈害　上溺鳥反。考聲云：嬈，相戲弄也。説文：嬈，煩也。苛也。一曰擾弄也。從女堯聲。或作嬲。苛音何。苛，怒也。刻暴曰苛。
怯羸　上欠劫反。顧野王云：怯，畏劣也。家語云：由能勇而不能怯而也。古今正字：從心去聲。下累危反。杜注左傳云：羸，弱也。許叔重注淮南子云：劣也。説文：瘦也，從羊𣧍聲也。
壁枝　上并覓反。考聲云：壁，牆也。顧野王云：壁，壘室中垣壁也。説文：從土辟聲。辟音同上。
高鐙　得騰反。郭注爾雅云：即膏燈也。聲類云：無足曰鐙，有足曰錠。説文亦錠也。從金登聲，或作燈。錠音都定反。
探（探）[五八]古　上塔南反。孔注尚書云：探，取也。聲類謂深取也。説文：遠取也。從手来(采)〔五九〕聲。来(采)音彌也。

窈冥 上羊皎反，下覓瓶反。考聲云：窈冥，深邃皃也。郭注方言：窈，幽静也。毛詩傳云：冥亦窈也。鄭箋云：夜也。又云冥冥也者，㪍人目無所見也。説文：窈，從穴幼聲。或從木作杳也。冥從冖六，日數十，十六日月始虧幽，冖也。冖音冥壁反。

崖底 上雅佳反。考聲云：崖，山澗邊險岸也。説苑：高山有崖也。説文云：崖，高邊也。從屵圭聲。屵音五割反。下丁禮反。淮南子云：上窮至高之末，下測至深之底也。説文：從广氏聲。广音魚斂反，底音丁奚反。

大乘頂王經 慧琳撰

菴羅 上暗含反。考聲云：菴羅，印土果名也。唐國亦有也。文字典説：從艸奄聲。

足躡 下女輒反。廣雅云：躡，履也。又機下足所履之躡也。方言云：登也。説文：陷也。從足聶聲也。聶音上同。

滿匊 居六反。毛詩云：兩手曰匊。鄭注禮記云：匊，手中也。説文：在手曰匊。從勹米聲。勹音包。或作臼。經作掬。掬，取也，亦通。

繽紛 上匹賓反，下忿云反。王注楚辭云：紛，盛皃也。韓詩外傳云：往來皃也。廣雅云：衆也，亂也。文字典説二字並從糸，賓、分皆聲。

鹿苑 上籠谷反，下寃阮反。案西域記云：波羅痆斯國之園苑名，亦鹿野苑，亦名施鹿林。舊譯云波羅奈國，亦如來初轉法輪處也。

捲杷 上渠員反。何休注公羊傳云：捲，掌握也。廣雅：掌治也。國語云：收也，舒也。説文：從手卷聲。或作拳。

憒吏 上古外反。前大方等頂王經上卷中已釋訖。下奴效反。集訓云：吏，人多擾擾也。考聲云：人多諠也。古今正字：不静也。從市從人，會意字也。經作鬧，俗字。

鬱單越 上慍勿反。梵語。一名北俱盧洲，或云鬱怛羅，或云鬱多羅拘樓，或云郁多羅鳩留，皆梵語訛也。正梵云嗢怛羅矩嚕，譯爲高勝。阿毘曇論云：地方高大，定壽千歲，無諸苦，常受樂，勝餘洲，故名高勝。嗢音烏骨反。嚕音魯字轉舌語也。

善思童子經上卷 玄應撰

搦拳 又作搻，同。女卓、女革二反，搦，捉。説文：搦，按也。

大悲分陀利經 第一卷 玄應撰

波叉 或言毗留博叉，訛也。具言鼻溜波阿叉，舊譯云雜語，一義也。正言醜眼，西方天王名也。

提惔 徒甘反。

收傯 蒲戒反。

蜱以 補奚反。

阿呢 女乙反。

須抳 女几反。

邏啜 市悦反。

多眯 莫禮反。

薩倲　毗面反。
師薜　蒲計反。
酣伽　下甘反。
嗽咩　所角反，下彌尔反。
阿慉　虚六反。
桔略　音結。

大悲分陀利經　第二卷　第三卷　並先不音。

大悲分陀利經　第四卷

鈂婆　丈心反。童子名也。依字，蒼頡篇：鈂，臿屬也。

大悲分陀利經　第五卷

嗒然　土合反。精靈失其所也。莊子「嗒然似喪其偶」是也。
鬻賣　上正作賫，又作價，二形同。餘六反。周禮：價，賣也。言物有定價則買者來也。

校勘記

〔一〕踵　據文意似當作「嚏」或「嚏」。嚏　據文意當作「踵」。下同。
〔二〕榹　獅作「云」。
〔三〕釆　獅作「宩」。
〔四〕哂，玄卷十二釋此詞作「呬」。可洪新集藏經音義隨函録卷五釋不呬：「許器反。鼻息也，歕嚏也。正作齂、呬二形也。應師以嚏字代之。嚏，丁計反，亦鼻氣也。」又卷二十五釋作哂：「經意宜作四（呬）、齂，二同。許器反。鼻息歕嚏也。應和尚以嚏字替之。嚏音帝，亦歕鼻耳。」普曜經爲西晋竺法護所譯，檢今本原文爲：「彼時菩薩，衆人怪之，羨之所行，取其草木投著耳中，耳不痛癢，著之鼻中，鼻亦不呬，亦不棄去。」經文意謂草木著之鼻中，鼻亦无感覺，没有反應。考説文：「呬，東夷謂息爲呬。」「齂，臥息也。」廣韻：「齂，鼻息。」又據可洪所釋，呬有「鼻息噴嚏」義，玄應所釋呬和慧琳轉録哂似爲呬的形近訛字。檢龍龕手鏡：「哂，經音義作嚏，丁計反，鼻噴也。在普曜

跨馬　苦駡反。字林：踞也，亦躡也。

悲花經　第一卷　玄應撰

郅祢　之一反，下奴禮反。
頞緹　烏割反，下他禮反。
羅陀　經文從口作吔，非也。
底拏　都禮反，下奴加反。經文作毠，非也。
阿俾　甫尔反。
由禘　徒計反。
雜絁　式移反。
羅齲　丘禹反。
禕陀　於宜反。
嗜哆　敕轄反。
多芰　渠義反。
阿梯　他弟反。

一切經音義　卷第二十八〔六〇〕

經第五卷。又俗音血。」漢語大字典據龍龕手鏡收録「呬」，作爲「嚏」的異體字釋爲「同『嚏』」。

〔五〕從　玄卷十二作「徒」。

〔六〕小　獅作「曰」。

〔七〕元　似衍。

〔八〕聲　衍。

〔九〕職　獅作「膩」。下同。

〔一〇〕知職之職也　今傳本釋名：「黏昵如脂之職也」。

〔一一〕幽　據文意似當作「𢆶」。

〔一二〕徽　獅作「微」。

〔一三〕萩　獅作「萩」。下同。

〔一四〕泉　獅作「臬」。

〔一五〕𩂣　獅作「𩂣」。集韻：「彪，或從彬省，俗作霦，非是。」

〔一六〕般　獅作「瀫」。

〔一七〕繪　獅作「諭」。

〔一八〕捔　據文意當作「桷」。

〔一九〕檼　據文意當作「檼」。

〔二〇〕㷀　可洪新集藏經音隨函録：「徒困反，逃也，隱也。正作遁、遯、遾三形也。」「應和尚云此應遁，補胡反，非本體也。」

〔二一〕吏　獅作「夷」。

〔二二〕担　方言：「担，取也，南楚之間凡取物溝泥中謂之担或謂之摣。」説文：「取物也。」

〔二三〕揵　據文意似當作「犍」。

〔二四〕曰　麗無，據獅補。

〔二五〕欀　據文意似當作「攘」。下同。

〔二六〕蛆　據文意似當作「蛆」。下同。

〔二七〕悟　據文意似當作「悟」。

〔二八〕淨　獅作「浄」。

〔二九〕經文貲貨之貲作　據文意似當作「經文作貲貨之貲」。

〔三〇〕宪　據文意似當作「宪」。

〔三一〕努　據文意似當作「努」。

〔三二〕勢　據文意似當作「勢」。

〔三三〕樑　據文意似作「樑」。

〔三四〕拓　玄應所釋作「拍」，獅亦作「拍」。據文意似作「㗊」。

〔三五〕禺　今傳本説文作「隅」。

〔三六〕淅音氈熱反也　據玄應所釋爲「淅音思歷反」。淅，心母錫韻，慧琳所釋「氈熱反」爲章母薛韻，慧琳所釋誤爲「浙」之音切。

〔三七〕䏦　據文意似當作「䏦」。

〔三八〕磬　獅作「磬」。

〔三九〕鳥　獅作「烏」。

〔四〇〕謂　獅作「調」。

〔四一〕鵃　即「腨」。

〔四二〕易　據文意似當作「易」。

〔四三〕髓　據文意似當作「隋」。

〔四四〕挫　據文意似當作「挃」。説文手部：「挃，摧也。从手垔聲。」

〔四五〕鬱　據文意似當作「鬱」。下同。

〔四六〕支　據文意似當作「扑」。

〔四七〕閉　獅作「閇」。

〔四八〕容　玄卷八作「害」。

〔四九〕方　據玄卷八補。

〔五〇〕庢　據文意似當作「㡯」。

〔五一〕反　麗無，據文意補。

〔五二〕蚚　據文意似當作「蚚」，即「蜥」。

〔五三〕胡救反　據文意似當爲「于救反」。

〔五四〕比　玄卷八作「北」。

〔五五〕摸　據文意似當作「模」。下同。

〔五六〕真　獅作「直」。

〔五七〕職　慧卷十、卷四八、卷七十作「職」。

〔五八〕探　即「探」。

〔五九〕来　據文意似當作「罙」。下同。

〔六〇〕苦罵反……　一切經音義卷第二十八　臺灣大通書局印行麗本誤置卷第二十九第一頁後。

一切經音義　卷第二十九

大唐翻經沙門慧琳撰

金光明最勝王經十卷　三藏義浄譯

金光明最勝王經十卷　沙門慧琳再譯真言三十八道經依前本

合部金光明經八卷　人間四卷金光明全在此中

右三經二十八卷同此卷音

金光明最勝王經　第一卷

金光明[一]　上金字。説文云：五色之金，黄爲之長，久埋不生，百鍊不輕，從革不違。西方之行，土生金，故從土，左右點象金在土中上(形)[二]，今聲也。次光字，説文：明也。上從火，下從古人字，會意字也。下明字，説文：從囧，囧象窗，月光入窗，明也。亦會意字。日月爲明者，後人意隨俗説也。囧音鬼永反。

最勝　上祖外反，去聲字也。韻詮云：最，甚也。考聲：勝也，要也。史記云：功極多也。説文：總計也。從曰(冃)[三]音莫報反取意也。下昇證反。韻英云：勝，尅也。又勝，負也。考聲云：强也。説文：任也。從力從滕省聲，滕字從女券意也。券音卷也。

鷲峰山　上音就，西國靈山名也。古曰祇闍崛山，是存梵語訛也。此山多鷲鳥，因以爲名也。

重擔　多濫反。考聲云：擔，負也。以木荷物也。説文：從手詹聲。詹音占。

逮得　上音大。毛詩云：逮，及也。説文：從辵隶聲。隶音隊。辵音丑略反。

婆溼波　溼音深入反。從水從丝從土一，覆之則溼。此句梵語阿羅漢名也。

累染　上律爲反，去聲字也，有作上聲者，義乖也，不取。集訓云：家累也。考聲云：連及罪也，屬也。廣雅：積也。説文：增加也。從糸。本作絫，隸書改爲三田，義訓爲此一也。厽音力水反，象重厽之形也，上聲。下尔琰反。考聲：染，污也。廣雅：著也。説文：以繒染爲彩色也。從水杂聲也。

逾於　上羊朱反。孔注尚書：逾，越也。廣雅：逾，遠也。説文：逾，進也。從辵俞聲。

療諸　力召反。鄭注周禮云：止病曰療。吳會江湘謂毉病曰療。説文亦云：療，毉，又治病。從疒尞聲。疒音女戹反。

醫王　意基反。周禮：醫師掌醫之政令，聚藥以療萬民之病。古者巫彭初作醫。毉字本從酉，或從巫作毉，亦通。説文：

治病工也。醫人以酒使藥，故從酉。酉者古文酒字也。

栴檀　梵語香木名也，唐無。正譯即白檀香是也，微赤色者爲上。

破瞖　嬰計反。考聲：目中瞖也。從目殹聲。殹音同上。

梨車毗童子　梵語訛也。正梵音栗曩毗。唐云貴族公子也。諸經或云離車子是也。曩音昌葉反。

毉羅葉　上嬰雞反。毉羅是梵語，西方木名也。葉是唐言。即毉羅鉢多，大龍王名也。鉢多亦梵語，唐云葉。以此龍王，往昔先佛之時，身爲比丘，以瞋恚心，誅毉羅小樹，命終墮此龍中。以不護戒，壞生草木，故業感於龍王頭上生毉羅樹。以瞋恚心，故受龍身。以修持諸功德，有大福德，得爲龍王。是故涅槃經云「假使所作業，百劫亦不亡，因緣會遇時，果報還自受」是也。

持駛水　駛音使，去聲字也。蒼頡篇云：駛，疾也。水流速也，急也。古今正字：從馬史聲。經從夬，非也。

頻眉　符賓反。考聲：頻，蹙聚眉也。廣雅：憂愁不樂也。說文從卑作顰，時不多用。今從簡。

揭路荼王　上音羯。梵語訛也，正梵音蘖嚕拏。唐云金翅鳥王。古譯云迦婁羅。

擁護　邕拱反。鄭注儀禮云：擁，抱也。蒼頡篇：持也。說文：從手雍聲。

阿閦　楚六反。梵語。唐云無動。

邪蠱　上夕嗟反，下音古。惡鬼神，其法媚害煞人也。

澡浴　上糟老反。顧野王云：澡猶洗潔也。下音欲，洒身體也。

鮮潔　上音仙。廣雅：鮮，好也。下音結。字統云：潔，清也。說文：鮮字古文從三魚作鱻。絜從刀。

殖諸　承職反。杜注左傳云：殖，長也。蒼頡篇云：種也，息也。考聲：多也。廣雅：立也。古今正字：從歺直聲也。歺音舉陵反。

短促　下取欲反。廣雅：促，近也。說文：迫也。從人足聲。

骨髓　雖蘂反。說文作髓，亦同。訓辭云骨中脂也。從骨從隨。

芬馥　上芳文反。爾雅：香氣分布也。說文：從屮作芬，分聲也。下馮福反。韓詩云：馥亦芬也。說文：香皃。從香從復省聲也。

惡賤　上烏故反。顧野王云：惡猶憎嫌也。從亞作惡，正體字也。今俗改從西，誤錯也。

悤忖　上思字，上從囪，囪音信。謚法曰：深謀遠慮曰悤。經作思，俗字也。下寸損反。考聲：忖，度也。思惟計度於心謂之忖，形聲字也。

齊限　上寂麗反，去聲字。鄭注周禮云：節量也。俗從刀作劑，字書無此字。

滴數　丁歷反。集訓云：滴，瀝水欒〔四〕注也。說文：從水從適省聲也。經從帝作渧，非也，亦是錯書也。

析諸　星歷反。孔注尚書云：析，分也。說文：破木也。從木從斤。經文有從片作牉，俗字。

度知　唐洛反。揆也，量也，假借用。

稟性　彼錦反。稟，受也。說文：從禾亩聲。亩音立飲反。

飢饉　上几宜反。爾雅：穀不熟曰飢。蒼頡篇云：飢，餒也，腹中空也。說文：餓也。從食几聲。古文作飠彡。下勤刃反。穀梁傳云：三穀不升謂之饉。爾雅云：蔬不熟曰饉。說文：從食從堇聲也。

涕淚　上梯禮反，上聲字也。毛詩云：涕泗滂沱。又曰潸〔五〕然出涕。傳曰：自目而出曰涕。説文：從水弟聲。下音類。廣雅云：涕、泣，淚也。説文：從水戾聲也。

偏黨　上匹綿反。孔注尚書云：偏，坡不平也。説文：偏，頗也。從人扁聲。下當朗反。太公六韜云：朋謂之黨。論語曰：君子群而不黨。孔注云：黨，朋也。説文：從黑尚聲也。

邊鄙　悲美反。杜注左傳云：鄙，邊邑也。賈注國語云：鄙，陋也。謂邊界郊野之外，去國都遼遠名爲鄙俗。今古正字（古今正字）[六]：從邑啚聲。啚音同上也。

朅樹羅　上騫謁反。梵語西國樹名，此國無也。

龜毛　上軌危反。白虎通云：龜之言久也。説文：龜，舊也。外骨而内肉者也。字象四足頭尾之形也。

蚊蚋　上音文。説文：嚙人飛蟲子也。或從蚰作蟁，或從昏作蟁，意言昏時而出，故從昏。經從虫從文，俗字也。下而鋭反。國語云：蚋蛾蜂蠆，皆言能害人。顧野王云：小飛蟲子，好入酒中。又有小蟲似蚋，甚齧人，名爲蟆子，亦有別名，文繁不録。方言具載，説文形聲字也。

蛭蟲　上音質。蒼頡篇云：蛭，水蟲也。爾雅：蛭，囓人入人皮肉中，飲人血，人不覺痛。其類非一，轉注字也。

如鋒　音峰。漢書：鋭也。説文：兵刃。鋒，槍刃、刀刃端也。從金夆聲。經或作峰，亦通也。

兔角　上吐故反。象形字，點象兔尾。言兔角者，顯本無之喻也。

梯蹬　上體奚反。賈注國語：梯，階也。説文：木階也。從木弟聲。下登亘反。廣雅：蹬，履也。形聲字。

若蠅　翼繒反。説文：蟲之大腹者，生胆轉化爲蠅，有數種別。胆音七余反，從肉且聲也。

酒醉　觜崇反。飲酒過度，神識蒙昧曰醉也。

鵂鶹　上音休，下音留。案鵂鶹，怪鳥也。晝伏夜飛，啄食諸鳥鵲衆鳥，大如角鷹，觜爪鋒利，眼如赤銅，眼光射人，亦名薫胡，或名鸒侯。其聲鳴以自呼。若作餘釋，皆非，恐繁不能引説。

繖蓋　珊嬾反。下正體盖字也。繖盖者，覆蔭身也。繖即是盖，從糸散聲。盖字本從草從盇，今俗從羊者，訛謬也。經作傘盖，並非正字也。

鷦鷯鳥　上音焦，下音遼。爾雅：鷦鷯剖葦。郭璞注云：好剖葦皮食其中蟲，江南呼爲葦虎。似雀，青斑，長尾。案：以絮作巢，猶如綿囊。方言謂之女匠也。

觜銜　上醉髓反。鳥喙也。或作觜。下音咸，以口嚙之而行也。

攉現　上倦袁反。考聲云：反常合道謂之攉，宜秉持其事也。古今正字：從手雚聲。雚音灌也。

漂溺　上匹遥反。顧野王云：漂，流也。説文：浮也。從水票聲。票音同上。下寧滴反。考聲：溺，沈也，惑也。從人從水作休，正體字也。滴音丁歷反。

婆羅門　梵語訛不正也。或曰婆羅賀摩，亦訛也。正梵音云沒囉憾摩。唐云净行，或云梵行，即色界初禪梵天名也。彼國人民四類差別，婆羅門即其一也。自相傳云：我從梵天口生，獨取梵名以爲其稱，世業相傳習四圍陀論例，皆博學多知，守志貞白，文儒雅操，高道不仕，其中聰俊穎達者，多爲王者之師，受封邑而自居，最爲上等也。

剎帝利　上音察，亦梵語也。此譯爲田主。上古已來，王族貴種，亦習四圍陀論，博聞强記，仁恕弘慈，專攻於略，其中有兇福勝者，衆立爲王也。

薜舍 上毗桂反。亦是梵語，此即商主也。雖有大福，富有珍財，不能通達典墳，貨遷逐利爲業，爲多蓄積之故。王臣保惜，或賜邑封爲長者〔七〕，榮鎮國界，救接貧乏，以防緩急。

戍達羅 亦梵言訛不正也，正梵音云戍捺囉。此有多釋，不能繁述，略云衆雜。或廣務田疇，播植蓄產；或工巧雜藝，針芰醫救；或漁獵採捕，傭賃力求。四類之中，此最居下也。

慣習 關患反。鄭箋毛詩云：慣即習也。說文作遺，從辵貫聲。經文作串，是頑字去聲，非本字也。

羸憊 上纍追反，杜注左傳：羸，弱也。賈注國語：病也。說文：疲也。從羊羸聲。轉注字也。下音敗，韻英云：疲，極也。考聲：痛甚也。說文：𢞋也。從心葡聲，音同上。或從疒作㿶。𢞋音口糸反。𢞋亦憊也。經從人作僃，通用字也。

金光明最勝王經 第二卷

應身 憶證反。亦名報身。如來於無量劫修菩薩行，具足圓滿，一切相好，以一身應一切，由如水月如響應聲同，一刹那頃現無量身，所說諸法亦無量名曰應身。去聲字也。

數數 雙捉反，頻應也。

金礦 號猛反。字書云：銅鐵未銷煉在石中曰礦。轉注字也。或從卝作鉳，亦從黃作礦，並通。

銷鍊 上音消。集訓云：銷，散也，釋也。說文：鑠〔八〕金也。或作焇、消，訓義並同。下音練。

環釧 上音還。爾雅云：肉好若一謂之環。郭璞曰：邊孔齊等也。說文訓同上，從玉瞏聲也。下川戀反，考聲云：以金玉等爲環，以貫臂曰釧。古今正字云：臂環也。形聲字也。

嬾惰 上勒但反，上聲字。韻英云：卧食曰嬾。說文：懈怠也。從女賴聲。下徒卧反。孔注尚書：懈亦怠。說文：不敬也。從心墮省聲也。古文從女作媠。

鎔銷 上音容。字書云：消金曰鎔。二字並從金，形聲字也。

冶鍊 上音持。考聲：冶，理也。桂苑珠叢云：修故曰冶。下連佃反。韻詮云：銷冶金鐵令精好也。說文：冶金也。從金柬聲。柬音同上。說文又云：柬字從八從束，若從東非也。

澄渟 上直陵反，下音亭。廣雅：渟，止水澄清也。並從水也。

滓穢 上緇史反。說文：滓，澱也。下威衛反。顧野王云：不清潔也。蒼頡篇：從草作薉。古今正字云：穢，惡也。形聲。

障蔽 上章讓反，下必袂反。已見前釋，更不重述也。

睡寢 上垂類反。蒼頡篇云：卧而神識惛昧曰睡。說文：坐寐也。從目垂聲。下蒙貢反。說文：夢中有所見曰寢。從宀從爿從夢。經文作夢省略也。

漂泛 上匹遥反，下芳梵反。前文已釋也。

諂佞 上敕斂反。鄭注禮記：諂者，傾身以就前人曲隨其意而言曰諂。字書云：心不真，詐妄也。說文：諂，諛也。從言閻聲。經作諂，時用省去門也。下寧定反，文字典說文(云)〔九〕：佞者，巧諂諛也。從女。以佞者之言近以仁故從仁，絢惑於人不實故從女，會意字也。有從妄作倿，非也。

晃曜　上黃廣反，上聲字也。廣雅：晃，暉也。考聲：日光也。說文：明也。下姚照反，訓釋與晃同。說文：從火作燿，火光也。經從光作耀，俗字也。

桴擊　上府無反。准經義，桴，擊鼓柄也。借用，非本字。說文正體從木從包作枹，爲濫扶抱字，所以不用，非不知，今且依經作桴，形聲字。下經亦反。書曰：擊石拊石。擊猶捶也。說文：攴，打也。從手毄聲。毄音同上也。

戲樂　上希意反，前文已釋。下音洛，娛也，喜也。樂字從白，會意字也。

躁動　上遭到反。鄭注論語云：躁，不安靜也。說文：從走作趮。趮，疾也，形聲字也。

洗濯　上先禮反。俗字也。說文：正體從西，從水作洒，形聲字也。下音濁。廣雅：濯亦洗也。說文：浣也。形聲字，並皆從水也。

滴海　上丁歷反。正體字也。說文云：水𣸧注也。從水啇聲。經文從帝作渧，俗字誤也。言毛端滴海者以喻志不移也。

羸瘦　上累追反，下所又反，訓釋已見前文。

鞭杖　上必綿反。顧野王云：古者用革作皮鞭以攴罪人，故鞭字從革。攴音普卜反，古字也。今時用作扑，俗字。

盈溢　上郢精反。集訓云：充溢也。考聲：受也。說文：滿器也。從皿夃聲也，夃音同上。說文：秦以市買多得爲夃。從乃，乃，益也。從夂，夂，至也，會意字。夂音竹几反。下寅一反，賈注國語云：溢，餘也。顧野王云：溢謂盈滿而出也。古文從皿作𥁑。說文：器滿也。橫水於皿中，會意字也。

吝愔　上隣鎮反。方言云：南楚江湘之郊，凡衆會不施謂之吝。或作遴。古今正字：從文從口。經文作悋，時用俗字亦通。下星亦反，玉篇云：惜，貪也。韻英：不捨也。訓釋多與悋字義同，從四人殘肉也，正體字也。

罥網　上決兖反。廣雅云：罥者，罘，兔罟也。經文作羂，通。古今正字：從网肙聲。肙，决玄反。下武昉[反]〔一〇〕。顧野王云：网者，羅罟之總名也。古今正字：從糸罔聲。网，象形。罘音扶流反，罟音古，皆網之異名耳也。

金光明最勝王經　第三卷

策勵　上楚責反。說文云：策，箠也。從竹朿聲。朿音七恣反。下力滯反。玉篇：勵，勉也。相勸勉也，從力厲聲。案策勵者，以勇進心除嬾惰意，勤力修行也。

法蠃　盧和反。案蠃者，太常樂器也。形如大蝸牛，大如盃，白如雪，頂有孔，孔通，吹作美聲，聞於數里。說文：水介蟲也。從虫羸聲也。經作螺，俗字，非也。今言法蠃者，以說法美音，喻彼蠃聲也。

秉大　彼永反。毛詩傳曰：秉，操也。賈注國語云：秉，執也。廣雅：持也。說文：禾束也。從又持禾，會意字也。經文從水作㲻，非。

誘進　上由酒反。考聲：誘，教也，引也。韻詮云：相說勸也。古今正字：誘，道也。說文作羑，進善也。從羊久聲。

窣覩波　上音孫骨反。梵語也。唐云高顯，亦曰方墳。或安身骨，或安舍利，即塼浮圖塔也。古譯或蘇偷婆，或云偷婆，或曰塔婆，秦言好略或云塔，皆訛略不正。窣覩波，正梵音也。

愧恥　上歸位反。玉篇：愧，慚也。説文從女作媿，古文或從言作謉，亦從耳作聭，義訓同。下癡里反。説文：恥，辱也。從耳止聲也。

一搏　叚欒反。字書云：手握物令相著也。從手專聲。

撝空　上音毀危反。玉篇云：撝，所謂手所指也。説文從軍作揮，並通，皆形聲字也。爲字從爪。

普暨　其寄反。爾雅：暨，及。説文：至也。從旦既聲。

金光明經　第四卷

此卷中有十地陀羅尼安在後十卷，經中音訓甚切。此古譯，故不音，與後同用，讀者知之。

谷響　上公屋反。爾雅：水注谿曰谷。説文：泉水出通川爲谷。從水半見，出於谷口，象形字。下鄉兩反。孔注尚書云：若響之應聲也。説文：從音鄉聲。經文從向作嚮，非也，是歆嚮〔一二〕字，非此用也。

履踐　上音里。鄭注禮記云：履，蹈地行也。説文：足所依也。從尸從彳從夂夂，行意。從舟。舟象履。經從復者，非也。下前剪反。義訓與上同。

金光明經　第五卷

纖長　相閻反。孔注尚書云：纖，細也。説文：微也。從糸韱聲。韱音尖。

金鋌　亭頂反，上聲字。許叔重注淮南子云：鋌者，金銀銅等未成器，鑄作片，名曰鋌。形聲字也。

赫弈（奕）〔一三〕　上亨厄反。毛詩傳曰：赫，赤皃。説文：從並二赤。下音亦。毛詩云：奕奕，輕麗廣大皃也。鄭箋毛詩云：赫奕，光明皃也。形聲字也。

滴知　丁歷反，從水啇聲也。

當紹　韶繞反，上聲字。爾雅：紹，繼也。謚法曰：踈遠繼位曰紹。形聲亦會意字也。

恒齅　休又反。字統云：以鼻就臭曰齅。會意字也。

藉此　情夜反，去聲字。考聲：薦也。形聲字。

膿爛　上音農，下郎旦反。訓釋已見前文也。

蟲蛆　上逐融反。爾雅：有足曰蟲。説文：從三虫。經文單作虫，非也。下七餘反。考聲云：敗肉中蟲也。形聲字。且音即餘反。

棄在　上輕異反。孔注尚書：棄，廢也。説文：捐也。從廾推華棄充。充音吐骨反。充，逆子也。華音搏安反。推音土雷反。廾音拱，二手也。

朽木　休有反。朽，腐也。

僮僕　上音童。禮記云：未冠者之總稱也。從人童聲。下蓬木反。左傳：僚臣曰僕。禮記云：於家曰僕。顧野王云：馭車人也。君將駕則僕執筴立於馬。説文：給使也。從人菐聲。或作䑑，古字也。菐音卜。

豐稔　上敷風反。正體字也。周禮：豐，大也。國語：盛也。説文：豆之滿者。從豆象形，從二丰，從山豆。經文從曲作豊，俗字也。丰音同上。下任枕反。賈注國語云：稔，熟也。説文：穀熟曰稔。從禾從念，會意字也。

蠲愈　上决玄反。方言云：南楚疾愈或謂之蠲。郭注云：蠲，除也。下羊主反。孔注論語云：愈猶勝也。毛詩作愉，病差

薄蝕　上傍莫反，下音食。案日月薄蝕者，虧缺也。凡日蝕是陰陽相交，日掩月蝕暗虛，蝕神羅睺之所暎也。日蝕，人君之灾，國有興廢之象，宜修德。月蝕者，儲君妃后大臣之災，或水旱豊儉之先相。古文從飤作蝕。說文：從虫食聲。或名交蝕。

侵掠　下力尚反，又音略。字書云：拷，擊也。考聲云：强取也。蒼頡篇：搒也，笞也。或從刀作剠，訓釋並同上。准經義，時俗並音略。切韻略字韻中無此字。唯方言「略」釋云：求於道路曰略，即强取財也。杜預曰：不以道取爲略。賈逵曰：奪取也。說文作略，云經略土地也。從田各聲。於義亦通。兩字二音二體，訓釋如上，取捨前後，任隨所見。

屏除　上并茗反。孔注尚書云：屏亦除也。鄭注禮記云：退也，放去也。說文：屏，蔽也。從尸并聲。

白綫　先箭反。說文：綫，縷也。從糸戔聲。戔音殘。經文從泉作線，俗字也。

多揭羅　梵語草香名也。正云多孽囉。

禪膩師　亦梵語不正也。正梵音云捨你娑，毗沙門之次子名也。

迦利沙波拏　梵語也。此云貝齒，或云已齒，即是海中小貝子。經中具有分析所直多少。波拏是錢，若每日送一百多是金錢也。

香篋　上音鄉。說文云：香，芳也。從黍從甘。今隸書省去氺，從禾作香，俗字也。下謙葉反。說文：椷也。從匚，匚音方夾聲也。經從竹作篋，篋，笥也。或名香匳，即香爐椷也。椷音咸，匳音廉。

罄盡　上輕逕反。韻詮：竭也，亦盡也。

普臻　櫛詵反。爾雅：臻，至也。說文：從至秦聲也。

也。說文：病瘳也。形聲字也。

侵擾　上寑娗反。說文云：若掃之侵。故從人從帚從又。今隸書略去巾作侵，訛謬也。下饒少反。孔注尚書云：擾，亂也。說文：煩也。從手夒聲也。夒音奴刀反。說文又解夒字，貪獸也。一曰母猴也，從頁從止巳從夂。經文從憂者，非也。

金光明經　第六卷

潛身　捷閻反。易曰：潛之爲言，隱而未見，行而未成。廣雅：深也〔一三〕。說文：潛，藏也。從水朁聲。朁音錯感反。

沃壤　上烏酷反。賈注國語：沃，美也。廣雅：漬也。古今正字：從水夭聲。下穰掌反。孔注尚書云：無塊曰壤。鄭注周禮云：壤，土也。言其壤壤和緩之皃。說文：柔土也。從土襄聲。襄音湘。

顯敞　下昌雨(兩)〔一四〕反。蒼頡篇云：敞，高顯也。又云平治高土可以遠望。從攴尚聲。攴音普卜反。

備整　上皮媚反。文字典說：預防也，具也。說文：慎也。從人𤰇聲。𤰇音同上。下征郢反。鄭注禮記云：整，正也。說文：齊也。從束攴〔一五〕正聲。經從止作整，非也。

隱蔽　下卑袂反。形聲字。

墜生　直類反。爾雅：墜，落也。說文：從高而墮地。從阜㒸聲。㒸音遂。經從土作墜，亦通。

彗星　隨鋭反。乙巳占云：光芒索索然，如掃箒孛孛然，形如粉絮，皆逆亂凶孛之氣也。左傳云：妖星也。所以除舊布新之象也。或從竹作篲，亦通。從甡從又，甡音詵。

白氎　恬頰反。西國草花絮，撚以爲布，亦是彼國草名也。

木膠　音交。顧野王云：膠所以連綴物令相黏著也。鄭注禮記云：膠謂煮皮草令消凝而作之。乃有多種，或黄，或黑，或白，或赤，或煮木皮寮而作。説文：昵也。作之以皮，故從肉翏聲，音力救反。

無歇　許謁反。

林藪　桑走反。澤無水曰藪。説文：大澤也。從草，形聲字。或從竹，亦通也。

珂雪　上可哥反。廣雅：珂，白石也，次於玉也。埤蒼云：白馬瑙也。顧野王云：珂，螺屬也。出於海中，潔白如雪，所以嬰馬膺也。形聲字也。

轂輞　上音穀。説文：輻所湊也。從車從㱿省〔一六〕聲也。下音罔。説文：車輮也。輻頭四周盤木相接爲環也。連環衆輻而輾地也，亦形聲字也。

千輻　音福。案千輻輪相者，唯佛身上福德圓滿之相現於六處：二手掌，二足掌，及二㗊上。肉文之中顯分明，猶如車輪千輻，具足經無量劫，禮拜賢聖之功所感也。

網鞔　下莫安反。案網鞔者，唯佛有之，手十指之間有肉網，猶如鵝足。説文：從革從免聲也。

澄潔　上直陵反。韻英云：澄，湛也。説文從徵作瀓。瀓，清也。從水形聲字。

清冷　下音靈。王逸注楚辭云：泠泠者，清凉風動皃。從水令聲。令字從卩合(亼)〔一七〕音精入反。卩音節。

涕淚　上音體，下律墜反。前經第一卷中已釋。

聰叡　上倉公反。廣雅：聰，聽也。韓詩：明也。毛詩傳曰：聰，聞也。説文：察也。從耳悤聲。囱音窻，象形。今經文作聦〔一八〕，俗字也。下營歲反。尚書：叡作聖。孔注云：叡必通於術也。國語：明也。廣雅：智也。説文：深明也。從目㕡從谷省聲。

金光明最勝王經　第七卷

消殄　下田演反，俗字也。上聲呼。孔注尚書云：殄，絶也。爾雅：盡也。説文：滅也。正作殄，從㐱。㐱音之忍反。從歺，歺音五割[反]〔一九〕。經[作]〔二〇〕弥，訛也。

枉死　上汪往反。考聲云：枉，失理也，詘也。古今[正]字〔二一〕：邪曲也。從木王聲。古文作㞷。下死字。説文：澌也。人所離也。言人神識化，往而不返，遺殘體骨，故從歺，從化省，會意字也。

霹靂　上四(匹)〔二二〕歷反，下音歷。大雷震擊也。形聲字。從石者，俗字。

蠱魅　上音古，下音媚。蠱即蠱毒，魅即精魅，皆惡鬼害人也。或化作人，與人交會，翕人精體也。

蚊蝱　上音文，下陌耕反。正體字也，俗作䖟。皆嚙人飛蟲也。蝱大如蜂，蚊小如小繩(蠅)〔二三〕，並形聲[字]〔二四〕。

捷利　上潛葉反。毛詩傳曰：捷，勝也。王注楚辭云：速也，疾也。古今正字：從手疌〔二五〕聲。疌音同上也。

技術　上奇蟣反。韻英云：藝能也。考聲：工巧也。説文：巧也。從手支聲。經文從人作伎，借用，非本字。下順律反。鄭注禮記云：術，道也。莊生曰：人相知於道術。韓詩：藝也。説文：邑中道也。從行朮聲。朮音榷律反。

苜蓿　上音目，下音宿，草名也。本出罽賓國，大宛馬嗜之。漢書云：張騫使西國，迴持其種，播植於此國，以飤騍馬。從草，形聲字。陸氏切韻等音莫六反，今不取也。

麝香　上常夜反。郭注山海經云：麝似麞，腹下齎中有香。爾雅：麝父麕足。郭注云：如小麇，雄者齎中有香，雌者即無。轉注字也。

芎藭　上羌隆反，下音窮。香草名也。根香也，苗名蘪蕪，亦入藥用也。

苟杞　上溝藕反，下音起。木名也，亦是藥。四時所採各異，春採葉，秋採實，冬採根。亦名地骨，白皮，從木己聲也。

艾納　上我盖反。亦香草也。

馬芹　近斤反。子似蒔羅子。

擣簁　上刀老反。説文：手椎也。亦築也，亦擣也。從手壽聲。俗作搗。下篩滓反，上聲字也。韻詮云：羅，簁也。去麁惡而取精細者。經文從師作篩，平聲字，是竹籠，非此用，俗誤也。

牛糞　分問反。梵云瞿摩夷。説文：棄除也。從拱推華棄米[二六]，會意字也。華音般，推音土雷反。米音非米，古文矢字。

四枚　每盃反。郭注方言云：枚，數也。古今正字：從木從攴省聲也。

埋大盆　買牌反。藏於地也。

香秣　摩鉢反。乾香末也。

幔障　瞞半反。廣雅：幔，帳也。考聲：帷類也。説文：幕也。從巾曼聲，瞞音莫安反。

所拘　音俱。説文：拘，止也。執也。從手句聲。

茸茅　上侵入反。考聲云：茅草覆屋也。從草咠聲。咠音同上。下卯包反。説文：草名也。從草矛聲也。

常翹　祇姚反。廣雅：翹，舉也。翹舉一足念誦，現苦行相，專志一心也。心若散亂，身必危倒也。説文：從羽堯聲也。

根機　既祈反。易曰：機者，動之微也。考聲：弩牙也。説文：主發動者謂之機。從木幾聲。

野蠶　雜含反。埤蒼云：蠶，吐絲蟲也。漢書云：世祖初即位年，有野蠶成繭，人收其利也。古今正字：從䖵朁聲。䖵音昆，朁音千感反。

坎窟　上堪感反。埤蒼：坎，埳也。下坤骨反。杜注左傳云：窟，地室也。古今正字云：窟，狐兔所伏處也。從穴屈聲。或從土作堀，或從石作⿰石屈，並通也。

幢旗　上濁江反。方言云：幢，翳也。自關而東謂之幢。郭注云：舞者執之以自蔽翳也。廣雅：幢謂之翿。翿音導也。古今正字：從巾童聲。下音其。周禮云：熊虎爲之旗。鄭注云：象其中(守)[二七]猛，莫敢犯也。説文：從㫃其聲。㫃音偃也。

鈴鐸　上歷丁反。鄭注周禮云：必使鳴鈴以相應。案鈴者，以金銅相合和，令作空𣪊，圓如珠，有口，有鼻，含一小丸於中，搖而作聲玲玲然，因號曰鈴。古今正字：從令金聲。下唐洛反。鄭注周禮云：鐸，大鈴也。形如小鍾，中懸一鐵舌，搖而作聲。形聲字也。

三戟　京逆反。考工記云：車戟曰常。鄭注云：八尺曰尋，倍尋曰常，長丈六也。方言云：南楚謂之偃戟。郭注云：今之雄戟也。即矛有曲枝者是。説文云：有枝兵器也。從戈從倝。倝音幹。經從卓非也。

權現　逵員反。賈注國語云：變通以應時曰權。廣雅：權，秉也。古今正字：從手〔二八〕藋聲。藋音灌也。

橋撥　上强驕反。集訓云：津濟河梁也。説文：亦梁也。從木喬聲。下煩發反。正體字也。韻英云：縛竹木浮於水上曰撥。亦如舟船能濟渡人之水厄。説文：從木發聲。或從舟作䑢。經文作栰，或從竹作筏，並俗字，非正也。

枷縛　上音加。案枷者，禁繫罪人之刑具也。以木枷人頸，令不東西，桎梏之類也。從木加聲。

刀矟　雙捉反。廣雅：矟，短矛也。埤蒼云：八尺矛也。左形右聲字也。

羂索　上涓兖反，下桑洛反。案羂索者，西國戰具也。一名搭索。遥擲繩繫取敵人頭脚名爲羂索。

金光明最勝王經　第八卷

博綜　上謗莫反。説文：從十從溥省聲也。經從心，非也。下宗宋反。烈女傳〔二九〕云：織者可夂(以)〔三〇〕喻治政，推而往引而來者曰綜。顧野王云：機縷持絲交者也。綜，理絲縷使不相亂曰綜。形聲字也。

醯哩　馨鷄反。梵語不求字義，醯字從兮也。

唐捐　音緣。説文：捐，棄也。一從手肙聲也。

硨磲　上音車，下音渠。梵語寶名也，文玉也。

碼碯　上音馬，下音惱。亦石寶名，次於玉，有斑文，或五色。此二字並無定體。

滋榮　子斯反。孔注尚書云：滋，益也。從二玄。下永平反。前已釋也。

邀請　上音罯。杜注左傳云：邀，遮也。毛詩傳：求也。古今正字：循也。從辵敫聲。敫音皎也。

寶髻　音計。鄭注儀禮云：結髮也。説文：從髟吉聲也。

漱口　搜救反。鄭玄注考工記云：漱，潔〔三一〕也。説文：盪口也，盥也。從水欶聲。欶音縮。

澡豆　上音早。從水喿聲。喿音掃倒反。

肥濃　上費微反。孔子曰：四體既正，膚革充盈，人之肥也。説文：肉多也。從肉巳聲。下女龍反。

踞草　居御反。説文：蹲也，屈膝而却踞坐也。形聲字也。

一鋪　普布反。廣雅：鋪，陳也，布也。古今正字：從金甫聲。

鉾穳〔三二〕　上莫侯反。古文矛字也。正體作矛，兵器名也，象形。或從戈作戚。下倉亂反。韻詮云：穳，小矟也。荆楚巴蜀今謂之穳刀，長可丈餘。古今正字：從矛贊聲。經文作鑹，俗字，非也。

治擯　下必胤反。顧野王云：排，擯也。形聲字。上音持。韻詮：治，理也。

象蹈　陶到反。韻詮云：蹈，踐也，踏也。從足舀聲。

祅星　上央驕反。左傳曰：天反時爲災，地反物爲祅。杜注云：群物失性。説文：從示芺聲。或作祆。經從女作妖，非灾字也。

金光明最勝王經　第九卷

枯悴　下情遂反。蒼頡篇：悴，憂也。説文從頁作顇，亦正也。

匱乏　上逵位反。説文：匱，匣也。從匚匚音方貴聲。下凡法反。説文引春秋傳曰：反正爲乏。乏，少也。

金翅　尸至反。一名加婁羅，一名龍窗，即金翅鳥王也，食龍者。

古文作狓，亦作𤝐也。

滋蘩　上音諮。正體從水並二玄。今作玆，時俗字也。下音煩。考聲：［多］〔三三〕也。從敏糸聲也。

老耄　下毛報反。鄭注禮記云：耄，惛忘也。古文從蒿作薹。古今正字：從老毛聲。字書有作𦒷，俗字也。

痰癊　上音談，下陰禁反。案痰癊，字無定體。胸鬲中氣病也，津液因氣凝結不散，如筋膠引挽不斷，名爲痰癊。四病根本之中，此一能生百病，皆上焦之疾也。

鹹醋　上音咸，洪範云：水曰潤下，潤下作鹹。爾雅云：鹹，苦也。郭注云：苦即大鹹也。說文：鹹，銜也，北方味也。從鹵咸聲，鹵音魯。經從酉作醎，誤也。非正體。下倉固反。考聲云：醋，醶也。集訓：酸也。此字非正，且依經義音之，俗用醬醋字也。近代切韻諸家字書並同上音。說文及古字書從昔作醋者，並音爲昨，訓云客酌主人酒也，是相酬酢字也。音藏洛反，獻酬也。若依說文、玉篇、古今正字、文字典說、廣雅、切韻、字統、字林七〔三四〕本字書，醬醋字並從乍作酢，音倉固反。正醬酢字從乍也。說文云：驗（醶）〔三五〕也。蒼頡篇：酸也。今俗用却音爲昨，未知二體今古孰是，今並書之也。

恬膩　上牒閻反。廣雅：恬，甘也。說文：美也。從甘舌。或作甜，亦通。下尼智反，王逸注楚辭云：膩，滑也。說文：肥也。從肉貳聲。從月，非也。

鍼刺　上執任反。廣雅：鍼亦刺也。禮記：婦右佩鍼管線纊。說文：所以縫也。玉篇：綴衣也。俗用從十作針，亦順時且用也。正從金從箴省聲。下刺音青亦反，又此四反，二音並通，正體字也。說文：直傷也。顧野王云：銳鑱入人肉中曰刺。古今正字：從刀朿聲。朿音次。從朿者，非也。經從夾作𠞐，俗字也。

鼻梁攲　下音欺。顧野王云：攲，傾側不正也。說文：陋也。從危支聲。或從山作崎，或從器作𣪠，皆古字也。經文從奇作敧，非也。孫卿子曰：桓公廟有攲器焉，虛則攲，滿則覆，中則平，以誡於人也。

餌藥　而志反，去聲字也。蒼頡篇云：餌，食也。顧野王云：凡所食皆曰餌。古今正字：餅也。說文：從䰜作鬻，粉餅也。從䰜耳聲，古字也。今從食作餌。鄭玄注周禮云：合蒸曰餅〔三六〕。字書云：餻也。說文：從食耳聲也。

豺狼　上音柴，山獸名也。括地志云：豺形似狗而小，好群行，義獸也。有良賤之異，豺奴常先行，獵得禽鹿等物不敢前食，守待豺郎，豺郎後至先食，飽棄餘肉，豺奴方始共食。禮記月令云：季秋之月，豺乃祭獸。下音郎，野獸也。北地沙漠多饒此獸，常居川澤穴處。說文：狼似犬，銳頭白額，高前廣後，耳聳豎，口方，尾常垂下，青黃色，或白色，甚有力，驢馬人畜皆遭害。爾雅曰：狼，牡貛牡狼〔三七〕。其子獥絶有力迅。形聲字。貛音歡也。

狐玃　上音胡，前已釋，野狐也。下俱籰反，郭注爾雅云：玃似獼猴而大，倉黑色，能玃持人，故以爲名，好顧眄。此等種類甚多，各別異名。說文：母猴也。一名獶，左形右聲字也。獶音奴刀反。

鵰鷲　上音彫也，下音就。前大般若經音義第三卷已具釋，文繁不述。

宛轉　上寬遠反。說文：宛轉，卧也。從夕，卧有節也。從夕從卪。經又從女作婉，非此用也。

欲涸　何各反。廣雅：涸，盡也。賈注國語云：涸，竭也。説文：水涸也。從水固聲也。

象廄　上正體象字也。下鳩又反，説文：象馬舍也。周禮曰：馬二百一十四匹爲一廄。從广段。广音儼，段音同上也。

皮囊　諾郎反。韻詮云：有底袋也。從襄從橐省。襄音儜，橐音溷。

循岸　循音巡。循，由行也。

睡寤　上垂涙反，眠也。下音悟，睡覺也。從㝱省從爿也。

金光明最勝王經　卷第十

荊棘　上音京。顧野王云：楚木也，故號荊州。下兢力反。韻詮云：酸棗也，有刺木。説文：小棗也。叢生者，並從二朿。朿音次，非是。朿亦非来也。

萸草　而兖反。

涌出　音涌。

竇槭　音咸。廣雅：篋謂之槭。形如小匱子，從木咸聲。經文作函，古字書謬，函非正也。

開闡　昌演反。韓康伯注繫辭云：闡，明也。廣雅：闡，開也。從門單聲也。

黔黎　上儉嚴反。杜注左傳云：黔，黑色。史記：始皇二十六年更名萬民爲黔首。從黑今聲。下禮奚反。周謂萬姓黎民，或謂之黎庶。韻詮云：黎，衆也。從尒㓟聲。㓟音离。

憩息　卿乂反。毛詩傳曰：憩即息也。會意字也。息，止也。

虎豹　上呼古反。山獸名也。下從古人虍聲，虍音呼。從巾作虎者，非也。下包皃反。山獸也，似虎，黑花團文，小於虎，皮可作鞍韉面是也。

愛戀　上正體愛字也。説文：慧也。從心旡夊聲，會意字也。下劣轉反，去聲字也。考聲：思也。説文：從心䜌聲也。

洟唾　上音夷，又音天計反。説文：鼻液也。下土卧反。古今正字：唾，口液也。形聲字也。

悽傷　上音妻。廣雅：悽，悲也。説文：痛也。從心妻聲也。

舟航　上舟字，説文：船(船)〔三八〕也。刳木爲舟，以濟不通，象形字。下鶴剛反。毛詩傳：渡船也。方言云：自關而東謂濟渡爲航。説文從方作斻。從舟亢聲。亢音岡也。

癰疽　上迂恭反。司馬彪注莊子云：不通爲癰。説文：癰，腫也。從疒雝聲。雝音同上，疽音七余反。疽，久癰也。形聲字也。

血脈　下猛伯反。説文云：血理之分邪行體中名之爲脉，從肉從𠂢作脈，即反書永字也。今時不知，便從永作脉也。

筋骨　上音斤。説文云：筋，肉之力也。從肉從力竹者，物之多斤，故從竹，會意字也。

所祈　下音其。毛詩傳：祈，求也。爾雅：祈，告也。説文：祈，求福祭也。從示斤聲。

羸瘠　上累追反。左傳：羸，弱也。國語：病也。下情亦反。左傳：瘠，瘦也。説文從肉作膌，古字也。

激水　經亦反。説文：激，疾波也。從水敫聲。敫音同上。

繽紛　上匹賓反，下拂文反。王注楚辭云：繽紛，衆繁盛皃。古今正字並從糸，形聲也。

舐血　上時尔反，上聲字。説文：以舌取物也。從舌氏聲。或作䑛，亦作弛，古字也。

骸骨　上音諧，身體之骨總名爲骸，從骨亥聲，骸即骨也。

懊惱　上烏杲反，下猱老反。文字集略：惱，心内結恨也。並形聲字。

鴿鷂　上甘臘反，下牀于反。韻英云：初出卵瞉而能自食者曰鷂。或作鶵（雛）〔三九〕，亦同，並形聲字。

目瞤　蕤倫反。説文云：目自動曰瞤。經從需作瞩，非也，不成字也。

鷹奪　上憶矜反。説文：鷹，鷙鳥也。亦名隼，隼即鷹屬也。爾雅：隼即祝鳩也。鷹有多種，不能繁述。下團活反。説文：手持大鳥，失之曰奪。

戰掉　條曜反。廣雅：掉，振也。國語：掉，搖也。説文：從手從悼省聲。

悲哽　櫻卒反。考聲：哽即氣噎塞也。有經本作悲噎，義同。噎音煙結反。喉中氣塞憤滿也。

乾燥　上音干，下桑到反。説文：燥亦乾也。

驟駕　愁瘦反。考聲云：馬走曰驟。廣雅：奮也。賈注國語云：疾也。説文：馬疾步也。從馬聚聲也。

失緒　上失字，説文：縱也。從手乙聲也。下徐吕反。毛詩傳：緒，業也。韻詮：緒，次也。説文：絲端也。從糸者聲也。糸音覓也。

咨嗟　上子思反，下子耶反。王弼注易云：咨嗟，歎息之辭也。形聲字也。

推（椎）〔四〇〕胸　墜追反。以拳撫膺也。從木從隹。下勗恭反。字書：胸即膺也。或作匈，亦通。古字也。

擒去　上音禽。説文：擒，獲也。從手禽聲也。

林藪　蘇後反。考聲云：大澤也。鄭注周禮云：澤無水有草曰藪。從草數聲也。

籌議　上紂流反，下音義。案籌議者，籌度謀議未萌事之可否，然後行之。

坌其身　上盆悶反。或作坋。説文：塵污也。從土分聲也。

號咷　上號高反。杜注左傳云：號，哭也。爾雅：呼也。廣雅：鳴也。説文：痛聲也。從虎號聲。下唐勞反。顧野王云：號咷者，大哭也。泣聲也。

欻然　上勳律反。薛琮云：欻，忽也。説文：吹起也。

擗地　上毗亦反。案擗地者，以哀痛故自投身於地，宛轉號哭，痛苦之甚也。從手辟聲也。

傷悼　陶勞反。方言：悼，哀也。鄭注禮記云：悼，憐也〔四一〕。早夭曰悼，悼亦傷也。

昞著　上兵皿反。廣雅：昞，明也。聲類從火作炳〔四二〕，並通。古今正字：從日丙聲。下張慮反。顧野王云：著猶顯也。鄭注禮記：著，明白也。從草者聲也。

測量　上初力反。鄭注周禮云：測，度也。不知水之廣深曰測，故從水則聲。下音良。説文正體從童作量。經作量，訛也。

明逾　庚朱反。逾，越也，從辵俞聲也。

金鋌　亭郢反，上聲字也。從金廷聲也。

尠智　先剪反。俗字也，正作鮮。玉篇云：鮮，少也，寡也。從甚少，俗意。

金光明經合部八卷

經前序　慧琳撰音

曩修　上那朗反。爾雅云：曩，久也。考聲云：昔也。説文：從日襄聲。

翫閱　上午貫反。杜注左傳云：翫，習也。說文：從習元聲。下緣雪反。毛詩云：我躬不閱也。文字典說文〔四三〕云：積伐曰閱也。從門從兑聲也。

先哲　下展裂反。爾雅云：哲，智也。方言云：齊宋之間謂智爲哲。孔注尚書云：哲，照了也。說文亦智也。從口折聲。字或作悊，亦作喆，音義並同。

崛多　上群勿反。梵語。譯此經三藏名也。

揣義　上初偉反。方言云：揣，誠也。杜注左傳云：度高曰揣也。顧野王云：謂相量度也。說文：從手耑聲。耑音端。

揵陀　上件焉反，下度河反。梵語。印度國名。

𠂢別　上拍賣反。說文云：𠂢，水之邪流別也。從反永字也。序作泒，非也。亦作派，亦通。

金光明經　第一卷

蠱　孤五反。左傳云：皿蟲爲蠱（蠱）〔四四〕。晦望之所生也。又梟〔四五〕磔死之鬼亦蠱。說文：從蟲從皿。皿者，物之內〔四六〕也。

天紺　甘闇反。論語云：君子不以紺緅飾也。說文云：紺，帛深青而揚赤色也。從糸甘聲也。

阿閦　下差縮反。梵語。唐云無動。

水蛭　下之日反。郭注爾雅云：江東呼爲蛭蟣也。蒼頡篇云：水蛭，蟲也。說文：從虫至聲。

鎔銷　上欲鍾反。漢書云：猶金之在鎔，唯冶之所鑄也。說文云：冶之器法也。鐵形模也，從金容聲也。

疾疫　下營壁反。鄭注周禮云：疾癘之鬼也。古今正字：從疒殳聲。疒音女革反。

金光明經　第二卷

以枹　拊無反。左傳云：援枹而鼓之也。說文：擊鼓椎也。從木包聲。經作桴，屋棟也。非此義也。

枯涸　下何各反。賈注國語云：涸，盡也。說文：從水固聲也。

毛滴　下丁歷反。顧野王云：滴者，瀝滴也。說文：水欒〔四七〕注也。從水啇聲。欒音魯桓反。經作渧，非也。

裸者　上華瓦反，順俗音也，正音魯果反。說文云：裸，露肉袒也。從衣果聲。或作倮、臝〔四八〕，亦作躶，並同也。

法蠃　魯戈反。郭注爾雅云：蠃，蝸牛也。今此法蠃即蝸牛之大者，樂器名也。從虫𣎆聲。𣎆音力卧反。經作螽，非也。

升撮　上音昇，下祖末反。應劭注漢書云：四圭曰撮。亦三指撮也。古今正字：從手最聲。

奪心　上團活反。蒼頡篇云：奪，强取也。賈注國語云：奪，不與而取也。鄭注禮記云：謂亂也。文字典說文〔四九〕：從手持奞，忽失之，謂之奪。從又，今從寸者，象奞有足也，會意字也。團音奪桓反，奞音先隹反。

攘郤　上穰章反。韓詩傳云：攘，除也。周禮云：却。顧野王亦辭也。說文：從手襄聲。下正却字也，古文從谷也。

金光明經　卷第三

此卷中有十地菩薩陀羅尼，甚有難字，亦合音訓，爲是古譯真言用字不切當，故不音。其文句已依梵本正翻訖，所以不重出。

金光明經　第四卷

臂傭　下寵龍反。郭注爾雅云：傭，齊等也。説文云：均直。從人庸聲。庸音容。經作慵，誤也。

净濡　下乳朱反。毛詩傳云：濡，潤澤也。説文：從水需聲。需音須。經作濡，俗字也。

鮮於　上仙淺反。正從是從少作尟。賈注國語云：鮮，寡。鄭注禮記云：罕也。字書云：少也。説文：從魚羴省聲。羴音羶。經從甚作尠，俗用也。

舌嗜　下時至反。考聲云：愛也，欲也。孔注尚書云：嗜，無厭足也。鄭注禮記云：貪也。古今正字：從口耆〔五〇〕聲。

躁動　遭到反。考聲云：躁，性急也。顧野王云：躁猶動也。賈注國語云：擾也。鄭注論語：不安静也。説文爲趮字，從走喿聲。時用多從足。喿音掻竈反。

不憚　下達旦反。鄭箋毛詩云：憚，難也。又曰畏也。廣雅云：驚也。説文：忌惡也。從心單聲也。

金光明經　第五卷

沃壤　上翁谷反。廣雅云：沃，漬也。賈注國語云：美也。毛詩傳云：柔也。説文云：溉灌也。從水夭聲。下穰掌反。考聲云：壤者，土柔而無塊也。孔注尚書云：無塊曰壤。廣雅云：肥壤也。説文云：柔土也。從土襄聲。

彗星　上隨鋭反。考聲云：彗，祅星也。左傳云：彗者，所以除舊布新之象也。爾雅云：彗星謂之攙搶。郭注謂之孛彗。言其光芒孛孛然似掃彗也。或彗，古作篲也。説文：從又。又也手持〔五一〕。甡音詵，孛音勃。

金光明經　第六卷

此卷亦有古譯真言，准前第三卷説。

肥醲　下女龍反。淮南子云：肥醲甘脆也。説文亦厚也。從酉農聲。經從水作濃，與經義不同也。

侵掠　下良丈反。俗同略字用也。杜注春秋云：掠，奪取財物也〔五二〕。顧野王云：鹵掠物也。鄭注禮記云：掠猶索也。古今正字：從手從諒省聲也。

蹋蓮　上談臘反。説文云：蹋，踐也。從足𦐇聲。經作蹹，非也。

孤迸　下伯孟反。禮記云：迸，散也。埤蒼云：走也。或作𧼴，亦作逬。古今正字：從辵并聲。

嬾媠　上蘭旦反。考聲云：嬾，不勤也。説文云：懈怠也。從女賴聲。經從心作懶，亦通俗字也。

金光明經　第七卷

熙怡　上喜飢反。考聲云：熙，和也，美也。爾雅云：敬也。古今正字：從灬巸聲也。巸音以之反。經從女作嬉，非也。下以之反，考聲云：怡，喜悦也，和也。爾雅云：樂也。方言亦喜也。文字典説：從心台聲也。

睒摩　上鹽漸反。梵語。古譯名夜摩，欲界中空居天也。

馝芬　上駢蔑反。埤蒼云：馝，大香也。考聲亦云：香皃也。或作黐，亦作麩。古今正字：從黍必聲。下忿文反。鄭箋詩云：芬芬然香也。郭注方言：芬香和調也。說文：從艸分聲。經從香作馚，非也。

忉利　上音刀，從心。忉利天在須彌山頂，上有三十二天子，並朝於帝釋，亦名三十三天，即天帝釋所治處也。

金光明經　第八卷

七寶械　下洽緘反。廣雅云：械，木篋也。說文：篋也。從木咸聲。經作函，俗字也。

憩駕　上褰偈反。毛詩傳云：憩，息也。或作愒。古今正字：從息舌聲。經作憇[五三]，誤也。

癰疽　下七余反。杜注左傳云：疽，惡瘡也。說文云：久癰也。從疒且聲。且音子余反。

瘭疾　上匹遥反。廣雅云：瘭，癰成也。埤蒼云亦疽也。古今正字：從疒票聲。票音必消反。

舐血　上食尔反。顧野王云：舐，以舌取食也。說文正作䑛，從舌易聲。經本作舐，俗用字。

鴿鶵　上甘臘反，下仕虞反。郭注爾雅云：雛謂鳥生而能自食者也。說文正作雛，從隹芻聲。經作鶵，俗用字也。

睫瞤　上音接，前無量義經已釋訖。下閏倫反。說文云：瞤，目動也。從目閏聲。

噴灑　上普悶反。廣雅云：吹潠吐物爲噴也。說文：從口賁聲。賁音奔。

惙然　上陟劣反。毛詩傳云：惙惙，心憂也。聲類云：短氣皃也。說文：從心叕聲。叕音同上。

一切經意義　卷第二十九

校勘記

〔一〕翢　即「明」。
〔二〕上　今傳本說文作「形」。
〔三〕曰　據文意似當作「冃」。
〔四〕欒　據文意似當作「欒」。
〔五〕潛　據文意似當作「潜」。
〔六〕今古正字　獅爲「古今正字」。
〔七〕者　此後至「吝惜」條釋文中「韻英」止，獅、大正、頻皆無，獅本注云：「此中間原本素脱四葉，建仁及緣山本並同。」
〔八〕鑠　據文意似當作「鑠」。
〔九〕文　據文意似當作「云」。
〔一〇〕反　麗無，據文意補。
〔一一〕響　據文意似當作「嚮」。
〔一二〕弈　據文意似作「奕」。
〔一三〕廣雅：深也　似當爲「爾雅：深也」。
〔一四〕雨　據文意似當作「兩」。
〔一五〕支　據文意似當作「攴」。
〔一六〕省　衍。
〔一七〕合　獅作「令」，據文意似當作「亽」。
〔一八〕聦　據文意似作「聰」。
〔一九〕反　麗無，據文意補。
〔二〇〕作　麗無，據文意補。
〔二一〕古今字　據文意似當爲「古今正字」。
〔二二〕四　獅作「匹」。
〔二三〕繩　大正作「蠅」。
〔二四〕字　麗無，據文意補。
〔二五〕疌　獅作「疌」。下同。
〔二六〕米　據文意似當作「来」。下同。
〔二七〕中　獅作「守」。
〔二八〕手　據文意似當作「木」。
〔二九〕烈女傳　頻爲「列女傳」。
〔三〇〕夊　頻作「以」。

〔三一〕潔　阮元校刻十三經注疏作「齧」。
〔三二〕穳　即「穳」。下同。
〔三三〕多　各本無，據文意補。
〔三四〕七　據文意當作「八」。
〔三五〕驗　今傳本説文作「驗」。
〔三六〕餅　阮元校刻十三經注疏作「餌」。
〔三七〕爾雅曰：狼，牡貛牡狼　今傳本爾雅：「狼，牡貛牝狼。」
〔三八〕船　今傳本説文作「船」。

〔三九〕鷂　據文意似當作「雞」。
〔四〇〕推　據文意當作「椎」。
〔四一〕憐也　阮元校刻十三經注疏爲「憐愛也」。
〔四二〕昺　據文意似當作「炳」。
〔四三〕文　衍。
〔四四〕蟲　大正作「蠱」。
〔四五〕臬　大正作「臬」。
〔四六〕内　頻作「用」。

〔四七〕欒　據文意似當作「欒」。
〔四八〕羸　據文意似當作「羸」。
〔四九〕文　衍。
〔五〇〕嗜　據文意當作「耆」。
〔五一〕又也手持　據文意當爲「又，手持也。」
〔五二〕奪取財物也　阮元校刻十三經注疏爲「奪取也」。
〔五三〕憩　據文意當作「憩」。

一切經音義　卷第三十

大唐翻經沙門慧琳補續

右三十經九十八卷同此卷音

佛昇忉利天爲母說法經　上卷　慧琳音

憒擾　上迴罪反。方言：憒，心煩也。説文：亂也。從心從貴。下饒少反。廣雅云：擾擾亦亂也。考聲也(云)〔一〕：攪也，因此煩彼也。說文亦煩也。從手夓聲。夓音奴刀反。經作擾，錯也。

憺怕　上談濫反。顧野王云：憺謂恬静也。王注楚辭云：安也。說文：從心詹聲。下普伯反。考聲云：怕，心安静也。廣雅云：静也。說文：無爲也。從心白聲也。

垓佛土　上改哀反。賈注國語云：垓，數也。許叔重注淮南子云：九垓，九天也。考聲云：限極也。八垓八極也。風俗通云：十千曰萬，十萬曰億，十億曰兆，十兆曰京，十京曰垓，言數之極多者也。說文：從土亥聲者也。

癡騃　上耻知反。埤蒼云：癡，騃者也。說文：不慧也。從疒疑聲。下崖解反。考聲云：騃，人癡皃也。蒼頡篇：無知也。或作顐[二]。說文：從馬矣聲也。

欰笑　齒之反。說文：欰欰，戲笑皃也。或作蚩。從欠㞢聲。古文之字也。經作蚩，亦通。

佛昇忉利天爲母說法經　下卷

棚閣　上白萠反。廣雅云：棚亦閣也。說文：棚，棧也。從木朋聲。下岡鄂反，蒼頡篇云：閣，樓閣也。廣雅：閣，食閫也。鄭注禮記云：閣者，以板爲之，庋食物者也。顧野王云：重屋複道也。從門各聲。庋音羇綺反。食櫃庋閣也。

闌楯　上嬾丹反，下唇閏反。顧野王云：闌楯謂殿上鈎欄也。說文：闌，從門柬聲。經從木作欄，亦同。楯亦從木盾聲。盾音唇准反。

苑囿　冤遠反。蒼頡篇云：養牛馬曰囿，養禽獸曰苑。說文：從艸夗聲。經作菀，亦通。下尤救反。考聲云：養麋鹿曰囿。鄭注周禮云：囿亦今之苑也。說文云：囿，有垣也。又云養獸曰囿也。從□有聲也。□音韋也。

道神足無極變化經　第一卷　玄應

謳和　上阿侯反。梵語。

道神足無極變化經　第二卷

裓上　上剛得反。考聲云：裓，衣襟也。又作𧝋，音兢憶反。字書云亦衣襟也。說文云：衣領也。從衣戒聲也。

道神足無極變化經　第三卷

若龕　下坎含反。考聲云：龕，鑿山壁爲坎也。說文：龍皃也。從龍今聲。經從合作龕，誤也。

道神足無極變化經　第四卷

污泥　上烏故反，停水處泥也。經作洿，古文污字也。

磢嶽　上牀學反，下音岳。案磢嶽者，丘墟土也，不平皃也。經作㨦，非。

大樹緊那羅王所問經　第一卷　慧琳撰

憕懵　上鄧經反，下墨崩反。考聲云：精神不爽也。字書：惛昧也。經中或作瞪矒，亦通。有作慳慢，非。

財賄　上在哉反。考聲云：錢穀疋帛曰財。韓康伯注易云：財，所以資生者也。廣雅：財，貨也。文字典說：從貝才聲也。下灰猥反。爾雅：賄亦財也。杜注左傳：贈送曰賄。文字典說：二字並從貝，形聲字。

叵我　普我反。如醉人據(倨)〔三〕慠(傲)〔四〕侮慢不敬之皃。經文有作岠峨，或作頗峨，皆不正也，蓋亦涉俗之言。

堪耐　下乃代反。玉篇：耐，能也，忍也，任也。從寸從而聲。

大樹緊那羅王所問經　第二卷　無可音訓。

大樹緊那羅王所問經　第三卷

瓦礫　靈的反。說文云：礫，小石也。從石樂聲。

荆棘　上敬英反。考聲云：荆，木名也。顧野王云：楚木也，所以杖威者也。文字典說文〔五〕：從草刑聲。荆音刑。下矜億反。郭注爾雅云：棘，細葉有朿木也。說文：似棗，叢生。有朿木也，從二朿。朿音雌漬反，漬音資次反。

大樹緊那羅王所問經　第四卷

酖醉　上荅南反。考聲云：酖，愛酒不已也。說文：從酉冘聲。冘音淫。經從身作躭。躭，嗜也，亦通。此酖、醉二字是第四頭，或有本被傳寫人於第三卷尾寫出。從爾時大樹緊那羅王請佛供養，向後一十七行半。

慈鎧　下開代反。文字集略云：以金革蔽身曰鎧。廣雅：甲冑，鎧也。說文云：甲也。從金豈聲也。

伅真陀羅所問經　玄應

伅　豚損反。字又作伅〔六〕，徒門反。此譯云神人也。王名如意生王也。

虞樂　今作娛，同。疑區反。娛亦樂也。廣雅：虞，安也。白虎通曰：虞樂，言天下之民皆有樂也。

無請　且領反。廣雅：請、求，問也。經文作倩，書經人筆誤。

僊僊　薛延反。毛詩傳曰：僊僊〔七〕，醉舞皃也。古文作僊，長生也。亦作仚，山居長往也。

衣裓　罡得反。顧野王云：衣襟也。經作祴，非也。

𢂼〔八〕其　此字習誤已久。宜作分、布二字。謂以黄金分布間錯其間也。

自呼　虎胡反。考聲云：出息也，氣出喉有聲也。從口乎聲。

般遮旬　梵語施會名也。般遮，唐云五年，或言五箇月。

伅真陀羅所問經　下卷

四竇　音豆。考聲云：水道也，決也，空也。經作瀆，俗字也。

唵鞞　烏荅反，普迷反。

和鞮　都奚反。

蚑多　巨儀反。

婆　菩何反。

姐侈　上子野反，下充支反。

印駐　上因胤反，下誅屨反。爲〔九〕受記也。蒼頡篇：印，信也。駐，止也。謂駐立馬也。

寶雨經十卷　慧琳音

寶雨經　第一卷

顯授　下酬右反。經中作穐，非也。則天朝時僞造字也。

如鍊　蓮鈿反。或作煉，鑠也。説文：冶金也。從柬，柬音同上，從二人也。

平坦　灘旦反。王弼注周易云：坦，無險阬也。廣雅：坦，平也。説文：從土旦聲也。

獷戾　上虢猛反。案獷者，儜惡急躁也。説文：從犬廣聲。躁音竈。下梨帝反。廣雅云：戾，恨也。謚法：不悔前過曰戾，不思念愛曰戾。説文：曲也。從犬出竇下，身曲戾也。經從心作悷，俗字也。

懷孕　下蠅甑反。考聲云：孕，懷胎也。鄭注禮記云：孕，懷妊子也。廣雅云：懷㑗也。説文：從子乃聲。㑗音身也。

株杌　上駐厨反。考聲云：殺樹之餘，杌也。韓詩外傳云「後樧株前有深坑」是也。下吾骨反。考聲：杌，椊木短出皃也。説文：株，木根也。從木朱聲。杌從木兀。

頑嚚　上瓦關反。考聲云：頑，愚也。左傳云：心不惻(則)〔一〇〕德義之經爲頑也。廣雅：頑，鈍也。説文：從頁元聲。下魚巾反，考聲云：嚚亦頑愚也。左傳云：口不道忠信之言曰嚚也。尚書云「舜，父頑，母嚚，象傲」是也。蒼頡篇云：惡也。從㗊臣聲，音側立反也。

窣堵波　上孫訥反，下都魯反。梵語佛塔也。

寶雨經　第二卷

手搏　下膀莫反。鄭注考功記云：搏，拍也。考聲云：搏，撮也。廣雅云：擊也。説文：從手尃聲。尃音摭〔一一〕夫反也。

醫者　上倚箕反。廣雅云：醫，巫也。説文：治病功〔一二〕也。醫，意也。醫之爲姓，然得酒而使藥，故醫字從酉，是古酒字也。周禮：古者巫彭初作醫。從巫亦通。殹音伊計反。

眼瞖　伊計反。考聲云：目中瞖也。從目，形聲字也。

倨傲　上居御反，下敖告反。鄭注禮記及杜注左傳皆云：倨傲，不敬也。字書云：傲亦倨也。尚書云：傲慢不友也。説文：倨，不遜也。並從人，居、敖皆聲。經文從心作慠，非本字也。

伺求　上司寺反。顧野王云：伺猶候也。鄭注周禮云：伺，察。方言云：視也。説文：從人司聲也。

炫燿　上玄絹反。考聲云：炫，火明也。説文：炫，燿也。從火玄聲。下遥照反。賈注國語云：燿，明也。説文：照也。從火翟聲。經作曜，亦通也。

怙恃　上胡古反。韓詩外傳云：無父何怙？無母何恃？説文並從心，古、寺皆聲。

串習　上關患反。爾雅云：串亦習也。説文爲慣字，亦作遺者也。

鑯標　上子廉反。廣雅云：鑯，鋭也。鄭注禮記云：刺也。説文：從金韱聲。經作尖，俗字也。韱音纖〔一三〕也。

如鑹　下倉筭反。韻略云：鑹，小矟也。考聲云：短矛也。又云南越謂之殺，正作穳也。

憒丈　上迴罪反。前忉利天爲母説法經上卷釋訖。下拏效反，集訓云：人多擾擾也。考聲云：人諠名也。古今正字：不静也。從人市聲，會意字。

耽著　上荅南反。孔注尚書云：過樂謂之耽。韓詩云：甚者也。賈注國語云：耽，嗜也。或作媅，亦作酖。説文：從耳冘聲。冘音淫。作躭，亦通。

羂縛　上癸兖反。考聲云：以繩捕物也。韻英云：繫，取也，索也。或作罥。文字典説：從网絹聲。

犀角　上洗賫反。郭注爾雅云：犀似牛，猪頭，大腹，卑脚，色黑，三角，好食棘。説文云：從牛尾省。經作犀，俗字也。

寶雨經　第三卷

慶喜　上卿暎反。韓詩云：慶，善也。何注公羊傳云：賀也。毛詩：美也。説文：從心從夊(夊)〔一四〕。古禮以鹿皮爲賀，故從鹿者也。

聾瞽　上鹿紅反。左傳云：耳不聽五聲之和爲聾。蒼頡篇云：耳不聞也。説文亦無聞也。從耳龍聲。下姑午反，鄭注周禮云：無目謂之瞽，目蔓蔓如鼓皮也。有眸子而無見謂之瞍，或謂之盲。説文：從目鼓聲。

瘂羊　鵶雅反。埤蒼云：瘂，瘖也。考聲云：瘂，不得言也。説文：從疒亞聲。經作啞，音厄，非經義也。

一滴　丁瀝反。顧野王云：謂歷滴也。考聲云：水落也。説文：水欒注也。欒謂漏流也。或從適。從水啇聲。啇音嫡也。

嬈亂　上尿鳥反。説文：嬈，戲弄也。從女堯聲。或作嬲也。

旋輪　上隨緣反。何注公羊傳云：旋，繞也。王注楚辭云：旋，轉也。説文：從㫃疋聲。㫃音偃，疋音雅也。

載育　宰愛反，下融匊反也。

蚊蚋　上吻分反。俗用字也。正作螡。説文云：蚊，齧人飛蟲子也。從虫文聲。下爇鋭反。俗蜹字，正作蜹。説文：秦謂之蜹。從虫芮聲。

寶雨經　第四卷

堅鞕　下額更反。左傳云：鞕亦堅也。古今正字云：從石作硬。説文：從革叀聲。經作靳，亦通用也。

赫奕　上亨格反。毛詩傳云：赫赫，顯盛皃也。廣雅云：明也。説文：大赤皃也。從二赤也。奕音亦也。

寶雨經　第五卷

怯懼　上欠劫反。杜林注漢書云：怯，多畏也。顧野王云：怯，畏劣也。或作狯。古今正字：從心去聲也。

驚駭　下行騃反。廣雅云：駭，起也。蒼頡篇云：駭，驚也。説文：從馬亥聲。騃音崖解反。

乞匃　下哥艾反。蒼頡篇云：匃，行乞也，求請也。説文云：從人從亡。人亡財物則行乞。匃，經云作丐，非也。

寶雨經　第六卷

駛流　上師利反。韻英云：駛，急速也。蒼頡篇云：疾也。古今正字：從馬史聲也。
盲瞑　上陌祊反。説文：盲者，目無眸子也。從目亡聲。或作䀮。經作盲，俗字也。
㾷嗄　上細賫反。郭注方言云：㾷，咽病也。東齊云聲散曰㾷，秦晉聲變曰㾷。器破而不殊其音，亦謂之㾷。顧野王云：悲聲也。説文：從疒斯聲。或作誓、嘶。經作嘶，俗字也。下砂詐反。考聲云：聲破也。文字集略云：皆聲敗也。
根鈍　下途頓反。蒼頡篇云：鈍，頑也。如淳注史記云：頑鈍猶無廉愚也。淮南子云：識見闇濁也。聲類云：不利也。説文：從金屯聲。屯音突敦反也。

寶雨經　第七卷

諛謟　上庚朱反。莊子云：不擇是非而言謂之諛也。蒼頡篇云：諛，謟佞也。説文：從言臾聲。下敕斂反，何休公羊傳云：謟猶佞也。鄭注禮記云：謟，謂傾身以下也。莊子云：希意道言爲謟。説文：謟，諛也。從言臽聲也。
婆羅痆斯　被黠反。梵語西國國名也。
愚惷　下卓降反。鄭注周禮云：惷，愚也，生而癡騃童民[一五]者也。説文云：愚也。亦作戇。戇惷，精神不爽皃也。從心舂聲。舂音束鍾反，惷音𧿶降反。
瑩拭　上烏迥反。考聲云：瑩，發器物光也。廣雅：摩也。謂摩珠玉使光明也。説文：從玉熒聲。
沮壞　上情與反。毛詩傳云：沮亦壞也。説文：從水且聲。經作俎，俎豆，禮器。非經義。
王臣　經作思，僞造臣字也。
筋脈　上謹銀反。周禮云：醫師以辛養筋。禮記云「老者不以筋力爲禮」是也。説文：肉之力也。從肉從竹竹者物之多筋者也，從力力象筋也。下麻伯反，周禮：以鹹養脉。説文：血理之分行於體中謂之脉。從肉從𠂢，或作衇，亦作衂，皆正體字。𠂢音普賣反。

寶雨經　第八卷

縫綴　上伏蒙反。鄭注周禮云：女御裁縫王及王后之服也。杜注左傳云：縫，補合也[一六]。説文：以鍼紩衣也。從糸逢聲。紩音袟。下追芮反。禮記云：衣裳綻裂，紐針請紩也。文字典説：綴，連也。從糸叕聲，叕音轉劣反，紉音人震反，綻音丈莧反。
龕室　上坎含反。道神足經第三卷已釋訖，經從合作龕，非者也。
躁動　上遭奥反。考聲云：躁，性急也。顧野王：躁，動也。賈注國語云：躁，擾也。鄭注論語云：不安静也。説文作躁(趮)[一七]，字從夭喿聲也。經本躁字，俗用久也。
穰麫　上壤章反。考聲云：穰，禾黍穗餘也。説文亦黍稠也。從禾襄聲。稠音良計反。下蝇即反，考聲云：麫，麥糠也。文字集略云：麫，麥皮也。文字典説：從麥弋聲。弋音翼也。
貪婪　下羅含反。楚辭云：愛財曰貪，愛食曰婪。考聲云：婪，殘也，不謹潔也。亦作惏，文字典説：從女林聲。

寶雨經　第九卷　無字可音。

寶雨經　第十卷

惸獨　上葵營反。孔注尚書云：惸，單也。謂無兄弟也。或作煢。文字典說云：合從兮，從子訛。

寶雲經　第一卷　玄應

頂囟　古文脑、脖二形，同。先進、先恣二反。說文：頭會腦盖額空也。

百葉　尸涉反。牛膍胵也。經作牒(牒)[一八]，治輙反。說文：薄切肉也。牒非此義也。

寶雲經　第二卷

志逞　丑井反。逞，極也，快也，亦疾也。說文：逞，通也。方言云：自山之東江淮陳楚之間謂快爲逞也。

寶雲經　第三卷

鮫魚　今作蛟，同。音古茅反。說文：海魚也。山海經云：漳水多鮫魚。郭璞曰：鯌屬也。皮有文而堅，尾長三四尺，末有毒，螫人，皮可以飾刀劍也。

寶雲經　第六卷

算擇　桑管反。謂簡擇也。三蒼：算，選也。

穰草　而羊反。說文：黍䅎治鬼者也[一九]。經文從草作蘘。蘘荷，非此用。䅎音良計反。

佛說阿惟越致遮經　上卷　玄應

櫳疏　力公反。廣雅：房、櫳，舍也。說文：房室曰疏[二〇]。疏亦窗也。

佛說阿惟越致遮經　中卷

呐其　又作訥，奴骨反。訥，遲鈍也。說文：訥，訒難也。

戰痏　下音又。蒼頡篇云：痏痏，毆傷也。惠琳[二一]謹案：經意，波旬愁悴，皮膚變黑，如人被毆，内傷其狀如是，玄應言非。又書顫頑，乖經意也[二二]。痏音之也。

佛說阿惟越致遮經　下卷

爑煮　古文憊、䵂[二三]二形，又作𤆍，同。扶逼反。方言：憊，火乾也。說文：以火乾肉曰憊。經文作焒，通古反，火行也。非此義者也[二四]。

不退轉法輪經　第一卷　慧琳撰

謦欬　上輕珽反。蒼頡篇云：謦，聲也。說文：謦亦欬也。從言殸聲，殸音口莖反。經作磬，非也。下開愛反。顧野王云欬亦嗽也。說文：氣逆也。從欠亥聲也。

碼碯　上音馬，下音惱。考聲云：似玉有黑文，亦云玉也。古今正字云：碼碯，石之次玉者也。並從石，馬、𡿺音同上，皆聲。經作馬，非也。

瑕穢　下加反。廣雅云：瑕亦穢也。說文：玉赤色也。從玉從叚。叚亦聲者也。

不退轉法輪經　第二卷　無字可音。

懈怠　上皆賣反，下徒改反。廣雅云：懈，嬾也。鄭注周禮云：怠，懈慢也。說文：懈亦怠也。二字並從心，解、台皆聲也。

不退轉法輪經　第三卷

癵曲　劣袁反。聲類云：癵，病也。顧野王云：謂病身體拘曲也。古今正字：從疒䜌聲。考聲：正作癵。經文從手作攣。攣係論語云「所以拘罪人也」，非經義。疒音女厄反，癵音劣兖反。

驚駭　下行駭反。前寶雨經第五卷已釋訖。

不退轉法輪經　第四卷

危脆　下詮鋭反。考聲云：脆，促也。顧野王云：脆猶耎也。廣雅云：脆，弱也。說文云：脆，肉易斷也。從肉從絶省聲也。

細緻　馳智反。考聲云：緻，繒帛密也。鄭注禮記云：緻亦密也。古今正字：從糸[二五]致聲。

饕餮　上音滔，下音鐵。杜注左傳云：貪財爲饕，貪食爲餮。古今正字並從食。號、殄皆聲也。

胞胎　上飽茅反。孔注尚書云：包裹也。司馬彪注莊子云：胞，腹内兒衣也，兒生裹衣也。下他來反。廣雅云：三月爲胎。顧野王云：未生在腹爲胎。說文：婦孕三月也。從肉台聲。

法羸　魯戈反。文字典說：蝸牛類也。說文：從虫羸聲也。經作蠡，非也。羸音力卧反。

嬰兒　上益盈反。蒼頡篇云：女孩曰嬰，男孩曰兒。釋名：初生曰嬰兒。胸前曰嬰，言接之嬰前乳養也。鄭注禮記云：嬰者，嫛兒也。說文：從女賏聲。賏音同上，嫛音伊兮反也。

芬馥　上芳文反，下馮目反。韓詩云：馥，芳(芬)[二六]也。考工記云：香氣皃也。古今正字：從香复聲。复音伏也。

廣博嚴净不退轉法輪經　四卷

廣博嚴净不退轉法輪經　第一卷　第二卷

第三卷　並先不音。

廣博嚴净不退轉法輪經　第四卷　玄應

蹎蹶　上丁賢反，下居月反。又作傎、趙二形。蹎蹶猶頓仆也。

仆音蒲北反。

不必定入印經　玄應

採揀　又作敕，或作練，同。力見反。埤蒼：揀，擇也。禮記「揀擇英俊」是也。序文作挾，胡頰反。挾，持。非此用也。

寶窴　古文窴，今作填，同。徒莧反，徒堅反。廣雅：填，塞也，滿也。

葋多　其俱反，依字，爾雅：葋，一名芋熒。芋音他頂反。

拔身　蒲末反。迴也，謂拔然迴身也。古字通用也。

入定不定印經　序音　慧琳撰

祕賾　陂媚反。字書云：祕，密也。鄭箋毛詩云：祕，神也。說文：從示必聲。經文從禾作秘，誤也。下仕責反。劉瓛注周易云：賾者，幽深之極稱也。說文：從臣責聲。臣音移。

瓊編　葵營反。毛詩傳云：瓊，玉之美者。說文云：赤玉也。從玉敻聲。敻音休迥反。下必綿反。蒼頡篇云：編，織也。聲類云：以繩次物也。說文：從系〔二七〕扁聲。扁音褊者也。

牢籠　老刀反。方言：牢，圈也。說文：閉(閑)〔二八〕也，養畜生之圈也。正從牛從舟省。舟之爲義，取四面匝也。或從舟，古終字。下鹿紅反。考聲云：籠，竹器也。莊子云「鳩之在籠」是也。古今正字：從竹龍聲也。

祕躅　下重録反。漢書音義：躅，跡也。說文：從足蜀聲也。

道轔　栗鎮反。漢書云：轔，轢也。案轔者，轍也，跡也。或作躪，亦作蹸，亦作躙。古今正字：從車粦聲。經文作轥，誤也。

序了後經文

卵㲉　下空角反。字書云：卵孚㲉也。桂苑珠叢云：孚㲉，鳥卵之外皮也。文字典說：從卵㱿聲也。

嗢鉢　上温骨反。梵語西國花名也。

挑出　上體彫反。聲類云：挑，扶(抉)〔二九〕也。說文：抉謂挑出物也。從手兆聲。兆從八作兆。經作㧬，俗字者也。

持心梵天所問經　第一卷　玄應撰

黈黨　補單反。字林云：黈，部也。謂黈累也。又作般，假借。

桴筏　又作艀，同。扶流反。謂編木爲也。小附(泭)〔三〇〕曰桴，大者曰筏也。

持心梵天所問經　第三卷

徯徑　又作蹊，同。胡鷄反。通俗文：邪道曰徯，步道曰徑。經文有作谿徑也。

持心梵天所問經　第四卷

末踟　直知反。

揥隸　敕詣反。

呷拔　許伊反。
錍拔　普迷反。
揭揭　渠謁反。
暱偈　女乙反。

等集衆德三昧經　上卷　玄應撰

慷慨　正作忼愾二形，苦莽反，下苦代反。太息也。一云壯士不得志也。
那羅延　晉言鉤鎖，力士。
嚧移　都計反。亦言維摩羅移。晉言離垢，大力士名也。
觀銓　又作硂，同。七泉反。銓謂銓量輕重也。稱謂之銓。
車釭　又作䡋，同。古紅反。説文：釭謂車轂口鐵也。
殉悖　又作凶，同。許恭反。下古文誖、㪍二形，同。蒲没、補潰反。悖，亂也，亦逆也。
功績　今作勣，同。子歷反。聲類云亦功也。
及遞　又作逓、遆二形，同。徒禮反。謂更易交遞也。
典誥　告到反。爾雅：誥，告也。亦謹也，所以約謹戒衆也。
勞來　説文作勑，同。力代反。漢書：勞來不怠也。約勑也。經文作賜賚，非字體也。或作倈，非也。
邀迭　又作徼，同。古堯反，又於遥反。邀，要也，呼召也，亦求也。下徒結反，代也。

等集衆德三昧經　中卷

播殖　又作譒、敽、𤎅三形，同。補佐反。播，種也。經文作番，非也。

集一切福德經　中卷　玄應

蠆螫　他達反，下勒達反。廣雅：蠆、螫、蚳、毒（螫）〔三一〕，蠍也。經文作蛆蝋，非字體也。蚳音巨宜反。

思益梵天所問經　第四卷　玄應

麗隸　音迷。
梯隸　他計反。
緹隸　他禮反。
堙婆　於仁反。
麴鴂　徒結反。
提詑　敕嫁反。

勝思惟梵天所問經　第六卷　玄應

多軼　徒結反。
摩鱭　竹皆反。
摩衢　求俱反。
槾離　敕於反。
堙婆　於仁反。
婆系　胡詣反。
濳婆　所姦反。

持人菩薩經　第一卷　慧琳撰

憒亂　上迴罪反。前寶雨經第一〔三二〕卷已釋訖。

億垓　上於力反，下改哀反。已上前佛昇忉利天宮(經)〔三三〕上卷已釋也。

叡喆　以歲反。賈注國語云：明叡也。廣雅云：智也。説文：深明也。從𣦼從目從谷省。𣦼音殘。下知列反，方言云：喆，智也。説文作悊，或作哲。字書作嚞。

持人菩薩經　第二卷

闌楯　上嬾單反，下唇閏反。前佛昇忉利天經下卷已釋。

痛蛘　羊掌反。考聲：蛘，痛之微也。禮記云：蛘不敢搔也。鄭注孝經云：抑搔癢痛。説文：蛘亦搔也。從虫羊聲。文字集略或作癢，韻略或作痒，與經文同，三字並同用。

疽癩　七余反。司馬彪注莊子云：浮腫爲疽。説文：癰也。從疒且聲。且音苴。下來帶反。文字集略：癩，惡病也。或作癘也。

至湊　七候反。許[叔]〔三四〕重注淮南子云：湊，競進也。説文：聚也，水上人所會也。從水奏聲也。

持人菩薩經　第三卷

創病　楚霜反。禮記云：頭有瘡則沐。説文云：創，傷也。從刀一，一象内(肉)〔三五〕，會意字也。古文作刀(办)〔三六〕，象刀入肉也。

瑕疵　下加反。前不退法輪經已釋。下自資反，孔注尚書云：疵，病也。劉注周易：疵亦瑕也。説文：從疒此聲也。

憒吏　上迴對反，下鐃効反。又音公外反，義亦通。

粗獷　倉胡反，下古猛反。

永謐　彌必反。爾雅：謐，静也，又慎也。説文：從言𥁕聲。

持人菩薩經　第四卷

剖判　普口反。蒼頡篇：剖，析也。顧野王：剖猶破也。杜注左傳：中分也。説文亦判也。從刀咅聲，咅音土口反。下普半反。毛詩傳曰：判，分也，又破也，又散也。説文：從刀半聲也。

帛氎　恬協反。案帛氎，西國撚草花絮織以爲布，其花如柳絮。

颰陀和羅　盤末反。

持世經　第四卷　玄應

骨幹　字體作骭，同。古岸反。廣雅：骭謂之肋。謂脇骨也。骭，體也，亦骸骨也。

濟諸方等學經　玄應

彶彶　居及反。説文：彶彶，急行也。廣雅：彶彶，遽也。字從彳，今皆從水作汲也。

歔欷　喜居反，下虚既反。字林：涕泣皃也。蒼頡篇：泣餘聲也。亦悲者也。

大乘方廣總持經一卷　慧琳撰

無垢餤　閻漸反。佛名也。

涕淚　上體計反。周易云：齎咨涕洟。說文：涕，鼻液也。從水弟聲。字書作鮷，亦通。

一滴　丁瀝反。前寶雨經第三卷已釋訖。

羼提　察限反。梵語此言忍。

嫉妒　盡悉反，下都故反，王逸注楚辭云：害賢曰嫉，害色曰妒。考聲：妒謂憎忌也。說文並形聲字。經作妬，非也。

大方廣寶篋經　上卷　慧琳音

焦然　上精遥反。考聲云：極乾也，傷火也。鄭注禮記云：焦謂火燋也。說文：焦謂火所燒也。從火焦省聲。經文從火作燋，音爵，甚乖經義也。

霹靂　上匹驛反，下力的反。史記云：大雷震也。文字典說並從雨，辟、歷皆聲。

帝釋頂　下丁挺反。蒼頡篇云：頂，顛也。廣雅：頂，上也。考聲：頂，頭上也。說文：從頁丁聲。經作頸，非者也。

漉水筩　上籠谷反。顧野王云：漉猶瀝也。廣雅：漉，盡也。從水鹿聲。下徒東反。說文：筩，斷竹也。從竹甬聲。甬音勇也。

齅香　上朽又反。說文云：以鼻就臭曰齅。從鼻臭聲。或作嗅，古人用也。

斫截　上章若反。考聲云：以刃斫也。廣雅：斫，斷也。說文：斫從斤石聲。下錢節反，毛詩傳云：截，治也。說文：截亦斷也。從戈雀聲。經作截，俗字也。

窄陿　上争格反。埤蒼云：窄，迫也，陿也。古今正字：窄，從穴乍聲。經文從辵作迮用別。下咸甲反。顧野王云：陿，迫隘不廣大也。說文：陿，從𠂤匧聲。匧音謙叶反。

大方廣寶篋經　中卷

角睞　下來代反。蒼頡篇云：睞謂内視也。說文：童子不正也。從目來聲也。

⿸疒卷手　倦袁反。文字集略云：⿸疒卷謂手屈指不展也。從疒。經從手作捲。考聲云：用力氣勢。非經義，誤用也。

巢窟　上士交反。鄭箋詩云：鵲之作巢，冬至架功，至春乃成也。鄭注考工記云：巢猶高也。說文：鳥在木上曰巢。從木象形也。經作巣，俗字也。下口骨反。杜注左傳云：窟，地室也。顧野王云「冬則居營窟」是也。聲類云：窟，兔所伏也。說文：從穴屈聲。或作⿰山胃，又作堀，音同上。

跛蹇　上波果反，下建偃反。考聲云：跛亦蹇也。說文：跛，行不正也。蹇亦跛也，並作足，波、寒皆省聲也。

欲擯　音鬢。司馬彪注莊子云：擯猶棄也。古今正字：從手賓聲。經從人作儐。考聲云：道也，助也，相也。非經義，乖也。

謫罸　張革反。毛傳曰：謫，責也。又曰過也。杜注左傳曰：謫，罸也。郭注方言：謫謂相責怒也。說文亦罸也，從言商聲。商音丁歷反。經從辵作讁，俗字也。

師範　取凡字上聲。鄭注考工記云：範，法也。說文：從車笵省聲。玉篇或作軓，三字並通。經從草作範，非也。

大方廣寶篋經　下卷

瓦礫　下零的反。前大緊那羅王經第三卷已具釋訖也。

持瓨　下項江反。考聲云：瓶類也。大者受一斗，今無大小之制也。說文：似甇，長頸也。從瓦工聲。或作缸。甇音戹耕反。

文殊師利現寶藏經　上卷　玄應撰

騏驥　渠基反。下又作騹，同，居致反。說文：馬有青驪文似綦〔三七〕也。驥，千里馬也。孫陽所相者，赤驥也。

曲枝　旨移反。下又柯也，經文作掖，誤也。

文殊師利現寶藏經　中卷

蠹虫　丁故反。字林：木中虫也。穿食人器物者也。

嬲固　又作嬲。諸經作嬈，同。奴了反。嬲，擾戲弄也。嬲，惱也。摩登伽經作擾。蠱謂厭蠱也。經中有作顧，非也。蠱音古也。

大乘同性經　上卷

矛盾　食尹反。說文：盾，猷也，所以杆（扞）〔三八〕身蔽目也。猷音伏發反。

澿然　其錦反。寒戰極也。經文從心作[忄禁]，非也。

崖隴　力蠓反。說文：天水大坂也。

大乘同性經　下卷

垂毦　人至反。以毛羽爲毦飾，若今刀鞘毦也。廣雅：氄毦，罽也。織毛曰毦。

弓把　巴雅反，單手爲把。說文：把，握也，持也。經文從弓作弝，近字。

證契大乘經　上卷　慧琳撰

遊萃　疾醉反。周易云：萃猶聚也。方言云：東齊之間謂萃爲聚也。毛詩傳：萃，集也。說文：從艸卒聲。正作萃。

幢幟　上濁江反。考聲云：幢亦幡也。下尺志反。廣雅云：幟亦幡也。說文：並從巾，童、戠皆聲。戠音織。聲類或作帖〔三九〕字。

池沼　昭少反。毛詩傳云：沼亦池也。說文：從水召聲。

拯濟　拯，取蒸上聲。杜注左傳云：拯，救助也。方言云：拔也。說文：從手丞聲。經文作極，誤也。下子細反。孔注尚書云：濟猶渡也。說文：從水齊聲。

唱唄　薄邁反。考聲云：僧尼法事也。唄，唱梵聲也，從口也。

挑與　眺彫反。前入定不定印經已釋訖。

讒搆（構）〔四〇〕　牀咸反。毛詩傳云：讒，以言毀人也。說文：讒猶譖已。從言從毚。毚亦聲也。毚謂狡兔之駿者也。從皀從兔。皀音丑略反。下音古候反。毛詩箋云：搆（構），合也。杜注左傳云：搆（構），會也。罪惡也。說文：從木冓聲。冓音鉤。

闠綴　上古還反。說文：以木横持户也。從門𢍰聲。𢍰音同上，𢍰字從丝丝音幽從丱音古患反。經從廾作開，開音弁。下輟銳反，前寶雨經第八卷已釋訖。輟音轉劣反也。

牢固　老刀反。前入定不定印經序已釋訖。經從穴作窂，非也。

洲㠀　上音周。爾雅云「水中可居者曰洲，小洲曰渚」是也。古今正字：洲謂在河之中。從水州聲。下刀老反。孔注尚書云：海曲謂之島。方言：海有山可依止曰島。說文：從山鳥聲。

矛矟　上母侯反。考聲云：酋矛，戈類也。說文：矛長二丈，象形字。經作牟，非經義也，誤。下音朔。廣雅云：矟亦矛也。古今正字云：矟長八尺也。從矛肖聲也。

鉞斧　袁厥反。孔注尚書云：鉞，以黄金飾斧也。顧野王云：古者用鉞以殺人也。司馬法云「周時左杖黄鉞」是也。說文：正作戉，從戈𠄌聲也。𠄌音厥。經文從金作鉞，時用已久。

𠂤𨸏　上都迴反。聲類云：𠂤，小塊也。說文亦小𠂤也，象形字。經文從土作塠，俗字也。下浮九反，蒼頡篇云：山庳而大也。廣雅云：丘無石曰𨸏。說文亦云：大陸曰𨸏。山無石也，象形。經文作阜，俗字也。庳音婢。考聲云：庳，下也。

林藪　蘇口反。鄭注周禮云：澤無水曰藪也。說文：大澤也，又云九州之藪也。從艸數聲也。

瘂者　鵶雅反。前寶雨第三卷已釋訖。

韈羯頗梨　上晚發反，下建列反。蕃語寶名也。

炫麗　玄絹反。前寶雨經第一卷已釋訖。

耳璫　黨郎反。埤蒼云：璫，充耳也。釋名：穿耳施珠曰璫。古今正字：從玉當聲。

無垠　五根反。考聲云：垠，涯畔也。宋忠注太玄經云：垠，咢也。說文：垠，地圻也。從土艮聲。圻音昔也。

證契大乘經　下卷

闌拏　落寒反。梵語也。

馨馥　上香經反。說文：馨，香之遠聞也。從香殸聲。殸音口莖反。下馮福反。前不退法輪經第四卷已釋訖。

髀脛　上蒲米反。說文：髀，股外也。從骨卑聲。或作骳。經作䏶，俗字也。下形定反，孔注論語云：脛，脚脛也。顧野王云：脛謂腓腸前骨是。說文：脛亦胻也。從肉巠聲。巠音工冷反。腓音肥。胻音鶴昂反，又音杏也。

攢茂　徂鸞反。鄭注禮記云：攢猶聚也。蒼頡篇亦聚也。說文云：攢謂蘩生也。從木贊聲也。

深密解脱經　序音　慧琳音

馭宇　魚據反。孔注尚書云：御，治也。鄭注禮記云：御猶主也。說文：從馬又聲。馭是古文字，今或作御，從彳卸聲。卸音昔夜反也。

德懋　莫候反。鄭注爾雅云：懋謂自勉强也。尚書云「懋昭大德」是也。文字典說：從心楙聲。楙音其[四二]候反。

該洞　上改來反。賈注國語云：該，備也。方言：咸也。說文：以兼備之也。從言亥聲。下同貢反。顧野王云：洞謂深邃之皃也。說文：從水同聲。

蕤賓　蘂隹反。白虎通云：五月律謂之蕤賓。文字典說：從艸甤亦聲。經作蕤，俗字。

緇俗　滓師反。毛詩傳云：緇，黑色也。考工記：染羽七入(入)[四一]爲緇。案緇俗者，即僧衆也，俗士也。古今正字：從糸從甾，甾亦聲。經作緇，非也。

深密解脱經五卷　慧琳撰

深密解脱經　第一卷　第二卷　並無字可音。

深密解脱經　第三卷

觀詧　音察，亦同用。聲類云：詧，審也，明也，知也。文字典說：從言從祭省聲也。

憒吏　上迴外反，下孥效反。前佛昇忉利天經上卷已釋訖。

憙吏　上禧紀反。考聲：喜，好也，心所悦也。說文云亦悦也。從心喜聲。

細楔　仙拽反。說文云：楔，開物具也。從木㓞(契)[四二]聲也。

深密解脱經　第四卷　無字可音。

深密解脱經　第五卷

鍊治　上蓮鈿反。或作煉。前寶雨經第一卷已釋訖。下雉離反。考聲云：治，理也，修故也。顧野王云：治謂修理也。文字典說：從水台聲。

解深密經五卷第一　玄應

蠹羅綿　上當固反。或作妬羅綿，舊言兜羅綿，皆一也。

䬭餬　徒奚反，下户孤反。謂酥酪之精醇者。通俗文「酥酪謂之䬭餬」是也。

解深密經　第二卷

大青　梵言摩訶泥羅，亦是天帝所用莊嚴寶也。

末羅羯多　莫鉢反。亦言磨羅伽多，緑色寶也。大論云：出金翅鳥口邊，能辟諸毒也。

毗濕縛藥　此云有種種功能藥。

婆羅痆斯　孥黠反。舊言波羅奈，或作波羅奈斯，又作波羅奈寫，皆一也。

解深密經　第五卷

誕生　達坦反。詩云：誕彌厥月。傳曰：誕，大也。

解節經一卷　玄應撰

傷佉　經中或作蠰佉，又作儴佉，正言勝佉，此譯云貝。

辛辢　力達反。通俗文：辛甚曰辢。經文作剌，非體。

相續解脱地波羅蜜了義經一卷　慧琳撰

睎望　上欣衣反。方言云：睎，盻也。廣雅云：睎，視也。説文：睎亦望也。從目希聲。盻音批戾反。經從心作悕，非也。

羸劣　上累危反。杜注左傳云：羸，弱也。賈注國語：病也。許注淮南子云：羸亦劣也。説文亦瘦也。從羊羸聲。羸，力戈反。

壑空　上訶各反。顧野王云：壑，谿谷也。郭注爾雅云：壑，坑塹丘墟耳。説文：壑，溝也。或作叡。從土叡，叡亦聲。經作壡，俗字也。

膚過　上甫孚反。孝經云「身體髮膚受之父母」是也。鄭注儀禮云：膚，負草之肉也。説文：膚，皮也。或作肤。從肉盧省聲。經作膚[四四]，俗也。

緣生經兩卷　經序　慧琳撰

詮窮　上七宣反。考聲云：詮，叙也，證也。淮南子云：詮言者，所以譬類人事與相解喻治亂之體也。説文云：具説事理也。從言全聲。經序從艸作荃，香草名也，與經義不同也。

稲稈　下干旱反。考聲云：禾黍莖也。杜注左傳云：稈，秉把也。稈，稾也。廣雅：稲穰謂之稈也。説文：從禾旱聲。從艸作芊，非也。

彦琮　下粗宗反，僧名也。白虎通云：琮言聚也。説文：從王宗也。

緣生經　上卷

一髆　傍莫反。字林云：髆，胛也。説文：肩胛也。從骨從博省聲。經多從月作膊，非也。胛音甲也。

上氣喘　川兖反。桂苑珠叢云：人之氣息也，謂之喘也。説文：疾息也。從口耑聲。耑音端也。

緣生經　下卷　無字可音。

分別緣起初法門經　上卷　慧琳撰

僂曲　力矩反。廣雅云：僂，曲也。杜注左傳云：僂，傴也。説文云：尫也。從人從婁聲。尫，烏黄反。

分別緣起初法門經　下卷

戰掉　下條尿反。考聲云：掉，動也。賈注國語：掉，摇也。説文：從手卓聲。

一切經音義　卷第三十

校勘記

〔一〕也　據文意似當作「云」。

〔二〕顛　據文意似作「瘨」。龍龕手鏡頁部：「顛，俗音崖。」

〔三〕據　頻作「倨」。

〔四〕慠　據文意當作「傲」。

〔五〕文　衍。

〔六〕伅　獅作「屯」。

〔七〕僊僊　今傳本毛詩傳作「僛僛」。

〔八〕衯　據文意似當作「枌」。

〔九〕爲　頻作「謂」。

〔一〇〕惻　今傳本左傳作「則」。

〔一一〕摭　據文意似當作「撫」。

〔一二〕功　今傳本説文作「工」。

〔一三〕鐵　據文意當作「銛」。

〔一四〕反　今傳本説文作「夊」。

〔一五〕民　阮元校刻十三經注疏作「昬」。

〔一六〕縫，補合也　阮元校刻十三經注疏爲「彌縫，猶補合也」。

〔一七〕躁　獅作「趮」，今傳本説文作「趮」。

〔一八〕牒　據文意似作「牃」。下同。

〔一九〕黍秎治鬼者也　今傳本説文爲「黍秎已治者」。

〔二〇〕房室曰疏　今傳本説文爲「𥨊，房室之疏也」。

〔二一〕惠琳　即慧琳。

〔二二〕佛説阿惟越致遮經爲西晉竺法護譯，原文爲：「執杖戰痏，面皺皮緩。」據竺法護所譯經文文意，玄應所釋不誤，慧琳所説「經意波旬愁悴皮膚變黑，如人被毆内傷，其狀如是」可能是據經文原文的梵文文意。

〔二三〕僃、䵞　據文意似作「僃、黐」。

〔二四〕者也　張涌泉古書雙行注文抄刻齊整化研究（敦煌吐魯番研究第十二卷）指出「應爲補白添加的虛詞」。

〔二五〕系　據文意當作「糸」。

〔二六〕芳　慧卷二六和二九作「芬」。

〔二七〕系　據文意當作「糸」。

〔二八〕閉　今傳本説文作「閑」。

〔二九〕扶　獅作「抉」。

〔三〇〕附　獅作「泭」。

〔三一〕毒　今傳本廣雅作「𡍮」。玄卷五作「𡍮」。

〔三二〕一　獅作「二」。檢寶雨經此文在第二卷。「一」爲「二」之誤。

〔三三〕宫　頻作「經」。

〔三四〕叔　麗無，據獅補。

〔三五〕内　獅作「肉」。

〔三六〕刀　獅作「刅」。

〔三七〕綦　獅作「基」，今傳本説文作「綦」。

〔三八〕杆　據文意當作「扞」。

〔三九〕怯　據文意似當作「怯」。

〔四〇〕搆　據文意當作「構」。下同。

〔四一〕其　據文意當作「莫」。

〔四二〕人　獅作「入」。

〔四三〕㓞　獅作「契」。

〔四四〕膚　據文意似作「肤」。類篇：「肤，風無切。皮也。」廣韻：「肤，皮膚。」

一切經音義　卷第三十一

楞伽阿跋多羅寶經四卷　慧琳
入楞伽經十卷　玄應
大乘入楞伽經七卷　慧琳
菩薩神通境界經三卷
大薩遮尼乾子經七卷　慧琳
密嚴經三卷　慧琳
後譯密嚴經三卷　慧琳
首楞嚴三昧經三卷　慧琳
觀普賢行經一卷　慧琳
諸法無行經二卷　慧琳
諸法本無經三卷　慧琳
無極寶三昧經一卷　慧琳
慧印三昧經一卷　慧琳
如來智印經一卷　慧琳
寶如來三昧經二卷　慧琳
大灌頂經十二卷　玄應　慧琳再修
右十六經六十三卷同此卷音

翻經沙門慧琳撰

楞伽阿跋多羅寶經　第一卷　玄應撰　慧琳又添

楞伽　山名也，梵語。正言駿迦，寶名也。駿音勒鄧反。

阿跋多羅　此云人。謂入此山中而説此經也。

海濱　下必民反。字林：濱，水厓也。

錯繪　胡對反。論語云：繪事後素。鄭玄曰：繪，畫也。集五彩曰繪。經從貴。説文：織絲餘也。或音櫃，非經義云也。

瞪矚　宅耕反。通俗文云：直視曰瞪。

楞伽阿跋多羅寶經　第二卷　沙門慧琳添

免(兔)〔一〕角　上土固反。説文云：獸也。象踞後，點象其尾也，象形字也。兔頭與㲋頭同，故從㲋省也。

龜毛　愧逵反。字統曰：龜，水介蟲也，外骨而肉内也。從它，龜頭與它頭同，天地之性也。廣肩無雄，龜鼈之類以它爲雄，左象其足，右象背文，頭尾象形。

蚊蜹　上勿分反。俗字也，正從䖵作蟁。説文云：嚙人飛蟲子也。下蕤鋭反。國語：蜹、蛾、蜂、蠆皆能害人也。顧野王曰：今有蟲蜹善嚙人，俗謂之含毒，此即〔二〕蟲也。

楞伽阿跋多羅寶經　第三卷　無字音訓。

楞伽阿跋多羅寶經　第四卷　玄應

譚婆　徒南反，今借爲談紺反，謂西國食狗肉人也。

入楞伽經　第一卷　第二卷　玄應　先不音訓。

入楞伽經　第三卷

樚櫨　又作轒轤二形，同。力木反，又力胡反，即今用之汲水者也。

因楇　又作楔，同。先結反。江南言櫼，子林反。楔，通語也。

入楞伽經　第四卷

打摑　書或作馘，同。古麥反。此亦假借耳。

入楞伽經　第五卷　第六卷　第七卷　玄應　先不音。

入楞伽經　第八卷

韭䪥　又作韰〔三〕，同。諧戒反，説文：菜也。葉似韭。

罝罟　古文䍡、罝二形，同。子邪反。爾雅：兔罟謂之罝。注云：罝，遮也，遮取兔也。罟音古，繩網也。

機發　説文：射發。機音機發之機也。經文作𢿱，收繳具也。

屍陀林　正言尸多婆那，此名寒林。其林幽邃而寒，因以名也。在王舍城側。陀者，多也，死人多送其中。今總指棄屍之處，名屍陀林者，取彼名。

入楞伽經　第九卷

藺蕩　力盎反，下徒盎反。埤蒼：毒草也。經文作莔，非體也。

珂乳　枯何反。螺屬也，潔白如雪。經文作䏧、軻二形，非也。

入楞伽經　第十卷　先不音訓。

大乘入楞伽經七卷　翻譯沙門慧琳音

經序　長安四年天后御製

楞伽　上勒登反。俗字也，正作棱，從木夌聲。或作楞爲是。梵語不求字訓。正梵音云駿迦。山名也。勒鄧反，去聲並上聲字也。此亦寶名也。此山多饒此寶，故以爲名，在南海中師子國西南隅海島大山也。

妙鍵　乾偃反，上聲字也。鄭注周禮云：鍵，壯也。方言：自關而東陳楚之間謂鑰爲鍵。考聲云：車鎋也。説文：鍵，鉉也。從金建聲也。

混假名　魂穩反，上聲字也。考聲云：水流大皃也。集訓云：混沌，氣象未分也。古今正字：從水昆聲也。

多舛　喘兗反。集訓云：舛，剥也，雜也。韻詮云：不齊也。説文：對卧相背也。從夕從㔾〔四〕。又音春刃反，亦通。啜音川劣反，又音衰。㔾音苦兀反。

潁水　營炅反。漢書云：潁水出潁川陽城縣陽乾山，至下蔡入淮水也，豫州浸川也。炅音癸井反。潁字從水頃聲。

于闐　田練反。胡語國名也，屬龜兹國地乳，即安西之西南二千餘里，亦名地乳國也。

齊馥　音伏。考聲云：香氣皃也。形聲字也。

奥賾　上烏告反，又音於六反，訓義並同。廣雅：奥，藏也。郭注方言：室中隱奥處也。説文云：宄也，室之西南隅也。字統：從宀𢍏聲也。𢍏音弓六反，下從廾音拱。上從古文六字也。宀音綿。從米作奥者，非也。下柴革反，考聲：賾，深也。集訓云：深含也。易曰：聖人有以見天地之至賾。劉瓛曰：賾者，幽深之極稱也。古今正字：從臣責聲。説文、字林並闕。臣音以之反。

大乘入楞伽經　第一卷　于闐三藏實叉難陀奉詔譯

翻經沙門慧琳音

菲薄　上孚尾反。郭注方言云：菲謂微薄也。形聲字也。下傍莫反。考聲云：不厚也。古今正字：從草從水從博省聲。

媿恧　上鬼位反。杜注左傳云：媿，慙也。博雅：媿，耻也。説文：從女鬼聲。或從心作愧。下女六反，方言：恧，慚也。山之東西自愧曰恧。小爾雅云：心愧爲恧。説文：亦慚也。從心而聲也。

咄吒迦音　上都骨反。吒，嘲革反。迦，薑佉反。梵語不求字義，唐云喜悦之音也。經作都咤迦，不切當，故改字音之。

迴眄　眠遍反。韻英云：斜視也。説文：目偏合也。從目丏聲。丏音沔，上聲字也。

髀脇　上鼙米反。前卷契大乘經下卷音義中已釋。下杴業反。考聲：脇，肋也。説文：脇，兩傍也。從肉劦聲也。或作脅，亦同。劦音叶，從三力。經三刀，非正字也。肋音勒也。

如虹拖暉　上音紅。字書云：虹，螮蝀也。拖音他左反，上聲字也，如木卧皃也。考聲：曳也。又平聲亦通，湯何反。集訓云：曳，挽也。見有拕曳之語。從手它聲。從木者誤也。

遞相　提禮反。郭注爾雅云：遞謂更易也。説文：從辵遞(虒)〔五〕聲。虒音天伊反。經文作逓，或作遆，俗字也。

幰盖　軒偃反。釋名云：車幰所以禦熱也。考聲云：車盖也。顧野王云：今謂布幔，張車上爲幰也。説文：從巾憲聲也。

藤樹　鄧能反。考聲云：蔓莚之類。吴越謂之藤，藤有數種。從草從舟從关從水。关音卷也。

⿰麥廣麥　虢猛反。考聲云：大麥也。俗亦呼青稞爲⿰麥廣麥字，從麥從穬省聲也。經從禾作穬，穀也，非此義也。

大乘入楞伽經　第二卷

臆度　鷹力反。説文：臆，匈骨也。從肉意聲。古文正作肊，從肉從乙，會意字也。

瀑流　袍冒反。考聲云：瀑者，猝雨水流也。説文：從水暴聲也。暴字從日從出從廾廾音拱從米米音滔。從米者，誤也。

溟鋻　上覔瓶反。司馬彪注莊子云：溟謂南北極也，去日月遠，故以溟爲名也。説文：從水冥聲。下呵各反，前相續解脱經已釋訖也。

慣習　關患反。文字典説：慣，習也。左氏傳曰：譬如射御，慣則能獲禽獸，從心貫聲。

分析　星績反。聲類云：析，劈也。孔注尚書云：析亦分也。説文：破木也。從木從斤。或從片作㭊，亦通。經文從手作折，誤也。

躁動　遭奥反。前寶雨經第八卷釋訖。説文：從走作趮也。

縷氎　緑主反。説文：縷，線也。從糸婁聲。婁音樓。下恬協反，前持人菩薩經第四卷已釋訖也。

大乘入楞伽經　第三卷

唇腭　五各反。考聲：腭，齗也。經文作齶，俗字也。説文云：口上河也。從口，上象其文理也。

因楔　先節反。深密解脱經第三卷已釋訖。經作榍，門闑也，非此義也。

詹蔔　上之廉反，下朋北反。西國香名也。經詹字從竹作簷，簷謂簷楹也，非此義也。

謦欬　上輕挺反，下開愛反。前卷音義不退轉法輪經第一卷中已具釋訖也。

不瞬　輪閏反。説文：瞬，目開闔數摇也。正作瞚，從目寅聲也。

大乘入楞伽經　第四卷

鸚鵡　上戹耕反，下音武。山海經曰：黄山有鳥，其狀如鴞，青羽赤喙，人舌能言，名曰鸚鵡。郭注云：今鸚鵡舌似小兒舌，脚指前後各兩爪。扶南外出毛羽五色者，亦有純白者。白者稍大如鷹。禮記曰「鸚鵡能言，不離飛鳥」是也。説文二字皆從鳥，嬰、武亦聲。或作鴞也。

在礦　古猛反。字書：正作鉚。廣雅云：鐵璞謂之礦也。説文：銅鐵璞也。或從石黄聲，經作鑛，亦通也。

蠶繭　上雜含反。説文：蠶，吐絲蟲也。從䖵朁聲。朁音七感反。下堅典反。説文：蠶衣也。從糸從虫芇聲。芇音眠，象蛾兩角相當也。經文作蠒，俗字也。古文作絸也。䖵音昆也。

大乘入楞伽經　第五卷

釋揭羅　建謁反。梵語諸天名也。

擾亂　而沼反。説文：擾，煩也。從手從夒。經從憂作擾，非也。夒音奴刀反。

羼提　察莧反。梵語。唐云忍辱也。

大乘入楞伽經　第六卷

雕鷲　上鳥寮反，下酋袖反。郭注穆天子傳云：雕食麋鹿鳥也。郭注山海經云：鷲亦雕也。師曠曰：南方有鳥名曰羌鷲，黄頭赤目，五色皆備也。説文：鷲，鳥黑色多子也。雕亦鷲鳥類也，從周聲也。鷲字從鳥就聲。鷙（鷙）〔六〕音至。

籠檻　禄紅反。前入定不定印經序音中已釋訖。下咸黯反。王逸注楚辭云：檻，櫝車也。牢檻也。説文：檻，圈也，亦籠也。從木監聲。經從手，誤也。

稠胞　上直流反，下白茅反。案稠胞者，皆謂在母腹蔭中也。經作胞，音七鋭反，非經義。稠字，説文從禾周聲也。

瘖竅　啓叫反。鄭注禮記云：竅，孔也。説文：從穴敫聲。敫音經鷂反。

大乘入楞伽經　第七卷

昏墊　點念反。孔注尚書云：下民昏墊。墊，溺也。杜注左傳云：墊，羸困也。説文：下也。從土執聲。

駞驢　上唐河反。郭注山海經云：驝駝也，日行三百里，負千斤。周書：王會正以驝駝爲獻。顧野王云：有肉峯，能負重，善遠行，北方饒之蓄畜也。説文：從馬它聲。驝音湯洛反。經作駞，俗字也。

剎膩迦　上音察，正作擦。中尼致反。梵語也。

羸鼓〔七〕　上魯戈反。前不退轉法輪經第四卷已釋訖。下姑户反，説文：從壴從攴〔八〕。經文從皮作皷，非也。壴音朱樹反，攴音之，正支字也。

羯磨　建列反。梵語也。

擯棄　上音鬢。司馬〔九〕注莊子云：擯亦棄也。説文：從手賓聲。下詰利反。説文：正作棄，訓云損也。從廾華從㐬。籀文作弃。廾音拱，華音半安反，㐬音土忽反。經文從云作弃，古字也。

迦旃延　上音加，中之然反。梵語也。

憍拉婆　上音驕，次藍合反。梵語也。

毱多　弓六反。正作匊，梵語。

次箋　眠結反。梵語也。

抨酪　普萌反，下音洛。

鵂鶹　上音休，下音畱。文字典説云：鵂鶹，怪鴟也。並從鳥，休、畱皆聲也。

孔隙　卿〔一〇〕逆反。顧野王云：隙猶穿穴也。廣雅：裂也。史記云：若白駒之過隙也。説文：壁際孔也。從𨸏從㡿，㡿亦聲。㡿音同上，從二小從白。經從巢作隟，非也。

菩薩行方便境界神通變化經三卷

右此經即是宋朝時前譯薩遮尼乾子經，並無難字可音訓。

大薩遮尼乾子經　卷第一

犛牛　卯包反。亦曰毛牛。山海經云：潘侯之山有獸，狀如牛而四節生毛，名曰犛牛。郭璞曰：背膝及胡尾皆有長毛，出西南夷也。

大薩遮尼乾子經　第二卷

斸斫　上家(冢)〔一一〕録反。钁钃也。經文作瑑，音卓，義亦通用。下章若反。斤斧斫也。前已具釋也。

射師　蛇夜反。周禮云：六藝，三曰五射。説文云：弓弩發於身而中於遠。從身從矢作䠶，會意字也。古文從寸。寸，法度也。又音石。

橋梁　上巨驕反。渡水梁也。從木喬聲。喬字上從夭也。

蜂柴　醉髓反。説文下從朿。朿音此恣反。

唱嘯　音笑。長嘯也。卷舌於喉中吹之，聲如鸞鳳也。

椎鍾　直追反。或作槌，俗字也。字從木從隹，假借字也。

機發　藩蟣反。考聲云：動也，去也，開也，明也，起也，舉也。經從角作䥲，非也。

琢石火　上音卓。毛詩傳曰：治玉曰琢。從玉豖(豕)〔一二〕聲，豖(豕)音丑録反。

大薩遮尼乾子經　第三卷

谿谷　上啓奚反。郭注爾雅云：水注川也。説文云：山瀆無所通者曰谿。從谷奚聲。經從山作嵠，或從水，並非。

貓貍　上夘包反。顧野王云：似虎而小，人家所畜養獸也，用令捕鼠者。下里知反。顧野王云：似虎而小，貓之類野獸，好偷人家鷄食之。説文：伏獸也，晝伏而夜行。貓、貍二字並從豸，形聲字也。

鷹鷂　上億矜反。鄭箋毛詩云：鷙鳥也。顧野王云：即爽鳩也。形聲字。下遥要反。顧野王云：似鷹而小。説文亦鷙鳥也，從鳥䍃聲也。

韡等　吁和反。或從化作靴，二字並從革，皆俗用字也。説文作屩。從履省，和聲也。亦轉注字也。

枷鎖　上音加，下桑果反。前音義已重重訓釋也。

遞共　上提禮反，上聲字。或作递，代也，迭也。從虒從辵厂聲也。厂音系也。

覘伺　上諂劍反。又考聲云：覘者，即候視也。或作貼，竊視也。春秋傳曰：公使覘之，信也。從見占聲也。下音四也。

㪷稱　上當苟反，下尺證反。

釣䱸　上雕叫反。考聲云：鈎也，懸也，引也。或作魡。

謼諸鬼神　上音素。考聲：陳理也。論語：譖也。或作謝、愬。説文：告也。從言㡿聲也。㡿音尺。

窳惰　上逾主反。考聲云：窳，嬾也。如瓜繫於蔓，故從二瓜。如人在深室，嬾而不出。會意字也。

樗(摴)〔一三〕蒱　上敕猪反，考聲云：樗(摴)，舒也。廣雅云：張也。司馬相如封禪文：樗(摴)，散也。文字典説：從手虗聲。下步謨反。案樗(摴)蒱者，博弈賭戲也。經從雩作摴，非也。

棊博　上音其，博物志曰：舜造圍棊而丹朱善圍棊。孔子曰：不有博弈者乎，爲之猶賢乎。案彈棊始自魏宫，文帝好之，每用手巾拂之，無不中者。下謗莫反。六博也，從十。

貣物　湯得反。從人借便錢物曰貣。從貝弋聲也。弋音翼也。

蟲螟　上逐融反。説文云：有足謂之蟲，無足曰豸。從三虫。經作虫，非也。下覓瓶反。毛詩傳曰：食苗心曰螟。郭璞云：螟蠕有子，即桑蟲也，蜾蠃附之變爲細腰蜂也。

水澇　勞到反。考聲云：水澇侵〔一四〕苗也。字書云：多雨水損田苗曰淹澇也。

水灊　匹遥反。灊，浮也。

大薩遮尼乾子經　第四卷

鞭打　上必綿反。考聲云：擊也，馬策也。

根栽　下宰來反。韻集云：栽，植也。殺樹餘枿也。枿音我葛反。

澡漱　搜皺反，與瘦同音。考聲云：以水盪口曰漱。又音桑奏反，非也。皺音莊瘦反。

纖長　星閻反。説文：微細也。從糸韱聲也。韱音同上。經從木作櫼，非也。

銅鍱　下音葉。以熟銅打作鍱。經文單作葉，亦通也。

老皺　莊瘦反。考聲云：皺，皮聚也。作皺，俗字也。

窊曲　烏瓜反。廣雅：窊，下也。或作窪，俗字也。

熠燿　上音習，又以立反。下音曜。埤蒼云：熠燿如電如熒，光彩玄黃也。毛詩傳曰：鮮明也。

大薩遮尼乾子經　第五卷　第六卷　第七卷

右三卷並無字可音。

大乘密嚴經序　慧琳撰

裝褾　下驃眇反，考聲云：褾，袖端也。今古正字〔一五〕：從衣票聲。經作縹，非也。票音標遥反。

大乘密嚴經　第一卷

竅隙　上啓叫反。周禮疾醫：兩之以九竅之變。鄭玄云：陽竅七，陰竅二。太玄經：九竅一六爲前爲耳，二七爲目，二八爲鼻爲後。又云竅，孔也。説文：空也。從穴敫聲。

如蜺　下藝兮反。王注楚辭云：霓，雲之有色似龍者也。郭注爾雅云：霓曰雌虹也。漢書音義云：虹出盛者爲雄，雄爲虹；闇者曰雌，雌曰霓。各有兩名也。説文：霓，屈虹也。青赤或白色陰氣也。從虫兒聲〔一六〕。或作霓也。

冕服　上眉辨反。鄭注周禮云：六服同冕，首飾尊也。世本云：黄帝作冕。考聲云：冕，冠也。説文：從曰(冃)〔一七〕免聲。曰(冃)音毛報反。

菡萏　上含感反，下覃感反。説文：菡萏，芙蕖花也。未發曰芙蓉，已發曰菡萏也。二字並從艸，函、閻皆聲也。經作菡〔一八〕，非也。

纍紲　上律追反，正體字。杜注左傳云：纍，繫也。孔注論語云：纍，黑索也。説文：大索也。從糸畾聲。畾音壘，經從糸從累作縲。縲，紘也，非經義也。下先節反。顧野王云：凡所以繫制畜牲者，紲也。孔注論語云：紲，攣也。王注楚辭：紲，繫也。廣雅：索也。説文：從糸世聲也。

蛛蝥　上駐逾反，下母侯反。爾雅云：蜘蛛，蛛蝥也。郭注云：拙蝥也。方言：自關而西秦晋之間謂蜘蛛或爲蝥也。韻英云：網蟲也。説文云：正作鼄，從黽朱聲。經作蛛，俗字也。蝥從蟲從敄省〔一九〕聲也。

大乘密嚴經　第二卷

挻埴　上設氈反。許注淮南子云：挻，抑也。桂苑珠叢：抑土爲器曰挻。如淳注漢書：挻，擊也。宋忠注太玄經：挻，和也。文字典説文(云)〔二〇〕：從手延聲。從土作埏者，非正字也。下時力反，許慎注淮南子云：埴，土也。孔注尚書云：黏土曰埴。釋名：埴，膩土也，如脂之膩也。説文：從土直聲。

伶人　上力丁反。賈注國語云：伶，司樂之官也。鄭注毛詩序云：伶氏世掌樂官而善焉，故後世多號樂官爲伶人也。說文：從人令聲也。

匏木　上鮑茅反。鄭注周禮云：匏，笙也。說文云：匏，瓠也。從包從夸，夸亦聲也。夸音苦瓜反也。

頡頏　上賢結反，下鶴浪反。毛詩傳云：飛上下曰頡頏。飛下曰頏。考聲云：乍高乍下也。古今正字並從頁，吉、亢聲。亢音岡。

亟往　矜力反。毛詩傳曰：亟，急也。文字典說：從人從口從手從一(二)〔二二〕。二謂天地也，人生天地之間，口手最急。會意字也。

精粹　下雖翠反。周易云：純粹，精也。王注楚辭云：粹，精粹也。廣雅云：純粹，不雜也。說文義同，從米卒聲。

馳騖　下無付反。郭注穆天子傳云：騖，馳也。顧野王云：騖，疾馳也。楚辭云「忽馳騖以追逐」是也。廣雅云：騖，奔也。說文：從馬敄聲。敄音武也。

能濡　下乳朱反。毛詩傳云：濡，漬也，又潤澤也。說文：從水需聲。需音須。

能燥　下騷早反。周易云：水流濕，火就燥也。說文：乾也。從火喿聲。喿音同上也。

臏陀　上音牝。梵語山名也，亦名頻陀山也。

螫物　上舒亦反。說文：蟲行毒也。從虫赦聲。經作螯，俗字也。

龜鼃　上愧逵反，獲瓜反。考聲云：鼃，水蟲也。即螻蟈也。說文：蝦蟆也。從黽圭聲。或作蛙。黽音猛也。

大乘密嚴經　第三卷

牝鹿　頻泯反。泯音蜜牝反。廣雅云：牝，雌也。說文：畜母也。從牛匕聲。匕音妣。

牡鹿　矛厚反。毛詩傳曰：飛曰雄雌，走曰牝牡。顧野王云：飛鳥亦有牝牡之稱也。說文：牡，畜父也。從牛土聲。

人杌　吾骨反。前寶雨經第一卷已具釋訖也。

所嬈　下奴鳥反。前寶雨經第三卷已具釋訖。

枹鼓　上音孚。顧野王云：枹，擊鼓椎也。說文：擊鼓柄也。從木包聲。經從手作捊，音夫。論語云：乘桴於海也〔二三〕。非經義也。

雲蜺　下藝兮反。上卷釋訖。

能羆　上音雄。說文云：獸也。似豕，山居，冬蟄。從能從灬。灬音漂。下彼麋反。郭注爾雅云：似熊而頭高脚長，猛憨多力，能拔木。關西呼爲猳熊也。說文：如熊，黃白色。從罷從熊省聲也。猳音加，憨音呼藍反。

旋嵐　下拉躭反。大猛風也。

粗獷　虢猛反。前寶雨經第六卷已釋訖。

毗嵐弭儈　上彌止反，下都含反。梵語，亦梵聲也。

新翻密嚴經三卷　大興善寺三藏不空奉詔譯

慧琳撰

音經序　代宗皇帝製

啟迪　下徒歷反。孔注尚書云：迪，蹈也。言信蹈行，古人之德也。又云迪，教導也。方言：迪，正也。東徐青齊之間相正謂之迪也。説文：從由辵聲[二三]。

聾瞽　下姑午反。鄭注周禮云：無目謂之瞽，目不開，蔓蔓如瞽（鼓）[二四]皮也。有眸子而無見謂之矇，有目無眸子謂之瞍，或謂之盲也。説文：從目瞽（鼓）[二五]聲。

盈缺　下犬悅反。蒼頡篇云：缺，虧也。説文：從垂夬聲。或作缺。

鱗介　栗珍反。鄭注周禮云：鱗謂魚龍之屬也。説文：鱗者，魚龍甲也。從魚粦聲。粦音悋。經文從鹿作麟，是瑞獸也。非經義，傳寫誤也。下皆械反，鄭注周禮云：龜鼈之屬，水居陸產者也。説文：從八從人。

矤訛　上申忍反。孔注尚書云：矤，況也。郭注爾雅云：相譬況也。聲類：詞之所之也。説文亦況也，詞也。從矢從引省聲。今作矧，俗字。下五和反。孔注尚書云：訛，化也。毛詩箋云：僞也。韓詩云：訛言也。郭注爾雅「世以妖言爲訛」是也。古今正字：從言化聲。或爲譌字。

舟楫　尖葉反。孔注尚書云：若渡大水待舟楫也。毛詩傳：楫所以櫂船也。周易：剡木爲楫也。説文：從木咠聲。咠音七入反。櫂音直效反。序從戢作檝，亦通用也。

在握　下烏角反。説文：握，持也。從手屋聲。

帆飛　上音凡。釋名云：帆，船幔也。或作颿，亦作颿[二六]從巾。

兩方　上良掌反。廣雅云：兩，二也。所謂三藏解唐言及梵音兩國之語也。説文：從㒳平分。㒳亦聲。序作兩，非也。

窺鑒　上丘規反。説文：窺，小視也。或作闚，從穴規聲也。

柳杭　上留久反，下康浪反。人姓名也。

簡牘　上間限反。古之竹簡也。顧野王云：簡，所用以寫書記事者也。説文：簡，牒也。從竹間聲。下同鹿反。韓詩云：執筆操牘也。文字典説云：方版爲牘，大事書之於策，小事簡牘而已。説文：版也。從片賣聲。

遒麗　上就由反。考聲：遒，盡也。説文亦作逎。從辵酉聲。下禮帝反。廣雅云：麗，好也。考聲云：麗，美也。説文：從鹿丽聲。丽音同上。古文作丽字也。

祕賾　峥責反。

布濩　下胡顧反。劉良注吴都賦云：布濩，流布也。博雅云：遍滿也。古今正字：從水蒦聲。蒦音烏獲反。亦從音作頀者也。

課抒　上科卧反。陸機云：課，課虚無以責有。字書云：並制責功也。説文：從言果聲。下常呂反。桂苑珠叢云：抒，挹也。字書云：解也，斟削也。説文云：挹酌取物也。從我（扌）[二七]予聲。經序從木作杼，誤也。

密嚴經　第一卷

烝涌　上職繩反。顧野王云：謂氣烝出也。説文：火氣上行也。從火烝聲。經文從草作蒸。爾雅云：蒸，猶祭也。非經義。下容聳反。劉兆注公羊傳云：涌，騰也。顧野王云：謂水騰涌也。淮南子云：萬物之至騰涌也。説文：從水甬聲。甬音同上。或作湧。

蟠龍　上音盤。方言云：未昇天龍謂之蟠龍也。廣雅云：蟠，曲也。顧野王云：蟠，紆迴轉也。説文：從虫番，番亦聲也。

勃如　上盆没反。郭注爾雅云：勃然作色皃也。顧野王云：勃，暴盛也。廣雅：變色勃勃然。説文：從力孛聲。音同上。經從火作焞。

金礦　下古猛反。亦作釙。

融鍊　下蓮殿反。桂苑珠叢云：鍊，鑄金使精也。説文：鍊，冶金也。從金柬聲。或作煉。

兜率　上都鈎反。梵云覩史多。此云知足天也。經中作兜率，古亦兜術，皆訛略字也。

執柁　下駝左反。釋名云：船尾曰柁，在後見柁〔二八〕曳也。正船不使船柁戾也。柁音陀佐反。字文〔二九〕典説云：船後正舡木也。從木它聲。經從手作拕，誤也。

四吠陀　梵語也。此譯云明論，謂壽祀平術名四吠陀。古亦云圍陀，一也。

牽拽　上挈賢反。鄭注周禮云：人居前曰牽。顧野王云：牽亦引也。説文：引前也。從牛象牛之縻，玄聲也。經從去作牽，非也。下餘制反。拽，本作曳。顧野王云：曳猶牽也。廣雅云：曳，引也。説文：從申丿。丿亦聲。經作拽。考聲音延屑反。借音字也。字書並無，今從曳。挈音牽結反。縻音美悲反。

喘懼　川耎反。説文：喘，疾息也。從口耑聲。耑音端也。

葦荻　上韋鬼反，下音狄。毛詩傳云：葭爲葦也。郭注爾雅云：葦亦葭蘆也。許叔重注淮南子云：荻亦萑也。鄭注儀禮云：萑〔三〇〕亦細葦也。説文並從草，韋狄皆聲。或作藡，古荻字。萑音活官反。

吸鐵　上歆急反。毛詩傳曰：吸猶弘也。説文：從口及聲。弘音引也。

煖觸　上奴管反。爾雅云：煖，燸也。賈注國語云：煖，温也。説文：正作煗。從火耎聲。經作煖，音奴管反。俗作暖。

騰躍　下陽削反。顧野王云：躍謂跳距也。杜注左傳：距躍，超也。廣雅：躍，上進也。説文：從足翟聲也。

秋䙴　上七修反。經作鞦，俗字。下淺仙反。正體字，經作遷，俗字通用。前譯爲走索者是。

綺麗　上欺倚反。説文云：綺，有文繒也。從糸奇聲。下犂帝反也。

瞻蔔　上之簾反，下明(朋)〔三一〕墨反。案瞻蔔者，香草名也。

清羸　下力追反。案清羸者，如苦行仙人形也。

蒭摩衣　上測俱反。梵語。正言菆摩。菆音芻。唐云麻衣也。

軒宇　上憲言反。楚辭云：高堂邃宇，檻層軒。王注云：軒，樓板也。韋昭注漢書：軒，檻上板也。説文：從車干聲也。

見薪　下信津反。鄭注周禮云：木曰薪，草曰蒸。又注禮記云：大者謂之薪，小者合束謂之柴。説文：從艸新聲也。

膏主　上稾敖反。鄭注禮記云：腥豕膏也。又羶羊脂也，膏凝者曰脂也。説文：從肉高聲。下朱乳反，亦通去聲。考聲云：主，鐙心也。集訓云：鐙内布也。説文：鐙中火主也。象形，從丨聲。丨音誅縷反。經從火作炷，亦通用。

遊憩　下丘利反。毛詩傳曰：憩，息也。蒼頡篇：止息也。古今正字：從息舌聲。或作憇，亦作愒也。

伶俜　上力丁反，下劈冥反。考聲云：伶俜，單弱皃，行無力也。案伶俜，聯翩孤獨皃。並從人，令、甹皆聲。經從足作跉𨁈，與義不同也。

舶上　上彭陌反。廣雅云：舶，舟也。埤蒼云：海中大舡也。古今正字從舟白聲也。

沿泝　上悦全反，下蘇祚反。孔注尚書云：順流而下曰沿。毛詩傳曰：逆流而上曰溯洄。説文：溯，水欲下違而上也。二字並從水，㕣、厈皆聲。厈音尺，㕣音夷耎反。

纍紲 上律追反，下先列反。義已釋大乘密嚴經第一卷中。

密嚴經 第二卷

瑜祁 上庾須反，下佶伊反。梵語。觀行入定相應者也。經作祇，誤也。

刧比羅 梵語云矩吠囉，舊云俱鞞羅，天名也。

因陀羅 梵語帝釋天名也。

圍陀 梵語亦云吠馱。

亟往 上兢力反。亟，急也。人生天地之間，於口手最急。説文：從二從人口手。會意字也。

鉛錫 上悦全反，下星積反。説文：鉛，青金也。錫，銀鉛之間也。並從金，㕣、易皆聲。㕣音兖。

蓊蔚 上屋董反，下惲勿反。司馬相如云：一二三十衆樹之蓊蔚也。顧野王云：亦草木盛皃也。古今正字並從草，翁、尉聲。經作欝，誤也，非經義也。

寤後 上吴故反。毛詩傳曰：寤，覺也。説文云：從㝱省，吾聲。覺音交效反。經從穴作寤，非。

風痰 下噉甘反。考聲云：鬲中水病也。文字集略云：胸上液也。從疒炎聲。疒音女厄反。

能濡 下乳朱反。毛詩曰：濡，漬也。又云：潤澤也。考聲云：濕也。説文：從水需聲。需音須也。

有瞖 壹計反。韵略云：瞖，目障也。考聲云：目中瞖也。經作翳。翳，掩蔽云，與義不同也。

著親 上長略反。經作著(着)〔三二〕，誤也。

蝡動 上瞤尹反。考聲云：無足曰蝡。莊子云：蝡喘之虫也。淮南子云：昆虫蝡動也。説文亦動也。從虫耎聲。經作蠕，誤也。

夢已 下飢喜反。

生已 下夷止反。

絆住 上鉢亂反。梵語。

贍部果 上涉斂反。梵語。

刺端銛 上雌漬反。經作刾，俗字。下息〔三三〕廉反。漢書音義云：銛，利也。蒼頡篇云：鐵也。説文云：從金舌聲。

火燎 下力召反。鄭注周禮云：樹於門外曰大燭，於内曰庭燎，皆所以照衆爲明也。毛詩箋云：火田爲燎。廣雅云：乾也。説文：放火也。從火尞聲。尞音同上也。

灰燼 下夕刃反。杜注左傳云：火之餘木也。毛詩傳云：火餘曰燼。説文正作㶳，火餘也。一曰薪也。從火聿聲。經作燼，俗字也。

暨山 上其意反。孔注尚書云：暨，與也。杜注左傳：至也。説文：頗見〔三四〕，從旦既聲。經從水作洎。洎，注水器也，非經義也。

攲危 上綺羈反。顧野王云：攲，傾低不正也。孫卿子云：魯桓公之廟有攲器，虚則攲，滿則覆也。説文：從危支聲。亦作攲。經文作崎是崎嶇字，亦險皃，與經義乖也。

繪事 上迴對反。孔注論語云：繪，會五彩也。鄭注云：繪，畫也。古今正字從糸會聲也。

姝麗 上觸朱反。毛詩傳云：姝，美色也。韓詩云：姝姝然美也。説文：從女朱聲。

慢瞼　下居儼反。考聲云：瞼，眼也。文字集略云：目外皮也。從目僉聲也。

鬒髮　上真忍反。杜注左傳云：美髮爲鬒也。考聲云：髮多皃也。説文正作㐱，云稠髮也。詩云：㐱髮如雲。從彡人聲。或從髟作鬒。經作縝，結也，非經義。

設婆　上羶熱反。梵語。

麋鹿　上美悲反。考聲：似鹿而大者也。説文：鹿屬，以冬至解角。從鹿米聲。

彪兔　上碑休反。考聲：彪，彣彩皃也。説文：虎文也。從虎彡聲。下土路反。彣，古文字。

於蒜　下酸亂反。考聲云：蒜似葫而小，極殠也。顧野王云：今本草所謂蒜，消穀理骨者爲小蒜，所謂葫者爲大蒜。説文：葷菜也。從艸祘聲。殠音醜狩反。葷音訓君反。

循環　上徇遵反。孔注論語云：循循，次序皃也。郭注爾雅云：循爲巡行也。廣雅云：從也。説文亦行，從彳盾聲。盾音順。下患關反。鄭注周禮云：環，旋也。何注公羊傳云：繞也。説文：從玉睘聲。睘音還也。

密嚴經　第三卷

磁石　上字茲反。吕氏春秋云「磁石能召鐵」是也。古今正字：從石慈聲。

負擔　下膽濫反。考聲云：擔，以木荷物也。廣雅云：舉也。字書云亦負也。古今正字從手詹聲也。

鑽搖　上纂巒反。説文：鑽，所以穿者也。從金贊聲。經作攢。攢，聚也，非經義也。下文准此也。

漂物　上匹瓢反。顧野王云：漂，流也。説文：浮也。從水票聲。票音縹遥反。

冕旒　上眉辯反。上卷序中釋訖。下柳舟反。毛詩傳：旒，章也。大戴禮云：冕而前旒，所以蔽明也。説文作瑬，冕之垂玉也。從玉流聲。經文作旒旍，旗之垂者是也。

苔衣　上代來反。顧野王云：緑色，生水底也。説文：水衣也。從艸台聲。亦作菭。

氣縈　下與營反。毛詩傳曰：縈，旋也。桂苑珠叢云：縈，卷也。説文：收卷絲麻也。從糸從熒省聲也。

骨鎖　下蘇果反。漢書云：連鎖，似環相鉤連也。古今正字：從金貨聲。貨音同上。或作瑣。經作璅，俗字也。

酸鹹　上筭端反。禮記云：春其酸。説文：酢也。從酉夋聲。夋音七恂反。下音咸。爾雅云：鹹，苦也。郭注云：苦即大鹹也。説文：鹹，銜也。北方味也。從鹵咸聲。鹵音魯。

黿龜　上阮袁反。考聲云：黿似鼈而大，腹黄頭班也。説文：大鼈反(也)(三五)。從黽元聲。黽音猛。經作黿，俗字也。

瑇瑁　上臺戴反，下枚佩反。考聲云：玳瑁，龜類也。周書云：正南以珠璣玳瑁爲獻也。異物志：如龜生南海中，大者籧篨，背上有鱗，將作器則煮。其鱗如柔皮，任意所作也。一名突牟。古今正字二字並從玉，毒、冒亦聲。古文作畤，或作玳。

佛説首楞嚴三昧經上卷　慧琳撰

如瘖　下邑金反。説文：不能言也。從疒音聲。

闌楯　洛寒反。廣雅云：闌，牢也。説文：門遮也。從門柬聲。經文從木作欄，非也。下唇閏反。漢書音義：楯亦闌也。

說文：楯也。從木盾聲。盾音時尹反。

癃殘　力中反。蒼頡篇：癃，固疾也。說文作癃，罷病也。從疒隆聲。下在安反。考聲云：殘，傷也，敗也。說文：從歺戔聲也。

跛蹇　波我反。賈注國語云：跛，行不正也。周易：跛，足蹇。說文作尬，從尢皮聲。尢音一黃反。經文作跛，音祕。下居展反。說文：蹇亦跛也。從足寒省聲。

瘖瘂　上邑金反，下鵶雅反。埤蒼云：瘂亦瘖也。

膖脹　璞江反。埤蒼：膖，肛腸脹也。說文：從肉夅聲。夅音峰也。下張亮反。杜注左傳云：脹，腸[三六]滿也。古今正字：腹痛也。從肉長聲也。

佛說首楞嚴三昧經　中卷

娛樂　遇俱反。說文：娛亦樂也。從女吳聲。

阿閦佛　初六反。梵語。唐云無動佛也。

佛說首楞嚴三昧經　下卷

毀訾　玆此反。鄭注禮記云：訾，以言毀人也。說文：從言此聲。或作呰也。

薪積　悉津反。禮記：收秩薪以供郊廟百祀之薪燎。鄭注：大者謂之薪，小者合束謂之柴。薪放爨柴以給燎也[三七]。下紫賜反。

憒丙　古對反。說文：憒，心煩亂也。從心貴聲。正作憒。下奴效反。字書：丙，人多擾擾也。說文：從市從人也。俗作鬧。經文作內，誤也。

鍛磨　端亂反。字林云：鍛，椎物也。古今正字：從金段聲。下莫何反。毛詩傳：磨，理石之名也。說文作礳也。從石靡省聲也。

𠂤𠂤　上都迴反。聲類云：𠂤，小塊也。說文：小𠂤也。象形。下浮九反。蒼頡篇：𠂤，山庳而大也。廣雅云：丘無石曰𠂤。說文：大陸山無石也。象形。經文作埠阜，俗字也。

佛說觀普賢菩薩行法經一卷　慧琳撰

柱地　上誅縷反。考聲云：柱，柜[三八]也，指也。古今正字云：從木主聲。假借字。經文作跓，非也。

甄叔迦　結仙反。梵語翻云赤色寶也。

鬬構　得候反。蒼頡篇：鬬，争也。杜注左傳云：遇也。說文云：兩相遇即鬬。從鬥從斲。經文從門從斗作閗[三九]，誤也。下古候反。韓詩：構，亂也。考聲云：結架也。說文：從木冓聲。冓音鈎。經文作遘，義別也。斲音丁角反，鬥音丁候反也。

黐膠　上恥知反。考聲云：黐膠，擣雜木皮煎之爲膠，可以捕鳥也。博雅云：黐，黏也。說文：從黍离聲。經文作檎[四〇]，誤也。下絞肴反。鄭注考工記：取諸獸皮煮之可以爲膠，以黏物也。說文：從肉翏聲。翏音力幼反。

羯磨　紀列反。梵語譯云辦事也。

諸法無行經上卷　慧琳撰

憒丙　上迴罪反，下奴效反。前首楞嚴三昧經下卷釋訖也。

重擔　下膽濫反。前密嚴經下卷已釋訖也。

楗槌　上件焉反，下直追反。梵語西國所擊物集衆之法也。

誹謗　上非味反。考聲云：誹謗，毀也。說文：誹亦謗也。從言非聲也。下博浪反。考聲云：謗以言毀人也。杜注左傳云：謗，毀也，詛也。賈注國語云：謗亦毀誹也。又云：對人道其惡也。說文：從言旁聲也。

熾然　上齒志反。毛詩傳云：熾，盛也。顧野王云：猛火也。說文：從火戠聲。戠音織也。

選擇　上宣兖反。經作撰，誤也。

度塹　下籤艷反。周書云「無渠塹而守，無衝櫓而攻」是也。考聲云：塹，長坑也。說文亦坑也。從土漸聲也。或作壍也。

空捲　下渠員反。何注公羊傳云：捲，掌握也。廣雅云：掌治也。國語云：捲，收也，舒也。說文：從手卷聲。或作拳也。

芭蕉　上伯麻反，下勦遥反。王注楚辭云：芭蕉，香草名也。字指云：生交趾，葉如席，煮可紡績爲布，汁可漚麻。古今正字二字並從艸從巴從焦聲也。

諸法無行經　下卷

瞋恚　上叱真反。蒼頡篇云：瞋怒也。說文云：亦恚也。從言真聲。經從目作瞋。瞋，張目也，通也。下於季反。蒼頡篇云：恚，怒也。說文：恨也。從心圭聲也。

虚誑　下居況反。賈注國語云：誑猶惑也。杜注左傳云：欺也。郭注爾雅云：欺誑也。說文：從言狂聲也。

麁行　上醋胡反。省略字也。傳用已久。說文正體作麤，亦作麁。字書云：麁，物不精也。廣雅云：麁，大也。鄭注禮記云：疏也。古今正字從三鹿也。

輕懱　下眠結反。鄭箋毛詩云：懱猶輕也。賈注國語曰：末也，滅也。郭注方言云：小皃也。說文云：輕，易也。從心蔑聲。經作蔑。蔑，日(目)[四一]無精光，非此義也。

闇鈍　下屯頓反。蒼頡篇云：鈍，頑也。說文：不利也。從金屯聲也。

偏袒　上匹綿反。考聲云：偏，不正也。孔注尚書云：偏，不平也。杜注左傳云：佐也。鄭注禮記云：不備也。說文云：從人扁聲。下壇嬾反。考聲云：去肩上衣也。鄭注儀禮云：袒，左免衣也。左傳云：鄭伯肉袒牽羊也。說文：從衣旦聲也。

佛說諸法本無經上卷　慧琳撰

象戲　下羲義反。考聲云：戲，弄也。史記云：天子無戲言也。論語云：前言戲之耳。毛詩傳云：戲，逸豫也。爾雅云：謔浪笑，戲謔也[四二]。說文：從戈䖒也。

減省　上夾斬反。詩云：減，少也。杜注左傳云：輕也，損也。說文亦損也。從水咸聲也。

羼帝　上察莧反。梵語。

嬾墮　上蘭但反。考聲云：嬾，不勤動也。說文：懈怠也。從女賴聲。或作懶。

拏汝　上搦加反。梵語也。

佛説諸法本無經　中卷

名爲度者鞞陀迦　上卑迷反。梵語。

名爲蹋破　上談臘反。

除却塹　下籤艷也[四三]。

拔箭鏃　下宗鹿反。已上從名爲度者，已下至滿足幢三十一箇名，並是諸法義説異名，不求字義，故不訓。

門橛　下拳月反。考聲云：橛，短木也。廣雅：橛，杙也。郭注爾雅云：門梱也。或作橜。文字典説文(云)[四四]：從木厥聲也。

捲相　上倦員反。前諸法無行經上卷已具釋訖。

無膩　下尼致反。考聲云：膩，脂垢也。王注楚辭云：膩，滑也。説文云：上肥也。從肉貳聲。

佛説諸法本無經　下卷　無字可音訓。

佛説無極寶三昧經一卷　慧琳撰

蜎飛　上一緣反。韻英云：蜎蜎，蟲皃也。毛詩傳云：蜎蜎，蜀(蠋)[四五]蟲皃也。文字典説：從虫肙聲。肙音抉掾反。

蝡動　上閏尹反。前密嚴經中卷釋訖。經作蠕，誤也。

佛説慧印三昧經一卷　慧琳撰

綩綖　上冤阮反，下衍仙反。杜注左傳：綩綖，冠覆也。鄭注禮記云：亦冕上覆也，言前後而垂也。古今正字二字並從糸，宛、延皆聲也。

邠耨文陀　上筆旻反，下農督反。羅漢名也。

如犀　下洗賫反。山海經云：禱過之山多犀兕也。郭注爾雅云：犀，形似水牛，猪頭，大腹，卑脚，脚三蹄，黑色。二角，一在頂上，一在鼻上，在鼻上則食角，小而不墮，好食棘[四六]也。説文：南徼外一角鼻上，似豕，從牛尾省聲也。

諛諂　上喻須反。又去聲，今不從。莊子云：不擇是非而言，諛也。蒼頡篇云：諛，諂從也。孔注尚書云：諛，諂也。説文：從言臾聲也。下丑斂反。周易云：君子上交不諂，下交不瀆。何注公羊傳云：諂猶佞也。鄭注禮記：諂謂傾身以有下也。莊子云：希意道言謂之諂。説文云：諂，諛也。從言臽(臽)[四七]聲。或作讇。瀆音獨。

無底　下丁禮反。杜注左傳：底，止也，滯也。淮南子云「上窮之末，下測至深底[四八]」是也。説文：從广氐聲。广音魚冉反。氐音丁奚反。經作庢，誤也。

佛説如來智印經一卷　慧琳撰

乞匃　下葛艾反。蒼頡篇云：匃，行請也，求也。説文：乞也。亡人爲匃也。經文作丐，非也。

銅鈸　下盤鉢反。考聲云：鈸，樂器名，形如小疊子，有鼻口相擊以和樂也。古今正字：從金犮聲。案樂經從金作鈸[四九]，俗字也。

拘⿰犭支　下絁寘反。説文云：翍，鳥翼也。從羽支聲。或作翨，亦作胝。經作翅，俗字也。

欪笑　上齒之反。說文：欪欪，戲笑皃也。從欠屮聲。屮即古之字也。或作嗤。經文作蚩，誤也。

寶如來三昧經兩卷　玄應撰

寶如來三昧經　上卷

銚鑛　以招反。宜作焜煌。焜，胡本反。下胡光反。方言：焜，盛也。蒼頡篇：煌，光也。言焜焜，盛也；煌煌，光明也。經文作銚，温氣器名也。鑛非此義也。

寶如來三昧經　下卷

枝椸　以石反。言相似也。經文從王作玟瑰，非也。

大灌頂經第一卷　玄應先撰　慧琳添修

鞞提　上普迷反。梵語西國山名，或作鈚，又作鎞。

道軻　下珂我反。梵語也。

嘻隷　上喜其反。或作譆。下梨帝反。梵語也。

坭鞞　上泥禮反。梵語。經作坘，誤也。

喉棱　下勒登反。梵語。

掬林　上居六反。梵語。或作詾綵，誤也。

鞬唵　上健言反，唵音陀。梵語也。

郁企　下詰志反。梵語也。經作俽，俽音仙，恐非此義也。

迦偷[五〇]　下託樓反。梵語也。

毆梨　上緊計反。梵語也。

賁路　上本門反。或作奔。梵語。下多可反。從足從多，經從少，錯也。

犀提　梵語。舊音云此應稗字，經別有本。又作觸也。

鞞吒羅　上音旦。梵語也。

波堘　下音多。梵語也。右已上並是梵語神王名，文含多意，所以不翻，存梵文也。

噴灑　上普悶反。廣雅云：噴，吐也，吹潠吐物爲噴也。顧野王云：口含物而噴散之也。說文：吹氣也。從口賁聲，或作歕也。經從水作濆，音扶云反。濆，水名，非此義也。

頞吱　下居梨反。梵語。經作吱字，非正字也。

劬離　上具俱反。梵語也。

漱漏　上搜皺反。梵語。經作瀨，書寫誤也。

毒蠆　下丑芥反。說文：蠆，螫蟲也。或作蠤。案蠤，蠍蝲蛆之類行毒也。象形，從萬省聲。蝲音坦怛反。蛆音蘭怛反。經作蠆，俗字也。

五官　所謂生老病死見在縣官拘，亦名五天使者也。

翩翩　匹綿反。毛詩傳云：翩翩，不息也。又云：翩翩，往來皃也。顧野王云：翩翩，便旋輕捷之皃。說文：飛皃也。從羽扁聲。經作偏，非此義。

大灌頂經　第二卷

賀櫾　上矛候反，下犁底反。梵語也。

倪提　上霓傒反，下弟泥反。梵語。傒音奚禮反也。

臏迦　上頻泯反。梵語。泯音密牝反。

瞖頭　上突論反。梵語也。

大灌頂經　第三卷

坻哆　上雉尼反。梵語。唐言善寂也。

苾闍　上頻蜜、蒲蔑二反。梵語。唐言善述也。

戾締〔五一〕　下舊音瓶悌反。經作褅，音提戾反。梵語。唐言善備也。

拍長者　上烹百反。博雅云：拍，擊也。説文云：拍，柎（拊）〔五二〕也。從手白聲。拊音孚甫反。經別有本作砶，非也。

灌口　上官換反。顧野王云：灌猶沃也。鄭注禮記云：灌，飲也。古今正字：從水雚聲。經別有本作沃。

口噤　下琴癊反。王注楚辭云：閉口爲禁（噤）〔五三〕也。説文云：口急也〔五四〕。從口禁聲。或作唫也。

禪衣　上旦蘭反。鄭注禮記云：禪，有衣裳而無裏也。廣雅云：禪，薄也。説文：衣不重也。從衣單聲也。

白袷　下減洽反。廣雅云：袷，重也。説文云：衣無絮也。從衣合聲。經作帢，音口洽反。帢，帽也。非此義也。

大灌頂經　第四卷

寐䰂　下底泥又（反）〔五五〕。梵語也。

樓眸　下莫尤反。梵語也。

櫨櫎　上音盧，下音古黄反。梵語。

唾沘　下舊音云津逸反。通俗文云：迮而吐之曰沘。經別有本作賤，音子旦反，今未詳此字也。

架抄　上賈牙反。梵語也。

譚耆　上投南反。梵語。

謼難　上呼故反。梵語。

較坻　上江學反，下雉尼反。梵語。

訡羅　上兮禮反。梵語也。

漚彌　上烏侯反。梵語。

猳玃　上賈牙反。廣雅云：猳，雄豬也。説文：牡豕也。從豕叚聲也。經從犬作猳亦通也。下俱籰反。考聲云：玃似猴而手足長也。郭注爾雅云：似獮猴而大，蒼黑色，能攫持人，好顧眄也。説文云：大母猴也。從犬矍聲。經別有本作蝦蟆，非。

荐臻　上前薦反。毛詩云：荐，重也，再也。杜注左傳云：仍也，數也，薦也。古今正字：從艸存聲。下櫛詵反。爾雅云：臻，至也。毛詩云：乃也。説文：從至秦聲者也。

大灌頂經　第五卷

優沙　下所加反。梵語。

掔俱　苦閑反。梵語也。

厭笮　上黶甲反。廣雅云：厭亦笮也。或作壓。説文：從厂猒聲。下側格反。顧野王云：笮亦厭也。説文：從竹乍聲。經從艸作莋，誤。

茤陀　上奇哥反。梵語也。

犨叉　上居玉反。梵語。經別有本亦作奄叉。

大灌頂經　第六卷

振旦　上真刃反。梵語國名也。

郵婆　上有求反。梵語。

鞞鞞　蒲迷反。梵語。

大灌頂經　第七卷

牛桊　下居院反。埤蒼云：桊，牛拘也。説文云：牛鼻環也。從木從弄亦聲也。經作卷，誤也。

忡儢〔五六〕　上烏甲反。梵語也。

蔚多　上惲物反。梵語。

陀穰　下壤章反。梵語。

大灌頂經　第八卷

檐邊　上琰纖反。劉兆注穀梁傳云：檐，屋梠也。説文：檐，㮰(櫋)〔五七〕也。從木詹聲也。

汪池　上烏皇反。通俗文云：渟水曰汪。杜注左傳云：汪亦池也。楚辭云：大水廣無極也。廣雅云：汪汪，大也。説文：深廣也。從水王聲。

大灌頂經　第九卷

麋麈　上美悲反。前密嚴經中卷已釋訖。下朱乳反。郭注山海經：麈似鹿而大也。聲類云：尾可以爲帚也。説文：鹿屬也，大而一角也。從鹿主聲。

沙梁翟　下庭歷反。梵語。

多祺　下母盃反。梵語。

愚惷　下丑絳反。鄭注周禮云：惷惷，生而癡騃童民(昏)〔五八〕者也。説文：惷亦愚也。從心舂聲者也。

齚楊　上士窄反。説文云：齚，齧也。從齒乍聲。經作咋，咋聲，非此義也。

大灌頂經　第十卷

世享　下香仰反。毛詩云：享，獻也。劉兆注公羊傳云：食也。杜注左傳：受也。賈注國語云：禮也。顧野王曰：鬼神臨享登祀也。説文作亯。從高省聲。

炯炯　徒東反。韓詩云：炯炯然，熱皃也。古今正字：從火同聲。經亦有本作爞爞，非此義。亦有本作煌煒也。

老叜　下溲厚反。方言云：叜，老也。廣雅云：父。又東齊魯衛之間凡尊老謂之叜也。説文：從又灾聲。字又作傁，俗或作叟也。經文作瘦，非此義。

誼譁　上虛元反，下呼瓜反。聲類云：誼、譁並聲也。考聲云：語誼多也〔五九〕。古今正字二字並從言，宣、華聲。經作喧，誤也。

萍薄　上薄冥反。鄭注周禮云：萍草無根而浮，取名於不溺也。説文：從艸洴聲。經作併，誤也。

歡娛　下遇俱反。前首楞嚴三昧經中卷釋訖也。

姻媾　上一寅反。白虎通云：婦人因夫而成，故曰姻也。杜注左傳云：姻，親也。説文：從女因聲。下古候反。賈注國語云：重婚曰媾也。毛詩傳云：媾，厚也。説文：從女冓聲。冓音古貿〔六〇〕反。

怨恨　上於願反。顧野王云：怨亦恨望也。蒼頡篇云：恨，咎也。文字集略云：深恨也。説文云：恚也。從心死聲。經別有本亦云惋恨，音剜換反。惋恨，驚異也，非此義也。

轗軻　上堪感反，下珂我反。楚辭云：轗軻，言留滯也。顧野王云：轗軻，不遇也。古今正字：接軸也。二字並從車，感、可聲也。

禍祟　下雖翠反。左傳云：卜河爲祟也。説文云：神禍也。謂鬼神作灾禍也。從示出聲。

大灌頂經　第十一卷

懇惻　上口恨反。通俗文云：至誠曰懇。鄭注考工記云：懇，堅忍也。文字典説：從心豤聲。經作懇，誤也。下楚力反。孟子云：無惻隱之心非人也。廣雅云：惻，悲也。説文：惻，痛之至也。從心則聲也。

如餉　下傷讓反。廣雅云：餉，遺也。考聲云：餉，饋也。説文：從食向聲。遺音惟季反。

懊惱　上烏浩反，下猱老反。考聲云：懊惱，痛恨也。古今正字二字並從心。奥、𡿺聲也。猱音惱刀反。

大灌頂經　第十二卷

維邪　上聿雖反，下野嗟反。梵語。舊音云或言毗邪離，或名毗舍離，皆訛也。正言鞞奢隸夜城，在東印度境，殑伽河北也。或言中印度境。

懵憒　上墨崩反。毛詩云：懵，亂皃也。周禮云：無光也。又悶也。賈注國語云：慙也。廣雅云：闇也。説文云：不明也。從心瞢聲。亦作瞢，又作懜也。經作矒，誤也。下迴罪反。首楞嚴三昧經中卷已具釋訖。

厭禱　上於琰反。杜注左傳云：厭，以猒衆心也。蒼頡篇云：伏合人心曰厭。説文：從疒(厂)〔六一〕猒聲。下刀老反。前密嚴經中卷已釋訖也。

蜚尸　上匪微反。古作飛。舊音云：飛謂飛楊(揚)〔六二〕也。左氏傳云：有蜚不爲灾也。古今正字：從虫非聲。

邪忤　下五故反。聲類云：忤，逆也。考聲云：犯也。古今正字：從心午聲。或作仵。

螏蟍　上秦悉反，下力知反。郭注爾雅云：螏蟍，蝍蛆，似蝗，大腹，長角，能食蛇腦也。文字典説：從虫，疾、梨聲。經作蒺蔾，草名，非此義也。

萎黃　上委爲反。顧野王云：萎，蔫也。文字典説云：萎，枯槁也。從艸委聲。經作痿，痿痺，濕病也。亦通也。

尩羸　上𧄍光反。蒼頡篇云：尩，短小僂也。又云病也。説文：跛曲脛也。從尢王聲也。

妖蠥　上於嬌反，下彥列反。考聲云：妖蠥，鬼怪也。孔注尚書云：蠥，灾也。説文：衣服歌謠草木之怪謂之妖，禽獸蟲蝗之怪謂之蠥也。或作妖蠥。妖，從女夭聲。蠥，從虫辥聲。辥俗作薛也。

一切經音義　卷第三十一

校勘記

〔一〕免　據文意當作「兔」。
〔二〕此即　疑當爲「即此」。
〔三〕䪥　玉篇：薤，胡戒切。菜似韭，亦作䪥。
〔四〕𠂇　據文意似當作「牛」。
〔五〕遞　今傳本説文作「虒」。
〔六〕鶩　獅作「鷙」。
〔七〕鼓　即「鼓」字。
〔八〕攴　即「支」字。
〔九〕司馬　即「司馬彪」。
〔一〇〕卿　頻作「鄉」。
〔一一〕家　據文意似當作「冢」。
〔一二〕豕　據文意當作「豖」。下同。
〔一三〕櫨　據文意當作「攎」。下同。
〔一四〕侵　據文意似作「浸」。
〔一五〕今古正字　據文意當爲「古今正字」。
〔一六〕從虫蜺聲　似當爲「從虫兒聲」。
〔一七〕曰　據文意似作「冃」。下同。
〔一八〕菡　據文意似作「荅」。
〔一九〕蝨從蟲從孜省　據文意似爲「蝨從蟲省從孜，或衍「省」。
〔二〇〕文　頻作「云」。
〔二一〕一　獅作「二」。
〔二二〕乘桴於海也　今傳本論語爲「乘桴浮於海」。
〔二三〕從由辵聲　今傳本説文爲「从辵，由聲」。
〔二四〕瞽　據文意當作「鼓」。
〔二五〕瞽　獅作「鼓」。
〔二六〕颿　玉篇：「颿，古文帆。」
〔二七〕我　據文意似作「扌」。
〔二八〕柁　獅作「拕」。
〔二九〕字文　獅作「文字」。
〔三〇〕萑　阮元校刻十三經注疏作「萑」。
〔三一〕明　獅作「朋」。
〔三二〕著　據文意當作「着」。
〔三三〕怠　據文意似作「息」。
〔三四〕頗見　今傳本説文爲「日頗見也」。
〔三五〕反　獅作「也」。
〔三六〕腸　阮元校刻十三經注疏作「腹」。
〔三七〕薪放爨柴以給燎也　今傳本禮記鄭注爲「薪施炊爨柴以給燎」。
〔三八〕柜　據文意似作「拒」。
〔三九〕鬪　據文意似作「鬭」。
〔四〇〕穃　據文意似當作「穲」。龍龕手鏡：「穃，俗。丑知反。正作䅶。」慧卷一百釋「之䅶」認爲穲是䅶的俗字訛略。
〔四一〕日　據文意似作「目」。
〔四二〕謔浪笑戲謔也　今傳本爾雅爲「謔浪笑敖，戲謔也」。
〔四三〕也　獅作「反」。
〔四四〕文　頻作「云」。
〔四五〕蜀　獅作「蠋」。
〔四六〕棘　據文意似作「棘」。
〔四七〕函　據文意似作「臽」。
〔四八〕上窮之末，下測至深底　今傳本淮南子爲「上窮至高之末，下測至深之底」。
〔四九〕鈸　據文意似作「鈸」。
〔五〇〕偷　玄卷四作「偷」。
〔五一〕㨖　玄卷四作「㨖」。
〔五二〕柎　據文意似當作「拊」。
〔五三〕禁　獅作「噤」。
〔五四〕口急也　今傳本説文爲「口閉也」。
〔五五〕又　獅作「反」。
〔五六〕爐　即「爐」。
〔五七〕楔　今傳本説文作「榩」。
〔五八〕民　玄卷四作「昏」。
〔五九〕語誼多也　據文意似當爲「誼，語多也」。
〔六〇〕賀　據文意似作「賀」。
〔六一〕疒　獅作「厂」，今傳本説文亦作「厂」。
〔六二〕楊　據文意似當作「揚」。

一切經音義　卷第三十二

翻經沙門慧琳撰

藥師如來本願經一卷　無
藥師瑠璃功德經一卷　慧琳
藥師七佛經二卷　慧琳
阿闍世王經二卷　玄應
普超三昧經三卷　玄應
放鉢經一卷　玄應
月燈三昧經十一卷　玄應
大浄法門經一卷　慧琳
大莊嚴法門經二卷　玄應
月燈三昧經一卷　無
菩薩修行經一卷　慧琳
無所希望經一卷　慧琳
象腋經一卷　玄應
如來莊嚴境界經二卷　慧琳
度一切佛智嚴經一卷　慧琳
新譯文殊讚佛法身四十禮一卷　慧琳
觀藥王藥上經一卷　慧琳
觀無量壽佛經一卷　玄應

阿彌陀經一卷　慧琳
後出阿彌陀偈一卷　慧琳
稱讚浄土經一卷　慧琳
拔陂菩薩經一卷　玄應
諸佛要集經三卷　玄應
未曾有因緣經二卷　玄應
須賴經一卷　玄應
寶網經一卷　玄應
彌勒成佛經一卷　玄應
觀彌勒上生經一卷　慧琳
彌勒來時經一卷　玄應
彌勒下生經一卷　慧琳
彌勒下生成佛經一卷　慧琳
諸法勇王經一卷　慧琳
一切法高王經一卷
第一義法勝經一卷
大威燈光仙人問疑經一卷
順權方便經二卷

樂瓔珞莊嚴經一卷

右三十七經五十七卷同此卷音

佛説藥師如來本願經　三藏笈多譯

所有難字並在後卷音釋。

藥師瑠璃光如來本願功德經　慧琳音

曼殊室利　上末盤反。梵語。唐云妙吉祥。

偏袒　上匹綿反，下壇爛反。前諸法無行經下卷已釋訖。

銷除　小焦反。禮記云：銷猶散也。楚辭云：銷鑠而咸毀也。說文：鑠金也。從金肖聲也。或作焇。

瑕薉　上暇加反。禮記云：瑕，玉之病也。廣雅：裂也，薉也。說文：玉之小赤色者也。從玉叚聲。下音穢。顧野王云：薉謂不清潔也。王注楚辭云：惡也。廣雅：蕪也。說文從艸歲聲也。經作穢，亦通也。

缺戒　上犬悅反。或作鈌。前密嚴經序已訓釋訖。

醜陋　上充帚反。毛詩傳云：惡也。又衆也。鄭注禮記云：類也。說文：從鬼酉聲也。下樓豆反。考聲云：陋，賤也。又醜也，鄙也，惡也。顧野王云：陋，猥也。爾雅：隱也。說文：從𨸏㔷聲也。

頑愚　上五關反。考聲云：頑，愚也。廣雅云：鈍也。說文：從頁元聲。

攣躄　上劣傳反。聲類云：癵病也。又顧野王云：謂病身體拘曲也。考聲云：手足病也。亦作癵。古今正字：從疒䜌聲。經作攣，亦通。下并癖反。考聲云：躄，足枯不行也。說文：不能行也。從止辟聲。經從足亦通也。

背僂　上抔妹反。說文：背，脊也。從肉從北。下力主反。考聲云：傴僂，俯身曲也。杜注左傳云：僂，上傴也。廣雅云：曲也。何注公羊傳云：疾也。說文：尫也。從人婁聲也。

白癩　下來帶反。文字集略云：癩，病也。說文作厲，惡疫也。文字典説：從疒賴聲也。

癲[一]狂　上典年反。考聲云：瘨，病也。廣雅：狂也。聲類：風病也。說文：從疒真聲。經作癲，俗字也。

黠慧　上閑軋反。考聲云：黠，利也。方言云：亦慧也。說文：從黑吉聲。

完具　上活官反。左傳云：完，守備也。說文云：全也。從宀元聲。宀音綿也。

罥罔　上決兖反。考聲云：罥，以繩捕取物也。文字典說：[從][二]网肙聲。經作羂，亦同。下亡昉反。鄭注禮記云：鳥罟曰罔。顧野王云：罔者，羅罟之總名也。易曰：古者伏羲氏結繩爲罔罟，教人以畋以漁也。文字典說：從冂下象罔交文也。

稠林　上逐流反。蒼頡篇：稠，衆也。說文：稠，多也。從禾周聲也。

鞭撻　上鼈綿反。考聲云：鞭，擊也。尚書：鞭作官刑。范甯云：在官不恭其事之刑也。顧野王云：用草以朴罪人也。從革便聲。下坦恒(怛)[三]反。考聲云：撻亦鞭也。孔注尚書云：撻，笞撻也。說文：從手達聲。

蚊蝱　上勿分反。字統云：蚊，齧人飛蟲，以昏時而出。說文亦蝨人飛蟲也。亦作蟁，從蚰民聲。經作蚊，俗字也。下孟彭反。聲類云：蝱似蠅而大也。說文亦蝨人飛蟲大者。從蚰亡聲。蝱音昆也。

所翫　下吾貫反。杜注左傳云：翫，習也。集訓云：習於事而慢之曰翫。說文：猒也。又玩弄也。從習元聲。

軒牕　上憲言反。考聲云：軒，簷前也。楚辭云：高堂邃宇，檻層軒。軒猶樓板也。說文：從車干聲也。下齪雙反。齪音牕捉反。說文云：在牆曰牖，在屋曰牕。古今正字：從片悤聲。

覆蔽　上芳務反。賈注國語云：覆，盖也，蔭也。說文：覂也。從襾復聲。覂音封奉反。

嫉妬　上秦悉反。俗字也。下都故反。正從户作妒。王注楚辭云：害賢曰嫉，害色曰妒。說文皆從女，並形聲字也。

劇苦　上競逆反。顧野王：劇，甚也。謂更甚於前也。蒼頡篇云：病篤也。又云：增甚也。古今正字：從刀豦聲也。

無明㲉　下腔角反。考聲云：㲉，卵空皮也。字書云：卵已孚㲉也。桂苑珠叢云：孚㲉，鳥卵之外皮也。文字典說：從卵㱿聲也。

邏刹娑　上羅賀反。梵語食人惡鬼都名也。經作還，書寫錯也。

呪詛　上州狩反。俗字也。正從言作詶。說文：詶亦詛也。從言州聲也。下阻助反。鄭注周禮云：盟詛於要誓。大事曰盟，小事曰詛。尚書云：詛，祝駡也。說文：從言且聲。經從口作咀，俗用字也。傳用已久，故存之。

蠱道　音古。左傳云：皿蟲爲蠱，晦望之所生也。說文：亦腹中蟲也。從蟲皿亦聲也。

懸險　上穴涓反，下希撿反。顧野王云：險，難也，又阻也。賈注國語云：危也。方言：高也。廣雅云：邪也。說文：從自僉聲。經作嶮，非也。

熊羆　上虛窮反，下彼皮反。前密嚴經下卷已釋也。

蚰蜒　上酉州反，下演仙反。考聲云：蚰蜒，蟲名也。方言云：自關而東謂之螾蜒，關西謂之蚰蜒，北燕謂之祝蜒。文字典說：二字並從虫，由、延皆聲也。

羸瘦　上累危反。杜注左傳：羸，弱也。賈注國語：病也。淮南子云：劣也。字書云：疲也。說文亦瘦也。從羊𣎆聲。𣎆音力卧反。

乾燥　下索早反。周易云「水流溼，火就燥」是也。又說文云亦乾也，從火喿聲也。喿音操躁反。

磔手　上張革反。廣雅云：磔，張也，開也。說文：從桀石聲。桀音乾列反。經從手作搩，錯用字也。

薄蝕　下繩職反。考聲云：侵也。日月蝕亦漸侵也。春秋云：日有蝕之也。說文：從虫從飤。飤音寺也。

醫藥　上於其反。廣雅：醫，巫也。吕氏春秋云：巫彭作醫也。周禮云：醫師掌醫之政令。又云：醫人掌養萬人〔四〕之疾病也。考聲云：療病人也，意也。夫療病必以酒，故字從酉也。說文云：治病工也。從酉殹聲。殹音烏計反。

妖蠥　上於驕反，下彦列反。前大灌頂經第十二卷已訓釋。

畋獵　上音田。周禮云：畋亦獵也。說文：平田也。從攴田聲。字或作⿰犭田。攴音普卜反。下廉輒反。考聲云：獵犬逐獸也。今謂畋獸爲獵也。鄭箋毛詩云：肅田曰獵。又注儀禮：射矢中之爲射，從旁爲獵也。方言云：陵臘，暴虐也。說文：從犬巤聲。巤音同上也。

嬉戲　上喜其反。蒼頡篇亦戲笑也。考聲云：遊戲也。說文：

樂也。從女喜聲也。下羲義反。毛詩傳云：戲，逸豫也。爾雅云「謔浪笑敖」是也。史記云「天子無戲言」也。說文：從戈䖒聲也。䖒音希，正體字也。經從虛作戲，俗字也。

山崖　下五皆反。考聲云：崖，山間邊險岸也。說苑：高山有崖也。說文：高邊也。從屵從佳省聲。屵音五割反也。

藥師瑠璃光七佛本願功德經　上卷

義浄三藏譯　慧琳音

殑伽河沙　上强等反。梵語西國河名也。

踰繕那　上庾珠反。梵語。經文作踰，誤也。

賨賈　上賞章反。鄭注周禮云：行曰賨，處曰賈。鄭又注考工記云：賨，販買之客也。考聲云：賨，行販者也。說文云：行買也。從貝商省聲。下姑户反。左傳云：賈，買也。鄭注周禮云：通物曰賨，居賣曰賈。爾雅云：市也。說文云：坐賣售也。從貝襾聲。經作估，非也。

布娠　下真刃反。毛詩傳云：娠，動也。箋云：動者，懷孕也。考聲云：妊，身也，動也。謂胎動方欲產耳。說文云：女任(妊)[五]身動也。從女辰聲。字或作㛛也。經作娠，俗通用也。

讎隙　上受周反。毛詩云：讎，憎惡我也。顧野王云：怨憾也。又云：讎亦仇。尚書云：撫我則后，虐我則讎。禮記云：父母之讎不與共載天，兄弟之讎不反兵，交遊之讎不同國。說文：從言雔聲。雔音上同也。下卿逆反。顧野王云：隙，所以怨憾也。賈注國語云：隙，釁也。說文：從𨸏𡭴聲。𡭴音同上也。

嬈亂　上溺鳥反。說文：嬈，煩也，苛也。一曰擾戲弄也。從女堯聲，字或作嬲。苛音何。

芬馥　上忿雲反。毛詩箋云：芬芬然香也。郭注方言云：和調也。說文：從艸分聲也。下馮福反。毛詩傳云：馥，香皃也。說文：從香复聲。复音同上也。

飛甍　下麦耕反。杜注左傳云：甍，屋棟也。說文：從瓦從夢省聲也。

户牖　油酒反。說文：牖，穿壁以木爲交窗也。從片從户甫聲也。

繽紛　上匹賓反，下忿文反。廣雅云：繽紛，衆也，亂也。韓詩云：往來皃也。王注楚辭云：盛皃也。文字典說：從糸賓、分聲也。

藥師瑠璃光七佛本願功德經　下卷

駝驢　上鐸河反。前密嚴經下卷釋訖也。

嚼齒　上匠爵反。顧野王云：嚼即噍也。字書云：咀也。說文云：以爲噍字也。從口爵聲。噍音樵笑反。咀，才與反。

頞你羅　上安葛反。梵語云十二藥叉大將名也。

纔入　上在來反。考聲：纔，蹔也。東觀漢記云：能也。從糸毚聲。毚音仕咸反。

阿闍世王經　上卷　玄應

阿俞　翼珠反。

鳩遫　蘇穀反。皆比丘名也。

唵嗒　烏感反，下他荅反。

佌伍　匹視反。三昧名也。依字，佌，別也。佌倠許維［反］〔六〕，醜面也。

阿闍世王經　下卷

之垛　徒果反。謂土槅也。纂文云：吴人以積土爲垛也。古今正字云：堂熟〔七〕也。從土朶聲。朶音丁果反。

犇走　古文驞，今作奔，同，補門反。疾走也。釋名：奔，變也。有急變奔赴也。

金鈚　又作錍、鎞二形，同。普啼反。闕又名也。

普超三昧經　上卷　玄應音

無圻　魚斤、巨機二反。菩薩名也。經文從水作沂，音魚衣反。

歆慕　許金反。詩云：無然歆羡。傳曰：歆羡，貪羡也。國語：民歆而得之。賈逵曰：歆，貪也。

喟而　又作䕼，同。口怪、口愧二反。説文：喟，大息也。歎聲。

鏗然　又作揁、輷二形，同。口耕反。廣雅：輷輷，堅正也。

大魃　蒲末反。

儵忽　又作倏、儵二形，同。書育反。急疾之皃也。

普超三昧經　中卷

怵惕　敕律反。下又作愁，同。他狄反。怵惕，悚懼也。

不歆　下許金反。字林：神食氣也。祭祀鬼神也。

皆享　虚掌反。享，受也，亦當。

震懾　聲類作慴，同。止葉反。廣雅云：懾，懼也。

茫滅　莫荒反。茫茫，遠皃也。經文有作唬，呼晃反。

精覈　又作覈，今作核，同。胡革反。説文：考實事也。亦審覈之。

三篋　苦協反。謂聲聞、緣覺、菩薩爲三也。

未孚　缶于反。字林：孚，信也。亦生。

堂堂　漢書項岱曰：堂堂，高大皃也。

無棼　扶雲反。龍王名也。依字，棼，屋棟也。

普超三昧經　下卷

四植　直吏反。柱也。三蒼：户旁柱曰植。植亦懸薄柱也。

放鉢經一卷　玄應音

若頭　上而者、穰灼二反。梵語佛刹名也。或作惹。經作偌，俗字也。

月燈三昧經　第一卷　玄應音

無爽　所兩反。爾雅云：爽，差也。謂不同也，不齊也。

糅以　古文粗、杻二形，同。女救反。説文：雜飯曰糅也。

月燈三昧經　第二卷

如膀　北莽反。牌膀也。謂摽（標）〔八〕膀其善惡示人也。經文從木作榜，補盲反，弓弩輔也。榜非此用。牌，蒲皆反。

月燈三昧經　第三卷

剜身　烏桓反。埤蒼：剜，削也。謂抉取肉也。

鼛𪔁　公勞反。鼛，大鼓也。考工記：鼛鼓長六尺有四寸。注云：以鼛鼓役事。下又作䡺，同。扶雲反。爾雅云：大鼓謂之𪔁。郭璞曰：長八尺也。

雷霆　定、亭、挺三音。爾雅云：疾雷謂之霆霓。蒼頡篇：礔礰也。説文：雷餘聲，所以挺出萬物也。霆亦電也。説文：鉦，鐃也。似鈴，柄中，上下通也。

諸鼙　蒲鷄反。小鼓也。亦騎鼓也。

簫筑　知六反。形如箏，刻其頭而握之，以頭筑人，故謂之筑也。

儒德　而俱反。説文：儒，柔也。術士之稱也。

月燈三昧經　第四卷　第五卷　第六卷

已上三卷先不音。

月燈三昧經　第七卷

入匣　今作狎（柙）〔九〕，同。胡甲反。説文：匣，匱也。謂盛刀劍者也。

棲泊　蒲各反。泊，止也。今謂舟止爲棲泊也。

激切　公的反。激，發也，動也。説文：水疾急曰激也。

狡猾　古卯反，下胡刮反。方言：凡小兒多詐謂之狡猾也。

月燈三昧經　第八卷

臺榭　辭夜反。爾雅：有木謂之榭。郭璞曰：臺上起屋也。

廊廡　籀文作廡，同。音武，客舍也。説文：堂下周屋也。釋名云：大屋曰廡。幽冀之人謂之庌，五下反。

詹波　之鹽反。或作占波，或作占婆，即瞻匐花也。譯云金色花。大論云：黄花樹也。

月燈三昧經　第九卷

瘳愈　敕流反。瘳，差也。尚書「翌日乃瘳」是也。

竚立　或作佇，同。除吕反。爾雅云：佇，久也。謂久立。

動瞼　居儼反。字略云：眼外皮也。

臻萃　秦醉反。方言：東齊海岱之間謂萃爲聚。萃，集〔一〇〕。

媅著　古文妉，同。都含反。説文：媅，樂也，嗜也。今皆作耽也。

月燈三昧經　第十卷

俟用　古文竢、糇、㔲三形，同。事几反。爾雅：俟，待也。

龍腦　案西域記云：羯布羅香樹，松身異葉，花果亦别。初採既濕，尚未有香。木乾之後，修理而折〔一一〕，其中有香，狀如雲母，色如冰雪。此謂龍腦香也。

如礪　力制反。磨石也。砥細於礪也。

月燈三昧經　第十一卷　玄應先不音。

佛説大净法門品一卷　慧琳音

溥首　上音普。梵語。經以晉音翻文殊師利爲溥首童真，今唐言翻爲妙吉祥。

肌色　上几尼反。考聲云：肌者，皮内肉也。説文：亦肉也。從肉几聲也。

憺怕　上談濫反。顧野王云：憺謂恬静也。王注楚辭云：安也。説文亦安也。從心詹聲。經從水作澹，非也。下普伯反。廣雅云：怕，静也。考聲云：心安静也。説文：無爲也。從心白聲。經從水作泊，非也。

筋脉　上謹欣反。禮記云「老者不以筋力爲禮」是也。説文：筋謂肉之力也。從肉竹。竹，物之多筋者也。從力，力象筋也。下萌蘗反。正作衇，亦作脈。説文云：血理之分邪行於體中者也。從𠂢血聲。𠂢音拍賣反。經從肉作脉，俗傳用已久，故存焉也。

塵漪　下懿宜反。考聲云：漪，細波也。毛詩云：重波也。古今正字：從水猗聲。經作猗。猗，犗犬，非此義。犗音芥字也。

明喆　下展列反。孔注尚書云：喆，了也。爾雅云：智也。通作哲，亦作悊、𠹀，古作嚞。古今正字從並吉。

之鎧　下苦改反。文字集略云：以金革蔽身曰鎧。廣雅云「逐(鎺)甲分(介)鎧」[一二]是也。説文：甲也。從金豈聲也。

癡疵　下字移反。孔注尚書云：疵，病也。劉瓛注周易云：疵，瑕也，敗者也。説文：從疒此聲也。

蛇虺　下暉偉反。郭注山海經云：虺，色如綬文，鼻上有針，大者百餘斤。一名反鼻。説文云：一名蝮，博三寸，首大如擘指，象其卧形。物之微細，或行，或死，或毛，或蠃，或豸，或鱗。以虫爲象，古作虫。蠃音力果反。

著裓　下紀勒反。考聲云：裓，衣襟也。又作𧞤(襋)[一三]，音兢憶反。字書或云衣袖也。説文：衣領。非也。從衣戒聲也。

疢去　上恥恡反。考聲云：疢，病也。病有根也。毛詩云：心之憂矣。疢如疾首也。説文云：疢，熱病也。從疒從火。經作疹，通用。

勃勃　盆没反。廣雅云：勃勃，盛也。蒼頡篇云：勃，出也。説文云：勃，排也。從力孛聲。經從水作渤，地名，與義不同。

眩受　上玄胃反。賈注國語云：眩，惑也。顧野王云：眩亦示幻者也。説文：從目玄聲。

貪羨　下祥箭反。考聲云：羨，愛也，慕也。鄭注周禮云：羨猶饒也。韓詩云：願也。説文云：羨，貪欲也。從羑次[一四]。羑，從羊久也。次音羨延反。羑音誘。經從次作羨，非此義也。

大莊嚴法門經上卷　玄應音

哺沙　布胡反。經中或作逋沙，又作補沙，又亦作富樓沙，皆訛也。正言富盧沙，云士夫，亦言丈夫也。

剛橛　渠月反。爾雅：樴謂之杙。杙，樴也。樴音徒得反。

鶬鴰　又作䳡，同。粗唐反。爾雅：鶬，麋鴰。郭璞曰：即鶬鶓也。

唯嗟　又作喽，同。所甲反。埤蒼、聲類皆作喽，鴨食也。

大莊嚴法門經下卷

胆蟲　字林：千餘反。通俗文：肉中蟲謂之胆。經文從虫作蛆，子餘反。蝍蛆，吴公也。又作疽，癰也。下今或作虫，同。除中反。爾雅：有足謂之蟲也。

不鑒　字書作鑑，同。古鑱反。廣雅：鑒，炤也。鑑謂之鏡，所以察形之也。

月燈三昧經一卷　無字可音。

菩薩修行經一卷　慧琳音

叡達　上悦歲反。孔注尚書云：叡必通於術也。賈注國語云：叡，明也。廣雅云：叡，智也。説文：叡，深明也。從𣦻從目谷省，𣦻音殘。

危脆　下七鋭反。廣雅云：弱，脆也。顧野王云：胞猶耎也。説文：胞，少肉耎易斷也。從肉從絶省聲。經從危作脆，俗字也。

盛燥　下騷早反。周易云：火就燥也。説文：燥，乾也。從火喿聲。喿音先到反。

飾僞　上升職反。考聲云：飾，裝也。文字典説：飭，飾也。從巾飤聲。飤音寺也。下危謂反。鄭注禮記云：僞，假也。廣雅云：僞，難歎也[一五]。説文云：僞，詐也。從人爲聲。

巢窟　上仕爻反。鄭箋毛詩云：鵲之作巢，冬至架之，至春乃成也。鄭注考工記云：巢猶高也。説文云：鳥在木曰巢，在穴曰窠。從木，象形字也。下困骨反。杜注左傳：窟，地室也。禮記云「冬則居營窟」是也。聲類云：窟，兔所伏也。説文：從穴屈聲。

肴膳　上效交反。賈注國語云：肴，俎豆也。毛詩傳云：肴，豆實也。鄭箋云：豆葅實謂葅醢也。凡非穀而食之者曰肴也。下禪戰反。鄭注周禮云：膳之言善也。今從肉爻[一六]善。此時美物曰珍膳。又注儀禮云：膳猶進也。説文：具食也。並從肉，爻、善皆聲。經文從殳作殽，從食作善[一七]，皆非也。

粗獷　上醋蘇反。前諸法無行經下卷已釋訖。下虢猛反。考聲云：獷謂犬悍戾也。説文：犬獷也。獷不可附也。從犬廣聲也。

意整　征領反。鄭注禮記云：整，正也。説文：整，齊也。從敕從正。敕音勅。經從来從力作整，俗字，非也。

鎖械　上蘇果反。考聲云：鎖，録也。文字集略云：連鐵環以拘身也。古今正字從金貨。貨亦聲。或從玉作瑣也。經從巢作鏁，非也。下骸戒反。文字集略云：械，穿木加足也。文字典説：械，桎梏也。從木戒聲也。

騃癡　上崖駭反。蒼頡篇云：騃，無知也。顧野王云：癡亦騃也。漢書云「内騃不曉政」是也。説文：從馬矣聲。下恥持反。埤蒼云：癡亦騃也。説文：癡，不惠也。從疒疑聲。考聲：或從心作懝也。

煒曄　上韋鬼反。考聲云：煒，光色盛皃也。説文：煒，盛赤色也。從火韋聲。下炎輒反。文字集略云：曄，光盛皃也。

說文：曄亦光也。從日業聲。經從華作曄，非也。

翾飛　上血緣反。韻英云：小飛蟲也。周書：翾飛蝡動也。說文：小飛也。從羽睘聲。

蝡動　上閏尹反。前密嚴經中卷已釋訖。

無所希望經一卷　慧琳音

愚戇　下卓巷反。考聲云：惷戇，精神不爽皃也。說文亦愚也。從心贛音貢聲。經作惷，寫誤也。惷音尨巷反也。

殃釁　下忻覲反。杜注左傳云：釁，罪也。說文：從爨省，從酉分聲。經作亹，誤也。

唬如幻　上荒晃反。正作慌。梵語也。

蚑蠡　上音奇。說文：行也。文字典說云：蟲行也。從虫支(攴)[一八]聲也。下捧封反。說文：蠡，螫人行毒蟲也。從䖵逢省聲，正字。經作蜂，俗字也。

象腋經一卷　慧琳音

得旋　隨緣反。杜注左傳云：周旋，相追逐也。王注楚辭云：旋，轉也。說文：從㫃疋聲。㫃音偃。經從手作掟，誤也。

稗莠　上牌賣反。杜注左傳云：稗草之似穀者也。如淳注七略云：細米爲稗。說文：禾別也。從禾卑聲。下由酒反。考聲云：莠，草名，似禾也。毛詩傳云：莠似苗也。顧野王云：草之似苗者也。尚書云「若苗之有莠，若粟之有秕」是也。說文：禾粟下陽生曰莠也[一九]。從艸秀聲也。

瞢伽　上墨崩反。梵語。經作瞢，誤也。

摩仇　渠尤反。梵語。經從口作叴(叻)[二〇]，非也。

如來莊嚴智慧佛境界上卷　慧琳音

涌出　上容聳反。劉兆注公羊傳云：涌，騰也。說文云：從水甬聲。甬音同上也。

可齅　下朽又反。考聲云：禽丟[二一]臭而知其迹者，犬也。論語云「子路拱之，三齅而作」是也。說文：以鼻就臭也。從鼻臭聲也。

滋茂　上子慈反。考聲云：滋，溼也，多也。孔注尚書云：滋，益也，長也。蒼頡篇云：液也。文字典說：從水兹聲。

堆𠂤　上對雷反。考聲云：土之高皃也。又聚也。王注楚辭云：魁堆，高也。郭注上林賦云：堆，沙堆也。或作塠。古今正字：從土隹聲。下浮有反。爾雅云：大陸曰𠂤。蒼頡篇云：𠂤，山庳而大也。廣雅云：丘無石曰𠂤。賈注國語云亦厚也，長也。說文：大陸山無石也。象形字也。俗通作阜。

果蓏　上音果，正體。從艸，俗字。下騾果反。鄭注周禮云：果，桃李之屬。蓏，瓞瓟之屬也。張晏注漢書云：有核曰果，無核曰蓏。應劭注漢書云：木實曰果，草實曰蓏。周易云：果蓏是之也。說文：從艸𤓰聲。瓞音徒結反。𤓰音庾。

如來莊嚴智慧佛境界下卷

漂流　上匹消反。顧野王云：漂，流也。說文：漂，浮也。從水票聲。經作灖，誤也。

土塊　下苦對反。説文：塊，土塩也。從土鬼聲。塩音丕逼反。或作凷也。

快[二二]説　上苦邁反。考聲云：快，適意也。廣雅云：快，可也，喜也。從心夬聲。夬音刮快反。

緾裹　上徹連反。考聲云：繞也，束也。説文：纏，約也。從糸厘聲。下戈火反。顧野王云：裹猶苞也。又云：裹猶裹[二三]也。説文：裹亦緾也。從衣果聲。厘音上同也。

度一切諸佛境界智嚴經一卷　慧琳音

閻浮提　上琰占反。梵語。經作閻，俗字也。

結跏　下音加。

阿㲋　蒻頭反。梵語。或作蠶，亦作蠕也。

大聖文殊讚佛法身四十禮　出梵本入佛境界經

新譯序中字　慧琳

叨沐　上討刀反。考聲云：叨，濫也。孔注尚書云：叨，貪也。古今正字：從口刀聲。

懇誠　上肯很反。廣雅云：懇亦誠也，信也。禮記云「稽顙而後拜，懇乎其至」是也。文字典説云：切也。從心貇聲。貇音坤本反。從豸從艮。經從豸作懇，非也。

庶裨　下庇彌反。考聲云：裨，補也。鄭注儀禮云：裨之言埤也。説文云：益也。從衣卑聲。

經文中有四十禮，並無難字可訓釋。

觀藥王藥上菩薩經　慧琳音

椗[二四]翅　梵語真言句。上嘲革反。下翅字，若依本音，即與文句乖。宜書枳字，音鷄以反也。

阿偷　准此字音他侯反，即與文句甚乖，宜作踰字，音羊朱反，即與文句相順也。

摩蹬祇　經作蹬，非也，甚乖文句。今依梵文，可音登亘反，從足作蹬。下句登字亦准此音經。

佛説觀無量壽佛經一卷　慧琳音

鷹隼　下詢允反。爾雅云：鷹隼醜，其飛也翬。郭注云：謂鼓翅翬翬然疾皃也。毛詩傳云：隼亦急疾之鳥也。正作隼，或作鶽。古今正字：從隹十聲也。

羸劣　上累追反。前藥師經已釋訖也。

粗見　上徂路反。史記曰：粗陳其略也。顧野王云：粗猶略也。説文：從米且聲。

甬生　容腫反。考聲云：甬謂草花未發也。説文：草木花盛甬甬也。從マ用聲。マ音含敢反。象草木之花未發函函然，象形也。經從足作踊，踊是跳也。非經義也。

樹莖　幸耕反。蒼頡篇云：草木曰莖。説文：從草巠聲。巠音工令也[二五]。

柔耎　蘂兖反。顧野王云：耎，柔弱也。博雅云：耎，弱也。考聲云：賈誼上書作軟也。説文：從大而聲。經作濡，誤用也。

流澍　下之樹反。淮南子曰：春雨之灌澍萬物，無地而不生。説文云：時雨所以澍生萬物者也。從水，尌，尌亦聲。尌音樹也。

甀叔　結延反。梵語寶名。

寶縵　滿半反。謂以七寶修裝，縵覆幢上。古今正字：繒無文也。從糸曼聲也。曼音萬也。

絞飾　上交效反。考聲云：絞謂繒黑黄間色也。説文：從糸交聲。下升職反。前菩薩修行經已釋訖也。

肉髻　下鷄詣反。鄭注儀禮云：髻謂結髮也。漢書云：頭髻也。説文：從髟吉聲。髟音必遥反。

慙愧　雜甘反。尚書云：惟有慙德。説文云：慙亦愧也。從心斬聲。經作慚，誤也。

佛説阿彌陀經一卷　慧琳音

欄楯　上嬾單反。正作闌。廣雅云：闌，牢也。蒼頡篇：闌，遮也。説文云：闌者，閑也。字從門柬聲。下脣閏反。前首楞嚴經上卷已釋訖也。

衣裓　下綎憶反。或作𧛾(襋)[二六]。前大净法門品經已釋訖也。

阿鞞　下卑彌反。梵語。

燭肩　上葉壍反。梵語。佛號經作睒，亦通也。

後出阿彌陀偈一卷　慧琳音

翕習　上歆邑反。何晏注論語云：翕如盛也，又熾也。説文：翕，起也。從羽合聲。

胳肩　上音公惡反。埤蒼云：肘後曰胳。説文：腋下也。從肉各聲也。

號會　下迴外反。鄭箋毛詩云：會，合也。又注禮記云：會，皆也。郭注爾雅云：會謂相當對也。説文：從今從曾省聲。經從心作懀，非也。廣雅云：懀，惡也。非經義也。

稱讚净土功德經一卷　慧琳音

阿泥律陀　梵語言阿那律，或云阿㝹樓馱。唐言無滅，又云如意。往昔曾施辟支佛一食，人天受樂，于今不滅，所求如意，故以名也。

阿濕摩揭拉婆　揭音渠列反，拉音魯合反。梵語。或作阿舍磨揭婆。唐言石藏，或是虎魄也。

七年娑洛揭拉婆　梵語。或言目娑囉伽羅婆。唐言馬腦，論中或云車渠也。

鶖鷺　上七脩反。毛詩云：鶖鶬頭無毛故云耳。顧野王云：大鳥，其羽鮮白，可以爲毦也。毦音仁志反。毦，毛羽爲飾也。或作鶩。説文：從鳥秋聲。下盧妬反。考聲云：鷺鳥名春耡也。毛詩傳云：白鳥也。郭注爾雅云：即鷺也。頭翅皆[二七]上有長翰毛。今江東人取以爲睫離，名白鷺纕(縗)[二八]也。説文：從鳥路聲。纕(縗)音襄(衰)[二九]也。

羯羅頻迦　上居謁反。梵語。舊云迦陵毗伽，又作歌羅頻迦。唐言好音聲鳥也。

蔑戾車　上眠鼈反，下憐涅反。梵語。

殑伽沙　上極蹬反。梵語。西國河名，亦名恒河沙也。

拔陂經　玄應音

拔陂　蒲達反，下彼皮反。

迦簍　力主反。皆菩薩名也。

拘暹　私廉反。梵語也。

謾論　麻諫反，下力均反。菩薩名也。

如狉　又作狉、豾二形，同。房悲反。郭璞注爾雅：貍，狉貍也。

如景　居影反。光景也。凡陰景者，因光而生，故即謂爲景。葛洪作字苑始加作景（影）〔三〇〕。

常掔　苦閑反。爾雅云：掔，固也。牢固之皃也。亦牽也，擊也。

不跌　徒結反。通俗文：失躡曰跌。廣雅：跌，差也。

不宥　于救反。宥，寬也。周禮：三宥，一宥不識，二宥過失，三宥遺忘也。

相蹌　又作蹡，同。七羊反。三蒼：敬也。容止皃也。蹌，動也。

諸佛要集經上卷　玄應音

道誼　古文誼，今作義，同。宜寄反。禮記：誼者，宜也。制事宜也，義善也，善義理也。

墟聚　去餘反。廣雅：墟，居也。故所居者也。人民之所居曰墟。

嘲囈　又作啁，同。竹交反。蒼頡篇：嘲，調也。下牛世反。囈，言也。

諸佛要集經　中卷　下卷　玄應先不音。

未曾有因緣經上卷　玄應音

無恙　以尚反。爾雅云：恙，憂也。孫炎曰：恙，病之憂也。案易傳云：上古草居露宿，恙，噬虫也，善食人心，凡相勞問無恙乎，復因以爲病也。

頑嚚　吳鰥反，下魚巾反。廣雅云：頑，鈍也。蒼頡篇：嚚，惡也。左傳云：心不則德義之經爲頑，口不道忠信之言爲嚚也。

簡閱　又作閲〔三一〕，同。餘説反。説文：簡閱亦校閲也。小（爾）雅：撰、閲，具也。

乍得　士嫁反。廣雅云：桓子作乍謂材楚〔三二〕。杜預曰：乍，暫也。蒼頡篇云：乍，兩詞也。

慌慌　呼廣反。慌忽，眼亂也，亦迷惑也。

未曾有因緣經下卷

先喫　口迹反。謂喫噉食飲也。經文作嗷，非也。

沛然　普賴反。三蒼：沛，水波流也。亦大也。經文作霈，近字也。

須賴經一卷　玄應音

跋跙　才與反。樹名也。

布施　補故反。布也，惠施也。經文作捕，非也。

過適　知革、徒厄反。謂謫，罰也。方言：謫，怒也。郭璞注曰：謂相責怒也。謫，譴也，責也。

畫度宮　知冑反。畫度樹皆天上名也。

娛樂　語俱反，下力各反。前首楞嚴三昧經中卷已釋訖。

寶網經一卷　玄應音

鎗鎗　楚行反。三蒼：金聲也。經文作鎗，誤也。

怵惕　恥律反。下又作愁，同。他狄反。說文：怵，恐。惕，驚也。尚書云：怵惕唯厲[三三]。孔注云：怵惕，懷懼也。亦悽愴。

彌勒成佛經　玄應音

泯然　蜜牝反。毛詩傳曰：泯，滅也。爾雅云：泯，盡也。說文：從水民聲。牝音頻泯反也。

狼跡山　案梵本言屈吒播陀山。此唐云鷄足山，又云尊足山。今迦葉居中者，在菩提樹東也。

鷹鶻　胡骨反。亦鷹鳥類也。

觀彌勒菩薩上生經　慧琳音

旋夗　上隨緣反。王注楚辭云：旋，轉也。何注公羊云：旋，繞也。博雅云：便旋，俳佪也。說文：從㫃從疋。㫃音偃，疋音踈也。下宛阮反。說文：夗，轉也。從夕卧從卩也[三四]。經作婉，誤也。卩音節也。

殼觸　宅耕反。字書：殼，橦也。或作棖，亦作棖。古今正字從殳作殼。經作橕，柱也，非經義。殳音殊，橦音濯江反也。

牢度跋提　梵語。上音勞，下音盤末反。

紫紺　甘暗反。孔注論語云：紺者，齊服盛色以爲飾也[三五]。說文：帛染青而赤也謂之紺。從糸甘聲。

暎徹　上英敬反。考聲云：暎，暉也，傍照也。潘安仁石榴賦云：暎亦傍照也。說文：從日英聲也。下纏列反。國語云：徹猶明也。論語云：徹，通也。毛詩云：徹，達也。說文亦通也。從彳從攴育聲也。彳音丑尺反。攴音普卜反。

闌楯　上嬾單反，下唇閏反。郭注山海經云：闌，檻也。王注楚辭云：檻，楯也。縱曰檻，橫曰楯。顧野王云：謂殿上鉤闌也。說文：楯亦闌檻也。從門柬音簡。楯，從木盾聲。盾音唇准反。經作欄，埤蒼云：木名。經誤也。

梁棟　東弄反。周易云：上棟下宇以禦風雨也。說文：棟，屋極也。從木東聲。

荷珮　上音賀。字書云：荷，負物於背也。下裴貝反。顧野王云：凡帶物於身謂之珮。說文：珮，所以象德也。從玉凧聲。或從人作佩，亦同用也。

炳然　上兵皿反。蒼頡篇：炳，著明也。廣雅云：炳亦明也。說文：從火丙聲也。

甄叔迦寶　上結延反。梵語。前觀無量壽經中已釋。

彌勒來時經　玄應音

倪楹鏠　上魚禮反，次力底反，下匹逢反。梵語龍名也。

氾羅　敷劍反。城名也。

彌勒下生經　慧琳音

坌塵　盆問反。考聲云：坌謂塵猥至也。桂苑珠叢云：坌亦塵也。說文：從土分聲。或作坋。

跋陀　盤鉢反。梵語。經作鈸字，誤也。

飢饉　上既希反。郭注爾雅云：饑謂五穀不熟也〔三六〕。穀梁傳云：五穀不熟爲大饑。說文：從食几聲。或作饑也。下勤槻反。爾雅云：蔬不熟爲饉。郭注云：凡草木可食者通名爲蔬。穀梁傳云：三穀不升謂之饉。說文：從食堇聲。堇音謹也。

翡翠　上肥味反，下七醉反。考聲云：翡翠，鳥名也。翡，赤羽鳥也，雄曰翡。周書云：正南以翡翠爲獻。說文：翠，青羽雀也。悉出鬱林。二字並從羽，卒、非皆聲也。

儴佉　上壤章反，下却伽反。梵語王名也。

姤路毗尼　上都路反。梵語。

出㲉　腔角反。考聲云：卵空也。字書云：卵已孚也，㲉也。桂苑珠叢云：孚㲉鳥卵之外皮也。文字典說：從卵𣪊。㲉亦聲。

彌勒下生成佛經　慧琳音

漸減　下監斬反。考聲云：減，耗也。韓詩云：減，少也。說文：損也。從水咸聲也。

棘朿　上兢力反。方言云：江淮之間凡草木有朿傷人者皆謂之棘。左傳云：棘，酸棗也。說文：似棗叢生也。從二朿也。經二來，乖經也。下此恣反。說文：木芒也。謂木皮外有朿者也，若棘榆枳之類也。棘從並朿，朿像形也。

耎草　上而兖反。鄭衆云：耎謂柔耎之耎也。博雅云：耎，弱也。說文：從而大聲。

履踐　上梨雉反。方言云：履，麻作之者謂之履。毛詩傳曰：履，踐也。鄭注禮記云：履猶行也。又曰：履，蹈地者也。說文：從尸彳夂舟象形，尸聲。彳音丑尺反。經文從復作履，俗用字也。下錢演反。孔注論語云：踐，循也。毛詩傳云：踐，行皃也。鄭注禮記云：踐，履也。又曰：踐猶升也。說文：從足從戔。或作𧗱、𢓜並同，戔音賤。

植妙因　上承織反。鄭注周禮云：植謂根生之屬也。方言：樹、植，立也。說文：從木直聲。

關𨷲　上古環反。說文：以木横〔三七〕持門户，所以闔閉扇，謂之關擔者也。從門𢇇聲。𢇇音同上。𢇇字從丝從丱。丝音幻(幼)〔三八〕虬反，丱音古患反。經文從弁作開，非。下羊灼反。顧野王云：所以封固關令不可開也。國語云「請委管𨷲」是也。說文：從門龠聲。龠音同上。經作鑰，亦通也。

繞堞　上饒少反。說文：繞，纏也。從糸堯聲。下恬叶反。杜注左傳云：堞，城上女墻也。又崔氏云：堞其宮而守之。堞，短垣也。說文：從土葉聲。或音添叶反也。

隍壍　上穫光反。爾雅云：隍，虛也。蒼頡篇云：隍，城下坑也。說文：城池有水曰池，無水曰隍也。從𨸏皇聲。𨸏音附也。下妾艷反。顧野王云：壍，今謂城池也。周書云：無渠壍而守之。字書亦謂城隍也。說文：壍，坑也。從土斬聲。經從漸作塹，亦通。

擢芳林　憧卓反。廣雅云：擢，出也。方言：擢，拔也。許注淮南子云：擢，引也。説文：從手翟聲。翟音宅。

餉佉　羯陵伽國　密絺羅國　般逐迦　伊羅鉢羅　揵陀羅國　婆羅痆斯國　痆音赧黠反。並梵語天竺諸國名。具如西域記説也。

俄誕　上我哥反。毛詩箋云：俄，頃也。何注公羊傳云：俄者，須臾之間也。説文：從人我聲也。下達坦反。考聲云：誕，生也。説文：從言延聲也。

雲翳　緊計反。賈注國語云：翳猶屏也。郭注方言云：翳謂蒙幕也。又曰：翳謂奄覆也。廣雅云：翳猶障也。説文：翳謂華盖也。從羽殹聲。殹音同上，緊音噎兮反。

飄灑　上匹遥反。毛詩傳云：飄猶吹也。説文：從風票聲。票音必消反。下疏解反。考聲云：灑，散水也。王注楚辭云：如水灑地也。説文：從水麗聲也。

保母　報抱反。鄭箋毛詩云：保，守。孔注尚書：保，安也。鄭注禮記云：慎其身者謂安保護之也〔三九〕。説文：保，養也。從人孚〔四〇〕省聲。孚音拊無反。經作㨐，音普苟反。蒼頡篇云：拊，㨐，擊也。説文：㨐，衣上擊也。案保母者，懷抱菩薩安養之母也。不可擊此母而令抱菩薩耶，乖於經義，其字非也。

彫輦　上鳥聊反。孔注尚書云：彫，畫也。王注論語云：彫琢，刻畫也。廣雅云：鏤也。説文：彫，琢以成文也。從周彡聲〔四一〕。彡音衫。經文作雕。郭注穆天子傳云：雕是能食麞鹿之鳥也。説文：雕，鷙鳥之類也。鷙音至也。深違經旨，非也。下連展反。司馬法曰：夏后謂輦曰金車也。鄭注周禮云：輦謂皇后居宫中，從容所乘也。爲輕輪，人挽以行也。説文：從車扶在車前引之也。扶，並行也，從二夫，扶音伴。

懷妊　壬鴆反。毛詩傳云「妊謂懷任」是也。廣雅云：妊，身也。桂苑珠叢云：妊謂婦人懷孕也。説文：妊亦孕也。從女從壬，壬亦聲。妊又平聲，今不取也。身音身。考聲云：身謂婦人有胎也。

毀捇　丑格反。考聲云：捇，開也。捇，撤也。説文：從手赤聲。經作坼。考聲：地裂也。非經義也。

羈籠　上寄宜反。王注楚辭云：革絡馬頭曰羈。杜注左傳云：羈謂馬羈也。考聲云：羈，馬勒也，繫也。説文：從网馽。馽即馬絆也。馽或從革。馽音同上。或作䩪。下鹿紅反。莊子云「鳩之在籠」是也。説文：從竹龍聲。网音冈，象形字也。

蓊蔚　上屋孔反，下氳勿反。廣雅云：草木盛蓊蔚也。顧野王云：亦草木盛皃也。古今正字二字並從草，翁、尉聲。經文作欝。欝謂愁煩氣出皃也。

花鬘　音蠻。西國花名，以爲嚴身之具。

缺犯　上犬悦反。顧野王案毛詩云：缺猶玷也。蒼頡篇云：缺，戲也。説文：從缶夬聲音怪。缶音浮苟反。玷音點。

衢巷　上具于反。爾雅云：四達謂之衢。郭注云：衢謂交道四出也。顧野王案公羊傳云「放于衢路」是也。説文：從行瞿聲也。下胡絳反。毛詩傳云：巷，里塗也。又曰：巷，門外也。鄭注禮記云：巷猶閭也。説文：巷，里中道也。或作衖，從行共聲。或作鄉。三字同用也。絳音降也。

繽紛　上匹賓反，下芳分反。考聲云：繽紛，衆多皃也。王注楚辭云：繽紛亦盛皃也。說文：繁衆也。二字並皆從糸，賓，分聲。糸音覓，賓字從丏〔四二〕也。

衢街　下音皆。說文：四通道也。從行圭聲。

夾路　上音甲。孔注尚書云：夾，兩階也。顧野王云：夾，在兩邊也。文字典說：亦兩邊也。從二人夾輔大人也。說文：從大，像形也。

蠲除　上決玄反。顧野王云：蠲謂清絜也。郭注爾雅云：蠲謂清明之皃也。注方言云：蠲亦除也。文字典說：從虫從目從勹。勹象蟲身，益聲。勹音包也。

拯濟　拯，取蒸字上聲。桂苑珠叢云：拯，救拔出溺也。杜注左傳云：拯，助也。廣雅云：拯，救也。古今正字：從手丞聲。說文或作抍，又作撜，並同上音。下賷計反。孔注尚書云：濟，渡也。杜注左傳云：濟，益也。賈注國語云：濟，成也。說文：從水齊聲也。

忻樂　上音昕。賈注國語云：忻，樂也。毛詩傳云：忻亦樂也。廣雅云：忻，喜也。說文：忻，笑喜皃也。從心斤聲。或作訢，又作欣也。

佛說諸法勇王經一卷　慧琳音

摶如　上段鸞反。廣雅云：摶，手握使相著也。說文：從手專聲。

潤漬　資似反。顧野王云：漬猶浸也。說文：從水責聲也。

蝦蟇　上夏加反，下麥巴反。蒼頡篇：蝦蟇，水中虫也。說文二字並從虫，叚、莫聲。

窟穴　上困骨反。杜注左傳云：窟，地室也。聲類云：兔所伏也。亦作堀。古今正字：從穴屈聲也。

筋脉　上謹欣反。禮記云「老者不以筋力爲禮」是也。說文：筋是肉之力也。從肉竹竹即物之多筋者從力力即象筋也。經或從角從艸作䈥，俗字也。下孟百反。考聲云：正作衇，亦俗脈。說文云：血之分邪行於體中者也。從𠂢血聲。𠂢音拍賣反。經從肉作脉，傳用已久，故存之也。

魯眴　玄絹反。王注楚辭云：眴，視皃也。顧野王云：如今人動目密相戒語也。說文：目摇也。從目從旬省〔四三〕聲。經文從旬作眴，書寫誤也。

熙怡　上喜飢反。考聲云：熙，和也，美也。爾雅云：敬也。文字典說：從火巸聲。巸音以之反。經作俙，誤也。下以之反。考聲：怡，喜悦也，和也。左傳云：亦悦也。爾雅云：怡，樂也。方言：亦喜也。文字典說：從心台聲也。

一切法高王經　慧琳音

頻贏　下魯戈反。梵語是佛弟子名也。經從馬作騾，共諸經字異，誤也。

强伽　舊名恒河是也，亦名殑伽，從阿耨大池東面象口出，流入東海。其沙細與水同流。

坻彌　都奚反。謂大身魚也。經文從魚作鯳，非正字也。

第一義法勝經序　慧琳音

第頟　下牙格反。方言云：頟，顙也。古今正字：從頁各聲。字書從各作額，正體字也。經序作額，俗字也。

換久　上桓貫反。說文：換，易也。從手奐聲也。奐音喚。經序作換，俗字也。

第一義法勝經

羸瘦　上纍危反。杜注左傳云：羸，弱也。賈注國語云：羸，病也。說文云：羸亦瘦也。從羊羸聲亡也[四四]。羸(𦝕)[四五]，力臥反。

成擔　都濫反。字書：擔，負也。考聲：以木荷物也。案成擔者，言髮多蓬亂可得成擔負也。說文：從手詹聲也。

傴身　上紆禹反。廣雅云：傴，曲也。考聲：傴，曲腰也。說文：從人區聲。

迭相　田結反。杜注左傳云：迭，更也。方言：代也。說文：從辵失聲。辵音丑略反。

棘束　上兢憶反，下此漬反。前彌勒下生成佛經已訓釋。

利響　香仰反。孔注尚書云：若響之應聲也。說文：從音鄉聲。經作嚮，古字也。

齧齧　下研結反。禮記云：無齧骨。說文云：齧，噬也。從齒㓞聲也。㓞音口戞反。

有蟒　莫牓反。郭注爾雅云：蟒即蛇之大者也。說文：從虫莽聲。莽音同上。經從奔作蟒，誤也。

迭互　乎故反。顧野王云：互謂更遞也。考聲：互，交互也。說文云：可以收繩也。從竹像形，中像人手所推握。

富特伽羅　梵語也。

大威燈光仙人問疑經　慧琳音

傴僂　上紆雨反。前第一義法勝經已釋。下良主反。杜注左傳云：傴僂，身曲也。考聲：曲腰也。說文：從人婁聲也。

瓶罐　上並冥反，下官亂反。說文：瓶，汲水器也。從瓦并聲。或作缾。文字集略云：罐亦汲水器也。或作瓘，通用也。

蘆葦町　上魯胡反，次葦鬼反。郭注爾雅云：蘆即葦也。葦未秀者爲蘆也。說文：二字並從草，盧、韋皆聲也。下徒頂反。蒼頡篇云：町，田區也。說文：田處曰町也。從田丁聲也。

詶詛　上州狩反。考聲云：詶亦詛也。說文：從言州聲。經文從口作呪，俗字也。下阻助反。鄭注周禮：小事曰詛。說文：從言且聲。經從口作咀，俗字也。

熙怡　喜飢反，下以之反。諸法勇王經注已具釋。

磔耶　上張革反。廣雅云：磔，張也，開也。案磔者，今之唐言一搩也。謂將手大拇指與第二指張開一搩是也。文字典說：從石桀聲。經從手作搩，誤也。桀音搩也。

蟒蛇　上莫牓反。前第一義法勝經中已釋訖。

迦膩　下尼致反。梵語。

踊躍　上容聳反，下羊灼反。杜注左傳云：踊，跳躍也。說文二字並從足，甬、翟皆聲也。甬音同上。

靉靆　上哀改反，下臺乃反。案靉靆者，香烟氣重皃。顧野王云：靉靆，謂日月晻默無光也。二字並從雲，愛、逮聲也。

紫紺　下甘暗反。前觀彌勒上生兜率陀天經已具釋。

紅縹　下漂眇反。考聲云：縹，帙也。青紅雜色也。說文：縹，帛青白色也。從糸票聲。古字也。

愜陀羅尼　上謙叶反。考聲：愜，當意也。博雅：可也。說文：愜，快也。從心匧聲。或作㤲，亦作悏也。

順權方便經上卷　慧琳音

姝好　觸踰反。毛詩傳云：姝，美色也。韓詩云：姝好然美也。方言：趙魏燕岱之間謂好爲姝。說文亦好也。從女朱聲。

晃煜　融祝反。廣雅云：煜，熾也。說文：煜，熠耀也。從火昱聲。熠音淫立反也。

睎望　喜依反。廣雅云：睎，視也。說文：望也。從目希聲。經作悕，誤也。

揵沓秈　梵語也。神名也。

懈怠　佳邂反。賈注國語云：懈，惓也。廣雅云：懈，懶也。說文：懈亦怠也。從心解聲也。或作懈，亦通。

丘聚　去尤反。周禮云：四邑曰丘。鄭注云：丘，四里也。孔注尚書云：地之高曰丘也。又序云：丘亦聚也。說文亦土之高也。從一。一，地也。人居在丘，象地形也。經從土作坵，非也。坵音池。

肴膳　上效交反。賈注國語云：肴，俎也。毛詩傳云：肴，豆實也。鄭箋云：豆實謂葅醢也。凡非穀而食之者曰肴。說文：肴，啖也。從肉爻聲。爻音同上也。下禪戰反。鄭注周禮云：膳之言善也。今時美物曰珍膳。又注儀禮云：膳猶進也。說文：具食也。從肉善聲。經並從食作餚饍，俗字也。

飢饉　勤靳反。前彌勒下生經已釋。

順權方便經　下卷

慳嫉　上苦姦反。廣雅云：鞶，堅悋也。埤蒼云：鞶，遴也。文字典說：貪也。悋，惜也。從心堅聲。或從革作鞶，古字也。下秦悉反。王注楚辭云：害賢曰嫉。古今正字：從女疾聲。經從心作㑵，誤也。

犇逸　本門反。爾雅云：大路謂之奔。郭注云：謂人行走趨步之處，因以爲名也。顧野王云：謂犀牛走也。左氏傳云：鄭伯之車犇于濟也。鄭注考工記云：奔，疾也。今通作奔。

撾揵揳　上卓瓜反。考聲：擊也。揵音乾。下遲利反。梵語也。謂今擊静搥也。

羅閱祇城　閱音緣拙反。梵語城名。

諷誦　上風鳳反，下松縱反。鄭注周禮云：背文曰諷，以聲節之曰誦。廣雅云：諷，教也。說文：諷亦誦。並從言，風、甬皆聲。甬音涌。

樂瓔珞〔四六〕莊嚴方便經　慧琳音

敺觸　上宅耕反。前彌勒上生兜率天經已釋。經從木作棖，非也。

兔猫　上土固反。考聲：狐兔也。說文云：獸名也。象踞，後點象其尾形，兔頭與㲋頭同，故從㲋省。下卯包反。或作貓。顧野王云：猫似虎而小，人家畜養以捕鼠也。文字典說：從犬苗聲。

苦澀　下森戢反。説文：澀，不滑也。從雨（兩）〔四七〕比（此）〔四八〕，上二到下二正。經作澁，俗字。

所螫　下聲隻反。説文：螫，蟲行毒也。從虫赦聲也。

揵鎚　上件焉反，下直追反。梵語也。

十呦　羌迦反。梵語也。

坌穢　分問反。説文云：棄除也。從廾推華（𠦒）〔四九〕棄米，會意字也。坌，古文也。

一切經音義　卷第三十二

校勘記

〔一〕癲　即「癲」。

〔二〕從　各本無，據文意補。

〔三〕恒　據文意似當作「怛」。

〔四〕人　阮元校刻十三經注疏作「民」。此避唐諱。

〔五〕任　今傳本説文作「妊」。

〔六〕反　各本無，據文意補。

〔七〕熟　據文意似當作「塾」。

〔八〕摽　據文意似當作「標」。

〔九〕狎　玄卷四作「柙」。

〔一〇〕東齊海岱之間謂萃爲聚。萃，集　據文意似當作「東齊海岱之間謂萃。聚集爲萃」。

〔一一〕修　玄卷四作「循」。　折　玄卷四作「析」。

〔一二〕逐、甲、分，鎧　今傳本廣雅爲「鍎、甲、介，鎧」。

〔一三〕𣘻　據文意當作「𣘻」。

〔一四〕從美次　今傳本説文：「从次从美省。」

〔一五〕難歎也　據文意似當爲「歎也」。

〔一六〕㕛　即「叉」。似衍。

〔一七〕善　據文意似當作「鐥」。

〔一八〕攴　據文意似當作「支」。

〔一九〕禾粟下陽生曰莠也　今傳本説文爲「禾粟下揚生莠也」。

〔二〇〕叺　據文意似當作「叭」。

〔二一〕丟　即「走」。中華大藏經影印麗本作「委」，此據大通書局本。

〔二二〕怏　即「快」。

〔二三〕裹　據文意似當作「㙬」。

〔二四〕椗　玄卷五作「碇」，據反切似作「柁」。

〔二五〕也　據文意似當作「反」。

〔二六〕𣘻　據文意當作「𣘻」。

〔二七〕皆　獅作「背」。

〔二八〕纕　據文意似當作「綠」。下同。

〔二九〕襄　據文意似當作「衺」。

〔三〇〕景　據文意似當作「影」。

〔三一〕閲　據文意似作「悶」。

〔三二〕桓子作乍謂材楚　今傳本廣雅爲「乍，暫也」。

〔三三〕怵揚唯厲　今傳本尚書爲「怵惕惟厲」。

〔三四〕死，轉也。從夕卧從卩也　今傳本説文爲「死，轉卧也。从夕卩，卧有卩也」。

〔三五〕紺者，齊服盛色以爲餙也　今傳本孔注論語爲「紺者，齊服盛色以爲飾」。

〔三六〕饑謂五穀不熟也　阮元校刻十三經注疏爲「五穀不成」。

〔三七〕撗　據文意當作「横」。

〔三八〕幻　據文意當作「幼」。

〔三九〕慎其身者謂安保護之也　今傳本鄭注禮記爲「慎其身者謹安護之」。

〔四〇〕孚　據文意當作「采」。

〔四一〕從周彡聲　今傳本説文爲「从彡，周聲」。

〔四二〕守　據文意似作「守」。

〔四三〕省　衍。

〔四四〕亡也　似衍。

〔四五〕羸　獅作「嬴」。

〔四六〕纓絡　又作「瓔珞」。

〔四七〕雨　獅作「兩」。

〔四八〕比　據文意當作「此」。

〔四九〕華　據文意當作「𠦒」。

一切經音義　卷第三十三

翻經沙門慧琳撰

大乘造像功德經二卷　慧琳
六度集經八卷　玄應
太子須大拏經一卷　玄應
九色鹿經一卷　慧琳
菩薩睒子經一卷　玄應
睒子經一卷　慧琳
太子墓魄經一卷　玄應
太子沐魄經一卷　慧琳
無字寶篋經一卷　慧琳
大乘離文字經一卷　慧琳
大乘遍照光明經一卷　無
老女人經一卷　慧琳
老母經一卷　慧琳
老母六英經一卷　慧琳
德護長者經一卷　玄應
月光童子經一卷　玄應
申日兒經一卷　慧琳
長者子制經一卷　慧琳
菩薩逝經一卷　慧琳
逝童子經一卷　慧琳
文殊問菩提經一卷　慧琳
伽耶山頂經一卷　慧琳
象頭精舍經一卷　慧琳
大乘伽耶山頂經一卷　慧琳
犢子經一卷　慧琳
乳光佛經一卷　慧琳
無垢賢女經一卷　慧琳
腹中女聽經一卷　慧琳
未曾有經一卷　慧琳
甚希有經一卷　慧琳
轉女身經一卷　慧琳
無上依經二卷　慧琳
決定總持經一卷　慧琳
謗佛經一卷　慧琳
寶積三昧經一卷　慧琳

右三十五經四十四卷同此卷音

佛說大乘造像功德經　上卷　慧琳音

殞墜　上筠菌反，下椎類反。聲類云：殞，没也。隕，墜落也。孔注尚書云：若墜深泉也。說文：從歺員聲。或從自作隕，不取。歺音殘。墜，文字典說云：墜，從高落下也。從自遂省聲。㒸音遂。或作隊也。

黯如　上鴨檻反。王肅注家語云：黯黑皃也。說文：黯，深黑皃也。從黑音聲也。

瞬頃　上輸閏反。呂氏春秋云「萬世猶一瞬者」是也。說文：瞬謂開闔目數搖也。從目舜聲。或從寅作瞚。

旭日　上吁玉反。毛詩傳曰：旭謂日始出大昕之時也。說文：旭，日旦出皃也。從日九聲。

繽紛　上匹賓反，下忿文反。前彌勒下生成佛經已釋訖也。

雲曀(曀)[一]　下緊計反。爾雅云：陰而風爲曀也。毛詩云「日有曀」是也。說文：從日壹聲。緊音噎兮反。

佛說大乘造像功德經　下卷

繪飾　上迴外反。孔注尚書云：繪者，會五綵繡也。鄭注論語云：繪，畫文也。說文：從糸會聲。經從貴作繢。音逵位反。織餘絲也，非經義也。下昇織反。考聲云：裝，飾也。文字典說云：修，飾也。從飤巾聲。飤音似也。

盲眇　上莫耕反。說文：目無眸子曰盲。從目亡聲。眸音牟。下綿小反。周易曰：眇能視，不足以與明也。說文：目小也。從目少聲也。

聾聵　上祿東反。左傳云：耳不聽五聲之和爲聾。蒼頡篇云：聾謂耳不聞也。說文：亦無聞也。從耳龍聲。下頑怪反。國語云：聾聵不可使聽也。賈注云：生聾曰聵。文字典說：從耳貴聲也。

喎斜　上苦乖反，又音誇。考聲云：喎曰偏戾也。說文：從口咼聲也。咼音㝁[二]也。

皴澀　上七旬反。埤蒼云：皴，皵也。郭注山海經云：皵謂皮皴也。古今正字從皮俊省聲。下參立反。前樂瓔珞莊嚴經已釋。

瘤癭　上音留。顧野王云：瘤謂腫結不潰散也。列女傳云「齊有宿瘤女」是也。下瓔郢反。說文：頸腫也。並從疒，留、嬰皆聲。

傴僂　上紆禹反，下力主反。前大威燈光仙人問疑經已釋。

斑駁　上八蠻反，下邦邈反。漢書云：白黑合雜謂之駁。說文：駁，不純色也。從馬爻聲。爻音效交反。經從交作駮，俗字也。

癵跛　上劣袁反。聲類云：癵，病也。考聲云：手足病也。說文：從疒䜌聲。下波可反。考聲：跛，蹇也。說文：行不正也。從足從波省聲。

傭長　上寵龍反。毛詩傳曰：傭，均也。郭注爾雅云：傭謂齊等也。說文：傭，均直也。從人庸聲。

癀瘧　上穫光反。考聲云：癀，病也。下仰略反。周禮：秋時有瘧，寒疾也。月令云：寒熱不節，人多瘧疾。文字典說云：虐，寒熱疾也。從疒從虐。虐亦瘧也。

癈瘕　上甫吠反。鄭注禮記云：癈謂癈於人事也。說文：癈，固疾也。從疒發聲。下赫加反。鄭箋毛詩云：瘕，病也。郭注山海經云：瘕，肺病也。説文：從疒叚聲也。

痿躄　上委歸反。鄭注禮記云：痿，黄病。蒼頡篇云：痿，不能行也。説文：痺也。從疒委聲。或從歺作㱏。歺音殘。下并亦反。顧野王云：躄謂足偏枯不能行也。説文：躄謂人不能行也。從足辟聲。考聲或從止作壁，亦通也。

迸石　上擘孟反。埤蒼云：迸，散走也。説文：迸，散也。從辵并聲也。辵音丑略反。考聲：從足作跰，亦同用也。

頑鈍　上五關反，下豚嫩反。左傳云：心不測〔三〕德義之經曰頑。廣雅云：頑亦鈍也。蒼頡篇云：鈍，頑也。淮南子云：鈍，識見闇濁也。説文：頑，從頁元聲。鈍，從金屯聲也。

六度集經　第一卷　玄應音

衆祐　于救反。世尊號也。言有衆德自祐也。祐猶助也。梵言婆伽婆，正言薄伽梵也。

瘡瘳　敕流反。尚書：王翌日乃瘳。瘳猶差也，愈也。

貧窶　瞿矩反。詩云：終窶且貧。傳曰：窶者，無禮也。字書：窶，空也。三蒼：無財備禮曰窶。

鱣魚　古文鱣，同，知連反。大黄魚也。口在頷下，大者長二三丈也。

溝港　古項反。謂須陀洹也。此言入流，或言至流。今言溝港者，取其流水處也。

頻來　此應誤，宜作頓來也。

侻憶　他活反。廣雅：侻，可也。

窠藪　聲類作薖，同。口和反。字書：窠，巢也。經文作窼，誤也。

德韜　士勞反。韜，藏也。説文：劍衣也。

毒鴆　下除禁反。大如雕，紫緑色，長頸，赤喙，食蛇。其羽以畫酒，飲之即死也。

蕃屏　府袁反。蒼頡篇：蕃，蔽也。屏，牆也。藩蘺也。周禮：九州之外爲藩國。

灼熱　之若反。廣雅：灼，熱也。灼灼，明也。

六度集經　第二卷

遁邁　又作遯，同。徒頓反。廣雅：遁，避也。遁，去也。説文：遁，遷也。亦退還也，隱也。下莫介反。廣雅：邁，往也。説文：遠行也。

無恙　餘向反。爾雅：恙，憂也。郭璞曰：今人謂無恙無憂也。

噢咿　於六反，下於祇反。埤蒼：内悲也。亦痛念之聲。經文作喐嘟二形，非也。

喊言　呼戒反。韻集云：喊，呵也。蒼頡篇云：訓詁作欬，恚聲也。通俗文作譮，大語也。猶喊咄、唤喊皆是也。

斃鬼　説文亦獘字，同。脾世反。獘，仆也，頓也，斷也。

非跖　之石反。説文：足下也。今皆作蹠。

聒耳　公活反。讙，聒也。蒼頡篇：擾亂耳孔也。廣雅云：聒，驚也。

鞅掌　於兩反。詩云：王事鞅掌。傳曰：失容也。箋云：鞅，荷也。謂捧之也。負荷捧持也。趍走失（促）〔四〕遽失容儀也。

訣辭　古穴反。通俗文：與死者別謂之訣。字略云：訣，絶也。

德徽　虚歸反。爾雅：徽，善也。尚書：昚徽五典。王肅曰：徽，美也。

憧憧　昌恭反。説文：憧憧，意不定也。廣雅：憧憧，往來也。字從童。經文從心從重作惲，此字與憧不同。説文：惲，遲也。惲非此義也。

湩流　竹用反。通俗文：乳汁曰湩。今江南亦呼乳爲湩也。

砰然　又作硑，同。披萠反。字書：砰（砰）[五]，大聲也。

授啖　又作噉，同。達濫、達敢二反。廣雅：啖，食也。説文：啖，噍也。亦啖與也。

巉巖　仕銜反。廣雅：巉巖，高也。亦山間崎險阻也。經文作岑，仕金反。岑崟，高也。

孫勦　説文作魑，同。仕交反。便捷也。廣雅：魑，捷也。聲類：魑，疾也。經文作㑿，非也。

戢藏　側立反。説文：藏兵器也[六]。戢，斂也，聚也。

六度集經　第三卷

惴惴　之睡反。爾雅云：惴惴，懼也。郭注云：惴謂危懼也。

恰恰　苦洽反。恰恰，用心也。

行嬖　補詣反。廣雅：嬖，親也。謂親幸也。嬖，愛也。謚法曰：賤而得愛曰嬖。釋名：嬖，卑也。卑賤妄媚以色事人，得幸者曰嬖也。

隕下　于愍反。爾雅：隕，墜也。謂墜落敗壞者也。

六度集經　第四卷

俎醢　上側吕反。字書云：肉几也。下呼改反。爾雅云：肉謂之醢。郭注曰：即肉醬是也。

饕餮　古文叨、叼二字，同。討高反。下又作飻，同。天結反。説文：貪也。又貪財曰饕，貪食曰餮也。

嬖妾　前第三卷釋訖。經文從艸作孽，非也。

粈毒　古文粗、䊆二形，同。而救反。通俗文：肴雜曰粈也。

熇即　許酷反。埤蒼：熱皃也。熇熇，赤熾盛也。

仇憾　古文逑，同。音舊牛反。爾雅云：仇、讎，匹也。怨偶曰仇。下胡闇反。小爾雅云：憾，積恨也。

梟噪　先到反。説文：鳥群鳴也。

森然　所金反。説文：多木長皃也。

簰上　敗佳反。方言：簰謂之筏。南方名簰，北人名筏也。

真諺　宜箭反。説文：傳言也。俗語也。真猶實也，言了達真言俗語也。經文從口作喭，誤也。

慴驚　聲類作㦻，同。止葉反。廣雅：慴，懼也。字書：慴，失常也。説文：心服也。

躇步　直於反。説文：躊躇，猶豫也。

臂鋸　下宜作琨，又作瑻，同。音孤魂反。

嗷嗷　又作嗸，同。五高反。説文：衆口愁也。詩云：哀鳴嗸嗸。傳曰：來（未）得安集[七]，嗸嗸然也。

磔著　古文厇，同。竹格反。廣雅：磔，張也。漢書景紀中二年，改磔曰棄市。

指擢　苦學反。説文：擢，敲擊也。經文作確，非此用也。確音胡角反。確，薄地者也。

梓柟　音南。爾雅：柟，梅。樊光注云：荊州曰梅，揚州曰柟，益州曰赤梗，葉似豫章，無子也。

六度集經　第五卷

忪忪　又作忪，同。燭容反。方言：征忪，惶遽也。經文作憧，非也。

邸閣　丁禮反。蒼頡篇：邸，舍也。説文：屬國舍也。

股肱　又作骰，同。公户反。下又竹(作)〔八〕厷。古文厶，同。古弘反。説文：股，髀也。脛本曰股。廣雅：臂謂之肱也。

仆地　蒲北反。説文：仆，頓也。謂前覆也。

呴沫　盱矩、盱俱二反。謂吹噓之也。禮記：呴嫗覆育也。鄭玄曰：以氣曰呴，以體曰嫗。盱音詡俱反。

施罛　古胡反。爾雅云：魚罟謂之罛也。郭注云：罛，大網也。

剉之　千卧反。剉猶斫也。説文：傷折也。經文從手作挫辱之挫，非也。

悁悒　於縁反。聲類：悁，憂皃也。説文：悁，忿也。言腹中悁悒憤懣也。

馬蹟　又作跡、迹二形，同。子亦反。迹猶步遽也，車轍馬跡也。

笮絶　今作窄，同。側格反。笮猶壓也。今謂笮出汁是也。

六度集經　第六卷

鐵鐓　徒對反。説文：鐓，矛戟柲下銅也。經文作錞，市均反。錞于，樂器也。錞非此用。柲音府備反，戟柄也。

蝘蜓　烏典反，下徒典反。説文：守宫在壁曰蝘蜓，在草曰蜥蜴。經文作蠮螉，非體。

訛病　又作譌、吪二形，同。五和反。詩云：民之訛言。箋云：訛，僞也。謂詐僞也。

譴祟　棄戰反。廣雅：譴，責也。説文：謫問也。蒼頡篇：譴，訶也。祟音私醉反，神禍也。

暮習　尋立反。謂慣習數爲也。經文作謵，傷協、丑協二反。説文：謵讋也。聲類謂讋言不止也。

以賂　力故反。詩云：大賂南金。傳曰：賂，遺也。謂以物相謁請也。

貣同　又作蚮、螣二形，同。徒得反。爾雅：食葉曰貣。經作蚃，居援反。方言：蠀螬，自關而東或謂之蚃蠋。蚃非此用也。

播鼗　又作鞀、鞉、鼗三形，同。徒高反。鼗如鼓而小，持其柄搖之者也，旁還自擊。山東謂之鞀牢。

六度集經　第七卷

足跖　之石反。説文：跖，足下也。今亦作蹠。經文作跋，非正體也。

捻爕　奴協反，下思協反。捏也。爕從火炎。爕〔九〕，和也，又熟也。

刳解　口孤反。謂空其腹也。説文：刳，判也。方言：刳，劽也。蒼頡篇：刳，屠也。劽音剔。

建旐　治繞反。爾雅：緇廣充幅長尋旐〔一〇〕。周禮：龜蛇爲旐。縣鄙建旐。鄭玄曰：象其扞難避害也。

徼循　又作邀，同。古堯、古吊二反。下又作巡，同。似遵反。徼，遮也。循，行也。漢書音義曰：所謂遊徼，徼循以備盜賊也〔一一〕。

木梗　加杏反。莊子：土梗耳。司馬彪曰：土梗，土人。木梗，亦木人耳。土木相偶，謂以物像人形皆曰偶耳。

鞬德　或言揵陟，正言建他歌，譯云納也。

阿譚　徒南反。

六度集經　第八卷

頭暯　先不音釋闕文也。

齓齒　初忍反。毁齒曰齓。説文：男八月生齒，八歲而爲齓。女七月生齒，七歲而毁齒也。字從齒匕聲。

抛鉢　普交反。抛，擲也。埤蒼云：抛，擊也。

喟然　又作嘳，同。口愧、口恠二反。説文：大息也。論語云：喟然歎曰。何晏曰：歎聲也。

蠣虫　力制反。説文：蚌屬也。出海中，人食之也。

曰喃　梵語轉輪聖王名也。

沆瀁　上河朗反，下音養，並上聲字。楚辭云：沆瀁而不可滯[一二]。王逸注云：沆瀁，猶浩蕩大波濤也。經文作洸洋，音光羊，並平聲字，非此用也。

蹠翁　之石反。蹠，補也。謂補履老翁也。

恀焉　胡大反。通俗［文］[一三]：患愁曰恀。恀亦苦也，恀亦恨也。

痟痛　烏玄反。謂手足痟疼也。張揖雜字云「痟癢痟疼」是也，酸足是也。經文作痟（痠）[一四]，亦同也。

太子須大拏經　玄應音

檀特山　或言單多囉迦山。或云檀陀山。此譯云陰山也。

須大拏　女加反。或言須達拏，或云蘇陀沙拏。此譯云善與，亦言善施也。

蒼天　錯郎反。爾雅：春爲蒼天。注云：萬物生，蒼蒼然也。

愕然　字書或作咢，同。五各反。愕，驚也。

爲幟　古文憶，同。尺志反。幖也。通俗文：私記曰幟。廣雅：幟，幡也。墨子曰：以爲長丈五尺廣半幅曰幟也。

蜎蜚　一泉反。字林：蟲皃也，動也。下古書飛皆作蜚，同。甫韋反。蜚謂蜚揚也。

嶔崟　去衔、去吟二反，下語衔、宜金二反。廣雅云：嶔崟，高也。亦山皐之勢也。

嵯峨　才何反，下我多反。廣雅：嵯峨，高也。楚辭注云：山截嶭峻蔽曰[一五]爲嵯峨者也。

三頓　直追反。説文：額出也。今江南言頓頭肤額，乃以頓爲後枕高肤之名也。經文作腿，未見所出也。

唇頦　丁可反。廣雅：頦，醜皃也。經文作哆，充尔、丑亞二反，非今用也。

凸髖　徒結反。抱朴子作凸。凸，起也。蒼頡篇作宊，不平也。經文作昳，非體也。下音寬。埤蒼：髖，尻也。説文：髀上也。

下蛘　餘掌反。説文：搔蛘。禮記「蛘不敢搔」是也。字從虫。今皆作癢，近字也。又作痒，音似羊反。病名也。痒非字義也。

市井　子郢反。周禮：九夫爲井，方一里也。白虎通曰：因井爲市，故曰市井。説文云：八家一井，象構幹（韓）形，象甕（罋）[一六]形也。

佛説九色鹿經　慧琳音

拂柄　上紛勿反。毛詩傳云：拂，去也。鄭注儀禮云：拂，拭也。又注禮記云：拂，除塵也。廣雅云：拂亦除也。説文：拂，擊也。從手弗聲。下兵命反。字書云：柄，執也，持也，把也，操也。説文：從木丙聲。

癩瘡　上來大反。考聲云：癩，病也。文字典説云：惡疾也。從疒賴聲。或作癘。下楚霜反。説文：瘡，痍也。從疒倉聲。或作創，今不取也。

踞其　居御反。説文：踞即蹲也。從足居聲也。

嘖數　上争格反。廣雅：嘖，怒也。責，讓也。説文：嘖，大呼也。從口責聲。或從言作讀也。

羼提　察限反。梵語。

菩薩睒子經　玄應音

麋鹿　美悲反。蒼頡篇云：以冬至解角者。説文：鹿屬也。

傍偟　蒲光反，下胡光反。傍偟，俳佪也。

磼礏　五合、五闔二反。埤蒼：磼礏，高皃也。磼音才合反。經文作儠儠，非也。

佛説睒子經　慧琳音

溝坑　上苟侯反。説文：水瀆廣四尺深四尺謂之溝也。從水冓聲也。下客庚反。蒼頡篇云：坑謂溝壑陷也。古今正字：坑，墟也，壍也。從土亢聲也。亢音康浪反。

熊羆　上許弓反。説文：似豕，山居，冬蟄，舐其掌，掌似人掌也。古今正字：從能從灬。下彼眉反。郭注爾雅云：似熊而長頭高脚，猛憨多力，能拔木也。説文：如熊，黄白色也。從罓從熊。憨音呼甘反。

蹈地　桃到反。劉兆注穀梁云：蹈，履也。廣雅：蹈，行也。説文：踐也。從足舀聲。舀音遥小反。

怖遽　渠御反。杜注左傳云：遽，畏懼也。考聲：遽亦懼也。説文：從辵豦聲也。經從心作懅，非也。辵音丑略反。

彷徉　上薄忙反，下餘章反。國語云：屏營彷徉於山林之中也。顧野王云：彷徉猶俳佪也。古今正字：二字並從彳，羊、方皆聲也。彷亦音房，今不取也。彳音丑尺反。

果蓏　下騾果反。鄭注周禮云：果，桃李之屬也。應劭注漢書云：木實曰果，草實曰蓏。考聲云：蓏，蔓生之子，瓜瓠之屬也。文字典説云：果實未熟，不鬻於市，象形，果在木上也。經文從艸作菓，俗字也。蓏，説文：從艸胍聲。胍音庾也。

捫摸　上莫奔反，下門博反。聲類云：捫亦摸也。郭注方言云：摸謂撫循之也。顧野王云：摸，捺也。説文：捫即撫持也，循即摩也。二字並從手，門、莫皆聲。循音旬，捺音桑作反。

太子墓魄經　玄應音

襲續　古文戳，同。辭立反。襲，受也。廣雅：襲，及也，亦合也，仍也。

故質　之逸反。太玄經：受質所疑。宋忠曰：質，問也。廣雅：質亦問也，謹也，定也。

矇瞶　上莫公反。有眸子而無見曰矇。下五怪反。生而即聾曰瞶。瞶亦無知也。

空刓　又作因〔一七〕，同。五桓反。廣雅云：刓，斷也。楚辭：刓方以爲圓。王逸曰：刓，削也。

噢咿　於六反，下於祇反。埤蒼：内悲也，又痛念之聲也。經文作哊、郁、喐三形，並非正體也。

驂駕　忿含反。説文：駕三馬也。居右而驂乘，備非常也。驂旁馬曰騑。騑音妃也。

頷頭　牛感反。説文：低頭也。廣雅：頷，摇也。謂摇其頭也。今江南謂領納摇頭爲頷傪，亦謂笑人爲頷酌。傪音蘇感反。

選耎　而兖反。案選耎猶須臾也。吕氏云少選，俗謂之選耎〔一八〕。言推託不肯爲也。經文或作選蝡，或作潠濡，非也。

忸怩　又作恧，同，女竹反。下女胝反。通俗文：慙恥謂之忸怩也。

纔有　在哉反。廣雅云：纔，暫也。東觀漢記：僅也，不久也。

何呰　又作啙，同。子移反。呰，量也，思也。經作貲，貲財之貲，非體也。

佛説太子沐魄經　慧琳音

生埋　下買排反。字書：埋，藏也。考聲云：埋，没也。説文：從土里聲。或作薶。

作城　石征反。説文：城，所以盛民也。從土成聲。經文從咸，非也。

儲資　直驢反。考聲：儲，積也。桂苑珠叢云：儲謂蓄物以爲備也。説文：從人諸聲也。

死轉　冤阮反。説文：死轉猶卧也。從夕從尸(卩)〔一九〕。從車作輐，非也。尸(卩)音節也。

轢我　零的反。説文：車所踐也。從車樂聲也。經文作僻我。考聲云：僻，偏也。説文：僻，避也。毛詩云：僻，從旁牽也。非經義，乖也。僻音匹尺反。

虎賁　上呼古反，下博門反。孔注尚書云：虎賁，勇士稱也。若虎賁戰，言其猛也。周禮云「旅賁氏掌執戈者，夾王車而趍〔二〇〕」是也。説文：虎從虍，虎足似人足，象形字也。虍音呼。經文從巾作虎，非也。賁從貝卉聲。卉音諱也。

走獸　收咒反。爾雅云：四足而毛謂之獸。蒼頡篇云：獸，走者也。廣雅云：獸，守也。經文從犬作狩。鄭注周禮云：冬田爲狩。郭注爾雅云：放火燒草亦曰狩。非經義。

烝煮　上之仍反。説文：烝謂火氣上行也。從火承聲也。經從艸作蒸，誤也。下諸汝反。説文：煮猶烹也，濩也。從火者聲。經從水作渚，非也。

無字寶篋經　慧琳音

慙愧　雜甘反。尚書云：惟有慙德。説文：慙亦愧也。從心斬聲。或作慚，慚音蠶感反，非經義也。

大乘離文字普光明藏經　慧琳音

如爓　葉輒反。考聲云：火光皃也。説文：火爓也。從火閻聲。

經文作焰，俗字。壍音妄艷反。

大乘遍照光明藏無字法門經　無字可音訓。

佛説老女人經　慧琳音

痛蛘　羊掌反。考聲云：蛘，痛之微也。禮記云：蛘不敢搔也。鄭注孝經云「抑搔癢痛」是也。説文：蛘，搔也。從虫羊聲。文字集略或作癢，韻略作痒也。

相揩　客皆反。廣雅云：揩，摩也。説文：從手皆聲也。

有鼜　桑朗反。考聲云：鼓匡也。字書：鼓材也。説文：從壴桑聲。壴音胡也。

枹打鼓　上附無反。顧野王云：枹，鼓椎也。説文：擊鼓柄也。從木包聲也。經從孚作桴。桴音孚。論語云：大曰筏，小曰桴。非經義也。下孤五反。鼓，考聲：正體鼓字。説文：從壴從支(攴)。象旗手擊之也。經中從皮作皷，俗字，非也。壴音誅屢反，攴音普卜[反][一二]。

羸老　累危反。前第一義法勝經已釋。

佛説老母經　慧琳音

相鑽　下祖鸞反。顧野王云：鑽謂鐫鑿也。説文：所以穿也。從金贊聲也。

捶鼓　隹鬼反。説文：捶，以杖擊也。從手垂聲也。

禽獸　及今反。白虎通云：禽者，鳥獸之總名也。爾雅云：二足而羽曰禽。説文：頭象形，從禸今聲。禽离兇頭相似也[一三]。經文從犬作獖，非也。禸音柔帚反。

佛説老母女六英經　慧琳音

惸惸　葵營反。孔注尚書曰：惸，單也。謂無兄弟曰惸也，無子曰獨。字書云「煢煢無所依」是也。或從卂作煢。文字典説云：惸字從兮從孑作惸，誤也。

從燧　音遂。杜注左傳云：燧，取火者也。許叔重注淮南子云：燧，五石之銅精圓以仰日則得火。考聲云：燧者，今之火鏡也。圓徑二寸許，皆有文，面窊照日，以艾承之便得火。文字典説：從火遂聲。説文或從金作鐆。考聲或從車作䡵。窊音烏蝸反。

檛鼓　上陟蝸反。聲類云：檛，棰也。考聲：檛，擊也。文字典説：從木過聲。説文：從竹作簗。

德護長者經　上卷　玄應音

漏泄　思列反。廣雅：泄，溢也。泄亦漏也，亦發也。

德護長者經　下卷

門閫　又作梱，同。苦本反。三蒼：閫，門限也。

廡廊　籀文作𢊁，同。亡禹反。説文：堂下周屋也。廊亦屋。

紇多　胡没反。

毗梐　知栗反。皆神名也。

脂那　唐國名也。或言震旦，或云真丹，神州之總名也。

月光童子經　玄應音

已索　所挌反。蒼頡解詁：索，盡也。又亦傷也。

翳日　於計反。廣雅：翳，掩也。方言：翳，掩也。

滔天　討高反。尚書云：浩浩滔天。孔注云：滔，漫也。言水盛大若漫天也。

鷙鳥　脂利反。猛鳥也。廣雅：鷙，執也。謂能執服衆鳥也。鳥之勇鋭者曰鷙，鷹鸇之類也。經文從虫作蟄，音除立反。蟲獸蟄藏也。蟄非此用也。

慴竄　古頰反。爾雅：慴，懼也。郭注云：即恐懾也。

遁藏　又作遯、遂二形，同。徒頓反。廣雅：遁，避，去也。隱也。

蠅蠛　眠結反。爾雅：蠛，蠓也。郭注云：小蟲似蜹，風春(春)雨磑者也[二三]。

俾倪　或作顊兒兩字，又作軙堄二形。字林同。普米反，下五禮反。俾倪，傾側不正也。

叵我　普我反。謂搖動不安也。經文從足作跛踐，或從山作岠峨，並非也。

相敦　古文敞(敲)[二四]、敦、棖二形，今作打，同。音宅衡反。謂敦觸也。

緹幔　他禮反。説文：帛赤黄色也。赤緹，縓色也。

赤紫　今作喍(喍)[二五]，同。醉髓反。廣雅：紫，口也。字書：鳥喙也。或作觜，古作呰[二六]也。

霍然　呼郭反。霍謂急疾之皃也。經文作攫[二七]，誤也。

探道　他含反。爾雅：探，取也。説文：遠取曰探也。

申日兒經　申日，此曰首寂。　玄應音

無垠　又作垠，同。五巾反。垠，咢也。説文：地垠，岸也。

拘耆　或言居枳羅鳥，此云好聲鳥。經文作耆，誤也。

鶡鴨　胡葛反。下又作鶡，同。竹甲反。鶡似雉而大，青色也。

洪炎　借音以贍反。正字作焰，又作焰，光焰也。

亘然　歌鄧反。亘猶恒也。亘亦通也。

佛説長者子制經一卷　慧琳音

匃食　上葛艾反。説文：匃，乞也。人亡財物則乞匃也。從人從亡也。經作丐，俗。

高燥　下搔早反。周易云：水流濕，火就燥。説文：燥，乾也。從火喿聲。喿音騷到反也。

嬈我　奴鳥反。説文：嬈，擾，戲弄也。從女堯聲。

蝡動　上閏尹反。考聲：無足曰蝡，有足曰蟲。淮南子云「昆虫蝡動」是也。説文：蝡亦動也。從虫耎聲。耎音而兖反。經文作蝡，非也。

佛説菩薩逝經一卷　慧琳音

刻鏤　上肯勒反，下樓豆反。爾雅云：金謂之鏤，木謂之刻。郭璞注云：皆謂治璞之名也。考聲：鏤，錯也。攻理金銀也。杜注左傳云：刻亦鏤也。説文：剛鐵可以刻鏤也。刻，從刀亥聲。鏤，從金婁聲也。經文作鏤，俗字也。

嬈我　前長者子制經已釋訖。

蜎蜚　上一緣反。毛詩云：蜎蜎者蠋也。傳曰：蠋，赤虫也。説文：從虫肙聲。下肥味反。杜注左傳云：蜚，蠜也。郭注爾雅云：蜚即負盤臭虫也。説文兩字並形聲字也。

佛說逝童子經一卷　慧琳音

帔袈裟　上音丕。顧野王云：帔謂帔之於背上也。王注楚辭云：在背曰帔也。說文：從巾皮聲。經從衣作被，亦通，借音用也。

文殊師利問菩提經一卷　慧琳音

重擔　上躅隴反。下耽濫反也。前第一義法勝經已釋訖也。

利鈍　突困反。前大乘造像功德經已釋訖也。

大乘伽耶山頂經一卷　菩提留志　慧琳音

牆壁　匠羊反。論語云：夫子之牆數仞也。孔注云：七尺曰仞。考工記云：牆厚三尺也。尚書云：無敢逾垣牆。顧野王云：牆亦垣也。說文：從嗇爿聲。爿音床，嗇音色也。或作墻，又作廧，亦作牆，雖通用，今並不取也。

時燄　閻漸反。考聲：火行微皃也。孔注尚書云：若火然燄燄尚微，其所及焯然有次序不可絶也。說文亦火微燄燄也。從炎臽聲。臽音陷也。焯音章若反。

分析　星亦反。孔注尚書云：分，析也。聲類云：析，劈也。說文：破木也。從木斤聲也。經從手從片，俗字也。

顧戀　古布反。鄭箋毛詩云：迴首曰顧，顧猶視也。又云：顧，念也。廣雅云：眷，顧也。說文云：從頁雇聲。頁音賢結反。雇音同上。經作頋，俗也。

佛說象頭精舍經一卷　後魏流支　慧琳音

砂礫　零的反。說文：砂礫，小石也。從石樂聲。經從水作沙，亦通也。

係念　奚詣反。考聲：係謂思在心不忘也。說文：從人系聲。系音奚計反。

莖稈　上幸耕反。蒼頡篇云：草本曰莖。考聲：竹曰箇，木曰枚。說文：從草巠聲。巠音工冷反也。下乾嬾反。杜注左傳云：稈，槀也。說文：稈，禾莖也。從禾旱聲也。或作秆，今不取。經文從草作𦱳。說文：𦱳，堇菜名也。乖經義，非也。

大乘伽耶山頂經一卷　元魏流支　慧琳音

辮髮　上駢沔反。說文：辮謂交織之也。從糸辡聲。辡音別免反。經從扁作編，誤也。駢音蒲眠反。沔音綿典反。

懈怠　上佳賣反，下臺乃反。前順權方便經上卷已釋訖也。

疲惓　上備悲反。賈注國語云：疲，勞也。廣雅云：疲猶倦也。說文：從疒皮聲。疒音女厄反。惓或從人作倦。

奮迅　上分問反。廣雅云：奮，振也，舒也。鄭注禮記云：奮，動也。說文云：奮，翬。猶飛也。從奞在田上。奞音雖。

佛說犢子經　慧琳音

瞉取　上鈎候反。考聲：瞉，取牛羊乳也。正體穀〔二八〕字。說文：或從子作㲉。經從手作搆是搆擩，識理不明也，與經義乖也。擩音奴闘反。

憋惡　片蔑反。考聲：憋忲，好嗔也。方言：憋亦惡也。郭注云：憋忲，急性者也。古今正字：從心敝聲。敝音毗袂反。忲音敷也。

佛説乳光佛經　慧琳音

乳湩　冢隴反。郭注穆天子傳云：湩，乳汁也。今江南亦呼乳爲湩。説文：乳汁也。從水重聲。隴音龍用反。

牴蹋　上低禮反。説文：牴，觸也。從牛從氏，氏亦聲也。下談盍反。説文：踐，蹋也。從足𦐇聲。𦐇音塔也。

倩卿　清性反。考聲：倩，借也。郭注方言云：可假倩也。顧野王云：倩亦假也。説文：從人青聲。

謾抵　上滿盤反。説文：謾，欺也。從言曼聲。曼音萬也。下低禮反。考聲：抵，扞也，拒也。説文：從手氏。氏亦聲也。經從牛作牴，牴是觸，誤也。

蜎飛　上一緣反。前菩薩逝經已釋訖也。

無垢賢女經　玄應音

椑樓　臂彌反。西國長者婦名也。胎藏經作椑，疑字誤也。

腹中女聽經　慧琳音

倮形　華瓦反。借音字也。本音盧果反。顧野王云：倮，脱衣露袒也。説文：倮亦脱衣露體也。從人果聲。或作裸，又作躶，或亦作臝，字體稍多，今依説文從人作倮，餘皆不用也。

鵄鵂　上叱之反，下音休也。考聲及文字典説皆云：鵂鵄，怪鳥也。察此鳥晝休夜飛。説文：鵂即鵄也。鵄則鳶屬也。古今正字二字並從鳥，至、休皆聲。鵄或從氐作鴟，今不取也。

佛説未曾有經一卷　慧琳音

户牖　下由酒反。説文：穿壁以木爲交牕也。從片從户甫聲，所以見日也。

彫飾　上鳥聊反。前彌勒下生成佛經已釋訖。下升織反。前造像功德經下卷釋訖也。

繖盖　上珊嬾反。顧野王云：繖即盖也。文字典説：從糸散聲。經從手作拌，非也。糸音覓也。

穬麦　上虢猛反。字統云：穀名有百，總歸於五，稷屬謂之穗穀，豆屬謂之角穀，麥屬謂之芒穀，麻屬謂之樹穀。案穬麥者，即芒穀也。考聲云：穬穀之有芒者也。説文：從禾廣聲，正作穬也。經文從麥作麰，是大麥也。考聲亦云：大麥也。諸書字並無此字也。

樓櫓　上漏鉤反。爾雅云：陜〔二九〕而脩曲曰樓〔三〇〕。文字集略云：樓，城上守禦屋也。古今正字：從木婁聲。下盧古反。文字集略云：櫓，城上守禦者露無覆屋也。説文：從木魯聲。婁音同上也。

甚希有經　慧琳音

窣堵波　上孫骨反。梵語塔也。

俱胝　下音知。梵語也。

種殖　承職反。杜注左傳云：殖，長也。蒼頡篇：殖，息也，種也，多也。廣雅：殖，立也。殖，積也。說文：從歺直聲。歺音五割反。

轉女身經　一名腹中女聽經　慧琳音

阿泥盧豆　梵語也。阿羅漢名也。

盲冥　上莫耕反。前大乘造像經已釋。下莫瓶反。考聲云：冥，暗也。說文：冥，幽也。從日，日數十。從六，凡月十六日始虧，漸幽暗也。從冖，會意字也。冖音覓，經文從宀從㝠作冥，非也。

右脅　險劫反。說文：脅，肚兩傍也。從肉劦聲。劦音叶，從三力。經從三刀作脅(脅)[三一]者，非也。

爲須(須)[三二]　粟瑜反。案須(須)者，蓮華中蓮臺四面花蘂須(須)牙也。說文：從頁從彡。頁音賢結反。彡音杉。經文從髟作鬚，非也。髟音普彫反。

不望　罔方反。左傳云：非所敢望。顧野王云：望猶覬也。說文：從亡從夕從王。案望者，謂意所希望也。覬音記也。

堅固鎧　開改反。前順權方便經上卷中已釋訖也。

怯弱　上欠劫反。考聲云：劫[三三]怯，愞也。顧野王云：怯，畏劣也。古今正字：怯，多畏也。從心去聲。愞音暖亂反。下瓤灼反。孔注尚書云：弱，尫劣也。考聲：弱，無力也。說文：撓也。上象撓曲，彡象毛氂弱撓(橈弱)。弱物并，故皆(從)二[弓][三四]。撓音奴革反。笮，謝棹反。

厭悔　於艷反。考聲：厭，倦也，苦也。說文：從厂猒聲。厂音罕也。

無厭　伊閻反。說文云：犬甘肉無厭足，故從肉從甘從犬。經從日月作猒，或從广作厭，皆誤也。

陿劣　上咸甲反。顧野王云：陿，迫隘不廣大也。說文：隘，從𨸏從夾作陜，雖正體，爲與陝州字相亂，故不取，且依經文從匧作陿。經文從大(犬)[三五]作狹，是狹習犬馬，非此用也。匧音謙叶反。

慳惜　苦閑反。廣雅云：掔，堅也。埤蒼云：掔，遴也。掔，正體字也。古今正字：從革臤聲。臤音堅。經從心作慳，俗字也。

臭穢　上醜咒反。說文云：禽走臭而知其跡者，犬也。從犬從自。自者，古鼻字也，象形也。今俗從死作臰，非也。下威衛反。字書云：穢，不清潔也，惡也。說文：從禾歲聲。

除坌　分問反。廣雅云：坌，棄除之也。說文：棄掃除糞也。從土弁聲也。經從異作糞，俗字，非也。弁音皮變反。

洟唾　上逸之反。周易云：齎咨涕洟也。說文：洟，鼻液也。從水夷聲也。或音替。經文從水作涕。說文云：涕，泣也。非洟唾義也。下土課反。左傳云「晉先軫不顧而唾」是也。說文：口液也。從口從垂聲也。

手捲　倦袁反。毛詩傳云：捲，力也。說文：捲，氣勢也。從手卷聲。

擣藥　刀老反。廣雅：擣，舂也。說文：擣，築也。從手壽聲。或作捯，亦作搗，古文字也。

舂米　東鍾反。顧野王云：舂謂擣穀爲米也。説文：治粟也。從廾持杵以臨臼上。會意字也。世本云：雍父初舂杵也。宋忠曰：雍父，黄帝臣也。廾音拱。

若熬　伍高反。鄭注禮記云：熬亦煎也。方言：熬，火乾也。凡以火而乾五穀之類也，自山而東齊楚以往謂之熬。説文：乾煎也。從火敖聲也。

抽㲣紡氎　㲣音推芮反。㲣者，鳥獸細茸毛也。鄭注禮記云：㲣者，毛之細縟也。孔注尚書云：耎㲣，細毛也。説文亦獸之細毛也。案㲣衣者，採鳥獸細耎五色毛，紡績織成文罽，以爲上服。轉輪聖王服御衣也。紡音芳冈反。杜注左傳云：紡緝爲纑也。古今正字：從糸方聲也。下音牒。氎者，西國木綿草，花如柳絮。彼國土俗皆抽撚以紡成縷，織以爲布，名之爲氎。撚音年典反。

機關　上記希反。桂苑珠叢云：機謂制動轉之關棙也。顧野王云：機者，有機麗之物也。説文：主發動者謂之機。弩之類是也。從木幾聲。

筋牽　上居銀反。前諸法勇王經已釋訖。下遣研反。廣雅云：牽，挽也，連也。顧野王云：牽亦引也。説文：從牛從冂玄聲。象牛之牽也。冂音癸營反。俗從手作掔，非也。

虚僞　上許魚反。虚，空也。説文：從丘虍聲。虍音虎孤反。下危謂反。廣雅：僞，欺也。鄭注周禮云：僞，假也。説文云：僞，詐也。從人爲聲也。

倍復　上陪妹反。顧野王云：倍謂一生兩也。考聲云：多也。敵於本也。説文：從人音聲。音音土口反。下扶救反。杜注左傳云：復，重也。顧野王云：復猶又也。又云：復猶重更爲之也。説文：從彳复聲。彳音丑尺反。复音伏。經從水作復，非也。

患〔三六〕累　力僞反。左傳曰：相時而動，無累後人也。劉兆注穀梁傳云：累謂連及也。古今正字：從糸厽聲也。糸音覓。厽音同上也。

無上依經上卷　慧琳音

煩惱㱿　下苦角反。字書云：鳥卵㱿也。顧野王云：凡物之皮皆曰㱿也。文字典説云：卵已孚也。從卵㱿。㱿，空岳反聲。經文煩惱㱿聲者，無明能包含一切諸不善業，故以爲名也。

聰黠　下閑八反。方言：自關而東趙魏之間謂黠爲慧也。郭注云：慧，了也。文字典説云：從黑吉聲。

毛髮　上莫褒反。准經義正合單作毛字。今經文從髟音作髦，是俊彦之義，乖經意，非也。

無上依經　下卷

坑坎　上客耕反。爾雅：坑，墟也。郭注云：謂壍池墟耳。古今正字云：坑，陷也。從土亢聲。或從𨸏作阬，亦通。下可感反。周易云：坎，陷也。埤蒼云：坎亦坑也。説文同。周易：從土欠聲。經文從臽〔三七〕他牢反作埳〔三八〕是埳軻義，非經意，今不取也。

轂輞　上公屋反。説文：輻之所湊也。從車從㱿省聲。下武昉反。古今正字云：輞，轅音渠也。從車冈聲也。

傭直　上寵龍反。毛詩傳曰：傭，均也。郭注爾雅謂齊等也。説文亦均直也。從人庸聲。經從月作膅，俗字也。

足跟　下艮恩反。釋名云：足後曰跟也。說文：踵也。從足艮聲。

衣飴　上倚機反。世本云：胡曹作衣也。宋忠云：黄帝臣也。白虎通云：衣，隱也。隱身形也。說文：衣，依也。上曰衣，下曰裳。從入，象覆二人形也。隸書作衣，訛略也。下以伊反。毛詩云：堇音謹荼音晶如飴。箋云：甘如飴也。說文云：米糵煎也。從食台聲也。

耎美　上而兖反。考工記云：欲其柔滑膞之以脂即耎也。埤蒼云：耎，弱也。說文：從大而聲。經從水作濡，音檽，濕也，非經義也。

眼瞼　下劫儼反。文字集略云：瞼，目外皮也。文字典說：從目僉聲。

無頦　下胡垓反。廣雅：頦，醜也，惡皃也。說文：從頁亥聲。經從月作胲，足大指也，非經意也。

委佗　下達何反。毛詩傳：佗佗，謂平易也。韓詩：德之美皃也。毛詩箋云：亦委曲自得之皃也。說文：從人它聲。經作陀，非也。

捷疾　上潛接反。左氏傳曰：捷，速也。王注楚辭：捷，疾也。說文：從手疌聲。疌，子葉反。

重擔　下耽濫反。考聲云：以木荷物也。古今正字：擔，負也。從手詹聲也。

佛說决定總持經一卷　慧琳音

瑕疵　上夏加反。毛詩傳曰：瑕猶過也。廣雅：瑕亦穢也。說文：從玉叚聲。下自茲反。孔注尚書云：疵，病也。劉瓛言蹇反注周易云：疵，瑕也。說文亦病也。從疒女格反此聲也。

螢火　上迥坰反。郭注爾雅云：螢夜飛，腹下有火光。禮記曰：腐草化爲螢也。說文：從虫從熒省聲也。

德鎧　下開改反。文字集略：以金革蔽身曰鎧。說文云：鎧，甲也。從金從愷省聲也。

棄捐　上輕異反。孔注尚書云：棄，癈也。爾雅：棄，忘也。說文云：棄，捐也。從廾音拱推華音般從𠫓土骨反。云，惡子也，故棄之。會意字。下悦淵反。莊子云：去國捐俗。楚辭云：捐亦棄也。說文：從手肙聲。肙音恚緣反也。

馳騁　上雉知反，下頳領反。廣雅云：騁、馳，奔也。杜注左傳云：騁亦走也。說文：騁，大驅也。亦直馳也。馳、騁二字並從馬。也、甹皆聲。甹音匹丁反。

謙愻　下孫寸反。孔注尚書云：愻，順也。何晏集注論語云：愻，恭也。說文：從心孫聲也。

蛇蚖　上射遮反。考聲云：毒虫也。說文：蛇亦它也。它音他。古人呼蛇爲它，所以巢居者畏蛇，故相問云夜來無它乎，即蛇也。從虫也聲。下玩丸反。玄中記云：蚖蛇身長三四尺，有四足，形如守宫，尋脊有針，利如刀，甚毒惡，中人不逾半日則死。說文：從虫元聲。

毒螫　下舒亦反。說文：蟲行毒也。從虫赦聲也。

謗佛經　慧琳音

綵女　猜宰反。鄭注考工記「畫繢之事，五色備謂之綵」是也。古今正字云：五采彰施于五色謂繒色。從糸采聲。經文從女作婇，非也。

阿車波坻　梵語也。丁禮反也。

波羅蜜逕　梵語也。下經定反。

佛説寶積三昧經　慧琳音

薜茘中　上蘗閉反，下黎帝反。梵語訛，正云畢隸多。唐云餓鬼也。

不羸　力追反。文字典説云：劣弱也。從羊羸聲也。羸音騾卧反也。

恒邊沙　梵語也。晉朝古譯也。經云恒河邊沙，即諸經云恒河沙是也。亦名殑伽河，西國河名也。殑音凝競反。

罣礙　上胡瓦反，下五盖反也。

一切經音義　卷第三十三

校勘記

〔一〕曀　據文意似當作「曀」。

〔二〕㝠　即「寡」。

〔三〕測　今傳本左傳作「則」。

〔四〕失　頻作「促」。

〔五〕砕　玄卷二十釋此詞作「砰」。

〔六〕説文：藏兵器也　今傳本説文：「藏兵也。」

〔七〕來得安集　今傳本詩傳爲「未得所安集」。

〔八〕竹　據文意似當作「作」。

〔九〕爕從火炎。爕　頻爲「爕從言，又炎聲」。

〔一〇〕緇廣充煏長尋旐　今傳本爾雅爲「緇廣充幅長尋曰旐」。

〔一一〕漢書音義曰：所謂遊徼，徼循以備盜賊也　今傳本漢書如淳曰：「所謂遊徼，徼循禁備盜賊也。」

〔一二〕滯　今傳本楚辭作「帶」。

〔一三〕文　各本無，據文意補。

〔一四〕痏　據文意似當作「疲」。

〔一五〕山截嶭峻蔽日　今傳本楚辭九章涉江：「山峻高以蔽日兮。」

〔一六〕斡　今本説文作「韓」。　㪅　今本説文作「轚」。

〔一七〕因　玄卷五作「园」。

〔一八〕吕氏云：少選，俗謂之選臾　今傳本高誘注爲：「少選，須臾也。」

〔一九〕尸　即「卪」，也作「卩」。下同。

〔二〇〕周禮云「旅賁氏掌執戈者，夾王車而趍」　今傳本周禮：「旅賁氏掌執戈盾而趨。」

〔二一〕支　今傳本説文作「攴」　反　各本無，據文意補。

〔二二〕説文：頭象形，從内今聲。禽离兇頭相似也　今傳本説文爲：「走獸總名。从厹象形，今聲。禽离兕頭相似。」

〔二三〕春　獅作「舂」。郭注云：小蟲似蜹，風舂雨碓者也　今傳本爾雅郭注爲：「小蟲似蜹，亂飛者也名蠓，又名蠛蠓。列子云：生朽壤之上，因雨布生，得陽而死。」

〔二四〕敞　獅作「敞」，即「敞」。

〔二五〕哰　據文意似當作「哰」。

〔二六〕啙　據文意似作「哰」。

〔二七〕憛　獅作「懽」。

〔二八〕彀　據文意當作「彀」。

〔二九〕陜　郭璞、邢昺爾雅注疏：「陜，户夾反。説文云：隘也。从夾聲。俗作狹，或作狎，字下甲反。……狹代陜行之久矣。」

〔三〇〕樓　獅後衍「字並」二字。

〔三一〕脅　據文意當作「脅」。

〔三二〕湏　據文意當作「須」。下同。

〔三三〕劫　疑衍。

〔三四〕撓也。上象撓曲，彡象毛氂弱撓。弱物并，故皆二　今傳本説文爲：「橈也。上象橈曲，彡象毛氂橈弱也。弱物并，故从二弓。」

〔三五〕大　獅作「犬」。

〔三六〕患　獅作「思」。

〔三七〕舀　據文意似當作「臽」。「舀」與「臽」混用。

〔三八〕埳　據文意似當作「埳」。

一切經音義　卷第三十四

翻經沙門慧琳　撰

八吉祥神咒經一卷　慧琳
八陽神咒經一卷　玄應
八吉祥神咒經一卷　慧琳
八佛名號經一卷　慧琳
盂蘭盆經一卷　玄應
報恩奉盆經一卷　慧琳
灌洗佛像經一卷　慧琳
摩訶刹頭經一卷　慧琳
浴像功德經一卷　慧琳
佛説浴像功德經一卷　慧琳
造立形像福報經一卷　慧琳
作佛形像經一卷　慧琳
内藏百寶經一卷　慧琳
佛説私訶昧經一卷　慧琳
四不可得經一卷　玄應
梵女首意經一卷　玄應
菩薩行五十緣身經一卷　慧琳
成具光明定意經一卷　玄應
温室洗浴衆僧經一卷　玄應
諸德福田經一卷　玄應
金色王經一卷　玄應
方廣如來藏經一卷　慧琳
大方廣如來藏經一卷　慧琳和尚譯
演道俗經一卷　玄應
百佛名經一卷　玄應
稱揚諸佛功德經三卷　玄應
須真天子經三卷　玄應
摩訶摩耶經一卷　玄應
除恐災患經一卷　玄應
孛經一卷　玄應
不思議光經一卷　玄應
十住斷結經十卷　玄應
菩薩瓔珞經十二卷　玄應
超日明三昧經二卷　玄應
賢劫經十三卷　玄應

右七十一經一百七卷同此卷音

入法界體性經　慧琳撰

磨瑩　下縈定反。廣雅云：瑩，磨也。謂磨拭珠玉使發光明也。集訓云：瑩，飾也。或作鎣。説文：玉色也。從玉從熒省聲。

如來師子吼經　慧琳撰

廣長　上古晃反。鄭注禮記云：廣猶弘也。孔注尚書云：廣，大也。從广嚴撿反黄聲。下丈張反。毛詩箋云：長，遠也。文字典説云：夕(久)[一]也。遠也。從倒亾從兀從匕古化字，兀然而化。經從艸作莀，非經義也。

指㡿　上脂齒反。顧野王云：謂意之所指，又手指物以示人也。說文云：手指也。從手旨聲。下齒亦反。劉兆注穀梁云：指亦㡿也。王注楚辭云：㡿，逐也。漢書音義云：㡿，不用也。說文：從广音儼屰音逆聲。經文作此斥，俗字也。斥，呼旱反。

大方廣師子吼經　慧琳撰

電鬘　下麻班反。西國花鬘也。若此國珠瓔嚴身之具也。本音彌然反，今不取此音。假借字。

瘂默　上烏賈反。集訓云：瘂，不能言也。案瘂者，有聲而無詞也。古今正字：從疒亞聲。疒音女厄反也。

分剖　下普口反。左傳云：與汝剖分也。蒼頡篇：剖，析也。說文：剖，判也。從刀咅聲。咅音土口反音[二]。

大方等脩多羅王經　此經無字音訓。

轉有經　此經亦無字音訓。

大乘百福相經　慧琳撰

蹠俱羅　梵語。音鹿，西方翠鳥名也。此方無此鳥也。

矛矟　上莫侯反。考聲云：酋就著矛，戈類也。說文：矛長二丈，建於兵車，象形也。文字典說：酋矛。經作柔(戎)[三]，非也。今不取也。下雙卓反。廣雅云：矟，矛也。古今正字：矟長一丈八尺，從矛肖聲也。

罥索　上涓兖反。聲類：罥，取也。考聲云：罥以繩捕也。亦作絹。文字典說亦作此罥。古今正字：從网肙聲。肙音烏[四]玄反。下桑洛反。

眼睫　下尖[五]葉反。說文：目旁毛也。從目疌聲。或作睞。

大乘百福莊嚴相經　慧琳撰

稀穊　上喜依反。孔注論語：稀，少也。爾雅：稀也[六]。說文：疎也。從禾希聲。下璣氣反。漢書云：深耕穊種也。說文：穊，稠也。從禾既聲。

疵穢　上音慈，下威衛反。字書、字典云並惡也。古今正字：從禾從歲聲。

纖銳　上棲詹反。文字典說云：纖，細也。亦小也。說文：從糸韱聲。下悅惠反。案博雅云：銳，利也。說文：從金兑聲也。

密緻　下直利反。鄭注禮記云：緻，密也。說文：從糸致聲也。

白怫　芬勿反。埤蒼云：韜髮也。古今正字：從巾弗聲。

弓弧像　中户孤反。像名也。

䡴刃　上濯绛反。杜注左傳：戰車也。說文：陷陣車也。從車童聲也。

金鉅　渠舉反。徐廣注史記曰：大堅鐵鉾(鉅)[七]。說文：大鋼也。從金巨聲也。

麰麥　上莫侯反。劉熙注孟子云：麰，麥有兩鋒者。郭注方言云：大麥也。又王簫云：今河北有春種夏熟。說文：來麥麰也[八]。亦瑞麥也。從麥牟聲。

大鼇　下五高反。神仙傳云：有列靈之龜背負蓬萊山而抃戲滄海之中也。王注楚辭云：鼇，大鼈也。古今正字：從黽敖聲。黽音猛。

兩髀　下鞞米反。說文：髀，股外也。從骨卑聲。或作骳。

大乘四法經　慧琳音

所翳　下煙計反。方言云：翳，薆也。薆亦蔽。集訓云：陰翳也。文字典說云：翳，隱也。薆音哀改反。從羽殹聲。殹音同上。

蟠曲　上婆饅反。顧野王云：紆迴轉也。廣雅云：蟠也[九]。鄭注禮記：蟠，委曲。說文：從虫番聲。蟠亦曲，番音潘。經作磐，非此義也。正作此蟠。

稠林　上直留反。博雅云：稠，概也。毛詩傳云：稠，密也。說文：多也。從禾周聲也。

絧輓　下莫安反。春秋云：輓，補也。考聲云：盖也。說文：從革免聲也。

菩薩修行四法經一卷　慧琳撰

憒⿱市人　下奴草反。字書云：⿱市人[一〇]猶猥擾也。考聲云：人諠多也。俗作閙也。古今正字從市人，不静聲也。

希有希有校量功德經　慧琳音

車箱　下削陽反。毛詩傳云：箱，車服箱也。蒼頡篇云：車藩也。說文云：大車壯服也。從竹相聲。

淳净　上垂倫反。說文云：淳，清也。從水享聲。

百倍　下蒲每反。王輔嗣注周易：謂以一生兩也。說文：從人音聲。音音土口反。

校量　上交巧反。賈逵注國語云：校，考也。說文：從木交聲。

最無比經　慧琳撰

嚴麗　郎計反。麗，好也。孔注尚書云：麗，施也。顧野王云：麗謂華靡也。說文：從鹿丽聲也。丽音戾。

佛說前世三轉經　玄應撰

粗獷　下虢猛反。集訓云：獷，惡也。說文云：獷，不可附也。從犬廣聲也。

禱祠　上刀老反，下似慈反。鄭注周禮云：求福當請福之詞，得福曰祠[一一]。說文：並從示，示音祇，壽、司聲也。

無瘢　下薄寒反。蒼頡篇：痕也。說文：瘢，痍也。瘢，痕也。經文作槃，應從疒女厄反般聲也。

妊娠　上如鴆反，下書隣反。廣雅云：妊亦身身音申也。毛詩傳云：娠，懷孕也。說文義同，並從女，壬、辰俱聲。

身餧　於僞反。顧野王云：以物散與鳥食也。廣雅：餧亦飤飤音寺也。說文：從食委聲也。

餬口　上户徒反。爾雅云：餬，饘饘音之然反也。左傳云：餬其口於四方也。說文：寄食也。從食胡聲。

佛說銀色女經　慧琳撰

摶若　上彘欒反。博雅：摶，著也。顧野王亦令著也。禮記：無摶飯也。說文：從手專聲。

鬎須　上梯帝反。許注淮南子云：鬎，截髮也。說文：從髟音摽弟聲。考聲云：削髮。從刀作剃，俗字也。下相逾反。鄭注周禮云：須，髮也。又從頤下須也。說文亦面毛也。從彡從頁，象形字也。

挽我　上無返反。聲類云：挽，引也。從車作輓。說文：從手免或聲也。

佛說阿闍世王受決經　慧琳撰

嘎噎　上罌綆反。考聲云：嘎，氣塞也。聲類：留噎喉中也。亦體食也。說文：從口叜聲。下煙結反。毛詩傳：噎，不能息也。郭注方言云：噎，痛也。說文：食在喉也。從口壹聲。

採蓮違王上佛受決號妙華經　慧琳撰

采蓮　上猜宰反。考聲云：采，取也。說文：從爪從木。今經從手，通用也。

愕然　上五各反。字書：咢，驚也。說文：從心咢音與上同聲也。

佛說正恭敬經　玄應撰

蹀足　上徒葉反。廣雅云：蹀，履也。聲類：蹀，躡。古今正字：蹀，蹈也。從足枼聲。枼音葉也。

趠足　上丑校反。上林賦：趠，間也。說文：遠也。從走卓聲也。

善敬經　慧琳撰

指抓　下側絞反。左傳云：手甲也。埤蒼：抓，搯（掐）[一二]也。亦作爪。說文：抓，刮也。從手爪聲也。

肩髆　下膀莫反。集訓云：髆，脅髆也。亦作膊。說文：肩甲也。從骨尃聲。尃音浦也。

椎撲　上直追反。太公六韜曰：椎重八斤，柄長五尺。顧野王云：椎所以轉物也。說文：從木隹聲。經文作此槌，俗字也。下龐邈反。字書云：相撲，手搏也。說文：從手菐。撲，擊也。搏，音博。經文從菐聲，菐音卜。從人作僕，訛也。

鈎觜（觜）[一三]　下茲髓反。或作咮（味）[一四]。考聲云：鳥口。從此朿音刺聲。字書或作[一五]。古今正字從此作觜。經作嘴，俗字也。

荷擔　下耽濫反。考聲、古今正字云：擔，負木荷物。從手也，詹聲也。

稱讚大乘功德經　慧琳撰

謗讟　下同鹿反。杜注左傳云：讟，誹也。方言：痛也。廣雅：讟，惡也。說文：從誩賣聲。誩音乾敬反。

捶打　上隹委反。說文：捶，杖擊也。從手垂聲也。

匾㔸　上邊丏[一六]、下土（士）[一七]奚反。考聲作匾㔸，並薄皃也。

經作膈胇，俗字也。丏音湎也。

矬陋　上坐莎反。廣雅：短也。古今正字云：矬字，從矢坐聲也。

澍瀿雨　上朱戍反。淮南子云：澍而不澍也，春雨之灌万物也[一八]。說文云：澍，時雨所以澍生万物無地也。從水從尌聲。尌音駐。次正法字。顧野王云：常也。無地無戒法則也。又放效模範也。爾雅云：法，獨也。廣雅云：合也。說文云：瀿，平如水，廌所以不直而去之[一九]，會意字也。廌音宅蕥反。

綜攝　上子宋反。列女傳：織可以喻治政，推持絲而往引而來者曰綜。說文：機縷交者也。從糸宗聲也。

枯槁　上苦胡反。考聲：木乾死也。亦作殆。說文：枯，朽也。從木古聲。下苦浩反。說文：槁亦枯也。考聲亦乾也。從木高聲也。

佛說妙法决定業障經　無字可音訓。

諫王經　玄應撰

黼黻　上弗禹反，下甫忽反。考工記：畫繢之白與黑謂之黼，黑與青謂之黻。爾雅：事章也[二〇]。斧謂之黼。郭璞曰：黼文畫爲斧形。黼字從黹音知雉反，經文從首作黼，非也。

恇攘　丘方反，下而羊反。說文：恐，惶遽也。楚辭：遭此世之恇。煩擾也，謂煩攘是也。

口噤　又作唫，同。渠飲反。噤而不言。王逸注楚辭云：噤，閉[二一]也。閉口爲噤也。

葆羽　又翢，同。補道反。漢書作合聚五色羽名，書羽葆謂爲葆也。

噢咿　於六反，下於祇反。埤蒼：噢咿，痛悲之也。亦聲也。

闐闐　又作填，同。徒堅反。詩云：振旅闐闐。言盛貌也。亦群行聲也。

示教勝軍王經　玄應撰

倡優　齒陽反。說文：倡，樂也。蒼頡篇：樂也。證也。戲笑之伎也，謂樂倡俳也。優，笑以自人所爲戲怡悅也。

綺帊　又作袙，同。普亞反。襆也。通俗文、廣雅云：帊，復曰帊也。

錦衾　祛金反。字林：衾，大被也。

駿馬　子閏反。穆天子傳曰：天子稱駿馬百匹。郭璞曰：馬之美，馬才良文駿者也。

瞑目　覓田反。說文：瞑，翕也。爾雅：翕，合也。

辟手　裨役反。謂舒手附身也。廣雅：辟，除也。

日暴　蒲冒反。暴，晞乾，曬也。說文：從出從廾米字意也。字從日從廾音巨恭反。

雨漬　在賜反。浸也。通俗文：水曰漬。漬，潤濕也。

霜封　府龍反。封，厚也。亦緘撿（檢）[二二]之也，固之也。

筋骨　居欣反。說文：肉之有力者。筋字從竹也。

殉利　辭俊反。蒼頡篇云：殉，求也。廣雅云：殉，營也。

佛爲勝光天子說王法經　慧琳音

懊悔　烏老反。文字集略：懊憹，奴道反。爾雅：懊亦忨五煥反。

說文：從心奧聲。下呼會反。毛詩傳曰：悔，恨也。劉瓛言蹇反注周易：悔，改也。說文：從心每聲也。

黔黎　上儉廉反。鄭氏注禮記：黔，首也。說文：從黑今聲。下力奚反。孔注尚書：黎，衆也。古今正字：從黍㓞，㓞音利聲。

溘然　坎合反。至也。楚辭云：溘奄忽而之。亦至也。說文：從水盍音合聲也。

白氎　下甜頰反。埤蒼云：氎，細毛布也。考聲云：亦草花布也。文字典說：從毛疊聲。疊音同上。

縈身　於營反。收卷也。說文：從糸熒省聲。

踈通　上所初反。經作踈，寫人誤也。

鈴鐸　上力丁反。鈴，小鐸也。說文：從金令聲。下唐洛反。鄭注周禮：鐸，大鐸也。說文：從金睪聲也。

魚鼈　上語居反。水蟲。下必滅反。考工記：肉骨者也。吕氏春秋、山海經亦介也。從黽敝聲。黽音猛，敝音毗袂反。

黿鼉　上阮援反。說文：黿，大鼈也。從黽元聲。下大河反。郭璞注山海經云：鼉，似蜥蜴，長丈餘，有鱗，皮可以爲鼓也。說文：水蟲也。從黽單省聲。單音那也。

文殊師利巡行經　慧琳撰

晡時　上補胡反。許注淮南子：日行至申爲晡時。悲谷者，日入處也。顧野王云：悲谷是日加申時也。說文：從日甫聲也。

佛說文殊尸利行經　慧琳撰

誹謗　上音斐，下補浪反。說文：誹猶謗也。杜注左傳：謗亦毀也。大戴禮：堯立誹謗之木。文字典說：並從言，非、旁俱聲也。

貝多樹下思惟十二因緣經　慧琳撰

極劇　渠戟反。顧野王云：劇，甚也。說文作劇，正字也。從刀豦聲。經作劇，俗字。

緣起聖道經　此經未有本可音訓。

了本生死經　玄應撰

苦懣　古文懣，同。莫本反。說文：煩也。蒼頡篇：懣，悶也。亦憒也。

常啖　又作噉，同。徒感、徒濫二反。喫，啖也。

稻稈經　玄應撰

生穗　又作采（采）〔一三〕，同。辭醉反。說文：禾成秀，人所收也。

慈氏菩薩所說大乘緣生稻稈喻經　慧琳撰

鷲峯　上音就，下芳封反。案天竺國靈山也。在摩竭陀國。此山高峻，鷲鳥栖止。此鳥形狀似鵰而小，亦怪鳥也。常食死屍，若翔集聚落，邑中必有死喪，以此咎徵，故名靈鷲。經文在此山說也，故摽（標）〔一四〕顯。其舊名祇闍崛山，梵語訛轉也，亦名鷲山也。説文：從山鳥，夅、就聲者也。
錯謬　下眉救反。顧野王云：謬，猶僻也。鄭玄云：謬，誤也。釋名云：謬，差也。方言：詐也。説文：從言翏力又反聲也。
生莖　下幸耕反。蒼頡篇：草本曰莖。説文：從艸巠聲音輕。
植種　上乘力反。鄭注周禮：根生之屬也。孔注尚書：植，置也。方言：樹，立也。説文：從木直聲。下鍾勇反。孔注尚書云：種，布也。顧野王云：謂取種布於土中也。説文：從禾重聲也。
竅隙　上企曜反。鄭注禮記：竅，孔也。説文：空也。從穴敫聲。下卿（鄉）[二五]逆反。廣雅：裂也。顧野王：隙，猶穿穴也。隙，壁際也。説文：從阜㡭聲也。
躭著　上都南反。考聲云：躭，嗜也。孔注尚書云：過樂謂之躭。從女作妉。亦作此媅，或也。
沃潤　上烏穀反。考聲云：沃，灌也。古今正字：從水夭聲也。
如稱　蚩證反。廣雅云：秤，度也。考聲：正作稱。經作秤，俗字也。説文：從禾爯爯音上同聲也。
低昂　上丁兮反。博雅云：垂也。蒼頡篇：低，俛也。古今正字：從人氐音底聲。經文作此仾，俗字也。下五剛反。説文：高也。從日卬聲。卬音同上也。

獨證自誓三昧經　玄應撰

句潭　下徒南反。或言瞿曇彌，梵言輕重也。
趠第　丑挍、他吊二反。上林賦：趠。郭璞曰：懸擲也。説文：趠，遠也。
金贈　在鐙反。贈，送也，遺也。説文：以玩好之物相送曰贈。

謳合　又作嘔、傴二形，同。烏侯反。爾雅：徒歌曰謳。廣雅：謳，喜也。
鉢和蘭　亦言鉢和羅，梵言訛轉也。此云自恣食也。

佛説自誓三昧經　慧琳撰

交露　交，自也。經作玟，非也。下音路也。
莎呵　素河反，下音河。梵語。
研精　齧賢反。廣雅云：研，熟也。説文：研，䃺。從石幵聲。經作研，俗字也。幵音牽也。
句睒　失冉反。梵語西國名。
揵搥　上音虔，下直追反。已於善敬經釋訖。

佛説龍施女經　慧琳撰

危脆　七歲反。廣雅：脆，弱也。顧野王云：胞，肉耎易斷也。説文云：從肉從絶省聲。經文從危作脆，誤也。

龍施菩薩本起經　玄應撰

嚶嚶　烏耕反。謂鳥鳴也。爾雅：丁丁、嚶嚶，相切直也。
悢悢　力尚反。廣雅云：謂悢悢悲然愁也。
縷陳　力主反。言數如絲縷多難陳也。經文作屢，非體也。

菩薩生地經　慧琳撰

精廬　吕猪反。考聲云：廬，庵類也。杜注左傳云：廬，舍也。

說文：從广嚴撿反盧聲也。

檛捶　上䲧䟃瓜反。考聲云：檛，馬策杖也。說文：從木過聲也。下之蘂反。說文：捶謂擊也。從手垂聲。

急憋　下裨列反。方言：急性也。說文云：憋，惡也。郭注云：憋，從心敝聲也。

誣罔　上武膚反。[鄭]〔二六〕注禮記及杜注左傳云：欺也。鄭云：誣亦罔也。說文：從言從巫聲也。

觝突　上丁禮反。聲類中作牴〔二七〕字。抵音底，觸也，亦至也。古今正字：從角氐聲也。

稍稍　梢教反。顧野王云：稍稍，侵漸也。廣雅云：稍稍，小也。說文云：從禾肖聲。

佛語經　慧琳撰

卑掾　鋊絹反。蒼頡篇：掾，指也。漢書：官府掾也。說文：從手彖聲。彖音湍亂反。

佛說八吉祥咒經　慧琳撰

颰陀　梵語也。上盤鉢反。

因抵　丁禮反。大戴禮云：抵，猶推也。方言云：抵，刺也。經作此扺，俗字也。說文：從手氏音底聲。

無央　約章反。王注楚辭：央，盡也。說文：從大在口(冂)〔二八〕聲。廣雅云：央音於仰反。考聲云：失容也。經文從革作鞅，與經義殊乖，今不取。

⿰革必蜜　上頻必反。梵語也。

八陽神咒經　玄應撰

肉〔二九〕噲　口壞反。國土名也。依字，咽也。三蒼亦快字也。

八吉祥神咒經　慧琳撰

缺減　犬悅反。蒼頡篇：缺，虧也。說文：從缶夫苟反夬吉穴反聲。下甲斬反。說文：減，少也。從水咸聲也。

逮得　臺賴反。毛詩：逮，及也。經作逯，俗字也。說文：從辵隶聲。辵音丑略反。隸音第。

諛諂　上庸朱反。說文：諛亦諂也。從言臾聲。經作此諭是曉諭字也，與經義乖也。下丑冉反。何注公羊傳：諂，佞也。從言閻聲。或經作此諂，俗字也。

八佛名號經　慧琳撰

熊羆　上音雄。說文：熊似豕，山居冬蟄之獸。從能灬必遙反聲。下鄙皮反。郭注爾雅云：羆似熊，長頭，高脚，能拔樹。說文：黃白文也。從熊罷省聲也。

豺豹　上牀諧反。豺，狼屬也。郭注爾雅云：豺，脚似狗也。顧野王云「霜降之日豺乃祭獸」是也。說文：從豸音雉才聲。下包教反。毛詩亦作「豹黃羆〔三〇〕」是也。說文：似虎圓文。從豸勺常藥反聲也。

芬馥　上芳文反，下馮福反。鄭注儀禮云：芬猶香也。說文：從艸分聲。毛詩傳云：馥亦香也。文字典說云：從香复聲。

盂蘭盆經　玄應撰

盂蘭盆　此言訛也，正言烏藍婆拏。此譯云倒懸。案西國法，至於衆僧自恣之日，云先亡有罪，家復絶嗣，亦無人饗祭，則於鬼趣之中受倒懸之苦。佛令於三寶田中俱具奉施，佛僧祐資彼先亡，以救先亡倒懸飢餓之苦。舊云盂蘭盆是貯食之器者，此言誤也。

往餉　尸尚反。廣雅：餉，遺也。説文：餉，饋也。饋，餉也。

錠燭　音定，又殿。韻集云：有足曰錠，無足曰鐙。經文作挺，非也。

鉢羅和飯　獨證自誓經云鉢耳。此釋云和蘭，亦梵言輕重，自恣食也。

汪洋　烏光反，下以章反。楚辭云：臨極也淵子（兮）汪洋〔三一〕。王逸曰：大水廣皃。説文：汪洋，深廣皃。廣雅：汪汪，大水也。

六種親屬　漢書：以奉親。應劭曰：六親者，父母兄弟妻子也。蒼頡篇：親，愛也。釋名云：襯也。言相隱襯也。

佛説報恩奉瓫經　慧琳撰

乳哺　上儒主反，下蒲慕反。許注淮南子云：哺，口中嚼食也。説文：從口甫聲也。

麯飯　昌沼反。字林：熬米麥也。説文：從麥酋就由反聲。經文作麨，俗字也。

汲灌　上紀立反。説文：汲，引水也。從水及聲。下宮換反。晏嬰云：灌，沃也。説文：從水雚音桓聲也。

灌洗佛形像經　慧琳撰

臠肉　力轉反。字林云：臠，切肉也。説文：從肉䜌劣專反聲也。

僉然　上七尖反。孔注尚書云：僉，皆也。説文：從亼慈入反從吅音讙從从古從字。

佛説摩訶剎頭經　慧琳撰

捼而　奴和反。鄭注禮記：澤手挼莎也〔三二〕。説文：從手委聲。莎音素和反。

紺黛　上甘暗反。説文：深青色也。從糸從甘聲。下徒賚反。説文：眉黑也。從黑代聲也。

佛説浴像功德經　三藏寶思惟譯　慧琳音

浴像　上瑜屬反。考聲云：浴，洗也。説文：浴，洒身也。從水谷聲。洒，先禮反。

佛説浴像功德經　慧琳撰

麩片　上撫無反。説文：麥皮屑也。從麥夫聲也。

瀝取　上靈滴反。蒼頡篇云：水下滴瀝（瀝）〔三三〕也。説文：從水歷（歴）〔三四〕聲也。

造立形像福報經　慧琳撰

柔耎　而兖反。博雅：耎，弱也。從而從大。或作碝〔三五〕也。

恢上　苦回反。杜注左傳：恢，火〔三六〕也。說文：從心從灰聲也。

佛說作佛形像經　慧琳撰

拘鹽　上音俱，下余廉反。梵語國名也。

佛說內藏百寶經　慧琳撰

漚和　梵語。於侯反。

媾精　上古候反。周易曰：媾，遇也。王注云：女遇男也。經作此遘，誤也。說文：從女冓音與上同聲。

漱口　上搜皺反。考聲：漱，水激盪也。禮記曰「雞初鳴咸盥漱」是也。說文：從水欶所六反聲。

繖蓋　上珊亶反。東觀漢記：時天大雨，上騎持繖蓋。顧野王云：繖，即蓋也。說文：從糸散聲。經文作此傘，未詳，亦俗用字。

私呵昧經　慧琳撰

戰慄　力質反。杜注左傳云：慄，謹敬也。尚書云「慄慄危懼」是也。說文：從心栗聲也。

肅然　上修育反。孔注尚書云：肅，敬也。又曰：肅，嚴也。毛詩箋云：肅肅，嚴止之皃也。謚法曰：强德克義曰肅。說文義同，從𦘒，汝(如)〔三七〕涉在𣶒〔三八〕烏玄反。

炳意　上碧皿反。廣雅云：炳，明也。說文云：從火丙聲也。

有遏　安割反。孔注尚書云：遏，絶也。蒼頡篇：遏，謂遮也。說文：從辵曷音褐聲。

僮孺　上徒東反。鄭注禮記云：僮，未冠之稱也。說文：從人童聲。下如喻反。孔注尚書：稚子也。說文：從子需聲。俗作此㜸，今不取。

蝡動　上如允反。淮南子：昆蟲蝡動也。說文：從虫耎聲也。

四不可得經　玄應撰

捻箭　又作敜，同。乃叶反。謂以手指捺(捻)〔三九〕持也。

梵女首意經　玄應撰

入館　古換反。說文：客舍也。周禮：五十里有候館。案客舍逆旅名候館，字從食。今有從舍作舘，近字也。

无喆　又作哲、悊二形，同。知烈反。爾雅：哲，智也。方言：齊宋之間謂智爲哲。哲，明了也。

菩薩行五十緣身經　玄應撰

佛塔　他盍反。或云塔婆，或作偷婆。此云方墳，亦言廟，一義也。經文從革作鞈，公市反，橐也，亦防汗〔四〇〕也。鞈非此義也。

成具光明定意經　玄應撰

茯若　又作沃，同。於縛反。詩傳云：沃若，猶沃沃然也。沃，柔也，濕也。亦從下溜出也。

卓犖　力角反。謂奇異也。

瞢瞢　莫登反。瞢瞢然亂也，悶也，亦無光也。

真諺　言建反。諺，俗言也。言了別真俗語，無疑難也。經文從口作喭，俗，非也。

褒訕　補高反。案褒猶揚美之也，進也。訕，謗也。

剗貪　又作鏟，同。初簡反。廣雅：剗，削也。聲類云：剗，平者也。

躓礙　上音致。通俗文：事不利曰躓，限至曰礙。經文作綴，非也。

潭然　宜作憺，徒濫反。憺，猶安静也。深水曰潭，音徒南反。

眉毛　美飢反。説文：目上毛。經文作毦毴二形，非也。

眼瞼　居儼反。字略云：眼外皮也。經文作睫眊二形，並非此用也。

諀訿　爾雅：資爾反。通俗文云：難可謂之諀訿。經文或作啤呲。

瘦毫　古文毫、耄二形，今作秏，同。莫報反。禮記：八十曰耄。注云：耄，惛忘也。亦亂也。經文作㲠、宅二形，誤也。

棚閣　蒲萌反。通俗文：連閣曰棚。棚亦閣也。蒼頡篇：樓，閣也。謂重屋複道者也。

妐姑　又作伀，同。之容反。釋名云：俗謂舅婦名伀，言所見敬忌，見之伀懼，自肅齊也。

盥手　公緩反。説文：澡手也。案凡洒澡物皆曰盥，不但手也。字從臼水皿上意也。

温室洗浴衆僧經　玄應撰

温痺　必二反。風痺病也，濕病也，謂不能行也。

苾芬　又作䨨、毖、咇、祕[四一]四形，同。蒲結反。埤蒼：大香也。苾苾然芬芬香也。

諸德福田經　玄應撰

枯槀　古文殦，同。苦道反。字林：木枯也。

迄今　吁訖反。爾雅云：迄，至也。

金色王經　玄應撰

粔籹　渠煑反，下匿女反。蒼頡篇：粔籹，餅餌者也。江南呼爲膏糫。膏糫音還。字苑：粔籹，膏糫果也。

大方廣如來藏經　晉翻　慧琳撰

饜意　菩薩名。上於艷反。

覆蔽　上若[四二]務反。賈注國語：覆，蓋也。説文：從西(襾)[四三]復聲。下必袂反。杜注左傳云：敝，障也。考聲云：掩也。説文：從艸敝裨袂反聲。西(襾)，呼賈反。

皮穭　苦外反。蒼頡篇：穭，糠也。字書云：穭，粗糠也。經作此穭，俗字。

糟糠　上早勞反。楚辭云：哺其(其)〔四四〕糟，歠其醨。說文：酒滓音緇史反。從米曹聲。下苦綱反。郭注爾雅：糠，米皮也。說文亦穀皮也。從禾康聲。經從米作糠，俗也。

核内　衡革反。顧野王云：果實中核也。說文：從木亥聲。

見幣　毗袂反。鄭注禮記云：大幣，所以享先也。又曰：幣，帛也。說文：從敝毗袂反從巾也。

鑄師　朱戍反。左傳：鑄謂煬陽向反銅爲器也。又銷金也。說文：從金壽聲。

繒蓐　昔〔四五〕燭反。聲類云：蓐，薦也。郭注爾雅云：蓐，席也。說文：從艸辱聲也。

大方廣如來藏經　興善三藏新譯　慧琳撰

瘘瘁　上委爲反。鄭注禮記：痿，病也。說文：從疒委聲。下慈醉反。毛詩傳曰：瘁，病也。說文：從疒卒聲。疒音女厄反也。

勎没　上力登反。字書云或陵字也。王逸云：陵，侵侮慢易也。杜注左傳云：侮我也。古今正字：從力夌音上同聲也。

須蘂　粟逾反。說文：正體從彡作須。彡音衫，頁音頡，象形也。經從髟作鬚，俗字也。髟音標。下而捶反。王注楚辭云：蘂，花實皃也。廣雅云：蘂，花也。說文：從艸從三心從糸也。

⿰夬皮去　上丑劣反。埤蒼云：⿰夬皮，皮破也。說文：從皮夬聲也。

粟秫　唇律反。爾雅云：黏(黏)〔四六〕粟也。說文：從禾朮聲。經作床，非也。

懷挾　上户乖反。經從心，通用。說文：正字作褱。褱，挾也。從衣眔聲。下嫌頰反。何注公羊云：挾，褱也。爾雅云：挾，藏也。說文：持也。從手從夾聲。經從人作俠，誤也。

金甎　音專。埤蒼云：⿰鹿瓦甎也。經從石作磚，俗字也。說文：從瓦專聲也。⿰鹿瓦音祿。

跳驀　上徒聊反。說文：跳，躍也。從足兆聲。下萌伯反。考聲云：驀，踰也。說文：從馬莫聲也。

演道俗經　玄應撰

給贍　聲類或作儋，同。時艷反。贍，助也。字書：贍，足也。謂周足也。

百佛名經　玄應撰

譖入　側禁反。廣雅：譖，毀也。亦讒也。一云旁入曰譖也。

瞿嘘　借音犖俱反。

婆瑳　千我反。

滕徳　翼證也〔四七〕。

稱揚諸佛功德經下卷　玄應撰

洞清　古文衕、迵二形，同。徒貢反。案洞猶通過也，亦深邃之貌也。經文從口作哃，非也。

須真天子經　上卷　玄應撰

鋒遬　蘇木反。

䨴陀　徒對反。

昝　止〔四八〕構反。

須真天子經　中卷

勇悍　胡旦反。蒼頡篇：悍，桀也。説文：勇亦悍也。

弧弓　户都反。説文：木也。周易「黄帝作弦木爲弧，剡木爲矢」是也。

建箭　居健反。建，立也，亦樹也。

摩訶摩耶經　玄應撰

涵潤　胡耽反。説文：水澤多也。詩云「譖始既涵〔四九〕」是也。

鐖翮　字林：山瘵反。謂張翼也。淮南子云：飛鳥鐖翼。許［叔］〔五〇〕重曰：鐖羽而飛也。

除恐灾撗經　玄應撰

溝巷　胡絳反。謂須陀洹人也。此言入流，或言至流。今言溝巷者，取其流水處也。經文作港，古項反。字略云：水分流也。即經中云分布果是其義也。

孛經抄　玄應撰

蚑蜂　巨義反。聲類云：多足蟲也。關西謂蚉溲爲蚑蟀。蚉音求俱反。下所誅反。

斲米　析移反。斲，下也。字書：斲，役也。謂賤役也。今取其義也。

睚眦　五賣反，下助賣反。廣雅：睚，裂也。説文以爲眦，目匡也。淮南子云「瞋目裂眦」即其義也。

媟嬻　上相列反，下徒木反。相狎習謂之媟嬻。經文作泄瀆，非體也。

妖孽（孽）〔五一〕　字體作孽，同。五竭反。説文：衣服歌謡草木之怪謂之妖，禽獸蟲蝗之怪謂之孽（孽）。孽（孽），災也。

魯鈍　力古反。論語：參也魯。孔安國曰：魯，鈍也。謂人惽鈍者也。

吃吻　宜作肕，同。音刃。吃肕猶堅韌也，謂人無識也。

辜較　又作搉。漢書音義曰：辜，固也。較，專心。謂規固販鬻以求利專略。

譙譊　又作嘵呶，同。才妙、才焦二反。蒼頡篇：譙云訶也，亦嬈也。譙，跋也。下女交反。譊譊，讙呼也。廣雅：譊，鳴也。説文云：恚呼也。蒼頡篇：訟聲也。

鸕鷀　上郎都反，下才資反。説文：水鳥也。蒼頡篇：鸕鷀，似鶂而黑也。鶂音五歷反。

不思議光菩薩所説經　玄應撰

鴈鴚　又作鸎，同。其俱反。即鸎鴿也。

十住斷結經　第一卷　玄應撰

纏綞　力前反。字書：綞縷不解也。

戢在　側立反。戢，聚也，斂也。説文：藏兵器也。經文從手作撠，非也。

滲漏　疏蔭反。滲，盡也。下漉曰滲。滲亦竭也。

閹塞　於儉反。閉門人也。宜作掩。掩，藏也，蔽也。

十住斷結經　第二卷

密欵　又作款（款）〔五二〕，同。口緩反。蒼頡篇：欵，誠重也，至也。説文：欵，意有所欲也。

揮淚　許歸反。揮，灑也。説文云：揮，奮也。謂奮振去之也。

十住斷結經　第三卷

棚閣　蒲萌反。通俗文：連閣曰棚。經文作閛，普耕反，門聲也，閛非此義也。

嬈固　乃了反。下又作怘，同，古護反。三蒼云：嬈，弄也，煩也。謂煩擾戲弄也。諸經有作嬲，或作嫐，音同嬈。摩登伽經作擾蠱，音公户反，厭蠱也。字林：蠱音古護反。

十住斷結經　第四卷

勗勉　虚玉反。謂勉勵也。方言：齊魯謂勉爲勗也。

道撿　居儼反。大品經云「若入聲聞正位」是也。撿，攝也。蒼頡篇：撿，法摩（度）〔五三〕也。

十住斷結經　第五卷

騞然　呼馘反。騞然，忽也。義亦與砉字同，音乎覓反，砉然也。馘音古麥反。

煻煨　徒郎反，下烏迴反。通俗文：熱灰謂之煻煨。亦熝也。廣雅：煨，温也。經文作煴，於文反。烟煴光氣也。説文：鬱煙也。煴非字體也。

門閾　古文閾，同。呼域反。爾雅：柣謂之閾。郭璞曰：即門限也。柣音千結反。

十住斷結經　第六卷

或奇　鵄猛反。明也。

婆搓　千何反。或作婆叉河，亦云博叉河，大池西面河也。馬口而出流入西海也。

䔲瞢　徒登、丁鄧二反。韻集：失臥極也。下亡登反。經有作蹬、憕懵，並非體也。

十住斷結經　第七卷

六湮　於仁反。説文：湮，没也。爾雅：湮，落也。亦下也。

十住斷結經　第八卷

斢水　九愚反。廣雅：斢，酌也。説文：斢，挹斟也。杼(抒)〔五四〕也。經文作拘，非體也。或從酉作酙，亦非。

十住斷結經　第九卷

蚑行　渠支、巨宜二反。謂蟲行皃也。周書「蚑行喘息」是也。

哂然　字書作㖃，或作欣，同。式忍反。三蒼：小笑也。論語：夫子哂之。馬融曰：哂，笑也。禮記：笑不至哂。鄭玄曰：齒本曰㖃(㖃)〔五五〕，大笑則齒本見也。

愚戇　都絳反。説文：愚，癡也，戇也。聲類、韻集音丑巷反。

十住斷結經　第十卷

遮迦越羅　此譯云轉輪聖王。正言斫迦羅，此言輪。伐剌底，此云轉。名轉輪聖王，順此方語也。

菩薩纓絡〔五六〕經　第一卷　玄應撰

恭恪　古文愙，同。口各反。恪，敬也。字林：恪，恭也。

曩昔　奴朗反。爾雅：曩，久也。猶往久古昔也。

塵曀　又作壇，同。於計反。爾雅〔五七〕：終風且曀。傳曰：陰而風曰曀。曀亦翳也，言奄翳日光使不明也。

菩薩纓絡經　第三卷

亘然　歌鄧反。亘猶坦(恒)〔五八〕然也。詩云：亘之秬秠。傳曰：亘，遍竟也。秬音巨，秠音扶鄙反。

羯毗　或言羯隨，或曰迦毗，或言迦毗，此是梵語音訛也。此譯云迦毗聲迦羅者，名爲好聲鳥也。

菩薩纓絡經　第六卷

僥倖　古堯反，下胡耿反。僥，遇也。倖，冀〔五九〕慶也。俗謂幸爲倖，倖謂非其所得而得之也。

菩薩纓絡經　第七卷

貪餮　又作飻，同，他結反。説文：飻亦貪也。又曰：貪財曰饕，貪食曰餮。

拘隣　或作居隣，或作拘輪，皆梵語訛也。此云本際，則經中尊者了本際、尊者智本際皆是也。此則嬌陳如也。

邠耨　又作分耨，或作邠耨文陀弗，應云富羅曼陀弗多羅。此譯云滿嚴飾女，或言滿見子也。

菩薩纓絡經　第九卷

苾芬　又作馝、馝、咇、䭯四形，同。蒲結反。埤蒼：苾，大香也。詩注云：苾苾然芬香也。

阿惟顔　案菩薩十住經云第十阿惟顔住，謂一生補處者也。

鏇以　又莧反。説文：一曰平鐵也。蒼頡篇云：削平也。

不泄　思列反。泄，溢也，亦發也。廣雅：泄，漏也。

菩薩纓絡經　第十一卷

超卓　耻驕反。跳上車也。超，越也，出前也，遠也，踰也。下陟角反。卓，高也。釋名云：超，卓也。舉脚有所卓越也。

菩薩纓絡經　第十二卷

分衛　此言訛也。正言儐荼，此云團。波多，此云墮。言食墮在鉢中也。或言賓荼夜，此云團。團者，食團，謂乞食也。

鏗然　又作⿰木身(⿰扌身)〔六〇〕、䡩二形，同。口耕反。説文：䡩，堅也。廣雅：䡩䡩然，堅也。

料量　力條反。説文：料，量也。料亦數也。字從斗。經文作科，苦和反，非也。

超日明三昧經　上卷　玄應撰

懾伏　聲類作慴，同。止業反。説文：心服曰懾。廣雅：懾，懼也。字書：失常也。

娞恤　私惟反。爾雅：娞，安也。恤，收也。

恢弘　又作⿰糸灰〔六一〕，同。苦迴反。字林：恢，大也。

纖介　家薤反。周易：憂悔吝者存乎介。韓康伯曰：介，纖介也。劉瓛曰：介，微也。

譎詭　又作噊，同。公穴反。下又作恑，同。居毁反。方言：自關而東西或謂詐爲譎恑，亦奇怪也。

浮譁　呼瓜反。尚書：無譁聽命。孔安國曰：無讙譁也。蒼頡篇云：譁，言語譊譊也。

不挍　古效反。左傳：有人而挍，罪莫大焉也。注云：挍，報也。論語云「賊而不挍」是也。

五兵　周禮：司兵掌五兵。鄭衆曰：五兵者，戈、殳、戟、酋矛、夷矛也。若步卒五兵則無夷矛而有弓矢也。

消殪　古文作壹，同。於計反。爾雅：殪，死也。尚書：殪戎殷。注云：殪，煞也。亦盡也。

弘綽　又作繛，同。昌若反。説文：綽，緩也。綽亦寬也。

超日明三昧經　下卷

淖情　字林：女卓反。三蒼昌若反，又音徒歷反。淖約，好皃也。

分賦　方句反。賦，布也。爾雅：賦，斑〔六二〕也。郭璞曰：謂斑布與之也。

綢繆　直流反，下亡侯反。詩云：綢繆束薪。傳曰：綢繆，纏綿也。

寇害　口候反。説文：寇，暴也。廣雅：寇，抄也。尚書：寇賊姦宄。薄(范)〔六三〕甯集解云：寇，群行攻剽者也。字從完從攴。剽音匹妙反。

躊躇　腸留反，下腸諸反。廣雅：躊躇，猶豫也。亦蹢躅也。

貙者　耻俱反。似狸而大。爾雅：今貙虎大於狗，文如狸。博物志云：貙，大能化爲虎。

苑囿　于救反。三蒼：養牛馬林木曰苑。字林：有垣曰苑，無垣曰囿，所以養禽獸者也。囿亦禁苑也。

城廬　力居反。別舍也，亦寄止也。黄帝爲廬，以避寒暑，春秋去之，冬夏居之，故曰寄止。

謙冲　説文作盅，同。除隆反。字書：冲，虚也。亦中也。

屢聽　力句反。爾雅：屢，亟也。亟，數也。亟音祛記反。

訾量　又作嘗，同。子移反。訾亦量也。説文：思稱意也。

蹉跌　千何反，下徒結反。蹉，跌也。通俗文：失躡曰跌。廣雅云：跌，差也，亦偃也。

未孚　字體作赴，同。芳務反。禮云：無赴往。鄭玄注云：赴，疾也。廣雅云：赴，行也。

一鍼　聲類：今作針，同。支諶反。廣雅：鍼，刺也。説文：所以縫衣也。

賢劫經　第一卷　玄應撰

光燿　古文曜，同。餘照反。廣雅：曜，照也，明也。

不挾　胡頰反。挾，懷意也。爾雅：挾，藏也。經文作挾(協)〔六四〕，和也。協非此義。

稸積　字書作蓄，同。敕六反。蓄，積也，衆(聚)〔六五〕也。

痂痏　古遐反，下于軌反。廣雅：痂，瘡也。痏，毆傷青黑腫也。

邦伴〔六六〕　石經作邦、邦〔六七〕、邫三形，同。補江反。

准平　説文作準，同。之尹反。准，平均也，度也。經文作垐，才資反。以土增道也。垐非此用。

擿去　他狄反。擿，剔也。謂擿治之也，亦取也。

賢劫經　第二卷

三塗　又作途、迠二形，同。達胡反。言三塗者，俗書春秋有「三塗危險之處」，借此爲名。塗猶道也，非謂塗炭之義。若依梵本，則云阿波那〔六八〕伽低。此云惡趣，不名惡道。道是因義由履而行，趣是果名已到之處，故不名惡道也。

躓礙　古文懫、躓二形，今作疐，同。猪吏反。通俗文：事不利曰躓，限至曰礙也。

賢劫經　第三卷

居倫　大哀經作拘輪，譯云本際，第一解法者也。普曜經云：俱隣者，解本際也。阿若者，言已[知]〔六九〕也。正言解也。拘隣亦姓也。

怯弱　如斫反。尚書：六極曰弱。孔安國曰：弱，尪劣也。經文作愵，奴的反，思也，傷也。愵非此義也。

賢劫經　第五卷

鳩那羅　此譯云惡人，亦言不好人也。

賢劫經　第十二卷

竿蔗　古寒反，下諸夜反。通俗文「荆州出竿蔗」，則甘柘〔七〇〕是也。

錫賚　星的反。爾雅：錫，賜也。謂賜與也。上與下之辭也。

好拂　敷勿反。拂，拭也，除塵也。治，去也。經文作毴、怫二形，非也。

都較　古文擢，同。古學反。較猶粗略也。廣雅云：較，明也。亦比挍(校)〔七一〕也。

趣谷　古木、餘玉二反。爾雅：水注谿曰谷。泉之通川者也。經文作峪，非也。

一切經音義　卷第三十四

校勘記

〔一〕夕　據文意似當作「久」。

〔二〕音　衍。

〔三〕柔　據文意似作「戎」。

〔四〕鳥　據文意似當作「烏」。

〔五〕尖　獅作「夹」。

〔六〕爾雅：稀也　今傳本爾雅爲：「希、寡、鮮，罕也。」

〔七〕鉅　獅作「鉅」。

〔八〕簫　據文意當作「肅」。來麥粦也　今傳本説文爲「來粦，麥也。」

〔九〕蟠也　據文意似當爲「蟠，曲也」。

〔一〇〕市人　據文意似當作「吏」。

〔一一〕求福當請福之詞，得福曰祠　今傳本鄭注周禮爲：「求福曰禱，得求曰祠。」

〔一二〕掐　據文意似當作「掐」。

〔一三〕柴　據文意似當作「柴」。

〔一四〕唻　據文意似當作「唻」。

〔一五〕字書或作　下據文意似當補「胔」。

〔一六〕丏　獅作「丐」。

〔一七〕土　據文意似當作「士」。

〔一八〕淮南子云：澍而不澍也，春雨之灌万物也　今傳本鄭注周禮爲：「若春雨之灌萬物也，渾然而流，沛然而施，無地而不澍。」

〔一九〕説文云：瀌，平如水，廌所以不直而去之　今傳本説文爲：「灋，平之如水。从水，廌所以觸不直者去之。从廌去。」

〔二〇〕爾雅：事章也　今傳本爾雅爲：「黼黻，彰也。」

〔二一〕閈　獅作「閉」。孫詒讓墨子閒詁：「閈即閉字。……王羲之書黄庭經閉字如此作，與閈閭字異。」

〔二二〕撿　據文意當作「檢」。

〔二三〕采　據文意當作「采」。

〔二四〕摽　據文意當作「標」。

〔二五〕卿　獅作「鄉」。

〔二六〕鄭　各本脱，據卷六釋大般若波羅蜜多經第四百六十一卷「誣罔」條釋文補。

〔二七〕牯　獅作「犆」。

〔二八〕口　獅作「门」。

〔二九〕肉　玄卷五作「内」。

〔三〇〕豹黄罷　今傳本毛詩爲「赤豹黄羆」。

〔三一〕楚辭云：臨極也淵子汪洋　今傳本楚辭思美人爲「臨沅湘之玄淵兮」。

〔三二〕澤手挼莎也　今傳本鄭注禮記：「古之禮，飯不用箸，但用手。既與人共飯，手宜絜净，不得臨食始挼莎手乃食，恐爲人穢也。」正義曰：「爲汗手不絜也者。絜，净也。若澤手，手必汗生，則不絜净。」

〔三三〕瀝　獅作「瀝」。

〔三四〕歷　獅作「歷」。

〔三五〕碘　據文意似作「碘」

〔三六〕火　據文意當作「大」。

〔三七〕汝　頻作「如」。

〔三八〕從聿，汝涉在㞢　今傳本説文爲「从聿在㞢上」。

〔三九〕捈　玄卷五作「捻」。

〔四〇〕汗　頻作「捍」。

〔四一〕祕　玄卷五作「秘」。

〔四二〕若　獅作「芳」。

〔四三〕西　據文意當作「襾」。下同。

〔四四〕具　獅作「其」。

〔四五〕昔　據文意似作「茸」。

〔四六〕顮　今傳本爾雅作「黏」。

〔四七〕也　據文意似當作「反」。

〔四八〕止　「亡」的訛變字，獅作「忙」。

〔四九〕諸始既涵　今傳本詩爲「偕始既涵」。

〔五〇〕叔　麗脱，據獅補。

〔五一〕孽　即「孽」。下同。

〔五二〕欵　據文意似作「款」。

〔五三〕摩　磧玄卷四作「度」。

〔五四〕杼　據文意似當作「抒」。

〔五五〕唰　據文意似作「叼」。

〔五六〕纓絡　又作「瓔珞」。

〔五七〕爾雅　磧本玄卷四釋此詞爲「詩云」。

〔五八〕坦　據文意似作「恒」。

〔五九〕翼　據文意似當作「冀」。

〔六〇〕榑　據文意當作「搏」。

〔六一〕緎　據文意似當作「緎」。

〔六二〕斑　玄卷五作「班」。下同。

〔六三〕薄　據文意當作「范」。

〔六四〕挾　玄卷四釋此條作「協」。

〔六五〕衆　玄卷四釋此條作「聚」。

〔六六〕邦伴　可洪音義卷八：「正作剖判也。」

〔六七〕邦、邦　玄卷四釋此詞爲「邦、邦」。

〔六八〕那　據文意似當作「耶」。

〔六九〕知　麗脱，據玄卷四釋此條文和獅補。

〔七〇〕柘　據文意似當作「柘」。玄卷四作「蔗」。

〔七一〕挍　玄卷四釋此條作「校」。

一切經音義　卷第三十五

翻譯沙門慧琳撰

一字奇特佛頂經三卷
一字奇特佛頂輪王念誦儀軌經一卷
佛頂尊勝念誦儀軌經一卷　不空三藏譯
加句佛頂尊勝念誦法二卷　善無畏三藏譯
一字頂輪王經五卷　流支譯
菩提場所説一字頂輪王經五卷　不空三藏譯
大陀羅尼末法中一字心咒經一卷
普通諸佛頂要略念誦法經一卷
佛説一字轉輪王佛頂咒經一卷
蘇悉地經三卷
蘇悉地羯囉經
蘇悉地經
佛頂尊勝陀羅尼經一卷　杜行顗唐初譯
佛頂尊勝陀羅尼經一卷　并序　佛陀波利譯
佛頂最勝陀羅尼經　并序　彦琮共日照再譯
最勝佛頂陀羅尼浄除業障經一卷　地婆訶羅東都重譯
佛頂尊勝陀羅尼經　義浄三藏譯　無字可音訓
記佛頂尊勝陀羅尼經　翻譯年代先後慧琳述
佛頂尊勝陀羅尼并功能經　後周闍那耶舍譯
蘇悉地羯囉供養法二卷

右二十經三十三卷同此卷音

一字奇特佛頂經　上卷

奇特　上音其。説文：奇，異也。不偶曰奇。古文從大。從可立，俗字也。下騰德反。廣雅：特，雄也。文穎注漢書：特，獨也。方言云：物無偶曰特。説文：朴牛也。從牛寺聲也。

師子蘂　如捶反。説文：蘂，茸也。師子蘂者，寶名也。茸音辱鍾也(反)〔二〕。

裸者　上華瓦反。借音字也。裸者，字書云：露體無衣曰裸。或從人作倮，或從身作躶。本音郎果反。

鬼魅　眉秘反。經從女作媚，非也。

車輅　上音居，下音路。周禮：有五輅、金輅、玉輅等。説文云：車零(軨)〔三〕前横木也。從車路省聲也。

驚駭　霞駭反。蒼頡篇云：駭亦驚也。廣雅：驚，起也。説文：馬駭也。從馬亥聲也。

瞻睹　章閻反。文字典説：瞻，望也。説文：臨視也。從目詹聲也。下當弩反。説文：睹，見也。或從見作覩。從目，形聲。

珊瑚　上桑安反，下音胡。案珊瑚，赤色寶名也，出罽賓等。形已見前釋。

貧匱　逵位反。毛詩傳曰：匱，竭也。鄭注禮記云：乏也。説文：匣也。從匚（匚音方）貴聲。

氈縷　上音牒。西國草花藂也。如此國葪花蘂，撚爲縷作布。從毛疊聲。或從糸作緤，本無此字，譯經者權制之，故無定體。下力宇反。即織者之縷也。説文：縷，綫也。從糸婁聲。撚音年典反。

抨線　上伯盲反。説文：抨，彈也。如今之抨墨斗弦。下先薦反，俗字也。正體從戔作綫。説文：縷也。從糸戔聲。戔音殘。

結纇　雷罪反。説文：絲節也。從糸頪聲也。頪音同上。

撚綫　上年典反。正字辯惑云：續緊也。考聲云：蹙使緊也，挼也。以手挼撚令緊也。從手然聲也。或從手從㐱作抮。古字㐱音軫。蹙音捩。挼音奴和反。緊音經引反。下先箭反。集訓：綫，縷也。俗作線，前已釋，古文。

嚴潔　上儼杴反。説文：教命急也。從吅（吅音喧）厰聲。厰音岌今反，又音讖吟反。下潔音結。鄭注禮記云：潔，清也。謚法曰：不行不義曰潔。禮記又云：静也。精微也。從水絜聲，音同上。經文有作嚴殺，非也。字書云：煞敵曰果，致果曰毅。與經義全乖，故不取也。

癲癇　上典年反。文字集略云：賊風入藏謂之癲病。案癲即狂也。下癇音閑。文字集略云：小兒風病也。癲、癇二字並形聲字。前已具釋，故略言耳。

瘡疱　上築霜反。考聲云：瘡，痍也。韻詮云：疽疥瘡痍。已釋。下咆貌反。俗字也。説文從皮作皰，云面上熱氣細瘡也。

耳齹　下楚宜反。説文云：齹，齒參差也。從齒差聲。

一字奇特佛頂經　中卷

盧地囉　上音魯兼轉舌呼，囉字亦轉舌。梵語。唐言血也。

摩奴沙　梵語。唐言人，即人之總稱也。或云摩努娑。

紫鉚　號猛反。案紫鉚，外國藥名也。紫赤色，出外國煎波羅奢樹，皮汁兼食。此木蟲糞成膠，堪黏寶鈿作用。

食麨　尺沼反。考聲云：熬米麥爲粉。衛宏或作𪌉，俗字也。經中從米從少作粆，非也。文字典説：從麥酋聲也。

素嚕多惹那　梵語，服藥名也。此有二種，一安膳那，二名如上。用各有殊，不能繁述。此磺石素色而有光，猶如金精。

霖雨　上音林。左傳曰：大雨三日往謂之霖。爾雅：久雨謂之霪。霪謂之霖，形聲字也。

牛窪　烏瓜反。淮南子云：牛蹄之窪不生鱣鮪。廣雅：窪，下也。古今正字：從穴洼聲。洼音同上。

寱語　上霓計反。説文：眠中有言也。從㝱省，臬聲也。臬音言列反，讀若藝。

號叫　上胡高反。古今正字：從虎号聲。虒音斯。考聲云：號，大哭也。痛聲也。或從皐從口作嘷。下叫，驍曜反。俗字也。説文：正作嘂。嘂，吼也，呼也。從口敫聲。敫音口彫反。古文字。

不鈌　大(犬)〔三〕悦反。經文從門作闋，非。

一字奇特佛頂經　下卷

頻伸　音申。考聲云：伸展四體也。

欠㰦　音去。説文：氣悟。俗謂之欠，即張口出氣也。經作嗌噦，乖經義，今改爲欠㰦也。

䵚麥　虢猛反。説文：芒穀〔四〕。即今之大麥也。形聲字也。

欬㰤　上開愛反。説文：氣逆也。從欠亥。經文從口作咳，音孩，小兒笑也。非此義也。下叟奏反。考聲云：氣衝喉也。經中亦從口作嗽，俗用，非正體也。

一字奇特佛頂輪王念誦儀軌經　無字音訓。

佛頂尊勝念誦儀軌經

絣爲　上伯萌反。字書云：振黑繩也。集訓云：拼，撣也。或從手作拼。古今字詁(詁)〔五〕作抨、抨〔六〕，皆古今之字也。撣音彈。

倀像　上擿更反，借用，本無此字。張展畫像也。或有從木也，作棖，或作椗，皆俗字也，非正也。

蠃盉　上魯和反。爾雅：海介蟲也。亦大蝸牛也。下北梅反。即以蠃爲香水盃，梵名遏伽是也。

庳脚　上皮媚反。鄭注周禮云：庳，猶短也。顧野王云：庳猶卑下也。文字典説：從广音阿旦反卑聲。

抋左　上駢蔑反。考聲：柲〔七〕，拗也。拗音鵶狡反。拗抋手指以爲印契，用表身業。從手必聲。

爲鞘　肖曜反。考聲云：刀劍室也。從韋肖聲。或從革作鞘，亦通也。時用此字也。

掬物　弓六反。集訓云：兩手掬取物也。古文象形作臼，兩爪相向掬物勢也。

蟠於　上伴曼反。廣雅：蟠，曲也。方言云：龍未昇天，蟠在穴中，謂之蟠龍。今此中蟠數珠是也。

掐珠　上口甲反。埤蒼云：抓，掐也。今抓掐念珠也。説文：從手臽聲。

加句佛頂尊勝念誦法二卷　善無畏三藏譯

無字可音訓。

一字頂輪王經　第一卷

鉞斧　袁月反。前已釋。

荼抧尼　鷄以反。梵語女鬼之總名，能魅人與人通者也。

齗腭　上牛斤反。文字典説云：齒根也。説文：齒肉也。從齒斤聲也。下腭字。玉篇、説文等諸字書並無此字。俗用音我各反，近代諸家切韻隨俗。或有並從肉咢聲，亦是俗字也，已行於世久矣。案腭者，口中上腭也。説文云：口上阿也。從口作谷音强略反，象形，口上畫重八象其上腭文理也，亦會意字。

牙頷　上雅加反。説文云：壯齒也。象上下相錯之形。本篆文作𤘪，今隷書作牙。下含感反，上聲字。經作頜，俗字也。説文云：頤，頷也。古文本從函音含從頁作顄，或作顄，皆古字也。今且從俗。

心齋　上心字，象形字也。下音齊。説文：臍齊也。從肉齊聲。經文從月作臍字，非也。

髀厀　上瓶米反。説文：股外也。從骨從卑。下辛七反。説文：脛頭節也。從卪卪音節桼聲桼音七。經從月從來(桼)〔八〕作膝，俗字，此字行久也。

矟印　雙捉反。説文：矛也。從矛肖聲也。經從木作槊，俗字也。

愉喜　與殊反。鄭注論語云：愉愉，顔色和也。爾雅：樂也。廣雅：喜也。從心俞聲。俞字，説文：從亼從舟從刂。刂音古外反。亼音精入反。今俗用從月從刀，訛也。

塢瑟膩沙　梵語也。唐云佛頂，亦云無見頂相者。

樗木皮　華卦反。考聲：木名也。或從蒦作檴，俗用作樺。經文從畫作樲，俗字，非也。

旋嵐　下音嵐。旋藍者，大猛風也。元魏孝昌帝時俗用，因循書出此字，亦是北狄突厥語也。以北地山川多風，本因嵐州岢嵐鎮，後周改爲嵐州，因慈(兹)〔九〕有此岢嵐字流行於人間。岢音可。一切字書先無此二字，披覽史書於後魏書中見其意，所以知之，故疏出示其原也，今之時行流此也。

闚瞻　奎規反。考聲云：闚，覰也。或從穴作窺。韻詮云：竊見也。平聲字。奎音犬垂反。覰音七豫反。

杵索棓杈　杵音昌與反。索音桑落反。棓音白項反，或作 柈〔一〇〕。杈音楚加反也。

共度　唐洛反。經文從心作愎，非也。

户牖　下由酒反。廣雅：牖，窻也。韻詮云：正曰窻，旁曰牖。説文云：穿壁以木爲交曰窻。象形字，或從片。牖字，從户從甫亦從片。

打撲　下音普木反。考聲云：撲亦打也。廣雅：擊也。蒼頡篇：輕打也。説文：挟也。挟亦打也。打字從手丁聲也。挟音天逸反。

腥臊　上音星。鄭注周禮云：豕膏犬膏臭也。又云：肉中有米者似星，或爲胜字，或作鮏。説文云：星見食豕，今肉中生息肉，形聲字也。下桑刀反。訓釋與腥同。從肉喿聲。喿音同上，今之字也。

趯者　音翼。論語云：趨進翼如也。進趨貌也。從走翼聲也。

傭纖　上寵龍反。鄭箋毛詩云：傭，均也。説文：均，直也。從人庸聲。下燅閻反。孔注尚書云：纖，細也。廣雅云：微也。鄭注周禮云：小也。説文：從糸從韱。韱音同上。經從截非也。

角睞　上角字從刀從月。下來岱反。蒼頡篇云：内視也。説文：目童子不正也。從目來聲。

瑕瞖　上音遐。鄭注禮記云：瑕，病也。説文：從王叚聲。下伊計反。考聲云：目中病也。郭璞云：瞖，障也。奄覆也。説文：華蓋也。從目殹聲。殹音同上。古也。

匾㔸　上邊沔反，下體鷄反。字統云：匾㔸，不圓。考聲：薄闊皃也。古今正字云：匾㔸，薄闊不圓亦不方也。從匚，形聲字。或從肉作腷腣，俗字。

窊㽘　上烏瓜反，平聲字。考聲云：低下也。説文：汙邪下也。從穴瓜聲。瓜音寡華反。象形字也。下銜甲反。考聲云：水溝相著也。從甲夾聲。經作翈，鳥翮上小毛，非經義也。

頑嚚　瓦鰥反。杜注左傳云：心不測德義之經曰頑。下魚斤反。

孔注尚書云：口不道忠信之言曰嚚。説文：從䀠臣聲也。䀠音莊立反，從四口。

不迨　臺改反。毛詩傳云：迨，及也。古今正字：從辵台聲。

寶芽　雅加反。博雅：草木始生曰芽。形聲字也。

投挂　寡話反。廣雅：挂，懸也。説文：從手從圭。經從木，非也。

一字頂輪王經　第二卷

瀐灑　上煎薛反。考聲云：瀐，濺也。或作漸，亦通。下沙賈反。案灑者，以物霑水散灑也。借音用，本音所買反，今不用此音。

榓木　民必反。考聲云：木名也。甚有香，文理似白檀，香非白檀也。欲取令香者皆須斫，經多年久乃香出。其樹白檀之種類也。赤者爲上，世多不識呼爲白檀香。

頭銛　下息廉反。史記：銛，利也。説文：銛屬也。從金舌聲。

瞬目　水潤反。説文：從寅作瞚。訓云開闔目數搖目瞬目〔一一〕。經從舜字，亦通用也。

縱像　上足用反，下唐朗反。孔注尚書云：放豫也，遊戲也。郭注爾雅：邪，僻也。廣雅：像，淫也。説文：放也。從心象聲。經文從女從易(昜)〔一二〕作婸(𡡉)〔一三〕，亦通。易(昜)音陽是也。

槺毘柘嚕迦　上阿我反，柘音即，嚕字轉舌，迦音薑佉反。此一句梵語，唐云調伏，亦云降伏。

驝駝　上音託，或音洛。下唐何反。北方胡地畜也。前已釋也。

貪劮　下音逸。考聲云：逸豫也。弄也。

戲謔　上希義反。説文：從戈䖒聲也。下香虐反。爾雅：謔亦戲也。詩傳云：喜樂也。並形聲字也。

姥敐馱　上音母，次論訥反。梵語，即是大作障魅鬼王名也。

頞鉢羅　上溫骨反。梵語花名也。古譯云優鉢羅花。

諭底迦　上音喻。舊或作喻。亦梵語之也。

香馞　盆没反。廣雅：馞，香氣盛貌也。古今正字：從香孛聲。古形字也〔一四〕。

河潬　他單反。爾雅云：水中沙出也。郭璞曰：今江南呼水中沙堆爲潬。古今正字：水中處曰潬。形聲字。或作灘，俗字之者。

猜疑　上采哉反。言猜恨也。廣雅：懼也。杜注左傳：猜，疑也。古今正字：從犬青聲。

拈香　捻兼反。廣雅：拈，執持也。釋名云：兩指鉆取也〔一五〕。字從手占聲。指拈捻也。説文：拈即揶也。音尼輒反。

謦唾　輕鼎反。蒼頡篇云：謦也。説文：欬也。從言殸聲。殸音客令、客耕反。下土臥反。考聲云：口中津也。説文：口液也。形聲字也。

鞵屩　上蟹皆反。經中作鞋，俗字也。聲類云：革底而麻絲也。釋名云：鞋，解也。著時而縮其上如履，脱時解其上則舒解也。古今正字：從革奚聲。下綺妖反。或作蹻、鞽。又音薑虐反，訓釋並同。蒼頡篇：屩，屐也。徐廣注史記云：草扉也。又奚計反。屐音擎逆反。扉音肥未反也。説文：履也。從履省，喬聲也。

韈等　万發反。或作韎，亦作襪，又作妹、絑、懱(幭)〔一六〕，古字也。説文云：足衣也。從韋蔑聲。蔑音眠鼈反。

謿誂　罩交反。考聲云：謿，謔也，調戲也。形聲字。從言朝聲。

從口作嘲，俗字也。下條鳥反。廣雅：誂，謏也。考聲云：以言先試曰誂。說文：相呼也。從言兆聲。謏音修酉反。又音小也。

樂歎　上音洛，下音喜。

一字頂輪王經　第三卷

磔開　上張革反。廣雅：磔，張也。亦開也。

戲嬉　上音希，下音喜。經作熙喜，非也。

俁呬野　上愚矩反。呬音馨以反。俁呬野，梵語諸天名也。

餕身　陵證又(反)〔一七〕。借用，不取字義。即向前亞身也。亦言向前餕身。爲經文已有，且音用也。

擡髀　上大來反。韻詮云：擡，舉也。從手臺聲。

一字頂輪王經　第四卷

掘去　群屈反。集訓云：掘，穿也。考聲：斸也。經意欲斸去其地中惡土及灰炭、瓦礫、爛骨、朽木諸穢惡物。說文：從手屈聲。經文從角從厥作觼音權月反，俗語，非也。

拓外　湯洛反。考聲云：拓，開也。從手從石。經中從斥作拆，耻革反，非也，不成字也。

如來槊　雙捉反。俗字也。正體從矛作矟。矟，短矛也。

姥　音母。

敕　論骨反。借用也。

陀縿　知買反。

迦　薑佉反。已上五字是一句梵語，譯經者並自音如上，並是借聲以嚮梵語金剛名也，不求字義。

作敍勢　獷陌反。古今正字云：敍，擊也。言擊頰也。今俗語猶有敍耳之言，從支從各聲也。

抛其石子　普包反。考聲云：手投物也。說文：投也。從手尥聲。尥音同上，又音寮即反。經從力作抛，非也。正從手從九從勹，會意字也。

珿頭　楚六反。或從立作𥪡。廣雅：珿，齊之等也。或從石作𥑮，並通。從玉足聲。

繫袜　蠻八反。考聲云：袜，束也。集訓：橫繫也。古今正字：從衣末聲。末字，木上加一畫也。

右手攥　纂括反。或從最作撮。說文：三指撮。兩體並通也。

沙潬　上沙字或從石作砂。下坦丹反。考聲云：水中沙出曰潬。形聲字。

米彈羅　彈音多可反。梵語新死人屍也。

一字頂輪王經　第五卷

撦　昌野反。嚮梵字也。

禰　泥禮反。准上。

趷　痕没反。

瓷甖　上音慈。經從石作磁石，藥名，非此用也。瓷，瓦器也。

迎翼　蠅即反。考聲：翼，敬也。輔也，送也，助也，和也，考謹也。或從走作趩，趍走皃也。經中從广作廙，譯者錯用，非也。

焣稻穀　楚巧反。或作炒，亦作𤎩，並通。方言云：焣，火乾也。古今正字：從火取聲。

手罯　暗感反。説文：罯，覆也。從暗省聲也。

常聮　力塵反。考聲：聮，綴也。説文：連也。耳連於頰，故從耳。從絲者，不絶也。會意字也。

檻木　音蜜。前已解。或作蜜亦通。

青稞　音科。大麥之類無皮者。有別音，今不取也。

菩提場所説一字頂輪王經　第一卷

目犍連　犍音乾。梵語訛也。正梵音云摩賀没特蘖囉。唐云採菽氏，即菉豆仙人種也。或云大目乾連，如來聲聞弟子中神通最爲第一者也。

俱郗羅　郗音癡。羅漢名也。

蘖路荼　亦梵語訛轉也。古譯或云加婁羅王，即金翅鳥王衆。

拏枳你　上儜加反。字從奴作拏。有從如者，非也。枳音經以反。你音寧頂反。女鬼之總名。

毗鈕天　鈕音尼肘反。或從糸作紐，並通。字從金丑聲，從田誤也。或云尾瑟努天，古曰毗留天，即持論天，是那羅延之種類是也。

鉞斧　上袁月反。本正體作戉。説文：大斧也。從戈乚聲。乚音厥。爲書寫人多誤濫於戊(戊)巳(已)[一八]字，先賢故加金作鉞以別之也。顧野王云：鉞斧者，軍器兵仗也。司馬法：夏執玄鉞。尚書云：王左仗黄鉞。案：鉞，大斧也。王者以賜大司馬以斬持節將也。形聲之字也。

摩尼跋捺羅　跋音盤末反，捺音奴割反。梵語也。藥叉將名。唐云滿賢也。

烏娑跢囉迦　跢音多，多字去聲。迦音薑佉反。梵語惡鬼名也。或云魘鬼也。

勎突　力澄反。考聲：侵侮也。經從水作淩，水名也。古今正字：從力夌聲也。夌音同。下文欺勎、勎辱並同也。

從髆　音博。肩髆也。從骨從博省聲也。經從肉，俗字也。

二脛　形定反。脚胻骨也。

二踝　華瓦反。足脚腕上内外骨。

鑠訖底　上商斫反。梵語也，印契名。唐云槊印也。

沮壞　齊與反。毛詩傳云：沮亦壞也。又音精豫反。毛詩云：汾沮洳。傳曰：其漸洳也。鄭注禮記：涕也。爾雅：濕也。從水且聲也。經作爼。説文：從半肉，非此義。下懷怪反。字統云：自破曰壞。説文：自敗也。從土褱聲也。褱音胡乖[反][一九]。

水休　寧的反。禮記：孔子曰：君子休於口，小人休於水。謂覆没不能自理出也。又曰死而不弔者三畏壓休。説文：没水也。從人從水。亦作溺，古也。

虵齧　上社遮反。俗字。正從它作蛇，或作它。字書云：毒蟲也。毛詩：惟虺惟蛇。説文：上古草居畏蛇，故相問無它乎？蒼頡篇曰：蛇非一也，種類甚多，難以具述。它音他。下研結反。禮記：無齧骨。説文：齧，噬也。從齒㓞聲而本形之字也。

樺皮　華駡反。木名也。皮堪爲燭者，其中有細滑堪書者。彼五天無紙，裁樺皮或貝多樹葉，或多羅樹葉，裁爲梵夾，如中國古人用竹簡之類，書寫經教文字、内外典籍傳於此土也。

那洛迦　梵語也。地獄名。

謨呼律　亦梵語時名也。西國曆法分一晝夜爲三十謨呼律多。不問冬夏，長定三十。春秋分時，晝夜各得十五謨呼律。

冬至、夏至極長極短之時，晝夜互侵其六，即十二、十八是也。今之形字。

傘葢　上系〔二〇〕嬾反。俗字也。正從糸作繖。下音葢，正體字也。從草從盇。盇音合。盇字，説文：從大從血。經文作盖，從羊血，隸草非也。古今之字也。

寶爓　音焰。正體字也。

挫辱　祖貨反。韻詮：挫，折也。賈注國語云：折其詞鋒曰挫。説文：摧也。從手坐聲也。

旗纛　上音其，下毒。鄭注周禮云：纛，羽葆幢也。蔡邕獨斷云：黄屋左纛。纛所以用犛牛尾爲之，置於槍槊上名之爲纛是也。

蘭香捎　霜交反。正體作梢，從木肖聲，此即如來譬喻説也。凡蘭香花出時，梢頭花子分爲七分。罪人，善神碎其頭，破作七分，如彼蘭香梢頭。古譯云阿梨樹枝者，謬也。本無阿梨樹。

肌膚　上紀宜反，下甫无反。並從肉。膚字從盧省。

團欒　俗語也，即團圓也。上段完反。古今正字下盧完反。並形聲字也。

菩提場所説一字頂輪王經　第二卷

搓縷　上此何反，下力主反。前音義卷初已釋也。

織氎　下恬叶反。亦卷初已訓釋。

巖窟　苦骨反。俗字也。正從土作地堀。

置㯙　適更反。正體字也。經從貞作揁，非也。前文尊勝音義中從人作倀，是張字，亦非本字，借用字也。

白犛拂　音茅。即犛牛尾爲拂。經文作猫，即猫兒字，獸也，非犛牛字。

角絡　音洛。郭注山海經：統也。古今正字：從糸從絡省聲。

腰絛　計〔二一〕刀反。考聲云：織絲如繩以繫腰。説文：從糸從條省。

靘黑　青性反。借爲去聲用，本音上聲，今不取。集訓云：青黑色也。古今正字：從色青聲也。青字從生從丹也。

如鑄　朱樹反。

泥滓　緇史反。考聲云：穢也。説文：澱也。從水宰聲。

輪橖　下宅衡反。説文：橖，刹柱也。從木堂聲。足而是之。

酸酢　蘇端反，下粗故反。説文：酸，酢也。又云：酢，酪也。酪，酢漿也。並從酉，形聲字也。

水蛭　真日反。讀與質同音。蒼頡篇云：蛭，水蟲也。從虫至聲也。

菩提場所説一字頂輪王經　第三卷

攝嚩　下无何反。梵語不安，不求字義。梵云攝嚩者，唐云新死人未壞者也。

莾娑　梵語，此云肉也。

貿莾娑　上莫候反。爾雅云：貿，市也。韻英云：貿，賣也。説文：易財也。從貝丣聲。丣音古文酉字也。經從夘作貿，非也。言貿莾娑者，賣死人肉也，駈役鬼神法中事也。取新死人肉未壞者，如庖厨法，雜以薑椒五味，調適炙煑令香美，用祭饗屍陀林中大力鬼神。既饗祭已，便以佛頂真言威力驅逼役使，令遣爲國除怨害，以此食易彼力，故言賀莽娑。炙音之亦反，從肉。㸑音初絞反，俗作炒。

迷怛羅　亦梵語也。唐云起屍鬼也。

嚩嗉　上音博，下津入反。考聲云：嚩嗉，羡飲食也。或嚩口出聲作美想。經文作嚩啐字，非也。啐音所匣反。

鎚銅　搥類反。借音用也，本無此字。初即鑄寫，然後再入火中，燒鍊椎打而成，名爲鎚銅，順俗語也。

烝煮　上章仍反。考聲云：烝，熟也。火迫水氣令上達也。説文：火氣行也。下諸汝反。顧野王云：煮，烹也。古文作鬻，從者從鬻。

皮膠　絞爻反。鄭注考工記云：膠，煎皮爲之。顧野王云：膠者，所以連綴物令相黏著。詩傳：膠，固也。從肉翏聲。

抋二頭指　駢蔑反。韻詮云「以手拗抋」是也。有作擙者，誤用也。從手必聲也。

相柱　下誅縷反。古文以一點墨爲（丶）[一二]爲是本字也。經文從足作跓，或作柱，皆借用字也。

穬麥　虢猛反。大麥也。

菩提場所説一字頂輪王經　第四卷

驍勇　上皎堯反。廣雅：驍，健也。下勇字，從力甬聲爾[一三]。

髆印　音博。經從肉，非也，音普博反，是膊，乾脯字也。

光爓　鹽漸反。亦作焰。

撼　含紺反。今時借此用。

踝　華瓦反。

闗鍵　上寡頑反。説文云：以木横持門户也。從門𢇇聲。𢇇音同上，從丝丱聲。丱音慣，丝音幽。經從弁作開，非也。弁音汴，錯用。

穅和　音康。説文云：穀皮也。從禾從庚從米。經從水，非是此也。

煙熏　下暉雲反。説文云：火煙上出也。從屮從黑，會意字也。

箸攪　上除慮反。廣雅：筴謂之箸。文字集略或作櫡，亦作筯。筴食也。韓子云：紂以象牙爲箸。説文：飯攲也。筴音古協反。下爻[一四]咬反。

金粖　摩鉢反。碎米也。

合鍊　蓮殿反。或作煉。説文：冶金也。從金柬聲。柬音同上。經文從糸作練，非也。

菩提場所説一字頂輪王經　第五卷

無字可音訓。

大陀羅尼末法中一字心咒經

或鑞　藍荅反。考聲云：鑞，鉛錫類也。韻英云：鉛也。説文：青金也。形聲字。

鐵鋌　音定。説文：銅鐵璞也。

無瘢　音盤。取無點黶無瘢痕好新刀，以佛頂真言加持作法也。

三棱　勒登反。廣雅：棱，柧也。集訓云：四方木有棱。説文：棱，隅角也。從木夌聲。或從禾作稜。柧音姑。

普通諸佛頂要略念誦法經一卷

佛説一字轉輪王佛頂呪經

崖險　雅皆反。考聲云：山澗邊險岸也。説文：高邊也。從屵圭聲。屵音五割反。下許撿反。賈注國語云：險，危也。玉篇：阻，難也。古今正字：從阜僉聲。此大行[二五]。

臂釧　川戀反。此卷音義中已見前釋。經文作串，非也，不是釧字。

花堆　都迴反。考聲云：高皃也。經作埠，或作垍，並非也。

乳麨　偷口反。以牛乳和麪酥煮油餅也。經從食作餖，或作飳，並俗字，非也。

指捻　便蔑反。前文已具釋。

蘇悉地羯囉經　卷上

簸儜曳　真言中字。上波箇反，次拏耕反，下移翳反。

斜吽　兩字音。一種於胸喉中牛吼聲即是，亦難爲音脚也。

制徵　音致。梵語金剛藏使者名也。

吽臛　真言中字。訶各反也。

腋　盈益反。兩腋也。

臍　音齊。或作齊。諸真言先來各自有音，所以不音，但音經而已。

羆熊　上音悲。爾雅：羆似熊而黄白色。郭璞曰：似熊而頭長脚高，猛憨多力，能拔樹木。關西呼猳熊也。下音雄。説文：獸，似豕，山居，冬蟄。蟄用舐掌，似人掌，内名蹯，味中最美，煮之難熟。憨音訶菴反。蟄音沉立反。蹯音煩。猳音加。

趒蹻　上祧嘯反。韻英云：趒，越也。或作趠。經文從足作跳，音調，非經義。

倮形　華瓦反。借音，用以避俗諱。本音螺果反。倮，赤體露形也。或從身作躶，或從衣作裸，並露體無衣也。形聲字也。

蒜蒜　下音筭。從草從祘也。

蘿蔙（菔）[二六]　下朋北反。根菜也。

鎚銅　搥類反，去聲字。前已釋。

牀榻　貪荅反。蜀脚牀也。牀陿而長曰榻。

漱口　搜皺反。韻英云：洗滌口也。皺，側救反。滌音狄也。

頭指捻　念葉反。

嗚嚕捺囉叉　捺音奴葛反。西方樹木子，核文以排核[二七]，大小如櫻桃。顆或如小彈子。有顆紫色，此名金剛子，堪作數珠。金剛部念誦人即用此珠，甚堅硬。

作環　音還。經從金作鐶，非此用也。從玉正。

梳髮　音疏。

捃難　上君殞反。梵語不求字義。

頞鉢羅花　上温骨反。梵語。已叙。

得蘖嚂花　言羯反。梵語也。

灘敦葉　上坦難反，下都魂反。梵語不求字義。

耽忙羅葉　上荅含反。經文從月作肬，非也，不成字。

椰子果　上野遮反。木果名也。廣州多有。葉堪爲席，甚奕。皮堪爲索，縛舡舶耐爛。其果甚美，兼有漿，甜如蜜。果有皮殼，堪爲酒杓。經從草作茟，非也。

柹子　音仕。果子名也。大如拳，紅赤色。

豆蔻　吼搆反。藥名也。

蘇悉地經　卷下(中)〔二八〕

鶻鷉　上音骨，下音鹿。隨陽鳥也。一名老鵃。鴻鴈之類，形如鶴，青色也。

暈虹　上音運，日月暈也。下音紅，螮蝀也。困有微雨日影也。

二指捹　恥革反。捹，開手爪中指所及爲量也。

銛剗　上相閻反。利也。從金舌聲。經作籖，非也。下察盞反。韻英：剗，削也。從刀戔聲。戔音賾限也(反)〔二九〕。

鑠底　傷弱反，下丁以反。梵語也。唐云搶也。

置棓　龐講反。火〔三〇〕杖也。

彎酥杓　音卷。以杓舀蘇也。舀音姚小反。下常斫反。形聲字也。

嗃唎　宜矯反。梵語也。下唎字彈舌呼。

膽勇　上耽敢反。從肉。經從目，非此也。

劓鼻　音義：截鼻而爲劓。

倀像　摘更反。張展畫佛像菩薩也。此經從木從貞作楨，非也。古今用。

耎草　爇兖反。弱也。經從車作輭，非也。

蘇悉地經　卷中(下)〔三一〕

煴煖　上音温，下奴短反。並形聲字也。

翳醯呬　上伊計反，次馨計反，下馨移反。此句梵語也。唐名召請。句来〔三二〕義也。

斆之　乎教反。從文學聲。斆猶學。

慕榛囉　奴葛反。此句梵語也。唐云印契。

掐念珠　巧甲反。指爪掐。

謦欬　上輕郢反，下開愛反。喉中氣通也。

蹲踞　上音存，下居御反。

蘇搵兩頭　温困反。没入中也。

鑌鐵　上音賓。鑌鐵出罽賓等外國，以諸鐵和合，或極精利，鐵中之上者是也。

椴作　史界反。極用力也。

輞掾　上音罔。或作棡。下緣縣反。即輪網外椽也。

桑施鳥翎　歷丁反。韻英云：鳥羽也。或作翎。經從毛，非也。上桑字疑錯，所以不音。未詳何鳥也。

瘢跡　上音盤。瘡瘢炙痕等痕跡是也。

皆比下卸　息夜反。墊下也。墊音店。

蘇悉地羯囉經

槍矟　七羊反。或從矛作矟。考聲云：槍，長矛。蒼頡篇云：兩頭鋭，上有刃，下有纂，兵仗也。下霜捉反。廣雅：矟亦矛也。從矛作銷。經文非也。

掉手　亭曜反。經作挑手，非也。

刺(刺)〔三三〕木　此恣反。方言云：凡草木有芒傷人謂之刺。説文：木芒也。棘酸棗皂莢皆有刺。用此木也。從刀束

(束)[三四]聲。

蘇悉地經

騗上馬　篇面反。考聲云：躍身上馬。古今正字：從馬扁聲也。扁音辯也。

吹咀　上音甫，下將與反。

斜勒　上夕耶反。俗字也。正體從衣從牙作衺(衺)[三五]。考聲云：衣不正也。角絡也。或作邪也。

兩箇　哥餓反。經文作个，古字也。考聲云：語辭也。凡竹曰箇，木曰枚，故從竹。兩箇，二天王也。

作椷　洽緘反。考聲云：木匧也。亦作槭，並正。經文單作函，是函谷關名也，此非經義。

傘蓋　上音散，並俗字也。正作繖蓋。前文已具釋，在頂輪經第一卷。

不售　音壽。考聲云：賣物了。字書：售，猶買也。人買售持去也。從隹從口，會意字也。

捋乳　上魯括反。亦云㲉乳，以手捋取乳汁也。㲉音勾候也(反)[三六]。

鐵橛　權月反。集訓云：橛，杙也。經作栓，非也。

禽獸　上及林反。鳥之緫名也。見韻集。下守咒反。桂苑珠叢云：野畜之緫名也。案禽獸者，兩足有羽能飛曰禽，四足有毛野走曰獸。經文作獱(獱)[三七]狩，非也。

佛頂尊勝陀羅尼經　杜行顗唐初譯

豬身　貯驢反。俗作豬[三八]，古今正字也。經從豕作豬，非也。

形聲字也。

癲等　典年反。病狀也。

幢繖　上濁江反，從巾。下桑亶反。繖蓋也。

蚰蟲　上音昆，下逐融反。經作昆虫，俗字也。

佛頂尊勝陀羅尼經并序　佛陀波利譯

驚愕　五各反。韻詮云：愕亦驚也。從心。

蟒虵　忙牓反。爾雅云：莽(蟒)[三九]，王虵。郭璞注云：虵之大者，故曰蟒王。案括地志説：皇喉虵頂上當額皆有王字。本是蟒虵種也，巴虵即是。

佛頂最勝陀羅尼經序　彦琮共日照再譯

鸇雀　上戰然反。爾雅云：晨風，鸇。郭璞云：鷂屬也。孟子曰：爲叢驅雀者，鸇也。爲湯武驅人者，桀紂也。食雀者，鷹鷂之類也。

上僅　音近。何注公羊傳云：僅，劣也。廣雅：少也。古今正字：從人堇聲。堇音謹。或作勤也。

儔潔　上長流反。考聲云：儔，匹也。韻詮云：誰也。等也。從人壽聲。下音結。鄭注禮記云：清也。從水絜聲也。

蔕分　丁計反。聲類：果鼻也。韻英云：草木實丁蔕也。説文：瓜當也。蒼[頡][四〇]篇：蔕，蒳也。有音帶者，俗語，非此也。

齟齬　上音助，下音語。説文：齟齬，齒不相順值也。高下不齊平也。巉巖也。並從齒，形聲字也。

延祺　音其。郭注爾雅云：祺，徵祥也。毛詩：壽考曰祺。傳曰：祺，吉也。文字典説：祥也。説文：壽考如祺。從示其，形聲之字。

悪神香　女六反。方言：悪，慙也。自愧曰悪，會意字也。

荏苒　上耳枕反，下音染。案荏苒，猶因循不覺盈時也。轉注字也。

歎惋　剜換反。考聲：歎，恨也。文字典説：從心宛聲。

最勝佛頂陀羅尼净除業障經　地婆訶羅東都重譯

矬陋　上坐和反。廣雅：矬，短也。從矢坐聲。下樓豆反。顧野王：陋，醜也。王注楚辭云：小也。亦作酉，義同也。

如笮　争格反。玉篇：笮，壓也。字書：笮，迫也。從竹也。

稜伽　勒登反。梵語。界之也。

不咼　苦乖反。考聲云：咼謂口偏戾也。經從口作喎，俗字，正合單作咼。

佛頂尊勝陀羅尼經　義净三藏譯　無字可音訓。

記佛頂尊勝陀羅尼經　翻譯年代先後　慧琳述

最初，後周宇文氏武帝保定四年甲申歲，三藏闍那耶舍於長安舊城四天王寺，譯出尊勝佛頂陀羅尼并念誦功能法一卷五紙。學士鮑永筆授，見開皇三寶録説，第一譯也。後至大唐天皇儀鳳元年，婆羅門僧佛陀波利來至五臺山，禮謁大聖，見文殊化身，却令歸西國取佛頂尊勝梵本經。至儀鳳四年己卯歲，西國取得經，却迴至長安，聞奏具説。敕請日照三藏將梵本經在内翻譯，日司賓寺典客令杜行顗筆授，其經七紙，第二譯也。廟諱、國諱之字迴避不書。敕留梵夾經在内不出。日照因兹寫得一本。賜梵僧絹三十疋，波利不受絹，却請梵夾。敕令却還付。

佛陀波利得經，將向西州寺訪得解梵語漢僧順貞共翻。亦是儀鳳四年再譯一本，八紙。見經前叙説，第三譯也。佛陀波利將梵本經入五臺山，至今不出。又至永淳元年壬午歲，日照三藏又再譯此經一遍，沙門彦琮筆授，爲正杜行顗所譯經中隱諱不書之字，所以重譯，八紙，第四譯也。而復見經首彦琮序云。

又至垂拱元年乙酉歲，地婆訶羅三藏隨駕於東都，又譯佛頂尊勝名净除業障經，十四紙，具説善住天子往昔口業感果因緣，并説授持法則，是第五譯也。

後至中宗景龍四年庚戌歲，義净三藏於長安薦福寺又譯一遍，六紙，第六譯也。

後至玄宗皇帝開元十年壬戌歲，善無畏三藏譯出佛頂尊勝瑜伽念誦法兩卷，第七譯。

又至代宗文武皇帝廣德二年甲辰歲，三藏大廣智不空於長安大興善寺譯出佛頂尊勝念誦供養法一卷，二十紙，沙門飛錫筆授。此第八譯也。

前後約二百餘年，已經八度出。本經則五翻，念誦法即三種差別。唯有善無畏所譯是加句，尊勝陀羅尼中加十一句六十六字，儀軌法則乃是瑜伽，與前後所譯不同多於諸本。餘七譯陀羅尼字數多少相似。慧琳音至此經，遂檢勘譯經年歲先後，故書記之，曉彼疑繁之士。貞元十八年壬子歲記。

佛頂尊勝陀羅尼并功能經　後周闍那耶舍譯

蘇悉地羯囉供養法

佛頂尊勝陀羅尼并功能經　上卷

指鎛　赫駕反。韻英云：器裂也。㨻開也。從缶虖聲也。缶音甫苟反。虖音呼也。

噴嚏　上普悶反，下音帝。考聲云：噴嚏，謂氣奔鼻而噴嚏也。韻集云：鼓鼻而噴嚏也。說文：氣悮也[四一]。形聲字也。

今掔　椀灌反。集訓云：手掔也。說文：掌後節也。經文從肉作腕，俗字也。從月從叉從手也。

佛頂尊勝陀羅尼并功能經　下卷

鉛錫　上音緣。尚書禹貢：青州所貢。說文：青金也。從金㕣聲。㕣音同上。下音昔。鄭注周禮云：錫，鈏也。說文：銀鉛之間有錫（鍚）[四二]。字典云：錫似鑞，鑞黄白，錫青黑。從金易聲。

搓合　錯何反。搓線也。

一切經音義　卷三十五

校勘記

〔一〕也　頻作「反」。
〔二〕零　今傳本說文作「軨」。
〔三〕大　據文意似當作「犬」。
〔四〕芒穀　今傳本說文爲：「芒粟。」
〔五〕誥　據文意當作「詁」。
〔六〕拼　據文意似當作「拼」或「軿」。
〔七〕柲　獅作「拯」。
〔八〕來　獅作「桼」。
〔九〕慈　據文意似當作「兹」。
〔一〇〕柈　據文意似當作「梓」。
〔一一〕說文：從寅作瞚。訓云開闔目數摇目瞬目　今傳本說文爲：「瞚，開闔目數摇也。」
〔一二〕易　據文意似當作「昜」。下同。
〔一三〕婸　據文意似當作「婸」。
〔一四〕古形字也　據文意似當爲「形聲字也」。
〔一五〕釋名云：兩指鉆取也　今傳本釋名爲：「拈，黏也。兩指翕之黏著不放也。」
〔一六〕犠　據文意當作「巇」。
〔一七〕又　獅作「反」。
〔一八〕戊巳　據文意當爲「戊己」。
〔一九〕反　各本無，據文意補。
〔二〇〕系　據文意似當作「桑」。
〔二一〕計　據文意似當作「討」。
〔二二〕爲　據文意當作「丶」。
〔二三〕爾　頻作「也」。
〔二四〕爻　獅作「交」。
〔二五〕此大行　似衍。
〔二六〕蔽　據文意似當作「菔」。
〔二七〕核文以排核　據文意似當爲「核文似桃核」。
〔二八〕下　頻作「中」。
〔二九〕也　據文意當作「反」。
〔三〇〕火　據文意似當作「大」。
〔三一〕中　頻作「下」。
〔三二〕来　據文意似作「末」。
〔三三〕剌　據文意似當作「剌」。
〔三四〕朿　據文意似當作「朿」。
〔三五〕褎　即袞。
〔三六〕也　據文意當作「反」。
〔三七〕獝　獅作「獝」。
〔三八〕豬　據文意似當作「猪」。
〔三九〕莽　據文意當作「蟒」。
〔四〇〕頡　各本無，據文意補。
〔四一〕氣悮也　今傳本說文爲：「悟解氣也。」
〔四二〕鍚　獅作「錫」。

一切經音義　卷第三十六

翻譯沙門慧琳撰

右三十經六十三卷同此卷音。

底哩三昧耶經　上卷

底哩　二合字。上丁以反，下里字彈舌。梵語也。唐云三，即三種三昧。即佛部、蓮華部、金剛部，故云底哩三昧。

磔開　上陟革反。前毗盧遮那念誦法下卷已具釋。從石從桀也。

近緣 緣絹反，去聲字。集訓云：衣物四邊緣也。借音字。經文從木作椽，音傳，非經義也。

攣乳 厥願反。前蘇悉地請問經上卷中已具釋訖。

插入 楚甲反。聲類云：插，刺入也。古今正字：從手從臿。臿音同上。從干從臼。臼音舊也。

縮向 搜六反。賈注國語云：縮，盡也。退也。宋忠注太玄經云：縮，止也。說文：縮，蹙也。從糸宿聲也。

[illegible] 上音符，下偷口反。前頂輪經中已釋也。

浸漉 上精禁反。顧野王云：浸，漸也。沈也。說文：從又從穴作㓌，今時俗省也。古今正字：從水從浸。下音禄。顧野王云：漉，瀝去水也。爾雅：竭也。方言：涸也。極也。廣雅：盡也。竝形聲字。

底哩三昧耶經　下卷　無字可音訓。

陀羅尼毗柰耶經　或名真言鼻柰耶。

繒交絡 上疾陵反。說文：帛之總名也。從糸曾聲。下音洛。郭注山海經云：絡，繞也。轉注字也。

弓矟 雙捉反。經從本(木)[一]作槊，俗也。前悉地經中已具釋。

鷹鷂 上憶矜反。左傳：爽鳩氏司寇。廣雅：鷙鳥也。能搏狐兔。轉注字。下餘照反。顧野王云：鷂似鷹而小。廣雅曰：鶗鶘鷸子籠脫鷂也[二]。案鷂子，鷹鸇之類也。異名甚多。鶗音題。鷸音聿。

謦欬 上輕郢反。蒼頡篇云：謦，聲也。莊子：謦欬其側。說文：謦亦欬也。從言從聲省聲。下開愛反。考聲云：欬，嗽也。說文：從欠亥聲。

躊躇 上直留反，亦音池。下音除，又音厨。毛詩傳：愛而不見，搔首躊躇。案躊躇者，狐疑猶豫也。廣雅亦云：躊躇，猶豫也。又云：蹢躅，跢跦也。

蘇婆呼童子請問經　上卷

溉灌 上機義反，下官換反。考聲云：澆也。漬也。顧野王云：溉猶灌注也。又云：沃注也。說文並從水。

河沂 下義機反。玉篇云：水涯也。形聲字。

密緻 下池利反。鄭注禮記：緻即密也。廣雅：至也。古今正字：緻者，精徽[三]密緻也。亦細密也。從糸致聲。

瞢悶 上墨崩反。集訓云：瞢，亂也。亦悶也。說文：目不明也。從苜從旬。苜音武福反。旬音縣，從目從勹。勹音包。

稾稈 上高老反。考聲云：禾黍莖也。顧野王云：稾即禾稾草也。說文形聲字也。下干嬾反。杜注左傳：稈亦稾也。古今正字：禾莖也。從禾旱聲。亦稻稈草也。

噴嚏 上普悶反，下丁計反。前悉地經中已具釋。

鶤鶘 上暉運反，下音胡。考聲云：怪鳥也。今古正字[四]並形聲字也。

蘇婆呼經　中卷

⿰礻厭縛 上益琰反。考聲：⿰礻厭，禳也。廣雅：壓，鎮也。集訓：⿰彳厭[五]，著也。案：⿰彳厭亦禱也。祈禱精魅鬼神與人爲祟，或造符書喚人名字，或作彼人形像埋藏於神祠，或竈下，或十字路上，名爲㵢禱。

眵涕　上叱之反。韻詮云：目中眵也。集訓云：目汁疑〔六〕結也。説文：瞢兜也。目傷眥也。從目從侈省聲也。侈音齒。眥音接。兜音斗侯反。

煴相　上委雲反。廣雅：煴，煥也。毛詩傳云：煴而暑熱也。説文：煴，鬱煙也。從火昷聲。昷音温，從囚從皿。從日者，非也。

或賸　下承證反。考聲云：賸，餘也。廣雅：贈也。送也。説文云：物相增加也。副也。從貝從勝省聲字也。

蘇婆呼經　下卷

相扠　丑〔七〕皆反。考聲云：扠謂以拳擊人也。字統：梋〔八〕也。或從虒作搋，音訓與上同。古今正字從手叉聲也。搰音魂骨反。

相撲　龐剥父（反）〔九〕。考聲云：撲謂手搏投於地也。文字釋要云：從高墜下也。從手僕聲。經作撲，非也。音普卜〔一〇〕反。非經義也。

謎言　上迷弊反。考聲云：謎，考隱言語以惑人也。韻略亦云：隱語也。聲類云：隱語迷人也。

搵塗　上温困反。韻詮云：内物於水中也。考聲云：柱（拄）〔一一〕也。淺没水也。説文：没也。從手昷聲。昷音温〔一二〕。

爆煽　上包皃反。考聲云：燒柴竹聲也。文字集略云：火灹。集訓云：火烈也。或作㶶。從火㶶聲也。下羶戰反。埤蒼云：煽，熾也。考聲云：火盛也。或從人作傓。古今正字：從火扇聲也。

觱篥　上音必，下隣一反。考聲云：篳篥，樂器也。廣雅作觱，或作鬠，皆古今字也。羌人所吹角者，觱以驚馬者。今經文作觱栗，俗字。

謹孎　下丁角反。蒼頡篇云：謹孎，善皃。説文云：謹順皃也。從女屬聲。又音冢緑反。訓釋略同，故不重敘也。

飆揩　上摽遥反。爾雅云：扶摇謂之飆。郭璞注云：飆，暴從上向下曰飆。考聲云：疾風也。自下而上也。説文：飆飖風也。從風猋聲。猋音同上。飆音符。下揩音客皆反。

衒賣　玄絹反。説文：行且賣。從行玄聲。或從言作衒。下埋敗反。説文：出物也。從出買聲。今俗從士〔一三〕作賣，變體訛也。又説買字從四從貝，會意字，今俗用從罒，訛謬也。

或展　哲輦反。俗字也。古文正從㠭從衣作展。㠭音同上。考聲云：展，申也，直也，舒也。經文從手作搌，非也。

踡跼　上倦員反，下卬〔一四〕獄反。埤蒼云：踡跼，不伸皃也。行即曲背也。

蜴蜥　上音易，下音昔。説文云：在屋壁曰守宫，在草澤曰蜴蜥。其鳴自呼，口中吐卵而生。並形聲字。

㳄唾　上祥延反。考聲云：口中津也。説文云：口液也。從水欠聲。經作涎，俗字也。下上（土）〔一五〕臥反。訓釋與上字同。並形聲字也。

齧毒　上研結反。經文從口作嚙，俗字也。從齒從㓞省〔一六〕聲也。

爀曜　上音赫，下音燿。經文二字並從火作爀燿，俗字，非正體也。

掬呬耶亶怛囉經

蟲窠　上逐融反。經作虫，俗傳誤也。一(下)〔一七〕苦和反。説文：窠，空也。在穴曰窠，樹上曰巢。從穴果聲。

鹹鹻　上匣緘反。尚書：潤下作鹹。説文：北方味也。從鹵咸聲。下甲斬反。埤蒼云：鹻，鹵也。考聲云：鹹土也。形聲字也。

餘賸　承證反。盈出也，土有餘也。説文：從貝朕聲。朕音同上。經從二貝作贎〔一八〕，非也。

潬潭　上歎難反。爾雅：沙水出曰潬。形聲字也。下音談。王逸注楚辭云：潭，閑也。南楚之人謂深水曰潭。潭，閑也，深也。亦形聲之字也。作灘者，非古文之字也。

祆祠　上顯堅反。本無此字，胡人謂神明曰天，語轉呼天爲祆，前賢隨音書出此字，從示從天以別之。下祠音寺滋反。爾雅：祠，祭也。白虎通：祠者，嗣也。百神之廟皆曰祠。何注公羊：祠，食也。從示司。示音祇。

啄婆　此句梵語降三世金剛名也。上孫字，正梵音呼素字，便含口含〔一九〕聲在喉腭中。婆字取去聲即是。

摩醯〔二〇〕　下馨鷄反。亦梵語上界之天王名者也。

絣繩　上伯盲反。彈白繩爲界道。

橛子　上權月反。經作拴，俗，非也。

槎匀窂　上蒼何反，次聿均反，下老刀反。上也。

紫礦　虢猛反。藥名也。

單拏人頭棓　單拏，梵語。唐云棓，亦云杖。下白項反。焰摩天所執也。

爍底　上商斫反，下丁以反。此句亦梵語也，唐云短矛也。

莽莫枳　上莫牓反，下經以反。梵語金剛也，部母名。經文作鉼，書誤。作鏻，亦得。

除穢忿怒尊　舊譯名不净金剛，或名穢跡金剛，並拙譯不正，有同毀罵聖者，其實義不然。或名火頭金剛，亦非正譯。梵云烏蒭澀摩，義譯云焚燒穢惡。此聖者以深净大悲，不避穢觸，救護衆生，以大威光，猶如猛火，燒除煩惱妄(妄)〔二一〕見，分別垢净生滅之心，故名除穢。又梵名摩賀麽羅，唐云大力，以大慈力猶如熾火燒除穢惡生死業，故名大力也。

窄處　上争革反。經作迮，錯用字。正體處字，今作處，俗字。

五藥　經文不分明，闕。今依金剛頂瑜伽説：五藥，梵名娑賀撈囉一，娑賀禰縛二，建吒迦哩三，儗哩羯囉拏四，勿哩荅賀底五，並西國藥。此國無，即以此土所出靈藥替之，伏苓一，朱砂二，雄黄三，人參四，赤箭五，各取少許，共置一瓶子中埋之也。

五寶七寶　金一，銀二，真珠三，水精四，玉五。七寶加二，瑠璃六，虎魄七。

八方幡色　東方白色幡。東南方火色，赤黄也。南方黑色幡。西南方煙色，淺黑也。西方赤色幡。西北方緑色，水色也。北方黄色幡。東北方白紅色幡。此等幡但依色作，不畫形像也。

鵷鵲　上菀袁反。鵷鶵，鳳屬也。下槍藥反。乾鵲也。此二皆靈鳥也。形聲也。

生蘖　言羯反。如七月十五日種生蘖。

牸牛并犢　上音字，即母牛也。下音獨，其子。牛必須毛色相似者爲上。經説數十種華香、雜果、食飲各色目，雖有難字，悉不可音。以花香果食，此國並無。其梵語或正不正，設音亦無此物，所以不音。

此有陀羅尼集四卷　集末了未音。

大毗盧遮那經　第一卷　無畏三藏譯

菩薩之身爲師子座　師子座者，轉法輪人所坐之座，俗名高座。經文有密説，如來往昔因地行菩薩道時，次第修行地波羅蜜。從初一地、二地乃至十地，時等覺地、妙覺地而成正覺。當知皆以前地行業爲基，積累前十一地之功德，以成妙覺而坐其上。地地皆轉勝妙法輪，安處其位，故云以菩薩之身爲師子座。

社怛梵　梵語外道名也。此與知者外道宗計大同，但名字別異耳。

鵂鶹　上音休，下音留。案鵂鶹者，即轉侯，夜飛怪鳥也。亦名訓侯，或名訓狐，以所鳴之聲爲名也。多居土窟穴，晝伏夜出，捕鼠及鷂鶹小鳥等爲食。毛羽蒼斑，大如鷹。眼圓睛赤，柴爪似鷹，與角鴟、荒鷄、土梟等同類而稍大也。

械心　杻，械也。愚執不移猶如杻械拘繫也。

剃刀心　上體計反。除毛髮之剃刀也。經作剔，非也。

淹留　於炎反。留，滯也。

株杌　上音誅。樹殘根也。下五骨反。木無頭曰杌。

繫縛　上音計。經作係非也。

洒濯　上西禮反，下音濁也。

火㶳　夕胤反。考聲云：火燒餘木也。經從盡作𤇡字也。

牛欄　音闌。

河潬　坦單反。水中沙出也。

兼綜　宗宋反。言爲人師者，兼通内外墳典，明解世間一切藝術，然後可爲人師也。

蟲蟻　上逐融反。經作虫也。下宜几反。或作螘，蚍蜉也。形聲字也。

瞿摩夷　梵語牛糞也。用塗地。

瞿摸怛囉　梵語。唐云牛溺。此經有數百道真言及梵語，或有難字，皆是響梵語，多不切當，并説字輪花香法義天人名目，琳已依梵本再翻，在陀羅尼中。此不重釋，設强音訓，不近梵音語也。

顯敞　昌掌反。高明顯望也。

姝麗　上衝珠反。廣雅：美也。小[爾][二二]雅：姝，好也。或作姇。

縞素　上高考反。韻詮：縞，白也。小爾雅云：絹之精者曰縞也。

黶月　伊琰反。黑子也。大忿怒尊名也。

藻繢　上音遭老反。考聲云：文章也。彩色也。下回罪反。韻英云：畫[二三]也。彩色明也。上聲字，亦去聲也。

大日經　第二卷

權智　倦員反。考聲：常合道也。揆度也。從木。

登礫迦　上普沫反，次張革反，下薑佉反。真言中摧壞句。

頡唎媲　上頡字唯梵語應音痕没反，亦可書紇哩字。下匹謎反，去聲字。

佉哩恨拏　上銀訖反，哩轉舌，下儜加反。是真言威忿句。經中書揭嘌佷拏，亦通。

間插　楚洽反。刺入也。　挍踈也。

縑舨　上音兼。絹也。

蹲踞　上音存，下音據也。

嚩臾方　梵語。唐云風，即西北方是也。

闔以捨囉梵　上音合。從門盇聲。盇音同。經從盖，非也。此句梵語，唐云瓦椀也。於西北隅風神王位作法止風雨，以瓦椀合之。

大日經　第三卷

幖幟　上必遥反。考聲：幖，舉也。從巾。或從木作標。下昌志反。字書云：幟謂幖上幡也。亦從巾戠聲。

鬢蘂　上相臾反。花中細毛蘂也。下蕤捶反。蘂亦須也。

計都　梵語也。唐云幢，或云節，手執也。

揭伽　上褰謁反。亦梵語，唐云劍，即是持劍仙也。

傘蓋　上音散，上聲，俗字也。正作繖，繖即盖也。

履屣　上音里，下所綺反。韻英云：履之不攝跟者，鞮屬也。或作䪏。

安膳那　音善。唐云眼藥。似礦石，青黑色。亦似金精石，藥也。

嚧遮那　梵語。唐云牛黄。數般藥物名並是持明仙加持相應物也。

霏霧　上妃尾反，下音務。輕霧也。

無擇報　無擇者，不擇貴賤也。但作大逆，即入其中，名無間獄。

彤赤　上音同。彤亦赤也。

那辢遮　闌葛反。梵語也。金剛椎之梵名也。鐵柄椎也。

目竭嵐　臘耽反。亦梵語也。即是具鈎棓杵劍矛索之類也。

絹縠　洪屋反。韻英云：羅縠也。絹之踈者也。

大日經　第四卷

憩伽　上騫罽反。梵語也。唐云劍，或名大慧刀也。

齎印　音齊。

腰印　伊遥反。亦作䙅。説文：人身中也。象人䙅。説文作𦥔，從臼從交省聲也。籀文作要，從女從票省聲也。今變籀文用。

穬麥　上虢猛反，下盲伯反。説文：從夾從夂。今俗字從來夂作麦，非。夂音雖。

何耶揭哩嚩　梵語。唐云馬頭明王。

刀鞘　逍曜反。韻英云：刀室也。形聲字。

鐸印　唐洛反。大鈴也。

鎚印　直追反。俗字也。正從木從隹作椎也。

芰荷　上奇寄反。賈注國語云：蔆，芰(芰)〔二四〕也。楚人謂陵爲芰(芰)，杜林或作茤。

大日經　第五卷

圓整　下征郢反。考聲云：齊也。理也。古今正字：整，正也。

從朿從攴，正聲也。

朱顛　下真忍反。古今正字謂美髮爲顛。從黑真聲。

摽誌　上必遥反，下音志。韻英云：記其事曰誌也。

羌揭梨　上却姜反。梵語也。唐云小刀，似報持印信也。

鵝鵠　上我哥反。水鳥也。色白如雪，人家或養。下紅木反。俗謂之紅鶴，亦水鳥，形似鶴，微有少紅，頭微有青，巢於高樹，長頸高足長喙也。

綿纊　上彌鞭反，下苦晃反。

綵絢　下玄絹反。鄭注儀禮云：采文成曰絢。絢，服榮盛貌也。從糸旬聲。旬音同上。並形聲字。

餚饍　上效交反。俗字也。正體單作肴。考聲云：脯羞也。集訓云：木果之屬也。下音善。鄭注禮記云：膳，進也。今之美食皆曰珍膳，從肉善聲。經文從食作饍，俗字，非也。爾雅云：尤益之者矣。

醇净　順倫反。正體字也。經作醇，或從水作淳，皆變體俗字也。

翊侍　上蠅即反。考聲云：輔助也。說文：從羽從立，會意字也。

大日經　第六卷

此卷經文少有難字，雖說梵字三十四文，重重演說，解釋字義，亘皆深密。又說護摩法，初說四十四種世間火法火神名字，後說十二不思議出世間火及火神相皃。已於真言集中具訓釋訖。此經爲梵語，用字不切當，所以不音。

面輔　扶武反，上聲字也。韻英云：頰骨也。或作⿰甫頁。

大日經　第七卷

龕窟　上坎甘反。廣雅：龕，㝛音成也。考聲云：鑿山壁爲坎也。說文：龍皃也。從今龍。經從合作龕，非也。下苦骨反。或從土作堀。杜注左傳云：地室也。古今正字從穴屈聲也。

繽紛　上匹賓反，下拂文反。字書云：花飛亂墜。

綃縠　上音消。鄭注禮記云：綃，繒。古今名也。毛詩傳：綃，縑也。又云綺屬也。下紅木反。釋名云：紗縠也。並形聲字也。

炳現　上兵皿反。光照明也。

迺脩　上音乃，古乃字。

三摩呬多　呬音馨以反。梵語。唐云等引。瑜伽論云：謂勝妙地，離沈掉等。平等能引諸功德故，名爲等引。定之異名也。

憺怕　上談濫反，下音魄。心志恬静安神也。經從水作淡泊，非也。

膏車鎋　上音告。考聲云：以膏油加車軸曰膏車。下閑戛反。或作鎋，亦通，車軸頭鐵是也。

徧照如來念誦法　善無畏前譯

敦崇　上都昆反。考聲云：敦，敬也。崇，重也。說文：怒也。正作敦，經作敦，俗字也。

勵行　力滯反。集訓云：勉力也。從力厲聲。厲音同上。

誠懇　肯佷反。考聲云：懇，至誠也。信也。説文：從心貇聲，貇音同上。

即捩　蓮捏反。字書：拗，捩也。從手。

不憚劬勞　上壇爛反，下具愚反。

蠃盃　上魯禾反。海中大蚌也，似蝸牛。爾雅云：蚹〔二五〕蠃螔音移蝓音俞也。開爲水盃也。

齧下脣　研結反。没咬也。

爲鞘　消曜反。韻詮云：刀室也。已釋也。

上撝虚空　毀韋反。以手撝空也。

辛葷　音勳，葱蒜韭薤之屬也。

蘿菔　下朋北反。紫花大根菜也。本蕃戎獻此菜也。

椿菜　黜倫反。木名也。

毗盧遮那如來要略念誦法　上卷　金剛三藏譯

渚島　上諸暑反。考聲云：小洲也。亦作陼。下刀老反。説文云：海中有山可依止曰島。從山鳥聲。或作嶋，亦作隝也。

磔豎　上張革反。開也。從石從桀。下殊主反。正從豆。從立作[竪]〔二六〕，俗。

安頟　牙革反。説文：頟，顙也。從頁從各省〔二七〕聲也。經從客作額，俗也。古今俗字，非也。

交睪　下剜换反。經從肉作腕，俗字也。説文云：掌後節也。正從手從叉古文爪字從目，會意字也。

摜於　開患反。説文云：慣，習也。從手貫聲也。

須蘂　下蕤捶反。蓮華中須蘂是。

被鎧　開大反。考聲云：鎧，甲也。又音康改反。

毗盧遮那念誦法下卷

鈴鐸　上歷丁反，下唐洛反。

鑁字　武敢反。

蹲踞　上音存，下音據。

摶食　段鸞反。廣雅：著也。禮記：無摶飯。説文：圓也。從手專聲也。

盥洒　上音管。説文：澡手也。從臼從水從皿，會意字。下西禮反。或作洗。説文：洒，滌也。刑〔二八〕聲字也。

金剛頂經略瑜伽　第一卷　金剛智譯

阿閦鞞　初菊反，毗迷反。梵語。唐云無動佛也。

噁字　覽字彈舌即是，梵語。

蹙眉　酒育反。

漱口　搜皺反，音與瘦同。從水正。顧野王云：以水盪口也。經從口作，俗字也。

嗢俱吒坐　温骨反。梵語也。注中云：臀不著地。臀音鈍魂反，從肉殿聲。

叱喝　上瞋栗反，下呵葛反。

抽擲　上丑留反，下呈戟反。並形聲字也。

金剛頂經　第二卷

上腭〔二九〕　昂各反。考聲從肉作腭。經文從齒作齶，俗字也。說文作㖇，音强各反，口上河(阿)〔三〇〕也。象其文理也。古文本無此字，先賢隨俗語書出，或從肉從齒皆非正。相傳共用音五各反。古云爾。

鍊蠟　上音蓮殿反。消鍊蜜蠟也。或錫鑞，令柔耎。

玉枕　針荏反。腦後也。

金剛頂經　第三卷

出眺　祧吊反。集訓：眺，望也。從目兆聲。經從月，非也。

四邊緣　悦絹反。去聲字。鄭注禮記云：緣，飾邊也。從糸，借音字。經從手作掾，曹掾，非此用也。

闊陿　上寬括反。爾雅：闊，遠也。廣也。古今正字：踈也。從門活聲也。

擘過　巴麥反。開是也。

騎驀　音陌。考聲：踰，越也。說文或作趏，古字也。從馬莫聲也。

月暈　音運。考聲云：日月傍氣也。或青或赤，圍日月似車輪。

撥開　上音鉢，從手也。

彈指　但難反。作拳屈頭指，以大指捻彈令作聲。

揵椎　上音乾，下墜追反。從木隹聲。經從追，俗字，非也。

拔拽　延結反。從手拖也。經從糸作絏，非也。

金剛頂經　第四卷

胡麻屑　仙節反。擣作末也。

稠林　宙留反。蒼頡篇云：稠，衆也。廣雅：穊也。

濾漉　上驢佇反，下音鹿。

掩袜其眼　鑾八反。考聲：束也。

掣開　昌熱反。從手制。

撚之　年典反。

眼瞖　嬰計反。白膜盖睛也。

鑿君荼　上藏洛反。韻詮：穿也。說文：從丵從臼從殳從金，會意字也。君荼，梵語。唐云地火鑪，即護魔爐也。

新鑽火　祖官反。意取新净不穢。鐵打石火亦得，竹捽火亦得也。

相伴　盤滿反。伴令相和也。

金剛頂大教王經　上卷　不空三藏譯

摇激　下經亦反。顧野王云：激，清也。王注楚辭云：激，感也。說文：水礙也。即疾波也。從水敫聲也。

阿婆頗娜伽　梵語也。唐言微細金剛觀，亦曰從真起用也。

刹那頃　刹那，梵語，唐無正翻。案俱舍論，積一百二十刹那成一怛刹那，積六十怛刹那爲一臘縛，積三十臘縛爲一須臾，積三十須臾成一晝夜，計一日夜有三十摸呼律多九百臘縛五萬四千怛刹那六百四十八萬刹那。時中極促，不過刹那。以子丑等十二時分之，每一時之中從卯至辰有五十四萬刹那時也。
唱陁南　梵語也。以義翻之，猶如足跡。古譯云偈也。
揮斫　上音暉，下章藥反。

金剛頂經　中卷

諷詠　上風鳳反。鄭注周禮云：倍文曰諷，以聲節之曰誦。毛詩序云：風，諷也。上以風化下，下以風刺上。形聲字。毛詩序又云：言之不足故嗟歎之，嗟歎之不足故詠歌之，詠歌之不足故不知手之舞之。
僮僕　上音童。鄭注禮記云：僮，謂未冠者之稱也。下蓬木反。毛詩傳：僕，附也。禮記：仕於家曰僕。顧野王云：馭車者。說文：給使者也。
倨傲　上居御反。廣雅：倨，慢也。說文：不遜也。從人居聲也。下五告反。廣雅：傲，慢也。杜注左傳：不敬也。說文亦倨也。從人敖聲也。
鈿飾　上田練反，借音用，本音田。下昇織反。以寶廁鈿而飾之。

金剛頂經　下卷

搦擲　上篋搜反。考聲云：以指鉤取物也。手覽而稱上，搦金剛杵擲而弄之。
擐服　上關患反，借音字也。杜注左傳：擐，貫穿衣也。本音患。說文：衣甲。從手從睘省〔三二〕聲也。

普通諸尊瑜伽念誦法

瑩徹　上縈迥反。宋注太玄經云：所以瑩明玄道也。廣雅：瑩，摩也。說文：從玉從熒省聲。下纏列反。韻詮：徹，穿。
倏焉　上昇肉反。顧野王云：往來迅速也。說文：犬走皃也。從火攸聲。攸音由。
蹙如寶形　酒育反。考聲云：速也。急也。古今正字：窮也。迫也。從戚足聲。
挂輕　上音卦。考聲：挂，懸也。又音怪，訓用同。
漸縮　下所六反。韓詩云：縮，斂也。賈注國語：縮，退也。說文：縱也。亂也。從糸宿聲也。
革屣　上革字。說文云：獸皮治去毛。革，更之也。古文革字從三十。凡三十年爲一世而道更革易也。從臼，今從省作革。下師滓反。屣，屧也。以皮作之，故名革屣，即五天竺國皮鞋也。無跟無綱帶，屩屬也。

瑜伽要妙略修行法　無難字不音訓。

金剛頂經曼殊室利五字心經

如釘橛　權月反。廣雅：橛，杙也。案橛者，若鐵若竹若木纖（鑯）〔三三〕之以釘地及牆壁。古今正字：從木厥聲。經作栓，云木入土爲橛。是天后朝時，有人僞造進奉，尋以停廢，不堪行用。此說金剛橛印也。
獨股　下音古。唯獨上下一峯，金剛杵也。從肉從殳也。

捏進力　上年結反。捻也。

容竄　粗亂反。小(爾)雅云：竄，藏。象形。

闔智字　上音合，閉户也。此念誦法中諸真言中字，甚訛謬，不堪音訓。慧琳依梵本再翻，具在真言集卷，請撿(檢)〔三三〕取也。

文殊師利五字偈頌法

精進鎧　苦改反。衣甲也。

沃土　上音屋。沃，肥壤也。

採掇　下都括反。拾，掇。

悚慄　上粟勇反，下隣窒反。

普燎　力吊反。照暗爲明也。

金剛頂文殊師利五字真言法

迴樹　熒頴反，上聲。韻英：迴，遠也。獨也。從辵同聲。同音癸營反。經文從向，非也。

鎣徹　上縈暝反，去聲。韻英云：珠玉光明。從金縈省聲。經從玉，俗也。下纏列反。韻詮：徹，通也。跡也。從彳敵聲。

兩髆　音博。兩肩也。從骨從博省聲。經從月作膊，非字形也。

金剛頂瑜伽修習毗盧遮那三摩地法

胡跪　逵葦反。右膝著地豎左膝危坐。或云互跪也。

轉樞　衝珠反。門肘也。郭注爾雅云：門户扉樞也。韓康伯注周易云：樞機，制動之主也。古今正字：從木區聲。扉音非，古今字。

炳現　兵永反。説文：明也。文彩炳然。從火丙聲。丙音同。

上腭　昂各反。俗字，非正也。説文云：口上河(阿)〔三四〕也，象形。作㖔，音强略反，象口中上腭也。

縈繞　瑩營反。考聲云：纏也。二手互相纏繞也。從糸從營省聲。

降三世金剛瑜伽觀自在心真言法　净行譯

撼爲鈴　上含紺反。廣雅：撼，動也。説文：摇也。從手感聲也。下音靈。

袜(袜)〔三五〕其眼　蠻八反。

捺之　難怛反。

擘蓮花　上音伯。以手擘開。

雞翎　歷丁反。雞翅翎羽也。

蹙如　上精育反。從戚足聲。

引颺　羊上反，去〔三六〕聲字也。

金剛頂經觀自在如來修行法

瑕翳　上夏加反。考聲云：珠玉病也。從玉叚聲。下嬰計反。賈注國語云：翳，扇屏也。郭注方言云：蔽薆也。奄也。從羽殹聲。殹音同上也。

修般若波羅蜜瑜伽觀行法　無可音訓。

觀自在如意輪瑜伽法

滿泥自在王　滿泥自在王，梵語也。唐云禮拜。自在王者，無量壽佛。

蓬髮躶黑形　盧果反。借音，避俗諱，音華瓦反。脱衣露體也。或作倮，訓同。

芬馥　上忿文反，下馮目反。芬馥者，香氣貌也。

急躁　上急字，説文從及亦聲也。下遭到反。考聲：性急也。顧野王云：躁，動也，不安也。從足喿聲。喿音埽到反。

金剛頂瑜伽大樂金剛薩埵念誦法　前譯

佩衆　裴妹反。説文：大帶曰佩。從人從凡。佩必有巾，巾爲之飾，故從巾。

左髁　誇化反。考聲云：髀上骨也。或作跨，却坐也。經文從月作胯，非也。

傾斜　上犬營反，下夕嗟反。俗字也。説文：正從衣從邪省作衺，正體字也。

拍定掌　怕伯反。説文：拍，柎(拊)〔三七〕也。從手百聲。

同臻　櫛詵反。爾雅：臻者，至也。説文：從至秦聲也。

鋜成　鋤角反。金剛銷印之。古雅云爾。

擲散　上呈戟反。俗字也。從適作擿。今時用以爲張革反，相亂，所以不用，且從鄭。下散，正體之字。

寵遇　上敕勇反。考聲：貴也。韻英：愛也。賈注國語：榮也。説文：位也。從宀龍聲。

不瞬　水潤反。動目也。或作瞚也。

自鋒　音峯。

降三世大曼荼羅中蓮花部心法　净行譯

無可音訓。

吉祥勝初瑜伽大樂金剛薩埵法

爲竅　啟叫反。韻英云：孔，竅也。説文：空也。從穴敫聲。

泛花　芳梵反。考聲：泛，浮也。或作汎，時用。

側捩　蓮涅反。或作戾，或從手作捩。集訓云：拗，捩。經文從糸作綟。綟絲句字，非此用，故不取。

彎弓　上綰開反。蒼頡篇云：引弓也。古今正字：開弓放箭也。從弓䜌聲。䜌音孿。

二髀　毗米反。或作髀。考聲云：髀，股也。説文：股外也。從骨卑聲。經文從月作脾，非字也。

佉吒迦　梵語也。以義譯之，云以左右手腕相近柔耎輪散十指，共於心前，三翻旋舞，心住悦喜觀也。

瞻矚　上音占，下音屬。考聲云：瞻矚者，視也。審詳也。集訓云：衆目所歸也。形聲字也。

瞤動　蕤純反。韻英云：目動也。考聲云：無故目自動曰瞤。形聲字。

降三世觀自在心陀羅尼法　不空三藏譯

暈淡　上音運。以彩色暉淡其畫也。

繒帛 情蠅反。彩物也。

縛撲 龐遯〔三八〕反。以手搏投於地也。

腳踏 上正脚字也。下音談合反。廣雅：踐也。

掉 調曜反。以手揮。

普賢金剛薩埵瑜伽念誦法 不空三藏譯

三掣拍胸 上昌熱反。考聲云：頓，拽也。從手制聲。次普伯反。考聲云：拊也。擊也。從手白聲。

陽燗 閻壍反。或作談燄。案陽焰者，陽氣勝騰如火聚上煙焰之狀也。

洒滌 上西禮反，下音狄。孔注尚書：滌，除也。何注公羊傳云：滌，潔浄也。説文：從水條聲。

蓮花降三世瑜伽觀自在心儀軌 不空三藏譯

金剛頂瑜伽觀自在菩薩心念誦法

觀自在菩薩心真言成就法

此三卷並無字可音訓。

一切經音義 卷第三十六

校勘記

〔一〕本 獅作「木」。

〔二〕廣雅曰：趨鵳鷂子籠脱鵮也 今傳本廣雅：「鵮鵳鷂子籠脱鵮也。」

〔三〕徽 據文意似作「微」。

〔四〕今古正字 據文意當爲「古今正字」。

〔五〕⿰彳厭 據文意似當作「⿰衤厭」。下同。

〔六〕疑 獅作「凝」。

〔七〕丑 中華大藏經影印麗本作「田」。

〔八〕榾 據文意似當作「搰」。

〔九〕父 獅作「反」。

〔一〇〕卜 中華大藏經影印麗本作「十」。

〔一一〕柱 據文意似當作「拄」。

〔一二〕温 中華大藏經影印麗本作「緼」。

〔一三〕土 據文意似作「士」。

〔一四〕印 據文意似作「卬」。

〔一五〕上 獅作「土」。

〔一六〕省 衍。

〔一七〕一 獅作「下」。

〔一八〕贉 據文意似當作「贉」。

〔一九〕含 中華大藏經影印麗本作「台」。

〔二〇〕醢 獅作「醯」。

〔二一〕妾 據文意似當作「妄」。

〔二二〕爾 據文意補。

〔二三〕晝 中華大藏經影印麗本作「書」。

〔二四〕芆 據文意似當作「芟」。下同。

〔二五〕蚶 今傳本爾雅作「蚹」。

〔二六〕竪 各本無，據文意補。

〔二七〕省 衍。

〔二八〕刑 獅作「形」。

〔二九〕膠 慧卷三六下文釋金剛頂瑜伽修習毗盧遮那三摩地法「上腭」條作「腭」。

〔三〇〕河 頻作「阿」。

〔三一〕省 衍。

〔三二〕纖 據文意似作「鐵」。

〔三三〕撿 據文意似當作「檢」。

〔三四〕口上河 今傳本説文爲「口上阿」。

〔三五〕袜 據反切似爲「袜」。

〔三六〕去 中華大藏經影印麗本作「法」。

〔三七〕柎 據文意似當作「拊」。

〔三八〕遯 即「邈」。

一切經音義　卷第三十七

大唐翻經沙門慧琳撰

蘘麌梨念誦法一卷

佛說大金色孔雀王咒經一卷

大金色孔雀王咒經一卷

右三十九經五十六卷同此卷音

廣大寶樓閣善住秘密陀羅尼經　上卷　慧琳撰

無明㲉〔一〕　苦角反。桂苑珠叢云：鳥卵皮㲉也。喻無明含藏煩惱猶如鳥卵㲉也。從卵殻聲也。

竦竪　上粟勇反。廣雅：竦，上也。考聲：驚也。心不安也。說文：敬也。從立從束。自申束也。束亦聲也。古文從人作從也。下殊主反。說文：竪，立也。從臤豆作竪。籀文從殳作豎。

轟磕　上呼泓反。說文：羣車聲也。從三車。下堪鴿反。說文：大石相磕聲也。從石盍聲。

倏然　傷肉反。楚辭云：往來倏忽也。說文：犬走也。從犬攸聲。下熱旃反。會意字也。說文：犬肉也。從肉從犬從灬。灬音必遥反。

髀病　毗米反。說文：股外也。從骨卑聲。俗作脾也。

梢枝　上所交反。考聲云：木末也。字書：枝末也。下音支。並從木。

麨粖　昌遶反。俗字也。正體從酋作麵。廣雅：食也。埤蒼：煼麥屑食也。形聲字也。煼音叉絞反。

廣大寶樓閣善住秘密陀羅尼經　中卷

抨界道　百盲反。孔注尚書：抨，使也。爾雅：從也。郭璞曰：謂相隨從也。說文：揮也。聲類：或從羊作拜。字書或從并作拼，亦通。

上插　楚甲反。聲類：插，入也。說文：刺入肉也。從干從臼。臼音舊，象形字也。從千者，非也。

䬶餅　音甲。餅，鉀鑼之類，著脂〔二〕油煮餅也。

鋒矟　上音峯，下雙捉反。廣雅：矟，矛也。文字典說云：戟，矟也。從矛肖聲。經作槊，俗字也。

廣大寶樓閣善住秘密陀羅尼經　下卷

蹙其上節　井育反。以二中指蹙上節如寶形。從蹙(戚)〔三〕從足。經文有從就從足作蹵，非也。

磔開　上張革反。廣雅：磔，張也。韻詮云：開也。字書或從乇作厇。文字典說：從石桀聲。桀字，上從舛下從木。經從手作搩，非也。舛音川軟反也。

大摩尼廣博樓閣善住秘密經　上卷

不空廣智　慧琳

無明㲉　苦角反。前已具釋訖。

竦竪　上粟勇反，下殊主反。前寶樓閣已具訓釋訖。

魁膾　上塊回反，下古外反。前文已具釋訖也。

螻蟻　上勒侯反，下宜紀反。爾雅：大者蚍蜉，小者螘子也。說文從豈作螘。經從義，俗字也。俗呼總名螻。一云大曰螻小曰螘也。

毛聳　下粟勇反。郭注方言云：驚愓即毛聳。衛宋或從心作慫。古今正字從耳從，形聲字也。又音雙講反，亦通用。

法羸　魯和反。上從亡下從虫，前已釋訖。

扣擊　上音口。孔注論語云：扣，擊也。廣雅：扣，持也。說文從句從攴作敂。敂亦擊也。或從邑作叩〔四〕。

厭禱　伊琰反，下刀老反。從厂從猒。厂音訶旦反。經文從疒，非也。疒音女格反。

枝梢　所交反。前已具釋。

剖裂　上普口反。杜注左傳云：中分爲剖。玉篇：剖，破也。蒼頡篇：剖，析也。說文：判也。從刀咅聲。咅音土口反。

萎悴　上委爲反。集訓云：草木黄死曰萎。字書云：蔫，菸也。下情遂反。文字集略：萎悴，懷憂慘戚皃也。並形聲字也。上從草，下從心。

插四　上初甲反。前寶樓閣中卷已具訓釋也。

作橛　下拳月反。廣雅：橛，杙也。文字典說：從木厥聲。

大摩尼廣博樓閣善住秘密經　中卷

仙窟　下困骨反。毛詩云：窟，穴也。考聲云：土窟室也。說文：窠也。從穴屈聲。或從土作堀，亦通，俗字。

竇輞　下武昉反。字統云：罔，車轅也。或從木作棢。古今正字：從車罔聲。轅音渠也。

大摩尼廣博樓閣善住秘密經　下卷

當跨　誇化反。蒼頡篇：兩股間也。說文：從足從夸聲。字林或從肉作胯，亦通也。

踣面　上蒲北反。集訓云：前倒也。說文：從足咅聲。經文或從人作仆，亦通，時用也。

沮壞　上情與反。左傳云：沮亦壞也。說文：從水且聲。經文從半肉作俎，非也。下懷怪反。考聲云：崩摧也。敗也。古今正字：自破曰壞。從土褱聲。褱字，說文：從衣從眔。眔音談合上從横目。

指柱　誅縷反。經從足作跓，俗字也。

磔開　上張革反。已前釋訖。

牟梨曼陀羅咒經一卷　慧琳

疫癘　上音役，下音例。前已具釋。

祆神　上顯堅反。考聲云：胡謂神爲天。今關中人謂天神爲祆也。

囉闍　梵語也。唐云王也。

胷肊　上音凶，下於力反。古今正字云：肊，胷骨也。說文：亦胷也。從肉乙聲。或從意作臆，亦通。經文或從骨作𩪘，古字也。

蹋頭　上談臘反。說文云：蹋，踐也。從足㬎聲。㬎音塔。經作踏，俗字也。

钃斤　上冢録反。考聲云：钃斤者，今郢匠斲斧也。斲音卓，形如小钁。钁音俱籰反。籰音王(玉)〔五〕約反。

皺眉　上側救反。嚬眉也。從芻從皮。經作皺,俗字也。

或掐　苦洽反。文字集略云:爪甲也。文字典説云:手抓,掐也。從手臽聲。臽音陷。臽字上從人,下從臼,今在臼中也。臼音舊。經從爪作搯,非也。

欠㰦　音去。張口也。

謦欬　上啟郢反。蒼頡篇云:謦,聲也。説文:謦亦欬也。從言殸聲也。殸音坑。下開改反。顧野王:欬,嗽也。説文:氣逆也。從欠亥聲。經從口作咳,非也。

拗折　上鵶絞反。集訓云:手折物也。字書:拉也。

面窊　烏卦反。匙面中心窊下如淺形,即前説護摩杓也。淺小長柄也。

璺瘂　音問。方言云:器物破而未相離曰璺。廣雅:璺,裂也。古今正字:從玉臼從冂。

糂胡　上三敢反。鄭注禮記云:凡羹宜五味調和米屑之糂也。説文:從米甚聲。經從參作糝,俗字。

寶樓閣念誦法一卷　文易無難字可音訓。

無垢净光大陀羅尼經　慧琳

耎音　上儒兖反。鄭注周禮云:耎,柔也。説文:從大而聲也。下邑吟反。説文云:音,聲也。生於心有節於外謂之音。從言含一,會意字也。

輪樘　下澤耕反。字書云:樘,柱也。亦作樘(橖)〔六〕。説文亦柱也。從木堂聲。

颯哆　三荅反,下多可反。

麝香　上蛇夜反。山海經云:翠山多麝香。郭注云:麝,似麞而臍中有香也。又注爾雅云:父麇也。古今正字:從鹿射聲。下正體香字也。説文云:香,芬也。從黍從甘。謂黍稷馨香也。

佛説持世陀羅尼經　慧琳

寶篋　上保音。字書正從缶作珤,云:珍也。經從尔作寶,俗字也。下謙頰反。説文:從匚作匧。匧,笥也。古今正字:從竹匧聲。匧音同上。匚音放亡反。

建磔迦林　次陟革反,三薑佉反。梵語西域地名也。

飢饉　上音機,下音近。爾雅云:穀不熟爲飢,蔬不熟爲饉。案禮記:饑饉,歲凶年穀不登也。説文:飢饉二字皆從食,几、堇聲。堇音謹。

疫癘　上音役,下離制反。鄭注周禮云:疫癘,氣不和之疾也。五行傳云「六癘時作」是也。説文云:疫,民之疾也。從疒役省聲。癘皆惡疾也。從疒厲省聲。疒,女厄反。

佛説雨寶陀羅尼經　慧琳

脂髓膿　上止夷反。鄭注禮記云:脂,肥凝也。釋名云:脂,膏也。説文云:戴角者曰脂,無角者曰膏。從肉旨聲也。經從月作脂,俗字也。髓音雖觜反。字書:正從隋作髓。説文云:骨中脂也。從骨隋省聲也。下奴同反。經文作膿,俗字也。字書作盥。史記云:八日當歐盥死。説文云:盥,腫血也。從血癰省聲。或作膿（癑）〔七〕，訓義同也。

善法方便陀羅尼經　無字可音訓。

金剛秘密善門陀羅尼經　慧琳

赫弈　上呀格反。廣雅：赫赫，明也。詩傳云：顯盛皃。説文：大赤也。從二赤。説文：赤字，南方火色也。從大從火。今隸書作赤，變體字也。經文從草從赤作䒆，不成字也。呀音赫加反。下音亦。赫赫弈弈，光盛之皃也。從廾亦聲。廾音拱。

護命法門神咒經　無字可音訓。

東方最勝燈王如來經　慧琳

攘𢦏〔八〕　上汝羊反。王逸注楚辭云：攘，排也。方言：止也。毛詩傳：除也。鄭注周禮云：却也。説文：推也。從手襄聲。推音他雷反。襄音箱。下宰來反。説文云：天火曰𢦏，從火𢦏聲，𢦏音同上。經文作災，大篆古字也。從火巛〔九〕聲。巛音哉。説文云：巛，壅也，從一。一，土也。土壅州〔一〇〕爲災。今時俗通作灾，古字也。

擾亂　上如沼反。説文：擾，煩也。從手從夒。夒音奴刀反。從憂者，非也。下欒段反。考聲云：亂，錯也。李斯小篆下從寸作亂〔一一〕也。

枝柯　上音支。毛詩：惟作之枝〔一二〕，其葉蓬蓬。説文云：水別生也。從木支聲也。説文：從半竹從又作支。下音哥。廣雅：柯，莖也。顧野王云：柯亦枝柯也。形聲字也。蒼頡篇：從加從心作㤉，音同上。

摩㥶跢　㥶音蒼何反。梵語也。㥶字謬，宜作蹉，從足。

諸佛集會陀羅尼經　慧琳

捺𧀰　上奴怛反，下陟皆反。梵語陀羅尼句也。

金剛壽命經　金剛延命念誦法　已上二經並無字音。

陀羅尼集　第一卷　慧琳

跋山　上盤末反。毛詩傳云：草行曰跋。韓詩云：不遊蹊遂而涉曰跋涉。古今正字：從足犮聲。犮音蒲末反。

相柱　下誅縷反。字書：正以一點爲［丶］〔一三〕，今借柱字用之。説文云：［丶］云有所紀止也。經文從足作跓，俗用，字書並無。

向腭　昂各反。考聲：腭，齗也。經從齒作齶，俗字也。

掐（搯）〔一四〕數珠　口甲反。埤蒼云：爪掐（搯）也。文字典説：從手臽（舀）〔一五〕聲。舀，吐高反。

白氎　下恬葉反。案白氎者，西國草花絮也。色白而細耎，撚以爲布也。文字典説：從毛疊聲。經作㲲，非也。撚音年典反。

闊陿　下咸甲反。顧野王云：陿，隘也。又云不廣大也。説文：從𨸏從匧亦聲也。匧音篋也。

礲石　上吳膾反。世本云：公輸初作石礲。考聲云：磨麥具也。說文：礲，𥗗也。從石豈聲。字統又云：魯班初作礲也。𥗗音莫賀反也。

瓦瓨　下學江反。蒼頡篇云：瓨，即瓦瓶也。說文云：瓨，似罌長頸也。受十升。從瓦從工聲。罌音鸎。

一盌　剜管反。方言云：陳楚宋魏之間謂盂爲盌。說文云：盌，小盂也。從皿夗聲。俗用作椀。聲類：從瓦作瓮，並通。夗音苑也。

欱取　上呼恰反。張衡西都賦云「欱澧吐滈」也。說文云：欱，啜也。從欠合聲。經從口作哈，非也。

呪潠　下孫寸反。埤蒼云：潠，噴也。乃灑物也。顧野王云：以口含水噴之也。文字典說云：從水巽聲。經從口作噀，俗字也。

拼繩　上伯萌反。爾雅云：拼，使從也。孔注尚書云：亦從也。說文云：揮也。又從平作抨。古今正字從手從弁亦聲也。下石仍反。說文云：繩，索也。從糸蠅省聲。蠅音翼曾反。

捩出　憐涅反。字鏡云：拗，捩也。考聲：細也。古文作盭，從么么音一遥反從𢆉𢆉音滔從支從皿。雖正字，時不多用。或作𥿋，訓釋同。從手戾聲。拗音鴉絞反。

佛矟　下雙捉反。廣雅云：矟，矛也。古今正字：矟長一丈八尺。從矛肖聲。

一鏃　下宗祿反。顧野王云：鏃，矢鏑也。說文：利也。從金族聲。

陀羅尼集　第二卷

口道　陶老反。鄭注禮記云：道，說也。亦言也。說文：所行道也。從辵首聲。古文從首從寸作䢜。經從口作噵，非也。檢諸字書，並無此噵字。

末搓　蒼哥反。考聲云：搓，挼也。古今正字云：搓，挪也。從手差聲。挪音那。挼音奴和反。

歧間　上妓宜反。案指歧間者，即指罅隙也。罅，赫亞反。隙音卿逆反。

所螫　下聲隻反。說文云：螫，蟲行毒也。從虫赦聲。經從赤作螫(螯)〔一六〕，俗字也。隻音征尺反。

莫怕　下拍罵反。韻略云：怕，怖也。古今正字云：怕，懼也。從心白聲。經作㤺，非也。

陀羅尼集　第三卷

褡襠　上堪蛤反，下黨郎反。考聲云：褡襠，衣名也。方言云：今關中謂襦曰褡襠。古今正字云：襠即背襠也。一當背，一當胷。從衣當聲也。

氍毹　上音瞿，下數雛反。梵語也。毛毯地衣之類也。亦無正字也。

作橛　下拳月反。字書作橜。廣雅：橛，杙也。古今正字：從木厥聲。杙音翼也。

繖蓋　上珊亶反。經作傘，俗字也。東觀漢記云：時天大雨，上騎持繖蓋從百餘騎。顧野王云：繖即蓋也。古今正字：從糸散聲也。

陀羅尼集　第四卷

瘡皰　下白貌反。淮南子云：潰小皰而發痤疽也。許叔重曰：

皰，面氣之瘡也。説文云：皰，面生氣也。從皮包聲。痤音坐和反。痘音七余反。

瘍癬　上養將反。禮記：頭有瘡則沐，身有瘍則浴。鄭箋毛詩云：瘍，傷也。説文：瘍，頭瘡也。從疒易(昜)[一七]聲。易(昜)音陽。疒，女厄[反][一八]。下先剪反。賈逵注國語云：癬，疥也。説文：癬，乾瘍也。從疒鮮聲也。

憨風　上呵甘反。考聲從人作僋。僋，癡甚也。字書云：憨，愚也。文字典説：從心敢聲。經從疒作瘷，俗字也。

唄響　上排邁反。考聲云：唄，僧尼法事聲也。亦梵聲也。

陀羅尼集　第五卷

駁駁　參匝反。郭注爾雅云：駁駁，疾皃也。説文云：駁駁，行相及也。從馬及聲也。

絡髆　上郎各反。郭注山海經云：絡，繞也。説文：從糸各聲。亦從索作貉。下膀莫反。考聲：肩也。

寶絛　下討刀反。鄭注周禮云：絛，絲飾也。考聲云：絛，絲織如繩曰絛也。説文：從糸從攸聲。經作縚，俗字也。

右手拓地　湯洛反。此字更有異音，今不取。經意以右手掌按地，是結印誦真言也。

似叢　族紅反。説文：從丵從取爲正。丵音士[一九]角反。

深澹　談濫反。蘇林曰：澹，安静也。説文：不(水)摇也[二〇]。從水詹聲也。

沙蜱　必迷反。梵語也。

木槵　下還慣反。文字集略：木名也。子堪爲數珠也。

躓頓　上知利反。杜注左傳：躓，顛也。廣雅云：躓，蹋也。文字典説：從足質聲也。

陀羅尼集　第六卷

蕤木　上乳隹反。案：蕤，藥名也。經從友作䔺[二一]，俗字也。其蕤木似狗(枸)[二二]杞，其實曰蕤，人爲眼藥也。古今正字：從草甤聲。甤音蕤，上同也。

乾拭　下昇織反。鄭注禮記云：拭，净也。郭注爾雅云：清潔也。古今正字：從手式聲。經從言作試，誤也。

齩者　上五狡反。廣雅云：齩，齧也。説文云：從齒交聲也。或從堯作⿰齒堯也。

陀羅尼集　第七卷

莫怕　拍駡反。考聲云：懼也。韻英云：怖也。從心白聲。有從巾作帊，俗用也。經文從罪作⿰忄罪，或從貫作慣。譯經者率爾而作，甚無據，皆非也。怕字本音普白反，今不取此音。

草篆　傳戀反。謹案經意，縛草葦爲火炬燎病人，時俗語號爲草篆，非雅言也。字書：名草槹，槹音准閏反。俗字作稕。字統云：束稈也。考聲云：束草以稈窖也。或蓋牆也。智者可證明矣。

竄過　倉欒反。假借平聲用。本音去聲，今不取。遥投火炬也。

陀羅尼集　第八卷

洒浴　先禮反。周易云：洒，濯也。説文：滌也。從水西聲。經作洗浴，亦通也。

潑之　潘末反。考聲云：以水散地也。韻詮：從犮從水作泼。集訓云：棄水也。經作沷亦通。

聒水　膝鹽反。會意字也。

閃子　上識冉反。人名也。

轂輞　上公屋反。説文：輻之所湊也。從車從𣪊聲。𣪊音確。下音網。字書云：輞即轆也。轆音巨魚反。鄭玄注周禮云：轆，周圍二丈七尺，車輞也。古今正字：從車罔聲。

錦輓　下滿盤反。廣雅云：輓，補也。韻詮云：覆也。考聲云：益也。説文：從革免聲也。

陀羅尼集　第九卷

乾藍澱　下田練反。郭注爾雅云：澱，滓也。古今正字：從水殿聲。經從水、定作淀，非也。

瓦盋　下半末反。俗作鉢。説文：盋，盂也。從皿犮聲。犮音盤未(末)〔二三〕反也。

陀羅尼集　第十卷

摒儅　上并娉反，去聲字也。廣雅云：摒，除也。古今正字：從手屏聲。亦作拼。下當浪反。字鏡云：儅者，不中儅也。今摒除之。文字典説：從人當聲。經從手作擋，非也。

撩理　上了彫反。顧野王云：撩謂整理也。説文云：撩亦理也。從手尞聲。尞音即也。

瓦礫　下零的反。楚辭云：瓦礫進而寶玉捐棄也。説文云：礫，小石也。從石樂聲也。

盛金盋　上石盈反。鄭注周禮云：六穀在器曰盛。説文云：盛，黍稷在器也。從皿成聲。經從宀作宬。宬，屋所容也，非此用。下補末反。前已具訓釋。

陀羅尼集　第十一卷

𨥁矟　上正執字。下雙捉反。前第一卷已具釋訖。經從金作鏰，非也。

𣂪油　上厥瑗反。廣雅云：𣂪，杼(抒)〔二四〕也。説文云：𣂪，杼(抒)漏也。從斗䜌聲。䜌音戀也。

陀羅尼集　第十二卷

礓石　居良反。埤蒼云：礓，礫石也。考聲云：礓，石也。色白似薑，因以名之。土所化，堅如石也。文字典説從石畺聲也。

窅窄　下争索反。埤蒼云：窄，迫陿也。韻英云：隘，窄也。古今正字：從穴乍聲。或作迮。

䴸麰　上音浮，下偷口反。俗字也。諸字書本無此字。顔之推證俗音從食作餢飳。字鏡與考聲、祝氏切韻等並從麥作䴸麰，音與上同。顧公云：今内國餢飳以油酥煮之。案此油餅本是胡食，中國效之，微有改變，所以近代方有此名。諸儒隨意制字，元無正體，未知孰是。胡食者，即饆饠、燒餅、胡餅、搭納等是。

䞋施　上楚刃反。考聲云：䞋即施也。古今正字：從貝親聲也。

瘦中　上搜皺反。説文云：瘦，羸也。從疒叜聲。羸音力垂反。叜，正叟字。

那吒俱鉢囉求成就經

那吒太子求成就陀羅尼經

上二卷文易，並無字可音訓。

隨求即得大自在陀羅尼神咒經　寶思惟譯

除真言外，無字可音訓。

隨求大陀羅尼經　金剛智譯　慧琳

癲癇　上典年反。文字集略云：賊風入五藏，即癲病也。廣雅云：狂病也。説文：風病也。從疒顛聲。下音閑。説文亦風病也。

厭蠱　上伊琰反。蒼頡篇云：厭者，伏令〔二五〕人心也。考聲：著也。説文：合也。從厂猒聲也。或作㾝從衣（示）〔二六〕。衣（示）音祇也。

普遍光明鬘大隨求經上卷　慧琳

持棓　下龐降反，正體字。俗從奉作棒也。

鄔波索迦　烏古反。梵語也。唐云近事男。古譯云優婆塞。

蚊寅　上音文，下麥耕反。考聲云：蟲名也。

繒綵　疾蠅反。考聲云：帛之總名也。

普遍光明鬘大隨求經　下卷

扇姹半姹迦　上敕家反，下敕格反。梵語。唐云黃門也。

驍勇　上胶堯反。

跳驀　上調遼反。考聲云：上也。躍也。下音麥。説文云：上馬也。從馬莫聲。

劾逼　音陵，正體字也。俗多從阝從水，非劾逼字也。

嚙嚼　研結反，下牆略反。

毗鈕　尼肘反。梵語也。

七俱知佛大心準提陀羅尼經　地婆訶羅譯　慧琳

搓以綫　上蒼何反。廣蒼云：以手搓絲爲綫。韻詮：搓，挼繩也。古今正字：從手差聲。差字，説文篆書從𠂹從左，隸書取便宜，改從羊作差，變體字也。羊音荏。下仙薦反。鄭注周禮云：綫，縷也。説文：從糸戔聲。經文作線，或作綖，並俗字也，非正體也。

佛説七俱知佛母準泥大明陀羅尼經　慧琳

癰癤　上音邕。司馬注莊子：不通爲癰。説文：癰，腫也。形聲字也。下音節。古今正字：正體從截作癥，久廢不行。今時用作癤。文字典説云：小癰謂之癤，從疒節聲。

砂潬　歎丹反。爾雅：潬，水中砂出也。郭璞曰：今江南呼水中沙堆爲潬。又音但。經文從土作坦，非也。

綽袖　上昌若也，下因就反。案綽袖者，大袖衣也。蓋時語也。以袖寬大行則綽風，名爲綽袖。

綬帶　上音受。禮記云：天子玄組綬，公侯朱組綬，大夫緇組綬，世子綦組綬，士緼組綬。鄭玄曰：綬者，所以貫佩玉相承綬者也。綬，繫也。續漢書云：古者佩玉，尊卑有叙。五霸迭興，戰争不息。佩非戰器，韍非兵旗，於是解去韍佩，留其系璲以爲章表。韍佩既廢，秦乃以采組連結於璲，官高者加以環玦，光明章表轉相結綬，故謂之綬。綬亦帶也。

白羸爲釧　魯和反。從虫。下川戀反。臂環也。

七俱知佛母所説準提陀羅尼經　慧琳

一擲　下呈戟反。俗字，通用。説文：正從適從手作擿。廣雅：擿，振也。説文：投也。並形聲字。

漂泳　上匹遥反。説文：漂，浮也。下榮命反。郭注爾雅云：泳，潛遊水底行也。或爲𦨒字也。從舟從永也。

文殊師利根本一字陀羅尼經　無字可音。

曼殊室利菩薩一字咒王經　慧琳

地菌　下羣殞反。山海經云：孟子之山多菌。爾雅：馗，菌也。郭璞注云：地蕈（蕈）[二七]也。似蓋。今江東呼爲土菌。莊生曰「朝菌不知晦朔」是也。所在皆有，人皆食之也。

榠樝　上覓瓶反，下鮓砂反。山海經云：洞庭山多樝梨，又平丘有甘樝也。郭注云：甘樝枝幹皆赤、葉黄、花白、果黑。集訓云：樝梨之屬，醋而且香。

蛇蠍　上社遮反。正體虵字也。下軒謁反。廣雅云：杜伯、蝲、蠇、蟽、蜇、蚳、蠆，蠍也。杜伯已下，皆蠍之異名也。方言云：自關東、西秦、晉之間謂之蝲、蟽，或謂之蠍。案蠍者，四方之通語也。此蟲形如小傍蟹，尾向上卷於背，尾端有毒刺傷人。鄭箋毛詩云：螫，蟲也。尾末揵似婦人髪末，曲而上卷然也。其毒螫人，謂之蠍蜇。蝲音橽蟽反。蟽音蘭葛反。毒[二八]，古文毒字也。蜇音知列反。蚳音祇。蠆音敕介反。蟹音諧芥反。螫音釋。

所蜇　知列反。上文注中具釋訖也。

種種雜咒經一卷　無字訓釋。

菩提莊嚴陀羅尼經　三藏不空　慧琳

繼嗣　上雞詣反。王逸注周易：繼謂不絶也。賈注國語云：繼，餘也。爾雅：紹也。説文：續也。從糸㡭聲。㡭音同上。經文從迷作継，俗字也。無來處，草書誤也。説文㡭及字書古文㡭字也。㡭，音絶也。斷字等從絶，並會意字也。下詞字反。孔注尚書云：嗣，繼也。鄭箋詩云：嗣，續也。詩傳又云：嗣，習也。説文：諸侯嗣國也。從口從册司聲也。古文從子作孠。册音策也。

芬馥　上芳文反。鄭箋毛詩云：芬芬，香氣皃也。方言：和也。説文：草初生其香分布。從草。形聲字也。或從屮作𡴞。下馮目反。韓詩云：馥芬孝祀也。古今正字：從香复聲也。复音同上也。

瞻葍　上章鹽反，下朋墨反。西國花名，此國無也。

籌量　上宙流反。鄭注儀禮云：籌，筭也。淮南子云：籌，策也。說文：從竹壽聲也。下量字從童也。

樘中　上宅耕反。字鏡及考聲云：樘柱，浮圖相輪中心柱也。亦形聲字也。或作橕也。

百千印陀羅尼經　無字可音訓。

無量壽如來修觀行供養儀軌經　慧琳

庳腳　上皮美反。鄭注周禮云：庳，短也。顧野王云：庳，卑也。說文：從广卑聲。广音儼。下姜虐反。即脉脚也。說文：從肉卻聲也。俗用從去作脚，訛謬也。卻音羌虐反。本篆文從卩從谷。谷音强略反，從重八從口。今隸書故從去，正字太古不行也。今爲訓釋其文，故說其本末也。任隨意用。

嬴盃　上魯禾反。似蝸牛而大。經文作螺，俗字也。

繳右指　上澆了反。考聲：纏也。或從巾作㡂也。

阿閦如來念誦經　慧琳

獨股杵　次古音。獨股者，無枝拒金剛杵。經文從金作鈷(鈷)[二九]，是鈷(鈷)鏻釜屬，非此用。

纔結　上在來反。集訓云：纔，暫也。從糸從毚毚音丑略反從兔兔音土固反。

寶篋陀羅尼經　慧琳

肴饍　上效交反。賈注國語云：肴，俎也。鄭箋毛詩云：葅，醢也。凡非穀而食曰肴。說文：肴，啖也。從肉爻聲也。經文作殽饍，並非也。

土堆　下對雷反。王逸注楚辭云：堆，高皃也。說文正體作𠂤，云小阜也。象形字也。今俗用從追作塠，非也。古文作厓，時所不用也。

泫然　上玄羂反。韻詮云：泣皃也。又露光也。說文：從水玄聲。下然字，從肉從犬從灬，灬音必遥反。語詞也。

鸜鵒　上具俱反，下音欲。淮南子：鸜鵒，一名寒皐。形聲字也。

六字神咒經　無字可音訓。

文殊師利菩薩六字經　慧琳

合睟[三〇]　下剜涣(换)[三一]反。經從月作腕，俗字也。說文：正體從手從取。取音苑。從目從㕚。㕚音爪。

白氎　恬叶反。西國草花布也。經作褺，非也，用別也。

纑縷　上音盧，下力主反。郭注方言云：纑即布縷也。蒼頡篇：未練緝績曰纑。徐廣曰：紵屬也。說文：縷，綫也。並形聲字也。

濤秔米　上唐勞反。集訓云：濤，汰也。次音革行反。聲類云：秔，即不黏稻也。說文：從禾亢聲。經文從更作粳，俗字，亦共用也。

孔雀王神咒經　上卷　玄應

婪婢　力含反。
鷖離　烏奚反。
䤚擔　蒲蔑反。
哿梨　古我反。
贉婆　徒感反。
多䱇　知連反。
蝤蝶　才仇反，莫侯反。
躓利　知利反。
覃婢　徒南反。
叟婢　蘇走反。
密渧　都麗反。
鶡哲　烏諫反。
緼摩　於雲反。
母芰　所咸反。
剡埤　以冉反。
毗蒻　側俱反。
粖婆　蘇感反。
颺哿　以章反。
苾頭　步結反。
篋　胡敢反。
醢鏃　祖木反。
傖　上行反。中州人也。
蘈恃　音類。

刎闍　無粉反。
訶羅　古何反。
曝　蒲木反。
奭〔三二〕翅　居虞反，許力二反。

孔雀王神咒經　下卷

血膂　又作膫，同。力彫反。字書：膂，脂膏也。謂腸間脂也。今中國言脂，江南言膂。
腓髀　扶非反。字林：脛腨也。説文：腓，腨腸也。下蒲米反。股外也。
噏人　又作歙、吸二形，同。犧汲反。廣雅：吸，飲也。引也。氣息入也。
癲癇　又作瘨，同。都賢反。廣雅：瘨，狂，風病也。下核間反。聲類：小兒瘨也。
頷車　公荅反。方言：頷，頜也。亦云輔車，謂頤頷也。
腹骼　又作骬、骮二形，同。口亞反。埤蒼：腰骨也。江南呼髀上骨接䯏者曰骬。
那姹　莫鴳〔三三〕反。
潛多　所班反。
波跘　平患反。
綜〔三四〕龍　巨迎反。
白鷺　力故反。
天咩〔三五〕　亡尔反。
鷖羅　烏奚反。
浡地　蒲没反。

蘊摩　於粉反。

疽癩　且餘反。説文：久癰也。下力盖反。字亦作癘，惡疾也。

癭瘤　於井反。字林：頸瘤也。下力洲反。説文：瘤，腫也。謂腫結不潰散者曰瘤。聲類云：瘜肉也。

羅湜　是力反。

蛷螋　渠鳩、求俱二反，下所俱反。

生藤　徒登反。

蕩沙　乙例、一害二反。

愽聳　私勇反。

孔雀王咒經　玄應

掘土　渠勿反。説文：掘，搰（搰）[三六]也。廣雅：掘，穿也。經文作柱[三七]，誤也。

蘘麌梨童女經　慧琳

穰麌梨　上音攘，次愚矩反，下力知反。穰麌梨，梵語，化身菩薩名也。能除一切毒，以大悲故演説此經也。

訥沘　妻禮反。

訥磋　蒼箇反。

姶播　庵蛤反。

來齧　研結反。説文云：齧，噬也。從齒㓞聲。㓞音慳八反。經文從口作嚙，俗字也。

蘭香梢　所交反。字書云：蒻草末也。玉篇顧氏云：木末也。今經言蘭香梢者，取其梢頭花分爲喻也。古譯云阿梨樹枝，是此句梵漢訛略不分明也，彼國元無阿梨樹。

荚　形計反。

擦　倉葛反。從手蔡。

曬　霜芥反。

穌　擿皆反。

能解　皆買反。

蠱　音古。

著　長略反。

穰麌梨念誦法

仡　銀吃反。

掬　宫六反。

三戟　京逆反。兵器也。有枝矛也。從倝從戈。今時用通作戟，誤略也。

耳璫　得郎反。耳飾珠璎也。從玉當聲。

環釧　上音還字，下川戀反。

被螫　訶各反，又舒亦反。説文：蟲行毒也。

尾鑠　霜覺反。爲是梵語，不取本音，取近梵聲，故作此音也。

撲　普卜反。以享[三八]梵音，故不解字。

大金色孔雀王咒經　八紙本

頞痛　亥哀反。頤也。經從口作咳，非也。

髀痛　瓶米反。説文：股外也。或作骴，亦作䯗，俗字也。

皺眉　莊瘦反。嚬眉也。

攢呵尼　上音讚。真言句也。經文作攒，不成字。

金色孔雀王經　五紙本

兜娑　上音登樓反。真言句也。經文從自從皃作皃，或作兜，並非，不成字。此經入第三紙有神仙名號，書寫人錯書仙字爲佛字，約有三十六七字。經本草書仙字不分明，書人不識，將爲是佛字，從此又改爲佛字，甚乖經意。後寫藏經者必須改正爲大仙是也，大佛非也。又有真言中所書諸字，悉皆紕謬。其徒寔繁，不可備舉。又是古譯用字乖僻，不可音訓也。又有一本孔雀王咒經，約九紙，題云姚秦羅什譯。從頭有三紙半是僞經。無識愚人添加此文，即文中云「七里結界金剛宅，收汝百鬼項著枷」。又云「仙人鬼大幻持咒王」等是僞也。從此南無佛、南無法已下約五、六紙是真經，智者尋攬自鑒取真僞，甚宜除去前僞文也。

一切經音義　卷第三十七

校勘記

〔一〕　𣪊　即「轂」。下同。

〔二〕　膃　即「脛」。廣雅：「脛，䠋也。」王念孫疏證：「䠋，古熟字也。」

〔三〕　蹙　據文意當作「蹙」。

〔四〕　叩　獅作「叩」。

〔五〕　王　獅作「玉」。

〔六〕　樘　獅作「樘」。

〔七〕　癧　獅作「癧」。

〔八〕　㦰　即「𢧐」。

〔九〕　巛　獅作「巛」。

〔一〇〕　州　獅作「巛」。

〔一一〕　亂　據文意似當作「亂」。

〔一二〕　惟作之枝　今傳本毛詩爲：「維柞之枝。」

〔一三〕　〔、〕　麗無，據獅補。下同。

〔一四〕　搯　獅作「掐」。下同。

〔一五〕　舀　獅作「臽」。下同。

〔一六〕　螫　據文意當作「螫」。

〔一七〕　易　獅作「昜」。下同。

〔一八〕　反　各本無，據文意補。

〔一九〕　士　磧作「才」。

〔二〇〕　不（水）搖也　今傳本說文爲：「澮澮，水谿兒也。」

〔二一〕　蕤　獅作「蕤」。

〔二二〕　狗　據文意似當作「枸」。

〔二三〕　未　臺灣大通書局影印麗本作「未」，中華大藏經影印麗本作「求」，據文意似當作「未」。

〔二四〕　杍　據文意似當作「抒」。下同。

〔二五〕　令　據文意似當作「合」。

〔二六〕　衣　獅作「示」。下同。

〔二七〕　華　今傳本郭璞注作「蕈」。

〔二八〕　圭　據文意似作「蛬」。玉篇虫部：「蛬，徒酷切。古文毒字。」

〔二九〕　鉆　據文意似當作「鉆」。下同。

〔三〇〕　睅　「睅」的俗寫。

〔三一〕　涣　獅作「换」。

〔三二〕　㝡　玄卷五作「㝡」。

〔三三〕　鴳　據文意似當作「鴳」。

〔三四〕　綜　玄卷五作「鯨」。

〔三五〕　咩　玄卷五作「芊」。

〔三六〕　梢　獅作「揹」。

〔三七〕　桂　獅作「挂」。

〔三八〕　享　據文意似作「響」。

一切經音義　卷第三十八

翻經沙門慧琳撰

陀鄰尼鉢經一卷　慧琳

右三十七經五十二卷同此卷音

佛說大孔雀王咒經　義净譯　慧琳音

拇指　上莫補反。古今正字云：足大指也。從手母聲也。

煦沫　上吁羽反。廣雅：煦，吐也。説文云：蒸也。從火昫聲。昫音同上。下滿鉢反。顧野王云：沫，水上浮沫也。許叔重曰：沫，濛雨也。説文：從水末聲。

食次者　中羡延反。説文云：次，口液也。從水欠聲。或作⿺延水，古字也。經作涎，變古字易左爲右也。

食洟　下音夷。説文云：洟，鼻液也。從水夷聲也。

胭匈　上鷰賢反。蒼頡篇云：因[一]，咽也。古今正字云：胭，喉也。從肉因聲。下勗恭反。説文：匈，膺也。從勹凶聲。經從肉作胷，亦共用也。勹音包。

脾[二]腨　瓶米反。説文：股外也。下遄耎反。説文云：足腓腸也。從肉耑聲。耑音端。腓音肥。

痃癖　上音弦，下匹亦反。方言云：痃癖，腹中病也。字書並無痃字。文字集略云：氣結爲癖。考聲云：宿食爲癥也。古今正字：食不消反爲痃癖。

一峙　音雉。已下真言中字，不求字義。

翳麗　上音曀，下音戾。

點謎　迷閉反。

一揿　知里反。

吒睇　音弟。從一峙已下並是真言中字，但取音不求義也。

孔雀王經　中卷

痤瘻　上徂和反。説文：腫也。形聲字。下音樓豆反。郭璞曰：瘻，癰屬也。考聲：久瘡也。説文：從疒婁聲。疒音女厄反。

謫罰　上陟革反。毛詩傳云：謫，相責也。説文：從言商聲。下煩韈反。説文：從刀從詈。詈字從网從言也。從皿者，訛略也。

塗瑩　下縈迥反。形聲字。廣雅：瑩，飾也。或從金或從玉，並通。

孔雀王經　下卷

甎跗　上音專。經用小方甎也。下音夫，從足從付。經意咐者如綫垛，跗豎安孔雀尾也。

跓跪　上音户，下音匱。右膝著地，或雙膝長跪，虔敬之極也。

佛母大孔雀明王經　前啟請法　興善三藏譯

饑饉　上音機，下音近。廣雅：穀不熟曰饑。今或爲飢字。郭注爾雅云：几(凡)[三]草菜可食者通名爲蔬。毛詩傳曰：蔬不熟爲饉。穀梁云：三穀不升曰饉。二字並皆形聲字也。

痰癊　上淡甘反。考聲云：痰，鬲中水病也。下邑禁反。案癊者，痰病之類，大同而小異。韻詮云亦痰病也。諸字書並無此二字也。

蛇蠍　上社遮反，下軒謁反。皆正體字也。廣雅云：杜伯、蝲、蛪、蝳、蜇、蚔、蠆，蠍也。杜伯已下皆蠍之異名也。方言云：自關東西秦晉之間謂之蝲、蛪，或謂之蠍。案蠍者，四方之通語也。蝲音撻。蛪音蘭怛反。蝳〔四〕，古文毒字也。蜇音知列反。蚔[音祇]〔五〕。蠆音敕芥反。

枷鎖　上音加。考聲云：梏也。或作架。下桑果反。考聲云：鎖，録也。玉篇云：鎖，連環也。從金貨聲。貨音同上。

佛母大孔雀明王經　中卷

穃斯　上奴雅反。梵語也。

挽底　上武滿反。梵語也。

羯玭　青禮反。梵語也。

蘖踏婆　上言羯反，次談臘反。梵語不求字義。

虮頭　上音几。

一腋　音亦。

布喇拏　蘭怛反。梵語。

瑟侘　折加反。梵語。

膩攞　上尼置反，下羅可反。

擿迦　上知革反。梵語。

捺羅　難怛反。梵語。

巘拏　上言蹇反。梵語。

矩轢囉　挽八反。囉，轉舌，梵語也。

食髓　雖觜反。

涕唾　上體計反，下土過反。

食次　祥延反。經從水從延，俗字也。

食洟　音夷。

惡跳　天曜反。

惡蕎　音陌。

痰癊　上音談，下邑禁反。皆病也。

麌嚕　二合。上隅矩反。梵語羅刹女名。

歙人精氣　上歆急反。亦吸字也。

憾彌　含感反。梵語也。

佛母孔雀王經　下卷

毛緂　貪敢反。

爍底　商斫反。從火。

囚普　上喃甲反。梵語雖不求字義，恐讀者疑誤錯音，今故重明之。押〔六〕囚，口小端正皃也。亦音拏甲反。經本有作囁，非也，錯用字也。

疙囉　上銀訖反。梵語。或作仡，字音同也。

嚩攃　粲辣反，亦倉辣反。梵語不訓釋。

瘿病　伊郢反。頸腫氣結病也。

孔雀王道場法一卷　文易無字音訓。

海龍王經　第一卷　玄應音

安明由山　即須彌山也，亦言迷摟山，正言蘇迷盧山，此譯言好光山，亦言好高山。

潭然　徒敢反。潭〔七〕猶安静也。經文作潭，徒躭反。潭，深也。

楚人名深曰潭也。

悁慼　於緣反。聲類云：悁(悄)〔八〕，憂也。說文云：悁，恚也。

海龍王經　第二卷

闞庭　眉間也。釋名云：闞在門兩旁，中央闞然爲道。眉今像此，因以名焉也。

尻也　苦勞反。聲類：尻，臋也。臋音徒昆反。

髕也　扶忍反。又作臏，同。說文：厀骨。三蒼：厀盖也。

親暱　又作昵，同。女栗反。爾雅：昵，親近也。昵，亟也。親昵亦數也。

晏然　烏鴈反。晏猶安也。說文：晏，天清也。亦鮮翠之皃也。

繁裔　輔袁反。繁，多也，盛也。下古文裔，同。餘制反。說文：裔，衣裙也。以子孫爲苗裔也，取其下垂之義也。字從衣從冏音女劣反。

海龍王經　第三卷

妷態　古文佚，今作妷，又作劮，同。與一反。蒼頡篇：佚，蕩也。亦樂也。下文作能，同。他代反。意恣也。謂度人情皃也。

刈穫　胡郭反。說文：刈禾也。王逸注楚辭云：草曰刈，穀曰穫。詩云「十月穫稻」是也。

海龍王經　第四卷

噏氣　古文歙、噏二形，今作吸，同。羲及反。廣雅：吸，飲也。

勸訹　說文：內息也。引也。謂引氣息入也。私律反。誘訹教導也。亦引也，相勸也。經文作恤，憂也，收也。恤非此用也。

蹉踖　千何反，下子亦反。蹉跎也。踧踖也。此踖應作錯七各反，蹉跌不正也，錯謬誤失。

大雲經　第一卷　玄應音

揵度　此言訛也，正音婆揵圖。此云聚也。佛去世後，別有姓迦旃延婆羅門道人作發智經，有八揵度是也。

拘辨荼　或言鳩盤荼，應言弓盤荼，甕形，頗似冬瓜也。

錐鏟　此江南俗字也。字體作矟，山卓反。埤蒼云：矟長一丈八尺也。

大雲經　第二卷　第三卷　已上二卷並無字釋。

大雲經　第四卷

頭抵　都麗反。

嗒兮　宜作哈，士合反。

蹩蹋　唐盍反。說文云：蹋，踐也。經文作祕(抋)〔九〕，蒲必反。方言：祕(抋)，推也。南楚名相推搏曰祕(抋)。廣雅：祕(抋)，擊。

大雲經　第五卷　第六卷　並無字可音訓。

大雲請雨經　闍那前譯一卷　玄應音

擗咥　毗亦反。
黔咥　烏奚、香利二反。
皷彌　去宜反。
梯淡　他計反。
唵婆　烏感反。
紗俱　所加反。
伽喃　女咸反。
杫孺　餘世、而注二反也。
薩鬢　之忍反。
羅韶　市饒反。
刪珠　所姦反。
自[一〇]冗　而勇反。
吚利　香伊反。
坻柢　丁禮反。
苔浮　徒來反。
琛琛　恥林反。
泥娜　乃可反。

大雲輪請雨經上卷　那連提譯　玄應[音][一一]

好寐　民庇反。
庇利　補寐反。
呼患　芳流反。

碪薛　猪金反，下蒲計反。
忡忡　敕中反。
糅波　女救反。

大雲輪請雨經　下卷　無字音訓。

大方等無相大雲請雨經　闍那後譯一卷　玄應音

磤聲　又作轗、殷二形，同。於近反。通俗文：雷聲曰磤。埤蒼：砏磤，大聲也。
滋味　古文孖、稵二形，同。子夷反。滋，益也。滋，潤也。經文從口作嗞，嗟也。又作孳，似思、子思二反。説文：孳，汲汲也。或作孜。方言：東(陳)[一二]楚之間雙生謂之鼈孳。
師郗　敕鼈反。
翳咥　丑[一三]一反。
戰澿　其錦反。寒戰極也。經文作噤，非字體也。
瞫鞞　徒感反。
羅薛　蒲閉反。
枳利　居旨反。
嘻梨　虛基反。經文作譆，非也。
盧篪　所猗反。
鞮歌　都奚反。

大雲輪請雨經　興善不空三藏譯兩卷　慧琳音

塢波　烏古反。龍王名也。

澍雨　朱樹反。淮南子云：春雨之灌萬物，無地而不澍，無物而不生〔一四〕也。說文從水尌音同上。說文雨字象形。

羸髮龍王　魯和反。此龍王髮拳如螺髻，似蝸牛形。說文羸字從虫𣎆聲。𣎆字從亡口從肉從凡，音力臥反。經中多作螺，俗用字，諸字書無也。

翳羅葉　伊鷄反。亦梵語龍王名也。此龍頭上有翳羅樹也。

蝦蟇　上音霞，下音麻。龍王形似蝦蟇。

蘖蹉　倉何反。梵語也。

顊泯　上寧頂反，下弭忍反。亦梵語。舊云尼民，訛轉也。

蛟龍　上音交。郭注山海經云：蛟似蛇而四脚，小頭細頸，頸有白纓。大者十數圍，卵生子，如一二斛甖，能吞人。說文：蛟，龍屬也。從虫交聲也。下龍字。說文云：鱗蟲之長。能幽、能明，能巨、能細，能短、能長。春分而登天，秋分而潛淵。若飛之形，從肉從童省聲也。

雲戟　京逆反。鄭注周禮云：戟，戈也。此亦龍王名也。說文：戟字從戈從𠦝。今俗用從卓，略也。

盎祁羅　上烏浪反，下音祇。亦梵語也。龍王名也。

閃電　上苦冉反，下音殿。閃電者，雷電欲發之先光也。下卷中睒電與上閃電並一義也。

雲雹　下瘧邈反。白虎通云：雹之言合也。陰氣專精凝合爲雹。鄭玄注禮記云：陽爲雨，陰起脅之，凝結而爲雹也。

咄咄　頓訥反。咄，相謂也。

叢林　上族公反。說文云：叢，聚也。從丵取聲。丵音士角反。

大雲輪請雨經　下卷　無字可音釋。

金剛光燗止風雨陀羅尼經　慧琳音

靉靆　上音愛，下音逮。王逸注楚辭云：日月晻黮無光也。埤蒼：昧不明也。廣蒼或從日作曖曃，今古正字〔一五〕並從雲，形聲字也。

嵐颲　上音藍。此嵐字諸字書並無。本北地山名，即嵐州出木處是也。亦北蕃語也。後魏孝昌於此地置岢嵐鎮城。岢音可。城西有山，多猛風，因名此山爲嵐山，書出此嵐字。後周因岢嵐鎮城遂改置爲嵐州，在太原西北。韻詮云：嵐，山風也。下音列。聲類云：風之猛利，名爲颲風。說文云：颲颲，風雨暴疾皃也。從風列聲。颲音隣一反，從利也。

驟澍　上愁瘦反。賈注國語云：驟，疾也。廣雅：奔也。杜注左傳云：數也。說文：馬疾步也。從馬聚聲。下朱樹反。淮南子云：春雨灌澍，無物而不生。說文：時雨澍，生萬物。從水尌聲。尌音樹。

霹靂　上僻壁反，下音歷。顧野王云：霹靂，大雷震也。史記云：陰陽氣之擊動也。古今正字並從雨，形聲字。或從石作礔礰也，皆近代出，古文無也。

八十朶　當果反。考聲云：木垂皃也。說文：樹木垂朶。朶，從木，象形垂下皃。與垂同意，亦非字。俗用從刀，訛略也，失也。

猝暴　上村訥反。廣雅：猝，暫也。突也。聲類：疾也。考聲：

倉茫也。說文：犬從草中暴出逐人。從犬卒聲也。下袍冒反。毛詩傳云：暴，疾也。廣雅：猝也。集訓：速也。說文：疾有所趣也。從半音滔從暴省聲也。暴從日從出從廾從半，會意字也。

撚爲　上年典反。方言：撚，續也。聲類：縒使緊也。說文：執也。從手然聲也。

素捏　年結反。埤蒼：捏，探搦也。古今正字：捏捺搦撲也。從手呈聲。呈音同上。撲音責交反。捺音難怛反。探音他含反。

麪浚　上眠遍反。顧野王云：蜀中以桄榔樹屑爲麪。考聲云：麵，䴬也。說文：麥粖也。從麥丏聲。丏音彌演反。經文從面，俗字也。䴬、粖並音滿鉢反。下沙有反。考聲：浚，和也。說文：漬沃也。從水叜聲。或從米作糔。叜音桑厚反。俗用作溲，訛也。

櫁木　上民畢反。埤蒼云：櫁，香木名也。案：櫁木似白檀香，木可以取香，皆當預斫，其木久而乃可香出。其銘曰：櫁之木，其樹甚大，欲取其香，必彌年歲。文字典說亦香木也。從木蜜聲。經本從必(一六)作樒，亦通，俗用也。

躑躅花　上呈戟反，次重録反。本草云：羊躑躅有大毒。三月採花，其花黄色或五色。羊誤食其花葉，躑躅而死，因以爲名。古今正字並從足，形聲字。或作蹢躅字也。

蜈蚣　上音吴，下音公。本草云：蜈蚣，毒蟲也。能噉諸蛇，殺鬼物老精魅。出江南，亦所在皆有，生於腐爛積草中。性能制蛇，直上蛇背，齧其腦。頭赤足赤者最良，足黄者不堪。若齧人，以桑汁白鹽和塗即愈。廣雅云：蝍蛆，即蜈蚣也。大者形長五六寸，百有餘足。古今正字並從虫，形聲字。

蚰蜒　上音由，下音延。桂苑珠叢云：蚰蜒，多足毒蟲也。方言云：自關而東宋魏之間謂之螾䘃，梁宋已東謂之入耳，北燕謂之䖡蚭。集注爾雅：李巡曰青而大者曰螾䘃，黄而小者謂之入耳。齊人謂之距窮，趙人謂之蛈虰，亦或曰長囇，皆蚰蜒之異名也。古今正字並形聲字也。

狖貍　上攸幼反。或作蜼。爾雅云：蜼，卬鼻而長尾。郭注云：似獮猴而大，蒼黑色，尾長數尺。未有雨峻鼻露向上，天雨則倒懸於樹以尾掩鼻。古今正字作蜼，音余秀反，從虫隹聲。案狖亦古文蜼字也，從犬從宀音綿從古人作狖，會意字也。下貍，音里知反。案貍即人間野狸獸也，形似鼇猫，口鋭，尾端有白。說文云：伏獸也，似貙。從豸里聲。貙音敕俱反。卬(一七)即昂，鼇音離。經文從虫作螭，從鼠作鼶。譯經者妄書，並非本字，率爾而作者也。

鼷鼠　上形雞反。顧野王云：即甘口鼠也。食人及食鳥獸雖至盡而不痛，亦不知覺。春秋傳曰「鼷鼠食郊牛角」是也。說文云：小鼠也。從鼠奚聲也。

金剛光爓止風雨經　第一譯　興善不空三藏譯

慧琳音

搏逐　上補莫反。杜注左傳云：搏，持也。聲類：捕也。說文云：搏，持也。從手從博省聲也。

鐵橛　上天結反。說文：黑金也。從金𢧜聲。𢧜音田結反。下權月反。廣雅：橛，杙也。說文亦云弋也。從木厥聲。經作橜亦同，通用。

幔幕　上滿半反。考聲云：幔，帷也。廣雅：帷，張覆也。說文亦幕也。從巾曼聲。曼音萬。經文從糸作縵，非此用也。下忙博反。廣雅：幕，帳也。説文：帷在上曰幕，幕猶覆也。從巾莫聲也。

茅齋　下側階反。鄭注禮記云：齋，莊也。又云：齋者，精明之至也。案茅齋者，淨草屋也。洗心嚴潔，講道精修，延待上賓之處也。説文：戒潔也。從示齊聲也。

憩息　上卿乂反。詩傳云：憩亦息也。古今正字：從息從舌，會意字也。

湫所　上酒猶反。案湫者，大龍池也。多在山林丘壑摧崖堰谷作大深池，龍神所居深水淵也。人畜莫敢犯觸。或祈禱有靈時起風雷，或降澍甘雨沃潤田苗，即如秦川邠州有要栴湫、雲陽有羊斑湫、南炭谷湫等是也。亦所在山林皆有。

夗轉　上宛阮反。説文云：夗，轉臥也。從夕。臥有節，故從卩。卩音節。會意字也。經從足作踠，非也。

揮擊　上音暉。廣雅：揮，奮動也。字鏡：動手也。考聲：振也。説文：奮也。從手軍聲也。下經亦反。俗用字也。正體作毄。廣雅：敲、剝、椎、殸，擊也。考聲：攷(攻)也。投也。顧野王云：打也，捶也。説文：支(攴)[一八]也。從手毄聲也。毄音同上。敲音巧交反。奮字下從田。椎音直追反，從木。殸音苦角反。捶音之水反。

蘖嚕拏王咒法經　慧琳音

蛇螫　上時遮反。説文云：從虫而長，象宛曲垂尾形也。古作它。亦音他。上古穴居野處，故相問云：得無他乎？經文作虵，隸書變體時用字也。下音聲亦反，又音郝，並通也。

掬散　上弓六反。考聲：掬，取也。古今正字從手，形聲字。下珊旦反。説文：分離也。從攴林聲。林音並賣反。林即分散意也。今時從肉，亦同。珊音桑單反。

無鏃箭　宗木反。韻詮云：箭，鏑也。文字集略：鏃，鏑也。矢金也。説文：剌(刺)[一九]也。從金族聲。更有別音，今並不取也。

欶毒　雙捉反。蒼頡篇云：欶，歃也。説文：吮也。從欠束聲。歃音衫甲反。經文從朔作朔[二〇]，不成字也，俗用字。

鶹猴　上暉運反，下音侯。即此鵂鶹，怪鳥也。晝伏夜飛，鳴以自呼，大如鴟鳶，蒼斑鳌色，柴爪如鷹，眼睛赤銅色，無故忽鳴，必有災怪。方言音訛轉，本無定名，鶹猴、鶹鶘及以鵂鶹，音異義同，共是一鳥，未詳其定，今並出之也。

曬翍　上所隘反。説文：曬，暴也。從日麗聲。下尸一[二一]反。説文：鳥翼也。從羽從支聲，或作翅，亦一種。

鷖鴒　上音脊，下音零。或作鶺領，並同義。鳥也。

嚩折囉頓拏法

匘裂　那島反。説文：頭髓也。從匕𡿺聲，𡿺音同上。象形，巛象髮。下囟音信，象頭上不合，如小兒囟門。

作劇　擎逆反。郭注方言云：劇，甚也。韻詮云：樂極也。説文：從刀豦聲。豦音渠。説文從虍音呼下從豕。俗用字從處作劇，訛也。

街中　上格崖反。考聲云：都邑中通衢也。説文：四達道也。

從行圭聲。

打摑　寡伯反。俗字也，時共用。説文：正體作敋。從攴從格省聲也。廣雅：敋，擊也。埤蒼云：擊頰也。顧野王云「今俗語云摑耳」是也。正體本形聲字也，極有理，爲涉古時不多用，若能依行甚有憑據也。

晝焰摩羅棓　龐講反。説文云：大杖也。從木，形聲字。經從奉作棒，俗字，無來處也。

撲碎　上龐邈反。考聲云：搏舉投於地也。廣雅：撲，擊也。字書云：二人相撲也。古今正字：從手菐聲。菐音卜。

綿〔二二〕纏　先箭反。俗字也。正作綫，縷也。

蝸蠃　上寡華反。顧野王云：蝸牛也。下力戈反。集訓云：蠃，即蝸牛之大者，出海中。前文以數解也。

摩醯首羅天説迦婁羅王阿尾奢法

黶記　壹琰反。説文云：黶，黑子也。從黑猒聲。經文從土作壓，非也。

豆蔻　吼搆反。本草云：味辛，無毒。能治心腹痛，亦療口臭。生南海交趾。苗似薑，花白，苗根及子亦似杜若。此即是木，上者子如彈丸。別有草豆蔻，出外國。子小，白色，如小酸棗也，味辛，甚香。每食含嚼，令人口香，治胷鬲氣。

文殊師利根本大教王經　金翅鳥王品

龍齧　下研結反。説文：齧，噬也。從齒㓞聲。㓞音慳八反。經從口作嚙，俗字，甚無意義。

抹香　滿鉢反。廣雅：抹，塵也。案末香者，合和數味名香，擣以爲末，散道場中，塗身手面及散衣中，名爲末香。外國多用，此國時有效者。經文從米作粖，非也。

濺灑　上煎線反。俗字也。考聲云：濺，散水也。説文正體從贊作灒。灒，污灑也。今此經散灑香水潔净也。下沙賈反。訓義與上同也。

閃爍　上苦染反。説文：闚頭門中皃。會意亦形聲字也。從人闚門中也。下傷斫反。經意閃爍不定也。

枷杻　上音枷，下音丑。考聲云：枷，梏也。杻，桎也。此皆拘執繫固之具也。以木在項曰枷，在手曰杻也。説文義同。二字並從木，加、丑皆聲。

及梟　皎堯反。鄭箋詩云：惡聲之鳥也。古今正字：從鳥在木上，會意字也。是鴟梟也，非不孝鳥也。

薏苡　上音意，下音以。顧野王云：薏苡，即草珠也。本草云：藥名也。薏苡實食而益氣也。古今正字並從草，意、以皆聲。正作蓄也。

髑髏　上音獨，下音樓。

蝦蟇　上下加反，下馬巴反。蒼頡篇云：簷（蟾）〔二三〕諸也。一名蛙。古今正字義同。二字並從虫，叚、莫皆聲也。蟇正作蟆，或作蟇。經作蟆，俗字。

鷯翎　上鳥寮反，下歷丁反。考聲云：翎，鳥羽也。

縈繞　上伊營反，下饒少反。毛詩傳云：縈，旋也。説文：縈，收韏也。從糸熒省聲。繞，纏也。從糸堯聲。

柬擇　上姦眼反。説文云：柬，分別簡之也。從束八分之也。經作簡，非也。下音宅也。

佛説出生無量門持經　慧琳音

重閣　上躅龍反，下剛洛反。蒼頡篇云：閣，樓也。顧野王云：重屋也。説文云：從門各聲也。

焱王　上閻漸反。考聲云：焱，火花也。佛名號也。

無量門破魔陀羅尼經　慧琳音

簸鞞　上波箇反。下蒲謎反，去聲呼。下同。

昵闍　上寧逸反，下邏惹反也。

頞抶帝　上安割反。抶音聽逸又(反)[二四]，古人翻訛，用字不切。

吔㐱　上他箇反，引聲。

囒漥㐱　上蘭割反。經文中遺脱漥字，準梵本有。

穤竭帝　上奴侯反，亦奴字鼻音也。

眵豉　上昌曳反，下音時。

劬哂礼　上强遇反，下丁曳反。

阿難陀目佉尼呵離陀經　慧琳音

厓底　上額佳反。郭注爾雅云：厓謂之水邊也。廣雅：方也。説文：從厂圭聲。下低禮反。杜注左傳云：底，亡也。淮南子云：上窮至高之木，下測至深之底。説文：止居。一云下也。從广氐聲。經作疰玄，並非也。

提和[二五]　音和。古人僻用字也。

饋遺　上逵位反。鄭注周禮云：饋猶歸也。説文：餉物也。從食賁聲。經文從金作鐀，非也。下惟季反。

無央　約良反。王逸注楚辭云：央，盡也。案無央者，言其無盡數也。説文：從大在冂之內。大，人。央旁也。經本作鞅，音央仰反，非經義。

颰陀羅　上盤末反。梵語也。

乾陀譹　下禹隅反。梵語也。

舍利弗陀羅尼經　玄應音

麅底　居雉反。

陀弭　亡婢反。

舸字　古我反。

無量門微密持經　玄應音

放泆　餘質反。説文云：水所蕩泆。經文多作逸也。

饒裕　古文充[二六]，同。揄句反。神名也。

一向出生菩薩經　玄應音

阿膻　又作祖(袒)[二七]，同。徒亶反。

啅帝　丑角反。栅子[二八]。又乂白反。

阿難目佉陀羅尼經　玄應音

阿豉　屈毀反。

羅捭　臂彌反。

嘻羅　香基反。

揭棧　仕簡反。

瘴彌　都餓反。

出生無邊門陀羅尼經　慧琳音

記謝　孌別反。考聲云：審其善惡也。亦作剬。經從草作莂，恐誤也。

佛說出生無邊門經　無字可音訓。

勝幢臂印陀羅尼經　無字可音訓。

妙臂印幢陀羅尼經　無字可音訓。

佛說無崖際持法門經　慧琳[音]〔二九〕

阿迦膩吒天　膩音尼智反。梵語也。亦有作尼者，訛言呼爲尼。

謬誤　上眉救反。顧野王云：謬猶僻也。方言：詐也。考聲云：妄也。誤也。古今正字：從言翏聲。翏音力又反。下吴故反。

巢窟　上仕交反。禮記云：夏則居曾巢。史記：上古巢居穴處也。説文：鳥在木曰巢。從木。象形也。下坤骨反。杜注左傳云：窟，地室也。古今正字：從穴屈聲。亦作掘（堀）〔三〇〕。

驚惕　汀歷反。孔注尚書云：惕，懼也。爾雅：憂也。說文：驚也。從心易聲也。

捫摸　上音門，下音莫。聲類云：捫亦摸也。方言云：摸，撫也。顧野王云：摸，搩也。說文二字並從手，門、莫皆聲。搩音桑洛反。

耘鉏　上運君反。毛詩傳云：耘，除草也。說文作䅵，音同。除苗間穢也。從耒員聲。或作秐。經本作芸，誤也。下助葅反。顧野王云：鉏，理田器也。說文云：耨斫也。從金從且聲。且音子余反。經作鋤，俗字也。耒音雷對反。

藏隈　上昨郎反，下烏迴反。杜注左傳云：隈，隱蔽之處也。說文：水之曲也。從阜畏聲。

讇寱　上耻冉反。莊子云：希意導言謂之讇。說文：諛也。從言閻聲。或作諂。下倪計反。廣雅云：寱猶驚也。聲類：不覺妄言也。說文：瞑言也。從㝱臬聲。臬音孽也。

羸形　上累追反。

眷屬　上厥願反，下殊欲反。

樓櫓　盧都反。說文：櫓，楯也。從木魯聲。或作樐也。

俾倪　匹鼙反，下霓計反。考聲云：俾倪，城上女牆也。正從土作埤堄，或從目作睥睨，音義並同也。

欄楯　上嬾寒反，下唇准反。

華聚陀羅尼經　玄應音

羅和　胡戈反。經文和作啝，非也。

唏帝　虛几反。

咥拏　敕一反。

尊勝菩薩陀羅尼經　玄應音

泜曇　之氏反。

目趻　丘豉反。

伽濘　奴定反。

阿襜　齒鹽反。

阿嵦殊喹　乃結反。

吟欣　烏禮反。

娑攡　力斯反。

阿蹎　又作圢，同。他殄反。

佛説師子奮迅菩薩所問經　慧琳[音][三二]

奮迅　上分問反。鄭注禮記云：奮，動也。字書：飛也。説文：翬也。從奞在田下，會意字也。奞音雖。翬音暉。下詢俊反。説文云：迅，疾也。從辵卂聲。卂音信。

金剛上味陀羅尼經　慧琳音

迭相　上田結反。杜注左傳云：迭，更也。方言云：代也。説文義同。從辵失聲也。

寶篋　謙葉反。

鑽火　上鑚酸反。鄭注論語云：鑽，鐫鑿也。説文：穿也。從金贊聲。鐫音子宣反。

有燧　隨醉反。聲類云：燧，陽燧取火於日也。古今正字：從火遂聲。亦作隧、襚，或作鐆，義同也。

鑊湯　上黄蠖反。考聲云：鑊似鼎而無足，煮物器也。説文：鼎屬。從金蒦聲。經從水作濩，非也。蒦音紆縛反。

佛説六字咒王經　慧琳音

怳忽　上況往反。王逸注楚辭云：怳，失意也。説文：狂皃也。從心兄聲。經作恍惚，失於義也。

四激　澆竅反。亦從彳作徼也。

牀鋪　上正床字。下普布反。毛詩傳云：鋪，陳布。説文：從金甫聲。經從布作捬，非也。

白氎綫　仙薦反。鄭衆注周禮云：綫，縷也。説文：從糸戔聲。經作綖音延，非也。

佛説六字咒王經　文字音訓大約與前本同，此不再釋。　慧琳音

金剛場陀羅尼經一卷　無字可音訓。

如來方便善巧咒經一卷　玄應音

涪多　蒲侯反。

摩鞞　普迷反。

唏嘼　上呼几，又呼冀二反。

風齲　又作𤘍，同。丘遇反。説文：齒蠹也。釋名：齲，朽也。形聲字。

華積陀羅尼經一卷　玄應音

侔尼　母胡反。

悉褫　敕紙反。

嫕訶　於計反。

訶麗　力爾反。經文作嚦，非也。

脛底　充尸反。

爹禰　竹加反，下奴禮反。

佛說持句神咒經一卷　無字音訓。

佛說陀鄰尼鉢經　慧琳音

拘蠶　下雜含反。梵語也。

蛇蚢　上正虵字，社遮反。下五桓反。

蝮蠍　上豐福反，下軒謁反。

一切經音義　卷第三十八

校勘記

〔一〕因　據文意似當作「胭」。

〔二〕脾　集韻：「髀，股也。或作脾。」

〔三〕几　獅作「凡」。

〔四〕畫　據文意似作「蚩」。玉篇虫部：「蚩，徒酷切。古文毒字。」

〔五〕音祇　據慧卷三十七「蛇蠍」條補。

〔六〕押　不詳，待考。

〔七〕潭　據文意似當作「澹」。

〔八〕焆　獅作「悁」。

〔九〕祕　據文意似當作「抋」。下同。

〔一〇〕自　玄卷八作「目」。

〔一一〕音　據獅補。

〔一二〕東　今本方言作「陳」。

〔一三〕丑　獅作「尹」。

〔一四〕生　中華大藏經影印麗本作「少」。

〔一五〕今古正字　當爲「古今正字」。

〔一六〕必　頻作「坌」。

〔一七〕印　廣韻：「卬，高也。」

〔一八〕吺　獅作「攻」。　支　據文意似當作「攴」。

〔一九〕刺　據文意似當作「剌」。

〔二〇〕朔　據文意似當作「嗍」。

〔二一〕一　獅作「二」。

〔二二〕綿　據文意似當作「線」。

〔二三〕簷　據文意似當作「蟾」。

〔二四〕又　據文意似當作「反」。

〔二五〕和　據文意似當作「秵」。

〔二六〕究　玄卷八作「衮」。

〔二七〕祖　據文意似當作「袓」。

〔二八〕栅子　玄卷八列爲詞目。

〔二九〕音　據獅補。

〔三〇〕掘　據文意似當作「堀」。

〔三一〕音　據獅補。

一切經音義　卷第三十九

翻經沙門慧琳撰

不空羂索經三十卷
不空羂索經一卷　今分二卷
不空羂索經三卷　今合爲二卷
不空羂索咒經一卷
不空羂索經神咒經一卷
觀自在成就經一卷
右六經三十七卷同此卷音

不空羂索經三十卷

不空羂索經　第一卷

雜沓　下潭合反。顧野王云：沓猶重疊也。案雜沓者，紛盛皃也。說文：從水從曰音越。

耎草　上蓺兖反。顧野王云：耎，柔弱也。經有從車作軟，又作輭，並非。俗又作陾，亦作愞。

經云陀羅尼真言　此犯重言之失，翻譯經時筆授人於文不明也。準梵語云陀羅尼。唐云持盟，或云總持。案持盟者，則真實言也。古譯云咒，即是設盟立誓不二真實之言也。共依此約，不敢違越，名曰持盟。俗語尚云「共設咒誓」，是此義也。真言者，真實無二之言也，與前義何別？

踉跪　上丈良反。方言云：東郡謂跪曰踉跪。廣雅：踉蹬，拜也[一]。古今正字：從足長聲。蹬音務。下逵位反。雙膝跪地也。

謗讟　下同鹿反。杜注春秋云：讟，誹也。方言：痛也。郭注：謗誣怨痛也。說文：從誩賣聲。誩音競。賣音融宿。

齗腭　上魚斤反。經文有作齗，錯書，非也。韻詮云：齗，齒根上肉也。下五各反。考聲云：齗也。從肉。經從心作愕。愕，驚也，非此義。

腹肋　上封目反，下稜得反。說文云：脅骨也。從肉力聲也。

風疽　七余反。

疥癬　上音介，下仙演反。

癰腫　上央恭反，下章勇反。

疔腫　上音丁。

黄病　經從疒作癀，非。

帶門　婦人帶下病也。經從疒作㿄，非也。

痒胗　上羊掌反，下真忍反。風病也。經從疒作瘨，非也。瘨音顛。

瀰蠱　上一琰反，下音古。前音義第八卷中已具釋訖。

姝悅　上昌朱反，下緣決反。説文云：好也。從女朱聲也。經作娧，非也。

眼不謾顧　滿半反。文字典説云：謾，欺也。誕也。從言曼聲也。

若讜　當朗反。

溥示　上鋪母反。正合作普，恐經本誤也。

胑分　上音支。顧野王云：胑謂手足四胑也。韓嬰説四肢以應四時。説文：體，四胑也。從肉只聲。或從身作⿰身殳〔二〕。

隱撩　下力凋反。案經本音略。廣雅云：撩，取也。顧野王云：謂將整理也。説文云：理也。從手尞聲。

捏彼　上年結反。

温蘊　依經本音莊陷反。

弭惹　上蜜以反，下才我反。是譯經者自音。

旃皤　上阿可反，下婆我反。

畢唎⿰衤羕俁　⿰衤羕音羊兩反，下音隅。梵語藥名，古云阿魏也。

不空羂索經　第二卷

縒麽野　上娑左反。梵語。古云三昧耶。

蘖魯　上言羯反。梵語。

熾徹　上昌志反。

燼爲　上辭進反。俗字也。正作⿱⺻火。

掐珠　上口甲反。

燒焯　章若反。廣雅：焯，熱也。説文：明也。從火卓聲。

即諳　當浪反。

臺榭　夕夜反。郭注爾雅云：榭，臺上起屋也。古今正字：從木射聲。

除禳　讓章反。鄭注周禮云：却變異曰禳。廣雅：謝也。説文：磔禳祀除殃癘。古者燧人禜子所造。從示襄聲。禜音榮敬反。

光鎣　縈迥反。考聲云：鎣，發器光也。亦作瑩。

伸手　上音申。

金剛槩　權月反。

障閡　上章讓反，下我愛反。今通作礙，亦作㝵也。

痰飲　上音談。鬲中水也。

銷鑠　上小遥反，下傷若反。

婉澤　上他外反。毛詩傳云：婉婉，舒遲之皃也。又音悦。考聲：美皃也。説文云：好也。從女兑聲。

眼眵　齒支反。説文云：眵，目傷眥也。一云蔑兜也。從目多聲。蔑音眠鼈反。

瞖瞙　上伊計反，下音莫。

悃御　上坤穩反。廣雅云：悃，至也。説文云：從心困聲也。

絡髆　上音洛，下音搏。經從肉作膊，非也。

不空羂索經　第三卷

光爓　閻漸反。説文云：爓，火光也。從火閻聲也。

弭惹　上彌比反，下才我反。梵語也。

健託　丑嫁反。梵語也。

播拏　上波破反，下搦加反。梵語也。

頑嚚　上五關反，下語斤反。左傳云：口不道忠信之言爲嚚。字書亦頑也。説文：從㗊臣聲。㗊音莊立反。

恬默　上牒兼反。孔注尚書云：恬，安也。方言：静也。説文亦安也。從心甛省聲。下忙北反。顧野王云：默，不言也。字書：静不言也。説文：從犬黑聲。案静默之默，從口作嘿。

諛詐　上庾朱反。孔注尚書云：諛，諂也。莊子：不擇是非而言謂之諛。説文：從言臾聲。下側駕反。

能纂　臧管反。賈逵注國語云：纂，集也。説文：從糸算聲。算音算。

磔開　上陟革反。古今正字云：磔，張也。從石桀聲。

瞻眺　桃吊反。爾雅云：眺，視也。郭璞謂察視之也。説文曰：不正視也。從目兆聲。

旃暮伽王　上阿我反。梵語也。唐云不空，即聖者名也。

不空羂索經　第四卷

合捥　剜换反。鄭注儀禮云：捥，掌後節也。正作擥。説文：從手從宛聲。今經本從肉作腕，非也。𠬶音宛遠反。

皤拏　上音婆，下搦加反。

髆齊　上補莫反。杜子春云：髆謂肩也。鄭注儀禮云：肱骨也。説文：肩甲也。從骨尃聲。經從肉作膊，非也。

酬懟　直類反。説文：懟，怨也。從心對聲。字書亦從言作譵也。

跋楞迦　上盤末反，中勒騰反。梵語也。

花棓　龐講反。説文：從木咅聲。

鐶釧　上音還，下川戀反。

繚綟　上音了，下憐涅反。經從折作㪿，音邊蔑反，非也。

鐵矟　雙捉反。廣雅云：矟，矛也。埤蒼：長丈八尺。古今正字：從予(矛)[三]肖聲。經作槊，木名也。

姥婆羅　上莫古反。梵語也。

苾蒭　上頻蜜反，下亭夜反。梵語。

窒囉　上珍栗反，下離置反。梵語。

米禰迦　上彌比反，中寧以反。梵語也。

不空羂索經　第五卷

鑌鐵　上必頻反。下正鐵字。

果蓏　上戈禍反。説文云：木實也。象形。在木之上。今從艹作菓，俗字也。下盧果反。應劭云：草實曰蓏。鄭玄：瓜瓞之屬也。説文：在地曰蓏。從草㼌聲。㼌音庾，從二瓜。

挽攝　上音晚。聲類云：挽，引也。正作輓。説文：從車免。

閼伽　上安葛反。梵語也。

拘縶　上音俱。説文：拘，止也。從手句聲。下砧立反。杜注左傳云：縶，執也。古今正字：絆也。從糸執聲。或作䭇。

澍雨　上珠樹反。説文云：時雨也。澍生萬物也。從水尌聲。尌音同上。

蠶絲　上雜藍反。俗作蚕也。

吽字　上牛鳴，合口甕氣呼之也。

若渼　翁穀反。説文云：渼，溉灌也。從水芺聲。經本作漢，非也。芙音一到反。

姶娑囉　上庵合反。梵語。

宛轉　上宛阮反。經作踠，非也。

湫淵　上酒由反。說文云：湫，隘下也。從水秋聲。下抉玄反。考聲：深泉也。說文：回水也。從水，象形。經文作淵〔四〕，爲廟諱，非也。抉音一悅反。

保護　上逋老反。鄭箋詩云：保，守也。孔注尚書：安也。說文：養也。從人𡦼省聲。古文作呆，又作𥥍。經文作保，誤謬之甚，撿諸字書並無此字。

撚爲　上年典反。顧野王云：撚謂相接續也。說文：從手然聲也。

左髀　鞞米反。股也。今俗作膍、脾者，非也。

甲赤　上緘洽反。案經，十指甲即義甲爲得。今從肉作胛，是肩胛之字，非也。

黑黲　蒼感反。博雅云：黲，色暗也。說文云：淺青黑色也。從黑參聲也。

霶流　上普忙反。正作雱。毛詩傳云：盛皃也。古今正字：從雨旁聲。

⿰角厥地　權月反。說文：⿰角厥，角有所觸發也。從角厥聲。

鳬鴈　上附扶反。

跋駬羅　駬，人質反。梵語。

交繳　梟了反。考聲云：繳，纏也。古今正字：從糸敫聲。敫音工的反。

妒憋　上都故反。鄭箋詩云：以色曰妒。說文：婦妒夫也。從女戶聲。下篇滅反。方言云：憋，惡也。郭璞注云：急性也。古今正字：從心敝聲也。

不空羂索經　第六卷

瑕堅　上夏加反。鄭注禮記云：瑕，玉之病也。說文：玉之小赤色也。從玉叚聲。下伊計反。說文云：堅，塵埃也。從土殹聲。

裝鈿　上音莊，下音田。案經文作真珠莊填爲挍飾之裝鈿，經本中字非其義也。

捻珠　上寧葉反。集訓云：捻，掐也。從手念聲。

歌唄　白邁反。

啓請　上谿禮反。經從木作棨，非啓白字。

成熟　是陸反。古今正字云：熟，成也。從火孰聲。經作俶，假借用也。

掐珠　口甲反。

微遞　上正體微字。下蹄帝反。古今正字云：遞，更易也。從辵虒聲。虒音斯。

身肢　音支。前第一卷已具訓釋。

數數　並音雙角反。

恾怖　上莫傍反，下鋪布反。

拽聲　上延結反。

一敍摩訶迦羅面　敍音硬格反。梵語也。

不空羂索經　第七卷

木櫁　民必反。埤蒼云：香木也。字指：取香皆當預斫，久乃香出。銘曰：榓之爲木，其樹甚大。欲取其香，必彌年載。古今正字：從木監聲。亦作檻〔五〕。

扇㨶　上設戰反，下設旃反。顧野王云：謂所以摇取風而去塵也。説文：從户翅省聲。經文從手作挻，誤也。

濺㵐　上音節。古今正字云：濺，灑也。從水截聲。亦音椷遏反。下正散字也。

指截　前節反。説文：截(截)〔六〕，斷也。從戈雀聲。

米餅　煩晚反。

撓攪　上音蒿，下交巧反。古今正字云：撓，擾也。亂也。二字並從手，堯、覺皆聲也。

腴悦　上庾朱反。説文云：腴，腹肥也。從肉臾聲也。

楓香木　上音風。

摩尼鍋　果和反。

治鏇　旋椽反。張戩考聲云：鏇，謂工匠轉軸鏇器物也。蓋謂錯磨令光澤者也。説文：從金旋聲。椽音緣絹反。

鎣麗　上抉暝反。蒼頡篇云：鎣，治器名也。張戩考聲云：發器光也。説文：從金熒省聲。經從玉作瑩，通用也。下黎計反。顧野王云：麗謂華靡瑰瑋也。説文從鹿丽聲也。丽音同上。古文作祘也。

枯涸　胡洛反。古今正字云：涸，竭也。從木固聲也。

譟弭　上搔躁反，下彌比反。梵語。

瞬目　上音舜。正作瞚。

眼瞼　居儼反。

紫橿木　上正紫字。中居央反。木名也，出英山。

痼病　上古護反。古今正字云：痼，久病也。從疒固聲。又作痁。下鞭滅反。字統云：㾐，腫滿悶而皮裂也。從疒㳄聲。㳄音匹袂反。經本作瘢，誤也。

踒踝　上正没字。下華瓦反。蒼頡篇云：踝在足側也。聲類：足附外骨也。

圈牛　上權阮反。許叔重注淮南子云：圈，牢也。説文：養畜闌也。從囗卷聲。囗音韋。

構木　鉤候反。

孳生　上子思反。字書云：孳，息也。説文：汲汲也。從子兹聲也。

口插　初洽反。聲類云：插，刺物使入也。説文：刺内也。從手臿聲。臿音同上。

作拳　音權。

復讜　他葬反。

不空羂索經　第八卷

相皦　梟了反。

鍮石　上湯樓反。考聲云：鍮石似金。又云：西域以銅鐵雜藥合爲之。古今正字：從金俞省聲。

謾談　上鑾諫反。説文云：謾，欺也。從言曼聲。

妒裔　上都故反。前第五卷中已具釋。下盈制反。孔注尚書云：裔，末也。杜預注春秋云：遠也。方言：夷狄總名。説文云：從衣冏聲也。冏音奴刮反也。

擲躅　上呈石反。亦從足作蹢。下重録反。

九觜　醉髓反。字書[云]〔七〕：觜，鳥口也。正作觜(觜)。説文：從此朿(朿)〔八〕聲。或作㖪(㖪)〔九〕、嘴。
首戴　都戴反。字書云：在首曰戴。説文：從異𢦏聲。籀文作戴。𢦏音宰來反。
窮顇　情醉反。蒼頡篇云：顇，憂也。説文：憔顇也。從頁卒聲。亦作悴。

不空羂索經　第九卷

鈿飾　上音田。前第六卷中已具釋。經文作畋，非也。下音式。説文云：飾，刷也。從巾飤聲。
僑履　上巨遥反。説文云：僑，高也。從人喬聲也。
榜木　上湯洛反。正作柝。
金壜　徒含反。
愉悦　上庾朱反。鄭注論語云：愉，顔色和也。廣雅：喜也。古今正字：從心俞聲。
明諜　恬葉反。史記云：豈效此嗇夫諜諜利口辯給哉。顧野王云：辨利之皃也。古今正字：從言枼聲。
捷利　潛葉反。案便利敏惠也，合從人作倢。
數瞤　上雙捉反，下閏倫反。
臀不　上突魂反。聲類云：臀，尻也。説文作屍，古字也。今不行用。亦作臋，義並同。
以嬒　昂感反。説文云：嬒，含怒也。一曰難知也。從女酓聲。經作嬆，誤也。酓音一僭反。
懠心　上齊細反。毛詩傳云：懠，怒也。廣雅：愁也。文字典説：從心齊聲。

吼謑　上呼口反。亦作吽。下奚啟反。説文：謑，恥辱也。從言奚聲。案經義，合音赫懈反。
挫颲　上祖臥反。賈注國語云：挫，折鋒也。説文：摧也。從手坐聲。下連哲反。聲類云：颲，利也。古今正字：從風列聲也。

不空羂索經　第十卷

濃塗　上女龍反。張戬考聲云：濃，汁厚也。古今正字：露多也。從水農聲。經從多作⿰多農，是⿰多翁⿰多農字，非此義也。⿰多翁音翁。⿰多農音農。下杜盧反。毛詩傳云：塗，附也。説文：從土除聲也。
各剖　普后反。顧野王云：剖猶故〔一〇〕也。杜預云：中分爲剖。蒼頡篇：析也。説文：判也。從刀咅聲。咅音偷口反。
分䇷　變別反。考聲云：䇷，審其善惡。正作⿰言別，從言別聲也。

不空羂索經　第十一卷

戰掉　條耀反。賈逵注國語：掉，搖也。廣雅：振也。古今正字：從手卓聲也。
暈錯　上音運。古今正字云：日旁氣也。從日軍聲。案經意，合是暉。錯，言其有光暉而錯雜也。
摽式　上必遥反。
㲉觸　上宅耕反。字書云：㲉，橦也。古今正字作㲉，從殳棠聲。亦作棖、棦、敦〔一一〕，經本作樘，誤也。
貇節　上口佷反。廣雅云：貇，誠也。信也。説文云：義也。從心狠聲。

錫鑞　上星亦反。説文：錫鉛之間也。從金易聲。下藍合反。韻略云：鑞亦錫也。二字連呼之也。

磐薄　上音盤。聲類云：盤，大石也。顧野王云：磐猶根據也。古今正字：從石般聲。下旁莫反。

呪詛　上周宥反，下葅助反。

頂囟　音信。説文云：囟，頭會匘盖。象形也。古文作脖。今經本作顖，是俗字也。

銀礦　觥猛反。説文作磺，云銅鐵石也。從石黃聲也。

不空羂索經　第十二卷

舀大海水　上遥小反。舀即以器酌水也。説文云：抒臼也。從爪從臼，或作枕，亦作抌〔一二〕。經本作䯇，非經義，失之遠矣。

羸苦　上累危反。杜注左傳云：羸，弱也。賈逵注國語云：病也。劣也。廣雅：極也，疲也。説文：瘦也。從羊羸。

結決　涓悅反。考聲云：決，斷也。亦作鈌，云割也。言令一切災厄之結割斷也。今經本從馬作駃，是駃騠字，馬屬也，馬父驘子，深失經義也。

腝藕梢　上訥頓反，正作嫩。中五厚反，蓮根也。下稍巢反，末也。

瓷器　上自咨反。張戩考聲云：瓦類也。加以藥石而色光澤也。古今正字並從瓦次聲，亦作瓷。今經作磁，是石名，堪爲藥，非瓷器。

福蘊　紆殞反。

緊捷　上吉引反。考聲云：緊，急也。或作殄〔一三〕。下潛葉反。

面皯　干旱反。説文：皯，面黑色也。從皮干聲。亦作酐。今經本從黑作䵟，俗字，非也。

明鎣　縈迴反。前第七卷中已具訓。

肢節　上音支。前第六卷中已具釋。

加祐　尤救反。孔子曰：祐者，助也。天之所助者順。易曰：自天祐之，吉，無不利。説文：從示右聲。示音祇。

捏飾　上年結反。前第一卷中已釋。

痃癖　上音弦，下匹亦反。

熏複　上訓雲反。説文云：熏，火气也。從黑從屮。經作熏，俗字，行之已久，無如之何。下風服反。

摹畫　上母胡反。經作摸是捫摸字，音莫，非經義。

碼碯　上音馬，下音惱。

馺嚩　上三迊反，下無可反。

喜愉　庾朱反。悅也。前第九卷中具已釋。經作悏，憂也，殊失經義。

警覺　上京影反。鄭玄云：警，起也。廣雅云：不安也。古今正字：從言敬聲。

意恉　之史反。説文云：恉，意也。從心旨聲。亦作旨。

占笧　音策。説文：古文笧字也〔一四〕。經作[illegible]，非也，音舟〔一五〕，竹弱皃，非經義。

邸店　上低禮反。蒼頡篇云：邸市中舍也。説文：屬國舍也。從邑氐聲。

不空羂索經　第十三卷

溥遍　上音普。經作溥，水名，非此義。

白透　偷陋反。廣雅云：透，嬈也。古今正字：從辵秀聲。
召譴　遣戰反。說文云：譴，讁問也。從言遣聲。讁音竹革[反]（一六）。
充娧　音悅。前第一卷中已具釋。
㧻地　上丁角反。斸也。
裓柱　上色戒反。諸字書並無此字，譯經人隨意作之。下誅縷反。

不空羂索經　第十四卷

周障　章讓反。考聲：障，隔也。蔽也。或從山作嶂。說文：從阜章聲。障字亦有平聲，訓用同去聲。經從手作𢶍，非也，不成字。
劂攥　上歸迫反，下纂活反。廣雅云：攥，持也。說文正作撮。從手最聲也。
爲擐　關患反。考聲云：擐，穿。穿衣也。說文作擐，擐甲執兵也。從手睘聲也。經文從心作慣，是慣習義，非經意也。
儷人　上犁帝反。廣雅：儷，好也。美也。第七卷中已具釋。
煜爚　上融宿反，下羊灼反。廣雅云：煜爚，火光熾也。埤蒼云：盛皃也。說文二字並從火，昱、龠皆聲。
根杌　下五骨反。
芽生　上雅加反。草木始萌也。
馹字　上人質反。音響梵字。

不空羂索經　第十五卷

欠賸　乘證反。考聲云：賸，餘也。

曝誐　上袍冒反。梵語。
棓印　上龐講反。第一帙第四卷中已釋。
槊印　上霜捉反。正作矟。
枲多河　上思子反，下音多。梵語。唐云黄河也。
陞座　上識烝反。蒼頡篇云：陞，上也。廣雅：進也。古今正字：從阜從土升聲也。
搪觸　上蕩郎反。廣雅云：搪，揬也。古今正字：從手唐聲也。揬音突。
泥揑　年結反。
緣外　上緣字，去聲。鄭注禮記：緣，飾邊也。說文：從糸彖聲。經作椽，是官曹名，非此義。彖音湍亂反。

不空羂索經　第十六卷

蝗蟲　上音黄，下逐融反。
踏者　上談臘反。者字下從白。
飲漱　搜皺反。以水激盪也。
三掬　鳩六反。
盤髻　下音計。鄭注儀禮云：髻，髮也。古今正字：從髟吉聲。
濺身　上音節。第七卷已釋。
純白　上垂綸反。考聲云：純，美也。色不雜也。方言：好也。說文：從糸屯聲。經從酉作醇，非也。
諜利　上音牒。

不空羂索經　第十七卷

度量（量）（一七）　上唐洛反。賈逵注國語云：度，揆也。孔注尚書云：揆度，挍量之也。左氏傳云：心能制義曰度。説文：法制也。從又從庶省聲。經作恈，非也。下正體量字，音力章反。

倣斆　上方冈反。考聲：放，效也。韻略：倣，學也。下爻教反。孔注尚書云：斆，教也。古今正字：從支（攴）〔一八〕學聲。

倱伅　上魂穩反，下豘穩反。杜注左傳云：倱伅，無知暗昧不通之類也。古今正字：從人，昆、屯皆聲。經從水作混沌，並水名也。

婭女　上鴉經反。又雅耕反。蒼頡篇云：婭娥，貴人名也。漢武帝夫人名也。説文：長好皃也。從女巠聲。經作嫇，非也。

鬒蘂　上相踰反，下蕤水反。博雅云：蘂，花心也。説文：茸也。從艹繠聲。經從木作蘂，非也。縈音同上。

不空羂索經　第十八卷

橋（撟）〔一九〕誑　上嬌夭反。顧野王云：假稱以爲橋（撟）也。亦誣也。説文：擅（擅）〔二〇〕也。從手喬聲。經作矯，是壯武皃，非此義也。下鬼況反。杜預注春秋云：誑，欺也。賈逵注國語云：惑也。古今正字：從言狂聲。

笯播羅　上音劫。梵語，人髑髏也。

米麨　鵄沼反。正作麵。

蓮子瓤　攘章反。字書云：瓤，瓜内實也。古今正字：從瓜襄聲。經作穰，非也。

點顋　辛進反。俗字也。正作囟，象形字。

潔滌　上音結，下亭的反。説文云：滌，洒也。從水條聲。

偃臥　上蔫憾反。賈注國語云：偃，息也。廣雅：仰也。止也。古今正字：從人匽聲。經作堰，非也。下五過反。文字典説云：休寢也。從人臣，取其伏也。

不空羂索經　第十九卷

磔手　上張革反。磔，開也。張其手取大指、中指所極爲量也。

蘇搵　温困反。説文云：搵，淺没水也。從手昷聲。

皆搏　膀莫反。張戩考聲云：搏，附著也。經從手作摶，非也。

著臺　上長略反。

莖朶　上杏耕反。字書云：草木榦也。下都果反。文字典説云：朶，樹木花垂朶朶也。從木，象形。今經從巳作杲，誤之甚，非也。

豎伸　上殊乳反，下音申。

梳綰　上音疏，下彎版反。考聲云：綰，結也。説文：從糸官聲。

灌瀐　上官換反，下音節也。

夗轉　上宛阮反。説文云：夗，轉臥也。從夕臥有卪也。經作踠，非也。卪音節。

不空羂索經　第二十卷

橙子枝　上直耕反。考聲云：似橘而大也。説文：橘屬也。從木登聲。經從棠作樘，非也。

無間　簡莧反。考聲云：間，隔也。雜也。左傳云「間錯先王之制」是也。

稠駱　上紂流反。廣雅云：稠，穊也。從禾周聲。下郎各反。釋名云：酪，乳汁所作也。廣雅云：漿也。古今正字：從酉各聲。

聯〔一一〕緜　上輦然反，下沔鞭反。聲類云：聯緜，不絶也。説文云：聯，連也。從耳連於頰也。從絲。絲，取相連不絶也。緜字，從糸帛聲也。

幖幟　上必遥反，下蚩志反。廣雅云：幖、幟並幡也。古今正字云「持一赤幟幡」是也。二字並從巾，票、戠皆聲。經作摽，非也。幟亦作㤽，義同也。

不空羂索經　第二十一卷

彤俣　虞矩反。毛詩傳曰：俣，容皃大也。

障閡　上章讓反，下俣愛反。前第二卷中已釋之。

絡縛索　上郎各反。郭注山海經云：絡，繞也。方言云：自關而東，周洛韓魏之間謂繞爲絡。説文：從糸各聲。經作輅，非也。次音博。經作膊，非也。下桑各反。

蒲萄朶　中音桃。經作桃，非也。下都果反。

銛撥　上爕閻反。漢書音義：銛猶利也。説文：從金舌聲。下般末反。毛詩傳云：撥，治也。説文：從手發聲。經作鏺，非也。

倨傲　上居御反，下敖誥反。鄭注禮記云：倨，不敬也。廣雅云：傲，慢也。説文：倨，不遜也。二字並從人，居、敖皆聲。

嬒害　上昂感反。前第九卷中已釋之。

堅緻　馳致反。鄭注禮記云：緻，密也。廣雅云：緻，補也。古今正字：從糸致聲。

瞫知　上深稔反。蒼頡篇云：瞫，下視也。竊見也。説文：從目覃聲。案：審知此輩合作審。審，詳也，定也，諦也。

不空羂索經　第二十二卷

聳豎　上粟勇反。義合作竦。竦，上也。下殊乳反。正〔一二〕作竪。

濕廢多　上深入反，中微禮反。梵語。唐云白色。

耳璫　黨郎反。

懱他　上眠結反。輕傷也。傷音移地反。

猗適　上音依。爾雅云：猗，美也。説文：從犬奇聲者也。

澡罐　上音早，下官換反。

妒詖　上都故反。前第五卷中已釋。下陂媚反。蒼頡篇云：詖，佞諂也。説文：從言皮聲。

頻蹙　上牝賓反，下子六反。顧野王云：頻蹙，憂愁不樂之皃也。説文作顰，義釋同。

姿偉　上子思反，下韋委反。説文：姿，態也。偉，奇也。從人韋聲。

欻然　上熏欝反。薛琮云：欻，急也。説文：有所吹起也。從欠炎聲。

縶縛　上砧立反也。

瞤精　上閏倫反。説文云：瞤，目動也。從目閏聲。

不空羂索經　第二十三卷

改撥　蘇紅反。

作拳　音權。

婆枲抳　中思此反，下尼貞反。梵語也。

計利枳攞　枳音吉以反。攞音羅，梵語也。金剛部中大使者名也。

晃爚　音藥。

戲論　上希竒〔一三〕反。經從虚作戲，非也。

謗讟　音獨。

不空羂索經　第二十四卷

非愎　唐洛反。前第十七卷中已釋。

絛襻　上討刀反，下攀慢反。

釵璫　上楚皆反。

儼然　上嚴奄反。毛詩傳云：儼，矜莊皃。人民所瞻仰也。説文：好皃。從人嚴聲。經作嬐，音同，非儼然義。

瘖瘂　上音字，下烏雅反。經作啞，非也。

跛躄　上波麽反，下必亦反。

各陞　音升。

靉靆　上音愛，下音代。

柔耎　而兗反。經作軟，俗字也。

不空羂索經　第二十五卷

湊會　上倉候反。王逸注楚辭：湊，聚也。説文：水上所會也。從水奏聲也。

身𦘺　辭進反。鄭箋毛詩云：火餘曰𦘺。説文：從火聿聲。通作燼。經作費，誤也。

耗爲　上蒿到反。鄭箋詩云：耗，敗也。蒼頡篇：消也。説文：從禾毛聲。

黿鼉　上音元。説文云：鼈也。下達河反。説文云：水蟲也。形似蜥蜴，長五六尺。黿鼉二字並從黽，元、單皆聲。單音那，從單者非也。

龜鼈　上鬼爲反。説文云：龜，舊也。外骨而肉内者也。從它，龜頭與它頭同。天地之性，廣肩，無雄，龜鼈之類以它爲雄也。象四足頭尾之形。下卑滅反。説文云：水介蟲也。從黽敝聲。經從魚作鱉字，俗也。

鯨鼇　上劇京反。海中大魚也。下音敖。王逸注楚辭云：大龜也。列傳云：有巨靈之龜，背負蓬萊之山而朴(抃)〔一四〕戲滄海之中也。古今正字：從黽敖聲。

鯢魚　上藝雞反。杜預注春秋云：鯢，大魚也。郭注爾雅：鯢魚似鮎，四脚，聲如小兒。大者八九尺。今江東呼爲役，荆州呼爲鰨。古今正字：從魚兒聲。鰨音湯蠟反。

盤檄　下音皎。率意作之，不成字。

瞋謑　上叱真反，下許懈反。

嬒懠　譯經者於經卷末自音爲頷劑，率爾肚撰造字，兼陳村叟之談，未審嬒懠是何詞句。

樒木　音蜜。

蓖麻子　上閉迷反。考聲云：蓖麻，草名也。文字典説從草，正作萞也。

末撦畢彈　撦音蚩也反。梵語也。

牸犢　上音字，下同祿反。

瞖膜　上緊計反。目中瞖也。下音莫。從肉莫聲。

不空羂索經　第二十六卷

妒嗇　上都故反。從戶。經從石，非也。下移祭反。

敬淑　音熟。

竦變　上粟勇反。下變字，從攴䜌聲。䜌言戀。

妒猘　枯結反。

身毛慫豎　慫音粟勇反。郭璞注方言：慫謂驚悚也。古今正字：從心從聲。

氤氳　上音因，下萎雲反。

瞬目　上音舜，俗字也。正作瞚。

吸噉　上歆及反。廣雅云：吸，飲也。説文：從口及聲也。下談敢反。廣雅云：噉，食也。古今正字：從口敢聲。聲類：或作啗也。

儆策　上京影反。孔注尚書云：儆，戒也。鄭注周禮云：儆，敕解之也。説文：從人敬聲也。下初革反。

瘦病　上樓候反。

癥塊　上陟陵反，下恢外反。

不空羂索經　第二十七卷

蔓菁　上滿盤反，下井盈反。方言云：東楚謂之菘，關之東西謂之蕪菁。今俗亦謂之蕪菁。呂氏春秋：菜之美者有具區之菁。説文：從草青聲。

斫蒻　上章弱反，下楚于反。

倮⿱天疋　上華瓦反。倮露肉袒也。本音騾果反。古音質，今以爲嫌，時人語皆避之，故有上音耳。亦作羸、裸，義同。下奏叟反。正體字也。

牛尿　寧耀反。俗字也。説文作屎，人小便也。從尾從水。亦作屎。

窖中　交效反。

眩動　上玄絹反。賈逵注國語云：眩，惑也。顧野王云：幻也。説文：從目玄聲。

羅縠　紅屋反。

曲匑　麴弓反。古今正字云：匑匑如畏然謹敬之皃也。從勹躳聲。勹音包。

掘去　群蔚反。考聲：穿也。斷也。斸去惡土也。經從角作觚，譯經人錯用字也。

不空羂索經　第二十八卷

開剖　普厚反。杜注左傳云：剖，中分也。説文：判也。從刀音聲。音音他口反。

翳障　上繄麗反。方言云：翳，奄也。郭注云：謂奄覆也。幕障也。説文：從羽殹聲。殹音同上。下章讓反。前已具釋。

尠福　上仙演反。正作尟，今亦作鮮。

顯炫　玄絢反。埤蒼：炫，光皃也。説文：爤也。從火玄聲。

蘸之　上斬陷反。文字典説云：蘸，以物内水中也。從艸從醮。

麪黏　上眠片反，下音胡。張戩考聲云：煮黍米及麪爲鬻，可以黏物也。説文：黏，黏也。從黍古聲。古作䊵。聲類作粘，亦作䑗、䉤。經從麥作麫，俗字也。

不空羂索經　第二十九卷

銷鑠　上小遥反，下商若反。

猜慮　上寀才反。杜注左傳云：猜，疑也。方言：恨也。説文：從犬青聲。

檛鎚　上陟瓜反。考聲云：檛，草木節也。馬策也。古今正字：從木過聲。經作鍋音禍，非也。下墜追反。

米韗羅　多我反。梵語。唐云死屍也。

不空羂索經　第三十卷

嬉戲　上喜宜反。古今正字云：嬉，樂也。戲，笑也。從女喜聲。下希記反。

不空羂索陀羅尼經序　慧琳　李無諂翻

該二　上改來反。賈注國語云：該，備也。方言：咸也。説文：從言亥聲。

聖翮　衡革反。爾雅云：羽本謂之翮。説文：羽莖也。從羽鬲聲。

蓮蘂　蕤捶反。説文云：垂也。從草從糸從惢。惢亦聲也。經作蘂，誤也。惢音才規反。

德覆　孚務反。

瓊蓇　昂各反。蓇，花跌也。桂苑珠叢云：草木花下皆有附蓇承之，名花蓇。説文：從吅從屰從草。經作咢，俗字。吅音喧。屰音逆。

不空羂索陀羅尼經一卷

鞞禮多　上音畢。梵語不切。唐云餓鬼總名也。經從口作咇，爲轉舌也。

杭米　上梗衡反。聲類云：不黏稻也。説文：稻屬也。從禾亢聲。俗作粳。

白縠　紅屋反。釋名云：縠，紗縠也。説文：細縛也。從糸縠省聲。縛音直轉反。

匾虒　上邊沔反，下體黎反。考聲云：匾虒，薄皃也。經從月作𦜎䏲，非也。

舓唇　上時爾反。顧野王云：以舌取食也。説文：從舌易聲。或作弛。今經作秖(舐)[二五]，俗字。下音殊倫反。

憎嫌　上則僧反。經作增，誤也。下叶兼反。經本作慊，或字也。

鬱金　上惲勿反。考聲云：鬱金，香草名也。亦作欝，俗字也。

鑠枳底𤡟　上商斫反。經作爍，釋不正也。次經以反，中丁禮反，下孚袁反。梵語也。如槍刃下小幟幡也。

灸瘢　上鳩友反。説文云：灸，灼也。從火久聲。下伴鏝反。蒼頡篇云：瘢，痕也。説文：瘢，痍也。從疒般聲。經作瘢，俗字也。

作醮　焦笑反。説文云：醮，祭也。從酉焦聲。亦作樵[二六]。

合裹　音果。

溲麪　上搜有反。和也。正作溲。

牛坌　分問反。經作糞，俗字，非也。

紺髮　上甘濫反。

料理　上了簫反。正作敹。

油〔二七〕瘻　樓豆反。郭注山海經云：瘻，癰〔二八〕也。説文：頸腫也。從疒婁聲。

癩瘑　上音賴，下音鬨。並風病也。

鈔功　上初交反。廣雅云：鈔，掠也。説文：忮〔二九〕取也。從金少聲。

作捲　倦圓反。字亦作拳。

二捥　剜換反。正作掔。剜音椀官反。

不空羂索陀羅尼自在咒經　上卷　慧琳

吉祥瓶　並銘反。方言云：缶之小者謂之瓶。顧野王云：所以汲水器也。説文作缾，從缶并聲。

白綫　仙箭反。鄭衆注周禮云：綫，縷〔三〇〕也。古今正字：從糸戔聲。亦作線。經作綖，非也。綖音延也。

翳泥耶　上翳計反，中泥禮反。梵語也。金色鹿也。經作瑿，誤也。

白縵　滿半反。説文云：繒無文也。從糸曼聲也。

敳前　上讁更反。經作楨，非也。楨音客庚反。琴瑟聲也。若以爲楨像字，於義乖失。今借敳字用之，稍近於理。順俗爲去聲呼也。

不空羂索陀羅尼自在咒經　中卷

畫棓　下龐講反。考聲云：大杖也。或作柈、棒。説文：從木從音。經從手作掊，誤也。

畫矟　七亂反。韻略云：矟，小矟也。考聲：短矛也。形如槍而刃闊。廣雅：矟謂之鋋。古今正字：從矛贊聲。字書作穳，音同上。經作鑹，非也。鋋音延。

策勵　力制反。顧野王云：勵猶勉也。杜注春秋云：相勸勵也。古今正字：從力厲聲。

不空羂索陀羅尼自在咒經　下卷

麼麼雞　上摩跛反，下計兮反。梵語金剛部母者名也。

耳璫　音當。

畫繢　迴對反。考聲云：繢亦畫也。説文：從糸貴聲。

躡畫　上黏輒反。説文云：躡，蹈也。從足聶聲。

篋笥　上謙頰反。説文云：椷也。從竹匧聲。亦作匧。下思漬反。顧野王云：盛衣服曰笥。説文：從竹司聲也。

貿易　矛候反。説文：貿，易財也。從貝丣聲。丣，古文丣字也。經作貿，俗字也。

耕殖　承職反。種也。經作植，亦通。

邀期　上要堯反。杜注左傳云：邀，要也。古今正字從辵敫聲者也。

魘魅　上魘琰反，俗字。諸字書並無，且依經文。下眉秘反。山海經云：魅之爲物，人身黑首，從目。説文、考聲：物精也。從鬼生毛，從彡，正作髟也。

痔瘻　上馳巳反。説文云：痔，後病也。從疒寺聲。下音漏。

不空羂索神咒心經　玄奘譯

奭草　上而兖反。

齗腭　上屹斤反。蒼頡篇云：齗，齒根也。説文：齒肉也〔三一〕。從齒斤聲。下昂各反。考聲云：腭，齗也。

陰髖　款官反。埤蒼云：髖，尻也。説文作髖，云：髀上也。從骨寬聲。經文作髖，通俗字耳。

胭項　上鷰賢反。聲類云：胭，喉也。古今正字：從肉因聲。下學講反。説文云：項，頸後也。從頁工聲。

癴癖　上劣圓反。顧野王云：病也。謂病身體拘曲也。下匹亦反。聲類云：宿食不消者也。古今正字〔三二〕。

皰瘡　上炮皃反。許叔重云：皰，面氣也。考聲：面上細瘡也。説文：從皮包聲也。或作疱。炮音白茅反。

舒捲　上暑如反，下倦圓反。前已具訓釋。

四方撝　毁爲反。顧野王云：撝，手之所指也。説文：從手爲聲。

徧罟　音古。鄭注周禮云：罟，網也。古者庖〔三三〕羲氏作結繩爲罟也。古今正字：從网古聲。經從吉作罟，非也。

勦當累　上焦小反。考聲云：勦，綽〔三四〕也。剿也。古今正字：從刀巢聲。下律位反。

殲宿殃　上接廉反。毛詩傳云：殲，盡也。説文：從歺韱聲。韱音息廉反。

衆瘼　茫愽反。毛詩傳云：瘼，病也。古今正字：從疒莫聲。

渾淆　上魂穩反。正作溷。下效交反。正作殽。爲溷濁雜亂也。

莫晣　之逝反，又音旃熱反。説文云：昭晣，明也。從日折聲。亦作晢也。

鑑徒　上監懺反。杜注左傳云：鑑，炤察也。説文作鑒，云：大盆也。一曰監諸也，可以取明水於月也。從金監聲。

不空羂索咒經一卷　慧琳撰

紫橿木　襁央反。山海經云：英山多紫橿。説文：枋也。從木畺聲。枋音方。

鹹水　洽〔三五〕緘反。爾雅云：鹹，苦也。郭璞注云：苦即大鹹也。説文：北方味也。從鹵咸聲。

棗　音早。

不空羂索經　玄應撰

逋多　補胡反。山名也。逋多羅山也。

揭㢊　昌是反。

薩皤　補何、蒲何二反。

荼䃺　莫我反。

多諵　奴咸反。

粹多　宜作窣，所没反。

梅窒　丁結反。

樫咤　於仁反。

地詆　湯歷反。
頡利　形結反。
駁皤　桑合反，下蒲我反。
率恧　女六反，又奴故反。
阿姑　其乙反。
詫詫　敕嫁反。
理貎　呼奚反。依字，黄病也。
婆呼　缶光〔三六〕反。
紫礦　古猛反。波羅奢樹汁也。其色甚赤，用染皮氎等是之也。
綜縷　祖送反。謂機縷紀領絲者也。綜，理也，領理也。

觀自在菩薩求成就經一卷　無字音訓。

一切經音義　卷第三十九

校勘記

〔一〕 踞蹬，拜　今傳本廣雅：「踞蹬、跪，拜也。」
〔二〕 躲　獅作「躲」。龍龕手鏡：「躲，俗；肢，正。」
〔三〕 予　獅作「矛」。
〔四〕 淵　據文意似作「㴊」。
〔五〕 榼　據文意似作「榼」。
〔六〕 截　今傳本説文作「截」。
〔七〕 云　中華大藏經影印麗本作「全」，麗無，據獅補。
〔八〕 紫　據文意當作「紫」。　束　據文意當作「束」。
〔九〕 味　據文意當作「味」。
〔一〇〕 故　據文意似當作「破」。
〔一一〕 敦　據文意似當作「敦」。
〔一二〕 枕　獅作「抌」。　眈　據文意似作「眈」
〔一三〕 殄　據文意似當作「紾」。
〔一四〕 説文：古文箱字也　今傳本説文：「箱，古文冊，从竹。」
〔一五〕 舟　即「冉」。
〔一六〕 反　各本無，據文意補。
〔一七〕 量　獅作「量」。
〔一八〕 支　據文意當作「支」。
〔一九〕 橋　獅作「撟」。下同。
〔二〇〕 檀　今傳本説文作「擅」。
〔二一〕 聯　即「聯」。
〔二二〕 正　據文意似當作「俗」。
〔二三〕 奇　慧卷十七作「寄」。
〔二四〕 朴　據文意似當作「扑」。
〔二五〕 秖　獅作「舐」。
〔二六〕 樵　據文意當作「樵」。
〔二七〕 油　據文意當作「曲」。
〔二八〕 癰　即「癰」，又作「癰」。
〔二九〕 忮　據文意似當作「扠」。
〔三〇〕 纘　據文意似當作「縷」。
〔三一〕 齒肉也　今傳本説文爲「齒本也」。
〔三二〕 古今正字　據文意古今正字後似有脱漏。
〔三三〕 疱　據文意當作「庖」。
〔三四〕 綽　中華大藏經影印麗本作「絶」。
〔三五〕 冾　頻作「洽」。
〔三六〕 光　據玄卷五當作「尤」。

一切經音義　卷第四十

翻經沙門慧琳撰

觀世音菩薩秘密藏神咒除破一切惡業陀羅尼經
觀世音如意輪陀羅尼經一卷
觀自在菩薩如意心陀羅尼咒經
觀自在菩薩心陀羅尼念誦儀軌經
觀自在如意輪念誦儀軌經
觀自在菩薩隨心咒經　一名多利心　不空三藏譯
十一面觀世音經　玄應
十一面神咒心經
十一面觀自在菩薩心密語儀軌經三卷
請觀音消毒害經
千眼千臂觀世音神秘咒印經三卷
千手千眼觀世音菩薩姥陀羅尼身經
千手千眼觀世音菩薩廣大圓滿無礙大悲心陀羅尼經　玄應音
金剛頂瑜伽秘密三摩地念誦法　諸尊觀想一一差別
觀自在多羅菩薩念誦法　一名樞要法
阿唎多羅陀羅尼阿嚕力經
觀自在求聞持不忘法

聖迦抳金剛童子求成就經[一]
金剛童子念誦儀軌經
聖威德金剛童子陀羅尼經
文殊師利閻曼德迦大明王成就經
曼殊室利菩薩閻曼德迦忿怒真言儀軌經
大威怒烏蒭澀摩成就儀軌經
大威力烏蒭澀摩經三卷　闕
大力金剛成就經
大力金剛求成就經
大力金剛成就諸願經
金剛手光明灌頂經中無動尊念誦法
底哩三昧耶經不動使者念誦經
聖不動尊使者成就經
佛說毗沙天王成就經
毗沙門天王經
甘露軍荼利供養念誦成就儀軌經
慈氏菩薩陀羅尼求上生經
大方廣曼殊室利觀自在菩薩授記品

觀世音菩薩授記經
觀自在菩薩説普賢陀羅尼經
師子莊嚴王菩薩請問經
八大菩薩曼荼羅經
一切如來白毫水生觀自在菩薩真言經　亦名電光熾盛可畏形羅刹斯經
摩利支天女經
大吉祥天女十二契一百八名無垢大乘經
摩利支天經
大吉祥天女十二名號經
救面燃餓鬼陀羅尼神咒經
焰口餓鬼經
阿吒婆拘鬼神大將上佛陀羅尼經
稱讚如來功德神咒經
十二佛名神咒除障滅罪經
挍量數珠功德經
數珠功德經
挍量數珠功德經
右五十二經五十五卷　同此卷音

觀世音菩薩秘密藏神咒除破一切惡業陀羅尼經

慧琳音

仆面　上朋北反。説文云：仆，頓也。從人卜聲。

痰癊　上音談。文字集略云：胷中液也。下於禁反。

𤵸痒　上果和反。蒼頡篇云：𤵸，瘡也。秃也。古今正字：從疒瓜聲。經文作瘑，俗字也。下羊蔣反。爾雅云：痒，病也。考聲：瘡也。痛之微也。説文作蛘，瘍也。從由（虫）[二]羊聲也。

鼅鼄　上音知，下音誅。考聲：鼅鼄，罔蟲名也。説文：鼅鼄，蝥也。從黽智省聲。鼄，從黽朱聲。亦作蜘蛛。經作知蛧，非也。智音智。

如意輪陀羅尼經　慧琳撰

雞喇斯　中蘭葛反。

躃地　上陴亦反。韻略：躃，倒也。説文作壁，云人不能行也。從止辟聲也。

拯濟　上取蒸字上聲。杜注左傳云：拯，助也。方言云：拯，拔出溺爲拯。説文云：正作抍，云上舉也。從手升聲。經文作蒸，音職仍反，非也，今不取。

嬪妃　上牝民反，下芳微反。毛詩傳云：嬪，婦也。鄭注禮記云：婦人有法度之稱也。妃，御女也，亦世婦也。古今正字並從女，賓、巳皆聲也。

拼字　上潘鉢反。梵語真言字也。或作撥也。

笄漱　搜宥反。説文云：漱，盪口也。從水欶聲。

瀸灑　上音節，下砂假反。

關𨷲　羊灼反。鄭注禮記云：鑰，鍵也。説文：從門龠聲。經作鑰，俗字。龠音同上。

各訃　孚付反。鄭注禮記云：訃，至也，就也。古今正字：從言卜聲，亦作卧、赴。

相柱　誅縷反。

攢捻　上徂丸反。古今正字云：攢，叢也。言叢聚五指而捻珠也。從木贊聲。經從手作攢，音讚，非也。下寧牒反也。

攪令　上交巧也。

餘時　上承職反。

觚地　上權月反。

填築　上音田，俗用字，正作窴。下音竹。

平畋　田鍊反。

鄔波　上烏古反。經作隝，俗字。

素靺　武發反。

擣簁　上刀老反。經作搗，俗字也。下師滓反。

瞼上　上居儼反。文字集略云：瞼，目外皮也。從目。

瑕瞖　上夏牙反，下繄計反。

棖量　上宅更反，下良仗反。

白暈　云郡反。史記云：日月旁氣也。古今正字：從日軍聲也。

眵淚　上齒之反。考聲云：目中眵也。説文云：眵，瞢兜也。從目多聲。

赤膜　茫博反。經從目作瞙，非經義也。

搵藥　上温困反。説文：没也。從手𥁕聲。經從木作榲，非也。

輕泄　仙死(列)[三]反。廣雅云：泄，漏也。案勿輕泄人者，合作媟字。媟，嫚也。言勿所以獲悉而輕嫚於人。

効驗　上爻教反。考聲：功績也。經文作效。效，教也，非經義也。

觀自在菩薩如意心陀羅尼咒經

癕癭　上擁恭反，下纓頸反。説文：頸瘤也。從疒嬰聲。瘤音留。

疽癬　上七余反。説文云：疽，久癕也。從疒且聲。下仙淺反。

煩疼　徒冬反。

腹脹　張亮反。

觀自在菩薩心陀羅尼念誦儀軌經　大日

五股杵　中音古。

跳躑　上音條。蒼頡篇云：跳，踴也。説文：躍也。從足兆聲也。下池戟反。顧野王：躑，舉足也。説文：從足啇聲。亦作蹢。經從手作擲，俗用字，非也。

噉嚼　上談覽反，下牆藥反也。

觀自在如意輪菩薩念誦儀軌經　不空譯

繳右　上澆了反。考聲云：繳，纏也。韻詮：從巾作幑，義同。

車輅　音路。

蟠於　伴般反。鄭注禮記云：蟠，委也。顧野王云：紆迴轉也。廣雅：曲也。古今正字：從虫番聲也。

觀自在菩薩隨心咒經　一名多利心　不空三藏譯

三稜草　中勒登反。

揾蘇　上温困反。

一捇　丑革反。考聲云：䄻開也。亦作墌。經作坼，俗字也。

持棓　龐講反。俗作棒。經從手作捧，非也。

豌豆　上捥丸反。廣雅云：留豆也。古今正字：從豆宛聲。

骨𢰆子　中跨瓜反。

金鋌　庭郢反。說文云：銅鐵朴也。從金廷聲。

角勝　上江岳反。考聲：角，競也。試也。經從手作捔，非也。下升證反。

十一面觀世音經　玄應撰

換衣　胡灌反。說文：換，易也。謂更易也。經文作逭。爾雅：逭，逃也。亦行也。逭非字體。

笓蘇　徒損反。宜作揾，烏悶反。字林：揾，没也。笓猶俗語耳。經文亦作塗也。

八顆　口火反。顆，㪰也。亦單作果。經文作堁，於臥反，塵也，一曰地名，堁非此義也。

十一面神咒心經　慧琳撰

皰瘡　上蒲教反。說文云：面生氣也。經從疒作疱，俗字也。

瘍癬　上音養。說文：頭瘡也。從疒易聲。下仙淺反。說文云：癬，乾瘍也。從疒鮮聲也。

憨風　上呼藍反。考聲云：癡也。古今正字：從心敢聲。經本作㺖，非也。

軍持　澡瓶也。

芸薹　上音云，下代來反。

十一面觀自在菩薩心密語儀軌經　上卷　慧琳撰

瞻蔔　上諸廉反，下蒲北反。梵語花也。彼國有，此國無。

沮壞　上慈與反，下壞[四]恠反。

能溺　寧的反。考聲：沈也。說文正作沵[五]，云没水也。從水從人也。

厭禱　上烏琰反，下刀老反。求福。

瘰癧　上力捶反，下零的反。文字集略云：瘰，肉不平也。歷[六]，筋結及[七]。考聲云：皮肉結也。古今正字並從疒，累、歷皆聲也。

賏珞　上益盈反，下音洛。考聲云：婦人頸飾也。說文從二貝。經文作瓔絡，俗通用。

緋縷　上匪微反。字書云：緋，絳色也。下力矩反。顧野王云：縷，綫也。說文並從糸，非、婁皆聲。

右搓　倉何反。古今正字云：搓，手挼摸也。從手差聲。經作縒，誤也。

十一面觀自在菩薩心密言經　中卷

翹大指　上祇遥反。廣雅云：翹，舉也。古今正字：從羽堯聲也。

拭脣　上舒翼反，下順倫反。說文：脣，[口]耑也[八]。從月辰聲。

心腐　情奚反。

少彎[九]　綰還反。考聲云：水曲也。古今正字：從水彎聲。經本作彎，引弓也，非經意也。

鷹狓　尸豉反。説文：翼也。從羽支聲。或作狐，義同。

嚼齒　上牆藥反。俗字也。正作嚼〔一〇〕。嚼齒也。

十一面觀自在菩薩心密言儀軌建立道場經　下卷

毗紐　梵言。依言女九反。

車輅　音路。

煥爛　闌旦反。光明皃，亦盛也。

舐掠　上時止反，下音略。經從虫作蚔，非也。

數應　上所角反，下憶陵反。

踴躍　上容隴反，下羊略反。杜注左傳云：踴，跳躍也。古今正字並從足，甬、[翟]〔一一〕皆聲。經文作踴，通用也。

請觀音經　玄應

舌噤　渠飲反。謂不能言也。

哆姪　都餓反。經文作跢。

蟾婆　之鹽反。

麩茶　補盤反。

攝鼙　蒲迷反。

佉珂　竹耕反。

磨鞊　之列反。

夜鑠　尸藥反。

俱惃　補迷反。

千眼千臂觀世音神祕咒印經　卷上　慧琳撰

析毫　上星歷反。孔注尚書云：析，分也。説文云：從木斤聲。經作折〔一二〕，誤也。

檮昧　上道刀反。孟子：檮，無知之皃也。説文：從木壽聲。下梅貝反。廣雅云：昧，闇也。左傳云：不別五色之章曰昧。説文云：從日未聲也。

齎稾　上濟奚反。説文：齎，持物也。從貝齊省〔一三〕聲也。或作賫也。下高道反。史記云：使屈原爲憲令，屬草稾未定。顧野王：稾猶草也。説文：從禾高聲。或作藁也。

若耶　上而者反。

鉢喇　郎葛反。

羯囉祓　下儜簡反。

妲囉　單遏反。

咭帝　上經以反。

瑆醯　上伊計反。

相柱　誅縷反。經作跓，俗字。

腳跟　上正腳字。下音根。

千眼千臂觀世音神祕咒印經　卷下

馺皤訶　上蘇合反，中音婆。梵語也。質樸不妙。

和稗　排賣反。杜注左傳云：稗草似穀也。考聲：稗，稻不成也。從禾。

湫水　酒由反。案湫者，即有龍池水也。或在深谷擁山壅水以爲龍池，或在平原川澤，但有龍池水，即號爲湫，可就祈禱。説文：隘下也。從水秋聲也。

婆鑠　商斫反。

吽泮　上梵字無反。如牛吼聲，或作吽，同。下潘末反。

千手千眼觀世音菩薩姥陀羅尼身經　慧琳

姡憋　上都故反，下裨列反。方言云：憋，惡也。郭璞注云：付(怤)[一四]急性者也。古今正字：從心敝聲。

瑟縿　知價反。

戰掉　迢曜反。

譏懱　上居依反。包咸注論語云：譏，微也。下眠結反。毛詩傳云：懱，輕也。説文：輕易也。從忄蔑聲。忄音心。

溲和　上搜有反。

眩惑　上玄遍反。蒼頡篇云：眩，觀之不明也。説文：目無常主也。從目玄聲。

擘開　上祊麥反。字書云：擘，手析物破也。説文：從手辟聲也。

囉惹　辭何反。梵語王名也。

罽賓　上居例反。

即讜　當浪反。考聲云：讜，衷。謂言中於理也，亦能作讜也。

磔開　上竹格反。廣雅云：磔，張也。古今正字：從石桀聲。

煼之　上楚巧反。方言云：煼，火乾也。説文作𩰲[一五]，云焦也。從䰜芻聲。亦作炒，又作焣、䴭也。䰜音鬲。

疫癘　上音役，下音力制反。鄭注周禮云：癘者，疫氣不和之疾也。説文：疾惡也。並從疒，殳、萬皆聲。

千手千眼觀世音菩薩無礙大悲心陀羅尼經　慧琳撰

補陀落山　梵語也。

聽許　上體經反。鄭注禮記云：聽猶侍也。説文：聆也。從悳從耳壬聲。悳音德，古文德字也。壬音汀郢反也。

踴躍　上容腫反，下音藥。

摧折　上徂隈反。考聲云：斷也。損也。敗也。並從手。

蚖蠍　上五官反，下軒謁反。集訓：螫人虫也。古今正字：從虫歇聲。經本作蝎，音曷，非也。

焚漂　上浮聞反。顧野王云：焚，燒也。説文：燒田也。從火在林，林亦聲。下匹遥反。説文云：漂，流也。從水票聲。票音同上。

烏蒭　初于反。梵語也。

鴦俱尸　上於薑反。梵語也。

賞迦羅　梵語也。

摩醯　下馨奚反。梵語也。

婆馺婆　馺音蘇合反。梵語也。

鳩蘭　梵語也。

逢值　持致反。顧野王云：當值之值也。古今正字：從人直聲。

黿鼈　上音元，下編滅反。説文二字並從黽，元、敝皆聲也。經作鱉，通用俗字也。

杻械枷鎖　上音丑，次音諧戒反，枷音加，下蘇果反。

癰瘡　上音邕。司馬彪云：浮熱爲漂[一六]，不通爲癰。説文：腫也。從疒雝聲。經從維作癕，誤也。

膿血　上乃公反。古今正字云：癰疽潰血也。從肉農聲。
三唾　吐臥反。説文云：口液也。從口垂聲。
色綫　仙箭反。亦作線。經作綖，非也。
作索　桑洛反。顧野王云：糺繩爲索。楚辭云：紐（紉）絲以爲索也〔一七〕。從𣎆糸聲。𣎆音肥味反。紐音尼隣反。
繫項　上雞詣反，下學講反。
未階　音皆。
涌沸　上容腫反，下非味反。説文云：涌，水騰上也。從水甬聲。甬音同上。
長生槃　音洛。
畫地　上横號反。
擲著　上呈戟反。説文云：擲，投也。從手鄭聲。下張略反。
拔其　上辨八反。説文云：拔，擢也。引而出之也。從手犮聲。
撚索　上年典反。
傍棑　上蒲棠反，下稗埋反。考聲云：排，盾也。經作榜棑，非也。
鉞斧　上袁月反。正作戉。
寶篋　謙頰反。
寶贏　盧戈反。經本作螺，俗字也。
髑髏　上音獨，下音樓。
寶鐸　唐落反。周禮：鐸，大鈴。振之以道鼓也。説文：從金睪聲也。
縈身　上縈營反。考聲云：纏也。説文：收鞾也。從糸縈省聲。
柯葉　上各何反。説文云：樹枝也〔一八〕。從木可聲。
屍疰　上音尸，下音注。

蛔蟲　上音回。
齩心　上牙絞反。亦從口作咬。
緳索　上憐結反。

金剛頂瑜伽秘密三摩地念誦法　諸尊觀想，一一差別。　慧琳

塗拭　舒力反。鄭注儀禮云：拭，清也。郭璞云：拭，所以爲清潔也。古今正字：從手式聲，亦作飾。
遏伽　上安葛反。亦作閼。盛水器也。
紇哩　上痕，入聲。下音里，二合彈舌呼之。
頂戴　當載反。賈逵注國語云：戴，奉也。字書：在首曰戴。劉歆云：人所瞻戴也。説文：從異𢦏聲。籀文作戴。𢦏音宰來反。
無礙　亦作閡，同。五代反。經作㝵，俗字者也。
瑕玷　上下加反。鄭玄云：玉之病也。玉小赤也。從玉叚聲。下丁簟反。字統云：玷，缺也。從玉占聲。
兩肩　吉煙反。説文：肩，髆也。從肉。象形也。經從户作肩，俗字也。
兩髀　鼙米反。考聲云：股也。説文作髀，從骨卑聲。經本作陛，非也。

觀自在多羅菩薩念誦法　一名樞要法　慧琳撰

樞要　上昌朱反，下一叫反。
删定　上産姦反。

紐成　上尼久反。

修緝　侵立反。鄭箋詩云：緝，續也。爾雅云：光也。古今正字云：續也。從糸咠聲。咠音同上。

貪恚　一季反。蒼頡篇云：恚，怒也。説文：恨也。從心圭聲。

勇猛　上容隴反。顧野王云：勇，雄敢果决也。太玄經云：决而斷之也。謚法：知死不避曰勇。説文：气也。從力甬聲。古文作恿。或從戈作戫也。气音氣。甬音同上。

掘深　上羣勿反。

至厀　辛一反。正膝字也。説文云：厀，脛頭節也。從卪桼聲。或從肉作膝。

糠秕　上音康，下卑尾〔一九〕反。

蹲踞　上音存，下居御反。

匊物　上鳩六反。毛詩傳云：滿〔二〇〕手曰匊。鄭注禮記云：匊，手中也。詩云：在手曰匊。從勹音包從米，亦從手作掬。

其鰓　塞來反。考聲：魚頬中肉也。説文作䚡，云：角中骨也。從角思聲。法本作腮，檢字書並無，恐誤也。

撣指　上唐丹反。經文從弓作彈，非也。

擐甲　上音患。

跳躑　上徒聊反。蒼頡篇云：踴也。廣雅：跳，上也。説文：蹷也。從足兆聲。經文從卓作踔，非也。下呈戟反。顧野王云：躑躅，驟舉足而不進也。説文作蹢，義同。從足商聲。

湮沒　上湮見反。考聲云：沒入水中也。經作咽，吞也，非湮沒義，今不取也。

跣足　上先典反。説文云：以足親地也。從足先聲。

一吽　呼垢反。亦作㖃，或作吼也。

艴爛　上興憶反。毛詩傳云：艴，赤皃也。古今正字：從赤色聲。下闌漸反。經本作焰，俗字者也。

摩竭魚　虔孽反。大魚名也。從立。經文從木作楬，非也。

寶瑣　蘇果反。廣雅云：瑣，連也。字書：連環也。説文：從玉貨聲。亦作璅，非也。貨音同上。

環珮　上音還。爾雅云：肉好若一謂之環。鄭注周禮云：環，旋也。鄭玄曰：環，圍也。何休注云公羊傳〔二一〕：繞也。説文：從玉睘聲也。經文從畏作[糸畏]，非也。睘音瓊也。

澄渟　上直陵反，下定經反。埤蒼：渟，水止也。字書云：水滯也。古今正字並從水，登、亭皆聲。

砧字　上陟金反。以梵音呼之，義與瑜伽法同。今經本作陟金，非也。

臍上　上磬西反。

咄嚕唵　上都没反，中音魯。二合，梵音呼之。經文作[氵冬]弄，二合，失於義也。

鈍根　上都困反。

餤摩　上閻贍反。

綟腕　上憐涅反，下剜換反。

阿唎多羅陀羅尼阿嚕力品　慧琳撰

三稜　勒登反。説文：稜，柧也。從木夌聲。亦作楞。經本作稜，誤也。夌音陵。柧音古胡反。

僕隸　上蓬木反，下黎計反。字書云：僕，役也。説文：附著也。從隶柰聲。篆文作隸。隶音第。經文作隷，俗字也。

謬忘　上眉宥反。顧野王云：謬猶僻也。方言：詐也。鄭注云：誤也。説文：狂者之忘言也。從言翏聲也。

三甛　牒兼反。廣雅：甛，甘也。説文：美也。從甘從舌。舌知甘者也。

角勝　上江岳反。吕氏春秋云：角猶試也。顧野王云：角力也。猶競争勝負也。説文：獸角，象形。經文中作桷，非也。下昇證反。

割截　上音葛，下前節反。毛詩傳云：截，治也。鄭箋云：截，整齊也。説文：截，斷也。從戈雀聲。經文從戈作㦸，誤也。

衣纈衣　衣，依記反。次賢結反。考聲云：繫也。謂繫繒而染爲文。下衣如字。

鍮石末　上湯侯反。埤蒼云：鍮石似金也。從金。

捏素　上年結反。考聲云：按也。捻也。古今正字：從手呈聲。呈音同上。或從土作埕。

豌豆　上烏官反。廣雅云：豌豆，蹓豆也。古今正字：從豆宛聲也。蹓音留。

骨撾　陟瓜反。

那諴　魚何反。

觀自在求聞持不忘法　無字音訓。

聖迦柅金剛童子求成就經　慧琳撰

縛撲　上房獲反，下龐駮反。字統云：手搏也。考聲云：投於地也。古今正字：從手菐聲。

鬬鍵　乾蹇反。鄭衆注周禮云：鍵，官籥也。方言云：自關而東陳楚之間謂籥爲鍵。説文：鉉也。從金建聲。亦作揵。經文從門作闥，古文字。

裸露　上華寡反。説文作羸，云：袒（祖）〔一二〕也。聲類作倮，或作躶。本經作裸。諸字書並舊音力果反。

爍底　上商灼反。或作鑠。梵語短矛也。

恐悚　上驅拱反。説文：恐，懼也。從心巩聲也。亦作忎。下粟勇反。杜注左傳云：悚，懼也。説文作此㩳，亦懼也。從心雙省聲。字書亦作㩳。巩音拱。

縮眉　上踈陸反。韓詩傳云：縮，斂也。字書：蹙也。説文：亂也。從糸宿聲。亦作樎（摍）〔一三〕。

以搭　音荅。此作師子爪印，以印搭於地也。

臂髆　補各反。説文云：髆，肩甲也。從骨尃聲。經本作膊，非也。

傭停　上寵龍反。考聲云：上下均也。説文云：均直也。從人庸聲。經本作牗，非。

㙶裂　恥格反。廣雅云：坼，分也。考聲云：地裂也。説文：從土㡿聲也。㡿音尺。或從手作㩘〔一四〕。

和麨　唱遶反。埤蒼云：𪍿麥也。文字典説云：𤎘乾屑麥也。從麥酉聲。經本從少作麨，俗用字也。𪍿、𤎘並音楚狡反。

擐身　上關患反。春秋傳云：擐甲執兵。杜預注云：擐，貫也。賈注國語云：衣甲也。説文：貫之急也。從手睘聲。

如杌　吾骨反。考聲云：杌，椊木短出皃也。

門閫　坤穩反。門限也。亦作梱。

顰感　上音頻。正體字也。經本作頻，誤也。下子六反也。

撚成　上年典反。

罥條　討刁反。考聲云：織絲如繩然也。説文：編絲也。從糸攸聲。經本作縚，弓衣也，非經義也。

佉吒　上羌迦反，下迍加反。

所齧　研結反。經從口作囓，俗字也。
㲉乳　上鉤候反。考聲云：取牛羊乳也。經本作搆，非也。
瓜蔓　上古花反。廣雅云：龍蹄、虎掌、羊骹、兔頭、桂枝、狸頭等瓜屬也。説文云：瓜，蓏也。象形。經作苽，非也。下音万。
霹靂　上匹亦反，下音歷。經本作礔礰，俗字也。
驅擯　上丘于反，下賓印反。
嬈惱　上乃了反。

金剛童子念誦儀軌經　慧琳

爲拳　倦圓反。
如牆　匠羊反。
蠃盃　上盧戈反，下鉢梅反。
直竪　殊乳反。顧野王云：竪，正樅(縱)〔二五〕立也。説文：立也。從臤豆聲。籀文作豎，俗作竪也。樅(縱)音足容反。臤音口干反。
繳取　上澆了反。考聲云：繳，纏也。説文云：從糸敫聲也。
次捧　孚勇反。郭璞云：兩手持也。古今正字：從手奉聲也。

聖威德金剛童子陀羅尼經　慧琳

钁斵　上俱籰反。説文云：钁，大鉏也。從金矍聲也。下陟角反。孔注尚書云：斵，削也。説文：斫屬也。從斤㽙聲。籰音王钁反。矍音許縛反。㽙音豆。
掘去　上羣鬱反。考聲云：穿也。從手。亦從土作堀。

畟方　上初色反。古今正字：陳設器物整齊之皃也。從田從人夂聲。夂音雖也。
插作　楚洽反。
佛窟　坤骨反。
馺馺　蘇合反。郭璞云：馺馺，疾皃也。説文：從馬及聲也。
小榻　貪臘反。考聲云：小板牀也。經本作檎，非也。
啄食　上竹角反。
綫縷　上仙箭反。考聲云：縷也。下力矩反。説文：綫也。並從糸，從戔、婁皆聲也。
煙煗兗　中奴管反。温也。或作㬉，俗作暖。此三種加被應相也。
惡疰　音注。
痃癖　上音弦。俗字也，本無正字。下匹亦反。
痔病　上持里反。説文：痔，後病也。從疒寺聲也。
緋綫　上音非。字書云：緋，絳也。古今正字：從糸非聲。
編次　上俾綿反。

文殊師利閻曼德迦大明王成就經　慧琳

奮迅　上方問反。鄭注禮記云：奮，動也。廣雅云：振也。舒也。説文：翬也。翬猶飛也。從奞音雖在田上也。下荀閏反。爾雅云：迅，疾也。説文：從辵卂聲。卂音信。
縵髁　上滿般反，下誇化反。説文云：髁，髀也。從骨果聲。髀音鞞米反。經本作胯，俗字也。
矟印　上雙角反。
作髻　音計。

螺角　上魯戈反。俗字也。正作蠃，亦蠡也。

聖閻曼德威怒王立成大神驗念誦法經

纔誦　上音財。顧野王云：纔猶僅能也。古今正字：從糸毚聲。

鑄一　上朱樹反。說文云：鑄，銷。從金壽聲也。

矟印　上雙捉反。經文作鎙，非也。

兩髀　鞞米反。說文云：股外也。從骨卑聲。亦作䏶。經從肉作胜，俗字也。

曼殊室利菩薩閻曼德迦忿怒真言儀軌經　慧琳

燒爍　舒灼反。

月黶　伊琰反。說文云：中黑也。從黑厭聲也。

嗤誚　上齒之反，下樵曜反。孔注尚書云：誚，讓也。蒼頡篇：訶也。說文：嬈也。從言肖聲。或作譙。

盥飾　上官緩反。顧野王云：凡澡洗物皆曰盥。說文：澡手也。從臼水臨皿。臼音匊。下詩力反。

捫持　上音門。

漬其氎　上子四反。顧野王云：漬猶浸也。說文：漚也。從水責聲。下音牒。埤蒼云：氎，毛布也。字書作㲲。經本作緤音先節反，非經義。

暉澹　談濫反。考聲云：澹，飾也。說文：從水詹聲。簷〔二六〕音占。

木槵　音患。考聲云：木槵，木名也。

骨𣏌　音末〔二七〕。

霈注　上坏貝反。考聲云：雨多皃也。諸字書並作沛，云滂沛也。下朱戍反。水懸下也。從水。經文從雨作霔，俗用字，非也。

夌懱　上力澄反。顧野王云：夌，犯迫也。垂也。說文：越也。從夊從屵古六〔二八〕字也。經文作淩，非也。下眠𢏚反。懱，輕也。已釋。前卷經文作蔑，非也。

踏蹻　上談納反。俗字也，正作蹋。下萌伯反。

躶體　上華寡反。亦作倮、裸。

蛆爛　上且余反。

唼食　上子臘反。

葧葽藤　上蒲骨反，中魯鈎反，下特登反。

蚤虱　上遭老反，下詵櫛反。說文云：齧人跳蟲也。並從䖵，叉、卂皆聲也。卂音信。叉音爪。

掩襲　上淹儼反，下尋立反。

大威怒烏蒭澀摩成就儀軌經

洒漱　上西禮反。韓康伯注周易云：洒，濯也。說文：滌也。從水西聲。經文作洗，音先演反。非也。下踈宥反。考聲云：漱，盪也。經文作嗽，俗字也。

舉頞　安葛反。

車輅　盧故反。

其掔　剜換反。鄭注儀禮云：掔，手後節也。或作椀。經本作腕，非也。

愛瀍　正法字。

築階　上音竹。

鐩火　上音遂。亦作鐆。杜注左傳云：鐩，取火者也。淮南子云：陽鐆見日則焕而爲火。許叔重注云：鐆五石之銅，精圓以仰日則得火。考聲云：今之火艾承之便得火也。説文云：從金隊聲。亦作㸂。經文作燧，俗字也。

招(掐)〔二九〕　其　上口袷反。埤蒼云：招(掐)，抓也。古今正字：從手舀(臽)〔三〇〕聲。

魁膾　上苦迴反，下壞外反。

大力金剛經　慧琳撰

芙蓉　上音符，下音容。即荷花也。

笡步　上且夜反。韻英云：柱斜也。古今正字云：逆槍也。從竹且聲也。

覷眄(眄)　上蛆慮反。廣雅云：覷，視也。顧野王云：謂相候視也。説文云：從目虘聲。或爲覰，亦作狙。下眠遍反。説文云：目偏合也。一曰邪視也。從目丏(丏)〔三一〕聲。虘音才何反。丏(丏)音沔。

棓印　上龐講反。今俗通作棒也。

俹身　上鵶嫁反。字書：俹，倚也。古今正字：從人亞聲。

妙氎　恬叶反。考聲云：毛布也。亦草花布也。經文作緤，非也。

洒㕞　上西禮反。已釋上文。下踈劣反。鄭注周禮云：㕞，清也。説文：拭也。從又持巾在尸下也。經文作刷。刷，刮也。亦通用也。

婆誐叉　中魚迦反，下亡犯反。梵語也。唐云世尊。或從金作鋄也。

紗縠　上音沙，下胡屋反。

繪山　上迴憒反。鄭注[論]〔三二〕語云：繪，畫也。古今正字：從糸會聲。

安鄯那　音善。梵語青色礦石，眼藥也。

直瀐　字書音節。瀐，灑也。考聲音㦰。切韻云：濺也。古今正字：從水㦰聲。

大力金剛求成就經　慧琳撰

枯瘁　慈遂反。

門店　恬飲反。

木屧　思叶反。説文作屟，云：履中薦也。從履省，枼聲。亦作䈎。

麋鹿　上美悲反。方言云：麋，老也。白虎通云：射侯，射麋者也。示遠迷惑人也，麋之爲言迷也。説文：鹿屬也。從鹿米聲也。

大力金剛成就諸願經　慧琳撰

矩方　上俱雨反。世本云：倕作規矩也。廣雅云：矩，方也。鄭注考工記云：所法者也。又人長八尺而大節有三：頭也，腹也，脛也。以三通率之則矩二尺六寸三分寸之二也。古今正字：法也。從矢巨聲。亦作榘。

紺青色　上甘憾反。説文云：紺，深青揚赤色也。從糸甘聲也。

之蘂　而捶反。考聲云：花心也。古今正字作惢，云：花鬚點之。從艹惢聲。惢音才髓反。

苦楝　音練，木名也。

兩廂　想羊反。

皺眉　上鄒瘦反。經云作皺，俗字。

犖確　上力角，下腔角。

以炒　初絞反。亦作鬻、㷅。

撚成　上年典反。

善誘　音酉。

金剛手光明灌頂經中無動尊念誦法　慧琳

蘖嚕拏　上魚列反，中音魯，下尼加反。梵語也。

俱湊　倉奏反。

呑噉　上吐恩反，下談覽反。

旋嵐　覽甘反。大猛風也。

灰燼　徐胤反。俗字，正作㶳也。

昧鞘　宵曜反。刀劍室也。亦作鞘、削。

現眇　彌小反。説文云：一目小也。從目少，少亦聲。

窨惡　上邑吟反。説文云：地室者也。從穴音聲。説文：音去聲。

瘢痕　上伴般反。説文云：瘢，痍也。下恨恩反。説文云：痕瘢也。二字並從疒，般、艮皆聲。經文作盤，誤也。痍音以之反。

燒焯　章弱反。廣雅云：焯，熱也。説文：明也。從火卓聲。

婀字　上烏可反。

底哩三昧耶經不動使者念誦法

憾耠　上含紺反，下謀感反。梵語也。

縛撲　龐邈反。經作搇，音普麥反。非經義也。

牸牛　音字。

辮髮　上便沔反。説文云：交也。從糸辡聲。辡音卞。

聖不動尊使者成就經　慧琳

作箄　閉迷反。

拌之　上盤滿反，上聲字也，亦通去聲。考聲云：拌，攪也。韻詮：拌，攤相和皃也。字統：從手半聲。經作泮，非也。

邂逅　上諧懈反，下侯搆反。韓詩傳云：邂逅，不固之皃也。考聲云：猶參差也。古今正字並從走，解、后皆聲也。

麾惡　上毀爲反。顧野王云：以旌旗指衆也。淮南子云：軍之待麾，妄指則亂也。杜注左傳：麾之招也。古今正字：從麻從毛。

佛説毗沙門天王成就經　慧琳

于闐　田練反。胡語國名也，亦山名也。

衣甲　上衣記反，下古狎反。鄭注周禮云：甲，今之鎧也。説文云：甲，東方之孟，陽氣萌動也。從木載孚甲之象也。太一經云：頭宜爲甲，甲象人頭也。經文作鉀，非也。

大贏　下盧戈反。已具釋首緣經。作𦄼，非也。

鋌杖　庭鼎反。説文云：銅鐵樸也。從金廷聲。

寘鐵　上必頻反。經作鑌，非也。下天結反。經作鐵，俗字也。

疥癬　上音界，下先剪反。説文云：癬，乾瘍也。並從疒，介、解皆聲。經文作疥，非也。瘍音羊。

燒爇　而拙反。杜注左傳云：爇，燒也。蒼頡篇云：然也。説文：從火爇聲。爇音藝。

嘿然　上音墨。顧野王云：嘿，不言。古今正字：從口黑聲也。

毗沙門天王經　玄應撰

豐饒　上芳風反。周易云：豐，大也。鄭注周禮：厚也。毛詩傳：茂也。賈逵注國語云：盛也。説文：豆之滿者也。從豆，象形也。今俗通作豊，訛也。下遶招反。廣雅云：饒，多也。益也。謂豐厚也。聲類：餘也。説文：飽也。從食堯聲。經本作澆，非也。

貯積　上猪旅反。杜注左傳云：貯，蓄藏也。説文：亦積也。從貝宁聲。宁音除吕反。

開専　撫無反。孔注尚書：専，専布也。説文：從寸甫聲。經作敷，通，俗字。

花鬘　音蠻。或作鬘。

金篋　謙叶反。説文作篋，械也。從匚夾聲。從竹者或字也。械音咸。匚音方。

俱胝　音知。

甘露軍荼利菩薩供養念誦成就儀軌經

愍念　上旻殞反。何休注公羊云：愍，痛也。廣雅：念也。説文：從心敃聲。敃音同上。經本作慜，亦通。

撟誑　上嬌小反。鄭注周禮云：撟，稱詐以有爲也。顧野王云：假稱謂之撟。説文：擅也。從手喬聲。經本作矯，直也，非撟誑義也。

淋灕　上力金反。廣雅云：淋，漬也。説文：以水沃也。或曰淋。淋，山下水也。從水林聲。下里脂反。埤蒼云：水滲入地也。古今正字：從水離聲。

四跳　徒彫反。廣雅云：跳，上也。説文：從足兆聲也。

鈿飾　上田練反。考聲云：以珍寶裝飾也。文字集略云：金花也。從金田聲。下昇力反。前已重重具釋訖。

嬉戲　上喜其反，下希記反。

慈氏菩薩陀羅尼求上生經　無字可音。

大方廣曼殊室利經觀自在菩薩授記品經

蔑戾車　上眠結反，中蓮結反，下尺奢反。梵語臘師名也。

拼其　上伯萌反。

月黶　伊琰反。忿怒金剛名也。

捼掌　上奴禾反。

紗縠　上音沙，下紅屋反。已具釋前卷。

欄檻　上郎安反，下銜黯反。

陛楯　上毗米反，下時允反。

纖[三三]利　上息簷反。孔注尚書云：纖，細也。説文：從糸𢦏[三四]聲。案經「爪甲纖利」，合從金作銛。

右髆　補莫反。説文云：髆，肩甲也。從骨專聲。經文從月作膊。非也。音普莫反。

觀世音菩薩授記經　慧琳撰

斒爛　上八蠻反。韻英云：斒爛，文駮也。説文：從辡作辨〔三五〕，駮文也。古今正字云：文瞵也。或作𢾺，文皃也。從文扁聲。下力閑反。義釋同上。古今正字或從粦作𤒽，𤒽音力辰反。扁音邊沔反。粦音力燼反。燼音夊胤反。

煒爗　上韋鬼反。毛詩傳云：煒，色赤色皃也。説文：煒，盛赤也。從火韋聲。下炎業反。説文：爗亦盛也。從火𠌶聲。詩云：爗爗雹電也。經從華作曄，隸書字也。𠌶音同上。

芬馥　下馮福反。考聲云：香皃也。從香复聲也。

觀自在菩薩説普賢陀羅尼經　無字音訓。

師子莊嚴王菩薩請問經

駢羅　上辮眠反。顧野王云：駢羅，猶羅列也。説文：從馬并聲。辮音便麵反。

沛然　上普貝反。何休注公羊云：沛然，有餘優饒皃也〔三六〕。孟子曰：沛然德教，溢于四海。顧野王謂雨之注濊洪澍也。廣雅：大也。説文：從水巿聲。或從雨作霈。巿音同上。濊音呼外反。澍音之戍反。

壓身　上烏甲反。考聲云：鎮也。古今正字：從土厭聲。

磔身　上牒革反。前已具釋。經作搩，非也。

蟲螘　上直中反。經作虫，音毁，今俗用也。下宜倚反。説文：螘，蚍蜉也。從虫豈聲也。

八大菩薩曼荼羅經

於髁　誇化反。正體字也。經本作胯，俗字也。

熙怡　上喜其反。毛詩傳云：熙，光明也。説文：從火𦣞聲。𦣞〔三七〕音移。下以之反。前已釋訖。

一切如來白毫水生觀自在菩薩真言經
亦名電光熾盛可畏形羅刹斯法

匐面　上朋墨反。説文云：匐，伏也。從勹畐聲也。

吸欱　上歆邑反。鄭箋詩云：吸猶引也。廣雅：飲也。説文：内息也。從口及聲。亦作歙。經本作噏，非也。下呼蛤反。説文云：欱，歠也。從欠合聲。經本作哈，通俗字。

驅擯　賓牝反。考聲云：弃也。經作儐，誤也。

摩利支天女經

繳頭　上澆了反。考聲云：繳，纏也。説文：從糸敫聲。韻詮從巾作幧，亦通也。

大吉祥天女十二契一百八名無垢大乘經

詣世尊所　上倪計反。顧野王云：詣，到也。蒼頡篇云：至也。

說文云：候至也。從言旨聲。

摩利支天經　無字可訓。

大吉祥天女十二名號經　無字音訓。

救面燃餓鬼陀羅尼神咒經

羸瘦　上纍追反。杜注左傳云：羸，弱也。賈逵注國語云：病。許叔重注淮南子云：劣也。廣雅：極也。字書：疲也。說文：瘦也。從羊𣎆聲。下搜宥反。古今正字云：瘦，癯也。從疒叜聲。癯音具于反。叜音素口反。

焰口餓鬼經一卷　無可音訓。

阿吒婆拘鬼神大將上佛陀羅尼經

禽獸　上渠林反。白虎通云：禽者，鳥獸之總名，明爲人所禽制也。爾雅云：二足而羽謂之禽。說文：走獸之總名也。頭象形，從禸今聲。禽、离、兕頭相似也。下詩救反。爾雅云：四足而毛曰獸。蒼頡篇：走者也。說文：守備也。從犬嘼亦聲。經本作狩，大〔三八〕獵也，非經義也。禸音柔久反。嘼音休又反。

轢碎　上力的反。蒼頡篇云：轢，輾也。上林賦云：車徒之所轔轢。說文：車所踐也。從車樂聲。輾音尼展反。轔音栗珍反。下蘇會反。

稱讚如來功德神咒經

騷韝　上蘇竈反。

敁　真言句，梵語譌也。合作乞澀，二合。下敁箪，同此。

箪　奼迷反。

十二佛名神咒挍量功德除障滅罪經

氳氳　上憤文反，下欝云反。考聲云：香氣皃也。義已具釋金光明最勝王經。

挍量數珠功德經　無字音訓。

數珠功德經　無字音訓。

挍量數珠功德經　無字音訓。

一切經音義　卷第四十

校勘記

〔一〕聖迦抳金剛童子求成就經　此經名原與「觀自在求聞持不忘法」接排不分。
〔二〕由　據文意當作「虫」。
〔三〕死　獅作「列」。
〔四〕壞　據文意當作「懷」。
〔五〕冰　據文意當作「休」。
〔六〕歷　據文意當作「癧」。
〔七〕及　據文意似當作「也」。
〔八〕脣耑也　今傳本説文爲「脣，口耑也。」
〔九〕彎　據文意似當作「灣」。
〔一〇〕嚼　説文：「嚼，噍。或从爵。」
〔一一〕翟　各本無，據文意補。
〔一二〕折　據文意似當作「�」。
〔一三〕省　衍。
〔一四〕付　今傳本郭璞注作「忖」。
〔一五〕鬻　獅作「鬻」。
〔一六〕漂　據文意似當作「瘭」。
〔一七〕紐絲以爲索也　今傳本楚辭爲「并紉茅絲以爲索」。
〔一八〕樹枝也　宋本玉篇：「枝也。説文曰斧柄也。」慧卷七五釋「四柯」：「顧野王云：柯，枝也。」
〔一九〕尾　頻作「遲」。
〔二〇〕滿　阮元校刻十三經注疏作「兩」。
〔二一〕何休注云公羊傳　據文意當為「何休注公羊傳云」。
〔二二〕祖　據文意當作「袒」。
〔二三〕槅　據文意似當作「摍」。
〔二四〕㨗　據文意似當作「㨗」。
〔二五〕樅　獅作「縱」。下同。
〔二六〕簷　據文意當作「詹」。
〔二七〕末　獅作「未」。
〔二八〕六　據文意似作「陸」。慧卷六五：「兴，古文陸字也。」
〔二九〕搯　據文意似當作「掐」。下同。
〔三〇〕舀　據文意似當作「臽」。舀、臽混用。
〔三一〕眄　大正作「眄」。　丏　據文意當作「丐」。下同。
〔三二〕論　各本無，據文意補。
〔三三〕鑯　獅作「纖」，據文意似當作「鐵」。下同。
〔三四〕戟　獅作「鐵」。
〔三五〕辨　獅作「辮」。
〔三六〕有餘優饒皃也　阮元校刻十三經注疏爲「有餘貌」。
〔三七〕熙　獅作「熈」，即「熙」。
〔三八〕大　據文意當作「犬」。

一切經音義　卷第四十一

翻經沙門慧琳撰

大乘理趣六波羅蜜多經序　御製

大朴　普剥反。俗字也。正作樸。王弼曰：樸，真也。真猶氣象未分也。聲類云：凡物未彫刻曰樸。說文云：木素也。從木菐聲。菐音十(卜)[一]也。

牽兮[二]　企堅反。廣雅：牽，挽也。連也。說文：引前也。從牛從冖玄聲也。冖音癸營反。象牛之縻也。俗用從手作掔，非也。

喪乎　桑葬反。鄭注禮記云：亡失曰喪。說文：亾也。從哭亾聲。俗作㐮，亦作䘮，皆非也。下乎字。說文云：語之餘聲也。從兮丿聲。丿音片蔑反。

愛惡　上哀代反。變體俗字也。賈逵注國語云：愛，親也。古今正字云：㤅，念也。說文：從旡從心作㤅。今通作愛。旡音既。下烏固反。顧野王云：惡，憎也。假借字也。說文：從心亞聲也。俗從襾誤。

寂寥　上情歷反。俗字也。說文：正作宗，無人聲也。從宀從戚省聲也。或從言作諔。下歷彫反。說文闕。古今正字：宗寥，音深遠無人聲也。從宀翏聲。翏從蓼省。宀音綿。尗音叔，從戚省也。

俟時　事滓反，上聲。俗字，時所用也。正從立作竢，說文從來作竢。韻詮云：俟，待也。考聲云：俟來者也。俗從人作俟，亦通。

紛綸　上芳文反。廣雅：紛，眾多皃也。亂也。下律迍反。易曰：綸，經理也。宋忠注太玄經云：綸，絡也。並形聲字也。

流液　上流字，說文：從水從㐬。㐬音吐訥反。俗去點，非也。液音亦。說文：液，津也。從水從夜聲也。

淺深[三]　千演反。說文：不深也。從水戔聲也。戔音察限反。下傷任反。考聲：深，邃也。說文：從水從罙音同上。今相傳從罙音山林反。說文：深也。亦通。罙亦云竈突也。

旭日　凶玉反。考聲云：旭，明也。說文云：日旦出皃也。從日從九。下而質反。說文：太陽精，象形字也。

升晝　上識陵反。毛詩作昇。聲類作陞，日出也。下竹救反。考聲：晝，明也。說文云：日之出入與夜爲界也。從旦從聿，會意字也。

一至　音致，假借字。致亦至也。

乂蒸[四]　上魚偈反。孔注尚書云：乂，治也。考聲：乂，息也。說文：芟草也。從丿從乀相交曰乂。丿音夭。說文云：左戾也。乀音皮密反。說文：右戾也。下職仍反。爾雅及小雅[五]：蒸(烝)[六]，君[七]。韓詩：衆也。善也。博雅：蒸蒸孝也[八]。説文：從草從巛承[九]聲也。巛音必遥反。

罽賓　上居乂反。梵語西國名也。或名罽濕彌羅，或名箇濕蜜，皆古譯訛略也。正梵音云羯濕弭羅，北印度境也。

領袖　上力郢反。毛詩傳曰：領，項也。莊子：領，録也。鄭注禮記云：理也。六韜云：衣領也。古今正字作衿。今通作領，從頁令聲也。頁音賢結反。下囚霤反。俗字也。古今考聲云：衣袂端也。説文亦同。從衣從岫省聲也。古今作褎(褏)，從釆[一〇]從衣。亦作褎。

翼衛　上孕職反。孔注尚書云：翼，輔也。毛詩傳云：敬也。鄭箋詩云：助也。杜注左傳：翼，輔也。爾雅：恭也。説文：翅也。上從羽異聲也。下榮穢反。王弼注易云：護也。爾雅：邊陲也。郭璞云：營衛守禦在外垂也。説文：宿衛也。從韋從帀從行。行列周帀曰衛。今從省作衛也。

滌慮　亭歷反。孔注尚書：滌，除也。説文：滌，洒也。洒音西禮反。

汲引　上金立反。説文：引水也。從水及聲也。[下][一一]以忍反。杜注左傳云：引，導也。説文：開弓也。從弓從丨。丨音曳。古文從手作扚，或作弘(引)[一二]也。

庶憑　下皮冰反。集訓云：憑，託也。從心馮聲。説文作凭，又去聲，依几也。

真筌　七緣反。莊子云：筌者，所以取魚，得魚而忘筌。顧野王云：捕魚竹笱也。笱音狗也。

聊因　簝彫反。廣雅：聊，苟且也。説文：耳鳴也。從耳丣聲也。或作膠。今俗從夘作聊，相承書誤，非也。丣音酉。簝音了。

梗槩　上耕杏反。爾雅：梗，植也。廣雅：略箴也。從木更聲也。下哥礙反。鄭玄注禮記云：平斗斛也。薛琮注東京賦云：梗槩者，不纖密也。説文同鄭玄。從木既聲。或作概。箴音針。纖音息尖反。

大乘理趣六波羅蜜多經　第一卷

迦蘭多迦　薑佉反。古譯云迦蘭陀夷，或云羯蘭鐸迦，並訛也。正梵音羯嬾馱迦，大竹園名也。在王舍城側輔近南山之陰，説此經之處也。

逮得　唐奈反。鄭箋毛詩云：逮，及也。説文：從辵隶聲也。隶音兑。

阿僧企耶　輕以反，下以遮反。梵語數法名也。案俱舍論引解脱經云，六十數中阿僧企耶第五十二數，皆以十十變名，具如論説也。

依怙　胡古反。爾雅：怙，恃也。説文：從心古聲。

沈溺　上池林反。毛詩：沈，没也。説文：濁也。從冘。冘音淫。下寧歷反。説文：從人從水作休。人没水也。從水弱聲。

難解　下諧戒反。有音夏者，非也。

整理　征郢反。説文：齊也。從敕正聲也。俗從止，非也。敕音丑力反。説文：敕字從束從攴。攴音普卜反。俗從來從力作勑，俗字也。

無猒　伊閻反。考聲云：飽也。樂也，足也。説文：從犬從甘從肉。

雙足　上朔窗反。説文：從二隹從又。又，手也。俗從反，非也。

恭敬　上恭字，説文：從也。肅也。下古文心字，上共聲也。俗從尒，非也。下敬字，考聲云：敬，慎也。説文：從攴苟。苟音己力反。

羈鎖　上寄宜反。王逸注楚辭云：以革絡馬頭也。釋名：撿(檢)[一三]也。所以撿(檢)持制之。説文：從罓䩭聲也。䩭音同。或作羇。下蘇果反。考聲：鎖，録也。廣雅：連環也。從金貨聲也。貨音同上。

明星　明字。説文：從囧囧音鬼永反從月。囧象窗也。星者，五行之星也。言明星者，亦非每日常有。明星乃是金木火土及以水星。有時近日，晨朝而現。占候者當知不久日出，故諸經中時有明星之語。佛因近日之星，引此爲喻，言慈氏菩薩隣於佛地也。舊義云西方候夜觀三明星：初觀白星，次觀青星，後觀赤星。甚乖經意，妄説也。

帆主　上音凡。考聲云：船舶上使風幔也。帆主者，海導師也。從巾凡聲。

洄澓　上音回。經文作古文◎字。雖是正，時所不用。爾雅：逆流而上曰泝洄。郭璞曰：旋流者也。下音復。或作洑，亦水之回旋也。説文：從水復聲也。

侵害　戚淫反。蒼頡篇：侵，犯也。説文：漸也。從人從帚從又。又，手也。手持帚若掃之進曰侵。今省爲侵，略也。下何大反。蒼頡篇：害，賊也。説文：傷也。從宀從口，言從家中起也。從丰省聲也。經作害，俗字也。丰音害，古字也。

迦嚕羅　梵語。食龍大鳥名也。古云迦婁羅，亦名金翅鳥，或云揭路荼。今文書迦嚕羅。上下二字不切也。正梵云蘖嚕綮。綮音儜加反，嚕音轉舌呼。亦名龍怨。

吞啗　徒濫反。説文：食也。從口臽聲。經文作噉、啖，並俗字也。

僂者　力主反。杜注左傳云：上傴也。僂猶背曲也。廣雅：身曲也。説文：尫也。從人婁省[一四]聲。或云背僂，皆一義也。

裸者　上華瓦反。避俗諱作此呼，本音郎果反。左傳：觀其倮俗(浴)[一五]。顧野王云：裸者，脱衣露袒也。説文從衣作裸，字書有從身作躶，玉篇從人作倮，三體並通用也。

堆阜　上都雷反。考聲云：土之高皃也。埤蒼云：土聚也。説文：小阜也。從土隹聲也。經從十作堆，非也。或作厓，古字也。有作塠，俗字也。下扶有反。吴楚音也。韻英音云扶武反。説文：大陸也。山無石曰阜。古文作𠂤，象形字。

砥掌　脂履反。杜注左傳云：砥，平。蒼頡篇云：磨礪石也。説文作厎，柔石也。從厂氐聲。厂音罕。

隘陿　上鵶介反。廣雅：隘，迫也。亦陿也。王逸注楚辭：險陒傾危也。或作阸。説文作䧢，又䧢，並古字也。今從省作隘、阸，並正也。下咸甲反。顧野王云：迫隘也。不廣大也。説文：隘也。從阜陜聲。經從犬作狹，非也。

壥里　直連反。集訓云：城市内空地也。考聲云：市内一畝半爲一家市邸舍也。居處也。從土廛聲。

開豁　下歡栝反。廣雅：豁，空也。大也。説文作䜥，通谷也。從谷害聲也。上開字正體作開[一六]。説文從开(幵)[一七]，俗用從井，訛也。开(幵)音牽。

穢惡　下烏固反。

荊棘(棘)[一八]　兢億反。考聲：酸棗(棗)[一九]也。説文從並朿(朿)[二〇]。朿(朿)音刺。朿(朿)，木芒也。古文象形作朿

（棗）〔二一〕。

麈坌　上音陳。説文云：鹿行揚土也。從鹿從土，會意字也。下盆問反。考聲：麈猥也。説文：坌，塵也。從土分聲也。

拘枳羅　上音俱，下鳩以反。梵語鳥名也。此鳥性好榮茂，不栖止於枯樹。

犛牛　音茅。出西南夷及西戎，亦名長髦牛也。前寶積音義中已具釋也。

犎牛　音封。山海經云：南方野牛也。集注爾雅云「今交趾所獻丞相牛」是也。郭注爾雅云「領上犦肤起如駝鞍之一邊，出合浦縣。今語訛，俗謂之峯牛」是也。犦音雹。肤音田頡反。形聲字。

焚爇　上輔文反。説文：燒田也。下耎拙反。杜注左傳云：爇，燒也。蒼頡篇云：火然也。從火蓺聲。

戲論　希義反。爾雅：戲，謔也。廣雅：邪也。考聲：弄也。詩傳：逸豫也。説文：從戈䖒聲也。䖒音熈。䖒字從豆戈音古禾反。有從虚從弋作戲，非也。弋〔二二〕音與職反。謔音香約反。

熊羆　上許窮反。毛詩：惟熊惟羆。説文：獸也。似豕，山居，冬蟄舐足掌。其掌似人，名掌曰蹯。蹯音煩。下羆音悲。爾雅：羆似熊而黃白色。郭璞曰：似熊而大，頭長脚高，猛憨多力，能拔樹木也。

虎豹　上呼古反。説文：獸君也。從虍。虍音呼。虎足似人足，故下從人，象形字也。下包皃反。説文：似虎，圜文黑花而小於虎。從豸從包省聲。豸音雉也。

豺狼　上牀皆反。山獸也。爾雅云：豺，狗足也。説文：狼屬也。從豸才聲。經文從犬作犲，非也。案豺有二類，常群行山谷不相離。大曰豺郎，小曰豺奴。小者先行，共獵麞鹿，煞已，守之而不敢食，以待豺郎。其豺郎後至先食，飽已，然後豺奴啖其殘肉。故禮記月令云：季秋之月，霜降之日，豺祭獸。即其事也。下洛當反。説文云：狼似犬，鋭頭白額，猛獸也。從犬良聲。

野干　或云射干。射音夜。司馬彪及郭璞並云：野干能緣木。廣志云：巢於危巖高木。故知非野狐也。淮南名曰麻狐。禪經又云：見一野狐，又見野干。故知二別，野狐大於野干也。

狐兔　上音胡。説文：妖獸也。鬼所乘而有三德，其色中和，小前大後，死則首丘。從犬從爪省聲也〔二三〕。下土固反。説文：獸也。前㲋象踞後點象其尾也。兔頭與㲋頭同，故從㲋省也。

蚖蛇　上五官反，下社遮反。抱朴子曰：蛇類甚多，唯蚖蛇中人最急，可以刀割其所螫處肉，棄於地，肉自沸似火炙，須臾焦盡，人得活矣，不割必死。玄中記云：蚖虵身長三四尺，有四足，形如守宫。尋脊有針，利如刀，甚毒惡，中人，不逾半日則死。山海經云：皮可以飾刀劍，與鮫魚皮相似，但粗細異耳也。

蝮蠍　上芳伏反。爾雅：蝮虺博三寸，首大如擘。郭璞注云：如人擘指。史記云：蝮螫手則斷手，惡毒虵也。下軒謁反。四方通語也。字從虫歇聲也。經從曷，非也。説文云：毒蟲也。尾上拳有毒刺。篆字象形。玉篇：蠆音坼介反變體字也。俗名蝲蠆，見通俗文。上蝲，音他割反。下蠆，音郎割反。更有異名不録。

魚鼈　鞭滅反。説文：水介蟲也。從黽敝聲也。經從魚作鱉，俗字也。黽音猛，敝音毗袂反。

黿鼉　上音元。說文：大鱉也。大者如車輪，小者如盤。有神力，能制水族。魅人而食之。下唐多反。山海經云：江水多鼉。郭璞注云：似蜴蜥，有鱗，大者長丈，小者四五尺。尾如刀，生卵大如鵝卵。皮緊厚可以爲鼓，故毛詩有鼉鼓。說文：水介蟲也。從黽單聲。單音那。案黿鼉二字從黽，俗用下從龜者，非也。

鳳凰　上馮諷反，下音皇。前寶積經及般若經音義已具釋。說文：神鳥也。仁瑞也。從鳥從皇竝從几，几亦聲也[二四]。

鴛鴦　上威園反。下烏郎反，又於良反。水鳥也。毛詩傳：匹鳥也。鄭箋云：言其止則爲偶，飛則爲雙，不相離也。天性也。

面皺　側瘦反。考聲云：皮聚也。集訓、韻略、字苑並云：面皺也。說文、玉篇、字林、字統、文字音義、古今正字、桂苑等並闕文，無此字。從皮芻聲，俗皷，訛。芻音楚俱反。

傴僂　上於禹反，下力禹反。通俗文云：曲脊爲之傴僂。說文傴僂二字竝從人，形聲字。經從身作軁，非也。

蘇莫遮冒　下毛報反。說文云：小兒及蠻[二五]夷頭衣也。從目冃聲。冃音與上同。文字集略：從巾作帽，亦同。蘇莫遮，西戎胡語也。正云颯磨遮，此戲本出西龜茲國，至今由有此曲。此國渾脫大面撥頭之類也，或作獸面，或象鬼神，假作種種面具形狀。或以泥水霑灑行人，或持羂索搭鉤捉人爲戲。每年七月初公行此戲，七日乃停。土俗相傳云，常以此法攘厭驅趁羅刹惡鬼食啗人民之災也。

能治　直之反。考聲：治，理也。本水名，故從水台聲也。

不楝　姦眼反。文字集略：揀，擇也。從手柬聲也。說文作柬，分別簡之也。從八從柬。八象八方。經文作簡，非本字也。

披𧦝　上普麋(縻)[二六]反。左傳：披，分也。廣雅：張也。形聲字。下蘇固反。正體字也。考聲：陳說理也。說文：告也。從言㡿聲也。或作⿰言朔(訴)[二七]。㡿音尺。說文從广音儼從屰，屰亦聲。經文作庍，非也。屰音逆也。

那羅延　梵語欲界天名。此天多力，身緣金色，八臂，金翅鳥王，手持鬪輪及種種器仗，每與阿脩羅王戰爭也。

擒獲　及今反。考聲：捉也。或單作禽，見蜀都賦。從手禽聲。說文作鈙，持也。從攴金聲。

瀑河　蒲冒反。考聲：猝雨也。說文：疾雨水。又云瀑，霣也。從水從日從出從廾音拱從半。半音滔。猝音葱訥反。霣音云敏反。

循環　隨遵反。廣雅：循，從也。說文：行也。從彳彳音丑尺反盾聲也。盾音順。經從人，非也。或作巡，亦通。下滑關反。鄭衆注周禮云：環，旋也。廣雅：環，圓也。何注公羊傳：遶也。說文：肉好若一謂之環。從玉睘聲。

翳眼　伊計反。考聲：瞖，蔽也。蓋也。文字集略：目障也。從目殹聲也。或從羽作翳，亦通也。

穀⿰禾會　上公屋反。粟麥之總名也。爾雅：穀，祿也。說文：續也。從禾㱿聲也。下苦外反。字統云：粗康[二八]也。從禾會聲。

滌除　庭力反。前序中已具釋。

月蝕　時織反。李淳風云：月虧於天魚，腦減於泉月，豈爲羸有突而毀其體乎？但陰陽之氣遞相感應耳。曆經云：凡月蝕，暗虛之氣掩之，故見虧也。易曰：月盈則蝕。說文：

從虫食聲也。

皎日　經了反。日月明白也。説文：從白交聲。經從日，誤也。下而質反。

素怛纜　下藍啗反。梵語也。唐云契經。古譯或云修多羅，皆梵音訛轉也。即十二分教文(之)〔二九〕一名也。

研覈　上霓堅反。説文：研，磨也。從石幵聲。或從手作揅，古字也。下行革反。韻詮：考求也。聲類：窮也。説文：實也。考事得其實也。從襾敫聲。幵音啓賢反。襾音呀賈反。

醍醐　上音提，下音胡。醍醐者，酥中之膏至精者名曰醍醐，能治衆病。形聲字也。

迦多衍那　上薑佉反。梵語阿羅漢名也。迦多，姓也。衍那，字也。舊云迦旃延，或云珊地迦，皆訛也。

暗冥　上阿紺反。説文云：日無光也。或作闇。下莫缾反。孔注尚書云：冥，夜也。考聲：幽暗也。説文：幽也。從月(日)〔三〇〕六。日數十六日而月始虧。幽，暗也。從冥一聲也。一音覓。經從具作冥，非也。

懈墮　上革賣反。考聲：懈，怠也。賈注國語云：懈，倦也。俗音嫁者，非也。前後經文懈字悉同此音。下徒臥反。説文：不敬也。從土隋聲。春秋傳曰：執玉者，墮也。

舩橃　順專反。舩，舟也。方言云：自關而西謂舟爲舩。下煩韈反。縛竹浮於水上謂之橃。廣雅從舟作𦨣。説文：從木發聲。經從竹作筏，俗字也。諸字書並無此字。

磧中　青歷反。廣雅：磧，瀨也。水淺石見也。案磧者，邊塞沙石之地，無水乏草木絶人境處也。説文：水渚有石也。從石責聲也。

霈然　滂貝反。文字集略云：霈，大雨也。形聲字。説文門〔三一〕。

洪澍　上胡籠反。孔注尚書：洪，大也。下主樹反。説文云：時雨所澍生万物也。從水尌聲。

勉勵　上音免。説文：勉亦勵也。强也。從力免聲也。下力滯反。説文：勉力也。從力厲聲。

罪愆　上摧猥反。廣雅：罪，誅也。説文：犯法也。古文作辠。秦始皇以辠字似皇字，故改從罓從非。下丘焉反。孔注尚書云：愆，過也。古作辛。衛宏作諐、寋，並古字也，時不行用也。

毫氂　上胡高反，下力馳反。案九章筭經云：凡度之始，初於忽爲絲，十絲爲毫，十毫爲氂。説文：毫、氂二字並從毛。毫從豪省，氂從漦省，皆形聲字也。今經作毫釐，不明字義，誤也。

不擾　而沼反。孔注尚書：擾，亂也。説文：煩也。從手憂聲也。憂音奴高反。前音義從手從憂，言相承隸省不識字。

摩抆　聞粉反。廣雅云：抆，拭也。或作揾，古字也。

輕懱　眠鼈反。説文：輕，傷也。從心蔑聲。前音義從竹作篾，竹皮也。又從手作搣，藥名也，非經義也。

劾辱　力澄反。杜注左傳：劾，侮也。今經文從阜作陵，丘陵字也。或作淩，水名，亦非也。

空壙　廓潢反。考聲：空也。壙，原野遠皃，從土。經從日，非也。

六波羅蜜多經　第二卷

釋提桓因　切利天王，三十三天主，即帝釋天王。

影透　下偷搆反。俗用字也。説文：正體作趦。

牆壁　上匠羊反。説文云：牆，垣也。蔽也。從嗇爿聲也。經從土作墻，俗字也。下并覓反。説文從广作辟，形聲字。經從土，俗字也。

消除　小焦反。説文：消，盡也。從水肖聲。又肖字從小從肉。經從金作銷，鑠金也。非經義。

俱胝　梵語西方數法名也。當此國百萬之數也。

芬馥　下芳伏反。香氣盛皃也。

交絡　上交字。説文云：交，合也。互也。象交形。經文從糸作絞，縊也。上聲字，甚乖經義。下音洛。説文及山海經皆云遶也。縊音伊弃反。

迦遮隣底迦　上下迦字音薑佉反，底音丁以反。瑞鳥名也。身有毦毛，非常輕耎，績以爲衣。轉輪聖王方御此服。彼國即今見有此鳥之類，毛粗不如轉輪聖王得者。

柔耎　下而兖反。説文：從而從大。經有從車作軟，諸字書並無此字也。

偏袒　下壇嬾反。考聲：袒，露也。去上衣露上肩也。左傳「鄭伯肉袒牽羊」是也。説文：從衣旦聲。嬾音來旱反。

不瞚　水閏反。莊周云：終日視而不瞚。説文云：開闔目數摇也。從目寅聲也。或作瞬，俗字也。古作眒。經從目從旬作眴音舜，非也，不成字。案説文，眴旬並音縣。眴，視皃。譯經者音舜，殊不曉字之本源，道聽而途説，錯用也。

戰慄　下隣一反。考聲：懼也。爾雅：憂慼也。説文：從心栗聲也。

罣礙　上胡瓦反。説文：絓礙也。從网從卦省聲也。下五盖反。礙，止也。

跏趺　上音加，下音夫。結跏趺坐也。

闗塞　上古頑反。鄭注周禮云：闗者，界上之門也。説文：以木横持門户謂之闗。從門丱聲。丱音同上。

收税　水芮反。輕賦斂。春秋宣十二年，初税畝。杜預曰：公田之法，十税其一。闗津亦爾。税斂民商以供用。從禾兑聲也。收字從丩。丩音經由反。

踊躍　上容腫反。杜注左傳：踊躍〔三一〕，跳也。公羊傳：上也。進也。説文：從足甬聲。經作踴，俗字也。下羊灼反。廣雅：跳也。爾雅：迅也。説文：從足翟聲。翟音宅。

嗢鉢羅花　上烏骨反。古譯云優鉢羅，細葉青蓮花也。經文作華，非也。此字無花音。譯經者錯用，不識字也。

鉢特摩花　梵語依古譯不切也。正梵音鉢納摩，即是紅蓮花之上者。

拘牟頭花　亦依古譯虜質不妙。正梵音云矩母那，赤色蓮花也。

奔茶利花　茶字不切，合書綮字。綮音奴雅反。白蓮花也，鮮白光潤猶如白玉也。

綮羅花　此即天妙花也。具衆雜色，香氣遠聞，人間全無也。

交暎　英敬反。考聲云：暎，暉也。隱也。韻英云：傍照也。從日英聲也。或作映，古字也。有從央作映，非也，音烏浪反，非經義也。

蓊鬱　上屋孔反，下熅律反。漢書司馬相如云：蓊鬱，草木盛皃，滋長皃也。

次音真言，經上用字與梵音乖僻不切當。慧琳再譯諸真言一遍，令編入陀羅尼卷中，略指用字不當處，後學者於梵文上勘取，方驗知之。

訶罵　上郝哥反。考聲：訶，毀也。説文：怒也。經文作呵，俗字也。下麻覇反。考聲：以惡言相辱也。罵，詈也。從网馬聲。古文或作傌也。

魑魅　上勑知反，下眉秘反。說文云：老物之精也。山海經云：魅之爲物人身黑首。考聲云：鬼神爲怪。或作彪魅，占（古）〔三三〕字也。

魍魎　上武往反，下力掌反。考聲云：魍魎，水神也。亦是邪彪鬼也。淮南子云：魍魎，狀如小兒，赤黑色，赤爪，長耳，美髮。或作蝄蜽，亦通。國語云：水怪妖鬼也。或作䰣魎，亦同。

負債　上扶武反。顧野王云：背恩忘德曰負。說文：恃也。從人守貝有所恃也。又云受貸不償，故人下從貝爲負。下責賣反。考聲云：債，負也。負他財寶也。從人責聲。

償畢　上音嘗。考聲云：償，與也。還債也。從人賞聲。

惜軀　上音昔。經作憎，雖正，古字也。下羌于反。

忩遽　下渠御反。賈注國語云：遽，疾也。顧野王云：急也。考聲：速也。杜注左傳：畏懼也。從辵豦聲也。豦音渠也。辵音丑略反。言走遶之說者，村巷之談也。

粗自　上徂古反。集訓云：約略也。從米從祖省聲也。

勿強　渠亮反。

摩竭　摩竭者，梵語也。海中大魚吞啗一切諸水族類及吞舩舶者是也。

蛟龍　上加爻反。郭注山海經云：蛟似虵而四脚，小頭細頸卵生。子如一二斛甖，大者十數圍，能吞人。淮南子曰：一淵不兩蛟。龍，文龍屬也。鮀魚滿三千六百則蛟來爲之長也。

憐愍　上禮顛反。郭注爾雅云：哀愍也。下音旻殞反。何注公羊：愍，傷也。廣雅：愍，愛也。說文：愍，痛也。從心敃聲也。敃字從攴民聲。敃音上同。

賑恤　上真刃反。郭注爾雅：賑，富有也。下思律反。鄭注周禮：賑恤，憂貧也。顧野王：賑，救乏也。說文：從心血聲也。或作卹也。

恣其　咨四反。說文云：恣，縱心也。從心次聲也。

懈倦　上革賣反，下權院反。嬾墮也。

備受　上皮秘反。考聲：備，防也。說文：慎也。從人葡〔三四〕聲。葡（葡）〔三五〕字從卝從勹從用。經文作俻，非也。卝音關患反。

心胏〔三六〕　心主南方火，赤色而有辨〔三七〕。辨音白慢反。主舌。象形字也。下妃吠反。金之精也，白色如花盖，主鼻。說文從肉巿聲。巿音子。經文從市，誤也。

腸胃　上除良反。白虎通云：有大腸小腸。釋名云：腹内暢氣之府也。從肉從昜省〔三八〕聲。下音胃。或作膶，俗字也。白虎通云：脾之府也。色黑。說文：穀府也。從肉，象形字。

肝膽　上音干。白虎通云：肝者，木之精也。象木形而有葉，青色，主目，故肝實熱則目赤暗。說文：從肉干聲。下答敢反。白虎通云：膽主仁，是以仁者必有勇。膽若有病，則精神不守。說文：從肉詹聲也。

脾腎　上步彌反。白虎通云：土之精也，象土，色黃。說文：從肉卑聲。下音慎。白虎通云：水精也。色主陰，其形偶，其神志，其候耳，故腎虛則耳聾。形聲字。

吞噉　談濫反。俗字也。正作啗。前音義作啗，亦俗字也。

易見　音異。下文云易逢准此音。

左脇　許業反。説文：肚兩旁肋也。從肉劦聲。劦音叶，從三力。經文從三刀作脇，非也。

氈花　音旃。西國草花絮也。如此國柳絮、蓟花絮、蒲花絮，相類細耎綿。

餘燼　夕盡反。俗字也。考聲：火炧也。炧音夕夜反。説文：火之餘木。正從火𦘔省聲也。俗從盡作燼。

糞穢　上分問反。俗字也。説文作𡊄。糞，棄除糞掃也。韻英：糞亦穢也。或作燐（𡍼）撲。經從上（土）〔三九〕作𡊅，不成字也。下威衛反。

觜餂　下燮尖反。餂猶利也。

喙嗽　上音豕。廣雅：喙，噣也。説文：鳥喰也。從口豕聲。豕，丑緣反。經從彖作喙吁穢反，非也。下唐濫反。

髓腦　上雖觜反。説文：骨中脂也。下那倒反。説文：頭中髓也。從匕𡿺聲。𡿺音同上。經中有作腦，或作腦（腦）〔四〇〕、𦝫，並非也。

煻煨　上音唐，下烏回反。

漉出　音禄。濾，漉。

鉆鉗　上儉嚴反。説文：鐵銸夾取物也。從金占聲。經文從甘作鉗，項上鐵枷，非此用。下黏輒反。説文：鉆亦鉆也。攝也。從金耴聲。耴音同上。經從三耳作鑷。車下鐵纂，非本字。二字並錯用也。

洋銅　上音楊。洋洋，水流貌也。

攀上　怕班反。古文從反。説文：攀，引也。從手樊聲。古文作𠬜，故云反拱。

望得　武方反。

復劈　片亦反。説文：以力破物謂之劈。從刀辟聲。經從力，非也。

隨挂　下古賣反。又音公畫反。韻英云：懸也。經文加卜作掛，俗用，非也。

鐵囊　奴郎反。考聲云：有底袋也。説文：從㯻省襄聲也。襄音搦耕反。㯻音混也。

鐵棓　龐䳄反，上聲字也。許叔重注淮南子云：大杖也。經從奉作棒，俗字也，非正也。

椎打　直追反。説文：擊也。經從追作槌，非也，音墜，蠶箔柱也。經文非此義，蓋是筆授者寡聞，不識字也。打字從扌。

坼裂　丑革反。集訓云：裂也。從土㡿聲也。㡿音尺。經從石作磔，非也。

鋸解　上居御反，下皆買反。

鐵臼　上天結反。説文：黑金也。從金𢧜聲也。𢧜音田戾反。經文多從截，俗字也。下求有反。説文云：古者掘地爲臼，其後穿木石作之，中點象米，下畫〔四一〕象臼有底。經作臼，非也。臼音弓六反。象二手也。

紫礦　虢猛反。謂是食蘇方，木葉、蟲糞并樹皮煎鍊而作之。汁赤，如蘇方汁，染胡燕支。滓爲紫礦，火燒如蜜蠟。其肥膩亦堪爲膠，膠黏寶鈿作。五天紫礦與此有別，乃取波羅奢樹皮并嫩枝，熟擣煎煮，押取汁，將染皮氈，甚赤鮮明，滓爲紫礦。勝前説者。亦名甄叔迦樹。膠音交。滓音緇史反。嫩音奴鈍反。黏音尼廉反。

焚燎　聊弔反。説文：放火也。形聲字也。

鎔流　上音容。説文：鑄金法也。

滴如　上丁力反。説文云：水滴注也。從水適省聲。或作適。經從帝作渧，俗用，誤。

相拶　贊辣反。集訓云：拶，逼也。考聲云：非也。從手巛聲也。巛音才辣反。辣音蘭怛反。

三股　下音古。鐵杈左右枝也。書曰：君爲元首，臣作股肱，左右輔也。經從金作鈷，釜名也，非此義，錯用也。

鐵杈　策加反。考聲云：岐木也。鐵杈象木杈爲之。

偃仆　上央蹇反。廣雅：偃，仰也。説文：僵也。從人匽聲。匽音同上。下朋北反。或作踣。考聲云：前倒也。覆面也。説文：傾頓也。形聲字也。

而絣　伯萌反。集訓云：振黑（墨）(四一)繩也。字書作絣。經從手作拼音普萌反。拼酥酪字，錯用也。

斸斫　冢緣(四二)反。考聲：斸，掘也。钁，斸也。説文：斸，斫也。從斤屬聲也。下章若反。説文：斬，斫也。

溼木　失入反。説文：幽溼也。從水一覆土而有水，故溼也。經作濕，非也。濕音他匝反。水名也，在東武陽。非溼潤字也。筆授人不知有正體字也。

轠轡　上音薑，下音秘。顧野王云：制馭車馬勒也。説文：轠，形聲字。轡字從絲從叀。叀音衛，會意字。

鞭撻　上必綿反。説文：馬策也。下他葛反。鄭注周禮云：抶也。抶猶打擊也。見左傳。抶音耻栗反。説文：撻，從手達聲也。

穹廬　上羌隆反，下力除反。案穹廬者，大黑氈帳也。經言鬼頭大形如氈帳。

髲下　上音被。髲被垂下也。從髟皮聲。髟音必遥反。

膝踝　上辛逸反。俗用字。説文：脛頭骨節也。正體作厀(四四)，從卪(四五)桼聲。卪音節。下華瓦反。聲類云：足外附骨也。形聲字也。

鉞斧　上袁厥反。古者君及大將執之以威衆。以黄金飾之，謂之黄鉞。説文：大斧。從戉戉聲。蒼頡篇從金作鉞。篆文本作戉，戉音厥也。

槍矟　上七羊反。蒼頡篇：木兩頭鋭也。説文：拒也。下雙捉反。説文：長矛也。今人謂之戟。矟，從矛肖聲。或作槊，俗字也。

檛（撾）(四六)打　鵽瓜反。考聲云：檛（撾），擊也。馬策也。説文作箠，捶也。從竹朶聲。朶音都果反。打音德冷反。廣雅：擊也。埤蒼：棓也。從手丁聲也。

雲翳　伊計反。郭注爾雅云：翳，奄也。考聲：蔽也。説文：花蓋也。從羽殹聲。殹音同上也。

爍身　傷灼反。賈注國語：爍，銷也。或從金作鑠。古今正字：從火作爍也。

冰山　悲矜反。玉篇：水凝結也。説文作仌，冰凍也。象水凝之形。經作氷，俗字也。

魚蚌　魚字，説文從刀，象形字也。下蒲講反。爾雅：蚌，含漿。郭注云：厥也。考聲：蛤類也。説文：從虫丰聲也。或作蜯，俗字也。丰音夆也。

蝦蟇　上音遐，下麥巴反。考聲云：水蟲。

室獸摩羅　梵語魚名也。舊經律中或作夫（失）(四七)收摩羅，梵音訛轉耳，譯云煞子魚也。善見律云鰐魚名也。形如象，長二丈餘，有四足，似鼉，齒極利。所有畜獸麞鹿入水，齧腰即斷。廣州土地有之。

蚰蜒　上音由，下音延。集訓云：蚰蜒，毒蟲也。一名入耳。形似蜈蚣而小，青黑色。爾雅：一名螾蜒也。並形聲字也。螾音引也。

蟣蝨　上居擬反。韻英云：蝨卵也。卵音魯管反。下所乙反。說文：嚙人蟲也。從卂從蚰。俗作虱，非也。卂音信。蚰音昆也。

蝨等　藏老反。說文：嚙人跳蟲子也。從蚰叉聲。叉音莊狡反。

螟蛉　上覓瓶反，下歷丁反。陸機[四八]毛詩蟲魚疏云：桑小青蟲也。似步屈，色青而細小。或作[四九]草中。今蜾蠃所負之爲子者是也。蜾蠃，土蜂也。一名蠮螉。上蜾音果，下蠃音魯果反。蠮音煙結反。螉音烏公反。許慎云：細腰蜂也。取桑上蟲負於土中，或於書卷中，或[於][五〇]筆筒中，七日而化爲子。故俗語云：咒曰象我象我。郭璞注方言云：蠮螉，小細腰蜂也。

蟊螣　上莫候反，下騰德反。皆蝗蟲類也。毛詩傳曰：食根曰蟊，食葉曰螣。或作貣，說文作蟘。官吏乞貣則生貣，皆形聲字也。

阜螽　上音負，下音終。許慎云：阜螽，蝗蟲類也。在草中，色青白，不食苗，從蚰冬聲也。

蛺蝶　上兼葉反，下恬頰反。蛺蝶，蟲名也。一名胡蝶，莊周所夢者是也。說文從虫。皆形聲字也。

蜣蜋　上佉良反，下音良。爾雅：蛣蜣，蜣蜋也。郭璞注云：黑甲蟲也。常啖糞土者也。

蠅蝱　上孕蒸反，下麥彭反。鄭箋毛詩：蠅之爲蟲，汙白爲黑。方言：陳楚秦晉之間謂之蠅，東齊謂之羊，聲訛轉也。郭璞曰：江東人呼羊聲似蠅也。

得餐　倉丹反。考聲云：餐，吞也。噉也。或從水作湌，俗字也。說文：從奴食聲。奴音殘也。

驝駝　上湯洛反，下唐何反。考聲云：胡畜名也。山海經云：背有肉䯱，力負千斤，日行三百里，能知水泉所在。經文作駱駞，駱音洛，俗用。

尪羸　上烏光反。考聲：尪，跛也。杜注左傳云：瘠病也。說文：曲脛也。從尢，象偏曲一脚，王聲也。經從兀，誤也。古文作尫。桂苑珠叢：病瘦弱謂之尫。下力追反。賈注國語云：羸，病也。杜預左傳：羸，弱也。說文：羸，瘦也。從羊從嬴音力戈反。

償他　尚良反。還債也。

𠜱剥　上音皮，下拜邈反。

裸形　上力果反。前文已具釋。俗音華瓦反。

霜穫　黃郭反。詩云：十月穫稻也。說文：刈穀也。從禾蒦聲。蒦聲[五一]音同上。

暑耘　下隕氛反。毛詩傳：除草曰耘。說文：除苗間穢草也。不從禾，從耒員聲。或作芸。耒音魯會反。

皴劈　上七遵反。埤蒼云：皴，皵也。考聲云：凍裂也。從皮夋聲也。夋，說文音七旬反。皵音七略反。下劈，音匹亦反。廣雅：劈，裂也。說文：劈，破也。從刀辟聲。古文作㽀。

乞匃　下垓㝵反。說文云：人亡財物則行乞。匃從人從亾[五二]，不從包也。

怯懼　上欠業反。說文：從犬作㹤，畏劣也。犬多畏，故從犬去聲，從心作怯。下瞿羽反。左傳：畏也。廣雅：戄也。說文：恐。從心瞿聲。

猜嫌　上綵來反。杜注左傳：猜，疑也。廣雅：懼也。字書：妄也。方言：恨也。從犬青聲也。下俠兼反。說文：疑也。從女兼聲。

邀名　伊遥反。或作徼。考聲：徼，求也。要也。字書云：遮也。說文：抄也。從辵敫聲。敫音同上。

⿰差羽⿰羽也　上初師反，下雉知反。皆正字體也。經作差池，俗用，非正。言⿰差羽⿰羽也者，由邂逅也。並從羽，形聲字也。

鞭撻　上必綿反。考聲云：擊也。下他怛反。集訓云：打也。從手達聲。

㔂辱　上力矜反。前經第一卷已具釋訖。

捺落迦　上奴割反。梵語地獄之總名也。

㔂蔑　眠鼈反。輕傷也。㔂字，經從阜也，或從冰者，皆非本字，從力爲正。

詭詐　上俱葦反。廣雅：詭，隨也。惡也。考聲：詐也。欺也，變惡也。從言危聲。

爲筏　音伐，俗字也。字書中無此字，正體從木發聲也。

萎顇　上委爲反，下情遂反。考聲云：瘦弱也。

瞤動　蕤倫反。說文云：無故目動曰瞤。經從旬作眴，本音詢，非經義也。

哽噎　罌綆反。考聲云：氣塞也。韻詮云：噎也。下煙結反。毛詩傳云：憂不能息也。說文：食在喉不下也。哽噎者，悲嘆之嗚噎也。

寶𤉣　祥養反。獸名，似江猪，色白。經言寶𤉣者，帝釋所乘聖𤉣也，其名善住。具如起世因本經及立世阿毗曇論廣說也。

介冑　上皆械反。考聲：介，甲也。繫也，助也。從人象形也。下籌宥反。左傳云：兜鍪也。考聲：鎧也。從冃從由省〔五三〕聲。冃音莫保反。

波利質多樹　梵語。忉利天中花樹名也。俱舍論中圓〔五四〕生樹也。

沃焦海　上音屋，俗字也。正作⿰氵芺。考聲云：⿰氵芺，潤也。臨也。說文：溉，灌也。從水夭聲也。經言沃焦者，山名也。郭氏玄中記云：天下之强者，東海之沃焦焉。方三百里，海水灌之隨盡，故水東流而不盈也。異物志曰：豫章建城有石，色黄白而理疏。以水灌之便熱，如鼎其上，炊之以熟。見有驗矣。立世阿毗曇論云：復次於中有何因緣，大海中水大熱燋竭。諸比丘，劫初轉時，阿那毗羅大風取從六日宫殿城郭，擲置於彼大海水下，安置其大海，水皆悉消盡，不曾盈汎，猶彼六日天子宫殿熱故也。山海經亦云「陽谷扶桑有十日所浴，九在下枝，一在上枝」是也。

曼陀吉尼池　梵語大龍象王浴池名也。准起世經及立世阿毗曇論等，皆說此池在此贍部洲。大雪山北有此池，是善住象王之所俗（浴）〔五五〕處。今經意云是諸天浴池，若爾，即合在忉利天上。彼天若有，即是名同。彼天若無，即是錯譯。未詳孰是，更勘梵本爲一爲異也。

弓弰　所交反。埤蒼云：弓兩端末也。考聲：弰者，弓兩頭也。形聲字也。

爲牀　狀莊反。經作床，非也。

降澍　朱樹反。前經第一卷已具釋。經從雨作霔，非也。後文霔字，准此應知。

五穀　公木反。五穀者，黍稷麻麥菽。廣說如禮記疏錦帶前書云：一粱(梁)〔五六〕、二稷、三麻、四麥、五豆，是爲五穀也。

孤惸　上古胡反。考聲云：孤，獨[也]〔五七〕。説文：無父孤。從子從瓜省〔五八〕聲也。下葵營反。考聲：孤單也。文字典説云：無兄弟曰惸。或從兮作惸。説文正作𢜷從卂從營省。或從人作㷀〔五九〕，義訓並同也。

鰥寡　上寡頑反。禮記云：老而無妻曰鰥。尚書云：有鰥在下爲舜，年而無室也〔六〇〕。從魚從眔音踏。下寡音闕瓦反。考聲云：獨也。寡謂婦人無夫之稱也。下從分。

劬勞　上具愚反。考聲：勤也。亦勞也。從力句聲。下老刀反。周禮：事切曰勞。賈注國語：勞，疲也。爾雅：勤也。説文：劇也。從力從熒省。熒從焱冂，音癸營反。

椎胷　上長縲反，從木。下勗恭反。胷，膺也。椎胷者，痛割毀形之儀也。從包省，形聲字。

囹圄　上歷丁反，下魚舉反。周時獄名也。亦形聲字。

鈇鉞　上甫于反，又音斧。禮記：諸侯賜斧鉞然後得煞。鄭玄注云：得其器乃敢其事。説文：鈇，剉也。從金夫聲。下袁厥反。已具前釋。雀(崔)〔六一〕豹古今正(注)〔六二〕云：諸侯得賜黄鉞者，許斬持節將。説文：從金戉聲。戉音同上。

不耐　乃岱反。考聲：忍也。玉篇：能也。字典云：有罪能忍而不髡也。説文云：罪至不髡。從寸遂(從)〔六三〕而。或作耏也。

貶黜　上筆奄反。何注公羊傳：貶，損也。褒善而貶惡也。説文：亦損也。從貝乏聲。古文作㝵，從寸從曰，巢覆之也。寸，人手也。下敕律反。范甯集解：黜，退也。柱也。杜注左傳：黜，放也。賈注國語：癈也。説文：貶下也。從黑出聲。褒音補毛反。

迫愶　迸陌反。顧野王云：迫猶逼也。蒼頡篇云：近也。廣雅：陋也。又急也。説文：從辵白聲。下杴業反。賈注國語云：愶，劫也。顧野王云：威力相恐愶也。文字典説云：嚇也。從心脅聲。經作脅，亦通也。杴音香嚴反。

蠱道　上音野。鄭注周禮云：蠱，毒蠱也。説文：腹中蠱能痛害人也。從蟲從皿。又音古。或云蠱毒也。

令瞽　上力呈反，下姑五反。鄭注周禮云：無目謂之矇，有目謂之曰瞽。説文云：目但有眹如鼓皮曰瞽。從目鼓聲。

犬(天)〔六四〕喪　桑葬反。經作𠷔，非也。

癩病　來代反。韻英云：癩，惡疾。博雅云：風病也。或作㾢。説文作癘。經文作癩，俗用字也。

險峻　脇撿反。賈注國語云：險，危也。方言：高也。説文：從阜僉聲。經作嶮，非也。下荀俊反。孔注尚書云：峻，高也。説文：從山夋聲。亦作陖。

三鈷　下音古。正作股。經作鈷，錯用也。

護魔法　梵語。唐云火祭祀法。爲饗祭賢聖之物，火中焚燎，如祭四郊五岳等。

終已　下音以。

常翹　祇遥反。廣雅云：翹，舉也。爾雅：危也。説文：從羽堯聲。

撥取　半沫反。廣雅：撥，除也。鄭注周禮云：撥，拂也。説文：從手發聲。

燖去　上祥簷反。考聲云：燂，煮也。以湯沃毛令脱也。説文：從火覃聲。經作燖，俗字也。正作㶴，古作𤎖。

鐶釧　滑關反。博雅云：指鐶也。文字典説：小母指鐶也。從金睘省〔六五〕聲。下川眷反。東宮舊事云：太子納妃有金契釧一雙。文字典説云：臂環也。從金川聲。

駿髦　子東反。蔡邕獨斷云：駿，項上毛也。古今典説云：馬駿也。從馬㚇聲。下音毛。㚇音同上。

鉆磔　儉淹反。説文云：鉆，鐵鋷也。從金占聲。鐵音天結反。鋷音女輒反。經作鉗，鐵枷也。經非此義。下陟革反。博雅云磔。廣雅云張也。又開也。説文從桀石聲也。

在鏊　五号反。韻略云：鏊，作餅熫器也。爾雅「釜鼎之類」是也。説文：從金敖聲。

剜眼　椀莞反。埤蒼云：剜，削也。考聲云：剜，曲刻也。説文：從刀〔六六〕夗聲也。經作刓，非也。削音恚緣反。

刵耳　而志反。孔注尚書云：刵，截耳也。廣雅：截也。説文：斷耳也。從刀耳聲。

劓鼻　宜器反。孔注尚書云：劓，截鼻也。廣雅：截也。説文作劓，刖鼻也。從刀鼻聲。

敲骨　上巧交反。杜注左傳：敲，擊也。説文：從攴高聲。

畋獵　殿年反。鄭注周禮云：畋亦獵也。或作佃。説文：畋，平田也。從攴田聲。亦作田。

魚捕　上語居反。經作漁，非也。下蒲暮反。顧野王云：捕，猶逐也。説文：取也。從手甫聲。

罘網　附無反。鄭注禮記云：罘，獸罟也。韻英云：罝也。説文：兔罟也。從网不聲。罟音古。罝音濟耶反。下無倣反。亦作罔。

矰繳　上則登反。鄭注周禮云：結繳於矢爲之矰。考工記云：矰，矢弓所用也。又云矢羽名矰。説文：從矢曾聲。經作繒，誤也。下章若反。廣雅云：繳，纏也。説文云：生絲縷也。從糸敫聲。或作繁。

麐鹿　上掌陽反。鄭注考工記云：齊人謂麐爲麞。説文：從鹿章聲。麐音君。下盧篤反。説文：鹿，獸也。

販鬻　上發万反。鄭注禮記云：朝買夕賣曰販。説文：買賤賣貴也。從貝反聲。下以六反。鄭注周禮：鬻，賣也。顧野王云：賣物也。説文：從䰜音格毓聲。經從來〔六七〕，俗用略也。

衒賣　上玄絹反。下正賣字。説文：衒〔六八〕，行且賣也。從行言聲。亦作衙。

斯愆　下羌連反。孔注尚書：愆，過也。韻詮云：罪也。説文：從心衍聲。亦作諐〔六九〕也。

六波羅蜜多經　第四卷

乳哺　下蒲暮反。許叔重注淮南子云：口中嚼食與之，似鳥與兒食曰哺。説文：從口甫聲。經文從食作餔，米糊也。又逋、布二音，非此義。

嚬嘁　上毗賓反，下子六反。文字集略云：嚬者，嘁眉也。顧野王云：憂愁思慮不樂皃也。古作顰，亦作顰。嘁字亦作蹙。經文作慼，非也。

谿澗　啟溪反。爾雅曰：水注川也。説文云：川瀆無所通者。從谷奚聲。亦作溪。下間晏反。毛詩傳曰：山來(夾)〔七〇〕水曰澗。説文：從水間聲。亦作㵎，又作磵。

汎漲　芳梵反。王逸注楚辭云：汎，淹也。説文：浄也。從水凡聲。下張兩反，上聲字也。郭璞江賦云：漲，水大皃也。説文：從水張聲也。

嗡取　上歆急反。顧野王云：嗡，氣息入也。說文云：內息也。從口翕聲。亦作吸。歆音許金反。

藏閒　上昨浪反，下字平聲。

憩此　上卿例反。毛詩云：憩，息也。亦作愒。說文：從息舌聲也。

倉廩　上錯藏反。說文云：倉，穀藏也。謂倉黄取而盛之，故曰倉。下力錦反。鄭注周禮云：藏米曰廩。說文云：穀所收入宗廟粢盛倉黄肸廩而取之，故謂之廩。說文作㐭，從入從回，象屋中有户牖者形也。

謇訥　上居偃反。方言云：謇，吃也。言吃甚也。說文：從言從蹇省聲也。下奴骨反。包咸注論語云：訥，遲鈍也。說文云：難言也。從言內聲。

輦輿　上力展反。杜注左傳云：駕人曰輦。說文：人輓車也。又從扶而引車也。扶音伴。下余恕反。說文云：車輿也。從車舁聲。經作轝，非也。舁音余。

耳璫　下音當。釋名云：穿耳施珠曰璫。埤蒼云：耳飾也。說文：從玉當聲。

賫賈　上書陽反。鄭注考工記云：賫，販買也。客行販曰賫。說文：從貝從商省也。經作商，非也。下姑五反。杜注左傳云：賈，賣也。鄭注周禮云：居賣曰賈。說文：從貝襾聲，假借字也。

俳優　上敗埋反。博雅云：俳亦優也。說文：戲也。從人非聲。下於尤反。顧野王云：優者，樂人所爲戲笑以自怡悦也。杜注左傳：亦調戲也。蒼頡篇云：樂也。說文：從人憂聲。

刹帝利　婆羅門　刹帝利者，梵語彼國王種也。福智勝者，衆舉爲王。婆羅門，亦梵語。唐云净行，精持潔志學四圍陀，博識多聞爲王者師傅，高道不仕。彼國人民多認此族爲祖也。

鄔波尸殺曇分　上烏古反。梵語，數法之名，言其極也。亦如花嚴經中阿僧祇品云「不可說不可說轉」之類是也。舊解云：鄔波云少，尸煞曇云近，分言是隣虚之塵，將比其一未。

窣堵波　上蘇骨反，下都古反。梵語塼塔名也。唐云高勝方墳也。古云蘇偷婆，或云塔婆，皆不正也。即碎身舍利甎塔。今俗語或云浮圖。

黠慧　閑八反。方言云：黠亦慧也。趙魏之間謂慧爲黠。說文：從黑吉聲。下畦桂反。方言：慧，明也。說文：從心彗聲。慧音囚歲反。

涸池　胡各反。賈注國語：涸，竭也。廣雅：盡也。說文：渴也。從水固聲。

赧而　拏揀反。方言云：赧，愧也。說文：面慙赤也。從赤㞋聲。㞋音展。俗用從皮，誤也。

瑩飾　上縈迥反。博雅云：瑩亦飾也。廣雅：摩也。謂摩飾使光明也。說文：從玉從營省聲。亦作鎣。下昇織反。說文：飾，刷也。從巾飤聲也。飤音寺。

瘡疣　上楚霜反。禮記云：頭有瘡則沐。說文作創。創，傷也。古文作刅。象刀入形。經文作瘡，俗用字也。下有求反。蒼頡篇云：疣，病也。又小曰疣，大曰贅也。古今正字：從疒尤聲。亦作疣。贅音莊芮反。

六波羅蜜多經　第五卷

夢寐　下彌臂反。毛詩云：寐，寢也。說文：從未寢省聲也[七一]。

覺寤　上江岳反，又音教。博雅：覺，知也。下五故反。毛詩云：寤亦覺也。說文：從㝱省吾聲。

⿰女芺媚　殀驕反。考聲云：婦人巧作姿態也。說文：從女芺聲。經作妖，俗字也。芺音同上也。下麋秘反。韓詩云：媚，美也。蒼頡篇：好也。說文：愛也。從女眉聲。麋音眉。亦笑也。詩云：桃之⿰女芺⿰女芺。女子莊皃也。

陷穽　上咸鑒反。考聲云：陷，穴也。王逸注楚辭：陷，没也。說文：隨也。從𨸏臽聲。亦單作臽，音同。下情性反。鄭注周禮云：穿地爲深坑捕禽獸也。說文：從穴井聲。亦作阱。或作穽、汬，皆古字也。

游泳　酉幽反。顧野王云：游，浮於水上而進也。鄭注周禮云：備沉溺也。說文：從水斿聲。下榮命反。毛詩云：潛行水中爲泳。郭注爾雅云：水底行也。說文同。毛詩：從水永聲。

撲皆　上普卜反。顧野王：撲猶打捶也。廣雅：擊也。說文：從手菐聲。菐音卜。

旋嵐　下臘南反。梵語也。劫灾之時大猛風也。

財贖　下時燭反。尚書云：金作贖刑。孔注云：出金贖罪也。說文：貿也。從貝𧶠聲。貿音母后反。𧶠音融六反。從貝圥聲。圥，古文六字。

談謔　上徒南反。顧野王云：談，言論也。說文：從言炎聲也。下香虐反。爾雅云：謔浪笑敖，戲謔也。說文：亦戲也。從言虐聲也。

羸劣　上力追反。說文：羸，瘦也。從羊羸聲。下力輟反。說文：劣，弱也。從力從少，會意字也。羸音祿臥反，亦平聲。

枯槁　上苦姑反。說文：枯亦槁也。從木古聲。下苦老反。考聲云：槁，乾也。說文作槀，木枯也。從木高聲。亦作⿰歹高。

炳著　上兵皿反。說文云：炳，明也。從火丙聲。

癰瘡　紆恭反。莊子云：瘭疽疥癰。司馬彪云：浮熱爲瘭，不通爲癰。說文：腫也。從疒雝聲。雝音同上。下測莊反。前已具釋。瘭音匹遥反。疽音七余反。疥音介。

廝下　上息資反。何注公羊傳云：廝，賤人也。廣雅：命使者也。說文：從广斯聲。亦作⿰亻斯也。

六波羅蜜多經　第六卷

頒告　上八蠻反。俗字也。正作⿱分大。考聲云：⿱分大，賦事也。或作班。漢書作辨。今時所不用，相傳借頒爲班字。鄭注禮記：頒，分布也。若據說文：頒音父文反，大頭也。鬢也。非經義。

梯隥　體奚反。賈注國語云：梯，階也。說文亦同。從木弟聲。下登鄧反。博雅云：隥，履依而上之也。說文：從𨸏登聲。

畫師　上胡卦反。爾雅云：畫圓物形也。經作畫，俗字也。說文作畫（畫）[七二]，從聿從田從一，正體字也。又音獲，今不取也。

螘出　宜倚反。爾雅云：大者曰蚍蜉，小者蟻。說文亦同。從䖵豈聲。經作蟻，或作⿱義䖵，並俗字也。

瞚息　上式閏反。莊子云：終日視而目不瞚。說文：開闔目數搖也。從目寅聲。亦作瞬。經作眴，非也。

捐棄　上悅玄反。考聲云：捐，棄也。說文闕。此字俗用作捐，從手。下輕異反。説文：棄，捐也。從廾推華而棄之。從厶。厶，逆子也，倒書子字，會意字。厶音土骨反。華音鉢案反。廾音拱。推音土雷反。或作弃，古字也。

剌（刺）〔七三〕剌（刺）腳　上音次，下音青亦反。經文作刾，俗字也。

革韃　上耕額反。説文：革，獸皮也。下所綺反。考聲云：履之不攝跟名爲革韃也。説文：韃屬也。從革徙（徙）聲。經從尸作屣，或作韃〔七四〕，並俗字也。韃，皮履也。

治罰　上直知反，下煩韈反。孔注尚書云：罰，罪責也。説文：罪之小者也。從刀從詈。會意字。或從寸，俗字也。

媿恧　上歸位反。杜注左傳：媿，慙也。博雅：耻也。説文：從女鬼聲。或作愧，亦通也。下女六反。爾雅云：心媿爲恧。説文亦慙也。從心而聲。

瞻蔔　上章閻反，下朋北反。梵語西國花名也。或云瞻博迦。

臍輪　上疾奚反。説文云：膍，臍也。從肉齊聲。亦作臍、臍。經作齊，誤也。膍音婢迷反。下律迍反。説文云：有輻曰輪，無輻曰輇。從車侖聲，侖音同上。

六波羅蜜多經　第七卷

勇鋭　下悦慧反。杜注左傳：鋭，精也。孟子：疾也。其進鋭者，其退速也。顧野王云：鋭，銛也。説文：從金兑聲。

窳惰　上俞主反。史記云：窳亦嬾惰也。爾雅：勞也。郭璞云：勞苦者，多惰窳也。言嬾人不能自起，如瓜瓠繫在地不能起立，故窳字從二瓜。喻嬾人在室中不出，故説文從宀。會意字也。宀音綿。下徒臥反。考聲云：惰，嬾也。説文：從心隋聲。亦作憜。

耕墾　古衡反。蒼頡篇云：耕亦墾田也。山海經云：后稷之孫叔均始作耕。郭注云：始用牛犂也。説文：從耒井聲。或作畊，古字也。下康佷反。蒼頡篇云：墾亦耕也。廣雅：理也。説文：從土豤聲。佷音痕本反。

擐精　上音患。杜注左傳云「擐甲執兵」是也。説文：穿，貫衣甲也。從手睘聲。

途跣　上度都反。毛詩云：途，道也。亦泥也。説文：從辵余聲。下先典反。尚書云：若跣不視地，厥足用傷。説文：足㩅（親）〔七五〕地也。從足先聲。

沙鹵　上所加反。蒼頡篇云：沙，碎石也。説文：水〔七六〕散石也。從水從少，水少則砂見，會意字也。作砂，俗字，亦通。或作沚，古字也。從水從止。下盧古反。杜注左傳：鹵，确薄之地也。説文：西方鹹地也。确音苦角反。

頗胝迦寶　梵語。古譯或云頗梨，或云頗胝，皆訛轉也。正梵音云颯破㮏迦，形如水精，光瑩精妙。於水精有紅碧紫白四色差别。㮏音知里反。

肉髻　上鷄藝反。説文：從髟吉聲。髟音必遥反。觀佛三昧經云：如來頂上肉髻團圓，當中涌起猶如合拳在佛頭上。

南贍部洲　前音義第一已具釋。此大地之總名也。四面一大鹹海圍遶，故名爲洲。北廣南陿，其形三角，其後三洲亦准此説。贍音常焰反。

頰車　上兼葉反。顧野王云：鼻旁目下耳前曰頰也。説文：從頁夾聲。

西牛貨洲　在須彌山西面，形如半月，亦在大鹹海中。彼洲市買，用牛貨易，故名牛貨。

東勝身洲　在妙高山東面，其形圓如滿月，亦在醎海之中。於四洲中此洲人身形殊勝，故名身勝洲也。

北拘盧洲　梵語。此云高勝，亦在大醎海中。其形正方，定壽千歲，無中夭者，常受快樂，次於諸天，故言高勝也。

畟方　上初色反。正畟，四面齊等也。

竦慄　上相勇反。杜注左傳云：悚，懼也。考聲云：心不安也。驚也。毛詩：不戁不悚，百祿是總。説文：從立從束，軟也。自甲束也。恐也。下隣吉反。郭注爾雅云：慄、憂，戚也。孔注〔七七〕尚書：危懼也。古今正字：從心栗聲。戁音女簡反。

賙給　上之由反。毛詩傳云：賙，救也。鄭箋云：權救其急也。説文：從貝周聲。下金立反。顧野王云：給猶供也。賈注國語：給，及也。足也。備也。説文：相供足也。從糸合聲也。

嬾惰　上蘭亶反。説文：嬾，懈怠也。從女賴聲。下惰字也。已見前釋訖。

六波羅蜜多經　第八卷

慣習　關患反。杜注左傳：慣，習也。説文作遦，亦習也。從辵貫聲。經有作串，俗字也。

如瞖　於計反。韻略云：瞖，目障也。考聲云：目中瞖也。文字典説：從目殹聲。殹音同上也。

躁動　早到反。賈注國語云：躁，擾也。鄭注論語：不安静也。考聲云：性急也。顧野王云：躁亦動也。説文：從足喿聲。經作躁，非也。喿音蘇到反。

犛牛　昴包反。山海經云：潘侯之山有獸，狀如〔七八〕牛而四節生毛，名曰犛牛。郭璞注云：牛皆(背)〔七九〕、膝及胡、尾皆有長毛也。説文：西南夷長髦牛也。從牛𠩺聲。𠩺音力之反。胡，臆前項下也。

扣擊　苦苟反。孔注論語云：扣亦擊也。廣雅：持也。從手口聲。亦作叩。下經歷反。顧野王云：擊，打捶也。鄭注考工記云：拂也。説文：打攴也。從手毄聲。毄〔八〇〕音同上。

作鐆　隨醉反。左傳云：夙駕出鐆。杜注云：取火具也。淮南：陽鐆見日則熯而爲火也。熯音然善反。説文：從金㒸聲也。㒸音遂。經文作燧，或作隧，皆俗字也。

蟒蛇　上莫牓反。爾雅：蟒，蛇王。郭璞注曰：蛇之大者，故曰蟒蛇。説文：從䖵莽聲。莽字，説文從犬茻聲。茻音同上。從重艹。經文下從廾，俗字，誤也。下射遮反。毛詩：惟虺惟蛇。周易：蛇，豸屬也。考聲云：毒蟲也。説文：從虫它聲。它音徒河反。經文作虵，俗字也。

墋毒　上楚錦反。案經意，喻貪欲損害有情善業，如大毒藥，執者、食者必當喪命。故言墋毒。墋猶甚也，極毒惡也，不可救也。説文：從土參聲。參字從彡。或從石作墋(磣)〔八一〕，借用也。並從參。經文下從小作叅，俗字，謬也〔八二〕。

緊池果　上經引反。梵語也。西國大毒藥名也。此果端正，人見生愛，愚夫執之，觸著即死，故喻墋毒也。

刀挑　下體遥反。聲類：挑，抉也。抉音恚悅反。字書：抉，剜也。挑也。從手兆聲。抉亦從手。

無猒足　伊閻反。案經云無猒足，貪求不息，如犬甘肉無猒足也。説文：從肉從犬也。

瞢瞢　上音朦。考聲云：瞢瞢，臥初起皃也。下墨崩反。鄭注周禮云：目無精光不明也。杜預注左傳云：悶也。

淫生　上深入反。周易：淫，浸也。説文：從水從㐬土，一覆之而有淫。經作㴻，非也。

薜荔多　上蘗閉反，下犂帝反。梵語，餓鬼之總稱也。

鳩畔吒　亦梵語鬼名也，面如冬苽，陰囊最大，長時於自肩上擔行，身亦腥臭。

陿劣　上咸甲反。顧野王云：陿，迫隘不廣大也。字林：陿，隘也。説文：從阜從夾從匚。經作狹，錯用，乃是犬馬狹習字。

麁獷　上倉胡反。説文小篆從三鹿也。下古猛反。廣雅：獷〔八三〕，强也。説文云：犬獷惡不可附也。從犬廣聲。

麁澀　下色立反。説文云：澀，不滑也。字從四止，二止倒書，二止正書。經從三止，非也。

捫摸　上沒奔反。毛詩注云：捫，持也。聲類亦摸也。説文：從手門聲。下忙愽反。方言：摸，搽，摩挲也。説文：從手莫聲。經文下從手作摹。譯經者錯用，此音謀，非此用也。

濤波　道勞反。淮南子云：濤，潮水涌起還者爲濤。説文：從水壽聲也。

六波羅蜜多經　第九卷

重擔　上直用反，下耽濫反。前文數處已釋訖。

憾恨　上含紺反。孔注論語：憾亦恨也。説文：從心感聲。下胡艮反。蒼頡篇云：恨，怨也。

暎蔽　於敬反。潘安仁石擂（榴）〔八四〕賦云：暎，照也。經文作映，音烏浪反，非此義也。下卑袂反。史記云：蔽，障也。説文：從草敝聲。敝音毗袂反。

婀婀　此譽梵字，上阿字上聲短，下阿字去聲長。

低屈　帝泥反。蒼頡篇云：低，俛也。博雅：垂也。説文：從人氐聲。經作伍，俗字也。氐音同上。

火煖　奴管反。俗字也。賈注國語：煖，温也。正作煗。經作燸，非也。説文：從火從耎。

飤猛　詞字反。聲類：飤，哺也。説文：糧也。

飈火　必遥反。郭注爾雅云：暴風從下而上也。説文：扶搖風也。從風猋聲。經從二火，非也。猋音同上。

六波羅蜜多經　第十卷

微末底　梵語外道名也。此梵志是大菩薩示現爲外道。

拇指　上謨譜反。韻英云：拇，手足大指也。

菡萏　上含感反，下潭感反〔八五〕。毛詩注云：未開者曰芙蓉，已開者曰菡萏。經文作菡萏，脱略，俗字也。

撮磨　上纂活、蒼活二反。廣雅云：撮，持也。應劭注漢書：亦三指撮也。禮記：孔子云「今大（夫）〔八六〕地一撮十（土）〔八七〕之多」是也。此言水之聚沫浮幻虛脆不可撮持而磨也。説文：從手最聲。下莫何反。

芭蕉　上霸麻反，下子消反。王逸注楚辭云：香草名也。生交阯，葉如席，煮可紡績也。亦不堅之草也。所以經文指以爲喻也。文字典説二字並從草，巴、焦皆聲也。

絡掖衣　上郎各反，次音亦。正合從肉作腋。又音征石反。絡腋衣者，一切有部律中名僧脚崎，唐云掩腋衣。本製此衣，恐污汙三衣。先以此衣掩右腋交絡於左扇(肩)〔八八〕上，然後披著三衣。四分律中錯用爲覆髆者，誤行之久矣，不可改也。

制底　梵語也。古釋或名支提，或曰招提。

稼穡　上加暇反，下所側反。馬注論語云：樹五穀曰稼。鄭玄注周禮云：謂之稼者有似〔八九〕嫁女相生也。鄭箋詩云：斂税曰穡。毛詩傳云：種曰稼，斂曰穡〔九〇〕。說文：稼禾之秀實。一云稼，家事也。一云在野曰稼也，穀可收也。二字並從禾，家、嗇皆聲。嗇音同上也。

一切經音義　卷第四十一

校勘記

〔一〕十　獅作「卜」。
〔二〕兮　獅作「乎」，即「兮」。
〔三〕深　獅作「㴱」。下同。說文：「從水罙聲。」
〔四〕蒸　獅作「蒸」，即「蒸」。
〔五〕小雅　似當爲「小爾雅」。
〔六〕蒸　今傳本爾雅作「烝」。
〔七〕蒸，君　獅作「蒸」。
〔八〕蒸蒸孝也　獅作「蒸上孝也」。
〔九〕承　獅作「承」。
〔一〇〕褢　據文意似作「褢」。　采　獅作「采」。
〔一一〕下　據獅補。
〔一二〕弘　據文意似當作「弘」。
〔一三〕撿　據文意似當作「檢」。下同。
〔一四〕省　衍。
〔一五〕俗　獅和今傳本左傳作「浴」。
〔一六〕開　據文意似當作「開」。
〔一七〕开　據文意當作「幵」。下同。
〔一八〕棘　據文意當作「棘」。
〔一九〕棗　據文意當作「棗」。
〔二〇〕束　據文意當作「朿」。下同。
〔二一〕甫　獅作「棗」。
〔二二〕戈　據文意似當作「弋」。
〔二三〕從犬從爪省聲也　今傳本說文「从犬瓜聲」。
〔二四〕從鳥……几亦聲　說文：「从鳥，凡聲。」
〔二五〕鸞　獅和中華大藏經本作「鸞」。
〔二六〕麋　獅作「麋」。
〔二七〕謝　據文意似作「訴」。
〔二八〕康　據文意似當作「糠」。「康」通「糠」。
〔二九〕文　獅作「之」。
〔三〇〕月　獅和今傳本說文作「日」。
〔三一〕門　據文意似當作「闕」。
〔三二〕躍　獅無。
〔三三〕占　據文意當作「古」。
〔三四〕葡　據文意當作「萮」。下同。
〔三五〕葡　據文意似當作「萮」。
〔三六〕胇　即「肺」。
〔三七〕辨　據文意當作「辦」。下同。
〔三八〕省　衍。
〔三九〕憐　據文意似作「㷍」。　上　獅作「土」。
〔四〇〕腦　據文意似當作「腦」。
〔四一〕畫　獅作「畫」。
〔四二〕黑　獅作「墨」。
〔四三〕緣　據文意似當作「緑」。
〔四四〕㓞　獅作「㓞」。
〔四五〕卩　獅作「卩」。
〔四六〕檛　大正作「撾」。
〔四七〕夫　獅作「失」。
〔四八〕陸機　據文意爲「陸璣」。
〔四九〕作　獅作「在」。
〔五〇〕於　麗無，據獅補。
〔五一〕聲　獅無。
〔五二〕亾　獅作「上」。
〔五三〕省　衍。
〔五四〕圓　獅作「圜」。
〔五五〕俗　獅作「浴」。
〔五六〕錦帶　梁蕭統撰有錦帶書一卷。　梁　獅作「粱」。
〔五七〕也　據獅補。

〔五八〕省　衍。

〔五九〕説文……從人作儍　據文意似當作「説文：熒正作從卂從營省。或從人作儝」。

〔六〇〕尚書云：有鰥在下爲舜，年而無室也　今傳本尚書：「有鰥在下曰虞舜。」「孔子對子張曰：舜，父頑，母嚚，無室家之端，故謂之鰥者。」

〔六一〕雀　據文意當作「隺」。

〔六二〕正　獅作「注」。

〔六三〕遂　獅作「逐」，據文意似當作「從」。

〔六四〕犬　據文意當作「夭」。檢大乘理趣六波羅蜜多經卷三：「長壽之者而令夭喪。」

〔六五〕省　衍。

〔六六〕刃　據文意似當作「刀」。

〔六七〕來　獅作「米」。

〔六八〕衒　説文：「衙或從玄。」

〔六九〕僁　據文意似即「僁」。

〔七〇〕來　據文意當作「夾」。

〔七一〕從未寢省聲也　今傳本説文爲「臥也。从寢省，未聲」。

〔七二〕晝　獅作「晝」。

〔七三〕剌　據文意當作「刺」。下同。

〔七四〕徒　獅作「徙」。鞋　獅作「鞡」。

〔七五〕擬　據文意似當作「親」。

〔七六〕水　獅無。

〔七七〕恐也……孔注　獅無。

〔七八〕狀如　獅無。

〔七九〕皆　獅作「背」。

〔八〇〕觳　獅無。

〔八一〕墋　獅作「磣」。

〔八二〕謬也　獅無。

〔八三〕獷　獅無。

〔八四〕擂　據文意似當作「榴」。

〔八五〕下潭感反　獅作「下音潭」。

〔八六〕大　獅作「夫」。

〔八七〕十　獅作「士」。

〔八八〕扇　獅作「肩」。

〔八九〕有似　獅無。

〔九〇〕稽　獅作「稅」。

一切經音義　卷第四十二

翻經沙門慧琳撰

右二十一經七十七卷同此卷音

大威德陀羅尼經　第一卷　玄應

睞眼　又作矖，同。失涉反。通俗文：一目眨曰睞。眨音莊狹反。

暘(暘)[三]眼　式亦反。説文：目疾視也。

眇眼　亡沼反。説文：一目小也。釋名：目匡陷曰眇。眇，小也。

矘眼　他莽反。字林：目無精直視也。亦失志皃也。

瞀眼　一決反。説文：目深也。

睽眼　苦攜反。廣蒼：目少精也。説文：目不相聽也。

睒眼　式冉反，弋冉反。説文：暫視也。

睉眼　子戈、似戈二反。字林：目小也。

睍暉　下殄反，下胡本、公困二反。説文：睍，目出皃也。暉，大出目也。謂人目大而突出曰暉。

眣眼　徒結反。字書：目出也。經文作垤，非經義。

眅多　匹姦、匹諫、普板三反。説文：眼多白也。

繚戾　力鳥反，下力計反。不正也。謂糺繚也。經文作膫，力調反。脂膫也。膫非此義

疑莉(莿)[四]　且漬反。方言：凡草木刺人，關西謂云刺也。

懸臃　又作癰，同。於凶反。喉中肉也。釋名云：癰，擁也。謂氣至擁塞也。經作饔，非也。

大威德陀羅尼經　第二卷

羶臭　説文：羴，或作羶，同。失然反。羊臭也。

惇直　古文敦，同。都屯反。説文：惇，厚。方言：惇，信也。亦樸也。

大威德陀羅尼經　第三卷

洲潬　徒亶反。爾雅：潬，沙出水，謂水内沙堆也。經文作埏，音延。埏，道也。非字體。

那唏　呼兄[五]反。

婆莆　方禹反。

訢婆　虛斤反。

大威德陀羅尼經　第四卷

恐嚇　呼嫁反。距人曰嚇，亦言恐赫，或言恐猲，皆一義。

大威德陀羅尼經　第五卷

册地　楚責反。

黟荼　一奚反。

虱齭　所乙反，下竹[六]皆反。

大威德陀羅尼經　第六卷　先不音。

大威德陀羅尼經　第七卷

勃嘍　力口反。

毱豆留　渠掬反。經文作毬，非體也。

嘔多　烏後反。

阿履那　此云中山羊，正言曷利拏，總言麞鹿等名也。

麽迦吒　莫可反。此云獼猴。

跋詑　敕嫁反。

羅斃　蒲計反。

利鈇　方于反。莝刃也，亦云横斧。説文：鈇，莝斫也。公羊傳云「不忍加之鈇質」是也。

嘎嘍　於求反。

囉吒　竹嫁反。

娑俞　以朱反。

匕嘶　卑以反，下斯奚反。

大威德陀羅尼經　第八卷

指麾　字詁今作撝，同。欻皮反。手指曰麾，謂旌旗指麾衆也，因以名焉。

黝羅　於糺、一吊二反。從頻婆羅王(至)〔七〕黝羅破，此數名也。

大威德陀羅尼經　第九卷　第十卷

已上二卷並無音訓。

大威德陀羅尼經　第十一卷

狗齩　又作䶧，同。五狡反，中國音也。又下狡反，淮南音也。説文：齩，齧也。經文作骹，苦交反，脛膝骨也。骹非此用也。

毛㲪　布莽反。謂毛布也。字林：罽之方文者曰㲪。通俗文：織毛曰罽，邪文曰㲪。經文作毲，非也。

那娜　乃可反。

歧蹬　音登。

娑喃　女咸反。

蜱犁　父犁反。

謩羅　莫孤反。

大威德陀羅尼經　第十二卷

閹人　於儉反。説文：閹豎，宮中閹昏閉門者也。周禮：閹十人。鄭玄云：閹，精氣閉藏者。今謂之宦人也。主閉戶門，故曰閹。

覢電　又作睒，同。式冉反。説文：暫見也。經文作閃，窺頭也。

大威德陀羅尼經　第十三卷

胆戶　且餘反。通俗文：肉中虫謂之胆。經文作蛆，非也。

羅毦　人志反。廣雅：㲪毦，罽也。織毛曰罽也。㲪音唐。

大威德陀羅尼經　第十四卷

婆啉　力南反。依字，啉，聒也，譧也。

呞食　又作齝、齝〔八〕二形，同。勑之、式之二反。爾雅：牛曰齝。謂食已復吐出也。

大威德陀羅尼經　第十五卷

趂逐　丑刃反。謂相追趂也。關西以逐物爲趂也。

謇吃　居展反，下居乞反。通俗文：言不通利謂之謇吃。重言也。

大威德陀羅尼經　第十六卷

評論　皮柄反。字書：評，訂也。訂，平議也。訂音唐頂反。

鐵觜　作味，又作觜，同。子累反。方言：觜，鳥啄(喙)〔九〕也。

鵂侯　許牛反。鵂鶹也，亦名訓侯，晝伏夜出也。

從窠　又作䆛，同。苦和反。小爾雅云：鷄雉所乳謂之窠也。

大威德陀羅尼經　第十七卷

爲捍　又作扞，同。胡旦反。説文：扞，止也。蔽也，衛也。經文作翰，高飛也，長也。翰非此用。

垂胡　又作頢(頡)〔一〇〕、咽二形，同。户孤反。説文：牛頷垂下也。經文作壷，非體。

大威德陀羅尼經　第十八　先不音。

大威德陀羅尼經　第十九卷

斤斵　居勤反。説文：斤，斫也。斤，钁也。下古文斷，同。竹角反。説文：斵，斫也。經文作釿魚斤反。釿，鄂(剟)〔一一〕也。

韛囊　埤蒼作韛，東觀漢記作排，王弼注書作橐，同。皮拜反。所以冶家用吹火令熾者也。

而蹶　巨月、居月二反。説文：蹶，僵也。廣雅：僵，臥也。

大威德陀羅尼經　第二十卷　先不音。

法炬陀羅尼經　第一卷　玄應

䶵婆　乎甘反。

致妳　奴解反。

笳吹　或作葭，同。古遐反。今樂中有笳簫，卷笳葉吹之也。

法炬陀羅尼經　第二卷

阿蘭拏　女加反。或云阿蘭若，或言阿練若，皆梵言輕重耳。此云空寂，亦云閑宋，亦無諍也。

善馭　今作御，同。魚據反。駕馭也。謂指麾使馬也。

鑪鍋　字體作鬲，又作䰙，同。古和反。方言：秦地土釜。

翶翔　五高反。迴飛也。飛而不動曰翔也。

埻的　之允、之閏二反。通俗文：射堋曰埻，埻中木曰的。無垛徒果反射堋也。經文作埵，丁果反。埵，累也。埵非此義。堋音朋字。

僮隸　力計反。隸，奴也。隸，賤也，役也。僕隸也。字從米殸聲。殸字從又從祟(祟)〔一二〕。殸音之絹反。

挾持　胡頰反。爾雅云：挾，藏也。方言：挾，護也。

法炬陀羅尼經　第三卷

寥廓　或作廫，同。力彫反。埤蒼：宋寥無人也。廣雅：寥，深也。經文作遼，非體也。

停憩　又作愒。蒼頡篇作憇，同。墟例反。爾雅：憩，息也。

磧中　且歷反。廣雅：磧，瀨也。説文：水渚有石曰磧。

暴曬　蒲卜反，下所解反。説文：暴，晞乾也。字從日。

法炬陀羅尼經　第四卷

羇縶　又作馽，同。猪立反。詩傳曰：縶，絆也。亦拘縶。

坑穽　古文阱、汬二形，同。才性反。説文：陷也。蒼頡篇：穽謂掘地爲坑，張禽獸者。

呵叱　蚩逸反。叱亦呵也。方言云：呵，怒也。陳謂之呵。

法炬陀羅尼經　第五卷

阿犁邪　此譯云出苦者，亦言聖者。

舩櫂　又作棹，同。馳挍反。釋名：在旁撥水曰櫂也。

帆挽　又作颿、颱一(二)[一三]形，同。扶嚴、扶泛二反。釋名云：舩隨風張幔曰帆。謂施舩頭風吹以進也。

餱糧　胡鉤反。説文：餱，乾食也。經文從米作粠，非正體也。

爲棍　古本反。棍，轉也。謂箜篌上轉繩也。

法炬陀羅尼經　第六卷

鞞羅尸　補迷反。或作閉尸，此譯云肉團也。

猖狂　齒楊反。謂變易性情也。亦狂駃也。猖狂妄行是。

掩襲　古文戳、褶一(二)[一四]形，同。辭立反。左傳：凡師輕曰襲。注云：掩其不備也。又云：夜戰曰襲也。

法炬陀羅尼經　第七卷　第八卷　先不音。

法炬陀羅尼經　第九卷

舉措　且故反。蒼頡篇：措，置也。又安也，亦施也。

嘶聲　又作誓，同。先奚反。埤蒼：聲散也。亦悲聲。

法炬陀羅尼經　第十卷

菅針　賈顔反。爾雅云：茅屬也。白花。一名野菅也。

貪惏　字書或作啉，今亦作婪，同。力南反。惏亦貪也。楚辭：衆皆競進而貪惏。王逸曰：愛財曰貪，愛食曰惏也。

桎梏　之逸反，下古木反。在手曰桎，在足曰梏。

苛暴　賀多、胡可二反。説文：苛，尤劇也。亦煩擾也，尅急也。

法炬陀羅尼經　第十一卷　第十二卷　第十三卷　先不音。

法炬陀羅尼經　第十四卷

偉壯　埤蒼作瑋，同。于鬼反。説文：偉，奇也。

穳棓　千亂反。下又作棒，同。蒲項反。

法炬陀羅尼經　第十五卷　第十六卷　先不音。

法炬陀羅尼經　第十七卷

儕類　士皆反。字林：儕，等也。儕猶輩類。

鵂鶹　許牛反，下力周反。字書：鵂鶹，鉤鵅也。廣雅：鵂鶹，鳩鵄也。亦怪鳥也。關西名訓侯，山東名訓狐。纂文云：夜則拾人爪也。

甫此　方父反。釋名：甫，始也。

田疇　直流反。蒼頡篇：田種禾稼也。疇，耕地名。

法炬陀羅尼經　第十八卷

芟剗　所巖反，下千臥反。即芟刈草也。芟，除也。剗猶斫也。

法炬陀羅尼經　第十九卷　先不音。

法炬陀羅尼經　第二十卷

黿虯　魚袁反，下渠周反。黿，大鼈也。廣雅：有角曰虯。

坻彌　三蒼音伍。又諸律中皆作迷，謂大身魚也。其類有四種，此則第四種最小者也。互相吞食也。

祁寒　渠夷反。尚書：冬祁寒，小民亦惟怨咨。孔安國曰：祁，大也。冬大寒，民猶怨。

多嘔　又作歐，同。於口反。歐亦吐也。釋名云：嘔，傴也。將有所吐，脊曲傴也。

金剛頂瑜伽經十八會指歸一卷　慧琳

幖幟　上必遥反。廣雅云：幖，幡也。說文：幖亦幟也。從巾票聲。票音同上。下昌志反。韻詮云：幟，旗也，以表物。集訓云：幟亦幡也。從巾戠聲。戠音織。

摩醯首羅　醯音馨奚反。梵語。上界天王名也。唐云大自在，即色究竟天主，住色界之最上頂。

嚩囉呬天　呬音馨異反。梵語地下諸天名也。此天人身豕首，四臂有大神力，常居地下，亦地神之類也。

拏吉尼　上儜遐反。梵語也，亦諸女天名。此女天有大神力，能成世間種種諸願。

分劑　上扶問反，下齊曳反。亦時用字也。古人只借齊字作去聲。

瑜伽護摩經一卷

軍茶　梵語。唐云火爐也。其鑪形狀而有多種，方、圓、三角、金剛杵、蓮花等形，所用各別。

持鍬　七消反。俗字也，亦作鍫，正作鏫。古文作厥，蒼頡篇作梟，皆古字，今廢不行。爾雅：鍫謂之鍤。方言云：趙魏之間謂臿爲鍫。顏氏證俗音云：今江南人呼爲鏵鍫，巴蜀之間謂鍫爲鍤。考聲云：如今之杴施刃於頭者也。說文云：臿頭金也。今江東人呼鍫爲鐅，音片蔑反。此皆方言別異也。從金秋聲。

漱口　搜救反。考聲云：以水盥盪口也。從水軟聲。軟音朔。盥音官緩反。

捻檀　念頰反。字從手念聲也。下音壇。手指密名也。

攪水　交咬反。考聲云：攪，動也。說文：亂也。從手覺聲。或作搞，從手告也。

蹲踞　上音存，下居御反。狐存坐。

屈蔞草　上軍律反，下力句反。似白茅而蔓生，俗呼爲長命草。

斟一杓　上章林反。說文云：斟，酌也。從斗甚聲。下常弱反。文字典說云：有柄木器也。考聲云：今之杯杓也。說文作勺。今承從木作杓，時用字。

金剛頂瑜伽分別聖位修證法門序

警覺　上京影反。孔注尚書云：警，戒也。亦覺也。古今正字：從言敬聲。

鎖械　上蘇果反。字書云：連鐶也。說文：從金貨聲。經作鏁，俗字也。下諧戒反。廣雅云：械，桎也。古今正字：從木戒聲。

能羸　力追反。賈逵注國語云：羸，病也。杜注左傳云：弱也。許叔重云：劣也。字書：疲也。說文：瘦也。從芉（羊）〔一五〕羸聲。

階級　金立反。顧野王云：級，階之等數也。說文：從糸及聲。

瑜伽一字佛頂輪王安怛祖那法經一卷

安怛祖那　祖音壇爛反。梵語也。唐言潛隱，即是隱形。良謂彼國邪正雜信，異道間居，更相是非，顯己破彼，佛以神力，故說斯要，欲令修瑜伽者隨意自在，無礙速成。若起垢心邪惡處，無礙速成驗，故釋此疑。

繒磬　上情蠅反。說文：帛之輕者總名也。古文從辛作綷，音訓與上同。下輕徑反。鄭注考工記云：以石爲樂器，擊之如鍾磬聲也。說文云：樂石也。象懸虡之狀，攴擊之也。石磬古文從巠作硜〔一六〕。

瑜歧　上庾珠反，下音祇。梵語也。唐云相應也。瑜伽亦同此釋。

成就妙法蓮花經王瑜伽觀智儀軌經一卷

親稟　彼錦反。孔注尚書云：稟，受也。說文云：從㐭從禾。㐭音力錦反。

却窴　佃年反。廣雅云：窴，塞也。說文：從穴真聲。經作填，俗字。

欠陷　咸黯反。顧野王云：陷猶墜入也。下也。廣雅：隤也。說文：從𨸏臽聲。臽音同上。

墊下　上丁念反。方言云：墊，下也。聲類：濕也。說文：亦下也。從土執聲。經作墊，俗字也。

搓合　上錯何反。義已具釋無量壽經卷中。經本作縒，非。

濅漬　上精任反。顧野王云：濅，沈溺也。亦漬也。說文：從水𡩟聲。亦作浸。經作㓝，俗字也。

拼壇　上百萌反。說文：拼，撣也。從手并聲，亦作抨。字詁云：古作抨、䶜。撣音但丹反。

窣覩波　上孫骨反，下都魯反。梵語也。此曰方墳。

捇開　上恥革反。考聲云：捇，開也。裂也。古今正聲〔一七〕作拺，從手赤聲。亦作㡿也。

爲鞘　音笑。刀鞘室也。亦作鞘。

匊物　上弓六反。毛詩云：滿〔一八〕手曰匊。韓詩云：四指曰匊。說文：在手曰匊。從勹米，會意字也。經作掬，義同。勹音包。

炳現　上兵皿反。說文：炳，明也。從火丙聲。

縈繞　上瑩營反。毛詩云：縈，旋也。說文：牧牽也。從糸從熒省聲。下而沼反。說文：繞，纏也。從糸堯聲。

拍　烹百反。古今正字云：拍，拊也。從手白聲。

金剛頂瑜伽千手千眼觀自在菩薩修行儀軌瀍

古文法字

庳牀　上皮美反。鄭注周禮云：庳，猶短也。顧野王云：庳猶卑也。說文：從广卑聲。广音儼。下正體床字。

屈柱　誅縷反。考聲云：柱，拒也。古今正字：從木主聲。經本從足作跓，非。

烔然　上動東反。埤蒼云：烔烔然熱也。古今正字義同。從火同聲。

雨澍　音注。已具釋音義第二十三卷中。

閼伽　上安葛反。亦作遏，梵語也，是盛香水杯器。

煖煙光　上奴管反。考聲云：煖，温也。說文：從火耎聲。亦作暖、煖、暝，義並同。

金剛頂瑜伽蓮花部心念誦法

户樞　下昌朱反。郭璞云：門户扉樞也。韓康伯云：樞機，制動之主也。廣雅：樞，本也。户扇轉處也。說文：從木區聲也。

左笡　且夜反。埤蒼云：笡，逆插槍也。案此結立印，屈右膝而身臨右膝上，邪展左脚，項頭向左曲身而立也。古今正字：從竹且聲也。

上髆　我各反。前一字佛頂輪王經中已釋訖。

擘開　上絣麥反。廣雅云：擘，分也。說文：撝也。從手辟聲。

搊擲　上簉鄒反。考聲：以手指鉤也。經作掐(搯)〔一九〕，俗字。

聯鎖　上輦饘反。聲類云：聯，不絶也。說文：連也。從耳耳連於頰從絲絲連不絶也。下蘇果反。

撼手　上含感反。廣雅云：撼，動也。說文：搖也。從手感聲。

金剛頂瑜伽金剛薩埵五秘密修行念誦儀軌經

於跨　誇化反。蒼頡篇云：兩股間也。考聲云：髀上骨也。正從果從骨作髁。有從肉作胯，俗字。

相跓　誅矩反。俗字也。合作柱。

貧匱　逵位反。毛詩傳云：匱，竭也。鄭注禮記云：匱，乏也。說文：從匚貴聲也。

般若波羅蜜多理趣經　大樂不空三昧真實

金剛薩埵菩薩等一十七大曼荼羅義述　無字音。

金剛王菩薩秘密念誦儀軌經

捻取　上念牒反。聲類云：捻，捏也。古今正字：從手念聲。

繽紛　上匹賓反，下孚文反。廣雅云：繽繽，衆也。紛紛，亂也。王逸注楚辭云：繽紛，盛皃也。說文二字竝從糸，賓、分聲。

挽弓　上音晚。古今正字云：挽，引也。從手免聲。或作輓，義同。

金剛愛瑜伽法一卷　無字可音。

金剛頂經多羅菩薩念誦法

相拄　知矩反。經作跓，非也。

吽字　胸喉中聲如虎怒，或如牛吼聲。

怛囉二合吒　此二梵字想布二目中。

三掣　下闡折反。考聲云：頓拽也。

延縮　所六反。韓詩云：縮，斂也。賈逵注國語云：縮，盡也。退也。

唵砧　此二梵字布於二頭指面上。

咄弄　二合。多羅菩薩種子字。

大虛空藏菩薩念誦法

瞿摩夷　梵語，即牛糞也。所以存梵語者，避嫌疑也。取以香水調用塗地〔二〇〕應法教。

觀自在菩薩如意輪瑜伽法經

躶黑　亦作倮，音華跨反。正音盧果反。顧野王云：倮，脱衣露袒也。説文作裸，義同。從衣果聲。

弱　慈洛反。借音也。

稱轗　莫敢反。響梵音。

瑩如　上縈暝反。正從金作鎣。經從玉，俗字也。

大佛頂經　第一卷　慧琳撰

楞嚴　上勒登反。字書：正作棱，從木夌聲也。今經本作楞字，俗用久也。夌音陵。

腥臊　上昔丁反，下掃刀反。説文：豕豪臭也。二字並從肉，星、喿皆聲也。喿音蘇到反。

交搆（構）〔二一〕　鉤候反。考聲云：搆（構），成也。蓋也，結架也，交也。從木冓聲。經作遘，與義乖也。冓音同上。

欲研　齧堅反。説文：研，應也。從石幵聲。音牽也。

户牖　由久反。説文云：穿壁以木爲交窗也。譚長以爲甫上日也，非户也，牖所以見日也。從片從户甫聲也。

開豁　歡括反。廣雅云：豁，空也。字書：大也。説文：從谷害聲。亦與奯同。

遠矚　之欲反。經作矚，通俗字也。

竅穴　上啟叫反。鄭注禮記云：竅，孔也。説文：空也。從穴敫聲。

桎一敂　上珍栗反，下只移反。説文作胑，云：體四胑也。顧野王謂手足也。韓嬰云：四胑以應四時也。從肉只聲。亦作躯，義竝同。

隓㚸　上血規反。孔注尚書云：隓，廢也。方言：壞也。杜注左傳：毀〔二二〕也。説文：敗也。從自差聲。經作隳，俗用字也。下田典反。韻詮云：滅也。考聲云：盡也。絶也。從歺從㐱。

矍然　上俱籰反。顧野王：矍，驚懼之皃也。考聲：心驚皃。説文從隹從䀠從又作矍。䀠音句。籰音王鑊反。

揣摩　上初委反。杜注左傳云：度高卑曰揣。顧野王云：謂相量度也。説文：量也。從手耑聲也。耑音端。
晃昱　上皇廣反，下由六反。
赩如　上許力反。毛詩傳云：赩，赤皃也。字統義同。從赤色聲。
俶裝　上昌六反。方言云：俶，動也。鄭箋詩云：厚也。毛詩傳：始也。説文：善也。從人從叔聲。下音莊。
左辯　攀慢反。考聲云：辯，視皃也。説文云：從目辡聲。音皮免反。

大佛頂經　第二卷

毗羅柢子　上丁奚反。梵語外道名也。
膚腠　上府無反，下粗豆反。鄭注儀禮云：腠，膚理也。字統義同。從肉奏聲也。
面皺　莊瘦反。從皮從芻。皮聚也。
殂落　上祚胡反。爾雅云：殂，死者。説文：往死也。從歺且聲。下郎各反。字書云：落，零也。亦死也，隨也。今通作落，義同。歺音言葛反。
瞪瞢　上澄甃反。埤蒼云：瞪，直視也。考聲：視不轉也。古今正字：從目登聲。下墨崩反。説文：瞢，不明也。從苜從旬。經本從日作瞢，非也。甃音力證反。旬音呼縣反。
目精　本從目作睛，是昭晴字，眼目之精也。昭音若。晴音精。
瀛渤　上郢嬰反，下盆没反。並海名也。
鬱焞　上惲律反，下盆没反。考聲云：塵皃也。經文從火作焞，非非也。
簷廡　上音閻，下音武。説文云：廡，堂下周廛(屋)[一三]也。從广無聲也。
舒縮　上式余反，下揔陸反。
纖毫　上息廉反，下户勞反。
礭實　上腔角反。
變慴　占葉反。爾雅云：慴，懼也。文字典説：慴，怖也。從心習聲。
輕尠　仙淺反。正作尟。
甄明　上經延反。考聲云：甄，識也。察也。説文：從瓦亜聲。
撽摩　上蒼捋反。考聲云：手撽取也。從手。
赤眚　生杏反。説文云：目病生翳也。從目生聲。
捏所　上乃結反。古今正字：捏，捺也。從手呈聲。呈音同上。從日從土。
暈適　上音運。
珮玦　上陪背反，下古穴反。杜注左傳云：玦如環而缺，不連也。説文：從玉夬聲。
虹霓　上音紅，下音藝鷄反。漢書音義云：虹出盛明者爲雄，雄曰虹。闇者雌，雌曰霓。説文：螮蝀也。狀似蟲，從虫，陰氣也。形聲字。經文作蜺，非。
茈角　上正乖字。下音角。
蹤滑　上所立反。正體字也。從四止，二正二倒。俗作澁，非也。下環八反。
思蹋　談臘反。

大佛頂經　第三卷

名齅　休宥反。

舐吻　上時尒反。説文：以舌取食也。正作䑛，從舌易聲。亦作䑜。下文粉反。蒼頡篇云：吻，脣兩邊也。説文：口邊也。從口勿聲。

爇此　上耎悦反。杜注左傳云：爇，燒也。蒼頡篇：然也。説文同。左傳：從埶(火)火(埶)聲〔二四〕。亦作焫。

排擯　上敗埋反，下牝賓反。義已具釋於寶星經中。

析彼　上星亦反。經文作析，非也。

炊爨　粗亂反。説文云：齊謂之炊爨也。從臼象持甑，冂象甑，一象竈口，拱推薪内火也。籀文作爨，會意字。

艾出　上昂盖反。

不鎔　音容。

瑩然　上伊瞑反。亦從金作鎣。

爍迦囉　上舒灼反。梵語也。此名精進也。

大佛頂經　第四卷

聆於　上歷經反。説文云：聆，聽也。從耳令聲。

洲潬　上之由反。下伹(但)〔二五〕單反。爾雅云：沙出水。古今正字：從水單聲。

倏有　上詩育反。暫有。

金鑛　瓜猛反。亦作鉚。

霽澄　上齊細反。郭璞云：南陽人呼雨晴爲霽。説文：雨止也。從雨齊聲也。

成霾　買俳反。説文：霾，風雨而土也。從雨貍聲。貍音力之反。

鉢刺　蘭怛反。

肯綮　谿禮反。

鼓鼕　桑朗反。埤蒼云：鼕，鼓瓦也。字書：鼓材也。古今正字云：鼓身也。從壴桑聲。經本從頁作顙，非義。

撞鍾　上濁江反。

大佛頂經　第五卷

雜糅　紐溜反。鄭注儀禮云：糅亦雜也。説文作粈，訓義同上。從米丑聲。

洗滌　上西禮反，正作洒。下亭歷反。前金光明經中已具訓釋訖。

寶机　音紀。

緝績　上侵立反，下精翊反。

闤闠　上音還，下迴外反。廣雅云：闠，道也。説文云：闠，市外門也。二字竝從門，睘、貴皆聲也。

旋澓　馮福反。考聲云：水回流也。亦作復。經文作伏，誤也。

瓦礫　音歷。

顧眄　上音故，下眠遍反。

踕來　潛葉反。行疾也，行不止也，從足。説文作疌，亦疾也。從又從止屮聲。從手作捷，俗也。中音丑列反。

蚊蚋　上音文，下而鋭反。

啾啾　酒由反。

大佛頂經　第六卷

裘毳　昌芮反。鄭注周禮云：毳，罽衣也。説文：獸細毛也。從三毛。劉音居例反。

詃惑　上淯兖反。

禆敗　上卑移反。説文云：禆，接也。益也。從衣卑聲。

長挹　伊入反。案長挹者，相敬也。拱手而舉以敬讓也。或作揖。

噬齎　上時制反，下音齊。杜注左傳云：噬，齧也。言如人自噬其齎，終無及者。亦如妄人妄竊因地紆曲以求菩提，若噬齎人不可成就。

大佛頂經　第七卷

發揮　毁違反。

慘心　上測錦反。説文云：慘，毒也。從心參聲。經作㥶，俗字也。

憕懵　上鄧登反，下墨崩反。考聲云：憕懵，精神不爽也。字書：失志貌也。並從心，登、瞢皆聲。經本從目作瞪，音棖，非義也。

含蠢　春允反。説文：蟲動也。從䖵春聲。

刳心　上苦孤反。考聲云：剖去中物也。經文作刳，俗字也。剖音普口反。

轉蛻　式鋭反。蛇蟬脱皮也。説文：從虫兑聲。

枯槁　枯老反。説文云：木枯也。從木高聲。亦作殦。

以蝦　嚇加反。顧野王云：蝦，大頭之蟲也。説文作鰕，云：蚧也。從魚叚聲。水母如人肺，出海中，無目，假鰕爲其目。若有鰕跳於上，即行。非蝦蟇。

土梟　皎堯反。惡聲鳥也。取土塊附以爲兒。淮南子術[二六]云：甑瓦止梟鳴。惡聲之鳥也。俗亦梟爲不孝鳥也。案神異經云：不孝鳥，如人身，犬毛，有齒，猪牙。額上有文曰不孝，口下有文曰不慈，鼻上有文曰不道，左輔有文曰愛夫，右輔有文曰憐婦。故天立此異鳥以顯忠孝也。恐相亂，故備出之。言不孝鳥者，誤失也。

大佛頂經　第八卷

舐其　上時尔反。顧野王云：以舌取食也。説文作舓。考聲亦作䑛。

唇吻　上順倫反，下文粉反。蒼頡篇云：吻，唇邊也。説文義同。從口勿聲。

覺胤　引進反。孔注尚書云：胤，嗣也。爾雅：繼也。國語：胤者，子孫蕃育之謂也。説文：子孫相續。從肉從八。八象其長，幺亦象重累也。古文作胤(㣧)[二七]也。

差誤　吴故反。孔注尚書云：誤，謬也。古今正字：從言吴聲。

餤慧　上閻簟反。

蠕動　上瞤允反。

愛涎　羨延反。説文作次，云口液也。從水欠。經本作涎，誤也。

顧眄　上姑慕反，下眠現反。説文：邪視也。從目丏聲。經作顧眄[二八]，並俗字。

雄毅　宜既反。左傳云：致果爲毅。毅，威嚴不可犯也。説文：妄怒也。一云有決也。從殳豙聲。豙音同上。

鐵橜　權月反。説文：杙也。從木厥聲。經作栓，俗撰字也。

蛇虺　上社耶反，下暉偉反。毛詩云：胡爲虺蜴。則蜥蜴屬也。

顧野王：今亦以爲螋虺也。説文石(云)[二九]：虺，以注鳴者。從兀虫聲。

投礫　音歷。説文云：小石也。從石樂聲。經文作礰，非也。

匣貯　上咸甲反，下猪吕反。

囊撲　上囊郎反，下龐邈反。

抛撮　上皰茅反，下鑚活反。

鴆酒　上沈禁反。廣雅云：鴆，鳥也。郭璞云：如鵰，緑色，長頸，赤喙，食蛇。出女几山。羽有毒，以畫酒，飲之則死。説文：毒鳥也。一曰運毒。從鳥冘聲也。

推鞫　居六反。文字典説云：鞫，窮理罪人必有革也。從革匊聲。

毒螫　呼各反。亦作螫。經作螫[三〇]，俗字。

碾磑　上尼膳反。考聲：正作碾。下吾會反。説文云：䃺也。魯般初作磑。從石豈聲。

齅報　上休又反。

爲餧　奴罪反。餓也。

爲綻　丈莧反。文字典説云：綻，解也。補縫也。從糸定聲。

咂食　上沓合反。亦作唼。

鎗稍　上七羊反。俗字也。正作槍。下雙角反。

血瀆　迴内反。蒼頡篇云：旁決。説文：漏也。從水賨聲。

魃鬼　上盤末反。毛詩傳云：魃，旱神也。説文：亦旱鬼也。周禮：有赤犮，麕屋之物魅也[三一]。從鬼犮聲也。

其剩　乘證反。俗字也。正作賸，餘也。

吸粹　上歆給反，下雖醉反。説文云：不雜也。從米卒聲。

海島　刀老反。文字典説云：海中有洲可居曰島。從山鳥聲。

大佛頂經　第九卷

凭倚　上皮冰反。周書云：凭玉几也。古今正字云：凭，依几也。從几從任。經作凴，俗字。

通溜　灰磑反，又音退。考聲云：溜，潰也。今謂潰去色曰溜也。

震坼　上真刃反。周易云：震，動也。公羊傳云：震者何？地動也。杜注左傳：電雷擊之也。説文：從雨辰聲。經作振，亦通。下勑格反。正體字也。説文云：坼，裂也。從土㡿聲。經作圻，俗字也。

驚慴　占涉反。懼也。

蟯蛕　上如消反，下會雷反。説文云：蟯、蛕，並腹中蟲也。二字並從虫，堯、有皆聲。亦作蚘。經作蛔，非也。

寱言　上魚曳反。聲類云：寱，不覺妄言也。説文：瞑言也。從㝱省臬聲。

辯析　星亦反。經作折，誤也。

訐露　上居竭反。包注論語云：訐，攻人之陰私也。説文：面相㡿罪相訐也[三二]。從言干聲也。

猥媟　上烏隗反。蒼頡篇云：猥，頓也。下仙烈反。孔注尚書云：媟，嫚也。方言：狎也。説文：嬻也。從女枼聲。嬻音獨。

薄蝕[三三]　承職反。春秋云：日有蝕之。杜注云：日行遲，一歲一周天。月行疾，一月一周天。一歲凡十二交會。然日月動行雖有度量，不能不小有盈縮。交會而不蝕者，有頻交而蝕者[三四]。唯正陽之月，君子惡之，故有伐鼓用幣之事。説文：從虫從飤。飤亦聲也。

大佛頂經　第十卷

畢殫　音丹。孔注尚書云：殫，盡也。說文：極，盡也。從歺單聲也。

熠熠　尋集反。

灣環　上綰關反，下音還。考聲：水曲流處也。案經意，灣環猶輪迴流轉也。

循環　上音旬。下環義亦同上。經作巡，亦通。

昏瞢　墨隥反。杜注左傳云：瞢，悶也。說文：目不明也。從苜從旬。旬，目數摇也。旬音縣。

深孽　言揭反。正作蘖。考聲：妖災也。

枝岐　音支，下音祇。郭璞云：岐，道旁出者也。古今正字義同。從山支聲。經作歧，誤也。

倏然　上收育反。

隳裂　上血規反。正作隓，前第一卷已具釋訖。

婆吒霰尼　吒音陟加反，下仙薦反。

褫魄　上持里反。說文云：褫，奪也。從衣虒聲也。

容皺　鄒宥反。經作皺，俗字。

大方等陀羅尼經　第一卷　玄應

嚩提　相承音多達反〔二五〕。

大方等陀羅尼經　第二卷

動他　古文邅，同。徒董反。爾雅：摇、動，作也。經文從言作詷，非也。

叱呵　齒逸反。蒼頡篇：大呵爲叱也。禮記：尊客之前不叱狗是。

發予　翼諸反。爾雅：予，我也。案此亦余字，同也。

大方等陀羅尼經　第三卷

若僑　渠消反。說文：僑，高也。廣雅：僑，才也。字林「寄客爲𡨍」作𡨍字。廣雅：羇、旅、𡨍，寄也。

單縫　扶封反。說文：以針縫衣也。經文從手作摓，非也。

蝌斗　苦和反。一名活東，亦名顆東。郭璞云：即蝦蟇子也。顆音苦果反。

睟瞎　先不訓釋。

大方等陀羅尼經　第四卷

鷀鵹　藥師經作蒺蔾，並非也。案爾雅作蛈蝲，蝍蛆也，能食蛇腦也。

耒木　郎對反。耕田曲木也。

七佛神咒經　第一卷　玄應

咻咻　許流、許主二反。依字，噢咻，痛念之聲也。

五渾　胡昆反。謂五濁也。渾，亂也。亂猶濁也，亦水流聲。

潢瀁　胡廣反，下音養。楚辭云：潢瀁而不可帶。王逸曰：潢瀁猶浩蕩也。經文作洸，音光，非也。

歔歔　所力反。通俗文：小怖曰歔。埤蒼：歔歔，恐懼也。字從欠。經作憡、嗇一（二）〔三六〕形，非體也。

目俗　丘鼓反。

制濘　奴定反。

伊䁣　莫崩反。

邲地　扶必反。

目禘〔三七〕　他細反。

湖利　户孤反。

侈跧　丘鼓反。

但埿　乃禮反。

插婆　楚洽反。

陀咩　彌紙反。

阿眵　充支。

癡噤　渠錦反。

七佛神咒經　第二卷

愆咎　古文寒、遈二形，籀文作僁。今作愆，同。去連反。說文：僁，過也。亦失也。咎，罪也。

撫恤　又作卹，同。須律反。爾雅：恤，憂也。亦攸也。謂以財物與人曰振恤也。

撈接　禄高反。言撈取也。謂鉤撈物也。通俗文：沉取曰撈。經文作牢。牢，固也。牢非此義也。

搓摩　倉何反。依字，搓，挪也。挪音那。

七佛神咒經　第三卷

鞠育　又作掬，同。居六反。說文：掬，撮也。詩云：母兮鞠我。傳曰：鞠，養也。方言：陳楚之間謂養爲鞠。

殺羅　上功户反，下力的反。三蒼：殺羅，亦名羖羊。

饕亂　吐刀反。謂貪財曰饕，饕亦貪也。說文：俗作叨字，非。

七佛神咒經　第四卷

儼然　宜撿反。詩云：碩大且儼。傳曰：儼，矜莊皃也。爾雅：儼，敬也。說文：儼，好皃。

潠之　蘇悶反。通俗文：水湓曰潠。埤蒼：潠，潰也。經文作噀，非。

白睆　還板反。許慎注淮南子云：睆謂目内白翳病也。經文作涴，涴衣字，非。

摎項　作摎，同。居茅反。蒼頡篇：摎，束也。說文：摎，縛殺之也。摎即纏縛之名。

蟗蜇　他達反，下勒達反。廣雅：蟗蜇、蚳蠆，蠍也。經文作剌，非正體。

厭蠱　於琰反，下姑護反。春秋傳曰：疾如蠱或（惑）。非鬼非食，或以喪志〔三八〕。注云：蠱，或（惑）疾。

齆鼻　一弄反。埤蒼：鼻疾也。通俗文：鼽鼻曰齆。

搭眼方道　上兩句先不音訓。

喉痺　俾利反。癕痺，暴厲之疾。言喉痺，猶閉塞也。

呵郅　之逸反。

大方廣如來藏經　慧琳

鍵連　上竭焉反。與乾字同。即目連。

頻蠡　盧戈反。經本作蠡，俗字也。

纔稱　上在來反。顧野王云：纔猶僅能也。説文：從糸毚聲。毚音仕銜反。

痿瘁　上於歸反，下情醉反。鄭注禮記云：痿瘁，病也。蒼頡篇云：不能行也。説文：痿，痹也。二字並從疒，委、卒皆聲。亦作痿悴。

金礴　墮和反。考聲云：礴，圓貌。也作碢。

誤落　上五故反。考聲云：誤，錯失也。説文：從言吳聲。經從心作悞，俗字。

跳驀　上徒彫反。蒼頡篇云：跳，踊也。説文：蹶也。一云躍也。從足兆聲。下萌百反。説文云：上馬也。從馬莫聲。或作趏。

偶然　上五狗反。爾雅云：偶，遇也。郭注云：偶，直也。説文：從人禺聲。

作模　莫逋反。鄭箋詩云：模，法也。鄭注禮記云：模，所以瑑文章之範也。顧野王云：規形也。搸取象也。或從手作摹。説文亦法也。從木莫聲。

透徹　上偷陋反。考聲作趏，自投也。字統：從辵秀聲。經作逿，俗字也。

大吉義咒經　上卷　玄應

鼻吟　烏禮反。

堙羅　於仁反。

荼黔　奇炎反。龍名也。

篾尼　於六反。

撴締　知利反，下徒計反。

苫婆　式監反。

摩啅　勅角反。

佛褅　徒帝反。

味羅　齒朱反。

嗍利　陟交反。

大吉義咒經　下卷

跂羅　又作跂，同。墟豉、渠支(支)[三九]二反。登也。履也。

嵦鼻　魚偃反。通俗文：嵦，緩也。經文從山作嶦，非也。

瞻耳　丁藍反。説文：耳垂也。經文作耽，都含反，耳大也。

刪[四〇]地　所姦反。

珊地　桑干反。

嘯地　洛干反。

羅僀　蒲戒反。

譚脾　徒南反，下蒲米反。

淠梨　普計反。

嘜泥　莫稽反。

校勘記

〔一〕玄應音　據獅補。
〔二〕玄應音　據獅補。
〔三〕睗　據文意當作「睗」。
〔四〕莿　據文意當作「莿」。
〔五〕兄　據文意似當作「几」。
〔六〕竹　獅作「作」。
〔七〕王　獅玄卷一釋此詞作「至」。
〔八〕齡　據文意當作「齡」。
〔九〕啄　玄卷一釋此詞作「喙」。
〔一〇〕頡　獅作「頡」。
〔一一〕鄂　獅作「咢」。
〔一二〕崇　據文意當作「祟」。
〔一三〕一　獅作「二」。
〔一四〕一　獅作「三」，據文意當作「二」。
〔一五〕芊　即「芊」，獅作「羊」。
〔一六〕䟿　獅作「䡰」。
〔一七〕古今正聲　據文意似當爲「古今正字」。
〔一八〕滿　阮元校刻十三經注疏作「兩」。
〔一九〕掐　據文意似當作「掐」或「掐」。
〔二〇〕地　中華大藏經影印麗本作「也」。
〔二一〕搆　據文意當作「構」。下同。
〔二二〕毀　阮元校刻十三經注疏作「絶」。
〔二三〕塵　獅作「屋」。
〔二四〕從埶火聲　獅爲「從火埶聲」。
〔二五〕但　據文意似當作「但」。
〔二六〕淮南子術　疑有脱誤，似爲「淮南萬畢術」。
〔二七〕胤　據文意似當作「胄」。
〔二八〕顧眄　據文意似當爲「顧盻」。
〔二九〕石　據文意似當作「云」。
〔三〇〕壂　據文意似當作「壂」或「壂」。
〔三一〕有赤犮，廧屋之物魅也　今傳本周禮：「赤犮氏掌除牆屋。」
〔三二〕面相㡯罪相訐也　今傳本説文：「面相斥罪告訐也。」
〔三三〕蝕　即「蝕」。
〔三四〕然日月動行雖有度量，不能不小有盈縮。交會而不蝕者，有頻交而蝕者　今傳本左傳：「然日月動物雖行度有大量，不能不小有盈縮，故有雖交會而不食者，或有頻交而食者。」
〔三五〕相承音多達反　玄卷四釋此詞無。
〔三六〕一　獅作「二」。
〔三七〕褅　玄卷五作「揥」。
〔三八〕春秋傳曰：疾如蠱或。非鬼非食，或以喪志　今傳本左傳：「疾如蠱，非鬼非食，惑以喪志。」或，當作「惑」。下同。
〔三九〕攴　玄卷五作「支」。
〔四〇〕刪　即「删」。

一切經音義　卷第四十三

翻經沙門慧琳撰

大方便報恩經十卷　玄應

右三十七經一百卷同此卷音

文殊師利法寶藏陀羅尼經　慧琳

旋環　上象緣反。賈注國語云：旋猶曲折也。［王］〔一〕逸注楚辭：轉也。何休注公羊：遶也。說文：周旋，麾指也。從於從疋〔二〕。疋，足也。經本作琁，玉名也。下音還。鄭注周禮云：環，圍也，遶也。疋音疎也。

鉘斧　上謨侯反。字書云：兵器也。說文作矛，云：酋矛也。建於兵車，長二丈，象形字也。古文作䂨，亦作鉾。下音甫也。

瓦礫　音歷。說文云：礫，小石也。從石樂聲。經本作磿，非也。

吸欶　上虛邑反。鄭箋詩云：吸猶引氣也。廣雅：飲也。顧野王云：氣息入也。說文：内息也。從口及聲。下雙角反。蒼頡篇云：欶，欱也。說文：吮也。吮音旋兖反。從欠束聲。經作嗍，非也。

文殊師利所說十八勝慧經一卷　無可音釋。

文殊師利求聞持不忘陀羅尼經一卷　無可音釋。

文殊師利菩薩求聰明辯才陀羅尼經　無字音釋。

六門陀羅尼經一卷　無字可音釋。

智炬陀羅尼經　玄應

鷖闥　上於雞反。

地篦　下補奚反。

佛說拔除罪障咒王經　玄應

噉驃　上音曷，轉舌。下毗曜反。

登登　潘末反。

苫麼也　上音詩焰反，次莫可反。

謎那　迷陛反。

大普賢陀羅尼經　慧琳

潠之　上孫寸反。埤蒼云：潠，潰灑物也。顧野王：以口含水噴之也。古今字〔三〕：從水巽聲。經作啄，俗字，非正。

淋鬼　上立砧反。鬼名。

蠱毒　上音古。鄭注周禮云：蠱者，蠱物病害人也。字書：腹中蠱也。亦云磔县鬼亦爲蠱也。爾雅：蠱亦毒也。考聲：蠱，魅也。文字典說：從蟲從皿。县音皎堯反。

迦咤　下摘嫁反。梵語也。或作吒。

阿彌陀鼓音聲王陀羅尼經　慧琳

攬光　上藍敢反。說文：攬，撮持也。從手覽聲。亦作擥。

金剛恐怖觀自在菩薩最勝明王經　慧琳

厭禱　下刀老反。鄭注周禮云：求福曰禱。鄭衆注云：禱於天地社稷也。包咸注論語云：謂請於鬼神也。説文：告事求福也。從示壽聲。籀文作⿰礻𠷎。𠷎音桃也。

呪詛　上州救反。正作詶字，今以爲詶答字，音受由反。俗行用不可改正也。下側助反。鄭注周禮云：詛謂祝之使敗也。欲相共惡之也。考聲云：詛，呪罵也。説文：從言且聲。亦作⿰衤虘，或作⿱言示，又作⿰言虛（謯）〔四〕。經文作咀，非也。且音即余反。

澡鑵　上子老反，下官喚反。即銅瓶也。

角絡　郎各反。郭璞云：絡，繞也。方言：自關而東，洛韓魏之間或謂繞爲絡也。案角絡者，則相衡隅角也。説文：從糸各聲。

先行　衡孟反。

搵三甜　上温困反。韻詮：内物水中也。考聲：拄也。下牒兼反。

瞚目　上尸閏反。經作瞬，俗字也。

棓　龐講反。

鑱鉞　上仕監反，下音越。正作戉。

斧稍　上音甫，下雙角反。經文作槊，非。

心脇　虚業反。亦作脅。

癲癩　上丁年反，下來代反。

曩誐　上曩朗反，下虐迦反。龍之緫名。

行列　上胡剛反。

穬麥　上公猛反。粗有芒者，大麥也。

犎牛　上音封，野牛也。

機杼　除旅反。方言云：杼，軸，織具也。説文：機持緯也。從木予聲。

流輩　杯槩反。顧野王云：輩猶部也。宋忠注太玄經云：類也。蒼頡篇：比也。説文作輩，從車非聲。

紫⿰釒卝　公猛反。與鑛同。

竭涸　何洛反。國語云：天眼見而水涸。涸，竭也。廣雅：盡也。説文：從水固聲。

相柱　誅縷反。經文作跓，非。

合蔟　葱鹿反。叢聚也。

金剛藏大忿怒真言速疾成就經　慧琳

月蝕　時織反。杜注春秋云：日行遲，一歲一周天；月行疾，一月一周天。日與月一歲十二交會。然雖交會而不蝕者，有大量不能不小有盈縮，故有雖交會不蝕蝕者，有頻交而蝕者〔五〕。唯正陽之月，君子忌之，故有伐鼓用幣之事也。説文：從虫從飤。飤亦聲也。飤音寺。

作橛　權月反。考聲云：杙也。古今正字云：從木厥聲。

釘其　上丁定反。

烏蹉娜曩　上烏古反，次倉箇反。娜，那我反。下乃郎反。梵語也。

陵誐　上音陵之上聲，下虐迦反。

窯中　上餘昭反。説文云：燒瓦竈也。從穴羔聲。

灰燼　秦進反。方言：火餘也。杜注左傳云：火餘木也。説文作夷，從火聿聲。

大威德無能勝法　無字可音。

一切功德莊嚴王經　亦無音訓。

大藥叉女歡喜母并愛子成就法　慧琳

娉半支迦　上匹併反。顧野王云：娶妻、禮賢達，納徵束帛相存問曰娉。周禮「穀圭以娉女」是也。說文：從女甹聲。經作娉〔六〕亦通也。亦作聘。甹音匹丁反。半支迦，梵語。

姝麗　上昌朱反。毛詩傳云：姝，美色也。方言：趙魏燕代之間謂好爲姝。說文：好色。從女朱聲。下犁帝反。廣雅云：麗，好也。說文：從鹿丽聲。音同上，篆文字。

耳璫　下黨郎反。埤蒼云：璫，充耳。釋名：穿耳施珠曰璫。古今正字：從王當聲。

白羸　虜戈反。經本作螺，俗字也。

邀祈　上伊遼反，下其衣反。

怕怖　上魄霸反。

門閫　又作梱，同。坤穩反。

刀劃　橫麥反。顧野王云：以刀頭破物也。說文：隹（錐）〔七〕刀曰劃。從刀畫。畫亦聲也。

於竈　遭到反。禮記云：士祀曰竈。鄭注云：小神也。居人間伺察小過作譴告者也。說文：炊竈也。從穴鼀省聲。亦作竈〔八〕。俗作竈〔九〕，經作竈〔一〇〕，並非。

侵擾　上正侵字，下饒夭反。

病祟　雖翠反。字書云：神鬼爲害也。經作祟，非也。

漏洩　先列反。廣雅云：洩，泆也。鄭箋詩云：出也。發也。古今正字：從水曳聲。經作泄，俗用字也。

致頞　寧挺反。

甜脆　上牒兼反，下七歲反。

訶哩底母真言法　慧琳

磔手　上知格反。廣雅云：磔，張也。開也。案一磔手者，開掌布地以頭指中指爲量也。說文：從石桀聲。亦作厇〔一一〕。經本作搩者，非也。

皮膠　音交。

甘脆　七歲反。

閼伽　上安割反。梵語。

轂乳　上鈎候反。考聲云：轂，取乳汁也。古今正字：楚人謂乳爲轂。從羊㱿聲。或作轂。㱿音苦角反。經文作搆，非經義也。

胎孕　上泰來反，下蠅甑反。鄭玄注周禮云：舍（含）〔一二〕實曰孕。芟其孕則其實不成。廣雅：孕，身也。說文云：孕，懷子也。從子乃聲。或作䏧也。

揩齒　上坑皆反。古今正字云：揩，摩也。從手皆聲也。

搵蘇　上溫困反。韻詮云：內物水中也。考聲云：扗也。說文：從手昷聲。

佛說鬼子母經一卷　無字音釋。

佛說安宅神咒經　慧琳

闚人　上奎規反。考聲云：覷也。視也。說文：從門規聲。亦作窺。奎，鈌圭反。

南房　牙假反。廣雅云：房，舍也。說文：廡也。從广牙聲。廡音武也。

之廂　想羊反。埤蒼云：廂，房也。爾雅云：有東西廂曰廟，無曰寢。郭璞注云：夾室客堂也[一三]。古今正字：從广相聲。

圂邊　上魂困反。說文云：圂，廁也。從囗豕在其中。經本作溷，濁也，非經義也。囗音韋也。

魍魎　上音罔，下音兩。國語云：水怪也。淮南子云：狀如三歲小兒，赤黑色，赤目赤爪長耳美髮。說文作蛧蜽，云山川之精物也。並從虫，罔、兩皆聲也。

嬈我　上寧了反。說文：嬈，苛也。一曰擾，戲弄也。從堯女聲[一四]。或作嬲。苛音何。

護諸童子陀羅尼咒經　慧琳

鶤鶘　上勳運反，下户辜反。考聲云：惡鳥名也。案則鵂鶹之屬。經本作勳狐，非。

把拳　上巴馬反，下倦圓反。字書云：拳，握掌也。說文：從手卷省聲。經作捲，非。

自齧　研結反。說文：齧，噬也。從齒㓞聲。㓞音口八反。

目佉　羌迦反。

數噫　上雙角反，下同。下櫻戒反。說文云：噫，飽出息也。從口意聲。

數噦　鴛劣反。考聲云：噦，氣築心喉也。說文：氣悟[一五]也。從口歲聲。

嬈害　寧鳥反。已前釋訖。

佛說六字咒王經一卷　慧琳

佉嘔陀　中烏候反。梵語。

牀鋪　普布反。考聲云：鋪，設也。廣雅云：布也。說文：著門鋪首也。從金甫聲。經本作舖，亦擊也。非經義。

白疊綫　仙箭反。亦作線。經作綖，音延，非也。

佛說造塔功德經　無可音釋。

諸佛心陀羅尼經　慧琳

殑伽　梵語西國河名也。上殑音凝字，上聲。伽字，借音兼伽反。

兇勃　上虛恭反，下盆没反。顧野王云：勃，暴也。蒼頡篇：猝暴也。廣雅：盛也。考聲云：怒也。說文：排也。從力孛聲。

八名普密陀羅尼經　慧琳

室羅筏　音伐，梵語城名。

暫損　上雜敢反。杜注左傳云：踤也。說文：暫，不久也。從日斬聲。踤音倉骨反。

拔濟苦難陀羅尼經　慧琳

匱乏　上逵位反。義已前釋五秘密經中。經本作櫃，非也。

幻師颰陀所説神咒經　慧琳

颰陀　上盤末反。梵語。

障蔽　下卑祭反。顧野王云：謂暗蔽不明也。廣雅云：隱也。説文：從艸敝聲。經作弊，非也。

救之　上鳩宥反。廣雅云：救猶助也。謂相起助也。考聲云：援助也。古今正字：從攴求聲也。經作捄，音求，非也。攴音普木反。

鎖械　上蘇果反。漢書音義云：連鎖，謂以鐶相鈎連也。古今正字：從金貨聲。經本作瑣，與義稍乖。下骸戒反。説文云：桎梏也。從木戒聲。經本作核，非也。

陀羅尼雜集　第一卷　慧琳

鬱烝　於物反。爾雅：鬱，氣也。李巡曰：鬱，盛氣也。下之媵、之升二反。説文：烝，火氣上行也。南山雲烝礎柱潤，謂熱烝上升也。經文作蒸，之升反。爾雅：蒸，衆也。美也。蒸非此義也。媵音以證反。礎，音楚，柱下石也。

咻咻　虛流反，許主反。依字，噢咻，痛念之聲也。

潢瀁　胡廣反。楚辭：潢瀁而不可帶。王逸注：潢瀁，猶浩蕩也。經文洸洋。古黄反，下似良、以章二反，二形並非今用。

呼梨　缶尤反。下〔一六〕依字，埤蒼：呼，吹氣聲也。

陀羅尼雜集　第二卷

冦賊　口候反。尚書：冦賊姦宄。范甯集解曰：冦，群行攻剽者也。説文：冦，暴也。廣雅：冦，鈔也。剽音芳妙反也。

相薄　補莫反。小爾雅：薄，迫。韋昭注漢書云：氣往迫曰薄蝕。經文作廣博之博，非也。

六府　趺宇反。廣雅：府，聚也。白虎通曰：人有六府，謂大腸、小腸、旁光〔一七〕、胃、三焦、膽也。

三膲　子遥反。白虎通：六府有三膲，腎之府也。腎主寫，三膲亦以湊液吐故也。上膲若霧，中膲若漏，下膲若瀆。經文作焦，燒餘也，焦非字義。

一線　今作綫，又作䌫〔一八〕，同。私賤反。謂縫衣縷。

撈接　鹿高反。方言：撈，取也。郭璞云：謂鈎撈也。通俗文：沉取曰撈。經文作堅牢之牢，非也。

摩抄　又作摝、攠二形，同。莫何反。下蘇何反。聲類：摩抄，猶捫摸也。亦抹摋也。經文作挱，粗何反，揩挱也。挱非此義。抹音莫鉢反。摋音蘇曷反也。

陀羅尼雜集　第三卷

鞠育　詩云：母兮鞠我。傳曰：鞠，養也。方言：陳楚之間謂養爲鞠。又掬，同。居六反。説文：掬，撮也。

青黄　戚經反。東方色也。爾雅：春，青陽也。字從丹從生。木生丹，丹青之信必然者也。經文作綪，且見反。綪今非體。

瞎者　又作暍，同。呼鎋反。字書：一目合也。

尫[一九]弱　今作尫，同。烏皇反。尫，弱也。通俗文：短小曰尫。尫亦小也。

勇喆　古文嚞。字書作喆，今作哲，同。知列反。爾雅：哲，智也。尚書：知人則哲。方言：齊宋之間謂智爲哲。

敦喻　都肫反。爾雅：敦，勉也。謂勸勉也。敦亦迫也。經文作頓，非也。

金鈹　普皮反。説文：鈹，大針也。

霍然　呼郭反。案霍然，倏急疾之皃也。雲散爲霏。經文作曜，非也。

圂賭　胡困反。廣雅：圊、圂、屏，廁也。經文作溷。溷，濁也。

自刎　忘粉反。通俗文：自割曰刎。公羊傳：遂刎脰而死。何休曰：刎，割也。脰，音豆，頸也。

姧詭　居毁反。謂不實也。詭，惡也。詭，欺也。

陀羅尼雜集　第四卷

昵邸　文[二〇]乙反，下丁禮反。

呻他　書人反。

目企　去豉反。

目呿　丘庶反。

薩呧　丁禮反。

阿祉　卑利反。

奢哦哾掘　乙隹反，求勿反。

埿羅　乃禮反。

嗢娑呼浮　縷决反。

跕　音計。

跋　符月反。

尼咜　又作音，同。莫桑反。

嘆菈伶咜　烏奚反。

啄耶

眴涅　呼遍反。

靳者　居近反。

訓狐　亦名訓候。字書：鵂鶹，鈎鵅[二一]也。亦名怪鳥。經文作薫胡，非正體也。

歐吐　今爲嘔，同。於口反。歐，吐也。嘔，傴也。

騫陀　去焉反。

把拳　渠員反。

婆玹　丁禮反。

噫嚱　乙戒反，下於月反。説文：噫，飽也，出息也。嚱，氣忤也。禮記「不敢嚱噫」是也。

唏利　呼几反。

囉呢

桎致　脂失反。

睒婆　式冉反。

迦澌　相離反。

禪希吟婆緻　除致反。

坡那　普多反。

伽泜　之氏反。

拘篵　先尔反。
阿呼　芳不反。經文哱，非也。
梨拂　他隸反。
趺嚂　力暫反。
喂吟
迦棹　臂彌反。
阿浮　經文作浮
晡嘍　補胡反，勒口反。
伊吼悉鹼菩昕　側轄、陟轄二反。
涘利　事几反。
癡淡　達濫反。
椐路　薑魚反。

陀羅尼雜集　第五卷

喏也
祢喇
偒遮
伲民
絁離　書之反。
使侘　敕家反。
離唊　徒敢反。
収嚧
杜[二二]棹　臂彌反。
伊忙　莫傍反。
炮沙　蒲交反。

奚嚙　魯干反。
咺伽迦嚕理醯
脩嚙衍杝　徒我反。
哆羅　殆我反。
究揑　猪栗反。
多伽留香　又作多加樓，譯云木香樹也。一云不没香，波利迦香也。
龍腦香　西域記：羯布羅香樹，松身異葉，花果亦別。初採既濕，尚未有香。木乾之後，修理而析，其中有香，狀若雲母，色如冰雪。此謂龍腦香也。
補祇　卜古反。經文作補。
樺皮　胡霸反。木名也。可以飾弓者也。
産運　于郡反。通俗文：心亂曰惲。經文作轉運之運，兩通也。
舌縮　字書作摍，同。所六[反][二三]。國語：盈縮轉訛[二四]。賈逵曰：縮，退也。經作啗，非也。
阿艄　蒲故反。
蕪呵[二五]　武于反。
勒繕　市戰反。
嘻梨　虚基反。
殿昕郁羅　於六反。
呿陀羅尼橛[二六]
利濘　奴定反。
恒鉗　奇廉反。
食篅　市緣反。說文：判竹，圓以盛穀[二七]。笹，篅。笹，徒損反。
南房　顔假反。廣雅：房，舍也。謂廊屋也。說文：堂下周屋曰廡。釋名云：大屋曰廡。幽冀人謂之房。經文作牙，非體也。

闌圈　求晚反。説文：養畜閑也。閑，闌也。

仕宧　胡串反。左傳：乃宧卿之嫡。注云：宧以仕也。又曰宧亦學也。

利咤　竹嫁反。

竭厨　直俱反。

林〔二八〕婁　力侯反。

陀羅尼雜集　第六卷

蓖麻　布迷反。草名也。吕静韻集云：蓖麻，其生似樹者。

抆之　古文揾，同。云粉反。拭也。

薩哦

嗹咤

磐宕　徒浪反。

伊曚邲地　蒲必反。

秀呟

婆唅　胡闇反。

波吽　呼苟反。

氐波　丁奚反。

喹眈　許尸、丑一二反。

賁濘　補門反，奴定反。

伽末咄咤　都骨反。經文從口作啒，非也。

倀羅　敕良反。

狂寱　牛世反。通俗文：夢語謂之寱。聲類：不覺妄語也。

虔跜　直知反。

蹪咤　竹利反，下竹嫁反。

跎輢利　居宜反。

蹬祁　丁邓反。

櫇利　乎結反。

但坭　乃禮反。

希鼇　力之反。

陀羅尼雜集　第七卷

颰夢　宜作颮，音所留反。下莫貢反。

枷畔硃裀嘝浮題畯呿咜　羌庶反。

踧跋　禹厥反。

哄婆〔二九〕　胡貢反。

耒呵　力對、力隹二反。

嘜蔻伶咜　五奚反。

眤那　古文眱，同。翼之、大奚二反。

椹脾　賭林反。

阿嗉

唏利　呼几、呼冀二反。

剌也　力曷反。

項浮　許王反。

坻闍〔三〇〕　丁禮反。

潠之　蘇鈍反。埤蒼：潠，噴也。通俗文：含水湓曰潠。經文作啄，俗字。

白皖　還棧反。許慎注淮南子：燭皖，目内白翳病也。經文作完，非也。

痤鬼　在戈反。説文：痤，腫也。謂癰痤也。經文作侳，非也。

痳鬼　力針反。説文：大小便病也。聲類：小便數也。經文作淋。淋漏之淋，非體也。

葦筒　待公反。三蒼：筒也。郭璞曰：竹管也。説文：筩，斷竹也。今皆作筒。經文從木作桶也，孔木櫝也。櫝，他朗反，謂受漆者可以盛食，桶非此用。

淋頂　力金反。説文：以水沃也。廣雅：淋，漬也。經文作霖，力金反。廣雅：霖霖，雨也。説文：谷名也。

摎項　又作摎，同。力周、居茅二反。蒼頡篇：摎，束也。説文：摎，縛殺之也。摎即纏縛之名。

蠆蝎　他達反，下勒達反。廣雅：蠆、蝎、蚔、蠆〔三二〕，蝎（蝎）〔三三〕也。

鼽鼻　一弄反。埤蒼：鼻病也。通俗文：鼽鼻曰鼽也。鼽音求也。

厭蠱　於冉反，下字林音固。春秋傳云：疾如蠱。蠱或疾，非鬼非食。或以喪志。杜預云：蠱或疾也。經文作猒顧，非體。

扠波　初家、初嫁二反。

餧此　於僞反。三蒼：餧，飤也。説文作萎，食牛也。廣雅：萎，飢也。

陀羅尼雜集　第八卷

夷騶　側愁反。

倪譸　魚奚、五禮二反，下許朱反。

膑頭　脾身反。經文作蹎，誤也。

佉駄阿蜱　扶支反。

蹋蜱　徒臘反。

抻之　疋沫反。謂以澆抻也。經文作沛，非也。

讜坭　當朗反。

伽橀　力奚反。

阿顳　而涉反。

鑾羅　宜作轡，音悲備反。

齒齲　又作㾫，同。丘禹反。説文：齒蠹也。

哂翅　式忍反。

呪响　呼口反。

目眩　玄、縣二音。説文：眩，目無常主也。字林：眩，亂也。蒼頡篇：眩，不明也。

金鏝　莫盤反。鬼名。

癎病　核間反。

蜚屍　甫違反。

疰鬼　之喻反。

撻摸鬼寒癖　匹辟反。聲類：癖，宿食不消也。經文從人作僻，匹尺反，邪辟也。僻非此用。

蠱祥　公户反。虫物病害人也。下徐揚反。字林：祥，福也。善也。經文作徉，非也。

陀羅尼雜集　第九卷

轢碎　力各、力的二反。蒼頡篇：轢，輾石。説文：車所踐也。

頞軝　巨支反。

呧嗟　下刮反，敕轄反。

否梨咶　下刮反。

陀羅尼雜集　第十卷

垤䩞　徒結反。
咥低　許伊反。
苛呵　胡可反。
邲地　蒲必反。
坻祇　丁禮反。
籅叉　於六反。
啾堤　子由反，丁奚反。
腱拏　巨言反。
悉譚　徒南反。
咩唻　彌氏反。又作誺誺。
多律踟　直知反。經文從知作踟，非。
摶之　常絹反。通俗文：畫圓曰規。規摸曰摶。經文作專一之專，非。
祇利　之是反。
呡唎哦啹婆抵　丁禮反。

華手經　第一卷　玄應

和詑　字又作訑，同。丑嫁反。婆和詑者，比丘名也。

華手經　第二卷

抒氣　時汝、除呂二反。廣雅：抒，舀也。渫出也。說文：抒，挹也。挹，斟酌也。挹音於入反。舀，餘沼反。

華手經　第三至第七卷　先不音訓。

華手經　第八卷

猩猩　所京反。字林：能言獸也。形如獼猴，面似女人，出交阯封溪，聲如小兒啼也。曲禮曰：猩猩能言是。

華手經　第九卷　先不音。

華手經　第十卷

奸詭　居毀反。不實也。廣雅：詭隨，惡也。亦欺誑也。
蟄民　遲立反。大魚名也。蟄民伽羅，應云低民祇羅，譯云吞魚，大吞小故也。

華手經　第十一卷

圂豬　又作溷，同。胡困反。圊，圂也。言溷濁穢惡也。
栽㮆　古文櫱、㮆、不三形，今作蘖，同。五割反。爾雅：㮆，餘也，載也。言木餘載生㮆栽也。
僶未　又作黽，同。匹忍反。僶，俛强爲之。

華手經　第十二卷

斃地　古文斃、獘（獘）[二三]二形，今作弊，同。毗世反。說文：

斃，仆也。仆，踣也。

華手經　第十三卷　先不音。

佛名經十二卷　玄應撰　先音並不顯卷次第。

智噎　一計反。

庭燎　力彫反。

拘峻　私俊反。

祏多　止夷反。

刳心　口胡反。

枲荷　息里反。

鬱哆　殆我、丑加二反。

梯羅　他奚反。

詢陀　私旬反。

奚吼　胡鷄反。

三劫三千佛名　上卷　慧琳

電鐙　等騰反。郭璞注爾雅云：鐙即膏鐙。說文：從金登聲。

慧幢　下濁江反。郭璞注方言云：幢，舞者所以自蔽翳也。廣雅：幢謂之翿。古今正字：從巾童聲。

剖華　上普厚反。顧野王云：剖，破也。杜注左傳：中分爲剖。蒼頡篇：析也。說文：判也。從刀音聲。下化瓜反。

娛樂　上遇俱反。杜注左傳云：娛亦樂也。說文：從女吳聲。下音洛也。

磬聲　上輕徑反。顧野王云：以石爲樂磬也。世本云：母勾氏作磬。古今正字：從石殸聲。殸音苦挺反。

棘（棘）莿（莿）〔三四〕　上兢億反。郭注爾雅云：顛棘（棘），細葉有莿也。說文：似棘（棘）叢生，從竝二束（朿）〔三五〕也。下雌四反。郭注爾雅云：莿（莿），棘針。方言：凡草木刺人謂之莿（莿）。說文：木芒也。從艸刺聲。經本作刺，誤也。

恬憺　上牒兼反。孔注尚書云：恬，安也。方言：静也。說文：從心舌省〔三六〕聲也。下談濫反。顧野王云：憺，静也。說文云：從心詹聲。

慧無厓　下雅佳反。郭注爾雅云：厓謂水邊也。說文：從厂圭聲。亦作涯。

深齅　休又反。說文云：以鼻就臭也。從鼻臭聲。經從口作嗅，俗字也。

斅諸欲　上乖賣反。說文云：斅，毀也。從攴褱聲。經本作敓，非也。

三劫三千佛名　中卷

善濡　乳朱反。毛詩傳云：濡，潤澤也。劉熙注孟子：濡亦沉滯需意也。說文：從水需聲。經作濡，俗字也。需音須。

德鬘　音蠻。梵語也。經作髻，不成字也。

堅鎧　開愛反。說文云：鎧，甲也。從金豈聲。豈音同上。

滅恚　一季反。蒼頡篇云：恚，怒也。說文：恨也。從心圭聲。

無嬈　寧了反。說文：嬈，弄也。一曰擾，戲弄也。從女堯聲。亦作嬲也。

三劫三千佛名　下卷　無可音訓。

五千五百佛名經　第一卷　玄應

孕王　古文作⿰月黽，同。翼證反。説文：孕，包裹子也。含寶曰孕。

五千五百佛名經　第二卷〔三七〕　先不音。

五千五百佛名經　第三卷

怛娜　乃可反。
袟帝　除栗反。
聃婆　他甘反。
黔闥　一兮反。
魯䚕　盧口反。
怖霤　力救反。
馱嗽　所霤反。
眸路　莫候反。
眤陀　女乙反。
迦辢　力割反。
唵婦　烏感反。
鱣那　知連反。
佶易　奇乙反。
晡囉　保胡反。

吱〔三八〕駐　竹住反。
娑鍉　徒奚反。
他庇　補寐反。
呹帝　除栗反。

五千五百佛名經　第四卷

呴喊　呵戒反。
揭薜　上渠謁反，下蒲隸反。
地蜱　音埤。
瑟咤　陟嫁反。
奚囒　魯干反。
燠醯　上於六反。
啞迦　烏賢反。
涅嚂　力蹔反。
阿呧　又作哆，同。時紙反。
傲奴輜那　側飢反。
頡利　賢結反。
呵嚠　音留。

五千五百佛名經　第五卷

喑遇　於林反。經文誤作唔也。
堙醯　上於人反。

五千五百佛名經　第六卷

抵多　是支反。

搥撲　都雷反。

毱多　渠六反。經文作毬，非也。

鯢羅　五奚反。

五千五百佛名經　第七卷

系多　胡計反。

愛觚　古胡反。

五千五百佛名經　第八卷

法葩　普花反。依字，葩，花芬芳也。聲類：取其盛貌。

不思議功德經　玄應

不思議功德經　上卷　先不音。

不思議功德經　下卷

離擗　字或作劈，卑避反。

懼咤　陟嫁反。

觀佛三昧海經　第一卷　玄應

閱頭檀　或作悅，以拙反。此譯云白浄王也，或言浄飯王。

伉儷　苦浪反。下又作儷，同。履詣反。伉，敵也。儷，偶也。廣雅：儷，侶也。埤蒼云：儷，伴也。

憾〔三九〕喜　胡感反。廣雅：憾，動也。説文：憾，摇也。

蝌斗　苦禾反。字書：蝌斗，水虫也。爾雅：蝌斗，蝦蟇子也。

蟠龍　薄寒反。禮記：而蟠于地。鄭玄曰：蟠，委也。廣雅：蟠，曲也。

踵相　又作歱，同。之勇反。説文：相迹也。亦追也。往來之皃也。

四柧　古胡反。説文：柧，棱也。經文作觚，器名也。觚非字義也。

關鍵　又作闥、楗二形，同。奇謇反。鍵謂牡也。方言：關東謂之鍵，關西謂之鬮。

開闔　胡臘反。説文：闔，閉也。易曰「闔門謂之坤」是也。

顒顒　今作喁，同。魚凶反。詩云：顒顒昂昂。傳曰：温恭皃也。

觀佛三昧海經　第二卷

穹脊　去弓反。穹謂穹隆也。穹亦窮也。

侜張　説文作譸，同。竹流反。爾雅：侜張，誑也。亦幻惑欺誑也。經文作輈，車轅也。輈非字體也。

喉嚨　洛公反。爾雅：亢，鳥嚨。郭璞曰：嚨亦喉也。蒼頡篇：

喉，嚨也。
肺腴　又作胇，同。敷穢反。說文：肺，火藏也。下庾俱反。說文：腴，腹下肥也。腴，腹也。蒼頡篇：咽喉也〔四〇〕。
肝隔　歌額反。隔，障也。經文或從肉作膈，二字通用。
蛕虫　又作蛔，同。胡魁反。蒼頡訓詁云：蛕，腹中蟲也。經作蚘、尤二形，非。
團欒　盧端反。團，圓，周匝也。
敗績　今作勣，同。子歷反。聲類云：勣，功也。
矗然　初六反。端直也。又草木茂盛也。
霓寃　於元反。寃猶屈也。雌曰霓。寃虹梡軒車其事也〔四一〕。經文作惋，非體。
髮杪　彌遶反。通俗文：樹鋒曰杪，今取其義謂髮鋒頭也。
雙眥　在計反。說文：眥，目崖也。目際也。

觀佛三昧海經　第三卷

兩吻　無粉反。蒼頡篇云：唇兩邊也。謂口際邊也。
䅳米　達雞反。爾雅：䅳，失〔四二〕也。郭璞曰：似稗，布地生，穢草也。
龕〔四三〕室　苦耽反。方言：龕，受物也。廣雅：龕，盛也。
鼷鼠　胡雞反。說文：小鼠也。有毒者也。或名甘口鼠也。
晃煜　又作晄，古文熿，同。胡廣反。下又作焴，同。由掬反。說文：晃，明也。煜，燿也，晃也。煜，盛也。
竭支　或作僧祇文〔四四〕者，皆訛也。應言僧迦鵄。此譯云覆腋。若著瞿修羅，則不著僧迦鵄。瞿修羅者，此云圓也，象其衣形而立名。

觀佛三昧海經　第四卷

摧茹　而庶反。摧，折也。茹，弱也。
小螭　敕知反。廣雅：無角曰螭，有角曰虬。說文：螭若龍而黄也。
樹稭　音皆，謂稭稈也。字從禾從皆，未詳何語。
疼痺　又作痋、胅二形，同。徒冬反。廣雅云：疼，痛也。下併利反。說文：濕病也。痺，不能行也。

觀佛三昧海經　第五卷

捋身　力沒反。捋謂揩捋。
摷啄　争交反。通俗文：浮取曰摷，沉取曰撈。廣雅：摷，取也。
直劈　普狄反。說文：劈，破也。廣雅：劈，裂也。經文作擗，脾役反。擗非此用。
鐵砧　又作椹、鼓二形，同。猪金反。鈇砧也。經文作碪、鈂二形，非體也。
轢身　力各、力的二反。蒼頡篇：轢，輾也。說文：車踐者也。
瘻瘇　字詁今作尰，同。時勇反。通俗文：腫足曰瘇。瘇，脚病也。經文從足作踵，非也。
生燅　聲類作燂、燖二形，字詁文燅。今作燅，同。詳廉反。說文：熱湯瀹肉也。
鐵鉆　奇古(占)〔四五〕反。說文：鐵鋷也。蒼頡篇：鉆持謂取物者也。經文作鉗，束人鐵鉗，非今體。
瘭疽　必遥反，下千余反。廣雅：癕成爲瘭疽。瘡名也。經文作

諸捉　蠌，字與蜱同，輔支、毗遥二反。螗螂子也。蠌非此用也。字亦作綛，渠記反，所以連綴簪記之。

鑱刺　士咸反。以錐刺物者也。説文：鑱，鋭也。

寱語　研世反。通俗文：夢語謂之寱。聲類：不覺妄言也。

礫口　陟格反。廣雅：礫，張也。亦開也。經文作拕，未見所出也。

觀佛三昧海經　第七卷

攘臂　而羊反。攘，除也。謂除衣袂而出臂也。袂，彌世反。

毾㲪　他盍反，下得恒反。釋名云：施之大床前小榻上，所以登上牀也。因以名也。

搏噬　補薄反，下時制反。搏，撮也。噬，齧也，啗（陷）〔四六〕也。

觀佛三昧海經　第八卷

蘺疾　又作姤，古候反。爾雅：蘺、逄，遇也。

泯然　彌忍反，彌賓反。爾雅：泯，盡也。泯，民〔四七〕也。

委佗　於危反。下又作迤，同。徒多反。廣雅：委佗，窊邪也。案委又作逶，蝺二形。詩云：逶逶迤迤，德之美皃也。傳曰：逶佗者，行可逶曲迹也。亦自得之皃也。説文：委佗，行去也。

搋落　直爾、敕紙二反。搋，棄。

僧伽吒經　第一卷　慧琳

靈鷲山　中齊袖反。中天竺國靈山名也。在摩伽陀國。彼有鷲鳥，似鵰而形小，群飛，常食死屍，怪鳥也。棲止此山，故名靈鷲。舊云祇闍崛，梵語譌也。音吾戈反。

阿嚋那　中宙流反。梵語天子名也。

須賒佉　中音奢。龍王名。

睺睺　音侯。

種植　下承職反。鄭注周禮云：植，樹也。郭注方言：立也。古今正字：從木直聲。經作殖，通俗字也。

尼揵子　音乾，亦梵語。裸形外道也。裸音華瓦反。

漂没　上匹遥反。顧野王云：流也。説文：浮也。從水票聲。經作濎，通俗字也。

一撮　倉捋反。字統云：以手取物也。説文：從手最聲。

跍跪　上胡誤反。俗字也。亦作胡，借音用也。經本作呀，非也。下逵僞反。説文云：拜也。從足危聲也。

僧伽吒經　第二卷

悔過　上灰外反。劉瓛云：悔，改也。古今正字：從心每聲。

恒伽　上疑揆反。亦作殑，同。梵語。

踊身　上容拱反。何休注公羊傳云：踊，跳身上也。説文：跳也。從足甬聲。

肉團　段鑾反。經本作揣，非。

鬱單越　梵語閻浮提，類四洲之一。

弥帝隸　梵語。

誅戮　音六。鄭注周禮云：戮，猶辱也。既斬殺之，又辱之。賈注國語云：殺也。説文云：從戈翏聲。翏音力救反。

僧伽吒經　第三卷

數數　並雙角反。考聲云：疾也。頻也。近促也。

擔負　上膽甘反。亦作儋。廣雅云：擔，舉也。考聲：負也。古今正字：從手詹聲。

頑癡　上五鰥反。廣雅云：頑，鈍也。孔注尚書云：心不測德義之經爲頑。考聲云：愚也。說文：從頁元聲。古作妧。

頗見　上普麽反。廣雅云：頗，少也。

金祡　卒髓反。考聲云：鳥喙也。說文：從此朿（朿）〔四八〕聲。經本從朿，誤也。下文作觜，義同也。

挑火　上天聊反。說文云：抉也。從手兆聲。經本從木作桃，誤也。

僧伽吒經　第四卷

筋脈　上謹殷反。說文云：肉之力也。從肉竹。物之多筋者從力，力象筋也。經本從艸從角作葝，非也。下萌伯反。說文作衇，云血理之分邪行於體者也。從𠂢從血。亦作脈。經本作脉，俗字也。

胭頸　上鷰賢反。聲類云：胭，喉也。古今正字云：咽也。從肉因聲。下經郢反。說文云：頸，頭莖也。從頁巠聲。

牀榻　貪盍反。考聲云：小版牀也。經文作榻，非也。

麝香　上虵蔗反。又時亦反。山海經云：翠山多麝。說文：如小麋，臍有香。從鹿射聲。亦作榭〔四九〕。經本作射，誤也。

樂著　上吾校反，下腸略反。

法螺　力戈反。

屎浘　上失尔反，下乃弔反。人小便也。從尾從水。亦作屎，或作尿。

細耎　上正細字。下而兖反。經本作濡，非也。音儒。

鞭撻　上必綿反，下他遏反。考聲云：撻亦鞭也。經作韃，非也。

撾打　上竹瓜反。聲類云：撾，捶也。擊也。古今正字：從木過聲。亦從竹作篧，義同。

履屣　下師滓反。亦從足作躧。

力莊嚴三昧經　卷上　玄應

氳氳　宜作葐蒀。上扶云反。下字書作蒕，同。於云反。葐蒀，盛貌也。亦香也。

海島　古文隝，同。都老反。海中山曰島。島，到也。人所奔到也。

蓮花面經　卷下　玄應撰

摩俟　事几反。

姞利　奇乙反。

大方廣圓覺修多羅了義經　慧琳

諮詢　上子斯反。杜注左傳云：諮問善道也。古今正字：從言咨聲。下笋遵反。杜注左傳云：詢親戚之議也。古今正字：從言旬聲也。

易處　上盈益反。顧野王云：易謂交換也。賈逵注國語云：易猶異也。變也。廣雅：轉也。說文：易，象形字也。秘書：日月爲易〔五〇〕。一云從勿。下昌與反。毛詩傳曰：處，居也。止也。說文作処，云止也。從夂得几而止。經作處，俗字也。

忘認　上亡放反，下人振反。經作認，同也。

於醒　星挺反。

金鑛　公猛反。

惻度　唐洛反。

能著　腸略反。經本作煯，非。

詰虛妄　上輕一反。孔注尚書云：詰，治也。說文：問也。從言吉聲。

過謬　上戈臥反，下眉幼反。顧野王云：謬猶僻也。方言：詐也。說文云：狂者之妄言也。從言翏聲。

如標　必遥反。考聲云：舉也。或從手作摽。

大方便報恩經　第一卷　玄應

暉豔　又作艷，同。餘贍反。方言：美也。秦晋之間謂美色爲豔也。

池湖　户孤反。說文：大陂也。揚州有五湖也。

㫋叔　或言甄叔迦，或云緊叔迦，樹名，其花赤色，此寶〔五一〕似之，因以爲名。

喑唶　於禁反，下子夜反。聲類：大呼也。說文：大聲也。

微服　無非反。爾雅：幽匿也。蔽，微也。注云：謂逃竄也。又亦止也。從彳。

呼噏　古文歙、噏二形，今作吸，同。羲〔五二〕及反。廣雅：歙，飲也。引也。謂氣息入也。

挑目　他堯反。類聲〔五三〕云：挑，抉也。謂抉出目也。抉音烏決反。

里程　除荊反。程猶限也。禮云：程，量也。詩云：程，法也。

摵眥　呼麥反。摵，裂也。下靜計反。目頭(裂)〔五四〕曰眥。淮南子云「瞋目(目)〔五五〕裂眥」是也。經文從首作馘，古獲反。生獲斷耳曰馘。馘非此義。

咆地　蒲交反。說文：咆，嗥也。亦大怒也。

輸頭檀王　此言訛也。正言首圖馱那王，此譯云净飯。或言白飯，非也。

大方便報恩經　第二卷

蟠蘭椿輪　蒲寒反。椿，勑倫反。言形狀也。

蒨綀粲爛　千見反。言色彩鮮盛皃也。

眼眩　胡縣、胡遍二反。蒼頡篇云：視不明也。國語：觀美眩。賈逵曰：眩，惑也。

迫愶　補格反。迫，急也。下虛業反。方言：愶，閱懼也。謂以威力相恐懼也。閱音呼隔反。今皆作脅。亦云恐赫，或云恐猲，一義也。

截遏　烏曷反。蒼頡篇：遏，遮也。爾雅：遏，止也。郭璞曰：今以逆相止爲遏。

財賄　古文脢，同。呼罪反。財貨也。通俗文：財帛曰賄。周禮：通貨賄。鄭玄曰：金玉曰貨，布帛曰賄。

兜鍪　莫侯反。廣雅謂之冑。經文作鉾，非字體。

乾曬　所懈、所寄二反。謂乾物也。

歎波那食　或云怛鉢那，譯云麨也。

蒲闍尼食〔五六〕　譯云可食。

佉陀尼食〔五七〕　譯云可噉。

淹唵　烏感反。字林：唵，啗（䧟）〔五八〕也。謂向口唵也。以掌進食曰唵。

嵚巖　苦銜反，又音欽。廣雅：嵚岑，高。公羊傳云：嵚崟，山阜勢。

羸惙　知劣反。聲類：惙，短氣皃也。惙惙亦憂也。

唼食　子盍反。字林：蟲唼血也。經文作啑，非。

茹食　攘舉反。茹，啖也。爾雅：啜，茹也。郭璞曰：啜拾者，拾食之也。

擔揭　説文作竭，同。其謁反。負舉也。左傳：竭石以投人。注云：竭，擔也。

髖腨　扶忍反。説文云：膝骨也。下又作膊，同。時兖反。腓腸。

炎旱　雨廉反。炎，熱也。爾雅：炎，熏也。郭璞曰：謂旱氣熏灼人也。

猥多　於罪反。字典：猥，衆也。廣雅：猥，頓也。

噢噎　於六反，下一結反。埤蒼：噢咿，内悲也。謂痛悲之聲也。噎，塞也。經文有作郁，非體。

爪攫　居縛反。説文：攫，抙（扟）〔五九〕也。蒼頡篇：攫，搏也。淮南子云「獸窮則攫，鳥窮則啄」是也。抙（扟）音居逆反。

單孑　古折反。案孑，猶孤獨也。説文：孑，無右臂曰孑。國語「胡有孑然」是也。

喊喊　呼檻反。下又作譀、欲二形，同。呼戒反。方言：喊，聲也。喊，呵也。謂恚怒聲也。經文或作闞，音呼檻反。二形通用。

蹋張　唐盍反。謂蹋地張目也。經文從口作嗡帳，非也。

拔肋　郎得反。説文：脅骨也。經文作轡勒之勒，非字體也。

曒然　古文曒、皦〔六〇〕二形，今作皎，同。公鳥反。埤蒼云：曒（皦）〔六一〕，明也。净也。

大方便報恩經　第三卷

嫡嫡　丁狄反。字書：嫡，正也。公羊傳曰：立嫡以長者何？嫡，敵也。謂夫人之子尊，無與敵也。

耶維　或言闍毗，或言闍維，皆訛也。正言闍鼻多，義是焚燒也。

蹎蹶　又作傎，二形同。丁賢反，下居月反。蹎蹶猶頓仆反倒也。經文作顛厥，非體。仆音蒲北反。

⿰番瓦瓳　字又作墦，同。普安反，下户吾反。通俗文：甎方大謂之⿰番瓦瓳。今大方甎是也。

慨歎　口代反。慨歎，大息也。説文：忼慨。壯士不得志於心。情憤恚也。

悒遲　於急反。字林：悒，不安也。蒼頡篇：悒，不舒皃也。

煩冤　於元反。冤亦煩也，屈也。字從冖從兔。兔爲冖覆不走也，故從冖。經文作宛、惋二形，非體也。

汪水　烏黄反。通俗文：停水曰汪。爾雅云：汪，池也。經文作洸，音光，非也。

摩訶羅　此譯云無知也，或言老也。

大方便報恩經　第四卷

禱祀　都道、都誥二反，下徐里反。説文：告事求福曰禱。禱，請也。鬼神祀祭也。

瞤動　而純反。説文：目動也。經文作䁢，非體也。

蕃息　輔袁反。蕃，滋也。謂滋多也。經文作繁。繁，盛也，亦多也。

帷帳　于追反。字林：在旁曰帷。謂張幕障旁也。幃，圍也。

湍浪　土桓反。疾水也。説文：疾瀨也。水流沙上曰瀨。瀨，淺水也。

矇盲　莫公反。有眸子而無見曰矇，目無眸子曰盲。

舉帆　又作颿、颱二形，同。扶嚴、扶汜（泛）〔六二〕二反。釋名云：隨風張帳曰帆也。

振濟　脂忍反。小爾雅：振，救也。發也。説文：振，舉也。經文作賑，之忍反。隱賑富有也。

草蔡　音察。草蘆也，亦芥。經文作藻，非也。蘆音千古反。枯草也。今陜以西言草蔡，江南山東言草蘆。蘆音，山東云七故反。

哮㘎　又作唬，同。呼交反，下呼嫁反。通俗文：虎聲謂之哮㘎也。

大方便報恩經　第五卷

白虹　古文𧈧，同。胡公反。説文：螮蝀，虹也。俗呼美人。江東呼爲雩。釋名：虹，攻也。純陽攻陰氣也。

劓刵　又作劓，同。魚器反。下讓記反。説文：劓，割鼻也。廣雅：刵，截耳也。

刵耳　古文眲、䏋二形，同。魚厥、五刮二反。刵猶割也。

探摸　他含反。説文：遠取曰探，手抆爲摸也。

禍酷　古文俈、嚳、焅三形，同。口篤反。説文：酷，急也。告之甚也，亦暴虐也。白虎通云：酷，極也。教令窮極嚴也。

掊發　説文作抱、捊二形，同。步交反。捊，引取也。通俗文作掊。手把曰掊。

大方便報恩經　第六卷

牛呞　正字作齝、齛二形，同。敕之、式之二反。爾雅：牛曰齝，謂食已復出也。

跳枰　皮兵反。埤蒼：枰，榻也。謂獨坐板牀也。釋名云：枰，平也。以板作之，其體平正也。

須陀食　或云修陀，此天食也。修陀，此譯云白也。隨相論云須陀，此云善。陀，此言貞實也。

大方便報恩經　第七卷

弶網　巨向反。字書：謂施罝於道曰弶。經文作摾，俗字也。

童齔　初忍反。古文音差靳反。毀齒曰齔。説文：男八月生齒，八歲爲之齔；女七月生齒，而七歲毀齒。字從齒從匕聲。釋名云：齔，洗也。毀洗故齒更生新也。

一切經音義　卷第四十三

校勘記

〔一〕王　各本無，據文意補。
〔二〕從於從疋　今傳本説文爲「从㫃从疋」。
〔三〕古今字　據文意似當爲「古今正字」。
〔四〕謔　據文意似當作「謯」。
〔五〕然雖交會而不蝕者，有大量不能不小有盈縮，故有雖交會不蝕者，有頻交而蝕者　今傳本杜注左傳：「然日月動物雖行度有大量，不能不小有盈縮，故有雖交會而不食者，或有頻交而食者。」
〔六〕娉　據文意似當作「娟」。
〔七〕隹　獅作「錐」。
〔八〕竈　據文意似當作「竈」。
〔九〕竈　據文意似當作「竈」。
〔一〇〕竈　據文意似當作「竈」。
〔一一〕庀　據文意似當作「厇」。
〔一二〕舍　獅作「含」。
〔一三〕有東西廂曰廟……夾室客堂也　阮元校刻十三經注疏爲「室有東西廂曰廟，無東西廂，有室曰寢。」郭璞注：「夾室前堂。」
〔一四〕從堯女聲　今傳本説文爲「从女堯聲」。
〔一五〕悟　獅作「悟」，今傳本説文作「悟」。
〔一六〕下　此句疑有脱誤。
〔一七〕旁光　獅作「膀胱」。
〔一八〕緋　獅作「緋」。
〔一九〕尫　據文意似當作「尪」。
〔二〇〕文　據文意似當作「女」。
〔二一〕鴿　獅作「鴿」。
〔二二〕杜　玄卷二十作「社」。
〔二三〕反　各本無，據文意補。
〔二四〕盈縮轉訛　此句疑有脱誤。
〔二五〕呵　獅作「阿」。
〔二六〕橛　玄卷二十作「撅」。
〔二七〕判竹圓以盛穀　今傳本説文：「㠯判竹圜以盛穀者。」
〔二八〕林　玄卷二十作「休」。
〔二九〕婆　玄卷二十作「娑」。
〔三〇〕闇　玄卷二十作「闍」。
〔三一〕蘲　玄卷七和今傳本廣雅作「畫」。
〔三二〕竭　據文意當作「蝎」。
〔三三〕獘　據文意似作「獘」。説文：「獘，獘或從死。」
〔三四〕棘　據文意當作「棘」。下同。　莿　據文意當作「莿」。下同。
〔三五〕束　據文意當作「朿」。
〔三六〕省　衍。
〔三七〕卷　各本無，據文意補。
〔三八〕吱　玄卷二十作「吱」。
〔三九〕憾　據文意似當作「撼」。下同。
〔四〇〕蒼頡篇：咽喉也　此似爲釋前一條「喉嚨」之文，誤入此條中。
〔四一〕冤虹杝軒車其事也　此句疑有脱誤。
〔四二〕失　獅作「芺」。
〔四三〕龕　即「龕」。
〔四四〕文　玄卷四作「支」。
〔四五〕古　據文意當作「占」。玄卷四作「沾」。
〔四六〕㴞　據文意當作「㴞」。
〔四七〕泜　據文意似作「泯」，或爲避諱改字。
〔四八〕民　據文意似當作「滅」。
〔四九〕東　今傳本説文作「朿」。
〔五〇〕樹　據文意似作「樹」。
〔五〇〕秘書：日月爲易　説文釋「易」云：「蜥易，蝘蜓，守宫也。象形。秘書説：日月爲易。象陰陽也。」段注云：「秘書謂緯書。目部亦云，秘書瞋從戌。」然據慧卷六釋大般若經第四百九十三卷中「無易」之「易」字引説文云：「賈秘書説：日月爲易字。」考後漢書賈逵傳稱賈逵兩校秘書，許慎曾從賈逵學習，秘書也有可能指賈逵，許慎尊敬他而不直稱其名寫作「賈秘書」。
〔五一〕寶　獅作「實」。
〔五二〕羲　獅作「羲」。
〔五三〕類聲　玄卷四爲「聲類」。
〔五四〕頭　玄卷四釋此詞作「裂」。
〔五五〕日　獅作「目」。
〔五六〕蒲闍尼食　麗接排在「歎波那食」後。
〔五七〕佉陀尼食　麗接排在「蒲闍尼食」後。
〔五八〕㴞　據文意似當作「㴞」。
〔五九〕抙　據文意似當作「扤」。下同。
〔六〇〕嗅　獅作「皎」。
〔六一〕曒　玄卷四作「曒」。
〔六二〕泥　玄卷四作「泛」。

一切經音義　卷第四十四

大唐翻經沙門慧琳撰

受持七佛經一卷　無字音
大意經一卷
堅固女經一卷
離垢惠菩薩問禮佛經一卷　慧琳
右遶佛塔經一卷　慧琳
造塔功德經一卷　慧琳
寂照三摩地經一卷　慧琳
有德女問經一卷　慧琳
大乘四法地經一卷　無字音
不增不減經一卷　慧琳
記法住經一卷　玄應
佛爲海龍王經一卷　無字音
妙色王經一卷　無字音
大乘流轉經一卷　慧琳
師子素馱經一卷　慧琳
泥洹後灌臘經一卷　慧琳
八部佛名經一卷　慧琳
右五十三經八十二卷同此卷音

菩薩本行經　上卷　玄應撰

軍持　正言捃稚迦，謂雙口澡灌也。或譯云瓶也。
炄縠　又作炒、焣、炅三形，同。初狡反。方言：焣，火乾也。
牂羖　祖郎反。羊三歲曰牂。牂然，盛皃也。下丁奚反。羖，羖羊也。經文作牴，丁禮反。觸也。牴非經用。
來抴　又作曳，同。余世反。説文：抴，引也。謂牽引也。
羯羠　因几反。聲類：騬羊也。徐廣曰：羯羠並犍羊。
慍心　於問反。慍，怒也。説文：慍，怒也。蒼頡篇：慍，恨也。
璣鄯尼　居衣反，下音市戰反。龍子名也。
刖其　魚厥、五骨二反。刖猶割也。經文作刓，五桓反，齊也。
上旋　似緣反。旋，轉也。經文作矩，俱禹反。方曰矩。矩，則也。矩非此義。
邪旬　或云闍維，或云闍毗，同一義也。正言闍鼻多，義是焚燒也。

菩薩本行經　中卷

災禍　又作烖、灾、秋三形，同。則才反。説文：天火曰災也。
蜥蜴（蜴）[二]　斯歷反，下以石反。在草曰蜥蜴（蜴）。經文作蜥，非也。
金拂　敷勿反。廣雅：拂，除也。謂除去塵土也。拂，拭也。經文從巾作怫，或作髴，非也。

菩薩本行經　下卷

騷動　蘇勞反。説文：騷，擾也。謂擾動也。
万歧　又作郊、㩻二形，同。巨宜反。謂道有支分者也。
晃焴　又作晄，古文熿，同。胡廣反。説文：晃，明也。廣雅：晃，暉也。下又作煜，同。由掬反。説文：煜，燿也。埤蒼：煜，盛皃也。
瘡瘢　蒲蘭反。蒼頡篇云：瘢，痕也。痕音胡根反。

法集經　第一卷　慧琳撰

羸損　力追反。杜注左傳：羸，弱也。賈注國語云：羸，病也。説文：瘦也。從羊羸聲。羸音騾臥[反][三]也。

曀障　上翳計反。毛詩傳曰：終風且曀，不日有曀。爾雅云：陰而風爲曀。説文：從日壹聲也。下章讓反。考聲云：障，蔽也。説文云：障，隔也。從𨸏章聲。

法集經　第二卷

駿疾　遵峻反。郭注穆天子傳云：駿馬之美稱也。説文：馬之良者也。從馬夋聲。夋音七恂反。

膚豔　上甫無反。毛詩云：膚美也。説文云：膚，皮也。從肉從盧省聲也。下閻厭反。毛詩云：美色曰豔。左傳云「美而豔」是也。説文：從豐從大從血。經從色作艶，俗字也。

虹起　胡東反。爾雅云：蝃蝀，虹也。禮記「季春之月虹始見」是也。説文：從虫工聲。蝃音帝，蝀音凍也。

秔糧　上革衡反。考聲：秈稻也。聲類：不黏稻也。説文：亦稻屬也。從禾亢聲。亢音康浪反。經從米作粳，俗字。秈音仙。

蠅蟻　上翼繒反。鄭箋毛詩云：蠅之爲蟲也，污黑爲白，污白爲黑。郭注爾雅云：蠅好摇翅也。説文：蟲之大腹也。從虫，黽象形。黽音猛。下宜倚反。俗字也。正作螘。爾雅云：蚍蜉也。大曰蚍蜉，小曰螘。説文：螘亦蚍蜉也。從虫豈聲也。

法集經　第三卷

矛矟　上莫侯反，下雙捉反。前音義第三十三卷證契大乘經中已釋訖。

戉斧　上音越。顧野王云：古者用戉以斬人。司馬法云：夏執玄戉，殷執白戚。周書云：王左杖黄鉞。孔安國云：以斧（金）[四]飾斧，從戈從レ聲。レ音厥。或從金作鉞，亦通用也。

法集經　第四卷

跟踝　上音根，下華瓦反。

腨脛　上時兗反，下形定反。

髀膝　上蒲米反，下薪七反。

胸脅　上音凶，下香業反。

腹肋　上風屋反，下音勒。

肘腕　上張柳反，下剜灌反。

肩臂　上音堅，下卑寐反。

頭頬　兼葉反。

頸項　上經郢反，下巩降反。

髑髏　音獨，音婁。

窟宅　上坤兀反。

爪齒　上莊狡[五]反，下鴟止反。

腸胃　上音長，下音謂。

脾腎　上音毗，下音慎。

心肺　妃吠反。

肪膏　上音方，下音高。

腦膜　上乃倒反，下音莫。

涕唾　上天利反，下吐臥反。

髓腦　下雖觜反。

筋骨　上音斤。

齒齗　下音銀。

荷擔　上音何，下多甘反。從手。

稠林　上長流反。廣雅：稠，穊也。已上第四卷中文字多說如來三十二相。前大般若音義中已具訓釋，是故但音而不訓字也。

法集經　第五卷

倢疾　上潛葉反。廣雅：倢，健。方言：宋楚之間謂慧爲倢。郭注云：慧謂了慧，倢言便也。顧野王云：謂口舌聲利往來皃也。說文：從中從又從止作疌。文字典說：從人疌聲。從手非也。

糠糟　上音康。聲類云：穀皮也。下臧勞反。說文：酒滓也。二字並從米，康、曹皆聲。

麞鹿　上音章，下音禄。字書云：麞者，小鹿之類也。有角曰鹿，無角曰麞。

法集經　第六卷　無字音訓。

觀察諸法行經　第一卷　慧琳撰

捨扼　烏革反。包咸注論語云「横木以縛扼」是也。說文：從手㡯聲。正體作扼。經作扼，俗字也。

欲渡者橃　煩發反。考聲：橃，謂縛竹木浮之水上也。說文亦海中大舩也。從木發聲也。或從舟作𦪇。經從竹作筏，俗字也。

觀察諸法行經　第二卷

撞弩　濁江反。顧野王云：撞，擊也。廣雅：㓷也。說文云：擣也。從手童聲。

阿取上聲。波亦取上聲。遮作可反。那曩可反。經文從井，非也。陁取上聲也。迦薑佉反。又取上聲。蹉藏賀反。詫坼賈反。嗏宅下反。已上並響梵語聲，不合解字。

觀察諸法行經　第三卷

不槩　柯亥反。鄭注禮記云：概，平斗斛者也。又云量也。說文作杚斗斛平也〔六〕。從木既聲。今俗音古外反。杚音骨。說文：杚，平也。從木气聲。

電泡　田見反。說文：電陰陽相激耀也。從雨电聲。下皰茅反。考聲：水上浮漚也。說文：從水包聲。

觀察諸法行經　第四卷

䴔鶄　上音交，下音精。郭注爾雅云：似鳧，脚高，毛冠。江東人家畜之，云厭火災也。山海經：蔓聯山有鳥，名䴔，群飛，尾如雌鷄，鳴即自呼，食之治風。說文：䴔鶄也。並從鳥，交、青皆聲。

嗟慨　上借邪反。毛詩傳云：嗟者，美之也。爾雅：咨，嗟也。說文：嗟，從口差聲。下開愛反。鄭箋毛詩云：慨謂歎息也。說文：忼慨，壯士不得志也。從心既聲。或從氣作愾。有從口作嘅，俗字也。

調戲　條弔反。毛詩傳云：調，嘲也。下希義反。郭注爾雅云：戲謂相調戲也。說文：調，從言周聲。經從手作掉，掉謂搖也，非此義。說文戲字從戈䖒聲也。䖒音許衣反。經作戲〔七〕，俗字也。

蹴蹋　秋育反。何休注公羊傳云：以足逆踏之曰蹴。下談盍反。埤蒼：蹋謂足著地也。說文：蹋，踐也。並從足，就、䲩皆聲。䲩音塔。

菩薩處胎經　第一卷　玄應

翅搜　尸豉反，下所流反。案婆兜釋翅［搜］〔八〕城，即天竺城也。譯云婆兜，此言住處。釋翅搜者，能也。謂能仁住處城也。經中或作釋氏瘦城，或作舍衛城，或云迦維羅衛城，或言迦毗羅城，皆猶梵言輕重以名釋迦，音訛故也。

自襞　卑亦反。襞，褺也。廣雅：襞，屈［也］〔九〕。褺音牒也。

儭身　字書或作親字，同。且吝反，又差覲反。儭，至也，近也。

唼嗽　子盍反。下又作欶，同。所角反。通俗文：含吸曰嗽。

盖天　諸經作盧天。此譯云有光壽天也。盧音烏合反。

阿波魔那天　或作盧波摩那天。此譯云無量光天。

阿會亘（亘）〔一〇〕修天　或作阿波亘修天，或作阿波會天也。

相敳　又作撐、㱾、振三形，同。丈庚反。謂相觸也。撐，拄也。

咰咽　禹六反，下於賢反。廣雅：咰，吐也。［咽〔一一〕］，喉也。經文作隋，音墮，誤也。

⿰口尃⿰口集　又作⿰齒尃，同。補各反，下子立反。說文：⿰口尃⿰口集，味入口皃也。

菩薩處胎經　第二卷

鼻⿱山豈　魚偃反。通俗文云：緩脣謂之⿱山豈碏。碏音昌若反。今其事也。經文作嵃，魚產反，巘嵃也。嵃字非義也。

如篅　市緣反。說文：判竹圓以盛穀者。蒼頡篇：篅，圓倉也。經文作簞，音丹，竹器名也。簞非此義也。

蛄蟥　古胡反。螻蛄也。下胡光反。蟥蛢，甲蟲也。大如虎豆，緑色也。蛢，蒲丁反。

菩薩處胎經　第三卷

勸訹　私律反。說文：訹，誘也。經文作恤，非也。

揖讓　伊入反。平推也，亦手小舉之也。廣雅：揖，進也。

陶冶　徒高反，下弋者反。陶謂作瓦器也。冶，鑪銷者也。陶，化也。冶，消也。

僧那　此譯云鎧甲，言以被著飾大鎧也。

龜鼉　徒多反。三蒼云：似蛟而大。山海經：江水足鼉。郭璞云：似蜥蜴，大者長一丈，有鱗彩，可以爲鼓。經文從魚作鮀，非也。

利⿱此束　古文⿱此束，今作咮，同。子累反。字書：⿱此束，鳥啄（喙）〔一二〕也。

⿱䜌斗空　居萬反。通俗文：汲取曰⿱䜌斗。說文：抒漏也。

菩薩處胎經　第四卷

蟲蝗　胡光、胡孟二反。螽也。謂蝗蟲也。小曰螉，大曰蝗。云魚子所化作也。螉音鍾。經文作蟥，非體也。

軫宿　之忍反。

亢宿　恪浪反。

撩擲　又作擽，同。力彫反。謂相撩擲也。擲，相投也。

杖挃　知栗反。廣雅：挃，刺也。以指杖刺者。

大辟　古文擗、擘二形，同。裨尺反。辟，法也。除也。經文作僻，隱僻之僻，非也。

芟除　所巖反。刈草也。詩傳曰：芟，除草也。經文作釤，所鑒反，大鎌也。釤非此用也。

菩薩處胎經　第五卷

槍刺　且羊反。說文：槍，距也。通俗文：剡木傷盗曰槍。木鐵槍皆作此。經文作鏘，玉聲也。又作鎗(錆)〔一三〕，非。

八藏　在浪反。一胎化藏，二中陰藏，三摩訶衍方等藏，四戒律藏，五十住菩薩藏，六雜藏，七金剛藏，八佛藏。梵本云名篋，以藏替之也。

弘道廣顯三昧經　玄應

弘道廣顯三昧經　第一卷　先不訓。

弘道廣顯三昧經　第二卷

蔚有　於謂反。文章皃。廣雅：蔚，數也。說文：緐繁數也〔一四〕。

景風　居影反。八風中南方曰景風。風動蟲生也。

弘道廣顯三昧經　第三卷　先不訓。

弘道廣顯三昧經　第四卷

力贔　古文奰、悲、㚘三形，今作勢，同。皮冀反。說文：贔，壯大也。謂作力怒也。詩云：不醉而怒曰贔也。

輕驫　纂文音徒答反，又音風幽反。廣雅：驫驫，走也。

施燈功德經　玄應撰

羸瘠　古文瘠、㾊、膌三形，同。才亦反。瘠，瘦也。

支提　又名脂帝浮圖。此云聚相，謂累石等高以爲相，或言方墳，或言廟，皆隨義釋也。

央掘魔羅經　第一卷　玄應

龜坼　恥格反。莊周云：宋人有善不龜之藥者。注云：其藥能令人手不龜文坼裂者也。

烏伏　作句(勼)〔一五〕，同。扶富反。謂蓲伏其卵及伏雞等亦作此字。今江北通謂伏卵爲菢。江南曰蓲，音央富反。

央掘魔羅經　第二卷

虓闞　又作唬，同。呼交反。下呼檻反。説文：虎怒聲也。詩云「闞如虓虓」是也。

雄傑　奇哲反。詩云：邦之傑子（兮）〔一六〕。傳曰：傑，特立也。英，傑也，才能也。智出千人曰傑也。

興渠　此言少訛也，借音嫣蠅反。出烏茶娑他那國，彼土人常所食者也。此方相傳以爲芸薹者，非也。嫣音虚延反。

童真　是沙彌，别名式叉，此言學，亦云隨順無違。梵言究磨囉浮多。究磨羅者，是彼土八歲以上未冠者童子總名也。浮多，此云真，亦言實也。

酣醉　古文佄，同。胡甘反。漢書應劭曰：不醉不醒曰酣。一云樂酒曰酣也。

央掘魔羅經　第三卷

緜纊　古文絖，同。音曠。説文：纊，絮也。小爾雅云：纊，緜也。絮之細者曰纊。

津溜　子隣反，下力救反。津，液也。蒼頡篇：液汁也。字書云：溜謂水垂下也。

央掘魔羅經　第四卷

維持　翼隹反。維猶聯結也，亦維持之也。維，繫也。

嬉謔　虚基反，下虚脚反。嬉，戲樂也。謔，相戲調也。

驍捷　古堯反。廣雅：驍，健也。亦勇急也。

震慴　徒頰、之涉反。爾雅：慴，懼也。經文作疊，非體。

俛仰　無辯反。俛，低頭也。言閔默不已也。

卜筮　時世反。筮，問也。禮記：龜爲卜，蓍爲筮。卜筮者決嫌疑，定猶預，故疑即筮之。字從竹，古今之正字。

杜門　古文敷，同。徒古反。國語：杜門不出。賈逵曰：杜，塞也。塞，閉也。

瞪矚　直耕反。埤蒼：直視也。下之欲反。

顛沛　又作敁、蹎二形，同。都賢反。下浦昧反。謂偃仆也。經文從犬作獏，非也。

無所有菩薩經　第一卷　慧琳

贏鼓　上盧戈反。前音義第三十卷不退轉法輪經第四卷已釋。贏字經從累作螺，俗字也。古今正字正作贏。

有音　邑今反。説文：音，聲也。生於心，有節於外，謂之音也。宫商角徵羽，聲也。又金石絲竹匏土革木也。從言含一。經從口作喑。説文：齊宋之間謂兒泣不止曰喑。非經義也。

無所有菩薩經　第二卷

氣嘘　許居反。梵語旃陀羅名也。

掬於　居六反。毛詩傳云：兩手曰掬也。掬，説文：從手從匊省聲。匊音同上。或上從勹從米作匊，古文作匋〔一七〕，亦作匊，並通用。勹音包也。

涌出　容腫反。劉兆注公羊傳云：涌，騰也。説文：從水甬聲也。經從足作踊。考聲：躍也。非經義也。

無所有菩薩經　第三卷

承攬　藍敢反。考聲：攬，收也。廣雅：取也。王逸注楚辭：持也。說文：從手覽聲。古文作擥，亦通。

無所有菩薩經　第四卷

壓油　音鴨。考聲：壓猶鎮也。說文：從土厭聲。厭從厂從猒。猒（猒），從萬（肙）[一八]從肰。肰音然也。經作厭，俗字也。

佛說明度經　上卷　慧琳

有黠　下閑軋反。考聲：黠，利也。方言云：慧也。說文：從黑吉聲也。

泥洹　下活官反。梵語。或云涅盤。

群輩　杯妹反。宋忠注太玄經云：輩猶類也。說文：從車非聲。或從北作輩，俗。

婬劮　上以針反。考聲：婦人多慾也。文字集略云：謂男女野合也。左傳：貪色曰婬也。說文：私逸也。從女㸒聲。下寅質反。廣雅云：劮亦婬也。古今正字：從力失聲。經並從水作淫泆。淫，過也。泆，溲也。乖經義，誤也。

稽首　上溪禮反。鄭注周禮云：稽首，首至地也。說文：從旨從秋省[一九]聲也。秋音兮。從禾（禾）[二〇]，禾（禾）音鷄。從禾者，非也。古文作䭫，從旨，從古首字也。

佛說明度經　下卷

髡頭　上窟昆反。考聲：髡謂去其髮也。說文：大人曰髡，小兒曰剃。從髟兀聲也。經作髨，俗字訛略，非也。髟音必遥反。

剔鬢　上聽的反。聲類：剔謂剃髮也。文字典說：從刀易聲。亦作鬄。

蜎飛　上於緣反。前音義第三十五卷菩薩逝經中已釋訖。

蝡動　如准反。前音義第三十五卷長者子逝經中已訓釋。

薜荔中　上鼙閉反，次犁帝反。梵語餓鬼之總名也。

拷掠　上音考，下凉尚反。鄭注禮記云：掠謂捶治人也。古今正字：從手從諒省聲也。

中陰經　上卷　玄應

瘟天　烏合反。譯云有光壽經中有作阿波天，同一名也，謂二禪初天少光天也。

須滯天　除例反。道行經作須薹天，音徒計、丁計二反。又作須㿃天，音帝。樓炭經作嚏天，音帝。皆梵語訛轉也。此譯云善觀天，即善見也。

瘡疣　字體作肬，籀文作䞮，同。有流反。通俗文：體目曰肬。經文作痏，音位理反。蒼頡篇：痏，毆（毆）[二一]傷也。

斗藪　又作擻，同。蘇走反。方言：斗擻，走舉也。周成難字：斗擻，㲉㲉也。音都㲉反，下蘇㲉反。經文作抖捒二形，音同拯策，並非字體也。

中陰經　下卷

擲線　文字詁約[二二]古文作線，今作綫，同。私賤反。所以縫紩者也。

劒刎　古文歾[二三]，同。云(亡)粉反。通俗文：勿(自)刻曰刎[二四]。公羊傳曰：公遂刎脰而死。何休曰：刎，割也。脰音豆也。

大法鼓經二卷　無字音訓。

大方廣如來秘密藏經二卷　無字音訓。

文殊問經　上卷　玄應

多弭　彌氏反。

炮字　父交反。

攞字　力可反。三句並梵語也。

文殊問經　下卷

底舸　古我反。山名，律主居之。

艿山　而證反，亦而蒸反。又作芿，律主居之也。

舟航　又作杭，同。何唐反。方言：自關而東或謂舟爲航。航，渡也。濟渡之舟也。

罾網　則恒反。罾，网之總名也。樹四植夾水以掛網曰罾也。

跨上　苦覇反。跨，躡也。字林：跨，渡也。

犢牛　疾津反。字略云：異牛名。

波拕　太何反。

文殊師利問菩薩署經　玄應

陂提　彼皮反，下匙尔反。比丘名也。

倪三颰　五禮反，下蒲沫反。人名也。

提胳　公諾反。說文：腋下也。埤蒼：在肘後。

分畛　之忍反。婆羅門名也。

僑[二五]泉　自宣反。經文作畎、泉二形，非也。

黤黮　烏感反，下他感反。不明也。亦深黑也。

我賫　又作賷，子奚反。說文：賫[二六]，持遺也。

千佛因緣經一卷　慧琳

頻贏　音騾。梵語也。經作蠃，今俗作螺，並非正體。

揵連　音上[二七]虔。梵語也。

跋陀　上蒲末反。梵語也。

摩睺　下音侯。梵語也。

優曇鉢　上音憂，中音潭。梵語也。古文云[二八]。

唬咷　上皓高反。俗字也。正作號。下道勞反。周易云：先號咷而後笑也。顧野王云：大哭也。廣雅云：鳴也。古今正字：唬咷，大泣也。並從口，虎、兆皆聲也。

鎔銅　上欲鍾反，下徒東反。漢書云：猶金之在鎔也。又云：唯冶之所鑄也。說文：銅，赤金也。鎔，冶器也。二字並從金，形聲字也。

創疣　楚莊反。考聲：聲(二九)瘡痍也。或作瘡。說文：瘡，傷也。又刃入肉也。從刃一也。象形也。下有求反。蒼頡篇：疣，病也。考聲：皮上風結也。古今正字：從疒尤聲也。或作肬，又作默。有音右者，非也。

月上女經　上卷　玄應

脅嚇　方言作閱，同。呼隔反。謂以威力恐人。

呵嗽　火曷反。廣雅：嗽，怒也。埤蒼云：嗽，呵也。經文作喝，乙芥反，嘶喝也。

雀垜　徒果反。謂城上女牆也。經文作墮落之墮，非體也。

寮窗　力彫反。蒼頡篇：寮，空也。亦穿也。

藻棳　又作梲，同。之説反。爾雅：梁上楹謂之棳。注云：侏儒柱也。蒼頡篇：棳，栭也。

月上女經　下卷

佛地經　玄應

眇然　彌繚反。廣雅：眇，莫也。眇，遠也。遠視眇然寂莫不知邊際也。

所都　覩胡反。字林：有宗廟先君之主曰都，城郭之城曰都。又人之所聚曰都也。

大七寶陀羅尼經一卷　無字要音。

佛垂般涅槃略說教戒經　慧琳

貿易　上矛候反。顧野王云：貿猶交易也。爾雅：賣也。說文：從貝丣聲也。

墾土　康佷反，上聲字也。蒼頡篇：墾，耕也。方言：墾，力田也。郭注云：謂耕墾用力者也。古今正字：從土貇聲也。

媟慢　仙列反。孔注尚書云：媟亦慢也。方言：狎也。說文：從女枼聲。枼音葉也。

轡制　碑媚反。顧野王云：轡，所以制馭馬也。說文：乘馬具也。從叀絲(三〇)。絲與連同意。叀音衛。經從口作轡，非也。

輕躁　遭到反。鄭注論語云：躁，不安靜也。考聲：謂性急。說文：從足從喿，音騷到反。

騰躍　上特登反，下羊灼反。前第三十四卷新譯密嚴經上卷已釋。

黑蚖　玩丸反。前第三十三卷決定總持經已音釋。

霹靂　上疋覓反，下零滴反。前第三十卷大方廣寶篋經上卷已釋。經從足作躃躒，非也。

鑽火　祖官反。前音義第三十五卷老母經中已具釋。

著鎧　上張略反，下開改反。前音義第三十五卷順權方便經卷中已釋。

出生菩提心經

迦蘭陀　或言迦蘭馱迦，或言羯蘭鐸迦，鳥名也，其形似鵲。鞞紐婆那，此云竹林，謂大竹林也。此鳥多栖此林。昔有國王於此睡息，蛇來欲螫，鳥鳴覺之。王荷其恩，散食養鳥，林主居士遂從此鳥爲名，名迦蘭馱。舊安外道，後奉如來也。

俱致　或言俱胝。此言千萬，或言億而甚不同。故存本耳。

毚謩　乃侯反，下莫胡反。

紆伏哆　衣于反。

系履　下計反。已上並梵語。

滅十方冥經　玄應

憂灼　之若反。灼謂憂懼也。灼，痛也。

佛說摩尼羅亶經　慧琳

羅亶經　中丹爛反。經題目。梵語。

目眩　玄絹反。廣雅：眩，惑也。蒼頡篇：視不明也。形聲字。

隩提　梵語也。此字取聲，不合訓解也。

跛蹇　上波我反，下居偃反。前第三十四首楞嚴三昧經上卷已釋。

暍死　上偃歇反。說文：暍，傷熱暑也。從日曷聲。或作煬、瘍，古字也。經文從月作腸，非也。

洿池　上沃古反。廣雅：洿，深也。國語：塞泉源而爲潢洿。賈逵注云：大曰潢，小者曰洿。經文作汚，俗字，亦通。又去聲，又渦臥反，後二音今並不取之也。

圂神　魂困反。說文云：圂，廁也。從囗豕在其中。經文從水作溷，非經義也。囗音韋也。

異出菩薩本起經　無字可釋。

月明菩薩經　慧琳

親理　力紀反。鄭注禮記云：理猶性也。又云：倫，類也。理，分也。今多作里，二十五家爲里，方居一里之中也，亦通。古今正字：從玉里聲。

心明經　慧琳

執爨　七亂反。鄭注周禮云：爨即今炊竈也。杜注左傳：爨，炊也。說文：齊謂之炊爨。文字典說從臼。臼象持甑。從冖象竈，廾推薪內火也。臼音匊六反。冖音癸營反。廾音拱也。

熙怡　上喜飢反，下以之反。前音義第三十五卷諸法勇王經已釋也。

山罡　閣郎反。爾雅云：山脊曰罡也。郭注云：謂長山背也。說文：從山网聲。經文作崗，俗字誤。

囧灼　上鬼永反。蒼頡篇：囧，大明也。彰也。考聲：象窗牖開明也。象形字也。下章若反。廣雅：灼，明也。或作焯，亦同。從火勺聲。

愆咎　羌虔〔三二〕反。孔注尚書云：愆，過也。顧野王云：凡物有過皆謂之愆也。說文：從心衍聲。或作寒，古字亦作僁也。衍音演。

羈制　寄宜反。前第三十五卷彌勒下生成佛經已釋。或作羇，又作䩭，古字也。

潷飯　彬密反。廣雅：潷，盝也。埤蒼：匕去汁曰潷。古今正字：從水筆聲。或作泡，亦通。經文或作匕飯，義同，亦去飯汁也。盝音祿。

鞌勒　案寒反。考聲云：馬鞌也。說文：鞍，馬莊具也。從革安聲也。經從案作鞍，俗字。

貲數　上子斯反。毛詩傳云：貲，財也。說文：貨也。從貝此而〔三二〕聲也。

罪釁　欣靳反。杜注左傳云：釁，罪也。隙也。前音義第三十二卷無所有希經中已釋。

佛說善夜經　慧琳

謗讟　上博曠反，下徒祿反。郭注方言：誣謗怨痛也。杜注左傳：讟，誹也。說文：謗，毀也。從言旁聲也。讟，從誩賣聲也。賣音育〔三三〕，誩音競也。

鬪諍　當遘反。顧野王云：稱兵相攻戰曰鬪。蒼頡篇云：鬪，爭也。通俗文云：相牽曰鬪。字鏡：鬪，競也。纂韻：遇敵交爭也。說文：兩士相對，兵仗其後，象形欲相鬥也。從丮（丮）厈（𠂆）〔三四〕相對爲鬥，亦會意字也。丮音戟，用（𠂆）〔三五〕音恭玉反。先賢諸儒見與門字相亂，中加斲字爲鬪，以簡別之也。後代不曉，因草隸又改䜝爲豆，從門從豆從斤作鬪〔三六〕，行已久矣，不可改正也。斲音卓，䜝亦古文卓字。

德光太子經　玄應

羯隨　或作羯毗，或作迦毗，或作加毗，皆一物也。此云好聲鳥也。經文從鳥作鵜，非也。

貧窶　瞿矩反。詩云：終窶且貧。傳曰：窶者，無禮也。字書：窶，空也。

敲毃　又作敲，同。苦交反。下苦害反〔三七〕，苦㱾二反。三蒼：敲毃，相擊也。經文作橈奴飽反槩古代反，並非此用也。

鸕鷀　力胡反，下音慈。爾雅云：鷀，鷧。郭璞云：即鸕鷀也。觜頭如鉤，食魚者也。中國或名水鴉。此鳥胎生，從口吐出，一產八九子也。

鋃鐺　洛當反，下都堂反。說文：鋃鐺，瑣也。通俗文：錘頭曰鋃鐺也。

商主天子所問經　慧琳

疲倦　上被眉反。顧野王云：疲亦倦也。廣雅云：病也。古今正字云：勞也。從疒皮聲。下權院反。廣雅云：倦，極也。勞也。顧野王云亦疲也。說文：從人卷聲也。經作惓，說文作券，並通用。

懈怠　古賣反。經作懈，亦通。前音義第三十三卷大乘伽耶山頂經中已釋訖也。

缺減　犬決反。前第三十二卷彌勒下生成佛經中已釋。下甲斬反。杜注左傳云：減，輕也。韓詩外傳：少也。古今正字云：損也。從水咸聲也。

差摩婆帝經　慧琳

名波都拏　音搦加反。梵語。頻婆娑羅王美人衣名也。

魔逆經　慧琳

陽燧　古文作䥇、鑒二形，今作燧。聲類或作檖，同。辭醉反。又云檖，謂取火於日者也。論語：鑽燧改火也。古今正字云：取火具也。從火遂聲也。

搪揬　徒郎反，下徒骨反。廣雅：觸、冒、搪、衝，揬也。字書：揬，揩也。古今正字二字並從手，唐、突皆聲。

原赦　魚袁反。原猶放逸〔三八〕也。魏志「特原不問罪」是也。下書夜反。三蒼：赦，舍也。周禮：掌三赦之法：一赦幼小，二赦老疾，三赦惷愚也。說文：赦，寬免也。從攴赤聲也。

諸法最上王經　慧琳

謦欬　上輕挺反，下開改反。前第三十三卷不退轉法輪經已釋。

鏺多龍王　上波我反。梵語也。

佛說佛印三昧經　慧琳

禽獸　上及金反。前第三十三卷老母經中已釋。經從犬作獛狩，非也。

文殊師利般涅槃經　慧琳

阿茂咤　梵語，寶名也。

鹿母經　慧琳

弶中　强向反。考聲：施罥於道曰弶也。今獵家施弶以取鳥獸，其形似弓也。文字典說文（云）〔三九〕：從弓京聲。經作摪，俗字也。

亨俎　普羹反。亨，煮也，亦熟也。下側吕反。字書：俎，几也。古今正字云：禮俎也。從半肉在且上。

鹿子經　慧琳

煢悸　古文惸、𠍣（儝）〔四〇〕二形，同。巨營反。孔注尚書云：煢，單也。詩傳云：煢煢然無所依也。又云憂思皃也。古今正字：從卂熒省聲。下渠季反。謂心驚不定也，亦心動也。

呦呦　又作嚘，同。音幽。毛詩云：呦呦鹿鳴。傳曰：鹿得草，呦呦然而鳴，相呼食也。古今正字云：鹿鳴聲也。從口幼聲也。

佛說賢首經　慧琳

颰陀師利　上盤鉢反。梵語，瓶沙國王夫人也。瓶音並冥反。

嬉戲　上喜其反。蒼頡篇：嬉，戲笑也。説文：樂也。從女喜聲。下希寄反。考聲：戲，謔也。詩傳云：戲，逸豫也。爾雅云：謔浪笑敖，戲謔也。字書云：嬉也。古今正字：從戈䖒聲。䖒音欣衣反。

受持七佛名號所生功德經一卷　無字音。

佛説大意經一卷　慧琳

險阻　上脅撿反，下側旅反。顧野王云：險，難也。郭注爾雅：阻亦險難也。説文並從𨸏，僉、且皆聲。經從山作嶮岨，非也。僉音妾閻反。且音即余反。

攬束　上藍敢反。前無所有菩薩經第三卷已釋訖也。

坌土　分問反。廣雅云：坌，除也。説文：棄，除也。從廾推華棄米。官溥説似米非米，古文矢字也。經從土作糞，或從米作糞，非也。廾音拱。華音鉢槃反。

蚑行　上妓羇反。顧野王：謂麕鹿之類跂踵行者也。説文亦蟲也。從虫支聲。或從足作跂。麕音君。

佛説堅固女經　慧琳

號勝堅固如來　勝字昇證反。經從女作媵，非也。

離垢慧菩薩問禮佛經序　慧琳

闢重關　上脾壁反。周易云「闢戶謂之乾」也。説文：闢，開也。從門辟聲。下慣頑反。前第三十五卷彌勒下生成佛經已釋。

德跨　下誇化反。顧野王云：跨謂舉足也。杜注左傳云：跨謂過其上也。賈注國語云：股也。説文云：渡也。又云以跨步之跨也。從足夸聲。

勝辯　上昇證反。考聲云：勝，強也。説文：從力朕聲也。朕音沈錦反。經從月作勝，俗字，非也。

藉五輪　上寂夜反。漢書：藉猶假借也。從艹。五輪者，謂左膝、右膝，左手掌、右手掌，頭頂，是爲五輪。五處皆須至地虔誠作禮，常以此五處至地禮敬三寶。當來成佛之時，五處皆有千輻輪相顯現也。古字云也。

隤運　上徒回反。禮記：泰山其頹乎。考聲：壞也。説文：隤，墜下也。從𨸏貴聲。經文從禿作頹，非此用。

暨龍朔　上其懿反。考聲：暨，及也。説文：從旦既聲。經從水作洎，肉汁也。非經義。已上經首序，已下入經文。

右遶佛塔功德經　慧琳

聽許　上剔寧反。考聲：聽，從也。説文：從悳耳壬聲也。悳，古文德字。壬音剔井反。

倉亩　林寢反。考聲：亩亦倉也。鄭注周禮云：藏米曰亩。説文：從入回，象屋形中有户牖也。

造塔功德經一卷　無字音。

寂照神變三摩地經　慧琳

黎呫毗　呫音襜攝反。梵語義譯王族公子也。

寶鉀　下虢猛反。考聲：鉀，銅鐵等璞也。鄭注周禮：金玉未成器也。亦從丱從金。丱音古患反。或作鑛，或從石作礦，並通用也。

顰蹙　上脾賓反，下晶昱反。顧野王：顰蹙憂思愁不樂之皃也。考聲：聚眉也。説文：從頻卑聲。古今正字：蹙，促也。從足戚聲。

焚蕩　上扶文反。考聲：焚謂火燒也。説文：從火在林下，亦聲也。下堂浪反。孔注尚書：蕩，除也。説文：從水葛(葛)〔四一〕聲。葛(葛)音丑良反。

有德女所問大乘經　慧琳

嶷然　凝棘〔四二〕反。考聲：嶷然，山皃也。桂苑珠叢：嶷嶷，亦山峯皃也。説文：從山疑聲。又音疑，今不取。嶷音鋤側反。

大乘四法經　無字音。

不增不減經　慧琳

是觸　下衝燭反。廣雅：觸，突也。説文：觸，牴也。從角蜀聲。經作觕，古字也。

如來記法住經

拘尸　舊經中或作拘夷那竭，又作究拖那城者，以梵言那伽囉，此云城也。譯言上茅城者，多有好茅故也。

枯槁　古文殦。説文作稾，同。苦道反。槁，木枯。

阿輸迦　此云無憂，或言阿育者，訛略也。是阿闍世王孫。

訕謗　所姦反。蒼頡篇云：訕，誹也。廣雅：訕，謗、毀也。

佛爲海龍王説法印經

妙色王因緣經　已上二卷並無字音訓。

大乘流轉諸有經　慧琳

稠密　上宙流反。毛詩傳：稠亦密也。説文：稠，多也。從禾周聲。經從糸作綢，是綢繆字，非經義也。

師子素馱娑王斷肉經

囚縶　下砧立反。毛詩傳云：縶，絆也。杜注左傳：拘縶也。古今正字：從糸執聲。或作䩢，古字也。

般泥洹後灌臘經

貰許　上時夜反。顧野王云：貰，賒也。説文：貸也。從貝世聲也。

達嚫　初斳反。文字集略云：嚫，施也。從口親聲。

栲治　上珂老反。考聲云：栲，擊也。說文：從木考聲。下雉知反。考聲云：治，理也。顧野王云：修故也。說文：從水台聲也。

八部佛名經　慧琳

族姓　上蔟鹿反。爾雅：父之從祖昆苐（弟）〔四三〕爲族父。說文：從𠬤從矢。經從手作挨，俗字也。

鈔賊　上炒教反。郭注方言云：鈔，強取物也。廣雅云：掠也。說文：從金少聲。亦作抄。

一切經音義　卷第四十四

校勘記

〔一〕校　獅作「校」。

〔二〕蝪　獅作「蝪」。下同。

〔三〕反　據文意補。

〔四〕斧　獅作「金」。

〔五〕狡　獅作「狹」。

〔六〕說文作杌斗斛平也　今傳本說文：「槩，杌斗斛也。」「杌，平也。」

〔七〕戲　據文意似當作「戲」。

〔八〕搜　據玄卷四補。

〔九〕也　據玄卷四補。

〔一〇〕豆　據文意似作「亘」。

〔一一〕咽　據玄卷四補。

〔一二〕喙　玄卷四作「喙」。

〔一三〕鎗　玄卷四釋此詞作「錆」。

〔一四〕綵繁數也　玄卷七爲「文綵繁數也」。

〔一五〕句　據文意當作「勽」。

〔一六〕子　獅作「兮」。

〔一七〕匀　據文意似作「臼」。

〔一八〕歒　據文意似當作「歒」。下同。　萵　獅作「萵」。

〔一九〕省　衍。

〔二〇〕禾　據文意當作「禾」。下同。

〔二一〕歐　據文意當作「毆」。

〔二二〕文字詁約　玄卷五釋此條爲「字詁」。

〔二三〕劝　玄卷五釋此條作「殉」。

〔二四〕云　玄卷五作「亡」。　通俗文：勿刻曰刎　據慧卷四十三釋陀羅尼雜集第三卷「自刎」之「刎」爲「通俗文：自割曰刎」。

〔二五〕僑　玄卷五作「橋」。

〔二六〕賫　玄卷五釋此詞作「齎」。

〔二七〕音上　據文意當爲「上音」。

〔二八〕古文云　此句疑有脱誤。

〔二九〕聲　衍。

〔三〇〕說文：乘馬具也。從叀絲　今傳本說文：「轡，馬轡也。从絲从叀。」

〔三一〕虚　據文意似當作「虔」。

〔三二〕而　衍。

〔三三〕音　獅作「育」。

〔三四〕丮厈　即「丮厈」。

〔三五〕用　據文意似當作「厈」，即「厈」。

〔三六〕鬪　即「鬪」。

〔三七〕反　疑衍。

〔三八〕逸　玄卷五作「免」。

〔三九〕文　疑衍，或似當作「云」。

〔四〇〕傑　據文意當作「傑」。

〔四一〕葛　獅作「葛」。下同。

〔四二〕棘　獅作「棘」。

〔四三〕苐　獅作「弟」。

一切經音義　卷第四十五

菩薩内習經一卷　慧琳
菩薩投身餓虎經一卷　慧琳
師子月佛經一卷　慧琳
八大人覺經一卷　慧琳
長者法志經一卷　慧琳
薩羅國王經一卷　慧琳
菴提遮女經一卷　無字
十吉祥經一卷　慧琳
法滅盡經一卷　慧琳
一切智光仙人經一卷　無字
甚深大迴向經一卷　無字
天王太子辟羅經一卷
三品弟子經一卷　無字
四輩經一卷　慧琳
佛説當來變經一卷　慧琳
金剛三昧經二卷　慧琳
金剛三昧不壞經一卷　慧琳
十二頭陀經一卷　慧琳

翻經沙門慧琳撰

佛分衛經一卷　慧琳
法常住經一卷　慧琳
長壽王經一卷　慧琳
優婆夷净行法門經二卷　慧琳
已上大乘單譯經，已下大乘律。
菩薩地持經十卷　玄應
菩薩善戒經九卷
净業障經一卷　慧琳
優婆塞戒經七卷　慧琳
梵網經二卷　慧琳
受十善戒經一卷　慧琳
佛藏經四卷　慧琳
菩薩瓔珞本業經二卷　慧琳
菩薩戒經二卷　慧琳
菩薩戒羯磨文一卷　慧琳
菩薩藏經一卷　慧琳
菩薩善戒經一卷　慧琳
菩薩内戒經一卷　慧琳

優婆塞五戒威儀一卷　慧琳
文殊浄律經一卷　慧琳
清浄毗尼方廣經一卷　慧琳
寂調音經一卷　慧琳
三聚懺悔經一卷　慧琳
五法懺悔經一卷　慧琳
受菩提心戒經一卷　慧琳
最上乘受戒經一卷　慧琳
入灌頂受戒經一卷　無字
三曼陀多颰陀羅經一卷　玄應
佛説菩薩受齋經一卷
文殊師利悔過經一卷
舍利弗悔過經一卷
法律三昧經一卷　慧琳
十善業道經一卷　慧琳

右五十經八十一卷同此卷音

佛説菩薩内習六波羅蜜經　慧琳

依著　上倚希反。王肅注尚書云：依，助也。毛詩傳：依，倚也。箋云：依之言愛也。説文：從人衣聲。經從犬作猗，案説文犗犬也，與經義殊乖，音界。下丈略反。

菩薩投身餓虎起塔因緣經　慧琳

衙賣　上玄絹反，又音絹。説文云：衙，行且賣也。從行言。或作衒，亦作眩。下正賣字也。

妄瞤　下閏倫反。説文云：瞤，目動也。從目閏聲。

蛆螫　上展列反。博雅云：蛆亦螫也。廣雅：蛆，痛也。或作蜇。古今正字：從虫旦聲也。下聲隻反。説文：蟲行毒也。從虫赦聲。

柱頰　上誅縷反。考聲云：杜拒也。柘頰也。説文：從木主聲。

蹠踐　上之石反。淮南子云：鳥排空而飛，獸蹠實而走。許叔重注云：蹠，蹈也。行也。説文：從足庶聲。經文從鹿作蹠，誤也。

躄跛　并癖反。考聲云：躄，足偏枯不任行也。韻略：跛不能行也。説文：從止辟聲。經從足作躃，誤也。或作躄，通用。

佛説師子月佛本生經　無字音訓。

八大人覺經

危脆　下詮歲反。

罪藪　下蘇走反。鄭注周禮：澤無水曰藪。古今正字：從艸數聲。艸音草。

熾然　上齒志反。毛詩傳云：熾，盛也。顧野王云：猛火也。説文：從戠從火。戠音職也。

佛說長者法志妻經

焜煌　上胡本反。郭璞注方言曰：焜煌，盛皃也。說文：焜亦煌也。從火昆聲。下音皇。蒼頡篇：煌煌，光也。說文：煇也。從火皇聲。

薩羅國經　慧琳撰

鸉鳥　上養將反。爾雅云：白鷹鳥也。郭璞曰：似鷹，尾上白也。或作鷃。今正字從鳥楊聲。經從羊作鴹，非也。

門閫　下坤穩反。鄭注禮記云：閫，門橛也。說文作梱，從木困聲。從門作困，亦通用。

佛說庵提遮經　無字可音。

佛說十吉祥經　無字音訓。

佛說法滅盡經　慧琳撰

無央　約姜反。王注楚辭云：央，未盡也。廣雅：央，久也。說文：從冂大聲。經從革作鞅，音央仰反，殊乖經義，今不取也。冂音癸營反。

擯出　上必吝反。文字集略云：從之遠方也。莊子：擯，棄也。文字典說：從手賓聲。經文從歹作殯，是殯埋字，非經義也。

墾殖　上肯佷反。蒼頡篇：墾，耕也。郭注方言：耕墾用力者也。古今正字：從土豤聲。經文從犬作狠，俗字也。下承力反。杜注左傳云：殖，長也。蒼頡篇：殖，息也。字書：樹也。說文：從歺直聲。豤音坤本反。歺音矜。

短促　上端卵反。蒼頡篇：短，促也。說文：不長也。從矢從豆。經文從扌作拞，非也。

憺怕　上談濫反，下烹伯反。顧野王云：憺謂恬也。王逸云：安也。廣雅云：怕，靜也。說文：怕，無爲也。竝從心，詹、白聲。經文作惔，誤。

一切智光明因緣不食肉經　無字音訓。

佛說甚深大迴向經　無字音釋。

天王太子辟羅經　無字音訓。

佛說三品弟子經　此經無字音訓。

佛說四輩經　慧琳撰

戲譺　下疑紀反。蒼頡篇：譺，欺也。廣雅云：調也。說文云：誤〔一〕也。從言疑聲也。

眄睞　上眠遍反。說文云：眄，邪視也。一目偏合也。從目丏聲。經作眄，俗字也。下來代反。廣雅云：睞，視也。說文：瞳子不正也。從目來聲。

檛罵　上鵽瓜反。聲類云：檛，捶也。古今正字：從木過聲。

額上　上牙格反。方言：額，顙也。說文：從頁各聲。經從客作額，俗字。

佛說十二頭陀經　慧琳

擯人　必刃反。前法滅盡經中已具釋。經從人作儐。儐，助也。與經義乖也。

烏菌　下尸耳反。古今正字云：菌，糞也。從艸從胃省聲。或作屎，俗字，謬也。經文作戻。戻，陳也。陳棄之意也。胃，古文胃字。

肪膏　上昉王反。考聲云：肪，腹中膏也。說文：肪，肥也。從肉方亦聲也。

腦膜　上猱老反。古今正字：惱（腦）〔三〕，頭中髓也。從肉𡿺聲。下忙博反。說文云：肉閒膜，從肉莫聲。猱音奴刀反。

佛說樹提伽經

黤黲　烏敢反。考聲云：黤黲，不明也。王注楚辭云：黤亦不明也。說文：青黑也。從黑奄聲。

撩戾　上音了，下音麗。

腰髖　上杳消反。亦作署。下欵桓反。埤蒼云：髖，尻也。考聲云：髀骨也。說文義同。從骨寬聲。亦作臗也。

婀婆　上烏可反，下蒲我反。案經文云腰髖婀婆，言不自勝致也。蓋借音會義，不以文害意。若執於字，與理殊乖。

庵屋　上烏含反。廣雅云：庵，舍也。說文：從广奄聲。經文從草作菴。菴䕡字，是草名，誤也。

鵽，竹刮反。

佛說當來變經　慧琳撰

悒慼　上陰急反。王注楚辭云：悒，憂也。又注云：歎息也。說文：從心邑聲也。

金剛三昧經　上卷　慧琳撰

孱提　梵語也。察莧反。

恢廓　上苦回反。杜注左傳云：大也。說文：從心灰聲。灰字從火從𠂇。

唵摩羅　上烏感反。梵語識名。

阿鞞拔致　下必彌反。梵語不退轉。

海鼇　下吾高反。東海中大鼇也。其形甚大，背如山嶽。故莊生寓言云「龍伯國人釣〔二〕鼇」是也。經喻心王，又書滶字，從水，水名也。非經義，合從黽也。

金剛三昧經　下卷

闡提　上昌演反。梵語該羅。此云無善心人也。

如陽燄水　葉漸反。熱時陽燄也。遠看似水波動，渴鹿心生，迷倒逐之，畢竟無水。喻凡夫心隨妄想，遷轉不住，竟無所得。

金剛三昧本性清净不壞不滅經　慧琳

摩尼豔　下閻漸反。三昧名也。經作艷，俗字也。

鎢錥 上鄔胡反，下餘六反。埤蒼云：鎢錛，小釜也。廣雅：鎢錥，謂之銼鑹也。古今正字同。二字並從金，烏、育聲也。錛音奔。銼音才戈反。鑹音力戈反。

佛説過去分衛經

戀嫪 上力轉反，下勞到反。廣雅云：嫪，妒也。聲類云：嫪，惜也。謂戀不能去者也。説文：從女翏聲。翏音力要反。

澡瓶 上遭老反。經作滦，俗字也。

潺潪 上查閑反。王注楚辭云：潺潺，水流皃也。古今正字：從水孱聲。孱音上同。下丁歷反。考聲：水滴也。

佛説法常住經 此經無字音訓。

長壽王經 慧琳撰

募求 上謨布反。蒼頡篇云：求也。説文：廣求也。從力莫聲。

乞匃 垓艾反。考聲云：求也。顧野王云：匃，乞也。説文亦乞也。人亡財則乞匃，故從人從亾。經文作丐，非也。

徇園 上巡俊反。考聲云：徇，求也。從也。顧野王云：徇，齊也。説文：從彳旬聲。彳音丑赤反。

優婆塞净行法門經 上卷 慧琳

㮈王 上乃帶反。梵語國名也。經作奈，一也。

遠徹 下纏列反。鄭注論語云：徹，通也。國語云：徹猶明也。說文：從彳從攴育聲。經從手作撤。撤，剥也。非經義也。

肪膏 上音方。前十二頭陀經中已釋。今經本作觔，非。

毗癉闍 上設氈反。梵語。

俱眴 下玄絹反。王注楚辭云：眴，視皃也。顧野王云：如今人動目密相戒語也。説文：目摇動也。從目旬聲。旬音上同。

匳底 上斂霑反。考聲云：匳，似合而有稜節，所以斂物也。古今正字：盛香器。亦盛鏡器也。從匚僉聲也。或作籢也。匚音方。經作奩，俗字，非也。

㞩〔四〕轉 上𢭏輦反。案㞩轉者，事跡相因㞩轉遷變也。考聲：申也。適也。正體從㠭作𧟰。今作㞩，訛也。㠭音同上也。

優婆塞净行法門經 下卷

氍毹 上具俱反，下數俱反。聲類云：氍毹，毛錦也。廣雅：文罽也。考聲云：織毛爲彣彩也。古今正字並從毛，瞿、俞皆聲。經作氀，音縷誅反，不正音也。

芻摩 上惻虞反。梵語。經作蒭，俗字也。

目睞 下殲葉反。古今正字云：目旁毛也。從目夾聲。亦作睫。經作睃，誤也。

熙怡 上喜飢反。前第四十卷心明經已前釋訖。

地持論 第一卷 玄應撰

耆宿 巨伊反。禮記：六十曰耆。釋名：耆，指也。謂指事使人不自執役也。宿，久也。

倡伎　齒羊反。說文：倡，樂也。蒼頡篇：倡，俳也。俳，戲也。

農賫　古文農、莀二形，同。奴東反。說文：農，耕也。

明哲　又作喆、悊二形，同。知列反。爾雅：哲，智也。方言：齊宋之間謂智爲哲。明了也。

悲惻　聲類作恩，同。楚力反。說文：惻，痛也。謂惻然心中痛也。

堪耐[五]　奴代反。蒼頡篇：耐，忍也。

林藪　蘇苟反。散木曰林，澤無水曰藪。又大澤水希者也。

聽訟　佗定反。聽，謂察是非也。訟，争也。周禮：以五聲聽訟求情：一形[六]，二色，三氣，四耳，五目也。

術藝　食聿反。術，法也，亦道也。字林：邑中道曰術也。術者，通也，言人達解者無所不通也。

地持論　第二卷

訕大　所姦反。論中亦作刪陀迦旃延[七]。

加陵毗伽　應云歌羅頻伽，亦云迦蘭伽。加陵，此云好；毗伽，此云音聲；名好音聲鳥也。

巨細　其吕反。爾雅：巨，大也。方言：齊魯之間謂大爲巨。說文：巨，大。從金作鉅，非。

彌陀羅國　先不釋。

拘耆羅　或作拘翅羅，梵言轉也，譯云好聲鳥。此鳥聲好而形醜，從聲爲名也。

蝯猴　又作猨，同。禹煩反。似彌猴而大，臂長。其色有黑有黃，鳴聲甚哀，五百歲化爲玃，壽千歲。玃音居縛反。

抃舞　又作拚，同。皮變反。說文：拊手曰抃。拊，擊拍也。

地持論　第三卷

黍稷　古文稷[八]，同。姊力反。五穀之長也。說文：稷，菜(粢)[九]也。爾雅：粢，稷也。注云：粢，一名稷，粟也。今江東呼粟爲稷。

師捲　又作拳，同。渠員反。指握爲捲。譬喻言師之匠物，不如捲之執握，吝而不脱也。論文有作疲倦之倦，非也。

地持論　第四卷

罰黜　又作絀，同。恥律反。廣雅：黜，去也。亦放也，退也。

振給　古文裖、拒二形，同。諸胤反。小爾雅：振，救也。說文：振，舉也。

地持論　第五卷

憍奢邪　亦云俱舍，訛也。此譯云藏，舊譯云蟲。謂蠶在繭中，此即野蠶也。用野蠶絲綿作衣者，憍奢邪衣也。

地持論　第六卷　先不音。

地持論　第七卷

偷婆　經中或作兜婆，或云塔婆，或言藪斗波，皆訛也。正言窣堵波。此云廟，或言方墳，皆義釋也。

支提　又云脂帝浮圖。此云聚相，謂累石等高以爲相也。

求求羅香　此釋云安息香也。

阿迦花　應云阿羅歌花。此云白花。

尼乾子　應云泥揵連佗，此云不繫。其外道拔髮露形，無所貯畜，以手乞食，隨得即噉者也。

地持論　第八卷

圮(圯)〔一〇〕頓　父美反。落泊人也。爾雅：圮(圯)，毀覆也。頓，壞也。

官爵　又作雀，同。子藥反。白虎通云：爵者，盡也。量盡其才也。五等爵命也。取其節足也。

謫罰　知革反。[方]〔一一〕言：謫，怒也。郭璞曰：謂相責怒也。亦呵也，責也。小罪曰罰。

吉羝　竹尸反。

嚠波　相傳所及反。

地持論　第九卷

率意　所律反。爾雅：率、循，自也。郭璞曰：自，從也。從自意也。

迦私　此譯云光，能發光也。

地持論　第十卷

兩股　又作骰，同。公戸反。説文：股，髀也。脛本曰股也。

兩臀　徒昆反。聲類：臀，尻也。

兩腨　又作腨，同。時耎反。説文：腨，腓腸也。腓音肥。江南言腓腸，中國言腨腸。或言脚腨也。

波羅奈　應言波羅奈斯，此國名也。彼國出名氈也。

泥犁　或云泥犁耶，亦言泥犁迦。此云無可樂，或云無有卑下。

羅縠　胡木反。似羅而疎，似紗而密者也。有幪縠、霧縠，言細如霧也。

菩薩善戒經　玄應

菩薩善戒經　第一卷　無字可訓。

菩薩善戒經　第二卷

軍旅　上窘雲反，下力舉反。周禮：五人爲伍，五伍爲兩，四兩爲卒，五卒爲旅，五旅爲師，二師爲軍。鄭注論語云「萬二千五百人爲軍」是也。賈注國語云：軍猶屯也。從車勹聲。旅，軍五百人也。從㫃，以旅相俱也，故從从。勹音飽交反。㫃音偃。从，古文從字。

菩薩善戒經　第三卷

童齔　測靳反。鄭注禮記〔一二〕云：毀齒也。説文：男八月生齒，故八歲齔。女七月生齒，故七歲毀齒也。字從齒匕。

菩薩善戒經　第四卷　第五卷　第六卷　第七卷

第八卷　已上並先不音。

菩薩善戒經　第九卷

脣膠　昂各反。考聲云：膠，齗也。經從齒作齶，非也。字書無此字也。

兩杈　楚加反。説文：木杈枝也。論文作胑，俗字也。撿諸字書，並無此字。

净業障經　慧琳撰

光爓　閻壍反。考聲云：火光皃。説文：火爓也。從火閻聲。經呼炎字作爓，非也。

殞命　雲敏反。聲類云：殞，歿也。説文：從歺員聲。經作殞[一三]，俗用字也。歺音矜。

逮清净　徒戴反。毛詩云：逮，及也。説文：從辵隶聲。經本作逯，音緑，與本義乖。隶音弟。

瓦礫　零的反。説文：小石也。從石樂聲。

扼縛　鬻革反。説文：正作搹。搹，把也。亦作扼，從手戹聲。戹音上同。經作扼，俗字也。

拘茂陀花　梵語。前已釋訖。經作華，非也。

惡賤　上烏故反。

良醫　於基反。説文：治病工人。從酉殹聲。經作醫，俗字。

耽著　上膽甘反。考聲云：耽，嗜也。説文：從耳冘聲。經從身作躭，通用。冘音以任反。

醯冗　呼兮反。

鼻楺多羅　柔帚反。梵語也。菩薩名。不分明也。帚音州柳反。

障翳　於計反。方言：翳，蔽也。説文：從羽殹聲。

優婆塞戒經　第一卷　慧琳撰

阿那邠坻　邠音悲旻反，坻音丁泥反。梵語也，不求字義。大富長者名也。在舍衛國。

覺寤　上江岳反。考聲云：覺，明也。廣雅云：覺亦知也。説文：從見從學省聲也。經從告作寤，非也。下五故反。考聲云：寐中有所見覺而信也。聲類云：寤亦覺也。説文：從吾從㝱省聲[一四]。經作寤，通俗字也。

優婆塞戒經　第二卷

腨相　遄兗反。説文云：腨，腓腸也。從肉耑聲。或作蹲。腓音扶非反。

邊裔　餘制反。文字集略云：裔，四遠也。廣雅：裔，表也。文字典説：從衣冏聲，音女滑反。

剜身　椀桓反。考聲：剜，曲刻也。埤蒼：削也。文字典説：從刀宛聲。或作刓也。削音烏玄反。

優婆塞戒經　第三卷　無字音訓。

優婆塞戒經　第四卷

匃與　上哥艾反。乞也。前長壽王經中已具釋訖。

猫狸　上卯包反。顧野王曰：猫，如虎而小，食鼠者也。古今正字：從豸苗聲。下里之反。考聲：貍，今之野貍也。顧野王：貍，猫之類也。説文：伏獸也。從豸里聲。經從犬作狸，俗用字也。

優婆塞戒經　第五卷

釜鑊　上扶武反。周易：坤爲釜。杜注左傳：六斗四升曰釜。説文作鬴，從鬲甫聲。亦作釜，與經本同。下黄郭反。廣雅：鑊，鼎也。鄭注禮記：鑊，煮物器也。説文：從金蒦聲也。蒦音乙虢反。

犂鎒　上歷溪反。考聲：犂，耕也。説文亦耕也。從牛𥝢聲也。下呼高反。古今正字云：鎒，拔除田草也。從金辱聲也。或作薅，又作拺也。

斧鑿　上夫武反。詩曰：既破我斧。説文：斧，破也。從斤父聲。下藏各反。聲類：鑿，鏨也。顧野王云：鑿猶穿木也。從金糳聲。糳音子沃反。鏨，才甘反。

優婆塞戒經　第六卷

質物　真日反。杜注左傳：質，信也。廣雅：質猶軀也。説文：以物相贅。從所從貝。經作賥，寫誤也。撿諸字書並無此字。贅音之税反。所音魚斤反。

盪滌　上唐朗反，下亭歷反。孔注尚書：盪滌，除也。説文：盪亦滌也。從皿湯聲。與蕩同。

鐙炷　上正燈字。下朱乳反。考聲：炷，燈心也。

毫氂　上晧高反。王注楚辭：鋭毛爲毫。古今正字：從毛高省聲也。下里之反。漢書音義曰：十毫爲氂。説文：氂字，從毛從𠩺聲也。

共賭　都古反。吴志曰：賭，競戲求利也。文字典説：從貝者聲。亦作䁔。

阿坻　低禮反。梵語也。

繼嗣　上稽隷反。王弼注周易云：繼謂不絶也。爾雅：繼，紹緬也[一五]。説文：續也。從糸㡭聲。俗作继也。㡭音絶。下辭漬反。考聲云：嗣亦繼也。鄭箋毛詩云：嗣亦續也。説文：從口從册從司聲。

優婆塞戒經　第七卷

環釧　上患關反。鄭注禮記：環，旋也。繞也。説文：璧肉好如一謂之環。從玉瞏聲也。下川戀反。東宫舊事云：釧，臂飾也。古今正字：從金川聲。

橋隥　都鄧反。穆天子傳曰：隥，阪也。字書：履也。説文：卬也。從𨸏登聲。𨸏音父。

壁蝨　詵櫛反。顧野王云：蝨，齧人蟲也。案壁蝨者，如草蜱，隱於壁隙牀縫之間，夜唼食人。説文：從卂音信從䖵音昆。

耳篦　閉迷反。誥幼云：篦，眉篦也。桂苑珠叢：婦人用以畫眉也。説文：從竹毘聲。毘音毗。

毗紐　上婢彌反，下女久反。梵語。唐云那羅延，天之別名也。

優婆塞戒經　第八卷

壞佉　上若羊反，下羌迦反。梵語。唐云彌勒下生之時父王名也。

鴦掘　上約姜反，下逵勿反。梵語也。義説云：逆化菩薩之異名也。

自温　穩魂反。禮記：冬温夏凊也。顧野王：温謂漸熱也。説文：從水𥁕聲。經文從火，俗字也。

唼食　上子臘反。考聲：唼，淺入口而味之也。案唼，亦似螻蟻之所食也。古今正字：從口妾聲。亦㘄、㗗，並通。

優婆塞戒經　第九卷

諠譁　上毁垣反。聲類：諠，大呼也。亦作喧。説文：從言宣聲。下化瓜反。孔注尚書：譁，諠也。古今正字：從言華聲。

張攡　理支反。宋忠注太玄經曰：攡者，張也。説文：從手離聲。

牴僈　上丁禮反。方言：牴，會也。説文：牴，觸也。從牛氐聲。下蠻襻反。考聲：僈，不敬也。挍也。不畏也。義與嫚同也。

優婆塞戒經　第十卷

疇匹　上直留反。孔注尚書：疇，類也。張注漢書云：疇，等也。王注楚辭云：二人爲匹，四人爲疇。古今正字：從田壽聲。下繽必反。考聲：匹，偶也。説文：從匚八聲。匚音下第反。

嗤笑　赤之反。字書：嗤，戲笑皃。文字典説：從口蚩聲。

梵網經盧舍那佛説菩薩心地戒品經二卷　上卷

無音。

恣心　咨肆反。説文：恣，縱心也。從心次聲。

摩醯　許兮反。梵語也。

大蒜　蘇亂反。顧野王：所謂葫蒜者，爲大蒜也。説文：葷菜，從艸祘聲。葫音胡。祘音同上。

茖葱[一六]　上庚戹反。爾雅云：茖，山葱也。郭注云：今山中多有此菜，細莖大葉也。説文：從艸從格省聲也。

興渠　梵語阿魏藥也。

名譽　餘庶反。毛詩傳云：譽，聲美也。賈逵曰：譽，稱也。國語：以聲曰譽。説文：譽字從言與聲也。

報讎　授周反。毛詩云：無言不讎。鄭箋：憎惡也。顧野王：怨憾也。尚書云：虐我則讎。説文從言雔音同上。

摢蒲　楮居反。藝經云：摢蒲，戲名也。考聲云：散也。封禪書：舒也。説文：從手虖聲。戒本作樗，通用也。

彈棊　上達丹反。廣雅：彈，拼也。顧野王云：凡鼓動物曰彈。説文：從弓單聲。下忌箕反。顧野王云：棊，所以行弈者也。方言：博也。吴楚之間或謂之棊。圍棊謂之弈也。考聲云：棊，方木爲之也。説文：從木其聲。或從石作碁，通用。

拍毬　上烹陌反。廣雅云：拍，擊也。釋名：拍，搏也。以手搏其上也。説文：從手白聲。下音求。

投壺　扈吴反。器名也。文字典説云：受一斗五升，高一尺二寸，此投壺器也。其法具在禮記疏文。案壺有多種，並腹大而頸小口圓。大者腹方，受一斛，酒壺也。又有水壺、唾壺等是也。説文云：昆吾圜器也。象形字。

挑其　上眺堯反。聲類云：挑，抉也。説文：從手兆聲。

眂其　上時指反。説文視字。視，瞻也。從目氏聲。亦作眎，義與視同。

偏劖　上邊見反。杜注左傳：偏猶周也。蒼頡篇：廣也。説文云：帀也。從彳扁聲。下仕咸反。聲類云：劖，剌(刺)[一七]也。説文云：斷也。從刀毚聲。毚音同上。

鉺子　上黏輒反。説文：鉆也。從金耴聲。經從聶作鑷。

貪齅　休宥反。論語云：三齅而作。説文：以鼻就臭也。從鼻從臭，臭亦聲也。

深邃　雖翠反。王注楚辭云：邃，深也。説文：深，遠也。從穴遂聲。

折骨　上之設反，又音思狄反。

菩薩善戒經　慧琳撰

有創　楚霜反。禮記云：頭有創則沐。説文又作刅，云傷也。從刃從一。或從疒作瘡，俗字也。

祠中　似滋反。顧野王云：百神廟皆曰祠，又祠亦祭也。説文：從示司聲也。

佛藏經　上卷　慧琳

嚼咽　上牆藥反。考聲云：嚼，咀也。説文：噍也。從口爵聲。下煙見反。顧野王云：咽猶吞也。説文：從口因聲。噍音樵曜反。咀音疾與反。

爲橃　煩韈反。字書云：海中大船也。蒼頡篇：橃，桴也。説文：從木發聲。經從木作栰，俗字也。或爲艭也。

爲梯　體奚反。賈注國語云：梯，階也。考聲云：梯，隥也。可以登也。説文：木階也。從木弟聲。

雜糅　女救反。鄭注儀禮云：糅，雜也。桂苑珠叢云：凡物相雜曰糅。或作粈。古今正字：從米柔聲。

蝙蝠　上遍眠反，下音福。爾雅云：蝙蝠，服翼也。郭璞曰：齊人呼爲仙鼠。方言：自關而東曰服翼也。自關而西秦隴之間曰蝙蝠。説文並從虫，扁、畐皆聲。畐音丕逼文(反)[一八]。扁音邊辮反，上聲字也。

輕躁　遭譟反。考聲云：性急也。顧野王：躁猶動也。鄭注禮記：不安静也。古今正字：擾也。從足喿聲。亦作趮，義同。經作踈，誤也。下文同此。

婆伽羅目佉蟲　佉音羌迦反。梵語蟲名也。下正蟲字。經本作虫音暉葦反，非蟲字也。

佛藏經　中卷

譏訶　上居依反。何休注公羊云：譏猶譴也。廣雅云：問也。鄭注禮記云：呵，察也。説文：誹也。從言幾聲。下郝歌反。考聲云：諠也。怒也，問也。文字典説云：不敬者則大言而訶責之。説文：大言而怒也。從言可聲也。有從口作呵，俗用，非正也。

毀悴 崒醉反。方言：悴，傷也。蒼頡篇：憂也。説文：從心卒聲。案毀悴亦作顇，云瘦惡皃也。亦作瘁。瘁，病也。

無閡 昂蓋反。顧野王云：閡，止也。鉅也。説文：閉也。從門亥聲，亦作礙。

佛藏經　下卷

縹色 上漂眇反。王注楚辭云：衣服炫燿青蒼也。説文：帛青白色也。從糸票聲。經作[illegible]，俗字。

鐵鍱 上正鐵字。下音葉。案：打鐵作葉，火燒令赤，用纏其身，即薄鐵也。經作鍱，俗字。

茵蓐 上音因。説文：席也。從艸因聲。下儒燭反。方言：蓐，厚也。郭注爾雅：蓐，席也。説文：從艸從辱。

菩薩戒第一本　慧琳

專勵 力制反。顧野王云：勵猶勉也。杜注左傳云：相勸勵也。古今正字：從力厲聲。

貫邑 上官換反。考聲云：管也。顧野王云：貫猶條也。周禮：職方氏辯九洲之國，使同貫利。説文：從貝毌聲。毌音官。

劓鼻 宜器反。鄭注周禮云：截鼻也。孔注尚書云：刵，截耳；劓，截鼻也。從刀鼻聲。或作劓。

刵耳 上音而志反。孔注尚書云：刵，截耳也。説文：斷耳也。從刀耳聲。

剜眼 上椀丸反。埤蒼云：剜，削也。考聲云：曲刻也。古今正字：削也。從刀夗聲也。

紛聒 官活反。杜注左傳云：聒，讙噪也。蒼頡篇：聒，擾人耳也。説文：從耳舌聲。或作聒也。

猜阻 狙哉反。杜注左傳云：猜，疑也。方言：猜，恨也。廣雅：懼也。説文：恨賊也。從犬青聲。

菩薩戒第二本　曇無讖　慧琳撰

突吉羅 屯訥反。梵語小罪也。

謫罰 張革反。毛詩傳：謫，過也。杜注左傳：謫，譴也。賈注國語：咎也。郭注方言云：謂相責怒也。説文：從言啇聲。經作讁，俗，俗用字也。

慊恨 叶兼反。鄭注禮記云：慊之言猒也。周易云：不平於心也。説文：疑也。從心兼聲。或從女作嫌，義同。

黜者 椿律反。范甯集解云：黜，追[一九]也。杜注左傳：黜，猶放也。賈注國語：廢也。説文：貶下也。從黑出聲。

菩薩羯磨文　慧琳撰

堪耐 乃代反。顧野王云：耐猶能也。説文：從彡而聲，古字也。今從寸作耐，亦通也。

覺悟 上江岳反。杜注左傳云：覺，明也。廣雅：覺，知也。説文：覺亦悟也。從見從學省聲也。經從心作悎。字書無此字，非也。

菩薩十地瓔珞本業經　上卷　慧琳

明煥　歡貫反。古今正字：煥，光明也。從火奐聲也。

雨澍　音注，亦音樹。淮南子云：春雨之灌萬物，無地而不澍，無物而不生。説文：時雨所以澍生萬物者也。從水尌聲也。尌音樹。

菩薩十地瓔珞本業經　下卷

闔羅　含閤反。爾雅：闔謂之扉，亦即門扇也。鄭注禮記云：用木曰闔，用竹葦曰扇。説文：闔，閉也。從門盍聲。

三銖　樹朱反。許叔重注淮南子云：十二粟而重一分，十二分而重一銖。説文：十黍之重。從金朱聲。

菩薩藏經　慧琳

十坩　坎甘反。考聲：甇類也。東宮舊事：與白坩五枚。古今正字：瓦器也。從土甘聲。

薌薰[二〇]　上正香字，下訓雲反。亦正體字也。考聲云：香草也。古今正字：從草熏聲。熏音同上。

菩薩善戒經　慧琳

四級　下今邑反。賈注國語云：級，上下等差也。杜注左傳云：下階，下級也。顧野王云：階之等數名曰級。鄭注禮記云：級，次也。説文：絲(級)[二一]，次第也。從糸及聲。糸音覓。

鎣浄　上縈迥反。博雅云：鎣，飾也。蒼頡篇云：治器名也。考聲云：發器光也。説文：從金從熒省聲。經作瑩，通也。

菩薩内戒經　慧琳撰

著蕑　上張略反，下澗顔反。香草也。山海經云：吴林山多蕑也。聲類：蘭也。説文亦香草也。從艸姦聲。

媱劮　上以針反，下音逸。前第四十三卷五十校計經上卷已釋訖。亦作佚。經從水作淫，又作泆，義殊乖也。

儋死人　上膽甘反。考聲云：負也。正從人。經從手作擔，亦通用。

浮澑沙　梵語也。流紂反。唐云丈夫也。

債主　齋界反。考聲云：負也。字書無此，俗用久矣。

蠉飛　上呼緣反。聲類：蟲飛皃。説文：蟲行也。從虫睘聲。經作蜎，義同。

蝡動　瞤尹反。

怖遽　渠據反。杜注左傳云：遽，畏懼也。説文：從辵豦聲。經從心作懅，非也。字書無此字也。

淤泥　上於據反。顧野王云：水中草爲淤澱滓也。從水於聲。下禰鷄反。顧野王云：泥，塗也。土得水而爛者也。説文：從水尼聲。經從土作埿，俗字也。

公嫗　於屢反。顧野王云：今時爲女子老者爲嫗也。説文：嫗，母也。從女區聲。

皆使　戒諧反。案考聲云：皆，例也，凡也，嘉也，同也。經文作背，甚失經義，非也。

耎愞　下暖乱反。杜注左傳云：愞，弱也。賈注國語：愞，下也。說文：從心耎聲。經文從人，誤也。

朝晡　上張遥反，下補烏反。顧野王云：日加申時也。說文：從日甫聲也。

佛說優婆塞五戒威儀經　慧琳

推攘　上音吹。考聲云：排也。鄭注禮記云：推猶進也。又舉也。說文：從手隹聲。下穰尚反。顧野王云「三攘而後升」是也。說文：攘，推也。從手襄聲。亦作讓，俗行之久。今經文從手從衰，誤也。

革屣　上耕核反。毛詩傳曰：獸皮治去毛曰革。下師滓反。聲類云：亦韃字也。韃，鞮也。古今正字：從履省徙聲。或爲躧，音史。

木屐　奇戟反。漢書：袁盎步屐三十里。今有齒者也。說文：從履省支聲。

足跂　詰氏反。郭注山海經云：行脚跟不著地也。方言云：跂，登也。廣雅：履也。許叔重云：跳也。考聲：翹足也。說文：從足支聲。跳音徒凋反。

莫搪　蕩郎反。廣雅云：搪，揬也。古今正字義同。從手唐聲。經文作棠，是木名，乖於義也。

莫蹲　徂尊反。考聲云：踞也。謂竪膝而坐也。杜注左傳云：蹲，聚也。說文：從足尊聲。

戲弄　聾貢反。爾雅云：弄，玩也。杜注左傳云：弄，戲也。說文：從玉廾聲。經從手作挵，非也。

文殊净律經　慧琳

熣然　上胡沃反。說文云：熣，灼也。從火隺聲。灼音之藥反。鄭箋詩云：灼灼易見。廣雅云：灼，明也。隺音鶴。律文作燿，誤也。

踦䠥　上綺羈反，下曲俱反。考聲云：踦䠥，行艱危下。說文云：踦，一足，從足奇聲。律本作䠥，俗字，正作區，云區區，趣事也。或作嶇。

璝琦　憒迴反。考聲云：火齊珠也。毛詩傳云：璝，石之次玉者也。說文：珠圓好者也。從玉貴聲。亦作瑰，通用也。下忌箕反。埤蒼云：琦，瑋也。亦石之次玉也。說文：從玉奇聲也。

㛴患　上猱老反。考聲云：㛴，憂煩也。說文：有所恨痛也。今汝南人有所恨言大㛴也。從女惱省聲。經從疒作⿸疒𡿺，非也。字書無此字也。

燔燎　上伐袁反，下聊弔反。毛詩傳云：大火曰燔也。鄭箋云：火田爲燎。說文：燔，燒也。燎，放火也。並從火，番、尞皆聲。

清净毗尼方廣經　慧琳

號哭　上皓高反。考聲云：大哭也。痛聲也。說文：從号虎聲〔二二〕。經文從口作嘷，是犲狼所嘷，非人號哭之聲。

蠱道　上姑户反。考聲云：女惑於男也。蠹也。杜注左傳曰：蠱，惑也。鄭注周禮：蠱，毒也。物而害人者也。說文：

血(皿)〔一二三〕蟲爲蠱。經文作蛊，非也。亦音野。

寂調音所問經　慧琳

堅牢　老刀反。顧野王云：牢亦固也。廣雅：堅，固也。説文：從牛從舟省聲。舟取四面帀也。

禪窟　坤骨反。杜注左傳云：窟謂地室也。古今正字：冬則居營窟也。從穴屈聲。

三聚懺悔一卷　慧琳

鹿野　上盧谷反。周易云：即鹿無虞以從禽也。説文云：獸名也。象角支四足形也。象鹿足皆以匕〔一二四〕。

苑中　上鴛遠反。蒼頡篇云：養禽獸曰苑。漢書有上林苑。説文亦養禽獸所也。從艸夗聲。經作菀，是藥名，非苑囿之字也。

菩薩五法懺悔經　慧琳

枯槁　珂老反。老經云：其死也枯槁也〔一二五〕。説文：木枯也。從木高聲也。

箭躲　上煎賤反。方言云：自關而西謂之箭。郭注云：三鐮，今箭躲箭也。平題，今戲躲箭也〔一二六〕。從竹前聲。下時益反。説文：以弓弩發於身而中於遠也。從身從矢。

最上乘受菩提心戒經三本　第一本　慧琳

嵩嶽　上宿融反，下吴角反。中嶽，嵩嶽山也。一名太室山。

擾亂　而沼反。前已訓訖。字從夒，音奴刀反。從憂者，非也。

綺語　欺倚反。案綺語者，綺飾文詞，讚過其實也。

扣頭　上苦后反。蒼頡篇：扣，擊也。説文：從手口聲。經作叩，是鄉名，在藍田也。與義稍乖。

娑怛鋑　三字共呼爲一聲。下鋑字音無感反。

鄧　騰亘反。梵字也。

耨　農禄反。亦梵字。

最上乘受菩提心戒經三本　第二本

幖心　標遥反。考聲云：頭上幟也。廣雅：幖，幡也。説文：幟也。從巾票聲。票音必消反。

虧於　上屈爲反。鄭箋詩云：虧猶毀也。王注楚辭：虧，歇也。説文：虧，缺也。損也。從亏從虗聲。或從亐也。虗音呼郭反。

蝡動　瞤尹反。

鎣徹　上縈迴反。前菩薩善戒經已具釋。經作瑩，通用。

延縮　所陸反。韓詩云：縮，斂也。賈注國語云：縮亦盡也。宋忠注太玄經云：縮猶止也。説文：從糸宿聲。

最上乘受菩提心戒經三本　第三本　無字音訓。

三曼陀經　慧琳撰

頑佷　痕懇反。杜注左傳云：佷，戾也。説文：不聽從也。從彳艮聲。

貪餮　天跌反。杜注左傳云：貪食曰餮。説文：從食殄聲。殄音殿。

佛説菩薩受齋經　無字訓釋。

文殊悔過經　慧琳撰

羅閱祇　梵語也。緣雪反。

揵沓恕　覃荅反。下和果反，又音和。梵語也。

炤燿　上招曜反。顧野王云：炤猶燭也。廣雅：炤亦明也。古今正字：從火召聲。亦作照，義同。下遥笑反。野王云：燿亦光也。賈注國語云：燿亦明也。説文：從火翟聲也。

蠲除　上決緣反。考聲云：蠲，潔也。方言云：疾愈謂之蠲。郭注方言云：除也。説文：從益蜀聲也。

㦕悷　上禄董反，下黎弟反。㦕悷者，剛强不伏也。字書並無從心作者，經文以意爲之。

懱於　上眠瞥反。鄭箋詩云：懱猶輕也。方言：懱猶小也。説文謂輕易也。從心蔑聲。

翳其　上翳計反。廣雅云：翳，障也。郭璞注云：翳，掩也。説文：從羽殹聲。經從日作曀，非也。

懷媮諂想　透侯反。蒼頡云：媮盜。鄭箋毛詩云：取也。賈注國語云：苟且也。許叔重注淮南子云：媮，薄也。或從心作愉，訓用同。或從人作偷，亦通。説文：巧黠也。從女從俞省[二七]聲也。

殃釁　欣靳反。杜注左傳云：釁，罪也。瑕隙也。賈注國語云：釁，兆也。説文云：從爨省從酉分聲也。爨音倉亂反。

宴坐　煙見反。桂苑珠叢云：宴，安也。毛詩傳云：宴，居息也。説文：從宀晏聲。經從草作燕，恐非經義也。

錠[土尞]　上丁定反。王注楚辭：言鐙錠盡銅琢也。聲類云：有足曰錠，無足曰鐙。或爲燈字。説文：錠，鐙也。從金定聲。下力小反。説文：周垣也。從土尞聲也。尞音療。

法渧　下抵悌反。考聲云：水滴也。

掩蔽　上淹儼反。考聲云：掩，藏也。説文：從手奄聲。經從日作晻，誤也。下卑袂反。顧野王云：蔽，不明也。杜注左傳云：蔽，障也。廣雅：蔽，隱也。説文：從艸敝聲。

數垓　柯哀反。賈注國語云：九州之田有垓數也。顧野王云「九垓」是也。許叔重注淮南子云：九垓者，九天下也。説文：從土亥聲。經從女，誤也。

係屬　上奚計反。爾雅：系猶繼也。説文：系亦繫字，從人系聲[二八]。系亦同上也。

斯瑞　垂僞反。鄭注周禮：瑞，信也。蒼頡篇：瑞，應也。説文：從玉耑聲。耑音端。

德馨　闐形反。尚書云：明德惟馨。説文云：香之遠聞也。從香殸聲。殸，口莖[反][二九]。

讜聞　上當朗反。漢書云：復聞讜言。顧野王云：讜，直言也。説文：從言黨聲也。

舍利弗悔過經　慧琳

澡漱　上遭老反。鄭注禮記云：澡，潔身也。蒼頡篇：澡，盥也。説文：從水喿聲。下所溜反。禮記云：鷄初鳴，咸盥漱。説文：漱，盪口也。從欠涑聲。涑音叟侯反。

魰獵　上語居反。考聲云：捕水族也。説文：從攴魚聲。從水作漁，亦通。下廉輒反。賈注國語：獵，取也。郭注爾雅：陵獵暴虎(虐)也[二〇]。説文：效獵逐禽也[二一]。從犬巤聲。巤音力業反。

法律三昧經　慧琳

迃遠　上於羽反。孔注尚書：迃，避也。包注論語云：迃猶遠也。鄭注禮記：迃亦廣也。大也。説文：從辵亐聲。

諀訾　上音卑，下紫移反。廣雅云：諀，訾也。考聲云：諀訾，好説人是非也。古今正字並從言，卑、此皆聲。經作卑呰，誤也。

聚蹴　下啾戮反。博雅云：蹴，踖，畏敬也。禮記「蹴然避席」是也，亦行步謹敬也。説文從足叔聲也。

枝掖　下移益反。鄭注毛詩序云：誘掖扶持也。説文：以手持人臂也。一曰臂下也。從手夜聲。

作薌　堅顯反。禮記云：世婦平(卒)蠶，奉薌以于君[二二]。説文：蠶衣也。從糸從虫從芇音眠。芇者，象蛾兩角相當也。

菩薩十善業道經一卷　慧琳

目眩　玄絹反。賈注國語云：眩，惑也。蒼頡篇：視之不明也。説文：目無常主。從目玄聲。

沮壞　上疾與反。考聲云：推破也。毛詩傳云：沮亦壞也。賈注國語云：沮，非也。説文：從水且聲也。

滌除　上亭的反。孔注尚書云：滌，除也。鄭注周禮云：滌，濯也。廣雅：滌，洒也。説文：從水條聲也。

艸木　上正卉字，暉貴反。毛詩傳云：卉，草也。郭注爾雅：百草總名也。説文義同。從三屮。屮音延列反。

一切經音義　卷第四十五

校勘記

〔一〕誤　今傳本説文作「睽」。
〔二〕釣　獅作「鉤」。
〔三〕惱　據文意當作「腦」。
〔四〕展　即「展」。
〔五〕耐　即「耐」。
〔六〕争　玄卷十作「急」。　形　阮元校刻十三經注疏作「辭」。
〔七〕延　獅無。
〔八〕稷　據文意當作「稷」。
〔九〕菜　玄卷十釋此詞作「粱」。
〔一〇〕圯　據文意當作「圮」。下同。
〔一一〕方　據玄卷十補。
〔一二〕禮記　據阮元校刻十三經注疏當爲「周禮」。
〔一三〕殞　據文意似當作「賨」。
〔一四〕從吾從㝱省聲　今傳本説文爲「从㝱省，吾聲」。
〔一五〕爾雅：繼，紹綱也　今傳本爾雅：「紹、胤、嗣、續、纂、緌、績、武、係，繼也。」
〔一六〕葱　即「葱」。下同。
〔一七〕剌　據文意當作「刺」。
〔一八〕文　據文意當作「反」。
〔一九〕追　據文意似當作「追」。
〔二〇〕薫　即「薫」。
〔二一〕絲　據文意當作「級」。
〔二二〕從号虎聲　今傳本説文爲「从号从虎」。
〔二三〕血　今傳本説文作「皿」。
〔二四〕説文云：獸名也。象角支四足形也。象鹿足皆以匕　今傳本説文：「獸也。象頭角四足之形。鳥鹿足相似。从匕。」

〔二五〕老經云：其死也枯槁也　老經，即老子道德經。今傳本爲「其死也枯槁」。

〔二六〕郭注云：三鐮，今箭鈇箭也。平題，今戲鈇箭也　今傳本方言：「其三鐮長六尺者謂之飛寅。」郭注云：「此謂今射箭也。」方言：「内者謂之平題。」郭注云：「今戲射箭頭題猶羊頭也。」今戲射箭頭題猶羊頭也，據慧琳所引似當爲「今戲射箭也，題頭猶羊頭也」。

〔二七〕省　衍。

〔二八〕從人系聲　今傳本説文爲「从系厂聲」。

〔二九〕反　麗無，據獅補。

〔三〇〕陵獵暴虎也　阮元校刻十三經注疏爲「陵獵暴虐」。

〔三一〕説文：效獵逐禽也　今傳本説文：「放獵逐禽也。」

〔三二〕世婦平蠶，奉繭以于君　據今傳本禮記爲「世婦卒蠶，奉繭以示于君」。

一切經音義　卷第四十六

翻經沙門玄應撰

音大智度論一百卷　第九帙無音

大智度論　第一卷

踰城　庾俱反。廣雅：踰、越、跨，度也。

賈[一]乿　莫候反。三蒼：賈，换易也。謂交易物爲賈也。

幻術　侯辨反。説文：幻，相詐惑也。案幻，謂相欺眩以亂人目也。術，法也。

唐㔁　字詁：古文碭、𥑮二形，同。徒當反。案舍人曰：㔁，力極也。

嬰咳　於盈反。嬰猶嫛婗也。蒼頡篇云：女曰嬰，男曰兒。釋名云：胷前曰嬰。投之嬰前以乳養之，故曰嬰兒。咳，古文孩，同。胡來反。説文：咳，小兒笑也。咳，稚小也。禮記「世子生三月，父執子之手咳而名之」是也。論文有從女作㚊。字林：古才反。㚊，大數也。㚊非此用。嫛音烏奚反。婗，五奚反。

乳哺　蒲路反。哺，含哺而與。許叔重曰：口中嚼食也。論文作餔字，與哺同。補胡反。三蒼：夕食也。謂申時食也。餔非此義也。

嵐毗　力含反。或云流彌尼。此譯名解脱處，亦名滅，亦名斷。

嬉戲　又作僖，同。虚之反。説文：僖，樂也。蒼頡篇：嬉，戲笑也。爾雅：戲，謔也。郭璞曰：調戲也。

服御　扶福反。説文：服，用也。爾雅：服，整也。郭璞曰：服御令齊整也。御，古之馭，同。魚據反。廣雅：御，進也。侍也。蔡邕獨斷曰：凡衣服加於身，飲食入於口，妃妾接於寢，皆曰御。御之所親愛則曰幸。釋名云：御，語也。尊者將有所欲先語之也。亦言其職卑下，尊者所勒御如御牛馬然也。

唐突　字體作搪揬二形，同。徒郎反，徒骨反。廣雅：觸、冒、搪，衝，揬也。字書：揬，揩也。

蹴蹋　千六反，下徒盍反。謂以足逆蹋之曰蹴。説文：蹋，踐也。廣雅：蹋，履也。

大智度論　第二卷

適生　説文：尸赤反。廣雅云：祇，適也。謂適近也，始也。

不彰　又作暲，同。灼羊反。廣雅云：彰，明也。著也，亦表也。

不倚　於蟻反。廣雅：倚，因也。謂因物而依倚也。又音渠蟻反。謂倚立也。

無咎　渠九反。詩云：或慘慘畏咎。云咎猶罪過也。廣雅：咎，惡也。説文：咎，災也。字體從人從各。人各相違，即成罪咎。又：二人同心，其利斷金；二人相違，其禍成災。古文以爲皐繇之皐字也。

汝曹　又作𣍘，同。自勞反。史記：十餘曹循之。如淳曰：曹，輩也。詩云：乃吉(告)[二]其曹。傳曰：曹，羣也。

師保　古文賲、𥙻、㑎三形，同。補道反。禮記：出則有保，入則有師。保，安也，謂以道安人也。保，守也。説文：保，養也。

詭名　俱毁反。謂變詐也。苦(若)齊都云詭且，關西是也[三]。

偶得　吾苟反。爾雅：偶，遇也。郭璞曰：偶爾相值也。

掣電　充世反。掣電，陰陽激耀也。釋名云：電，殄也。言乍見即殄滅也。十州記云：猛獸兩目如礰磹之光。今吴名電爲礰磹，音息念、大念反。三輔名爲類(覞)[四]電也。

雹雨　蒲角反。白虎通曰：雹之言合也。陰氣專精凝合爲雹。鄭玄注禮記云：陽爲[雨]，陰起脅之[五]，凝而爲雹。釋名云：雹，跑也。其所中物皆摧折，如人所蹴跑也。跑音父學反。

驟墮　仕救反。國語：驟救傾危以時[六]。賈逵曰：驟，疾也。

號咷　徒勞反。案號咷，大泣也。易云「先號咷而後笑[七]」是也。

剖裂　普厚反。案剖，猶破也。中分爲剖也。蒼頡：剖，𢺵也。𢺵音丑百反，裂也。

彗星　蘇醉、囚芮二反。祅星也。言星光似掃彗也。

噢咿　乙六，下於祁反。埤蒼：噢咿，内悲也。謂痛念之聲也。論文作嘟郁二形，非體也。

谿谷　苦奚、古木反。爾雅：水注川曰谿。李巡曰：水出於山入於川曰谿。説文：泉之通川者曰谷。

揵椎　打木也。梵言健椎，此無正翻。案舊譯經本多作健遲，此亦梵言訛轉耳。

選得　先兖、先絹二反。字林：選，簡擇。

四疊　徒頰反。蒼頡篇：疊，重也。積也。論文又作㲲，音同疊。説文：重衣也。南有疊江縣也。二形隨作也。

渾濁　後昆、後衮二反。渾，亂也。説文：渾，洿。亦水流之聲也。

牛齝　又作齛。三蒼作齝，詩傳作呞，同。丑之反。韻集音式之反。爾雅：牛曰齝。郭璞曰：食之已，復出嚼之也。

廓然　口郭反。廣雅：廓，空也。方言：張小使大謂之廓。爾雅：廓，大也。孫炎曰：廓，張之大也。

敲門　又作毃。蒼頡篇作𢾌，同。苦交反。下擊也。説文：横撾也。擊頭也。

蜫勒　古魂反。此譯云篋藏也。

大智度論　第三卷

蚍欶　又作嗽，同。山角反。通俗文：含吸曰嗽。三蒼：欶，吮也。釋名云：欶，促也。用力急促也。經文作嗽，俗字也。

鞞侈　上陛奚反，下昌是反。秦言明行足。依字，鞞，小鼓也。侈，奢也，泰也。

伽憊　又作𤸃、備二形，同。蒲戒反。阿闍世王經譯言世間解。依字，疲，劣也。通俗文「疲極曰憊」是也。

舍喃　正體作諵，同。女函反。譯云人也。依字，埤蒼：諵，語聲也。

黑黶　於簟反。謂面黑子也。説文：中黑子也。論文作黯，於感、於斬二反。説文：深黑也。黯也。黯非字義也。

循環　似均反。謂旋繞往來也。爾雅：適、遵、率、循，自也。郭璞曰：又爲循行也。循亦巡也，遍也。

蕃息　輔袁反。尚書：庶草蕃蕪。孔安國曰：蕃，滋也。謂滋多也。周禮：以蕃鳥獸。鄭玄云：蕃，息也。釋名曰：息，塞也。言物滋息塞滿也。今中國謂蕃息爲嬎息。嬎音亡万反。周成難字曰：嬎，息也。同時爲一嬎，亦作此字。

㓹刷　又作刷，同。所劣反。說文：刷，拭也。廣雅：刷，㓹也。爾雅：刷，清也。郭璞曰：掃刷所以清潔也。

罄竭　古文窒，同。可定反。說文：器中空也。爾雅：罄，盡也。孫炎曰：罄，竭之盡。

大智度論　第四卷

晡時　補胡反。淮南云：日行至于悲谷爲晡時。謂加申時也。

扣開　祛後反。廣雅：扣，舉也。論語云：以杖扣其脛。孔安國曰：扣，擊也。

植樹　又作樹（樴）〔八〕，同。時職反。周禮：植物宜早。鄭玄曰：植猶根生之屬也。又植，樹也。方言：植、樹，立也。

猶豫　弋又、弋周二反。案說文：隴西謂犬子曰猶。猶性多預在人前，故凡不决者謂之猶預也。又爾雅：猶如麂，善登木。郭璞曰：健上樹也。某氏曰：上木如鳥也。

勞擾〔九〕　如沼反。說文：擾，煩也。廣雅：擾，亂也。

大智度論　第五卷

抒大　除吕、時汝二反。說文：抒，挹也。挹，酌也。廣雅：抒，渫也。通俗文：汲出謂之抒。

轡勒　碑愧反。字書：馬縻也。所以制收車馬也。釋名云：轡，咈也。牽引咈戾以制馬也。字體從絲從軎聲。勒，馬頭鑣銜也。釋名：勒，絡也。絡其頭而引之也。

純淑　時均反。尚書：政事唯純。孔安國曰：純，粹也。謂專精純一也。爾雅：純，大也。方言：純，好也。淑，時六反。詩傳曰：淑，美也。善也。或作熟。方言：爛熟也。

股肉　又作骰，同。公户反。說文：股，髀也。

内慼　又作慽，同。且的反。廣雅：慼，近也。詩云：慼慼兄弟。傳曰：相親也。

板（扳）〔一〇〕稱　又作攀、丮二形。普姦、布姦二反。字林：板（扳），引也。廣雅：板（扳），援也。釋名云：攀，翻也。連翻上之言〔一一〕。

五皰　蒲孝反。說文：皰，面生氣也。淮南子云：潰小皰而發痤〔一二〕。作皰〔一三〕。論文作皰、疱二形，未見所出也。

眼䀹　又作睫。釋名作𣯍，同。子葉反。說文：目旁毛也。史記「目毫毛而不見䀹」是也。

帷帳　古文匱，同。于追反。字林：在旁曰帷。謂張帛障旁也。釋名：帷，圍也。謂以曰部圍也。今皆作幃。

幄幔　猗角反。幄謂大帳也。小爾雅云：覆帳謂之幄。幄，幕也。

趒小　又作趠，同。他弔反。謂趒躑也。韻集云：趒，越也。亦懸躑也。論文作踔，敕格、敕角二反，跛者行踸踔也。踔非論意。

賈人　公户反。坐賣也。周禮：商賈。鄭玄注：行曰商，處曰賈。白虎通曰：賈之言固也。固物待民來以求其利之。

大智度論　第六卷

呵膢　古文樓，同。力候反。依字，三蒼：八月祭名也。經文有作樓。

忮羅　之豉反。依字，詩傳云：忮，害也。説文：忮，恨也。

溉灌　歌賚反。説文：灌、溉，注也。

訥口　又作吶，同。奴骨反。論語：君子欲訥於言。包咸曰：訥，遲鈍也。説文：訥，難也。

怨仇　渠牛反。詩傳〔一四〕：怨偶曰仇。爾雅：仇、讎，匹也。李巡曰：仇，讎，怨之匹也。

不槩　古文扢〔一五〕，同。該礙反。字林：工内反。謂平斗斛者也。廣雅：槩，量也。平也。

大智度論　第七卷

縹色　匹遶反。謂天縹也。如帛之青白色也。釋名云：縹猶漂也。漂漂〔一六〕，淺青色也。有碧縹，有赤縹，有青縹，各以其色所象言之。

陰曀　古文壇，同。於計反。詩云：終風且曀。傳曰：陰而風曰曀。釋名云：曀，翳也。言雲氣晻翳日光使不明也。

齗齒　牛斤反。蒼頡篇：齒根也。説文：齒肉也。

火熷　子勞反。説文：熷，焦也。蒼頡篇：燒木餘也。

手捫　莫昆、莫本二反。聲類：捫，摸也。字林：撫持也。案捫，謂執捉物也。

蹈躤　徒到、自亦反。廣雅：蹈，行也。字書：躤，踐也。釋名云：蹈，道也。以足踐之如道也。躤，籍（藉）〔一七〕也，似籍（藉）足也。論文作籍，狼籍，籍非字體也。

大智度論　第八卷

伯仲　謂兄弟也。爾雅：伯，長也。舍人曰：伯，位之長也。韓詩：仲，中也。言位在中也。禮記：幼名，冠字，五十爲伯仲，周道〔一八〕。釋名云：伯，把也。把持家政也。

罽那　居例反。秦言寶積。經本或作刺那，力達反，今從刺也。

大智度論　第九卷

龍蟠　蒲寒反。禮記：而蟠于地。鄭玄曰：蟠，委。廣雅：蟠，曲也。

狂狷　古文㥞、獧二形，今作獧，同。俱面反。狂者進取於善道，狷者守節無爲也。

潘澱　蒼頡篇作潘（瀋）〔一九〕，同。敷袁反。泔也。説文：潘，淅米汁也。淅音蘇曆反。江北名泔，江南名潘。澱，古文㲺，同。徒見反。爾雅：澱謂之垽。郭璞曰：澱，滓也。江東呼爲垽。論文作淀，水［名，在］〔二〇〕新陽。又如淵而淺亦曰淀。淀非此義。垽音魚靳反。淀音殿也。

長跽　古文䠒，同。奇几、其矣二反。説文：跽，長跪也。釋名云：跽，忌也。見所敬忌不敢自安也。

大智度論　第十卷

氐宿　丁計、都禮二反。爾雅：天根，氐也。音義曰：天根爲天下萬物作根，故曰天根也。孫炎曰：角亢下繫於氐，若木之有根也。

奎宿　口攜反。爾雅：降婁，奎婁也。李巡曰：降婁，白虎宿也。

觜宿　子移反。爾雅：娵觜之口，營室東壁也。孫炎曰：娵觜之歎則口開方。營室東壁，四星方似口，因以爲名也。

髑髏　古文顒顱二形，同。徒木、力侯反。頭骨也。

襤褸　古文艦(襤)[一一]，又作繿，同。力甘其(反)。襤褸，謂衣敗也。凡人衣被(破)醜弊[一二]，亦謂之襤褸。論文作藍，染草也，藍非今義。

象廄　古文㲃、𩟭二形，同。居宥反。說文：馬舍也。釋名云：廄，鳩聚也。牛馬之所聚也。周禮「二百一十四匹爲廄，廄有僕夫」是也。

逸馬　古文軼，同。余質反。廣雅：逸、走，去也。奔，逸也。縱逕也。

搥壓　又作磓，同。丁迴反。謂投下也。廣雅：搥，擿也。壓，於甲反，自上加下也。說文：壓，壞也。論文多作庘。通俗文：物欲壞曰庘虘。庘非此義。虘音仕加反。

考掠　古文剠、𠗊二形，同。力尚反。蒼頡篇：掠，問也。謂榜捶治人也。

户排　蒲皆反。謂木闑開户者也，如户鈎等。又諸户闑皆置排記，佛於食後視排案行諸比丘房也。

揵玨　直飢、都犁二反。譯言續也。

親親　且隣反。禮記：親親以三爲五，以五爲九。蒼頡篇：親，愛也。近也。說文：親，至也。釋名云：親，攦也，云相隱攦也。

倓然　徒闞反。蒼頡篇：倓，恬也。說文：倓，安也。廣雅：倓，靜也。謂倓然無爲也。

黜而　今作絀，同。敕律反。左傳：使無黜嫚。杜預曰：黜，放也。廣雅：黜，去也。尚書：三考黜陟。范甯集解曰：黜，退也。

以肅　思六反。尚書：冈弗祇肅。孔安國曰：肅，嚴也。謂嚴急之言也。肅，戒也。戒，敕也。

御寒　古文敔[一三]，同。魚舉反。廣雅：禦，止也。詩云：百夫之禦。傳曰：禦，當也。爾雅：禦、圉，禁也。舍人曰：禦圉，未有而預防之也。論文或作禦。毛詩：亦以禦冬。傳曰：御，禦也。二形隨用也。

草芥　歌邁反。草也。左傳「視民如土芥」、漢書「俯地拾芥」[一四]皆是。

大智度論　第十一卷

營從　古文甇，同。役瓊反。蒼頡篇：營，衛也。營亦部也。

朝宗　周禮：春見曰朝，夏見曰宗。鄭玄曰：諸侯見天子之文。朝猶朝也，欲其來之早也。宗猶尊也。

能擗　補革反。說文：擗，撝也。撝，裂也。廣雅：擗，分也。論文作躃，補赤反。躃，跛也。又作僻，匹尺反。僻，邪也。二形並非此用也。

大智度論　第十二卷

贈遺　余季反。廣雅：遺，與也。謂以玩好送人曰贈遺也。

悠遠　弋周反。國語：道路悠遠，賈逵曰：悠，長也。爾雅：悠，遐也。舍人曰：悠，行之遠也。

疽瘡　且余反。說文：疽，久癰也。

勁利　居盛反。說文：勁，强也。字體從力巠聲也。

大智度論　第十三卷

姞利　渠帙反。龍名也。依字，南燕姓也。

豪爽　所兩反。方言：爽，猛也。廣雅：爽，明也。字從大，大人必照明，故從大也。

繾綣　祛善、祛阮反。猶纏綿不離散也。

憮然　莫禹反。三蒼：失意皃也。怪愕之辭也。論語：夫子憮然。何晏曰：爲其不達己意而非之。漢書：憮然。韋昭曰：意未言也。

鑯鍱　余攝反。說文：齊謂鎮（鏶）[二五]爲鍱。鏶音集也。

僶俛　亡忍、無辨反。謂自[强力也，强爲之也。[二六]]

[妻汝]　且計切。謂以女妻人曰[二七]妻。論語「以其子妻之」是也。

毫氂　古文氂、練[二八]二形，今作秏，同。力之反。漢書律曆志云：不失毫氂。孟康注云：毫，兔毫也。十毫曰氂。三蒼：氂，毛也。論又作釐，音僖。韋昭漢書音義曰：祭鬼神之餘肉曰釐。說文：釐，家福也。亦古字通用也。

適無　都歷反。謂主適也。

善府　夫禹反。說文：府，藏也。三蒼：府，文書財物藏也。風俗通：府，聚也。公卿收[二九]守文書財賄之所聚也。

林藪　桑後反。澤無水曰藪，又亦大澤水希者是也。

翕響　呼及反。蜀都[賦[三〇]]：翕響揮霍。注云：謂奄忽之間。

夷滅　以之反。廣雅：夷，滅也。案史記「夷三族」是也。國語：夷竈堙井。賈逵曰：夷，毀也。

委物　紆詭反。周禮「少曰委，多曰積」是也。謂積聚也。

輕泆　今作溢，同。與一反。水所蕩泆也。

豪傑　古文勢，同。胡高反，下奇哲反。淮南子云：智出百人謂之豪，千人謂之傑。案豪猶俊也。大戴禮云：豪，帥也。傑，特立也，英傑也，亦才能也。論文作桀，雞栖於杙爲桀，非此義。

串樂　古文作摜、遺二形，又作慣，同。古患反。爾雅：串，習也。舍人曰：串心之習也。

大智度論　第十四卷

募人　謨故、武句二反。說文：廣求也。蒼頡篇：問求也。

控告　枯洞反。詩云：控于大邦。傳曰：控，引也。韓詩：控，赴也。

賙救　今作周，同。之由反。謂以財物與人曰賙。周禮：五黨爲周，使之相賙。鄭玄曰：賙謂禮物不備相給足也。詩云：靡人不賙。傳曰：賙，救也。箋云：將救其急也。

艇舟　徒頂反。方言：南楚江湖小𦪇謂之艇。郭璞曰：艇，䑽也。釋名云：二百斛已上曰艇。𦪇，思六反。䑽音刁也。

安措　且故反。字林：措，置也。禮記：君子明於禮樂，舉而措之而已。鄭玄曰：措猶施也。論文作厝，日（且）[三一]各反。說文：厝，厲石也。磨也。詩云：他山之石，可以爲厝。厝非論旨。

覓死　莫勒反。說文：覓，突前也。國語：戎狄覓沒輕儳。賈逵曰：冒没，猶輕觸也。字體從曰(冃)[三二]從見。曰(冃)音茫報反。今皆作冒。案冒，亡報反。冒，覆也，蒙也。冒，貪也。

自替　愓麗反。爾雅：替，廢也。李巡曰：替去之廢。

剛愎　扶逼反。左傳：愎諫違卜。杜預注曰：愎，戾也。又曰：强愎不仁。愎，佷也。

大智度論　第十五卷

勉勵　又作勱，同。靡辯反。説文：勉，强也。下吕制反。謂自勸勵也。

洋銅　以凉反。謂煮之消爛洋洋然也。三蒼：洋，大水皃也。爾雅：洋，溢也。郭璞曰：洋溢，衆多也。

避隈　脾異反。説文：避，迴也。蒼頡篇：避，去也。謂遠離之也。隈，烏回反。説文：一由[三三]反。水曲隩也。謂蔽之處也。論文作偎，烏回反，愛也。偎非此義也。

幾失　渠衣反。幾，近也。言近失而不失也。

蜫蟲　古文蚰，同。古魂反。禮記：蜫蟲未蟄。鄭玄：蜫，明也。明蟲者，陽而生，陰而藏者也。夏小正曰：蜫，小蟲也。蜫，魂也。魂魂然小蟲動也。

穿窬　欲朱反。三蒼云：窬，門邊小竇也。説文：門旁穿水[三四]户也。東方朔「穿窬不繇路」是也。又音徒構反。禮記：蓽門圭窬。鄭玄曰：窬，門旁窬也。穿牆爲之，其形如圭是也。論文作踰，越也，度也，踰非字體也。

婬佚　與一反。廣雅：佚，樂也。蒼頡篇：佚，蕩[也[三五]]。

不睦　又作穆，同。亡竹、莫禄二反。尚書：九族既睦。孔安國曰：睦，和也。又曰：我其如睦。孔安國曰：睦，敬也。

邪僻　匹尺反。詩云：民之多僻。箋云：僻，邪也。案僻者，謂爲事邪枉不中理也。

窯作　余昭反。説文：燒瓦竈也。通俗文：陶竈曰窯也。

怳忽　古文芃、慌二形，同。呼晃反。慌忽，忘也。

宗族　子同反。所承也。字林：宗，尊也。亦主也。廣雅：宗，本也。楚辭：同姓曰宗。族，叢禄反。族，類也。周禮：四閭爲族。鄭玄曰：百家也。

大智度論　第十六卷

斐亹　孚尾、亡匪反。如有也。詩云：有斐君子。傳曰：斐，文皃也。周易：成天下之亹亹。劉瓛曰：亹猶微微也。

長跪　其詭反。聲類：跪，跽也。釋名云：跪，危也。兩膝隱地，體危隉也。隉音五結反。

軟夫　諸書作耎，同。而兖反。漢書「軟弱不勝任」作軟也。

卒無　子律反。爾雅：卒，終也。舍人曰：卒，病之終也。李巡曰：卒，事之已也。

恬澹　徒兼、徒濫反。方言：恬，静也。廣雅：澹，安也。

呿提　又作㰦，同。丘庶反。秦言虚空也。依字，埤蒼：張口也。

則蹷　或作蹶，同。巨曰、居月二反。説文：蹷，僵也。僵，却偃也。廣雅：蹷，敗也。論文作蹶。古文蹻，同。居衛、居月二反。爾雅：蹶，動也。案蹶，驚駭急疾之意也。蹶非此也。

間關　謂崎嶇辛苦得達之皃，又亦設置也。

倮敢　古禍反。廣雅：倮，勇。蒼頡篇：倮，憨也。殺敵爲倮。

爾雅：惈，勝也。孫炎曰：惈，决之勝也。今亦作果憨，音胡濫反。

大智度論　第十七卷

秋穫　胡郭反。説文：穫，刈禾也。王逸注楚辭云：草曰刈，穀曰穫也。

嫈嫇　字林：乙莖、茫莖反。心態也。亦細視也。論文作瞟瞔，未見所出。

黄髯　如廉反。髯，頰毛也。釋名云：頰耳旁曰髯，隨口動摇髯髯然也。論文有作髮字也。

叱之　齒逸反。蒼頡篇：叱，呵也。禮記「尊客之前不叱狗」是也。

逡巡　且旬反。爾雅：逡，退也。郭璞曰：逡巡，却退。

煜爚　由掬反，弋灼反。説文：煜，光耀也。爚，火光也。廣雅：煜，熾也。埤蒼：煜，盛皃也。論文作昱，日明也。爍，式灼反，字與鑠同，銷鑠也，並非此義也。

桎梏　之失、公屋反。周禮掌囚：凡囚，中罪桎梏。鄭玄曰：在手曰桎，在足曰梏〔三六〕。

迴眄　冥見反。説文：邪視也。方言：自關而西秦晉之間曰眄也。

填積　古文窴，同。徒堅反。填，滿也。廣雅：填，塞也。

即厭　伊琰反。字苑：眠内不祥也。蒼頡篇：伏合人心曰厭。山東音伊葉反。説文：厭，合〔三七〕也。字從厂，音呵旦反。

煏煮　古文僫、爑〔三八〕二形，同。扶逼反。方言：煏，火乾也。關西隴冀以往謂之煏。説文：以火乾肉曰煏。

大智度論　第十八卷

著圂　胡遁反。説文：圂，廁也。蒼頡篇：豕所居也。字從囗，豕在中也，字意也。論文作溷。溷，濁也，亂也。溷非正體。

稽留　古兮反。字林：稽，留也。稽，止也。

懸繩　論文多作鉉，胡犬反，舉鼎也，鉉非此用。繩未見所出。

能決　闐悅反。説文：下流也。又穿決。

烙　羅各反。謂燒煑物著之也。論文作爍，式灼反，銷也。爍非字義。

鶏鶩　莫族反。爾雅：舒鳧，鶩。郭璞注曰：即鴨也。李巡曰：野曰鳧，家曰鶩。一名舒鳧。某氏曰：在野翼舒飛遠爲鳧。

觜距　今作咮〔三九〕，同。子累反。廣雅：觜，口也。字書：鳥喙也。或作嘴。論文作嚯。撿諸經史無如此字，唯傅毅七激云「嚯埴飲泉」作此字，音徐耎反。嚯非字義。距，古文詎、岠二形，同。居吕、渠吕二反。説文：鷄足距也。

蚑蜂　巨儀反。通俗文：矜求謂之蚑蛷。關西呼蚤溲爲蚑蛷音求。溲，所誅反。聲類云：多足蟲也。

鵂鶹　許牛反。爾雅：怪鴟。舍人曰：一名怪鳥，一名鵂鶹，南陽名鉤鵅。字林：鴟，鵂也。

猳玃　字體作猲，或作猳，同。音加。下居縛、居碧二反。説文：大母猴也。善顧眄，玃持人也。爾雅：玃父善顧。郭璞曰：猳，玃也。似彌猴而大，色蒼黑，善攫持人，好顧眄也。古今注云：猨五百歲化爲玃也。抱朴子云「彌猴八百歲化爲獲，壽千歲」是也。

饕餮　古文叨、叨二形，同。他高反。正字作飻，同。他結反。說文：貪也。左傳：縉雲氏有不才子，貪于飲食，冒於貨賄。聚斂積實，不知紀極。天下人民謂之饕餮。杜預曰：貪財曰饕，貪食曰餮。

眼陷　楚辭：陷滯而不濟。王逸云：陷，没也。案：陷猶墜入也。論文作䧟，此應近也。

盪滌　古文潒，同。徒朗反。下徒歷反。盪滌，謂洒器也。尚書：九川滌源。孔安國曰：滌，除也。

鐵弗　字苑：初眼反。今之炙肉弗字也。字略云：以鐵貫肉齊[四〇]也。論文作鏟，今作剗。剗，削也。

爴裂　撿諸字書，無如此字。案字義宜作攫，居碧、九縛二反。說文：爪持也。禮記云：挐蟲攫持也[四一]。

拼度　古文䡞、䡘二形，同。補耕反。拼謂振繩墨也。

摶戲　徒官反。通俗文：手團曰摶。說文：摶，團也。聲類：摶，捉也。字林：摶戲之摶作摶，音杜丸反。論文作揣，初委、都果二反，量也，度也。揣非義音。

六駮　補角反。爾雅：駮如加馬倨牙，食虎豹。舍人曰：駮，多力獸也。山海經云：曲山有獸，狀如馬，白身黑首，一角，虎爪，音如鼓，其名駮，食虎豹，可以禦兵。詩云「隰有六駮」是也。魏黄初三年，六駮再見於野。

齩齧　又作齭，同。五狡反。說文：齩，齧骨也。廣雅：齕[四二]，齧也。

齰掣　又作齚，同。竹皆反。通俗文：齧挽曰齰。廣雅：齰，齧也。

轢諸　勒各、力的二反。蒼頡篇：轢，輾也。說文：車所踐也。

如筰　側格反。案筰猶壓也。今謂以槽筰出汁也。

蹂場　古文𨇓，同。仁求、仁柳二反。通俗文：踐穀曰蹂。蒼頡篇：踐也。熟躡也。

赭色　之野反。三蒼：赭，赤土也。方言：南楚、東海之間或爲[四三]赤爲赭。郭璞同。言衣赤也。

烹肉　普羹反。烹，煮也。方言：烹，熟也。嵩嶽以南陳潁（穎）[四四]之間曰烹。儀禮：凡煮於鑊中曰烹，於鼎曰升也。

燂豬　聲類：燂、燖二形。字詁：古文燅、鬵二形。今作燅，同。詳廉反。說文：燅，熱湯中瀹肉也。通俗文：以湯去毛曰鬵。論文作爓。案說文、諸詮之蜀都賦，音皆余贍反，又羊占反。說文：爓，火爓爓也。爓非今義也。

磔牛　古文厇，同。知格反。廣雅：磔，張也。磔，開也。說文：磔，辜也。爾雅：祭風曰磔。孫炎曰：既祭，披磔，其性[四五]以風散也。論文作挓，未見所出也。

猛毅　牛既反。尚書：尚由（迪）[四六]果毅。孔安國曰：殺敵爲果，致果爲毅。說文：妄怒也。一曰有決也。

鐵杙　余職反。爾雅：樴謂之杙。郭璞曰：杙，橛也。論文有作鐵棱，傳寫誤也。樴，徒得反。

踼突　今作逿，同。徒郎反。說文：搶也。蒼頡篇：驅馳皃也。亦失跡也。考聲：踼，趺也。案字宜作搪揬二形也。

銅橛　巨月反。說文：橛，杙也。論文作鐝。埤蒼：磨，鐝也。通俗文云：磨齊曰鐝。鐝非今義也。

發撤　除列反。廣雅：撤，壞也。亦去也。儀禮：遍乃撤豐。鄭玄曰：撤，除也。

噤戰　古文唫，同。渠飲反。楚辭：噤閉而不言。王逸曰：閉口不開爲噤。

淶渫　字林：下甲、丈甲反。淶渫，謂氷凍相著也。論文作甲，非體也。

榜笞〔四七〕　薄衡反。下又作笞，同。丑之反。字書：榜〔四八〕，捶也。廣雅：榜，笞擊也。

忌憚　渠記反。廣雅：忌，恐，畏也。說文：忌，憎惡也。憚，徒旦反。憚，難也。

俎割　莊呂反。方言：俎，几也。字書：肉几也。

蔚茂　於胃反。蒼頡篇：草木盛皃也。論文或作鬱，於屈反。說文：木叢生曰鬱。

暴露　扶卜反。說文：暴，晞乾也。字從日從出廾米字。

大智度論　第十九卷

嚻塵　古文貫，同。許朝反。嚻，諠也。諠，諠譁。左傳「湫隘嚻塵」是也。

無援　宇眷反。案援者，謂依據護助之言也。

懷孕　古文𦝫，同。移證反。謂含實曰孕。三蒼：懷子也。廣雅：孕，傓也。字從子乃聲。論文有作懷妊，如禁反。妊，孕也。

體胤　與振反。爾雅：胤，繼也。舍人曰：胤，繼世也。說文：胤，子孫相承續也。謂番育之稱也。

麚麀　古遐反。牡鹿也。說文：以夏至解角也。麋冬至解角也。麀，古文䴦，同。於牛反。爾雅：牝麀牝牸也〔四九〕。

有娠　書隣反。娠謂懷胎也。書中亦有作身，二形通用。

軍持　正言捃稚迦。此譯云瓶也，謂雙口澡灌也。論文作鍕鋳，字無所出，猶俗作也。

岐道　古文㤄、𧺌二形，同。渠宜反。謂枝別義也。爾雅：道二達謂之岐。郭璞曰：岐道直出者也〔五〇〕。釋名云：物兩爲岐，左邊曰旁，此道並之也。

搏鹿　補各反。案搏猶拊拍也。又云：夢與楚子搏。杜預曰：手搏也。考工記：搏，拍也。又搏取之也。

大智度論　第二十卷

抨則　又作拼，同。普耕反。說文：抨，彈也。猶言抨毛、抨弓等也。

尺蠖　烏郭、於攫二反。桑蟲也。說文：屈申蟲也。爾雅：蠖，尺蠖也。郭璞曰：蝍蝛也。音子力、子六反。一名步屈也。舍人曰：宋地曰尋桑也。

大智度論　第二十一卷

衣以　於穊反。案以衣被之曰衣。衣謂衣著也。

食以　又作飤，同。囚志反。謂以飯食設供於人曰食。食亦飯也。

眵淚　充尸反。說文：瞢，瞢兜，眵也。瞢，莫結反。論文作眵，未詳何出也。

結聹　乃冷反。埤蒼：耵聹，耳垢也。

俞多　弋朱反。廣雅：俞，益也。小[爾]雅：俞、兹、强，益也。

蝡動　如兖、如允二反。說文：蝡亦動。淮南「蜫蟲蝡」是也。

崫起　魚屈反。埤蒼：特立也。史記「崫然獨立，塊然獨坐」

是也。

大智度論　第二十二卷

骨幹　字體作幹，同。歌旦反。幹，助也，亦體也。骸骨也。

視占　之鹽反。方言：占，視也。占亦候也。凡相候謂之占。占，瞻也。

大智度論　第二十四卷

辭訣　古穴反。通俗文：[與]〔五一〕死者別謂之訣。字略云：訣，絕也。

祈請　渠衣反。廣雅：祈，求也。爾雅：祈，告也，叫也。郭璞曰：祈，祭者叫呼而請事也。孫炎曰：祈，爲民求福叫告辭也。

捍格　古文䦎、戰、捍、仟四形，今作扞，胡旦反。捍，禦也。格，古𢧐，同，古額反。格，鬭也。格，歫也。說文：擊也。

智鑒　字書作鑑，同。古儳反。廣雅：鑒，炤也。鑒，鏡也。所以察形也。

刳腹　口孤反。蒼頡篇：刳，屠也。方言：刳，𠢐也。說文：刳，判也。周易：刳木爲舟。案：刳謂空其腹也。

灰燼　寺進、秦刃二反。說文謂火之餘木是也。

孅指　古文攕。字書作纖，同。思廉反。說文：攕，好手皃也。孅，細銳也。方言：纖，小也，細也。梁益之間凡物小謂之纖也。

𣤶然　所力反。埤蒼：恐懼也。通俗文：小怖曰𣤶。公羊傳「𣤶然而駭」是也。論文作墻（牆）〔五二〕，近字耳。又作嗇，澀也，嗇非此義也。

間跱　古文峙，同。除理反。言獨立也。廣雅：峙，止也。說文：跱，躇也。謂踞止不前也。躇音直如反。

便晴　古文姓、殅二形，同。藉盈反。漢書：天晴而見景星。孟康曰：晴，精明也。

大智度論　第二十五卷

豐渥　烏學反。詩云：稍如渥赭。傳曰：渥，厚也。

僂步　力主反。通俗文：曲脊謂之傴僂。廣雅：僂，曲也。

大智度論　第二十六卷

釀酒　女帳反。三蒼：米麴所作曰釀。說文：醞作酒曰釀也。

洮沙　徒刀反。案洮猶汰也。論文作汏，徒蓋反。通俗文：淅米謂之洮沙。

廬館　力居反。小爾雅云：廬，寄也。謂寄止也。亦別舍也。黃帝爲廬以避寒暑，春秋去之，冬夏居之，故云寄止也。釋名云：寄止廬慮也。取其止息覆慮也。館，古玩反，客舍也。周禮：五十里有館。有委積以待朝聘之客。字體從食官聲也。

調投　徒弔反。廣雅：調，欺也。調，賣也。啁，調也。

凌傷　力升反。廣雅：凌，暴也，犯也，侮也。蒼頡篇：凌，侵也。傷又作敭，以豉反。蒼頡篇：傷，慢也。謂平傷也。說文：傷，輕也。今亦作易。

大智度論　第二十八卷

噏風　古文歙、噏二形，今作吸，同。羲及反。廣雅：吸，飲也。說文：内息也。謂氣息入也，亦引也。

兵伍　兵威也。五刃爲兵。下吾魯反。周禮：五人爲伍。鄭玄曰：伍，眾也。論文作仵，吾故反，逆也。仵非字義也。

謇吃　古文謭、謇二形，今作蹇。聲類作讓，又作㖐，同。吾[五三]展反。方言：謇，吃也。楚人語也。周易：謇者，難也。論文作蹇，跛蹇也，蹇非此義。吃，古文㰟，同。居乞反。氣重言也。通俗文：言不通利謂之㖐吃。

深濬　古文濬、睿[五四]二形，今作浚，同。私閏反。濬，深也。

堅著　治略反。堅，牢也。相著也。

大智度論　第二十九卷

襞韏　卑赤反。說文：韏衣也。廣雅：襞，屈也。韏，丘阮反。

梁枰　力將反。謂橫梁也。枰，皮兵反。埤蒼：枰，榻也。謂獨坐板牀也。釋名云：枰，平也。以板作之，其體平正也。

大智度論　第三十卷

大辟　古文㢸、擘二形，同。脾尺反。字林：辟，法也。韓詩：或辟四方。辟，除也。字從尸口辛者，制其罪。口，用法也。論文作邪僻字，非也。

祜利　胡古反。詩云：受天之祜。箋云：祜，福也。爾雅：祜，厚也。

觚枝　古胡反。案觚猶枝本也。未詳何語也。

雷霆　達頂、達丁二反。周易：鼓之以雷霆。劉瓛曰：霆，電也。震爲雷，離爲電。爾雅：疾雷爲霆霓。郭璞曰：雷之急激者也。蒼頡篇：霆，霹靂也。公羊傳「有霆擊夷伯之廟」[五五]是也。

大智度論　第三十一卷

紹胄　治又反。字林：胄，胤也。胤，嗣也。謂繼嗣先世也。

大智度論　第三十二卷

叅倍　錯耽反。廣雅：叅，三也。方言：叅，分也。齊曰叅。郭璞曰：謂分割也。倍，蒲乃反。廣雅：倍，半也。謂一生兩曰倍也。

讖記　楚蔭反。三蒼：讖，秘密書也。出河洛。記(說)[五六]文：讖，驗也。謂占後有效驗也。

珠璣　居沂、渠氣二反。說文：珠之不圓者也。字林：小珠也。

錠光　大經反。案聲類「無足曰鐙，有足曰錠」，亦言然燈佛是也。

大智度論　第三十三卷

礼貺　吁誑反。爾雅：貺，賜也。郭璞曰：謂賜與也。

萎爛　於危反。聲類：草木菸也。廣雅：蔫、萎，菸也。

懾伏　古文慹，或作讋、慴〔五七〕二形，同。占涉反。字林：懾，服也。禮記：而氣不懾。鄭玄曰：懾，恐懼也。又曰：貧賤而知好禮則意不懾。鄭玄曰：懾猶怯惑也。

硾碟　案字體宜作磫礭二形，子容、其俱反。廣雅：磫礭，礪石也。通俗文：細礪謂之磫礭，磁礭治玉，礙礭治金〔五八〕。淮南云「待礛礑而成器」是也。

鹹鹵　胡緘反。說文：鹵謂西方鹹地也。天生曰鹵，人生曰鹽。鹽在東方，鹵在西方也。釋名云：地不生物曰鹵。

溝塍　古文䐚、塖〔五九〕二形，今作堘，同。示陵反。說文：塍，稻田畦也。史記：大曰隄，小曰塍。廣雅：塍，隄也。蒼頡篇：塍，畔也。論文作堩，非體也。

垣牆　于煩反。垣謂四周牆也。釋名云：垣，援也。人所依阻以爲援衛也。牆，障也。所以自障蔽也。

大智度論　第三十五卷

隱須　正字作㥯，同。於靳反。說文：有所據也。

大智度論　第三十六卷

錮石　古護反。說文：錮，鑄塞也。

拯拔　蒸上聲。說文：拯，謂上舉也。救助也，出溺也。

大智度論　第三十七卷

痿熱　又作矮，同。於媯反。謂黃病也。禮記：哲人其痿。鄭玄曰：痿，病也。

所罥　三蒼：古文作繯，同。古泫反。謂取獸繩也。說文作衒，古縣反，行賣也。非今所用也。

大智度論　第三十八卷

形兆　除矯反。國語注云：兆，見也。形也。案兆者，猶機也。事先見者也。

分解　扶問、胡賣反。分謂分別。解謂縫解接中也。

作摸　又作摹，同。莫奴反。摸亦規也。謂掩取象也。

自潰　古文殨，同。胡對反。說文：潰，漏也。蒼頡篇：潰，旁決也。

大智度論　第三十九卷

庇其　方利反。方言：庇，寄也。通俗文：自蔽曰庇。爾雅：庇、休〔六〇〕，廕也。孫炎曰：庇覆之廕也。

大智度論　第四十卷

稻茅　亡苞反。說文：茅，菅也。經文作竿蔗，吉寒、諸夜反，甘蔗也。通俗文「西域出蒲萄，荊州出竿蔗」是也。〔六一〕

福祚　徂故反。國語：天地之所祚。賈逵曰：祚，禄也。又位也，報也。

擿口　他狄反。案擿亦剔也，謂挑剔也。擿，治之也。擿，除也。

大智度論　第四十一卷

玷中　都簟反。言文如玷也。

木楔　又作楔，同。先結反。説文：楔，櫼也。櫼，子林反。今江南言櫼，中國言屆。楔，通語也。屆音側洽反。

駑馬　怒胡反。廣雅：駑，駘也。謂馬中鈍者也。伯樂云：大頭短喙一奴也，脚不開屈玄目二奴也，小口短叉三奴[也]〔六二〕。又禮記「凶年乘駑馬」是也。駘音徒改反。

大智度論　第四十二卷

胞胎　浦交反。説文：胞，兒生裹也。漢書：同胞之徒。如淳曰：同胞，親兄弟也。

虵虺　古文虫、螝二形，同。吁鬼反。毒蟲也。山海經：即翼之山多蝮虺。郭璞曰：色如綬文，鼻上有針，大者百餘斤，一名反鼻也。爾雅揵爲舍人曰：江淮以南曰蝮，江淮以北曰虺。莊子：虺二首。韓非曰：虫有螝者，一身兩口，争食相齕，遂相殺也。爾雅讚曰：虵之殊狀，其名爲虺，其尾似頭，其頭似尾，虎豹可踐，此難忘履。

大智度論　第四十三卷

牝牡　脾盡、脾死二反。説文：畜母也。雌也。牡，莫走反。説文：畜父也。雄也。詩云「駉駉牡馬」也。案詩傳曰：飛曰雄雌，走曰牝牡。至於雉鳴求其牡，則飛鳥亦有牝牡，不但走者也。

大智度論　第五十三卷

鏇師　難字作擐，囦(同)〔六三〕。因絹反，謂以繩轉軸裁木爲器曰鏇。經文作旋，非體也。

淡飲　徒甘反，於禁反。謂匈〔六四〕上液也。論文亦作陰。

肪䏼　先安反。廣雅：䏼、脂，肪也。通俗文：在腰曰肪，在胃曰䏼也。

青瘀　於豫反。説文：瘀，積血也。廣雅：瘀，病也。

鑽燧　又作墜，同。辭醉反。火母也。謂取火者也。論語：鑽燧改火。孔安國曰：一年之中鑽燧各異木也。世本：造火者，燧人也。因以爲名也。

尋繹　夷石反。論語：繹之爲貴。馬融曰：尋繹行之爲貴也。方言：繹，理也。三蒼：繹，抽也，解也。

姺冶　余者反。謂鮮明莊飾也，徽(傲)〔六五〕雅自得也。

哆字　借音，都餓反。依字，説文：殆可反。張口也。字林：丑亞、丑加二反。

拖字　大何、徒可二反。依字，説文：拖，曳也。廣雅：拖，引也。

醝字　才何反。依字，通俗文：白酒曰醝。

溼麼　莫可反。秦言石〔六六〕。依字，通俗文：細小曰麼。字書：麼，小也。論文作尛，此猶俗字也。

大智度論　第五十五卷

診病　字林：除刃反。診，視也。聲類：診，驗也。謂看脉候也。

大智度論　第五十八卷

姣輸　古文嬌，同。古飽反。詩云：姣人嫽兮。案姣猶妖媚不實也，謂面從也。

大智度論　第五十九卷

薜荔　蒲細、來計反。此譯言餓鬼也。依字，薜荔，香草也。其狀如韭，生山石上也。

箭鏑　都狄反。説文：矢鋒也。史記：鋒鏑。或作鍉。鏃鏑也。釋名云：鏑，敵也，可以禦敵也。齊謂之鏃，言其所中皆族滅也。

深峭　今作陗，或作悄[六七]，同。且醮反。廣雅：峭，急也。通俗文：峻阪曰峭。山陵險陖亦謂之峭。

大智度論　第六十卷

愠心　於問反。廣雅：愠，恚也。蒼頡篇：恨也。説文：怒也。

大智度論　第六十一卷　先不音[六八]。

大智度論　第六十二卷

蠱道　工户反。周禮：庶氏掌除毒蠱。鄭玄曰：毒蠱蟲物病害人也。蠱，蟲在皿中字意也。

讁責　去戰反。蒼頡篇：讁，呵也。廣雅：讁，怒也。説文：讁，問[六九]也。論文中[七〇]有作詰責，廣雅：詰、責，問也。

瞢瞽　亡登反。郭璞注山海經云：瞢，盲也。周禮鄭玄曰：瞢[七一]，無光也。經文有作盲。瞽，公户反。鄭衆注周禮云：無目謂之瞽也。

大智度論　第六十三卷

給恤　又作卹，同。思律反。振恤也。謂以財與人也。爾雅：恤，憂也。孫炎曰：恤，救之憂也。説文：牧(收)[七二]也。

大智度論　第六十七卷

眼瞎　正字作暍(瞎)[七三]，同。火鎋反。字書：一目合也。

手麾　今作撝，同。吁皮反。舉手曰麾，謂手之指也。案：以旌旗指麾衆，因以名焉也。

大智度論　第七十二卷

偃蹇　巨偃、居免二反。廣雅：偃蹇，夭撟也。謂自高大也。釋名：偃息而臥，不執事也。蹇，跛蹇也。病不能作事，今託似此也。

傲慢　五到反。廣雅：傲，慢也。謂不敬也。字書：傲，倨見傷也。謂輕傷也。字體從人敖聲。

甫當　弗禹反。爾雅：甫，我也，始也。當，終也。

揆則　渠癸反。謂準象之也。爾雅：揆，度也。孫炎曰：揆，商度也。則，法也。

大智度論　第七十七卷

庠序　徐陽反。下古文序，同。徐舉反。學[七四]也。謂儀容有法度也。周曰庠，夏曰序。白虎通曰：庠之言詳也。以詳禮儀之所也。序，序長幼也。

機會　居衣反。説文：主發之機也。亦先見也。周易：樞機之發，榮辱之主。莊子「鑿木爲機滅[七五]者，必有機心」是也。會，古文佮，同。胡外反。爾雅：會，對也。郭璞曰：謂相當對也。又會亦聚集也，合也。

虜掠　力古[反][七六]，下力尚反。虜，獲取也，服也，戰而俘獲也。掠，劫掠財物也。謂虜掠奪取物也。

大智度論　第八十卷

餌食　如志反。蒼頡篇：餌，食也。案凡所食之物皆曰餌。

癮瘮　於近、之忍反。皮上小起痕跡也。今俗亦謂肉斗腫起爲癮瘮，或言癮胗。説文：胗，瘢[七七]也。音丈忍反。論文作隱軫，非體也。

級其　羈立反。級，次也，謂階之等數名曰級。師族（旋）[七八]，斬首一人，賜爵一級，因名賊首爲級也。

大智度論　第九十三卷

是捄　字詁古文銶、捄二形，今作救，同。居又反。求助也。

委佗　於危反，下徒何反。廣雅：委佗，窊邪也。爾雅：委委佗佗，美也。郭璞曰：佳麗美艷之皃也。亦平易自得也。

撓色　乃飽反。廣雅：撓，亂也。説文：撓，擾也。

大智度論　第九十五卷

迂迴　禹俱、一禹二反。迂，避也，遠也，亦廣大也。

石罅　古文㙌、𡓳二形，或作磍，同。呼嫁反。説文：罅，裂也。坼也。謂石壁小開也。

大智度論　第九十七卷

躊躇　又作𨅚[七九]、踟二形，同。腸留、腸知二反。下或作躇，同。腸於、腸誅二反。廣雅：躊躇，猶豫，躑躅也。

相和　胡卧反。相譍也。詩云：唱予和女。周易「鳴鶴在渚，其子和之」是也。

大智度論　第九十九卷

有掍[八〇]　孤本、骨門二反。謂繩之轉絃者也。今亦名關爲掍子，字從昆。又作搃，蒲結反。廣雅：搃，轉也。字從㒳，音毗。

窳墮　余乳反。爾雅：窳，勞也。郭璞曰：勞苦者多墮窳也。亦嬾也。言嬾人不能自起，如瓜瓠在地，故字從瓜（㼌）[八一]。亦又懶人恒在室，故從穴。論文或作𡤹字。

澇水　盧道反。謂水雨泛澇也。

大智度論　第一百卷

彌窒　古文懫，同。丁結、豬栗二反。秦言善知識。依字，窒，塞也。一本作彌多羅尼子，亦是梵言訛轉耳也。

一切經音義　卷第四十六

校勘記

〔一〕買　即「貿」。
〔二〕吉　玄卷九釋此詞作「告」。
〔三〕苦　獅作「若」。齊都云詭且，關西是也　此句疑有脱誤。
〔四〕類　玄卷九釋此詞作「䫌」。
〔五〕陽爲陰起脅之　今傳本鄭玄注禮記爲「陽爲雨，陰起脅之」。
〔六〕國語：驟救傾危以時　今傳本國語：「驟救傾以時。」
〔七〕笑　玄卷九作「哭」。
〔八〕樹　玄卷九釋此詞作「櫂」。
〔九〕擾　即「擾」。
〔一〇〕板　玄卷九釋此詞作「扳」。下同。
〔一一〕連翻上之言　今傳本釋名：「連翻上及言也。」
〔一二〕淮南子云：潰小皰而發痤　今傳本淮南子：「潰小皰而發痤疽。」
〔一三〕作皰　據文意似指淮南子作「皰」，或爲「又作皰」。
〔一四〕詩傳　磧本玄卷九釋此詞爲「左傳」。
〔一五〕扢　玄卷九釋此詞作「杚」。
〔一六〕漂　衍。
〔一七〕籍　通「藉」。下同。
〔一八〕禮記：幼名，冠字，五十爲伯仲，周道　今傳本禮記：「幼名，冠字，五十以伯仲，死謚，周道也。」
〔一九〕潘　玄卷九釋此詞作「潘」。據文意似作「瀋」。
〔二〇〕名，在　麗無，據玄卷九釋此詞補。
〔二一〕檻　據文意似作「艦」。
〔二二〕被　慧卷七四和七五作「破」。　其　獅作「反」。
〔二三〕敔　玄卷九釋此詞作「敔」。
〔二四〕漢書：俯地拾芥　今傳本漢書：「俛拾地芥。」
〔二五〕鎮　獅作「鏶」。
〔二六〕强力也，强爲之也　麗無，據獅補。
〔二七〕妻汝　且計切。謂以女妻人曰　麗無，據獅補。
〔二八〕綀　玄卷九釋此詞作「綀」。
〔二九〕收　玄卷九釋此詞作「牧」。
〔三〇〕賦　各本無，據文意補。
〔三一〕日　玄卷九釋此詞作「且」。
〔三二〕曰　據文意當作「冃」。下同。
〔三三〕由　據文意似當作「回」或「甴」。
〔三四〕水　玄卷九釋此詞作「木」。
〔三五〕也　麗無，據獅補。
〔三六〕在手曰桎，在足曰梏　阮元校刻十三經注疏爲「在手曰梏，在足曰桎」。
〔三七〕合　今傳本説文作「笿」。
〔三八〕㥌、貉　玄卷九釋此詞爲「𠈵、貉」。貉據文意似當作「貛」。
〔三九〕暕　獅作「晀」，據文意當作「暕」。
〔四〇〕齊　磧本玄卷九釋此詞作「䶒」。
〔四一〕禮記云：摯蟲攫持也　今傳本禮記：「鷙蟲攫搏。」
〔四二〕齕　玄卷九釋此詞作「齩」。
〔四三〕爲　似當作「謂」。
〔四四〕頴　今傳本方言作「頴」。
〔四五〕性　磧本玄卷九釋此詞作「牲」。
〔四六〕由　玄卷九釋此詞作「迪」。
〔四七〕榜抬　玄卷九釋此詞爲「搒抬」。類篇手部：「抬，擊也。」
〔四八〕榜　玄卷九釋此詞作「搒」。
〔四九〕牝麀牝牸也　今傳本爾雅：「鹿，牡麚，牝麀。」
〔五〇〕岐道直出者也　阮元校刻十三經注疏爲「岐道旁出也」。
〔五一〕與　麗無，據玄卷九釋此詞補。
〔五二〕墻　玄卷九釋此詞作「檣」。
〔五三〕吾　據文意似當作「居」。
〔五四〕睿　玄卷九釋此詞爲「濬」。
〔五五〕有霆擊夷伯之廟　阮元校刻十三經注疏爲「雷電擊夷伯之廟者也」。
〔五六〕記　玄卷九釋此詞作「説」。
〔五七〕懾　玄卷九釋此詞作「儑」。
〔五八〕礙礶治金　玄卷九作「硟礶治金」。
〔五九〕膝　據文意似當作「膝」或「堥」。
〔六〇〕休　阮元校刻十三經注疏作「庥」。

〔六一〕經文作竿蔗……荆州出竿蔗是也　磧本玄列爲「竿蔗」條，無「經文作」三字。
〔六二〕也　麗無，據獅補。
〔六三〕冈　玄卷九釋此詞作「同」。
〔六四〕匈　即「胸」。
〔六五〕徽　玄卷九作「傲」。
〔六六〕石　獅作「古」。
〔六七〕悄　玄卷九釋此詞作「琑」。
〔六八〕第六十一卷先不音　獅無。
〔六九〕問　獅作「呵」。
〔七〇〕論文中　獅爲「廣雅」。
〔七一〕曹曹　獅作「瞢」。
〔七二〕牧　今傳本説文作「收」。

〔七三〕暍　玄卷九釋此詞作「暍」。
〔七四〕學　玄卷九作「舉」。
〔七五〕滅　據文意當作「械」。今傳本莊子：「鑿木為機，後重前輕，挈水若抽，數如泆湯，其名爲橰。爲圃者忿然作色而笑曰：吾聞之吾師，有機械者必有機事，有機事者必有機心。」
〔七六〕反　據玄卷九釋此詞補。
〔七七〕瘢　玄卷九釋此詞作「瘢」。
〔七八〕族　玄卷九釋此詞作「旋」。
〔七九〕熹　玄卷九釋此詞作「憙」。
〔八〇〕掍　據文意似當作「棍」。下同。
〔八一〕瓜　玄卷九釋此詞作「瓝」。

一切經音義　卷第四十七

翻經沙門慧琳撰

十地論十二卷　玄應
金剛經不壞假名論二卷　慧琳
彌勒所問論八卷　慧琳
金剛經無著論二卷　慧琳
佛地經論七卷　玄應
金剛經天親論三卷　慧琳
寶積經論四卷　慧琳
寶髻菩薩經論一卷　玄應
能斷金剛經論頌一卷　無
能斷金剛論釋二卷　慧琳
文殊問菩提經論二卷　慧琳
妙法蓮花經論一卷　慧琳
法花經論二卷　慧琳
勝思惟經論四卷　慧琳
涅槃論一卷　無
本有今無論偈一卷　慧琳
無量壽經論一卷　慧琳
三具足經論一卷　慧琳
轉法輪經論一卷　無
遺教經論一卷　慧琳
依目録此中有瑜伽師地論一百卷，先有音義一卷，次後音義四十八是。
顯揚聖教論二十卷　玄應
顯揚論頌一卷　慧琳
瑜伽師地釋一卷　慧琳
王法正理論一卷　玄應
雜集論七卷　慧琳
對法論十六卷　玄應
中論四卷　慧琳
般若燈論釋十五卷　玄應
十二門論一卷　玄應
十八空論一卷　慧琳
百論二卷　玄應

右三十一論一百二十六卷同此卷音

十地論　第一卷　玄應

芒然　莫唐反。案芒然，冥昧不明也。莊子「芒然無所見」是也。

椑羅　補奚反。經中或作卑羅，或作閉羅，皆一也。

嘶字　又作誓，同。先奚反。言梵本嘶字如師子形相也。依字，埤蒼：嘶，聲散也。亦悲聲也。

十地論　第二卷　第三卷　并先不音訓。

十地論　第四卷

厚曀　於計反。釋名：曀，翳也。言雲氣隱翳使不見物者也。

瀑水　蒲報反。蒼頡解詁〔一〕云：水濆起曰瀑也。

十地論　第五卷

捫摸　莫奔、莫本二反。聲類云：捫，摸也。字林：捫，撫持案也。捫持謂手把執物也〔二〕。

十地論　第六卷　第七卷　并先不音。

十地論　第八卷

漑灌　歌賚反。説文：漑，灌也。灌，注也。

十地論　第九卷　第十卷　第十一卷　第十二卷　已上并先不音。

金剛般若波羅蜜經破取著不壞假名論　上卷

慧琳

俾其　卑弭反。若取上聲，此字從亻，丑尺反。考聲云：使也。爾雅云：俾，從也。若作去聲，即從人。韻詮：與也。説文：益也。從人卑聲也。

謂稟　鄙錦反。孔注尚書云：稟，受也。廣雅云：與也。説文：稟，賜穀也。從禾㐭聲。㐭音廩也。

百齡　歷丁反。禮記：古者年齡，齒亦齡，皆壽也。鄭注禮記云：年，天氣。齒，人壽之數也。廣雅：齡，年也。古今正字：從齒令聲。或爲矜也。

金剛般若波羅蜜經破取著不壞假名論　下卷

沮亂　上莊所反。毛詩傳云：沮，壞也。亦止也。賈注國語：非也。説文：從水且聲。

即晞　下稀依反。毛詩傳云：晞者，明之始升也。韓詩云：明不明之際曰晞也。説文：從日希聲。

泫露　上玄泫反。考聲云：泫，流下皃也。禮記云：孔子泫然流涕也。説文亦流也。從水玄聲也。

彌勒菩薩所問經論　第一卷　慧琳撰

乞匃　下葛艾反。蒼頡篇：匃，行請也。求也。説文亦乞也。亡人爲匃，論文作丏，不成字。或作匄，俗字。

躑跳　上呈劇反。顧野王云：躑，縣舉足而不進。説文：住足也。踦也。或作蹢。古今正字：從足鄭聲。下祧弔反。孔注尚書：跳，步足不能過也。蒼頡篇：踊也。廣雅：跳，上也。説文亦蹶也。躍也。從足兆聲也。

彌勒菩薩所問經論　第二卷

壍路　上籤豔反。顧野王云：城池爲壍也。考聲：長坑也。説文：亦坑也。大也。從土漸聲也。

劈裂　上疋覓反。廣雅云：劈，裂也。埤蒼：剖也。説文：破也。從刀辟聲。

牽挽　上挈賢反。考聲云：牽，連也。説文：引前也。下亡遠反。考聲：挽，引也。亦作輓。説文：牽，引也。從手。

梯嶝　下登鄧反。考聲作隥，履也。小阪也。説文云：仰也。文字典説：從山登聲也。

指鉆　下儉炎反。説文云：鉆，鐵鋷也。從金占聲。論作鉗，誤也。

惡莿（莿）〔三〕　下此漬反。郭注爾雅：莿（莿），茦針也。木芒也。方言：凡草木刺人謂之刺（刺）〔四〕也。文字典説：從艸刺（刺）聲。論作刺，誤也。

彌勒菩薩所問經論　第三卷

捲手　上倦員反。考聲：捲，用力也。又作拳。拳，手拳也。集訓：屈手也。

敋打　上礦獲反。廣雅：敋，擊也。埤蒼：擊頬也。顧野王云「今敋耳」是也。古今正字從攴各聲也。攴音普卜反。論文作摑，俗字也。

彌勒菩薩所問經論　第四卷

婆私吒　下摘加反。梵語仙人名也。

限劑　下齊細反。周禮：劑，節量也。考聲云：分段也。古今正字：劑，齊也。從刀齊聲也。

彌勒菩薩所問經論　第五卷

鑽燧　下隨醉反。聲類：燧，取火於因也。馬注論語云：鑽火，四時各異木也。左傳云：燧，取火具也。古今正字：從火遂聲。

鼓桴　下蒲溝反。聲類作棓。廣雅：棓，捶也。今案：桴，鼓杖也。説文：從手孚聲也。

消皺　下側救反。考聲云：皺，皮聚也。論作䋴，俗字也。

批尼　上頻蜜反。梵語也。

彌勒菩薩所問經論　第六卷　第七卷　第八卷

已上並無字可音訓。

金剛般若論　上卷　慧琳音

鉢羅賢禳　下穰掌反。梵語。唐云智慧也。

金剛般若論　下卷

懈怠　上佳邂反。賈注國語云：懈，倦也。廣雅：懈，嬾也。說文：亦怠也。從心解聲。經作懈，亦通也。

佛地經論　第一卷　玄應音

劫比拏王　梵語。女家反。南憍薩羅國王名也。因緣廣如經說也。

封主　府用、府逢二反。字林：封，爵諸侯也。聲類：建國以土地曰封。周禮：建邦國而制其城。諸公之地封壃方五百，諸侯之地方四百里等也。起土爲界曰封也。

佛地經論　第二卷　先不音。

佛地經論　第三卷

如鉆　奇廉反。通俗文：鍜具曰鉆。蒼頡篇云：鉆，持也。

補特伽羅　梵語，此云數取，謂數數往來諸趣也。

佛地經論　第四卷　第五卷　並先不音。

佛地經論　第六卷

殉利　辭俊反。蒼頡篇云：殉，求也。漢書：貪夫殉財。應劭曰：殉，營也。

勇悍　何旦反。說文：悍，勇也。有力也。三蒼：悍，桀也。

佛地經論　第七卷

如毗濕飯怛羅　梵語。都達反。即蘇達[拏]〔五〕本生因緣也。

踰繕那　梵語。市戰反。亦言踰闍那，此云合也，應也。計應合爾許，度量同此方驛也。自古聖王一日行也。案西國繕那亦有大小，或三十里，或四十里，昔來皆取四十里也。舊經論中或云由延，又作由旬，或言俞旬，皆訛略也。

底沙佛　梵語。舊經中作弗沙佛，同一也。

蘇達那等　梵語，亦作蘇陀沙等〔六〕。此云善與，亦言好施。舊云須達拏，訛也。

金剛般若波羅蜜經論　上卷　慧琳音

頂戴　得代反。顧野王云：欣奉其上曰戴。國語云：在首曰戴。賈注云：戴，奉也。說文云：從異𢦔聲。𢦔音災。

金剛般若波羅蜜經論　中卷

淳熟　垂倫反。考聲云：清也。禮記：沃之以膏清也。說文：從水𦎧聲。論作淳，俗字也。

金剛般若波羅蜜經論　下卷

有翳　於計反。郭注方言：謂蒙幕也。奄也。廣雅云：障也。說文：從羽殹聲。

大乘寶積論　第一卷　慧琳音

甄說　上見賢反。考聲云：甄，明也。察也。桂苑珠叢云：亦表明也。說文：從瓦垔聲也。垔音因也。

詔恌　下眺雕反。考聲云：媮也。薄也。郭注方言云：邪也。廣雅云：亂也。從心兆聲。媮音偷。

缺漏　上犬悦反。蒼頡篇云：虧也。說文：器破也。從缶夬聲。下力豆反。顧野王云：漏猶泄也。許叔重注淮南子云：漏，穿也。說文：屋穿水入也。從雨尸下。尸即屋也。經文從水，亦同也。

寶積論　卷第二

欑成　上藏官反。鄭注禮記云：欑猶叢也。蒼頡篇云：聚也。從木贊聲也。

譏嫌　幾依反。廣雅云：譏，問也。亦諫也。何注公羊傳：猶譴也。說文：從言幾聲。

籌量　逐留反。顧野王云：籌，所以計筭者也。鄭注儀禮云：筭也。說文：從竹壽聲。

寶積論　卷第三

指庍　上音旨，下音赤。考聲云：指言也。推也。庍，遠也。逐也。爲人所遠弃也，故云庍。說文：從广屰聲。屰音逆。

淤泥　上於據反。顧野王云：水中青泥也。說文：淤，澱滓也。從水於聲。

闡陀　上昌演反。梵語也。

如蛾　五歌反。考聲云：飛虫也。爾雅云：蠶化爲之者蛾也。大戴禮云：食桑者有絲而成蛾。說文：從虫我聲也。

寶積論　卷第四

胭喉　上宴賢反。聲類：胭亦喉也。蒼頡篇：咽。古今正字：從肉因聲也。

性熏　訓云反。顧野王云：烟熏之者也。考聲云：熱也。火氣也。說文：從屮黑聲。象形字也。

動眴　玄絹反。顧野王云：今人動目密相戒語也。考聲亦目動也。王注楚辭云：眴，視貌。說文云：從目旬聲。旬音同上也。

作拳　倦袁反。何注公羊傳云：拳，掌也。亦愛也。說文：從手卷省聲。

寶髻菩薩經論　玄應音

洲潬　徒亶反。爾雅云：潬，沙出。郭璞曰：今江東呼水内沙堆爲潬。洛陽北河中有中潬城是也。論文作埏，音延，八埏之地也。亦埏道也。埏非此用。

陂池　筆皮反。山東名爲濼。濼音匹各反。亦名皖（皖）〔七〕，皖（皖）音公朗反也。

贏髻　又作螺，同。力戈反。下古文作髤，同。音計。經中或作編髮，同一也。

能斷金剛般若經論一卷　無可音訓。

能斷金剛般若波羅蜜多經論　上卷　慧琳撰

怨讎　下受州反。尚書云：虐我則讎。禮記云：父之讎，不與共戴天。顧野王云：讎，怨，憾也。説文：從言雔聲也。

能斷金剛般若波羅蜜多經論　中卷

差舛　下川耎反。顧野王云：差舛，不齊也。説文：對臥也。從牛，牛相背。俗作舛也。

能斷金剛般若波羅蜜多經論　下卷

津媲　下批閉反。考聲：媲，匹也。郭注爾雅云：媲亦偶也。集訓云：配也。説文：從女𣬉聲也。

在瀲〔八〕　下廉染反。考聲：瀲瀲，淡水皃也。清也。水淺次也。泛也。文字典説文〔九〕：從水斂聲也。

巘際　上魚偃反。毛詩傳：巘，小山，别於大山也。郭注爾雅：山形如累兩甑也。釋名：甑一孔曰巘，山孤似也〔一〇〕。古今正字：從山獻聲。

橐籥　上湯各反。集訓云：橐，小囊也。又云無底囊也。下陽削反。考聲：鍵器也。又樂器傳也。説文作籥，亦樂器也。從竹龠聲也。

儵忽　上昇戮反。王注楚辭：儵忽，疾也。説文：雹皃也。古今正字：往來儵忽也。從黑攸聲。

焕爛　上歡貫反，下闌旦反。論語：焕乎其有文章也。方言云：火熟曰爛。考聲云焕、爛並光明也。古今正字並從火，奐、闌皆聲也。

撮其　上纂括反。漢書應劭曰：撮亦三指撮也。考聲：撮，牽持也。古今正字：從手㝡聲也。

文殊師利菩薩問菩提經論　上卷　慧琳撰

編髮　必綿反。鄭注禮記云：編列髮爲之，其古之遺象也。若今之假髻也。劉注公羊傳云：編，連也。蒼頡篇：織也。説文：次簡也。從糸扁聲也。

如塊　口潰反。郭注爾雅云：土塊也。王注楚辭云：塊，獨處貌。説文：從土鬼聲也。

奮迅　上分問反。廣雅云：振也。考聲云：起也。鳥振毛羽也。説文：翬也。從奞從田，會意字也。

文殊師利菩薩問菩提經論　下卷

遞共　提禮反。郭注爾雅云：更易也。楚辭云：四時遞來而卒歲。考聲云：遞，代也。或作递。説文：從辵虒聲也。辵音丑略反。虒音斯也。

妙法蓮華經憂波提舍一卷　婆藪盤豆菩薩造　慧琳音

怨敵　亭歷反。杜注左傳云：敵猶當也。又曰：敵，怨也。方言：同力者謂之敵。説文：從攴(攵)〔二〕商聲也。商音的也。

彈指　唐寒反。廣雅云：彈，拼也。顧野王云：凡鼓動物曰彈。説文：從弓從單聲也。

妙法蓮華經憂波提舍　上卷　慧琳音

颰陀婆羅　上盤末反。梵語也，不求字義。唐言賢護菩薩，即此賢劫中成佛也。

頻婆羅　案俱舍論：西方數法名也，十十變名。頻婆羅當此國數法之中千載之數也。

阿閦婆　亦西方數法名也。當此地万載之數。

法花論　下卷　玄應

謦欬　上輕珽反。蒼頡篇：聲也。説文：謦亦欬也。從言殸聲。殸音口莖反。下開改反。顧野王：欬，嗽也。説文：逆氣也。從欠亥聲。論從口作嚐咳，誤也。

勝思惟梵天所問經論四卷　慧琳音

勝思惟梵天所問經論　第一卷　第二卷

並無字音。

勝思惟梵天所問經論　第三卷

牛豬　下貯驢反。方言：豚爲豬也。彘也。説文：豕三毛叢居也。從豕從者聲。

勝思惟梵天所問經論　第四卷

危脆　下七鋭反。廣雅：脆，弱也。説文云：肉耎易斷也。從月絶省聲字也。

涅槃論一卷　無音可釋。

涅槃經本有今無偈論一卷　慧琳音

見杌　下五骨反。俗字也。通俗文云：物無頭曰兀。集訓云：樹無枝曰杌，從木。説文作兀，云：高而上平也。一在人上。

無量壽論　慧琳撰

慎倒　上典年反。孔注尚書：慎，殯也。又慎，覆也。言反倒仆也。今作顛。説文作蹎，從人。論作巔〔一二〕字，誤也。

龜毛　上愧逵反。白虎通曰：龜，言久也。毛詩傳曰：元龜尺二寸也。説文：外骨而内肉者也。從它，龜頭象形也，或曰聲也。

扶箭　上辨八反。論作拔，誤也。

石蛭　下真日反。爾雅：蛭，蟣也。蒼頡篇：水虫也。聲類：亦蛭蝚、蛭掌者也。考聲：蛭蝚，蛭蛒，並蠶蠹也。説文：從虫作。論從石作砳，誤也。

火擿　下呈隻反。考聲：擿，撥也。説文云：投也。從手。論從火作⿰火適，誤也。

三具足經憂波提舍一卷　慧琳音

鄴城　上嚴劫反。漢書：魏郡有鄴縣，故太原山東也。説文：從邑業聲也。

挑施　上眺彫反。聲類：挑，抶也。字書：撩也。説文：從手兆聲也。

雪堆　下對雷反。王注楚辭云：魁堆，高也。郭注上林賦云：堆，沙堆也。考聲：土之高皃也。或作塠。古今正字：從土隹聲。經作埠，非。

尼羅拏　下挐加反。梵語人名也。

胃膽脾　上韋貴反。白虎通云：胃者，脾之府也。説文：穀府也。象形。經作胃，誤也。中擔敢反。白虎通：膽，肝之府也。文字典説：從肉詹聲。下婢卑反。白虎通：辯也。土藏也。廣雅：脾，卑也。文字典説文〔一三〕：從肉卑聲。

船舶　下彭陌反。考聲：舶，崐崘舡也。亦作䑢。司馬彪注莊子云：大舶舡名也。廣雅：海舟也。埤蒼：大舡也。古今正字：從舟白聲。

虵蟒　下莫牓反。郭注爾雅：莽（蟒）〔一四〕，虵之大者。古今正字：從虫莽聲也。

熊羆　上虚弓反。説文：熊，獸。似豕，山居也。從能炎省聲。下彼皮反。郭注爾雅：羆似熊而長頭高脚，多力拔木。關西呼猳熊。説文：從熊罷〔一五〕省聲也。

灾櫱　下言烈反。考聲云：妖〔一六〕災也。虫獸爲怪曰櫱，衣服草木爲怪曰妖。今或從女作孽，或從虫作蠥。經文從米作糱，非經義也。

轉法輪經憂波提舍一卷　無音字。

遺教論一卷　慧琳音

瘕疵　上夏加反。毛詩箋云：瘕，病也。郭注山海經：虫病也。蒼頡篇：腹中病也。説文：病也。下漬茲反。孔注尚書：疵亦病也。周易：疵猶瘕。敗也。説文：從疒，叚、此皆聲也。

媟慢　上斯列反。孔注尚書云：媟亦慢也。鄭注禮記：媟，褻也。方言：媟，狎也。説文：從女葉聲。

坑陑〔一七〕　上客庚反。郭注爾雅：坑，塹池丘墟耳。蒼頡篇：壑也，亦陷也。或作阬。古今正字：從土亢聲。下咸監反。顧野王云：陑，墜入也。注楚辭云：没也。廣雅云：隤也。説文：從高而下也。一曰墮也。從阜函聲也。

輕躁　下遭譟反。野王：躁猶動。賈注國語：擾也。鄭注論語：不安静也。考聲：性急也。説文爲趮字，從足喿聲。論從条作躁，非也。

騰躍　下陽削反。杜注左傳：超也。爾雅：迅也。廣雅：跳也。上也，進也。説文：從足翟聲。

踔廳尿[反][一八]躑　下呈石反。顧野王：躑，舉足而不進也。説文：住足也。踦也。或作蹢也。古今正字：從足鄭聲。

黑蚖　下五官反。抱朴子曰：虵類甚多，唯蚖虵中人最急，可以刀割所螫處肉，棄於地肉自沸似火炙，須臾焦盡，人得活矣。不割必死。玄中記：蚖蛇身長三四尺，有四足，形如守宫，尋脊有針，利如刀，甚毒惡，中人，不逾半日則死。山海經云：皮可以飾刀劍。鮫魚皮相似，但麁細異耳也。

悁自　上一緣反。王注楚辭：悁，憤滿（懣）[一九]也。蒼頡篇：恚也。聲類：悒憂皃也。説文云：忿也。從心肙聲也。

三具足論　玄應撰

船舶　音白。字林：大船也。今江南凡汎海舡謂之舶。崐崘及高驪皆乘之。大者受盛之可萬斛也。

邏戍　力賀反。戍，屬也。謂遊兵以禦殺[二〇]者。亦循行非違也。

恐哧　乎嫁反。恐相也。方言作恐閡音呼隔反。亦言恐赫，亦言恐猲，一義也。猲音虚割反。

礓石　居良反。形如薑也。通俗文：地多小石謂之礓礫。字從石。論文從土作壃，非體也。

已前釋經論，已後集義論。

顯揚聖教論　第一卷　玄應撰

稽首　古文䭫，同。苦禮反。説文：稽，下首也。白虎通曰：所以稽首[何？稽][二一]，至也。首，[頭也。言][二二]頤[二三]至地也。周禮太祝「辯九拜。一曰䭫首，二曰頓首」是也。

將紹　古文綤，同。市遶反。爾雅：紹，繼也。謂繼續先宗也。謚法曰：疏遠繼位曰紹。

錯綜　祖送反。謂錯其文，綜理其義也。廣雅：錯，厠也。言相間厠也。綜，捴也。捴括文義也。錯，挍[二四]也，挍（校）[二五]理。説文：綜機縷也。謂持絲交者，屈繩制經令開合也。綜，記也，理也。紀領絲別也。

駛流　山史反。蒼頡篇：駛，疾也。字從史也。

善輓　於革反。説文：輓，車前也。謂轅端壓牛領者也。

惻愴　古文㥽，同。楚力反，下初亮反。説文：惻，痛也。廣雅：惻，悲也。愴，傷也。

迦多衍那　梵語姓也。因姓爲名，舊言迦旃延，訛也。

心詭　居毁反。詭謂變詐不實也。廣雅：詭，誑也。欺也。

忌憚　渠記反，下徒旦反。忌，畏也，恐也。憚，難也，驚也。

甘執　古藍反。廣雅：甘，樂也。嗜欲之意也。甘，嗜無猒也。説文：甘，美也。

勉勵　靡辯反，力制反。勸弊也。勉，强也。謂自勸强也。勵，相勸勵也，亦勉力爲勵。强音巨兩反。

悵快　敕亮反，下於亮反。説文：悵，望恨也。快，心不服也。

所呑　他痕、他賢二反。呑謂不嚼也。説文：呑，咽也。廣雅云：呑，滅也。

溪沼　又作谿，同。苦奚反。下之遶反。爾雅：水注川曰谿。説文：沼，小池也。

巨壑　其吕反。大也。下呼各反。爾雅：流水深則成壑。壑亦溝池也。

炎燎　于廉反，下力照反。炎亦燒也。説文：炎，火光上也。燎，放火燒田爲燎也。

蔓延　亡怨、餘戰反。謂連綿[二六]不絶也。

灰燼　又作㶳，同。似進反。説文：火之餘木曰燼也。

扣絃　苦後反。廣雅：扣，擊也。絃謂琴等也。

拊革　芳主反。拊猶拍也。下古核反。革，鼓也。

黏勇　女廉反。蒼頡篇云：黏，合也。説文：相著曰黏。下瑜種反。謂雄武果决也。謚法曰：知死不避曰勇，[懸][二七]命爲仁曰勇也。

静慮　兹井反。説文：静，審也。安息也。慮，念也，思也。舊言定。梵云馱衍那也。

漏匱　渠愧反。乏財曰匱。禮記：即財不匱。鄭玄曰：匱，乏也。詩云：孝子不匱。傳曰：匱，竭也。

顯揚聖教論　第二卷

鄔波柁耶　梵語也。上烏古反，下柁音徒我反。此云親教，或言郁波地耶夜，亦云近誦，以弟子年小，不離於師，常隨常近，受經不(而)[二八]誦也。舊云和上，或云和闍，皆于闐等諸國語訛也。義譯云知罪知無罪爲和上也。

阿僧企耶　梵語。丘致反。此云無央數。舊言阿僧祇，訛略也。

温習　烏昆反。論語：温故而知新。何晏曰：温，尋也。鄭玄注禮記云：後時習之謂之温。温，燖也。取其義也。

顯揚聖教論　第三卷

耎根　而兖反。梵言没栗度，此言耎。物柔曰耎也。

阿世耶　此云意樂。樂音五教反。亦言種子。

預流　翼庶反。梵言窣路多阿半那，此言預流，一[切][二九]聖道説名爲流，能相續流而[三〇]涅槃，故初證聖果，創叅勝列，故名預流。叅預也。舊言須數多分得也。須陀洹者，訛也。或云逆流，或言入流，亦云至流，皆同一也。

一間　古閑反。梵言翳迦鼻至迦。翳迦此云一，鼻至迦此云間，謂壁際孔也。説文：間，隟也。言有一間隟在，不得般涅槃也。舊言一種子者，梵言鼻豉迦，此言種斯。或譯者不善梵言，或筆受人不尋本語，致兹訛失也。

朅迦　梵言。祛謁反，此云犀牛。毗沙拏，此云角，謂犀牛一角。一亦獨也，喻獨覺也。言一一獨居山林也。毗婆沙作偈伽，月藏經作佉伽，皆訛也。

顯揚聖教論　第四卷　第五卷　並先不音。

顯揚聖教論　第六卷

什物　時立反。聚也，雜也，謂資生之物也。今人言家產器物，猶云什物，即器也。江南言什物，此云名五行。史記「舜作什器於壽丘」、漢書「貧民賜田宅什器」並是也。

摩怛理迦　梵言。都達反。舊云摩德伽，亦言摩夷。此云行母，亦云本母，云行境界，謂起行所依能生行故也。

工業　古紅反。毛詩云：工祝致告。傳曰：善其事曰工也。

升攝波葉　經亦言申怒〔三一〕，字林或作申恕波林，樹名也。此譯云實木，舊〔言〕〔三二〕葉，喻多少經是。

所祈　巨衣反。廣雅：祈，求也。

顯揚聖教論　第七卷

樹杪　彌遶反。通俗文：樹鋒曰杪。杪謂微細也。

官僚　又作寮，同。力雕反。爾雅：僚，官也。同官曰僚也。

或翹　祇遥反。廣雅：翹，舉也。

蝸虫　古花反。説文：蝸，蝸（螺）〔三三〕也。

顯揚聖教論　第八卷

俱胝　梵語，竹尸反。佛本行經作拘致，云一百百千名一拘致，數當千萬也。

素怛纜　力暫反。此譯云綫，舊云修多羅。

吠舍　梵言。扶癈反。舊言鞞舍，此云坐估也。案天竺國俗多重寶貨，此等營求積財巨億，坐而出内，故以〔名〕〔三四〕也。

戍陀羅　梵語也。輸句反。舊言首陀，謂諸田官學者〔三五〕。此等四族，國之大姓也。

顯揚聖教論　第九卷

伊師迦　梵言山名也。言此高聳，我慢如之，故喻也。

顯揚聖教論　第十卷

商賈　始羊反，下公户反。行賣曰商，坐賣曰賈。白虎通曰：商之言商，度其遠近，通四方之物以聚也。賈，固也。固物以待民來求其利也。賈亦通語也。

能祀　徐理反。爾雅：祀，祭也。亦地祭也。

方域　爲逼反。説文：域，邦也。

詰問　丘逸反。廣雅：詰，責也。説文：詰，問也。

鬱爾　於勿反。謂樹木叢生也。

颯然　桑合反。謂風吹木葉落之聲也。

唐捐　徒郎反，以專反。唐，徒也。徒，空也。説文：捐，弃也。

薄蝕　補莫反，下神職反。小爾雅：薄，近也。漢書：日月薄蝕。韋昭：日氣往迫之曰薄。虧毁曰蝕，如虫食草木葉也。

羅婆果　梵語也。亦云頻螺果，或言避羅果，皆訛也。果形金色，如甘子大。西國祠天多用此木作幢，莊嚴供養也。

餉佉　梵語。尸尚反。此云見月〔三六〕，或言珂。舊云儴佉，或云傷佉也。

顯揚聖教論　第十一卷

尚論　市讓反。廣雅：尚，高也。説文：尚，曾也。尚亦上也。

倡女　齒揚反。婬女也。説文：倡，樂也。

雨衆　于矩反。梵言嚩利，亦云跋利，亦云衆。謂雨等師徒之衆，故云雨衆也。

銓量　又作佺，同。七泉反。稱衡也。廣雅謂之銓，所以稱物知輕重者也。

刊定　口干反。廣雅：刊，削也。亦定也，除也。

淩侮　又作夌，同。力蒸反。三倉：淩，侵也。廣雅：淩，犯。下亡府反。廣雅：侮，輕也。言輕傷也。淩從水作，夌聲也。

遞互　古文逓，同。徒禮反。方言：遞，代也。謂更他(代)〔三七〕也。

目眩　侯遍、胡蠲二反。字林：眩，亂也。三蒼：眩，視不明也。

纔取　在灾反。廣雅：纔，暫也。亦劣也，不久也。

未愈　古文瘉，同。瑜乳反。方言：愈，差也。説文：瘉，病瘳也。

迦末羅病　梵語。舊云迦摩羅病，此云黄病，或云惡垢，言腹中有惡垢，即不可治也。

角觜　妃封反，又音封。今有此牛，形小，髆上有觜者也。

形恹　奴亂反。三蒼：懦(恹)〔三八〕弱也。

嘶聲　又作誓，同。蘇奚反。説文：誓，悲聲也。方言：嘶，噎也。痛也。

哮吽　古文虓，同。呼交反。説文：虎鳴也。大怒聲也。下古文呴、吐〔三九〕二形，今作呴，又作吼，同。呼苟反。吽，嘷也。

咆吽　蒲交反。説文：咆，嘷也。廣雅：咆，鳴也。

瞑目　又作眠，同。莫田反。説文：瞑，目翕也。眠，寐也，臥也。

敦肅　古文惇，同。都屯反。説文：惇，厚也。下思六反。肅，敬也，嚴也，謂嚴整之皃也。亦戒也，自敬也。

鄙俚　補美反。下又作郢，同。力子反。鄙，陋也。説文：五酇爲鄙。鄙，郢也。蒼頡篇：國之下邑曰郢。漢書：質而不郢。如淳曰：雖質猶不如閭里之郢言也。酇音祖旦反。百家也。

粗獷　古猛反。獷，强也。字從犬也。

過隙　丘逆反。説文：壁際孔也。字從白，上下小也。

謇澀　古文作謇(譾)〔四〇〕、謇二形，今作蹇，同。飢展反。方言：謇，吃也。楚人語也。謇，難也。下所立反。説文：澀，不滑也。字從四止。四止則不通字意也。

竦肩　古文竦、愯二形，今作聳，同。須奉、所項二反。廣雅：竦，上也。跳也。

酷怨　古文嚳、焅、悎三形，今作酷，同。口木反。説文：酷，急也。甚也。暴虐也。

顯揚聖教論　第十二卷

達羅弭　梵語。彌爾反。呪名也。此無正翻，但存本耳也。

傳述　唇聿反。述謂訓其義也。爾雅：述，修也。

没力伽羅子　梵語也。亦言物伽伽羅〔四一〕、[物]〔四二〕伽，此云胡豆，即是緑色豆也。羅，此云取。作此間語，應言取緑豆。此是其姓，上古仙人名勿伽羅，不食一切物，唯食胡豆，故名取胡豆。是此仙人種，故以爲姓也。舊言目揵連，訛略也。

鄔波第鑠　梵言。烏古反，下尸藥反。舊言優波提舍，此云論議也。

深邃　古文作㒸，同。私醉反。説文：邃，深遠也。

顯揚聖教論　第十三卷

精懇　古文作詪，同。口很反。通俗文：至誠曰懇。懇亦堅忍也。

鄔波婆娑　梵語，亦言優波婆娑。此云近住，謂受八戒者，近阿羅漢等善人而住也。

杜多　梵語。亦言蕍吼多。此云沙汰，亦言修治，又云斗藪。或言搖振，亦言弃除。一(四三)義耳，皆謂去其衣服、飲食、住處三種欲貪也。舊言頭陀者，訛也。經中亦言作十二誓行。蕍音徒斗反。汰音太。

顯揚聖教論　第十四卷

毗瑟笯天　梵語。亦言毗搜紐天。此當幻惑義。此天有大威德，乘金翅鳥行，行時有輪以爲前導，欲破即破，無有能當也。

西你(四四)迦　梵語。女履反。此云有軍，外道名也。舊云先尼，訛也。

喬荅摩　梵言。此有三義：一云日種，二言牛糞種，三涅土種。以瞿[曇](四五)名目九義故也。舊言瞿[曇](四六)，云因緣，具如經説也。

跳踴　渠員反，下渠玉反。埤蒼：跳踴，不伸也。説文作趯，謂行趯逯也。案捲亦曲也。逯音録。

嬈亂　乃了反。惱也。説文：嬈，擾戲也。三蒼：嬈，擾。郭璞曰：嬈，弄也。廣雅云：撩、挑、擿，嬈也。

里閈　力擬反，下胡旦反。五鄰爲里，謂二十五家也。里，居也。方言(居)(四七)一里之中也。閈，門也，謂巷門也。

乾曬　古寒反，下又作晒，同。丘及反。通俗文：欲燥曰曬。

顯揚聖教論　第十五卷　第十六卷　並先不音。

顯揚聖教論　第十七卷

佚　古文泆，同。與一反。蒼頡篇：佚，愓也。佚，樂也。愓音蕩也。

顯揚聖教論　第十八卷　先不音訓。

窣羅酒　此云米酒也。

米隸耶酒　謂根莖花果等雜酒也。

末陀酒　謂蒲桃酒也。

顯揚聖教論　第十九卷

伐勒迦梨　梵語。此云鬪力也。

如鶡　烏鴈反。鸚，雀也。亦名鴳鸚。纂文云「關中以鶡爲鸚爛堆」是也。

埸壠　始羊反。方言：坻、封，埸也。下力悚反。耕壠有界埒者也。

顯揚聖教論　第二十卷

艱難　古閑反。説文：土難治也。

剖析　普厚反。剖猶破土，中分爲剖。下思狄反。析，分也。

波羅闍巳迦　梵語。此云他勝，謂破戒煩惱爲他勝於善法也。舊云波羅夷義，此言無餘。若以犯此戒，永棄清衆，故曰無餘也。

顯揚聖教論頌　慧琳音

瑜伽　上庾須反。梵語。

錯綜　宗送反。説文：機縷持絲交者曰綜。從糸宗聲也。

撟亂　居沼反。許注淮南子云：撟，取也。賈注國語：非先王之正法曰撟，加誅無罪曰誣。説文：從手喬聲。經作矯，在矢部也。

羸劣　累追反。杜注左傳：羸，弱也。賈注國語：病也。許叔重注淮南子云：劣也。説文：羸，瘦也。從羊羸聲也。

串習　關患反。爾雅云：串，習也。考聲從心作慣，亦習也。或從辵作遺，其義並同也。

瑜伽師地論釋　慧琳撰

撥無　補末反。毛詩傳云：撥猶絶也。王注楚辭云：撥，棄也。廣雅云：除也。説文：從手發聲也。

僻執　偏亦反。毛詩云：人之多僻。箋云：邪也。顧野王：僻者，謂邪枉不中理也。説文：避也。從人辟聲也。

嗢柁南　上烏骨反，下達賀反。梵言。此云足跡。

三摩呬多　馨以反。梵語也。唐云等引。謂勝定地，離沉掉等，力能平等引諸功德故，言等引。

標別　標遥反。考聲云：標，舉也。顧野王云：摽謂愓〔四八〕表以識之。説文：從木票聲。票音必消反。

王法正理論　玄應撰

錫賚　星亦反。爾雅：錫、賚、賜，與也。謂上與〔下〕〔四九〕之辭也。

懊恚　於報反。懊恚，悔恨也。

罄竭　古文窒，同。口定反。説文：器空也。爾雅云：罄，盡也。

英傑　於京反，下奇列反。淮南子云：智出萬人爲英，千人爲傑。傑亦特立也，有才能也。

大乘阿毗達磨集論　第一卷　慧琳撰

迴色　熒螢反。爾雅云：迴，遠也。又云：迴，遐也。説文亦遠也。從辵冋聲也。

猶豫　音由。説文：玃屬也。一曰隴西謂犬子爲猶。顧野王云：猶豫不定也。禮記云：卜筮所以決嫌疑、定猶豫也。説文：從犬酋聲也。

纏眠　徹連反。考聲云：繞也。説文：纏，約也。從糸厘聲。經從土作堰，與經義不同，誤也。

大乘阿毗達磨集論　第二卷

技業　奇蟻反。文字集略云：以爲技巧也。顧野王云：猶藝也。説文：從手支聲。經作支，誤也。

大乘阿毗達磨集論　第三卷

更互　上革行反。考聲云：遞也。代也。易也。說文：改也。正體從攴(支)〔五〇〕丙聲，俗作更。下胡故反。顧野王云：互，更遞也。

層級　自登反。郭注云：層，重也。王注楚辭云：層，重累也。說文：重屋也。從尸曾聲。

大乘阿毗達磨集論　第四卷

株杌　陟俱反。顧野王云：株，木根也。考聲云：煞樹之餘。說文：從木朱聲也。

扇搋半擇迦等　丑迦反。梵語。

儀軌　歸洧反。考聲云：車跡也。道也。賈注國語云：軌，法。鄭注考工記：軌謂轍廣也。說文：從車九聲。

大乘阿毗達磨集論　第五卷　無字可音訓。

大乘阿毗達磨集論　第六卷

英叡　悅歲反。考聲云：叡，明也。聰也。廣雅云：叡，智也。尚書云五事，思心曰叡。孔安國曰：叡必通於術。說文：從𣦼從目谷省。𣦼音殘也。

麟負　栗珍反。公羊傳：麟者仁獸，有王者即至，其以告。爾雅：麕身牛尾一角。郭璞注云：角頭有肉。顧野[王]〔五一〕云：麒曰牝麟也。毛詩云「麟之趾」是也。說文：從鹿粦聲也。

纔起　藏來反。顧野[王]〔五二〕云：纔猶勤能也。考聲云：蹔也。說文：從糸毚聲也。毚，士咸反。

大乘阿毗達磨集論　第七卷　無字可音。

對法論　第一卷　玄應撰

爰發　禹元反。爾雅：爰、曰、於、于，皆語辭也。爰，引也。韓詩：爰，發蹤之皃也。爰亦引也。

參綜　粗南反，下祖送反。謂參位其文，綜理其義之也。

有情　梵言薩埵。薩者，此云有。埵，此言情。故言有情，言衆生者。案梵本，僕呼膳那，此云衆生，語名別也，故從本譯之也。

庶令　尸預反。庶猶冀也，望得也。

辯蘊　於粉反。梵言塞建陀，此翻名蘊，由積聚義說名蘊。字林：蘊，積也。廣雅：蘊，聚也。聚音才句反。左傳：蘊藻也。杜預曰：蘊亦聚也〔五三〕。蓄藏諸色，故言色蘊。受想等四義亦如之。舊經論中或言五衆，又云五聚，頗亦近是，仍未總名。舊翻薩(陰)〔五四〕者，謂失之久矣。

異熟　一切不善有漏法爲因，能感無記之果。因果種別因〔五五〕異，任運酬因名熟，果異種因熟故名異熟。又因感果時勢力成熟，異於前位，爲異熟。舊云果報。

堅勁　居盛反。字林：勁，强也。字從力也。

旃彈那　梵言。徒旦反。或作旃檀那。此外國香木也，有赤白紫等諸種也。

薩迦耶見　梵言也。迦耶云身，薩名不定，或言虛僞，或說無常，或言有爲。斯由大小諸師見解不一，既含多義，所以仍置本名也。

祠祀　似茲反，下徐里反。爾雅：祠，祭天也。祀，祭地也。

欻爾　吁勿反。蒼頡篇：欻，猝起也。欻亦忽也。

執仗　治亮反。五刃爲兵，人所執持爲仗。仗亦兵器之總也。

憤發　扶粉反。方言：憤，盈也。謂怒氣盈滿也，亦情惑（感）〔五六〕也。

心府　跌宇反。廣雅：府，聚也。白虎通曰：人有六府，謂大腸、小腸、旁光、胃、三焦、膽也。

心戾　力計反。字林：戾，曲也。乖也。

慳吝　古文吝，同。力鎮反。［堅］〔五七〕著多惜曰吝。方言：荆、汝、江、湖之間，凡貪而不施謂之吝也。

撟設　嬌夭反。撟謂假詐也。撟，誑也。擅稱上命曰撟，非先王之法言曰撟。字從手，今皆作矯，非體也。

悅豫　翼庶反。爾雅：豫，喜，樂也。豫亦安也。

聰叡　古文睿、壡二形，同。以芮反。廣雅：叡，智也。說文：深明也。字從目從谷省從𣦼。𣦼取穿通義，谷取響應不窮，目取明識，會意字也。𣦼音殘也。

對法論　第二卷

文身　梵言馡膳那，此言顯了，但以文能顯義，故以代之。舊言味身，或云字身，一也。馡，蒲眠反。案說文：昔蒼頡造書，依類象形，故謂之文。其後形聲相益，即謂之字。字者，孳乳浸多也。孳，生也。

異生性　梵言婆羅必栗託仡那。婆羅，此云愚。必栗託，此言異。仡那，此名生。應作愚異生，言愚癡闇冥，無有智慧，但起我見，不生無漏故也。亦言小兒別生，以癡如小兒，不同聖生，故論中作小兒凡夫是也。又名嬰癡凡夫，亦云嬰兒凡夫。凡夫者，義譯也。廣雅云：凡，輕也。輕微之稱也。舊經中或言毛道凡夫，或云毛頭凡夫，案梵本，毛名縛羅，愚名婆羅，當由嚩、婆聲之相近致斯訛謬，譯人之失也。仡音魚訖反。嚩音縛佉反。

哀賢鄔等　梵語。上烏可反。賢，伊以反。下烏古反。此等諸字要藉助緣聲方言圓滿無別目，故總謂無義之文。

卵㲉　又作殼，同。口角反。吴會間音哭。卵外堅皮也，尚在卵中謂之㲉。

羯羅藍　梵語。舊言歌邏邏，此云凝滑。父母不净合和如蜜和酪，珉然成一，於受生七日中，凝滑如酪上凝膏，漸結有肥滑也。

頞部陀　梵語。亦言遏部曇，或作頞浮陀，皆梵言輕重耳。此云皰結，或言水泡，謂至第二七日於疑（凝）〔五八〕酪中生一皰結，猶如糜粟置厚白飲中也。

閉尸　亦名卑尸，此云肉團。至三七日結聚成肉團，若男則上闊下狹，若女則上狹下闊。雖成肉團，猶㶡未至苦堅也。

財貨　在灾反。人所寶曰財，金曰貨。財謂資生也。亦財穀也。

大材　在哉反。財（材）〔五九〕，用也。亦質性也。凡木已斬伐可施工匠者曰材也。

又荷　古文抲，同。胡可、胡歌二反。說文：柯〔六〇〕，揭擔也。

對法論　第三卷　第四卷　並不先音。

對法論　第五卷

等胤　翼刃反。胤，繼也。子孫相承繼也。

摩納婆　梵語。或云摩婆。此云年少净行，亦云儒童，或言謂人也。

贍部洲　時焰反。從樹爲名，舊言剡浮，或云閻浮，皆一也。

阿闡底迦　梵語。此云無欲，曾[六一]不樂般涅槃，亦言一闡底柯，此云多貪。謂貪樂生死，不求出離，故不信樂正法。舊云阿闡提，譯云隨意也。

阿顛底迦　梵語。此云畢竟無有善心。

對法論　第六卷

東毗提訶　梵言。或言弗婆提，或言弗于逮，皆梵音訛轉也。此云前也。

西瞿陀尼　梵言。或云俱耶尼，或作瞿伽尼。瞿，此云牛。陀尼，此云取與。以彼多牛，用牛市易，如此間用錢帛等也。

北俱盧洲　梵語。或云鬱單曰，或言鬱多羅拘樓，此云高上作，謂高上於餘方，亦言勝洲也。

覩史多天　梵語。亦言兜飾多，或云兜率陀，皆梵音訛轉也。此云妙足天，亦云知足天也。

樂變化天　五考反。但此天雖有實女，於變化者心多愛著，於男亦爾，故以名焉。舊言化樂天，音洛，失之久矣。

蘇迷盧山　梵語。或云須彌山，此云妙高山，亦云好光山。舊言須彌者，訛略也。

層級　贈登反，下居立反。説文：層，重累也。級，階次也。

輪圍山　梵語。柘迦羅，此云輪山。舊云鐵圍。圍即輪義，本無鐵名，譯人義名耳。

晴明　又作暒、殅二形，同。自盈反。聲類：雨止也。

健達縛　梵語。渠建反。此云齅香，亦云食香，一云樂神。經中作香神是也。舊云乾闥婆。皆訛也。

中殀　又作夭，同。於矯反。釋名曰：少壯而死曰夭。廣雅曰：夭，折也。如取物中折也。不盡天年曰夭意也。

鍵南　渠偃反。亦云伽訶那，此云堅。至第四七日時肉團方堅實也。

鉢羅奢佉　梵語。亦云波羅佉，此云枝枝。第五七日時止有形相，若至第六七日從五處更生耳鼻手足等，故有重枝名。有風生之眼耳等孔，亦大生苦也。

對法論　第七卷

憒丙　公内反，下奴孝反。説文：憒，亂也。韻集：丙，猥也。

三摩呬多　梵言。虚利反。此云等引，謂勝定地，離沉棹（掉）[六二]等，平等能引也。或引平等也，謂引諸功德。或平等所引，謂定前如行故，名能引。

怡悦　翼而反。爾雅：怡、懌、悦，樂之（也）[六三]。

中庸　以鍾反。廣雅：庸，和也。小爾雅：庸，善也。謂和善人也。

馱索迦　梵語。徒餓反。此譯云奴也。

鹵土　力古反。謂确薄之地也。天生曰鹵，人生曰鹽。

熏坌　蒲頓反。通俗文：埲土[曰]〔六四〕坌。説文謂作坌塵字也。

德失　多勒反。德謂福德之德也，失謂過失之失也。義獲得之，故此字也。

稼穡　加暇反，下所力反。字林：種曰稼，收曰穡。説文：禾之秀實爲稼。一云在野曰稼也。

磽确　口交反，下苦角反。通俗文：堅硬謂之磽确。謂瘠薄地也。

對法論　第八卷

勤策男　初革反。策，驅也。勤，勞也。梵言室羅末拏伊落迦。此云勞之小者也。亦言息慈，謂息惡行慈，義譯也。舊言沙彌者，訛略也。

鄔波索迦　梵語。烏古反。亦云優婆娑柯，受三歸住五戒者。優婆，[此云受。婆]〔六五〕呵，此云男，一云近事，或言近宿，謂近事三寶而止宿也。又云善宿，亦言清信，皆義譯也。舊言優婆塞，訛也。

鄔波斯迦　梵語。亦言優婆私呵。優婆，此云受。私呵，此云女。餘義同前。舊言優婆夷，訛也。

扇搋半擇迦　梵語。搋音勅佳反。舊經論中或作般荼迦，皆梵音輕重耳。此曰黄門。其類有五：一、半擇迦。[總名也。有男根，用而不生子。二、伊利沙半擇迦〔六六〕。]伊利沙，此云妬，謂見行欲即發，不見即無，亦具男根而不生子。三、扇搋半擇迦。謂本來男根不滿，亦不能生子。四、博叉半擇迦。[謂半月能男，半月不能男也。五]〔六七〕、留拏[半擇迦]〔六八〕。此云割，謂被刑者也。

罝菟　子邪反。菟網曰罝。釋名云：罝，遮也。遮取菟也。

毆擊　烏厚反。説文：毆，棰(捶)〔六九〕擊也。字從殳也。

唱令家　上鴟讓反。謂作音樂人、戲作人也。又云尋香人也。是等家無產業，唯乞自活。若見有飲食處，即往至彼爲設倡伎求財食也。

旃荼羅　梵言。直家反。此云執暴惡人，亦言惡煞，謂屠煞者種類之總名也。其人若行則搖鈴自標，或杖破頭之竹。若不然者則與罪。舊言旃陀羅，訛也。

羯耻那　梵語。居謁反。此謂煮狗人也。

淩蔑　力烝反，下莫結反。淩，相侵犯也。蔑，相輕傷也。

銛利　息廉反。廣雅：銛、籤，利也。謂刀鋭曰銛也。

末尼　梵言。茫鉢反。亦言摩尼，此云寶珠，謂珠之總名也。

苕然　徒彫反。苕遰，遠也。

洲渚　脂由反，下脂與反。爾雅：水中可居曰洲。小洲曰渚也。

對法論　第九卷　先不音。

對法論　第十卷

踧踖　子六反，下子亦反。廣雅：踧踖，畏敬也。字林：踧踖，不進也。

對法論　第十一卷

諷誦　不鳳反。諷爲詠讀也，誦謂背文也。周禮注云：倍文曰誦，以聲節之曰諷。倍音佩也。

綴緝　張衛反，下七立反。緝，續也。綴，連也。説文：綴，合令著也。

洛叉　梵語。亦言洛沙，此當十万。一百洛沙爲一俱胝也。

薩伐若　梵語。此云一切智。舊言薩婆若，訛也。

對法論　第十二卷

殑伽沙　梵言。渠興反。河名也。從無熱惱池東面象口流出入東海也。其沙至細，與水同流。以手掬水，沙滿手中，急把於沙，還隨水出。經中多此喻也。舊言恒河沙者，訛也。

毛麾　許皮反。舉手曰麾，謂手指也。

譏弄　居衣反。廣雅：譏，刺也。説文：譏，誹也。

毀呰　資爾反。口毀曰呰。説文云：呰，呵也。

對法論　第十三卷

所孕　翼證反。含實曰孕。孕，妊子也。孕，傳也。

波羅痆　梵言。女黠反。國名也。舊言波羅奈，譯云江遶域。言此國染青黃等色，名和合色也。

烏莫迦花等色　梵言。名俱生色也。

烏沙斯星　梵言。此云太白星，取其白色也。

對法論　第十四卷　第十五卷　先竝不音。

對法論　第十六卷

英俊　猗京反。下又作儁，同。資閏反。淮南子云：智出萬人曰英，千人曰俊。俊謂絶異於人也。

闌鐸迦　梵言。徒洛反。人名也。此云樂欲。

躁急　祖到反。論語云：言未及之而言謂之躁。躁，擾，不安靜也，亦躁動也。

闡陀論　六論中第五名闡陀論，釋作首盧伽法，謂佛弟子五通仙人等説偈名首盧伽也。

中論序　慧琳音

耿介　上耕幸反。鄭箋毛詩云：耿耿，儆也。纂韻云：耿，專一也。韻英：耿耿，不安。考聲：耿亦介也。説文：光也，明也。從耳火聲。下皆械反。劉熙注孟子云：介，操也。王逸注楚辭云：介，節也。暨志介而不忘。説文：從人介聲。論文從八作介，謂介胄甲也，非耿介之義也。

于隘　戹戒反。顧野王云：隘，迫側也。鄭注禮記云：隘，狹也。説文：從阜益省〔七〇〕聲。正從戹從阜作阸也。

敞玄　昌掌反。蒼頡篇云：高顯皃也。平治高土可以遠望也。説文：從攴尚聲也。攴音普卜反。

喉裣　上候鈎反。蒼頡篇云：喉，咽也。周禮云：家宰之宫，出納王命，王之喉舌也。説文：從口侯聲。下錦林反。爾雅云：衣眥前謂之裣。郭注云：衽也。亦交領也。説文：從衣金聲。或亦作襟。論文從今作衿，俗字也。衽音壬甚反。眥音紫也。

裨之　必彌反。考聲云：裨，補也。説文云：裨，益也。從衣卑聲。

治外　離止反。孔注尚書云：治，理也。顧野〔王〕〔七一〕云：治者謂修理也。字書云：修法辟以制姦邪。說文：從水台聲。台音以之反。

祛內　蹇魚反。考聲云：祛，去也。除也。說文：從衣去聲。

中論　第一卷

韋紐　女九反。韋紐者，梵語天名也。

先有先無　並仙薦反。

中論　第二卷

匍匐　上步吾反，下朋北反。鄭箋毛詩云：盡力也。說文云：手行也。二字並從勹，甫、畐皆聲。畐音皮力反。勹音包也。

有拳　巨員反。考聲云：手拳也。毛詩傳云：拳，力也。說文：從手從卷省聲也。論文從手卷作捲，亦通也。

中論　第三卷

如券　闕願反。韻英云：券，約也。考聲云：大曰券，小曰契。說文云：契也。從力從类聲。

鍮石　他侯反。埤蒼云：鍮石似金也。說文：從金俞聲也。

盆瓮　上蒲門反。方言云：盆，瓦器也。周禮、考[工]〔七二〕記云：陶人爲盆，實二鬴，厚半寸。說文：從皿分聲。論文從瓦作瓫，俗字也。下翁貢反。說文云：大罌也。從瓦公聲。鬴音負也。

中論　第四卷

毫氅　上胡高反。考聲云：毛之長也。說文：從毛從豪省聲也。下里之反。考聲云：十毫爲氂。說文：從毛從犛省聲也。

澣衣　桓管反。鄭箋毛詩云：澣謂濯也。劉兆注公羊傳云：濯生練曰漱桑陬反，去舊垢曰澣。說文：從水幹聲。論文從水從完，俗字也。

刈者　魚刿反。埤蒼云：刈，穫也。王逸注楚辭云：草曰刈，穀曰穫。說文：從刀乂聲。刿音居乂反。

泥墼　上奴奚反。顧野王云：泥即塗也。說文：從水尼聲。下經亦反。蒼頡篇云：墼，壘也。顧野王云：今刻土方如甓而不燒爲墼也，所以用築爲城壘。說文：從土擊省聲也。甓音蒲壁反。

鎌刈　力占反。廣雅云：刈，穫器也。文字典說云：刈，刀也。說文：從金兼聲也。

次出　羡延反。說文云：次，口液也。又慕欲也。從水欠聲。束昔(皙)〔七三〕從口作唌。賈誼從羡作漾，義同。論文從延作涎，俗字。

梁椽　上力羊反。爾雅云：楣謂之梁。郭注云：屋大梁也。說文：從木從水刅聲。下長攣反。考聲云：椽，屋椽也。說文云：秦謂之椽，從木彖省聲也。彖音傳戀反。攣音力攉反。

般若燈論　第一卷　玄應撰

如篾　眠結反。埤蒼云：析竹膚也。聲類：篾，篛也。今蜀土及關中皆謂竹篾爲簩，音彌。析音思歷反，字從斤分木爲析。今俗作析〔七四〕，皆從斤也。

纈目 賢結反。謂以絲縛繒染之，解絲成文曰纈也。

檀札 莊黠反。三蒼：柿，札也。今江南謂破削木片爲柿，關中謂之札。或曰柿札。柿音敷廢反。

般若燈論 第二卷

鬻鬵 聲類作甑，又作贈，籀作鬵，同。子孕反。下籀文作鬵，才心反。字林：甑，炊器也。鬵，大釜也。一曰鼎，大上小下若甑也。

般若燈論 第三卷

窯師 以招反。説文：燒瓦竈也。通俗文「陶竈曰窯」是也。

穳逐 千筭、七鸞二反。穳，鋋也。穳，擲也。今江南傒人工用穳鑽。鋋音蟬。傒也〔七五〕音苦奚反。

嗢羯 烏没反，下居謁反。

般若燈論 第四卷

紫礦 古猛反。謂波羅奢樹汁也。其色甚赤，用染皮氎等是也。

銛利 息廉反。廣雅：銛、鐵，利也。謂刀鋭曰銛也。

般若燈論 第五卷

後櫳 力東反。説文：櫳，檻也。三蒼：櫳，所以盛禽獸闌檻。

犎牛 漢書西域傳：有犎牛。鄧展曰：脊上有肉鞍如橐駝。難字作犎，音妃封反。今有此牛，形小，髆上有封是也。

垂胡 又作頶、咽二形，同。户孤反。説文：胡謂牛頷〔七六〕垂下者也。論文作壺，非體也。

般若燈論 第六卷 第七卷 第八卷 第九卷

已上四卷並先不音訓。

般若燈論 第十卷

生莞 工端反，又音桓。此草外似葱，内似蒲而圓。廣雅謂之葱蒲。可以爲席，生水中。今亦名莞子也。

箭笴 工旱反。字林：箭莖也。論文作竿，非字也。

瓤堅 又作弅，同。力鎮、力珍二反。爾雅：瓤，堅中。郭璞曰：瓤，竹名，其中堅，可以爲席(席)〔七七〕也。

般若燈論 第十一卷

明帆 又作颿、颭二形，同。扶嚴反。通俗文：舉瘴〔七八〕乘風曰帆。釋名：隨風張帳曰帆。今或用布若蒲若席爲之是也。

般若燈論 第十二卷

蟾蜍 之鹽反，以諸反。爾雅：蟾蠩。郭璞曰：似蝦蟇，居陸地。淮南謂之去父，山東謂之去蚥(蚥)。蚥(蚥)音方可反。

江南俗呼蟾蜍者。[蜍]音食餘反〔七九〕。

般若燈論 第十三卷

迦逋 補胡反。此言白鴿地也。

般若燈論 第十四卷 第十五卷 竝先不音。

十二門論 玄應撰

機杼 丈與反。字林：機持緯者。今俗呼杼爲筬。筬音成。埤蒼：筬，竹杼也。

口爽 所兩反。楚人名美(羹)〔八〇〕敗曰爽。爽，敗也。爾雅：爽，差也。

十八空論 慧琳撰

栖託 上昔稽反。爾雅云：栖，息也。說文：從木西聲。或作棲。下湯洛反。方言：託，依也。說文亦寄也。從言乇聲。乇音陟宅反。

岸崩 俄幹反。爾雅云：水涯洒而高曰岸。說文：高也。從屵干聲。下北朋反。毛詩箋云：崩，毀壞也。說文：從山朋聲。古文亦從阝。屵音五割反。

優婁佉 上音憂，中音樓，下却迦反。梵語也。

百論 上卷

僧佉 此言訛也。應言僧企耶，此言數也。其論以二十五根爲宗。舊云二十五諦。

衛世師 此訛略也。應言鞞崽迦論，此云勝。其論以六句義爲宗。舊云六諦也。崽音所皆反。

百論 下卷

埏埴 尸延反，下時力反。埏，柔也，和也，擊也。埴，土也。粘土曰埴。

一切經音義 卷第四十七

校勘記

〔一〕蒼頡解詁 玄卷十釋此詞作「蒼頡解詁」。

〔二〕撫持案也。捫持謂手把執物也 玄卷十釋此詞爲「撫持也。案捫持謂手把執物也」。

〔三〕莿 據文意當作「莿」。下同。

〔四〕剌 據文意當作「刺」。下同。

〔五〕拏 據玄卷二十三釋此詞補。

〔六〕等 玄卷二十三釋此詞作「拏」。

〔七〕䀶 即「吭」。下同。

〔八〕澂 即「澈」。

〔九〕文 疑衍，或似當作「云」。

〔一〇〕釋名：甑一孔曰甗，山孤似也 今傳本釋名：「甑一孔者，甗形孤出處似之也。」

〔一一〕支 獅作「攴」。

〔一二〕巔 獅作「巔」。

〔一三〕文 疑衍，或似當作「云」。

〔一四〕莽 獅作「蟒」。

〔一五〕罷 今傳本說文作「罷」。

〔一六〕娍　即「妖」。下同。
〔一七〕陥　即「陷」，又作「陥」。下同。
〔一八〕反　各本無，據文意補。
〔一九〕滿　據文意當作「懣」。
〔二〇〕殺　玄卷二十三釋此詞作「寇」。
〔二一〕何？稽　據玄卷二十三釋此詞補。
〔二二〕頭也。言　據玄卷二十三釋此詞補。
〔二三〕頤　玄卷二十三釋此詞作「頭」。
〔二四〕挍　玄卷二十三釋此詞作「總」。
〔二五〕挍　磧玄卷二十三釋此詞作「校」。
〔二六〕絲　玄卷二十三釋此詞作「綿」。
〔二七〕懸　據玄卷二十三釋此詞補。
〔二八〕不　玄卷二十三釋此詞作「而」。
〔二九〕切　據玄卷二十三釋此詞補。
〔三〇〕而　玄卷二十三釋此詞作「向」。
〔三一〕怒　玄卷二十三釋此詞作「恕」。
〔三二〕言　據玄卷二十三釋此詞補。
〔三三〕蝸　玄卷二十三釋此詞作「螺」。
〔三四〕名　據玄卷二十三釋此詞補。
〔三五〕謂諸田官學者　玄卷二十三釋此詞爲「謂田農官學者也」。
〔三六〕見月　玄卷二十三釋此詞作「貝」。
〔三七〕他　玄卷二十三釋此詞作「代」。
〔三八〕懦　獅和玄卷二十三釋此詞作「愞」。
〔三九〕吐　玄卷二十三釋此詞作「叶」，據文意似當作「呫」。
〔四〇〕譲　玄卷二十三釋此詞作「譲」，據文意似作「譴」。
〔四一〕亦言物伽伽羅　玄卷二十三釋此詞爲「亦言勿伽羅」。
〔四二〕物　各本無，據文意補，玄卷二十三釋此詞作「勿」。
〔四三〕一　臺灣大通書局影印麗本無，據中華大藏經本、獅和玄卷二十三釋此詞補。
〔四四〕你　獅作「儞」。
〔四五〕曇　據磧本玄卷二十三釋此詞補。
〔四六〕曇　據玄卷二十三釋此詞補。
〔四七〕言　玄卷二十三釋此詞作「居」。
〔四八〕惕　據文意當作「揭」。
〔四九〕下　據玄卷二十三釋此詞補。
〔五〇〕支　據文意當作「攴」。
〔五一〕王　各本無，據文意補。
〔五二〕王　據文意補。
〔五三〕蘊亦聚也　今傳本杜注爲「薀藻，聚藻也」。
〔五四〕薩　玄卷二十三釋此詞作「陰」。
〔五五〕因　玄卷二十三釋此詞作「名」。
〔五六〕惑　玄卷二十三釋此詞作「感」。
〔五七〕堅　據磧本玄卷二十三釋此詞補。
〔五八〕疑　玄卷二十三釋此詞作「凝」。
〔五九〕財　玄卷二十三釋此詞作「材」。
〔六〇〕栴　獅作「荷」。
〔六一〕曾　玄卷二十三釋此詞作「謂」。
〔六二〕沉棹　昏沉與掉舉的合稱。棹，據文意似爲「掉」。參見卷第四十八「三摩呬多」條，謂「勝定地離沉掉等」。
〔六三〕之　玄卷二十三釋此詞作「也」。
〔六四〕曰　據玄卷二十三釋此詞補。
〔六五〕此云受。婆　據玄卷二十三釋此詞補。
〔六六〕總名也。有男根，用而不生子。二、伊利沙半擇迦　各本無，據玄卷二十三釋此詞補。
〔六七〕謂半月能男，半月不能男也。五　各本無，據玄卷二十三釋此詞補。
〔六八〕半擇迦　各本無，據玄卷二十三釋此詞補。
〔六九〕棰　玄卷二十三釋此詞作「捶」。
〔七〇〕省　衍。
〔七一〕王　各本無，據文意補。
〔七二〕工　麗無，據獅補。
〔七三〕昔　據文意當作「晳」。
〔七四〕析　説文：「析，破木也。一曰折。从木从斤。」
〔七五〕也　衍。
〔七六〕頷　即「頷」。
〔七七〕席　玄卷十釋此詞作「席」。
〔七八〕瘴　據文意似作「帳」。
〔七九〕蚊　玄卷十釋此詞作「蚊」。下同。蜍　各本無，據文意補。
〔八〇〕美　據文意當作「羹」。楚方言謂羹湯壞爲「爽」，如招魂：「露雞臛蠵，厲而不爽些。」王逸注：「爽，敗也。楚人名羹敗曰爽。」

一切經音義　卷第四十八

翻經沙門玄應撰

瑜伽師地論　大唐新譯

瑜伽師地論　第一卷

瑜伽　羊朱反。此譯云相應，謂一切乘境行果等所有諸法皆名相應。境謂一切所緣境，此境與心相應，故名境相應。行謂一切行，此行與理相應，故名行相應。果謂三乘聖果，此果位中諸功德法更相苻(符)〔一〕順，故名果相應也。

師地　師謂三乘行者，由聞此等次第習行如是。瑜伽隨分滿足，展轉調化諸衆生，故名瑜伽師。師謂教人以道者之稱也。舊經中言「觀行人者」是也。地謂境界所依、所行或所攝義，是瑜伽師所行境界，故名爲地。地即十七地也。

嗢拕　烏骨反，下徒我反。舊言鬱陀那，訛也。此云集總散，或言攝散，亦云攝施也。

三摩呬多　虚利反。此云等引，謂勝定地，離沉掉等，平等能引也。此有二義，或引平等，謂引諸功德。或平等所引，謂定前加行故，名能引。

俳戲　敗皆反。案俳者，樂人所爲戲笑，以目(自)〔二〕怡悅者也。三蒼：俳，嘯也。嘯，吹聲也。說文：俳，戲也。字從戈虛聲。虛音虛猗反。

應舐　字詁及古文作䑛，同。食爾反。謂以舌取食也。

應吮　似兖、食兖二反。說文：吮，嗽也。吮嗽津液也。嗽音所角反。

若醒　思定、思冷二反。酒歇也。通俗文「醉除曰醒」是也。

儀路　所行爲路，路亦道也，威儀所行也，謂色依香味爲路。又威儀依心爲路也。

末摩　莫鉢反。此云死節也，身中有此節也，謂若打若搏，人即死也。

補特伽羅　案梵本，補，此云數。特伽，此云趣。羅，此名取。云數取趣，謂數數往來諸趣也。舊亦作弗伽羅，翻名爲入，言捨天陰入人陰，捨人陰入畜生陰，近是也。經中作福伽羅，或言富伽羅，又作富特伽耶，梵音轉也。譯者皆翻爲人，言六趣通名人也，斯謬甚矣！人者，亦言有意，似〔三〕多思義，有智慧，故名爲人也。鬼畜無此，何名人？斯皆譯者之失也。

捫摸　莫奔、莫本二反。案捫摸謂手執持物也。字林：捫，撫持也。

咀沫　又作齟，同。才與反。通俗文：咀，嚼也。三蒼：咀，噍也。又含味也。

角力　古文斠，同。古學反。廣雅：角，量也。角，試也。說文：角，斗升(平斗)〔四〕斛也。音(皆)〔五〕單作角。或作捔者，此古文粗字，音在古反。粗，略也。捔非此用也。

或晴　又作啈、殅(姓)〔六〕二形，同。自盈反。聲類云：雨止曰晴。晴亦星見也。

黑糯　奴溝反。埤蒼：糯，胡羊也。通俗文「羊卷毛曰糯」是也。

嬉戲　又作僖，同。虛之反。說文：樂也。蒼頡篇：嬉，戲笑也。

麥果　書又作顆，同。口果反。或言子，或云粒，又言皀，皆一也。皀音逼，方俗語耳。

宗葉　子紅反。廣雅：宗，本也。葉，世也。謂族類繁盛也。詩云「支百世」是也。

瑜伽師地論　第二卷

鍵南　巨偃反。舊云伽訶那，此云堅厚。至第四七日肉團方堅實也。

黑黯　於減反。字林：黯，深黑也。言形色黯黑。

讌會　又作宴、燕二形，同。於薦反。讌，飲也，樂也，小會也。

粟稗　蒲懈反。謂草之似穀者也。

蹎僵　又作傎、趚二形，同。都田反。下居良反。傎，倒也。僵，偃也。謂反倒偃臥也。

殆盡　徒改反。殆，近也，幾也。幾，逼近也。幾音渠機反。

殞沒　于愍反。聲類：殞，沒也。古今語耳。

銳利　羊稅反。廣雅：銳，利也。說文：銳，芒也。言利如芒也。

一磔　古文乇，同。知格反。張申曰磔。廣雅：磔，張也。開也。

枯槁　古文殦。說文作槀，同。苦道反。槁，木枯乾也。

激注　經歷反。流急曰激。說文：水流疑〔七〕邪急敫也〔八〕。

風颸　又作䬅，同。比遙反。暴風也。回風從下土〔九〕上者也。

衝薄　補莫反。薄，迫也，相迫近也。

頗胝　竹遲反。梵言塞頗胝迦，此云水玉，或言白珠，舊言頗黎是也。大論云：此寶出山石窟中，過千年冰爲頗黎珠。案西域暑熱無冰，極饒此物，非冰所化，但石之類。

吒迦　字林：丁各反，又竹格反。山石也。此無會釋，所以仍立此本名。

竭達　去謁反。此云擔山木，此山多饒此木，故以名也。

翳羅葉　一奚反。樹名也。舊經律中作伊羅葉，訛也。

重級　羇立反。級，次也，謂之等次曰級也。

遊幸　胡耿反。幸，遇也。言人君所至皆被德澤，曰幸也。

牝象　脾盡、脾死二反。說文：牝，畜母，雌也。

派流　普懈反。分流也。說文：水之邪流別也。廣雅：水自分出名派也。

殑伽　其升反。云天堂來，以彼外書見高處出謂從天來也。案佛經而此河從無熱惱池東而象口出，流入東海。舊云恒河，亦言伽河，或作恒迦河，皆訛也。

循其　似均反。說文：循，行也。爾雅：循，自也。自猶從也。案：此亦與巡字同也。

設拉　郎荅反。樹名也。如皂莢樹類而角甚長，裹中有絮如綿，名妒羅綿，堪以爲衣者也。

秔稻　俗作粳，同。迦衡反。不黏稻也。江南呼粳爲秈，音仙。方言也。

無紇　又作麧，同。痕入聲，一音胡結反。堅米也。謂米之堅鞕，椿(舂)[一〇]擣不破也。今關中謂麥屑堅也(者)[一一]爲麧頭亦此也。江南呼爲䴵子，音徒革反。

顧眄　眠見反。説文：眄，邪視也。方言：自關而西秦晉之間曰眄。

遞相　古文递，同。徒禮反。爾雅：遞，迭也。郭璞曰：謂更易也。方言：遞，互也。迭音徒結反。

訶呰　古文呰、𣢑二形，同。子尔反。鄭玄注禮記云：口毀曰呰。説文：呰，訶也。

司契　下口計反。廣雅：司，主也。説文：契，大約也。字從大。

婆羅門　此言訛略也。廣(應)[一二]云婆羅欱末拏，亦言婆羅賀摩拏。此義言承習梵天法者，其人種類自云從梵天口生，四姓中勝，故獨取梵名，唯五天竺有，諸國即無。經中梵志亦此名也。正言静胤，言是梵天之苗胤也。

呼剌　落葛反。亦言牟呼栗多，梵音轉也。舊名摩睺多。

發憤　扶忿反。憤，盛也。怒氣充盛也。説文：憤，滿(懣)[一三]也。形(盈)[一四]也。

破㲉　又作殼，同。口角反。吴會間音哭。卵外堅也。案：凡物皮皆曰殼。

剖胎　普厚反。剖猶破也。蒼頡篇：剖，分析也。

豊稔　而審反。字林：稔，穀熟也。

官僚　又作寮。同官爲僚。爾雅：寮，官也。

邸肆　丁禮反，下相利反。邸，諸市坐賣舍也。肆，陳也。所以陳貨鬻之物於邸也。肆亦列也，謂列其貨賄於市也。

迫愶　虚業反。謂以威力相恐懼也。言亦愶赫，或云恐愶，皆同一也。

近事　梵言烏波索迦，此云近事，謂親近三寶而奉事也。

耄熟　古文䖢、耄二形，今作耗，同。莫報反。禮記：八十曰耄。鄭玄曰：耄，惛也。亦亂也，忘也。老熟即惛亂多忘也。

牧牛　莫禄、亡禄二反。三蒼：牧，養也。方言：牧，飲(飤)[一五]也。

補盧沙　舊言富婁沙，此云士夫，或云丈夫，談體也。補盧衫，所作士也。補盧崽拏，所皆反，下女加反，及能作士也。補盧沙耶，所爲士也。補盧沙頞，都我反，士所從士也。補盧殺，所屬士也。補盧鍛，所戒反，所依士也。此聲明中七轉呼召聲也。

驚駭　下駭反。蒼頡篇：駭，驚也。廣雅：駭，驚起也。

流轉　梵言僧娑洛，此云流轉，謂於六趣循環往來不絶也。若言生死者。案：梵言繕摩，此云生。來(末)[一六]剌諵，此云死。語之別也，別(故)[一七]以本名。諵音女咸反也。

雜糅　女救反。今以異色物相參曰糅，亦雜也。説文：糅，雜飯也。

渾濁　胡昆、胡衮二反。渾，亂也，亦水流聲也。

瑜伽師地論　第三卷

分析　思歷反。分，破也。字從斤分木爲析字意也。今俗作析(枂)[一八]皆從片。

池沼　之繞反。説文：沼，小池也。

孔隙　丘逆反。説文：隙，壁際孔也。廣雅：隙，裂也。字從𨸏從白上下小也。

有瞚　列子作瞬，同。尸閏反。説文：瞬，目開閉數摇。

八㽕　纂文作剛，同。古浪反。大鼓也。

都曇　徒南反。小鼓也。

窣堵魯迦香　蘇骨反。下都古反。舊經中兜婁婆〔一九〕香是也。

龍腦香　案西域羯布羅香樹松身異葉，花果亦別，初採既濕，尚未有香，木乾之後，修理而析，其中有香，狀若雲母，色如冰雪。此謂龍腦香也。

麝香　神夜反，又音石。形如小麋，臍〔二〇〕有香也。

素泣謎　迷細反。香名也。此無正翻，故存本身(耳)〔二一〕。

唾洟　古文鮷，同。他計反。三蒼云：涕，鼻液也。

蔬菜　所於反。凡可食之菜通名曰蔬。字林：蔬，菜也。

㬥乾　蒲穀反。小爾雅：㬥，曬乾也。字從日從出從廾米字意也。廾，矩竦反，拱手。

休愈　許由反，下臾乳反。廣雅：休，善慶也。愈，彊益也。

盪滌　古文潒，同。徒朗反，下徒的反。通俗文：湅器謂之盪滌也。

搦觸　又作㲉，同。女革、女卓二反。搦，執捉也。說文：搦，按也。

儒童　而朱反。儒，柔善也。童，幼少也。舊言摩納，或云[摩]〔二二〕那婆，譯云年少，或言年小静行近士是也。

瑜伽師地論　第四卷

一皰　彭孝反。㾦，皰也。說文：面生熱氣曰皰也。今取此義也。

歇哳詁　呼曷反，次陟鎋反，下竹咸反。地獄苦聲也。因聲爲名。

郝郝凡　呼各反。寒戰聲也，亦因聲爲名。

匱乏　渠愧反。少財曰匱，暫無名之。詩云：孝子不匱。匱，竭也。

欻然　呼勿反。蒼頡篇：欻，猝起也。欻，忽也。猝音粗骨反。

繩拼　補莖反。謂彈繩墨曰拼。江南名坪(抨)〔二三〕，音普庚反。

若斲　都角反。鏨也。說文：斲，斫也。又補治曰斲。鏨音慙也。

若剜　烏官反。謂斤削曰剜，挑中心也。

纔入　在灾反。廣雅：纔，暫也。三蒼：纔，微也。劣也，僅也。

鐵弗　初眼反。字苑謂：以鐵貫肉炙之曰弗。

椎捧(棒)〔二四〕　直追反。蒼頡篇：椎，用打物者也。字從木也。

或築　古文篫，同。陟六反。說文：築，擣也。廣雅：築，刺也。

兩髆　補莫反。肩髆也。或有作膊，音比莫反。膊，物令薄也。膊非今用。

皺襵　側救反，下之涉反。又音輒。今襵疊物及裙襵皆作此也。

鐵鉆　奇廉反。鉆謂鑷取物也。通俗文：鍛具曰鉆。鉆，持也。或作鉗，東人頸鐵也，非今所用也。

洋洞(銅)〔二五〕　以凉反。謂炙之消爛洋洋然也。三蒼：洋洋，大水也。

煻煨　徒郎反，下烏迴反。通俗文：熱灰謂之煻煨。

蠰矩吒　俱庚反。此云糞屎虫，有紫如針，亦名針口蟲，穿骨食髓者也。

黑黧　力奚反。通俗文：斑黑曰黧。字林：黃黑者也。

摣掣　又作抯，同。側加反，充世反。釋名云：摣，叉也。謂五指俱往叉取也。掣，制也。制頓之使順已也。

脊膂　又作吕，同。力舉反。膂亦脊也。說文：脊骨也。太岳爲禹[臣]〔二六〕，委如心吕，因封吕侯也。

鐵觜　今作咮（咮）〔二七〕，又作觽，同。子累反。廣雅：觜，口也。字書：觜，鳥喙也。或有作嶲，撿諸書史無此字，唯傅毅七激詩云「嶲埴飲泉」作此字，音與吮同，似兖反。

探啄　他含反。說文：遠取曰探。探，取也。下丁角反。鳥食也。啄，齧也。

卷縮　聲類云此觠字，同。奇員反。詩云：有卷者阿。傳曰：卷，曲也。

皰潰　古文殨，同。胡對反。蒼頡篇：旁決也。說文：潰，漏也。

災炭　則才反。釋名：火所燒餘力〔二八〕曰災。亦𤇯也。音似刃反也。

飲尾　又作尿，同。乃吊反。字林：尾，小便也。

淋漏　力金反。三蒼：淋，漉水下。淋，瀝也。

悚慄　思勇反，下力質反。謂悚懼戰慄也。慄亦憂戚也。

蘇陀味　舊經中作須陀飯，此天甘露食也。

奬（將）〔二九〕化　又作獎，同。子兩反。小爾雅云：奬、率，勵也。又成也，助也。

奮戈　方問反。廣雅：奮，振也。字從大從隹從田也。

揮刃　許帰反。說文：揮，奮也。振訊也。廣雅：揮，動也。

綺鈿　徒堅反。字略云：鈿，金花也。

車輅　本作路，同也。盧故反。白虎通曰：名車爲路者，言所以步之於路也。或曰：路者，正也。人君之正車也。詩注云：人君之車曰路〔三〇〕也。

輦輿　力展反，下羊署、羊如二反。輦，人挽車也。今王者所乘也。車無輪曰輿。亦總稱車曰輿。

耳璫　都堂反。釋名云：穿耳[施]〔三一〕珠曰璫。本出西戎也。

而穫　胡郭反。草曰刈，穀曰穫。詩云「十月穫稻」是也。今皆通語也。

宏壯　胡萌反。爾雅：宏亦壯大也。宏亦屋深響容含物也。

繪車　胡憒反。雜色也。論語：繪事後素。鄭玄曰：繪，畫也。尚書：山龍華蟲曰繪。孔安國曰：繪，會也。會合五采也。舊經中言種種車園也。

鼓譟　公戸反，下先到反。鼓，動也。譟，諠鳴也。雷呼曰譟。家語云「萊人鼓譟劫定公」是也。

談謔　許虐反。爾雅：戲，謔也。謂相調戲也。謔亦喜樂也。

瑜伽師地論　第五卷　第六卷　先不音〔三二〕。

不嬈　乃了反。說文：嬈，擾戲也。三蒼云：嬈，弄也。

羈遊　居儀反。廣雅：寄、旅、羈，客也。寄音橋是也。

瑜伽師地論　第七卷

颯然　桑合反。疾也。颯颯，風吹木葉落聲也。廣雅：颯颯，風也。

祠祀　似滋反，下徐里反。爾雅：祠，天祭也。祀，地祭也。

體胤　與振反。爾雅：胤、繼，嗣也。說文：子孫相承續曰胤也。

薄蝕　補莫反，下神職反。漢書：日月薄蝕。韋昭曰：氣往迫之曰薄。虧毀曰蝕。釋名：日月虧曰蝕，稍侵毀如虫食草木葉也。

餉佉　或云霜佉，或作儴佉，又作勝佉，皆梵音輕重。此云貝〔三三〕，亦言珂，異名耳。

所祈　巨衣反。字林：祈，求福也。爾雅：祈，告也。叫也。祈，祭者叫呼而告請事也。

瑜伽師地論　第八卷

流梍〔三四〕　又作䑳，同。於革反也。謂壓牛領者也。

梠〔三五〕多　居運反。此有二義：一云蟻子，二云蟻卵。既含兩義，故置〔三六〕本名也。

饕餮　他勞反。下又作飻，同。他結反。按左傳：縉雲氏有不才子，貪於飲食，冒於貨賄，斂之不知紀極，人民謂之饕餮。杜預曰：貪財曰饕，貪食曰餮也。

罰黜　又作絀，同。耻律反。小罪曰罰。廣雅：黜，庰〔三七〕也。亦放也，退也。

雜猥　烏罪反。猥，惡也。字林：猥，衆也。衆，雜亂也。

瑜伽師地論　第九卷

恩造　在老反。廣雅：造，成也。謂恩成此事者也。

酷暴　古文嚳、焅、俈三形，同。口木反。說文：酷，急也。甚也，謂暴虐也。

罝兔　姉邪反。兔網曰罝。罝，遮也。遮取兔也。

卜羯娑　居謁反。又作補羯娑，聲之轉也。謂除糞、擔死尸等鄙下賤種之類也。

馳騁　直知反，下丑領反。廣雅：馳，奔也。騁，走也。

瑜伽師地論　第十卷

黑黶　於簟反。謂面黑子也。說文：中黑也。

傴曲　紆府反。通俗文：曲脊謂之傴。傴亦是曲也。

喘瘷　昌兗反。氣急也。下蘇豆反。說文：瘷，逆氣也。

僂前　力主反。一命而僂，再命而傴，三命而俯身俞〔三八〕曲。

尪羸　烏皇反。尪，弱也。通俗文：短小曰尪。尪，小也。

瑜伽師地論　第十一卷

歡娛　字詁：古文虞，今作娛，同。疑區反。說文：娛，樂也。書中虞樂皆作虞也。

猶豫　翼周反，下以庶反。說文：隴西謂犬子爲猶。猶性多豫在人前，故不决者皆謂之猶豫。又爾雅云：猶如麂，善登木，健上樹也。

猜度　古文䌊、猜二形，今作倸，同。粗來反。猜，疑也。下徒各反。度，測量也。

笑睇　徒計反。禮記：不能睇視。鄭玄曰：睇，傾視也。方言：陳楚之間謂眄曰睇。纂文云：顧視曰睇也。

啞啞　乙格反。字林：笑聲也。易云「笑語啞啞」是也。

器仗　祛冀反，下治亮反。漢書：制器械之品。應劭曰：內盛曰器，外盛曰械。一曰无盛曰器。仗，兵器也。五刃總名兵，人所執持曰仗也。

憒吏　公對反，下女孝反。說文：憒，亂也。韻集：吏，猥也。猥，衆也。吏從市從人字意也。或作閙，俗字。

懇到　口很反。通俗文：至誠曰懇。懇亦堅忍也。到，至也。[至]〔三九〕，極也，苦也。

陿小　又作狹，同。胡夾反。說文：陿，不廣大之名。

瑜伽師地論　第十二卷

尺鷃　又作鴳，同。烏諫反。鴳，雀也。亦名鴾鷃。一名鳸。纂[文]〔四〇〕云：關内以鷃爲鷃爛堆也。案鷃長唯尺，即以名焉。一作庈〔四一〕，小澤也。

蚌蛤　蒲講反，下古合反。出珠自(白)〔四二〕好者也。字林：燕雀所化也。月望則蚌蛤實，月晦則蚌蛤虛。

浴摶　徒官反。通俗文：手團曰摶。言可團團〔四三〕也。案西域國俗，澡浴初訖，碎以諸果或藥用蘇爲摶，捋〔四四〕摩拭身，令其潤滑及去風等，故名浴摶。

嗢鉢羅　烏没反。此云黛花。舊言優鉢羅，或作漚鉢羅，皆訛也。

呵叱　齒逸反。方言：呵，怒也。陳謂之呵。叱亦呵也。禮記「尊客之前不叱狗」是也。

瑜伽師地論　第十三卷

荏苒　而甚反，下而琰反。謂倏忽、須臾也。

宴坐　石經爲古文燕。一見反。説文：宴，安也。謂安息也。

陶練〔四五〕　徒刀反。言功之多也。陶謂任〔四六〕瓦器也，練謂消鎔也。

潤洽　又作霑，同。胡夾反。説文：洽，霑也。三蒼：洽，遍徹也。

怛纜　都達反，下力暫反。舊言修多羅，或作修妒路，此云綫也。

瑜伽師地論　第十五卷

倡女　齒揚反。倡婬放蕩也。説文：倡，樂也。

不遜　蘇寸反。字林：遜，順也。謙也，恭也。

賢哲　胡堅反。士之美稱也。又多才也。賢士賢明，故從貝。又臣賢者，國之寶。用與貝同，故從貝字意也。下又作喆，同。知列反。爾雅：哲，知也。方言：齊宋之間謂知爲哲。哲謂照了也。

目眩　古文迿，同。胡遍、胡蠲二反。字林：眩，亂也，惑也。三蒼：視不明也。

角犎　妃封反。又音封。今有此牛，形小，體上有犎是也。

嘶聲　又作誓，同。蘇奚反。説文：嘶，悲聲也。方言：嘶，噎也。聲散也。

哮吼　古文唬，同。呼交、呼挍二反。説文：虎鳴也。一曰師子大怒聲也。下古文呴、吽二形，今作拘(㺃)〔四七〕，又作吼，同。呼狗反。聲類：吽嗥謂也〔四八〕。

咆勃　蒲交反，下蒲没反。説文：嗥，吼也。勃，瞋怒也。

蹎蹷　丁賢反。下又作蹶，同。居月反。説文：蹎，走也。頓也。廣雅：蹎，倒也。蹎蹷猶頓仆也。

禄位　盧屋反。福也。案古者人無耕稼，多食野鹿。在朝之人闕於田獵，官賜以物，當爲鹿處，後人因之謂爲食鹿。變鹿爲禄者，取其神福之義也。

敦肅　古文惇，同。都魂反。説文：惇，厚也。肅，嚴也。謂嚴整之貌也，亦敬也。

謇吃　古文謭、謇二形，今作蹇，同。居展反，下居乞反。方言：

謇吃，楚語也。謇，難也。吃，重言也。

儳速　倉陷、仕鑒二反。非次而言也。禮記「長者不及無儳言」是也。儳亦暫也，字從亻。或有作嚵，才冉反，小飲也。嚵非此用。

竦肩　古文竫、愯、慫三形，今作聳，同。須奉、所項二反。廣雅：聳，上也。

根栽　則來反。謂木草植曰栽，謂木梓可栽種也。

防那　扶放反。此謂女工刺繡裁縫等業也。

瑜伽師地論　第十六卷

黑説大説　謂若佛及弟子所説惡法名爲黑説，所説善法名爲大説。又四果人及獨覺菩薩等所説名爲黑説，若佛所説名爲大説。

燬之　又作焜、烜二形，同。麾詭反。齊謂火爲燬，方俗異名也。

亭邏　徒丁反，下力賀反。漢家因秦十里十（一）[四九]亭，亭，留也。邏謂戍屬也，遊兵以禦寇者。韻略云：邏亦修[五〇]行非違也。

親昵　又作暱，同。女乙反。爾雅：昵，近也。又亟也。親昵者，數相近也。

瑜伽師地論　第十七卷

詭現　居毀反。詭，誑也，不實也。廣雅：詭隨，惡也。亦欺也。

怨尤　禹留反。案尤亦怨也。尤，過也。

普燭　朱欲反。蒼頡[篇][五一]：燭，照也。然火爲照也。

諧耦　胡皆反。下吴口反。廣雅：諧，和也。耦，合也。

身康　苦郎反。康謂无疾病也，安也，樂也，亦静也。

所惠　胡桂反。周禮云：施其惠。鄭玄曰：賙衣食曰惠。孟子曰：分人以財謂之惠。仁也，愛也。

便臻　側陳反。爾雅：臻，至也。

瑜伽師地論　第十八卷

擅名　市戰反。説文：擅，專也。

諾瞿陀　舊經中作尼拘陀，或言尼俱盧陀，亦作尼俱律，又作俱類，皆訛也。舊譯云無節，或言從廣。

摩迦　亦言摩魯迦，舊經中作摩樓迦，此亦藤類，蔓生，纏繞樹至死者也。

凶猾　又作殉，同。許顒反，下胡刮又（反）[五二]。廣雅：凶，惡也。字書：猾，惡[五三]黠也。方言：凡小兒多詐或謂之猾也。

抄虜　力古反。漢書：生得曰虜，斬首曰獲。戰而俘獲也。虜掠奪取也。

窺窬　丘規反，下又作闟，同。弋朱反。説文：窺，小視也。

楚撻　初吕反。一名荊。漢書：陸賈曰秦莊王名楚，故改爲荆，遂行於世。撻，擊也。楚捶人即痛，因名楚痛。

庸人　與恭反。謂常愚短者也。心不節慎，口無法言，惡人爲友也。

克伏　又作剋，同。口得反。字林：克，能也。爾雅：克，勝也。

瑜伽師地論　第十九卷

制多　舊言支提，或言支帝，皆一也。此云可供養處，謂佛初生成道、轉法輪及涅槃處皆應供養恭敬，生諸福也。

爲墉　又作牗、牖二形，同。庾鍾反。爾雅：牆謂之墉，城亦爲[五四]之墉也。
繩紝　又作絍，同。女心反。謂牆繩也，本機上縷也。
腥臊　又作胜，同。先丁反，下小刀反。腥臊，臭也。通俗文：魚臭曰腥，猳臭曰臊。猳音加。
翺翔　五高反。迴飛也。飛而不動曰翔。釋名：翺，遨也。言遨遊也。
毆擊　於口反。説文：毆，擊也。字從殳。
淪墜　力均反。廣雅：淪，沈没也。
左道　資可反。[左][五五]，下也。上在右。不便也。禮記：執左道以亂衆。鄭玄曰：左道若巫蠱及俗禁也。
衣僅　又作勤，同。渠鎮反。字林：僅，財能也。僅亦劣也。
波羅延　謂西域邑落名也。
阿氏多　彌勒字也。或作阿耆多，此云無勝，謂無人能勝也。舊言阿逸多，訛也。
所螫　呵各反。字林：螫，蟲行毒也。廣雅：螫，蛆(蛆)[五六]、苦、毒，痛也。

瑜伽師地論　第二十卷

達須　謂此等人微識佛法，不能堅固修持行也。
蔑戾車　莫結反。下力計反。舊言彌戾車，此云樂垢穢人。此等全不識佛法也。
頑嚚　吴鰥反，下魚巾反。廣雅：頑，鈍也。三蒼：嚚，惡。
阿遮利邪　此云軌範師，舊經中或言阿祇利，或作阿闍利，義譯云正行。或云於善法中教授令知，名阿闍梨也。

談話　古文鱠(舙)、譮、誠(話)[五七]三形，同。胡快反。合會善言也。
躁動　又作趮，同。祖到反。躁謂擾，動謂不安静也[五八]。
漑灌　歌賚反。説文：漑，灌也。灌，注也。

瑜伽師地論　第二十一卷

塵宇　又作寓[五九]，二形同。于甫反。屋宇也。釋名云：宇，羽也。如鳥羽翼自覆蔽也。今謂在家如屋中塵恒被坌污，不得安静也。
僧伽胝　陟尸反。此云合，或言重，謂割之合成重作也。舊經律中作僧伽梨，或作僧伽致，皆訛也。
林藪　桑苟反。平地叢木曰林，澤无水曰藪。
嚴酢　魚劍反。酢之甚者曰嚴[六〇]也。

瑜伽師地論　第二十二卷

卉木　虚謂反。百草之總名也。方言：東越揚州之間名草曰卉。
姝妙　充朱反。説文：姝，好[也][六一]。色美也。方言：趙魏燕代之間謂好爲姝。
鬱烝　於物反，下之媵、之升二反。爾雅：鬱，盛氣也。説文：烝，火氣上行也。謂熱氣烝出上升也。
飃颺　余尚、余章二反。謂風所飛揚也。
芬馥　敷雲反，下扶福反。芬香和調也。馥謂香氣也。
殀逝　又作夭，同。於矯反。説文：夭，屈也。廣雅：夭，折也。釋名云：少壯而死曰夭，如取物中夭折也。不盡天年謂之夭，取其義。逝，往也。

怨讎　視由反。怨耦曰讎。讎，對也。爾雅：仇、讎，匹也。怨之匹也。

黎庶　力奚反。爾雅：黎、庶、烝、多，衆也。

瑜伽師地論　第二十三卷

呀瘷　許牙反，下蘇豆反。上氣病甚曰呀，字從口。

噦噎　又作啘，同。於越反，下一結反。通俗文：氣逆曰噦，塞喉曰噎也。

癲癇　又作瘨，同。都賢反，下核間反。廣雅：瘨，狂也。風病也。聲類云：癇，小兒瘨也。

隂瘇　徒雷反。隂病也。釋名云：下重曰瘇也。

俱帥　又作衛，同。所律反。字略云：將帥也。帥，行[也]〔六二〕，謂將領行也。

穳矛　粗鸞反。穳，擲也。下又作戜、舒(矝)〔六三〕二形，同。莫侯反。説文：矛長二丈也。

及鎔　以終反。江南行此音。謂鎔鑄銷洋也。

油糖　又作餹，同。徒郎反。餳餹也，又沙糖也。煎甘蔗汁作之。餳，似盈反。

葅鮓　側於反，下莊雅反。鮓，淹菜爲藏(葅)〔六四〕，魚笲爲鮓。周禮：供五齏七葅。鄭玄曰：細切爲齏，全物若牒爲葅。中國皆言齏。江南悉名葅。牒音治輒反。或作苴，子餘反，誤也。

拍毱　普陌反，下渠六反。三蒼云：毛丸可戲笑者也。

拓石　古文㧝、袥二形，今作㨔，同。他各反。

攘臂　而羊反。攘，除也。謂除衣袖，謂出臂也。

捖捥　又作搞，同。於責反。説文：搞，把持也。史記「天下之士莫不捖捥以言」是也。

擊劒　古歷反。謂以長入短劒相擊也。

伏弩　扶福反，奴古反。隱伏而發也。漢書「高祖中胷而言足指」是也。

控弦　苦貢反。小爾雅：控，引也，挽也。説文：突厥名引弓曰控。控，引也。

瑜伽師地論　第二十四卷

投輪　投，擲也。西國多用此戰輪，形如此間槐櫨(轆轤)〔六五〕，繞輪施鐵輻如蒺蔾，鋒極鋭利，以繩纏之，用擲戰象，[或頭]〔六六〕或鼻，中即破斷也。

勇悍　古旦(且)〔六七〕反。廣雅：勇悍，果敢也。説文：捍，勇有力。悍，懔也。

瑜伽師地論　第二十五卷

施幰　虚偃反。蒼頡篇云：布帛張車上爲幰也。

房穗　又作采，同。辭醉反。房，居也。言子居其中也。穗，説文：禾成秀，人所收者曰穗也。

耐椎　奴代反。下直追反。三蒼：耐，忍也。椎，打也。

磣毒　又作慘，同。初錦反。又墋，惡也。通俗文：沙土入食中曰墋也。

堅勁　居盛反。字林：勁，强也。字從力也。

詰難　云一反。廣雅：詰，責問也。

蛆(蛆)〔六八〕螫　知列反。下舒亦反，關西行此音。又呼各反，山東行此音。蛆(蛆)，東西通語。説文：皆虫行毒也。廣雅：蛆(蛆)，痛也。

齱舉　古文貫，同。許驕反。齱，諠也。諠譁不静也，亦以聲也。

乞匃　古賴反，又音葛。蒼頡篇：乞，行請求也。字從人從亡，言人亡財物則行求匃字之意也。

盲瞽　公户反。無目謂之瞽。釋名云：瞽，眠眠然目平合如鼓[皮也]〔六九〕。

砂磧　清石反。三蒼：磧，水中沙灘也。灘音他難反。説文：水渚有石曰磧。水淺石見者也。

振恤　古文㧫、拒二形，同。諸胤反。小爾雅：振，救也。説文：振，舉也。下又作卹，同。私聿反。説文：恤，收也。憂也。振恤憂貧。

救援　禹眷反。助也，謂依據護助之言也。

生色可染〔七〇〕　生色即金也，言生便黄色不可變改也。可染即銀也，言色可染，故言可染也。

持毳　充芮(芮)〔七一〕反。字林：細羊毛也。獸細毛亦可(曰)〔七二〕毳也。

坰(坰)〔七三〕野　公營反。爾雅：邑外謂之郊，郊外謂之牧，牧外謂之林，皆各七里。林外謂之坰，坰无里數。百之國邑，五(王)〔七四〕者之男(界)〔七五〕也。

若擘　補革反。擘，裂也。廣雅：擘，分也。

姪佚　三蒼亦逸字，同。與一反。蒼頡篇：佚，蕩也。佚，樂也。

凡百　扶嚴反。三蒼：數之總名也。廣雅：凡、總，皆也。

瑜伽師地論　第二十六卷

小札　側黠反。三蒼：柹，札也。今江南謂斫削木片爲柹，關中謂之札。或曰柹札。柹音敷廢反。黠音閑札反。

稜層　洛登反，下徂曾反。謂形色慘烈也〔七六〕。

慘烈　倉感反，下力折反。説文：慘，憂皃也。烈，猛盛也。

悖惡　古文誖、愂二形，同。蒲没、補憒二反。廣雅：愂，亂也，亦逆也。

聰敏　眉殞反。敏，達也。廣雅：敏、捷，疾也。聰，先知也，察也，聽必微也。

嘲調　又作啁，同。竹包反，下徒吊反。三蒼：啁，調也。謂相調戲也。

頡隷伐多　賢結反。此言過〔七七〕時。又云室星，則北方宿也。祠之得子，仍以名焉。坐禪第一者是也，舊言梨波多，或言黎婆多，皆訛言也。

憺怕　徒濫反，下普白反。廣雅：憺怕，寂寞也。亦恬也。

髖骨　又作臗，同。苦桓、苦昆二反。埤蒼：臗，尻也。髀上也。

肋骨　力得反。説文：肋，脅也，骨也〔七八〕。字從肉。或作勒，非體也。

瑜伽師地論　第二十七卷

頷輪　胡感反。頷，頷車也，言骨圓如輪也。

齒鬘　莫班反。言齒形行列狀如花鬘，因以名也。

筋脈　居銀、居欣二反，下亡厄反。説文：肉之力曰筋也。或作脉，俗字。

鑽燧　祖桓反。下又作鐩，同。辭醉反。火母也。論語：鑽燧各異木也。世本：造火[者]〔七九〕燧人。因以名也。

或榛　仕巾反。廣雅：木叢生曰榛，草叢生曰薄也。

或渚　之與反。爾雅：小洲曰渚。言四方有水，中央猶言（獨高）〔八〇〕，可居者曰渚也。

畢鉢羅風　言風者，人身班駮如畢鉢形者也。

毗溼婆風　又言毗濕波風，此譯云不巧風也。

吠藍婆風　舊經中或作毗嵐婆，或作鞞藍，亦作隨藍，或旋〔藍〕〔八一〕，皆梵之楚夏耳。此云迅猛風也。

聰俊　又作儁，同。子閏反。絶異也。王逸注楚辭云：千人才爲俊，一國高爲傑。

瑜伽師地論　第三十卷

稻稈　又作秆，同。公但反。字林：禾莖也。

蟲胆　治中反，下千餘反。通俗文：肉中蟲謂之胆。字從肉也。

瑜伽師地論　第三十一卷

學樣　翼尚反。規摸（模）〔八二〕曰樣，近字也。舊皆作像也。式像也。今不復行也。

瑜伽師地論　第三十二卷

灩溢　以冉反，下與一反。案：灩溢謂器盛物盈滿。

諸維　翼隹反。廣雅：維，隅也。淮南子云「天有四維」是也。

隊塹　胡刀反。釋名：城下道也。豪，翱也。都邑之内所翱〔翔〕〔八三〕阻（祖）〔八四〕駕之處也。

鄔波尼煞曇分　舊經中作優波尼沙陀分，謂數之極也。

蔓莚　亡怨反，下餘戰反。蔓莚，謂之連緜不絶無極也。

窯室　餘招反。通俗文：燒瓦竈曰窯。

至向　許亮反。說文：向，北出牖也。

喉筩　徒東反。三蒼：竹管也。今言喉如筩，喻名也。

燒燼　又作衋，同。似進反。說文：〔火之〕〔八五〕餘木曰燼。即火熸也。

眇漭　亡沼反，下莫朗反。眇漭，廣大也，亦深遠也。

刖足　古文跀、趴二形，同。魚厥、五刮二反。別（跀）〔八六〕，斷足也。

瑜伽師地論　第三十三卷

劓鼻　古文劓，同。魚氣反。字林：劓，割鼻也。

橐袋　埤蒼作韛，又作排，同。蒲戒反。鍛家用炊火令熾者也。

垣城　宇煩反。四周牆也。釋名云：垣，援也。人所依阻以爲援衛也。

迄至　虛訖反。爾雅：迄，至也。方俗語耳。

諠譟　古文作吅，又作讙，同。虛袁反。廣雅：諠，鳴。吏聲也。下桑到反。說文：譟，擾耳孔也。聲〔類〕〔八七〕：譟，群呼煩擾也。

激湍　古歷反，下吐桓反。激，邪流急也。說文：湍，疾瀨也。淺水流沙上曰湍也。

貪婪　又作惏、啉二形，同。力南反。惏亦貪也。楚辭：衆皆競進而貪惏。王逸曰：愛財曰貪，愛食曰惏也。

瑜伽師地論　第三十四卷

乾曝　又作吸，同。祛及反。通俗文：燥曰曝。曝，微乾也。

騗騎　匹扇反。纂文云：謂躍上馬也。

踡跼　渠員反，下渠玉反。埤蒼：踡跼，不伸也。

霢霂　音脉木。爾雅：小雨謂之霢霂。今流汗似之也。

圮（圯）〔八八〕坼　皮美反，下耻格反。圮（圯），毁覆也。坼，分裂也。

蓊鬱　烏孔反，下於屈反。蓊，盛皃也。鬱，樹叢生也。

巉巖　仕咸反。廣雅：巉巖，高也。

河瀆　徒木反。爾雅：水注澮曰瀆。邑中溝曰瀆。

醴水　力體反。醴，甜美也。言其水甘如醴酒，可以養老，可以愈患者也。

殉利　辭俊反。蒼頡篇：殉，求也。亦營也。

關鍵　又作闥、揵二形，同。奇謇反。鍵，壯（牡）〔八九〕。管鑰，壯（牡）也。方言：陳楚曰鍵，關中曰鑰。

伊師迦　山名也。言此山高聳，喻我慢也。

瑜伽師地論　第三十六卷

剛毅　牛既反。説文：毅，決也。煞敵爲果，致果爲毅也。

甲冑　古文鈾，同。除救反。説文：冑，兜鍪也。

散他迦多衍那　迦多，姓也。衍那，子也。散他，標別其類也。舊經論中作訕大迦旃延，或作珊陀迦旃延，皆訛也。

瑜伽師地論　第三十七卷

達羅弭荼〔九〇〕呪　咒名也。弭音亡尔反。

鸝黄　又作鵹，同。力貲反。方言：倉庚，自關而西謂之鸝黄，或謂黄鳥，或謂之楚雀。異名也。

不殫　多安反。無餘曰殫。廣雅：殫，盡也。

而隕　于愍反。爾雅：隕，墜落也。説文：隕，從高而下。

瑜伽師地論　第三十八卷

鼷鼠　胡鷄反。説文：小鼠也。爾雅：鼷鼠。郭璞曰：有螫毒也。食人及鳥獸雖至盡而不知，亦不痛，今之甘口鼠也。

聆音　力丁反。蒼頡篇：聆，聽也。耳所聽曰聆也。

詁訓　古文作詁，今作故，同。姑護反。又音古。説文：詁，訓古言也。訓，道也，釋也。

師拳　又作捲，同。渠員反。指握爲拳，譬喻也。言師之匠物，不如拳之執握，悋而不説也。

係念　古文繼、繫二形，同。古帝反。説文：係，潔（絜）〔九一〕束也。亦相嗣也。

瑜伽師地論　第三十九卷

媒媾　莫來反，下古豆反。媒，謀也。謀合異姓使相成也。白虎通曰：媒〔九二〕，厚也。重婚曰媾。

罩羅　古文羄、箌二形，同。竹挍反。捕魚籠也。

罥弶　渠尚反。字書：施罥於道曰弶，其形如弓者也。或作㨾，俗字也。

饞嗜　仕咸反。不廉也。又作䞭、鑱二形，同。視利反。説文：嗜，欲意也。貪無猒也。

乳哺　蒲路反。哺，含食也。謂口中嚼食也。哺，食〔九三〕也。

曉喻　又作論，同。臾句反。三蒼：喻，譬諫也。喻亦曉也。論語「[君子]〔九四〕喻於義」是也。

撓濁　乃飽、乃挍二反。説文：撓，擾也。又曰：撓，亂也。

赧愧　女盞反。小爾雅：面慙曰赧。方言：自愧而見上謂之赧。字從反赤意也。

自揆　渠癸反。爾雅：揆，度也。謂商度也。

樹脩　時注反。廣雅：樹，立也。凡置立皆曰樹也。

供贍　聲類作饍，同。時焰反。字書：贍，足也。音子喻反。供，足也，亦助也。

衒賣　古文衒（衙）〔九五〕，同。胡麪、公縣二反。説文：行且賣也。廣雅：衒，誸也。

蓄積　又作稸，同。耻六反。廣雅：畜〔九六〕，聚也。亦積也。

稍麨　公玄反，下以皺反。説文：麥莖也。麨，麥穀麨也。

瑜伽師地論　第四十卷

啓道〔九七〕　又作启，同。苦禮反。説文：啓，開也。導謂引也。

撝義　又作麾，同。虛皮反。舉手曰麾，謂手之指也。

荷乘　古文柯〔九八〕，今作何，同。胡我反，又胡歌反。小爾雅：何、揭，謂擔負也。

正延　以旃反。

止憩　又作愒、㥏二形，同。却厲反。爾雅：憩，息也。止之息也。

蚩誚　充之反。三蒼：蚩，輕侮也。小[爾]〔九九〕雅：蚩，戲也。下才笑反。誚謂撓弄譏責也。呵也。

謙沖　説文作盅，同。除隆反。字書云：沖，虛也。

巨力　其呂反。字林：巨，大也。方言：齊宋之間謂大曰巨。説文：巨大作鉅。

瑜伽師地論　第四十一卷

遮遏　古文閼，同。於曷反。爾雅：遏，止也。謂逆相止爲遏。遏亦遮也。

窣堵波　蘇没反，下都古反。此云廟，或云墳，義翻也。或云大聚，或言聚相，謂累石等高以爲相也。舊經論中或作蘇偷婆，或作藪斗波，或作兜婆，或云偷婆，亦作塔婆，皆訛略也。

宰官　祖殆反。聲類云：宰，治也。謂治邑吏也。廣雅：宰，制也。謂制事者也。

諠譁　虛元反，下呼瓜反。三蒼：諠，言語詾詾也。譁，言語譊譊也。詾音從（徒）〔一〇〇〕刀反。

紛聒　敷雲反，下公活反。紛，亂也。聒，諠語也。蒼頡篇：聒，擾耳也。

儱戾　或作籠，同。禄董反。下三蒼作戾（俍）〔一〇一〕，同。力計反。俍，戾也，謂俍戾剛強也。

綜集　子送反。綜，習也。三蒼：綜，琮（理）〔一〇二〕經者也。謂機縷持絲交者也。

瑜伽師地論　第四十二卷

同齡　又作昤，同。歷經反。字林：年齒也。禮記：古者謂年[爲][一〇三]齡。人壽之數也。

橋(攜)[一〇四]從　胡閨反。廣雅：橋(攜)、提，挈也。謂提持也。漢書孟康曰：橋(攜)，連也。亦云牽將行也。

擐甲　胡慢、工患二反。左傳：擐甲執兵。杜預曰：擐，貫也。國語：服兵擐甲。賈逵曰：擐衣甲。

瑜伽師地論　第四十三卷

泯一　彌忍反。爾雅：泯，盡也。廣雅：泯，絶，滅也。

傘㩮　又作繖，同。先岸反。謂帛爲蓋，行路以自覆者也。下先牒反。鑿腹令空廌足也者。

法溟　莫經反。説文：少雨溟溟也。莊子：南溟，天池也。

瑜伽師地論　第四十四卷

璩印　巨於反。字書：玉名也。耳璩也。印，臂印也。

儲器　直於反。儲，貯也，備也，謂畜積物以爲備曰儲。

藻飾　祖老反。水草之有文者，畫藻葉於衣以爲服章。

格量　加額反。蒼頡篇：格謂量度也。

不斥　齒亦反。指斥也。漢書音義曰：斥，不用也。説文：斥，却屋也。廣雅：斥，推也。推，譴怒也[一〇五]。説文：從广屰也。

瑜伽師地論　第四十五卷

闤闠　胡關反，下胡對反。説文：闤闠，市門也。

瑜伽師地論　第四十八卷

曩昔　奴朗反。爾雅：曩，久也。猶往反(久)古昔也[一〇六]。

牟娑[一〇七]羅　或作謨薩羅，或作摩娑羅，亦作目婆[一〇八]羅，梵言訛轉也。此云馬腦。案此寶或色如馬腦，因以爲名也。

廁填　古文寘，同。徒堅反。三蒼：廁，雜也。間雜也。廣雅：填，塞也。亦滿也。作鈿，非此也。

侵掠　又作剠，同。力尚反。通俗文：遮取謂之抄掠。謂强奪取也。

瑜伽師地論　第四十九卷

鹥泥邪蹲　烏奚反，下市耎反。鹿王名也。舊經中伊泥延，又作因尼延，亦作啞尼延，皆一也。啞音一賢反。

勢峯　謂陰莖也。舊言馬陰藏相是也。

羯羅頻迦　或作歌羅頻伽，或作加羅毗加，亦作迦陵頻迦，皆梵音輕重聲之訛轉也。此云謂好聲鳥也。

烏瑟膩沙　又作嗢瑟尼沙，或言鬱尼沙，此云髻，謂頂骨涌起自然成髻也。

𠨘股　又作骰，同。公户反。説文：股，髀也。釋名：股，固也。爲强固也。

兩臀　徒昆反。髖肉高厚者也。廣雅：髖，豚也。髖音苦昆反。

髖臚　吕於反。臚，腹也。釋名云：腹前曰臚也。

齜脬　丘魚反。下又作齵，同。五各反。齜，居也。齒所居也。脬，齒内上下肉㘽咢也。㘽音語巾反。

蠲除　古玄反。方言：南楚疾愈謂之蠲。郭璞曰：蠲，除也。方俗語異耳。

肴饌　胡刀、胡交二反，下仕眷反。廣雅：肴，肉也。亦葅也。説文：饌，備具食也。謂飲食也。

獷戾　古猛反。漢書孟康注云：獷，强也。戾，佷也。字從犬。

婆羅痆斯　女黠反。或云婆羅奈斯，又作婆羅奈，同一也。舊譯云江遶城。

瑜伽師地論　第五十卷

諴勗　古蕯反，下許玉反。諴，警敕也，亦㑹也。方言：齊魯謂勉爲勗勵也。

輕縠　胡木反。似羅而疏，似紗而密。古有幪縠、霧縠，言細如霧也。

瑜伽師地論　第五十一卷　先不音。

瑜伽師地論　第五十二卷

焚燎　古文炃、燌二形，同。扶雲反。下又作爒，同。力照反。説文：焚，燒田也。字從火燒林字意也。燒〔一〇九〕，放火也。火田爲燎。

焰飈〔一一〇〕　俾遙反。小火也。又作熛。説文：飛火也。三蒼：迸火曰熛也。

瑜伽師地論　第五十三卷

塗冠　古玩反。謂冠著花冠爲冠也。

赫奕　餘石反。廣雅：赫，明也。奕，盛也。謂光明昱曜也。字從大。

瑜伽師地論　第五十四卷　先不音。

瑜伽師地論　第五十五卷

愚魯　力古反。論語：參也魯。孔安國曰：魯，鈍也。

瑜伽師地論　第五十六卷

惡叉聚　惡叉，樹名，其形如無食子，彼國多聚以賣之，如此間杏人，故以喻之。

安繕那　市戰反。舊言安禪那，此云眼藥也。

耳輪　彼國王等或用金銀作此耳輪，形如鉢，支著耳匡中，用以裝飾，故名耳輪也。舊經言耳渠者應是。

魯達羅天　此云暴惡，自在天之别名也。

毗瑟笯天　奴故反。舊云毗搜紐，或言毗紉〔一一一〕，皆訛也。此當幻惑義，是伐藪天别[名]〔一一二〕也。舊言婆藪天也。

世主天　此梵天之異名。

瑜伽師地論　第五十八卷

羼搦　又作洓，同。子禮反。廣雅：羼，漉也。謂手搦出汁也。

浪者　巨夷反。此云癡虫，謂獸畜也。家語云「食草者愚」是也。

歧路　古文跂、㩻二形，同。渠支反。爾雅：道二達謂之岐[一一三]。釋名：物兩爲歧[一一四]。此道似之也。

輪圍　于非反。山名也。我慢高大，故以喻焉。

瑜伽師地論　第五十九卷

厭禱　於冉反，下都道反。字苑：厭，眠内不祥也。山東音於業反。説文：告事求神曰禱。禱，請也。請於鬼神也。

尸半尸　此是呪法，西國有此。謂呪於死尸，令起煞人。半尸者，呪令起坐，令起尸鬼煞人，故半尸。

瑜伽師地論　第六十卷

磁石　自兹反。埤蒼：磁石謂吸鐵者也。

娑梨藥迦　謂彼國邑落名也。

羯吒斯　居謁反。謂貪愛之别名也。

傷悼　徒到反。方言：秦晋謂傷爲悼。悼亦哀。

捞攫　又作捞，同。力咨反。下居縛反。捞，劃也。直破曰捞，爪傷曰攫。劃音胡麥反。

妻孥　怒胡、乃故二反。小爾雅云：孥，子也。

閭邑　吕居反。周禮：二十五家爲閭。閭，里門也。説文：閭，侣也。五家相伴侣也。

瑜伽師地論　第六十一卷

錫賚　星的反。賜，與也。爾雅：錫、賚，賜也。謂上與下之辭也。

鬱怏　於亮反。謂忿怒也，亦怏怏然心不伏也。

懊恚　於報反。懊恚，悔恨也。

頒賜　又作班，同。補顔反。小爾雅：頒、賦，布也。爾雅：斑，徧與也。

勞來　郎到反，下力代反。慰，勞也。廣雅：勑[一一五]，勤也。勞來不迨也。或有作賚，賜與也。賚非此義也。

諮詢　私遵反。詢，問也。左傳：訪問於善爲諮，諮親爲詢。諮，問善道也。詢，問親戚之義也。

罄竭　古文空[一一六]，同。口定反。説文：器中空也。爾雅：罄，盡也。

俳優　於牛反。字林：偈(倡)[一一七]優，樂也。謂調戲作樂也。

博弈　古文簙。下餘石反。方言：博或謂之棊，自關而東齊魯之間皆爲(謂)[一一八]圍棊爲弈。

英傑　奇列反。千人爲傑。傑亦特立也，才能也。

耽湎　古文媅、妉二形，同。都含反。下古文醽，同。亡善反。説文：媅，樂也。嗜也。湎，耽於酒也，謂酒樂也。

瑜伽師地論　第六十二卷

瑟祉　敕里反。舊言俱絺羅，譯云膝也。言膝骨大也。

瑜伽師地論　第六十四卷

麟角　里真反。仁獸(狩)〔一一九〕也。説文：麟，麕身，牛尾，一角，角頭有肉。不履生蟲，不析(折)〔一二〇〕生草，音中鍾吕，行中規矩，不入陷網，文章彬彬然也。亦靈獸也。

瑜伽師地論　第六十五卷　第六十六卷　並不音。

瑜伽師地論　第六十七卷

傲誕　五告反，下達旦反。傲，謂不敬也。廣雅：傲、輕，傷也。誕，大也。大[不]〔一二一〕實也。

絢藻　呼麪反。字林：文成曰絢。絢亦文章之皃也。藻，水草之有文章者也。

代地迦　人名也。從[人]〔一二二〕名經，爲此人説也。

暴燥　蒲卜反，下桑老反。釋名：燥，焦也。説文：燥，乾也。

瑜伽師地論　第六十八卷

若蘭　又作躝，同。力丹反。通俗文：縱失曰蘭也。

賄貨　古文晦(賄)〔一二三〕，同。呼罪反。財貨也。通俗文：財帛曰賄。周禮：通貨賄。鄭玄曰：金玉曰貨，布帛曰賄也。

肪膏　音方。脂肪也。通俗文：在腰曰肪。肪，肥也。三蒼：有角曰脂〔一二四〕，無角曰膏也。

瑜伽師地論　第六十九卷

餖餬　音提胡。蘇酪之精醇者曰餖餬。通俗文「酪蘇謂之餖餬」是也。

瑜伽師地論　第七十卷

曛暮　許軍反。楚辭：與曛黄而爲期。王逸曰廣雅〔一二五〕：黄昏也。暮，晚。

銓量　又作硂，同。七泉反。廣雅：稱謂之銓。銓謂銓量輕重也。

瑜伽師地論　第七十一卷

中的　知仲反。下又作弔，説文作旳，同。都歷反。明也，射質也，謂的然明見也。今射堋中珠子是也。

從容　且容反。廣雅：從容，舉動也。謂詳審閑雅之皃也。

河濱　比人反。字林：濱，水崖也。廣雅：濱、湄、浦，崖也。

毀讟　徒木反。謗，讟也。廣雅：讟，痛也。謂怨痛也。

珍羞　古文膳，同。私由反。貴異名珍，雜味爲羞。羞爲〔一二六〕有滋味名也。方言：羞，熟食也。

瑜伽師地論　第七十七卷　第七十八卷　先並不音。

瑜伽師地論　第七十九卷

騫脣　去焉反。廣雅：騫，舉也。

逌尔　又作攸，同。以周反。小笑也。笑離齒也。漢書：項岱曰：逌，寬舒顔色之皃也。又作猶然。猶，笑皃也。

迦理沙般拏[一二七]　女家反。般拏，此云銅錢。十六般拏爲一迦利沙般拏。

瑜伽師地論　第八十三卷

襲師　古文戳，同。辭立反。左傳：凡師輕曰襲。掩其不備也。

摩納縛迦　此云儒童，或云年少净行。舊經中言摩納等是也。

底沙　比丘名。丘爲之説經，名底沙經。此亦星名也，因星立名，西國多此也。

瑜伽師地論　第八十四卷

揉捼　奴和、奴廻二反。説文：捼，摧也。兩手相切也。

破折　普彼反。纂文云：破，折(析)[一二八]也。破猶謂分也。

僵仆　蒲卜、芳務二反。仰謂之僵，伏謂之仆。説文：僵，却偃也。仆，前覆也。

皓(皓)[一二九]首　胡老反。小爾雅：皓(皓)，素，白。

黄皺　七旬反。字韻略[一三〇]云：皺，皮細起也。

徂落　又作殂，同。在胡反。爾雅：徂、落，死也。

笞罰　又作抬(抬)[一三一]，同。丑之反。廣雅：榜、笞，擊也。

舃鹵　又作潟滷二形，同。齒亦、私亦二反。下力古反。説文：潟滷，西方鹹地也。

你伽　女履反。此云流注不斷，亦言害。爲含兩義，仍立梵名也。

瑜伽師地論　第八十五卷

遽務　又作懅，同。渠庶反。遽，急也。亦畏懼也。

瑜伽師地論　第八十六卷

鳩集　居中(牛)[一三二]反。爾雅：鳩，聚也。謂收聚也。

囹圄　力丁反。下魚呂反。獄名，三王有獄。

幽縶　知立反。詩傳曰：縶，絆也。謂拘執也。兩手不相過也，謂之縶也。

瑜伽師地論　第八十七卷

怒憾　胡紺反。廣雅：憾、怨，恨也。字林：憾，不安也。

浸淫　七林反。浸淫者，轉大之言也。浸淫移徙處日廣也。

微褊　卑緬反。説文：褊，小也。爾雅：褊，急也。陿也。

愚戇　丁絳反。三蒼：愚，無所知也。亦鈍也。廣雅：戇、頑，嚚者也。

芒(茫)[一三三]然　莫[一三四]唐反。案茫然，冥昧不明也。

踰隍　乎光反。三蒼：隍，城下坑也。説文：城池有水曰隍也[一三五]。

宮闕　釋名：闕在門兩傍，中央闕然爲道也。

瑜伽師地論　第八十八卷

歔欷　欣居反，下欣既反。蒼頡篇：泣餘聲也。亦悲也。

拊膺　芳舞反。下又作應（癮）〔一三六〕，同。於凝反。拊，拍也。廣雅：拊，擊也。膺，胷也。

冤結　古文冤、惌二形，今作宛，同。於元反。説文：冤，屈也。廣雅：冤，枉也。思念煩冤也。

阿死羅摩登祇旃茶　女名也。摩登祇，女之總名。阿死羅，女之别名。此女由卑賤故，以掃市爲業，用以供衣食也。

被笮　側格反。案：笮猶壓也，謂以槽笮出汁也。

𧇊〔一三七〕訥　古文吶，同。奴骨反。訥，遲鈍也。説文：訥，難也。

瑜伽師地論　第八十九卷

朋儔　直流反。同門交曰朋。儔，類也。等也。王逸注楚辭云：二人爲匹，四人爲儔。儔猶伴侣也。

薨瞢　徒登反，下莫崩反。韻集云：坐〔一三八〕臥極也。

諀呰　匹尔反，下資尔反。通俗文：難可謂之謂（諀）〔一三九〕訿也。

惙尔　知劣反。聲類云：惙，短氣皃也。惙惙亦憂也。

瑜伽師地論　第九十卷

覆苫　舒鹽反。茅苫〔一四〇〕也。爾雅曰：蓋謂之苫。言編菅以覆屋曰苫也。

勉勵　靡辯反，下力制反。勉，强也。謂自勸强爲勉勵也。勉力爲勵也。

瑜伽師地論　第九十一卷

儵歸　又作倐、倏二形，同。書育反。儵，急疾之皃。

菅茅　古顔反。爾雅：菅，茅屬。

如鴆　除禁反。郭璞曰：大如鶥，紫緑色，長頸，赤喙，食虵也。

孑然　居列反。案孑，猶單也，孤獨也。説文：无右臂曰孑。

沿流　亦泉反。字林：從水而下曰沿。順流也。沿亦緣也。

大〔一四一〕雞　古奚反。性多躁列〔一四二〕，故以喻言也。

瑜伽師地論　第九十二卷

漂漾　匹遥反，下翼尚反。安（案）〔一四三〕：漂漾，摇蕩也。

瑜伽師地論　第九十三卷　先不音。

瑜伽師地論　第九十四卷

唼食　古文嗻，又作呩，同。子盍反。通俗文：入口曰呩。又蟲食曰唼。

不允　弋准反。允，當也。允，信也。爾雅：允，誠也。

瑜伽師地論　第九十五卷

繳繳　之若反。謂矰云（之）〔一四四〕射者。繳，纏也。矰音憎。惟

(弋)[一四五]射矢也。

翳膜　又作瞖，同。於計反，下音莫。韻集云：瞖，目障病也。

睒彌葉　式冉反。其葉苦也。

娑羅葉[一四六]　光净也。娑羅，此云謂牢實也。

筈栝　苦活反。釋名：箭其末曰栝。栝，會也。謂與絃相會也。

桄梯　古文横、櫎(櫎)[一四七]二形，同。古黄反。聲類作輄，車下撗(横)[一四八]木也。今車、牀、梯、轝下撗(横)木皆曰桄也。

三槍　千羊反。説文：槍，距也。三蒼：木兩頭鋭曰槍也。

撓攪　呼高反。下古卯反。説文：撓、攪，亂也。

穳鋋　音禪。鋋，小矛也。或作𥎞，子筭反。此字合在筈栝下。

瑜伽師地論　第九十七卷

穌息　先胡反。小爾雅：更生曰穌。穌亦息也。

瘠田　古文𤺊、𤵸、膌三形，同。才亦反。説文：瘠，瘦也。亦薄也。

言泆　餘質反。説文：水所蕩泆也。

瑜伽師地論　第九十八卷

褒讚　補高反。案：褒猶揚美之也，進也。

猨猴　又作蝯，同。禹煩反。似彌猴而大，臂長，色有黄有黑，鳴聲有(甚)[一四九]哀，五百歲化爲玃。玃壽千歲。玃音居縛反。

揣摩　初委反。通俗文：捫摸曰揣。或作揣，借字耳。

汎成　又作泛，同。孚劒反。廣雅：泛，普也。浮也，泛濫也。

乘駕　食證反。三蒼：載曰乘，謂騎馬曰駕。

土丘　古文𡊅。説文：土之高也。爾雅：非人所爲爲丘。一曰四方高中央下亦曰丘。

瑜伽師地論　第九十九卷

種蒔　時至反。栽，蒔也。謂更種曰蒔也。

波輸鉢多　此塗灰外道名。遍身塗灰，髮則有剃不剃，衣纔蔽形，但非赤色也[一五〇]，爲異耳。事摩醯首羅天。

簡静　古限反。爾雅：簡，大也。亦略也。

瑜伽師地論　第一百卷

蕭然　昔[一五一]條反。詩傳曰：蕭蕭，言不諠譁也。

變革　古文䩯(革)[一五二]、悈、諽三形，同。古核反。更也。字從三十從口。口爲國邑。國三十年而法更別，取別異之[意也][一五三]。口音韋。

校勘記

〔一〕苻　獅作「符」。

〔二〕目　據文意似當作「自」。

〔三〕似　玄卷二十二釋此詞作「以」。

〔四〕斗升　玄卷二十二釋此詞爲「平斗」。

〔五〕音　玄卷二十二釋此詞作「皆」。

〔六〕殅　玄卷二三作「姓」。玉篇夕部：「殅，又作晴。」

〔七〕疑　玄卷二十二釋此詞作「凝」。

〔八〕説文：水流疑邪急敫也　玄卷二十二釋此詞爲「水流凝邪急激也」，今傳本説文：「水凝衺疾波也。」

〔九〕土　玄卷二十二釋此詞無，疑衍。

〔一〇〕椿　玄卷二十二釋此詞作「春」。

〔一一〕也　玄卷二十二釋此詞作「者」。

〔一二〕廣　獅和玄卷二十二釋此詞作「應」。

〔一三〕滿　通「懣」。

〔一四〕形　玄卷二十二釋此詞作「盈」。

〔一五〕飲　玄卷二十二釋此詞作「飢」。

〔一六〕來　磧玄卷二三作「末」。

〔一七〕別　玄卷二十二釋此詞作「故」。

〔一八〕析　玄卷二十二釋此詞作「拆」。

〔一九〕婆　磧玄卷二三作「娑」。

〔二〇〕齊　獅作「臍」。

〔二一〕身　玄卷二十二釋此詞作「耳」。

〔二二〕摩　麗無，據玄卷二十二釋此詞補。

〔二三〕坪　玄卷二十二釋此詞作「抨」。

〔二四〕捧　玄卷二十二釋此詞作「棒」。

〔二五〕洞　玄卷二十二釋此詞作「銅」。

〔二六〕臣　麗無，據玄卷二十二釋此詞補。

〔二七〕啉　據文意當作「啉」。

〔二八〕力　玄卷二十二釋此詞作「木」。

〔二九〕獎　玄卷二十二釋此詞作「將」。

〔三〇〕路　玄卷二十二釋此詞作「輅」。

〔三一〕施　麗無，據玄卷二十二釋此詞補。

〔三二〕第五卷第六卷先不音　檢玄卷二十二釋此經應是第六卷不音。

〔三三〕貝　獅作「具」。

〔三四〕梔　即「梔」。

〔三五〕椐　玄卷二十二釋此詞作「捃」。

〔三六〕置　玄卷二十二釋此詞作「宜」。

〔三七〕庈　玄卷二十二釋此詞作「去」。

〔三八〕俞　磧玄卷二三作「愈」。

〔三九〕至　麗無，據玄卷二十二釋此詞補。

〔四〇〕文　麗無，據玄卷二十二釋此詞補。

〔四一〕斥　玄卷二十二釋此詞作「斥」。

〔四二〕自　玄卷二十二釋此詞作「白」。

〔四三〕團　玄卷二十二釋此詞作「圓」。

〔四四〕將　玄卷二三作「捋」。

〔四五〕練　據文意似當作「鍊」。下同。

〔四六〕任　玄卷二十二釋此詞作「作」。

〔四七〕拘　據文意似當作「牸」。

〔四八〕吽嗥謂也　據文意似當爲「吽謂嗥也」，玄卷二十二釋此詞爲「吽，嗥也」。

〔四九〕十　玄卷二十二釋此詞作「一」。

〔五〇〕修　玄卷二十二釋此詞作「循」。

〔五一〕篇　麗無，據玄卷二十二釋此詞補。

〔五二〕又　獅和玄卷二十二釋此詞作「反」。

〔五三〕惡　玄卷二十二釋此詞作「怨」。

〔五四〕爲　玄卷二十二釋此詞作「謂」。

〔五五〕左　麗無，據玄卷二十二釋此詞補。

〔五六〕蛆　據文意當作「蛆」。

〔五七〕舔　玄卷二三作「舐」。　誠　據文意似當作「話」。

〔五八〕躁謂擾，動謂不安静也　玄卷二十二釋此詞爲「躁謂擾動不安静也」。

〔五九〕禹　玄卷二十二釋此詞作「寓」。

〔六〇〕嚴　據文意似當作「釀」。

〔六一〕也　麗無，據玄卷二十二釋此詞補。

〔六二〕也　麗無，據玄卷二十二釋此詞補。

〔六三〕舒　玄卷二十二釋此詞作「鉾」，據文意似當作「舒」。

〔六四〕藏　玄卷二十二釋此詞作「葅」。

〔六五〕櫨櫨　磧本玄卷二十二釋此詞爲「轆轤」。

〔六六〕或頭　麗無，據玄卷二十二釋此詞補。

〔六七〕且　玄卷二十二釋此詞作「旦」。

〔六八〕蛆　玄卷二十二釋此詞作「蛆」。下同。

〔六九〕皮也　麗無，據玄卷二十二釋此詞補。

〔七〇〕可染　麗爲小號字，據玄卷二十二釋此詞改。

〔七一〕芮　據文意似當作「芮」。

〔七二〕可　玄卷二十二釋此詞作「曰」。

〔七三〕埛　玄二十二卷釋此詞作「垧」，獅作「坰」。

〔七四〕五　磧本玄卷二十二釋此詞作「王」。

〔七五〕男　玄卷二十二釋此詞作「界」。

〔七六〕謂形色慘烈也　磧本玄卷二十二釋此詞爲：「謂形勢高皃也。」

〔七七〕過　玄卷二十二釋此詞作「遇」。

〔七八〕説文：肋，脅也，骨也　今傳本説文和玄卷二十二釋此詞爲：「肋，脅骨也。」

〔七九〕者　麗無，據玄卷二十二釋此詞補。

〔八〇〕猶言　玄卷二十二釋此詞爲「獨高」。

〔八一〕藍　麗無，據玄卷二十二釋此詞補。
〔八二〕摸　磧本玄卷二十二釋此詞作「模」。
〔八三〕翔　麗無，據玄卷二十二釋此詞補。
〔八四〕阻　玄卷二十二釋此詞作「祖」。
〔八五〕火之　麗無，據玄卷二十二釋此詞補。
〔八六〕別　似爲「刖」之誤，玄卷二十二釋此詞作「明」。
〔八七〕纇　麗無，據玄卷二十二釋此詞補。
〔八八〕圯　據文意當作「圮」。下同。
〔八九〕壯　玄卷二十二釋此詞作「牡」。下同。
〔九〇〕茶　玄卷二十二釋此詞作「荼」。
〔九一〕潔　玄卷二十二釋此詞作「絜」。
〔九二〕媒　玄卷二十二釋此詞作「媾」。
〔九三〕食　玄卷二十二釋此詞作「飲」。
〔九四〕君子　麗無，據玄卷二十二釋此詞補。
〔九五〕銜　玄卷二十二釋此詞作「衜」。
〔九六〕畜　玄卷二十二釋此詞作「蓄」。
〔九七〕道　據文意似當作「導」。
〔九八〕柯　玄卷二十二釋此詞作「抲」。
〔九九〕爾　麗無，據玄卷二十二釋此詞補。
〔一〇〇〕從　玄卷二十二釋此詞作「徒」。
〔一〇一〕戾　玄卷二十二釋此詞作「悷」。
〔一〇二〕琮　玄卷二十二釋此詞作「理」。
〔一〇三〕爲　麗無，據玄卷二十二釋此詞補。
〔一〇四〕構　玄卷二十二釋此詞作「攜」。下同。
〔一〇五〕推，譴怒也　玄卷二十二爲：「不譴　去戰反。蒼頡篇：譴，訶也。廣雅：譴，怒也。說文：譴，謫問也。」
〔一〇六〕玄卷二十二釋此詞在第四十六卷。反，玄作「久」。
〔一〇七〕娑　玄卷二十二釋此詞作「婆」。
〔一〇八〕婆　玄卷二十二釋此詞作「娑」。
〔一〇九〕燒　玄卷二十二釋此詞作「燎」。
〔一一〇〕飈　獅作「飇」。
〔一一一〕紉　玄卷二十二釋此詞作「細」，據文意似當作「紐」。
〔一一二〕名　麗無，據玄卷二十二釋此詞補。
〔一一三〕岐　玄卷二十二釋此詞作「歧」。
〔一一四〕歧　獅作「岐」。
〔一一五〕勑　玄卷二十二釋此詞作「來」。
〔一一六〕空　玄卷二十二釋此詞作「窒」。
〔一一七〕偈　玄卷二十二釋此詞作「倡」。
〔一一八〕爲　玄卷二十二釋此詞作「謂」。
〔一一九〕獸　玄卷二十二釋此詞作「狩」。
〔一二〇〕析　玄卷二十二釋此詞作「折」。
〔一二一〕不　麗無，據玄卷二十二釋此詞補。
〔一二二〕人　麗無，據玄卷二十二釋此詞補。
〔一二三〕晦　玄卷二十二釋此詞作「脢」。
〔一二四〕脂　玄卷二十二釋此詞作「肪」。
〔一二五〕廣雅　玄卷二十二釋此詞爲「曛黃」。
〔一二六〕爲　玄卷二十二釋此詞作「謂」。
〔一二七〕沙般拏　麗爲小號字，據玄卷二十二釋此詞改。
〔一二八〕折　據文意似作「析」。
〔一二九〕晧　磧本玄卷二十二釋此詞作「皓」。下同。
〔一三〇〕字韻略　玄卷二十二釋此詞爲「字略」。
〔一三一〕枱　玄卷二三作「抬」。類篇手部：「抬，擊也。」
〔一三二〕中　玄卷二十二諱釋此詞作「牛」。
〔一三三〕芒　玄卷二十二諱釋此詞作「茫」。
〔一三四〕萛　玄卷二十二釋此詞作「莫」。
〔一三五〕有水曰隍也　今傳本說文爲「有水曰池，無水曰隍。」
〔一三六〕應　磧玄卷二二作「膺」。海本玄卷二十二釋此詞作「癮」。
〔一三七〕騫　玄卷二十二釋此詞作「謇」。
〔一三八〕坐　玄卷二十二釋此詞作「失」。
〔一三九〕謂　玄卷二十二釋此詞作「諱」。
〔一四〇〕苦　獅作「苫」。
〔一四一〕大　玄卷二十二釋此詞作「火」。
〔一四二〕列　據文意似作「烈」。
〔一四三〕安　玄卷二十二釋此詞作「案」。
〔一四四〕云　玄卷二十二釋此詞作「之」。
〔一四五〕惟　玄卷二十二釋此詞作「弋」。
〔一四六〕娑羅葉　此條原接排在「睒彌葉」條下。
〔一四七〕曠　玄卷二十二釋此詞作「膭」。
〔一四八〕擴　磧作「横」。下同。
〔一四九〕有　玄卷二十二釋此詞作「甚」。
〔一五〇〕也　玄卷二十二釋此詞無。
〔一五一〕昔　玄卷二十二釋此詞作「桑」。
〔一五二〕革　據文意似當作「革」。
〔一五三〕意也　麗無，據玄卷二十二釋此詞補。

一切經音義　卷第四十九

翻經沙門慧琳撰

右八論六十四卷同此卷音

廣百論本一卷　沙門慧琳撰

衆蠹　都固反。穆天子傳云：食書食簡蠹蟲也。説文：食木中蟲也。從蚰從橐省[二]聲也。或作蝨，象蟲在木間，象形字也。

鋌鎔銷　上亭頂反。許叔重注淮南子云：銅鐵璞也。次音鎔。韻詮云：鎔，鑄也。下音消。説文：鑠金也。鑠音商斫反。此上三字並從金，形聲字。

燎邪宗　上了弔、力召二反。鄭箋毛詩云：火田爲燎。説文：放火也。從火，形聲字。下謝耶反。文字集略云：不方正曰邪，亦俗用字也。正體作衺，中從牙，上下從衣。

廣百論釋　第一卷　玄應撰

循法　似遵反。爾雅：循，自也。循，行也。亦遍也。亦作巡。巡，歷也。

雜糅　女救反。説文：雜，飰也。今謂異色物相集曰糅。

詎有　渠句反。何，詎也，未也，謂未知辭也。

薩埵剌闍苔摩　剌音勒達反。苔摩，此云闇。餘含多義不可的翻。舊言憂喜闇，又云染粗黑，異名也。

躁警　居影反。警，戒慎也。廣雅：警，不安也。

駭浪　胡駭反。三蒼：駭，警也。廣雅云：駭，起也。

奔濤　徒刀反。蒼頡篇：濤，大波也。

溉粗　舌(古)[二]賚反。説文：溉，灌也。

鎔銅　上音容，又以終反。江南行此音，謂鎔鑄銷洋。

廣百論釋　第二卷

波羅奢樹　梵語也。此云赤花樹，樹汁極赤，用染，今紫礦是也。

記論外道　即毗伽羅論是也。

衆蠧　都故反。字林：木[中]〔三〕蟲也。穿食人器物者也。如白魚等。

廣百論釋　第三卷

時痕　胡根反。通俗文：瘡瘢曰痕。痕，傷跡也。

主宰　祖殆反。禮記：宰夫爲獻主。鄭玄曰：宰夫，主膳食之官也。

多羅果　梵言也。其樹形似椶櫚，直而高聳。大者數[圍]〔四〕，花白而大，若捧兩手。果熟即赤，狀若石榴。生經百年，方有花果。舊言具(貝)〔五〕多，訛言(也)〔六〕。

苟避　公厚反。廣雅：苟，具(且)〔七〕也。亦誠也。

依隄　丁奚反。又音啼。說文：隄，隨也。防也。積土防水曰隄。隄，工(士)〔八〕橋也。字從阜。

廣百論釋　第四卷

所蚩　昌夷反。蒼頡篇：蚩，輕侮也。蚩，笑也。

眯覆　迷禮反。草入目曰眯也。今言眯目是也。

騰焰　徒登反。騰謂跳躍而上也。騰，馳也。

廣百論釋　第五卷

怛策迦　梵語也。都達反。此龍王名，舊云得叉迦。

甘饌　仕眷反。說文曰：美也。饌，具飲食也。

編石　卑綿反。編次石也。字林：編，織也。以繩次織〔九〕曰編。

末達那果　梵語。或云摩陀那，又言摩陀羅，此云醉果，甚堪服食。

羯羅那　梵言西國豆之差別也。服食甚不益人也。

廣百論釋　第六卷

羇纏　居猗反。革絡馬頭曰羇。羇，檢也。檢，持制之也。

耽媔　都含反，下亡善反。說文：媅，樂也。嗜也。媔，耽於酒也。

猖蹶　齒楊反，下居月反。謂變易情性也。猖，狂也。

胡等　又作頶、嗰二形，同。户孤反。說文：胡，牛頷垂下者也。

撓攪　呼高反，下交巧反。說文：撓，擾也。攪，亂也。

傎蹶　又作蹎，同。丁賢反，下居月反。蹎蹶，猶頓仆倒也。

貪斂　五狡反，中國音也。又下狡反，江南音也。說文：斂，齧也。

廣百論釋　第七卷

圂豬　胡困反。廣雅：圊、圂、庰，厠也。或作溷，乱也。

膏腴　公勞反，下庾俱反。肥壤[也]〔一〇〕。膏，脂也。腴，腹下肥也。

薩羅羅〔一一〕　梵語也。薩羅，此言陀羅〔一二〕也。薩〔一三〕，此云味，言此字聲假而非實也。

挫汝　祖臥反。折其鋒曰挫。說文云：挫，摧也。亦抑也，折也。

磁石　徂兹反。埤蒼：磁石，謂召鐵者也。

瞽目　公户反。三蒼：無目曰瞽。釋名曰：瞽目者眠眠然目平合如鼓皮也。

鵂鶹子　許求反，下力周反。字書：鵂鶹，鉤鵅也。廣雅：鵂鶹，鳩〔一四〕鵋也。山東名訓侯，關中名訓狐，亦名怪鳥，晝伏夜行，鳴爲怪也。梵云優樓歌歌，是造鞞世師論師説六諦義者也。此仙人晝日恒住山中，夜則出山扣人［門］〔一五〕乞食，若得即食，不得則空度。由其夜行，故稱鵂鶹。又此鳥多住山巖中，此仙人亦爾，故以名焉。

寔繁　時職反，下扶園反。説文：寔，止也。亦實也。詩云：寔命不同。傳曰：寔，是也。又云：六月繁霜。傳曰：繁，多也。禮記：孔子禮〔一六〕讓之節繁也。鄭玄曰：繁，盛也。

裊㟴〔一七〕　奴鳥反，下乃可反。裊㟴，柔弱也。亦曰茂盛也。

喜抃　皮變反。説文：拊手曰抃。謂拊樂節也。

嬉戲　虛之反。嬉，樂也。蒼頡篇：嬉，戲之笑也。

篲星　囚芮（芮）〔一八〕、蘇醉二反。妖星也。言星光似掃篲星也。

廣百論釋　第八卷

滌除　徒的反。説文：滌，洒也。謂盪洒除去垢穢也。

該通　古來反。該，備也。方言：該，咸也。亦包也。

立尿　又作溺，同。奴弔反。字林：尿，小便也。通俗文：出脬爲尿。醫方多作溺，古字假借耳也。

如稍　山卓反。埤蒼：稍長一丈八尺也。

寱語　牛世反。通俗文：夢語謂之寱。聲類：不覺妄言也。

臘縛　郎盍反。舊經中作羅婆，六十怛〔一九〕剎那爲一羅婆也。

雙泯　彌忍反。字林：泯然，盡也。廣雅：泯、絶，滅也。

汝曹　自勞反。曹，輩也，亦群也。

糾紛　居黝反，下孚云反。廣［雅］〔二〇〕：糾，急也。説文：繩三合曰糾。糾，絞戾也。紛，亂也，眾也。

廣百論釋　第九卷

根系　奚計反。爾雅：系，繼也。説文：糸（系）〔二一〕，繫也。世本有帝系篇。謂子系〔二二〕相繼續也。

咀嚼　才與反，下才弱反。咀，含味也。咀，嚼也。嚼，齧也。

嬰孩　於盈反，下胡來反。釋名曰：胷前爲嬰，投之嬰前以乳養之，故曰嬰兒。孩，小兒笑之也。

廣百論釋　第十卷

服膺　扶福反，於兢反。爾雅：服、業，事也。膺、身，親也。謂親承服事習道藝也。又云：悦，懌，服之也。郭璞曰：喜而服從也。有作伏，伺也。兩得。

屢辯　力句反。屢，數也。辯，正也。

非考　苦老反。謂質覈之也。考，問也。挍〔二三〕也。

自呈　馳京反。案呈猶見示也。説文：呈，平也。

措言　粗故反。蒼頡篇：措，置也。又安也，施也。

沃以　烏穀反。通俗文：溉灌曰沃。沃亦澆也，漬也。

殉命　辭俊反。漢書臣瓚曰：亡身從物曰殉。殉亦盡也。

十住毗婆沙論　第一卷　玄應撰

嘔血　又作歐、呕二形，同。於口反。歐，欲吐也。江南或謂歐喀。喀音客。釋名云：歐，傴也。將有所吐脊曲傴也。

淋下　力金反。説文：淋，以水沃也。郭璞注三蒼：淋，漉水[下][二四]也。

瘭疽　俾遥反，下且余反。廣蒼：瘭，癰成也。説文：疽，久癰也。論文作⿸疒尌，非體也。

鉾戟　又作戣、矛二形，同。莫侯反，下居逆反。説文：酋矛，長二丈也。戟，有枝兵器也。

鐵剗　又作鏟，同。初限反。説文：平鐵也。廣雅：剗，削也。聲類云：剗，平也。方刃施柄也。

鐵槍　千羊反。三蒼：木兩耑鋭曰槍。説文：槍，歫也。論文作鏘，鈴聲也，鏘非此用也。

蒺蔾　自栗反，下力尸反。爾雅：蒺蔾。即布地蔓生，子有三角者也。論文從金作⿰金疾鋓二形，非也。

鐵臼　渠九反。易云：黄帝斫木爲杵，掘地爲臼。論文作鈤，非體也。

狖鼠　餘繡反。似彌猴而大，蒼黑色也。江東養之捕鼠，爲物捷健也。

狘玃　又作猳，同。古遐反。下居縛反。説文：大母猴也。善攫持人好顧眄也。

蛟虯　音交。有鱗曰蛟龍，其狀魚身如蛇尾，皮有珠。下渠周反。廣雅：有角曰虯龍，無角曰螭龍。黑身無鱗甲者也。

鳧鶩　音木。爾雅：舒鳧，[鶩][二五]。李巡曰「野曰鳧，家曰鶩」，鶩即鴨是也。

愠恨　於問反。説文：愠，怨也。論語：人不知而不愠。何晏曰：愠，怒也。

十住毗婆沙論　第二卷

矯異　几小反。假稱謂之矯。矯[二六]，詐也。非先王之法曰矯。今皆作撟[二七]。

巉巖　仕咸反。下又作礹。廣雅云：[巉][二八]巖，高皃也。

曲隈　烏迴[反][二九]。説文：水曲隈。[隈][三〇]謂隱蔽之處也。

峻峭　又作陗，或作堉，同。且笑反。通俗文：峻阪曰峭。山陵險峻亦謂之峭也。

十住毗婆沙論　第三卷　第四卷　並先不音。

十住毗婆沙論　第五卷

埤助　或作䙌，同。避迷反。説文：埤，增也。厚也，補也，助也。

鱣魚　上知連反。爾雅：鱣，大魚也，口在頷下，體無鱗甲。大者二三丈。江東名黄魚也。

十住毗婆沙論　第六卷

傲誕　五到反，下徒亶反。傲，慢也，謂不敬也。輕傷也。誕，謾也。放誕，欺慢也。

深榛　仕巾反。説文：叢木也。廣雅「木叢生曰榛」是也。

如縶　下知立反。詩云：縶之維之。傳云：[縶][三一]，絆也。謂拘執也。兩足不相過謂之縶也。

十住毗婆沙論　第七卷　第八卷　第九卷

並先不音。

十住毗婆沙論　第十卷

符撽(檄)[三二]　音苻。字林：符，信也。謂分而合之曰符。字從竹。漢制，以竹，長六寸，[分]〔三三〕而相合爲信。竹取歲寒不變以布德也。又用銅，君臣同心也。下奚的反。説文：二尺書也。撽(檄)書者，所以罪責當伐者也。又陳彼之惡，説此之德，曉慰百姓之書也。撽(檄)者，皎也。明之言此彼令皎(皎)[三四]然而識之也。

田隖　烏古反。説文：小障也。亦小城也。

十住毗婆沙論　第十一卷　第十二卷

第十三卷　已上並無字可音訓。

十住毗婆沙論　第十四卷

行旅　閭舉反。左傳：羈旅之臣。杜預曰：羈旅，寄客也。

填瑠　又作窴，同。徒堅、徒見二反。廣雅云：填，塞也。亦滿也。論文從玉作瑱，佗見反。瑱，塞耳也。

菩提資糧論　第一卷　慧琳撰

倚枕　上衣紀反，下針荏反。案倚枕(枕)[三五]者，大枕也。錦綺繒彩作囊，盛輕耎物，置之左右前後，尊貴之人倚憑，名爲倚枕。

賨販　上賞章反。説文云：行曰賨。從貝商省[三六]聲。下發万反。字書：收賤賣貴曰販。從貝反聲。

菩提資糧論　第二卷

微滴　丁曆反。或作滳，皆正。説文：水欒注也。俗從帝作渧，非也。

菩提資糧論　第三卷　無字音。

談謔　鄉約反。爾雅：戲，謔也。謂相調謔也。字書：謔，弄也。

菩提資糧論　第四卷

擊牛乳頃　鈎候反。通俗文字[三七]云：捋取牛羊乳。從擊省聲。論文作搆，借用，非本字也。

一髆　音博。肩髆也。説文：肩甲也。從骨從博省聲。經從肉作膊，音普博反。膊，乾膊也。割肉暴令乾也。

一摶　段欒反。博雅云：手握使相著也。古今正字：從手從團省聲。或作團，亦通用。

陖崖　上戌俊反。經作峻，俗用字也。考聲云：山高皃也。從陖山聲，陖音同上也。下雅皆反。集訓云：山隆處高邊也。古今正字：從山厓聲。厓音同上。峻字亦從山，夋音七旬反。

迦柘　章夜反。梵言寶名，經中自云珠也。

跳擲　上田遥反。蒼頡篇：跳，踊(踊)〔三八〕也。廣雅：上也。說文：踊也。蹶也。從足兆聲。下程戟反。莊子：擿玉毁珠，小盗不起。廣雅：擲，振也。說文：投也。正從手適聲也。論文從鄭作擲，俗字也。說文正體從適從手作擿。適音丁力反。

菩提資糧論　第五卷

礦論　寡猛反。廣雅：鐵樸謂之礦，鉛樸謂之鏈。說文：銅鐵樸也。或從黄作磺。論云礦，論者讚説銷鎔飛錬，求神仙之術也。

太賖遠　音奢。鄭注周禮云：市无利則賖，賣物未得錢曰賖。說文：貰賣〔三九〕也。從貝余聲。余音虵也。

瞬命　脣閏反。俗字也，正從寅作瞚。說文：開合目而數搖也。字書云：一斂目也。古文從申作眒，音同上。

伊尼耶鹿王腨　船耎反。足腓腨也。前音義中已具釋，從肉耑聲。論從足作蹲，非也。

髀膅　上音陛，或作髀，皆上聲也。文字集略云：股外也。前般若音義已釋。下丑龍反。

眼睫　下尖葉反。或從疌作睫，並同。史記云：目見毫毛而不見睫。考聲云：眼瞼上毛也。釋名作翸〔四〇〕，俗字也。劉熙云：睫，插也，接也。插於目匡而相接。論文從妾作睫，亦俗字也。說文：目傍毛也。從目夾聲也。疌音潛葉反。

菩提資糧論　第六卷　無音字。

大莊嚴論十三卷　李百藥序　慧琳音

執契　上針入反。說文：捕執罪人也。從丮丮音戟從㚔㚔音女輒反。俗用從丸從幸從九，俗用誤也。下啟計反。鄭衆注周禮云：契者，符書也。易曰：上古結繩以治，後代聖人易之以書契。說文：大約也。從大㓞聲。說文：契字從刀從丰。丰音介。㓞音慳八反。有從刃從丰作㓞者，非字也。

持綫　先箭反。鄭衆注周禮云：綫，縷也。說文：從糸戔聲也。戔音殘，從重二戈。論中作線，俗字也，非正體也。

韁鎖　上音薑。漢書曰：貫仁誼之羈絆，繫名聲之韁鎖。蒼頡篇云：馬紲也。說文：從糸作繮。玉篇：從革作韁。與論中同。說文：紲亦馬繮也。下蘇果反。蒼頡云：鎖，連鐶也。考聲：鎖，録也。從金貟。音同上。說文從玉作瑣。論中或有從巢作鏁者，非也。

懸藤　下鄧能反。集訓云：藤，藟也。音力鬼反。藟謂草之有枝條，蔓莚如葛之屬也。吴越間謂之藤。古今正字：從草滕聲。說文：滕字從舟從关從水。关亦聲也。关音卷遠反。

奈苑　上奴大反。即天竺波羅奈國也。下宛遠反。即此國中有鹿野苑，綴序文者略去繁言，故云奈苑也。

隩室　上烏告反。又禮記云：室西南隅謂之隩。言其深也。韻英：隩，隈也。或作奥。

之儔　紂流反。集訓云：儔，匹也。

撰焉　上饌卷反，上聲字也。韻英云：撰者，修著也。字鏡云：撰，集也。考聲：造也。整也。集訓：治擇也。文字典說：定也。字統：具也。古今正字：論其先祖之德也。述作也。從手從巽省[四一]聲也。說文從二巳（弖）[四二]作弜（巽）[四三]，音訓與上同。漢書從算。算音酸短反。從巳（弖）作篹，亦古文撰字也。論文與漢書同。此古篹字，時所不用也。下矣虔反。假借字也。語之餘聲也。本音偃言反。焉鳥，黄色，出江淮，烏之類也。故從烏加一，與烏字異也。會意字。今時用或從正從与作焉，效篆書焉字也。

步驟　愁瘦反。說文云：馬疾步也。形聲字。

端扆　依豈反。爾雅：牖户之間謂之扆。郭注云：窗東戸（户）[四四]西也。亦形聲字。

標生遠　必遥反。考聲云：標，舉也。書也。從木也。

慧賾　峥責反。爾雅：賾，深也，含也。從臣責聲也。高僧名也。臣音夷。

玄謩　母蒲反。古字也。亦高僧名。今或作謨。謨，謀也。

簫璟　鬼永反。假借字也。本音影，亦近代先儒所出共相傳用。冏字韻中無此璟字也。

覃恩　上潭南反。爾雅：覃，延也。字書云：深也。考聲：長也。韻詮：及也。說文：長味也。從㫗音吼從鹹省聲也。下司恣反。考聲：憂也。静思也。說文：從囟音信從心，會意字也。

大莊嚴論　第一卷

搆角　譯論人錯用字也。正體從手從彀作㩁，音鈎候反。考聲云：捋取牛羊乳也。搆非此義，甚乖論旨也。

忖度　上村損反。字書：忖亦度也。下唐洛反。考聲：度，量也。謀也。假借字也。

大莊嚴論　第二卷

讋怖　上占葉反。又是誤用字也。論言懾怖，合從心作懾，懾亦怖也。恐怖之極也。讋雖音同，多言讋，讋義不相應，故言誤用也。

須憒　上相俞反。俗用從水，非也。說文正體從立從須作頦，猶待也。須字從彡，音衫，非水也。從水從頁，是悔字，音灰外反。下迴對反。考聲云：潰，决也。韻詮云：穴也。韻英：散也。

大莊嚴論　第三卷　第四卷　已上無字可音。

大莊嚴論　第五卷

被鉀　音甲，鐵[四五]衣也。

大莊嚴論　第六卷

蟒吸　上忙牓反。虵王曰蟒。山海經云：巴虵吞象，三年方糞出骨。爾雅云：蟒，王虵。郭注云：蟒，虵之最大者，故曰蟒。下歆邑反。凡大虵欲吞物，先吐毒氣及所吞者，然後吸取而吞之。

吐涎　祥延反。俗字也。正作次。說文云：口中津也。從水從欠。雖正體，爲與次字濫，故時不用。束晳作涎，[賈]〔四六〕誼作羡，史籀大篆作㳄，此皆先輩諸儒各隨自意而作字也。

如橃　煩韈反。字從木發聲。考聲云：縛竹木相比著，浮於水曰橃。論中作栰，俗字也。

疫癘　上音役，下音例。時氣病衆也。

凹凸　烏瓜反。俗字，形相〔四七〕，正從穴窊，或作窪，亦同用也。下田捏反。亦俗字，象形。正作垤，從上(土)〔四八〕從姪省聲字也。書云：垤，蟻封。垤，高起也。

大莊嚴論　第七卷　第八卷　已上並無字音訓。

大莊嚴論　第九卷

莖擢　上幸耕反，下幢學反。

大莊嚴論　第十卷

對治　上對字，説文從丵丵音柴學反從士士音仕從寸。下治字，音持。字書云：治，理也。

螽蟴　上音終，下音斯。韻詮云：螽蟖，蝗蟲之類也。毛詩傳曰：螽蟴，蜙蝑也。俗呼爲不蜙。蜙音鍾，前文已解。

勍敵　上競迎反。考聲：勍，多力也。廣雅：勍勍，武皃也。説文：强也。從力京聲。下亭嫡反。杜注左傳云：敵，對也。方言云：秦晋之間，同力者謂之敵。廣雅：敵，輩也。説文云：仇也。從攴從滴省聲也。

閱衆　上音悦。韻英云：門中具數謂之閱。左傳：閱前車馬也。説文：人具數於門中謂之閱。從門從兑聲也。下衆字，説文：多也。從㐺㐺音吟。從横目字是衆意，會意字也。

大莊嚴論　第十一卷　第十二卷　第十三卷　已上三卷無字音訓。

大莊嚴經論　第一卷　玄應撰

懍厲　力甚反。下宜作悷，力計反。埤蒼：懍悷，悲吟皃也。又懍者，顔色懼皃也。方言：懍，敬也。

攘袂　而羊反。攘，除也。下彌蔽反。字苑云：袂，褾也。衣袖也。謂揎衣袖出臂爲攘袂也。

閑裕　榆句反。裕，緩也。廣雅：裕，寬也。亦優足也。

愀然　又作湫〔四九〕，同。在酒反。禮記云：孔子愀然變色。謂顔色動之皃，怒也。

鵄鵂　尺脂反，下許牛反。爾雅：鵅，忌欺。郭璞曰：今江東呼鵄鵂爲鉤鵅音格，怪鳥也。晝盲夜視，關西名訓侯，山東名訓狐也。

黔毗　渠炎反。依字，黔，黑首也〔五〇〕。

大莊嚴經論　第二卷

儲積　直於反。説文：儲，偫也。稸也，待也。偫音直里反。

棖上　宅庚反。案棖猶柱也。浮圖棖皆作棖。説文：棖，材(杖)〔五一〕也。

地跌　徒結反。廣雅：跌，差也。字書：跌，失蹶也〔五二〕。

匍匐　步胡反，下蒲北反。説文：匍匐，手行也。亦顛蹷盡力也。

親昵　又作暱，同。女乙反。爾雅：昵，近也。又云：暱，亟也。親亦數近也。亟音袪記反。

倚㑴　於蟻反。倚猶依也。下烏訝反。字書：㑴，倚也。今言㑴息、㑴臥皆是也。

羂弶　三蒼作羂，又作罥，同。古犬反。聲類：罥以繩係取獸也。下渠向反。韻集云：施罥於道曰弶。今田獵家施弶以張鳥獸，其形似弓者也。論文作㩴，俗字也。

自擺　字書作捭（捭），同。補買反。説文：兩手制（擊）也[五三]。廣雅：擺，開也。

可袪　丘魚反。廣雅：袪、除，去也。

爆火　方孝反，又普剥二反。聲類：爆，燌起也。郭璞注山海經云：爆，皮散起也。

愧踖　子亦反。踧踖也，亦畏敬也，謂恭敬之皃也。

大莊嚴經論　第三卷

剽掠　芳妙反。説文：剽，刺也。廣雅：剽，剥也。蒼頡篇：剽，截也。下聲類作剠，同。力尚反。抄掠也。

雊呼　故豆反。説文：雄之鳴雊也。廣雅：雊、鳴，呼也。

掐傷　枯狹反。又作刽，口洽反。通俗文：爪也案曰掐[五四]。韻集作刽，入也。江南今有刽寶器，當作此也。

惶悸　又作痵，同。其季反。説文：氣不定也。字林：心動曰悸也。

窳墮　榆乳反。嬾墮也。爾雅：窳，勞也。郭注云：勞苦也多窳墮也[五五]。

上眄　莫見反。蒼頡[篇][五六]云：旁視也。説文：眄，邪視也。

瓌瑋　又作瓌傀二形，同。古迴反。廣雅：瓌偉，奇玩也。傀，美也，盛也。

勁勇　居盛反。字林：勁，强也。字從力也[五七]。

鼻揣　初委反。通俗文：捫摸曰揣。論文作揣，初委反，又都果反。揣，量也。敁揣也。敁音丁兼反。揣非此用也。

大莊嚴經論　第四卷

妖嬳　又作娱，同。於驕反。壯少之皃也。説文：妖，巧也。下於縛反。今江南謂作姿名嬳伊，山東名作嬳也。

逶迤　又作委、蟡二形，同。於爲反。下又作佗，同。達何反。廣雅：委佗，窊邪也。行可逶曲也。窊，於瓜反。

妖蠥　魚列反。灾也。説文：衣服歌謠草木之怪謂之妖，禽獸虫蝗之怪謂之蠥。論文作孽，庶子也，亦古字通用也。

熠燿　弋入反，下弋灼反。字林：熠燿，盛光照也。詩傳曰：熠燿，鮮明也。亦螢火也。

唧唧　子栗反。通俗文：唧唧，鼠聲也。亦吏猥也。論文作叱，非也。

骨陷　廣雅：陷，坑也。陷，没也。經文作䧟，非甚也。

菸痩　韻集一余反。今關西言菸，山東言蔫。蔫音於言反。江南亦言矮。矮又作萎，於爲反。菸邑，無色也。今取其義。論文作脥[五八]，未詳字出之耳。

苦酷　古文告、嚳、焅三形，今作酷，同。口捁[五九]反。説文：酷，急也。苦之甚曰酷，亦暴虐也。白虎通曰：酷者，極也。教令窮極也。

大莊嚴經論　第四卷　無字音訓。

大莊嚴經論　第五卷

鄙褻　古文絬、媟、暬、渫四形，同。思列反。褻，鄙陋也。褻，黷也。

陰晴　又作暒、甠二形，同。自盈反。聲類云：雨止也。論文作霆，非體也。

干見　亡北反。覓没，猶牴觸也。説文：覓，突前也。今皆作冒也。

大莊嚴經論　第六卷

愧鞃　又作鞙、靬二形，同。胡犬反。釋名：鞙，懸也。懸縛物也。

還襲　古文戳，同。辭立反。襲，重也，同（因）也，愛（受）〔六〇〕也，合也，反（及）〔六一〕也。

相磋　且何反。詩云：如切如磋。傳曰：治象曰磋。謂治璞之名也。

礭然　字書作碻，同。口角反。周易：夫乾礭然〔六二〕。注：堅皃也。

大莊嚴經論　第七卷

瘳降　勑流反。瘳，差也，愈也。尚書「王翌日乃瘳」是也。

譖毀　側禁反。譖，讒也。一云：旁入曰譖也。廣雅：譖，毀也。

大莊嚴經論　第八卷

頩面　普米反。説文：以頩傾頭也。蒼頡篇：頩，不正也。經文作俾，非體也。

大莊嚴經論　第九卷　無字音訓。

大莊嚴經論　第十卷

昞著　又作昺、炳、苪三形，同。碧皿反。廣雅：昺，明也。著，顯也。

聳翮　古文竦、愯、慫三形，今作聳，同。先勇反。聳謂前上也。下胡革反。爾雅：羽本謂之翮。鳥羽根也。説文：羽莖也。

大莊嚴經論　第十一卷

樘〔六三〕觸　丈庚反。説文：樘，柱也。又作棖。棖，觸。又嫽敞、敞觸亦作敲。

蛆（蛆）〔六四〕螫　知列反，下式亦反。字林：蛆（蛆），螫也。説文：螫，蟲行毒也。又音呼各反。山東行此音也。

抗衡　苦浪反。説文：抗，托（扞）〔六五〕也。强也。衡，平也。

羸瘠　古文膌、痋、膌三形，同。才亦反。説文：瘠，瘦也。亦薄也。

大莊嚴經論　第十二卷

滲没　所蔭反。廣雅：滲，盡也。説文：滲，下漉也。字從參。

蝗虫　胡光、胡孟二反。阜螽，蝗也。今人謂蝗子爲螽子。小曰蝩，大曰蝗也。論文作蟥，非體也。蝩，之容反也。

花茸　而容反。説文云：茸，草茸也。説(論)〔六六〕文作毦，而志反。稍上垂毛曰毦也。

大莊嚴經論　第十三卷

中嚏　又作𪖐，同。丁計反。蒼頡云：嚏，噴鼻也。詩云：願言即嚏。箋云：汝思我心，如是我即嚏。今俗文噴嚏云人道我，此亦古遺語也。

庭燎　力燒反。周禮：供墳燭庭燎。鄭玄曰：墳，大也。樹於門外曰大燭，門内曰燎。天子百，公五十，侯、伯、子三十也。論文作炡、錠二形，下作鐐，並非也。

香匳　又作籢、槏二形，同。力占反。韻集云：匳，斂也。收斂物也。三蒼：盛鏡器名也。今粉匳、棊匳皆是也。

鑱刺　仕衫反，下千亦反。説文：鑱，鋭也。今江南猶言鑱刺也。論文作攙，非體也。

大莊嚴經論　第十四卷

鼻衄　女六反。説文：鼻出血也。今呼鼻血爲衄鼻也。

大莊嚴經論　第十五卷

諠譁　虚元反，下呼瓜反。三蒼：讙，言語詾詾也。譁，言語譊譊也。詾者(音)〔六七〕徒刀反。

順中論　上卷　慧琳撰

戲弄　上羲義反。毛詩傳云：戲，逸豫也。爾雅：謔也。郭注云：嗬戲也。廣雅：戲，耶〔六八〕也。史記：天子無戲言。説文：三軍之偏也。兵也。從戈䖒聲。䖒音希。䖒字，説文從虍從豆。論文從丘，非也。下禄棟反。杜注左傳云：弄，戲也。説文：玩也。從玉從廾。廾音拱。今論文加手作挵，非也。

遞互　上提禮反。考聲云：遞，代也。又云迭也。古文作递，今論文作逓，或作遰，並非也。説文：從辵虒聲也。辵音丑略反，虒音天伊反。又音斯。下胡故反。顧野王云：互謂更遞也。説文在竹部，玉篇在牙部。或從竹作笠，可以收繩者也。今省竹作互，象形，中象人手所推握也。論文作手(乎)〔六九〕，俗用字也。

攝大乘論序　無著菩薩造　真諦三藏譯　慧琳音

圖牒　上杜胡反。孔注尚書云「河圖八卦」是也。五子之歌云：怨豈在明，不見是圖也。鄭注周禮云：圖者，考績之言也。世本云：史皇作圖。宋忠注云：謂畫地形物象，令來者之可觀也。説文云：圖畫計難也。從口從一回。回，難意也。下恬叶反。漢書云：披圖案牒。蘇林云：謂譜第也。古者聯簡記事以爲牒。左傳云「受牒而退」是也。説文云：牒，札也。從片枼聲。枼音閻叶反。

安叡　營惠反。義已具釋寶星經中。

騁壯恖　上頳領反。頳音逞貞反。韓詩傳云：騁，施也。杜注左傳云：騁，走馳也。廣雅：奔也。説文：直驅也。從馬甹聲。甹音匹丁反。中莊狀反。廣雅云：壯，健也。説文云：大也。從爿士聲。爿音匠良反。

分鑣　表驕反。毛詩：輶軒鑾鑣。説文云：鑣，馬銜也。從金麃聲。麃音鮑交反。

比𠂢　烹賣反。廣雅云：派，水分流也。説文云：𠂢，水之衺流別也。從反永。今論本從水作派，是安邑谷名，非分流之派也。

負槖　湯各反。毛詩傳云：大曰囊，小曰槖。蒼頡云：囊之無底曰槖。説文云：囊也。從槖省石聲。槖，昆本反。

綜涉　上宗弄反。義已具釋金光明最勝王經中訖也。

鑽仰　上纂欒反。論語云：鑽之彌堅也。漢書云：商鞅挾三術以鑽孝公。又云：鑽猶鐫，鋭也。亦治擇之名也。説文云：鑽，所以穿也。從金贊聲也。

遊跨　誇化反。杜注云：跨，過其上也。顧野王云：跨，謂舉足也。説文云：跨，渡也。從足夸聲。夸音誇也。

咫尺　上之尒反。杜注左傳云：八寸曰咫。周尺也。從尺只聲。説文云：中形婦人手長八寸謂之咫。周尺也。從尺只聲。下蚩隻反。説文云：十寸也。人之手十分，動脉爲寸口，十寸爲尺。肉(尺)〔七〇〕所以指尺規矩事也。周制寸、尺、咫、尋、常、仞，諸度量皆以人之禮(體)〔七一〕爲法也。從尸從乙。乙所識也。

方屆　皆賣反。鄭箋毛詩云：屆，舍也。孔注尚書云：屆，至也。説文云：極也。從尸由(凷)〔七二〕聲。

溷殽　上魂穩反。廣雅云：溷，濁也。鄭注孔記云：辱也。説文云：亂也。從水圂聲。論本作混，音衮。説文云：水豐流貌。非溷濁字也。圂音魂困反。下效交反。賈逵國語注云：殽，雜也。廣雅云：乱也。説文云：殽，相錯也。從殳肴聲。殳音殊。肴音爻。經本從水作淆者，俗字也。

閩越　上敏彬反。周禮：掌方氏掌七閩之人民。鄭玄：閩之別也。七者，周所服國數也。山海經云：閩在海中。郭璞云：閩越即西甌，今建安也。説文云：東南曰蛇種也。從虫門聲。虫音毁。

忼慨　上康浪反。王逸注楚辭云：謂中情恚恨，心切剥也。説文云：忼，慨也。從心亢聲。論本從康作慷，俗字久行於代也。亢音同。下開代反。顧野王云：志憤壯也。歎息也。説文云：忼慨，壯士不得志也。從心既聲。

番禺　上判瞞反，下遇俱反。漢書云：番禺，南海郡縣名也。説文：番字從釆田，象形也。禺字從田禸聲。釆音辨。田音甫勿反。禸音柔九反。

歐陽頠　上區侯反，下危毁反。人姓名也。廣雅云：頠，静也。説文云：頠，頭閑集〔七三〕也。從湏〔七四〕危聲。頁音纈。

滌沈蔽　上庭的反。孔注尚書：滌，除也。鄭注周禮云：滌，濯溉也。毛詩傳云：滌，掃除之也。何休注公羊云：謂取其潔凈也。説文：滌，洒也。從水條聲。中朕林反。爾雅云：沉，止也。顧野王云：沉猶淪翳也。説文云：沈，一曰濁黕昏也[七五]。從水冘聲。黕音丁感反。冘音淫。下必計反。杜注左傳云：蔽，障也。論語云：好仁不好學，其蔽也愚。顧野王云：蔽暗不明也。説文：蔽，艸小皃，從艹敝聲。

睽違　闋圭反。周易云：睽，乖也。説文云：睽，目不相聽從也。從目癸聲也。

恇然　上曲王反。鄭注禮記云：恇，恐也。説文云：恇，怯也。從心從匡聲也。

歐陽紇　痕沒反。人名也。即陽公頠之世子也。説文云：紇，絲下也。春秋傳有臧孫紇也。從糸乞聲。

該閡　上改哀反。賈逵注國語云：該，備也。方言云：該，咸也。廣雅云：該，評也。包也。説文：從言亥聲。若兼備之該從日作晐。下緣雪反。考聲云：閡，數也。察也，蒐也，簡功業也。説文云：閡，具數於門中也。從門兑聲。

協洽　上嫌葉反，下咸夾反。爾雅云：歲次名也。歲在未曰協洽。

峻峙　上荀俊反。孔注尚書云：峻，高大也。鄭玄注毛詩云：峻，長也。字書云：險峭也。説文云：峻，高也。從陖作陖。陖音同。下除理反。説文：峙，踞也。顧野王云：謂止不前也。從止寺聲。

紕紊　上匹毗反。禮記云：一物紕繆，則民莫保其死也。鄭云：紕猶錯也。説文：從糸比聲[七六]。下文憤反。孔注尚書云：紊，亂也。説文云：商書曰「有條而不紊」也。從文糸聲。

泛芥舟　上芳劒反，中皆邁反。漢書云：取青紫如俯地拾芥也。莊子云「覆柸(杯)[七七]水於坳塘之上，則芥謂之舟」也。今論序引用者，言法源深廣妙不可測也。已智膚淺，修涉難周，如剖一葉之芥爲舟，取濟大壑，信其難也。字書云：菜也。從草介聲。

巨壑　何各反。山海經云：東海之外有大壑。顧野王云：謂谿谷也。郭注爾雅云：謂坑塹也。説文云：壑，溝也。從叡土聲。叡音同也。

駘足　上代來反。顧野王云：駘，駑也。楚辭云：却騏驥而不乘，策駑駘以取路也。説文：從馬台聲也。

聚爝　上從庾反。杜注左傳云：聚，眾也。何注公羊云：斂也。字書云：積集也。説文云：聚，會也。從乑取聲。乑音吟。下焦躍反。字書云：爝，炬火也。説文云：從火爵聲。論本云爝，俗字。炬亦從艹作苣，云束葦燒之也。

攝大乘論　卷上　無字可音訓。

攝大乘論　卷中　慧琳

闇中藤　特登反。埤蒼云：藤，弦胡麻也。廣雅：藤，藟也。顧野王云：案今總呼草蔓莚如葛之藟者爲藤也。文字典説云：從艸滕聲。

攝大乘論　卷下

以楔出楔　並先節反。字書云：楔，開物具也。鄭注儀禮云：楔，齒用角抑也。説文云：楔，攕(櫼)[七八]也。從木契聲。攕(櫼)音子廉反。亦楔也。

一切經音義　卷第四十九

〔一〕省　衍。
〔二〕舌　玄卷二十三釋此詞作「古」。
〔三〕中　麗無，據玄卷二十三釋此詞補。
〔四〕圍　麗無，據玄卷二十二釋此詞補。
〔五〕具　獅作「貝」。
〔六〕言　玄卷二十三釋此詞作「也」。
〔七〕具　獅作「貝」，玄卷二十三釋此詞作「且」。
〔八〕工　獅作「土」。
〔九〕織　玄卷二十三釋此詞作「物」。
〔一〇〕也　麗無，據玄卷二十二釋此詞補。
〔一一〕薩羅羅　玄卷二十三釋此詞爲「薩羅羅薩」。
〔一二〕陀羅　獅和玄卷二十三釋此詞作「地」。
〔一三〕薩　玄卷二十三釋此詞爲「羅薩」。
〔一四〕鳩　玄卷二十三釋此詞作「鷓」。
〔一五〕門　麗無，據玄卷二十二釋此詞補。
〔一六〕禮　玄卷二十三釋此詞作「辭」。
〔一七〕㨼　玄卷二十三釋此詞作「欙」。
〔一八〕芮　據文意似當作「芮」。
〔一九〕怛　獅作「怛」。
〔二〇〕雅　麗無，據獅補。
〔二一〕糸　獅作「系」。
〔二二〕系　玄卷二十三釋此詞作「孫」。
〔二三〕挍　據文意似當作「校」。
〔二四〕下　麗無，據玄卷十釋此詞補。
〔二五〕鷩　麗無，據玄卷十釋此詞補。
〔二六〕獢　玄卷十釋此詞作「撟」。下同。
〔二七〕撟　玄卷十釋此詞作「獢」。
〔二八〕巉　麗無，據玄卷十釋此詞補。
〔二九〕反　麗無，據玄卷十釋此詞補。
〔三〇〕限　麗無，據玄卷十釋此詞補。
〔三一〕繁　麗無，據玄卷十釋此詞補。
〔三二〕撽　磧本玄卷十釋此詞作「檄」。下同。
〔三三〕分　麗無，據玄卷十釋此詞補。
〔三四〕皎　玄卷十釋此詞作「皎」。
〔三五〕枕　據文意似當作「枕」。
〔三六〕省　衍。
〔三七〕字　疑衍。
〔三八〕踊　據文意似當作「踊」。
〔三九〕賣　今傳本說文作「買」。
〔四〇〕趣　據文意似作「趆」。
〔四一〕省　衍。
〔四二〕戶　即「弓」。又作「卩」。
〔四三〕弜　即「𢎗」。據文意似作「異」。
〔四四〕尸　據文意當作「户」。
〔四五〕鐵　即「鐵」。
〔四六〕買　麗無，據文意補。
〔四七〕形相　據文意似當爲「象形」。
〔四八〕上　獅作「土」。
〔四九〕愀　玄卷十釋此詞作「湫」。
〔五〇〕玄卷十所釋此詞在此經第二卷中。
〔五一〕材　今傳本說文作「杖」。
〔五二〕字書：趺，失蹶也　玄卷十釋此詞爲「字書：趺，失跖也。趺，蹶也」。
〔五三〕椑　玄卷十作「捭」。　制　玄卷十作「掣」。
〔五四〕通俗文：爪也案曰掐　玄卷十釋此詞爲「通俗文：爪按曰掐」。
〔五五〕勞苦也多窳墮也　磧本玄卷十釋此詞爲「勞苦者多窳惰也」。
〔五六〕篇　麗無，據玄卷十釋此詞補。
〔五七〕也　玄卷十釋此詞作「至」。
〔五八〕䀏　玄卷十釋此詞作「䀏」，據文意似作「臏」。方言卷十三：「臏，短也。」郭璞注：「庳小貌也。」
〔五九〕拮　據文意似當作「梏」。
〔六〇〕同　玄卷十釋此詞作「因」。　愛　玄卷十釋此詞作「爰」。
〔六一〕反　玄卷十釋此詞作「及」。
〔六二〕周易：夫乾確然　今傳本周易：「夫乾確然。」
〔六三〕樘　獅作「撐」。下同。
〔六四〕蛆　據文意當作「蛆」。下同。
〔六五〕托　獅和玄卷十釋此詞作「扞」。
〔六六〕說　玄卷十釋此詞作「論」。
〔六七〕者　玄卷十釋此詞作「音」。
〔六八〕耶　據文意似當作「謔」或「邪」。廣雅：「戲，衺也。」
〔六九〕手　獅作「𠀋」。「𠀋」爲「互」的俗寫。
〔七〇〕肉　今傳本說文作「尺」。
〔七一〕禮　獅作「體」。
〔七二〕由　今傳本說文作「甴」。
〔七三〕集　今傳本說文作「習」。
〔七四〕湏　獅作「頁」。
〔七五〕一曰濁默昏也　今傳本說文爲「一曰濁默也」。
〔七六〕從系比聲　今傳本說文爲「从系比聲」。
〔七七〕杯　今傳本莊子作「杯」。
〔七八〕攕　今傳本說文作「纖」。下同。

一切經音義　卷第五十

翻經沙門慧琳撰

攝大乘論　上卷　阿僧佉造　後魏扇多譯

慧琳音

犂𤛓　上禮蹄反。玉篇云：牛耕鐵也。漢書云：募徙貧人，假與犂牛種子也[一]。說文：耕也。從牛黎。古文利子（字）[二]聲也。黎字從黍從勹古文刀字。下音袁。鄭注禮記云：𤛓，輈也。從車袁聲也。犂𤛓准[三]車𤛓義可知也。

𨏖，張溜反，𤛓也。方言：楚衛之間謂𤛓曰𨏖。說文：𤛓，𨏖也。

條帚　下周酉反。世本云：少康初作箕帚。宋中云：少康，夏后祖之子。帚，掃糞也。少康即杜康也，葬長垣。案：帚，所以掃除糞穢也。說文云：從又持巾掃冂內也。會意字也。論文從竹作箒，俗用，非也。冂音癸營反。

攝大乘論　下卷

卷末有十六行偈頌。歸命句，書寫人錯書爲歸念。從第二行下直至第八行下並錯書爲歸念。甚無義理，極乖論意。諸經藏中多有此錯本，請改爲歸命。除此一錯外，此卷更無難字可音訓也。

攝大乘論本　卷上　無著菩薩造　玄奘譯　慧琳音

簸箕　上波箇反。毛詩傳曰：簸糠也。説文：揚米去糠者也。從箕從皮。下幾宜反。世本：少康作箕帚也。鄭注爾雅：言盛米寫斛中者也。説文：從竹其聲。

麁澀　上蒼呼反。鄭注周禮云：麁猶疏也。顧野王云：不善也。説文：比其大小，辨其麁細。古作䴥，從三鹿，今省作麁。下所立反。王逸注楚辭云：難也。説文：不滑也。從四止，二倒二正。

攝大乘論本　卷中

伏瘵　側界反。毛詩傳曰：瘵，病也。説文亦病也。從疒祭聲。

妙飾　尸食反。廣雅云：飾，著也。鄭注禮記云：飾，情之章表也。説文：飾，刷也。從巾飤音似聲。

印物　虐鞅反。方言：卬，爲也。廣雅：卬，持也。亦向也。説文：望也。欲有所及，從匕從卪音節。匕音比也。

攝大乘論本　卷下

無閡　下五代反。晋灼曰：外閉曰閡。廣雅云：礙亦閡也。説文亦外閉也。從門亥聲。

攝大乘論　第一卷　天親釋論　真諦譯　玄應撰

通敏　眉殞反。通，洞也。敏，達也。廣雅：通、明，徹也。敏、捷，疾也。

披閲　餘説反。簡閲也。小爾雅：閲，具也。具數於門中曰閲也。

成轂　又作㲉，同。口角反。吴會間音哭。卵不（外）〔四〕堅皮也。凡物皮皆曰㲉，尚在卵中謂之轂。出轂以後名之鷇。鷇音寇。爾雅：生哺鷇。郭璞曰：謂須母飤音似也。

猒惡　於焰反。猒，足也，恢也。下於路反。廣雅：惡，憎也。憎也。憎音一外反。恢音何岱反。

彼勿　無弗反。詩云：勿仕行救（枚）〔五〕。注云：勿，無也。

屬耳　之欲反。國語：恐國人屬耳目於我。韋昭曰：屬，注也。漢書音義曰：屬，近也。詩云「無易由言，耳屬于垣」是也。

攝大乘論　第二卷

胝柯　又作疷，同。竹尸反。

鞞世　陛奚反。

沉麝　神夜反。形如小麞，臍有香也。

彎弓　於關反。小爾雅：控、彎、挽，引也。

攝大乘論　第三卷

所詮　且全反。通俗文：釋（擇）〔六〕言曰詮。説文：詮，具也。淮南子云：詮言者，所以譬類人事與相解喻也。

攝大乘論　第四卷　先並不音。

攝大乘論　第五卷

彌彰　又作暲，同。諸揚反。廣雅：彰，著也。明也。

乍起　仕嫁反。廣雅：乍，暫也。蒼頡篇：乍，兩辭也。

攝大乘論　第六卷

預立　古文預〔七〕、忬二形，今作預（豫）〔八〕，同。余據反。先辦也。預猶備也。逆爲之具，故曰預也。

輕蔑　字體作懱，同。莫結反。説文：蔑，輕傷（傷）〔九〕也。

攝大乘論　第七卷　第八卷　先並不音。

攝大乘論　第九卷

室家　書逸反。禮記：三十壯有室。鄭玄曰：有室妻也，故妻稱室〔一〇〕。案室，户内房中也。論語：由也，升堂未入於室也。家，居也。

後登　都恒反。登，升也，進也，亦成也。

善枙　又作軛，同。於革反。謂轅端壓牛領者曰軛。軛，槅也。

沮壞　才與反。蒼頡篇：沮，漸敗壞也。論文多作爼，音側所〔一一〕反，貯醢器也，又置肉机也。爼非此義也。

諧遂　胡皆反。諧，和也。説文：諧，合也。遂，成也，就也，亦從也。

攝大乘論　第十卷

練摩　古文鍊、練、湅三形，今作湅（湅）〔一二〕，同。力見反。説文：鍊，治（冶）〔一三〕金也。下古文劘、攠二形，同。莫羅反。易云：堅柔相摩。注云：相切摩也。爾雅：石謂之磨。郭璞曰：玉石被摩，猶人自修飾也。論文作磨，礳也。

攝大乘論　第十一卷

藤䕢　達曾反。廣雅：藤，藟也。今呼草蔓延如葛藟者爲藤也。

以楔　又作榍，同。先結反。説文：楔，韱也。今江南言韱。楔，通語也。韱，子僉反。

拙訥　古文呐，同。奴骨反。訥，遲鈍也。説文：難也。

扣擊　去後反。扣亦擊也。廣雅：扣，持也。

攝大乘論　第十二卷　第十三卷　先並不音。

攝大乘論　第十四卷

蓄聚　又作稸，同。耻六反。蓄，積也。廣雅：蓄，聚也。

瘵其　側界反。爾雅：瘵，病也。三蒼云：今江東呼病皆曰瘵，東齊曰瘼（瘼）〔一四〕。

攝大乘論　第十五卷

所鎮　知陣反。説文：鎮，厭[一五]也。亦安也。

乘除　實升反。乘，計也，亦升也。除，去者也。

調鼎　都挺反。如湯時伊尹也。説文：鼎者，三足兩耳，和五味之寶器也。案鼎者，器也。所以烹飪飲食也。

攝大乘論釋　第一卷　世親造釋論　笈多三藏譯

慧琳音

祕密　上悲記反。毛詩箋云：祕，神也。廣雅云：祕猶牢也。字書云：一曰密也。説文亦神也。從示必聲也。經從禾作秘，誤也。

攝大乘論釋　第二卷

鍜(鍛)[一六]師　端亂反。蒼頡篇：鍜(鍛)，椎也。孔注尚書云：鍜(鍛)，鍊也。集訓云：鍜(鍛)，打鐵也。説文：小冶也。從金叚(段)[一七]聲也。

如鞞世　中薜迷反。唐云外道名也。梵語也。

沉麝　石夜反。山海經：翠山多麝。郭注云：似麞鹿，臍中有香也。説文：從鹿射聲也。

彎弓　於關反。蒼頡篇：彎，引也。説文：持弓關矢也。從弓䜌聲也。䜌音劣專反。

攝大乘論釋　第三卷　無字音訓。

攝大乘論釋　第四卷

串習　上關患反。説文：串，猶習也。或從心作慣，亦從辵作遦，並同用也。

攝大乘論釋　第五卷

汝撥　半末反。毛詩傳曰：撥，治也。何注公羊云：撥猶理。鄭注禮記：撥，揚兒也。説文：從手發聲也。

永擯　卑牝反。司馬彪注：擯，棄也。史記云「相與排擯之」是也。説文：從手賓聲也。經從人作儐，誤也。

攝大乘論釋　第六卷

中藤　鄧稜反。埤蒼：藤弦，胡麻也。古今正字：草蔓莚如葛藟者爲藤也。從艸滕聲。艸音草也。

爲複　方復反。蒼頡篇：複，厚也。顧野王：複除謂不役也。説文：複亦重也。從衣复聲。复音同上。

攝大乘論釋　第七卷

善扼　鸎革反。廣雅：扼，持也。取也。鄭注禮記云：盈手曰扼。説文：從手厄聲也。厄音同上。

攝大乘論釋　第八卷

焚滅　上扶雲反。孔注尚書云：焚，燒也。杜注左傳云：焚亦斃也。説文：燒田也。從火從林。

攝大乘論釋　第九卷

製立　之世反。杜注左傳云：製，裁也。蒼頡篇：製，正也。説文：以裁製爲制。從衣制聲。

攝大乘論釋　第十卷　無可音訓。

攝大乘論釋　第一卷　世親造釋論　玄奘譯

慧琳音

是禎　音貞。蒼頡篇：禎，善也。説文：禎，祥也。從示貞聲也。

攝大乘論釋　第二卷

脊梁　上精昔反。顧野王：脊，背膂也。毛詩傳曰：脊，理也。文字典説：從肉，上象脅肋之形也。

攝大乘論釋　第三卷

緾貪　上徹連反。考聲：緾，遶也。説文：緾，約也。從糸厘聲也。論從厂作壓，非也。

攝大乘論釋　第四卷

翳眩　上一計反。字書：翳，蔽薆也。郭注方言：翳謂奄覆也。廣雅：障也。説文：從羽殹聲。下玄絹反。蒼頡篇：眩，視之不明也。惑也。説文：從目玄聲。殹音烏計反。

捺洛迦　上難怛反。梵語也。唐云地獄名也。

攝大乘論釋　第五卷

堅鞕　額幸反。字書：鞕，牢也。文字典説：鞕，堅也。從革更聲。亦作硬也。

攝大乘論釋　第六卷

煖順　上奴管反。説文：煖，温也。從火爰聲。論作此煗字，俗也。

榛梗　上鋤侁反。許注淮南子曰：木榛。廣雅：木叢生亦曰榛。説文：從木秦聲。下革杏反。方言：自關而東，草木刺人者爲梗。賈注國語：梗，害也。王逸注曰：梗，强也。説文：從木更聲。

攝大乘論釋　第七卷

灰燼　詞信反。杜注左傳：燼，火餘之木也。方言：燼，餘也。

說文：從火盡聲也。

熏習　上訓雲反。集訓：熏，煙上也。説文：火氣也。從火。或作燻、焄，又作熏。

攝大乘論釋　第八卷

掘生地　群颬反。廣雅：掘，穿也。顧野王曰：掘謂以插發地。説文：掘。搰也。從手屈聲也。搰音魂没反。

欻然　勳欝反。賈誼注西都賦云：欻，忽也。説文：從炎從欠。

頑鈍　上五班反。考聲：頑，愚也。廣雅亦鈍也。左傳云：心不則德義之經爲頑。説文：摑(椢)[一八]，頑也。從頁元聲也。頁音頡。

攝大乘論釋　第九卷

匱乏　逵位反。考聲：匱，窮也。少也。鄭注禮記：匱，乏也。文字典説：從匚貴聲。匚音方。

攝大乘論釋　第十卷　無字音訓。

攝大乘論　第一卷　無性菩薩釋　玄奘譯　玄應音

幖幟　標遥反，下蚩志反。舊音識，與知識同。幖，幟也，所以相別也。通俗文：徽音麾號曰幖，私記曰幟。謂以絳帛等書著背上曰徽。廣雅：幖、幟，幡也。墨子云：長丈五、廣半幅曰幟也。

業具軍　八轉聲中，業聲爲第二，具聲爲第三也。夫言論之道能有立破，義同軍，故立軍名。第二轉聲詮所作業，第三轉聲詮能作具。軍詮業具名業具軍。八轉聲者，一體、二業、三具、四爲、五從、六屬、七依、八呼。此如聲明具釋，七轉常用，呼聲用稀也。

能詮　七泉反。詮謂顯了義。[説][一九]文：詮，具也。案具説事理曰詮。淮南子云：詮言者，謂譬人事相解喻也。

天魔梵[二〇]　梵言魔羅，此譯云障，能爲修道作障礙也。亦名煞者。論中釋斷慧命，故名爲魔。常行放逸而自害身，故名魔。魔是位處，即第六天主也，名曰波旬，此名惡愛，即釋迦牟尼佛出世時魔王名也。諸佛出世，魔各不同。如迦葉佛時魔名頭師，此云惡瞋等者也。

能闡　昌善反。廣雅：闡，開，發也。闡，明也。

覺寤　上音教。覺亦寤也。蒼頡篇：覺而有言曰寤。眠後覺寤也。

首楞伽摩　梵語，此云健行定，亦云健相。舊云首楞嚴也。

魯荼[二一]　梵語。宅加反。字緣也。能顯所作義。有魯荼處必是所義，非一切有立多罣名也。

經部　佛去世後四百年中，從説一切有分出此部。唯[二二]立一藏，言唯有一經藏也。所以作此名者，云經是根本，律及阿毗曇還解經義，既不出經外，故唯立一經藏也。

釆(采)[二三]畫　七在反，下胡卦反。五色所成曰釆(采)，圖其形像曰畫也。

罣礙　字略作罫，同。胡卦反。網礙也。

吠世師　梵語。扶癈反。亦云衛世師，[或言鞞世師][二四]，皆訛也。此云勝異。過餘論，故名勝。能破餘論[令][二五]壞，故名異。其論六句爲宗，或言六諦。

師資　師，徒也。資，用也，又取也。善人，不善人之師。不善人，善人之資。亦如資財者也。

伽他　梵語。此方常頌，或云攝。言諸聖人所作，莫問重頌字之多少，四句爲頌者皆名伽他。案西國數經之法皆以三十二字爲一伽他。或言伽陀，訛也。舊言偈者，亦伽他之訛也。

那落迦　梵語也。亦言那羅柯，亦云泥羅夜，舊言泥羅耶斯，梵言楚夏耳。此譯有四義：一不可樂；二不可救濟；三闇冥；四地獄。經中言地獄者，一義也，所以仍置本名。或言非行，謂非法行處也。

阿笈摩　梵語。其業反。亦言阿伽摩，此名教法。或言傳，謂展轉傳來以法相教授也。舊言阿含，訛略也。

市廛　直連反。梵言阿縛遮羅，此云市廛。禮記：市廛不征。鄭玄云：廛謂市物邸舍也。今市中[行]〔二六〕肆是也。舊云欲行，非也。案梵本僧塞迦羅，此云行，名不當本，故立爲廛也。

有癎　核間反。聲類云：小兒瘨病也。

攝大乘論　第二卷

化地部　梵語也。第三百年中從一切有部出，梵言磨醯奢婆迦，亦名彌喜捨婆柯，此云化地，亦云教地，或言正地，人名也。但此羅漢在俗爲王國主化土境〔二七〕，故名化地。今入佛法如地，又匡化之，故以名也。舊名彌沙塞者，訛也。

樹增　時注反。廣雅云：樹、殖、建，立也。凡置立皆曰樹。樹亦種也。

照矚　之欲反。矚亦明也。

貫徹　古玩反。貫，達也。徹，通也。蒼頡篇：貫，穿也。以繩穿物曰貫。

羂索　又作罥，同。古泫反。聲類：罥，系取也。以繩取獸曰罥也。

未嘗　視羊反。未嘗，未曾也。廣雅：嘗，暫也。試也。

率爾　疏律反。爾雅：率、循，自也。謂先以己意而言也。論語：子路率爾而對。何晏曰「先三人而對」是也。

巨勝　其吕反。巨，大也。本草云：胡麻粒大黑者爲巨勝。

衆纈　賢結反。案：纈，以絲縛繒染之，解絲成文曰纈。今謂西國有淡澀汁，點之成纈，如此方蠟點纈也。

訖埵緣　梵語也。都果反。此云已竟義，如言澡浴已飯食、度山已度河也。

和糅　古文鈕(鈕)〔二八〕，粗二形，同。女救反。廣雅：糅，雜也。今謂異色物相集曰糅。

彎弓　烏還反。開弓也。小爾雅：彎、控、引，挽也。

華鬘　梵言摩羅。此譯云鬘，音蠻。案西國結鬘師多用蘇摩那花行列結之，無問貴賤，皆此莊嚴，以爲飾好也。

稊稗　徒梨反，下蒲懈反。稊似稗，布地穢草也。稗，草之似穀者也。

末那　摩鉢反。此云意。

是渾　胡昆、胡衮二反。渾，濁也。説文：渾，亂也。

是鮮　私延反。廣雅：鮮，好也。善也。

攝大乘論　第三卷

焚燒　扶雲反。焚亦燒也。字從火燒林意也。

僁犯　又作愆、諐二形，同。去連反。説文：諐，過也。亦失也，罪也。犯，侵也。

囹圄　力丁反，下魚吕反。獄名也。周禮：三王始有獄。廣雅云：夏曰夏臺，殷曰羑里，周曰囹圄，皆獄别名也。釋名云：囹，領也。圄，禦也。領録囚徒禁禦之也。

穢磧　且歷反。積石曰磧。廣雅：磧，瀨也。

攝大乘論　第四卷

瞖眩　於計反。韻集云：目障病也。下玄絹反。字林：眩，亂也。

夢覺　居效反。覺，寤也。

憺怕　徒濫反，下普白反。廣雅：憺怕，寂漠[二九]也。亦恬静也，言寂寥無人也。

身寐　民庇反。寐謂眠熟也。國語云：公寢而不寐也。寢，卧也。

慌戾　禄公、禄孔二反。謂佷戾剛强也。

湍洄　土桓反，下音迴。激水爲湍，水轉爲洄。激，急也。説文：湍，疾瀨也。淺水流沙上也。

刀[三〇]仗　直亮反。人所執持爲仗。仗亦弓矟杵棒之總名者也。

倡豔　齒揚反。下又作艶，同。余贍反。倡，樂也。艶，美也。美色爲艶也。

者者　諸野反。説文：者，制（别）[三一]事之辭也。亦明于（下）[三二]句出也。牒本釋之，故重言者也。

如如　歷法非一，故曰如如。下如是如是者，指前也。

尋伺　胥吏反。梵言毗恒迦，此云尋。毗遮羅，此云伺。尋謂尋求，伺謂伺察。或思或慧，於境推求粗位名尋。即此二種，於境審察細位名伺。故言尋伺。舊名覺觀者，案梵本菩提名覺，毗鉢舍那名觀。譯人不尋本語，致斯乖失也。

蟠曲　蒲寒反。廣雅：蟠，曲也。亦迴也，委也。

萆子洲　又作萆，同。以遮反。師子國南浮海數千里，洲人卑小，長三尺，人身鳥喙，唯食萆子。既無穀稼，所以不識於牛也。

迦比羅　梵語也。此云赤色，謂赤色仙人也。造僧佉論説二十五諦義者也。

騷揭多　梵語。渠謁反。是修伽陀弟子名也。修伽陀者即佛十号中善逝是也。

擾動　而沼反。説文：擾，煩也。廣雅：擾，亂也。

攝大乘論　第五卷

尼揵荼書　梵語。此云集異名[書][三三]也。如一物有多名等也。

御衆　魚據反。駕御也。廣雅：御，使也。驅之内善也，謂指麾使馬也。

不逮　徒戴反。爾雅：逮，及也。

劬勞　寠俱反。韓詩：劬，數也。毛詩傳曰：劬勞，病也。數音所角反也。

阿練若　梵語。阿，此云無。練若，有兩義：一曰聲，謂無人聲及無鼓譟等聲。二曰斫，謂無斫伐等諠吏。雖言去聚落一俱盧舍爲阿練若處，亦須離斫伐處也。譟音桑到反。

俱盧舍　梵語謂大牛音也。其音聞於五里。舊云一俱盧舍，此云五里[二四]也。

攝大乘論　第六卷

羅怙羅　梵語。亦云羅吼羅，舊言羅睺羅。此云障月，以羅怙羅阿脩羅以手障月時生，因以爲名。七年在母胎中，一由往業，二由現在故也。

誅國　追于反。罰，罪也。廣雅：誅，煞也。説文：誅，討也。亦責也。

那庾多　梵語。翼主反。舊言那由他。此數當千億也。

蠲除　古玄反。方言：南楚疾愈曰蠲。蠲亦除也。

榛梗　仕巾反，下伽杏反。廣雅：木叢生曰榛。字林：山榆，一名梗。有刺，[莢][二五]可以爲蕪荑者也。梗，强也。

阿揭陀藥　梵語。亦言阿竭陀，或云阿伽陀，梵言訛轉也。此言丸藥也。

怯憚　又作狯，同。袪業反。怯，多畏也。下徒旦反。憚，驚難也。

攝大乘論　第七卷

潰散　古文殨，同。胡對反。蒼頡篇：潰，旁决也。説文：潰，漏者也。

怨讎　視由反。三蒼：怨偶曰讎。讎，對也。爾雅：讎，匹也。

嗢柁南　烏骨反，中徒我反，下音男。梵語也。此云攝散，亦言攝施，又言集總散，舊言鬱陀那，訛也。

遊玩　五喚反。字林：玩，弄也。廣雅：玩，好也。

瞿沙經　瞿沙，此云妙音，人名也。從人名經也。

攝大乘論　第八卷

聰敏　眉殞反。聰，聽微也。先知也。敏，明達也。捷疾也。

攝大乘論　第九卷

即士釋　亦言依士，士謂主也。立名從主，故言依士，如言眼識等也。

持業釋　業謂用也。立名所召别義，稱業於一體上具立二名，即明其體，能持二業，如言眼即是界等者也。

屬耳　之欲反。國語：恐國人屬耳目於我。韋昭曰：屬，注也。漢書音義曰：屬，近也。詩云「耳屬于垣」是也。

保任　補道反。説文：保，當也。任，保也。言可保信也。

母邑　梵語摩怛理，此云母；伽羅摩，此云村。今以邑代村，故云母邑，謂母人之流類，故以名焉也。

那伽　梵語。有三義：一云龍，二云象，三云不來。孔雀經名佛爲那伽，由佛不更來生死故者也。

掊刺拏　梵語。補厚反，下羅割反。外道六師中一人名也。舊言富蘭那。迦葉是姓，富蘭那是字。即執空見外道也。

攝大乘論　第十卷

愚戇　卓絳反。三蒼：愚，無所知也。亦鈍也。廣雅：戇、頑，嚚也。説文：愚，癡也。戇亦愚也。

頑嚚　五還反，下魚巾反。廣雅：頑、嚚，愚也。頑，鈍也。蒼頡篇：嚚，惡也。左傳「心不測(則)〔三六〕德義之經曰頑，口不道忠信之言曰嚚」是也。

毗盧宅迦王　梵語也。舊言毗琉璃王，一也。

瑠璃　吠瑠璃也，亦云毗瑠璃，又言毗頭梨，從山爲名，謂遠山寶。遠山即須彌山也。此寶青色，一切寶皆不可壞，亦非煙焰所能鎔鑄，唯鬼神有通力者能破之爲物。或云是金翅鳥卵殼。鬼神破之此寶，以賣與人間也。

牟娑洛寶　梵語也。亦名摩娑羅，是紺色寶也。

遏濕摩揭[婆]〔三七〕　梵語也。亦名阿輸摩竭婆，是赤色寶也。

帝釋青　梵言因陀羅尼[羅]〔三八〕目多，是帝釋寶，亦作青色，以其最勝，故稱帝釋青。或解言帝釋所居處波利質多羅樹下地是此寶，故名帝釋青目多，此云珠，以此寶爲珠也。

大青　梵言摩訶泥羅，此云大青，亦是帝釋所用寶也。

羯雞怛諾迦寶　梵語。餘第七云盧叩胝柯目多。叩音許伊反。

拯拔　上蒸字上聲字也。説文：拯，上舉也。謂救助也。

阿僧伽　梵言。阿，[此云無。僧伽]〔三九〕，此言著，短聲呼之。長聲呼之，即云衆。舊云僧佉，訛也。

佛性論　第一卷　玄應

臍膂　上寂兮反。考聲云：膍，臍也。説文：從肉齊聲也。或作齌。下勗恭反。考聲云：膂，膺也。説文同。亦作匈字。下從肉上從凶也。

手捊　蒲溝反。毛詩傳云：捊，聚也。説文：引，取也。從手孚聲也。

溉灌　上基利反，下官換反。莊子云：水潦之溉於田也。考聲云：漬也。顧野王云：灌猶沃澍也。説文云：從水既聲也。灌字從水雚聲也。雚音桓也。

佛性論　第二卷

泥滓　下緇史反。郭注爾雅云：澱，滓也。説文：滓亦澱也。從水宰聲也。

澄渟　定經反。埤蒼云：水所止也。字書云：水滯也。廣雅亦渟止也。説文：從水亭聲也。

濡滑　上汝娱反。毛詩傳云：濡，漬也。又潤澤也。説文：從水需聲。需音須。

霰觀　呼郭反。字書：霰霎，大雨皃也。古今典説亦霰霎也。從雨隻聲也。霰音役。

蜘蛛　上猪奇反，下猪俱反。説文亦作此鼅鼄字，亦䵹也。經作此蜘蛛，通用字也。

轂輞　上公木反。考工記云：轂者，爲利轉也。説文：輻之所湊也。從車𣪊聲也。下武昉反。王注楚辭：軔枝輪木也〔四〇〕。説文：從車罔聲也。

輻軸　上甫木反。顧野王：湊轂張輞者也。説文：從車畐聲。下冲六反。儀禮：軸狀如轉轔，刻兩頭爲軹，輁狀如長木穿桯前後，著金而關軸焉。説文：從車由聲。

佛性論　第三卷

詮詺　名併反。顧野王爲作名曰名，去聲。經從言作詺。字書並無也。

湛然　宅陷反。方言：湛，安也。蒼頡篇：水不流皃也。説文：從水甚聲者也。

靖約　上字井反。孔注尚書云：靖，安也。毛詩傳云：靖亦善也。説文：安也。從立青聲。下央脚反。

縹色　匹遶反。王注楚辭云：衣服耀青葱也。説文：帛青白色也。從糸票聲也。糸音覓。票音必遥反。

短促　端煖反。蒼頡篇：短，促也。説文：有所長短以矢爲正。不長也。從矢豆聲也。經從豆從寸作尌，非也。

佛性論　第四卷

破塘　徒當反。埤蒼云：長沙郡謂隄曰隚，作隚。説文：從阜唐聲也。

鑄金　朱樹反。顧野王：謂煬銅爲器也。説文：銷金也。從金壽聲。

決定藏論三卷　慧琳撰音

決定藏論　上卷

相揩　口皆反。廣雅：揩，摩也。説文：從手皆聲。

青淤　下於句反。考聲：淤，水中凝泥也。顧野王云：今水中泥草爲淤也。説文：澱，滓也。從水於聲也。

猗證　上懿宜反。毛詩傳云：猗，歎辭也。考聲：美也。加也，取也。説文：從犬奇聲。與從人作倚亦通用。

決定藏論　中卷

睎望　上欣衣反。莊子云：睎（晞）〔四一〕意道言謂之諂也。説文：睎，望也。論從心作憘，俗字，論之義也。

驅逐　上曲俱反。顧野王云：驅，遣逐也。廣雅：奔也。蒼頡篇：隨後曰驅。亦驟也。説文：馳也。從馬區聲也。

狂痟　下小焦反。鄭注周禮：痟，酸削首疾也〔四二〕。埤蒼云：痟亦渴也。病也。説文：從疒肖聲。疒音女厄反。肖音消弔反。

決定藏論　下卷

鮭鱃　上夏皆反。山海經：敦薨（薨）之水多赤鮭。吳志亦以爲膎腪之膎也。陸抗上疏「絡給其鮭粮」是也〔四三〕。古今正字：從魚圭聲。下穌高反。山海經：鳥鼠同穴山多鱃魚，如鱣魚，動則其有大兵〔四四〕。古今正字云：從魚蚤聲也。蚤音早。

摶食　上段欒反。博雅：摶，手握物使相著也。説文：從手專聲也。

柝色　上湯洛反。郭注爾雅：柝，今江東斫物曰柝也。今或以爲戒守所擊爲欜也。音託。考聲：解木也。謂理直也。古今正字：判也。從木㡿，㡿音尺聲也。論從手作此折，誤也。

燥故　上桑竈反。説文：燥，乾也。從火喿聲。喿音噪也。

方便心論一卷　慧琳撰音

稊稗　上弟泥反。集訓云：稊子，草名也。似稗而細小也。一名英也。説文作苐，借用也。下棑賣反。杜注左傳：粃稗，草之似穀者也。説文：禾之別名也。從禾卑聲也。

揔〔四五〕諦　上宗孔反。顧野王云：揔，將領也。合也，結也，束也。考聲云：都也。古今正字：或爲総也。從手悤聲。下丁弟反。方言：諦，審也。説文：從言帝聲也。

沙礫　零的反。説文：小石也。從石樂聲也。

鑽燧　上祖官反。顧野王云：鑽猶鐫也。鑿也。説文：穿也。從金贊聲也。下隨悴反。杜注左傳云：取火具也。説文：從火遂聲。經從手作攢，非也。

見杌　下五骨反。韻略：樹無枝也。説文：木無頭也。從木兀聲也。

觕故　上衝燭反。廣雅：觕，揬也。説文：抵也。從角從牛也。或作此觸也。

渧數　上泜弟反。考聲云：水滴也。通俗文：凝渧亦零滴也。從水從帝。

中邊分別論　無字可音。

辯中邊論三卷　慧琳音

辯中邊論　上卷

如鎌　下斂占反。太公六韜：大鎌柄長七尺。方言：刈鉤，自關而西謂之鎌。蒼頡篇云：大鍥也。考聲：釤物者也。亦作此鎌也。説文：從金兼聲也。

辯中邊論　中卷

瑩飾　上縈迥反。廣雅：瑩，摩也。謂摩拭珠王（玉）〔四六〕使發光明也。説文：從金熒省聲也。或從玉作瑩，俗字也。

辯中邊論　下卷　無字音訓。

究竟一乘寶性論　玄應撰

歔欷　喜居反，下虚既反。字林：涕泣也。蒼頡篇：泣之餘聲也。亦悲也。

彭畫　上疋妙反。彭猶輕淺也。

辯中邊論頌一卷　無字音訓。

業成就論　慧琳撰

鄴隍　上嚴刼反。漢書：魏郡有鄴縣，故大河在東也。説文：從邑業聲。下晃光反。説文：城壕有水曰池，無水曰隍也。

從阜皇聲。

知局〔四七〕 下笳〔四八〕玉反。爾雅：局，分部也。詩云：曲也。廣雅云：近也。說文：促也。從口在尸下，復句之〔四九〕。一曰博局，所以行棊，象形字也。

癤子 上嶘切反。廣雅：癤，癰也。埤蒼：痤也。考聲：小腫也。或作⿸疒藏。古今正字：從疒節聲也。疒音女厄反。

稻稈 下干旱反。考聲云：稈，禾黍莖也。杜注左傳云：稾也。廣雅云：稻，穰也。從禾旱聲。旱音翰也。

大乘成業論　玄應撰

食米齊宗 舊云食屑。此外道修行苦行，合手大指及第二指以物縛之，往至人家舂穀簸米處，以彼縛指拾取米屑，聚置掌中，隨得多少去以爲食。若全粒者，即不取之。恐多所取，縛兩指耳。亦名鷄鳩[行]〔五〇〕，言外道拾米如鷄鳩行也。

凸出 蒼頡篇作笑〔五一〕。徒結反。字苑：凸，起也。突，突也。

坳凹 蒼頡篇作容。烏狹反。容，墊下也。字苑：凹，陷也。

紫礦 古猛反。波羅奢樹汁也。其色甚赤，用染皮氎等也。

拘櫞花 俱禹反，下以專反。廣志云：似橘，大如飯筐，可以浣濯漚葛紵也。今出番禺以南。縷切蜜漬爲粽〔五二〕也。

瓤生 如良反。即瓜瓠中瓤瓣也。

俱瑟祉羅經 梵語。勅里反。舊言俱絺羅，譯云膝也。言膝骨大也。此即舍利弗舅，長爪梵志是也。

釋軌輪 梵語。居美反。軌，法也。世親菩薩作釋經軌法。

佛栗氏子 此西國地名，此人因地爲名也。

一切經音義　卷第五十

校勘記

〔一〕漢書云：募徒貧人假與犂牛種子也　今傳本漢書：「募徒貧民，縣次給食，至徙所，賜田宅什器，假與犂、牛、種、食。」
〔二〕子　獅作「字」。
〔三〕准　獅作「唯」。
〔四〕不　玄卷十釋此詞作「外」。
〔五〕詩云：勿仕行救　今傳本詩：「勿士行枚。」
〔六〕釋　玄卷十作「擇」。
〔七〕預　據文意或作「額」。
〔八〕預　玄卷十釋此詞作「豫」。
〔九〕傷　據文意當作「傷」。
〔一〇〕有室妻也，故妻稱室　阮元校刻十三經注疏爲「有室，有妻也，妻稱室」。
〔一一〕所　玄卷十釋此詞作「吕」。
〔一二〕涑　據文意似當作「涑」。
〔一三〕治　今傳本說文作「冶」。
〔一四〕寘　玄卷十作「瘨」。
〔一五〕厭　今傳本說文作「壓」。
〔一六〕鍛　據文意當作「鍛」。下同。
〔一七〕叚　據文意當作「段」。
〔一八〕掴　據文意似當作「摑」。
〔一九〕說　麗無，據玄卷二十三釋此詞補。
〔二〇〕天魔梵　玄卷二十三釋此詞爲「天魔」。
〔二一〕荼　玄卷二十三釋此詞作「荼」。下同。
〔二二〕唯　獅無。
〔二三〕釆　據文意當作「采」。下同。
〔二四〕或言韓世師　麗無，據玄卷二十三釋此詞補。
〔二五〕令　麗無，據玄卷二十三釋此詞補。
〔二六〕行　麗無，據玄卷二十三釋此詞補。
〔二七〕但此羅漢在俗爲王國主化土境　玄卷二十三釋此詞爲「但此羅漢在俗爲王國師，匡化土境」。
〔二八〕鈕　據文意當作「鈕」。
〔二九〕漠　通「寞」。

〔三〇〕刀　玄卷二十三釋此詞作「万」。

〔三一〕制　獅作「別」。

〔三二〕于　玄卷二十三釋此詞作「下」。

〔三三〕書　麗無，據玄卷二十三釋此詞補。

〔三四〕里　玄卷二十三釋此詞爲「百弓」。

〔三五〕莢　麗無，據玄卷二十三釋此詞補。

〔三六〕測　今傳本左傳作「則」。

〔三七〕婆　麗無，據玄卷二十三釋此詞補。

〔三八〕羅　麗無，據玄卷二十三釋此詞補。

〔三九〕此云無。僧伽　麗無，據玄卷二十三釋此詞補。

〔四〇〕王注楚辭：輖枝輪木也　今傳本王注楚辭：「輖搘車木也。」

〔四一〕晞　獅作「睎」。

〔四二〕痟，酸削首疾也　今傳本鄭注周禮爲「痟，酸削也。首疾，頭痛也」。

〔四三〕蔄　今傳本山海經作「葿」。粮　獅作「根」。

〔四四〕山海經：鳥鼠同穴山多鰠魚，如鱣魚，動則其有大兵　今傳本山海經：「又西二百二十里曰鳥鼠同穴之山。其上多白虎白玉，渭水出焉而東流注于河。其中多鰠魚，其狀如鱣魚，動則其邑有大兵。」

〔四五〕捻　獅作「摠」。下同。

〔四六〕王　獅作「玉」。

〔四七〕局　即「局」。

〔四八〕箹　大正作「節」。

〔四九〕説文：促也。從口在尸下，復句之　今傳本説文：「促也。从口在尺下，復局之。」

〔五〇〕行　麗無，據玄卷二十三釋此詞補。

〔五一〕笑　獅作「笑」。

〔五二〕粽　玄卷二十三釋此詞作「糁」。

一切經音義　卷第五十一

翻經沙門慧琳撰

音因明正理門論本一卷　慧琳
因明入正理論一卷　慧琳
唯識論一卷　慧琳
顯識論一卷　慧琳
轉識論一卷　慧琳
唯識二十論一卷　慧琳
唯識三十論一卷　慧琳
成唯識寶生論五卷　慧琳
唯識論一卷　慧琳
成唯識論十卷　慧琳
大丈夫論二卷　慧琳
入大乘論二卷　慧琳
大乘掌珍論二卷　玄應
緣生論一卷　無
大乘緣生論一卷　玄應
無相思塵論一卷　無
大乘五蘊論一卷　玄應
大乘廣五蘊論一卷　慧琳

寶行王正論一卷　無
大乘起信論一卷　慧琳
大乘起信論二卷　慧琳
發菩提心論二卷　玄應
三無性論二卷　無
如實論一卷　無
迴諍論一卷　慧琳
壹輸盧迦論一卷　慧琳
十二因緣論一卷　慧琳
觀所緣論一卷　慧琳
解捲論一卷　慧琳
掌中論一卷　慧琳
止觀門論頌一卷　慧琳
取因假設論一卷　慧琳
觀總相論頌一卷　無
大乘百法論一卷　慧琳
百字論一卷　慧琳
手杖論一卷　慧琳

大乘法界無差別論一卷　慧琳
六門教授習定論一卷　慧琳
破外道小乘四宗論一卷　慧琳
破外道小乘涅槃論一卷　慧琳
觀所緣論釋一卷　慧琳

右四十一論六十卷同此卷音

因明正理門論本　慧琳音

鵂鶹　上朽尤反，下音留。文字典説二（云）〔一〕：鵂鶹，怪鳥也。案：鵂鶹，晝伏夜飛，荒鷄鴟梟之類也。大如鳶，蒼色赤目。古今正字並從鳥，休、留皆聲也。

懷兔　彼天竺國名月爲兔，故以喻焉。兔王經云：月中兔者，佛昔作兔王，爲供養一仙人，投身入火，以肉施彼仙人。天帝取其骸骨，置於月宫中使得清涼。又令地上衆生常見而發慈心故也。

煙等　上鷰賢反。國語云：啖煙達於上也。考聲云：火煙也。説文：從火垔聲。或作烟，古作𪻐〔二〕，論文作烟，亦通。垔音因。

躊躇　上紂流反，下直閭反。博雅云：躊躇，猶豫，心未定也。古今正字並從足，壽、著皆聲。

流漫　滿伴反。王逸注楚辭云：漫漫，長也。顧野王云：漫漫，遠貌也。郭注方言云：謂水潦浩漫也。古今正字云：從水曼聲。論作漫〔三〕，俗字也。

因明入正理論　慧琳音

懷兔非月　通路反。正因正業。前依釋教已具説訖。今引儒書所説，曉示未聞。王充論衡曰：儒者皆云：日中有三足烏。日者，陽精火也。月中有白兔、蟾蠩。月者，陰精水也。安得烏處火而不燋，兔居水而不溺，相違而理不然也。李淳風注稽聖賦引抱朴子云：今得道者及有妙術之人亦能入火不燒，入水不濡。且俱爲人倫，而其異如矣。此王生安知日中之烏、月中之蟾兔而不如人間之術士有能入水入火者，與常烏、凡兔之不同乎？又云：業感在星天之上，日月之中，其形雖同，彼必神明之類，不可以人理凡情之所挍測者矣。説文云：兔，獸名也。象踞，後點象其尾，兔頭與象（㲋）〔四〕同，故從㲋省。

唯識論　慧琳音

瞖眼　上繄計反。韻略云：瞖，目障也。論從羽作翳，掩也，蔽也，非此義也。繄音噎兮反。

塵濁　下幢〔五〕覺反。顧野王六（云）〔六〕：濁者，不净潔之稱也。説文：從水蜀聲。論從曷作渴，書寫誤也。幢音濯江反。

膿河　奴冬反。説文：膿，癰疽潰血也。從月農聲。膿河者，餓鬼以自業力見水如膿河也。

蘇甕　烏貢反。方言云：自關而東趙魏之郊謂大者爲甕，小者名罌。古今正字：從瓦雍聲也。或從公作瓮，俗字也。

火爓　葉塹反。考聲云：火光皃也。説文：火爓也。從火閻聲。

論作焰，俗字也。瀶音妾燗也〔七〕。
羺羊　奴頭反。埤蒼云：胡羊也。古今正字：從羊需聲也。
罽賓　几例反。漢書曰：罽賓，西域國名也。古今正字：從网𠛱聲。𠛱音几例反。
慣習　關患反。爾雅云慣亦習也。説文作遦，古字也。
惛熟　忽昆反。廣雅云：惛，亂也。癡也。説文：從心昏聲。
謓也　叱真反。蒼頡篇云：謓，怒也。説文：謓，恚也。從言真聲。論作瞋，俗用亦通也。
論本文已音竟　已下慧愷鈔別譯偈
慧愷　下開改反。爾雅云：愷，樂也。杜注左傳云：愷，和也。説文：康也。從心豈聲。
披閱　緣拙反。考聲：閱，數也。古今正字、典説〔八〕云：簡也。今披讀尋閱簡其論文同異也。從門兊聲。

顯識論　慧琳音

花鬘　音蠻。西國採取時花以爲嚴身之具。
齅生　休又反。説文：以鼻就臭曰齅。從鼻臭。臭亦聲也。
幻化　滑辦反。考聲云：惑也。下從倒子字也。
甛物　牒拈反。廣雅云：甛，甘也。家語云「剖而食之甛如蜜」是也。説文：美也。從甘舌聲。論作甜，俗字。拈音念添反。
七猗　懿宜反。孔注尚書云：猗然專一之臣也。説文：從犬奇聲。論作猗〔九〕，俗字也。
掉戲　條弔反。賈注國語云：大能掉小也。又曰：掉，摇也。説文：從手卓聲也。

又泯　蜜牝反。傳曰：泯，滅也。爾雅云：泯，盡也。説文：從水民聲。牝音頻泯反。

轉識論　慧琳音

栖處　上悉齊反。爾雅：栖，息也。或作棲。下昌恕反。廣雅：處，所也。經文作處，草書誤也。
籌量　紂流反。鄭注儀禮云：籌，筭也。史記云「借箸爲大王籌之，運籌帷幄之中」是也。説文：從竹壽聲。
三慙　雜甘反。尚書云：惟有慙德。説文：慙，愧也。從心從斬省〔一〇〕聲。論作慚，音蠶感反，與義不同。
互相　乎故反。考聲云：互，交也。周禮云：事之更遞也。遞亦玄〔一一〕也。此正玄字。

唯識二十論　慧琳音

眩瞖　上玄絹反。蒼頡篇云：目眩，視不明也。賈逵注國語云：眩，惑也。説文：目無常主也。從目玄聲。
捺落迦　難葛反。梵語，地獄之總名。
羝羊　底泥反。毛詩傳曰：羝羊，牡羊也。廣雅云：羝，雄羊也。吳羊牡者三歲曰羝。説文：從羊氐聲。論作羖，謬説也。
羸劣　累追反。杜注左傳云：羸，弱也。賈逵注國語：羸，病也。説文：羸，瘦也。從羊羸聲也。
刺拏　上欄怛反，下搦加反。梵語王名也。怛音單刺反。
怛利　單刺反。梵語王名也。
鄔波離　烏古反。梵語長者名也。

論後序

晰妙　晢熱反。毛詩傳云：晰晰，明也。說文：照晰亦明也〔一二〕。或作晢，並從日。

鶴樹　何各反。論從告作鵠，非也。

騁馹　上丑領反。廣雅云：騁，奔也。說文：直馳也。從馬甹聲也。甹音匹丁反。下人質反。杜注左傳云：馹，傳車也。郭注爾雅云：傳車，驛馬之總名也。說文訓同。從馬日聲也。

鶩驤　上無付反。顧野王云：鶩，疾馳也。楚辭云「忽馳鶩以追逐」是也。廣雅云：鶩，奔也。下想羊反。毛詩箋云：驤，駕也。薛注西京賦云：驤，馳也。說文並從馬，務、襄皆聲。

沉曀　緊計反。爾雅：日陰而風爲曀也。毛詩云：終風且曀，不日有曀。說文：從日壹聲。緊音噎兮反。

昏霾　買排反。爾雅云：風而雨土爲霾。詩傳云：霾，雨土也。說文從豸作霾，正體字也。論從犬作貍〔一三〕，俗字也。豸音池爾反。

襄麓　聾谷反。詩傳曰：麓，山足也。穀梁傳云：林屬於山爲麓。說文：從林鹿聲。

道軼　田緻反。楚辭云「軼迅風於清涼」是也。何休注公羊傳云：過也。杜注左傳云：軼，突也。說文：車相出也。從車失省〔一四〕聲。

位侔　莫侯反。鄭注考工記云：侔，等也。均也。說文小篆作侔。或從力作劺，亦等也。說文：從人牟聲。

鍵乎　健偃反。周禮：司門掌授官鍵以啟閉國門。鄭注云：鍵，管籥也。方言：陳楚之間謂籥爲鍵。說文：從金建聲。

九樞　觸朱反。郭璞注爾雅云：門户扉樞也。顧野王案莊子云「蓬户不完，桑以爲樞」是也。說文從木區聲也。

檥方　宜倚反，又音宜。如淳注史記云：南方人謂整船向岸曰檥。孟康注云：附也。船著岸也。或作艤，同。說文：從木義聲。

克湮　一寅反。賈逵注國語云：湮，下也。爾雅云：湮，落也。說文：没也。從水垔聲。

臮令　其懿反。考聲云：衆辭所及也。說文：衆辭與也〔一五〕。月令序云：洎乎月朔差異也。從乑自聲。乑音吟。論作洎。徐廣注史記云：洎，肉汁也。乖論旨，非也。

子莠　由酒反。傳曰：莠似禾苗也。尚書云：若苗之有莠。文字典說云：惡草，似稷無米。說文：禾粟下陽生者曰莠〔一六〕。從艸秀聲。

紕荃　上匹毗反。考聲云：理也。飾也。繒帛疏薄也。典說：紕，繆也。從糸比聲。繆音眉憂反。下七泉反。王逸注楚辭云：荃，細布名也。說文：從艸全聲。或作絟。

蘊蕪　上氳粉反。馬注論語云：蘊，藏也。杜注左傳云：蘊，藻聚也〔一七〕。又曰蓄也。郭注方言云：蘊藉茂盛也。下武無反。賈注國語云：蕪，薉也。說文並從艸，緼、無皆聲。緼音氳運反。蘊亦去聲。

紊指　文糞反。孔注尚書云：若網在綱，有條而不紊。說文：紊，亂也。從糸文聲。

翳薈　上緊計反。杜注左傳云：桑之有蔭翳者也。方言：翳，薆也。又薆猶蔽也。說文：從羽殹聲。殹音同上。緊音噎兮反。下烏外反。廣雅云：薈，翳也。說文：多草之皃也。從艸會聲。

芟夷　霎銜反。傳云：芟，除草也。説文：刈草也。從艸殳聲，音殊。霎音杉夾反。

穿沙礫　上歡專反。説文：穿，通也。從牙在穴中。下零滴反。説文：小石。從石樂聲。歡音喘拙反。

鶖鷺　上七修反，下盧妬反。案：鶖鷺者，反舌鳥也。舍利弗母眼似此鳥，因以名之，故云鶖鷺子。説文並從鳥，秋、路聲也。

琮義　徂宗反。白虎通曰：琮之言聚也。象萬物之琮聚。説文：從玉宗聲。

沖濬　上逐隆反。老子曰：大滿若沖。顧野王云：沖猶虛也。説文：從水中聲。下詢俊反。孔注尚書云：濬，深也。或作濬。文字典説：從水睿聲。睿音鋭也。

唯識三十論　慧琳撰

嫉罣　上秦悉反。王逸注楚辭云：害賢曰嫉。古今正字：從女疾聲。下苦閑反。廣雅云：罣，堅也。埤蒼云：堅也。古今正字：從革臤聲。臤音堅，俗用字。

害憍　矯喬反。毛詩鄭箋云：憍，逸也。顧野王云：憍謂自矜罰，縱恣怚慢也。古今正字：從心喬聲。論作憍，俗(俗)〔一八〕字通用也。

惛沈　上忽昆反。廣雅云：惛，亂也。癡也。説文：惛，怓也〔一九〕。從心昏聲。怓音女交反。

尋伺　司字反。鄭注周禮云：伺，察也。顧野王云：伺，候也。古今正字：闚覘，伺視也。從人司聲。

濤波　道勞反。淮南子云：濤，海水涌起也。文字典説云：濤，大波也。海潮曰濤。從水壽聲。下搏摩反。説文：波，水通出也〔二〇〕。從水皮聲也。

成唯識寶生論　第一卷　一名二十唯識順釋論

慧琳撰

諠静　上兄元反。聲類云：諠，譁也。説文：驚呼也。從言宣聲。或從口作喧，俗用字也。譁音花。

躭著　上荅南反。俗用。考聲云：耽，嗜也。玩也。從耳作耽。

笈摩　上鉗裛反。梵語也。鉗音儉淹反。裛音淹業也〔二一〕。

昞然　兵皿反。廣雅云：昞，明也。古今正字：從日丙聲。或作昺。論作昞〔二二〕，寫誤也。

蘇怛〔二三〕囉　上丹達反。下羅字上聲，兼轉舌呼。梵語也。

摩怛攞　勒可反。

喏那　上而者反。梵語。

仳喏那　上紕匕反。梵語也。

甛味　上牒拈反。廣雅：甛，甘也。家語云：剖而食之甛如蜜。説文：甛，美也。從甘舌聲〔二四〕。論作甜，用同。拈音念添反。

眩目　玄絹反。蒼頡篇云：眩，視不明也。賈注國語云：眩，惑也。説文：從目玄聲。

眩瞖　瞖計反。韻略云：瞖，目障也。繄音噎兮反。

跦膜　下茫博反。説文：肉間膜也。從肉莫聲。論從目作瞙。考聲云：大視也。與論中文意不同，書人誤也。

鑠羯羅　上商約反，下建謁反。西國梵語弓名。

羝蜜梨迦　上音底。梵語也。

排擯 上拔埋反，下賓愍反。顧野王云：排猶抵也。廣雅云：排，推也。司馬注莊子云：損棄也。史記云「相與排擯」是也。古從手字。並從手，非、賓聲。

成唯識寶生論 第二卷

於稱 蚩證反。爾雅云：稱謂平輕重之具也。廣雅云：稱，度也。鄭注考工記云：稱猶等也。考聲：正作稱。說文：從禾再聲。作秤，俗字也。

噍咽 牆爵反。顧野王云：噍猶嚼也。字書云：咀也。下烟見反。顧野王云：咽猶吞也。說文從口，爵、因皆聲也。噍音樵笑反。咀音才與反。

詰處 企吉反。鄭注禮記云：詰謂問事也。考聲云：詰謂窮問也。說文亦問也。從言吉聲。

青茜 千見反。顧野王云：茜草可以染絳也。說文：從艸西聲。論作蒨，亦通。

藤蔓 下武販反。毛詩傳曰：蔓，征[二五]也。廣雅云：蔓，長也。說文：蔓，葛屬也。從艸蔓聲[二六]。

崇墉 涌從反。毛詩傳云：墉，牆也。案爾雅云：牆謂之墉。說文：從土庸聲。涌音庸種反。

飛甍 麥耕反。杜注左傳云：甍，屋棟也。說文：從瓦從瞢省聲也。

靃靡 上雖紫反，下音美。考聲云：靃靡，草偃皃也。楚辭：蘋草靃靡也。王逸注云：隨風披敷也。論文並從草作蘼蘼，俗字也。若音爲霍者，非也。

皠粲 上崔猥反。埤蒼云：皠，鮮好皃也。考聲云：皠，霜雪白皃也。說文：從白崔聲。或作漼。猥音限每反。下倉散反。

迸灒 臧散反。說文：灒，謂相污灑也。一云：水濺人也。從水贊聲。贊音同上。

共齅 朽又反。說文：以鼻就臭曰齅。從鼻從臭，臭亦聲也。論文作嗅(嗅)[二七]，非也。

罥索 上決泫反。聲類云：罥，繫取也。考聲云：罥，以繩捕鳥也。或作羂。文字典說云作羂。古今正字：從冈肙聲。肙音一椽反，淵之去聲也，從口從肉。

所蜇 展列反。博雅云：蜇，螫也。或作蛆。說文：從虫旦聲。

捺落迦 上難怛反。梵語大地獄名也。

墋害 初錦反。陸機漢祖功臣頌：茫茫宇宙，上墋下黷。古今正字：從土參聲也。

捶拷 隹蘂反。國語云：鞭捶使之。說文：捶，以杖擊也。從手垂聲。下音考。

鬘等 音蠻。西國時花，以綫貫穿，以爲嚴身之具，名曰花鬘。

成唯識寶生論 第三卷

鑯鏟 察盞反。考聲：或作弗。博雅云：炙肉鑯也。說文：鑯，謂之鏟，從金產聲。鑯音妾鹽反。

驚飇 必遙反。鄭注爾雅云：飇，風從下向上者。尸子云「暴風頹飇」是也。說文：從風猋聲，或作飆。猋音同上。

驝駝 上湯洛反，下鐸何反。山海經云：驝駝，有肉窜，負千斤，知泉所在。周書云：王會正以驝駝爲獻，能負重，善行致遠，北方饒之。並從馬，橐、它聲。橐音託。它音同上。論作洛[二八]，是馬色也。亦駱駞字也。

蠍蜇　上軒謁反,下展列反。廣雅云:蠍,毒蟲也。埤蒼云:蜇亦螫也。說文:並從虫,歇、折聲。蜇或作蛆(蛆)〔二九〕,從虫從怛省聲。論作噛字,誤也。

顛蹶　眷月反。鄭注禮記云:蹶,行遽之皃也。顧野王云:蹶猶驚駭急疾之意也。賈注國語云:蹶,走也。說文:從足厥聲。

波跛　波頗反。梵語也。

確論　腔角反。韓注周易云:確,堅皃也。說文亦堅也。從石霍聲。

矬𤸷　上坐莎反,下櫻解反。廣雅云:矬,短也。作矮。又𤸷亦矬也,亦作矮。古今正字:𤸷亦短也。矬,從矢坐聲。𤸷,從疒奇聲。考聲:正矮。論文二字並從人,從坐、從歲作侳、𠑵,二字並非也。莎,鎍和反。

光熾　齒志(志)〔三〇〕反。顧野王云:熾必潔也。亦謂熾,猛火也。傳曰:熾,盛也。考聲云:熾,赤色也。說文:從火戠聲。戠音承識反。

頗胝　音知。梵語寶名也。

濡耎　儒兗反。鄭注考工記云:讀爲柔耎之耎也。博雅云:耎,弱也。說文:從而火聲。

成唯識寶生論　第四卷

分析　星績反。孔注尚書云:析,分也。聲類:析,劈也。說文:破木也。從木斤也。

豁脫總撥爲空　上歡栝反。顧野王云:豁者,豁達大度量也。廣雅云:空也。說文:通谷也。從谷害聲。或作豁〔三一〕。論作塹,非也。

颲烈　居碧反。

芽者　雅加反。廣雅云:芽,始也。說文:芽即萌芽也。從艸牙聲。

問緒　徐與反。郭璞注爾雅云:緒謂端緒也。又曰:緒,事也。毛詩傳曰:緒,業也。王逸注楚辭云:緒,餘也。說文:緒,端也。從糸者聲。

睎望　喜衣反。廣雅云:睎,視也。說文云:睎,望也。從目希聲也。論作悕,亦通用。

用欜　湯洛反。易曰:重門擊欜,以禦暴客。春秋傳曰:魯擊欜,聞於邾。說文:從木橐聲。論作拓,是落柘(拓)〔三二〕失節皃也。論義不同,誤用也。

成唯識寶生論　第五卷

丂決　乎故反。考聲云:丂,交也。周禮云:事之更遞亦名曰丂也。說文云:中象人手丂相鉤握字意也。

如睡　下垂類反。蒼頡篇:睡猶卧也。說文:寐也。從目垂聲。論作娷。誤也。

重緾　徹連反。淮南子云:緾以朱絲。說文:緾,約也。從糸厘聲。或作纏。

苾蒭　上頻蜜反,下惻俱反。梵語,古譯云比丘也。

屠膾　括會反。廣雅云:膾,割也。說文:細切肉也。從肉會聲。

唯識論一卷　破色心　慧琳撰

迭共　田頡反。考聲:迭,遞也。杜注左傳:迭,更也。方言:

迭，代也。説文：從辵從昳省聲。頡音豎結反。遞音弟。昳音同上。

拏迦　上搦加反。西國梵語。

棘樹　矜力反。毛詩傳云：棘，酸棗也。廣雅云：棘，箴也。爾雅：有牛棘、顛棘、商棘、馬棘、狗棘也。方言：凡草木有束刺人，江淮之間謂之棘。説文云：棘似棗，叢生也。從竝二束。束音此漬反。論從二来作棗。非也。

徧躡　黏輒反。方言：躡，登也。自關而西秦晉之間謂登爲躡。廣雅：躡，履也。説文：蹈也。從足聶聲也。黏音尼霑反。

迦旃延　戰然反。梵語阿羅漢名也。

夜蹋　談答反。廣雅：蹋，履也。説文：踐也。從足𦐇聲。𦐇音塔。

成唯識論　第一卷　慧琳撰

蝦蟇　上音遐，下音麻。蒼頡篇云：蝦蟇，蛙也，水蟲也。説文作蝦蟇。一名田父，一名蟾蠩，一名青蛙，一名黄懷。

槖籥　上湯洛反，下羊灼反。老子曰：天地之間其猶槖籥乎，虚而不屈，動而愈出。御注云：槖者，韛囊也；籥者，羌笛也。槖之鼓風，笛之運吹也。顧野王云：槖籥，鑄冶者所以用吹火使炎熾也。蒼頡篇云：囊之無底曰槖。毛詩傳曰：槖槖，用力者也。古文從口作囦。説文：囊也。從石從槖省，槖音胡本反。口音韋。韛音敗。冶音野。

鎔銅　上涌鍾反，與容同音。集訓云：鑄冶器法也。應劭注漢書云：鎔，形也。説文：從金容聲也。

瓶甌　下歐侯反。考聲云：甌，小瓦盆也。案：瓦椀、瓷椀皆謂之甌也。鄭注周禮云：甌，小罌也。方言云：盆之小者爲之甌。説文：小盆也。從瓦區省〔三〕聲也。

堤塘　上底泥反。考聲：堤，防也，限也，梁也。郭注爾雅：橋也。説文：塘也。或從阜作隄。下蕩郎反。塘者，培土爲路也。塘亦堤也，或從阜作隚也。

成唯識論　第二卷

焦炷　上奨遥反。考聲云：乾極也，傷火也。韻詮云：黑殞也。説文：火所燒也。古文從三隹從火作雧，今隶書省，單作焦。論文從火作燋，非也，音即藥反，以火燋龜也。下朱孺反。考聲云：炷，燈心也。此字近代出，玉篇、説文、古今正字並無。

尸骸　駭皆反。顧野王云：身體之骨總名爲骸。考聲云：形體骨也。韻譜云：骨亦骸也。説文云：脛骨也。從骨亥聲。駭音遐界反。

成唯識論　第三卷

瞢昧　上墨崩反。毛詩傳曰：瞢，亂也。杜注左傳云：悶也。説文：目不明也，從苜。或從旬作矒，旬也，目揺動也。苜音武福反。旬音縣。

駛流　上師利反。蒼頡篇云：駛，疾也。考聲云：馬行疾也，速也。古今正字：水濬流也。從馬史聲也。

成唯識論　第四卷

局理　上蛬玉反。爾雅：局，所以部分也。詩傳：曲也。廣雅：近也。說文：促也。從口在尺下。促者，不可足訓可也。

倨傲　上居御反。杜注左傳：倨亦傲也。鄭注禮記云：不敬也。說文：不遜也。從人居聲。經從足作踞。誤也。下敖誥反。考聲：憍，倨也。尚書：慢也。博雅：蕩也。說文亦作敖。經作傲。俗字也。

顒動　上虛驕反。顧野王云：顒，諠也。鄭箋詩云：衆多皃也。考聲云：毀謗也。說文：顒，氣出頭也。從㗊從頁，會意字也。㗊音莊立反。

人杌　下五骨反。通俗文：物無頭曰兀。集訓：樹無枝曰杌。從木。說文闕。

成唯識論　第五卷

寔繁　上承職反。杜注左傳云：寔，實也。爾雅：寔，是也。說文：止也。從宀是聲。論文從穴非。下伐袁反。毛詩傳曰：繁，多也。鄭注禮記云：盛也。考聲：繁，衆多也。古今正字云從糸敏聲也。

成唯識論　第六卷

確陳　上腔岳反。易下繫云：夫乾確然，示人易矣。韓康伯曰：確，剛皃也。古今正字：確，堅也。從石隺聲。隺音鶴。

悍表　寒旦反。蒼頡篇：悍，桀也。說文：勇也。從心旱聲。下筆天反。說文：上衣也。從衣從毛。古者衣裘，以毛爲表，故表字從毛。

善軶　上善字。說文：吉也。從羊從言。下音厄，正體字也。車轅端横木也。從車戹聲。戹音同上，從户從乙。

誹撥　上非未反。下補末反，從手發聲，拂也。

詭詐　上歸委反。顧野王云：詭，奇恑[三四]也。廣雅：惡也。考聲：詭亦詐也，欺也，變也。說文：從言危聲。經作詭[三五]，書訛也。

躁擾　上遭到反。顧野王云：躁，動也。賈注國語：亦擾也。鄭注論語云：不安静也。考聲：性急也。說文作趮字，從走喿聲。喿音蘇到反。

成唯識論　第七卷　第八卷　第九卷

第十卷　已上四卷並文易不要音訓。

大丈夫論　上卷　慧琳撰

摧破　罪雷反。考聲：摧，剉也。說文：摧，折也。從手崔聲也。論從石作確。非也。

大丈夫論　下卷

調濡　上庭聊反。鄭注周禮：調，合也，和也。下乳珠反。左傳：濡，潤澤也。說文：濕也。從水需聲。需音相餘反。需字上從雨，下從古天字。易曰：雲上於天，需。即其象也。

入大乘論　上卷　慧琳撰

耆䳌　上音祇，下居六反。梵語人名也。即涅槃經中醫王耆婆是也。此乃翻譯者華質不同，梵音訛轉也。

憘起　希寄反。字書：憘，與好也。

諸渚　章與反。渚者，即洲也。爾雅云：凡水中可居曰洲，水涯曰渚，渚亦小洲也。論中從小作渚，非也。下文準此。言麥渚粟洲等，悉是海島名也，皆十六大呵（阿）〔三六〕羅漢之所住處也。

粗獷　虢猛反。言傷人也。從犬廣聲。一云惡也。

因桴　撫謀反。玉篇云：擊鼓杖也。更有別訓，不要，所以不取。從木。

濤波　唐勞反。文字典說云：大波也。或云海潮曰濤。從水從壽省聲也。壽音道。

入大乘論　下卷

桎沙桎麗　真日反。並梵語人名也。釋種眷屬也。

推石　退迴反。說文：從手隹聲也。

矛矟　上莫侯反。說文：酋矛也，戈類也。呂氏春秋云：蚩尤作五兵，矛長丈二，建於兵車。象形字也。經從牟作鉾，非也。下雙卓反。古今正字：矟亦矛也，亦名拘子。戟長一丈八尺。今之戟，矟也。從矛肖省〔三七〕聲也。經從木作梢，非也。

蹴蹋　上秋育反。何注公羊傳云：以足逆蹋謂之蹴。說文：蹴亦蹋也。下談闔反。廣雅：履也。說文：蹋，踐也。從足曷聲。曷音土合反。或作踏，亦通。

揵椎　上音乾，下直追反。梵語也，即僧堂中打静砧磓也。以木打木，集衆議事，或科罰有過，或和合舉事以白衆僧亦如此，打鍾、擊磬〔三八〕、吹螺等類是也。古譯或云摘揵稚，記訛也。

掌珍論　上卷　玄應撰

樊籠　扶袁反。案樊即籠也。莊子「釋（澤）雉不祈畜於樊中〔三九〕」是也。

安繕那藥　梵語。舊作安禪那，此云眼藥也。

牧牛　黄（莫）〔四〇〕禄、亡福反。三蒼：牧，養也。方言：牧，飤也。畜養之總名也。

誣罔　武于反。說文：加言曰誣。[誣]〔四一〕亦罔[也]〔四二〕，妄也，欺也，以是爲非曰罔之。

餌能　如志反。蒼頡：餌，食也。案凡所食之物皆曰餌食。

掌珍論　下卷

嗢鉢羅　梵語。烏没反。或言優鉢羅，又作漚鉢羅，一也。此云大黛花。

銅鍱部　餘涉反。上座部也。鑿赤銅鍱書字記文，今猶在師子國也。

犢子部　梵言跋私弗多羅，此云可住子部。舊云犢子者，猶不了梵音長短故也。長音呼跋私則是可住，若短音呼則言犢。從上座部中一切有部出也。

緣生論一卷　慧琳撰

舌唌　下羡延反。俗字也。考聲云：延[四三]，口中津也。説文：液也。正從水作次也。

頞浮陀　上安葛反。梵語。或言害按部談，初受胎也。

箄尸伽　上閉迷反。亦胎藏中。梵語也。中或作閉尸，此云肉團。

唯識論[四四]　修道不共佗。

羺羊　奴溝反。通俗文：羊卷毛者謂之羦羺，胡羊也。羦音女佳也[四五]。

利剌(刺)[四六]　又作剌[四七]，同，千利反。剌，直傷也。字從刀朿(朿)[四八]聲。朿(朿)音且賜反。

大乘緣生論一卷　無相思塵論一卷

已上二卷並無字可訓釋。

大乘五蘊論一卷　玄應撰

尤蛆(蛆)[四九]　有憂反，下知列反。尤亦怨也。蛆，痛也，蟲行毒也。

蒙昧　字體作矇，同，莫公反。下每貝反。易云：蒙者，懞也。謂懞覆不明也。廣雅云：昧者，闇也。謂[暗][五〇]蔽無知也。易云「蒙昧幼老，謂不我求」是也。

大乘廣五蘊論　慧琳撰

磁石　上音慈。吕氏春秋云：磁石能召鐵。本草云：磁石，一名玄石，一名處石。若有孔，孔中赤色者名慈石，無孔青黑色名玄石。生慈州之山陰，能吸鐵，好者虛懸三四針，能消鐵毒。經意取吸鐵爲喻也。

寶行王正論一卷　無字可音訓。

起信論序　慧琳撰

遣聘　下匹併反。考聲云：聘，訪也。穀梁傳云：以玉帛存周隣國也。説文：從耳甹聲。論序從馬作騁[五一]，誤也。或從身作躳，非也。亦作聘[五二]。甹，音匹冥反。

寇擾　上苦候反。説文：寇，暴也。下而沼反。經從木作櫌，非也。

智愷　開改反。郭注爾雅：愷，樂也。

不悛　撲唯反。方言云：悛亦悖字也。

起信論　梁真諦譯

對治　下長离反。考聲云：治，理也。時(治)[五三]，直里反。

心原　魚袁反。原，水泉本出也。説文作厵也，從厂從灥，音似仙反。今篆文省作原。

宗寞　上情績反。方言：宋，静也。説文：無人聲也。俗作寂，古作家。下忙博反。或作募。經作漠，沙磧也。
鉡穢 古猛反。鄭注禮記云：金玉璞未成未銷鍊曰鉡。考聲云：銅鐵等璞也。亦作磺，或作礦。下於喙反。
分齊 上扶問反。分字從八從刀。下情系反。
憒丙 胡對反。說文云：憒，亂也。經作闠，俗字也。下拏效反。考聲云：人多諠也。經中作內。誤也。
慌忽 上荒廣反。博雅云：慌忽，失志皃也。經中作恍。非也。下昏骨反。亦作惚也。

大乘起信論 上卷 慧琳撰

熏習 上訓惲[五四]反。考聲云：熏，熱也。說文云：火氣也。從黑從中作熏。今俗作熏，行用已久難改。亦作燻[五五]。

大乘起信論 下卷

不解 鞋界反。音夏者。非也。
攄理 居御反。考聲云：攄，憑也。杜注左傳：依也。經作懅，非也。說文：從手豦[五六]聲也。
兜率陀 梵語上界天名也。唐云知足。
羼提 初板反。亦梵語。唐云忍辱。
消滅 上小焦反。蒼頡篇：消亦滅也。說文：盡也。經作銷，爍金也。
昏寐 彌避反。經從穴從心作寐[五七]，非也。
嬰疢[五八] 益經反。漢書：嬰，繞也。說文：從女從賏。賏音同上也。下敕鎮反。毛詩傳云：疢，病也。

發菩提心論 上卷 玄應撰

罝羅 姉邪反。兔網曰罝。罝，遮也。鳥網曰羅。羅，截也。
盼覰 普幻反，下力再反。廣雅：盼，視也。字書：美目也。有白黑分也。說文：覰，內目瞳子視也[五九]。論文作盻，邪視也。下作睞，力代反。說文：目瞳子不正也。今俗云「顙眼」是也。顙音盧對反。睞非今用。
加誣 武于反。說文：加言曰誣。誣亦罔也，妄也，欺也。

發菩提心論 下卷 先不音訓。

三無性論二卷 一名無相論 並無可音。

如實論 一卷 無字音訓。

迴諍論 一卷 慧琳撰

無水不能爛 勒但反。前文已具釋。說文從火。論文從水，非也。平聲字。
一箱 想羊反。
憂憒 上於尤反。文字典說云：愁也。從頁從心頁者，頭也。人之憂者，必由其心，而色見於面。從反(夂)[六〇]反(夂)者，曳足遲迴憂愁之象。會意字也。
八十四者惺 音星。或作醒，睡覺也，迷得悟也。
自他遞互 音弟。上聲字。或作遆。遞，猶代也。論文作迭，音田結反，義即雖通，於音非順，宜改爲遞。

大賒 捨遮反。考聲云：賒，緩也，遠也。

壹輸盧迦論 慧琳撰

聰叡 下悦慧反。尚書云：叡，聖也。又云：必通於術也。賈注國語：叡，明也。廣雅云：智也。或作睿。説文：從𣦼目從谷省聲。𣦼音才安反。經作叡，誤也。

十二因緣論 慧琳撰

印鏡 上因胤反。即符〔六一〕印也。論取其文，喻一切法鏡象亦爾。

菴羅果 上暗含反。案菴羅者，天竺國果名也。此國亦有，似梨小於彼國者。爲響梵語，不求字義。

觀所緣緣論 慧琳撰〔六二〕

解捲〔六三〕 上皆買反，下逵圓反。毛詩傳曰：撥力也。國語曰：子有捲勇也。又口（曰）：〔六四〕捲，收也，舒也。説文：氣勢也。從手卷聲。或作拳。拳，手也，亦與攉字今義同。

於藤 下特登反。廣雅云：藤，藟也。顧野王云：今呼草蔓莚如葛藟者爲藤。古今正字：從草藤（縢）〔六五〕聲。縢字從舟從卷〔六六〕從氺。論文從月。非也。藟音纍。

分析 下星績反。聲類云：析，劈也。考聲云：割也，分也。説文：破木也。從木斤也。

掌中論 慧琳撰

毫氂 下理之反。周易云：失之毫氂，差之千里也。漢書音義云：十毫曰氂。説文：毫氂二字並從毛。論作豪釐，非正也。

止觀門論頌 慧琳撰

胮脹 上朴尨反。埤蒼：胮，肛腸脹也。考聲：肛滿大皃也。肛音呼江反。古今正字：從月夅聲。論作膖，俗字也。

蠲除 上決玄反。孔注尚書：蠲，潔也。顧野王云：清潔也。考聲亦除也。説文：從蜀益聲也。

如蛭 下論本音之日反。郭注爾雅云：江東呼蛭爲蟣。蒼頡篇：水虫也。説文：從虫至聲。

鈎斲 下丁角反。孔注尚書：斲，削也。説文：斫也。俗作斵。字書作𤮊〔六七〕。從斤㗊聲。㗊音大口反。

狐貥 下何各反。考聲云：貥，獸名也，似狐而小也。論語云「狐貥之厚以居」是也。説文亦云：似狐，善睡獸也。從豸音雉亢聲。或作貈。論文作狢，俗字也。

釨〔六八〕箭 上母侯反。考聲：酋矛，戈之類也。説文作矛，象形字也。玉篇作釨，古文矛字也。文字集略作鉾，與論中同，俗字也。

取因假設論 慧琳撰

已㡿 下昌隻反。穀梁傳云：㡿，指也。博雅云：稀也，大也。

左傳：候也，又多也。說文：從广屰聲。屰音逆。經作斥。俗字也。

嬰孩　上益盈反。蒼頡篇：女曰嬰，男曰孩。釋名：人初生曰嬰兒也。說文：從女賏聲。賏音同上。論作孆。非也。

觀總想論頌　無字可音訓。

大乘百法論　慧琳撰

爲無我　上葦危反。

相應　上息羊反，下於矜反。

四覆　下芳救反。賈注國語：覆，蓋也。廣雅：蔭也。說文從襾。襾音赫假反。

五誑　下俱況反。賈注國語云：誑猶惑也。杜注左傳：欺也。

惛沈　上忽昆反。孔注尚書：惛，亂也。鄭箋注詩曰：惛憧無所知也。說文：從心從民。下持林反。孔注尚書：沈謂冥醉也。顧野王：沈猶没也。說文：從水從冘。冘音余針反。

掉舉　上條曜反。賈注國語：掉，摇也。廣雅：振也。說文：從手從卓。下居吕反。顧野王：舉，糾也。說文從與。文字集略作擧。

睡眠　上垂淚反，下沔邊反。

四伺　下思次反。韻略：伺，候也。

二十二數　下色句反。孔注尚書：數，筭也。周禮：數者，十百千萬億兆也。說文：計也。從攴從婁。攴音普卜反。

擇滅　上音宅。爾雅：擇，揀也。說文：選也。從手從睪。下彌鼈反。孔注尚書：滅，没也。爾雅云：絶也。說文：盡也。從水從威。

百字論一卷　慧琳撰

聰叡　下悦芮反。前壹輸盧迦論中已具釋訖也。

紡織　上芳冈〔六九〕反。杜注左傳：紡，纑也。鄭注儀禮：紡絲爲今之縛也。考聲：糾絲令緊也。糾音經酉反。說文：絲也。糸即挨也，索也。從糸方聲。

梁椽　下篆攣反。考聲：椽，屋椽也。說文云：秦謂之椽，齊魯謂之桷〔七〇〕。從木彖聲。彖音土换反。

手杖論　慧琳撰

爲無　上于僞反。

沈淪　上直林反。孔注尚書：沈，没也。大乘百法論已具釋。下律脣反。孔注尚書：淪，没也。廣雅：漬也。爾雅：小波爲淪。說文亦作淪。

坦道　上湯嬾反。周易：履道坦坦。廣雅：平也。說文：安也。從土從旦。

顛蹷　上典年反。考聲：顛，殞也。廣雅：倒也。或作傎。論文作顛，俗字也。下卷月反。廣雅：蹷，敗也。說文：僵也。從足厥聲。

斷割　上端乱反。鄭仕（注）〔七一〕禮記：斷猶夬也。說文：截也。從斤從㡭〔七二〕。㡭音絶，古絶字也。論文作斷，俗字也。下哥渴反。孔注尚書：割，剥也。鄭注爾雅：裂也。廣雅：裁也。説文：從刀從害。

數量　上色句反，下力丈反。論作量，俗通用也。

一分　下扶問反。説文：從八從刀。

摧殘已　上藏雷反。顧野王：摧猶折也。下藏蘭反。廣雅：殘，滅也。蒼頡篇：敗也。説文：從歺從戔也。歺音同上。戔亦音同上也。

添數　上忝拈反。廣雅：添，益也。下霜句反。

阿陀那識　梵語也，即含藏識也。

羯剌羅　古譯云羯羅藍，即初受胎也。

僧去聲塞迦二合囉八底也　梵語法名也。

毘若南婆薄八底也社底　梵語文義之名也。

強逼　上渠良反。埤蒼：強，壯也。廣雅：健也。説文：從弘從虫。下冰力反。孔注尚書：逼，迫也。博雅：近也。説文：從辵畐聲。辵音丑略反。畐音丕碧反。

增乘　上則登反。考聲：增，重也。廣雅：加也。爾雅：益也。杜注左傳：增，衆也。下繩證反。杜注左傳：乘，車之總名也。

其減　甲斬反。杜注左傳：減，輕也。廣雅：少也。説文：損也。從水咸聲。

無費　妃未反。考聲：費，耗也。埤蒼：損也。説文：散財物也。從貝從弗。

慳人　上坑閒〔七三〕反。蒼頡篇：愛財不捨曰慳。説文從堅。或作掔也。

嗢波拕　上塢骨反。拕音他。梵語也。

難遭　早勞反。埤蒼：遭，逢也。博雅云：橫及也。説文：從辵從曹聲也。

易得　上移地反。蒼頡篇：易，不難也。

五个　哥餓反。亦作箇。

開篋　下謙頰反。方言：篋，箱類。鄭注禮記：盛物之械也。從竹從匧。匧音同上。

八暇　下遐嫁反。賈注國語云：暇，閑也。説文從日從叚。

大窄　下音責。考聲：窄，陿也。聲類：迫也。或作迮，亦作厏。

藉餘　上情夜反。博雅：籍，薦席心〔七四〕也。周易：藉用白茅。

劬勞　上具于反。廣雅：劬，勤也。鄭注禮記：劬亦勞也。下老刀反。賈注國語：勞，疲也。爾雅：勤也。説文：劇也。從力。言用力者，即勞苦。

阿笈摩　中鉗業反。梵語也。唐云教法。或云傳，爲展轉傳授法教也。

大乘法界無差別論　慧琳撰

應如　上於矜反。

分位　上弗問反。

開闡　上愷哀反。説文：開，張也。從門幵聲。經作開，俗字也。幵音遺賢反。下昌演反。韓康伯云：闡，明也。蒼頡篇亦大開也。説文：從門單聲。

變易　上彼眷反。廣雅：變，化也。説文：從攴䜌聲〔七五〕。經從夂作變，俗字也。攴音普卜反。䜌音力眷反。下音亦。

誤犯　上五固反。孔注尚書：誤，謬也。考聲云：錯也。説文：從言吳聲。經作誤。俗字也。

覆翳　上芳救反。賈注國語：覆，蓋也。説文：從襾復聲。襾音赫賈反。下於計反。郭注爾雅：翳，掩也。説文：蓋也。從羽殹聲。殹音同上也。

漂流　上匹遥反。顧野王云：漂，流也。説文：浮也。從水票聲。票音同上。

坌中　分問反。坌，弁除也。從土弁聲。經作糞，俗字。

包裹　上飽交反。説文：包字從勹，象人曲身有所包裹也。下古火反。顧野王云：裹猶包也。説文：上下從衣果聲。勹音包也。

墮廁　上徒果反。鄭注大戴禮云：墮，墜也。韻莫(英)〔七六〕：落也。從土隋聲。隋音同上也。下初事反。説文：廁，圊也。從广則聲。广音魚撿反。

混著　上胡本反。顧野王云：混，穢濁也。説文：從水昆聲。下直略反。考聲云：著，附也。

封著　上風用反。封，執也。

所蔽　卑袂反。杜注左傳：蔽，障也。考聲云：掩也。文字典説：從草敝聲。敝音同上。

六門教授習定論　慧琳撰

煩惱障　下章讓反。考聲：障，隔也。集訓云：蔽，隱也。説文：界也。從𨸏章聲。經作㢓，誤也。

破外道小乘四宗論　慧琳撰

僧佉　下羌伽反。梵語外道名也。

手爪　下側絞反。左傳云：以爲腹心爪牙也。説文：手足甲也。或作叉，象形。經從手作抓，非也。

破外道小乘涅槃論　慧琳撰

羸形　上累危反。杜注左傳云：羸，弱也。賈注國語：羸，病也。許叔重注淮南子云：劣也。諸(説)〔七七〕文：瘦也。從羊從羸。羸音力臥反。

摩醯〔七八〕　下血鷄反。梵語。經作醯，誤也。

兩髀　下鼙米反。説文：髀，股外也。從骨。經作髀，俗字也。

腳跟　上腳字，説文：從肉從卩谷聲也。音渠略反。從重人從口。論從月從去作脚，非也。下艮痕反。釋名：足後曰跟。説文：足，踵也。從足艮聲。

提傚　下丈二反。梵語外道女人名也。

摩㝹　下努頭反。梵語外道女人名也。正作䨲。經作㝹，俗字，通用。

虵〔七九〕蠍　下軒謁反。博雅云：蠍，螫也。廣雅云：一名蠍蠆也。蠍音闥。蠆音洛割反。古今正字：蠆，蠍也。蠆音丑介反。通俗文：蠍蠆，蠍之異名也。説文：毒蟲也。蠆，古文象形。又從虫。經作蝎，桑蟲也。蝎音胡葛反。非此義也。

蚊䖟　下陌耕反。莊子云：蚊䖟嗜膚也。淮南子云「䖟蟲散積血」是也。聲類云：似蠅而大也。説文：齧人飛蟲也。從蚰。經作宝，略不成字也。

蠅蚤　上翼繒反。毛詩箋云：爲蠅之蟲，污白爲黑、污黑爲白也。方言：陳楚之間，自關而西，秦晉之間謂之蠅，東齊謂之羊。郭璞曰：此語轉不正耳。今江東人呼羊聲如蠅。凡如此比不宜別立名也。説文：蝨之大腹者也。從黽虫。黽音猛。經從糸作繩，非也。下遭老反。韓子云：韓昭侯搔蚤而詳失一蚤也〔八〇〕。淮南子云「使蟾蠩捕蚤」是也。考聲云：狗蝨也。説文云：齧人跳蟲也。或作蚤，從虫。經作蚤〔八一〕，誤也。

蚰蜒　上以州反，下衍仙反。方言：蚰蜒，自關而東謂之螾蜒，或謂之入耳也。又云：北燕謂蜥蜴爲祝蜒也。考聲云：蚰蜒，蟲名者。或作蝣。古今正字並從虫，由、延皆聲也。

棘莿　上兢力反。前唯識論已具釋訖。下雌漬反。郭注爾雅：朿茦針也〔八二〕。方言：凡草木刺人謂之莿也。説文：木芒也。謂木皮外有鑱刺者也，苦棗、榆枳之類也。或作朿，從艸。經作刺，誤也。

一切經音義　卷第五十一

校勘記

〔一〕二　獅作「云」。
〔二〕猷　據文意當作「歔」。
〔三〕漫　據文意似爲「滂」的俗字。
〔四〕象　據文意似當作「㲋」。
〔五〕憧　據文意似當作「幢」。
〔六〕六　獅作「云」。
〔七〕也　據文意似當作「反」。
〔八〕典説　即文字典説。
〔九〕猗　據文意似當作「猗」。
〔一〇〕省　衍。
〔一一〕玄　即「互」。獅作「互」。
〔一二〕説文：照晰亦明也　今傳本説文：「晢，昭晰明也。」
〔一三〕霾　獅作「霾」。
〔一四〕省　衍。
〔一五〕説文：衆辭與也　今傳本説文：「衆與詞也。」
〔一六〕説文：禾粟下陽生者曰莠　今傳本説文：「禾粟下生莠。」
〔一七〕蘊，藻聚也　今傳本杜注爲「薀藻，聚藻也」。
〔一八〕佫　獅作「俗」。
〔一九〕説文：惛，恔也　今傳本説文：「惛，不憭也。」
〔二〇〕説文：波，水通出也　今傳本説文：「波，水涌流也。」
〔二一〕也　據文意似當作「反」。
〔二二〕昞　據文意似作「昞」。
〔二三〕咀　據文意似當作「咀」。
〔二四〕從甘舌聲　今傳本説文爲「从甘舌。舌知甘者」。
〔二五〕征　據文意似當作「延」。
〔二六〕從艸蔓聲　今傳本説文爲「从艸曼聲」。
〔二七〕嗅　大正作「嗅」。
〔二八〕洛　據文意似當作「駱」。
〔二九〕蛆　據文意當作「蛆」。
〔三〇〕忐　獅作「志」。
〔三一〕谽　似作「谽」或「䜪」。
〔三二〕柘　據文意當作「拓」。
〔三三〕省　衍。
〔三四〕怊　據文意似當作「怪」。
〔三五〕詭　據文意似作「恑」或「詭」。
〔三六〕呵　獅作「阿」。
〔三七〕省　衍。
〔三八〕磬　即「磬」。
〔三九〕莊子「釋雉不祈畜於樊中」　今傳本莊子：「澤雉十步一啄，百步一飲，不蘄畜乎樊中。」
〔四〇〕黄　玄卷二十三釋此詞作「莫」。
〔四一〕誣　麗無，據玄卷二十三釋此詞補。
〔四二〕也　麗無，據玄卷二十三釋此詞補。
〔四三〕延　據文意當作「啜」。
〔四四〕唯識論　此條原接排在「箄尸伽」條内。考磧本玄卷十卷目中標有此經，正文中釋有「羺羊」和「利刺」兩個詞條。檢今傳本陳真諦譯唯識論中確有「羺羊」和「利刺」

二詞，此據磧本玄將唯識論列爲經目名。

〔四五〕也　玄卷十作「反」。

〔四六〕剌　據文意當作「刺」。

〔四七〕刾　獅作「刾」。下同。

〔四八〕東　據文意當作「朿」。

〔四九〕蛆　據文意當爲「蛆」。玄應所見經文似已誤作「蛆」。下同。

〔五〇〕暗　麗無，據玄卷二十三釋此詞補。

〔五一〕聘　據文意作「騁」。

〔五二〕聘　據文意似當作「娉」。

〔五三〕時　獅作「峙」。據文意似當作「治」。

〔五四〕憚　據文意似當作「憚」。

〔五五〕熛　據文意似當作「熛」。

〔五六〕攦　獅作「攦」。下同。　虒　獅作「虒」。

〔五七〕寐　似當作「寐」。

〔五八〕疥　獅作「疹」。下同。

〔五九〕説文：覞，内目瞳子視也　今傳本説文：「覞，内視也。」

〔六〇〕反　據文意似當作「夂」。下同。

〔六一〕苻　據文意似當作「符」。

〔六二〕考觀所緣緣論是陳那菩薩造，玄奘譯。目録中的觀所緣論當爲觀所緣緣論。正文中闕釋文，其下所釋「解捲」、「於藤」、「分析」三條當是釋解捲論的音義。

〔六三〕據卷前目録，此條以下是釋解捲論的音義。解捲論，陳那菩薩造，真諦譯。正文中闕解捲論的經名。

〔六四〕口　獅作「曰」。

〔六五〕藤　據文意似當作「縢」。

〔六六〕卷　獅作「关」。

〔六七〕甗　據文意似當作「甗」。

〔六八〕舒　據文意似當作「紓」。

〔六九〕冈　獅作「罔」。

〔七〇〕説文云：秦謂之椽，齊魯謂之桷　今傳本説文爲「椽，榱也」。「榱，椽也。秦名屋椽也，周謂之椽，齊魯謂之桷」。

〔七一〕仕　據文意當作「注」。

〔七二〕豔　今傳本説文作「豔」。下同。

〔七三〕間　獅作「間」。

〔七四〕心　疑衍。

〔七五〕説文：從友戀聲　今傳本説文：「從攴䜌聲。」

〔七六〕莫　獅作「英」。

〔七七〕諸　據文意當作「説」。

〔七八〕醯　即「醯」，又作「醯」。

〔七九〕虵　獅作「蛇」。

〔八〇〕韓子云：韓昭侯搔蚤而詳失一蚤也　今傳本韓非子：「韓昭侯握爪而佯亡一爪。」

〔八一〕蚤　據文意似當作「蚤」。

〔八二〕郭注爾雅：朿莱針也　今傳本爾雅：「茦，刺。注：草刺針也。」

一切經音義　卷第五十二

翻經沙門慧琳撰

音長阿含經二十二卷　玄應
中阿含經六十卷　玄應
增壹阿含經五十一卷　玄應
雜阿含經五十卷　玄應
別譯阿含經二十卷　玄應
佛般泥洹經二卷　玄應
大般涅槃經三卷　玄應
般泥洹經二卷　玄應
人本欲生經一卷　玄應
梵志阿跋經一卷　玄應
尸迦羅越六向禮一卷　無
梵網六十二見經一卷　玄應
寂志果經一卷　玄應

右十三經二百一十四卷同此卷音

長阿含經　第一卷

先不音。

長阿含經　第二卷

防禦　魚舉反。防，備也，亦禁放逸也。爾雅：禦，禁也，制捍禦之也。捍音胡旦反。禁、禦二字並從示。

乘桴　又作艀，同。扶流反。編木者也。小泭曰桴也。［泭］〔一〕音敷。

明喆　古文喆、哲二形，今哲，同。知列反。爾雅：哲，智也。亦了也。

嘆咤　古文歎、鷬二形，同。他旦反。嘆，吟也。吒又作嗖，同。竹嫁反。通俗文：痛惜曰咤也。

填塞　又作窴，同。徒堅反。廣雅：填，塞。亦填滿也。

并饜　人名也。相承音飽，未詳所出。案古文餜、饜二形，今作飽。飽猶滿也。此應饜字誤作也。饜音於餤反。

長阿含經　第三卷

殞絶　字書作隕，同。于愍反。聲類：殞，歿也。亦墜落也。

轟轟　今作軥，字書作輷，同。呼棚反。説文：轟，群車聲也。

彷徉　房羊二音。廣雅：彷徉，從（徙）〔二〕倚也，亦徘徊也。

聲聒　公活反。諠也。蒼頡篇：擾耳孔也。諠語也。

濁渾　胡昆反。渾，亂也，亦水流聲也。

恬淡　徒兼、徒濫反。言恬静也。廣雅：淡，安也。

長阿含經　第四卷

歔欷　古文唏，同。上欣居，下欣既反。蒼頡篇：泣餘聲也。亦悲也。

終措　且故反。措，安也，亦置也，施也。

淪噎　力均反。淪，没也。噎，翳也。謂淪没翳暗也。

虜扈　力古、胡古反。謂縱横行也，亦自縱恣也，又勇健之皃也。漢書音義曰：扈，跋扈也。自大也。

瑕隙　古文㗑，同。丘逆反。璺也，亦别也，壁際孔隙也。經文作郄，非體也。隙字從上下小從白。

企望　古文研(跂)〔三〕、㕇二形，同。墟豉反。通俗文：舉跟曰跂也。字從人從止。

長阿含經　第七卷

隊隊　古文䃍，同。徒對反。言群隊相隨逐也。

爲篡　亡支反。字林：竹篾也。經文或作篾，義同。今蜀土關中皆謂竹篾爲篡。經文作籤，誤也。

有泄　思列反。發也，溢也，亦漏也。

自刎　古文歾，同。亡粉反。公羊傳云：公遂刎脰而死。何休曰：刎，割也。脰音豆，頸也。

磽确　苦交反，下苦角反。通俗文：物堅鞕謂之磽确。孟子曰：磽确，瘠薄之地。

長阿含經　第八卷

薉稻　紆廢反。謂不潔清也，亦穢惡也。經文有從禾、或從酉作穢、醆二形，非也。

長阿含經　第九卷　第十卷　先不音。

長阿含經　第十一卷

排擠　子脂反。推抵謂之排擠。廣雅：擠，排也。經文作濟，誤也。抵音而勇反。

不媟　息列反。相狎習謂之媟，亦媟嬻也。

門閫　又作梱，同。苦本反。三蒼云：相(梱)〔四〕，門限也。

長阿含經　第十二卷

諦婆　經中有作諯婆。依字充〔五〕絹、至緣二反。相讓也。

陛提　蒲米反。經中有從比下木作梐，誤也。

具幾　經文有作臮，渠冀反。

猿(猿)〔六〕頭　或作蝯，同。禹煩反。依字，蠼也，音于縛反。

批那　扶迷、蒲蔑二反。依字，廣雅：批，擊也。

長阿含經　第十三卷

鞘中　小爾雅作鞘，蒼頡篇作削，同。思誚反。盛刀者也。方言：劍室也。

瀨悉　力蓋反。依字林：水流沙上也。

持榦　居逆反。榦，稍也。釋名云：戟，格也，有枝榦也。經文從金作鐖，非也。

蹶倒　巨月、居月二反。説文：蹶，僵也。廣雅云：僵，仆也。

長阿含經　第十四卷　先不音。

長阿含經　第十五卷

桎梏　之實、古禄二反。周禮：在手曰桎，在足曰梏。謂杻械也。

援助　禹眷反。謂依據護助之言也。左傳「子無大援」是也。

長阿含經　第十六卷　第十七卷　並先不音。

長阿含經　第十八卷

金桄　又作輄，同。音光。謂車及梯轝〔七〕等横木者也。

中級　居及反。級，次也，謂階級而升一級、二級是也。

夾道　古洽反。在兩邊也，亦夾持也。三蒼：夾，輔也。

佉詶　古文譸、㥵二形，同。是由、竹鳩二反。叢林名也。

汜汜(汜汜)〔八〕　古文泛，同。孚劍反。廣雅：泛，浮皃也。亦汜(汜)濫。

渟水　狄經反。埤蒼：水止曰渟也。

泥淖　奴孝反。蒼頡篇云：〔深〕〔九〕埿也，亦溺也，濕也。

長阿含經　第十九卷

搥砰　古文磓，同。都迴反。投下也。下於甲反。自上加下也。經文作推押，非體也。

從咽　又作嚥，同。於賢反。咽，喉也。經文作嚥，未見所出也。

蓬勃　蒲公、蒲没反。廣雅：勃，盛皃也。

犇馳　古文驞，今作奔，同。補門反。疾走也。釋名：奔，變也，有急變奔赴之。

摣掣　又作担，同。側家反。廣雅：担，取也。下又作𢶍，同。昌制反。掣，挽也。

拕拽　太何反。下又作曳，同。余世反。拖曳，牽引也。

涷瘃　古文瘃，同。知録反。謂手中寒作瘡也。

拼之　古文抨，同。補耕反。謂彈繩墨爲拼也。經中作絣。字林：無文綺也。絣非此用。

哮呼　又作唬，同。呼交反。通俗文：虎聲謂之唬嚇〔一〇〕。嚇音呼嫁反。

𤏲身　又作爎，同。力鳥、力照二反。字林：𤏲，炙也。

蹌踣　七羊反。踣，今作仆，同。蒲北反。蹌，動也。仆，前覆也。

有篅　視專反。字林：判竹爲之盛穀者也。蒼頡篇作圌，時緣反，圓倉也。經文作簞，音單。器名也，笥也，亦盛食器也。

瘂或　於假反。埤蒼：瘂亦瘖也。經文作痾，於何反，病也。痾非此義也。又作啞，音乙白反，笑聲也。並非字義。

如緪　古恒反。通俗文：大索曰緪。緪亦繩也。經文作絙，非也。絙音胡官反。

長阿含經　第二十卷

石隄　徒果反。通俗文：積土曰隄。經文作墮，非也。

拚舞　又作抃，同。皮變反。説文：拊手曰抃也。

醯鬼　五迴反。忉利諸天子名也。

長阿含經　第二十一卷

涓澮　古玄、古會反。涓涓，小流也。澮，山水出溝，廣二尋，深二仞也。

蛇池　實遮反。池名也。經中作虵，誤也。

穴泉　古文作洤，同。絶緣反。水自出爲泉。經中作㟫，或作湶，非體也。

呼哈　古文欱、歃二形，同。呼合反。説文：欱，啜也。

長阿含經　第二十二卷

梓栢　又作榟，同。資里反。木名也，可爲琴瑟也。梓亦楸也。

異係　古文繫、繼二形，同。古藝反。係，綴也。係，嗣也，續也。

拊匃　麩主反。謂拊拍也。尚書「擊石拊石」是也。

中阿含經　第一卷　玄應撰

烏喙　許穢反。説文：喙，口也。字從口彖聲。彖音他亂反。

勇毅　牛既反。尚書：殺敵爲果，致果爲毅。毅亦有決也。

堊灑　烏各反。蒼頡篇云：白土也。爾雅：牆謂之堊。郭璞曰：以白土飾牆也。釋名：堊，亞[一一]也。亞，次也。先泥之，次以灰飾之也。

黏豆　女霑反。豆名也。

中阿含經　第二卷　先不音。

蔗餹　又作糖，同。徒郎反。以甘蔗爲餹也，今[沙][一二]糖是也。

中阿含經　第三卷

尾骼　古文骰，今作骬，同。口亞反。埤蒼：腰骨也。經文作骼，歌額反。骨枯曰骼，骼非此義也。

中阿含經　第四卷

麗掣　又作掣，同。昌制反。正言麗掣毗，此譯云細滑也。

魁取　苦迴反。説文：羹斗曰魁。經文從木作槐、櫆二形，非體也。

穄米　子曳反。蒼頡篇：大黍也。又云似黍而不粘。關西謂之䵖[一三]是也。

雜穬　古猛反。説文：芒穀也。經中從麥作麵，近字耳。

箭金　箭鏃也。關西名箭金，山東名箭足，或言鏑，辯異名也。

撿撓　奴教反。撿，押也。撓，曲也。治箭之稱也。

有卒　祖没反。説文：隸人給事者曰卒。古以染衣題識表其形也。方言：南楚之間或謂卒爲褚。郭璞曰：言其衣赤也。故字從衣。

剬割　聲類作剸，同。之兖反。説文：剬，斷首也。亦截也。

中阿含經　第五卷　無字音。

中阿含經　第六卷

祭餟　古文裰，聲類作醊，同。猪芮〔一四〕反。説文：餟，酹（酹）〔一五〕音力外反。字林：以酒沃地祭也。方言：餟，饋也。

負揵　力翦反。淮南子：揵載粟米而至。許叔重曰：揵，擔之也。今皆作輦。

中阿含經　第七卷

麁細　又作麤，同。錯孤反。麁，大也。細，小也。經文作塵細〔一六〕，誤也。

腦根　奴老反。言腦後玉枕也。

拳攎　又作捲，同。渠圓反。下又作扠，同。勑佳反。猶手挃也。

齶痛　五各反。斷齶也。經文作膗、腭二形，非體也。

欬瘷　口代、蘇豆反。説文：欬，逆氣也。亦瘷也。經文作咳嗽二形，非體也。

喝吐　乙芥反。説文：喝，渴也。蒼頡篇：吐，棄也。亦寫也。

喉閉　閉猶塞也。經文作痹，俾利反，冷痹濕病也。醫方多作痹，喉病也。

痔䘌　直理反，下女力反。後病也，謂濕䘌也，蟲食後病也。經文作䘌〔一七〕，非體也。

店肆　今作坫，同。都念反。肆，陳也，言此皆陳物賣買之處也。

中阿含經　第八卷

潢池　胡光反。潢，池也，積水曰潢也。小曰洿，大曰潢也。

碧玉　廣雅：碧玉，青玉。説文：石之美者也。今越嶲東山出碧玉也。

瑇瑁　今作蝳蝐二形，古文作瑇瑁二形，同。音代妹。異物志云：如龜，生南海中，大者如蘧蒢，背上有鱗，將欲[用]〔一八〕，煮之，其皮則柔，隨意所作也。

赤石　赤，説文云：南方色也。從大從火。古文作烾。下石。説文云：山石也，在厂之下，口象形。

旋珠　字宜作璿，辭緣反。穆天子傳曰：春〔一九〕山之寶有璿珠。郭璞曰：玉類也。

帝麛　或作麛〔二〇〕，同。音迷。經中或作低迷，或作坻彌，皆梵言囀耳。

中阿含經　第十一卷

髦馬　莫高反。青紺色也，頭如烏。此馬寶也，以毛飾，故因以名焉。經文從馬作駐，非字體也。駐音力涉也〔二一〕。

皦潔　古文皦、皦二形，今作皎，同。公鳥反。埤蒼：皦，明浄也。

中阿含經　第十二卷

鏵鍬　又作鐰，同。且消反。方言：趙魏間謂臿爲鍫也。

鼠傷〔二二〕　始羊反。埤蒼：鼠垤也。方言：垣、垤、封，傷

（塲）也〔二三〕。

豌豆　一丸反。豆名也。經文作宛，或作豋〔二四〕，並非體也。

豍豆　布迷反。廣雅：豍豆，蹓豆也。經文作蜱，非體也。

籮中　音羅。字林：竹器也。廣雅：籮，箕也。

火焫（焫）〔二五〕　古文爇，同。而悦反。通俗文：燃火曰焫（焫）。亦燒也。

擥彼　又作攬、檻（擥）〔二六〕二形，同。力敢反。廣雅云：攬，取也。說文：攬，持也。

中阿含經　第十三卷

榛莽　助巾反。說文：木藂生曰榛，衆草曰莽也。

僻處　匹赤反。邪僻也，亦隱僻也。說文：僻，僻〔二七〕也。

猩猩　所京反。字林：能言鳥〔二八〕也，知人名也，形如豕，頭如黄鷄。今交阯封溪有[之]〔二九〕，言聲如小兒啼。字從犬星聲也。

捃拾　古文攈，同。居運反。方言：捃，取也。

中阿含經　第十四卷

手拊　夫主反。拊猶拍也。尚書「擊石拊石」是也。

煜爚　由掬、弋灼反。說文：煜，燿也。爚，火光也。經文作爍，非體也。

櫨鎟　力都反。說文：柱上枅曰櫨。謂柱端方木也。櫨，斗。釋名：櫨，言都盧，負屋也。經文從金作鑪，非體也。下宜作磉，桑朗反。說文：磉，柱下石。即柱礎也。經文從金作鎟，誤也。礎音楚。

中阿含經　第十五卷

都梁　案盛弘荆州記云：香蘭也。都梁，縣名，有小山，山上悉生蘭。俗謂蘭爲都梁，即以縣名也。

掆〔三〇〕與　古郎反。文[字]集略〔三一〕云：相對舉物曰掆也。

罰錢　自連反。貨財也，唐虞夏殷皆有錢。經文作錣，猪劣反，謂杖端鐵，非此用也。

不啻　施豉反。蒼頡篇云：不啻，多也。

中阿含經　第十六卷

蜱肆　借音布迷反。此譯云遣使也。

犂鑱　仕監反。謂有刃斵鑿者也。斵音竹角反。

剔肉　又作㔨，同。他歷反。剈，㔨也。通俗〔三二〕云：去骨曰剔也。

著蘅　下胡庚反。杜蘅，香草也。謂以草爲鬘，言其惡也。

兩䡯　又作輚，同。子孔反。方言：關西謂輪爲䡯。釋名云：䡯言總入轂中也。

森森　所今反。說文：言多木長皃也〔三三〕。今取其意耳。

自誇　苦華反。通俗文：自矜曰誇。謚法曰：華言無實曰誇也。

中阿含經　第十七卷

鹵樐〔三四〕　字體作樐〔三五〕、櫓二形，同。力古。下簿，旁古反。

檝，大楯也。蔡邕獨斷曰「天子大駕，出陳鹵簿」是也。

擲羂　又作罥，同。古犬反。聲類云：係取也。

中阿含經　第十八卷

械篚　胡讒反。説文：械，篋也。字書：木篋也。經文從糸作緘，非體也。下又作簶，同。力木反，竹器也。

中阿含經　第十九卷　先不音。

中阿含經　第二十卷

菘菁　思雄反。方言：蘴(蘴)〔三六〕、蕘，蕪菁也。郭璞注：舊音蜂。今江東音嵩，字作菘。陳楚間曰豊〔三七〕，音豊。魯齊之間謂之蕘。關之東西謂之蕪菁。蕘音饒也。

輕闉　字宜作團，徒丸反。字林：團，圓也。

中阿含經　第二十一卷　第二十二卷　第二十三卷　已上並先不音。

中阿含經　第二十四卷

如蘊　紆文反。謂聚草束之以燃火也。漢書「東蘊乞火」是也。經文作薀，非也。薀薀，盛皃也，非今所用也。舊音作軌，全非也。

中阿含經　第二十五卷

破隖　一古反。字林：小城也。通俗文：營居曰隖。又小障也。字從阜也。

中阿含經　第二十六卷　第二十七卷　第二十八卷　已上卷並先不音。

中阿含經　第二十九卷

節纇　力外反。通俗文：多節曰纇，亦絲節也。經文作戾，非義也。

中阿含經　第三十卷

縛繳　之若反。繳，生絲縷也，矰之䠶者也。矰音子登反。結繳於矢謂之矰。

牻色　莫江反。雜色也。説文：白黑雜毛牛曰牻也。

鵂狐　許牛反。鵂鶹也。關西呼訓侯，山東謂之訓狐也。

心悸　古文痵(痵)〔三八〕，同。其季反。字林：心動也。

中阿含經　第三十一卷　先不音。

中阿含經　第三十二卷

斫剉　且卧反。説文：折傷也。剉亦斫也。

麇鹿　莫悲反。出(說)〔三九〕文：鹿屬也，以冬至時解角者也。

中阿含經　第三十三卷

酒罏　力胡反。史記：文君當罏。韋昭曰：酒肆也。以土爲墮，邊高似罏。

中阿含經　第三十四卷　先不音。

認過　如孕反。夫物而記之也。經中作仞，八尺曰仞也。

中阿含經　第三十五卷

沃溉　古文渶，同。烏木反。[沃]〔四〇〕猶溉灌也。渶亦漬也，澆也。

中阿含經　第三十六卷　先不音。

⿰各刂治　古文䢔(斱)〔四一〕、鉻二形，同。力各反。通俗文：去節曰⿰各刂。經文或作芟，所巖反，刈草也。或作洛，非體。

中阿含經　第三十七卷

衣屟　又作⿱艹渫，同。思俠反。履屬也。經文作爕。爕，和也。爕非字義也。

香陰　於禁反。言受胎具三緣三香陰見在前。經本作除，誤也。

中阿含經　第三十八卷　先不音。

中阿含經　第三十九卷

抨乳　普耕反。江南音也。抨，彈也。經文作軯，音秏(瓶)〔四二〕，車名，非此用也。

地肥　扶非反。劫初地脂也。經文作朏，非體也。

淖蜜　奴挍反。通俗文：和溏曰淖。淖，和也。

霏那　孚非反。梵言也。此謂福德行也。

摽(標)〔四三〕牓　補朗反。謂物標記也。字從片。經文從木作榜，補孟反，非此義也。

中阿含經　第四十卷　第四十一卷　第四十二卷　已上三卷並先不音。

中阿含經　第四十三卷

說甌　烏侯反。三蒼：瓦盂也。字林：小盆也。

說檀　他果反。狹長器也。蒼頡篇：盛鹽物也。淮南子云「窺面於檠即圓，於杯即檀」是也。

中阿含經　第四十四卷　第四十五卷　並先不音。

中阿含經　第四十六卷

從嘷　又作獋〔四四〕，同。胡高反。說文：嘷，咆也。經文作呧，都禮反。字與詆同。呧，呵也。呧非此義也。

誣謗　武于反。說文：加言也。亦欺也。以惡取善曰誣也。

及豺　仕皆反。爾雅：豺，狗足也。蒼頡訓詁〔四五〕：似狗，白色，有爪牙，迅提（捷）〔四六〕善搏噬也。

中阿含經　第四十七卷

圍罝　古文罝、罿二形，同。子邪反。爾雅：兔罟謂之罝。郭璞曰：罝，遮也。遮取兔也。

中阿含經　第四十八卷　第四十九卷

已上並先不音。

中阿含經　第五十卷

荼〔四七〕帝　宅加反。經文或作嵖〔四八〕、嵥二形，並非體也。

茠治　或作薅、梼二形，同。呼豪反。說文：除田草曰茠也。

甈甈　又作甄（甈）〔四九〕，同。力頰反。通俗文：瓦破聲曰甈。說文：蹈瓦聲躐［躐］〔五〇〕也。經文作甕，誤也。

中阿含經　第五十一卷　第五十二卷

已上兩卷並先不音。

中阿含經　第五十三卷

八棱　又作楞，同。力增反。說文：棱，柧也。三蒼：棱，四方也。柧音孤也。

鐵槍　千羊反。蒼頡篇：兩頭銳也。經文作鏘，玉聲也。鏘非此義也。

中阿含經　第五十四卷　先不音。

中阿含經　第五十五卷

因鈇　案字義宜作麩，撫于反，麥皮也。經文作鈇，未見所出。疑世言麩金，遂從金作鈇。

磨鋥　相承宅諍反。摩治也。字無所出。今宜作敦（敦）〔五一〕。敦，治也。謂摩瑩飾也。

大〔五二〕排　又作韛，同。蒲拜反。所以冶鍛家用炊火者也。

雷邵　下時照反。寶名也。

中阿含經　第五十六卷　先不音。

中阿含經　第五十七卷

鼾眠　胡旦反。說文：臥息聲也。經文作嘽、哷二形，非也。又作鼻，普利反，喘聲也。鼻非此義。

棚閣　今作輣，同。蒲庚反。連閣曰棚。經文作閛，普耕反，門聲也。閛非此用也。

中阿含經　第五十八卷　先不音。

中阿含經　第五十九卷

敲户　苦交反。説文：横擿也。亦下擊也。經文作撓，非字義也。

磨輾　女展反。輾，治也。經文作搌，音丑展反。非此用也。

中阿含經　第六十卷

爲㯉　又作槻，同。居隨反。木名，堪作弓者也。

爲紵　直吕反。説文：檾屬也。亦草名也。作布細而白者也。檾音苦迥反。

箭笴　工旱反。字林：箭莖也。經文作幹，古汗反，枝幹也。

鵽㲜　力經反。謂㲜羽也。經文作鶔（鵽）〔五三〕鷅，力吉反，下力周反，謂黄鳥也。又作䳜。此並應誤也。

爲齊　茨奚反。謂齊整也。經文從金作鑇，誤也。

爲錍　又作鈚、鎞二形，同。普迷反。通俗文：霍葉曰鈚。即大箭也。

不愜　苦頰反。謂愜，可也。字林：愜，快也。

增一阿含經　第一卷　玄應撰

顧眄　莫遍反。説文：邪視也。三蒼：旁視曰眄也。

揮淚　許歸反。揮，灑也。説文：揮，奮也。謂奮迅振去之也。

拘隣　毗邪婆問經作阿若居隣。此譯云阿若，言已知，止（正）〔五四〕言解了。拘隣，姓也。大哀經作拘輪，晋言本際第一解法者也。普曜經文云：俱隣者，解本際也。即經中尊者了本際是也。此即憍陳如也。

增一阿含經　第二卷

滄蕩　上音倉，下堂浪反。

脬屎〔五五〕　匹包反。三蒼云：盛屎處曰脬。説文：旁光也。字從肉孚聲。經文作胞，非體也。脂湵　又作涎、〔唌〕〔五六〕二形，同。詳涎反。字林：慕欲曰湵。三蒼作次，唾也。經文作羡，非也。

增一阿含經　第三卷

耐辱　奴代反。蒼頡篇：耐，忍也。字本從刀，杜林改從寸。

識鵬　叉蔭反，下薄崩反。經文作識，誤也。

隱噎　於計反。釋名云：噎，翳也。言雲氣隱翳使不見也。

珕須　力計反。比丘名也。依字，珕，蜃屬也。蜃音市忍反。

增一阿含經　第四卷

眩惑　古文迿、眴二形，同。胡遍反。廣雅：眩、惑，亂也。亦闇不明也。

飯食　古文飰〔五七〕，同。扶萬反。黄帝始炊穀爲飯。飯，食也。

甘饌　士眷反。具食也，亦飲食也。

增一阿含經　第五卷　先不音。

增一阿含經　第六卷

屋廬　力居反。別舍也。黄帝爲廬，以避寒暑。春秋去之，冬夏居之也。

猥多　烏罪反。字林：猥，衆也。廣雅：猥，頓也。

增一阿含經　第七卷　先不音。

增一阿含經　第八卷

苦蔘　説文作蓡，同。所金反。苦草也。其類有多種，謂丹蔘、玄蔘等也。

鍮婆　又作鋀，同。他侯反。或云抖擻波，或云塔婆，訛也。正言窣覩波。窣音蘇没反。

蜎飛　一全反。字林：蟲皃也。或作蠉，古文翾，同。呼全反。飛皃也。

蝡動　人尹反。字林：蟲動也。通俗文「揺動蟲曰蝡」是也。

增一阿含經　第九卷

白疊　字體作㲲，古文㲲，同。徒頰反。毛布也。經文作褺，知立反。褺，絆也。褺非經旨。

兩目　力掌反。説文：兩，再也。廣雅：兩，二也。經文從草作蒳，亡安反。蒳，乎[五八]也。蒳非此義。

焚燒　古文熕，同。扶雲反。案焚亦燒也。字從火燒林字意也。

增一阿含經　第十卷　第十一卷　並先不音。

增一阿含經　第十二卷

矟刺　所角反。埤蒼：矟長一丈八尺也。經文作槊，俗字也。又作鎙，誤也。又作鏙，江南俗字也。

轢其　力各、力的二反。輾，轢也。説文：車所踐也。

脊僂　力矩反。廣雅：僂，曲也。經文作膢，力侯反，祭名也。膢非字體也。

增一阿含經　第十三卷　先不音。

增一阿含經　第十四卷

耎愞　而兗反，下奴卧反。耎，柔也。愞，弱也。

頷[五九]頭　五感反。説文：揺其頭也。經文作儼。儼，敬也。儼非此義。

增一阿含經　第十五卷　第十六卷　並先不音。

增一阿含經　第十七卷

拘翅　施豉反。或作俱耆羅鳥，梵言訛耳。此鳥聲好形醜，從聲為名也。經文作㲉、鷚二形，非也。
鷙鳥 諸利反。猛鳥也，謂鷹也，謂所至能執也，執服衆鳥也。

增一阿含經 第十八卷

占匐 或作瞻，正言瞻傅迦。大論云：秦言黃花樹也。其樹高大，花氣遠聞。經文作匐，非也。
虚捲 又作拳，同。渠圓反。拳，掌握也。
般嗟 古文蠢，同。粗阿[六〇]反。梵言也。

增一阿含經 第十九卷

毾㲪 他盍反。通俗文：毛蓐細者曰毾㲪。經文作毾，非也。
勇悍 胡但反。蒼頡篇：悍，桀也。說文：悍，勇也。有力也。

增一阿含經 第二十卷

貲輸 紫斯反。貲，財也。通俗文：平財賄曰貲也。
湊集 倉候反。字林：水上人所會也。湊亦聚也。

增一阿含經 第二十一卷 先不音。

增一阿含經 第二十二卷

謫罰 陟革反[六一]。罪小曰罰，罰罪曰謫。經文作讁，非也。
五刻 古文剠，同。苦則反。刻，削也。刻，畫也。經文中「刀劍等刻削之」是也。經文作刋，非也。
愁惋 烏喚反。字略云：惋，嘆。驚異也。
蚩笑 古文蚩，同。尺詩反。廣雅：蚩，輕也。謂相輕而笑也。
盪鉢 古文潒，又作蕩，同。徒朗反。盪，滌洒[六二]器也。
門閾 古文閪，同。呼域反。爾雅：柣[六三]謂之閾。郭璞曰：門限也。柣音田結反[六四]。說文：音丑栗反。

增一阿含經 第二十三卷

一函 胡緘反。謂以木器盛物者也。經文作臽，音陷，坑也。臽(臽)[六五]非此義。
草薪 木可折[六六]者曰薪。經文作蓑(蓑)[六七]，蘇和反，草衣也。
澹淡 徒濫反，下徒敢反。廣雅：澹、淡，皆安也。
溺者 字體作屎。說文：小便也。字從水從尾。經文作溺，古字多假借耳。

增一阿含經 第二十四卷

顫頊 古文[膻][六八]，又作軆，同。之繕反。古文鈂、疢、頊三形，今作疣，同。尤救反[六九]。通俗文：四支寒動謂之戰頊。蒼頡篇云：頭不正也。經文作枕，非也。
儹箭 古文儹，同。祖[七〇]丸反。蒼頡篇：欑[七一]，聚也。字體從木也。
草貯 張呂反。貯，積也，謂盛貯也。經文作櫡，知略反，擊也。櫡非此義也。
所押 音甲。爾雅：押，輔也。謂押束、押障等皆作押。

增一阿含經　第二十五卷

耆艾　五蓋反。禮記：六十曰耆，五十曰艾。釋名云：耆，指也。艾，乂也，又治也。指，謂指事役人不自執役也。

拘屢　力句反。經中或作[拘][七二]樓，皆梵言訛耳。

捻挃　古文敜，同。乃頰反。指持謂手躡[七三]也。下猪栗反。廣雅：挃，刺也。

增一阿含經　第二十六卷

幢麾　今作撝，同。呼皮反。謂旌[旗][七四]指麾衆也，因以名焉。周禮：建大麾於田，夏后氏所建也。

金鋌　徒頂反。鋌，銅鐵之璞未成器用者也。

增一阿含經　第二十七卷　先不音。

增一阿含經　第二十八卷

眼睫　又作䀹，同。子葉反。目毛也。經文有作毼、氀二形，非體也。

干柘　支夜反。或有作甘蔗，或作竿蔗。此既西國語，隨作無定體也。

替不　他計反。爾雅：替，廢也。替，滅也。言滅絶也。

勞乎　力高反。爾雅：勞，勤也。謂力極也。經文作㔁、憥[七五]二形，誤也。

增一阿含經　第二十九卷　第三十卷　並先不音。

增一阿含經　第三十一卷

殈暴(㬥)[七六]　又作凶，同。許顒反。爾雅：凶，咎也。說文：凶，惡也。下蒲報反。廣雅：暴(㬥)，猝也，疾也。字從廾日出從米。米音土高也[七七]。

捡獲　又作鈙、㯲(捦)[七八]二形，同。渠林反。[三[七九]]蒼：捡，手捉物也。埤蒼：捡，捉也。今皆作擒也。

捽母　存没反。說文：持頭髮也。經文或作撮，祖活反。捉撮也。

豁悟　古文㕎、眓二形，同。呼活反。廣雅：豁，空也。經文從心作懽，未見所出。

增一阿含經　第三十二卷

將大　紫羊反。辟支名也。經文作漿(漿)[八〇]，誤也。

鱣魚　古文䱇，同。知連反。大黄魚也，口在頷下，大者長二三丈也。

當梟　古堯反。說文：烈者(倒首)[八一]也。謂斷首倒懸於竿頭肆其辠也。或作梟。說文：不孝鳥也，冬至日捕梟磔之。從鳥頭在木上。二形通用。

夷湍　土端反。人名也。此譯云來，或作耑，音端。此梵言輕重耳。

揚治　古文敭、颺二形，同。余章反。說文：揚，飛舉也。

增一阿含經　第三十三卷

皰節　又作靤,同。蒲孝反。小熱氣也。經文作疱、鮑、麅三形,非體也。

金扉　音非。説文:户扇謂之扉。經文作闁,誤也。

酬答　古文醻,同。是由反。謂報主人也。酬亦答也。

增一阿含經　第三十四卷

窯家　移招反。通俗文:陶竈曰窯。蒼頡訓諸(詁)〔八二〕云:窯,燒瓦竈也。

如甛　又作餂,同。徒兼反。説文:甛,美也。廣雅:甛,甘也。經文作酟,非也。

牙跂　又作屐,同。渠逆反。屐有木有帛有草,非一種也。

警寤　古文憼、儆二形,同。居影反。警,戒也。戒,慎也。經文作景,非義也。

搆牛　古候反。正作穀。謂搆捋取乳也。經文作㸆,古觸字,誤作也。

增一阿含經　第三十五卷

舊款　或作欵,同。口緩反。廣雅:欵,愛也。蒼頡篇:欵,誠重也。

八窖　古效反。通俗文:藏穀麥曰窖。蒼頡篇:窖,城〔八三〕藏也。

遏絶　古文閼,同。於曷反。爾雅:遏,止也。謂逆相止也。遏亦遮也。

增一阿含經　第三十六卷

自摑　宜作攫,俱縛反。攫,抙〔八四〕也,搏也。

五捺　乃遏反。謂手五指捺也。經中作擦,千計反。埤蒼:挑取也。擦非此用也。

較之　古文搉,同。古學反。廣雅:較,明也,見也。謂較然易見也。經中有作挍,比挍也。

增一阿含經　第三十七卷　先不音。

自襞　卑亦反。説文:韏衣也。廣雅:襞,屈也。韏音丘院反。

增一阿含經　第三十八卷

戢在　阻立反。説文:戢,藏也。亦聚也,斂也。

增一阿含經　第三十九卷

俟彼　古文竢、糇、汜三形,同。事几反。爾雅:俟,待也。

猨猴　今作蝯,同。禹煩反。似獼猴而大,臂長,其色有黑有黄,鳴聲甚哀。經文作犺,非體也。

擗口　補革反。廣雅:擗,分也。亦裂也。

恤民　又作卹,同。須律反。爾雅:恤,憂也。亦收也。謂以財物與人曰賑恤之也。經中作賉,未詳所出也。

增一阿含經　第四十卷　第四十一卷

第四十二卷　第四十三卷　第四十四卷

第四十五卷　已上並先不音。

增一阿含經　第四十六卷

瘡痍　與脂反。通俗文：體瘡曰痍，頭瘡曰瘍也。瘍音陽也。

氣劣　古文旣、炁二形，同。墟既反。氣，息也。下古文捋（寽）〔八五〕，同。力拙反。劣，弱也。經文作劣，誤也。

增一阿含經　第四十七卷

誦習　辭立反。謂積習數爲也。經文作謵，丑俠反，言不止也。謂（謵）〔八六〕非字義也。

抴電　又作曳，同。余世反。抴，引也。電，殄也。言暫引即殄滅也。

膿血　古文盥、膿二形，今作癑，同。奴公反。潰血也。經文作膿，非也。

增一阿含經　第四十八卷

醇酒　是均反。不澆酒也，亦十旬酒也。

㕮咀　方父、側吕反。㕮咀，拍碎也。

來鎮　陟陳反。説文：鎮，壓也。經文作填，徒顛反。填，滿也。

蜜提　或作締，音徒計反。城名也。經文作殅。此吐字是翻音，作吐梨反，遂誤寫正。

梴樹　丑連反。樹名也。

他支　秦言財幢。經文作吔吱，從口，取轉舌也。

爲幟　古文憶，同。尺志反。幖也。通俗文：私記曰幟。謂劍蓋等五物，幖爲記也。

祇崇　諸時反。爾雅：祇，敬也。崇，重也。

振給　古文㡓、拒〔八七〕二形，同。諸胤反。説文：振，舉也。小［爾］雅〔八八〕：振，救也，亦振發也。經文作賑，諸忍反。爾雅：賑，富也，謂隱賑富有也。賑亦兩通也。

鰥獨　古頑反。釋名云：無妻曰鰥，無子曰獨。言鰥人愁悒不寢，目常鰥鰥然如魚眼不閉，故字從魚也。

酸酷　古文嚳、焅、俈三形，同。苦木反。説文：酷，急也，甚也，謂暴虐也。

纂修　古文纗，同。子卵反。字或作纘。爾雅：纘，［繼也］〔八九〕，繼前修者也。

增一阿含經　第四十九卷

禱謝　都道反。求福曰禱請也，請於鬼神也。謝，辭也。

抱不　又作菢，同。蒲報反。方言：燕朝鮮之間謂伏鷄曰菢，江東呼嫗。經文作㲒，未詳所出。

僥倖　又作儌，同。古堯反。下音幸。俗謂幸爲僥倖，言被其德澤也，冀望得儌遇也。楚辭：願僥倖以待時。謂皆非其所得而得之者曰僥倖也。

而烙　力各反。謂燒物著之曰烙也。

掬抱　又作鞠，同。居六反。説文：掬，撮也。抱，持也。

增一阿含經　第五十卷　先不音。

增一阿含經　第五十一卷

綺語　墟蟻反。不正也。經文作倚，非體也。

攘厭　而羊反。攘，除也，却也。下於冉反。卧厭不悟者也。

欶乳　又作嗽，同。山角反。通俗文：含吸曰嗽。經文作嗽，俗字。

饋遺　古文餽，同。渠愧反。説文：饋，餉也。遺，與也。

禀食　補錦反。説文：禀，賜也。廣雅：禀，與也。

陽聾　餘章反。通俗文作詳，虚辭也。漢書作陽，謂不真也。經文作佯，音似羊反。佯，弱也。佯非此義也。

蝗蟲　胡光、胡孟二反。毛詩蟲魚疏云：阜螽，蝗也。今人謂蝗子爲螽子，一名蠶，云是魚子化。張斐解晉律云：小曰蝩，大曰蝗。蝩音丈凶反，又之容反。

雜阿含經　玄應撰

雜阿含經　第一卷　先不音。

雜阿含經　第二卷

獲泅　正字作汓，同。似由反。説文：浮水上也。

不憚　徒旦反。廣雅：憚，驚也。詩云：我無憚暑。箋云：憚，畏也。亦忌也。

雜阿含經　第三卷　先不音。

雜阿含經　第四卷

恐怛　都達反。怛，懼也。廣雅：怛，憂也。方言：怛，痛也。今或爲驚怛字也。

若鏵　古文苿[九〇]、鏵二形，今作釪，或作鋘，同。胡瓜反。犁刃也。經文作鑱，非也。

啾啾　子由反。蒼頡篇：衆聲也。説文云：小兒聲也。

掠詆　又作呧，古文詆，同。都禮反。廣雅：詆，欺也。亦呵止(也)[九一]。

雜阿含經　第五卷

拔茇　補達反。説文：草根也。方言：茇，杜根也。東齊曰茇，或曰杜字也。

雜阿含經　第六卷　先不音。

剽剥　芳妙反。廣雅：剽，削也。蒼頡篇云：剽，截也。説文：剽，剥也。剥謂脱皮膚也，亦剥落也。

雜阿含經　第七卷

剬割　又作剸，同。之兖反。説文：剬，斷也，亦截也。經文作鈆錫之鈆，非也。

尫瘵　又作尫[九二]，古文從㞷作尪，同。烏皇反。下側界反。短小曰尫，尫猶弱也。瘵，病也。東齊曰瘼也。

惛悴　呼昆反。下古文顇、悴二形，今作瘁，同。茨遂反。惛，亂也，亦癡也。悴，傷也，憂也，病也。

蹁躚　古文僊，同。蒲眠反，下蘇眠反。廣雅：蹁躚，盤姍也。亦旋行也。經文作蹁跹，非體也。

贔屓　古文奰、悲二形，今作勈，同。皮冀反。下今作呬，同。羲冀反。西京賦云：巨鼇贔屓。薛綜注云：作力怒也。説文：壯大也。詩云：不醉而怒也。奰從三目從大。三目益大也。屓，説文：亦卧息也。字從尸從貝聲。經文作隮欷，非也。

雜阿含經　第八卷　第九卷　並先不音。

雜阿含經　第十卷

蔭鷚　於禁反，下力救反。蔭，覆也。通俗文「暮子曰鷚」是也。

發荄　古來反。説文：草根也。方言：東齊謂根爲荄也。

火熚　音遭。字林：熚，燒木[焦][九三]也。經文作㶿，他念反。

雜阿含經　第十一卷　第十二卷　第十三卷
第十四卷　第十五卷　第十六卷　第十七卷
第十八卷　已上八卷並先不音。

雜阿含經　第十九卷

指蹴　千六反。説文：蹋也。以足逆蹋之曰蹴。經文作㩍，非體相字也[九四]。

顛沛　又作蹎、跟二形，同。都賢、補昧反。謂偃仆也。經文作狽(狽)[九五]，非體也。

探其　他含反。爾雅：探，取也。郭璞曰：手摸取也。説文：手遠取物也。

脯腊　胥亦反。周禮：脯腊。鄭玄曰：乾肉薄析之曰脯，小物全乾曰腊。腊猶昔也，謂久昔也。

矛穳　粗亂反。排穳也。字林：小矛也。經文作鋑，古文鑹字。又作爨，炊也。並非字義也。

雜阿含經　第二十卷　先不音。

雜阿含經　第二十一卷

亹亹　亡匪反。亹亹猶微微也，亦進皃也。

涕泗　息利反。詩云：涕泗滂沱。傳曰：自鼻出曰泗。案泗即洟也。洟音他計反。自目出曰涕。涕音他禮反也。

雜阿含經　第二十二卷　第二十三卷
已上並先不音。

雜阿含經　第二十四卷

迅飛　雖閏反。爾雅云：迅，疾也。經文作深濬字，非也。

易韻　于閏反。言聲音和韻也。今取其義也。

雜阿含經　第二十五卷

封緘　古咸反。字林：束篋也。廣雅：緘，索也，亦閉也。

排湯　託唐反。謂湯突也。又音湯浪反，出圍也。經文作欓(攩)〔九六〕，都郎反，推也。欓〔九七〕非此義。

雜阿含經　第二十六卷

因釭　又作軖，同。古紅反。説文：釭，轂口鐵也。方言：燕齊海岱之間名釭爲鍋古禾反。

迦捭　臂彌反。西國樹名也。

雜阿含經　第二十七卷　第二十八卷　第二十九卷　已上三卷並不音。

雜阿含經　第三十卷

猘狗　昌制反。纂文云：猘，狂犬也。

雜阿含經　第三十一卷　並先不音。

雜阿含經　第三十二卷

沃壤　於木反。沃，美也，濕也，溉灌曰沃。下而養反，耎土也。

瘠薄　古文膌、膭、瘵三形，同。扌(才)〔九八〕亦反。説文：膌，薄也，瘦也。

雜阿含經　第三十三卷

詵陀　所巾反。經中或作詘馱。[詘]〔九九〕，所姦反。又作散，桑讚反。或作幟，字無所名也。

雜阿含經　第三十四卷　第三十五卷　已上兩卷並先不音。

雜阿含經　第三十六卷

犎牛　周成難字作犎，音妃封反。此牛形小，髆上有犎。漢書西域傳：疏勒獻師子、犎牛。音封也。

雜阿含經　第三十七卷　第三十八卷　已上兩卷並先不音。

雜阿含經　第三十九卷

狙蠅　且余反。説文：狙，蠅乳肉中也。經文作疽、蛆二形，非體也。

大帆　又作颿，古文颿，同。扶嚴、扶泛二反。聲類：船上帳也。釋名：隨風張幔。颿，汎也。便風疾汎汎然也。

雜阿含經　第四十卷　第四十一卷

第四十二卷　已上三卷並先不音。

雜阿含經　第四十三卷

縫紩　馳栗反。說文：縫衣。廣雅：紩，納也。亦縫衣也〔一〇〇〕。

若昵　今作暱，同。女栗反。爾雅：昵，近也。亦親也，謂私昵相親近也。

矛(茅)〔一〇一〕荻　又作薍，同。徒歷反。蒹，荻草也。蒹音古甜反。

浚輪　古文濬〔一〇二〕、隮〔一〇三〕二形，今作浚，同。雖閏反。浚，深也。

毿毿　蒼頡篇作㲚，同。蘇南反。毛垂皃也。通俗文：毛長曰毿。毿，經文作參，非體皃也。

四層　徂登反。說文：重屋也。亦重也。山海經云「雲蓋三層」是也。

雜阿含經　第四十四卷　第四十五卷

第四十六卷　已上三卷並先不音。

雜阿含經　第四十七卷

皸塝　居雲、去雲二反。通俗文：手足裂曰皸。經文或龜塝。莊子：宋人有善爲龜手之藥者〔一〇四〕。注云：其藥能令人手不龜并(坼)也〔一〇五〕。

匕首　補履反。劍名也。周禮考工記云：匕首劍身長三尺，重二斤一兩，輕而便用也。其頭似匕，因曰匕首。史記荆軻記「右執匕首，揕其胷」是也。揕音知禁反。字從手也。

雜阿含經　第四十八卷

由〔一〇六〕相　今作塊，同。苦對反。說文：堅土也。土塊也。

姧狡　古卯反。狡謂姧僞狡猾也，字從犬。方言：凡小兒多詐而獪也，或謂之猾。猾亦亂也。經文從女作姣，非也。獪音古邁反。

別譯阿含經　第一卷　玄應撰

駏驉　渠語反，下許居反。謂似騾而小，牛父馬子是也。

晞乾　許機反。方言：晞，燥〔一〇七〕也，暴也。北燕海岱之間謂暴乾爲晞。

郁多　於六反。或作欝多，七條衣也。

別譯阿含經　第二卷

蟒虵　莫朗反。爾雅：蟒，王蛇。經文作蝄蜽之蝄，非也。

毚全　在灾反。廣雅：毚，壍也。亦僅也。經文作諧，非也。

鵮食　口咸反。謂鵮者啄而食也。經文有作䶢，或誤作龕，皆非也。

別譯阿含經　第三卷

鑿穽　才性反。蒼頡篇云：陷坑曰穽。廣雅：穽，坑也。

棞煮　古文梱，同。胡昆反。通俗文：合心曰棞。纂文：木未判爲㮯。經中作渾濁之渾，非此義也。

總布　音忩。通俗文：經〔一〇八〕絲絹曰總。總亦青白色也。

牂羖　祖郎反，下音古。羊三歲曰牂。牂然，盛皃。羖，羝羯也。

別譯阿含經　第四卷

湒湒　又作涓，同。子入、史及二反。字林：沸鬲〔一〇九〕也。亦雨聲也。

別譯阿含經　第五卷

荼毒　達胡反。廣雅：荼毒，痛也。亦行惡也。

鼷鼠　胡鷄反。説文：小鼠也。言有毒者也，亦言甘口鼠也。

髫〔一一〇〕髮　古文髻、髻二形，今作栝〔一一一〕，同。古活反。字林：髻，絜髮也，謂括束髮也。或作結髮字。

別譯阿含經　第六卷　先不音。

別譯阿含經　第七卷

瘳損　敕流反。尚書：王翌日乃瘳。瘳猶差也，亦愈也。

別譯阿含經　第八卷　先不音。

別譯阿含經　第九卷

桁械　胡郎反。通俗文：拘罪者足曰桁。械，胡戒反。械亦桁類也。經文作核，非也。

拘絼　幾愚反。埤蒼：桊，牛拘也。説文：桊，牛鼻環也。下丈忍反。説文：牛系也。經文作倨靭，非體也。桊音居院反。

別譯阿含經　第十卷

椶〔一一二〕揻　子公反。捉頭曰椶。下音滅。滅，除也。

滲入　疏蔭反。下漉曰滲。滲，竭也。

別譯阿含經　第十一卷

都凘　又作儩，同。相離反。字林：水索也。亦盡也。

杚〔一一三〕土　古文杚、扢〔一一四〕二形，今作槩槩〔一一五〕，同。公礙反。杚，量也。廣雅云：杚，摩也。杚亦平也，平斗斛曰杚也。

別譯阿含經　第十二卷　第十三卷　第十四卷

已上三卷並先不音。

毗紐　女九反。正言毗瑟笯天。經文作伍，非也。笯音奴故反。

一蹠　丑白(皃)〔一一六〕反。謂半步曰蹠也。字體作逌〔一一七〕。

罥弶　巨向反。字書：施罥於道也。經文作搵，俗字也。

別譯阿含經　第十五卷

兩須　思于反。謂鎖須也。經文作鏑，三蒼悉於反。鏑，黎也，鏑非此義也。

得咽　古文哽，同。一見反。謂吞咽也。漢書云「以雪與氈并吞咽之」是也。

别譯阿含經　第十六卷　第十七卷

第十八卷　已上三卷並先不音。

别譯阿含經　第十九卷

麻緼　一門反。説文：緼，紼，亂麻也〔一一八〕。經文作藴，紆文反。謂束草爇火也。藴非字體也。紼音甫勿反，爇音而悦反。

别譯阿含經　第二十卷

薨瞢　徒登反，又丁鄧反。韻集云：失卧極也。下亡登反。經文作蹬，非體也。

布穀　方言：布穀，自關而東梁楚間謂之鴶鵴，周魏之間謂之擊穀，自關而西或謂之布穀。郭璞曰：今江東呼爲穫穀也。鴶音古八反。鵴，居六反。

苾馥　蒲結反。詩云：苾苾芬芬。箋云：香也。下扶福反。香也。

芟截　所巖反，刈草也。詩傳曰：芟，除草也。

佛般泥洹經　上卷　玄應撰

射埻　之允反，又之閏反。通俗文：射堋曰埻。埻中木曰的。説文：射臬也。廣雅：埻，的也。射侯也。以熊虎之皮飾其側方制之以爲埻。臬音宜列反。

隣隊　古文䣊、𨛚二形，今作聚，同。才句反。廣雅：聚，居也。謂人所聚居也。

乘桴　扶留反。論語：乘桴浮於海。馬融曰：編竹木也。大者曰筏，小者曰桴。

拔擢　徒卓反。蒼頡篇：擢，抽也。廣雅：出也。亦引也。

竹笏　字宜從草作芀，聚落名也。

有氎　又作㲲，同。徒頰反。字林：氎，毛布也。

佛般泥洹經　下卷

厲渡　力制反。爾雅：由帶已上爲厲。由，自也。膝已下爲揭，褰衣也。揭音去例反。

胞罠　補交反，下武貧反。大臣名也。經文作㞧，非也。

匈匈　許恭反。匈匈，沸撓之聲也。漢書「匈匈數千人聲」是也。經文從水作洶，非也。

梓薪　又作杍〔一一九〕，同。資里反。字林：梓，楸也。經文作榫〔一二〇〕，非體也。

樟薪　之羊反。豫樟木也。生七年而可知也。極大木也。

枏薪　奴含反。爾雅：梅，枏。郭璞曰：似杏實而酸，葉似桑也。

金植　又作樴，同。時吏反。爾雅：植謂之傳。郭璞云：户持鏁植也。

頓槍　且羊反。案槍猶抵也，至也，謂頭頓至地也。經文從足作蹌。爾雅：蹌蹌，動也。蹌非經意也。

嗷嗷　五高反。説文：衆口啾也。詩云：哀鳴嗷嗷。傳曰：未得安集，嗷嗷然也。

吊唁　又作喭、讞、這三形，同。宜箭反。鳴(韓)〔一二一〕詩云：弔生曰唁。亦弔失國曰唁也。

大般涅槃經[一二二]　玄應撰

沃野　烏梏反。字林云：溉灌名沃。沃，澆也。廣雅：濕也，亦美也。

有憾　胡紺反。廣雅：憾、怨，恨也。字林：憾，不安。

禮賂　力故反。毛詩傳[一二三]：賂，遺也。謂以物相請謁也。

腆美　古文作費，同。他典反。方言：腆，重也，東齊之間謂之腆。廣雅：腆，至也，美也。腆，厚也，善也。

玄黮　敕感反。玄，赤黑色也。聲類：黮，深黑也。說文：桑葚之黑也。[黮][一二四]，黤黮不明浄也。

并嫛　布攪反。人名也。書無此字，應誤作也，疑嫛字也。

勗勉　許玉反，下靡辯反。方言：齊魯謂勉曰勗勵也。勉，勸强也。小爾雅云：勸勉力事也。

補繕　是戰反。廣雅：修截繕治也。說文：繕，補也。

不啻　施豉反。更多也。說文：說時也[一二五]。經文作翅羽之翅，非也。

人本欲生經　玄應撰

躡樸[一二六]　字體作逺，正作龠，同。女輒反。說文：機下足所履也。下士眷反。樸，聚也。

尸迦羅越六向拜經一卷　並無字可音訓。

梵志阿跋經　玄應撰

徬徨　蒲光反，下胡光反。彷徨，徘徊也。埤蒼：徬徨，彷徉也。

圭銖　古携反，下市珠反。六十四黍爲一圭，四圭曰撮。十二粟而重一分，十二分重一銖也。

酗醟　又作酌，同。許具反。下禹命反。以酒爲凶謂酗。說文：酗，醟也。通俗文：酖酒曰酗，酗酒曰醟也。

孤寠　瞿庚(庚)[一二七]反。爾雅：寠，貧也。字書：寠，空也。貧空無禮也。

櫛梳　又作楖，同。側佚反。說文：櫛，梳比之總名也。梳，理髮也。

彎弧　户都反。說文：弓也。周易：黄帝氏作，弦木爲弧，剡木爲矢，以威天下也。

匪惶　又作遑，同。户光反。遑，暇也。廣雅：遽也。謂忽遽也。

謼夷　火故反。人名也。依字，又作嘑，號嘑也。

昆弟　又作翼，同。孤魂反。說文：周人謂兄爲昆。爾雅：昆，兄也。

梵網六十二見經　玄應撰

犍橛　宜作楗，建言反。文字集略云：楗子，樗蒲采名也。巨月反。

落毦　仁志反。以毛羽爲毦飾，若今刀稍毦也。

寂志果經　玄應撰

夷耑　都桓反。又作湍。人名也。應云何夷他，梵言訛轉也。

此譯云來也。

灼惕　之若反。下古文愵，同。汀歷反。灼謂憂懼也，亦痛也。惕，愁也。

虚誕　達坦反。誕，欺也，亦大也，謾也，不實也。謾音莫諫反。

區疑　去虞反。區，別也。區區亦小皃也。又處所也。

鶏鶩　莫族反。爾雅：舒鳧，鶩。郭璞曰：即鴨也。

饐口　古文作飻，同。於吏反。論語：食饐而餲。孔安國曰：饐餲，臭味變也。餲音烏芥反。

羇縶　又作䩭，同。猪立反。毛詩傳：縶，絆也。亦拘執也。

從削　又作鞘、韒二形，同。私誚反。方言：劍削，關西曰鞞。所以藏刀劍之刃者。鞞音補迷反〔二八〕。

懲改　直陵反。廣雅：懲，止也。

一切經音義　卷第五十二

校勘記

〔一〕泭　麗無，據玄卷十二釋此詞補。

〔二〕從　據玄卷十二釋此詞作「徔」。

〔三〕研　據文意似當作「趼」。

〔四〕相　據文意似當作「梱」。

〔五〕充　玄卷十二釋此詞作「㐬」。

〔六〕猿　玄卷十二釋此詞作「猨」。

〔七〕樔　玄卷十二釋此詞作「轝」。

〔八〕汜汜　據文意當作「氾氾」。下同。

〔九〕深　麗無，據玄卷十二釋此詞補。

〔一〇〕嚇　獅作「赫」。下同。

〔一一〕堊　玄卷十一釋此詞作「亞」。下同。

〔一二〕沙　麗無，據玄卷十一釋此詞補。

〔一三〕靡　玄卷十一釋此詞作「糜」。

〔一四〕芮　玄卷十一釋此詞作「芮」。

〔一五〕酹　玄卷十一釋此詞作「酹」。

〔一六〕細　玄卷十一釋此詞作「網」。

〔一七〕璽　玄卷十一釋此詞作「匿」。

〔一八〕用　麗無，據玄卷十一釋此詞補。

〔一九〕舂　獅和玄卷十一釋此詞作「舂」。

〔二〇〕靡　玄卷十一釋此詞作「靡」。

〔二一〕也　據文意似當作「反」。

〔二二〕傷　玄卷十一釋此詞作「場」。

〔二三〕方言：垣、垤、封，傷也　磧本玄卷十一釋此詞爲「方言：坻、垤、封，場也」。今傳本方言：「垤、封，場也。」

〔二四〕登　玄卷十一釋此詞作「登」。

〔二五〕焫　據文意似當作「焫」。下同。

〔二六〕檻　玄卷十一釋此詞作「擥」。

〔二七〕僻　玄卷十一釋此詞作「辟」。

〔二八〕鳥　玄卷十一釋此詞作「獸」。

〔二九〕之　麗無，據玄卷十一釋此詞補。

〔三〇〕摇　玄卷十一釋此詞作「榣」，據文意似作「搁」，下同。

〔三一〕文集略　玄卷十一釋此詞爲「文字集略」。

〔三二〕通俗　玄卷十一釋此詞爲「通俗文」。

〔三三〕言多木長皃也　今傳本説文爲「木多皃」。

〔三四〕楠　玄卷十一釋此詞作「簿」。

〔三五〕楠　據文意似作「榑」。

〔三六〕薑　玄卷十一釋此詞和今傳本方言作「薑」。

〔三七〕豊　玄卷十一釋此詞作「豊」。

〔三八〕庨　玄卷十一釋此詞作「痵」。

〔三九〕出　獅作「説」。

〔四〇〕沃　麗無，據玄卷十一釋此詞補。

〔四一〕郤　玄卷十一釋此詞作「郤」。

〔四二〕秖　玄卷十一釋此詞作「瓶」。

〔四三〕摽　玄卷十一釋此詞作「標」。

〔四四〕獯　玄卷十一釋此詞作「僤」。

〔四五〕蒼頡訓詁　似即「蒼頡訓詁」。

〔四六〕提　獅作「捷」。

〔四七〕茶　玄卷十一釋此詞作「茶」。

〔四八〕嗏　玄卷十一釋此詞作「嗏」。

〔四九〕甄　玄卷十一釋此詞作「甄」。

〔五〇〕躐　麗無，據玄卷十一釋此詞補。

〔五一〕敦　玄卷十一釋此詞作「敨」。

〔五二〕大　玄卷十一釋此詞作「火」。

〔五三〕鷃　玄卷十一釋此詞作「鷃」。
〔五四〕止　玄卷十一釋此詞作「正」。
〔五五〕屎　即「尿」。下同。
〔五六〕唌　麗無，玄卷十一釋此詞作「延」，據文意似當作「唌」。
〔五七〕飯　玄卷十一釋此詞作「飰」。
〔五八〕乎　玄卷十一釋此詞作「平」。
〔五九〕領　玄卷十一釋此詞作「鎖」。
〔六〇〕阿　玄卷十一作釋此詞作「何」。
〔六一〕陟革反　玄卷十一作釋此詞爲「都革反」。
〔六二〕洒　獅作「酒」。
〔六三〕扶　玄卷十一釋此詞作「柣」。
〔六四〕田結反　磧本玄卷十一釋此詞爲「千結反」。
〔六五〕舀　據文意當作「臽」。
〔六六〕折　玄卷十一釋此詞作「枂」。
〔六七〕囊　玄卷十一釋此詞作「蓑」。
〔六八〕膻　麗無，據玄卷十一釋此詞補。
〔六九〕尤救反　磧本玄卷十一釋此詞爲「尤富反」。
〔七〇〕祖　玄卷十一釋此詞作「徂」。
〔七一〕欑　玄卷十一釋此詞作「攢」。
〔七二〕拘　麗無，據玄卷十一釋此詞補。
〔七三〕躡　磧本玄卷十一釋此詞作「捻」。
〔七四〕旗　麗無，據玄卷十一釋此詞補。
〔七五〕毖　玄卷十一釋此詞作「毖」。
〔七六〕㬥　據文意似作「暴」。
〔七七〕也　據文意似當作「反」。
〔七八〕襟　玄卷十一釋此詞作「襟」。
〔七九〕三　據獅補。
〔八〇〕槳　玄卷十一作「獎」。

〔八一〕烈者　玄卷十一釋此詞爲「倒首」。
〔八二〕諸　玄卷十一釋此詞作「詰」。
〔八三〕城　玄卷十一釋此詞作「地」。
〔八四〕抙　據文意似當作「抙」。
〔八五〕捋　據文意當作「捋」。
〔八六〕謂　玄卷十一釋此詞作「謟」。
〔八七〕拒　據文意當作「拒」。
〔八八〕小雅　玄卷十一釋此詞爲「小爾雅」。
〔八九〕繼也　麗無，據玄卷十一釋此詞補。
〔九〇〕茉　玄卷十一釋此詞作「茉」。
〔九一〕止　玄卷十一釋此詞作「也」。
〔九二〕尫　磧本玄卷十一釋此詞作「亢」，據文意似當作「九」。
〔九三〕焦　麗無，據玄卷十一釋此詞補。
〔九四〕非體相字也　玄卷十一釋此詞爲「非體也」。
〔九五〕狽　玄卷十一釋此詞作「狽」。
〔九六〕欓　獅作「欓」，玄卷十一釋此詞作「攩」。
〔九七〕欓　磧本玄卷十一釋此詞作「攩」。
〔九八〕才　獅作「才」。
〔九九〕詘　麗無，據玄卷十一釋此詞補。
〔一〇〇〕亦縫衣也　玄卷十一釋此詞爲「亦縺衣也」。
〔一〇一〕矛　玄卷十一釋此詞作「茅」。
〔一〇二〕濬　玄卷十一釋此詞作「溶」。
〔一〇三〕隮　玄卷十一釋此詞作「濬」。據文意似作「鰫」。
〔一〇四〕宋人有善爲龜手之藥者　今傳本莊子爲「宋人有善爲不龜手之藥者」。
〔一〇五〕并　磧本玄卷十一釋此詞作「坼」。
〔一〇六〕由　據文意當作「甴」。

〔一〇七〕慘　玄卷十二釋此詞作「燥」。
〔一〇八〕經　據文意似當作「輕」。
〔一〇九〕湒湒　玄爲「滑湒」。　鬲　據文意似作「涌」。　沸鬲　或作「鬻」，段注釋「沸」：「今俗以沸爲鬻字。」
〔一一〇〕髻　獅作「髻」。
〔一一一〕栝　玄卷十二釋此詞作「括」。
〔一一二〕椶　玄卷十二作「撥」。
〔一一三〕杚　玄卷十二釋此詞作「扢」。
〔一一四〕秎　玄卷十二釋此詞作「扢」。
〔一一五〕槩　衍。
〔一一六〕白　玄卷十二釋此詞作「皃」。
〔一一七〕遊　玄卷十二釋此詞作「趆」。
〔一一八〕説文：緼，紼，亂麻也　今傳本説文：「緼，紼也。」「紼，亂系也。」系，段注作「枲」。
〔一一九〕梓　玄卷十三釋此詞作「梓」。
〔一二〇〕樺　磧本玄卷十三釋此詞作「樺」。
〔一二一〕鳴　玄卷十三釋此詞作「韓」。
〔一二二〕大般涅盤經　玄卷十三釋此詞爲「般泥洹經」。
〔一二三〕毛詩傳　玄卷十三釋此詞爲「詩云：大賂南金。傳曰」。
〔一二四〕黮　麗無，據玄卷十三釋此詞補。
〔一二五〕説文：説時也　今傳本説文：「語時不啻也。」
〔一二六〕樸　玄卷五釋此詞作「禩」，似爲「禩」或「撰」。下同。
〔一二七〕庚　玄卷十三釋此詞作「庚」。
〔一二八〕補迷反　玄卷十三釋此詞爲「補迴反」。

一切經音義　卷第五十三

翻經沙門慧琳撰

右三十經五十五卷同此卷音

起世經　第一卷　玄應

壘堞　又作垒，同。力癸反。軍壁曰壘。壘亦重也。下又作堞〔一〕，同。徒頰反。字書：女牆也。

閻浮提　或名剡浮洲，或言譫浮洲，或云贍部洲。閻浮者，從樹爲名。提者，略也。應言提鞞波，此云洲。譫音之含反。埤蒼：多言也。

鬱單越　或名鬱怛羅越，或言鬱［多羅］〔二〕拘樓，或言郁多羅鳩留，正言鬱怛羅究瑠。此譯云高上作，謂高上於餘方，亦言勝。鳩留，此云作，亦云姓也。

弗婆提　或名弗于逮，或云弗婆毗提呵，或云逋利婆鼻提賀。逋利婆，此譯云前。鼻提賀，此云離體。或云弗者〔三〕並婆提，或言毗提呵，訛也。

瞿陀尼　或名俱耶尼，或名瞿耶尼，或名瞿伽尼，皆是訛轉也。瞿，此譯云牛。陀尼夜，此云取與。以彼多牛，用牛市易，如此間用錢帛等。或云有石牛也。

起世經　第二卷

薔薇　在羊反，下無飛反。重葉花者也。

淋甚　古文臨〔四〕，同。力今反。三蒼：淋，漉水下也。

礓石　居良反。形如薑也。字從石。經文從土作壃，非壃也。

攀擘　又作擥、攬二形，同。力敢反。説文：撮持也。擘，取也。

搦取　又作搙，同。女卓反。搦猶捉也，取也。説文：搦，按也。

馬名婆羅訶　此譯言長毛也。

蟹螯　五高反。蟹有二螯八足也。字從虫。經文作鼇，大龜也。

蘇偷婆　此譯云大聚，舊云塔者，訛略也。

起世經　第三卷

森竦　所金反。多木長皃也。下古文愯，同。先勇反。竦，上也。

黫黑　又作羥，同。於間反。字書：黑羊也。經文從牛作牸，非也。

覓宊　莫勒反。説文：覓，突前也。猶輕觸直進也。今皆作冒也。

啀喍　五佳反，下助佳反。犬見齒也。經文作睚，瞋目也。

鐵鈇　方于反。説文：鈇，莝斫也。鈇亦椹也，亦横斧也。

滂流　普傍反。三蒼：滂沱也，水多流皃也。

起世經　第四卷

顫動　又作𩑔，同。之膳反。説文：頏，顫也。三蒼：頭不正也。

黑黶　於簟反。謂面黑子也。説文：中黑也。

起世經　第五卷　第六卷　並無字音。

起世經　第七卷

虬螭　渠周反，下敕知反。廣雅：有角曰虬。龍無角曰螭。虬，黑身無鱗甲。螭，若龍而黄者也。

起世經　第八卷　無字音訓。

起世經　第九卷

陂濼　上筆皮反，下匹博反。陂，池也。下山東有鸕鶿濼是也。幽州呼爲淀，音殿。

起世經　第十卷

迦箄　方尔反。此名藿香也。藿音呼郭反。

起世因本經　第一卷　慧琳撰

老輩　波妹反。揚雄太玄經：輩，類也。埤蒼：比也。説文：車百兩爲一輩。從車從裴省聲也。經文從北作軰，俗字，非正也。

挺角出　庭鼎反。説文：挺，拔也，從手廷聲也。廷音亭。

三級　金岌反。顧野王玉篇云：級者，如階之等級也。説文：級，次第也。從糸，音覓。

欄楯　上音蘭，下音順。説文：蘭，檻也。縱曰欄，横曰楯。楯間子曰櫺子，俗謂之鈎欄。欄、楯二字並從木，形聲字。盾字從厂從十從目。

壘堞　上力鬼反。鄭注禮記云：壘，壁疊也，軍壁也。廣雅：重也。説文：壍也。從土厽聲，象形字也。下恬協反。杜注左傳：堞，城上女墻曰堞。説文：城上女垣也。從土枼聲。枼音盐接反。

樓櫓　上魯侯反，下盧覩反。説文：樓，重屋也。櫓，大盾也。考聲云：皆城上拒戰也。二字並從木，形聲字也。魯字從魚從白，俗從曰，非也。

分級　上墳問反。經文説須彌山有三層級，下廣上陿，説其由旬與俱舍論不同。俱舍論頌云：傍出十六千，八四二千量。從下向上半半減之，皆踰繕那量。此經即云下級六十，中級四十，上級二十由旬。琳意疑謂此經説其城郭，非地之量也。

金翅鳥　施豉反。説文：鳥翼也。從羽支聲。或從氏作翍，亦一〔五〕通。經云金翅鳥者，或名大嗉鳥。梵語名迦婁羅，或云揭路茶，或號龍怨，皆因形因事立名也。八部鬼神之中是其一部也，有大神力，常食諸龍。龍具四生，卵胎濕化，此鳥亦爾。其中力有等差，具如經文所説。今但會其異名音訓文字耳。

拘吒賖摩利　上音俱，賖音奢。或云居吒奢摩離，大樹名也。是諸金翅鳥所棲薄處，於此採取龍食，隨自己類居住此樹四面也。

搔揵地雞　上桑到反，揵音件。梵語天花名也。人間絶無此花。

菴婆羅多迦　上暗含反。亦天果名也。西國有，此國無。

鞞醯勒　上婢迷反，下馨奚反。果名也。或云毗梨勒。即訶梨勒之類，皆從外國來。

烏勃林　即嗢勃林也。木果也。似木苽而大，甚香，即此國亦有。

柰林　奴大反。經文更加木作榛，非也。

薔薇　上匠陽反，下味肥反。五色花木也，所在人間有之。經文作蔷，不成字也。

清泠　下歷丁反。蒼頡篇云：泠者，水清澄皃也。形聲字。

甘甜　下亭盐反。博雅云：甜亦甘也。或作甛，俗字也。

甎壘　上拙縁反。古今字語〔六〕：火燒土墼也。埤蒼云：甂甎也。古今正字：從瓦從專聲，或作㼷，古字也。經文從土作塼，俗字也。

金脇　香葉反。從肉從劦。劦音叶，從三力。

金窴　下音田。説文：窴，塞也。從穴從真亦聲也。經文從土作填，音珍，字雖俗用，誤也。

礓石　上居良反。埤蒼頡〔七〕云：礓，礫石也。從畺聲。經作薑，非也。

皮檜　下苦外反。蒼頡篇云：檜，粗糠也。説文：從禾會聲。經文從米作糩，非也。

轂捋　上鈎候反。字指云：轂，取牛羊乳也。從手從轂省聲也。轂音同上。或有從羊作羖，或從牛作犛，皆誤，非也。從手爲正。經文作搆，非本字。下鸞括反。毛詩傳曰：捋，取也。説文：捋音律曷也〔八〕，從手寽聲乎也。

牸牛　上音字。文字釋要云：凡牛羊之雌者曰牸。説文闕。字鏡云：牝牛也。形聲字也。

滋濃　上子私反。字書：滋，液也，多也。説文：益也，從水茲聲。下女龍反。蒼頡篇云：濃，厚也。考聲：汁厚也。説文：露多也。從水農聲。或從雨作震，音同上。

手擥　洛敢反。説文：擥，撮持也。從手覽省聲。或從手作攬，亦通也。

搦取　上女戹反。聲類：搦，捉也。説文：按也。從手弱聲。前音義音爲女革反，蓋鄉音耳，非正音也。

起世因本經　第二卷

欝多羅究留　上威律反。梵語北洲名也。或云北欝單。在妙高山北大海之中，其形正方。四海之中，此其一也。

適莫　上丁歷反。考聲云：適，指實也，主也，俗用或作的。下摩博反。韻英云：日冥也。説文亦云：日且冥也。日在茻中，重草曰莽。茻亦聲，茻音莽。

糠檜　上可豈〔九〕反。爾雅：米皮也。説文：從禾從康從米。下苦外反。前第一卷經中已釋訖。

羹臛　上革行反。考聲云：切肉或菜，調以五味，謂之羹。孔注尚書云：羹須鹹醋以和之。王注楚辭云：有菜曰羹而濃〔一〇〕，或肉或筍，細切爲之。字從肉從霍省聲也。霍音荒郭反。經文從雨下隹作臛，非也。

逋沙陀　上報毛反。梵語也。經云齋，唐云長凈。即集衆陳説所犯之罪，增長白法清凈之業，名爲長凈也。

嶷然　宜力反。字指云：崱嶷，山高皃也。崱音助力反，從山昃聲。昃音側，昃字從日六(矢)〔一一〕，音同上。

不擣白氎　刀老反，下音牒。經文作不搏，非也正字〔一二〕。

髬鬆　上音披。埤蒼云：髬者，被髮而走皃也。下音宗。經從忩，俗字也。考聲云：馬鬣也。鬆、髬二字，經並從髟。髟音必姚反。

姝妍　上昌朱反。鄭箋毛詩云：姝，美色也。方言六(云)〔一三〕：趙魏之間謂好爲姝。説文：好也。從女朱聲也。下霓堅反。廣雅：妍，好也。説文：忮〔一四〕也，從女幵聲也。幵音牽，從並二干也。

傍蟹　下諧芥反。説文云：蟹有二螯。螯，手也。八足旁行，非蛇蟺之穴無所庇者也。從虫解聲也。螯音敖。壇(蟺)〔一五〕音善，蛇也。

多撮　倉捋反。字林云：撮，取也。禮記「孔子曰今大(夫)〔一六〕地一撮土之多」是也。又宗捋反，亦通。説文：四圭也，三指撮也。從手最聲。最音子内反。

馭者　魚據反。顧野王云：指撝使馬者也。説文：從馬又聲也。

持轡　下悲媚反。毛詩云：執轡如組。顧野王云：所以制馭車中馬也。説文：馬轡也。從絲。軎音衛。説文云：車軸頭鐵也，象形字。經文從亡作轡，俗用，非正體。組音祖。

觀矚　鍾辱反。考聲云：視之甚也，衆目所歸曰矚。説文：視也。從目屬聲也。

丘墟　去魚反。風俗通云：墟，虚也。考聲：廢國邑也。周禮：四邑爲丘，或謂之墟。廣雅：墟，居也。鄭注禮記云：毀滅無後之地也。玉篇：大丘名墟。墟，山基也，從土虚聲也。

厠圂　上筩胾反。考聲：厠，圊也，側畔也，雜也。集訓云：圊，糞所也。下渾困反。圂亦厠也。集訓云：豕所居也。象形字也。經從水作溷，非也。筩音初師反，胾音緇使反之[一七]也。

連甍　陌彭反。杜注左傳云：甍，棟也，屋[一八]。説文訓釋與左傳同，從瓦從夢省聲也。

乳頃　下犬潁反。經云一捋牛乳頃，言時之極促也，即一息之間。説文：從頁匕聲。

泆壤　上烏穀反。説文：溉灌也。從水芺聲。芺音殀驕反。經文作妖[一九]，俗字也。下壤，説文柔掌反。孔注尚書云：無塊曰壤。説文：柔土也。從土襄聲。

氎衣　庭叶反。西國草花布也。經作疊，亦通。

釘之　丁逕反。

蘇偷婆　梵語。古譯質朴不妙也。正梵音云窣覩波。譯云方墳，唐云塼塔也，即轉輪聖王没後遺身塔也。

暫時　慙濫反。集訓云：不久也。説文：從日斬聲，或從足作蹔。

甎土　上拙川反。説文：甗甎也。從瓦專聲也。經文從土作塼，俗字，非正也。

阿毗脂地獄　梵語也。唐云無休息，或云阿毗地獄，即無間大地獄也。處於大海大地之下，故名地獄。

疊磑　上音牒。考聲云：疊，重也。説文：從三日作曡，新改爲三田。下從冝。會意字。下吾會反。説文：磑，礦也，從石豈聲。古者魯班[二〇]初作磑。礦音莫箇反。考聲：磨麥具也。

刀鍱　閻接反。鐵鍱也。形聲字也。

鐵爪　天涅反。説文：黑金也。從金戜聲。戜音徒結反，正體字也。今經文從截作鐵，俗字也。下莊狡反，象形字也。

纖長　上相閻反。廣雅：纖，微也。杜注左傳云：纖，細也。文字典説：從糸韱聲。韱字從笺，笺音尖。下直良反。説文：長，久也，從兀從化從倒亡。兀，高遠也。物久則化變，故從化也。

鋒芒　上音峯，下音亡。刀峯似草葉端，故名之。

颫破　上莊虢反。此音見字書。颫，抓破也。舊音爲居碧反，或音九縛反，恐未切當，故改就此音。抓音莊交反。

擘身　迸麥反。字書：手擘破物也。考聲云：手烈[二一]也。説文作擗，從手從檗省聲也。

鑽身　祖官反。考聲：鑽，刺也。集訓：穿物鐵也。形聲字也。

脂髓　上音支，下雖紫反。集訓云：骨中脂也，從骨隨聲。

五叉磔　上策加反。鐵叉也。下嘲革反。廣雅：磔，開也，張也。説文：辜也。從桀石聲，桀音竭。經云五叉者，地獄名也。以此鐵叉分磔罪人身形，名爲五叉地獄。

樸[二二]著　上龐邈反。考聲云：手搏投於地曰樸。韻詮云：手掬撲也。或音普禄反，亦通。今俗用或省作僕[二三]。下長略反。從草下者，俗從兩點作著(着)[二四]，非也。

鐵鉆　下儉嚴反。説文：鉆，鋷也。從金占聲。鋷音女輒反。經從甘作鉗，非體也。此今古之正形也。

燒腭　五各反。考聲云：腭，齗也。説文：從肉咢聲。咢從吅從屰音逆。吅音喧。齗音銀字。

起世因本經　第三卷

掬取　上弓六反。考聲：覆手扟取也。説文：在手曰匊。從勹勹音包從米，會意字也，正單作匊。今經文從手作掬，俗字也，通用。

豌豆　烏丸反。豆名也。説文作豋，古字也，從豆夗聲也。

劖刺　上仕銜反。説文云：劖，斷也，針㓨也。一云剽也，釗也。從刀毚聲。下清亦反。説文云：刺，直傷也[二五]。從刀朿(朿)[二六]聲。剽音匹妙反。釗音之遥反。

臠臠　攣剸反。顧野王云：謂切肉爲臠之小者。説文：從肉䜌聲。䜌音力專反。正字也。

齩食　上五絞反。説文云：齧骨也，從齒交聲。亦作茭[二七]，或作[𪘂][二八]。齧音研結反。正形也。

𪘏齜　上崖戒反，下柴邂反。考聲云：開口切齒也。埤蒼云：犬相争聲。説文：齒相齗也，一云開口見齒也。並從齒，厓、此皆聲。邂音下介反也。

咂嗽　上子臘反。韻略云：咂，入口也。説文作嗒。俗作唼。下色捉反。韻略云：欶，口翕也。正作嗽。經本作涑，非也。

斲斤　上陟角反。説文云：斫也。從斤𠁁聲。經作斵，俗字也。

脚蹋　上正脚字。下徒臘反。經本作蹹，俗字。

拼度　上伯萌反。考聲云：拼，撣也。説文：從手并聲。下堂落反。撣音達丹反。

鐵瓨　項江反。説文云：瓨，似甇，長頸，受十升。從瓦工聲。

鐵鏊　敖誥反。

起世因本經　第四卷

相激　經歷反。説文云：疾也[二九]。從水敫聲。

而踣　朋北反。郭注爾雅云：踣，前覆也。鄭注周禮：踣亦僵反(尸)也[三〇]。説文：從足咅聲。咅音土口反。

埲㶿　上僕蒙反，下盆没反。王逸注楚辭云：風塵起皃也。亦作浲浡，云水霧氣皃也。經本從火作熢焞，俗字也。

蹴蹋　上秋六反，下談臘反。經作蹹，俗用字。

姦猾　上簡顔反，下還刮反。字書云：猾，黠也。説文：從犬骨聲。

泡沫　上普包反，下音末。考聲云：泡，水上浮漚也。沫，水上浮沫也。古今正字二字並從水，包、末皆聲之[三一]，正字也。

麥麩　音弋。文字集略云：麩，麥皮也。説文：從麥弋聲。

赧皺　上儜簡反。説文云：赧，面慙赤也，從赤𠬝聲。經本從皮作赧，俗字也。𠬝音𠬝。下莊瘦反。韻略云：面皮聚也。説文：字從皮芻聲。經作皺[三二]，俗。

黶子　上伊琰反。考聲云：面黑子也。説文：從黑猒聲。

傴僂　上紆矩反，下力主反。博雅云：曲脊皃也。説文竝從人，區、婁皆聲。

跛跂　上波可反。周易云：跛能履，不足以與行也。説文：行不正也，一曰足排之也。從足皮聲。亦作尳。下詰以反。郭注山海經云：言人行，脚跟不著地也。説文：足多指也。從足支聲。

羸瘦　上力追反。下正瘦字，音疏救反。

尪弱　上烏黄反。説文作尣，云跛曲脛也。從大，象偏曲之形。古文從生作尩，經本作尫，非也。

以坌　坌悶反。義已具釋金光明最勝王經中也。

起世因本經　第五卷

搏取　上補洛反。聲類云：搏，捕也。杜注左傳：取也。説文：索持也，從手尃聲也。

鵄鵂　上齒之反。鄭箋毛詩云：鵄，惡鳴之鳥也。古今正字：鳶屬也。從鳥氐聲。下朽尤反。字書云：鵂鶹，袄鳥也，一名鵅，夜飛晝伏。古今正字：怪鳥也。從鳥伏聲。鵅音格也。

摸鼻　上茫博反。方言云：摸，㨯也。古今正字從手草（莫）[三三]聲，如㯳[三四]。

如箕　居疑反。世本云：少康作箕。郭注方言云：盛米寫斛斗者也。説文：竹簸也。從竹其，象形，下其人也[三五]。古文作箕也。孔注論語云：筲也。漢律云：小筐也。説文：從竹從單[三六]聲。

如臼　求有反。經本作田，誤也。

埽帚　上蘇竃反。博雅云：埽，除也。説文：從土帚聲。經作掃，俗字也。下周柳反。世本云：少康作帚。顧野王云：帚，所以掃除糞穢也。説文：從又持巾掃口（冂）[三七]内也。經文從竹作箒，俗字也。

華沼　之遶反。毛詩云：沼，池也。説文：從水從召聲。

諸藕　吾苟反。

蠟蜜　上藍合反。經本作蝋，非也。

起世因本經　第六卷

岐道　上姑移反。爾雅云：道二達謂之岐旁。郭注云：岐，道旁出者也。古今正字：從山支聲。

飄零　上匹遥反，下力呈反。

氛氳　上浮分反。文字集略云：氛氳，香氣盛皃也。説文：從气分聲。下欝雲反。義已具釋金光明最勝王經中。

牢固　上老刀反。

層樓　上藏棱反。郭注山海經云：層，重也。説文：重屋也，從尸曾聲。

覩矚　之欲反。

那墀尼　中直知反。梵語池名也。

輦輿　上力展反。杜注左傳云：駕人曰輦。説文：輓車也，從扶在車前引也[三八]。下文是正字也，音余。文字集略云：輿，載也。説文：車輿也，從車舁聲。經本此是古今之正形。作轝，非也。扶音伴，舁音余也。

飄颺　音楊。説文云：風所飛揚也。從風昜聲。昜音陽也。

戲謔　上希意反，下香約反。

起世因本經　第七卷

氤氳　上音因。

涕唾　上以之反。説文云：洟，鼻液也，從水夷聲。下吐卧反。説文：口液也。從口垂聲。

不瞬　水閏反。説文云：瞬，目摇也，從目舜聲。經從旬作眴，俗字也。

夭殤　上娱矯反。杜注左傳云：短折曰夭。説文：屈也。從大象形。下賞羊反。禮記云：男女未冠笄而死者曰殤，年十九至十六爲長殤，十五至十二爲中殤，十一至八歲爲下殤，八歲已下爲無服之殤。説文：從歺從傷省聲也。歺音矜字。

[麥酋]　上昌沼反。經本作麨，俗字。

揩拭　上客皆反。博雅云：揩，摩也。説文：從手皆聲。下舒力反。郭注爾雅：拭，所以清潔也。鄭注禮記云：净也。説文：從手拭〔三九〕聲。

魚鼈　下必滅反。考工記云：鼈，内骨者也。説文：介蟲也。從黽敝聲。黽音猛。

黿鼉　上阮袁反。考聲云：似鼈而大，腹黄而頭斑。説文：亦大鼈也。從黽元聲。下堂何反。似蜥蜴而大，長一丈則爲龍，水次穴居。郭璞云：皮可以爲鼓也。説文：從黽單（單）〔四〇〕聲，音那也。

虯螭　上祁幽反。廣雅云：龍有角曰虯。説文：從虫丩聲。下恥知反。廣雅曰：龍無角曰螭。説文：若龍而黄，北方謂地螻。從虫離聲。丩音己由反。慺（螻）〔四一〕音慺也。

虵獺　上食遮反。説文云：從虫而長，象冤曲垂尾之形也。上古巢居患虵，故相問無他〔四二〕乎，它即今之虵字也。下他達反。説文云：似小狗，水居捕魚之獸也，從犬賴聲。

鵝鴈　上五何反，下顔諫反。

鸜鵒　上具虞反，下容緑反。

燕雀　上煙見反。郭注爾雅云：齊人呼燕爲鳦。禮記月令亦謂之玄鳥也。説文：玄鳥也，籋口布翅披尾，象形也。鳦音乙。籋，女涉反，躡也。下將爵反。顧野王云：依人小鳥也。説文：從少隹聲也。

髀股　上毗謎〔四三〕反。正作髀。經作胜，俗字也。

慘然　上倉感反。

起世因本經　第八卷

城隍　音皇。爾雅云：隍，虚也。説文云：隍，城池也。有水曰池，無水曰隍。易云：城之復于隍也。從阝皇聲。

村隝　烏户反。説文云：小障也，從卩〔四四〕烏聲。經作塢，俗字也。

林壑　呼各反。顧野王云：壑，坑也，虚也。説文：溝也，從土叡聲。正作叡。經作壑，俗字形也。

閃電　上苫冉反，下田鍊反。説文云：電，陰陽相激燿也。從雨电聲。电音申。

磧中　上青亦反。正磧字也。説文云：磧，水渚有石也，從石責聲。經作磧，俗通用字形也。

擿著　上呈戟反。説文云：擿，投也。下張略反。

躭樂　上荅含反。孔注尚書云：過樂謂之躭。毛詩傳云：樂之太甚也。説文作媅，云樂也，從女甚聲，亦作妉。下音洛。經本作躭，俗字形也。

愚騃　牙蟹反。蒼頡篇云：騃，無知也。説文：行仡皃也〔四五〕。從馬矣聲，字正形也。

轅軸　上音袁。説文云：轅，輈也，從車袁聲。下冲六反。説文云：軸，持輪者也。從車由聲也。

鞭撾　上必綿反，下陟爪反。聲類云：撾，捶也。古今正字：從木過聲也。

七榻　吐臘反。釋名云：榻，牀狹而長者曰榻。説文：從木𦐇聲。經作榻，俗字。𦐇音同上。

耳環瑲　黨郎反。

涌已　上容隴反。顧野王云：涌，水波騰也。説文：從水甬聲。甬音同上字。

靉靆　上哀代反，下臺賴反。王逸注楚辭云：日月晻默無光也。埤蒼云：昧不明也。古今正字並從雲，愛、逮皆聲也。

攢棓　上倉乱反。下龐講反，經作棒。又㯂(四六)，並是俗字，今不取也，非正用也。

椎杵　上直追反。經作槌，俗字也。下昌呂反，前已具釋字也。

錍箭　上匹迷反。方言云：箭族(四七)廣長而薄者謂之錍。説文：從金卑聲。亦鈚。經本作鈹，音披，非字形也。

鏃箭　上宗鹿反。廣雅云：鏃，鏑也。字書：矢鋒也。説文：賴(四八)也。從今(四九)族聲。

瘢痕　上音盤，下恨恩反。

起世因本經　第九卷

羖羊　上孤鄔反。下正羊字。鄭箋詩云：羊牝牝有角曰羖也(五〇)。説文云：從羊殳聲也。

毛毲　博莽反。埤蒼云：毲，方言：氈也。考聲云：毛布也。文字典説：從毛旁聲，亦作毲。氈音紀例反也。

稗子　上白賣反。杜注左傳云：稗草之似穀者，從禾卑。説文：禾別也，從禾卑聲也。

誅戮　留竹反。鄭注周禮云：戮猶辱也。賈注國語：殺也。説文：從戈翏聲。翏音力又反。

獵師　上廉葉反。鄭箋詩云：霄田曰獵。賈逵：獵，取也。説文：効獵逐禽也(五一)。從犬巤聲。經作獦，俗字。後但有如此字不音者，準此。巤者同上。

頸瓔　上經郢反。説文：頸，項也，從頁巠聲。下亦盈反。説文云：賏，頸飾也。古文從二貝。頁音賢結反。巠音經。貝音杯妹反也。

臂釧　上卑寐反，下川戀反。義已具釋金光明最勝王經中也。

釵鉺(五二)　上策皆反。文字集略云：釵，叉髻也。文字典説：婦人頭飾也，或以金玉爲之，從金叉聲。下女輒反。釋名云：鉺，攝也，拔取髪也。説文：鉆也，從金耴(五三)聲。字書作鑷，與經本同。耴音同上。鉆音其廉反中字(五四)也。

鹹滷　上音咸，下星亦反。爾雅云：滷，苦也。周禮作潟。古今正字義同，從水舄聲。

澆漬　上皎堯反，下資賜反。正體字。

洗盪　上西禮反，下堂朗反。説文云：盪，滌器也，從皿湯聲。滌之音亭歷反。

佉寐　梵語魚名也。經中自音迷私反。下旬(句)(五五)亦同此訓。

簿漠　上傍博反，下音莫也。

欑(五六)酪　上徂巒反。考聲云：欑，聚也。説文義同，從木(五七)贊聲。下音洛。釋名云：酪，乳汁所作也。古今正字：從酉各聲。

吮已　上旋兖反。説文云：吮，欶也。從口允聲。欶音朔。亦作嗽也。

軀體　上曲迂反。尚書大傳云：軀，身也。説文：體也。從身區聲。

起世因本經　第十卷

善瑩　瑩迴反。顧野王云：瑩謂摩飾玉使光明也。說文：玉色也，一云石之次玉者也。從玉熒省聲。案摩飾之瑩，從金作鎣，從玉者誤也。

牀専　上正床字。下撫無反。孔注尚書云：専，布也。說文義同。從寸甫聲。亦從文作敷〔五八〕。經本作敷，俗也。

表裏　上碑矯反。字書云：表，衣沐也。說文：上衣也。古者衣裘，故以毛爲表也。從毛從衣。經作表，俗用之字也。下音里。

偝方　上陪妹反。考聲云：偝，迴面向外也。博雅：後也，亦作背。

翳覆　上伊計反，下豐富反。

五種子　中之勇反。

根子莖子節子合子子子　五種，各加子字也。

皮檜　恢外反。蒼頡篇云：檜，糠也。說文：從禾會聲。正字也。經文從米作糩，誤也。

土凷　魁外反。亦作塊。

分壃　居良反。鄭注周禮云：壃，界也。說文：正作畺，從畕三其界畫也。亦作疆，又作彊。畕音同上。

讁（讁）〔五九〕罰　上陟革反。毛詩傳云：讁（讁），相責也。說文：罰也。從言啇聲〔六〇〕。經作擿〔六一〕，亦通。下煩韈反。說文云：辠之小者也，言未以力，但持刀詈罵，則應罰也。從力詈聲〔六二〕。有從寸作罸者，非也。

牽排　上遣賢反，敗埋反〔六三〕。博雅云：排，推也。說文：從手從非聲也。

降㝉　上巷江反，下於袁反。

柯箄羅城　梵語訛也。正字云劫比羅，亦名迦毗羅也。

寐洟羅城　經本已音，此即梵語城名訛也。或云彌絺羅之國也。

斛　洪屋反。王名。

訿訾　上撝委反。考聲云：訿，譖也，謗也，詈也，訛也。經文作毀，俗通用也。下茲此反。鄭注禮記云：訾，以言毀人也。古今正字：從言此聲。

崖龕　坎甘反。

稻稈　干嬾反。

樓炭經　第一卷　玄應撰

噭嚾　又作嘂、警二形，同。古弔反。噭，呼也，鳴也。下歡觀反。呼也，叫也。或作喚。又作讙、喚二形，同。

樓炭經　第二卷

梟磔　古堯反。說文：梟，不孝鳥也。冬至日捕梟磔之。磔，竹格反，張磔也。經文作捭，疑誤也。

當盧　字宜作顱，同。力胡反。言馬面當顱，刻金爲之，所謂鏤鍚也。詩注云「眉上曰陽，刻金飾之，今當盧」是也。

帞頭　莫格反。方言云：南楚江湘之間曰絡頭。字書：帞，額巾也。字從巾。經文從𠂤作陌，非字體也。

八柧　古胡反。說文：柧，棱〔六四〕也。通俗文：木四方爲棱，八棱爲柧。言珠有八棱字也。

諸署　時去反。位也。署官也。署官者，位之表識也。治事府寺曰署。署猶置也。

樓炭經　第四卷

麨麩　丘語反。字書：麥甘粥也。蒼頡篇：煮麥也。

樓炭經　第五卷

嶔崟　綺金反，下宜金反。謂山阜之勢高下倚傾也。楚辭云：嶔[六五]崟崎峨。注云：山阜陬隁也。嶔峨音俄，非也。陬音則流反。

長阿含十報經　上卷　慧琳撰

摶飯　段欒反。博雅云：手握使相著也。考聲：附持也。說文：圜也，從手專聲也。圜音袁也。

四蛘　羊掌反。經從養作蝆，俗字也。字書云：瘡肉中蟲行也。或從手作擨，發動也。說文：搔蛘也，從虫羊聲。有作痒者，不成字也。

若盂　禹俱反。案盂是高道乞士應器鉢盂也。經文從木作杅，非也。

長阿含十報經　下卷

瞢瞢　默崩反。文字釋訓云：瞢瞢，目不明也。爾雅：亂也。考聲：悶也。說文：從苜[六六]從旬。旬音縣，苜音目[六七]。

適在　丁歷反。考聲云：適猶指實也。集訓云：適，然也。經從帝作啻，非也。

郁者　上央六反，下音祇。梵語西國花名也。經文作郁字者，錯書形也。

猗喜　上音依。古人僻用字也。本義是依，字宜改從依。

爲瞑　音冥。考聲：閉目也。左傳云：謚曰靈而不瞑，謚曰成乃瞑。說文：翕目也，從目冥聲。翕音歆急反。

中本起經　上卷　玄應撰

拘隣　此譯云阿若，名已知。拘隣者，姓也。初度五人名也。一名拘隣，二名頞陛，三名跋提，四名十力迦葉，五名摩男拘利。

怖悸　古文作痵，同。其季反。字林：心動。說文：氣不定也。方言：㥯，悸也。注云：謂悚悸也。㥯音葵之字。

屏營　卑營反。謂惶遽也。廣雅：屏營，征伀也。經文作併，甫政反。說文：併，[最][六八]也。併非此義。

俱躓　古文懥、躓二形，今作疐，同。豬吏反。通俗文：事不利曰躓。限至曰礙字。

中本起經　下卷

妖冶　下余者反。周易：冶容誨婬。劉瓛曰：冶，妖冶也。謂倣[雅][六九]自得，莊飾鮮明之皃也。

狂憨　呼藍反。字書：憨，愚也。郭璞曰：鵽鳥憨急謂虛勇也。

靈柩　渠救反。小〔爾〕雅〔七〇〕：有屍謂之柩，空棺謂之櫬。禮記：在棺曰柩。鄭玄：柩之言究也。白虎通曰：柩之言久也。文(久)〔七一〕不復變也。

焜煌　胡本反，下胡光反。方言：焜，盛也。郭璞曰：焜煌，盛皃也。煌，明也。蒼頡篇：煌，光也。經文作煇，字與暉[同]〔七二〕，非此用也。

恂恂　私巡反。論語：恂恂如也。王肅曰：温恭皃也。廣雅云：恂恂，如(敬)〔七三〕也。爾雅：恂恂，戰慄也。

斑駁　又作辨，同。百顔反。説文：辨，駁也〔七四〕。蒼頡篇：辨，文皃也。雜色爲斑。經文作斒，方間反。斒爛也。爛音力間反。

七知經一卷　無字音釋。

鹹水喻經　一卷

鹹水　洽緘反。爾雅：鹹，苦也。郭璞云：苦即大鹹也。説文：鹹亦銜也，北方味也。從鹵音鹵咸聲也。

佛説一切流攝守因經　慧琳撰

弊尪　上毗袂反，下烏光反。説文：尪，跛曲脛也。字從大(九)〔七五〕，象偏曲之形也。從尢〔七六〕(九)音汪從王也。

四諦經〔七七〕　玄應撰

執(熱)〔七八〕變　碑院反。變，化也，易也，更也。白虎通曰：灾變者何？變非常也。經文作勢，誤也。字書亦無此字也。

咽瘤　力周反。説文：瘤，腫也。廣雅：瘤，病也。經文從口作嚠，非字也。

佛説恒水經一卷　慧琳撰

圊圂　上七精反。字書：圊亦圂也。説文：圂，厠也，從囗音韋青聲也。下胡困反。案説文亦從囗從豕。經文從水作溷，俗字也。

本相猗致經一卷　玄應撰

洿池　沃孤反。廣雅：洿，深也。杜注左傳云：濁水不流也。説文：從夸從水夸音區夸聲也。

佛説緣本致經一卷　慧琳撰

轉依　倚宜反。毛詩傳云：依，倚也。郭璞注方言云：依，憑也。廣雅云：依，恃也。説文：從人從衣。經文從犬作猗，猗者歎辭也，非經義也。

愛訒　仁振反。孔注論語云：其言也訒。説文：從言刃聲。

眩曜　上玄絹反。賈注國語云：眩，惑也。顧野王云：眩亦示幻者也。説文：從目從玄。下遥笑反。廣雅：曜，明也。博雅云：照也。説文：從日翟聲也。或作燿，同。

賢儁　遵峻反。淮南子曰：才過千人曰儁。今通俗作俊。説文下從弓隹隹音許惟反儁聲也。經文作㑺，俗字也。

佛説頂生王故事經一卷　慧琳撰

曩昝　囊朗反。爾雅：曩，久也。考聲云：昔也。説文：從日襄聲也。下星歷反。經作昔，俗字也。

繁稠　上飯糒反。毛詩傳曰：繁稠，多也。鄭注禮記：繁，盛也。説文從糸音覓從敏。下胄流反。廣雅：稠，概也。毛詩傳云：稠，密也。説文：多也。從禾周聲。糒音晚班反，音班。

揚簸　下波我反。毛詩傳曰：簸糠者也。説文：簸，揚米去糠也。從箕從皮。

睥睨　上紕計反，下倪計反。廣雅云：睥，視也。字書云：邪視也。淮南子云：左睥右睨也。説文：並從目，卑、兒皆聲字也。

眼眴　玄絹反。王注楚辭云：眴，視皃也。説文：目摇動也。從目旬而〔七九〕聲也。旬音同。

佛説文陀竭王經一卷　慧琳撰

勞賚　上勞到反，下來岱反。爾雅云：賚，賜也。孔注尚書云：賚，與也。考聲云：勞賚，相慰問也。説文：勞，從力從熒省。賚，從來貝也，形聲字。

問訊　下音辛進反。蒼頡篇云：訊亦問也。毛詩箋云：訊，言也。説文：從言從卂，卂亦聲也。卂音迅也。經文作訙，俗字，非正字也。

佛説鐵城泥犂經一卷　慧琳撰

邠坻　筆旻反。或作豳。下帝奚反。梵語也。不求字義也。

雨泡　上音宇，下魄茅反。考聲云：水上浮漚也。説文：從水從包聲也。

喙柴　上兄穢反。禮記：脩首者進喙。説文：喙亦口也。從口喙〔八〇〕聲。下即髓反。考聲云：鳥口也。或作咮(咮)〔八一〕、觜，亦作觜〔八二〕也。古今正字：鳥喙也，從口束(朿)〔八三〕聲也。束(朿)音次，形字也。

截剥　上前節反。廣雅：截，割也。説文：斷也，從戈從雀。經作截，俗字也。下拜角反。廣雅：剥，去皮也。毛詩箋云：剥，削也。説文：割，從刀從彔。彔音禄。

槃筵務　中師綺反。地獄名也。

持釪　下母侯反。説文：釪長二丈，建於兵車也。正體象形作矛字也。或作鉾，俗字也。古文作戣，並同也。

磔開　竹格反。廣雅云：磔，張也。考聲云：開也。説文：從石桀聲。經文作㧞〔八四〕，非也。

古來世時經一卷　玄應撰

炊作　出爲反。説文：炊，爨〔八五〕七亂反。從火欠聲。

比丘咄　都骨反。梵語也。

阿那律八念經一卷　慧琳撰

椷篋　上胡緘反。廣雅云：篋謂之椷。字書云：木篋也。説文亦篋也，從木咸聲。下聾谷反。王注楚辭云：簏，竹器也。説文：竹高篋也。從竹鹿聲字，正形也。

差跌　上厠師反。考聲云：不相值也。韻詮云：參差不齊也。

下田結反。廣雅云：跌亦差也。考聲：足差跌也。方言：蹶也。說文：足踼(踢)〔八六〕也，一云越也。從足失聲。踼(踢)音唐。

筋緩　上謹銀反。說文：筋者，肉之力也，從竹，竹物之多筋者。經作觔，俗字也。下胡管反。鄭注考工記：緩，寬也〔八七〕。爾雅云：舒也。賈注國語：遲也。說文：從糸音覓爰音袁聲也。

皮皺　側救反。字書：皺，皮聚也。文字典說：皮寬聚也，從皮芻聲。芻音楚俱反。

癇癲　限間反。聲類：小兒癲病也。說文：從疒間聲。下典年反。廣雅：癲，狂也。聲類云：風病也。說文：從疒音女戹反顛聲也。

閻羅王五天使者經一卷

閻羅　或名閻磨羅，應言夜磨盧迦，此譯云雙世也。竊謂苦樂並受，號之爲雙也。

刓刻　又作刓，同。五桓反。刓，削也。廣雅：刓，斷也。刻，鏤也。

裹蘊　於雲反。謂聚草蕘束之以爇火者。漢書「束蘊乞火」是也。蕘音而消反。

火燎　又作爍，同。力照反。說文從炙字正形。

離睡經一卷　慧琳撰

彷徉　上薄光反，下餘章反。顧野王云：彷徉猶徘徊也。古今正字：上從彳從方，下從彳從羊。

右脅　下虛劫反。說文：脅，肚兩膀也。從三力作劦，從肉。經中作脇，非。

佛說求欲經一卷　慧琳撰

洗拭　上西礼反。說文：洗足也。今亦以爲洗濯之字，從水先聲。亦作洒也。下尸翼反。鄭注儀禮云：拭，清也。郭注爾雅云：拭亦清潔也。說文：從手式聲。

摶食　上段欒反。前阿含十報經中已釋訖。說文：圓也。從手專聲。

佛說是法非法經一卷　無字音訓。

佛說受歲經一卷　慧琳撰

反戾　黎計反。毛詩箋云：戾，不善也。廣雅云：戾亦佷也。謚法曰：不悔前過曰戾。說文：從户從犬也。

佛說梵志計水净經一卷　慧琳撰

鹵　盧古反。杜注左傳：鹵，确。确音坑角反。确薄之地也。說文：西方鹹地。從古文卤字省，象塩形也。卤音西。

佛說苦音陰經一卷　慧琳撰

呰懱　上茲此反。鄭注禮記：呰，毀也。說文：呵也。從口此聲。亦作訾。下眠結反。賈注國語云：懱猶滅也。箋：懱亦輕也。説文：從心從蔑音與上同。經文單作蔑，誤也。

蠅蚤　上翼陵反。毛詩箋云：蠅之爲蟲，汙白爲黑，汙黑爲白也。説文：從虫從黽音猛。下遭老反。蜜[八八]齧人而跳也。説文：從虫從叉，叉音爪。經文作蚤，訛略也。

所蛆[八九]　知列反。博雅：蛆（蛆）[九〇]，螫也。説文：從虫呈（旦）[九一]聲。經文作咥，非也。螫音適也。

以鏚　七績反。字書云：鏚，斧也。文字典説：鏚亦鉞斧也。從金戚聲之字。

蹲骨　遄兖反。蹲，腓腸也。文字典説云：從足專聲。或作腨，同。

髀骨　上屏米反。説文：髀，股外骨也。正作髀。經文或作胜者，非也。

佛説苦陰因事經一卷　慧琳撰

在釋羇底　寄宜反。梵語不釋字。經文作鞽，不成字。

尼拘蔞園中　縷誅反。梵語園名。亦名藍毗尼之園。

彷徉　上音旁，下音羊。前離睡經已具釋訖也。

募彼　摸布反。考聲云：求也。説文：廣求也，從力從慕省聲字也。

県首　嗷堯反。説文：倒首字也，斷首而倒懸也。經作梟字，非也。

常跽　其雉反。考聲：跽者，拜而跪也。説文：從足忌聲。

釋摩男本經一卷　慧琳撰

辜磔　上古吴反。孔注尚書云：辜，罪也。鄭注禮記云：辜之言枯也，謂磔之也。説文：從辛古聲也。經文從羊作辜，非也。下陟格反。已於上文鐵城泥犂經釋訖。

其額　五格反。方言：額，顙也。説文：從頁音頡各聲。經文從客作額，俗字也。

沛施　普貝反。王逸注楚辭云：沛，行皃也。廣雅云：沛，大也。又沛，流也。説文從水市聲也。

樂想經一卷　無字音訓。

佛説漏分布經一卷　小乘　慧琳撰

知漏　樓豆反。顧野王云：漏猶泄也。詩[九二]注淮南子云：漏，失也，又曰穿也。案法華經云「諸漏已盡，無復煩惱」是也。説文從水屚音同上。

痛劇　擎戟反。顧野王云：劇，甚也，謂更甚於前也。古今正字：從刀豦音巨聲也。經作劇[九三]字，非也。

阿耨風經一卷　無字音釋。

諸法本經一卷　無字音釋。

一切經音義　卷第五十三

校勘記

〔一〕堞　據文意似當作「堞」。
〔二〕多羅　麗無，據玄卷十二釋此詞補。
〔三〕者　玄卷十二釋此詞無，似衍。
〔四〕臨　玄卷十二作「臨」。
〔五〕一　疑衍。
〔六〕古今字語　據文意似當爲「古今字詁」。
〔七〕頡　衍。
〔八〕也　據文意當作「反」。
〔九〕崑　獅作「岡」。
〔一〇〕王注楚辭云：有菜曰羹而濃　今傳本王注楚辭：「有菜曰羹，無菜曰臛。」
〔一一〕六　獅作「夊」。
〔一二〕非也正字　據文意當爲「非正字也」。
〔一三〕六　獅作「云」。
〔一四〕忮　今傳本説文作「技」。
〔一五〕壇　獅作「壜」。
〔一六〕大　獅作「夫」。
〔一七〕之　疑衍。
〔一八〕杜注左傳云：甍，棟也，屋　今傳本杜注左傳：「甍，屋棟。」
〔一九〕妖　據文意當作「沃」。
〔二〇〕斑　通「班」。
〔二一〕烈　通「裂」。
〔二二〕樸　據文意當作「撲」。
〔二三〕僕　據文意當作「撲」。
〔二四〕著　據文意當作「着」。
〔二五〕説文云：刺，直傷也　今傳本説文：「刺，直傷也。」
〔二六〕束　據文意當作「朿」。
〔二七〕茭　據文意似當作「咬」。
〔二八〕鱙　麗脱，據獅補。
〔二九〕疾也　今傳本説文爲「水礙衺疾波也」。
〔三〇〕反　獅作「尸」。鄭注周禮：踣亦僵反也　今傳本鄭注周禮：「踣，僵尸也。」
〔三一〕之　衍。
〔三二〕豉　據文意似作「皷」。
〔三三〕草　據文意當作「莫」。
〔三四〕如橛　似衍。
〔三五〕説文：竹簸也。從竹其，象形，下其人也　今傳本説文：「簸也。从竹𠀠，象形。下其丌也。」
〔三六〕單　據文意似當作「其」。
〔三七〕口　今傳本説文作「冂」。
〔三八〕説文：輓車也，從扶在車前引也　今傳本説文：「輓車也。从車从扶在車前引之。」
〔三九〕拭　據文意當作「式」。
〔四〇〕單　據文意似當作「罝」。
〔四一〕慺　獅作「螻」。
〔四二〕他　據文意似當作「它」。
〔四三〕謎　獅作「誅」。
〔四四〕卩　今傳本説文作「𠂤」，據文意當作「卪」。
〔四五〕行仡皃也　今傳本説文爲「馬行仡仡也」。
〔四六〕[illegible]　據文意似當作「柈」。又，「[illegible]」即「爨」，似爲「穳」的借音俗寫。
〔四七〕族　據文意似當作「鏃」。
〔四八〕賴　據文意似當作「利」。
〔四九〕今　據文意當作「金」。
〔五〇〕鄭箋詩云：羊牝牝有角曰羖也　今傳本鄭箋詩云：「羖羊之性，牝牡有角。」
〔五一〕説文：効獵逐禽也　今傳本説文：「放獵逐禽也。」
〔五二〕鈲　獅作「鋷」。下同。
〔五三〕耴　獅作「取」。下同。
〔五四〕中字　疑衍。
〔五五〕旬　據文意當作「句」。
〔五六〕欑　據文意似當作「攢」。下同。
〔五七〕木　據文意似當作「才」。
〔五八〕敷　據文意似當作「敫」。
〔五九〕謫　據文意當作「謫」。下同。
〔六〇〕説文：罰也。從言商聲　今傳本説文：「謫，罰也。从言啻聲。」
〔六一〕擿　據文意似當作「讁」。
〔六二〕説文云……從力詈聲　今傳本説文爲「辠之小者，从刀詈。未目刀有所賊，但持刀罵詈則應罰」。
〔六三〕敗埋反　獅脱「埋」。
〔六四〕樓　今傳本説文作「梭」。
〔六五〕嶺　磧本玄卷十二釋此詞作「嶔」。
〔六六〕苜　據文意似當作「茁」。下同。
〔六七〕目　獅作「日」。
〔六八〕最　麗無，據玄卷十二釋此詞補。
〔六九〕雅　麗無，據玄卷十二釋此詞補。
〔七〇〕小雅　玄卷十二釋此詞爲「小爾雅」。
〔七一〕夂　玄卷十二釋此詞作「久」。
〔七二〕同　麗無，據玄卷十二釋此詞補。

〔七三〕如　玄卷十二釋此詞作「敬」。
〔七四〕駁也　今傳本説文爲「駁文也」。
〔七五〕大　據文意當作「九」。
〔七六〕尤　據文意當作「九」。
〔七七〕四諦經　此下麗原有「十八」，似爲後人所加標記，待考。
〔七八〕執　玄卷十三作「熱」。
〔七九〕而　衍。

〔八〇〕喙　據文意當作「彖」。
〔八一〕咮　據文意當作「咮」。
〔八二〕嵽　據文意似作「嚏」。
〔八三〕束　據文意當作「朿」。
〔八四〕挖　據文意似作「挖」。
〔八五〕説文：炊，爨　今傳本説文：「爨，齊謂之炊爨。」
〔八六〕踼　獅作「踼」。下同。

〔八七〕鄭注……寬也　玉篇殘卷：「緩謂寬也。考工記一方緩一方急是也。」
〔八八〕蜜　據文意當作「密」。
〔八九〕蛆　據文意當作「蛆」。
〔九〇〕蜫　據文意當作「蛆」。
〔九一〕呈　據文意當作「旦」。
〔九二〕詩　據文意似當作「許」。
〔九三〕劇　獅作「劇」。

一切經音義　卷第五十四

翻經沙門慧琳撰

音瞿曇彌記果經一卷　慧琳
瞻波比丘經一卷　慧琳
伏婬經一卷　慧琳
魔嬈亂經一卷　玄應
弊魔試目連經一卷　慧琳
賴吒和羅經一卷　玄應
善生子經一卷　慧琳
數經一卷　玄應
梵志阿羅延問經一卷　玄應
三歸五戒功德經一卷　無
黄竹園老婆羅門經一卷　慧琳
梵摩喻經一卷　玄應
須達經一卷　慧琳
尊上經一卷　無
鸚鵡經一卷　玄應
兜調經一卷　慧琳
意經一卷　慧琳
應法經一卷　無

泥犂經一卷　玄應
齋經一卷　慧琳
普法義經一卷　慧琳
廣義法門經一卷　慧琳
誡德香經一卷　無
邪見經一卷　無
優婆夷墮舍迦經一卷　慧琳
鞞摩肅經一卷　慧琳
婆羅門子命終經一卷　無
十支居士經一卷　無
箭喻經一卷　慧琳
波斯匿王土坌身經　玄應
四人出現經一卷　慧琳
須摩提女經一卷　慧琳
婆羅門避死經一卷　無
施食獲福經一卷　慧琳
頻婆娑羅王詣佛經一卷　慧琳
長者子六過出家經一卷　慧琳

鴦崛摩經一卷　慧琳
鴦崛髻經一卷　慧琳
力士移山經一卷　玄應
四未曾有經一卷　無
七佛父母經一卷　玄應
放牛經一卷　慧琳
緣起經一卷　慧琳
十一想如來經一卷　無
四泥梨經一卷　慧琳
阿那邠邸經一卷　慧琳
佛母泥洹經一卷　慧琳
大愛道泥洹經一卷　玄應
國王不犁經一卷　慧琳
舍衛國王夢見十事經一卷　慧琳
阿難同學經一卷　慧琳
五蘊皆空經一卷　無
七處三觀經一卷　玄應
聖法印經一卷　慧琳
五陰譬喻經一卷　慧琳
水沫所漂經一卷　慧琳
不自守意經一卷　無
轉法輪經一卷　無
三轉法輪經一卷　慧琳
八正道經一卷　無
難提釋經一卷　慧琳
馬有三相經一卷　無
馬有八態經一卷　玄應
相應相可經一卷　無
餓鬼報應經一卷　無
鬼問目連經一卷　無
雜藏經一卷　玄應
雜阿含經一卷　玄應
治禪病秘要經一卷　慧琳
舍頭諫經一卷　玄應
摩鄧伽經三卷　玄應
摩鄧女經一卷　慧琳
摩鄧女解形中六事經一卷　無
餓鬼報應經一卷　慧琳
阿難問佛吉凶經一卷　玄應
阿難分別經一卷　玄應

右七十六經七十八卷同此卷音

佛說瞿曇彌記果經　慧琳撰

羇底　上記宜反，從皿作羇。經文去皿，從革從奇作䩭，不成字。下底字，錯書痶字，非也。羇底，梵語刹帝別種之異名也。

薨瞢　上音騰，下墨崩反。蒼頡篇云：薨瞢，卧初起皃也，悶心。毛詩傳曰：瞢瞢，乱皃。二字竝從夢省，形聲。

乳哺　蒲慕反。韻英云：哺，咀也，食在口曰哺。經作餔，非本字也。

不譏比丘　紀宜反。廣雅：譏，諫也。鄭注禮記云：察是非也。說文：誹也，從言幾聲。

種種囊　諸郎反。考聲：有底袋也。說文：從㠩從橐省，㠩亦聲也。㠩音儜，橐音混也。

瞻波比丘經　無字可音。

佛說伏婬經　慧琳撰

憋惡　篇蔑反。郭注方言：憋怤，惡性也[一]。說文：從心敝聲。憋音弊。

魔嬈亂經　玄應撰

鵁在　音交。說文：鵁鶄也。群飛，尾如雌雞，鳴相呼，食之治風也。

弊魔試目連經　慧琳撰

黤黑　烏感反。王注楚辭云：黤黮，不明皃也。說文：青黑色也，從黑奄聲。

喘息　川兗反。

裸形　華瓦反。

四徼　皎弔反。漢書曰：徼，塞邊境外也。說文：從彳敫聲也。彳音丑赤反。

笥㲄　司寺反。顧野王云：笥，盛衣服竹器也。說文：從竹司聲。

日昳　田涅反。

賴吒和羅經　玄應撰

黈羅副吒國　古文作斛、斢二形，同。他口、吐口二反。副音烏溝反。

辭訣　古穴反。訣，別也。通俗文云：死別曰訣也。

佛說善生子經　慧琳撰

晞坐　喜依反。毛詩傳曰：晞，明之始升也。又曰晞，曝也。說文：乾也。從日希聲也。

盪士　堂朗反。包注論語云：盪，廣遠之皃也。顧野王云：盪亦放也。說文：從皿從湯。或作蕩，或從心作愓。

狎下　上咸甲反。杜注左傳：狎，人之習附也。孔注尚書：狎，近也。說文：從犬甲聲。經作狹，非也。

遘善　古候反。毛詩傳云：遘，猶遇也。郭注爾雅亦謂相遭遇也。說文：從辵冓聲也。辵音丑略反，冓音古候反。

莅於　上力至反。鄭注禮記：莅，臨也，亦作涖。說文：從艸位聲。

往短　端管反。蒼頡篇：短，促也。說文：不長也，從矢從豆。經從手作㧡，俗字。

弭謗　彌俾反。毛詩傳云：弭，止息也。韓詩：弭，滅也。賈注

闔門　國語：弭，忘也。說文：從弓耳聲。含臘反。爾雅：闔户謂之扉。說文：闔，閉也，從門盍聲也。盍音合。

敖逸　五高反。文字集略：遨，遊也。廣雅云：嬉也。說文：從出從放。辵音丑略反。

儲偫　上佇猪反。考聲云：儲，積也。說文：偫也，蓄也，從人諸聲。下持里反。考聲云：偫，待也，所望也，儲也。說文：具也，從人待聲。經從足作跱，非也。

佛說數經　玄應撰

羇絆　下補判反。考聲：絆，繫兩足也。說文：馬縶也，[從]〔一〕糸半聲也。經文作鞝靽，並不成字，非也。縶音知立反，糸音覓。

梵志頞羅延問種尊經　玄應撰

駏驉　渠語反，下許居反。謂似騾而小，牛父馬子者也。

阿洫　虛逼反。人名也。依字，水之通川者也。

三歸五戒慈心功德經　無字可音訓。

佛爲黃竹園老婆羅門說學經　慧琳

尠得　上仙淺反。考聲云：少也。爾雅云：尠〔三〕，寡也。鄭注禮記云：尠，罕也，或作尟。說文：從甚少聲。今亦通作鮮。

梵摩喻經　玄應撰

如砥　又作底〔四〕，同。之視反。底，平也，直也。尚書：礪砥砮石。孔安國曰：砥細於礪，皆磨石也。砮音乃乎反。

披纚　今作縰，同。山綺反。案森纚，好皃也。颯纚，長袖皃也。纚，簁也。颯音桑荅反。

病瘳　耻留反。尚書：王翌日乃瘳。差也，愈也。

佛說須達經　慧琳撰

雜穬　下古猛反。前第三十五卷未曾有經已釋訖。

佛說尊上經　無字可音訓。

鸚鵡經　玄應撰

吟哦　又作訡，牛金反。下吾歌反。江南謂諷爲吟哦。蒼頡篇云：吟，嘆也。

門閾　古文作閪，同。吁域反。爾雅：柣（柣）〔五〕謂之閾。郭璞曰：門限也。柣（柣）音千結反。

佛說兜調經　慧琳撰

金瑣　下蘇果反。廣雅：瑣，連也。字書亦連環也。說文：從玉肖聲也。肖音同上。經文作璅，非也。

氍毹　上具俱反，下色于反。埤蒼云：氍毹，毾㲪也。聲類云亦毛席也。廣雅云：氍毹，罽也。說文並從毛，形聲字也。

毾㲪　上吐盍反，下得能反。埤蒼云：毾㲪，毛席也。說文並從毛，形聲字也。經作此闟登字，非也。

吠佛　扶癈反。說文：吠，鳴也，從口從犬。經作哄字，非也。

言咆　鮑交反。廣雅云：咆，鳴也。說文：嘷[六]也，從口包聲。

臿[七]㲺　楚夾反。說文：從于（干）從臼[八]，象形字也。

爬地　白麻反。考聲：或作把。

佛說意經　慧琳撰

捷疾　潛葉反。毛詩傳：捷，勝也。方言：捷亦健也。說文：從手疌聲。疌音同上。經作揵，非也。

應法經　無字可音訓。

泥犂經　玄應撰

竹箄　字宜作篦，補奚反。以竹爲篦，打捶者也。

鞕掫　丁類反。俗語也，謂打掫也。經文作黏，他頰反，案飾也。黏非此義。

鈇鑕（櫍）[九]　方于反。說文：莝斫也。莝音倉卧反。公羊傳曰：不忍加之鈇質。何休曰：斬腰之罪也。蒼頡篇：鈇，椹也。亦搷（橫）[一〇]斧也。案搷（橫）斧者如莝對。下之逸反。埤蒼：鑕（櫍），椹也。經作鎮，非也。

蟲豸　直尔反。爾雅云：有足謂之虫，無足謂之豸。

佛說齋經　慧琳撰

澣衣　活管父（反）[一一]。劉注公羊傳云：去舊垢曰澣。說文：從水榦聲。或作浣也。

普法義經　慧琳撰

評譚　上病明反。考聲：評，議也。古今正字：訶也。文字典說：評事者，大理司官名也。從言平聲。下準純反。考聲：告之丁寧也。鄭注禮記云：誠懇皃也，至也。說文：告曉之孰也。從言𦎫聲。

佛說廣義法門經　慧琳撰

爲抑[一二]　應力反。考聲云：抑，止也，理也。說文：按也，從反印字也。今隸書相承從手作抑。

控制　上苦貢反。毛詩傳云：止馬曰控。又云控，引也。說文：匈奴引弓亦曰控弦。從手空聲。

誠德香經　無字音訓。

邪見經　無字音訓。

優婆夷墮舍迦經　慧琳撰

迺如是　奴改反。爾雅云：迺即乃字也。聲類：至也。說文：從西從乚音隱。

閱哀　上緣決反。毛詩傳云：閱，容也。説文：具數於門中。從門兊聲。

珠璣　紀希反。顧野王云：南海蚌所産珠，月盈則多，月虧則少。孔注尚書：璣亦珠類也。説文：璣，不圓珠也。並從玉，幾、朱皆聲也。

鳩溜　上九尤反，下力尤反。梵語也。

提渝　下庾珠反。梵語也。

遬摩　蘇祿反。梵語也。

佛説鞞摩肅經　慧琳撰

著麩　下撫無反。蒼頡篇：麩，麥皮也。説文：小麥皮也，從麥夫聲。或從孚作麫，俗字也。

佛説婆羅門子命終愛念不離經　慧琳撰

倮形　華卦反。顧野王云：脱衣露袒也。古今正字或爲祼，或作躶，從人果聲。

佛説十支居士八城人經　慧琳撰

饌具　士眷反。鄭注儀禮云：饌，陳也。馬注論語云：饌，飲食也。廣雅云：進也。説文：具食也，從食巽聲也。

佛説箭喻經　慧琳撰

鶬鶴　上錯郎反。爾雅：鶬，麋（糜）[一三]鴰。郭璞曰：鶬鴰也。説文：鶬鴰也[一四]。從鳥倉聲。下何各反。淮南子云：鷄知將曉，鶴知夜半。説文：仙鳥也。從鳥隺聲。隺音同上，隺從冖從隹。冖音癸營反。

波斯匿王太后崩塵土坌身經　玄應撰

期頤　以之反。禮記：百年曰期頤。鄭玄曰：期猶要也。頤，養也。孝子要盡養之道而已。

佛説四人出現世間經　慧琳撰

魁膾　上苦迴反，下古外反。鄭注禮記：魁猶首也。廣雅云：膾猶割也。説文：從斗鬼聲也。下膾字，從肉會聲也。

佛説須摩提女經　慧琳撰

亘雲　上古蹬反。方言：亘，竟也。毛詩傳云：亘，遍也。説文云：從日從二。經文從糸作縆，非也。糸音覓。

赤隣轉　梵語不分明，譯經者拙惡也。此亦是寶名，或是錯書也。

琉璃琴　渠吟反。樂器也。以吠瑠璃寶作之。琴亦天樂具也。

睒電　上攝冉反。電光也。蒼頡篇云：睒，暫見也。説文：暫視也，從目炎聲。

佛說婆羅門避死經　無字可音訓。

佛說食施獲五福報經　慧琳撰

弘廓　苦郭反。爾雅：廓，大也。廣雅：空也。古今正字：張小使大謂之廓，從广郭聲也。

暐曄　上韋鬼反。說文：盛明也。正從火作煒。下炎劫反。說文云：曄，光明皃也。或作皣，亦從火作爗。

耗減　上呼奥反。埤蒼：耗，消也。說文：從禾毛聲。下咸斬反。韓詩：減，少也。杜注左傳云：耗也，損也。說文：從水咸聲也。

躓礙　上知利反。考聲：躓礙，不進也。正作疐。下五蓋反。考聲云：礙，隔也。說文：止也，從石從疑。博雅作閡，韻略作硋，文字集略作㝵，並俗字也。

頻婆娑羅王詣佛供養經　慧琳撰

金屣　師滓反。考聲云：履之不攝跟者也。字書：鞅鞳也，即今之皮履也，西國俗尚著此也。說文作鞸，鞮屬，從革徙聲。或作躧，並同。鞅音公洽反。鞮音丁奚反。

珠柄拂　中兵命反。考聲云：柄，器物所持處也。言珠柄者以珠玉等鈿飾所持拂柄也。文字典說：柄，本也，柯也，物之把處也，從木丙聲。或作棅。下紛物反。

長者子六過出家經　慧琳撰

萌芽　麥耕反。玉篇云：萌亦芽也。說文：亦草芽也，從艸明聲。艸音草。

佛說鴦掘摩經　慧琳撰

博綜　下宗送反。說文：綜，機縷持絲交者曰綜。從糸宗聲。糸音覓也。

稟仰　上彼錦反。孔注尚書：稟，人所承受也。說文：從亩從禾。亩音力錦反。

諮諏　上姊私反。考聲云：諮，問於善也。廣雅：白也。說文：從言咨聲。下足須反。杜注左傳云：諏，問正事。爾雅：謀也。說文：聚謀也。從言取聲。經文作諏，誤書也。

儀範　凡黯反，上聲字也。爾雅：範，常也。韻英：則也。考聲：模也。說文：法也。古法有竹形，以竹簡書之，故言法也。從竹從車從氾省聲也。經文作錇，非也，甚無此理。

猥乘　上烏賄反。蒼頡篇：猥，頓也。廣雅：猥，衆也。說文：從犬畏聲。賄音灰每反。

偃體　於巘反。孔注論語云：偃，仆也。賈注國語云：偃，息也。廣雅云：偃，仰也。說文：從人匽聲。匽音同上。經從糸作緛，誤也。糸音覓。

褒師　上補毛反。顧野王云：褒猶美之也。鄭注禮記云：褒猶進也。說文亦博裾也。從衣𤓰聲，𤓰音保。俗作褒。經文作褭，誤書也。

嬲觸　上奴鳥反。考聲云：嬲，相戲弄也。或作嬈也。

譖曰　側禁反。博雅：譖，毁也。何休注公羊傳云：無其事曰誣，如其事曰譖。說文：愬也，從言朁聲也。

牽掣　下闡列反。考聲云：掣，頓拽也。顧野王云：掣猶牽也。說文：引而縱也，從手制聲。

摧捽　上藏雷反，下存没反。賈注國語：捽，掣頓也。說文：持頭髮也。從手卒聲。

一契　溪計反。考聲云：契猶券也。杜注左傳云：要契之辭也。說文：大約也，從㓞古八反從大。經從云作挈，非也，書錯也。

邀憤　杳堯反。杜注左傳：邀，要也。賈注國語云：求也。說文、古今正字：遮也，抄也，從辵從噭省聲也。噭音叫。下墳粉反。賈注國語：憤猶盛也。鄭注禮記云：怒氣充實也。方言：憤也。說文：懣也，從心賁聲。

噴吒　上普悶反，下摘嫁反。蒼頡篇：噴亦吒也。說文：噴，鼓鼻也。並從口，賁、乇皆聲。乇音竹厄反。

芻牧　楚俱反。顧野王：刈乾草也。說文亦刈草也。象包束草之形也。下蒙禄反。廣雅云：牧，養也。漢書：牧者，畜養之總名也。說文：從牛攴聲，攴音普卜反。

狼藉　洛當反，下情弃反。劉注孟子：草多饒，狼藉也。玉篇云：草縱横也。說文：上從犬從良，下從草耤聲。耤音同上。

齎饟　子奚反。鄭注周礼：齎，持行道粮用也。顧野王：持也。廣雅：送也。說文：持遺也，從貝齋聲。經作賫，俗字也。下式掌反。爾雅：饟，餽也。方言云：周人謂餉曰饋。從食襄聲。經作餉，亦通俗字也。饋音匱也。

必勦　焦小反。孔注尚書：勦截也。謂絶滅之書〔一五〕。說文：從力從巢。巢音柴交反。

投捭　下補買反。廣雅：捭，開也。說文：兩手撣擊也，從手卑聲。亦作擺。

開闖　下爲彼反。賈注國語云：闖，闢也。蒼頡篇：開也。說文：闢門也。從門爲聲。

瞥見　上片蔑反。考聲云：纔見也。說文：從目從敝聲也。經作猷〔一六〕，非也。

佛說奮崛髻經　慧琳撰

攜手　上惠圭反。顧野王云：攜，持也。何注公羊傳：攜，提也。孟注漢書云：連也。說文：從手巂聲。巂音同上。

漂溺　上匹遥反。顧野王云：漂，流也。說文：漂，浮也。文字典說：從水票聲。票音必遥反。經作瀔，誤也。

韁絆　上居良反。集訓云：韁，馬緤也。緤，繫馬繩也。說文：從革畺聲也。

力士移山經　玄應撰

勠力　吕掬反。國語云：勠力一心。賈逵曰：勠，并力也。尚書：與之勠力。孔安國曰：陳力也。

銘譽　莫庭反。謂鐫刻金石以記功德者也。銘，名也，言有功者書其功於太常也。

蹶舉　居月反。謂蹶擲之也。爾雅：蹶，動也。郭璞曰：蹶，揺之皃也，亦驚駭急疾之皃也。蹶，起也。

蔑屑　無結反，下先結反。埤蒼：擮揳拭滅也。

餧餓　奴罪反。論語：耕也，餧在其中。鄭玄：餧亦餓也。

霖雨　力金反。左傳：雨自三日已上爲霖。爾雅：久雨謂之淫。淫謂之霖，亦謂三日已上也。

佛說四未曾有經　無字可音訓。

七佛父母姓字經　玄應撰

盤裱　方廟反。依字，領巾也。

多鞬陀　記言反。

佛說放牛經　慧琳撰

摩刷　下所刮反。郭注爾雅云：刷，掃。刷，所以清凉也。顧野王云：刷亦剪刷也。說文：刷，刮也。從刀屌從省〔一七〕聲。刮音關八反。

緣起經　慧琳撰

傴曲　上紆禹反。廣雅：傴亦曲也。考聲云：曲腰也。說文：僂也。從人區聲。

黑黶　下伊琰反。考聲：黶，淺黑也，黑子也。說文：肉黑也。從黑厭聲。

捨暵　奴管反。或從火作煗。煗，温也，火大也。從日耎聲也。

佛說十一想思念如來經　無字可音訓。

佛說四泥犁經　慧琳撰

禘婆達兜　梵語。即提婆達多名也。

佉梨　上羌迦反，里知反。梵語也。

阿那邠邸化七子經　慧琳撰

儴伽　上汝昌反，下强迦反。並梵語也。經從虫作蠰，音女兩反，非也。

大愛道般泥洹經　玄應撰

諄那　古文訰，同。之閏反。此譯云碎末，謂人名也。經文作㹠，誤也。

阜恩　扶武反。國語：所阜財用。賈逵曰：阜，厚也。阜亦盛也，大也。蒼頡篇云：山庳而大也。

佛母般泥洹經　慧琳撰

后薨　下呼肱反。郭注爾雅：薨，死也。廣雅云：亡也。說文：公侯也〔一八〕。從死從夢省聲也。

樟柟梓　上掌穰反。顧野王云：大木也。考聲：木名也。中納潭反。郭注爾雅：亦大木也。俗作楠。經作柵，誤也。下茲死反。考工記云：攻木之工梓爲器也。考聲云：亦木名也。尚書曰「楄梓豫樟」是也。

噓唏　上許居反。鄭注禮記云：噓，憊之聲也。顧野王云：口出氣曰噓。說文亦出氣也，從口虛聲。下喜衣反。言唏，痛也，哀而不泣也。說文：從口希聲。

佛說國王不黎先尼十夢經　慧琳撰

食凥　下考高反。考聲云：凥，隱處也。儀禮：兩胜屬于凥也。說文：從尸九聲。

舍衛國王夢見十事經　慧琳撰

饋遺　上逵位反。鄭注周禮：饋，進物也。儀禮云：廌熟食也。說文：從食貴聲。下唯醉反。毛詩傳云：遺，加也。顧野王云：贈也。廣雅云：遺，與也。說文：從辵貴聲。辵音丑略反。

佛說阿難同學經　慧琳撰

親昵　下尼窒反。毛詩傳云：昵，近也。郭注爾雅亦謂親近也。杜注左傳：昵亦親也。說文：從日尼聲。或從匿作暱。

佛說五蘊皆空經　無字可音訓。

七處三觀經　玄應撰

拄亦　陟縷反。謂楮拄也。經文從足作跓，俗字也。

頂顙　乃挺反。蒼頡篇云：頂，顛也。廣雅：頂，上也。字苑：頭上也。今俗呼頂爲頂顙。

佛說聖法印經　慧琳撰

唯諾　上惟癸反。鄭注禮記云：唯恭於諾。說文：從口隹聲。下囊洛反，又音而者反。毛詩傳云：諾，應辭也。何注公羊傳云：受語辭也。說文：從言若聲。

五陰譬喻經　慧琳撰

夫劈　下甹覓反。廣雅云：劈，剖裂也。埤蒼亦剖也。說文：破也。從刀辟聲也。

佛說水沫所漂經　慧琳撰

聚沫　下滿鉢反。顧野王云：沫，水上浮沫也。王注楚辭云：沫，微沫之沫也。古今正字：從水末聲。

依怙　下胡故反。說文云：怙，恃也。從心古聲。

雲曀　下伊計反。毛詩傳曰：陰而風曰曀。文字典說：從日壹聲。

不自守意經　轉法輪經　已上二經並無字可音訓。

佛說三轉法輪經　慧琳撰

婆羅痆斯仙人經　痆音赧黠反。梵語也。

八正道經　無字音釋。

難提釋經　慧琳撰

鑽可　上纂巒反。國語云：鑽，鑿也。顧野王云：鐫也。集訓：刺也，穿物鐵也。說文：穿也，從金贊聲。

馬有三相經　無字音訓。

馬有八態譬人經　玄應撰

車軨　又作轜，同。力庭反。說文：車間橫木也，即車軨子也。

摩抄　桑何反。聲類：摩抄猶捫摸也，摩抄亦抹𢫬也。抹音莫割反。𢫬，蘇割也[一九]。

噏噬　羲及反。廣雅：噏，飲也。下時制反。噬，齧也，食也。

頩頭　普米反。說文：頃頭也。蒼頡篇：[頭][二〇]不正也。廣雅：頩，邪也。

相應相可經、餓鬼報應經、鬼問目連經

上三經並無字音訓。

雜藏經　玄應撰

酝酒　於運反。醞，釀也。蒼頡篇：酒母也。廣雅：醞，投也。

貲輸　子離反。廣雅云：貲，貨也。蒼頡篇：貲，財也。說文：小罰以財自贖也。漢律：「民不傜貲」，又「以貲爲郎」皆是也。經文從言作訾。訾，量也，訾非此義。

雜阿含經　玄應撰

隊中　古文䝸、聚二形，今作聚，同。才句反。廣雅：居也。謂人所聚居處。

田家　徒年反。爾雅：田，土也。說文：陳樹稻穀曰田也。經文作佃，徒見、徒年二反。說文：佃，中也。春秋傳曰：乘中佃謂一轅車也。佃非此義。

具譚　徒南反。經中多作瞿曇。正言喬荅摩。此因仙人名爲姓也。

叉勝[二一]　徒隥反。謂通徹囊也。經文作扠鄧，非也。

隊陽　先闕，未音。

一挈　苦節反。挈猶提也。說文：挈，懸持也。挈，擊也。

憂懣　古文懣(蔥)[二二]，同。莫本反。說文：懣，煩也。蒼頡篇云：懣，悶也。亦憒也。

憂嫋　奴道反。說文：有所恨痛也。今汝南人有所恨言大嫋。今皆作惱。

矢溺　又作屎，說文作菡，同。式旨反。糞矢也。下正體作溼、尿[二三]二形，同。乃吊反。經文作溺，假借耳。

屬圩　宜作盂，同。禹俱反。盂，器也。

兊兒　徒外反。兊，悅也，見也。又兊形謂婍面，一頭廣一頭狹也。婍音湯果也(反)[二四]。

儇儇咋咋　許緣反。謂家道未成也。下作諸(諎)[二五]，同。壯白反。咋咋然聲也。

已下四卷玄應依古經音訓，開元目錄無此經，且存而不遺。

治禪病秘要經　第一卷　玄應撰

樹揩　先不音〔二六〕。

綩綣　於遠反，下袪阮反。綩綣，猶〔繾〕〔二七〕綣也，繾綣謂不相離也。

蚰蜒　又作蛃，同。餘周反。方言：蚰蜒或名入耳。

治禪病秘要經　第二卷

殘膜　茫各反。説文：肉間膜也。經文作瘼，誤也。

透擲　他豆、式六二反。方言：透，驚也。宋衛南楚凡相驚曰透。廣雅：透，燒（嬈）〔二八〕也。

瘭疽　卑遥反。廣雅：癰成也。埤蒼：瘭，疽也。説文：瘭疽，久癰也。

治禪病秘要經　第三卷

樹荄　古來反。説文：草根也。方言：東齊謂菲根爲荄也。

噆食　子臘反。説文：噆，銜也。埤蒼：齧脣也。義與唼同。唼血也。通俗文作咂，入口也。莊子作噆，「蚊虻噆膚」是也。

泓然　一宏反。説文：下深大也。廣雅：泓泓，深也。

橐囊　又作排、韛二形，同。蒲戒反。謂鍛家用炊火也。

亢骨　又作頏，同。下堂反。蒼頡篇：亢，咽也。説文：人頸也。

兜婆　或言偷婆，或云塔婆，正言窣覩波，此言廟也。

治禪病秘要法　玄應撰

鵂鶹　許牛反。爾雅：怪鴟。舍人曰：一名怪鳥，一名鵂鶹。南陽名鉤鵒。字林：鵂鶹。

藹吉　烏蓋反。梵言藹吉支，此云起尸鬼也。

土梟　吉堯反。毛詩草木疏云：流離鳥也。自關而西謂梟爲流離，其子適大，還食其母。郭璞注爾雅以爲土梟。經文作鴞，非也。

虎痺　畢利反。説文：足氣不至也。經文作肶字，與肶〔二九〕同，音鼻尸反。脞非此用。論語：堯舜其猶病諸。孔注云：病難也。

已上四卷開元目録中無此經。

治禪病秘要法經　慧琳撰

如霹靂　上匹覓反，下靈的反。史記云：霹靂者，陽氣之動也。顧野王云：大雷震也。郭璞注爾雅云：雷之急擊也。古今正字並從雨，辟、歷皆聲。經從足作躃躧，非也。

乳滴滴　上儒主反。廣雅云：乳，生也。説文云：人及鳥生子曰乳，獸曰産。從孚從乙，乙者玄鳥也。下丁歷反。説文：水落霝著物也，從水啇聲也。

密緻　上旻筆反。鄭注周禮云：密，審也。廣雅：静也。説文作宓，安静也，從宀必聲。或作密。下馳利反。考聲云：密緻者，繒帛之密也。古今正字從糸致聲也。

擎乳湩　上競京反。廣雅云：擎，舉也。字書從廾音拱作弊，又作撇，皆古字也。文字典説：從手敬聲。經從馬作驚，非也。下斸用反。郭注穆重〔三〇〕天子傳云：湩，乳汁也。今江南人亦呼乳爲湩也。古今正字：從水重聲。

鍼鑽　上章任反。廣雅云：鍼，刺也。顧野王云：綴衣也。考聲云：鍼，所以縫衣線也。説文：縫也〔三一〕，從金咸聲。鑽音追鋭反。下祖官反。孟子曰：鑽，穿孔也。説文云：所以穿物也。從金贊聲。亦從刀作劗，音同。

行者欶　上音幸，下雙捉反。蒼頡篇云：欶猶欲也。文字集略云：以口㰷之也。説文云：欶，吮也。從欠束聲。經作嗽，非也。

烔然　上獨冬反。埤蒼云：烔烔，熱皃也。韓詩云：烔烔，旱皃。文字典説：從火同聲。

巖崿　上牙咸反。杜注左傳云：巖，險也。毛詩傳云：巖，積石皃也。説文云：巖，崖岸也，從山嚴聲。經作巗，俗字，亦通。下五各反。魏都賦云：嵁崿山形。嵁，五敢反。

粗澀　上蒼胡反，下森急反。楚辭云：言語訥澀也。王逸注云：澀，難也。郭璞注方言云：澀猶吝也。説文云：澀，不滑也。從四止，二倒二正。經從三止作澁，非也。吝音栗振反，滑音還八反。

覾膜　下茫博反。説文：從肉莫聲。

潰潰　迴對反。

喉嚨　上喉溝反。蒼頡篇云：喉，咽也。下禄紅反。郭璞云：喉嚨，喉咽也。古今正字云：喉嚨二字並從口，侯、龍皆聲也。

肺俞　下庚朱反。案諸方書明堂圖：肺俞、心俞、肝俞者，皆針灸之穴也。説文：俞字從亼從舟從刂。刂者，行舟水也。亼音子立反，刂音古外反。經從肉作腧，非也。

自剜　下烏官反。埤蒼云：剜，削也。廣雅云：削亦剜也。考聲云：剜，曲刻也。古今正字云：剜，削也，從刀宛聲。削音一玄反。

馬珂　下可何反。廣雅云：珂，石之次玉者。埤蒼云：馬腦也。顧野王云：珂，蠃屬也，出於海中，潔白如雪，所以纓馬膺也。古今正字：從玉可聲。蠃，魯戈反。

玫瑰　上每盃反，下古迴反。毛詩傳曰：瓊瑰，亦石之次玉也。説文云：玫瑰，火齊珠也。二字並從王，文、鬼皆聲。

啖啖　談覽反。廣雅云：啖，食也。説文：從口炎聲。聲類亦作焰〔三二〕，音同。經作噉，俗字也。

癵縮　上律袁反。爾雅：癵，病也。顧野王云：謂病身體拘曲也。説文：從疒䜌聲。下色六反。韓詩云：縮，斂也。賈逵注國語云：盡也，退也。説文云：縮，亂也。就引之縱縮也。會意字也，從糸宿聲。經作攣縮，俗字。

六竅　下企吊反。太玄經云：竅，空也。亦孔穴也。案六竅者，即九竅中眼耳鼻各爲一，故言六竅。古今正字：從穴敫聲。敫音叫。

叵堪　坡麼反。字書云：叵，不可者也。古今正字義同，從口匚聲。匚音方，麼音摩頗反。

鳥觜　下咨髓反。字書云：觜，鳥喙也。古今正字：從此束聲也。聲類或作㭰、啛，音同上。束音次。經作嘴，非也。

果蓏　上戈火反。考聲云：果，木實也。許叔重注淮南子云：果猶成。周易：艮爲果蓏。説文云：在木曰果，木實也，象形在木之上也。下騾果反。應劭注漢書云：草實曰蓏也。考聲：蓏，蔓生也，之子也，瓜瓠之屬也。古今正字云：在地曰蓏，從艸㼌聲。㼌象子也。經從爪作蓏[三三]，誤也。㼌音庾，蔓音萬也。

黐膠　上敕知反。廣雅云：黐膠，黏也，一曰水膠也。古今正字云：有樹脂黏著物可捕鳥者，乃已爲黐膠樹也。從黍离聲。下音交。經從米作䊯，非也。黏音聶沾反，离音敕知反。

鴟鵂　上叱之反，下朽流反。鄭玄箋毛詩云：鴟，惡鳴鳥也。案鴟鵂者，怪鳥也，晝潛夜出而飛，同荒鷄、鴟梟之屬也。大如鵟，目赤色蒼黑也。古今正字：亦鳩鴟也，即鵂鶹鳥也。鴟字或從隹作鵄[三四]，鵂字從鳥休聲。經作鵶，俗字也。

歌唄　下牌拜反。集訓云：唄，梵聲也。考聲云：法事聲也。文字典説：從口貝聲。

蹲踞　上徂昆反。杜注左傳云：蹲，聚也。説文云：蹲亦踞也，從足尊聲。下居御反。説文云：踞即蹲居也，從足居聲。

搏撮　上圖鸞反。博雅云：搏手握物使相著也。説文：從手專聲也。下祖末反。應劭注漢書云：三指撮也，或兩指撮也。古今正字從手最聲也。

柁身　上他可反。説文：從木它聲，它音駝。經從宅作柁，非也。

貍猫　上力知反，下音茅。

鼷鼠　上音奚。

獼猴　上寐卑反，下音侯。

狐魃　下眉秘反。或作魅。

蛕蟲　上音回。考聲云：蛕，人腹中蟲名也。説文：從虫有聲。亦作蚘。經作蛔，俗字也。

坌塵　上盆悶反。

澡盥　上遭老反，下官款反。上聲字也。古今正字云：盥者，澡手也。從臼水臨皿曰盥，會意字也。經從水作[三五]，俗字也。

藹吉支　上埃蓋反。梵語起屍鬼名也。

吸諸風　上歆急反。廣雅：吸，欲也。顧野王云：息入也。説文云：内息也，從口及聲。

喘息　上川兖反。

憺怕　上談濫反，下烹百反。廣雅云：怕，静也。

如駛　下音使。蒼頡篇云：駛，疾也。從馬史聲。

甘蔗　下支夜反。

苗裔　下移祭反。文字集略云：裔，遠也。尚書云：德垂後裔。集訓云：後末也。説文：從衣冏聲也。冏，女滑反。

足躡　黏輒反。廣雅云：躡，履躡也。亦機(機)[三六]下足所履躡也。説文：躡，蹈也，從足聶聲。

擊擽　上經鷁反，下音歷。鬼以指擊觸人，令心不定也。

垍惕　上對迴反，下聽歷反。起信論中具説此鬼。垍惕，鬼作此聲，因以爲名，常惱坐禪入定人，令心錯亂也。

齅香　休祐反。説文：以鼻就臭曰齅。從鼻臭聲也。

匍匐　上音蒲，下朋北反。鄭注禮記云：匍匐，伏地肘膝行也。

鵰鷲　上音彫，下音就。前文已具解。

虵虺　下暉鬼反。

迸落　上百孟反。字書云：迸，散走也。

牀蓐　上狀莊反，下音辱。毛詩：載寢之牀也，榻也。古今正字：人之棲息自安之具也。

魍魎　上亡倣反，下良掌反。

車鶬聲　許鳩反。即鵂鶹字。上文已訓釋。

土梟鳥　皎堯反。鄭箋毛詩云：梟，惡鳥也。說文：從鳥頭在木。上文已釋。

棄㲋翅　中那侯反，下尸至反。梵語咒中字也。

眼眩　下玄絹反。考聲云：眩，目惑不明也。蒼頡篇云：視不明也。古今正字：從目玄聲也。

坐處痺　下必寐反。考聲云：足痿無力也。說文：從疒卑聲。經作脾，非也。

舍頭諫經　玄應撰

嚾猶　又作讙、喚二形，同。呼灌反。聲類：讙，呼召也。通俗文：大呼[曰]〔三七〕嚾也。

龍目　本草云：一名益智，其大者似檳榔，生南海山谷。

荔枝　力計反。樹大，生江旁，子皮如蜀，肌如猪肪。

槲樕　胡木反。下又作樕，同。桑屋反。槲樕，樸也，山木也。

蜜餳　似盈、徒當二反。說文：以飴和饊曰餳也。方言：凡飴謂之餳也。

諧耦　胡皆反，下吴口反。諧，和也。耦，合也，對也。經文作喈調，非體也。

摩登伽經　上卷　玄應撰

姻媛　於身反。姻，親也。爾雅：美女爲媛。郭璞曰：所以結好媛也。謂依倚援助也。

頻蹙　子六反。謂迫促，從蹙〔三八〕。皺也，急也，近也。經文作踧，且六反。踧，蹋也。非今所用也。

爆其　古文作䝞、𤏭二形，同。布孝反。說文：爆，灼也，亦皮散起也。

財弊〔三九〕　古文作獘，同。脾制反。弊，帛也。財，所以資生者也。財，衆穀也。財，貨也。

摩登伽經　中卷

絺緘　勑夷反，下古咸反。

賒躭　上書遮反。下或作媅，同。都含反。

鮫魚　今作蛟，同。古肴反。說文：海魚也。山海經：漳水多鮫。郭璞曰：鮨屬也。皮有珠文而堅，尾長三四尺，末有毒，螫人，皮可以飾刀劒也。

摩登伽經　下卷

葺蓋　千立反。以草蓋屋爲葺。說文：葺，茨也。覆也，亦補治也。

彤華　古文䍼、蚒（蚒）〔四〇〕二形，同。徒宗反。說文：丹飾也。廣雅：彤，赤也。

織總　且公反。通俗文：經絲絹曰總也。

酒糵　魚列反。說文：牙米也。釋名云：糵，缺也。漬麥覆之使生芽也，開缺也。

蟄蟲　持立反。說文：蟄，藏也。蟲至冬即蟄隱不出也，獸有淺毛亦蟄，熊羆等也。

迦啅　陟握反。

麥鬻　又作粥，同。古文䊤，之六反。説文：粥，糜〔四一〕也。

摩鄧女經　慧琳音

匃食　上音蓋。蒼頡篇云：匃猶求也，又云行乞也，人亡財物則乞匃。

女匨　古人字也。

委坔　古地字也。則天后所制字也。

蠱道　上姑五反。考聲：又音野。杜注左傳云：蠱猶惑也。郭注爾雅云：疑惑有貳心也。説文云：集〔四二〕磔之鬼爲蠱。從蟲從皿，會意字也。

擲汝　呈戟反。正作擿。廣雅云：擿，振也。説文云：投也，從手適聲。經文從鄭作擲，俗字也。

阿難慙　下雜甘反。賈逵注國語：慙色在顔也。尚書云：惟有慙德。説文云：慙，愧也，從心斬聲。經作慚，俗字通用。

國中〔四三〕　古國字也。

惡露　上烏故反。考聲云：惡猶憎嫌也。周易云：愛惡相功。禮記云：惡猶臭也。毛詩傳云：無見惡於人也。

恧　古正字。天后所制字也。

摩鄧女解形中六事經　藏中久未音。

餓鬼報應經　慧琳撰

叵差　坡麽反。麽音摩可反。字書云：叵，不可也。説文：從口匚聲。下楚加反。廣雅云：差，舛也。

項癭　上學降反，下纓郢反。莊子云：甕盎大癭也。説文云：癭，瘤也。亦頸腫也，從疒嬰聲。有從月作[賏/月]，非也。甕音翁貢反，盎音㹱莽反。

阿難問佛事吉凶經　玄應撰

蒙籠　莫公反，下盧紅反。蒙籠，謂不明了也。經文作曚矓力董反，矓非此義也。

阿難分別經　玄應撰

諀呰　匹尔反，下資尔反。通俗文：難可謂之諀呰。經文作啤，誤也。

玉耶經　宜割入後卷音義　玄應撰

弭伏　又作[弓兒]，同。亡尔反。詩云：不可弭忘。傳曰：弭，止也。弭亦安也。

狺狺　又作[犭斤]，同。魚巾、牛街〔四四〕二反。狺狺，犬聲也。楚辭「猛犬狺狺而迎吠」是也。

一切經音義　卷第五十四

校勘記

〔一〕郭注方言：憋忲，惡性也　今傳本方言：「憋，惡也。」注：「憋忲，急性也。」

〔二〕從　麗無，據文意補。

〔三〕尠　今傳本爾雅作「鮮」。

〔四〕底　通「砥」。下同。

〔五〕柣　今傳本爾雅作「秩」。下同。

〔六〕嗅　今傳本説文作「嘷」。

〔七〕臿　獅作「臿」。

〔八〕説文：從于從臼　今傳本説文：「舂去麥皮也。从臼，干所以臿之。」

〔九〕擯　據文意當作「櫇」。下同。

〔一〇〕擴　獅作「橫」。下同。

〔一一〕父　據文意當作「反」。

〔一二〕抑　獅作「抑」。集韻：「归，説文：『按也。從反印。』或從手。隸作抑。」

〔一三〕麋　今傳本爾雅作「糜」。

〔一四〕説文：鶥鴰也　今傳本説文：「麋鴰也。」

〔一五〕孔注尚書：勦截也。謂絶滅之書　今傳本孔注尚書：「用其失道，故勦截也。截絶謂滅之。」

〔一六〕猒　據文意似作「猒」或「敝」。

〔一七〕從省　疑衍。

〔一八〕説文：公侯也　今傳本説文：「公侯猝也。」

〔一九〕也　據文意似當作「反」。

〔二〇〕頭　麗無，據玄卷十三釋此詞補。

〔二一〕又勝　玄卷十三爲「又勝」。

〔二二〕潓　玄卷十三釋此詞作「蔥」。

〔二三〕泥、尿　玄卷十三釋此詞爲「溺、屎」。

〔二四〕也　玄卷十三釋此詞作「反」。

〔二五〕諸　玄卷十三釋此詞作「譜」。

〔二六〕先不音　玄卷二十釋此詞爲「口揩反」。

〔二七〕繢　麗無，據玄卷二十釋此詞補。

〔二八〕燒　玄卷二十釋此詞和今傳本廣雅皆作「嬈」。

〔二九〕肶　玄卷二十釋此詞作「膍」，據文意似當作「胵」。

〔三〇〕重　衍。

〔三一〕縫也　今傳本説文爲「所目縫也」。

〔三二〕焰　據文意當作「焰」。

〔三三〕菻　似當作「菻」。

〔三四〕鴟　據文意當作「雖」。

〔三五〕經從水作　此後疑有脱文。

〔三六〕擷　據文意當作「機」。

〔三七〕曰　麗無，據玄卷十三釋此詞補。

〔三八〕蹙　據文意似當作「戚」。

〔三九〕弊　通「幣」。下同。

〔四〇〕蚏　磧本玄卷十三釋此詞作「蚏」。

〔四一〕麋　通「糜」。

〔四二〕集　疑衍。

〔四三〕國中　據文意似當作「畢」。

〔四四〕牛街　玄卷十三釋此詞爲「魚佳」。

一切經音義　卷第五十五

翻經沙門慧琳撰

音玉邪女經一卷　慧琳
玉邪經一卷　無
阿遬達經一卷　玄應
法海經一卷
罪業報應經〔一〕一卷　玄應
龍王兄弟經一卷　玄應
八師經一卷　慧琳
越難經一卷　慧琳
所欲致患經一卷　玄應
阿闍世王問五逆經一卷　無
舍利弗目揵連遊四衢經一卷　慧琳
五母子經一卷　慧琳
沙彌羅經一卷　慧琳
滿願子經一卷　慧琳
慢法經一卷　無
五苦章句經一卷　慧琳
海有八德經一卷　無
進學經一卷　慧琳

净飯王涅槃經一卷　慧琳
錫杖經一卷　慧琳
瑠璃王經一卷　玄應
三摩竭經一卷　慧琳
蓱沙王五願經一卷　慧琳
貧窮老翁經一卷　慧琳
堅意經一卷　慧琳
修行本起經二卷　玄應
太子瑞應經二卷　玄應
業過去現在因果經四卷　玄應
柰女耆域經一卷　玄應
四十二章經一卷　玄應
長者音悦經一卷　慧琳
七女經一卷　玄應
禪秘要經三卷　慧琳
生經五卷　玄應
義足經二卷　玄應

右三十五經四十六卷同此卷音

玉耶女經　慧琳撰

姑妐　下燭容反。爾雅云：夫之兄爲妐。郭注云：今俗呼兄爲鍾，語之轉耳。考聲方言並云：今關中呼夫之父曰妐。玉篇云：或爲公字，亦音鍾。

杖捶　下隹委反。顧野王云：捶，以杖擊也。國語云：鞭捶使之。説文云：捶，擿也。從手垂聲。擿音知革反。或從臼作唾。

夫聟　下捿〔一〕計反。爾雅云：女子之夫爲聟。儀禮云「聟御婦車授綏〔二〕」是也。考聲云：聟，女之夫也。古今正字：從士胥聲。或從女作婿。

犾犾鬪諍　上二魚斤反。楚辭云：猛犬犾犾而迎吠。顧野王云：犾犾，犬聲也。考聲云：二犬争也。説文云：兩犬相齧也，從二犬。或從言作狺，有從斤作犷。訓釋並通。次兜候反。蒼頡篇云：鬪亦諍也。左傳云：鬪〔四〕者，構兵相攻戰也。文字典説云：兩士相對，兵仗在後爲鬪之形。從厈丮，會意字也。下箏敬反。考聲云：争言也。

嗟覞　上音達，下惻近反。案嗟覞，今覞僧錢也。

玉耶經　無字音訓。

阿遬達經　玄應撰

阿遬　籀文作遬，古文作警，今作速，同。桑鹿反。楚〔五〕語人名也。

法海經　無字音訓。

罪業報應教化地獄經　玄應撰

莝碓　且卧反。詩云：莝之秣之。傳曰：莝，蒭也。謂斬蒭所以養馬者也。經文作剉。説文：折傷也。

頑痺　今作痹，同。必寐反。説文：足氣不通，肉中痛也。經文作痹，俾利反。説文：濕病也。非此義也。痿痹不能行也。

煻煨　徒郎反，下烏迴反。通俗文：熱灰謂之煻煨。煨亦熝也。廣雅：煨，煴也。熝音烏刀反。煴，於云反。

射窠　又作薖，同。口和反。字書：窠，巢也。謂窠窟也，取其義。

䠒升　許妖反。䠒猶虚也，䠒亦諠譁也。

循大　似均反。説文：循，行也。爾雅：循，自也。郭璞曰：自猶從也。案此亦與巡字略同。

鞠頰　渠六反。案鞠謂聚斂也，字宜作䴸。通俗文：體不由（申）〔六〕謂之䴸也。

龍王兄弟經　玄應撰

耳際　子例反。廣雅：際，方也。爾雅：際，捷也。謂相接續也。際，畔處也。

迺臣　奴改反。爾雅：迺，乃也。郭璞曰：迺即乃字也。説文：迺，往也。聲類：迺，至也。

佛說八師經　慧琳撰

汪洋　上烏黄反。續漢書云：汪汪萬頃之陂。杜注左傳云：汪，池也。王逸注楚辭云：汪洋，大水廣無極也。廣雅：亦大也。文字典説：汪，深廣也，從水王聲。下藥章反。毛詩傳云：洋洋，盛大皃也。孔注尚書：洋洋，美善也。説文：從水羊聲。字書作洋，音訓並同。

搒掠　上白萌反。蒼頡篇云：搒，掠也。文字集略云：打拍也。考聲云：搒掠，拷擊也。説文：從手旁聲。下良尚反。蒼頡篇云：掠，笞也。鄭注禮記云：捶治音持人也。古今正字：從手從諒省聲。

臭胜　上昌咒反。月令云：其臭腥。顧野王云：臭氣之總名也。説文云：凡犬逐禽走，以臭知其跡〔七〕，故從犬從自，會意字也。亦從歺作殠，歺音奴。下音星。孔注尚書云：胜，臭也。説文：犬膏也。從肉生聲。經作腥，亦通也。

睰睰　木紅反。毛詩傳云：目有眸子而無見曰睰。説文云：睰睰，不明也，從目冢聲也。

面皺　鄒瘦反。考聲云：皺，皮聚也。文字典説云：皮寬聚也，從皮芻聲也。芻音楚拘反。經文作皺，俗字也。

瘮疼　上筭巒反。淮南子云「黄〔八〕不悁心瘮足」是也。説文云：瘮亦疼也，從疒夋聲。悁音一玄反，夋音千旬反。下動紅反。廣雅云：疼，痛也。釋名云：疼，痺也。説文：從疒冬聲。字書亦作痋，又作肣。訓釋並同。經作悛，音詮，非經義也。痺音必利反。

煒爗　上韋鬼反。古今正字云：赤色盛也。毛詩傳：亦赤皃也。下炎劫反。廣雅云：爗亦光明也。郭注方言：亦盛也。説文：煒爗，震電光也。二字並從火，韋、曅皆聲也。曅音同上。經從日作暐曄，俗字也。

越難經　慧琳撰

牽撲　上詰研反。廣雅云：牽猶挽也，亦謂連也。顧野王云：牽亦引也。説文云：引，前也，從牛象引牛之縻玄聲，轉注字也。下龐邈反。考聲云：撲謂投於地也。

創痛　上楚霜反。禮記云：頭有創則沐。古今正字云：創，傷也。説文：從刀倉聲也。經作瘡，俗字也。

所欲致患經　玄應撰

財賄　呼猥反。爾雅：賄，財也。左傳：厚賄之。注主(云)〔九〕：賄，贈送也。謂與人賄之言也。

破隝　烏古反。字林：小城也。通俗文：營居曰隝。字從阜也。

怫鬱　苻勿反。字林：怫鬱，心不安也。

戰頊　字體作顫，又作憻，同。之見反。下又作疚，同。有瘤反。説文：顫頊，謂掉動不定也。

阿闍世王問五逆經　無字可音訓。

舍利弗目揵連遊四衢經　慧琳撰

巍巍　魏歸反。孔注論語云：巍巍，高大皃也。文字典説：從嵬委聲。嵬音危委反。

流泛　下孚梵反。賈逵注國語云：泛，浮也。毛詩傳云：泛，流皃也。考聲云：不指定也。古今正字：從水乏聲。

五母子經　慧琳撰

慷慨　上康朗反，下開改反。考聲：慷慨，志氣不平也。亦傷歎也。王逸注楚辭云：慷慨，中情恚恨心切剥也。說文：慷慨二字並從心，康、既皆聲。經從亢氣作忼愾，俗字通用。

沙彌羅經　慧琳撰

蚑行蝡動　上音歧。周書云：蚑行喘息也。文字典說云：蚑，蟲行也。說文：從虫支聲。蝡音如允反。淮南子云：昆蟲蝡動。莊子云：蝡蝡之蟲。司馬彪注云：蝡亦動也。說文：從虫耎聲。耎音而兖反。

佛說滿願子經　慧琳撰

邠耨　上筆旻反，下農木反。梵語也。

緰滑　上棲祭反。正從囟作緰。經文從田作細，俗字也。囟音信。下環八反。廣雅云：滑，微也。說文云：利也。從水骨聲。

慢法經　無字可音訓。

佛說五苦章句經　慧琳撰

損瘦　上孫本反。正損(損)[一〇]字也，從手從員。下搜救反。聲類云：瘦，瘠也。考聲：瘦，羸也。文字典說云：瘦，瘠也。從疒叜聲。瘠音情亦反，瘠音生鯁反。叜，正叟字。經作瘦，非也。

甎石　上拙緣反。埤蒼云：甎，甂甎也。考聲云：甓也。古今正字：從瓦專聲。甓音瓶覓反，甂音禄。經文從土作塼，俗字也。

寺廟　苗裱反。爾雅云：室有東西廂曰廟。考聲云：凡宫前曰廟，後曰寢。尚書大傳云：廟者，皃也。白虎通云：先祖之尊皃也。說文云：從广朝聲。會意字也。經作庿，非也。裱音筆廟反。

𧔇地　上音灰。埤蒼云：𧔇，豕以鼻墾地取蟲謂之𧔇也。古今正字：從虫豕聲。墾音肯佷反。

絆繫　上鉢慢反。漢書云：絆，仁義之羈絆也。考聲云：絆猶繫兩足也。說文云：馬馽也，從糸半聲也。馽音砧立反，馽與縶字義同，繫音鷄詣反。

推燥　上退雷反。毛詩傳云：推，去也。顧野王云：自後排進曰推。古今正字云亦排也，從手隹聲。下蘇竈反。周易云：火就燥也。說文：燥，乾也。從火喿聲。喿音蘇到反。經作爍，非也。

居溼　上舉魚反，下深入反。顧野王云：溼猶霑潤也。說文云：幽溼也，從水從一。一，覆也，覆上而有水謂之溼。字又從㬎省[一一]聲，轉注字也。經作濕，俗字，非也。

傴僂　上紆矩反。廣雅云：傴、曲，屈也。顧野王云：傴，身愈曲恭益加也。說文：傴，僂也。從人區聲。下龍乳反。杜注左傳云：僂，上傴也。考聲：俯身也，即傴僂，曲也。古今正字：從人婁聲。經作僂，俗字也。

鈇質　上甫無反，又音甫。公羊傳云：不忍加之鈇質之刑。何休注云：斬腰刑也。蒼頡篇云：鈇，椹也。禮記云：軍旅鈇鉞，先王所以飾怒也。又諸侯賜鈇鉞，然後殺也。古今正字：從金夫聲。下真栗反。

県磔　皎堯反。說文云：県即倒首字也。賈逵注國語云：斷首倒懸即県字也。下陟格反。廣雅云：磔猶張也。史記云：磔死於市也。說文：從石桀聲。桀音乾烈反。經作梟磔，非也。

跛躄　上補我反，下必覓反。顧野王云：躄謂枯不能行也〔一二〕。古今正字：跛。從足辟聲。

海有八德經　無字可音訓。

佛說進學經　慧琳撰

悋逆　上力刃反。考聲云：悋〔一三〕，惜也。字書云：貪也。古今正字云：悋，鄙悋也，從心吝聲。吝音同上。

洗濯　上西禮反，下撞角反。毛詩傳云：濯猶滌也。又曰：所以救熱也。廣雅云：洗也。顧野王云：浴也。說文：濯，澣也。從水翟聲。撞音濁江反。澣音緩。翟音同上。

佛說浄飯王涅槃經　慧琳撰

煒煒　韋鬼反。毛詩傳云：煒煒，赤皃也。古今正字云：火光盛也。說文云：盛明也。從火韋聲也。

煩躁　下遭到反。賈逵注國語云：躁，擾也。鄭注論語云：不安静也。顧野王云：躁猶動也。謚法云：好變動民曰躁。古今正字：從足喿聲。喿音先竈反。

坌者　上盆悶反。通俗文云：塵遊曰坌也。說文云：坌，塵也。從土分聲。或作坋。

揔拔　上惣公反。考聲云：擒攝也。文字集略云：揔，相牽掣也。般(服)〔一四〕虔通俗文云：捉頭曰揔也。從手從㚇。㚇音宗。下排拔反。周易云：拔茅連茹。古今正字：從手犮聲。犮音蒲末反。

目睞　下尖葉反。史記云：目見毫毛而不見睞也。考聲云：睞，瞼上毛也。周禮云：眼不交睞。說文：從目夾聲。經作睫，俗字也。

得道梯隥錫杖經　慧琳撰

偏袒　上匹綿反，下達旦反。爾雅云：袒裼，肉袒也。說文：從衣旦聲也。裼音昔。

敷演　上撫無反。孔注尚書云：敷，布也，又猶舒也。韓詩外傳云：大也。說文云：敷，散也，從攴尃聲。尃音浦，攴音普卜反。下延典反。考聲云：演猶廣也。說文：從水寅聲。寅，正寅〔一五〕字也。

醒也　星挺反。國語云：醉而怒，醒而喜也。顧野王云：醉除曰醒。古今正字：從酉星聲。

瑠璃王經　玄應撰

樓由　力士名也。此謂云受〔一六〕，或言欲也。

剗足　又作鏟，同。初簡反。廣雅：剗，削也。聲類：剗，平也。

夷滅　餘之反。左傳：芟夷。杜預曰：夷，殺也。亦毀也。廣雅：夷，滅也。

愶將　虛業反。方言：愶閱，懼也。謂以威力相恐懼也。閱，郭璞音呼隔反。廣雅：愶，怯也。公羊傳：愶于齊。劉兆曰：愶，畏迫也。今皆作脅。

進邁　莫界反。說文：邁，遠行也。廣雅：邁，往也。

饕餮　吐刀反。謂貪財曰饕，貪食曰飻。案饕亦貪也，通語也。說文：俗作叨。

臚脹　力猪反。腹前曰臚，言所以養心膂也。臚亦膚也。下又作痮，同。猪亮反。腹滿也。

賵贈　敷鳳反。助哀之物也，車馬曰賵。小雅〔一七〕：饋死曰賵。白虎通曰：賵之言赴也。所以相赴佐也。下在鄧反。玩好曰贈，所以助生送死追思重終也。贈，送也，增也。

號咷　徒勞反。號咷，大泣也。易曰「先號咷而後笑」是。

殪入　古文作壹，同。於計反。爾雅：殪，死也。尚書：殪戎殷。孔安國曰：殪，煞也，亦盡也。漢書音義云：一發而死曰殪也。

荄枯　古來反。方言：東齊謂根曰荄。說文：草根也。

傷獘　古文獘、弊〔一八〕二形，今作弊，同。脾世反。說文：弊，作(仆)〔一九〕也。仆，頓也，亦斷也。

驍勇　古堯反。廣雅：驍，健也。亦勇急也。說文：良馬駿名也。經文作膠，古爻反。窅膠不平也。膠非字義。窅音烏鳥反。

榷杠　音江。旗之竿也。廣雅云：天子杠高九仞，十二旒至地也。經文作佰，誤也。

韅韝　又作韅，同。呼見反。左傳：晉車七百乘，韅靷鞅絆。杜預曰：在背曰韅，在匈曰靷，在頸曰鞅，在足曰絆。下韝，之涉反。

帶韘〔二〇〕　又作鞊，同。火見反。著腋者也。釋名云：韘也，橫經其腹下也。蒼頡篇解詁(詁)〔二一〕：韘，馬腹帶也。

射珥　如志反。蒼頡篇：珠在耳也。耳璫垂珠也。楚辭：撫長劍兮玉珥。王逸曰：珥，劍鐔音餘諶反。聲類：劍口也。

毛睫　又作睞，同。子葉反。說文：目旁毛也。

怖駭　胡騃反。蒼頡篇：駭，驚也。廣雅：駭，走〔二二〕也。

剋捷　茨獵反。毛詩云：一月三捷。傳曰：捷，勝也。亦獲也。軍得勝曰捷也。

不呰　又作痞〔二三〕，同。子移反。呰，量也。說文：思稱音曰呰〔二四〕。呰，思也。

喟然　又作嘳，同。口愧、口怪二反。說文：大息也。論語：顏淵喟然嘆。何晏曰：喟，歎聲也。

格上　加額反。蒼頡篇：格，椸也。椸，架也。

佛說三摩竭經　慧琳撰

鐵鍱　上天結反。說文云：黑金也。從金䥫聲也。䥫音跌。經從隹〔二五〕作鐵，俗字也。下閻接反。外道邪見云「我智滿腹，恐其溢出，以鐵鍱裹肚，時俗號爲勞肚」義是也。

邠坻　筆貧反，下音丁奚反。梵語也。大長者名也，住舍衛國。

梟獸　上皎堯反。鄭箋毛詩云：梟，惡鳴鳥也。説文：鳥頭在木上。會意字也。下正體獸字也。

縫縷　上符蒙反。周禮云：女御裁縫也。説文云：縫，以鍼紩衣也。從糸逢聲。下力主反。郭注爾雅云：縷，連持也。説文云：縷猶綫也。從糸婁聲。綫音先箭反。

澌那　上西際反。梵語也。

黠人　上閑八反。郭注方言云：黠，慧了也。説文：從黑吉聲。

蓱沙王五願經　慧琳撰

蓱比沙　上並冥反。梵語也。

鷂山　摇照反。

問遺　餘季反。廣雅云：遺猶與也，問猶贈也。説文：從辵貴聲也。

刮洒　上鬨八反。鄭注禮記云：刮猶摩也。廣雅云：滅(滅)〔二六〕也。説文：從刀舌聲。下西底反。韓康伯注周易云：洒濯其心也。説文云：滌也。從水西聲。或作灑，古洗字也。

窯家　上音遥。説文云：窯，燒瓦竈也。從穴羔聲。經從宀作窯〔二七〕，俗訛字也。宀音綿。

纔足　上音財。考聲云：纔猶蹔也。顧野王云：纔，僅能也。廣雅云：僅猶少也。

鍜(鍛)〔二八〕金　上端亂反。蒼頡篇云：鍜(鍛)，椎也。説文云：鍜(鍛)猶小冶也。從金叚(段)〔二九〕聲。椎音直追反。

犇厺　上本門反。考聲云：犇，群牛也，亦作奔。下則苟反。説文云：厺，趨也，從夭從止。

以角　經作已，或誤。案以角觸秪者合爲以字，以猶用也。

觸秪　上衝燭反。廣雅云：觸猶揬也。孔注論語云：狂妄抵觸也。説文：從角蜀聲。揬音肫没反。下丁禮反。

貧窮老翁經　慧琳撰

抗邈然　上康浪反。毛詩傳云：抗猶舉也。杜注左傳云：抗，當也。廣雅云：張遮也。下尨剥反。

腥臊　上昔丁反。孔注尚書云：腥，臭也。説文：從肉生聲。經作腥，俗字也。下嫂勞反。鄭注周禮云：臊，豕膏臭也。古今正字：從肉喿聲。喿音騷到反。字書或從魚作鱢，亦通。

佛説堅意經　慧琳撰

憒憒　迴對反。考聲：憒憒，憂悶也。説文：亂也。從心從貴。

菌尿　上詩耳反。莊子云：以筐盛菌也。古今正字云：菌即糞也。從艸從胃省，轉注字也。或作屎。糞音分問反。艸音草。胃，正胃字。下泥吊反。説文云：尿，人小便也。從尾從水聲。經作屎尿，並俗字也。

攘禍　上讓羊反。毛詩傳云：攘，除也。王逸注楚辭：排也。鄭注周禮云：却也。説文：從手襄聲。下胡卧反。古文從歺作殦。歺音𣦼，正音枿，五割反。

修行本起經　上卷　玄應撰

曲蟺　音善。即丘蚓也，亦名蜜蟺，江東呼爲寒蚓也。爾雅云：「螼蚓，蜸蚕」是也。螼音羌引反，蚓音引，蜸音苦顯反，蚕音他典反。

熊兕　徐姊〔三〇〕反。爾雅：兕似牛。注云：一角，青色，重千斤也。

擭持　於虢反。廣雅：擭，持也。謂握取之也。擭亦搤也。搤音於格反。

砰大　普萌反。字典：砰，大聲也。廣雅：砰，聲也。經文作軯，車名也。軯非此義。

修行本起經　下卷　先不音訓。

太子本起瑞應經　上卷　玄應撰

錢雇　書皆作顧，同。光護反。雇猶荅（答）〔三一〕賽償報之言也，謂與錢得者也。漢書：數招顧擢金錢。文穎曰：謂託以金錢自顧。續漢書「賈賣官關内侯，顧五百万者與之」皆是也。

即探　他含反。爾雅：探，取也。注云：謂摸取也。說文：探，遠取也。亦試也，嘗試之也。

享之　虚掌反。尚書：其有弗享。孔安國曰：奉上曰享。亦戲也。

復饗　虚掌反。謂設禮以飲賓也，又加羹飯曰饗。饗亦勸强也。

椸架　又作箷。埤蒼作㮂，同。餘支反。竿謂之椸。椸，可以架衣也。蒼頡篇：椸，格也。亦衣杆〔三二〕也。經文作移，音弋支反。

風霽　子詣反。說文：霽，止也。今南陽人呼雨止爲霽也。

畺場（埸）〔三三〕　古文畺、畺二形，今作彊，同。紀良反。畺，界也。下丈良反，又以赤反。毛詩：畺場（埸）翼翼。傳曰：場（埸），畔也，畷也。廣雅：畺、場（埸），界也。畷音猪衛反，謂兩陌間道也。

難暨　古文作臮〔三四〕，同。其器反。暨，及也，至也，與也。

踒傷　烏卧反。通俗文：足跌〔三五〕傷曰踒。蒼頡篇：挫足爲踒。史記「踒人不忘起」是也。經文作痿，非體也。

入笱　姑厚反。謂取魚薄曰笱。爾雅：嫠〔三六〕婦笱。詩云「無發我笱」是也。字從竹從句也。

賁識　彼寄反。五道神名也。依字，周易：賁者，飾也。又曰：賁，無色也。

噢咿　於六反，下於祇反。埤蒼云：噢咿，内悲也。言痛念之聲也。

喁喁　魚凶反。說文：衆口上見也。淮南子云「群生莫不喁喁然仰其德」是也。經文作顒，非字義也。

隱遁　今作遯、遂二形，同。徒頓反。廣雅：遁，避也，去也。說文：遁，遷也。亦退還也，逃也。

和埴　時力反。尚書：厥土赤埴墳。孔安國曰：黏土曰埴。釋名云：埴者，膩也。如脂之膩。

太子本起瑞應經　下卷

趑踔　丑白（皃）〔三七〕、丑角二反。字宜作趠，謂半步曰趑。

栽櫱　古文作巘、栓、不三形，同。五割反。爾雅云：櫱，餘也，載也。言木餘載生蘖栽也。

喑唶　又作諳，同。於禁反。下又作諎，同。子夜反。説文：喑唶，大聲也。聲類：喑唶，大呼也。

過去現在因果經　第一卷　玄應撰

旆兜　蒲帶反。國名也，正言迦毗羅跋兜。譯云迦毗羅者，蒼色也。跋兜者，住處也。

苗裔　古文作㐮，同。餘制反。説文：裔，衣裾也。以子孫爲苗裔者，取下垂義也。裔亦遠也，字從衣從冏音女滑反。

自禁　記林、居鴆二反。禁猶制也，止也。言制止不禁也。

鳳鷖　於麗反。山海經云：北海有蛇山，山有鳥，五采，飛至蔽日，名曰鷖鳥。廣雅：鳳屬也。

孕婦　古文䏰，同。餘證反。説文：裹子也。廣雅：孕，㑗也。謂任孕子也，含實曰孕也，字從子從乃也。

怵惕　耻律反。尚書：怵惕唯厲。孔安國曰：怵惕，懷懼也，亦悽愴也。説文：怵，恐也。下又作悐，同。他狄反。惕，驚也。

蒼頭　漢書：蒼頭。應劭曰：秦稱民曰黔首。黔，黑也。首，頭也。奴曰蒼頭者，非純黑，以別於人也。

過去現在因果經　第二卷

旅力　力舉反。方言：宋魯謂力曰旅。旅，田力也。郭璞曰：謂耕墾也。詩云「旅力方强」是也。

昕赫　虚斤反。説文：昕，旦明也。日將出也。赫，盛也。

揵陟　巨焉反。馬名也。應云建他歌，譯云納也。

噴鳴　古文作歕，同。普寸反。説文：鼓鼻也。蒼頡篇：噴，吒也。俯而噴，仰而鳴也。

圪然　今作仡，同。魚訖反。説文：高大皃也。經文作屹，未見所出也。

過去現在因果經　第三卷

老姥　又作媽，同。亡古反。字書：媽，母也。今以女老者爲姥也。

門閫　又作梱，同。苦本反。閫，門限也。禮記「外言不入於閫」是也。

曾瀾　洛安反。爾雅云：大波爲瀾，小波爲淪。言涣瀾也。

過去現在因果經　第四卷　先不音。

柰女祇域經　玄應撰

一栽　子來反。謂草木植曰栽。此謂木梓可栽種音（者）〔二八〕也。

瘤節　力周反。説文：瘤，腫也。聲類：瘤，瘜肉也。今取其義也。

其杪　彌繞反。禮記：木細枝謂之杪。通俗文：樹鋒曰杪。杪亦微小。

除摒　卑政反。廣雅：摒猶除也。言摒，摒譡除治也。經文作屏，非體也。譡音丁浪反。

應襲　古文作戳，同。辭立反。左傳：九德不衍故襲禄。杜預曰：襲，受也，又合也，仍也。廣雅：襲，及也。

鶣上　匹扇反。纂文云：謂躍上馬也。

睚眦　五懈、魚計二反。廣雅：睚，裂也。下静計反。説文曰：[目]〔三九〕厓也，謂裂眥瞋目之皃也。漢書「素無眦睚」、史記「睚眦之怨必報」是也。經文作睨，五悌反，邪視也。睨非此義也。

蛇蠆　丑芥反。詩云：卷髮如蠆。箋云：螫蟲也，或名蠆蠍，或名蠍也。蠆音他達反，蠍音力割反。

雇錢　書皆作顧，同。公護反。案雇猶顧眄荅〔四〇〕報之。雇，與也。

四十二章經　玄應撰

輸敬　始榆反。輸，盡也。説文：委輸也。廣雅：輸，寫也。最也。

桼箠　又作漆，同。音七。下又作䈁，同，音瑞。江南名䈁，北人名皖。皖音换。

佛説長者音悦經　慧琳撰

白氎　下恬叶反。埤蒼云：氎，毛布也。考聲云：草花布也。古今正字：從毛疊聲。或從眾作㲲。經文從糸作緤，非之。

悁嫉　上伊玄反。王逸注楚辭云：悁，憤滿〔四一〕也。考聲云：悁猶恚怒也。説文：從心肙聲。憤音墳問反。嫉者，害賢曰嫉。説文：從女疾聲。經作愪嫉，俗字也。

長跽　奇几反。莊子云：跽謂擎跽曲拳，人臣之禮也。考聲云：跽拜是跪也。説文云：長跪也。從足忌聲也。

媄蠱　上天驕反，下音野。

焜煌　上胡本反。杜預注左傳云：焜猶燿也。下胡光反。蒼頡篇云：煌，光也。説文：焜煌二字，並從火，昆、皇皆聲也。

鵚梟　上通禄反。毛詩傳云：鵚，鶖也。顧野王云：大鳥也，其羽鮮白。古今正字：從鳥從秃，秃亦聲也。下古堯反。已見前釋。

嗇然　上生側反。郭注方言：嗇猶積也。説文云：愛瀒也。從來從㐭，會意字也。經作嗇〔四二〕，俗字也。㐭音力錦反。

七女經　玄應撰

羅轒　扶分反。字〔四三〕比丘羅轒。經文從貴作𨏥，非也。

禪祕要法經　上卷　慧琳撰

梓棺　又作杍，同。即理反，古者殷人上梓。字林：梓，楸也。古史云：考陽作木棺，有虞氏[用]〔四四〕瓦棺。棺，完也，關也。

柱腭　上誅縷反。俗字也。元本正字一點是，諸字書借柱爲。説文：有所紀止也。爲一點，更無偏傍，以難用，故不傳，時人號一點者是本字也。下昂各反。考聲云：腭，齗也，從肉從咢。經作胖，非也。齗音銀。

劈去　上片覓反。埤蒼云：劈猶剖也。廣雅云：裂也。説文云：破也。從刀辟聲也。經作劈，非也。剖音普苟反。

煗煴　上奴短反。説文云：煗猶温也。從火耎聲。或從日作暝、暖。下穩魂反。廣雅：煴，煗也。説文：從火昷聲。昷音温。

褫落　上池尔反。周易云：終朝三褫也。考聲云：褫猶敚落也。説文：褫謂解衣也。從衣虒聲。虒音斯，亦作傂。經從大〔四五〕（犬）作猇，或作褫，並非也。

觀肪　下音方。説文云：肪，肥也。考聲云：腹中膏也。古今正字：從肉，方聲。

脺俞　上芳廢反，下音臾。前治禪病秘要經已具釋。經作肺，俗字也。

蛕蟲　上音回。已見前釋。經作蚘虫，俗字也。

瓫瓻　上盆門反。爾雅云：盎謂之缶。郭璞云：盎即盆也。説文：從皿分聲。盎音烏朗反，缶音夫苟反。下音䍃。埤蒼云：罌之大者爲瓻。郭璞注方言云：零桂之郊謂甖爲之瓻，今江東亦言大瓮也。古今正字：從瓦元〔四六〕聲。經作瓮㼪，俗字也。

噆食　上音帀。前治禪病秘要經作咹，俗字也。

膿血　上音農。

迅駛　下師事反。前與噆字同釋訓。

繚綟　上聊鳥反。顧野王云：繚猶繞也。説文云：纏也。從糸尞聲。下憐涅反。考聲云：綟猶結紐也，亦繚綟紛糺皃也。古今正字：從糸戾聲。經作繚戾，俗字也，正糺字也。

掣縮　上尺制反。周易云：其牛掣。顧野王：掣猶牽也。説文云：掣謂引而縱之也。從手制聲。亦作摰、㨷，音並同。下雙菊反。説文云：縮，亂也。從糸宿聲。

躁蛘　上早告反。鄭注論語云：躁，不安静也。動也，從足喿聲。下羊兩反。説文：搔蛘也。經作癢，俗字也。有作𧄍，非也。

齅行者　休又反。説文云：以鼻就臭曰齅。從鼻臭聲。

透擲　上偷後反，下呈戟反。

蹋蹴　上談臘反。顧野王云：蹋即蹵也。説文云：踐也。從足㬰聲。經作蹹，非也。㬰音貪盍反。下親六反。何休注公羊云：蹴，以足逆蹋之曰蹵。蒼頡篇云：蹵猶蹋物也。説文：從足就聲也。

瘭疽　上必遥反。廣雅云：瘭謂癰成也。考聲云：瘭疽，瘡名也。説文：從疒票聲。疒音女革反。票，必妙反。下七余反。杜預注左傳云：疽即惡瘡名也。説文云：疽，久癰也。從疒且聲。且音即余反。

禪祕要法經　中卷

大吼歙　下歆急反。桂苑珠叢云：吸，内息引氣入口也。考聲云：歙猶吸也。説文云：歙猶縮鼻吸也。從欠翕聲。吸音歆入反，縮音霜六反。經從口作噏，俗字也。

樹荄　下音皆。考聲云：荄，草莖也。方言：樹根也。説文：從草亥聲也。

泓然　烏宏反。廣雅云：泓泓，深皃也。説文：深大皃。從水弘聲。

宛轉　冤阮反。説文云：夗轉，即卧皃也。從夕，卧有節，故從夕從㔾，會意字也。經作婉，非也。

紫紺　下甘濫反。考聲云：紺，青赤色也。説文云：帛染青而揚赤色也。從糸甘聲。

韛囊　上弼賣反。蒼頡篇云：韛，韋囊也。顧野王云：所以冶家用吹火令熾。古今正字：從韋精聲。或從革作鞴，亦作橐，並通。下諾郎反。毛詩傳云：凡袋有底曰囊，下通風氣曰橐。葡音被，橐音敗，橐音託。橐、橐皆從橐省。橐音混。

金鋌　亭頂反。

腨傭直　上船耎反。説文：腨，足腓腸也。從肉耑聲。耑音端。下寵龍反。毛詩傳曰：傭猶均也。説文：均，直也。從人庸聲。亦作膞。

栝槭　上音丑，下音蕹。考聲云：桎梏也。鄭注周禮云：木在手曰桎，在足曰梏〔四七〕。亦作杻，俗字，連枷也。

澡盥　上遭老反，下官欵反。澡漱水瓶也，受三二升。

坯器　上配梅反。説文云：未燒瓦也。

禪祕要法經　下卷

蓊蔚　上烏孔反，下惲勿反。廣雅云：蓊蔚，草木盛皃也。考聲：草木叢生也。古今正字云：蓊蔚二字並從草，翁、尉皆聲。

蹋刀山　上談合反。廣雅云：蹋，履也。史記云「處後蹋鞠」是也。説文：踐也。從足㬰聲。㬰音貪盍反也。

堅鞕　下額幸反。考聲云：鞕猶堅也。文字典説云：堅，牢也。從革更聲。經從石作硬，俗字。

㱿觸　上宅行反。字書云：㱿猶橦也。考聲亦橦也。或從亭作楟，亦從攴作敦。經從木作棖，誤也。

瘥殘　六中反。

生經　第一卷　玄應撰

鋃鐺　上力當反，下都唐反。説文：鋃鐺，鎮〔四八〕也。漢書「以鐵鋃鐺」是也。經文作狼當，非體也。

淑女　詩六反。詩云：窈窕淑女。傳曰：淑，美也。淑，善也。

震越　梵言也。此譯云衣服也。

道誼　今作義，同。宜寄反。禮記：誼者，宜也。制事宜也。誼，善也。善義理也。

訶譴　去戰反。説文：謫問也。廣雅：譴，責也，怒也。訶謂詰問也。説文：訶，大言而怒也。謫音丈革反。

睢叫　許隹反。説文：仰目皃也。聲類云：睢，矆，大視[也]〔四九〕。謂張目叫呼也。矆音況縛反。

捼彼　奴和、奴迴二反。説文：捼，摧也。又亦兩手相切也。

調譺　魚戒反。廣雅：譺，調也。謂相啁也。蒼頡篇：譺，欺也。通俗文「大調曰譺」是也。

誘訹　餘首反。誘，教也，引也，相勸也。下私律反。説文：訹，誘也。廣雅：訹，謏也。經文作恤，憂也，恤非此義。謏音私酉反。

薨殞　呼弘反。廣雅：薨，亡也。殞，殁也。諸侯曰薨也。薨，死也。

酷令　空蔦反。説文：酷，急也。苦之甚也，暴虐也。白虎通曰：酷者，極也，教令窮極也。

習忕　又作愧，翼世反。字林：愧，習也。蒼頡篇：愧字，明也。爾雅：狃，復也。郭璞曰：狃忕，復爲也。

俘囚　妨愚反。尚書：俘厥寶玉。孔安國曰：俘，取也。

犇急　又作奔、驞二形，同。補門反。奔亦走也。

嗚䛤　古文作䶒(歔)〔五〇〕，同。子六、子合二反。聲類：䛤亦嗚也。

生經　第二卷

諄那　古文作訰，同。之閏反。此譯云碎末，謂人名。

鞕軏　五更反，下胡浪反。風名也。軏字未詳所出，相傳音字耳。

殟殙　於門、於没二反，下莫昆反。聲類：欲死也。説文：暴無知也。

蛸偈　所交反。

昧瘴[五一]　丁賀反。

韃陀[五二]　紀言反。

諦沵[五三]　徒計反。

鎧翰　口賚反。説文：鎧，甲也。下胡旦反。周易：白馬翰如。王弼曰：鮮潔其馬翰如也。

生經　第三卷

讙呼　古文作吅，又作諠，同。虚袁反。廣雅：諠，鳴也。聲類：諠，譁也。諠聲也，驚呼也。

翕眠　呼及反。猶眨眼也。翕，合也，亦斂也。説文：起也。經文從目作瞼，書無此字。眨音莊狹反。

樗樹　敕於反。詩云：蔽芾其樗。傳曰：樗，惡木也。大不中繩墨，小不中規矩。

蠱狐　上餘者反。説文：狐，祅獸，鬼所乘。有三德，其色中和，小前大後，死必首丘也。

拘翼　梵言憍尸迦是也。此本應作翅，後誤作翼，失其義也。

權楈(㥠)[五四]　古文諝，同。息與反。通俗文：多意謂之忬揟(㥠)[五五]。字林：忬揟(㥠)，知也。忬音張呂反。

廩賈　又作亩，同。力甚反。周禮：廩人掌九穀之數。鄭玄曰：三蒼：藏米曰廩。

憫泣　眉隕反。憂皃也。左傳：憫憫然如農夫之望歲也。

生經　第四卷

牢舡[五六]　示專反。世本：共鼓、貨狄作舟舡。黄帝二臣名也。方言：自關而西謂舟爲舡。經文作舡[五七]，音胡江反。舽，舽[五八]舡也。舽音扶江反。

姑伀　古胡反。婦稱夫之母曰姑，姑在則曰君姑，没則曰先姑。下之匈反。釋名：俗謂舅章爲伀，言是已所敬見之伀，遽自齊肅也。

踧踖　子六反，下子亦反。字林：踧[踖][五九]，不進也。一曰行平易也。廣雅：踧踖，畏敬也。謂恭敬之皃也。

生經　第五卷

髡鉗　口昆反，下巨炎反。説文：髡，剃也。鉗，束鐵在頸者也。經文作髨，非也。

觸嫐　奴皎反。謂嫐亂也。案嬲[六〇]猶料也，亦弄也。

纔哳　側鍇、中鍇二反。啁哳，鳥悲也。離騷「啁哳而悲鳴」是也。

搏踏　補莫反。下又作蹋，同。徒盍反。搏，手搏也。蹋，足踐也。

無係　古文繼、繫二形，同。古帝反。説文：係，潔（絜）束也[六一]。亦相係嗣也。

唉痾　於來反。説文：膺聲也。蒼頡篇：唉，吟也。字書：慢膺也。下又作疴[六二]，同。於何反。吟音於禮反。

義足經　上卷　玄應撰

草蕑　又作菅、蘭二形，同。古顏反。聲類：蕑，蘭也。說文：香草也。

欲詆　又作呧，同。都禮反。說文：呧，呵也。蒼頡篇：呧，欺也。

遍徇　又作侚，同。辭遵反。尚書：乃徇師而誓。孔安國曰：徇，循也。亦巡行也，行走宣令曰徇。說文：行示曰徇。爾雅：徇，遍也。字從彳也。

戹至　𨮁革反。蒼頡篇：戹，困也。說文：戹，隘也。凡遇灾難遭苦毒皆曰戹。

鱻明　又作鮮，同。思錢反。廣雅：鮮，好也。鮮亦善也。

不撟　几小反。說文：撟，擅也。假詐也，亦舉手也。尚書：撟誣上帝。孔安國曰：託天以行罪。國語：其形撟誣。賈逵曰：非先王之法曰撟，如誅無罪曰誣。字從手，今皆作矯也。

著洿　一孤反。字林：濁水不流曰洿。謂行潦之水也。洿，池也。廣雅：洿，深也，濁也。大曰潢，小曰洿。

勞來　說文作勑，同。力代反。爾雅：勞，來也。郭璞曰：相約勑亦爲勞也。揵爲舍人曰：勞，力極也。來，强事也。廣雅：勑，謹也，勤也。詩云：神所勞矣。箋云：勞來，猶佑助也。漢書：勞來不怠也。經文作倈，非也。

名䖒　古文悥、䖒二形，今勇，同。踊腫反。勇謂果决也，知死不避曰勇。

恐懾　聲類作㒊，同。止葉反。廣雅：懾，懼也。字書：失常也。說文：心服也。

喑唶　於禁反，下子夜反。喑唶，猶嘆聲也。經文作咋，壯白、士白二反。咋然聲也，亦咋齧也。

歛指　力冉反。說文：歛，收也。爾雅：歛，聚也。經文作鈒，誤也。

蹶地　居月、居衛二反。說文：蹶，僵也。廣雅：僵，仆也。蹶，走也。亦行遽之皃也，又跳也。經文作蹴，千六反。說文：蹴，蹋也。

偉風　于匪反。說文：偉，奇也。經文作衛〔六三〕，胡憒反。非體也。

洞然　古文衕、迵二形，同。徒凍反。謂洞徹也。經文作烔，徒東反。烔，熱也。烔非此義也。

義足經　下卷

不据　據於反。廣雅：据，斷也。說文：口手共有所作曰拮据也。

䴏摩　公覛反。人名也。依［字］〔六四〕，䴏，伯勞也。

俞曰　翼珠反。尚書：帝曰：俞，往哉〔六五〕。俞，然也，相然譍也。

晻忽　古文晻、陪二形，今作暗，同。於感反。說文：晻，不明也。廣雅：晻，晻也〔六六〕。晻，冥（冥）〔六七〕也。

迅去　私閏反。爾雅：迅，疾也。

彼遲　私廉反。遲謂進取也。

苦〔六八〕橐　古文囩，同。撻各反。蒼頡篇云：囊之無底者也。說文：橐，囊也。亦衣也。脊犎如橐，因以名焉。

鼓韛　字宜作橐，蒲戒反。謂橐囊也，鍛家用吹火令熾者也。經文作韛，未詳所出。

蚱蜢　側格反，下莫綆反。蚱蜢，字書云：淮南名田父也，即蟾蠩也。郭璞曰：蝦蟇類，居陸地者也。

蜕虫　陽會、始鋭二反。説文：蟬蛇所解皮也。廣雅：復育蜕也。字林：蟬皮也。

莫媟　相列反。方言：媟，狎也。郭璞曰：相親狎也。媟方（亦）〔六九〕慢也。

水盥　公緩反。説文：澡手也。凡澡洒物皆曰盥，不但手也。

不嫫　莫奴反。説文：醜者也。楚辭：嫫母姣而自好也。姣音古卯反也。

斷毛　莫高反。説文：眉髪之屬也。經文從馬作駹，非也。

稱宛　古文作寃、宛〔七〇〕二形，今作宛〔七一〕，同。於元反。説文：宛，屈也。廣雅：宛，枉也。宛，曲也。亦思念煩惌也。

一切經音義　卷第五十五

校勘記

〔一〕罪業報應經　獅爲「罪業報應教化地獄經」。

〔二〕捿　據文意似當作「棲」。

〔三〕聟胥御婦車授綏　今傳本儀禮：「壻御婦車授綏。」

〔四〕閗　據文意似當作「鬥」。

〔五〕楚　據文意似當作「梵」。

〔六〕由　獅作「申」。

〔七〕説文云：凡犬逐禽走，以臭知其跡　今傳本説文：「禽走獸而知其迹者犬也。」

〔八〕黄　據文意似當作「莫」。

〔九〕主　玄卷十三作「云」。

〔一〇〕損　據文意似當作「掮」。

〔一一〕省　衍。

〔一二〕躄謂枯不能行也　今傳本玉篇爲「跛躄不能行也」。

〔一三〕恪　據文意似當作「愘」。

〔一四〕般　獅作「眼」，據文意當作「服」。

〔一五〕寅　據文意似當作「寅」。

〔一六〕受　玄卷十三作「愛」。

〔一七〕小雅　玄卷十三釋此詞爲「小爾雅」。

〔一八〕弊　玄卷十三釋此詞作「斃」。

〔一九〕作　玄卷十三釋此詞和今傳本説文作「仆」。

〔二〇〕鞢　玄卷十三釋此詞作「韘」。龍龕手鑑：「鞢，韘的俗字。」

〔二一〕蒼頡篇解詁　玄卷十三釋此詞爲「蒼頡解詁」。

〔二二〕走　玄卷十三釋此詞作「起」。

〔二三〕痯　玄卷十三釋此詞作「瘄」。

〔二四〕説文：思稱音曰訾　今傳本説文：「訾，不思稱意也。」　音，玄卷十三釋此詞作「意」。

〔二五〕隹　當作「截」。

〔二六〕减　獅作「滅」。

〔二七〕窯　似當作「窯」。

〔二八〕鍜　當作「鍛」。下同。

〔二九〕叚　當作「段」。

〔三〇〕姉　獅作「姊」。

〔三一〕荅　玄卷十三釋此詞作「答」。

〔三二〕杅　玄卷十三釋此詞作「桁」。

〔三三〕埸　據文意作「場」。下同。

〔三四〕泉　玄卷十三釋此詞作「臬」，據文意似當作「臬」。

〔三五〕跌　即「趺」。玄卷十三釋此詞作「趺」。

〔三六〕鼇　今傳本爾雅作「螌」。

〔三七〕白　據文意似作「皃」。

〔三八〕音　玄卷十三釋此詞和獅作「者」。

〔三九〕目　麗無，據玄卷十三釋此詞補。

〔四〇〕荅　玄卷十三釋此詞作「答」。

〔四一〕滿　通「懣」。

〔四二〕畜　據文意似作「畜」。

〔四三〕字　玄卷十三釋此詞爲「字林」。

〔四四〕用　麗無，據玄卷十三釋此詞補。

〔四五〕大　據文意當作「犬」。

〔四六〕元　據文意似作「亢」。俗寫「亢」作「元」。

〔四七〕木在手曰桎，在足曰梏　今傳本鄭注周禮爲「在手曰梏，在足曰桎」。

〔四八〕鎮　玄卷十二釋此詞作「鎻」。

〔四九〕也　麗無，據玄卷十二釋此詞補。

〔五〇〕䶢　據文意當作「歖」。説文：「歖，歁歖也。从欠䶢聲。噈，俗歖从口从就。」

〔五一〕此條原接排在「蒱偈」下。

〔五二〕此條原接排在「味瘴」下。

〔五三〕此條原接排在「犍陀」下。

〔五四〕楈　據文意似當作「㨾」。

〔五五〕揖　據文意似當作「㨾」。下同。

〔五六〕舩　即「船」。

〔五七〕舩　玄卷十二釋此詞作「舡」。

〔五八〕艀　衍。

〔五九〕踖　麗無，據玄卷十二釋此詞補。

〔六〇〕蹋　據文意似當作「蹴」。

〔六一〕説文：係，潔束也。　今傳本説文：「係，絜束也。」

〔六二〕痾　據文意似當作「疴」。

〔六三〕衛　玄卷十二釋此詞作「衞」。

〔六四〕字　麗無，據玄卷十二釋此詞補。

〔六五〕俞，往哉　今傳本尚書：「俞，汝往哉。」

〔六六〕廣雅：晻，晻也　今傳本廣雅：「蒙蒙、冥冥、昧昧、晻晻，暗也。」

〔六七〕冝　今傳本廣雅作「冥」。

〔六八〕苦　據文意似當作「若」。

〔六九〕方　磧本玄卷十二釋此詞作「亦」。

〔七〇〕宛　據文意似當作「惌」。

〔七一〕宛　據文意似當作「冤」或「怨」。

一切經音義　卷第五十六

翻經沙門慧琳撰

音正法念經七十卷　玄應
佛本行集經六十卷　玄應
本事經七卷　慧琳
興起行經兩卷　玄應
業報差別經一卷　玄應
右五經一百四十卷同此卷音

正法念經　七十卷

正法念經　第一卷

矠矛　字詁：古文䂏〔一〕、矠（矠）〔二〕二形，今作䂑，同。粗亂反。矠，小矠矛也。矛或作鉾，同。莫侯反。説文：矛長二丈也。經文作鋑、穳〔三〕二形，又作牟，並非體。

鵶烏　又作鴉，同。烏諫反。鵶，雀也。一名鳫，一名鶬鵶。纂文云「關中以鴉爲爛堆」是也。

正法念經　第二卷

恐嚇　呼嫁反。相恐也。詩云：及矛來嚇〔四〕。箋云：［口］距也〔五〕謂之嚇。方言作恐閜。郭璞音呼隔反。亦作恐嚇，亦言恐猲，皆一義也。猲音虚割反。

恐凹　烏狹反。字苑作凹，陷也。蒼頡篇作窅，土〔六〕墊也。墊音丁念反。

如罩　古文罩、箌二形，同。竹挍反。爾雅：篧謂之罩。郭璞曰：捕魚籠也。篧音捉。

正法念經　第三卷

斗擻　又作薮，同。蘇走反。言〔七〕斗擻，舉也。周成難字云：斗擻，𣫊𣫉也。音都穀反，下蘇穀反。經文作抖捒二形，音同拯棻〔八〕，皆非字體也。

堙羅　古文垔、䢚二形，今作堙，同。於仁反。帝釋象王名也。經中或名哩那婆，或言伊羅鉢多羅，此譯云香葉。身長九由旬，高三由旬，其形相稱也。哩，烏賢反。

正法念經　第四卷

攫啄　九縛反。説文：攫，扟(扟)〔九〕也。蒼頡篇：攫，搏也。淮南子云「獸窮則攫，鳥窮則啄」是也。扟(扟)音居逆反。

水獺　他曷、他鎋二反。形如小犬，水居食魚者也。經文作狚，都達反。獦狚，獸也，如狼，赤首。狚非此義。獦音古曷反。

激流　公的反。謂流急也。説文：水文凝又邪疾急曰激也〔一〇〕。

正法念經　第五卷

梯隥　丁鄧反。廣雅：隥，履也。隥，仰也。謂山路仰登也。經文作僜，非也。

狗齩　又作齾，同。五狡反。説文：齩，齧也。經文作骹，苦交反，膝骨也。又作咬，呼交反。髐箭也。二形並非此義。

善掞　胡頰反。爾雅：掞，藏也。方言：頰〔一一〕，護也。

掩面　於儼、烏感二反。廣雅：掩，覆也。亦藏也。經文作唵，一感反。唵，啗也。埤蒼：唵，哈〔一二〕也，謂掌進食也。唵非此義。

排筒　埤蒼作韛。東觀漢記：因水作排。王弼注書云：橐，囊也。作橐，同。皮拜反。所以冶家用炊火令熾者也。

正法念經　第六卷

射垛　徒果反。射堋也。經文作埵，丁果反。埵，果也。埵非今義。堋音朋也。

鑱刺　仕咸反。説文：鑱，鋭也。廣雅：鑱謂之鈹。音普皮反。

正法念經　第八卷

耎枘　而兖反，下乃困反。字苑作㬉，柔脆也。通俗文作枘，再生也。又作嫩，近字也。經文作濡，又作堭，並非字體也。

脚瘇　字詁：今作尰，同。時腫反。通俗文：腫足曰瘇。瘇，脚病也。經文作踵，非字體也。

捩繩　力結反。謂轉捩也。

正法念經　第九卷

鐵砧　又作椹、𢾃〔一三〕二形，同。猪金反。鈇，砧也。經文作鈂，丈心反，臿屬也。鈂非此義。

鐵錘　直危反。廣雅：錘謂之權。謂稱錘也。方言：錘，重也。

鉸刀　古卯反。交刃刀也。今亦謂之剪刀，又謂剪馬爲鉸刀。釋名云：鉸刀，削刀皆隨時用作名也。

驅蹙　子六反。蹙，迫也，催促也。廣雅：急也。經文作踧，踧然避席也。踧踖也。踧非此義。

蜚墮　古書飛多作蜚，同。府韋反。鳥曰飛，飛揚也。案漢注云「正月爵大於鳩，五色，蜚過鄭，二月後蜚過池陽」是也。

步輚　楚佳反。謂盛箭者也。通俗文：箭箙叉其中也。箙音扶輻反。

正法念經　第十卷

寂聲　又作詠、宋二形，同。情歷反。方言：寂，安静也。説文：

宋，嘆也。

䑛手　古文䑛、䟔、䑛三形，今作䑛，同。食尔反。以舌取食也。經文作呧、舐〔一四〕二形，未見所出也。

蜱等　補兮反。通俗文：狗蝨曰蜱。經文作蜱，扶卑反，螗螂子也。蜱非字之義也。

洲潬　徒亶反。爾雅：潬，沙出。郭璞曰：今江東呼水中沙堆爲潬。謂水中央〔一五〕地也。經文［作］〔一六〕埏，音延，非字體也。

正法念經　第十一卷

作蛭　之逸反。謂入人皮中食血者也。江東名蟣，音巨幾反。經文作螲，音知栗反，螻蛄也，非此義也。

曲蟺　音善。古今注云：丘蚓也。一名蜜蟺，江東名寒蚓，善長吟於地中，江東謂爲歌女，或謂鳴砌。經文作蟬，非今體也。

鐵鉆　奇廉反。説文：鐵銸〔一七〕也，謂銸〔一八〕取物也。蒼頡篇：鉗持也。通俗文：鍛具曰鉆。經文作鉗，謂以鐵束人者也。鉗非此用。銸音奴懾反。

正法念經　第十二卷

吒䶒　正字作齘，同。竹皆反。廣雅：齘，齧也。經文作齊（嚌）〔一九〕，在計反，至齒也。嚌非此義也。

正法念經　第十三卷

鱯魚　獲、樺二音。爾雅：魾，大者鱯。孫炎曰：䱳（鱯）〔二〇〕似鮎而大，色白也。魾音備飢反。鮎，奴兼反。

𡟵倒　或作攲（䚦）〔二一〕、㪉、崎二（三）〔二二〕形，同。去知反。説文：䚦（攲）〔二三〕傴，傾側不安也。字從危支聲也。

杼（抒）〔二四〕氣　除吕、時汝二反。廣雅：杼（抒），舀也。渫出也。舀，翼紹反。

攣縮　力泉反。爾雅：攣，病也。亦拘攣也。經文作臠、臡二形，並非體。

壓㨶（拶）〔二五〕　烏甲反，下子曷反。周成難字作窜，拶也。經文作押攢二形，音甲攢，非今用也。

正法念經　第十四卷　第十五卷　已上二卷並無字音訓。

正法念經　第十六卷

庰中　蒲定反。廣雅：庰，廁，清，圂也。庰亦屏隈也。

飃鼓　公户反。鼓，動也。案凡動物皆謂之鼓。經文從風作颼，非也。

厭笮　今作窄，同。側格反。説文：窄，壓也。謂笮出汁也。

胆蟲　且余反。通俗文：肉中蟲謂之胆。經文作蛆，子余反。蝍蛆也。又作疽，瘡也，二形並非今用。

正法念經　第十七卷　無字音訓。

正法念經　第十八卷

黤黯　烏感反。不明也，亦黑也。纂文云：深黑也。

齆鼻　乙弄反。埤蒼：鼻黑〔二六〕也。

祅蠥　五竭反。説文：衣服歌謡草木之怪謂之祅，禽獸蟲蝗之怪謂之蠥。經文作孽，庶子也，又作孼〔二七〕，近字也。

尪羸　今作尩，同。烏皇反。尩，弱也。羸，累也。通俗文：短小曰尩。尩亦小也。

翱翔　五高反，回飛也，飛而不動曰翔。釋名云：翱，遨也，言遨遊也。翔，佯也，言彷徉也。

鼬等　弋周、由救二反。字林「似鼠，赤黄而大者」是也。

正法念經　第十九卷　第二十卷　已上二卷並無字音訓。

正法念經　第二十一卷

喑噫　於禁反，乙式〔二八〕反。喑唶，大呼也。亦大聲也。説文：噫，出息也。經文作噎，於結反，咽塞也，噎非此義也。

捦齣　巨今反。説文：急持衣襟也，字從手。下苦加反。今亦言口齣也。經文作收〔二九〕，非也。

正法念經　第二十二卷　第二十三卷　已上二卷並無字音訓。

正法念經　第二十四卷

歆歆　於滑反。通俗文：大咽曰歆。説文：咽氣息不利也。經文作嗯嗯，非也。

相撲　妨卜反。字林：手相博曰撲也。打也。

正法念經　第二十五卷

鱗鮔　又作䲆、距二形，同，渠吕、居吕二反。鷄足距也。字從角。從魚作鮔，非也。

正法念經　第二十六卷

輾諸　女展反。説文：輾，轢也。蒼頡篇：輾，車行處也。

帶毦　字林：而鍾反。罽也。或作茸，草茸。

正法念經　第二十七卷　先不音。

正法念經　第二十八卷

諧耦　胡皆、吴口反。諧，和也。耦，合也。經文作偕偶二形，非體也。

革屣　所綺反。皮履也。經文作鞜，非也。

花勃　蒲没反。廣雅：勃勃，盛也。

正法念經　第二十九卷　第三十卷　已上二卷並先不音。

正法念經　第三十一卷

雉鳥　古文𨿅（鵗），同。直里反。經文作鴩，餘喆〔三〇〕反。爾雅：鴩，鋪豉〔三一〕也。

康苦　古木反。通俗文：禾稽謂之苦䆉。䆉音奴穀反。

機發　說文：射，發也。機，主發之機也。謂制動轉之幹也。

溥天　今作普，同。匹古反。詩［云：溥天之下〔三二〕。］傳曰：溥，大也，亦遍也。

正法念經　第三十二卷

涓流　古玄反。字林：水小流也。

鄙褻　古文絬、媟、暬、渫四形，今作褻，同。息列反。褻，黷也。論語云：紅紫不以爲褻服。王肅曰：謂私服非公會之服也。

調話　古文䛡、譮、諣三形，同。胡快反。［合］會善言也〔三三〕。經文作譁，音花，誼譁，非字義。

麔麀　音加。說文：牝（牡）〔三四〕鹿也，以夏至解角也。下又作麀，同。於牛反。說文：牝鹿也。

正法念經　第三十三卷　第三十四卷
第三十五卷　第三十六卷　已上四卷並先不音。

正法念經　第三十七卷

懅動　胡郭、況縛二反。蒼頡篇云：懅，驚也。

正法念經　第三十八卷　先不音。

正法念經　第三十九卷

閃訨　字書或作覘，同。式冉反。說文：閃，窺頭皃也。

正法念經　第四十卷　第四十一卷
第四十二卷　第四十三卷　已上四卷並先不音。

正法念經　第四十四卷

邀利　字書作徼，同。古堯反。求也，遮也，亦要也。

楝樹　古文柬，同。力見反。子白而黏可以浣衣者也。經文作練，非體也。

正法念經　第四十五卷

常眨　通俗文非（作）〔三五〕睞，字苑作眨〔三六〕，同。莊狹反。目數開閉也。經文作睞，子葉反，目毛也。睞非字體。

正法念經　第四十六卷

㮕〔三七〕棗　如兗反，又盈井〔三八〕反。說文：似柿而小也。或作楆，從木耎聲。經文作濡，非體也。

秖豆　竹尸反。廣雅：再種豆也。

正法念經　第四十七卷

稠穊　古文𥡴，同。居置反。說文：稠，多也。穊亦稠。

蜥蜴　斯歷反，下音亦。山東名蝀[三九]蜆，陝已西名壁宫，在草者曰蜥蜴也。經文作蜥，非體也。蝀音七賜反，蜆音覓。

正法念經　第四十八卷

垂挑　借音他弔反。謂天衣迴[四〇]出也。

趫行　丘昭、綺驕二反。說文：善緣木之蟲[四一]也。經文作挑，吐堯反。挑，抉也。挑非字義。

不肖　先妙反。爾雅：不似也，言不如人也。經文作消，非也。

犍割　又作犗、劇二形，同。紀言反。通俗文：以刀去陰曰犗也。字從牛。

放習　甫往反。廣雅：放，效也。亦依也，比也。經文作坊[四二]，非也。

正法念經　第四十九卷　第五十卷　第五十一卷　第五十二卷　第五十三卷　第五十四卷　第五十五卷　已上七卷並不音。

正法念經　第五十六卷

支多　指移反。花名也。吱多羅花。經文從口作吱，取其舌轉也。

晏然　烏鴈反。說文：天清也。晏亦翠皃也。經文從門作闇，非體。

正法念經　第五十七卷

虓呴　又作唬，同。呼交反。說文：虎鳴也。一曰師子也，從虎九聲也。

凸腹　徒結反。字苑作凸。凸，起也。蒼頡篇作宊，不平也。

呴喊　古文呴、吽二形，今作拘[四三]，同。呼苟反。聲類：吽，嘷也。下呼戒反。韻集作喊。喊，訶也。蒼頡訓詁作欸，恚聲也。通俗文作諦，大語也。猶言喊咄、唤喊皆是也。

水腫　之隴反。腫病也。經文作瘇、[脉][四四]二形，非體也。

正法念經　第五十八卷

鯇羅　吴鷄反。諸經有作宜羅，猶是梵音訛轉也。

艣舟　歷丁反。王逸注楚辭：船有窗牖者也。字書：船上有屋者曰艣也。

傴僂　於矩、力主二反。通俗文：曲脊謂之傴僂。經文作迂遱二形，音宇俱反。迂，避也。下力侯反。說文：連遱。並非字義也。

笐笏　胡當反，下力折反。說文作次也[四五]。言竹有笐次謂之笐笏也。

正法念經　第五十九卷　第六十卷　第六十一卷

第六十二卷　第六十三卷　已上並先不音訓。

正法念經　第六十四卷

欅樺　又作桔、撵二形，同。古藹反，下音高。通俗文：機汲也，謂之欅樺也。

頑痺　今作庳〔四六〕，同。俾利反。説文：足氣不至也。經作庳，必二反。説文：濕病也。風痺，冷痺也。

痶瘓　相承敕典、敕管二反，髮病也。未詳音字所出。

正法念經　第六十五卷

瘭病　字林：方遥反。瘭疽，病也。經文作螵字，与蜱同。頻支，蜱蛸也〔四七〕。螵非字義也。

或窳　臾乳反。惰懶之謂也。爾雅：窳，勞也。窳字從穴從二瓜。

瘦瘠　古文𤺺、瘠、膌三形，同。才積反。説文：膌，瘦也。亦薄弱。

傾起　直隹反。説文：出額也。今江東南云傾頭肤額也。經文作脰，非也。

髁骨　苦霸反。腰骨也。説文：髁，髀也。字從骨果聲。經文作骻，古岸反。骻，肋也。又作跨，踞也。並非此用。

侹直　古文頲，同。他頂反。通俗文：平直曰侹。經文作𨁂，非也。未見所出。

鞞羅　普迷反，成身名也。梵言也。

正法念經　第六十六卷　先不音。

正法念經　第六十七卷

蛕母　又作蛔，同。胡瓌反。蒼頡訓詁云：蛕，腹中虫也。

呀骨　呼家反。虫名也。

頻伽　毗人反。經文作蠙、嚬二形，撿無所出也。

正法念經　第六十八卷

鳿鳥　古文准雖（隹）〔四八〕。聲類或鳴（鳿）〔四九〕字，同。胡公反。鴻鵠也。

凹窊　相承若（苦）〔五〇〕簟反。未詳名義所出。

甄波　居延反。果名也。甄波迦果也。經文有從口作甄〔五一〕，非也。

正法念經　第六十九卷　第七十卷

已上兩卷先不音。

佛本行集經六十卷

佛本行集經〔五二〕　第一卷　玄應撰

迦蘭陀鳥　或言柯蘭陀，或作迦蘭䭾迦，或云羯蘭鐸迦，皆梵音輕重也。此譯云好聲鳥也。案外國傳云其形似鵲，但此鳥群集，多栖竹林。昔有國王於林睡息，蛇來欲螫，鳥鳴覺之。王荷其恩，散食養鳥，林主居士遂從此爲名，名迦蘭馱迦也。舊安外道，後奉如來也。

者那　或言視那，或作嗜那，此譯云勝，言最勝也。

牀鋪　普胡反。廣雅：鋪，陳也。鋪，布也，亦舒也。禮記「鋪几筵〔五三〕」是也。

記別　碑列反。分，別也。舊經多言印駐。經文從草作莂，非也。

毗盧　或云吠嚧遮〔五四〕那，或言鞞嚧柘那，此譯云遍照。書無嚧字義，安一口爲別。盧音宜舉俱反。

首陀婆娑　或云秫陀婆娑。私陀、首陀，此云净。婆娑，此云宫，亦言舍，或言處。即「五净居天」是也。

佛本行集經　第二卷

誕育　達坦反。詩云：誕彌厥月。傳曰：誕，大也。箋云：大矣后稷。云在其母終人道十月而生也。

層閣　子恒、字恒二反。説文：重屋也。山海經言雲盖三層。郭璞曰：層，重也，亦累也。

溘然　口合反。楚辭：寧溘死以流止(亡)〔五五〕。王逸曰：溘猶奄也。廣雅：溘，依也。

必栗　纂文云：必栗者，羌胡樂器名也。經文作篳篥也。

舐欶　古文𦧇、弛二形，今作狧，又作舐，同。食尔反。以舌取食也。下又作嗽，同。所角及(反)〔五六〕。通俗文：含吸曰欶。三蒼：欶，吮也。吮音似兖反。

佛本行集經　第三卷

埏主　以旃反。八埏之主也。漢書音義曰：八埏，地之八際也。

巷術　脣聿反。蒼頡篇：邑中道曰術。道，路也。

抴我　夷世反。又作曳。廣雅：曳，引也。説文：曳，申也，牽也。

佛本行集經　第四卷　先不音訓。

佛本行集經　第五卷

鵁鶄　音交青〔五七〕，鳥名也。一名鵁鸕，鶩鳥[出]蔓聯山〔五八〕，群飛，如雌鷄，似凫，高足。江淮間畜之，可以厭火也。

龜鼇　吾高反。字林：海中大龜也。力負蓬瀛壺三山是也。

白鷺　字書作鸕，同。來素反。白鳥也，頭翅背上有長翰毛。江東取爲睫離，曰白鷺纕(縗)〔五九〕音蘇雷反。

鸕鷀　郎都反。下又作鶿，同。才資反。字林：鸕鷀似鶂而黑，水鳥也。紫頭曲如鈎，食魚。此鳥胎出，從口内吐出，一産八九。中國或謂之水鴉。鶂音五歷反。

佛本行集經　第六卷

苑囿　于救反。字林：有垣曰苑，無垣曰囿。囿亦禁苑也。

庶幾　爾雅：庶幾，尚也。庶又幸也。郭璞曰：庶幾，僥倖也。庶，冀也。幾，倖也。冀倖於善道也。幾亦微也。

佛本行集經　第七卷

嵬崒　牛(午)〔六〇〕迴反，下徂隗反。説文：高而平也〔六一〕。崒，山皃也。

舐啜　時悦反。説文：啜，嘗也。爾雅：啜，茹也。郭璞曰：啜者，拾食也。通俗文作嚵。今通謂細食物曰啜也。

阡陌　且田反。風俗通曰：南北曰阡，東西爲陌。廣雅：陌，道也。史記：秦孝公壞井臼(田)〔六二〕，開阡陌也。

鑒於　字書作鑑，同。古鑱反。廣雅：鑒，炤也。鑒謂之鏡。詩云：我心匪鑒。傳曰：鑒所以察形也。

懷孕　古文䍓，同。夷證反。三蒼：孕，懷子也。廣雅：孕，傷也。字從子乃聲也。

嵐毗　力含反。或言流毗尼，或言林微尼，正言藍軬尼，此言鹽。即上古守園婢名也。因以名園。飯那〔六三〕，此云林，或譯云解脱處，亦云滅，亦名斷。軬音扶晚[反]〔六四〕也。

鞍隥　都鄧反。馬韋上隥也，登馬所躡者也。經文作鐙，古燈字也。

鏗鏘　又作鎗，同。苦耕反。下又作瑲，同。且羊反。廣雅：鎗，鏘，聲也。案禮記：子夏聽其鏗鏘。又字林云：又衡反。埤蒼云：鎗，金聲。

勁勇　居盛反。字林：勁，强也。字從力巠聲。巠音古定反。

色虹　胡公反。郭璞爾雅音義云：虹雙出鮮盛者爲雄，雄曰虹。暗爲雌，雌曰蜺。蜺或作霓。霓音五奚反。俗音古巷反。青虹也。

佛本行集經　第八卷

雖㬥　蒲卜反。䙡(㬥)〔六五〕，晞乾也。字從日從出從廾從米字意也。廾或作拜，同。巨凶反，共持也。

黤黮　又作黭，同。烏感反。下他感反，謂不明也。纂文云：黭黮，深黑也。

迦軬　側飢反。王名迦軬婆，從人臂生，如頂生王等。

熇拘　呼酷、枯老二反。甘蔗王種也。

礓石　居良反。形如薑也。通俗文：地多小石謂之礓礫。字從石，經文從土，非也。

屩屧　居略反。史記：躡屩擔簦。廣雅曰：屩，草屝也。屝音扶謂反。屝，屨也，粗屨也。簦音都恒反，笠有柄者也。

荃提　或言遷提，謂可遷從〔六六〕提挈也。或作荃提，言以荃草爲之也。非此方物，出崑崙山也。

佛本行集經　第九卷

媵媵　説文作倂，同。餘證、食證二反。爾雅：媵，送也。謂送女曰媵。公羊傳曰：媵者也〔六七〕何？諸侯娶(娶)〔六八〕一國，則二國往媵之，以姪娣從也。釋名：媵，承也，謂承事適奉他也。

揵陟　六度集作犍德，正言建他歌，此譯云納也。犍，居言反。

不齹　千何反。説文：[齹]〔六九〕參差也。齹亦毁也。

不齵　五鉤、牛俱二反。説文：齵不正也。蒼頡篇：齵重生也。謂齒不齊平者也。

衆毦　人志反。廣雅：毦毦，罽也。織毛曰罽。毦音唐。

躑躅　又作蹢，同。呈亦反。下又作蠋，同。丈足反。字林：駐足不進也。廣雅：躑躅，跼蹰。

不覿　亭歷反。爾雅：顯、昭、覲、覿，見也。

黑皯　古旱反。通俗文：面黎黑白(曰)〔七〇〕皯也。經文從黑作皯，非也。

弓杷(把)〔七一〕　百雅反。單手爲把。説文：把，握也。把，持也。經作弝，近字也。

皺攝　知躡、之涉二反。謂不申也，攝裙、攝疊皆作此也。

理册　古文笧，同。楚責反。册，簡册也，長者二尺，短者半之。其次一長一短，手文象之也。

兩擘〔七二〕　又作捥，同。烏喚反。謂手後節也。

佛本行集經　第十卷

顱顙　又作髗，同。鹿胡反。下蘇朗反。説文：顤盧〔七三〕也。字書：腦蓋也。廣雅：頊顱謂之顤顱。方言言：顙，頟也。頊音徒各反。

潸然　所斑、所板二反。字林：涕流下皃也。詩云「潸然出涕」是也。

身祟　思醉反。説文：神禍也。謂鬼神作灾禍也。

交瞼　居儼反。字略云：謂眼外皮也。

悲惋　烏喚反。字略云：惋，喚(歎)〔七四〕。驚異也。

背彼　蒲賫反。廣雅：背，北也，後也。相違背也。謂棄捨相返也。經文多從人作偝。

鞁〔七五〕愉　翼朱反。纂文作孚瑜，言美色也。方言作忕愉，悦也。忕愉謂顔色和悦也。忕音芳俱反。

不劈　普狄反。説文：劈，破也。廣雅：劈，裂也。埤蒼：劈，剖也。音隱：披厄反。江南二音普行。經(闕)〔七六〕中但行匹狄反。

呱然　古胡反。説文：小兒啼聲也。廣雅：呱呱，號也。尚書「啟呱呱而泣」是也。

氛翳　敷雲反。説文：氛，祥氣也。案祥者，吉凶先見者是也。

佛本行集經　第十一卷

逋流　補胡反。

婆哂　式忍反。

波頞　都可反。

咥字　供〔七七〕人反。

吒字　陟家反。

侘字　敕家反。

嗏字　直家反。

拏[字]〔七八〕　女家反。

褭字　乃可反。

麼字　莫可反。

勦勇　説文作𪖙，同。助交反。捷健也，謂勁速勦健也。中國多言勦。勦音姜權反。

剔鉤　丁盍反。字書：剔，著也。剔鉤、剔索、剔等皆作此。經文作搭〔七九〕，非也。

指撝　又作麾，同。許皮反。謂手之所指曰撝也。以旌旗指麾，因以名也。

地穩　烏本反。謂安穩也。

靳固　居近反。謂吝惜也。

騷鹹(驖)[八〇]　仕洽反，下魚洽反。騷鹹(驖)謂俳戲人也。經文作唊喻(喻)[八一]，唊音古協反。下喻(喻)，許及反，非此用。

騗馬　匹面反。字略云：躍上馬也。

批捥[八二]　又作掍(捝)[八三]，同。蒲結反。廣雅：捝，轉也。左傳：捝而煞之。杜預曰：手捝之。經文作批，蒲必反。批，推也。批非此用也。

築搋　徵逐反，下敕佳反。廣雅：築，刺也。說文：築，擣也。搋，以拳手挃曰搋也。

拗胵[八四]　又作挨，同。烏卯反。拗，捩也。捩音力結反。

佛本行集經　第十二卷

腝葉　又作抐[八五]，同。乃困反。字苑：腝，柔脆也。通俗文：抐，再生也。又作嫰，近字也。

犁槅　居責反。槅，軶也，所以梎(扼)[八六]牛領也。經文作格，非體也。軶音烏革反。

土墢　又作坺，同。扶發反。考工記：耟(耜)[八七]廣五寸。二耟(耜)爲耦，一耦之坺廣一尺深一尺。鄭玄曰：兩人併發之其壠中曰甽。甽上墢，墢之言發也。說文：一臿土謂之坺。耟(耜)音辭以反。甽，古泫反。

蟲豸　直尔反。爾雅：有足謂之蟲，無足謂之豸。

火燼　似進反。說文：燒木之餘曰燼。爾雅：燼，餘也。說文作㶳。

死肬　籀文作䏛，同。于鳩反。通俗文：體目曰肬。廣雅：肬，小腫也。

啾唧　子修反。蒼頡篇：衆聲也。謂小朿聲也。下咨栗反。通俗文：鼠聲曰唧。唧亦聲也。

齏醬　又作韲，同。子奚反。醬屬也。通俗文：淹韭曰韲，凡醢醬所和，細切爲韲，令[八八]物爲葅。江南悉爲葅，中國悉爲齏也。

雜飣　丁定反。江南呼飣食爲飣餖。經文作奠，徒見反。奠，置也，獻也。餖音豆也。

珍羞　周禮有八珍。[珍][八九]，貴也。下古文䭈，同。私由反。方言：羞，熟也。郭璞曰：羞謂熟食也。周禮：膳夫掌王之膳羞。鄭玄曰：羞，有滋味者也，雜味爲之羞也。

塵埃　烏來反。埃亦塵也。謂塵飛揚曰埃也。

使覘　敕廉反。覘謂視也。覘亦伺也。左傳云「使覘之」是也。

趁而　丑刃反。謂趁逐也。纂文云：關西以逐物爲趁也。

儲宫　直於反。說文：儲，偫也。偫，待也。蔡邕勸學云：儲，副君也。

勝陊(垛)[九〇]　徒果反。纂文云：吴人以積土爲陊(垛)。陊(垛)，聚也。聚，才句反。

佛本行集經　第十三卷

牢靳　居近反。謂靳劤也。劤音而振反。

芟彼　所巖反。詩[云：載芟[九一]。]傳云：芟，除草也。亦斫也。

筋陡　經文作釤，所鑑反，大鎌也。釤非此用也。又作筋，同。居殷反，下都口反。謂便捷輕健也。

相嘲　又作啁，竹交反。蒼頡：啁，調也。調，相戲調也。

二黏　補單反。字林：黏，部也。亦黏，類也。經文作般，假借也。

名於　彌盈反。所以召〔九二〕質也。名，號也。經文從言作詺，近字也。字略云：相詺目也。

不偉　埤蒼作瑋，同。于鬼反。說文：偉，奇也。

佛本行集經　第十四卷

膽礱　脂葉反。說文：失氣也。礱，怖也。一曰言不止也。

具篪　又作鷈，箎二形，同。除離反。說文：管有七孔。詩云「仲氏吹篪」是也。

娗〔九三〕娟　於玄反。楚辭：便娟之語。王逸曰：便娟，好皃也。

沃弱　又作渶，同。於縛、烏梏〔九四〕二反。詩云：其葉沃若。傳曰：沃若，猶沃沃然也。云：隰桑有沃。傳曰：沃，柔也。亦美也。

山麓　古文禁，同。力穀反。詩云：瞻彼旱麓。傳曰：山足也，謂林屬於山曰麓。

門〔九五〕閾　胡臘反。說文：閾，閉也。易曰「闔門謂之坤」是。

禦備　魚呂反。詩云：百夫禦。傳曰：禦，當也。字從示。

宮闈　于歸反。爾雅：宮中門謂之闈。郭璞曰：謂相通小門也。即宮中巷門也。

椒房　案應劭漢宮（官）〔九六〕儀云：后稱椒房。詩云：椒聊之實，蕃衍延盈升〔九七〕。國風美美其繁興與〔九八〕，以椒塗室，亦取温煙〔九九〕除惡氣也。由若朱泥殿上曰丹墀也。

贊助　子旦反。周禮：贊其不足者。鄭玄曰：贊，佐也。亦道〔一〇〇〕也。

佛本行集經　第十五卷

攬屏　古卯反，下蒲定反。攬謂擾攪也。廣雅：屏，廁，清，圂也。

投穽　古文阱、汬二形，同。茨性反。說文：穽，大陷也。廣雅：穽，坑。

驚悸　古文痵〔一〇一〕，同。其季反。字林：心動也。說文：氣不定也。

稱寃　古文寃、惌二形，今作宛（惌）〔一〇二〕，同。於原反。寃，枉也，曲也，屈也，亦不理也。

嫡冑　丁狄反。主嫡也。字書：嫡，正也。廣雅：嫡，君也。公羊傳云：立嫡以長者何？謂嫡夫人之［子］〔一〇三〕尊，無與敵也。冑，連續也，亦緒也。

墉堞　又作鄘、牅二形，同。餘鍾反。爾雅：牆謂之墉。城亦謂之墉。詩云「以伐崇墉」是也。下徒頰反。堞，女牆也。

稍穳〔一〇四〕　所角反，下千亂反。埤蒼：稍長一丈八尺。廣雅：穳謂之鋋。鋋，小矛也。鋋音市延反。

佛本行集經　第十六卷

逶迤　又作蟡，同。於危反。下又作佗，同。達羅反。說文：逶佗「行去也」。詩云：逶逶佗佗。德之美皃也。傳曰：逶佗」〔一〇五〕者，行可逶曲迹也，自得之皃。

有娠　書隣、之刃二反。詩云：大妊〔一〇六〕有娠。傳曰：娠，動也。娠謂懷胎孕者也。廣雅：娠，身也。今皆作身，兩通之也。

滂沛　普傍反，下普賴反。三蒼：滂沱也。沛，水波流也。沛亦大也。

心忪　又作伀，同。之容反。方言：征伀，惶遽也。江湖〔一〇七〕之間凡窘〔一〇八〕卒怖遽皆謂之征伀也。

茫怖　又作萠，同。莫荒反。茫，遽也。萠人晝夜作，謂無日用月，無月用火，常思明，故從明。或曰萠人思天曉，故字從明。下又作悑，同。普故反。惶，怖也。經文作怕，匹白反。憺怕也。此俗音疋〔一〇九〕嫁反。

瞳睆〔一一〇〕　徒公反。埤蒼：[目]〔一一一〕珠子也。下遐綰反。蒼頡篇：目出皃也。綰音烏板反。

垂頦　丁可反。廣雅：頦，醜皃也。經文作㑥，尺紙反。爾雅：㑥、恃，怙也。郭璞曰：江東謂母爲㑥。移(㑥)〔一一二〕非字義也。

骼髀　古文𨁈，同。蒲米反。說文：股外曰髀。江南音必尔反。經文作胜，非此之也。

鼾睡　下旦反。說文：卧息聲也。字苑：呼干反。江南行此音也。

剽項　丁盍反。字書：剽，著也。經文作搭，非也。

齩齒　說文作齾，同。五狡反。云齾，齧也〔一一三〕。

戞戞　古黠反。齒聲也。

譋語　是鹽反，又音諂〔一一四〕。世俗間語耳。

佛本行集經　第十七卷

舟楫　通俗文作檝〔一一五〕，同。資獵反。詩云：檜楫松舟。傳曰：楫所以櫂船也。周易「黃帝刳木爲楫」是也。檜音栝。

大磧　且歷反。說文：水渚有石曰磧。廣雅：瀨也。水淺石見之皃也。

佛本行集經　第十八卷

覢電　又作睒，同。式冉反。說文：蹔見也。亦不定也。經文作閃。閃，窺頭也。

如弗　字苑：初眼反。今之炙肉弗也。經文作剗削之剗，非體也。

從削　又作鞘，私妙反。方言：劍削，關東曰削，關西曰鞞，所以貯刀劍之刃也。鞞音補迷反。

乃穌　先胡反。聲類：更生曰穌。穌亦休息也，謂更息也。

凋悴　丁堯反。說文：半傷曰凋。凋亦弊也，字從[冫，音〔一一六〕]冰。

佛本行集經　第十九卷

掊地　蒲交反。通俗文：手把曰掊。說文：捊，或作抱，引取也。

擺木　又作棒(捭)〔一一七〕，補買反。說文：兩手振擊也。

䌛㥏　竹劣反。字林：㥏，憂也，亦意不定也。

躓頓　古文懥、躓二形，今作疐，同。陟利反。謂挫辱之也。

皇闈　古攜反。爾雅：宮中門謂之闈，其小者謂之閨。說文：特立之門也。

煢獨　古文惸、傑二形，同。渠營反。尚書：無虛(虐)〔一一八〕煢獨。孔安國曰：煢，單也。謂無所依也。獨，無子曰獨也。

佛本行集經　第二十卷

食茣　弟奚反。通俗文：草陸生曰茣。詩云：自牧野(歸)〔二一九〕茣。傳曰：茣，茅之始生者也。

毛氈　布莽反。謂毛布也。通俗文：邪文曰氈。字林：罽之方文者也。

蟻垤　徒結反。方言：垤，封，塭也。楚鄭(郢)〔二二〇〕以南蟻土謂之垤。垤亦中高也。

⿱須此髯　子移反，下又作⿱須冉，同。而甘反，江南行此音。又如廉反，關中行此音。説文：口二(上)〔二二一〕之須曰⿱須此。下説文頰須毛也。經文作髭，近字也。

欲喫　口迹反。謂喫噉也。

灑歕　又作噴，同。普孫反。説文：吹氣也。廣雅：歕，吐也。歕，潠也，謂含物而歕散之。今亦爲噴，普遜反。説文：鼓鼻也。廣雅：噴，嚏也。蒼頡篇：[噴]〔二二二〕，吒也。

佛本行集經　第二十一卷　第二十二卷

已上二卷並先不音。

享受　虛兩反。享亦受也。享，當也。説文：享，獻(獻)〔二二三〕也。

佛本行集經　第二十三卷

憩息　説文作愒，同。却厲反。爾雅：憩，息也。舍人曰：憩，卧之息也。

開拓　古文㢮、袥二形，今作榜〔二二四〕，同。他各反。廣雅：袥(拓)〔二二五〕，大也，亦開也。經文作拓〔二二六〕，字與摭同，之石反。拓，拾也。拓非字義。

佛本行集經　第二十四卷

偃俹　於訐反。字書：俹，倚也。字從人。偃，息。

皆杜　説文作敷，同。徒古反。國語：杜門不出。賈逵曰：杜，塞也。塞，閉也。方言：杜，蹬也。趙曰杜。郭璞曰：今俗通語也。蹬如杜。杜子蹬，因以名也。

佛本行集經　第二十五卷　先不音。

佛本行集經　第二十六卷

不蹶　巨月、居月二反。説文：蹶，僵也。廣雅：僵，仆也。

恇怯　丘方反。恇，恐也。下又作㹤，同。祛脅反。怯，畏劣也，多畏也。

忤迕　又作啎、仵二形，同。吾故反。聲類：迕逆不遇〔二二七〕也。經文作悞，非也。

謇吃　居展反。通俗文：言不通利謂之謇吃。周易：謇，難也。方言：謇，吃。楚語也。郭璞曰：亦北方通語也。

白鷗　烏侯反。字林：水鴞也。大如鳩，出㳆(沛)〔二二八〕。鴞，于驕反。

攌裂　字宜作攫，九縛反。説文：攫，扟。蒼頡篇：攫，搏也。言獸瞋即攫。

翎羽　力丁反。謂鳥羽也。經文作零，又作翎、翗二形，近字也。

毤落　他臥反。字書：落毛也。經文作毻，近字，兩通也。

瘦眚　字苑作瘄，同。所景反。眚，瘦也，病也。釋名：眚，瘄也。如病者瘄〔一二九〕瘦也。經文作省，非體也。

凹凸　烏狹反，下徒結反。蒼頡篇作容窔。抱朴子云：凹，陷也。凸，起也。

匾㔜　補顯反，下他奚反。纂文云：匾㔜，薄也。不圓也。

鯨鷁　又作鱷，同。渠京反。許叔重注淮南子云：鯨，魚之王也。異物志云：鯨魚數里，或死沙中，云得之者皆無目。俗云其目化爲明月珠也。鯢，鯨之雌者也。左傳：鯨鯢，大魚也。說文作鶃，司馬相如作鵜，或作鷊（鶃）〔一三〇〕，埤蒼作艗，字書作鷁，同。五歷反。水鳥也，善高飛也。

禽貘　又莫（作）〔一三一〕貊，同。盲白反。字林：似熊，黃黑，出蜀。一曰白豹。

佛本行集經　第二十七卷

鵂鶹　許牛反，下力周反。廣雅：鵂鶹，鳩鵄也。關西呼訓侯，山東謂之訓狐。纂文云：夜即拾人爪也。

鉤鵅　古侯反，下庚額反。爾雅：怪鵅。舍人曰：爲〔一三二〕鵂鶹也。南陽名鉤鵅，一名忌欺。晝伏夜行，鳴爲怪。

梟鴞　古堯反。土梟也。下爲驕反。字林：鸋鴂也。形似鳩而青，出白於山〔一三三〕，即惡聲鳥也。楚人謂之鵩〔一三四〕鳥，亦鴟類也。山東名鸋鴂，俗名巧婦。鸋音奴定反。下公穴反。

可揨　又作敦，同。宅衡反。謂相觸也，相揨柱也。

確然　口角反。周易：夫乾，確然示人易矣。韓康伯曰：確然，堅皃也。

陵嶒　集綾反。嶒，石之阭隗皃也。經文從山作崚，近字也。阭音五壞反。隗，五罪也（反）〔一三五〕。

佛本行集經　第二十八卷

脊膂　今作呂，同。力舉反。膂亦脊也。說文：脊骨也。太岳爲禹臣，委如心呂，因封呂侯也。

胃骼　古文骬，今作骻，同。口亞反。埤蒼：腰骨也。經文從肉作胳，非也。

尻臋　苦勞反，下徒昆反。聲類：臋，尻也。

㰲橠　字詁古文哀、㰲二形，今作阿，同。烏可反。下古文橠、栘二形，今作郍，同。乃可反。字書：哀栘，柔弱皃也。亦草木盛也。

戀嫪　盧報反。說文：嫪，婟也。聲類：嫪婟，戀惜不能去也。廣雅：嫪，妒也。婟音胡故反。

麾纛　徒到反。詩云：左執翿。傳云：翿，纛，翳也。箋云：舞者所持，所以羽舞者也。方言：楚謂翳爲翿。翿音徒到反。

旌旂　資盈反，下巨衣反。爾雅注毛田首曰旌〔一三六〕。郭璞曰：戴旄於竿頭也。周禮：析羽爲旌。鄭玄曰：析羽爲五色，繫之旌上。爾雅：有鈴曰旂。郭璞曰：懸鈴於竿頭，畫蛟龍於旂上也。周禮「蛟〔一三七〕龍爲旂」是也。

雰霏　敷雲反。下或作霏，同。敷非反。雰霏，雨雪甚皃也。

鈇鉞　方于、方巫二反。禮記：軍旅鈇鉞，先王所以飾怒也。說文：鈇，莝斫也。鈇亦椹也。鉞音于月反，云大斧也。

如霰　又作霓，同。先見反。詩云：先集惟霰。傳曰：暴雪也。

兕犀　音似，又徐姊反。爾雅：兕，牛。一角，青[色]〔一三八〕，重千斤。南洲異物志以爲角長二尺餘，形似馬鞭柄。其皮堅，可爲鎧甲。廣志云：角斑似瑇〔一三九〕瑁，足有十爪。

復挈　口結反。説文：挈，懸持也。挈猶提也，亦繫也。

耳頰　下丁可反。廣雅：頰，醜皃也。經文作㑄，時紙反。㑄，恃也。又作㑄（㑄）〔一四〇〕，乃可反，器名也。

佛本行集經　第二十九卷

豬獵　又作鬣、鬛二形，同。驢涉反。説文：毛鬛也。亦長毛也。通俗文：豬毛曰獵。

嚇呼　呼駕反。詩云：反予來嚇。嚇，箋云：距人謂之嚇。嚇亦大怒也。

自踣　今作仆，同。蒲北反。踣，前覆也。

團欒　盧端反。猶團圓也。圓帀也。

哂哂　又作吲，同。尸忍反。哂猶笑也。

麥稩　公玄反。説文：麥莖也。廣雅：積（稩）〔一四一〕，稾也。經文作䅌，非體也。

翰翣　山甲反。羽飾也，下垂，從羽妾聲，世本：武王作翣也。

佛本行集經　第三十卷

魚鱓　又作鱔、䱇二形，同。音善。訓纂文云：蛇魚也。

鱒魴　才衮反。下又作鰟，同。父方反。字林：鱒，赤目魚也。魴魚，赤尾魚也。

鯷鱧　達隸反，下音禮。字林：鯷，鮎也。鱧，鯶也。廣雅：鮷、鯷，鮎也，青州名鮎爲鯷。鯶音胡瓦反。鮷音徒奚反。

蟄眠　持立反。説文：蟄，藏也。蟲至冬節即蟄藏〔一四二〕不出也。獸之淺毛者亦蟄，熊羆等也。

佛本行集經　第三十一卷

一菼　又作薖〔一四三〕，同。徒歷反。爾雅：蒹葭。郭璞曰：即薖也。

一抒　除吕、時汝二反。廣雅：抒，渫也。説文：抒，挹也。蒼頡篇：抒，取也。除也。

膞陀　蘇勞反。梵言鸚鵡鳥名也。

脂糂　古文餘、糂、糣、𩝡四形，今作糝，同。桑感反。説文：以米和羹也。一曰粒也。

大虯　渠留反。廣雅：有角曰虯龍。熊氏瑞應圖云：虯龍黑身無鱗甲也。

佛本行集經　第三十二卷

鞅靬　下又作鞙，同。胡犬反。謂車靬、靬物皆作此字。經文作鞎，火見反，字與韅同。鞎非此用也。

佛本行集經　第三十三卷

脂腴　庾俱反。説文：腹下肥也。腴腹也。

佛本行集經　第三十四卷

輞釭　又作軖，同。古紅反。説文：轂口鐵也。方言：自關之西

軸鐗　謂之釭，燕齊海岱之間曰鍋。音古和反之也。方言作鍊，同。歌鴈反。說文：車軸鐵也。廣雅：鐗，鍣也。鍣音他合反。

黑纑　勒胡反。字林：布縷也。

燒爇　今作焫，同。而悅反。通俗文：燃火曰焫。焫亦燒也。

報賽　桑再反。案賽謂相酬報也。

佛本行集經　第三十五卷

杴鉏　仕於反。謂田器也。蒼頡篇：鉏，茲其苗也〔一四四〕。漢書「帶經而鉏」是也。

剉切　千卧反。說文：剉，斫傷也。剉猶斫也。切，割也，利(扌寸)〔一四五〕也。村(扌寸)〔一四六〕音村(叉)〔一四七〕殞反。

嗽齚　又作軟，同。所角反。通俗文：含吸曰軟。經文作𠯗(𠯗)〔一四八〕，子累反。字書或柴字。下又作齰，同。仕白反。齚，齧也。經文作咋，咟咋也，又咋〔一四九〕咋也。咟音胡麥也(反)〔一五〇〕。

嘷噍　又作鱒，同。補各反。下子立反。說文：嘷噍，[噍]〔一五一〕嚼聲皃也。經文作博。下或作唊，古俠反，(妄)〔一五二〕語也。或作啛，子盍反。啛，嗽也。二形並非字義。

佛本行集經　第三十六卷

嗽吮　似兖反。說文：吮，嗽也。韻集吮音弋選反。

佛本行集經　第三十七卷

哫輈　陟流反。一事十名。哫輈婆論文句字論也。

面款　又作欵，同。口緩反。欵，至也。蒼頡篇：欵，誠重也。說文：欵，意有欲也。廣雅：欵，愛也。

佛本行集經　第三十八卷　先不音。

佛本行集經　第三十九卷

唱呴　又作吽、㺃二形，同。呼垢反。廣雅：呴，鳴也。國語：三軍譁呴。賈逵曰：呴，嘑也。下同也。

慙恧　女六反。方言：慚、恧，慙也。荆楊青徐之間曰慚，梁益秦晉之間曰慙，山之東西自愧曰恧。三蒼：恧，慙也。廣雅〔一五三〕云：不直失節謂之慙。慙，愧也。小爾雅云：心慙曰恧。慚音他典反。

白㲪　古文㲛，同。徒頰反。毛布也。經文作縶，知立反。縶，絆也。縶非字義也。

佛本行集經　第四十卷

得艇　徒頂反。釋名云：二百斛以下曰艇。方言：南楚江湖小艒曰艇。郭璞曰：即艒也。艒音思六反。艒音同也。

甓作　卑役反。謂甓甎物也。甎音徒頰反。

彤然　古文䑐、蚒二形，同。徒宗反。說文：丹飾也。廣雅：彤，赤也。

佛本行集經　第四十一卷　先不音。

佛本行集經　第四十二卷

寒噤　渠飲反。禁(楚)〔一五四〕辭：閑(閉)〔一五五〕而不言。王逸曰：閉口爲噤。噤，閉也。

唧唧　咨栗反。通俗文：唧唧，鼠聲也。今取其義。經文作呹，非也。

沿流　翼泉反。字林：從水而下曰沿。順流也。沿亦緣也。

歠然　所力反。通俗文：小怖曰歠。埤蒼：恐懼也。説文：悲意也。字從嗇從欠，經文從心作憎，又[作]〔一五六〕嗇，並非體也。

虵蜕　湯外、始悦二反。説文：蟬虵所解皮也。廣雅：蝮蛸，蜕也。蝮音扶六反。蛸，餘六反。

泝水　古文溯，同。桑故反。三蒼：逆流而上曰泝。泝，向也。亦行也。

帆者　又作渢，古文䑺，同。扶嚴反。聲類：船上張也。釋名：船隨風張幔白(曰)〔一五七〕帆。帆，汎也，使風疾汎汎然也。

潬上　徒單反。爾雅：潬，沙出。郭璞曰：今江東呼水中沙堆爲潬。潬謂水中央地也。

佛本行集經　第四十三卷

誤人　吾故反。字林：謬，謂(誤)〔一五八〕也。經文作忤，非也。

不狎　下甲反。字林：狎，習也。近也，惕(傷)〔一五九〕也。經文作匣，匱匣也。匣非此用。

久昵　又作暱，同。女栗反。爾雅：昵，親近也。又云昵，亟也。親昵亦數也。

射垜　徒果反。射堋也。經文作埵，丁果反。埵，累也。埵非字義也。

苔衣　徒來反。謂水中魚衣，緑色，生衣(水)〔一六〇〕底者也。亦可以爲紙。

注霖　力金反。爾雅：久雨謂之淫，淫謂之霖。左傳：雨自三日已往爲霖。經文從雨作霔，非也。

佛本行集經　第四十四卷

氣瘶　蘇豆反。説文：瘶欬，逆氣也。欬音苦代反，江南行此音。字隱起志反，山東行此音。

蕶瞢　徒登、丁鄧二反。韻集云：失卧極也。下亡登反。經文作憕懵，非體也。

甋甎　力穀反。下又作摶(塼)〔一六一〕，同。脂緣反。通俗文：狹長者謂之甋甎。江南言言〔一六二〕甓，蒲歷反。

佛本行集經　第四十五卷

摒擋　卑政反。廣雅云：摒、擋，除。謂掃飾摒除也。下都浪反。

佛本行集經　第四十六卷

牀陛　蒲禮反。説文：陛，高陛也。即階陛、牀陛也。經文作陛〔一六三〕，蒲禮、補奚二反，禁獄之名，非此用也。

蛆螫　知列反。下火各反。字林：皆蟲行毒也。通俗文：蟲傷人曰蛆。經文作蜇，非體也。

修葺　子立、且立二反。説文：葺，茨也。謂以草蓋屋爲葺。［葺］〔一六四〕，覆也，補治也。

佛本行集經　第四十七卷

村〔一六五〕柵　初格反。説文：編豎木者也。通俗文：柴垣曰拖（柂）〔一六六〕，木垣曰柵。拖（柂）音力支反。

頡唎　胡結反。美也（姜又）〔一六七〕頡唎拔多，人名也。

煩冤（寃）〔一六八〕　於元反。冤，煩也，屈也，字從冖從兔（兎）〔一六九〕。兔（兎）爲冖覆不得走，善屈折也。經文作惋，嗚喚反。惋，歎也。惋非字義。

佛本行集經　第四十八卷

評論　皮柄反。字書：評，訂也。訂，評議也。訂音唐頂反。

匡領　丘方反。周禮：匡人掌建法則。鄭玄曰：匡，正也。匡，救也。

佛本行集經　第四十九卷

持擢　又作濯，同。馳挍反。方言：揖謂之撓，或謂之擢。江南擢大於撓，而揖殊小。作撓者，面向船頭立撥之；作擢者，面向船尾坐撥之。揖，擢也，擢而進之。字從手，經文作掉，當世俗字耳。

舀漏　弋紹反。欒，舀也。舀，抒也。字從臼從爪字意也。欒音九万反。

即覰　又作狙，同。千絮反。字林：窺觀也。廣雅：覰，視也。謂相候視也。通俗文「伏覗曰覰」是也。

蛟龍　音交。梵言宮毗羅。其狀魚身，如蛇，尾有珠。

漏泄　思列反。泄，溢也，發也，亦泄溢也。

愠恚　於問反。論語：［人不知］〔一七〇〕而不愠。何晏曰：愠，怒也。蒼頡篇：愠，恨也。説文：愠，怒也。

佛本行集經　第五十卷

木弶　巨向反。字書謂施罥於道也。

佛本行集經　第五十一卷

牝鹿　脾忍反。説文：畜母也。雌曰牝也。

劓去　又作劓，同。魚器反。劓，割也，謂截去其鼻也。説文：劓，决鼻也。

槍貫　且羊反。説文：搶（槍）〔一七一〕，距也。通俗文：剡木傷盗［曰］〔一七二〕搶（槍）。木槍、鐵槍皆作此。

讙譁　又作誼，同。虚元反。下呼瓜反。讙譁，聲也。廣雅：讙，鳴也。亦驚聲也。

紛葩　普華反。説文：芳也。葩，華也。聲類：取其盛皃也。

拊塵　芳主反。付（拊）〔一七三〕猶拍也。拍，弄也。尚書「擊石拊石」是也。

佛本行集經　第五十二卷

門閫　又作梱，同。苦本反。禮記：外言不入於閫。鄭玄曰：閫，門限也。

窒利　丁結、竹栗二反。蘇弗窒利，此譯云善女。

觜爪　今作㖶(㖶)[一七四]，同。子累反。廣雅：觜，口也。字書：鳥啄(喙)[一七五]也。

抄撥　初校反。抄，掠也，强取物也。下補沫反。撥，引也，棄也。廣雅：撥，除也。

佛本行集經　第五十三卷

蒨草　又作蒨、茜二形，同。千見反。一名茈莀，一名茅蒐，可以染也，人血所生。

罩籠　竹校反。爾雅：藿謂之罩。郭璞曰：捕魚籠也。

璃杷[一七六]　百訝反。説文：把，握也。單手爲把，刀把、弓把皆作此。經文作靶。説文：轡飾也。靶非此用也。

佛本行集經　第五十四卷　第五十五卷

已上兩卷並先不音。

佛本行集經　第五十六卷

牢韌　又作肕，同。而振反。字林：韌，柔也。通俗文：物柔曰肕。

羸瘠　古文膌、㾊、膌三[形][一七七]，同。才亦反。左傳：瘠即甚矣。杜預曰：瘠，瘦也。

佛本行集經　第五十七卷

香邸　丁禮反。蒼頡篇：邸，舍也。説文：屬國之舍也。經文作底(厎)[一七八]，音旨，平也，底(厎)非此義也。

狡猾　古卯反，下胡刮反。方言：凡小兒多詐或[一七九]謂之狡猾。[猾][一八〇]亦亂也。

艴艴　許力反。字林：赤皃也。[通][一八一]俗文：青黑曰艴色。

銘記　莫庭反。謂鐫刻金石以記功德也。禮記：銘者，自名也。銘義稱美不稱惡。周禮：凡有功者，銘書於王之太常。鄭玄曰：銘之言名也。

佛本行集經　第五十八卷

嘲謔　虚虐反。爾雅：謔浪笑敖。郭璞曰：謔，相啁戲也。詩云：無然謔謔。傳曰：謔謔，喜樂也。

滑稽　古没、胡刮二反，下古奚反。滑稽，猶俳諧也。滑取滑利之義也。以其諧語滑利，智計疾出者也。

趒渠　他弔反。趒，躑也。韻集：趒，越也。

園圃　補護、布五二反。詩云：無踰我園。傳曰：有樹也。又云：折柳樊圃。傳曰：菜圃也。三蒼：種樹曰園，種菜曰圃。

操刀　又作㪴，同。錯勞[反][一八二]。又説文：操，把持也。

斫發　匹葛反。芟發也。芟音所嚴反。

射埻　之尹、之閏二反。説文：射臬也。廣雅：埻，的也。即射侯也，以熊虎之皮飾其側。又方制之以爲埻。通俗文：射堋曰埻，埻中朱曰的。

蒼茫　又作莔，同。莫剛反。莔，遽也。通俗文：時務曰茫。經文從心作恾，非體也。

跋涪婆　扶鴆、父俟(侯)〔一八三〕二反。此云善女也。

佛本行集經　第五十九卷

矛矟　又作舒、𥎊二形，同。莫侯反。説文云：矛長二丈，建於兵車也。下音粗亂反。

縫綻　又作袒(䄻)〔一八四〕、掟(䘺)〔一八五〕二形，同。徒莧反。説文：補縫也。

佛本行集經　第六十卷

倉廩　且郎反。説文：穀藏也。下又作亩，同。力甚反。周禮：廩人掌九穀之數。鄭玄曰：藏米曰廩，儲穀曰倉也。

囹圄　力丁反，下魚吕反。獄名也。周禮：三王始有獄。周曰囹圄。釋名：囹，領也。圄，禦也。謂領録囚徒禁禦也。

由緒　辭與反。絲端也。廣雅：緒，末也。緒，餘也，謂殘餘也，事也，業也。

本事經　第一卷　沙門慧琳撰

馳騁　上雉知反。韻英云：馳，驅也。考聲云：走也。從馬也，池省聲。下敕領反。廣雅：騁，奔也。杜注左傳：走也。騁，説文：直馳也。從馬甹聲。甹音匹丁反。

修瑩　縈逈反。韻英云：摩拭也。説文：從玉從營省聲，亦作鎣。古今正字或從金。

本事經　第二卷

嗢柁南　上温骨反，下唐賀反。梵語也。唐言偈頌。

本事經　第三卷　無字可音。

本事經　第四卷

駛流　師利反。考聲云：馬疾行也。蒼頡篇云：迅疾也。從馬史聲也。

蝸蠃　上寡華反。爾雅：蝸牛也。經從累作螺，俗字也。下魯和反。爾雅：海介蟲也，形如蝸牛而大，白色。説文：從虫贏聲，音同上。

朽墜級　上休柳反，次直類反，下音急。尚書曰：朽索之馭六馬。孔安國曰：朽，腐也。腐索馭馬，言危懼之甚也。隊正作墜，墜、墮並形聲字也。

洗拭　上西禮反，下昇力反。以水洗滌形之穢垢，又以㚏帛摩拭令乾。説文：從手式聲。

本事經　第五卷

蚊蝱　上音文，下莫耕反。並嚙人飛蟲也。前卷已重重釋。

虵蠍　上社遮反，俗字也。説文從它作蛇。蛇，虺也，它音他，毒蟲也。下軒謁反。廣雅：蠆也。博雅：螫人蟲也。並形聲字也。蠆音丑介反，螫音聲亦反。

血鑊　黄郭反。説文：鑴也。集訓云：有足曰鼎，無足曰鑊。説文：鑴也。從金蒦聲。蒦音同。

椽梁　上長攣反。方言：自關而西秦隴之間謂之椽。從木從篆省聲。自關而東周地謂之振（桭）〔一八六〕，齊魯荊楚謂之桷。梁字從木沏聲。沏字從水從刅，音同上。經文從水作梁（粱）〔一八七〕，非也。古文從本作渿，訓同。

本事經　第六卷

枸瑟耻羅　上音俱，下敕里反。梵語阿羅漢名也，古曰俱絺羅。經作祉，非也。

頞麗伐多〔一八八〕　上賢結反。梵語阿羅漢名也，舊曰離婆多。此二聖者常修禪觀，寂静行也。

刧庀拏　庀音匕。亦梵語阿羅漢名也。舊曰劫賓那。常修教誡，教授諸聲聞衆。

忩遽　上忩，俗字也。正體從囪作悤，囪音窻。下渠御反。韻詮云：遽，急也，速也。集訓云：驛馬傳車也。説文：從辵豦聲。豦音渠。

蹄喙　上弟泥反。驢蹄小而圓，非牛蹄類也。下兄衛反。杜注左傳云：喙，口也。説文：從口彖聲。彖音吐亂反。

本事經　第七卷

買易　莫候反。毛詩傳及爾雅皆云：買，賣之。集訓云：買，易也。説文：易財也，從貝丣聲也。丣音丣〔一八九〕。

興起行經上卷　玄應撰

日麱　正體作詁（麸）〔一九〇〕，古文作麱，同。妨虞反。

枝（杖）〔一九一〕敲　蒼頡訓詁作㪣，同。苦交反。下擊也。經文作撓，非也。

業報差别經　玄應撰

螽蝗　古文螽，同。止戎反。詩云：螽斯羽。傳曰：螽斯，蚣蝑也，亦即蝗也，音胡光反。蚣蝑音先〔一九二〕恭反，下斯驢〔一九三〕反。

勦健　仕交反。謂勁速捷健曰勦。説文作勦〔一九四〕，健也。

一切經音義　卷第五十六

校勘記

〔一〕釾　玄卷十一釋此詞作「鐰」。

〔二〕穳　即「穳」。

〔三〕㰐　玄卷十一釋此詞作「㨻」。

〔四〕及矛來嚇　今傳本詩：「反予來赫。」

〔五〕口　據今傳本鄭箋補。　也　今傳本鄭箋和玄卷十一釋此詞作「人」。

〔六〕土　據文意似當作「下」。

〔七〕言　玄卷十一釋此詞爲「方言」。

〔八〕拯策　玄卷十一釋此詞爲「極策」。策，即「策」。

〔九〕杋　玄卷十一釋此詞作「扒」。下同。

〔一〇〕水文凝又邪疾急曰激也　今傳本説文作「水礙衺疾波也」。

〔一一〕頰　玄卷十一釋此詞作「挾」。

〔一二〕哈　磧本玄卷十一釋此詞作「唅」。

〔一三〕敳　玄卷十一釋此詞作「敳」。

〔一四〕舐　玄卷十一釋此詞作「䖗」。

〔一五〕央　獅作「夾」。

〔一六〕作　各本無，據玄卷十一釋此詞補。

〔一七〕錏　獅作「鈚」。

〔一八〕錏　玄卷十一釋此詞作「鑷」。

〔一九〕齊　據文意似作「嚌」。

〔二〇〕蠖　據文意似作「鱯」。

〔二一〕皵　磧本玄卷十一釋此詞作「皺」。

〔二二〕二　玄卷十一釋此詞作「三」。

〔二三〕皺　玄卷十一釋此詞作「皵」。

〔二四〕杼　據文意似當作「抒」。下同。

〔二五〕椮　玄卷十一釋此詞作「摻」。

〔二六〕黑　玄卷十一釋此詞作「病」。

〔二七〕孽　玄卷十一釋此詞作「蘖」。

〔二八〕式　玄卷十一釋此詞作「戒」。

〔二九〕収　磧本玄卷十一釋此詞作「扠」。

〔三〇〕剃　玄卷十一釋此詞作「鵜」。　喆　臺灣大通書局影印本和獅作「詰」。

〔三一〕鋪豉　今傳本爾雅爲「鋪敊」。

〔三二〕云：溥天之下　麗無，據磧本玄卷十一釋此詞補。

〔三三〕誠　據文意似爲「語」的省形訛寫。合各本無，據玄卷十一釋此詞補。

〔三四〕牝　玄卷十一釋此詞和今傳本説文作「牡」。

〔三五〕非　據文意似當作「作」。

〔三六〕貶　據文意似當作「眨」。

〔三七〕楟　玄卷十一釋此詞作「煐」。

〔三八〕井　中華大藏經本作「非」。

〔三九〕蛺　中華大藏經本和獅作「蛛」。此據臺灣大通書局影印本。下同。蔣曰：「蛺皆當作蛺。集韻去聲五寘韻：『莿、蚝、蟣、蛔、蛺、蠬，七賜切。』七賜切與玄應同，而其字作蛺，從朿不從束，足證蛺當作蛺。」

〔四〇〕迴　玄卷十一釋此詞作「迵」。

〔四一〕蟲　玄卷十一釋此詞作「士」。

〔四二〕坊　玄卷十一釋此詞作「忛」。

〔四三〕拘　據文意似當作「犳」。

〔四四〕脉　各本無，據磧本玄卷十一釋補。

〔四五〕説文作次也　今傳本説文：「笐，竹列也。」

〔四六〕庳　玄卷十一釋此詞作「痹」。

〔四七〕頻支，蜱蛸也　磧本玄卷十一釋此詞爲「頻支、脾遥二反。蜱蛸，螗蜋子也。」

〔四八〕准雖　此二字磧玄卷十一作「㕍」。

〔四九〕鴎　玄卷十一釋此詞作「鴻」。

〔五〇〕若　玄卷十一釋此詞作「苦」。

〔五一〕甄　玄卷十一釋此詞作「㼶」。

〔五二〕佛本行集經　獅無。

〔五三〕筵　中華大藏經本作「進」。

〔五四〕遮　中華大藏經本作「速」。

〔五五〕止　今傳本作「亡」。

〔五六〕及　玄卷十九釋此詞作「反」。

〔五七〕青　玄卷十九釋此詞作「精」。

〔五八〕鵉鳥蔓聯山　玄卷十九釋此詞爲「此鳥出蔓聯山」。

〔五九〕纕　玄卷十九釋此詞作「縗」。

〔六〇〕牛　玄卷十九釋此詞作「午」。

〔六一〕説文：高而平也　今傳本説文：「高不平也。」

〔六二〕臼　玄卷十九釋此詞作「田」。

〔六三〕飯那　據文意此似是一個詞條，傳抄時接排在「嵐毗」條後。

〔六四〕反　據玄卷十九釋此詞補。

〔六五〕親　玄卷十九釋此詞爲「説文：㬥」。

〔六六〕從　玄卷十九釋此詞作「徙」。

〔六七〕也　玄卷十九釋此詞無，似衍。

〔六八〕聚　玄卷十九釋此詞作「娶」。

〔六九〕齒　各本無，據玄卷十九釋此詞補。

〔七〇〕白　玄卷十九釋此詞作「曰」。

〔七一〕杷　玄卷十九釋此詞作「把」。

〔七二〕掔　即「腕」。

〔七三〕顬盧　玄卷十九釋此詞爲「頊顱」。

〔七四〕唤　玄卷十九釋此詞作「歎」。

〔七五〕敼　玄卷十九釋此詞作「敷」。

〔七六〕經　玄卷十九釋此詞作「闕」。

〔七七〕供　玄卷十九釋此詞作「伊」。

〔七八〕字　各本無，據玄卷十九釋此詞補。

〔七九〕搭　玄卷十九釋此詞作「塔」。
〔八〇〕鹹　磧本玄卷十九釋此詞作「駴」。下同。
〔八一〕喻　玄卷十九釋此詞作「嗡」。下同。
〔八二〕椀　玄卷十九釋此詞作「捥」。
〔八三〕掜　獅作「掜」。
〔八四〕脛　據文意似當作「脛」。
〔八五〕抐　據文意似當作「枘」。下同。
〔八六〕杬　玄卷十九釋此詞作「扤」。
〔八七〕粔　玄卷十九釋此詞作「粔」。下同。
〔八八〕令　玄卷十九釋此詞作「全」。
〔八九〕珍　各本無，據玄卷十九釋此詞補。
〔九〇〕陎　玄卷十九釋此詞作「除」。下同。
〔九一〕云：載芟　各本無，據玄卷十九釋此詞補。
〔九二〕召　玄卷十九釋此詞作「名」。
〔九三〕婹　玄卷十九釋此詞作「便」。
〔九四〕桔　玄卷十九釋此詞作「梏」。
〔九五〕門　玄卷十九釋此詞作「闕」。
〔九六〕宫　玄卷十九釋此詞作「官」。
〔九七〕蕃衍延盈升　今傳本詩：「蕃衍盈升。」
〔九八〕國風美美其繁興興　玄卷十九釋此詞爲：「國風美其繁興。」
〔九九〕煙　玄卷十九釋此詞作「暖」。
〔一〇〇〕道　玄卷十九釋此詞作「導」。
〔一〇一〕庨　玄卷十九釋此詞作「痵」。
〔一〇二〕宛　獅作「惌」。
〔一〇三〕子　各本無，據玄卷十九釋此詞補。
〔一〇四〕穳　即「穳」。下同。
〔一〇五〕行去也。詩云：逶逶佗佗。德之美皃也。傳曰：逶佗　各本無，據玄卷十九釋此詞補。
〔一〇六〕妊　玄卷十九釋此詞作「任」。
〔一〇七〕湖　玄卷十九釋此詞作「湘」。
〔一〇八〕窘　玄卷十九釋此詞作「倉」。
〔一〇九〕疋　玄卷十九釋此詞作「普」。
〔一一〇〕晥　磧本玄卷十九釋此詞作「睆」。龍龕手鑑云「晥」爲「睆」的俗字。正字通：「晥，睆字之譌。」
〔一一一〕目　各本無，據玄卷十九釋此詞補。
〔一一二〕移　玄卷十九釋此詞作「誃」。
〔一一三〕云齩，齧也　玄卷十九釋此詞爲「齩，齧也」。
〔一一四〕諂　玄卷十九釋此詞作「墖」。
〔一一五〕檝　玄卷十九釋此詞作「艥」。
〔一一六〕丫，音　各本無，據玄卷十九釋此詞補。
〔一一七〕椑　玄卷十九釋此詞作「捭」。
〔一一八〕傑　據文意似作「僸」。虛　玄卷十九釋此詞作「虐」。
〔一一九〕野　今傳本作「歸」。
〔一二〇〕鄭　玄卷七、卷十三，慧卷九十五作「郢」。
〔一二一〕二　玄卷十九釋此詞作「上」。
〔一二二〕噴　各本無，據玄卷十九釋此詞補。
〔一二三〕戲　玄卷十九釋此詞作「獻」。
〔一二四〕榜　玄卷十九釋此詞作「搒」。
〔一二五〕祏　磧本玄卷十九釋此詞作「拓」。
〔一二六〕拓　玄卷十九釋此詞作「柘」。下同。
〔一二七〕遇　玄卷十九釋此詞作「安」。
〔一二八〕佈　玄卷十九釋此詞作「沛」。
〔一二九〕痟　據文意似當作「瘖」。
〔一三〇〕鷊　玄卷十九釋此詞作「鷁」。
〔一三一〕莫　玄卷十九釋此詞作「作」。
〔一三二〕爲　玄卷十九釋此詞作「謂」。
〔一三三〕形似鳩而青，出白於山　磧本玄卷十九釋此詞爲「形似鳩而青白，出於山」。
〔一三四〕鵬　據文意似當作「鵰」。
〔一三五〕也　玄卷十九釋此詞作「反」。
〔一三六〕注毛田首曰旌　玄卷十九釋此詞爲「注毛首曰旌」。
〔一三七〕蛟　阮元校刻十三經注疏作「交」。
〔一三八〕色　據玄卷十九釋此詞補。
〔一三九〕珻　據文意似當作「瑇」。
〔一四〇〕侈　據文意似當作「㑥」。玉篇：「㑥，筏也。」
〔一四一〕積　玄卷十九釋此詞作「稍」。
〔一四二〕藏　玄卷十九釋此詞作「隱」。
〔一四三〕藡　獅作「適」。
〔一四四〕兹其苗也　玄卷十九釋此詞爲「兹其也」。
〔一四五〕利　玄卷十九釋此詞作「扚」。
〔一四六〕村　玄卷十九釋此詞作「扚」。
〔一四七〕村　玄卷十九釋此詞作「叉」。
〔一四八〕悚　據文意當作「悚」。
〔一四九〕咋　玄卷十九釋此詞作「吠」。
〔一五〇〕也　玄卷十九釋此詞作「反」。
〔一五一〕噍　各本無，據玄卷十九釋此詞補。
〔一五二〕忘　磧本玄卷十九釋此詞作「安」。

〔一五三〕廣雅　玄卷十九釋此詞爲「小爾雅」。

〔一五四〕禁　玄卷十九釋此詞作「楚」。

〔一五五〕閑　玄卷十九釋此詞作「閉」。

〔一五六〕作　麗無，據玄卷十九釋此詞補。

〔一五七〕白　獅作「曰」。

〔一五八〕謂　玄卷十九釋此詞作「誤」。

〔一五九〕愓　據文意似作「傷」。

〔一六〇〕衣　玄卷十九釋此詞作「水」。

〔一六一〕摶　玄卷十九釋此詞作「塼」。

〔一六二〕言　衍。

〔一六三〕陛　玄卷十九釋此詞作「梐」，似當作「陛」。

〔一六四〕葺　各本無，據玄卷十九釋此詞補。

〔一六五〕村　獅作「村」。

〔一六六〕拖　玄卷十九釋此詞作「杝」。下同。

〔一六七〕美也　玄卷十九釋此詞爲「姜叉」。

〔一六八〕冤　即「冤」。下同。

〔一六九〕免　據文意當作「兔」。下同。

〔一七〇〕人不知　據玄卷十九釋此詞補。

〔一七一〕搶　玄卷十九釋此詞作「槍」。下同。

〔一七二〕曰　據玄卷十九釋此詞補。

〔一七三〕付　據文意當作「拊」。

〔一七四〕陳　據文意當作「唻」。

〔一七五〕啄　玄卷十九釋此詞作「喙」。

〔一七六〕杷　玄卷十九釋此詞作「把」。

〔一七七〕形　據玄卷十九釋此詞補。

〔一七八〕底　據文意當作「底」。下同。

〔一七九〕或　玄卷十九釋此詞作「惑」。

〔一八〇〕猾　各本無，據玄卷十九釋此詞補。

〔一八一〕通　據玄卷十九釋此詞補。

〔一八二〕反　據獅補。

〔一八三〕俟　玄卷十九釋此詞作「侯」。

〔一八四〕祖　玄卷十九釋此詞作「袒」。

〔一八五〕掟　玄卷十九釋此詞作「椗」。

〔一八六〕掁　據文意似當作「棖」。

〔一八七〕粱　據文意似當作「粱」。

〔一八八〕多　獅無。

〔一八九〕卯　據文意似當作「酉」。

〔一九〇〕詁　玄卷十二釋此詞作「麸」。

〔一九一〕枝　據文意當作「杖」。檢佛說興起行經卷一：「以杖敲其頭。」玄卷十二釋此詞亦作「杖」。

〔一九二〕先　獅作「光」。

〔一九三〕驢　獅作「驛」。

〔一九四〕虩　據文意似當作「虩」。

一切經音義　卷第五十七

翻經沙門慧琳撰[一]

音大安般守意經二卷　慧琳
陰持入經二卷　慧琳
處處經一卷　慧琳
罵意經一卷　慧琳
分別善惡所起經一卷　慧琳
出家緣經一卷　慧琳
阿鋡正行經一卷　慧琳
十八泥犁經一卷　玄應
法受塵經一卷　無字
禪行法想經一卷　慧琳
長者子懊惱三處經一卷　慧琳
揵陀國王經一卷　慧琳
須摩提長者經一卷　慧琳
阿難四事經一卷　慧琳
未生怨王經一卷　玄應
猘狗經一卷　慧琳
四願經一卷　無字
黑氏梵志經一卷　慧琳
分別經一卷　慧琳
八關齋經一卷　慧琳
阿鳩留經一卷　慧琳
孝子經一卷
五百弟子自說本起經一卷　玄應
大迦葉本經一卷　玄應
四自侵經一卷　玄應
羅云忍辱經一卷　慧琳
佛爲年少比丘說正事經　無字
時非時經一卷　玄應
沙曷比丘功德經一卷　玄應
自愛經一卷　玄應
中心經一卷　玄應
正見經一卷　玄應
阿難七夢經一卷　無字
大魚事經一卷　無字
呵鵰阿那含經一卷　無字
燈指因緣經一卷　玄應
婦人遇辜經一卷　慧琳
摩訶迦葉度貧女經一卷　玄應

十二品生死經一卷　無字
罪福報應經一卷　玄應
五無返復經一卷　無字
佛大僧大經一卷　玄應
邪祇經一卷　玄應
摩達國王經一卷　慧琳
旃陀越國王經一卷　慧琳
五恐怖世經一卷　慧琳
弟子死復生經一卷　慧琳
懈怠耕者經一卷　慧琳
辯意長者子經一卷　慧琳
天請問經一卷　慧琳
賢者五福經一卷　無字
無垢優婆夷問經一卷　無字
護净經一卷　慧琳
木槵子經一卷　慧琳
無上處經一卷　慧琳
盧志長者因緣經一卷　玄應
僧護經一卷　慧琳
出家功德經一卷　慧琳
栴檀樹經一卷　玄應
頞多和多耆經一卷　慧琳
普達王經一卷　慧琳
佛滅度後殯斂葬送經一卷　玄應
五王經一卷　玄應
四天王經一卷　慧琳
末羅王經一卷　玄應
梵摩難國王經一卷　慧琳
父母恩難報經一卷　慧琳
孫多邪致經一卷　慧琳
新歲經一卷　玄應
群牛譬喻經一卷　慧琳
九横經一卷　慧琳
禪行三十七經一卷　慧琳
比丘避女惡名欲自殺經一卷　慧琳
比丘聽施經一卷　玄應
身觀經一卷　慧琳
無常經一卷　慧琳
八無暇有暇經一卷　慧琳
長爪梵志經一卷　慧琳
譬喻經一卷　慧琳
略教誡經一卷　慧琳
療痔病經一卷　慧琳

右八十一經八十二卷同此卷音

佛説大安般守意經　上卷　翻經沙門慧琳撰

羈瘦　上居宜反。鄭注周禮云：羈旅，過行寄止也。説文：從网從罽[二]，音𦆈。或從革作羈。下搜皺反。莊子云：疾瘦死喪，憂患其中也。考聲：羸也。說文：從疒叜聲也。

蝝飛　悦泉反。公羊傳：蝝即蝝也。蝗始生曰蝝，大曰蝝。說文：蝗子也。從虫彖聲。蝝虿音終毀也。

蝡動　上潤允反。考聲云：元從口。蝡（無足曰蝡），有足曰蟲[三]。說文：從虫耎聲也。

軶觀　上烏革反。鄭注考工記云：軶，轅端壓牛領軶也。說文：從車戹聲也。經作軶[四]，俗字。

痛蛘　羊蔣反。禮記云：蛘不敢搔也。考聲云：瘡（蛘），瘡中有蟲也[五]。說文：搔蛘也。從虫羊聲。經文從疒作痒，是病也，非經意也。

喘息　上川耎反。桂苑珠叢云：人氣息謂之喘也。說文云：息也，而從口耑聲。耑音端而爲之。

細滑　上西祭反。孔注尚書云：細，小也。說文：微也。從糸從囟。囟音信。

十絆　般漫反。文字集略云：絆，繫馬足繩也。說文：絆馬馽也。從糸半聲也。馽音知立反。

三輩　北昧反。顧野王云：輩猶部也。宋忠注太玄經云：輩，類也。說文：從車非聲。經從北作輩，俗字是也。

𧄼瞢　上音滕，下墨崩反。蒼頡篇云：𧄼瞢，卧初起皃也，又悶也。毛詩[六]傳曰：瞢瞢，神亂皃也。上從登從夢省，下從目亦從夢省。經文從足作蹬，誤用，非本字也。

佛說大安般守意經　下卷

鑽火　上纂巒反。國語云：鑽，鑿也。顧野王云：鑽謂鐫也。集訓云：鑽，刺也，亦穿物鐵也。說文：從金贊聲也。

攘故　上攘章反。韓詩云：攘，除也。鄭注周禮云：却災也。說文：從手襄聲。

黛眉　上徒戴反。聲類云：粉黛可以畫眉也。說文：黛亦畫眉類也。從黑代聲也。

陰持入經　上卷　慧琳撰

懣懣　門頓反。王逸注楚辭云：懣，憤。蒼頡篇云：悶也。說文：煩也。從心滿聲也。

爲拕　音他。顧野王云：拕猶曳也。廣雅云：拕亦引也。說文：從木[七]它聲。它音同上。經作拖，俗字也。

陰持入經　下卷

已分　下甫墳反。王注周易云：分，隔也。杜注左傳：分猶遍也。顧野王云：分，析也。鄭注禮記云：分，別也。說文：從八從刀以別物也。經文作份，音筆貧反，與斌、彬同，非經義訓也。

若干態　胎賚反。王注楚辭云：態，姿也。高誘注吕氏春秋云：態度情皃也。說文：從心能聲也。

受跓　誅縷反。考聲：正從木作柱。經從足作跓，亦通也。

青膸　朴邦反。

溝港　上苟侯反。鄭注周禮云：通水於川曰溝。考工記云：廣四尺深四尺曰溝也。考聲云：亦水注谷也。說文：溝，瀆也。從水冓音古侯反。下江項反。文字集略云：水別流也。考聲云：水派流而不通也。從水巷聲也。

得猗　下音依也。

摸賈　上母蒲反，下莫候反。顧野王云：賈猶交也。郭注爾雅云：廣易名也。文字典說：從貝丣聲。丣音酉。

膏炷　上果敖反。鄭注禮記云：膏，香牛脂，又曰肥脂。說文：從高從肉。下朱戍反。考聲云：炷，燈心也。從火主聲。集訓作主。主，燈內布而施行，今之時用也。

睡眠　上垂類反，下蔑邊反。蒼頡篇：睡眠熟也。王逸注楚辭云：眠亦卧也。顧野王云：寐也。說文：並從目，垂、民皆聲。經作瞑，非。

佛說處處經　慧琳撰

撓撈　上好高反。廣雅云：撓，亂也。聲類云：攪也。說文：從手堯聲。下老刀反。方言云：撈，取也。郭璞注云：撈，鉤撈〔八〕也。考聲云：漉取也。古今之正字〔九〕，從手勞聲。

牛齝　下試之反。爾雅云：齝，牛食已又吐嚼之。說文云：吐而噍。噍音摧笑反。從齒台聲。

熛起　上匹遥反。呂氏春秋云：熛，焚宮燒積也。說文：火飛也。從火票聲，票音必消反。古今之正字也。

佛說罵意經　慧琳撰

瞳子　上動東反。尚書大傳：舜目重瞳也。埤蒼云「目珠子」是也。考聲云：目中瞳子也。古今正字：從目童聲也。

蛇蚖　上社遮反，下五官反。抱朴子曰：蛇類甚多，唯蚖蛇中人最急，可以刀割所螫處肉棄於地，肉自沸似火炙，須臾焦盡，人得活矣，不割必死。玄中記云：蚖蛇，身長三四尺，有四足，形如守宮，尋脊有針，利如刀，甚毒惡，中人不逾半日則死。山海經云：皮可以飾刀劍，與鮫魚皮相似，但粗細異也。

犂槅　下耕核反。說文：槅，車軛也。從木鬲聲。或作扼，音嚶革反。說文：扼，把提。非經義。經從木作梔，俗字。

几上　飢履反。考聲云：几，案屬也。周禮：有五几，玉彫彤漆素是也，諸侯朝覲祭祀皆用之矣。說文：几，踞也。象形字也。經文從木作机，是木名，非經義，借用。

鶏鶩　下蒙卜反。郭注爾雅云：鶩即鴨也。古今正字云：鶩，舒鳧也。從鳥敄聲，敄音務。

燌燌　忿分反。說文：燌，燒也。今作焚。古今正字：從火賁聲。經從貴作熕，書誤也。

持床　下胡古反。說文：古文户字也。埤蒼云：小户也。聲類云：房門也。字書云：窗也。古今正字：從户木聲。經文作床〔一〇〕，非也。

師捲　下倦員反。國語云：捲，舒也。廣雅云：捲，愛〔一一〕也。毛詩傳云：捲，力也。說文：勢也。從手卷聲也。

澆灌　下官換反。顧野王云：灌，沃澍也。考聲云：灌，漬也，注也。說文：從水雚聲。經作瀻，非此字也。

脛脡　上形定反。孔注論語云：脛，脚也。說文：脛，脚胻也。從肉巠聲。胻音衡更反，巠音公冷反。下地頂反。鄭注禮記：脡，直也。何注公羊云：朐申曰脡〔一二〕。古今正字：從肉廷聲。朐音渠俱反。

確正　上腔角反。周易：確，牢也。考聲云：堅固也，古今之正字也，從石隺聲。

白髀　下鞞米反。考聲云：髀，股也。古今正字：亦股外也。文字典説：從骨坒聲。經作髀，亦通。坒音毗利反，而音訓時之大用也〔一三〕。

佛説分別善惡所起經　慧琳撰

污之　上烏故反。顧野王云：染，污也。韓詩云：污，穢也。字書：污，塗也。説文：從水亏聲。經從夸作洿，音於徒反，與經義乖也。

鼽鼻　上渠牛反。禮記云：鼽，鼻不利也。古今正字：病塞〔一四〕鼻窒塞也。從鼻九聲。經從几作鼽，非此也。

塞壅　下邕拱反。鄭注周禮云：壅，隄防止水也。鄭箋詩云：壅猶蔽也。顧野王云：塞也。公羊傳云：壅，不流也。廣雅云：隔也，或作壅。古今正字：從土雝聲。經作廱，誤書也。

鶏鳧　下輔無反。郭注爾雅云：鳧，似鴨而小，長尾，背上有文，今江東人亦呼爲鸍，音詩。考聲云：亦野鴨之小者，從鳥几聲，几音殊。經從力作鳧(鳬)〔一五〕，非此鳥也。

嗥吡　上音皋，下子思反。

根檔　上朗當反，下黨郎反。

彌勛　疑字錯，未詳，所以未音之。

謇吃　上建偃反。周易云：謇，難也。方言云：謇，吃。語澀也。郭注云亦北方通語。亦作譾。古今正字：從言寒聲。經作蹇，跛也，非經義。寒音僧則反。下斤乞反。聲類云：吃，重言也。説文：語難也。從口乞聲。

嚾罵　上音喧。考聲云：嚾，嚾嘩也。聲類作囂。古今正字：從口藿聲也。或從言作讙。藿音桓而音訓之義〔一六〕。

蟲豸　下持里反。爾雅云：有足曰蟲，無足曰豸也。

蹲踞　上音存。考聲云：蹲，踞也，謂竪䣛坐也。杜注左傳云：蹲，聚足坐也。説文亦踞也。從足尊聲。下居御反。

鞭榜　下伯孟反。考聲云：使船也。王逸注楚辭云：榜，船擢(櫂)〔一七〕也。又注云：擢(櫂)亦檝也。説文：從木旁聲也。

萎黑　上委爲反。説文：從草委聲。

憋性　上片蔑反。方言：憋，惡也。郭璞注云：憋忶，急性也。古今正字：從心敝聲也。敝音毗袂反。

瘭疾　上標遥反。廣雅云：癰成膿也。埤蒼云：瘭疽，浮熱也。集訓云：熾也。古今正字：從疒票聲也。經從火作熛，非也，票音必消反。

鈔綴　上炒稍反，或作抄。考聲：鈔，略取也。廣雅：掠也。説文：從金少聲。下追鋭反。賈注國語云：綴，連也。説文：綴，令著也。從糸叕聲。經文從心作惙，非也。叕音猪劣反。

牽將　上企堅反。廣雅「牽挽」是也。

輪轢　上音倫。顧野王云：輪，車輞也。説文：有輻曰輪。從車侖聲。侖音淪。下零的反。蒼頡篇云：轢，輾也。説文：轢，車所踐也。從車樂聲也。

啖圂蟲　上談濫反。廣雅云：啖，食也。説文：啖亦噍也。從口炎聲。中魂困反。蒼頡篇云：圂，豕所居也。説文：圂，厠也。從口作啯，非也。口音韋。

火燔　下伐袁反。考聲：燔，燒也。毛詩傳云：炰加火曰燔。廣雅：燔，乾也。説文從火番聲而古今之正字形。

殈轉　上寃院反。説文：殈，轉卧也。從夕從卩，卩音節。經從宀作宛，非也。

躁擾　上遭譟反。顧野王云：躁猶動也。鄭注論語云：躁，不安静也。賈注國語云：躁，擾也。説文：從足喿聲。經作蹡，俗字，喿音騒到反。

蜚蛾　上音非。郭注爾雅云：蜚即負盤臭虫也。杜注左傳云：蜚亦蠜也。顧野王云：負蠜，蜚也。説文：從虫非聲。

畜牲　下省英反。鄭注周禮云：牛馬羊豕雞犬曰六牲。杜注左傳曰：改牛名曰牲。説文：從牛生聲。

調嬈　泥鳥反。

墟聚　上去魚反。周易云：墟，邑也。廣雅云：墟，居也。南楚汝潁〔一八〕言亦墟聲。經從阜作墟、隊，非正也，今之時行也。

貧寠　劬乳反。考聲云：居無財以備禮也。毛詩傳云：寠者無考禮也。説文：從宀婁聲。宀音綿，古今正字也。

迷惛　音昏。考聲云：老而多忘曰惛。孔注尚書云：惛，亂也。毛詩箋云：惛，無所知也。説文從心昏聲而成之。

中這　音彥。蒼頡篇云：這，迎也。説文：從辵言聲也。

世福　下風伏反。禮記：福者，備也。太玄經云：人道所喜曰福。毛詩箋云：爵命爲福。説文：從示畐音逼聲。經從示作禣，字書撿尋都無音釋之處也。

聾聵　下頑怪反。賈注國語云：生聾曰聵。説文：從耳貴聲也。

騬割　上阻蠅反。考聲云：騬云今之敦馬也，犍牛也，去其外腎也。説文：從馬乘聲。又音囚陵反。

皦若　上澆曉反。埤蒼云：皦，明也。考聲云：光明皃也。古今正字云：月光也。從日敫聲。亦作皎也。

泛愛　芳劍反。

豔天　上音焰也。

佛説出家緣經　慧琳撰

驚悸　下葵季反。考聲云：心驚也，怒也。説文：悸，心動也。從心季聲。

頑憒　下瓌内反。蒼頡篇：憒，亂也。莊子云：憒憒然爲世俗之禮也。説文：從心貴聲。

佛説阿鋡正行經　慧琳撰

考治　枯老反。考聲云：苦〔一九〕也，又擊也。毛詩云：子有鍾鼓，不擊不考。方言：考，引也。經從手作拷，俗字，非也。

呼吸　噏急反。毛詩箋云：吸猶引也。顧野王云：吸亦息入也。廣雅云：吸，飲也。説文：從口及聲。

十八泥犁經一卷　玄應撰

倅略　倉對反。依字，倅，副也。廣雅：倅，盈也。又作伜〔二〇〕，音蒲本反。

焯熱　之藥反。廣雅：焯，熱也。説文：焯，明也。經文作晫，都角反。［晫，明也〔二一〕。］晫非此義。

陛牢　方奚反。説文：陛，牢獄名也。所以拘非者也。家語：天子周陛執之。王肅曰：陛，獄牢也，字從非作陛省聲。經文作椑，非體也。

法受塵經　無字可音訓。

禪行法想經　慧琳撰

胮脹　上璞龙反。埤蒼云：胮，肛腸脹也。古今正字：從月夅聲。龙音麥邦反而行有爲之。

費秏　上妃未反。廣雅云：費猶損也。説文：費，散財用也。從貝弗聲。下蒿告反。毛詩箋云：秏，害也。蒼頡篇云：秏，消也。説文：從禾毛聲。經從耒作耗，誤也。

佛説長者子懊惱三處經　慧琳撰

摩抄　下索何反。聲類云：摩抄，猶捫摸也。古今正字：從手沙聲。經從少作抄，誤遺脱也。

揵陀國王經　慧琳撰

揵陀　上件焉反，下度何反，梵語國名也。

擔樵　慈遥反。韓詩云：樵，取也。杜注左傳云：樵，薪也。説文：從木焦聲也。

須摩提長者經　慧琳撰

相棖　宅庚反，俗字也，正作敞，亦作敦，又作棹，先儒隨意作之，散在墳典。集訓云：棹，撞也，鼙也。轉注字而説之也。

哽塞　厄杏反。韻詮云：氣塞哀極之爾。

標〔一二〕心　必遥反。毛詩云：標，拊心皃也。顧野王云：標謂揭表以識之。説文：從手票聲。

鷹逐鴿　上憶矜反。毛詩箋云：鷙鳥也。顧野王云：亦謂爽鳩也。下甘合反。王逸注楚辭云：鴿，鳩之類也。説文：從鳥合聲也。

贖之　常欲反，俗字也。王肅注尚書云：出金贖罪也。考聲云：輸物以免罪也，以財賞直也。説文：贖，貿也。從賣，賣音育。

佛説阿難四事經　慧琳撰

貿賣　上矛候反。顧野王云：貿猶交易也。爾雅云：貿、市，賣也。文字典説：文(從)〔一三〕貝丣聲。經作貿，非也。

未生怨王經　玄應撰

涕泗　息利反。詩云：涕泗滂沲(沱)〔一四〕。傳曰：自鼻出曰泗也，自目曰涕也。

瘦眚　字苑作瘠，同，所景反。釋名：眚，瘠也。如病瘠瘦也。鄭玄注周禮云：眚者，猶人眚瘦也。經文作省，非字體也，今行之。

桀逆　奇列反。桀，案謚法曰：賊人多累曰桀。劉熙曰：多以惡逆累賢人也。

佛說猘狗經　慧琳撰

狾狗　上折例反。廣雅云：狾，狂也。說文：亦狂犬也，從犬折聲也。

湔洗　上節前反。廣雅云：湔亦洗。說文：湔，浣也。從水前聲。

四願經　無字音訓。

黑氏梵志經　慧琳

栲(拷)[二五]掠　下力酌反。杜注左傳云：掠劫財物也。鄭注禮記：掠，索也。古今正字：從手諒省聲。

愕然　上五各反。字書作咢字也，咢，驚也，亦訟譁也。聲類云：嚴敬皃也。古今正字：從心咢聲。

悒遽　上音邑。王逸注楚辭云：悒[二六]也。古今正字：從心，憂也，歎息也。蒼頡篇：不辭舒之皃也。說文：不安也。從心邑聲。下音渠。杜注左傳云：遽，畏懼也。賈注國語：遽，疾也。鄭注論語云：卒也。說文：窘也。從辵豦聲。經從心作懅，誤。

徑順　上音經。蒼頡篇云：徑，過也。廣雅云：徑，歷也。文字典說從彳巠聲然得而行也。

鈎鉺　下尼輒反。釋名云：鉺，攝也，拔取也。說文：鉺，鉆也。從金耴聲，耴音尼輒反也。

佛說分別經　慧琳撰

是祟　下雖醉反。考聲云：神鬼爲害也，疾也。說文：神爲禍也。從示從出聲。經從宗作祟，非也。

禱祀　上刀老反。鄭注周禮云：求福曰禱。包注論語云：請鬼神也。廣雅云：謝也。說文：從示壽聲。下詞臬反。祀，潔敬而祭也。顧野王云：百神之廟可祭曰祀也。說文：從示巳聲。

媄嬳　上夭嬌反。毛詩傳云：媄，少也。馬注論語云：和舒之皃也。顧野王云：謂女子好淑。說文：巧也。從女芺聲。下枉籰反。文字典說云：嬳，作姿態皃也。從女蒦聲。經從矍作嬳，誤也。

不憚　下壇嬾反。毛詩箋云：憚，畏也，難也。韓詩云：憚，惡也。考聲云：勞也。說文：從心單聲。古今正字也。

佛說八關齋經　慧琳撰

族姓　上藂鹿反。孔注尚書云：族，類也，同姓也。百家爲族，使之相葬也。說文：從於[二七]矢聲。經從手作挨，非也。

佛說阿鳩留經　慧琳撰

日嫪　下倉含反。集訓云：嫪，婪也，謂貪於衣食也。說文：從女參聲。

一盂　榮俱反。何注公羊傳云：盂，飲器也。考聲云：椀之大者也。説文：飯器也。從皿亏聲。經從木作杅，非。

佛説孝子經　慧琳撰

推燥　下騒早反。周易云：火就燥也。説文云：燥，乾也。從火喿聲。經作慘，非也。喿音噪也。

禮賂　下盧姤反。毛詩傳云：賂，遺也。顧野王云：以財相請謁也。説文：從貝路省聲。

愓愓　汀的反。孔注尚書云：愓，懼也。毛詩傳云：愓愓，猶切切也。賈注國語云：愓，疾也。考聲：不安也，憂也。説文：從心易而聲。

以賽　下桑代反。穆天子傳云：酬福也。考聲云：報也。説文：從寒貝聲。寒音僧則反。

沈沔　上除林反。孔注尚書云：沈謂冥醉也。杜注左傳云：沈，溺濕也。顧野王：没也。説文：從水冘聲。冘音淫。下綿褊反。考聲云：湎，耽酒也。孔注尚書云：沔，飲酒過差失度也。説文：從水丏聲也。經從心作愐，非也。

兇櫱　上兇字下從人。下言羯反。杜注左傳云：櫱，災也。蟲獸爲怪曰櫱，衣服草木爲怪曰袄。今通作孽，俗字也，正從示辥聲。

蠆毒　上丑芥反，象形字。鄭箋毛詩：蠆，毒蟲也，秦晉之間謂之蠍蠆，通謂之蠍。鄭玄曰：蠆尾如婦人拳髮曲而上卷，尾端有毒。説文：從虫，萬象其形也。

號絶　上号高反。韻英云：大哭也。韻詮：哀痛聲也。古今正字：從虎号聲。經作嗷[二八]，非兹也。

佞嬖　上寧定反。賈注國語云：僞善乍仁也。顧野王云：諂從諫以悦君上之意也。案佞者，諂媚於上，曲順人情，乍僞似仁，故從仁從女。説文：巧，諂也。下音閉。杜注左傳云：嬖，親幸也。王注楚辭云：嬖猶愛也。謚法曰：賤而得愛曰嬖。劉熙曰：嬖，卑也。媟卑接媚以色事人也。説文：從女辟而聲也。媟音屑也。

妖冶　下音野。易曰：冶容誨淫。考聲云：婦人變態也。説文：冶亦銷也，從冰台，古今文也。經從蟲作蠱，雖通，非經之本義也，而亦非今時之本字。

五百弟子自説本起經　玄應撰

僥値　古堯反。漢書晉灼音義曰：徼，遇也。謂願求親遇也。

鷰麥　又作燕，同。煙見反。爾雅：蘥，雀麥也。注云：即鷰麥也。經文作鷖，伊奚反。鷖，水鳥，非此用之。

傅飾　方務反。傅猶塗附也。傅藥、傅粉皆是。

餼施　古文槩（槩）[二九]，同，虚氣反。儀禮：餼之以其禮。鄭玄曰：以牲曰餼。餼猶稟給也。埤蒼：餼，饋也。字書：餼，餉也。方言：餼而熟也。

雜糅　古文粗、飷（飷）[三〇]二形，同，女救反。説文：雜飯也。今以異色物相參曰糅。糅，雜也。

譚俱[三一]　徒含反。或作具譚。經中多云瞿曇，皆是梵言輕重也。

賣姓　埋稗反。梵言薩俱盧也。一本作薄。經文作負，誤。

訶詛　側於反。梵言摩訶詛，此譯云大長也。

殷皮　於斤反。詩云：殷其盈矣。傳曰：殷，衆也。殷，大也。又於艱反。赤黑色爲殷，此借音用爾。

敷愉　翼珠反。纂文作孚瑜，亦美色也。方言：忞愉，悦也。

繫㰅[三二]　呼結反。埤蒼：圍係也。通俗文：束縛謂之㰅。古今正字。

莅吒　古文作竦，同。音也[三三]力四、力季二反也。

堊飾　烏各反，白土也。爾雅：牆謂之堊。郭璞曰：以白土飾牆也。廣雅云：堊，塗也。古文云。

孚譴　字體作趕，同，芳務反。禮記云：無[三四]趕往。鄭玄曰：趕，疾也。廣雅：趕，行也。下去戰反。譴，責。

輕邈　亡角反。楚辭：高馳之邈。王逸曰：遠也。方言：邈，離也。漸漸也，廣也，亦盛也。

大迦葉本經　玄應撰

開披　正字作破(翍)[三五]，同，普陂反。纂文云：破折[三六]也。披猶分也，亦披折也。經文作擺，補買反，手擊也[三七]。擺非此義也。

四自侵經　玄應撰

不肖　先妙反。禮記：其子不肖。鄭玄曰：不似也。言不似其先故曰不肖，謂儜惡之類也。字從肉小聲。

征伀　之盈反。古文伀，同。之容反。方言：征伀，惶遽也。江湖之間凡窘卒怖遽皆相謂之征伀[三八]。

羅云忍辱經　慧琳撰

無慍　於運反。毛詩傳云：慍，恚也。蒼頡篇云：慍，恨也。説文：怒也。從心昷聲。昷音温，潤也。

毒蟒　下莫牓反。郭注爾雅云：蛇之最大者也。考聲云亦大蛇也。説文：從虫莽聲。

煒爗　上韋鬼反。毛詩傳云：赤皃也。考聲云：亦光色盛皃也。説文：從火韋聲也。下炎劫反。方言：爗爗，熾盛皃。廣雅云：爗，赤光也。説文：從火曅聲。曅音同上。經從畢作畢[三九]，非也。古文云：爾時之音訓字也。

佛爲年少比丘説正事經　無字音訓。

時非時經　玄應撰

釪瓚　案字義宜作于窴二形，窴音徒賢也[四〇]。又云徒見反而古今之正形[四一]，國名也。

沙曷比丘功德經　玄應撰

陷此　古文鉛，同。陷猶墜入也，亦没也。説文：陷，從高而下也。一曰墮也。

笥中　胥吏反。説文：盛衣器曰笥也。禮記：簞笥問人者。鄭玄曰：並盛食之器也，而圓曰簞，方曰笥也。

闓化　上口哀反。説文：闓，開也。廣雅：闓，化也。亦欲也。聲類：此亦開字也。

自愛經　玄應撰

攘衣　而羊反，謂攘除衣袂出臂也。[孟][四二]子曰「攘臂而下車」

是也。袂音彌世反，今訓爾。
跣韤　先典反，下舞發反。古文作「韤，今作」〔四三〕袜、「又作」〔四四〕帓、妹，並同。足衣也。經文作幭，「亡別反，帊幞也〔四五〕。」非也。
揮涕　毀歸反。說文：揮，奮也。謂揮奮振訊也。揮，灑也。爾雅云：揮，竭也。注云：揮，振去水爲竭也。經文作指麾之麾，亦非體也。

中心經　玄應撰

脆不　清歲反。說文：脆，少耎易斷也。廣雅：脆，弱也。脆猶嬾〔四六〕也。經文作毳，非也。嬾音奴困反。
翾飛　今作蠉，同，嘌緣反。說文：小飛也。周書「翾飛蠕動」是。

見正經　玄應撰

包毓　說文云：亦育字，同，餘祝反。說文：養子使從善也。育亦長大也，覆育也，亦生也。
挻土　舒延反。淮南子云：陶人之剋挻埴。許叔重曰：挻，揉也，埴土也。挻，擊也，亦和也。
斲柹　敷廢反。說文：削木也。蒼頡篇：柹，札也。謂削木柹。
蝮蛸　扶福反，下夷六反。字林：蝮蛸，蟬皮也。猶蛣蜣變爲蟬也。廣雅：蝮蛸，蜕也。蜕音他外、始鋭二反，謂蛇蜕皮也。經文作輹育，非體也。
臭茹　下如庶反。案茹亦臭也。今謂腇敗爲茹也。腇音乃罪反。
羸臞（臞）〔四七〕　又作臒，同，渠駒反。爾雅云：臞，瘠也。說文：少肉也。正古文。

阿難七夢經　無字可音訓。

大魚事經　無字可音訓。

阿鵰阿那含經　無字可音訓。

燈指因緣經　玄應撰

蕭森　今作槮，同，所金反。說文：多木長皃也。
孑胤　與振反。爾雅：胤，繼也。亦嗣也。說文：子孫相承續曰胤。言番育之謂也已。
喟然　又作嘳，同，口愧反。說文：大息也。論語：顔淵喟然歎曰。何晏曰：歎而〔四八〕聲也。
罄竭　古文窒，同，可定反。說文：器中空也。爾雅：罄，盡也。經文作石，樂器名也。古者母句作磬，非此義，古文云〔四九〕。
飲酣　古文作佄，同，胡甘反。尚書：酣歌于室。孔安國曰：樂酒曰酣。漢書應劭曰：不醉不醒曰甘酉曰酣〔五〇〕。
孑然　居折反。案孑，猶孤獨也。說文「孑，無右臂曰孑」、國語「〔胡〕〔五一〕有孑然」是之也。
親昵　今作暱，同，女栗反。爾雅：昵，近也。郭璞曰：謂相近也。亦親也，私昵也。
䁍陷　苦洽反。說文：目陷也。廣雅：䁍，陷。經文作抓掐之作掐，非體。抓，側交反也。

捃拾　又作攈，同，居運反。方言：捃，取也。國語：收捃而烝。賈逵曰：捃，拾穗也。穗音遂也。

猜疑　古文職、猜二形，今作倸，同，麁來反。案猜亦疑也。廣雅云：猜，懼也。方言：猜，恨也。

端確[五二]　又作碻，埆蒼作塙，同，苦學反。周易：夫乾確然。韓康伯曰：確，堅皃也。經文作磬[五三]，胡族反，縠盡也[五四]，非此義也。

譸張　又作詶、嚋、侜三形，同，竹尤反。尚書云：無或譸張爲幻。孔安國曰：譸張，誑也。相欺惑也。

上瞖　又作瞖，同，一計反。説文注云：目病生瞖也。三蒼郭璞注云：目瞖病也。

喁喁　古文顒，同，牛匈反。説文：衆口上見也。謂羣[生][五五]仰其德也。詩云：顒顒昂昂。傳曰：顒顒，温皃也。

婦人遇辜經　慧琳撰

娶婦　上趍句反。白虎通云：娶者，取也。周禮：男三十而娶。説文從女從取聲也。

水碓　堆内反。顧野王云：碓亦以用舂也。方言：碓亦機也。考聲云：舂具也。説文：從石隹聲也。

頓躓　竹利反。顧野王云：躓猶頓也。廣雅云：躓亦蹋也。説文：從足質聲，古文。

姑妐　燭容反。方言云：今關中人呼夫之父曰妐。考聲云：妐亦夫之兄也，從女從公聲也。古文云爾。

尪劣　上柱王反。蒼頡篇：尪，小倭也。説文云：跛，曲脛也。從尢象偏曲一脚之形也。經從兀從王，誤之爾。

摩訶迦葉度貧女經　玄應撰

除饉　渠鎮反。舊言除饉女，即今比丘[五六]、比丘尼也。分別功德論云：世人飢饉於色欲，比丘除此愛饉之[飢][五七]想，故名除饉也。

米潘　敷袁反。蒼頡篇云：泔汁也。説文：潘，淅米汁也，江北名泔，江南名潘。經文而作之繙，非此也[五八]。

佛説十二生死經　無字可音訓。

罪福報應經　玄應撰

麋麈　之乳反。以冬至解角者也。説文：鹿屬也。似鹿而大，尾可以爲拂也。此皆古文云。

鵂鶹　許牛反，下力周反。亦名鉤鵅，即鵂鶹也，夜見晝伏也，亦別名怪鳥也。古今之正字也。

五無返復經　無字音訓。

佛大僧大經　玄應撰

不滋　聲類作孖[五九]，同。子思反。説文：滋，益也。滋，蕃長也。經文作孳。方言：東楚之間凡人去乳而雙产者曰釐孳。説文：孳孳，没没[六〇]。

祅蠥　言列反。説文云：衣服歌謠之怪謂之祅，禽獸虫蝗之怪謂之蘁。蘁，灾祥也。

謚比　時至反。説文：行之迹也。從言益聲也。白虎通曰：謚之言列也。釋名云：謚，申也，物在後爲申，言名之於人也。

鷹鸇　之然反。爾雅：鷏風，鸇也。郭注爾雅云：鸇，鷂之類屬也。

齮齰　丘依、丘倚二反。蒼頡篇云：齊人謂齧咋爲齮。齮，齧也。許慎云：側齧也。下竹皆反，齧挽曰齮〔六一〕。

齩齧　又作齩，同。五狡反。廣雅：齩，齧也。説文：齧，噬也。

儲偫　上直於反，下直理反。説文：儲偫，具也。亦待。

惕惕　汀歷反。詩云：心焉惕惕。傳曰：惕惕猶忉忉也。亦懼也，亦愁也。

噫乎　又作譩，同。於熙反。謂歎傷之聲。

菨〔六二〕其　側賢反。字林：表識書也。一曰表職書曰菨。

俘取　上防膚反。國語：而安俘女。賈逵曰：伐國取人曰俘也。俘亦取也。

邪祇經　玄應撰

恢弘　又作𢘌〔六三〕，同，苦廻反。字林：恢，大者也。

瞁〔六四〕咤　况役反。通俗文：驚視曰瞁。經文作臭（䀮）〔六五〕，呼赤反。説文：犬視也。

掔我　三蒼亦牽字，音苦田反，引制〔六六〕也。廣雅：牽，挽也，連也。經文作掔，脚田反。掔，固也，非此義也。

摩達國王經　慧琳撰

澡手　子老反。顧野王云：澡猶洗潔也。説文：澡，洗手也。從水喿聲。

整〔六七〕衣　之郢反。鄭注禮記云：整，正也。考聲：理也。説文：齊也。從敕正聲。經作整，誤也。敕音恥力反。古文云爾。

旃陀越國王經　慧琳撰

譖之　戢禁反。廣雅云：譖，毀也。劉兆注公羊傳言：旁入曰譖。説文：譖，讒也。從言朁聲。古文云爾。

其湩　冢用反。穆天子傳：湩，乳汁也。郭璞云：今江南人呼乳汁爲湩。湩亦聲也。

五恐怖世經　慧琳撰

遵令　子倫反。孔注尚書云：遵，修也。郭注爾雅云：遵，行也。蒼頡篇：遵，習也。説文：從辵尊聲。

就冥　覓瓶反。郭注爾雅云：冥，昧也。毛詩箋云：冥，夜也。説文：從冖音覓從日從六。經從人宀從具，非也。

佛説弟子死復生經　慧琳撰

猒苦　上伊焰反。顧野王云：猒猶足也。鄭注禮記云：猒，飫也。説文：從甘從肉從犬，會意字也。飫音於據反。

髡〔六八〕鬄　上閫昆反。説文：髡，鬀也。從髟兀聲。髟音標。下他歷反。鄭注禮記云：鬄，鬀也。説文：從髟剔聲。經作剔，俗字也，鬀音剃。

殯〔六九〕斂　賓牝反。杜注左傳云：殯，窆棺也。何休：從棺曰殯。

説文：從歺賔聲。歺音矜，古文云耳。

嗽食　上達濫反。廣雅云：嗽，食也。説文：嗽，噍也。從口敢聲。或作啗，亦通也。經云幻化也。

漚和　上烏侯反，下音和。梵語菩薩名也。

淵泓　上於玄反。毛詩傳云：淵猶深也。説文：淵亦深泉也。從水𣶒聲也。𣶒音同上。下烏宏反。廣雅：泓，猶水深澄也。説文云：亦下深大也。從水弘聲。

瘖痾　上邑今反。説文：不能言也。從疒音聲。下烏歌反。説文：病也。從疒阿聲。

鳥獸　收救反。爾雅云：四足而毛曰獸。説文：從犬嘼聲。嘼音同上。經作狩，非也。

拯濟　拯字無疊韻，取蒸字上聲呼之。杜注左傳云：拯，救助也。方言云：拯，扶也。説文：從手丞聲。下精細反。孔注尚書云：濟，救渡也。杜注左傳云：益也。賈注國語云：成也。説文：從水齊聲也。

懈怠耕者經

法誼　宜寄反。毛詩傳云：誼，善也。

辯意長者子經　玄應

鼎沸　上音頂。應劭注漢書云：鼎，方金器也。顧野王云：鼎，烹飪調和五味之器也，三足兩耳，從貞省，加耳足，象形，古文作〔七〇〕。

肝肺　上割丹反，下孚廢反。考聲云：五藏名也。説文：從肉，干，市皆聲也。市音北旆反，從八也。

遏惡　上安曷反，孔絶也。毛詩傳：遏，止也。考聲：遮也。説文：從辵曷聲。

爲飴　以之反。方言：凡飴謂之餳也。毛詩箋云：甘如飴也。説文：以米蘗煎成之。從食㠯聲。㠯，古文以字。

達嚫　楚斳反。文字集略云：嚫，施也。從口親聲。

讖書　楚禁反。顧野王云：讖謂占候有效，記其事也。説文：讖，驗也。從言韱聲。經作讖，俗字也。韱音僉也。

鐵軔　下音刃也。

天請問經　慧琳撰

慘毒　上初錦反。方言：慘，殺也。説文：慘亦毒也。從心參聲。經文作磣，亦通用也。

髫齔　上音調。埤蒼云：髫，髦也。考聲云：小兒剃髮留兩邊髮也。説文：從髟召聲。經文作齠，亦通也。髟音必遥反。下初謹反。鄭注周禮：男七歲、女八歲即毁齒也。説文：從齒匕聲。經作齓，非也，古文也。

甲胄　下直宥反。杜注左傳云：胄，兜鍪也。

欻然　上薰屈反。

賢者五福經

無垢優婆夷問經　右二卷並無字可音訓。

曰儩。儩，索。

僧護經　慧琳撰

氣噓　許居反。

敬諾　那洛反。毛詩傳云：諾，辭應也。顧野王云：諾謂聽許之辭也。論語：子路無宿諾。說文：從言若聲。

瓶瓨　下項江反。蒼頡篇：瓨，缶瓶也。說文：似缶，長頸，受十升。從瓦工聲。

抓捶　上爪交反。埤蒼云：爪，插也。廣雅：抓，搔也。古今正字：刮，搔也。從手爪聲也。

煼疼　抄爪反。方言：火乾也。古今正字：從火芻聲。或作炒、㷅，亦作炒，並義同。芻音楚愚反。

羝羊　抵西反。毛詩傳：羝，牡羊也。廣雅：羝，雄也。吴羊牡者三歲曰羝。說文：從羊氐聲也。

申縮　上失真反。白虎通云：申者，身也。說文：從臼，臼音掬。經作申，古之字也。

斲斤　竹角反。孔注尚書云：斲，削也。杜注左傳云：報斲，匠人也。說文：斲，斫也。從𠁁斤聲。𠁁音豆也。

噉舐　食尔反。考聲云：以舌取物也。說文：以舌取食也。從舌氏而聲也。

豎橛　權月反。鄭注禮記云：橛之言蹶也。廣雅云：橛，杙也。說文：從木厥聲。杙音餘織反。

出家功德經　慧琳撰

鞞羅羨那　上音毗。梵語西國比丘名是也。

護净經　慧琳撰

蜣蜋　上却良反，下力張反。郭注爾雅云：蜣蜋，啖糞者也。說文並從虫，羌、良皆聲。

秸稾　上艱八反，下高考反。孔注尚書：秸亦稾也。說文：稾亦秆也，並從禾，吉、高皆聲而成矣。

濤米　道勞反。纂韻云：濤，汰也。文字典說：從水壽聲。經作洮，非經義也。

木槵子經　慧琳撰

疫疾　營璧反。周禮：方相氏執戈揚楯以驚疫癘之鬼。說文：民皆疾也。從疒役省聲也。

莎升　蘇和反。西國比丘之名也。

無上處經　慧琳撰

叢聚　族公反。孔注尚書：叢亦聚也。說文：草木聚生爲叢。從丵取聲。經從草作藂，非也，亦俗字也。丵音士學反也。

盧至長者因緣經　玄應撰

密弆　姜語反。弆，藏也。通俗畫也，物空盡也〔七一〕。

物儩　又作澌，同。悉漬反。〔方〕言：鋌、賜，盡也〔七二〕。物空盡

梅檀樹經　玄應撰

躊躇　又作踟蹰，同。長留反，腸知反。下除、厨二音並通。廣雅：躊躇，猶豫也。又云：住足不進也，亦躑躅時也。

跢地　多箇反。江南俗音帶，謂倒地也。

拍煞　普格反。廣雅：拍，擊也。釋名：拍，搏也。以手搏其上也。今謂拍其上而死也。經文作摽，非也。

憮然　上音舞。怪愕之意也。論語：夫子憮然。何晏曰：爲其不達己意而非〔七三〕。此之字意也。

頞多和多耆經　慧琳撰

頞多和　上阿葛反。西國經名，梵語也。

普達王經　慧琳撰

已售　上音以，下讎祐反。字書：售，賣物得售也。顧野王云：售，賣物去也。説文：從口從隹省〔七四〕聲。

佛滅度後金棺葬送經　玄應撰

藉身　茨夜反。案藉，猶薦藉也。周易「藉用白茅」是也。

斂骨　力冉反。説文：斂，收也。亦藏也。爾雅：斂，聚也。廣雅：斂，取也。經文作撿〔七五〕，非體也。

甂瓳　普安反，下侯徒反。廣雅：甂瓳，甌甊也。埤蒼：大甊。

旌表　子盈反。爾雅云旄首曰旌。郭璞曰：載旄於竿頭也。國語：爲車服旗章以旌之。賈逵曰：旌，表也。取其幖幟。

欣懌　以炙反。爾雅：怡，懌，樂也。郭璞曰：懌〔七六〕怡，心之樂也。懌，意解之樂也。字林：懌，怡也。

購鉢　古候反。説文：以財有所求也。廣雅：購，償也。古云。

燔身　扶袁反。説文：燔，燒也。加火曰燔。廣雅：燔，乾也。

明踰　庾俱反。廣雅：踰，度也。亦越也，勝也。經文作跨，非也。

陵遲　古文作𡔢，本作夌，同，力蒸反。淮南子云：山以陵遲故能高。案陵[遲猶靡迤]〔七七〕陂[陀]〔七八〕也，平易不峭峻者之耳。

五王經　玄應撰

了𠄏　又作了〔七九〕，同。丁皎反。方言：了𠄏，懸也〔八〇〕。趙魏之間謂懸曰𠄏。郭璞曰：了𠄏，懸皃也。糺是絹𠄏〔八一〕。

陜山　胡夾反。案陜，迫隘不廣大也。説文：陜，隘也。

茫茫　莫荒反。茫茫，遠皃也。茫然曰謂不了也〔八二〕。經文作睆，呼光反，不明也，兩通。

侹直　古文作頲，同，他頂反。通俗文：平直曰侹。經文作[鋌，非也]〔八三〕。

檻車　下斬反。釋名云：[檻車，施欄檻以格猛獸之車也。經文作]〔八四〕檻，車聲轞也。

擩箭　而注反。謂張弓擩箭也，亦言捻箭也。經文作澍，非體也。

四天王經　慧琳撰

蚑行　上岐宜反。周書曰：蚑行喘息也。考聲云：蚑蛷，蟲名。蛷，蛟也。說文：從虫支聲。經文作蚑，誤也，古文云。

僉然　上七廉反。孔注尚書云：僉，皆也。方言：僉亦劇也。說文：從亼吅从古從字也。亼音才入反，吅音喧也。

呪詛　上州狩反，下阻疏反。郭(鄭)〔八五〕注周禮云：詛者，欲相共惡之。說文：呪亦詛也。或從言作詶，去聲。下從言且聲。

苾芬　上頻蜜反。毛詩云：苾苾芬芬。考聲云：香皃也。文字典說云亦香草也，並從草，必、分皆聲也。

囹圄　上歷丁反，下魚舉反，姬周獄名也。鄭注禮記云：囹圄，所以禁守繫人者之處也。並從囗，令、吾皆聲。囗音韋也。

末羅王經　玄應撰

震悚　又作竦，同。思勇反。字林：悚，惶遽也。經文作聳，非也。

梵摩難國王經

僧跋　蒲末反，梵語也。此云衆等，即今之等供是也。

父母恩難報經　慧琳撰

乳哺　蒲路反。許叔重注淮南子云：哺，口中嚼食也。說文：咀也。從口甫聲。經從金作鋪，非也。

孫多邪致經　慧琳撰

除饉　勤靳反。穀梁傳：三穀不升爲饉。爾雅：蔬不熟爲饉。說文：從食堇聲，堇音謹。

新歲經　玄應撰

如鶡　何葛反。山海經：輝諸山多鶡。郭璞曰：似雉而大，青色，有毛負(角)〔八六〕，相鬪死乃止也。

噲樂　苦壞反。經文作噲。字林：噲，咽也。蒼頡篇：此亦快字也。字林：快，喜云之〔八七〕。

佛說群牛譬經　慧琳撰

掊土　上鮑交反。方言：掊，深也。廣雅云：掊猶減也，又插也。鄭注禮記：亦手匊也。說文：從手咅聲，咅音土口反也。

佛說九橫經　慧琳撰

噫吐　上烏介反。禮記云：不敢噦噫也。說文：噫，飽食而息也。從口意聲也。噦音於越反。

嚏　上丁計反。蒼頡篇：嚏，噴也。禮記：不敢嚏欬也。月令云「人名鼽嚏」是也。說文：啎氣解也。從口疐聲也。鼽音求，疐音帝也。

禪行三十七經　慧琳撰

撮取　宗活反。廣雅云：撮，持也。應劭注漢書云：以三指撮也。説文：從手最聲。

比丘避女惡名欲自殺經　慧琳撰

輕躁　遭到反。賈注國語云：躁，擾也。鄭注論語：不安静也。謚法曰：好變動民曰躁。説文：從足喿聲。經作𨄔，非也。喿音桑到反。

比丘聽施經　玄應撰

孚呼　芳于反。孚，疾也。呼，召也，命也。又音呼餓反，發聲也。

殟殟　烏没反。説文：暴無知也。聲類：欲死。

身觀經　慧琳撰

齩之　五巧反。廣雅云：齩，齧也。説文：從齒交聲。或作䶩〔八八〕。經文作骹，非也。齧音研結反。

次唾　上羡延反。考聲云：口中津也。説文：口液也。從水從欠。或作次、流〔八九〕，又作延〔九〇〕。

一切經音義　卷第五十七

校勘記

〔一〕撰　據獅補。

〔二〕鼉　據文意似作「鼉」。

〔三〕考聲云：元從口。蟆有足曰蟲　慧卷三佛説長者子制經爲「考聲：無足曰蟆，有足曰蟲」。

〔四〕軶　據文意當作「軛」。

〔五〕考聲云：瘡，瘡中有蟲也　似當爲「考聲云：蛘，瘡中有蟲也」。

〔六〕詩　疑衍。

〔七〕木　據文意當作「才」。

〔八〕𢡈　據文意當作「撈」。

〔九〕古今之正字　據文意似爲「古今正字」。

〔一〇〕宋　據文意似作「床」。

〔一一〕愛　今傳本廣雅作「治」。

〔一二〕胸申曰脡　阮元校刻十三經注疏爲「屈曰胸，申曰脡」。

〔一三〕而音訓時之大用也　此句似有脱文。

〔一四〕塞　據文意似當作「寒」。

〔一五〕鳥　據文意似作「鳥」。

〔一六〕而音訓之義　疑衍。

〔一七〕擢　據文意似當作「櫂」。下同。

〔一八〕顥　據文意似當作「頴」。

〔一九〕苦　據文意似作「老」。

〔二〇〕伜　據文意似作「伜」。

〔二一〕暐，明也　各本無，據玄卷十三釋此詞補。

〔二二〕標　據文意似當作「摽」。下同。

〔二三〕文　據文意當作「從」。

〔二四〕池　今傳本詩作「沱」。

〔二五〕栲　據文意當作「拷」。

〔二六〕悒　據文意似當作「鬱」。
〔二七〕於　據文意似當作「扵」。
〔二八〕嗽　獅作「嗽」。
〔二九〕槩　玄卷十三釋此詞作「槩」。
〔三〇〕釰　獅和玄卷十三釋此詞作「鈕」。
〔三一〕譚俱　玄卷十三釋此詞爲「俱譚」。
〔三二〕㩣　玄卷十三釋此詞作「㩣」。下同。
〔三三〕也　玄卷十三釋此詞無，似衍。
〔三四〕無　玄卷十三釋此詞無，似衍。
〔三五〕破　玄卷十三釋此詞作「破」。下同。
〔三六〕折　據文意似當作「析」。下同。
〔三七〕手擊也　玄卷十三釋此詞爲「反手擊也」。
〔三八〕方言：征伀，惶遽也。江湖之閒凡窘卒怖遽皆相謂之征松　今傳本方言：「征伀，遑遽也。江湘之閒凡窘猝怖遽……或謂之征伀。」
〔三九〕畢　據文意當作「熚」。
〔四〇〕也　據文意當作「反」。
〔四一〕而古今之正形　玄卷十三釋此詞無。
〔四二〕孟　各本無，據玄卷十三釋此詞補。
〔四三〕襪，今作　各本無，據玄卷十三釋此詞補。
〔四四〕又作　各本無，據玄卷十三釋此詞補。
〔四五〕亡別反，帊幞也　各本無，據玄卷十三釋此詞補。
〔四六〕嬾　玄卷十三釋此詞作「腝」，據文意似當作「嫩」。下同。
〔四七〕臞　玄卷十三釋此詞作「臞」。
〔四八〕而　張涌泉古書雙行注文抄刻齊整化研究（敦煌吐魯番研究第十二卷）指出此爲補白添加。
〔四九〕石　玄卷十三釋此詞作「磬」。古文云
〔五〇〕玄卷十三釋此詞無，似衍。
〔五〇〕漢書應劭曰：不醉不醒日甘酉曰酣　玄卷十三釋此詞爲「漢書應劭曰：不醉不醒曰酣」，今傳本漢書注：「不醉不醒故謂之中。」
〔五一〕胡　各本無，據玄卷十三釋此詞補。
〔五二〕確　玄卷十三釋此詞作「確」。
〔五三〕磬　玄卷十三釋此詞作「罄」。
〔五四〕毅盡也　玄卷十三釋此詞爲「罄，盡也」。
〔五五〕生　各本無，據玄卷十三釋此詞補。
〔五六〕比丘　玄卷十三釋此詞無，似衍。
〔五七〕飢　各本無，據磧本玄卷十三釋此詞補。
〔五八〕經文而作之旛，非此也　據文意似爲「經文作旛，非也」。
〔五九〕孖　玄卷十三釋此詞作「孖」。
〔六〇〕説文：孳孳，汲汲　今傳本説文：「孳孳，汲汲生也。」
〔六一〕齮　玄卷十三釋此詞作「齮」。
〔六二〕萋　玄卷十三釋此詞作「箋」。下同。
〔六三〕猌　玄卷十三釋此詞作「猌」。
〔六四〕畁　即「畁」。
〔六五〕臭　據文意當作「臭」。
〔六六〕制　玄卷十三釋此詞作「前」。
〔六七〕鼇　獅作「鼇」。
〔六八〕髠　即「髠」。下同。
〔六九〕殯　即「殯」。
〔七〇〕古文作　據文意當爲「古文作鼎」。
〔七一〕通俗盡也，物空盡也　玄卷十三釋此詞爲「通俗文：密藏曰弆」。
〔七二〕方言：鋋、賜，盡也　方，麗無，據文意補。今傳本方言：「鋋賜撲澌皆盡也。」
〔七三〕爲其不達已意而非　玄卷十三釋此詞爲「爲其不達已意而非之也」。
〔七四〕省　衍。
〔七五〕撿　玄卷十三釋此詞作「撿」。
〔七六〕懌　玄卷十三釋此詞無，似衍。
〔七七〕遲猶靡迤　各本無，據磧本玄卷十三釋此詞補。
〔七八〕陀　各本無，據磧本玄卷十三釋此詞補。
〔七九〕了　玄卷十三釋此詞作「糺」。
〔八〇〕方言：了乚，懸也　玄卷十三爲「方言：乚，懸也」。
〔八一〕乚　此據綫裝書局影印本，臺灣大通書局影印本無。
〔八二〕茫然曰謂不了也　玄卷十三釋此詞爲「茫然謂目不了也」。
〔八三〕鋌，非也　各本無，據磧本玄卷十三釋此詞補。
〔八四〕檻車，施欄檻以格猛獸之車也。經文作　各本無，據磧本玄卷十三釋此詞補。
〔八五〕郭　當作「郭」。
〔八六〕負　玄卷十三釋此詞作「角」。
〔八七〕云之　玄卷十三釋此詞作「也」。
〔八八〕齗　據文意似作「齗」。
〔八九〕況、流　據文意似當爲「泦、淈」。
〔九〇〕延　據文意似作「涎」。

一切經音義　卷第五十八

翻經沙門慧琳撰

音僧祇律四十卷　[玄應[一]]
十誦律六十一卷　[玄應[二]]
五分律三十卷　[玄應[三]]
右三律一百三十一卷同此卷音

僧祇律　第一卷

依怙　胡古反。爾雅：怙，恃也。韓詩云：無父何怙？[怙][四]，賴也。無母何恃？恃，負也。

策謀　古文筩、册、箣三形，同，初革反。策亦謀也。下莫侯反。謀，謀也，諮事爲謀，謂諮事之難易也。

咎釁　渠九反。詩云：慘畏咎。箋云：咎猶罪過也。爾雅：咎，病也。説文：咎，灾也。亦惡也。下羲鎮反。瑕、釁、愆，過也，亦罪也。

黎庶　力奚反。爾雅：黎、庶、烝、多、師、旅，衆也。

即襞　卑役反。字林：韏衣也。謂襞褺衣也。韏音居阮反。

四褺　徒俠反。通俗文：重衣曰褺。

輕躁　又作趮，同。子到反。躁，動也。躁，擾也，謂不安静也。

潛微　無非反。爾雅：瘞、幽、匿、蔽，微也。郭注云：謂逃竄也。又微，止也。字從彳音丑亦反。

籠羇　又作䍦、羈二形，同。居猗反。説文：革絡馬頭曰羇。釋名：羇，撿[五]也。所以撿持制之也。

禍酷　古文焅、嚳、焙三形，同，苦篤反。酷，極也。説文：嚳，急也。告之甚也。謂暴虐也。

愻悌　蘇寸反。字林：愻，順也，謙也。下大帝、大禮二反，愷悌，樂也，易也，善事兄曰悌也。

僧祇律　第二卷　先不音。

僧祇律　第三卷

芋根　禹拘反。説文：大葉實根驚人者也，故謂之芋。蜀多此物，可食。其本(大)[六]者謂之蹲鴟。

竹筥　又作篆，同。力與、紀與二反。字林：筥，箱藉也。飯器，受五升，秦謂之筥。方言：南楚謂之筲，趙魏謂之篆。郭璞曰：盛飯筥也。聲類：筥，箱[七]也。亦盛柸(杯)[八]器籠曰筥。筲音所交反。

篙擿　古豪反。謂刺船竹也。長二丈，以鐵爲鏃。下他狄[九]反。

擿(擿)〔一〇〕猶剔撥也。

椓(椓)〔一一〕杙　都甬(角)〔一二〕反，下又作弋，同，餘織反。爾雅：橛謂之杙(杙)〔一三〕。注云：即橛也。橛音徒得反。

堅勁　居盛反。説文：勁，強也，字從巠力。巠音胡頂反，水直波也。

薄膌　又作瘠，同。才積反。説文：膌，瘦也，亦薄也。律文作藉，非體也。

貳用　他得、徒得二反。字林：貳，求也。説文：貳，從人求也。

僧祇律　第四卷

倪樓　五奚、五禮二反。國名也。

磯激　居依反。埤蒼：水中硝〔一四〕石也。廣雅：磯，磧也。下古狄反，急流也。

皺抐　壯幼反，下女六反。通俗文：縮小曰皺。物不伸曰縮抐。律文作皺縮，未見所出。

瞻耳　丁藍反。説文：耳垂也。又作耽，都含反。説文：耳大也。

咩咩　又作嘪，同，彌爾反。説文：羊鳴也。

誇説　又作夸，同。苦瓜反。謚法曰：華言無實曰誇。誇，相誕也，謂憍恣過制自夸大也。

鏇師　囚絹反。謂以繩規物者也。説文：圓鑪也。

欲抒　時汝、除呂二反。説文：抒，挹也。蒼頡篇：抒，取也。出也。廣雅：抒，渫也。舀也。舀音餘遶也(反)〔一五〕。

僧祇律　第五卷

萎黄　於危反。聲類云：萎，木草菸也。律文作痿，痿痺謂不能行也。

深榛　士巾反。説文：叢木曰榛。廣雅：木藂生曰榛也。

輅上　又作路，同，力故反。釋名云：路亦車也，金玉等路各隨其所釋立名，謂之路者，言行於道路也。

水灒　子旦反。污灑也，江南言灒，山東言湔，音子見反。

轒轤　又作樚櫨二形，同。力木、力胡反。蒼頡篇：三輔舉水具也，即汲水者也。

僧祇律　第六卷

趌蹷　居列、居逸二反，下居月反。纂文云：趌蹷，凶豎也。亦跳起也。

僧祇律　第七卷

扣瓮　説文作敂，同。苦後反。扣，擊也。

喻耳　相承音古學反。耳邊語也。未詳何出。

鶬鴰　又作𩀳，同。七唐反。爾雅：鶬，麋〔一六〕鴰。郭璞曰：即鶬鴰也。鴰，胡沃反。

警宿　居影反。謂警戒也，亦起也。廣雅：警，不安也。律文作景，非體也。

踟蹰　直知反，下直誅反。踟蹰，躑躅也，亦住足也。廣雅：猶豫也。躑音馳亦反。躅，馳緑反。

睩瞚　力穀反。睩，視皃也。下尸閏反。説文：目開合數搖也。

僧祇律　第八卷　先不音。

僧祇律　第九卷

茜色　又作蒨、蒨二形，同，且見反。茹藘也。律文作箋表之箋，非此也。

手揬　祖公反。通俗文：手捉頭曰揬也。

窳惰　榆乳反。爾雅：窳，勞也。郭璞曰：勞苦者多惰窳也。或作懈，古賣反。

庵慢〔一七〕　於含反。廣雅：庵，舍也。埤蒼：庵，庳(庳)〔一八〕音且漬反。

啾啾　子修反。蒼頡篇：衆聲也。啾啾，鳴聲也。

紃羊　似均、昌緣二反。紃謂雜也，縷也。

僧祇律　第十卷

檻匱　胡黤反。檻，櫳(櫳)〔一九〕也。檻，圈也。

燈盛　時征反，在器曰盛。案盛謂今之杯盂也。左傳曰：旨酒一盛。言器也。

僦賃　子溜、將六二反。通俗文：雇載曰僦。下女鴆反。

晃煜　又作晄，古文熿，同。胡廣反。説文：晃，明也。廣雅：晃，暉也，光也。下由掬反。説文：煜，曜也。廣雅：煜，熾也。埤蒼：盛皃也。

笮作　側格反。案笮猶壓也。今謂笮出汁也，亦狹也。説文：笮，迫也。

得砷　烏狹反。謂自上加也。又作壓。壓，鎮也。

僧祇律　第十一卷

齒木　案梵本云彈多抳瑟搋。彈多，此云齒。抳瑟槐，此云木。謂齒木也。長者十二指，短者六指也。多用竭陀羅木作之。今此多用楊枝，爲無此木。

掃篲　掃(又)〔二〇〕作埽。字林曰：竹枝，今此夕芮反，謂掃竹也。律文作揩，手〔二一〕桂反。廣雅：揩，裂也。

舍勒　此譯云衣，或言內衣也。

僧祇律　第十二卷　先不音。

營署　時庶反。營謂經營也。署猶置也。説文：部署也。亦宮〔二二〕也。

僧祇律　第十三卷

痏痏　諸書作侑，籀文作煒〔二三〕。案通俗文：於鬼反。痛聲曰痏，驚聲曰僁音于簡反。律文從口作啍喂二形，非也。籀音除救反。

僧祇律　第十四卷

中析　又作斯，同，思狄反。聲類：析，劈也。説文：破木也。亦分也。字從木斤，會意字也。

完出　胡官反。説文：完，全也。

生微(黴)　無非反。通俗文：物傷濕曰微(溦)也〔二四〕。

撥開　補沫反。謂發揚也。撥亦除也，棄也。律文作𢪔，匹沫反，謂𢪔物也，𢪔非此義。

朝菌　奇殞反。爾雅：中馗，菌。郭璞曰：地蕈也。似蓋。今江東呼爲土菌。蕈音審。

呵叱　齒逸反。方言：呵，怒也。陳謂之呵。案叱，猶呵也。禮記「尊客之前不叱狗」是也。

僧祇律　第十五卷

搋築　又作扠，同。敕佳反。通俗文：拳手挃曰搋也。

挾先　胡頰反。爾雅云：挾，藏也。郭注云：今江東通言也。謂懷意也。律文作協和之協，非也。

秸泥　古八反。秸即稾也。律文作苦[二五]，古木反。禾穀穭也。

米潘　敷煩反。字林：淅米汁也。江南名潘，關中名泔也。律文作繙、皈[二六]二形，非也。

嘲話　又作啁，同，竹包反。蒼頡篇：啁也，調也。謂相戲調也。漢書云「俱在左右談調而已」是也。

僧祇律　第十六卷

食棧　仕板反。說文：棧，棚也。廣雅：棧，閣也。棚[二七]置食器於其上也。

洮米　徒刀反。案洮，沐(汰)[二八]也。通俗文：淅(淅)米謂之洮沐(汰)也。說文：汰，洗也。汰音太，淅(淅)音氈熱反[二九]。

扟去　所鄰反。說文：從上挹取也。通俗文：減(從)[三〇]上取曰扟。

石壜　徒南反。猶瓷坩也。律文作琰，非也。坩音口甘反。

若卷　古文顩、捲、齤三形，今作卷，同。渠員反。毛詩傳云：卷，曲也。

竹篙　方言作槁，音高，謂刺船竹也。淮南子：蒿(以)[三一]篙測江。許叔重曰：謂刺船竹，長二丈，以鐵爲鏃者也。

僧祇律　第十七卷

山坡　又作陂，同，普何反。案陂陀猶靡迤也，今山陂、土陂皆是也。迤，弋是反。

髪舜　字體作鬊，音書閏反。廣雅：髮謂之鬊。漢書韋昭音蠢。鄭玄注禮記云：鬊，亂髮也，音舜。

鎗銚　餘招反，温器也。律文有作鐎，汁也。說文：鐎，鐎汁也[三二]。字林云：容一斗，以(似)[三三]銚無緣。

欬瘷　苦戴反。說文：逆氣也。下又作欶，同。蘇豆反。蒼頡篇：齊郡謂欶曰欬也。

刵劓　讓記反。廣雅：刵，截耳也。下又作劓，同。魚器反。說文：劓，决鼻也。尚書：無或劓刵人也。孔注云：劓，割鼻也。刵，截耳也。

麻粈　所巾反。通俗文：物滓曰粈。字從米。

奚用　胡鷄反。蒼頡篇云：奚，何也。

疥瘙　蘇到反。蒼頡篇：瘙，疥也。廣雅：瘙，瘡也。

蘆荻　又作藡，同。徒歷反。即蒹葭也，堪爲薄者也。葦未秀者爲蘆。蒹，公銜也(反)[三四]。

木札　側黠反。木皮也。律文有作𢪔(柹)[三五]，敷廢反。說文：削朴也。朴，札也，謂削木柹也。二形通用。又作攢(櫕)[三六]，非也。

撥聚　補達反。撥，理也，亦發揚皃也。廣雅：撥，除也。撥亦棄也。律文作跋，非體也。

若秸　公八反。尚書：三百里納秸服。孔注云：秸，藁也，服藁役也。

若穰　如羊反。説文：黍䅎也。禾穰也[三七]。䅎音良計反。

僧祇律　第十八卷

藍澱　徒見反。爾雅：澱謂之垽。郭璞曰：澱，滓也，江東呼爲垽。垽音魚靳反。

倒孑　居列反。爾雅：蜎蠉。郭璞曰：井中蛣蟨赤虫也。一名孑下[三八]。通俗文「蜎化爲蚊」是。蜎音狂兖反。蠉音香兖反。蛣音結。蟨，居月反。

汪水　烏黄反。小爾雅：汪，池也。

拼毳　補耕反，下昌芮反。栟（拼）[三九]，彈繩墨也。毳，羊細毛也。

拳搉　渠員反，下苦角反。説文：搉，敲擊也。字從手從隺。

僧祇律　第十九卷

并擩　而注反。謂擩莝、擩箭、擩物等皆作此字。

碓壓　又作搥，同。丁迴反，謂捉[四〇]下也。廣雅：搥，擿也。下於甲反。自上加下也。

罥弶　古犬反，下渠向反。字書：施罝於道曰弶，以繩取物曰罥。

佢脚　去詎反。謂脚曲也。書無此字，應俗作耳。

聳耳　古文竦、㩳、愯三形，同，所項、須奉二反。方言：聳，聾也。郭璞曰：言無所聞常聳耳也。聳又竦也，謂敬悚也。

掩襲　古文戳，同。辭立反。左傳：凡師，輕曰襲。注：掩其不備也。

瓶坯　又作㼟，同，匹才反。字林：瓦未燒者曰坯。

汪泥　烏黄反。通俗文：停水曰汪。謂汪池之汪。律文作洸，古皇反。洸，涌也。洸洸，聲也。洸非此義也。

僧祇律　第二十卷

榱棟　所龜反。爾雅：桷謂之榱。郭璞曰：即椽也。亦名桷，亦名橑音力道反。棟，都弄反。説文：屋栿[四一]也。一名極，亦名桴[四二]，亦名桴。櫽音於靳反。

櫨欂　力胡反。説文：柱上枅也。下蒲麥、蒲各二反。廣雅：欂謂之枅。

枅衡　今作㮆，同，結奚反。蒼頡篇：柱頭[上][四三]方木也，一名揞（楮）[四四]，亦名拚（枍）[四五]，亦名楼，亦名楶音子結反。

田斗　或作斛，都口反。此宜作斗字。

僧祇律　第二十一卷

見齗　魚斤反。説文：齒肉也。蒼頡篇：齒根也。

疢頭　古文鈂、疢二形，今作疣，同。有留反。説文：頊，顫也。謂顫掉不正也。顫又作戰。律文作痏，非體也。

僧祇律　第二十二卷

刳四　口孤反，[方][四六]言：刳，務也。説文：刳，判也。周書曰：刳木爲舟。謂空其腹也。

上概　古載反。周禮：師女官[四七]而濯概。鄭玄曰：概，拭也。

字從手。律文從木作槩，平斗斛之槩，非此義。

羮膗　呼各反。楚辭：露雞鵬膗。王逸注云：有菜(菜)[四八]曰羮，無菜曰膗也。鵬，以規反。

⿰口尃噍　又作⿰齒尃，同。補洛反，下子立反。說文：噍皃也。廣雅：⿰口尃，噍聲也。

歆歆　於滑反。說文：咽中氣息不利也。律文作㕦，非也。

蟥蜂　胡光反。爾雅：蛂，蟥蛢。郭注云：甲虫也。大如虎豆，緑色。江東呼爲黄瓶。蛂音扶結反。

斗藪　又作擻，同。蘇走反。通俗文：斗藪謂之⿱殸豕⿱殸束。律文作科(抖)[四九]擻，非體也。⿱殸豕音都穀反，⿱殸束音速。

圂廁　胡困反。廣雅：圊、圂、屏，廁也。下惻吏反。廁亦圊也。釋名云：圂者溷濁也。或曰清，言至穢處宜常修治使潔清也。廁者，人雜廁在上非一也。

僧祇律　第二十三卷

礓石　居良反，形如薑也。通俗文：地名(多)[五〇]小石謂之礓礫也。字從石從畺也。

屋檐　又作櫩，同。餘占反。說文：檐，梍也。亦名屋相(梠)[五一]，亦名連縣。爾雅：檐謂之樀。樀亦梠也。梍音毗。樀音都歷反。

項顀　直追反。說文：額出也。今用其義，律文作膇，未見所出。

侏儒　之于、而予反。通俗文：侏儒曰矬。謂極短人也。

僧祇律　第二十四卷

懟恨　古文譵，同，丈淚反。爾雅：懟，怨也。亦忿也。

齵齒　五溝反。蒼頡篇：齒重生也。說文：齒不正也。謂高下不齊平也。律文作齲，丘禹反。說文：齒蠹也。齲非此義也。蠹音丁故反。

僧祇律　第二十五卷　第二十六卷　並先不音。

僧祇律　第二十七卷

敲户　又作毃，同，苦交反。謂下打者也。説文：敲，横撾也。

猥多　烏罪反。字林：猥，衆也。廣雅：猥，頓也。

捦牽　又作㩒，同，渠林反。説文：急持衣襟也。埤蒼：捦，捉也。

瓷匙　方言：從木作提(⿰木是)[五二]，同。是支反，謂抅飯者也。律文作⿰金氏，昌紙反。⿰金氏，鬵也。⿰金氏非[此][五三]義。鬵音自林反。

僧祇律　第二十八卷

持⿰革茸　字書作⿰糸茸，同。而用反。案毳飾也。又作毦，而容反。字林：毦，罽也。

牂羊　祖郎反。字林：牡牂羊也[五四]。三倉云：牂，吴羊也。

不⿰扌㡿　耻格反。字林：坼，裂也。亦分也。律文作卓，非體。

僧祇律　第二十九卷

是挻　式延反。謂作泥物也。挻，擊也。挻，柔也。埴土也。

水湔　又作濺，同。子見反。通俗文：傍沾曰湔。山東名也。江南言濽，音子旦反。

僧祇律　第三十卷

紡績　古文作勣，同。子狄反。字林：績，緝也。

鬱詶　又作譸，同。陟尤反。比丘名也。三蒼：詶亦酬字也。

僧祇律　第三十一卷

令[五五]臉　力占反。廣雅：懸熟也。臉生血也。

轂麩　夷職反。謂轂麥糠皮也。律文作笓，草名也。

繚巳　又作爒，同。力鳥反。字林：繚，炙也。律文作燎，力彫、力弔二反，庭燎也。燎非此義。

福羅　正言布羅，此譯云短靿靴。靿音烏豹反。

疚手　又作頄，同。于救反。謂顫疚摇動不安也。

僧祇律　第三十二卷

漱卑　所霤反。或言蘇卑，或言優婆斯，皆訛轉也，正言鄔波斯，此云近善女也。鄔音一古反。

喟嘆　又作嘳，同。口愧、口怪二反。大息也。喟歎聲也。

僧祇律　第三十三卷　先不音。

僧祇律　第三十四卷

狠（狼）[五六]跟　又作跋，同。補蓋反。狼跟猶蹎跟也。說文：跟，步也。聲類：賴[五七]跟也。

婆竦　所學反。星名也。

欶指　又作嗽，同。所角反。通俗文：含吸曰嗽。嗽亦吮也。

醭青　莫奚反。埤蒼：醭醭，醬敗壞也。醬敗則醭生。醭音普木反。

厠篦　補奚反。小學篇：篦，刷也。謂制[五八]刷也。今眉篦等皆作此也。

甌別　烏侯反。甌，器也。方言：盆之小者謂之甌也。

施系　奚計反。謂屧系、履系等皆作系。律文作緌、蓁二形，非也。屧音思身[五九]反。

青黴　無悲反。通俗文：物殤[六〇]濕曰黴（黴）[六一]。律文作湄、瀎二形，非字體也，次下卷生黴同。

龔疏　力同反。說文：龔，房室之疏也。疏，窗也。廣雅：龔，含（舍）[六二]也。律文作籠，非體也。

僧祇律　第三十五卷

絣卷　側耕反。說文：絣，縈繩也，江沔之間謂之縈，收繩爲絣，絣亦屈。沔音彌善反。

欱烟　呼匝反。欱猶飲取也。說文：欱，歠也。歠音昌悅反。

鼓觸　又作殼、棖、樘、橙四形，同。丈衡反。殼亦觸也。

當敧　居儀反。通俗文：以箸取物曰敧。箸音治（治）[六三]慮反。

謦欬　口頂反，下開代反。通俗文：利喉曰謦。說文：欬，逆氣也，字從言從欠。律文從石從口作磬咳二形，非也。

連嚏　又作疐，同。丁計反。蒼頡篇：噴鼻也。詩云：願言即嚏。箋云：汝思我心如是。我即嚏也。今俗嚏云人道我，此古遺語也。

矸矸　胡瞎反。字指云：礣矸，雷大聲也。律文榾，古忽反。埤蒼云：狗榾，木名也。中作箭笴也。榾非此義。礣音莫八，笴音古旱反。

僧祇律　第三十六卷

妖豔　於驕反。說文：妖，巧也。又女子狀皃淑好也。下又作艶，同。餘贍反。方言：秦晉之間謂美爲豔。豔，光也。

姑忪　故胡反。白虎通曰：姑者，故也。故，老人之稱也。說文：姑母也。下之容反。釋名：俗謂舅章曰忪。言是也(已)〔六四〕所敬，見之悚遽自肅齊也。

僧祇律　第三十七卷　先不音。

僧祇律　第三十八卷

殆壞　徒改反。廣雅：殆，敗也。爾雅：殆，危也。殆亦幾也，近也。

拳敲　又作敲(毃)〔六五〕，同。口交反。謂下擊也。說文：橫撾也。律文作拷，非也。

僧祇律　第三十九卷

佉啁羅床　此譯云小長牀也。啁音竹交反。

敲槃　口交支(反)〔六六〕。謂相擊打也。槃謂鈴槃也。

僧祇律　第四十卷

罯瘖　於感、於合二反。說文：罯，覆也。律文作菴，草名也。菴非此用。

竹篣　亡皁反。字林：折竹筤也。筤音亡忍反，竹膚也。聲類：篣，篾也。今中國蜀土人謂竹篾爲篣也。

襏衣　又作袚，同。補末反。通俗文：三尺衣謂之襏也。

跋渠　此言訛也，正言伐伽。此譯云部，謂部類也。或言群，同其義。

十誦律　第一卷

攫其　九縛反。說文：攫，杋〔六七〕也。蒼頡篇云：攫，搏也，言獸瞋則攫也。杋音遲逆反〔六八〕。

毦被　而容反。字林：毦，罽也，謂古其(貝)〔六九〕垂毛者也。律文或作鞾，而用反。說文：氄毳飾也。

戶非　地點反。通俗文：門鍵曰非。蒼頡篇作橝(撢)〔七〇〕，橝(撢)，持也。鍵音巨展反。方言：關東謂之鍵，關西謂之鑰。

髁肋　口化反。字林：髁，髖也，謂腰骨也。髖音口亞反。下郎得反。說文：脅骨也。字從肉從力作肋。律文從革作勒。說文：馬頭絡銜者也。非字體也。

犢車　徒穀反。古名羊車。釋名云：羊，祥也。祥，善也。善飾之車，今犢車是也。

柁樓　大我反。釋名云：船尾曰柁。柁，柁(拖)〔七一〕也，在後見柁(拖)曳也。柁(拖)音他，字從手，柁從木。

蛭蟲　之逸反。爾雅：蛭，蟣。江東名蟣，音巨機反，謂入人皮中食血者也。律文作蟦，非也。

狌狌　又作猩，同，所京反。字林：能言鳥也。山海經曰：人面豕身，能語，今交阯封溪縣有之，狀如貒如豚，聲如小兒啼也。貒音土桓反。

二趚　丑白反。謂半步曰趚。律文作踔，丑白、勑角二反。踸踔，行不前也。

十誦律　第二卷

作弶　渠向反。字書：施罥於道爲弶也。律文作摾，非也。

鼾睡　下旦反。說文：卧息聲也。字苑：呼干反。江南行此音。律文作哻、吁[七二]、齁三形，非體也。

十誦律　第三卷

皰癬　又作瘲，同。私淺反。字林：乾瘍。癬有乾濕兩種。釋名：徙疒(癬)[七三]，徙也。浸淫移徙處曰癬也。故青徐人謂癬爲徙也。

頭綃　私遥反。通俗文云：生絲繒曰綃。謂頭鬢也。

掉衣　徒吊反。廣雅：掉、振、摇，動也。律文作挑，吐堯反。挑，抉也。挑非[字義][七四]也。

鍫钁　又作鐰，同。且消反。方言：趙魏間謂臿爲鍫。臿音楚洽反。

十誦律　第四卷　第五卷　已上二卷並先不音。

十誦律　第六卷

一弗　字苑：初眼反。今之炙肉弗也。

班毦　布莽反。謂毛布也。字林：罽之方文者曰毦。律文作毞，非也。

十誦律　第七卷

襵縫　之涉反。謂襵，疊也。廣雅：襵，襞也。緶縫曰襵也。

木牓　補莽反。謂以木貫身，立以大標，上牓人善惡以視之也。律文作榜，補盲反，弓輔也。榜非此義。

十誦律　第八卷

一杼(杍)[七五]　治吕反。說文：機持緯者。即今筬也。曾子母投杼下機是。筬音成。

麨粭　蒲秘反。說文：乾飯也。一曰熬大豆與米者。律文從麥作麴，非體也。

殆而　徒改反。治(始)[七六]也，近也。禮記：殆將病。注云：殆，幾也。

十誦律　第九卷

天竺　今作蕮。或言身毒，或云賢豆，皆訛也。正言印度。此翻名月。月有千名，斯其一稱。良以彼土聖賢相繼，導凡化物，如月照臨，因以名也。

十誦律　第十卷

窯師　羊招反。字林：燒瓦竈也。又作陶，徒刀反，作瓦器者也。西國無窯，但於平地累坯燒成器也。

釤鍪　所鑒反。字書：釤，大鎌也。下千消反。方言：趙魏之間謂臿爲鍪也。

勦疾　説文作颵，同。仕交反。捷健也，謂勁速勦健也。

藊豆　布殄、匹綿二反。其葉可治霍亂，人家多種之也。

咽病　又作胭，同。一千反。謂咽喉病也。

十誦律　第十一卷

孔罅　古文㙂、𡒄二形，同。呼亞反。説文：罅（罅）〔七七〕，裂也，坼也。

齗齒　下界反。説文：齒相切也。三蒼：鳴齒也。律文作吤，非也。

寱語　魚祭反。聲類：眠內不覺妄言也。

葦棧　仕諌反。説文：棧，棚也。廣雅：棧，閣也。通俗文「板閣曰棧」是也。

櫂子　徒角反，俗音徒格反。郭璞曰：謂木無枝柯，梢櫂長而殺者也。

合霤　力救反。謂屋簷前水下之處也。今合霤爲堂也。

木簣　阻革反。簣，棧也，謂以爲木棧，非竹葦也。

十誦律　第十二卷

鵽肉　竹刮反。爾雅注云：今鵽大如鴿，似雌雉，鼠爪（脚）〔七八〕，出北方沙漠地也，肉美，俗名突厥雀。生蒿萊之間，如鶉大。憨音呼濫反。

鶉肉　市均反。説文：鵪，鶉也〔七九〕。廣雅：鷦，鶉也。鵪音烏含反，鷦音焦。

十誦律　第十三卷

胡荾　又作葰、荾、荽三形，同，私隹反。韻略云：胡荾，香菜也。律文作綏，非也。

歠粥　古文吷，同，昌悅反。説文：歠，飲也，欲也。下古文鬻，同，之育反。

十誦律　第十四卷

匙匕　卑以反。一名柶。通俗文：匕或謂言匙。方〔言〕〔八〇〕作㮛，同。是移反。柶音四，又作鉟，昌紙反，非也。

牙旗　渠基反。夏后尚牙，謂刻爲牙飾，因以名馬（焉）〔八一〕。釋名云：熊虎爲旗，軍將所建，象其猛如獸，與衆期其下也。

日昳　徒結反。日仄也。

十誦律　第十五卷

經恤　又作卹，同。須律反。爾雅：恤，憂也。亦收也。謂與人財物振恤之也。

水突　陀没反。謂水蕩流壞物者也。

箭括　資賤反。矢竹也。箭者，竹之别形也。大身小葉曰竹，小身大葉曰箭。竹主爲矢，因以爲名馬（焉）〔八二〕。古活反。釋名云：箭其末曰栝。栝，會也，謂與絃會也。

若茜　又作蒨、蒨二形，同，千見反。説文：茅蒐也。人血所生，可以染絳。字從草西聲。律文作箋，子前反。表識書者，箋非此義也。

十誦律　第十六卷

掃篲　又作彗，同，因鋭、蘇醉二反。説文：掃竹所以用掃者也。

擢臂　徒卓反。蒼頡篇：擢，抽也。廣雅：擢，出也。亦引也，謂抽臂泅也。

捊水　或作抱，同。蒲交反。説文：引取也。通俗文作掊，手把曰掊也。字從手。

作模　莫奴反。説文：模，法也。此亦摹字。規也，形也，掩取象也。字從水（木）〔八三〕也。

赭模　莫奴反。説文：模，法也。此亦摹字，規也，形也，掩取象也。字從木也。

赭土　之也反。三蒼：赭，赤土也。山海經「少陽之山多美赭」是也。

白墠　音善。即白土也，亦名堊，亦名白墠。律文作墡，非體也。

十誦律　第十七卷

髓餅　思累反。釋名云：烝餅、湯餅、索餅、髓餅等，各隨形以名之也。律文作餢，思累、弋累二反。字書：餢，餐也。方言：餂或謂之餢。餢非此義。餐音一月反，豆飴也。

酒澱　徒見反。爾雅：澱謂之垽。郭注云：澱，滓也。律文作醫，非也。

陽病　養良反。周書云：陽，詐也。通俗文作詳，虚辭也。漢書作陽，不真也。經文作佯，似羊反。佯，弱也。佯非此義。

十誦律　第十八卷

磨貝　補蓋反。西域衣名也。

門闑　又作臬，同，魚烈反。爾雅：橛謂之臬。注云：門閫也。謂門限也。

十誦律　第十九卷

粰糣　又作桴，音浮留。廣雅：粰糣，糒〔八四〕饊也，今謂薄粥也。

官禀　補錦反。説文：禀，賜也。廣雅：禀，與也。

斤頭　居勤反。説文：斤，斫木也。斤，钁也。律文作釿，魚斤反。釿，剞也，釿非此用也。

著茸　而容反。草茸，又今取其象也。

鐃鏡　奴交反。廣雅：和鑾，鐃鐸，鈴也。下鏡未詳，疑誤，應作錞，音市均反。周禮：金錞和鼓也。

刳中　口孤反。言刳，㓺也。謂空其腹中也。

唼唼　祖盍反。謂食作聲也。

十誦律　第二十卷　先不音。

十誦律　第二十一卷

贅頭　諸芮反。通俗文：體目(肉)〔八五〕曰疣贅。釋名云：贅，屬也，横生一肉屬著體也，小曰肬，大曰贅。

指瘃　又作瘃，同。竹足反。謂手足中寒作瘡者也。

丸頹　又作𤺋，同。堂雷反。陰病也。釋名：陰腫曰頹，氣下頹也。又曰疝，亦言詵。詵，引小腹急痛也。疝音山。

瞎瞽　正字作瞎，同。火鎋反。字書：一目合也。下公户反。無目謂之瞽。瞽，鼓也。冥冥如鼓皮也。

㷞㾀〔八六〕　烏對反，下他對反。謂廢風也。律文從疒作㿉瘪〔八七〕，非也。

瘭疽　必遥反，下千余反。廣雅：癰成爲瘭疽名也。

十誦律　第二十二卷　先不音。

十誦律　第二十三卷

革鞙　又作鞙，古文作琄，同。胡犬反。車鞙也，謂大車縛槅者也。廣雅：鞙謂之羇。槅音古厄反。羇，居宜反。律文作伭，非也。

十誦律　第二十四卷　第二十五卷　並先不音。

十誦律　第二十六卷

炱煤　徒來反。下亡才反。煙塵也。通俗文：積烟以爲炱煤。律文作爞㷫，非體也。

言蘖　魚列反。説文：牙(芽)〔八八〕米也。謂漬穀麥等生牙(芽)者也。

肥丁　都亭反。丁，强也。釋名：丁，壯也，言物體皆壯健也。

奉餉　式尚反。廣雅：餉，遺也。餉，饋也。

俟夏　又作竢，同。事几反。爾雅：俟，待也。

蝗蟲　胡光、胡孟二反。螽也，謂螽蟲者也。禮記「蝗蟲爲災」是也。螽音之容反。

閃摩　式染反。

菱芰　又作蔆，同。渠寄反。爾雅：菱，蕨攈。注云：即水中菱也。律文作芡，音渠斂反。芡，鷄頭也。

摒擋　并政反，下當浪反。通俗文：除物曰摒擋。摒，除也。

伊甯　奴定反。苦諦也。

多他　盡也。

蠰舍　而羊反。

十誦律　第二十七卷

羇由　又作羇，同。居奇反。馬勒也，繫也。

氀衣　力俱反。通俗文：毛布曰氀。廣雅：氀，罽也。

槀草　公道反。説文：槀，稈也。即乾草也。

縗衣　粗雷反。釋名：死三日，生者成服曰縗。縗，摧也，言傷摧也。縗有錫[縗]〔八九〕，有疑縗，有繐縗也。繐音歲。

十誦律　第二十八卷

汙篦　布奚反。刮汙篦也。律文作捭，此借音耳。
户排　蒲皆反。謂木闔開户者也，如户鉤等。律文作鉼，非也。
捩曬　力結反，下所懈反。謂暴乾。

十誦律　第二十九卷　第三十卷　第三十一卷　第三十二卷　已上先並無音。

十誦律　第三十三卷

麖魚　音迷。謂大身魚也，其類有四種，互相吞也。經中皆作迷也。

十誦律　第三十四卷

檽子　盧丁反。窗子也。通俗文：疏間曰檽。亦云車檽是也。
懸癰　醫方皆作臂，謂喉中肉也。
大魁　苦迴反。説文：羹斗也。律文作櫆、鐀二形，非也。
餛飩　胡昆反，下徒昆反。廣雅：餛飩，餅也。

十誦律　第三十五卷　先不音。

十誦律　第三十六卷

門閫　又作梱，同。苦本反。禮記：外言不入於閫。注云：閫，門限也。
弭耳　古文作弭，同。彌耳反。謂耳卧爲弭也。
陂澤　筆皮反。大池也。山東名濼，音匹莫反。幽州名淀。淀音殿。下直格反。水聚曰澤。釋名云：兖州人謂澤爲掌，言水亭處如掌中也。澤，閏者也。

十誦律　第三十七卷

宰人　祖殆反。禮記：宰夫爲獻主。注云：宰夫，主膳食之官。聲類：宰，治也。律文作牢，非也。
振擺　又作捭〔九〇〕，同，補買反。説文：反手擊爲擺也。
步鞞　楚佳反。釋名云：步鞞，人所帶，以箭鞞其中也。
擩箭　而注反。亦言揿箭也，今言擩莝、擩物皆作此字也。
掊刮　蒲交反。通俗文：手把曰掊。律文作刨，近字耳。
耳圈　去員反。謂耳璫之類也，或以金銀玉等爲之也。
指屈　衢勿反。説文：無尾也。淮南子云：屈奇之服。許叔重曰：屈，短也。奇，長也。今取其義。
處拼　補莖反。拼，彈也。律文作絣，無文綺也。
不匀　弋均反。説文：調匀也。
指韜　今作韜，同，徒荅反。説文：韜也〔九一〕，以皮爲之。今射韜是也。
水竇　徒遘反。考工記：竇高三尺。注云：宮中水道也。説文：竇，空也。謂孔穴也。

十誦律　第三十八卷

滌食　徒的反。通俗文：滌器曰盪滌。説文：滌，洒也。

牛呞　又作齝、齝二形，同。勑之、式之二反。爾雅：牛曰齝，謂食已復出也。

犛牛　忙包反。西南夷長毛牛也。律文作猫，非體也。

鞙紉　又作鞙，古文作琄，同。胡犬反。謂車靷、靽物皆作此。廣雅：鞙謂之鞙。

嚏故　又作𪖐，同，丁計反。蒼頡篇：噴鼻也。

辮帶　駢殄反。説文：交辮也。通俗文：織繩曰辮。辮，織也。

施幰　虛偃反。謂布帛張車上曰幰。

蠆(蠆)[九二]蛪　他達反，下勒達反。廣雅：蠆蛪、蚳蠆，蠍也。

豌豆　一丸反。廣雅：豌豆，蹓豆也。字從豆。蹓音留。

三碣　渠列反。説文：特立石也。謂三石支釜者也。

門楣　美飢反。爾雅：楣謂之梁。注云：門上横梁也。

施棚　蒲萠反。通俗文：連閣曰棚。棚亦閣也，閣謂重屋也。

十誦律　第三十九卷

屐支　又作跂，同。巨逆反。説文：履(屐)[九三]，屩也。屐有草屐、帛屐等也。屩音居虐反。

木桶　湯動反。通俗文云：受漆者曰桶。可以盛食等也。

幖幟　昌志反。私記爲幟。音皆與知識同，更無别音也。

作棬　去員反。屈木爲之謂之棬。經文作棬[九四]，非也。

獺皮　他遏、他鎋二反。説文：形如小犬，水居食魚者也。律文作狚，非也。狚，多達反。又作獺、蠣、蛆、蟽等形，並非也。

鱣魚　古文鱣，同。知連反。大黄魚也。口在頷下，體無鱗甲，肉黄。大者長二三丈。江東呼爲黄魚是也。

十誦律　第四十卷

漚令　於候反。説文：久漬也。律文作膒，非體也。

凶凹　烏交反。字苑云：凹，陷也。蒼頡篇作窅，墊下也。

凶凸　徒結反。字苑云：凸起者也。

築時　古文篫，同。陟逐反。説文：築，搏[九五]也。廣雅：築，刺也。

鹵簿　字體作樐，同。力古反，下蒲古反。樐，大楯也。蔡邕獨斷曰：天子大駕出，陳鹵簿也。

噫噫　於禁、乙戒反。噫噫，大呼也。説文：飽出息也。律文作嗌，非也。

裲襠　音兩當。釋名云：其一當匈，其一當背。因以名之也。

十誦律　第四十一卷　第四十二卷

第四十三卷　第四十四卷　第四十五卷

右已上五卷並先不音訓。

十誦律　第四十六卷

作縈　一瓊反。通俗文：收繢曰縈。縈，旋也。

作緍　亡巾反。説文：釣魚繳也。爾雅：緍，綸也。郭璞曰：江東謂之緍。繳音之若反。

十誦律　第四十七卷

蛆眦　子餘反。

土垛　徒果反。字林：小堆也。吴人謂積土爲垛，字從自。

香匳　正字作籢〔九六〕，同。力占反。説文：鏡籢也。謂大底者也。江南有粉匳、香匳、綦匳等是也。

纔得　在災反。纔，僅也，劣也，不久也。廣雅：纔，暫也。

議仲　謂伯仲兄弟也。伯，長。仲，中也。

櫨栱　來都反。説文：欂櫨，柱上枅也。一名楷，亦名枅，亦名榱。欂音薄麥反。枅，古奚反。楷，徒荅反。枅，皮變反。榱音疾。

十誦律　第四十八卷

鐵砧　又作椹、㪟二形，同。豬金反。鈇砧也。律文作鈂，丈心反，臿屬也。

褫來　孤得反。謂衣襟也。

惡賤　烏故反。謂憎惡也。下茨箭反。廣雅：賤，卑也。經文作汙〔九七〕濺，非也。濺音子旦反。

激列　古歷反。流急曰激。［激］〔九八〕，發也，感激也。

十誦律　第四十九卷

牴𢡟　莫盤反。説文：𢡟，忘也。亦𢡟兜也。律文作慢，非也。

遏截　烏曷反。蒼頡篇：遏，遮也。爾雅：遏，止也。郭璞曰：今以逆相止爲遏。

十誦律　第五十卷

詭語　居毁反。謂不實也。詭，惡也，欺也。譎詭，奇怪也。

十誦律　第五十一卷　先不音。

十誦律　第五十二卷

黔虵　古文鴒，同。渠占、渠今二反。

嵯梨　徂娥反。

穄米　子裔反。説文：穄，縻也。似黍而不黏者。關西謂之縻，音美皮反。

時䏧　又作泲，同。子禮反。廣雅：䏧，漉也。謂䏧出其汁也。律文作擠，音子詣反，排也。擠非此義也。

灑散　所解反。如水之灑地也。律文作攦，非。

十誦律　第五十三卷

簰筏　又作篺，同。蒲佳反。方言：篺謂之筏。南方名簰，北人名筏。

十誦律　第五十四卷

餘餕　古文餘、糂、糣、䊗四形，今作糝，同。桑感反。説文：以米和羹也。一曰粒也。律文作糝，非也。

十誦律　第五十五卷　先不音。

十誦律　第五十六卷

潢池　胡光反。説文：久積水池也。大曰潢，小曰洿，濁水也。

十誦律　第五十七卷

牛脬　普包反。通俗文：尿本曰脬。説文：旁胱也。

樵薪　才焦反。説文：樵，木也，亦薪也。字從木焦聲也。

甗甎　力穀反。下又作塼，同。脂緣反。狹長者謂之甗甎。

十誦律　第五十八卷

汙飾　屋孤反。汙，塗也。飾，修治扙飾也。

杖鑽　下祖亂反。謂杖端頭若骨鐵等也。經文作纂，組[也]〔九九〕。非此用也。

豍豆　布迷反。廣雅：豍豆，蹓豆也。

刀匣　今作押(柙)〔一〇〇〕，同。胡甲反。説文：匣，匱也。謂盛刀劍者也。

須鑰　息于反。鎖須也。下余酌反。説文：關下壯(牡)〔一〇一〕也。

十誦律　第五十九卷　先不音。

十誦律　第六十卷

挽紖　古文緣(絼)、紖〔一〇二〕二形，同，丈忍反。説文：牛索也。

者仇　古文逑，同。渠牛反。怨耦曰仇。爾雅：仇、讎，匹也。

到矴　都定反。謂柱下石也。律文碇，非也。

捉瑱　古文顛，同。他見反。周禮：弁師掌冕玉瑱玉笄。注云：瑱，塞耳者也。釋名云：瑱，鎮也。懸當耳旁不欲使人忘〔一〇三〕聽，自鎮重也。或名充耳。笄音鷄。

五分律　第一卷　玄應撰

厭蠱　於冉反。下字林音固。説文：厭，合也。蒼頡篇：伏合人心曰厭蠱。周禮庶氏掌除毒蠱。注云：毒蠱，蟲物害人者也。謂蠱行毒也。律文作固，非也。

養飤　今作餧，同。辭恣反。説文：飤，糧也。廣雅云：餧，飤也。謂以食供設人曰飤，字從食從人。律文作飼，近字也。

餞送　才翦反。説文：送去也。謂以飲食送人曰餞。字從食。律文作踐履之踐，非體也。

僅而　渠鎮反。字林：僅，財能也。僅亦劣也。

銜淚　下衫反。凡在内而未發者皆曰銜，言銜恨、銜淚等皆是也。

享福　虚兩反。享，受也，亦當也。説文：享，獻也。字從高省。篆文作亯。又音呼羹反。

餟〔一〇四〕祠　説文餟，同，張芮反。酹祭也。酹音力外反。字林謂以酒澆地祭也。

魔麾　字詁：今作撝，同。呼皮〔一〇五〕反。楚辭：舉手曰麾。謂手指之也。

歌謠　與招反。說文：獨歌也。爾雅「徒歌爲謠」是也。徒，空也。

和埴　時力反。尚書云：厥土赤埴墳。孔安國曰：黏土曰埴也。

枅梁　今作榍，同，古奚反。蒼頡篇：柱上方木也。一名楷，亦名欂櫨。欂音蒲麥（麦）〔一〇六〕反。

户楣　靡飢反。爾雅：楣謂之梁。郭璞曰：門上横梁也。

五分律　第二卷

作穽　古文阱、汬二形，同，才性反。廣雅云：穽，坑也。謂穿地爲陷以取獸也。

僶俛　亡忍反，下無辯反。謂自强爲之也。律文作僈，非也。

險巇　又作㜒（巇）〔一〇七〕，同。許奇反。險巇，危也。律文作巇，五遠反，鼓聲也，巇〔一〇八〕非義也。

晏安　烏見反。說文：宴，安也。字從宀從妟。〔又作〕〔一〇九〕宴安。爾雅：安，止也，定也。蒼頡篇云：安，静也。說文作侒，宴也。

五分律　第三卷

允合　弋准反。周易：允升大吉。王弼曰：允，當也。允亦信也。爾雅：允，誠也。

共賭　又作䞙，同。都杜反。通俗文：錢戲曰賭。

礧佛　力對反。謂以石投佛也。今言礧石是也。

五分律　第四卷

驚惋　烏翫反。謂惋歎驚異也。

愜意　苦頰反。愜，可也。字林：愜，快也。

五分律　第五卷

堙灑　於仁反，下所解反。字應作堊，於故反，即莊飾也。

粲麗　粗旦反。廣雅：粲，明也。粲亦鮮盛皃也。律文作璨，非體也。下勒計反。廣雅：麗，好也。麗謂華靡也。

歠粥　又作吷，同。昌悦反。說文：歠，飲也。欱也。欱音火洽反也。

五分律　第六卷

輟我　猪劣、張衛二反。止也。爾雅：輟，已也。

誣說　武于反。說文：加言也。誣，欺也，妄也。誣亦罔也。

木簀　側革反。說文：牀棧也。爾雅：簀謂之第。音側兀〔一一〇〕反。郭璞曰：即牀板也。

五分律　第七卷

蔚然　於謂反。廣雅：蔚，茂也。茂，盛也。

援助　于眷反。援謂依援護助之言也。

五分律　第八卷

介意　居薤反。周易：憂悔吝者存乎介。韓康伯曰：介，纖介。劉瓛曰：介，微也。

貪飻　又作飻〔一二一〕，同。他結反。説文：貪，謂貪食曰餮。

胆弊　千余反。謂胆姤也。蝿子曰胆也。

泅戲　又作汓，同。似由反。説文：水上浮也。今江南呼拍浮爲泅也。

澆灒　又作淺、濺〔一二二〕二形，同。子旦反。説文：水污灑也。史記「以五步之内，以頸血濺大王衣」作濺字。

五分律　第九卷

狼䓤　又作茫，同，莫剛反。䓤，遽也。通俗文：時務曰茫。律文作狽，非體。

鞅掌　於兩反。詩云：王事鞅掌。傳曰：失容也。箋云：鞅，荷也。謂捧之也。負荷捧持以趍走，促遽失容儀也。

作幟　今作幟，同。尺志反。幖也。通俗文：私記曰幟。廣雅：幟，幡也。墨子以爲長丈五廣半幅曰幟也。

五分律　第十卷

企行　古文定，同。袪鼓（豉）〔一二三〕反。通俗文：舉踵曰企。企亦望也，字從止。

嚃水　他匝反。埤蒼：嚃，歠也。律文作嗒，非體也。

五分律　第十一卷　第十二卷　第十三卷

並先不音。

五分律　第十四卷

索鐎　今作銚，同。子消反。韻集云：鐎，温器也。三足有柄。字林云：鐎，容一斗，似銚。銚又音遥，一音徒弔反。

擲梭　又作㧗、簑二形，同，先戈反。謂織梭行緯者也。

或虜　力古反。虜，獲取也，服也。戰而俘獲也。掠奪取物也。

屋霤　力救反。説文：屋水流下也。凡水下處皆曰霤也。

五分律　第十五卷

窺闇　丘規、弋珠反。説文：窺，小視也。

自貽　以之反。爾雅：貽，遺也。注云：謂相歸遺也。

以砥　職夷反。山海經：崦嵫山多砥礪。郭璞曰：磨石也。崦音於廉反，嵫音子辭反，礪音例。

五分律　第十六卷　先不音。

跨馬　苦罵反。字林：跨，踞也。亦躡也。説文：跨，渡也。

憩止　説文作愒，同。却厲反。爾雅：憩，息也。

皆躓　陟利反。礩，礙也。通俗文：不利曰躓，限至曰礙。

五分律　第十七卷

自炮　字書作炰，同。白包反。説文：毛炙肉也。詩傳曰「以毛曰忽」是也。亦裹燒也。

吃人　九乞反。説文：言難也。重言也。

五分律　第十八卷

撗頭　古患反。謂貫其頭也。

青虹　古文作䖳，同。胡公反。説文：螮蝀也。狀似蟲。字從虫，俗呼爲美人。螮音帝。蝀音董。

五分律　第十九卷　先不音。

五分律　第二十卷

脅諸　字體作愶，同。虚業反。謂以威力相恐懼也。

雷霆　達頂、達丁二反。爾雅：疾雷爲霆霓。郭璞曰：雷之急激者也。蒼頡篇：霹靂也。霓音五繼反。

畦畔　下圭反。説文：五十畝爲畦。今之稻畦、菜畦等也。律文有作塍，食蒸反，稻田畦也。

毛毦　布萁反。字林：蜀方文者曰毦。謂毛布也。律文作毴，非體也。

拘攝　之涉反。或言拘執，梵言訛轉耳。謂蜀之垂毛者。

五分律　第二十一卷

鏟髮　又作剗，同。初簡反。廣雅：剗，削也。聲類：剗，平也。

屯門　徒昆反。廣雅：屯，聚也。屯亦陳也。

等屧　思協反。屧謂履屬也。律文作𩍐，非體也。

作靿　一豹反。靴靿也。律文作鞢，俗語也。書無此字。

五分律　第二十二卷

鱣脂　知連反。爾雅：鱣，大魚也，似鱏而短鼻，口在頷下。江東呼爲黄魚，亦鯉也，長者二三丈。鱏音徐林反，鼻長七八尺〔一一四〕，肉重千斤。

用麴　去六反。方言：江淮陳楚之間謂之䴹音曲。注云：楚語轉耳。

糂米　古文作糝，籀文作䊤，同。桑感反。説文：米和羹也。律文作粆，非也。

五分律　第二十三卷　先不音。

五分律　第二十四卷

斧剉　且卧反。謂剉斫也。説文：折傷也。律文作銼，才戈反，小釜也。又音族。

相指　口皆反。廣雅：揩，摩也。字從手。

五分律　第二十五卷

錍箭　普啼反。方言：箭廣長而薄廉者謂之錍也。

人邏　力賀反。韻略云：邏，循行非違也。戍屬也。謂遊兵以禦寇者。律文作儸，力歌反。傶儸也。傶音之邪反也。

泥鏝　又作槾、墁二形，同。莫槃反。爾雅：鏝謂之杇。郭璞曰：泥鏝也。杇音烏。

五分律　第二十六卷

奠食　徒見反。奠，陳也，獻也。廣雅：奠，薦也，調也。

哹之　府發〔一五〕反。廣雅：哹，舂也。埤蒼：哹，暘米也。通俗文：擣細曰舂。暘音蕩。

三捼　三蒼：奴迴反。手捼〔一六〕也。説文：捼，摧也，一曰手相切也。

翻翻　又作飜，同。孚元反。廣雅：翻翻，飛也。亦盛[皃〔一七〕]也。律文作敽，非也。

五分律　第二十七卷

軏呞　又作齨、齝二形，同。敕之、式（式）〔一八〕之二反。爾雅云：牛曰呞。注云：食已復出嚼之也。

庖厨　蒲交反。庖言之包也。厨，庖屋也。蒼頡篇：主食者也。

筴箸　古俠反。字林：公洽反。筴亦著（箸）〔一九〕也。下丈庶反。飯攲也，筴亦取也。律文作挾藏之挾，非體也。

孿水　居願反。通俗文：汲取曰孿。説文：抒漏[也]〔二〇〕。

莝草　千卧反。謂斬蒭飤馬者也。詩云：乘馬在廐，莝之秣之。傳曰：莝，蒭也。

五分律　第二十八卷　先不音。

五分律　第二十九卷

作綹　渠記反。所以聯綴簪記之也。

躂脚　他末反。字林：足跌曰躂。取其義者也。

五分律　第三十卷

勗勉　許玉反。方言：齊魯謂勉曰勗滋。尚書：勗哉夫子。孔安國曰：勗，厲也。謂勉强也。

阿呼　匹尤反。梵言也。依字，吹呼也。

一切經音義　卷第五十八

校勘記

〔一〕玄應　據獅補。

〔二〕玄應　據獅補。

〔三〕玄應　據獅補。

〔四〕怙　據玄卷十五釋此詞補。

〔五〕撿　據文意似當作「檢」。下同。

〔六〕本　玄卷十五釋此詞作「大」。

〔七〕箷　玄卷十五釋此詞作「箱」。

〔八〕柸　玄卷十五釋此詞作「杯」。

〔九〕狱　玄卷十五釋此詞作「狄」。

〔一〇〕樀　玄卷十五釋此詞作「擿」。

〔一一〕椓　據文意似當作「椓」。

〔一二〕甬　玄卷十五釋此詞作「角」。

〔一三〕栈　玄卷十五釋此詞作「杙」。

〔一四〕硝　獅作「碃」，玄卷十五釋此詞作「磧」。

〔一五〕也　玄卷十五釋此詞作「反」。

〔一六〕稟　今傳本爾雅作「糜」。

〔一七〕慢　據文意似當作「幔」。

〔一八〕庚　磧本玄卷十五釋此詞作「庚」。

〔一九〕攏　據文意似當作「櫳」。

〔二〇〕掃　玄卷十五釋此詞作「又」。

〔二一〕手　玄卷十五釋此詞作「于」，似當作「乎」。

〔二二〕宫　玄卷十五釋此詞作「官」。

〔二三〕煒　似爲「痏」隸變之訛。

〔二四〕微　獅作「微」。下同。玄卷十五釋此詞作「黴」。微　據文意當作「溦」。

〔二五〕苦　玄卷十五釋此詞作「苦」。

〔二六〕皈　獅作「皈」，玄卷十五釋此詞作「皷」。

〔二七〕棚　玄卷十五釋此詞作「謂」。

〔二八〕沐　玄卷十五釋此詞作「汰」。下同。

〔二九〕浙　玄卷十五釋此詞作「淅」。浙音氈熱反　玄卷十五釋此詞爲「淅音思歷反」。

〔三〇〕減　宛作「從」。

〔三一〕蒿　玄卷十五釋此詞作「以」。

〔三二〕説文：鐎，鐎汁也　今傳本説文：「鐎，鐎斗也。」

〔三三〕以　磧本玄卷十五釋此詞作「似」。

〔三四〕也　玄卷十五釋此詞作「反」。

〔三五〕抪　玄卷十五釋此詞作「柿」。

〔三六〕攢　據文意似作「欑」。

〔三七〕説文：黍䅖也。禾穰也　今傳本説文：「梨，黍穰也。从禾裂聲。穰，黍裂已治者。从禾襄聲。」

〔三八〕下　據文意似當作「孓」。

〔三九〕栟　獅和磧本玄卷十五釋此詞作「拼」。

〔四〇〕捉　玄卷十五釋此詞作「投」。

〔四一〕栿　玄卷十五釋此詞作「極」。

〔四二〕桴　玄卷十五釋此詞作「櫋」。

〔四三〕上　原闕，據磧玄卷十五補。

〔四四〕揩　玄卷十五釋此詞作「楷」。

〔四五〕拚　玄卷十五釋此詞作「栟」。

〔四六〕方　據玄卷十五釋此詞補。

〔四七〕官　獅作「宫」。

〔四八〕萊　玄卷十五釋此詞作「菜」。下同。

〔四九〕科　據文意似作「抖」。

〔五〇〕名　玄卷十五釋此詞作「多」。

〔五一〕相　玄卷十五釋此詞作「梠」。

〔五二〕提　據文意當作「槵」。

〔五三〕此　據玄卷十五釋此詞補。

〔五四〕牡牂羊也　玄卷十五釋此詞爲「牡羊也」。

〔五五〕令　獅作「令」。

〔五六〕狠　玄卷十五釋此詞作「狼」。

〔五七〕頼　玄卷十五釋此詞作「蹟」。

〔五八〕制　玄卷十五釋此詞作「刮」。

〔五九〕身　玄卷十五釋此詞作「頰」。

〔六〇〕殤　玄卷十五釋此詞作「傷」。

〔六一〕微　獅作「微」，即「溦」。

〔六二〕含　玄卷十五釋此詞作「舍」。

〔六三〕洽　玄卷十五釋此詞作「治」。

〔六四〕也　玄卷十五釋此詞作「己」。

〔六五〕敲　磧本玄卷十五釋此詞作「敂」。

〔六六〕支　玄卷十五釋此詞作「反」。

〔六七〕朳　玄卷十五釋此詞作「扒」。據文意似作「扒」。下同。

〔六八〕杋音遲逆反　玄卷十五釋此詞爲「扒音居逆反」。

〔六九〕其　玄卷十五釋此詞作「貝」。

〔七〇〕橝　磧本玄卷十五釋此詞作「撢」。下同。

〔七一〕柁　玄卷十五釋此詞作「拖」。下同。

〔七二〕吁　玄卷十五釋此詞作「吁」。

〔七三〕徙疒　玄卷十五釋此詞作「癡」，今傳本釋名作「癖」。

〔七四〕字義　據玄卷十五釋此詞補。

〔七五〕杍　磧本玄卷十五釋此詞作「杍」。

〔七六〕治　磧玄卷十五作「始」。

〔七七〕蹲　玄卷十五釋此詞作「罅」。

〔七八〕爪　磧玄卷十五作「脚」。

〔七九〕説文：鴿，鶉也　今傳本説文：「䳌，鶉屬。」

〔八〇〕言　據玄卷十五釋此詞補。

〔八一〕馬　獅作「焉」。

〔八二〕馬　據文意當作「焉」。

〔八三〕水　獅作「木」。

〔八四〕精　玄卷十五釋此詞作「糈」。

〔八五〕目　海本玄卷十五釋此詞作「肉」。

〔八六〕㡾　玄卷十五釋此詞作「㦙」，似當作「㬈」或「㦙」。

〔八七〕癙　獅作「痕」。

〔八八〕牙　磧本玄卷十五釋此詞作「芽」。下同。

〔八九〕繞　據玄卷十五釋此詞補。

〔九〇〕棹　玄卷十五釋此詞作「掉」。

〔九一〕揩也　今傳本説文爲「縫指揩也」。

〔九二〕藟　玄卷十五釋此詞作「藟」。

〔九三〕履　磧玄卷十五作「屐」。
〔九四〕棬　玄卷十五釋此詞作「棬」。
〔九五〕搏　玄卷十五釋此詞作「擣」。
〔九六〕薟　玄卷十五釋此詞作「籢」。
〔九七〕汙　玄卷十五釋此詞作「汙」。
〔九八〕激　據玄卷十五釋此詞補。
〔九九〕也　據玄卷十五釋此詞補。
〔一〇〇〕押　磧本玄卷十五釋此詞作「柙」。
〔一〇一〕壯　磧本玄卷十五釋此詞作「牡」。「牡」俗寫作「壯」。

〔一〇二〕緣、紌　據文意似當爲「緣、絁」。
〔一〇三〕忘　玄卷十五釋此詞作「妄」。
〔一〇四〕餟　玄卷十五作「醊」。
〔一〇五〕皮　據文意似當作「危」。
〔一〇六〕麦　玄卷十五釋此詞作「麦」。
〔一〇七〕爈　玄卷十八作「巇」。
〔一〇八〕巇　據文意似當作「𪇵」。
〔一〇九〕又作　據玄卷十五釋此詞補。
〔一一〇〕兀　玄卷十五釋此詞作「几」。
〔一一一〕飻　玄卷十五釋此詞作「餮」。

〔一一二〕濺　玄卷十五釋此詞作「湔」。
〔一一三〕鼓　玄卷十五釋此詞作「豉」。
〔一一四〕尺　玄卷十五釋此詞作「寸」。
〔一一五〕發　據文意似當作「廢」。
〔一一六〕捼　玄卷十五釋此詞作「按」。
〔一一七〕皃　據獅補。
〔一一八〕式　獅作「或」，玄卷十五釋此詞作「式」。
〔一一九〕著　玄卷十五釋此詞作「箸」。
〔一二〇〕也　據玄卷十五釋此詞補。

一切經音義　卷第五十九

翻經沙門慧琳撰

只音四分律六十卷　［佛陀耶舍共竺佛念譯　玄應音[一]］

四分律　第一卷

律藏　力出反。梵言毗尼，或言鞞泥迦，或言毗那耶，或云鼻那夜，或云毗奈耶，皆由梵音輕重聲之訛轉也。此譯云離行。行亦道也，謂此行能離惡道，因以名焉。或譯云滅惡也。或云化度，言梵經化度衆生也。或云調伏，調伏貪瞋癡也。即文殊浄律經云「曉了貪欲名爲律」是也。案爾雅：律，法也。謂法則也。又云：律，詮也。法律所以銓量輕重也。又云：律，常也。言可常行也。故字從彳，彳即行也從聿，聿者，筆也，定罪正刑非筆不斷也。釋名云：律者，縲也，綱人必使不得放肆也[二]。言尸羅者，此音止得，謂止惡得善也。舊譯云清浄及性善者皆義釋也。縲音力追反。縲，繫也。

稽首　字詁：古文䭫，同。苦禮反。白虎通曰：所以稽首何？稽，至也。首，頭也，言頭至地也。三蒼：稽首，頓首也。説文：下首也。周禮「太祝辯九拜，一曰䭫首」是也。

説戒　古薤反。戒亦律之别義也。梵言三婆羅，此譯云禁戒者，亦禁義也。廣雅：戒，備也。周易：以此齋戒。韓康伯曰：洗心曰齋，防患曰戒。字體從廾持戈，以戒不虞字意也。廾又作拜，同。巨龍反。

諷誦　福鳳反。諷謂詠讀也。誦謂背文也。

罣礙　又作罫，同。胡卦反。字書：網礙也。説文：礙，止也。

垣牆　于煩反。四周牆也。釋名：垣，援也。人所依阻以爲援衛也。牆者，障也，所以自障蔽也。

飈火　俾遥反。小火也。案字體作熛。説文：熛，飛火也。三蒼：迸火也。吕氏春秋云「突泄一熛，焚宫燒積」是也。

醒者　思挺反。字林：醉解也。

除愈　古文瘉，同。臾乳反。説文：瘉，病瘳也。方言：差、間，愈也。

身康　格剛反。康，安也。字林：休也。爾雅：康，樂也。

難詰　去質反。廣雅：詰，責也。説文：詰，問也。

饉飢　古文飥，又作饑，同。几治反。爾雅：穀不熟爲飢，蔬不熟爲饉。春秋穀梁傳曰：二穀不升謂之飢，三穀不升謂之饉，五穀不升謂之災。説文：飢，饉也。

梵行　凡泛反。梵言梵摩，此云清浄，或曰清潔，正言寂靜。葛洪字苑云：梵，潔。取其義矣。

故二[三]　梵本云哀羅那地耶，譯言舊第二。雜心論云「衆具反

(及)〔四〕第二是也。

髮被　皮寄反。被謂被帶也，亦衣被也。律文有作披張之被(披)〔五〕，非也。

袈裟　舉佉反，下所加反。韻集音加沙，字本從毛作毠毟二形。葛洪後作字苑始改從衣。案外國通稱袈裟，此云不正色也。諸木中若皮若葉若花等，不成五味雜〔六〕以爲食者，則名迦沙。此物染衣，其色濁赤，故梵本五濁之濁亦名迦沙。天竺比丘多用此色，或言緇衣者，當是初譯之時見其色濁，因以名也。又案如幻三昧經云：晉言無垢穢。又義云離塵服，或云消瘦衣，或稱蓮華服，或言間色衣，皆隨義立名耳。真諦三藏云袈裟，此云赤血色衣。言外國雖有五部不同，並皆赤色。言青黑木蘭者，但點之異耳。

利戟　居逆反。字林：有枝兵器也。周禮：戟長六尺。釋名：戟，格也。言旁有枝格也。

伺之　埤蒼作覗。字林音獄。或作司。司，淯鼇、胥吏二反。廣雅：伺，候也。亦察也，狙也。狙音千絮反。

羯磨　居謁反。此譯云作法辦事。憂婆離問經作劍暮，此梵[言]〔七〕訛也。

和上　菩薩內戒經作和闍，皆于闐國等訛也。應言郁波第耶夜，此云近誦。以弟子年小不離於師，常逐常近受經而誦也。又言鄔波挖耶，此云親教。舊譯云知有罪知無罪，名爲和上也。鄔音於古反。挖音徒我反。

阿闍梨　經中或作阿祇利，皆訛也。應言阿遮利夜，此云正行。又言阿遮利耶，此云軌範。舊云於善法中教授令知，名阿闍梨也。

君持　經中或作軍遲，此云瓶也，謂雙口澡罐。律文作鍕鏘，非也。

羅閱　以拙反。十二遊經云：此言王舍城。應云羅閣，義是料理，以王代之，謂能料理人民也。

揭梨醯　此云舍中也。在摩伽國中城名也。

陶師　又作匋，同。大勞反。史記：陶，瓦器也。蒼頡篇：陶，作瓦家也。「舜始爲陶於河濱」是也。案西域地多卑濕，不得作窯，但累坯器露燒之耳。亦借音爲姚也。

柴薪　仕佳反。禮記：收秩薪以供郊廟。鄭玄曰：大可折(析)〔八〕謂之薪，小者合束謂之柴。薪施炊爨，柴以給燎也。

相率　所律反。謂將領行也。率，導引也。

瓶沙王　此言訛也。正言頻婆娑羅。此云形牢，是摩伽陀國王也。

柵欏　叉白反。說文：編豎木也。欏又作籬、杝二形，同。力支(支)〔九〕反。通俗文：柴垣曰杝，木垣曰柵。釋名云：以柴作之疏離然也。律文作柟欐，非體也。柟音南，欐音矩也。

親厚　古文垕，同。胡苟反。案厚者，不薄也，重也。律文或作友，于久反。說文：友，同志也。廣雅：友，愛也，親也。隨作皆得也。

四分律　第二卷

若邏　力賀反。戍屬也。謂遊兵以禦寇者也。韻略云：邏謂循行非違也。律文作儸，非體也。

吹毳　充芮(芮)〔一〇〕反。字林：細羊毛也。詩有毳衣，古天子大夫服之循行邦國也。

劫貝　或云劫波育，或言劫婆娑，正言迦波羅，此譯云樹花名也。可以爲布，高昌名氎，是衣名。罽賓以南，大者成樹；以北，形小，狀如土葵。有殼，剖以出花，如柳絮，可紉以爲布，用之爲衣也。紉音女珍反。

差羅波尼　或作叉羅波膩，或云識羅半尼，此譯云灰水。

蒭摩　惻俱反。或云蘇摩，或言讖磨，此云粗布衣，應言粗草衣。案外國亦云少絲麻〔一一〕，多用婆叔迦果及草、羊毛、野蠶絲等爲衣也。

嵐婆　力含反。或作鉢耽娑婆，此是國，從國名衣也。

[頭頭]〔一二〕衣　或言頭求羅衣，亦云頭鳩羅衣，此云細布也。

杙上　余職反。爾雅：樴謂之杙。郭璞云：杙，橛也。樴音徒得反。

市肆　相利反。古今注云：肆，陳也。店，置也。肆所以陳貨鬻之物也，店所以置貨鬻之物也。肆亦列也，謂列其貨賄於市也。

舩舫　甫妄反。説文作方、汸二形。爾雅：舫，舟也。郭璞曰：并兩舟也。通俗文「連舟爲舫」是方(也)〔一三〕。律文有作枋，音方。説文：枋，木。可作[車]〔一四〕。枋非字義也。

櫓舩　又作樐、艣二形，同。力古反。船旁大檝曰櫓，所以進船也。又船上樓櫓也。

筏船　通俗文作撥，韻集作撥(橃)〔一五〕，同。扶月反。方言：箄謂之筏。編竹木浮於河以運物者。南土名箄，北人名筏也。箄音蒲佳反。

水獺　他曷、他轄二反。説文：形如小犬，水居食魚者也。律文作狚，非，丁曷反。字林：獦狚，獸名也，似狼，赤首。狚非字體。獦音古曷反。

失收摩羅　或作失守。善見律云：鰐魚也。長二丈餘，有四足，似鼉，齒至利。有禽鹿入水，齧腰即斷。或云殺子魚。

獼猴江　梵言未迦吒，此云猴。賀邏馱，此云池。在舍離菴羅園側。昔獼猴共集爲佛穿池。今言江者，譯人義立耳。如言恒河，亦作恒江也。

咄男　丁兀反。字林：咄，相謂也。字書：咄，叱也。

倚發　府越反。謂機發也。機，主發之機也。説文：射，發也。律文作撥，補沫反。廣雅：撥，除也。亦棄也。撥非此義也。

惡獸　爾雅音義云：狩亦獸子(字)〔一六〕。二足而羽曰禽，四足而毛曰獸。

蛇螫　或(式)〔一七〕亦反。字林：蟲行也(毒)〔一八〕也。關西行此音。又呼各反，山東行此音。螫，知列反。南北通語也。

僧伽藍　此言訛也。正言僧伽羅摩，此云衆園。

狎習　古文庘、狹二形，同。胡甲反。近也，習也，謂附而西〔一九〕近之，習其所行也。律文作洽，非體也。

祠天　似兹反。爾雅：祠，祭也。又春祭曰祠也。

污身　烏故、紆坐〔二〇〕二反。説文：行〔二一〕穢也。塗污也。釋名云：污，洿也。如洿泥。

捫摸　莫昆、莫本二反。聲類：捫，摸也。字林：捫，撫持也。案捫摸謂執持物也。

捺髀　古文踔，同。蒲米反。説文：股外也。北人用此音。又音方尔反，江南行此音。律文作胜，俗字也。

草秸　又作稭、鞂、秸三形，同。公八反。秸，稾也。説文：稭，禾稾去其皮，祭天以爲藉也。律文作苦〔二二〕，古木反。禾稽也。苦非此用也。

四分律　第三卷

摩醯　呼奚反。譯云大自在天也。

唄匿　蒲介反。梵言婆師，此言讚歎。言唄匿者，疑訛也。婆，借音蒲賀反。

創孔　古文戧、刅二形，今作創，同。初良反。説文：創，傷也。禮記「頭有創則沐」是也。又音楚亮反。創，始也。非今所取。今皆作瘡，近字耳。

摶食　徒丸反。説文：摶，圜也。通俗文云「手團曰摶」是也。律文作揣。説文：揣，量也。音都果反，北人行此音。又初委反，江南行此音。揣非字義。

適意　尸亦反。廣雅：適，善也。謂事物善稱人心也。

所保　古文賲、呆、保(保)[二三]三形，同。補道反。説文：保，養也。亦守也。

華鬘　梵言摩羅，云鬘，音蠻。案西域結鬘師多用蘇摩那花行列結之，以爲條貫，無問男女貴賤皆此莊嚴。諸經中天鬘、寶鬘、花鬘市[二四]等皆是也。律文作髻[二五]，非體也。

乾消　古寒反。下古文消，思遥反。説文云：消，盡也。律文作疛，非也。

痔病　直理反。後病也。釋名：痔，食也。蟲食之也。

里巷　周禮：五家爲鄰，五鄰爲里。謂二十五家也。里，居也。房(居)[二六]方一里之中也。

汝曹　又作䡝，同。自勞反。曹，輩也，群也。

兩翅　古文翄、𦐂二形，同。誧智反。説文：翅，翼也。

磔手　古文厇，同。知格反。廣雅：磔，張也。磔，開也。通俗文：張申曰磔。説文亦披磔也。律文作桀，渠列反。字林：强暴也。又作磔(𨅃)[二七]，未詳何出。

填滿　古文寘，同。徒堅反。廣雅：填，塞也。

淹漬　在賜反。通俗文：水浸曰漬。説文：漬，漚也。

隄防　古文阺，同。都奚反。爾雅：隄謂之梁。李巡曰：隄，防障也。漢書：無隄之與(輿)[二八]。韋昭曰：積土爲封限也。

所認　而證反。失物者而識之曰認。律作訒、仞二形，非體也。

革屣　古文韉、韃、蹝二(三)[二九]形，同。所倚、所解二反。聲類：屣，鞮屬也。

拼地　補耕反。今謂彈繩墨而拼也。江南名拼，音普庚反。

晡時　補胡反。淮南子云：日行至於非(悲)[三〇]谷也。今曰加申時是也。

唾壺　户孤反。説文：圓器也。

觸嬈　奴了反。三蒼：嬈，弄也。説文：嬈，擾，戲弄。

四分律　第四卷

羝羊　丁奚反。二(三)[三一]蒼：羝，特羊也。廣雅：雄羊也。

典領　又作敟，同。丁蠒反。廣雅：典，主。

欶太　又作嗽，同。所角反。吮也。通俗文：含吸曰嗽。

老邁　或作勱，同。莫芥反。廣雅：邁，歸往也。説文：遠行也。詩云：日月其邁。傳云：邁，行也。

老耄　[古文毫、耄][三二]二形，今作秏，同。莫報反。禮記：八十曰耄。鄭玄曰：耄，惛忘也。左傳：老將知耄又及之[三三]。

杜預曰：毳，亂也。

適生　說文：尸赤反。之也。謂始也，近也。

迸石　古文跰，或作逬，同。班孟反。迸謂散走也。

自襞　并尺反。廣雅：襞，詘也。說文：韏衣也。詘音屈，韏音羌阮反。

四疊　徒頰反。三蒼：疊，重也。又作褺。字林：重衣也。二形通用。律文作牒，簡牒也。牒非字義也。

疼痛　又作痋、胗二形，同。徒冬反。聲類作癑。說文：痋，動痛也。釋名：疼，痺也。俗音騰。

四分律　第五卷

溉灌　哥賚反。說文：溉，灌也。灌，注也。

擿花　都革反。蒼頡篇：以指擿（摘）〔三四〕取也。律文作摘。字林：他狄反。摘，除也。呈亦反。投擿也，並此非義。

倡伎　齒揚反。說文：俳，戲也。案俳者，樂人所爲戲笑以自怡悦也。律文作啡，匹愷反。唾也。啡（非）〔三五〕此義。

聚落　古文鄹、郰二形，同。才句反。邑，落名也。小鄉曰聚。廣雅：落，居也。謂人所聚居也。漢書「無播（燔）〔三六〕聚落」是也。

趒躑　上他弔反，又徒彫反。下遲亦反。韻集：趒，越也。今言趒躑也。

四分律　第六卷

三衣僧伽梨　此音訛也。應云僧伽致，或云僧伽胝。譯云合云重，謂割之合成又重作也。此一衣必割截成，餘二衣或割，若法密部、說諸有部等多則不割，若聖辯部、大衆部等則割之。若不割者，直安怗角及以鉤紐而已。

欝多羅僧　或云郁多羅僧伽，或云優多羅僧，或作漚多羅僧，亦梵言訛轉耳。此譯云上著衣也。著謂身相合，言於常所服中最在其上，故以名也。或云覆左肩衣也。

安多會　或作安多衛，或作安多婆娑，或作安陀羅跋薩，此譯云中宿衣，謂近身住也。或身裏衣也。

更貿　又作貿，同。莫候反。三蒼詁〔三七〕：貿，換易也。爾雅：貿、賈、市，買也。郭璞曰：交易物爲貿。詩云「抱布貿絲」是也。

中曬　又作[illegible]。方言：曬，暴也，乾物也。郭璞：音霜智反，北土行此音。又所隘反，江南行此音。

五穀　案禮記月令：天子春食麥。鄭曰：麥實有孚甲，屬木。夏食菽。菽，豆也，菽實孚甲堅合（全）〔三八〕，屬水。季夏食稷。稷，五穀之長，屬土。土，中央。秋食麻，實有文理，屬金。冬食黍。黍秀舒散，屬火。皆順時而食之，以安其性也。

敞露　齒掌反。蒼頡篇：敞，高顯也。說文：平治高大（土）〔三九〕可遠望也。律文作閶，音昌。楚辭：天門也。亦西風名也。閶非義也。

儲積　直於反。三蒼：儲，備也。畜物以爲備曰儲。說文：儲，偫也。稸也，待也。偫音直里反。

綫栟（拼）〔四〇〕　補莖反。栟（拼）〔四一〕，彈也。律文作絣，字與迸同，百莖反。字林：無文綺也。

徒跣　達胡反。下千典、西典二反。以脚踐土也。三蒼作[illegible]，又作跒，同。太各反也。

爪扴　又作檛(撾)〔四二〕，同。工八反。説文：檛(撾)，刮也。

四分律　第七卷

嚴駕　古文格(輅)〔四三〕，同。加暇反。字林：馬在軛中曰駕。廣雅：駕，行也。駕，乘也。

擿解　他狄反。謂除也。挑，擿也。擿，剔也。

應帖　他頰反。通俗文：題賦曰帖。説文：帖，帛書署(署)〔四四〕也。律文作裧，徒頰反。方言：襌衣也。裧非此用也。

暴繭　蒲穀反。説文：暴，晞乾也。繭，古文作絸，同。公殄反。繭，縈絲也。

以斤　居銀反。説文：斤，斫木也。國語：斤，钁也。釋名：斤，謹也。板廣不可得削，又有節，則用此斤之。所以詳謹令平滅斧跡也。律文作釿，魚斤反。蒼頡篇：釿，剸也。又音牛靳反。説文：釿，劑音子隨反。剪刀也。釿非此義也。

細剉　且臥反。説文：折傷也。案剉，猶斫也。律文作挫，非也。

塗埵　都果反。字林：堅土也。

羺羊　奴溝反。埤蒼：羪羺，胡羊也。謂之羪羺。羪音女佳反。

襯鉢　叉覲反。襯亦親也。隱襯裏中也。

作帽　莫報反。頭衣也。

作袜　古文韤，或作襪、帓、妹三形，同。無發反。足衣也。釋名：袜，末也。脚末也。

四分律　第八卷

分牻　亡江反。説文：白黑雜毛牛也。今多作尨，犬多毛也。詩云：無使尨也吠。此是也。

染擗　方麥反。説文：擗，撝也。撝，裂也。廣雅云：擗，分也。

四分律　第九卷

懺悔　此言訛略也。書無懺字，應言叉磨，此云忍，謂容恕我罪也。半月叉磨，增長戒根。逋沙他，此云增長。戒名鉢羅帝提舍耶寐，此云我對説。謂相向説罪也。舊名布薩者，訛略也。譯爲浄住者，義翻也。

五綴　張衛反。説文：綴，合著也。綴，連也。

閾内　古文閾(閪)〔四五〕，同。許域反，又音域。爾雅：柣謂之閾。郭璞曰：門限也。柣音田結反。

户扉　字書：一扉曰户，兩扉曰門。又在〔四六〕於堂堂(室)〔四七〕曰户，在於宅區域曰門。律文作闁，未見所出。

作縒　蘇對反。方言：縒車，趙魏間謂之歷鹿也。

橜上　渠月反。廣雅：橜，杙也。杙音以職反。

四分律　第十卷

震烈　離折反。説文：烈，火猛也。廣雅：烈，盛也。

厄(卮)〔四八〕中　之移反。説文：圜器也，一名觛。應劭注漢書云：厄(卮)受四升。律文作枝，枝條之枝，非字義也。觛音徒亶反。

簜中　他朗反。説文：大筩也。以木若瓦爲之，短闊於桶。律文作欓，當朗反。廣雅：欓，茱萸也。欓非此用也。

户向　許亮反。三蒼：向北出牖也。亦窗也。

什物　時立反。什謂會數之名也，亦聚也，雜也，資生之物也。今人言家產器物猶云什物，物即器也。江南名什物，此土名五行。史記：舜作什器於壽丘。漢書：貧民賜田宅什物。此即是也。

打撲　匹木反。通俗文：連杖曰撲也。

四分律　第十一卷

養飤　說文：囚志反。糧也。廣雅：萎（餧）〔四九〕，飤也。蒼頡訓詁：飤，飽也。謂以食與人曰飤。萎音於偽反。律文作飼，俗字也。

摩抆　古文揩，同。亡粉反。抆，拭也。律文或作捫，摸也。

賜金　古文脆（賉）〔五〇〕，同。几髮反。廣雅：賜，賭也。說文：賜，貨也。

毀呰　子尔反。說文：呰，呵也。禮［記］〔五一〕云：呰者，莫不知禮之所生。鄭玄曰：口毀曰呰也。

禿瞎　今作瞷，同。呼鎋反。字書：一目合也。

皮韋　于非反。字林：柔皮也。

野干　案子虛賦云：騰遠射干。司馬彪、郭璞注並云：射干似狐而小，能緣木。射音夜〔五二〕，又作野。

甘膳　上扇反。說文：具食也。廣雅：善，肉也。儀禮：膳，進。鄭玄注周禮云：膳之言善也。今時美物亦曰珍膳也。

傴臥　於嫁反。韻集曰：倚，傴也。今言傴息、却傴並是也。

謦欬　空頂反，下苦代反。通俗文：利喉曰謦。字從律文作嚳咳，音苦經反，樂器名也。下苦愛反，嬰咳也。非字體。

四分律　第十二卷

掘地　渠勿反。說文：掘，搰也。謂以物發地也。搰音胡没反。

钁斲　古文斵，同。竹角反。說文：斲，斫也。

掐（掐）〔五三〕傷　枯狹反。或作剳，同，枯洽反。通俗文：爪按曰掐（掐）。韻集：刮人（入）〔五四〕也。江南有剳寶器，當作此。

竿蔗　音干。下又作柘，同。諸夜反。今蜀人謂之竿蔗。甘蔗，通語耳。

自炒　古文鬻、焣、煼、𩰲四形，今作䵅。崔寔四民月令作炒。古文寄（奇）〔五五〕字作㷅，同。初狡反。方言：熬、煎、僬皮逼反，火乾也。說文：熬也。

黑縹　匹眇反。釋名云：淺青色也。有天縹、骨縹，各以其色言之也。

毳紵　或作苧，同。直呂反。說文：檾屬，細者爲絟布，白而細曰紵〔五六〕。亦草名也。絟音七泉反，細葛布也。檾者（音）〔五七〕苦迥反。

何與　余據反。會、及、暨，皆與也。

覆苫　舒鹽反。爾雅：白蓋謂之苫。李巡：編菅以覆屋曰苫。一音舒焰反。苫而亦覆也。

憒內　公對反，下奴教反。說文：憒，亂也。韻集：內，猥也。猥，衆也。律文閙，俗字也。

百臘　力盍反。案風俗通曰：漢曰臘，獵也。獵取禽獸祭先祖也。此歲終祭神之名也。經中言臘佛者即此義也。或曰臘者接也，新故交接也。諸經律中亦名歲，如新歲經等也。爾雅注云：一終名歲，又取歲星行一次也。夏曰歲，商曰祀，周曰年，唐虞曰載，皆據一終爲名。今比丘或言臘，或云夏，言兩(雨)〔五八〕，同其事也，一終之義。案天竺多雨，雨安居從五月十六日至八月十六日也。土火羅諸國以十二月安居，此〔五九〕方言夏安居，從四月十六日至七月十五日，各就其事制名也。

四分律　第十三卷

相遺　余季反。廣雅：遺，與也。謂以玩好物與人口(曰)〔六〇〕贈遺也。

熨治　或作尉，同。於謂反。說文：從上安下也。亦所以熨申繒也。

田殖　時力反。蒼頡篇：殖，種也。廣雅云：殖，生也。

撩理　力條反。通俗文：理亂謂之撩理。謂撩捋整理也。今多作料量之料字也。捋音力活反。

四分律　第十四卷

斟酌　古文斟，同。之任反。說文：斟，勺也。國語：王斟酌焉。賈逵曰：斟猶取。酌，行也。廣雅云：斟，酌，益也。律文作酙，未見所出也。

跟劈　古文鎃、旇二形。字林：匹狄反，破也。關中行此音。說文音隱披厄反。江南通行二音。

賨賈　公戶反。周禮：九職，六曰賨賈。鄭玄云：行曰賨，處曰賈。白虎通曰：賈者，固物以待民來求其利也。今皆商也。

貪饕　又作飸，同。他勞反。說文：貪也。舊律本多作饕餮，他結反。案左傳：縉雲氏有不才子，貪於飲食，冒於貨賄，斂積不知紀極，人民謂之饕餮。杜預曰：貪財曰饕，貪食曰餮。

哯出　古文哯，同。下殄反。說文：不歐而吐也。今謂小兒吐乳而哯。

鉢盂　補沫反。鉢多羅，又云波多羅，此云薄，謂治厚物令薄而作器也。鉢亦近字。下羽俱反。說文：飯器也。律文作釪，古文鏵字，音胡瓜反，犂鏵也。鏵非此用也。

四分律　第十五卷

孔罅　古文墧(罅)〔六一〕、墧二形，同。呼亞反。說文：罅(罅)〔六二〕，裂也，拆(坼)〔六三〕也。

賦與　方句反。廣雅：賦，布也。平均也。爾雅：賦，斑(班)〔六四〕也。斑(班)，遍布與也。律文作傅，師傅也。又作付，付囑也。並非此義也。

餅黏　女廉反。說文：黏，相著也。三蒼：黏，合也。

甘饌　說文籑或作饌，同。仕眷反。具食也。論語：有飲食，先生饌。馬融曰：饌，飲食也。

脱過　吐活、吐外二反。廣雅：脱，可也。尔也，謂不定之辭也。

湏銚　古文鍫(鐎)〔六五〕，同。余招反。廣雅：銷謂之銚。說文：温器也。以(似)〔六六〕鬲，上有鐶。山東行此音。又徒弔反，今江南行此音。銚形似鎗而無脚，上加踞龍爲襻也。銷，呼玄反。鬲音歷也。

毛氀　字林：力于反。粗罽也。通俗文：毛布曰氀。又所俱反。氍，氀也。音瞿。

四分律　第十六卷

辮髮　三蒼亦偏（編）〔六七〕字，同。平典反。説文：辮，交織也。

蕤汁　汝誰反。爾雅：棫（棫）〔六八〕，白桵（桵）〔六九〕。郭璞曰：小木，藂生，有刺，實紫赤，可食。本草作蕤，今桵（桵）核是也，字從生豕聲。棫音域。

嬉戲　虚之反。説文：僖，樂也。蒼頡篇：嬉，戲笑也。

澆灒　子旦反。説文：汁（污）〔七〇〕灑也。江南言灒，山東言湔〔七一〕。湔音子見反。通俗文：傍沾曰湔也。

若簰　又作簰（簿）〔七二〕，同。步佳反。廣雅云：簰、㳎，筏也。今編竹木以水運爲簰。秦人筏，江南名簰。㳎音敷。

掉臂　徒弔反。廣雅：掉，動也。説文：掉，摇也。

皰沸　淮南子作皰，同。彭孝反。説文：面生熱氣也。通俗文：體蛘沸曰癀沮。音扶分、才與反。江南呼沸子，山東名癀沮。律文作庖、皰二形，未見所出。

掃敷　音翼，麥稬也。唯晉陽春秋有人姓姚，名敷，作此字，諸書所無也。

彷徉　字林音房。下余章反。廣雅：彷徉，徙倚也。案彷徉猶俳佪也。

櫨棟（棟）〔七三〕　禄都反。説文：欂櫨，柱上枅也。三蒼：柱上方木曰枅。一名楮。山東江南皆曰枅，自陝以西曰楮。釋名云：櫨在屋端都盧，負屋之重也。下都弄反。説文：棟，屋極也。周易「上棟下宇」是也。今山東呼棟爲㮰者，一靳反。釋名云：棟，中也。居屋之中也。㮰，[隱]〔七四〕也，以㮰捅（桷）〔七五〕也。欂音蒲麦〔七六〕反。

不禁　急林、居鴆二反。案禁猶制也。

四分律　第十八卷

口噤　古文唫，同。渠飲反。楚辭：口噤而不言。王逸曰：閉口爲噤也。

桎（挃）〔七七〕者　猪栗反。廣雅：柱（挃），刺也。謂以指觸人也。

手搏　補各反。搏猶拊也。廣雅：搏，擊也。釋名云：四指廣搏以擊之也。

罰摘（謫）〔七八〕　上扶發反。説文：罪之小者罰。廣雅：罰，折伏也。字從刀從詈。謫，説文：都革反。罰也。字林：過責也。方言：謫，罪過。通俗文：罰罪者曰謫。律文作儞，非也。

四分律　第十九卷

褚繩　古文衿，同。竹與反。謂以綿裝衣也。

支肩　今作楮，同。音枝。支猶篤也。

貧匱　渠愧反。禮記：即財不匱。鄭玄曰：匱，乏也。詩云：孝子不匱。傳曰：匱，竭也。

刳剔　口孤反。謂空其中也。方言：刳，剔也。説文：刳，判也。剔音他歷反。

鏢鑽　匹燒反。説文：刀削末銅也。釋名云：矛下頭曰鐏。音存悶反，江南名也。關中謂之鑽，音子亂反。律文作鏢鑲，非體也。

玦玨　居穴反。左傳：金寒玦離。杜預曰：玦如環而鈌（缺）不相連也〔七九〕。玨或作鈕，女九反。廣雅：印玨謂之鼻，今像此。

作匕　畢以反。通俗文：上（匕）〔八〇〕或謂之匙。説文：所以取飯也。一名四音也〔八一〕。

衣鋓　音滑，横礙也。未詳字出。案通俗文：堅鞕不消曰礣矸。音莫八、胡八二反。今山東謂骨綰紐（細）〔八二〕者爲礣矸子，蓋取此爲也。綰音烏板反。

藥篦　必奚反。小學篇云：篦，刷也。今眉篦、插頭篦皆作此。

奄地　又作弇、揜、掩三形，同。淹儼反。廣雅：弇，覆也。

細攝　之涉反。廣雅：襵，襞也。埤蒼：攀衣也。今作襵疊是也。通俗文：便縫曰襵。今裙襵亦宜作此。攝（襵）〔八三〕音輒。攀音丘院反。

脚腨　又作踹，同。時兖反。字林：腨，腓腸也。

脅肋　力得反。説文：脅骨也。字從肉。律文作勒。説文：馬頭絡銜者。勒非今用也。

四分律　第二十卷

尻不　苦高反。説文：尻，脽也。三蒼：尻，髖也。脽音誰也。

脏肘　區放反。横舉肘也。未詳字出，此應俗語。孔云「並坐不横肱」是也。律文或作雉、㑌二形，並未詳。

戾身　力計反。字林：戾，曲也。字從犬出户而身曲戾也。

趍行　又作趍〔八四〕，同。且臾反。釋名云：疾行曰趍，疾趍曰走。禮記：惟（帷）〔八五〕薄之外不趍。鄭玄曰：行而張足曰趍，堂上不趍爲其近也。爾雅「堂下謂之趍」是也。

挑取　他堯反。聲類：挑，抉也。謂以手抉取物也。抉音於穴反。挑也。

蘂葉　如捶反。廣雅：蘂，華也。謂花鬚頭點是也。

四分律　第二十一卷

椑桃　音卑，似柿。南土有青黄兩種，荆州之烏椑也。

噏噉　古文歙、噏一（二）〔八六〕形，今作吸，同。許及反。廣雅：吸，飲也。

舓飯　又作舐〔八七〕，同。食尔反。謂以舌取食也。

木屐　又作跂，同。渠逆反。下律文有草〔八八〕屐、欽婆羅屐等。説文：屐，屩也。釋名：帛屐，以帛爲之。然則屐、屩古時同類也。漢書「袁盎屐行七十里」是也。三蒼：木屩也。孔叢曰：孔穿曳長裙，振方屐，見平原君。此似木屐也。異苑云：介子推抱樹燒死，晉文公伐以制屐也。屩音居虐反。

持鉾　古文戎、釪〔八九〕二形，今作矛，同。莫侯反。説文：酋矛，長二丈，建於兵車也。酋，自由反。

四分律　第二十二卷　第二十三卷

第二十四卷　已上三卷先並不音。

四分律　第二十五卷

若椾（揃）〔九〇〕　古文劗、鬋、翦三形，同。姊踐反。字林：椾（揃），搣也。亦斷也。

挽出　古文輓，同。無遠反。説文：引車也。

結縷　爾雅：傅横目。孫炎云：三輔曰結縷，今關西饒之，俗名苟屢草也。律文作茄蔞。案：茄，説文加歌二音。爾雅：荷，芙蕖。其莖茄。此則於義無施。蔞字未詳所出。一本作茄蘆，音加。下力胡反。爾雅：葭，蘆。郭璞曰：即葦。必[九一]當誤耳。

汪水　烏黄反。江（汪）[九二]，池也。通俗文：停水曰汪。説文：汪，深廣也。

四分律　第二十六卷

祝禮　説文作詶，之授反。詛也。古文禮，今作詛，同。側據反。釋名云：祝，屬也。以善惡之辭相屬著也。詛，阻也，謂使人行事阻限於言也。

泛長　古文氾，同。敷劒反。説文：泛，浮也。廣雅：泛，普也。律文作汎，古文渢，同，扶弓反。爾雅亦浮也。

摸法　或作摹，同。莫奴反。聲類：摸，法也。謂掩取象也。

四分律　第二十七卷

舂磨　字林作礳，同。亡佐反。郭璞注方言云：磑即磨也。世本云：斑輸（輸班）[九三]作磑。北土名也，江南呼摩。

紡績　古文勣，同。子狄反。字林：績，緝也。

蚩笑　古文蚩，同。尺移反。廣雅：蚩，輕也。謂相輕笑也。

乳哺　蒲吸（路反）[九四]。哺，含食也，嚼食也。淮南子云「含哺而與」是也。律文作餔，補胡反。三蒼：夕食也，謂甲（申）[九五]時食也。餔非字義也。

四分律　第二十八卷

厭禱　於冉反。字苑云：眠内不祥也。論衡曰：臥厭不悟者也。江東音於葉反。字從厂，音呼旱反。禱，都導反。禱，請也，請於鬼神也。廣雅：禱，謝也。説文云：告事求福爲禱也。

不案　於旦反。案亦瞻視也，察行也。或云：案，尋也。

四分律　第二十九卷

衿髁　口化反。三蒼：尻骨也。字林：骻也。腰骨也。口亞反。今以骻爲髁。律文作胯，口故反，股也。又作跨，字林：跨，踞也。二形並非此義也。

限處　於迴反。説文：一曲（出）反。水曲隩也。限，隱蔽之處也。又作㞃，烏輩反。字林：㞃，翳也。通俗文：奥内曰㞃。今言[㞃地][九六]、㞃處並是也。

作屧　古文屟，今作𧟄，同。思頰反。説文云：履也，薦也。本音他頰反。今江南女婦猶著屧子，製如芒屧而卑下也。

四分律　第三十卷　先不音。

四分律　第三十一卷

顧眄　亡見反。説文：邪視也。方言：自關而西秦晉之間曰眄。

四徼 古弔反。四門巷也。即曆中四徼日是其事也。

角力 古文斠，同。古卓反。廣雅：角，量也。說文：斠，平斗斛也。

𣰆毹 又作毹𣰆二形。字苑作氍𣰆，同。强朱、雙朱反。聲類云：毛席也。釋名作裘溲。通俗文：織毛褥曰𣰆毹，細者謂之毾㲪也。

凸髖 徒結反。抱朴子曰：凸，起也。下又作髖（臗）〔九七〕，同。苦丸、苦昆二反。說文：髀上也。廣雅：臗，豚也。埤蒼：臗，尻也。律文作䏑，非也。

芬馥 扶福反。字林：馥，香氣也。

書讖 楚蔭反。三蒼：讖，秘密書也，出河洛記。說文：讖，驗也。謂占後有效驗也。

四分律 第三十二卷

泠而 歷經反。泠然清凉貌也。泠然，亦解悟之意也。

荷擔 古文抲，同。胡我反。又音何。荷，負也。說文：何，擔也。

鼾睡 下旦反。說文：臥息聲也。字苑呼干反，江南行此音。律文作吁、嗅、齁三形，非也。

齘齒 下介反。說文：齒相切也。三蒼：鳴齒也。律文作嗐，未詳字出也。

寱語 音藝。說文：寱，眠言也。聲類：不覺妄言也。舊律本多作憓、𧬈二形。三蒼：于劌反。謊言也。又音牛例反。廣雅云：憓，寱也。謊音呼光反。

撿髮 居儼反。廣雅：撿，甲也。括也。括，束也，繫也。

訕若 所姦反。依字，訕，謗也。

四分律 第三十三卷

潦水 音老。謂聚雨也〔九八〕，爲污潦水也。

潄口 所霤反。說文：潄，［盪］〔九九〕口也。禮記「鷄初鳴，咸盥潄」是也。

抖擻 又作藪，同。蘇走反。郭璞注方言曰：抖擻，舉也。難字曰：抖擻，㪙𣪊也。江南言抖擻，北人言㪙𣪊。音都穀反。下蘇穀反。律文作枓捒二形。枓與拯字同。下捒，音戍，縛捒也。又作朴〔一〇〇〕，之庾反，斟〔一〇一〕也。又捒，山厄反。捒，木名也。並非此義也。

茹菜 穰舉、穰慮二反。廣雅：茹，食也。

撓令 火刀反。字林：撓，擾也。漢書「留犁撓酒」是也。

扂户 通俗文作串（扉）〔一〇二〕，門串（扉）也。蒼頡篇作橝，音簟，持也。

四分律 第三十四卷

闔牡 亡厚反。說文：杴（插）〔一〇三〕闔下牡也。案爲牡，牡所以封固闔，令不可開也。

輕躁 又作趮，同。子到反。躁，擾也，亦動也。釋名：燥也。如物燥則飛揚也。

迫難 古文敀，同。補格反。廣雅：迫，陝也。急皃也。案迫猶逼也。

遲〔一〇四〕其 或作迟，籀文作遟，同。除致反。案迟待也。漢書

「遲待天明」是也。又除梨反，遲，晚。

四分律　第三十五卷

犍黄　又作犍、劇二形，同。居言反。字書：犍，割也。通俗文：以刀去陰曰犍也。

租賦　古文賦，同。方務反。説文：賦，斂也。廣雅：賦，税也。爾雅：賦，量也。郭璞曰：賦税所以平量也。文(方)〔一〇五〕言：賦，動也。賦税所以擾動也。

痶瘓　勑顯、勑管反。言髮病也。

瘊病　相承呼溝反，未詳何證。律文岌〔一〇六〕作㿔，腫也。

睞眼　力代反。説文：目瞳子不正也。蒼頡篇：内視也。

瞯眼　古文瞯，同。胡間反。説文：戴眼〔一〇七〕也。蒼頡篇：目病也。爾雅：馬一眼白曰瞯也。

疥瘙　又作瘙，同。桑到反。廣雅：瘙，瘡也。通俗文：皮起曰瘙也。

淡陰　徒甘反。謂匈上液也。醫方多作淡飲。

逼切　千結反。廣雅：切，近也。亦切，急也。切，逼也。

揵椎　梵言臂吒揵稚。臂吒，此云打。揵稚，所打之木，或檀，或桐，此無正翻，彼無鐘磬故也。舊經多作揵遲，此亦梵言訛轉也。宜作稚。稚音直致反。但稚、稚字形相濫，故誤也。

四分律　第三十六卷　先不音。

四分律　第三十七卷

若滕　始孕反。説文：持機經者也。三蒼：經所居機滕也。

毼毲　上他盍反。三蒼云：毼毲，毛有文章也。釋名云：施之大床前小榻上所以登上牀。因以爲名焉。

四分律　第三十八卷

皮革　古文革、愅(悈)〔一〇八〕、諽三形，同。古核反。説文：獸去毛曰革。革，更也。獸皮治去毛曰革，故以爲皮革字也。革者，更也。字從三十從口，[口]〔一〇九〕爲國邑也。國三十年而法更别，取别異之意也。口音韋。

不串　説文作慣〔一一〇〕，詁幼文〔一一一〕作慣，同。公患反。串，習也。

四分律　第三十九卷

湏剗　古文鏟，同。初簡反。説文：鏟，平鐵也。今方刃施柄者也。

漫跟　莫干反。此假借也。字體作鞔。跟，或䟾，古恩反。説文：跟，足踵也。

斑豆　江南有此豆也。角長，熟乃斑也。

户樞　齒榆反。爾雅：樞謂之椳。郭璞曰：門扉樞也。廣雅：樞，本也。椳音五迴反。

皮連　古文聯，同。力錢反。廣雅：連，續也。亦連，合也。律文作縺，力前反。字林：縺不解也。

鞾鞮　疑爲鞾鞮。字苑：素合、都奚反。今江南謂靴無頭者爲鞾。廣雅：鞮，履也。鞮，革履。

四分律　第四十卷

患嚏　又作𪖐，同。丁計反。蒼頡：噴鼻也。詩云：願言即嚏。箋云：汝思我心如是，我即嚏。今俗嚏云人道我，此亦古遺語耳。

賓坻　直飢反。或作邠坻。邠音府旻反。案梵本云阿那他賓荼揭利呵跛底，此云給孤獨長者也。

門閫　又作梱，同。苦本反。説文：梱，門厥（橜）〔一一二〕也。禮記云：外言不入於梱。鄭玄曰：梱，門限也。

䣥餬　音提胡。通俗文：酪酥謂之䣥餬。律文作醍，音體。字書：醍，酒也。餬，尋撿並無，此應近作耳。

紺色　古憾反。説文：帛染青而楊（揚）〔一一三〕赤色也。釋名云：紺，含也。謂青而含赤色也。

逼斥　鴟亦反。三蒼：斥，推也。漢書：乘輿斥車馬。音義曰：斥，不用也。案斥猶疏遠也，亦指斥也。

寺廟　風俗通曰：寺，司也，廷之有法度者也。諸侯所止皆曰寺廟。爾雅：寺，治也。三蒼：寺，官舍也。字體從寸從㞢聲。釋名云：寺，嗣也。治事者相嗣續於其中也。韓詩：鬼神所居曰廟。白虎通曰：廟者，皃。詩：先祖之尊皃也。今取其義。㞢古文之字也。

著褶　尋入反。謂大袖衣也。禮記：君爲褶衣。鄭玄曰：褶，袷也。釋名：褶，襲也。言覆上之名也。袷音工洽反。

行縢　徒登反。禮記注云：幅，行縢也。江南厮役者有此物，亦謂之行纏。釋名云：以裹脚可跣騰輕便也。

犛牛　説文音茅，西南夷長髦牛也。今隴西出此牛也。髦音毛也。

四分律　第四十一卷

車輿　與諸、輿庶二反。説文：居（車）〔一一四〕輿也。亦總稱車輿。一曰車無輪曰輿。律文作舉，對舉。

落發　甫越反。發猶放也，去也。説文：射，發也。詩云「發彼有的」是也。

中的　知仲反。下的又作弔。説文作旳，明也，同。都歷反。射質也，謂的然明見也。今射堋中珠子是。

射鞚　口弄反。難字曰：鞚，馬鞚也。

貯器　張吕反。説文：貯，積也。所以成（盛）〔一一五〕貯者也。左傳：取我衣冠而貯之。杜預曰：貯，蓄也，謂蓄藏之也。

結毦　字林：而容反。毛罽也。律文作緝，字書亦䩸字，音而用反。案毳飾也。

作幰　虚偃反。蒼頡篇云：布也，帛張車上爲幰也。

四分律　第四十二卷

床米　字體作糜，亡皮反。吕氏春秋曰：飯之美者有陽山之穄。高誘曰：關西謂之床，冀州謂之穄。律文有作林（秫）〔一一六〕字，音述也。

堅韌　今作肕，同。而振反。通俗文：柔堅曰肕。管子曰「筋肕而骨强」是也。

若癬　又作㿅，同。先善反。説文：乾瘍也。今有乾濕兩種也。

若瘑　又作𤸸，同。古和反。韻集曰：瘑病也。春發者謂之鷰瘑，秋發者爲鴈瘑也。

鹵鹽　力古反。天生曰鹵，人生曰鹽。古者宿沙初煮鹽。

涎沫　又作次、㳄〔一一七〕、膃(淈)〔一一八〕、唌四形，同。似延反。慕欲口液也。

鼠檻　胡黤反。説文：檻，櫳也。櫳，牢也。一曰圈也。

蚰蜒　或作蝣蚿二形，同。由延二音。説文亦名入耳。北燕曰蚰蚭，音女六、女胝反。

鈹刀　匹皮反。説文：大鍼也。醫家用以爲破癰也。

胞胎　補茅反。説文：胞，兒生裹也。

於尒　今作龠，同。而是反。詩云：百龠君子。箋云：尒，汝也。或作你。奴履反。你我字也。

泔汁　音甘。説文：泔，潘也，謂米汁也。潘音翻。淅米汁也。江北名泔，江南名潘也。

盪滌　古文潒，同。徒朗、下徒的反。通俗文：澡器謂之盪滌也。

得尊　字書作樽。説文：酒器也。尊以奉之。律文作鐏，音在困反。矛戟下銅鐏也。鐏非此義。

四分律　第四十三卷

剫皮　音皮。廣雅：剫，剥也。

循勺　囚倫反。循，行也。謂流下也。

揵茨　毗尼母經譯言中鐵鉢也。或作建鎡，亦是梵言輕重耳。律文作鎝𨪐，非也。

臽(臽)〔一一九〕孔　音陷。説文：小阱也。廣雅：臽(臽)，坑也。

蔆芰　又作茤，同。渠智反。説文：芰，蔆也。律文作苛，非也。

麨𣪠　又作奩。小學篇作𢴠，同。力沾反。韻集曰：𣪠所以斂物也。説文：𣪠，鏡𣪠也。今江南亦有粉奩、基(綦)〔一二〇〕奩也。

激發　經力反。莊子：污者激。司馬彪曰：流急也(曰)〔一二一〕激。楚辭：我清激而無所通。王逸曰：激，感也。

輾治　又作報。莊子「車輪不蹍地」作蹍，同。女展反。説文：輾，轢也。

怨仇　古文逑，同。渠牛反。三蒼：怨耦曰仇。爾雅：仇、讎(讎)〔一二二〕，匹也。孫炎曰：仇，相求之匹也。

微服　字林：微，隱行也。爾雅：匿、竄，微也。郭璞曰：謂逃竄也。字體從彳，微妙之微從人也。

四分律　第四十四卷　第四十五卷　並先不音。

四分律　第四十六卷

噫自　乙戒反。説文：飽出息也。禮記「不敢噦噫」是也。

駏驉　巨虚二音。似騾而小，牛父馬子也。

嫌隟　古文㠕，同。丘逆反。國語：上下無隟。賈逵曰：隟，舋也。説文：壁際孔也。

寶渚　之與反。爾雅：小洲曰渚。李巡曰：四面有水，中獨高可處，故曰渚也。

曼今　莫盤反。高昌謂聞爲曼，此應是也。律有作聞，勿雲反。説文：聞，知聲也。

四分律　第四十七卷　先不音。

四分律　第四十八卷

祇枝　字苑巨兒、之移反。法[服]〔一二三〕也。或作竭支

(文)[二二四]，或言僧迦支[二二五]，又作僧迦鵄，梵言訛轉也。正言僧脚崎，此云復腋衣也。或言瞿脩羅，此云圓也。像其衣形立名也。此衣西國亦著，但净耳。

蠱道　公户反。聲類：弋者反。說文：蠱，腹中虫也，謂行毒蠱。字從蟲在皿字意也。

四分律　第四十九卷

令卷　奇員反。詩云：有卷者阿。傳曰：卷，曲也。

詭語　俱毁反。謂變詐也。蒼：詭，譎也。廣雅：詭，欺也。

踈向　山於反。踈，通也。說文作𨻰。𨻰，窓也。字從疋也，從囱，象其形也。門户囱牖皆所以引通諸物，故從疋。疋取通行意也。疋，山與反。

捉脛　古文踁，同。下定反。字林：脚胻也。釋名云：脛，莖也，直而長似物莖也。

窳惰　余乳反。爾雅：窳，勞也。郭璞曰：勞苦者多惰窳也。承慶言懶人不能自起，如瓜瓠在地不能自立，故字從瓜。又懶人恒在室中，故從穴也。

警心　古文憼、儆二形，同。居影反。謂戒慎。警，誡也。廣雅：警，不安也。律文作景，大也，光明也。景非此旨也。

達嚫　叉覲反。經中或作大櫬，梵言訛也。案尊婆須蜜論亦作檀，此云財施，解言報施之法名曰達櫬。導引福地亦名達櫬。復次割意所愛，成彼施度，於今所益義是檀嚫。又西域記云：達櫬拏者，右也。或言馱器尼，以用右手受人所施爲其生福。故從之立名也。經中言福田者是也。華嚴經中功德達嚫即其義也。律文從口作嚫，近字也。

媟嬻　古文絬、媟、暬、渫四形，今作褻，同。先結反。謂鄙媟也。方言：媟，狎也。郭璞曰：親狎也。媟，慢也，傷也。下古文遺、嬻二形，今作黷，同。徒木反。通俗文：相狎習之謂之媟嬻也。

茜草　古文蒨、茜二形，今作蒨，同。千見反。說文：茅蒐也。人血所生，故蒐字從鬼。案茜可以染絳也。

不耐　奴代反。三蒼：耐，忍也。字本從刀，杜林改從寸也。

禁滿　温器也。尋撿文字所無，未詳何出。此應外國語耳。或鍅鉾訛也。鍅言古盍反，鉾音莫朗反。

四分律　第五十卷

湏籖　七廉反。說文：籖，貫也。鋭也。通俗文：記曰籖也。

縫纓　於近反。纓衣也。通俗文：合袟曰纓。

作箸　古文竽，同。直慮反。廣雅：筴謂之箸。律文作楮、鍺二形，同。知略反。爾雅：斫謂之楮。钁也。楮非字義。筴音古俠反。

蝙蝠　方眠、方目反。方言：蝙蝠，服異，蟙𧑰，靈鼠，四者一物，隨方別名也。崔豹古今注云：蝙蝠，一云仙鼠，一名飛鼠，五百歲，色白，腦重，集物則頭垂，故謂之倒掛蝙蝠。食之神仙。蟙[音織][二二六]，𧑰音墨。律文作蝭蝮，非也。

櫺子　力丁反。說文：窗楯間子也。今言「窗櫺」、「車櫺」是也。

横櫟　字林：音渠例反。木釘也。廣雅：檢(栓)[二二七]、概，釘也。江南謂之櫟。栓者(音)[二二八]所還反。律文作楬。說文：巨列反。揭，乍也。

作捲(棬)[二二九]　去權反。鄭玄注禮云：屈木爲之謂之棬。律文作椽，非體也。

喬客　奇驕反。字林：喬，寄也。廣雅：喬，高也。律文作僑。說文：僑，高也。廣雅：僑，才也。僑非此義。

鵽鳥　丁〔一三〇〕刮反。爾雅：鵽鳩，寇雉。郭璞曰：大如鴿，似雌雉，鼠脚岐尾，爲鳥憨急，群飛，出北方沙漠地，憨〔一三一〕肉美，俗名突厥雀，生蒿萊之間，大如鶉。

汲水　金及反。說文：汲，引水也。廣雅：汲，取也。

挈(楔)〔一三二〕槔　音結高。通俗文：機汲謂之挈(楔)槔。墨子曰「剛木爲挈(楔)槔」是也。

闌格　羹額反。蒼頡篇：格，椸架也。椸音移。

辮取　九万反。說文：杼(抒)〔一三三〕漏也。辮，舀也。舀音弋少反。

四分律　第五十一卷

作杷(把)〔一三四〕　補駕反。謂刀杷(把)也。正音補雅反。說文：把，握也。亦把，持也。單手爲把。

刀鞘　小爾雅[作]〔一三五〕鞘，諸書作削，同。思誚反。說文：削，刀鞞也。方言：劍削，關東謂之削，關西謂之鞞音餅。江南音嘯，中國者(音)〔一三六〕笑。

鞔著　莫干反。蒼頡篇：鞔，覆也。今謂覆蓋[爲]〔一三七〕鞔。周禮「棧車無革鞔」是也。律文作縵、[漫]〔一三八〕二形，假借也。

撚髭　乃殄反。通俗文：手捏曰撚。兩指索之也。聲類：撚，緊也。律文作捏，乃結反。字林：捏，捺也。

令翹　巨遥反。廣雅：翹，舉也。

眼瞼　居儼反。字略云：謂目外皮也。

耳璫　都堂反。釋名云：穿耳施珠曰璫。

綜練　子送反。說文：機縷。持絲交者。宗(綜)〔一三九〕，習也。

四分律　第五十二卷

椎鉆　巨廉反。說文：鐵鋷也。通俗文：鍛具曰鉆。律文作鉗，以鐵有所束也，亦頸鉗也。鋷音女輒反。

橐囊　埤蒼作韛，又作排，同。蒲戒反。王弼注老子云：橐，囊也。東觀漢記：因水爲排。音義曰：鍛家排也。

鏇器　似絹反。說文：鏇，圓鑪也。難字作標(擐)〔一四〇〕。謂似(以)〔一四一〕繩轉軸裁木爲器也。

棚閣　蒲萌反。三蒼：棧閣也。通俗文：連閣曰棚也。

挾鉢　胡頰反。說文：挾，持也。爾雅：挾，藏也，亦懷挾也。

相棖〔一四二〕　說文作撜，柱也。棖，音棖，紂庚反。字統作棖，丈庚反。棖，觸也。人嫽敝觸〔一四三〕亦作敞，音丈衡反。律文作棠，徒當反，三蒼：杜梨也。棠非此義。

作桄　古文[横]〔一四四〕、横二形，同。音光。聲類作輄，車下横木也。今車牀及梯舉(轝)〔一四五〕下横木皆曰桄是也。

若鑱　祖含反。綴也，細竹也。通俗文：綴衣曰鑱也。

指揩　古文韜，同。徒荅反。說文：指揩也。一曰韋揩也。今之射韜是也。

赭土　之也反。三蒼：赭，赤土也。

白墡　字林音善。墡，土名也，即白土也，亦名堊。案吴譜〔一四六〕本草云：白堊，一名白墡是也。

横郭　胡觥反。說文：闌木也。律文作宏，胡萌反。大也，屋深向也。宏非此義。郭，恢廓也，在外廓落之稱也。

若榜　借音力導反。關中名磨，山東名榜，編棘爲之以平塊也。

飼食　又作飴。毛詩傳作哃，同。勑之反。爾雅：牛曰齝。郭璞云：食已復出嚼之也。韻集音式之反，今陝以西皆言詩也。

雜糅　古文鈕、粈（粈）[一四七]二形，同。拏救反。廣雅：食雜也。説文：粈，雜飯也。

作鍇　他帀反。説文：以金銀有所覆。

毛毦　字林：先要反。毛皃也。通俗文：毛茂謂之毦削（毦）[一四八]也。案字義宜作鯱，音所革反。毛鯱也，亦蠅鯱也。

犎牛　漢書西域傳有犎牛，鄧屋（展）[一四九]曰：脊上有肉峯如橐駝。又獻一封駝，鄭氏曰：脊上有封也。難字作犎牛也。音妃封反。今有此牛，形小，髆上有犎是也。

四分律　第五十三卷

博掩　博，博戲也。用六箸、六棊謂之六博。掩，圍幕也。纂文云：撲掩，跳錢戲也。俗人謂之射意，一曰射數，亦云博戲，掩取又（人）[一五〇]財物也。

拍石　彈棊也。拍音普白反。

諛諂　以朱反。周書：面從曰諛。莊子：不擇是非而言謂之諛。律文諭，古文諭，今作喻，同。翼樹反。告也，譬諫也。

羖羊　公户反。三蒼：夏羊羖攊也，亦羯也。

牂羝　作桑反。字林：牝羊也。三蒼：吴羊也。

彗星　古文篲、篲二形，同。星芮反。爾雅：彗星爲欃搶。釋名云：星光稍似彗也。律文作簡閲之閲，非也。欃音又銜反。搶，又衡反。

月蝕　神職反。周易云：月盈即蝕。釋名云：日月虧曰蝕，稍稍侵虧如蟲食草木葉也。

四分律　第五十四卷　先不音。

四分律　第五十五卷

購中　相承古侯反。脚曲購也。購字未詳何出，應俗語耳。

陂池　筆皮反。亦池也。山東名濼。濼音普各反。鄴東有鸕鷀濼。今關中亦名濼，幽州名淀，音徒見反。

四分律　第五十六卷

篅上　市緣反。説文：判竹，圓以盛穀者也。律文作篔，音丹，笥也，小筐也。論語「篔食」是也。又作篔者，音典。爾雅：篔，亭歷也。

剬拱　旨兖反。通俗文：截斷曰剬。律文作揣，丁果、而兖二反。摇也，度也。

股閒　古文骰，同。公户反。説文：股，髀也。釋名云：股者，固也，爲强固也。

四分律　第五十七卷

企牀　古文趶，同。丘豉反。釋名云：企，启也。启，開也。言自延竦之時樞機皆開張也。律文從山作企（岙）[一五一]，小〔一五二〕延反。說文：人上山皃也。亦本古文危字，但此二字人多致惑，所以具釋也。

疝病　所姦反。說文：疝，腹痛也。

四分律　第五十八卷　第五十九卷　並先不音。

四分律　第六十卷

稊稗　又作荑。說文作苐，同。徒稽反。爾雅注云：苐似稗，布地穢草也，今俗云稊子是也。稗，蒲懈反。說文：禾別也。草之似穀者也。

秕苦　卑以反。穀不成者也。律文有作秏，當户反。方言：秕也〔一五三〕。苦，古木反。通俗文：禾稽謂之苦糕，音奴穀、之若二反。言音莫無反〔一五四〕。

遍扣　秙後反。論語云：以杖扣其脛。孔安國曰：扣，擊也。律文作叩。說文：京兆藍田有叩鄉。地名也。此假借耳。

而㲉　蘇奚反。通俗文：瓦器而璺。聲散曰㲉。方言：㲉，聲散也。律文作屖，先啼反。說文：屖，遲也。屖非此用。璺音問也。

觝蹎　丁禮反，下貞尔（示）〔一五五〕反。廣雅：觝，觸也。蹎，蹋也。言觸蹋人也。

傎蹶　又作蹎、趚二形，同。都田反。廣雅：傎，倒也。傎覆，[反]〔一五六〕倒也。蹶，或作蹷，同。居月、巨月二反。說文：蹶，僵也。僵，仰卧也。

一切經音義　卷第五十九

校勘記

〔一〕佛陀……玄應音　據獅補。
〔二〕釋名云：律者，縲也，綱人必使不得放肆也　玄卷十四釋此詞爲「釋名云：律者，縲也。縲綱人心使不得放肆也」，今傳本釋名：「律，累也。累人心使不得放肆也。」
〔三〕故二　此條麗本原接排于「梵行」條内，此據玄卷十四所釋分排。
〔四〕反　玄卷十四釋此詞作「及」。
〔五〕被　玄卷十四釋此詞作「披」。
〔六〕雜　玄卷十四釋此詞作「難」。
〔七〕言　麗無，據玄卷十四釋此詞補。
〔八〕折　玄卷十四釋此詞作「析」。
〔九〕支　玄卷十四釋此詞作「支」。
〔一〇〕芮　玄卷十四釋此詞作「芮」。
〔一一〕案外國亦云少絲麻　玄卷十四釋此詞爲「案外國傳云彼少絲麻」。
〔一二〕頭頭　麗無，據玄卷十四釋此詞補。此條麗本原接排於「嵐婆」條内，此據玄卷十四所釋分排。
〔一三〕方　玄卷十四釋此詞作「也」。
〔一四〕車　麗無，據玄卷十四釋此詞補。
〔一五〕撥　玄卷十四釋此詞作「橃」。
〔一六〕子　玄卷十四釋此詞作「字」。
〔一七〕或　獅作「式」。
〔一八〕也　玄卷十四釋此詞作「毒」。
〔一九〕西　衍，玄卷十四釋此詞無。
〔二〇〕坐　玄卷十四釋此詞作「莝」。
〔二一〕行　玄卷十四釋此詞作「污」。
〔二二〕苦　獅作「苦」。下同。
〔二三〕保　玄卷十四釋此詞作「保」。
〔二四〕市　玄卷十四釋此詞作「亦」。
〔二五〕髻　獅作「鬢」。玄卷十四釋此詞作「髻」。
〔二六〕房　玄卷十四釋此詞作「居」。
〔二七〕磔　玄卷十四釋此詞作「蹀」。
〔二八〕與　玄卷十四釋此詞作「輿」。
〔二九〕二　獅作「三」。
〔三〇〕非　玄卷十四釋此詞作「悲」。
〔三一〕二　獅作「三」。

〔三二〕古文毫、耄　麗無，據玄卷十四釋此詞補。

〔三三〕左傳：老將知耄又及之　今傳本左傳：「老將知而耄及之者。」

〔三四〕擿　玄卷十四作「摘」。

〔三五〕啡　獅作「非」。

〔三六〕墦　玄卷十四釋此詞作「燔」。

〔三七〕詰　疑衍。

〔三八〕合　玄卷十四釋此詞作「全」。

〔三九〕大　今傳本説文作「土」。

〔四〇〕栟　玄卷十四釋此詞作「拼」。

〔四一〕栟　磧本玄卷十四釋此詞作「拼」。

〔四二〕櫹　玄卷十四釋此詞作「擕」。下同。

〔四三〕格　據文意似當作「牊」。

〔四四〕暑　玄卷十四釋此詞作「署」。

〔四五〕閾　磧本玄卷十四釋此詞作「闆」。

〔四六〕在　獅作「住」。

〔四七〕堂　玄卷十四釋此詞作「室」。

〔四八〕厄　玄卷十四釋此詞作「戹」。下同。

〔四九〕萎　磧本玄卷十四釋此詞作「餧」。

〔五〇〕脆　玄卷十四釋此詞作「脃」。

〔五一〕記　各本脱，據文意補。

〔五二〕夜　獅作「衣」。

〔五三〕搯　玄卷十四釋此詞作「掐」。下同。

〔五四〕人　獅作「入」。

〔五五〕寄　據文意似作「奇」。

〔五六〕説文：縈屬，細者爲絟布，白而細曰紵　今傳本説文：「縈屬，細者爲絟，粗者爲紵。」

〔五七〕者　據文意似作「音」。

〔五八〕兩　玄卷十四釋此詞作「雨」。

〔五九〕此　獅作「北」。

〔六〇〕口　玄卷十四釋此詞作「曰」。

〔六一〕墫　玄卷十四釋此詞作「隫」。

〔六二〕鏄　玄卷十四釋此詞作「鏄」。

〔六三〕拆　玄卷十四釋此詞作「坼」。

〔六四〕斑　磧本玄卷十四釋此詞作「班」。下同。

〔六五〕錐　玄卷十四釋此詞作「鐎」。

〔六六〕以　玄卷十四釋此詞作「似」。

〔六七〕偏　玄卷十四釋此詞作「編」。

〔六八〕摵　玄卷十四釋此詞作「棫」。

〔六九〕桵　玄卷十四釋此詞作「桵」。下同。

〔七〇〕汁　玄卷十四釋此詞作「污」。

〔七一〕湔　獅作「潧」。潧，即「湔」。

〔七二〕潭　玄卷十四釋此詞作「篳」。

〔七三〕楝　玄卷十四釋此詞作「楝」。

〔七四〕隱　麗無，據磧本玄卷十四釋此詞補。

〔七五〕捅　磧本玄卷十四釋此詞作「桶」。

〔七六〕麦　獅作「麦」。

〔七七〕桎　玄卷十四釋此詞作「挃」。下同。

〔七八〕擿　玄卷十四釋此詞作「謫」。

〔七九〕玦如環而鈌不相連也　今傳本左傳杜預注爲「玦如環而缺不連」。

〔八〇〕上　玄卷十四釋此詞作「匕」。

〔八一〕一名四音也　磧本玄卷十四釋此詞爲「一名柶，音四」。

〔八二〕紐　玄卷十四釋此詞作「細」。

〔八三〕攝　玄卷十四釋此詞作「襵」。

〔八四〕趍　玄卷十四釋此詞作「趨」。

〔八五〕惟　磧本玄卷十四釋此詞作「帷」。

〔八六〕一　獅作「二」。

〔八七〕豯　據文意似當作「豫」。

〔八八〕草　玄卷十四釋此詞作「革」。

〔八九〕舒　玄卷十四釋此詞作「銔」。據文意似作「舒」。

〔九〇〕揄　玄卷十四釋此詞作「揄」。下同。

〔九一〕必　玄卷十四釋此詞作「蘆」。

〔九二〕江　玄卷十四釋此詞作「汪」。

〔九三〕斑輪　獅爲「班輪」，磧本玄卷十四釋此詞爲「輪班」。

〔九四〕吸　玄卷十四釋此詞爲「路反」。

〔九五〕甲　獅作「申」。

〔九六〕由　據文意似作「甴」。　庡地　麗無，據玄卷十四釋此詞補。

〔九七〕髖　玄卷十四釋此詞作「臗」。

〔九八〕也　玄卷十四釋此詞無。

〔九九〕盪　麗無，據玄卷十四釋此詞補。

〔一〇〇〕朴　磧本玄卷十四釋此詞作「料」。

〔一〇一〕斟　磧本玄卷十四釋此詞爲「勺料」。

〔一〇二〕串　當作「弗」。下同。

〔一〇三〕柭　玄卷十四釋此詞作「插」。

〔一〇四〕遅　即「遲」。

〔一〇五〕文　玄卷十四釋此詞作「方」。

〔一〇六〕岌　玄卷十四釋此詞作「多」。

〔一〇七〕眼　今傳本説文作「目」。

〔一〇八〕憚　玄卷十四釋此詞作「憛」。

〔一〇九〕口　麗無，據玄卷十四釋此詞補。

〔一一〇〕慣　玄卷十四釋此詞作「遺」。

〔一一一〕詁幼文　玄卷十四釋此詞爲「誥幻反」。據隋書經籍志一著録證俗音字略注云：「梁有詁幼二卷，顔延之撰；廣詁幼一卷，宋給事中荀楷撰，亡。」「誥幻文」似爲「誥幼文」，幻、幼形近而誤。又據舊唐書經籍志著録云：「詁幼文二卷，顔延之撰。」清姚振宗隋書經籍志考證卷十認爲「詁幼」、「詁幼」似皆「誥幼」之誤。劉葉秋中國字典史略指出，「誥幼、詁幼，雖皆可通；作爲启蒙之意，似誥幼更恰當一些。」誥幼文爲顔延之撰，荀楷則又有增廣。

〔一一二〕厥　玄卷十四釋此詞作「槷」。

〔一一三〕楊　玄卷十四釋此詞作「揚」。

〔一一四〕居　今傳本説文和玄卷十四釋此詞作「車」。

〔一一五〕成　玄卷十四釋此詞作「盛」。

〔一一六〕林　玄卷十四釋此詞作「秝」。

〔一一七〕漾　獅作「漾」。

〔一一八〕膃　玄卷十四釋此詞作「淵」。

〔一一九〕舀　玄卷十四釋此詞作「臽」。下同。

〔一二〇〕基　玄卷十四釋此詞作「綦」。

〔一二一〕也　玄卷十四釋此詞作「曰」。

〔一二二〕餻　玄卷十四釋此詞作「饍」。

〔一二三〕服　麗無，據玄卷十四釋此詞補。

〔一二四〕攴　玄卷十四釋此詞作「支」。

〔一二五〕支　獅作「攴」。

〔一二六〕音織　麗無，據玄卷十四釋此詞補。

〔一二七〕檢　玄卷十四釋此詞作「栓」。

〔一二八〕者　獅和玄卷十四釋此詞作「音」。

〔一二九〕捲　玄卷十四釋此詞作「棬」。

〔一三〇〕丁　玄卷十四釋此詞作「竹」。

〔一三一〕憨　衍。

〔一三二〕撑　磧本玄卷十四釋此詞作「橕」。下同。

〔一三三〕杼　玄卷十四釋此詞作「抒」。

〔一三四〕杷　玄卷十四釋此詞作「把」。下同。

〔一三五〕作　麗無，據玄卷十四釋此詞補。

〔一三六〕者　玄卷十四釋此詞作「音」。

〔一三七〕爲　麗無，據玄卷十四釋此詞補。

〔一三八〕漫　麗無，據玄卷十四釋此詞補。

〔一三九〕宗　玄卷十四釋此詞作「綜」。

〔一四〇〕槏　玄卷十四釋此詞作「擐」。

〔一四一〕似　獅作「以」。

〔一四二〕根　玄卷十四釋此詞作「振」。下同。

〔一四三〕人嫽敝觸　玄卷十四釋此詞爲「又嫽敝、敝觸」。

〔一四四〕橨　麗無，據玄卷十四釋此詞補。

〔一四五〕舉　玄卷十四釋此詞作「轝」。

〔一四六〕譜　玄卷十四釋此詞作「普」。

〔一四七〕粗　玄卷十四釋此詞作「粗」。

〔一四八〕削　玄卷十四釋此詞作「毻」。

〔一四九〕屋　玄卷十四釋此詞作「展」。

〔一五〇〕又　玄卷十四釋此詞作「人」。

〔一五一〕企　玄卷十四釋此詞作「佱」。

〔一五二〕小　獅作「火」。

〔一五三〕粃也　玄卷十四釋此詞爲「言粃不也」。

〔一五四〕言音莫無反　玄卷十四釋此詞爲「言音莫光反」。

〔一五五〕尔　玄卷十四釋此詞作「示」。

〔一五六〕反　麗無，據玄卷十四釋此詞補。

〔三二〕古文毫、毛　麗無，據玄卷十四釋此詞補。
〔三三〕左傳：老將知毛又及之　今傳本左傳：「老將知而耄及之者。」
〔三四〕擿　玄卷十四作「摘」。
〔三五〕啡　獅作「非」。
〔三六〕播　玄卷十四釋此詞作「燔」。
〔三七〕詰　疑衍。
〔三八〕合　玄卷十四釋此詞作「仝」。
〔三九〕大　今傳本説文作「土」。
〔四〇〕栟　玄卷十四釋此詞作「拼」。
〔四一〕栟　磧本玄卷十四釋此詞作「拼」。
〔四二〕檮　玄卷十四釋此詞作「搗」。下同。
〔四三〕格　據文意似當作「牸」。
〔四四〕暑　玄卷十四釋此詞作「署」。
〔四五〕鬮　磧本玄卷十四釋此詞作「鬮」。
〔四六〕在　獅作「住」。
〔四七〕堂　玄卷十四釋此詞作「室」。
〔四八〕厄　玄卷十四釋此詞作「卮」。下同。
〔四九〕萎　磧本玄卷十四釋此詞作「餧」。
〔五〇〕脆　玄卷十四釋此詞作「脆」。
〔五一〕記　各本脱，據文意補。
〔五二〕夜　獅作「衣」。
〔五三〕搯　玄卷十四釋此詞作「掐」。下同。
〔五四〕人　獅作「入」。
〔五五〕寄　據文意似作「奇」。
〔五六〕説文：緐屬，細者爲絟布，白而細曰紵　今傳本説文：「緐屬，細者爲絟，粗者爲紵。」
〔五七〕者　據文意似作「音」。

〔五八〕兩　玄卷十四釋此詞作「雨」。
〔五九〕此　獅作「北」。
〔六〇〕口　玄卷十四釋此詞作「曰」。
〔六一〕塼　玄卷十四釋此詞作「塼」。
〔六二〕鏄　玄卷十四釋此詞作「鏄」。
〔六三〕拆　玄卷十四釋此詞作「坼」。
〔六四〕斑　磧本玄卷十四釋此詞作「班」。下同。
〔六五〕錐　玄卷十四釋此詞作「錐」。
〔六六〕以　玄卷十四釋此詞作「似」。
〔六七〕偏　玄卷十四釋此詞作「編」。
〔六八〕棫　玄卷十四釋此詞作「棫」。
〔六九〕掇　玄卷十四釋此詞作「椄」。下同。
〔七〇〕汁　玄卷十四釋此詞作「污」。
〔七一〕湔　獅作「湔」。湔，即「湔」。
〔七二〕滰　玄卷十四釋此詞作「箄」。
〔七三〕棟　玄卷十四釋此詞作「棟」。
〔七四〕隱　麗無，據磧本玄卷十四釋此詞補。
〔七五〕捅　磧本玄卷十四釋此詞作「桷」。
〔七六〕麦　獅作「麦」。
〔七七〕桎　玄卷十四釋此詞作「挃」。下同。
〔七八〕摘　玄卷十四釋此詞作「謫」。
〔七九〕玦如環而缺不相連也　今傳本左傳杜預注爲「玦如環而缺不連」。
〔八〇〕上　玄卷十四釋此詞作「匕」。
〔八一〕一名四音也　磧本玄卷十四釋此詞爲「一名柶，音四」。
〔八二〕紐　玄卷十四釋此詞作「細」。
〔八三〕攝　玄卷十四釋此詞作「𧝂」。
〔八四〕趍　玄卷十四釋此詞作「趨」。

〔八五〕惟　磧本玄卷十四釋此詞作「帷」。
〔八六〕一　獅作「二」。
〔八七〕豩　據文意似當作「豩」。
〔八八〕草　玄卷十四釋此詞作「革」。
〔八九〕紓　玄卷十四釋此詞作「鉼」。據文意似作「鉼」。
〔九〇〕揄　玄卷十四釋此詞作「揄」。下同。
〔九一〕必　玄卷十四釋此詞作「蘆」。
〔九二〕江　玄卷十四釋此詞作「汪」。
〔九三〕斑輪　獅爲「班輪」，磧本玄卷十四釋此詞爲「輪班」。
〔九四〕吸　玄卷十四釋此詞爲「路反」。
〔九五〕甲　獅作「申」。
〔九六〕由　據文意似作「甴」。　底地　麗無，據玄卷十四釋此詞補。
〔九七〕髖　玄卷十四釋此詞作「臗」。
〔九八〕也　玄卷十四釋此詞無。
〔九九〕盪　麗無，據玄卷十四釋此詞補。
〔一〇〇〕朴　磧本玄卷十四釋此詞作「料」。
〔一〇一〕斟　磧本玄卷十四釋此詞爲「勺料」。
〔一〇二〕串　當作「弗」。下同。
〔一〇三〕枟　玄卷十四釋此詞作「插」。
〔一〇四〕遲　即「遲」。
〔一〇五〕文　玄卷十四釋此詞作「方」。
〔一〇六〕岌　玄卷十四釋此詞作「多」。
〔一〇七〕眼　今傳本説文作「目」。
〔一〇八〕憚　玄卷十四釋此詞作「憚」。
〔一〇九〕口　麗無，據玄卷十四釋此詞補。
〔一一〇〕慣　玄卷十四釋此詞作「遺」。

〔一一一〕詁幼文　玄卷十四釋此詞爲「誥幻反」。據隋書經籍志一著録證俗音字略注云：「梁有詁幼二卷，顔延之撰；廣詁幼一卷，宋給事中荀楷撰，亡。」「誥幻文」似爲「誥幼文」，幻、幼形近而誤。又據舊唐書經籍志著録云：「詁幼文二卷，顔延之撰。」清姚振宗隋書經籍志考證卷十認爲「詁幼」、「誥幼」似皆「誥幼」之誤。劉葉秋中國字典史略指出，「誥幼、詁幼，雖皆可通；作爲启蒙之意，似誥幼更恰當一些。」誥幼文爲顔延之撰，荀楷則又有增廣。

〔一一二〕厥　玄卷十四釋此詞作「槩」。

〔一一三〕楊　玄卷十四釋此詞作「揚」。

〔一一四〕居　今傳本説文和玄卷十四釋此詞作「車」。

〔一一五〕成　玄卷十四釋此詞作「盛」。

〔一一六〕林　玄卷十四釋此詞作「秫」。

〔一一七〕渼　獅作「渼」。

〔一一八〕膃　玄卷十四釋此詞作「漚」。

〔一一九〕舀　玄卷十四釋此詞作「臽」。下同。

〔一二〇〕基　玄卷十四釋此詞作「棊」。

〔一二一〕也　玄卷十四釋此詞作「曰」。

〔一二二〕餧　玄卷十四釋此詞作「餟」。

〔一二三〕服　麗無，據玄卷十四釋此詞補。

〔一二四〕支　玄卷十四釋此詞作「攴」。

〔一二五〕支　獅作「攴」。

〔一二六〕音織　麗無，據玄卷十四釋此詞補。

〔一二七〕檢　玄卷十四釋此詞作「栓」。

〔一二八〕者　獅和玄卷十四釋此詞作「音」。

〔一二九〕捲　玄卷十四釋此詞作「棬」。

〔一三〇〕丁　玄卷十四釋此詞作「竹」。

〔一三一〕憨　衍。

〔一三二〕撑　磧本玄卷十四釋此詞作「樘」。下同。

〔一三三〕杼　玄卷十四釋此詞作「抒」。

〔一三四〕杷　玄卷十四釋此詞作「把」。下同。

〔一三五〕作　麗無，據玄卷十四釋此詞補。

〔一三六〕者　玄卷十四釋此詞作「音」。

〔一三七〕爲　麗無，據玄卷十四釋此詞補。

〔一三八〕漫　麗無，據玄卷十四釋此詞補。

〔一三九〕宗　玄卷十四釋此詞作「綜」。

〔一四〇〕樑　玄卷十四釋此詞作「攖」。

〔一四一〕似　獅作「以」。

〔一四二〕棖　玄卷十四釋此詞作「振」。下同。

〔一四三〕人嫽敝觸　玄卷十四釋此詞爲「又嫽敝、敝觸」。

〔一四四〕犢　麗無，據玄卷十四釋此詞補。

〔一四五〕轝　玄卷十四釋此詞作「轝」。

〔一四六〕譜　玄卷十四釋此詞作「普」。

〔一四七〕粗　玄卷十四釋此詞作「粗」。

〔一四八〕削　玄卷十四釋此詞作「毻」。

〔一四九〕屋　玄卷十四釋此詞作「展」。

〔一五〇〕又　玄卷十四釋此詞作「人」。

〔一五一〕企　玄卷十四釋此詞作「仚」。

〔一五二〕小　獅作「火」。

〔一五三〕粃也　玄卷十四釋此詞爲「旨粃不也」。

〔一五四〕言音莫無反　玄卷十四釋此詞爲「旨音莫光反」。

〔一五五〕尔　玄卷十四釋此詞作「示」。

〔一五六〕反　麗無，據玄卷十四釋此詞補。